충북대학교 법학전문대학원 총서 ④

제3판

노 동 법 I

(개별적 근로관계법)

노 병 호 저

진 원 사

이 책은 충북대학교 법학전문대학원 법학연구소의 지원에
의하여 출판되었음

제3판 머리말

개정판을 낸 뒤 뜻하지 않은 대학보직수행을 핑계로 이제서 제3판 개정을 내게 된 것을 매우 미안하게 생각한다. 입법자가 몇 마디만 고치면 서고의 법서는 휴지가 된다고 한 바와 같이 법서는 계속되는 입법의 변화와 쏟아져 나오는 판례를 반영하여야 그 생명력이 유지된다는 점을 감안했을 때 이 책은 제3판 개정의 발간으로 법서로서의 명이 다하기 직전에 소생하게 된 것이 아닌가하는 생각이 든다.

그 동안 개정된 법령으로는 근로기준법과 그 시행령(해고 예고와 해고의 서면통지의 효력관계, 임신근로자의 단축근무), 기간제법과 파견법, 임금채권보장법(체당금 지급대상의 확대, 체당금 등의 압류금지), 고용보험법, 산업재해보상보험법(시행령) 등 다수 있어 이번 개정작업에서는 개정판 이후 반영하지 못한 개정법령을 반영하였으며, 최근까지의 대법원 판례뿐만 아니라 하급심 판례도 수집하여 주요한 것은 필요한 부분에 빠짐없이 반영하도록 노력하였으며 헌법재판소 판정도 관련부분에 반영하였다.

그리고 참고한 노동법 주요 저작들의 최신판을 입수하여 서술의 변화가 있는 부분은 이들 내용을 개정작업에 반영하였으며, 참고문헌에 대한 각주처리도 최신판에 의거하도록 교정하였다.

이러한 작업을 하다 보니 개정판에 비하여 많이 개정되어 변화가 큰 부분은 근로자와 사용자 개념 및 범위, 취업규칙의 불이익변경, 통상임금, 기간제 근로자 보호, 아웃소싱과 근로관계, 해고, 산재보험, 임금채권구제제도, 산재보험권리구제 등이다. 특히 산재보험부분은 많은 부분을 개고하였으며, 이 외의 많은 부분도 일부 부분적으로 손을 보았다.

저자는 앞으로 본 저작을 노동법 서적으로서의 가치를 계속 유지하도록 노력하여 독자들의 기대에 어긋나지 않게 개정작업을 계속할 것이다. 여러분들의 기탄없는 고견을 부탁드린다.

이번 제3판 개정작업을 하면서 여러분으로부터 도움을 받았다. 김태현 변호사는 변호사 업무와 대학 강의 등으로 바쁜 가운데도 최근의 판례를 정리하고 개고에도 참여하여 본서의 개정작업에 큰 도움을 주었다. 앞으로 법조인으로서 뿐만 아니라 노동법학자로서도 대성하기를 기대한다. 그리고 정용진 박사는 휴직기간 중임에도 쉬지 못하고 산재부분의 개정작업에 많은 도움을 주었을 뿐만 아니라 교정 등의 세세한 작업까지 맡아서 처리하여 주었다. 앞으로 학문의 길을 걸어가는데 있어 큰 발전이 있기를 기원한다.

뿐만 아니라 개정판에 이어 제3판 개정작업에서 처음부터 마무리될 때까지 교정과 판례 및 사항색인 작업에 많은 수고를 해주신 진원사의 류재현 부장님과 직원 여러분께도 이 자리를 빌려 감사의 뜻을 전한다.

2017년 2월 9일

한계리 우거에서

노 병 호

개정판 머리말

2011년 2월에 초판을 출간한 지 3년 만에 개정판을 내게 되었다. 저자의 출간의 의도에 미치지 못하는 부족한 점을 보완하여 바로 개정판을 내었어야 하였으나 집단적 근로관계법을 내용으로 하는 노동법Ⅱ의 집필과 강의 등 여러 가지 사정으로 이제야 내게 된 것을 유감스럽게 생각한다.

이번의 개정판에서는 다음과 같은 내용으로 수정하고 보완하였다.

첫째, 초판의 체계나 문장의 오탈자나 표현상의 문제로 인한 이해의 곤란과 오류를 바로잡기 위하여 문제가 있는 문장을 손보았으며, 편성체계를 재조정하여 체계화하였다.

둘째, 초판에 누락되어 있던 근로관계종료 후의 임금보호 부분을 새로 보완하였으며 일부 중복 서술된 부분은 조정하여 바로잡았다.

셋째, 초판 출간 이후의 주요 판례를 반영하였으며 이에 따라 달라지는 일부 내용을 고쳐 썼다.

넷째, 개정 법령의 주요 내용을 일부 반영하여 개고하였다.

위와 같이 수정하고 보완하였으나 노동법 이해를 위한 이론과 실무의 지침서라는 본래의 집필의도에 어느 정도 가까워졌는지 걱정스럽다.

최근 본서에서 인용한 저명 학자들의 최신 저서가 판을 바꾸어 출간되고 있다. 이들 저서에서는 저자의 종래의 학설의 변경이나 해설의 변화가 있어 일부 반영하였으나 본서의 개정에 전면적으로 반영하는 것은 다음 기회로 미루었다. 양해를 부탁드린다.

노동위원회 공익위원으로 심판과 조정에 수년간 임하고 보니 노동현장에서 이론과 다른 실제를 목도하게 되고, 사용자와 근로자 및 실무자들의 노동관계법 지식상의 문제에 실망하기도 하였다.

최근의 대법원 판결을 보면서 재판은 분쟁의 종국적 해결 수단이 되어야 함에도 불구하고 당해 사건의 해결에는 기여하였을지 모르나 또 다른 분쟁의 불씨를 남기게 되어 노동 현장에서 수많은 분쟁을 일으키게 하는 불씨가 될 것을 우려를 하지 않을 수 없게 되었다. 이는 재판을 위한 재판, 판결을 위한 판결의 결과가 아닌가 한다.

또한 법철학적 고뇌가 새삼스럽게 떠오르는 장면이기도 하다.

법이론은 그 자체를 위하여 존재하는 것이 아니며 법이론을 바탕으로 하지 않은 실무는 존재할 수 없다는 초보적 명제 하에 연구실을 벗어나 현장에 임하는 것의 중요성을 새삼 체득하게 되었으며 이러한 점이 본서의 집필 계기가 되기도 하였으나 아직 현장 경험이 부족함을 실감하며 이것이 본서의 내용 부실의 원인 중 하나로 이어지지 않을까 걱정스럽다. 부족한 점은 계속 보완해 나갈 것을 약속하며 조언과 편달을 부탁드린다.

개정판이 나오기 까지 많은 분의 조언과 도움이 있었다. 특히 초판의 정오표를 작성하는 등 개정판이 나오는데 도움을 준 노무사이자 변호사인 법학전문대학원 2기생인 조훈희 군에게 고맙다는 뜻을 전하며 변호사로서 대성하기를 기원한다.

개정판의 출간을 위하여 애써주신 진원사의 양진수 사장님과 류재현 부장 이하 관계자 여러분께 지면을 빌려 감사드린다.

2014년 2월 15일

한계리 우거에서

노 병 호

머 리 말

시험을 통한 선발로부터 교육을 통한 전문 법조인 양성을 기치로 내걸고 출범한 법학전문체제하에서는 과거 법과대학 4년과 연수원 2년의 교육을 3년 동안 소화해 내야한다는 기대에 부응해야할 과제를 안고 가게 되었다. 여기에 더하여 법과대학을 졸업하고 수년간 사법시험 내지 행정고시 등 국가시험을 준비한 사람과 법학교육은 전혀 받아보지 못한 비법대 출신들이 혼재되어 있는 상태에서 법학전문대학원 교육은 그 초점과 수준을 가늠하기가 쉽지가 않다.

법학전문대학원은 이제 출범한지 얼마 되지 않는 걸음마 단계에 있어 과도한 기대나 섣부른 비판은 자제되어야 할 것이며, 법학교육과 법조실무가 양성을 위한 새로운 시스템으로서 법학전문대학원 교육은 시행착오를 줄이고 조기에 성공적으로 정착될 수 있도록 우리 모두 중지를 모아야 할 것이다.

법학전문대학원 체제하에서 노동법 교육은 타 법 과목의 교육과 마찬가지의 고민에 빠져있다.

상당수 학생들이 학부에서 노동법을 수강하지 않아 실무에 대비한 사례풀이 수업을 곧바로 진행할 수 없는 형편이며, 그렇다고 하여 학부와 마찬가지의 이론에 치중한 수업을 할 수도 없는 노릇이다.

판례를 중심으로 한 수업이 강조되고 있으나 꼭 바람직한 것만도 아니다. 이는 많은 장점에도 불구하고 자칫 학습이 기존의 판례에 고착되어 학생들의 사고의 폭을 편향되게 하고 좁아지게 할 우려도 있다.

이러한 점을 고려하여 사례풀이식 교육으로 가기 위한 가교로서 이론과 판례를 다 같이 다루는 학습이 필요하다고 본다.

따라서 필자는 노동법을 크게 개별적 근로관계법과 집단적 근로관계법으로 나누어 본서에서는 전자를 앞에서 살펴본 바와 같은 관점에서 기존의 저서인 노동의 이해, 임금보호법, 인사관계법, 사회보험법 등을 토대로 하여 법학전문대학원 교재로 재구성하여 정리 가필하였다. 앞으로 집단적 근로관계법에 관한 부분도 집필 계획을 가지고 추진하고 있다.

그러나 탈고를 끝내고 보니 저자의 능력 부족으로 처음의 저자의 의도와는 거리가 있는 호랑이를 그리려다 고양이를 그린 우를 범한 것이 아닌가 두렵다.

본서는 총 10개 장으로 구성되어 있다. 제1장에서는 총론으로 근로관계법의 의의와 근로자와 사용자의 개념 및 범위에 대하여 다루었으며, 제2장에서는 근로계약과 근로관계, 제3장은 취업규칙, 제4장 임금, 제5장 근로시간·휴일·휴가·휴식, 제6장 근로관계와 인사이동, 제7장 기업변동과 근로관계, 제8장 해고, 제9장 산재보상보험, 제10장 권리구제제도 등으로 되어 있다.

이 책의 부족한 부분은 앞으로 계속 가필 수정할 계획이다. 제현의 질책을 부탁드린다.

이 책이 나오기 까지는 여러분들의 도움이 컸다. 특히 국민권익위원회 전문 위원으로 재직하고 있는 한경식 박사는 저자의 공저인 여러 저작을 통하여 이 책의 기초를 제공하여 주었으며, 성기정 박사와 조현범 노무사는 업무로 바쁜 가운데서도 초고 정리와 가필의 수고를 하여주었다. 이에 본 지면을 빌려 감사의 뜻을 전한다.

또한 어려운 출판 사정에도 불구하고 충북대학교 법학전문대학원 총서의 일환으로 본서의 출판에 힘써 주신 진원사의 양진수 사장님과 임직원 여러분의 노고에 감사드린다.

신묘년 정월

저자

참고문헌

강대성, 민사집행법, 삼영사, 2003.
강희갑, 사회복지법제론, 양서원, 2006.
김상수, 민사집행법, 법우사, 2005.
김유성, 노동법Ⅰ(초판), 법문사, 2007.
______, 노동법Ⅰ, 법문사, 2005.
김형배, 노동법(제24판), 박영사, 2015.
김홍규, 민사소송법, 삼영사, 2004.
노병호, 인사관계법, 도서출판 개신, 2009.
노병호·한경식, 사회보험법, 진원사, 2010.
____________, 임금보호법, 진원사, 2009.
민주사회를 위한 변호사모임(민변), 변호사가 풀어주는 노동법Ⅰ(개정3판), 2006.
박상필, 한국노동법, 대왕사, 1995.
박우성·유규창·박종희, 연봉제, 한국노동교육원, 2000.
박홍규, 고용법·근로조건법(제2판), 삼영사, 2005.
______, 고용법·근로조건법, 삼영사, 2005.
윤완중, 민사집행과 채권관리, 한국금융연수원, 2003.
이병태, 최신노동법(제8전정판), (주)중앙경제사, 2008.
______, 최신노동법, 중앙경제사, 2008.
이상국, 근로기준법(개정2판), 신론사, 2006.
______, 근로기준법, 신론사, 2006.
이상윤, 노동법(제3판), 법문사, 2007.
______, 노동법, 법문사, 2007.
이시윤, 민사집행법, 박영사, 2006.

임종률, 노동법(제14판), 박영사, 2016.
장태주, 행정법개론, 현암사, 2006.
정찬형, 상법강의요론, 박영사, 2004.
지원림, 민법강의, 홍문사, 2006.
최종태, 현대인사관리론, 박영사, 2006.
하갑래, 근로기준법(전정제27판), (주)중앙경제, 2015.
______, 근로기준법, 중앙경제사, 2007.

한경식, 산업재해보상 및 배상론, 한국학술정보(주), 2007.
홍정선, 행정법원론(상), 박영사, 2006.
황대석, 인사관리, 박영사, 1994.
강성태, 「근로기준법상 임금제도의 개선방향에 관한 연구」, 노동법연구(제10호), 서울대학교노동법연구회, 2001. 6.
고준기, 「사용자의 개념-입주자대표회의의 사용자성 검토를 중심으로-」, 노동법상의 근로자·사용자의 개념(2001년도 동계학술박표회 자료집), 한국노동법학회, 2001. 12.
권두섭, 「비정규직 노동자의 법적 문제(민주노총 입법요구안을 중심으로)」, 노동법 개악저지 및 노동기본권 완전쟁취를 위한 공동토론회 자료집, 2001. 6.
권창영, 「연봉제와 퇴직금」, 인권과 정의(제324호), 대한변호사협회, 2003.
김선수, 「비정규직 관련 정부입법안의 문제점과 대안」, 민주사회를 위한 변호사모임, 비정규공대위공청회 자료, 2004. 9. 24.
______, 「비정규직 근로자의 실태, 법적 보호수준 및 개선방향」, 노동변론(2001년 겨울준비 2호), 민주사회를 위한변호사모임, 2001. 11.
김소영, 고용형태의 다양화와 법·제도의 개선과제, 한국노동연구원, 2001. 8.
김외숙, 「근로계약기간과 해고에 관한 법리」, 노동판례모음집, 중앙노동위원회, 2005.
김지형, 「영업양도와 근로관계의 승계」, 민사재판의 제문제(제8집), 1994.
강희원, 「해고법제의 체계를 위하여」, 노동법학(제10호), 한국노동법학회, 2000.
노병호·김태현, 「노동사건에 관한 근로자 측 가처분」, 동북아법연구(제9권 제3호), 전북대학교 동북아법연구소, 2016.
노동부, 「연봉제·성과배분제 실태조사결과」, 2003.
______, 경영상 해고제도 해설, 1999.노동부, 개정 근로기준법 시행지침, 2003. 12.
______, 근로기준법 질의회시집, 2000. 4.
______, 근로기준법 질의회시집, 2002. 3.
______, 근로기준법 질의회시집, 2003. 10.
______, 근로기준법 질의회시집, 2005. 7.
______, 근로복지공단, 산재·고용보험실무편람(2006), 2006. 1.
______, 근로자파견의 판단기준에 관한 지침, 2007. 4.
______, 노사관계선진화입법자료, 2007. 1.
______, 비정규직 보호법안의 주요내용, 2006. 3

노동부, 비정규직 입법 관련 Q&A, 2004. 9.
______, 비정규직보호법 해설, 2006. 12.
______, 임금채권보장업무처리요령, 2005. 11.
노병호·정용진, 「업무상 질병 인정기준의 개선방안」, 법학논고(제45집), 경북대학교 법학연구원, 2014. 2.
노진귀, 「비정규직 노동자 보호를 위한 제도개선 방향」, 비정규직 노동자 권리보장을 위한 법개정 공청회 자료, 2000. 9.
도재형, 노동위원회 패소사례분석(2000. 1. 1.~2005. 4. 30.), 중앙노동위원회, 2005.
박수근, 「경영상 해고에서 합리적이고 공정한 선정기준」, 노동법연구(제15호), 서울대
______, 「특수고용형태의 근로자성-레미콘운송기사와 경기보조원의 근로자성에 관한 최근의 판례를 중심으로-」, 노동법상의 근로자·사용자 개념(2001년도 동계학술발표회 자료집), 한국노동법학회, 2001. 12.
박종희 외 3인, 비정규직 차별금지에 관한 선진국 제도운용 연구, 노동부, 2005. 12.
______, 외 4인, 비정규직 차별금지판단기준 및 운영에 관한 연구, 중앙노동위원회, 2006. 12.
______, 「근로기준법상 근로자 개념」, 노동법학(제16호), 한국노동법학회, 2003. 6.
박종희·김소영, 기업변동시 노동법적 쟁점과 정책과제, 2000.
박종희·이승길, 사업의 일부이전에 따른 근로관계의 이전 등 노동법상 제 문제에 관한 고찰 및 개선방안연구, 노동부, 2002.
박주현, 「포괄산정근로계약(포괄역산임금계약)과 근로시간」, 노동법연구(제2권 1호), 서울대학교 노동법연구회, 1992.
박지순, '독일의 최근 입법동향', 「노동법학(제12호)」, 한국노동법학회, 2001.
백준현, 「근로자의 범위」, 노동판례평석모음집, 중앙노동위원회, 2005. 3.
법원행정처, 법원실무제요 민사집행[Ⅰ]·[Ⅱ]·[Ⅲ]·[Ⅳ], 2014.
__________, 민사집행규칙해설, 2002.
__________, 민사집행법해설, 2002.
송강직, 「해고무효」, 2001노동판례비평, 민주사회를 위한 변호사모임, 2002.
양병무, 한국형연봉제의 도입방안, 한국경영자총협회, 1996.
여상철, 연봉제의 설계와 연봉제의 운용, (주)중앙경제, 2000.
유성재, 「사업양도시 고용승계에 관한 법제개선방안」, 한국법제연구원, 2000.

유원석, 「노동사건에 있어서의 근로자측의 가처분」, 노동관계소송의 제 문제(하), 재판자료 제40집, 법원행정처, 1989.

윤기택·한경식, 「기간제 근로자의 차별처우금지제도에 관한 고찰」, 법학연구(제26집), 한국법학회, 2007. 5.

윤애림, 「간접고용에서 사용자책임의 확대」, 노동법연구(제14호), 서울대학교노동법연구회, 2003. 12.

이상덕, 「영업양도와 고용승계」, 노동법학(제7호), 한국노동법학회, 1997.

이승길, 「연봉제의 노동법적 검토」, 노동법 연구(제11호), 한국노동법학회, 2001.

이승욱, 「사업양도에 있어서 사업의 동일성과 근로관계의 이전」, 노동법연구(제6호), 서울대학교 노동법연구회, 1997.

______, 「해고절차에 관한 고찰-해고동의(협의)조항 중심으로」, 노동법연구(제2권), 서울대학교노동법연구회, 1992면.

이철수, 「개정 해고법제의 주요 내용과 그 평가」, 2006-2007 개정 노동법의 법리적 검토(2007년 춘계학술대회), 서울대학교노동법연구회, 2007.

______, 「취업규칙에 대한 판례법리와 문제점」, 사법행정(제392호), 한국사법행정학회, 1993. 8.

______, 「현행 임금제도의 비판적 검토」, 노동법연구(제12호), 서울대학교노동법연구회, 2002. 12.

정진경, 「근로조건의 불이익변경」, 노동법연구(제13호), 서울대학교노동법연구회, 2002. 12.

______, 「해고관련 법제의 변화 및 전망」, 법과 노동의 소통(2008년 가을공동학술대회), 서울대학교노동법연구회, 2008.

조용만, 「경영상 해고회피 법리의 현재와 미래」, 노동법연구(제13호), 서울대학교 노동법연구회, 2002.

조임영 외 4인, 「비정규직 차별시정제도의 운영에 관한 연구; 기간제근로자 차별시정제도를 중신으로」, 국회환경노동위원회, 2006. 12.

조임영, 「근로계약의 본질과 근로자개념」, 노동법연구(제15호), 서울대학교노동법연구회, 2003. 6.

중앙노동위원회, 노동위원회의 패소사례분석, 2005. 9.

최영호, 「취업규칙의 불이익변경」, 노동법연구(제3호), 서울대학교노동법연구회, 1993. 12.

하경효, 「채용내정자와 시용근로자의 법적 지위」, 우제이명구박사화갑기념논문집, 현대법학의 이론(Ⅲ), 1996.

한국경영자총협회, 「우리나라의 임금체계의 문제점과 개선방향」, 인사·임금사례 총람, 2005.

______________, 노동판례(2001-2005년도).

______________, 연봉제에 대한 올바른 이해, 1999.

______________, 연봉제의 이론과 실제-외국의 사례를 중심으로-, 1994.

______________, 판례로 본 노무관리, 1994.

______________, 판례로 본 인사·노무관리(Ⅲ), 2004.

현천욱, 「해고합의조항의 유효성과 한계」, 노동판례평석집, 한국경영자총협회, 1995.

______, 「해고협의조항에 위반된 해고의 효력', 노동판례평석집, 한국경영자총협회, 1995.

인터넷 웹사이트 찾기 쉬운 생활법령정보(http://oneclick.law.go.kr/CSP/Main.laf)

목 차

제1장 개별적 근로관계법 총론 / 3

제2장 근로계약과 근로관계 / 33

제4장 임 금 / 106

제5장 근로시간·휴일·휴식·휴가 / 294

제6장 근로관계와 인사이동 / 325

제7장 기업변동과 근로관계 / 440

제8장 해 고 / 522

제10장 구제제도 / 779

노 동 법 I

(개별적 근로관계법)

제1장 개별적 근로관계법 총론

제1절 개 설

Ⅰ. 개별적 근로관계법의 의의

근로관계는 사용자와 근로자 사이의 노동력 수급관계에 관한 법률관계이며, 근로관계법은 근로관계의 성립, 전개 및 종료에 관한 법규 및 법 이론의 전체를 말한다.

근로관계의 법 주체는 원칙적으로 개별적 근로자와 사용자이며 집단적 근로관계에서 노동조합 등 노동자 단체와 사용자 단체로 확대된다. 따라서 근로관계는 그 법 주체에 따라 개별적 근로관계와 집단적 근로관계로 나눌 수 있다.

개별적 근로관계는 개별적 근로자와 사용자 사이의 노동력 수급을 둘러싼 법률관계이며 이를 규율하는 법이 개별적 근로관계법이다.

개별적 근로관계법은 임금, 근로시간, 휴식 기타 근로조건에 관한 기준을 정하는 법이며, 구체적으로 어떤 내용으로 하느냐하는 것은 입법재량의 문제로 시대에 따라 다를 수 있다. 여기에서 말하는 근로기준은 최저기준을 의미한다. 최저기준은 경제적, 사회적 약자의 보호를 주된 목적으로 하며, 개별적 근로관계법은 이와 같은 근로조건의 최저기준에 기초하여 사회적으로 공정한 근로기준을 정한다.

개별적 근로관계법의 중심이 되는 것은 근로기준법이다. 민법은 고용계약에 대하여 성립과 종료 기타에 대하여 약간의 규정을 두고 있을 뿐 고용관계에 대하여 대부분은 당사자의 계약자유에 맡기고 있다. 그러나 근로기준법은 제1조에서 "근로조건의 기준을 정함으로써 근로자의 기본적 생활을 보장, 향상시키는데 목적이 있다."라고 규정하여 근로조건이 인간의 존엄과 가치에 걸맞은 생활을 영위할 수 있도록 근로조건의 최저기준을 정하여 근로관계를 직접적으로 규율하고 있다.

상술한 바와 같이 개별적 근로관계법의 이념은 근로자의 인간다운생활을 영위할 수 있는 근로조건을 충족시키는데 있으며 이를 실현하기 위하여 근로기준법을 비롯한 노동보호법이 제정되었다.

개별적 근로관계법은 노동보호법으로서 강행성을 가지고 있기 때문에 사용자는 이에 위반해서는 안되며 근로자도 법상의 권리를 포기할 수 없다. 그러므로 당사자의 의사와 관계없이 법은 실현되어야 하며 이에 대한 준수의 이행은 감독기관의 감독을 통하여 확보되고 있다.

Ⅱ. 개별적 근로관계법의 적용범위

1. 개 설

개별적 근로관계와 관련한 가장 중요한 법률은 근로기준법이고, 노동관계법령은 대부분 근로기준법의 규정에 따라 보호규정을 두고 있다. 따라서 근로기준법의 사업 또는 사업장의 적용범위를 명확히 함으로써 근로자 보호와 사용자의 법 준수의무를 확정할 필요성이 있다.

근로기준법은 5인 이상 근로자를 사용하는 모든 사업 또는 사업장에 적용됨을 원칙으로 하고, 4인 이하의 사업 또는 사업장에 대하여는 일부 규정을 적용하도록 함과 동시에 특별법에 따라 그 적용이 배제되는 경우가 있다.

2. 사업 또는 사업장의 의미

근로기준법은 원칙적으로 상시 5인 이상 근로자를 사용하는 모든 사업 또는 사업장에 적용된다(§11①). 여기서 「상시(常時)」이라 함은 평상시란 뜻으로 일정 시기 계속되는 상태를 말하는 것이므로 일시적으로 5인 미만이 되더라도 상태적으로 5인 이상이 되는 경우에는 근로기준법이 적용된다.[1] 근로자의 요건만 충족하면 상시에 포함되는 것이므로 정규직 근로자뿐만 아니라 단시간근로자, 일용근로자, 기간제 근로자도 당연히 포함된다. 상시 여부를 판단하기 어려운 경우에는 일정한 사업기간 내에 고용한 근로자의 총 인원을 가동 일수로 나눈 수를 기준으로 한다.

「사업 또는 사업장」은 일정한 장소에서 유기적인 조직하에 업으로서 계속적으로 행해지고 있어야 한다. 업(業)으로서의 요건을 갖춘 경우에는 그 사업이 1회적이거나 일시적이라도 근로기준법의 적용대상이 된다.[2] 따라서 일시적으로 자신의 주택을 수리하기 위하여 목수를 고용한 경우에는 업으로서의 계속성이 없기 때문에 근로기준법의 적용대상이 아니다. 그러나 개인 또는 법인이 여러 사업을 운영하고 있는 경우에는 하나의 사업으로 볼 것인가의 여부는 개개 사업의 독립성 여부에 따라

1) 대법원 2000. 3. 14. 선고 99도1243.
2) 대법원 1994. 10. 25. 선고 94다21979.

그 적용단위가 결정된다. 즉, 사업이 장소적으로 분산되어 있다 하더라도 영업소·지점·출장소와 같이 개개의 사업장 마다 독립성이 결여된 경우에는 하나의 사업으로 보아야 하나, 동일한 장소에 있더라도 사업의 종류가 현저히 구별될 때에는 별개의 사업으로 보아야 한다.

「모든 사업 또는 사업장에 적용한다.」는 것은 사업의 업종, 영리추구 및 국내외의 여부를 묻지 않고 모두 적용된다는 뜻이다. 따라서 근로기준법은 국가 또는 지방자치단체가 행하는 사업, 공익사업체, 사회사업단체, 종교단체, 정당 등에도 당연히 적용된다. 그리고 마약·밀수와 같은 범법사업 이외의 정책적·행정적 목적으로 금지된 사업도 근로기준법의 적용대상이 된다.

3. 일부적용사업

소규모 영세사업장까지 근로기준법을 전면적으로 적용할 경우 사업주들이 이를 준수할 능력이 부족하여 오히려 준법정신을 후퇴시킬 우려가 있고 행정감독 능력에도 한계가 있을 수 있다. 이에 근로기준법 제11조 제2항은 「상시 4명 이하의 근로자를 사용하는 사업 또는 사업장에 대하여는 대통령령으로 정하는 바에 따라 이 법의 일부 규정을 적용할 수 있다.」라고 규정하고, 시행령 제7조 관련 「[별표1] 상시 4인 이하의 근로자를 사용하는 사업 또는 사업장에 적용되는 법규정」에서 구체적으로 열거하고 있다. 상시 4인 이하 사업 또는 사업장에 적용되는 임금 및 수당 관련규정은 임금지급(§43), 도급사업에 대한 임금지급(§44), 건설업에서의 임금지급 연대책임(§44의 2), 건설업의 공사도급에 있어서의 임금에 관한 특례(§44의 3), 비상시 지급(§45), 도급근로자의 임금보호(§47), 임금대장(§48), 임금시효(§49), 휴일(§55), 미성년자의 임금청구(§68), 임산부의 보호(§74) 등이다.

4. 적용제외사업

1) 동거의 친족만을 사용하는 사업 또는 사업장

동거의 친족만을 사용하는 사업 또는 사업장의 경우에는 친족이라는 특수한 관계로 인하여 사용종속관계를 판단하기 어려울 뿐만 아니라 혈연 내지 이에 준하는 관계에 대하여 법이 개입하여 근로조건을 강행적으로 규율한다는 것은 사회통념상 적절하지 않기 때문에 근로기준법의 적용을 배제시키고 있다(§11① 단서).

여기서 「친족」은 8촌 이내의 혈족, 4촌 이내의 인척 및 배우자를 말하고(민법 §777), 「동거」란 세대를 같이 하고 일상생활을 공동으로 하는 등 생계를 같이 하는 것을 말한다. 따라서 당해 사업장에서의 근로자 중 친족이 아닌 자가 한 사람이라도 있거나 친족인 근로자 중 한 사람이라도 동거를 같이 하지 않는 자가 있는 경우에는 근로기준법이 적용된다. 이 경우 친족도 상시근로자수에 포한된다.

2) 가사사용인

「가사사용인」이라 함은 가정부, 파출부, 정원사 등 일반가정의 가사업무에 종사하는 자를 가리킨다. 가사사용인은 주로 개인의 사생활과 관련되어 있고 근로시간이나 임금 등의 규제에 관하여 국가의 행정감독이 미치기 어렵기 때문에 근로기준법의 적용을 배제시키고 있다. 다만, 가사사용에 해당하는가의 여부는 가정의 사생활에 관한 것인가를 기준으로 근로의 장소, 종류 등 그 실제에 따라 구체적으로 판단해야 한다.

3) 특별법에 의한 제한

(1) 선 원

선원법은 근로기준법의 특별법에 해당하므로 선원법에 규정된 근로조건, 직무에 대하여는 선원법이 적용되고, 선원법에 규정되지 아니한 사항에 대하여는 보충적으로 근로기준법이 적용된다.

(2) 공 무 원

근로기준법은 국가, 서울특별시, 광역시·도, 시·군·구, 읍·면·동 기타 이에 준하는 것에 대하여도 적용되는 것이므로 국가공무원 또는 지방공무원에 대하여 특별히 규정된 것이 없는 한 원칙적으로 근로기준법이 적용된다(§11). 그러나 국가공무원 및 지방공무원의 인사·보수 및 복무 등에 대하여는 국가공무원법 및 지방공무원법이 적용되고, 퇴직금에 대하여는 공무원연금법의 적용을 받게 되므로 근로기준법이 적용되지 않는다.

(3) 사립학교 교원

사립학교 교원의 자격·임면·복무·신분보장 및 징계 등에 관해서는 사립학교법이 적용되고, 퇴직·사망 및 직무상의 질병·부상 등에 관해서는 사립학교교원연금법이 적용되므로 근로기준법이 적용되지 않는다. 그러나 사립학교법과 사립학교교원연금법에 규정되지 아니한 임금, 근로시간 등의 근로조건에 대하여는 근로기준법이 적용된다.

(4) 청원경찰

청원경찰에 대한 근로조건의 기준에 대하여는 청원경찰법이 적용되므로 청원경찰법에 규정되지 아니한 근로조건에 대해서만 근로기준법이 보충적으로 적용된다.

제2절 근로자와 사용자의 개념 및 범위

Ⅰ. 개 관

사용자는 기업에 적합한 근로자를 선발·채용하는 동시에 근로자가 직무수행능력이 부족하거나 직장규율질서를 위반한 경우에는 전근·징계 등 각종 인사권을 행사한다. 그러나 인사권은 사용자의 권한이기는 하지만 헌법 제32조 및 제33조의 근로기본권 보장조항 및 인사권을 제한하는 법률에 의하여 제한을 받을 수밖에 없다. 반면, 근로자는 헌법상의 근로기본권과 노동관계법령에 따라 사용자의 부당한 인사처분으로부터 법적 보호를 받을 수 있는 법적 보호대상자가 된다.

따라서 사용자와 법적 보호대상자로서의 근로자의 개념과 범위를 규명하는 것은 개별적 근로관계법의 인적 적용범위를 확정함에 있어서 간과할 수 없는 매우 중요한 문제일 뿐만 아니라 법적 구제절차에서 당사자의 범위를 확정하는 기초가 된다. 그러나 근로기준법 제2조 제1항 제1호와 제2호는 근로자와 사용자의 개념을 규정하고 있으나, 그 규정이 일반적이고 추상적인 정의규정으로 되어 있어 법률의 운용에 있어서 상당한 혼란을 초래하고 있으며 그 요건과 범위에 대하여 다양한 해석론이 대두되고 있다.

Ⅱ. 근 로 자

1. 의의 및 중요성

근로자가 개별적 근로관계법에 의한 법적 보호를 받을 수 있기 위해서는 우선적으로 근로기준법 제2조 제1항 제1호의 근로자[3]에 해당되어야 한다.[4] 현실적으로

3) 근로자와 노동자는 영어의 worker; labourer, 독일어의 Arbeiter, 불어의 travailleur에

임금 또는 보수를 목적으로 사용자에게 근로를 제공하다가 부당한 대우를 받은 경우라도 근로기준법상 근로자의 요건을 갖추지 못한 자는 노동관계법상의 보호규정의 적용이 배제되어 법적 구제를 받지 못하게 된다.[5] 따라서 우선적으로 근로자 여부를 결정하는 것은 매우 중요한 의미를 가진다.

근로기준법은 제2조 제1항 제1호는 단지 「직업의 종류와 관계없이 임금을 목적으로 사업이나 사업장에 근로를 제공한 자」를 근로자의 정의로 규정하고 있을 뿐, 이에 대한 구체적 판단기준을 제시하고 않은 관계로 근로자의 범위 및 판단기준에 관해서 다양한 해석론이 대두되고 있다. 특히 헌법상 보장된 근로기본권의 보장을 위해서 실질적으로 사용자와 종속근로관계 아래에 있는 자를 근로자로 보아야 한다는 이른바 「근로자 범위의 확장이론」이 대두되고 있는 현실에서 근로자의 요건과 범위에 대해서 다양한 해석론과 법 개정의 필요성이 대두되고 있다.

그러나 근로자 요건과 범위에 대한 입법적 개선이 없는 한 현행법상 근로자에 해당하는지의 여부는 근로기준법 제2조 제1항 제1호를 기준으로 판단할 수밖에 없다.

2. 근로자 여부의 판단기준

근로기준법 제2조 제1항 제1호는 「근로자란 직업의 종류와 관계없이 임금을 목적으로 사업 또는 사업장에 근로를 제공하는 자를 말한다.」라고 규정하고 있으므로

서 유래한 것으로서 동일한 개념이므로 노동과 근로도 동일한 개념이다. 그럼에도 불구하고 근로자 또는 근로라는 용어를 통일적으로 사용하고 있는 것은 역사적 배경에 있다. 즉, 일제시대에는 노동자는 사회적으로 「노동은 천하다」라고 하는 관념과 함께 주로 육체노동에 종사하는 자만을 의미하였으나, 제2차 대전 중 소위 「총동원체제 확립」을 위하여 전 국민이 참여한다는 취지에서 노동 또는 노동자 대신에 근로 또는 근로자라는 용어로 대체한 후 일본 헌법도 그대로 사용하게 되었다. 우리나라 노동관계법상 근로, 근로자, 근로조건 등의 용어를 사용하고 있는 것은 헌법상의 용어와 통일을 기하기 위해서이다. 그러나 노동계는 일반적으로 노동, 노동자, 노동조건의 용어를 사용하고 있다(노병호·한경식, 임금보호법(초판), 15면).

4) 근로기준법 제2조 제1항 제1호는 사업 또는 사업장에서 근로조건을 보호받을 수 있는가의 여부를 기준으로 근로자를 정의하고 있으며, 「노동조합 및 노동관계조정법」 제2조 제1호는 노동조합에 가입하여 노동운동을 할 수 있는가를 기준으로 근로자를 정의한 것이다. 이처럼 근로기준법과 노동조합 및 노동관계조정법에서 근로자의 정의를 다르게 규정한 것은 법의 목적이 다르기 때문이다. 이외의 노동관계법은 대부분 근로기준법 제2조 제1호의 근로자 정의규정을 준용하고 있다.

5) 다만, 근로자의 요건을 충족하지 못한 경우에도 민사소송 등을 통하여 구제받을 수는 있다.

이 규정에 의한 근로자의 개념으로부터 법적 보호대상자인 근로자 범위를 판단할 수밖에 없다.

1) 직업의 종류와 관계없이

직업의 종류와 관계없다는 것은 근로의 내용이 정신노동이거나 육체노동임을 묻지 않고, 계약의 형식이 도급계약이든 위임형식을 가졌는가의 여부도 묻지 않으며, 근로의 형태가 상용근로자이거나 일용근로자 또는 단시간 근로자임을 묻지 않는다는 것을 의미한다.[6] 직업의 종류는 근로자 요건과 무관하므로 육체노동에 종사하는 자(blue collar)나 정신노동에 종사하는 자(white collar)와 서비스업에 종사하는 자(grey collar) 모두 근로기준법 제2조 제1항 제1호의 요건을 충족하는 한 근로자에 해당된다.

대법원은 「도급계약의 형식을 빌렸다 하더라도 그 계약의 내용이 사용자와 사이에 사용종속관계를 유지하면서 도급인의 사업 또는 사업장에 특정된 근로제공만을 그 목적으로 하고 있고, 그 근로제공에 대하여 능률급 내지 성과급을 지급받기로 하는 것이라면 이에 따라 노무를 제공한 자는 근로기준법상 소정의 근로자에 해당한다.」라고 판시하여 근로제공 원인이 되는 계약의 형식이 근로자의 여부를 판단하는 기준이 될 수 없음을 분명히 하고 있다.[7]

2) 임금을 목적으로

근로계약은 유상·쌍무계약의 성격을 가지고 있는 것이므로 근로기준법상 근로자는 당연히 임금을 받을 목적으로 근로를 제공하여야 함은 당연하다. 여기서 임금이라 함은 「사용자가 근로의 대가로 근로자에게 임금, 봉급, 그 밖에 어떠한 명칭으로든지 지급하는 일체의 금품」을 말한다(근로기준법§2①5호). 따라서 임금은 사용종속관계 아래에 있는 근로자가 사용자로부터 근로제공의 대가로 받는 일체의 이익을 말하는 것으로써 반드시 금전에 한정되는 것이 아니기 때문에, 영업시설의 이용에서 오는 이익이나 이에 준하는 수입에 의하여 생활하는 자도 근로자에 해당된다.[8]

---

6) 이병태, 최신노동법, 63면.

7) 대법원 1987. 5. 26. 선고 87도604.

8) 한경식, 「근로자 요건의 재구성」, 370면; 이병태, 최신노동법(제8전정판), 65면; 민주사회를 위한 변호사 모임, 변호사가 풀어주는 노동법1(개정3판), 59면; 박홍규, 고용법·근로조건법(제2판), 193면.

근로제공의 대가로서의 임금은 반드시 근로계약체결 시에 확정될 필요는 없는 것이며 장래 근로의 대가로서의 임금지급이 예정된 경우라도 「임금을 목적으로 근로를 제공하는 경우」로 해석함이 타당하고,[9] 근로자 요건을 판단하는 중요한 기준은 사용종속노동관계가 있는가의 여부이고 단순한 봉사목적의 근로가 아닌 한 임금의 지급여부는 근로자의 요건을 판단하는 보조적 판단기준으로 보아야 한다.[10]

3) 사업 또는 사업장에

근로관계는 사업 또는 사업장에서 근로제공이 이루어지는 것을 본질로 하는 것이므로 근로자에 해당되기 위해서는 사업 또는 사업장에서 근로를 제공하는 관계가 성립되어야 한다.[11] 「사업 또는 사업장」은 일정한 장소에서 유기적인 조직 아래에서 업(業)으로서 계속적으로 행해지고 있어야 한다. 업(業)으로서 계속성의 요건을 갖춘 이상 영리목적의 기업은 물론 비영리 또는 공익목적의 사업도 이에 해당된다. 따라서 사회사업단체나 종교단체,[12] 교육·연구기관,[13] 정부투자기관,[14] 정당도 사업 또는 사업장에 포함된다. 그리고 업으로서의 계속성이 있는 한 사업이 1회적이거

9) 근로기준법 제2조 제1호에 분명히 「임금을 목적으로」라는 표현을 쓴 것으로 보아 사전에 임금액이 결정될 것을 근로자의 요건으로 규정하지 않은 것은 분명하기 때문에 채용 당시 구체적으로 임금수준이 결정되지 않았더라도 근로자성이 부인되는 것은 아니다. 임금수준이 결정되지 않은 경우에는 취업규칙에 정한 동일한 근로자의 임금, 최저임금, 관습(노동관행) 등에 의하여 보충되는 것으로 해석해야 한다(노병호·한경식, 임금보호법, 13면; 박종희, 「근로기준법상 근로자의 개념」, 105~106면; 한경식, 「근로자 요건의 재구성」, 370면).

10) 하갑래, 근로기준법(전정제27판), 102면; 박종희, 「근로기준법상 근로자의 개념」, 105~106면; 노병호·한경식, 임금보호법, 13면.

11) 근로기준법 제2조 제1항 제1호에 규정된 근로자의 요건은 근로계약체결 당사자로서 근로자와 노동조합 및 노동관계조정법 제2조 제1호에 규정된 근로자와는 다르다. 즉, 근로계약체결 당사자로서 근로자는 사용자의 지휘 감독을 받는 사용종속노동관계에 있을 것을 요건으로 하지 않고 현실적인 취업 이전에 계약당사자로서의 지위를 정하기 위한 것이고, 노동조합 및 노동관계조정법 제2조 제1호는 헌법 제33조의 노동3권의 보호법익을 기준으로 근로자의 요건을 규정한 것이다. 따라서 비록 사용자와 근로계약을 체결하였더라도 사용종속노동관계가 성립되지 않은 채용내정자와 실업자는 노동조합 및 노동관계조정법상 근로자에 해당되지만, 근로기준법 제2조 제1항 제1호의 근로자에는 해당되지 않는다(한경식, 「근로자 요건의 재구성」, 370~371면).

12) 대법원 1992. 2. 14. 선고 91누8098.

13) 대법원 1979. 9. 25. 선고 78다2312.

14) 대법원 1994. 1. 11. 선고 93다37540.

나 일시적이라도 무방하다.[15)]

그런데 사업 또는 사업장에 근로제공이 이루어지고 있는가의 여부가 근로자를 판단하는 중요한 기준이 됨에도「사업 또는 사업장」의 개념과 범위에 관하여 구체적인 정의와 범위에 관한 규정을 두고 있지 않아 근로자 여부를 판단하는데 혼선을 가중시키고 있다. 요컨대,「사업 또는 사업장에서」의 의미는 근로제공과의 조건관계를 이루고 있기 때문에 사용자의 경영조직에서 사용자의 지시에 따른 근로제공 그 자체를 의미하는 것으로 해석해야 하고, 사용자의 지시는 시간적·장소적·방법적 요소 이외에 별도의 독자적인 의미를 가미하여 판단하여야 한다. 따라서 외견상으로는 조직 내에 포함되어 있는 것처럼 보일지라도 노무제공자가 독자적인 조직을 가지고 있는 경우에는 근로계약의 당사자가 아닌 것이며, 반대로 외견상 독자적인 노동조직을 가지고 활동하는 것으로 보이나, 실질적으로 그 독자성을 상실하여 사용자의 조직적 구속성이 인정될 정도의 요건을 갖춘 경우라면 근로관계가 성립하는 것으로 해석해야 한다.[16)]

문제는 법령상의 허가를 받지 않거나 금지된 사업에 종사하는 자가 근로자에 해당되는가의 여부이다. 정책적 또는 행정상의 목적을 달성하기 위하여 사업주에게 일정한 규제를 가하는 사업에 근로를 제공하는 자는 근로자에 해당되나, 마약의 제조·판매 등과 같이 형사상 범죄행위를 사업으로 하면서 근로자를 채용한 경우에는 근로자도 사용자의 범법행위에 가담하고 협력한 것이므로 형법상 공동정범 또는 종범으로서의 형사책임을 지지 않을 수 없기 때문에 근로기준법의 적용대상인 근로자로 볼 수 없다. 이와 달리 출입국관리법상 외국인 취업을 제한하고 있는 것은 내국인의 실업을 예방하고자 하는 정책적 목적에 기인한 것이므로 출입국관리법을 위반하여 국내에서 불법 취업한 외국인의 경우에도 근로기준법상 근로자에 해당된다.[17)]

---

15) 대법원 1994. 10. 25. 선고 94다21979.

16) 노병호·한경식, 임금보호법(초판), 17면; 동지 박종희,「근로기준법상 근로자 개념」, 102면.

17) 대법원은「출입국관리법을 위반하여 불법으로 취업한 외국인도 사실상 제공한 근로에 따른 권리나 이미 형성된 근로관계에 있어서의 근로자 신분에 따른 노동관계법상의 제반권리 등의 법률효과까지 금지하려는 규정으로 보기 어렵다.」라고 판시하여 외국인도 근로기준법의 적용을 받는 근로자임을 분명히 밝히고 있다(대법원 1995. 9. 15. 선고 94누12067).

4) 근로를 제공하는 자

학설[18]과 판례[19]는 일관하여 「근로를 제공하는 자」라 함은 사용자의 지휘·명령을 받으면서 실질적 사용종속관계에서 노무를 제공한 자로 정의하고 있다. 근로자 여부를 판단하는데 가장 중요한 기준이 되는 것이 바로 사용종속관계의 여부이다. 대법원은 사용종속관계를 판단할 수 있는 징표기준으로서 ① 전속관계의 유무, ② 근무에 대한 승낙 또는 거부자유의 유무, ③ 근무시간 및 근무 장소의 지정 유무, ④ 노무제공의 대체성 유무, ⑤ 업무수행과정에 있어서의 지휘·명령의 유무, ⑥ 재료·업무용 기구의 부담관계, ⑦ 보수의 성격 등을 제시하고 있다.[20] 그러나 사용종속관계의 징표기준이 모두 구비되어야만 근로자의 요건을 충족하는 것이 아니라 구체적인 사안에 따라 구체적·개별적으로 판단해야 한다.[21]

3. 근로자 범위의 확장이론

1) 문제의 소재

학설과 판례는 일반적으로 근로기준법상의 근로자 여부를 판단함에 있어서 「사용종속노동관계에 있는지의 여부와 임금을 목적으로 근로를 제공하고 있는지의 여부」를 가장 중요한 판단기준으로 설정하고, 사용종속관계 여부의 중요한 판단기준으로서 사용자의 구체적인 지휘·감독을 들고 있다.

현대의 산업사회는 과거와는 달리 통신수단의 급격한 발달로 인하여 굳이 인접한 장소에서 근로자들의 업무수행에 대하여 구체적인 지휘·감독할 필요성이 퇴색되어 가고 있고, 사업의 성격에 따라서는 그 업무방식을 지시하기보다는 업무수행을 전

---

18) 김형배, 노동법(제24판), 208면; 임종률, 노동법(제14판), 33면; 이병태, 최신노동법(제8전정판), 59면; 김유성, 노동법Ⅰ(초판), 22면; 이상윤, 노동법(제3판),92~93면 등.

19) 대법원 2005. 5. 27. 선고 2005두524; 대법원 2001. 1. 18. 선고 99다48986; 대법원 2001. 2. 9. 선고 2000다57498 등.

20) 대법원 1994. 12. 9. 선고 94다22859; 대법원 2005. 5. 27. 선고 2005두524; 대법원 2006. 12. 21. 선고 2006두15240 등.

21) 대법원은 「전체적으로 보아 임금을 목적으로 종속적 관계에서 사용자에게 근로를 제공하였다고 인정되는 이상, 근로자에 관한 여러 징표 중 근로조건에 관한 일부의 사정이 결여되었다고 하여 그러한 사유만으로 근로자가 아니라고 할 수는 없다.」라고 함으로써 사안에 따라 사용종속관계를 구체적·개별적으로 판단하고 있다(대법원 2001. 2. 9. 선고 2000다57498).

적으로 위임하고 단지 성과만을 가지고 업무를 평가하거나 임금을 지급하는 방식의 채택이 가능하게 됨으로써 고전적인 의미에서의 근로자로 인정되는 노무공급의 범위는 축소되고 자영업자와 근로자 사이에 위치한 회색지대가 급격하게 늘어나고 있는 추세이다.

그럼에도 불구하고 학설과 대법원 판례처럼 근로자의 요건을 엄격하게 해석한다면, 기업은 간접고용을 통하여 근로자와의 사이에 중간업자를 형식적으로 근로계약의 당사자로 개입시키고 노동법상 사용자에게 부과되는 책임을 회피하면서 실질적으로 노동력을 지배하고자 할 것이다. 그 결과 실질적으로 노동력에 의해서만 생계를 유지하고 있는 상당수가 근로자의 요건을 결하게 되어 경제적·사회적으로 종속성이 인정된다 하더라도 노동법상 보호를 받을 수 없게 되는 불합리한 결과를 초래할 수밖에 없다.[22)]

이처럼 근로자의 요건을 엄격하게 해석하고 있는 학설과 판례 및 기업의 노동력 지배현상에 따른 문제점을 시정하고 실질적으로 경제적 종속관계에 있는 자의 인간다운 생활을 보호하기 위하여 근로자의 범위를 확장해야 한다는 이론이 대두되고 있는데, 이를 근로자 범위의 확장이론이라고 한다.

2) 「임금을 목적으로」에 관한 해석을 통한 확장방법론

근로계약은 임금을 목적으로 근로를 제공함을 본질로 하는 유상·쌍무계약의 성격을 갖는 것이므로 타인의 지시에 따라 근로를 제공한다 하더라도 임금이라고 하는 근로의 대가관계가 성립하지 않으면 근로기준법상 근로자로 볼 수 없음은 당연하다. 문제는 근로계약 체결 또는 근로제공 당시 당사자 사이에 임금액 또는 임금지급 방법에 대하여 명시적인 합의가 없는 경우에 근로자로 볼 수 있는가의 여부이다.

근로기준법 제2조 제1항 제1호에 명문으로 「임금을 목적으로」라는 표현을 사용한 것으로 보아 단순한 봉사 목적의 근로제공이 아닌 한 반드시 근로계약 체결 또는 근로제공 당시 임금수준과 임금지급 방법이 확정되지 않아도 무방하고, 장래 근로의 대가로서 임금지급이 예정된 경우라면 근로자의 요건을 충족한 것으로 해석해야 한다. 근로계약 체결 또는 근로제공 당시에 임금액이 결정되지 아니한 경우에는 「보수 또는 보수액의 약정이 없는 때에는 관습에 의하여 지급한다.」라고 규정하고 있는 민법 제656조 제1항, 최저임금법의 입법취지 등을 고려하면 사용자는 최소한 관습

22) 노병호·한경식, 임금보호법(초판), 30~33면.

에 의한 임금을 지급해야 하고 그 임금의 최저액은 최저임금법에 의하여 보충되는 것으로 해석해야 한다.[23)]

오히려 사용자가 근로계약 체결 또는 근로제공 당시 임금액이 결정되지 않았다는 이유로 근로를 제공하였음에도 임금을 지급하지 않은 경우에는 근로계약 체결 시 근로조건 명시의무를 규정한 근로기준법 제17조와 임금지급 방법을 규정한 근로기준법 제43조 위반에 따른 벌칙이 적용된다고 보아야 한다. 그리고 근로기준법 제2조 제5호에서 규정하고 있는 임금은 사용자가 근로의 대가로 지급하는 일체의 이익을 의미하는 것이므로, 근로의 대가성만 충족하면 임금으로 인정해야 한다.[24)] 따라서 당사자간에 임금약정이 없더라도 근로계약은 성립한 것이고 근로제공을 한 이상 근로자의 요건을 충족한 것으로 보아야 한다.

3) 「근로를 제공하는 자」에 관한 해석을 통한 확장방법론

우리나라 근로기준법 제2조 제1항 제1호는 「직업의 종류와 관계없이 임금을 목적으로 사업 또는 사업장에서 근로를 제공하는 자」를 근로자로 정의하고 있음에도, 학설과 판례는 근로자 여부를 판단하는 기준으로서 사용종속노동관계를 중심개념으로 설정하면서 사용종속노동관계를 사용자의 지휘·감독관계로 해석하고 있다. 이는 독일의 종속노동이론과 이를 수용한 일본의 학설과 판례의 영향을 받은 것으로 생각된다.

독일의 경우는 노동관계법에 근로자에 관한 정의규정을 두지 않은 관계로 노동법을 다른 법 영역과 구별되는 독자적인 노동법의 영역으로 만들기 위하여 노동법의 중심을 이루는 근로자 개념을 통일적으로 정립하는데 주력하였으며, 그와 같은 노력의 결과가 바로 종속노동이라는 의미로 자리 잡게 되었다. 그 결과, 민법의 원리로는 해결할 수 없는 종속적인 지위에서 노동하는 자들을 위한 법으로서의 노동법의 생성은 불가피한 것이었고, 「종속노동=근로자」라고 하는 노동법의 체계를 유지하게 되었다. 일본의 경우는 노동기준법 제9조에서 「직업의 종류를 묻지 않고 사업 또는 사무소에 사용되는 자로서 임금이 지급되는 자」를 근로자로 정의하고 있기 때문에 사용종속관계를 근로자 판단의 중심으로 삼을 만한 충분한 법적 근거를 가지

23) 한경식, 「근로자 요건의 재구성」, 376면; 노병호·한경식, 임금보호법(초판), 35~36면; 박종희, 「근로기준법상 근로자 개념」, 105면.

24) 한경식, 「근로자 요건의 재구성」, 377면.

고 있으며, 다수의 학설도 근로자성을 주로 사용종속성을 가지고 판단하고 있다.[25)] 즉, 근로자 요건의 판단기준으로서 「사업 또는 사무소에 사용된 자」라 하고 할 수 있는 전형은 업무명령에 대한 승낙 여부의 자유가 없고, 업무의 내용과 수행방법에 대한 지휘·명령을 받으면서 근무장소와 시간에 구속되고 업무수행을 타인에게 대체시킬 수 없는 사정을 모두 갖춘 경우를 말한다.[26)] 요컨대, 독일은 근로자 및 근로계약에 대한 정의규정이 없는 상태에서 노동법 또는 근로관계의 본질을 규명하기 위한 관점에서 「종속노동」이라는 용어를 사용한 것이고, 일본은 노동기준법상의 근로자 정의규정에 입각하여 「사용종속관계」를 근로자의 여부를 판단하는 기준으로 삼고 있는 것이다.

그러나 근로자와 근로계약에 관한 정의규정을 함께 두고 있는 우리나라의 근로기준법 체계 아래에서는 이러한 정의규정을 도외시하고 법문에 등장하지도 않는 「사용종속노동관계=사용자의 지휘·명령관계」를 중심으로 근로자 요건을 판단하는 것은 문제가 있다. 우리나라의 입법체계를 중심으로 근로자 요건을 판단하기 위해서는 근로기준법 제2조 제1항 제1호와 제4호에 규정된 근로자 및 근로계약의 정의규정에 충실하게 상호 연관성을 고려하여 「근로를 제공하는 자」를 규범적으로 새롭게 해석할 필요성이 있다.

근로기준법 제2조 제1항 제4호는 근로계약을 「근로자가 사용자에게 근로를 제공하고 사용자는 이에 대하여 임금을 지급하는 것을 목적으로 체결된 계약」이라고 정의하고 있으므로, 근로계약관계의 본질은 근로제공과 임금지급과의 쌍무적 견련관계로 파악할 수 있다. 그런데 근로기준법 제2조 제1항 제3호에 근로를 정신노동과

---

25) 일본은 1985년 노동기준법연구회가 근로자성을 결정하는 통일적인 기준을 마련하기 위하여 「근로자성을 판단하기 위해서는 계약관계 형식을 불문하고 실질적인 사용종속성을 종합적으로 판단하여야 하고, 이를 위한 구체적인 판단기준으로 사용종속성에 관한 판단기준과 근로자성을 보강하는 요소」로 구분하여 제시하였다. 즉, 사용종속성에 관한 판단기준으로서 ① 구체적인 작업의 의뢰, 업무종사의 지시 등에 대한 승낙 또는 거절의 자유 유무와 ② 업무수행상 지휘·감독 유무로 들고 있으며, 업무수행상 지휘·감독이 있는가의 판단기준으로서 ㉠ 업무내용 및 수행방법에 관한 사용자의 구체적인 지휘·명령의 유무, ㉡ 근무장소 및 근무시간이 지정되고 관리되고 있는지의 여부를 들고 있다. 근로자성을 보강하는 요소로서 ① 사용자의 명령에 따라 통상 예정되어 있는 업무 이외의 업무에 종사하는 경우가 있는지의 여부, ② 노무공급의 대체성이 인정되는지의 여부를 제시하였다(박종희, 「근로기준법상 근로자의 개념」, 82면).

26) 菅野和夫(李 鋌 譯), 일본노동법, 96~97면.

육체노동을 말한다고만 규정하고 있을 뿐, 근로 그 자체에 대한 아무런 정의규정을 두고 있지 않기 때문에 해석론을 통하여 그 개념을 정립할 수밖에 없다. 근로기준법이 정하고 있는 「근로」는 광의의 인간 활동 가운데 법적 판단이 이루어진 일부 활동만을 의미하는 것이므로 그와 같은 법적 판단은 헌법 제32조의 근로권에서 도출되어야 한다.

헌법 제32조의 「근로권」의 의미와 관련성을 갖는 기본권은 헌법 제15조의 「직업선택의 자유」라고 할 수 있으므로 근로기준법상의 근로는 생존의 필요성을 충족시키는 경제활동의 의미로 이해할 수 있다. 그리고 근로계약관계는 사용자가 원하는 바에 따라 근로자의 노동력 자체를 전적으로 투입하는 것을 전제로 하는 것이므로 「근로제공」이라는 의미는 사용자가 지시하는 시간과 장소 또는 방법에 따라 일을 수행하는 것으로 보아야 한다. 이러한 법체계적 해석방법에 의하면, 업무수행과정에 있어서 사용자의 구체적인 지휘·명령 및 감독이 없다 하더라도 사용자가 지시한 바에 따라 업무를 수행한 경우에는 「근로를 제공한 자」로 해석해야 한다.[27]

이와 같이 근로기준법 제2조 제1항 제4호에 의한 「근로계약의 정의규정」과 헌법 제32조에 의한 「근로권」 및 헌법 제15조에 의한 「직업선택의 자유」 규정을 종합하여 근로제공의 의미를 해석해야 하므로, 근로기준법 제2조 제1항 제1호에 규정된 근로자 요건으로서의 「근로를 제공하는 자」를 「사용종속노동관계=사용자의 구체적인 지휘명령관계」 아래에서 있는 자로 해석할 근거가 없다. 따라서 사용자가 지시하는 시간과 장소 또는 방법 등에 의하여 업무를 수행하는 경우에는 「근로의 제공」이 있는 것으로 해석함이 타당하고, 사용자에 의한 지시권에의 구속 여부는 사용자의 지시가 어느 정도인지를 기준으로 할 것이 아니고 「사용자의 지시가 있었는지」를 기준으로 판단하여야 한다.[28]

이처럼 사용자의 구체적인 지휘·명령 및 감독이 없다 하더라도 사용자가 지시한 바에 따라 업무를 수행한 경우에는 「근로를 제공하는 자」로 해석할 경우, 교통통신의 발달로 인한 재택근로, 구체적인 업무통제방식에서 벗어나 업무결과 통제방식으로 전환되는 새로운 노무관리패턴으로 인한 자율성이 강한 업무 종사자들도 근로자의 요건을 충족하게 되어 현대의 노무관리 패턴에 어느 정도는 부합할 수 있을 것으

27) 한경식, 「근로자 요건의 재구성」, 378~379면.
28) 박종희, 「근로기준법상 근로자의 개념」, 76~99면.

로 예상된다.[29)]

4. 판례의 경향

1) 근로자 여부의 판단기준

근로기준법상 근로자 요건 판단기준을 처음으로 제시한 것으로 평가되는 대법원 판결은 "1994. 12. 9. 선고 94다22859"이다. 이 판례는 근로자 여부를 판단하는 기준으로 「계약의 형식에 상관없이 실질에 있어서 근로자가 사업 또는 사업장에서 임금을 목적으로 종속적인 관계에서 근로를 제공하고 있는지의 여부에 따라서 판단하여야 함을 전제한 뒤, 종속관계가 있는지 여부를 판단하는 구체적인 기준(징표)으로서 ① 업무의 내용이 사용자에 의하여 결정되는지의 여부, ② 취업규칙 또는 복무(인사)규정의 적용을 받고 있는지의 여부, ③ 업무수행과정에서 사용자로부터 구체적·개별적인 지휘·감독을 받는지의 여부, ④ 사용자에 의하여 근무시간과 근무 장소가 지정되고 이에 구속받는지의 여부, ⑤ 업무대체성의 여부, ⑥ 근로자가 비품·원자재나 작업도구 등 소유관계의 여부, ⑦ 보수가 근로자체의 대상적 성격을 가지고 있는지의 여부, ⑧ 기본급이나 고정급이 정해져 있는지의 여부, ⑨ 근로소득세의 원천징수 여부, ⑩ 근로제공관계의 계속성과 전속성의 여부, ⑪ 사회보장제도에 의한 법령 등 다른 법령에 의하여 근로자로서의 지위를 인정받고 있는지의 여부」 등을 제시하고 있다.[30)]

대법원이 판례에서 제시하고 있는 근로자 징표기준을 종합하여 개별적으로 근로자 여부를 판단해야 한다고 하고 있으나,[31)] 대체로 사용자의 구체적인 지휘·명령을 받으면서 계속적으로 근로를 제공하고 업무시간과 업무장소가 지정되고 임금이 정해져 있는 경우에 한하여 근로자의 요건을 충족하는 것으로 판단하고 있다. 따라서 레미콘기사, 지입차주, 화물기사, 학습지교사 등과 같은 특수형태 근로종사자는 근로자의 요건을 충족하지 않은 것으로 해석하여 노동법상 보호대상에서 제외되어 왔다.[32)]

---

29) 조임영, 「근로계약의 본질과 근로자개념」, 188면 이하.

30) 대법원 1994. 12. 9. 선고 94다22859; 대법원 2005. 5. 27. 선고 2005두524; 대법원 2006. 12. 21. 선고 2006두15240; 대법원 2007. 9. 6. 선고 2007다37165 등.

31) 대법원 2001. 2. 9. 선고 2000다57498.

32) 특수형태 근로종사자에 대한 근로자성을 부인한 판례로서는 대법원 1978. 7. 25. 선고

이후 대법원은 위 판결에 기초하여 판단기준의 내용을 일부 수정 내지 보완하였다.[33] 구체적으로, ① 종속관계 여부 판단에 있어 기본(고정)급 정함 여부, 근로소득세 원천징수 여부, 사회보장제도상 근로자로 인정 여부 등의 사정은 사용자가 경제적으로 우월한 지위를 이용하여 임의로 정할 여지가 크다는 점에서 그러한 점들이 인정되지 않는다는 것만으로 근로자성을 쉽게 부정하여서는 안 된다고 하였고, ② 업무수행과정에서의 지휘감독의 정도와 관련하여 기존 "구체적·개별적인" 지휘·감독에서 "상당한" 지휘·감독으로 그 기준을 완화하고 있으며, ③ 독립사업자성 여부와 관련하여서도 "독립하여 자신의 계산으로 사업을 영위할 수 있는지, 노무 제공을 통한 이윤의 창출과 손실의 초래 등 위험을 스스로 안고 있는지"는 표현을 사용함으로써 이전에 비해 보다 구체적이고 명확한 판단기준을 제시하였다.[34]

2) 근로자성을 인정한 판례

▶ **출근시간과 강의시간 및 강의장소가 지정된 사업자등록을 필한 대학입시학원 종합반 강사** (대법원 2006. 12. 7. 선고 2004다29736).

▶ **지정된 강의실과 강의시간표에 따라 강의를 담당하고 있는 대학강사** (대법원 2007. 3. 29. 선고 2005두13018,13025).

▶ **실질적인 사주의 지휘감독을 받는 등기된 대표이사** (대법원 2006. 9. 22. 선고 2006두12180).[35]

▶ **전속통역안내원** (대법원 2006. 12. 21. 선고 2006두15240).

78다510(위탁수금원 근로자성 부인), 대법원 1996. 4. 26. 선고 95다20348(학습지교사 근로자성 부인), 대법원 1990. 5. 22. 선고 88다카28112(보험설계사 근로자성 부인), 대법원 1996. 7. 30. 선고 95누13432(골프장 캐디 근로자성 부인), 대법원 1997. 2. 14. 선고 96누1795(레미콘차량기사 근로자성 부인), 대법원 2000. 10. 6. 선고 2000다30240(지입차주 근로자성 부인) 등이 있다.

33) 대법원 2007. 3. 29. 선고 2005두13018,13025; 대법원 2006. 12. 7. 선고 2004다29736.

34) 그럼에도 불구하고, 예컨대, 신용정보회사에서 전속되어 채권추심 업무를 수행하고 실적에 따라 보수를 받는 채권추심원 등에 대하여는 판단이 엇갈리고 있다(대법원 2009. 5. 14. 선고 2009다6998은 근로자성을 부인하는 반면, 대법원 2015. 7. 9. 선고 2012다20550은 근로자성을 인정한다).

35) 이 판례는 법인등기부에 등재된 대표이사가 산재보험법상 보험급여청구권이 인정되는 근로자에 해당되는가의 여부가 문제된 사안이었는데, 등기된 대표이사를 근로자성을 인정한 최초의 판례이다.

▶ **근무상황이 정규운전기사와 별다른 차이가 없는 일용 대무운전기사**

(대법원 2005. 4. 14. 선고 2004도1108).

▶ **실질적으로 종속근로를 제공한 임원**

(대법원 2005. 5. 27. 선고 2005두524).[36)]

▶ **사용종속근로관계에 있는 불법체류(미등록) 외국인**

(대법원 1995. 9. 15. 선고 94누12067).

(서울고등법원 1993. 11. 26. 선고 93다916774).

▶ **실질적인 종속근로관계에 있는 외국인 산업연수생**

(대법원 2005. 11. 10. 선고 2005다50034).[37)]

▶ **운송수입금 전액을 지입회사가 관리하고 통제를 받는 화물지입차주**

(근기 68207-3301, 2001. 9. 29; 근기 68207-1062, 2002. 3. 15).

▶ **명목상의 이사 및 단순한 등재이사인 경우**

(대법원 2000. 1. 18. 선고 99도2910).

▶ **공장장으로 재직하다가 이사 대우로 승진한 경우**

(대법원 2000. 9. 8. 선고 2000다22591).

▶ **자신 소유의 오토바이를 이용하는 택배 배달원**

(대법원 2004. 3. 26. 선고 2003두13939).

▶ **회사에 전속되어 매월 정액 보수를 받고 있는 운송지입차주**

(대법원 2001. 1. 18. 선고 99다48986).

▶ **국립병원 전공의** (대법원 1998. 4. 24. 선고 97다57672).

---

36) 대법원은 구체적으로 「① 직원에 준하는 징계규정이 적용되고 있는 점, ② 보수 및 퇴직금에 관하여도 회사의 규정을 적용받게 되는 점, ③ 집행이사제 운영규정상 집행이사가 임원이 아니라고 하는 점, ④ 인사규정에서 본부장은 직원으로 명시되어 있는 점, ⑤ 회사의 대표이사에 의하여 근무 장소를 지정받고 근무 시간에 대하여도 제한을 받고 있을 뿐 아니라 대표이사의 지휘·감독을 받는 점 등」을 이유로 이사회의 결의를 통하여 집행이사로 선임된 본부장을 근로자로 판단하였다.

37) 헌법재판소는 산업연수생도 자본주의경제질서 하에서 기본적 생활수단을 확보하고 인간의 존엄성을 보장받기 위하여 최소한의 근로조건을 요구할 수 있는 기본권의 주체가 된다고 전제하면서 근로기준법에 정한 근로조건 중 중요사항을 외국인 산업연수생에게는 적용하지 않도록 한 「외국인산업연수생의 보호 및 권리에 관한 지침」은 자의적인 차별이라고 하여 평등권에 위반된다고 결정하였다(헌법재판소 2007. 8. 30. 선고 2004헌마670).

▶ **광고수탁 및 광고료 수금업무에 종사하는 광고영업사원**
(대법원 2001. 6. 26. 선고 99다5484).

▶ **사업주가 관리·분배하는 봉사료를 받는 접객원**
(대법원 1996. 9. 6. 선고 95다35289).

▶ **회사와 위탁계약을 체결하고 전력계량기 검침과 전기요금 청구서 송달 등의 업무를 수행하는 위탁원** (대법원 2014. 11. 13. 선고 2013다77805).

▶ **제조업체 생산물품을 자기 소유 트럭으로 운송하고 물량에 따라 보수를 받는 운전기사** (대법원 2013. 4. 26. 선고 2012도5385).

3) 근로자성을 부정한 판례

▶ **손님으로부터 받는 봉사료의 수입에 의하여 생활하는 유흥업소 종사자**
(대법원 1995. 9. 6. 선고 95다35289).

▶ **사원증과 기자증을 발급받은 신문사 지사장**
(대법원 1999. 11. 12. 선고 99도2451).

▶ **취업규칙, 4대 보험 등의 적용을 받지 않는 채화작업자**
(대법원 2004. 1. 15. 선고 2002도3075).

▶ **상법상의 이사·감사** (대법원 2003. 9. 26. 선고 2002다64681).[38)]

---

38) 대법원은 구체적으로 「상법상 이사와 감사는 주주총회의 선임 결의를 거쳐 임명하고 그 등기를 하여야 하며, 이사와 감사의 법정 권한은 위와 같이 적법하게 선임된 이사와 감사만이 행사할 수 있을 뿐이고 그러한 선임절차를 거치지 아니한 채 다만 회사로부터 이사라는 직함을 형식적·명목적으로 부여받은 것에 불과한 자는 상법상 이사로서의 직무권한을 행사할 수 없다. 주식회사의 이사, 감사 등 임원은 회사로부터 일정한 사무처리의 위임을 받고 있는 것이므로, 사용자의 지휘·감독 아래 일정한 근로를 제공하고 소정의 임금을 받는 고용관계에 있는 것이 아니며, 따라서 일정한 보수를 받는 경우에도 이를 근로기준법 소정의 임금이라 할 수 없고, 회사의 규정에 의하여 이사 등 임원에게 퇴직금을 지급하는 경우에도 그 퇴직금은 근로기준법 소정의 퇴직금이 아니라 재직중의 직무집행에 대한 대가로 지급되는 보수에 불과하다. 근로기준법의 적용을 받는 근로자에 해당하는지 여부는 계약의 형식에 관계없이 그 실질에 있어서 임금을 목적으로 종속적 관계에서 사용자에게 근로를 제공하였는지 여부에 따라 판단하여야 할 것이므로, 회사의 이사 또는 감사 등 임원이라고 하더라도 그 지위 또는 명칭이 형식적·명목적인 것이고 실제로는 매일 출근하여 업무집행권을 갖는 대표이사나 사용자의 지휘·감독 아래 일정한 근로를 제공하면서 그 대가로 보수를 받는 관계에 있다거나 또는 회사로부터 위임받은 사무를 처리하는 외에 대표이사 등의 지휘·감독 아래 일정한 노무를 담당하고 그 대가로 일정한 보수를 지급받아 왔다면 그러한 임원은 근로기준법상의

▶ **제품운송에 대하여 지입회사의 구체적인 지시를 받지 않는 지입차주**
(대법원 2013. 7. 11. 선고 2012다57040; 대법원 2000. 10. 6. 선고 2000다30240; 대법원 1998. 1. 23. 선고 97다44676 등).

▶ **골프장 캐디**
(대법원 2014. 2. 13. 선고 2011다78804; 대법원 2003. 2. 12. 선고 2002두12229).

▶ **레미콘 운송기사** (대법원 1997. 2. 14. 선고 96누1795).

▶ **수강료 수입액의 일정비율을 배분받은 입시학원 단과반 강사**
(대법원 1996. 7. 30. 선고 96도732).

▶ **학습지 상담교사** (대법원 1996. 4. 26. 선고 78다510).

▶ **채용내정자**
(대법원 2000. 11. 28. 선고 2000다51476) (1999. 12. 13. 근기 68207-848).

▶ **보험회사나 우체국** (대법원 1996. 7. 30. 선고 96도732).

4) 평 가

판례는 계약의 형식에 상관없이 실질에 있어서 근로자가 사업 또는 사업장에서 임금을 목적으로 종속적인 관계에서 근로를 제공하고 있는지에 따라서 근로자 여부를 판단하여야 함을 전제하고, 종속관계가 있는지 여부를 판단하는 구체적인 기준으로서 ① 업무의 내용이 사용자에 의하여 결정되는지의 여부, ② 업무수행과정에서 사용자로부터 구체적·개별적인 지휘감독을 받는지의 여부, ③ 사용자에 의하여 근무시간과 근무 장소가 지정되고 이에 구속받는지의 여부, ④ 보수가 근로자체의 대상적 성격을 가지고 있는지의 여부 등을 제시하고 있다. 근로자 여부를 판단하는 기준은 사용종속관계를 판단하는 일종의 예시기준으로 해석하여 모든 조건을 충족하여야만 근로자로 인정하는 것은 아니고, 근로자로 볼 수 있는 기준 중 일부의 사정이 결여되었다 하더라도 임금을 목적으로 사용종속관계로 볼 수 있는 조건을 갖춘 경우에는 근로자로 인정하고 있는 경향이다.[39] 그리고 최근 판례는 근로자 여부를 판단하는 중요한 기준으로서 사용자의 지휘·감독 정도를 종전의 「구체적이고 개별적인 지휘감독」에서 「상당한 지휘감독」이라는 용어를 사용함으로써 근로자의 요

근로자에 해당」한다고 하여 이 사건에서 회사의 임원들이 퇴직급을 청구할 수 있는 근로기준법상의 '근로자'에 해당한다고 판단하였다.

39) 대법원 2001. 2. 9. 선고 2000다57498.

건을 완화하고 있는 경향을 보이고 있다.40)

그러나 구체적인 사안에 대해서는 대체로 근로자의 요건을 엄격하게 해석하여 자영업자와 사용종속성 성격을 모두 갖추고 있는 이른바 「건설오야지」와 「특수고용직 종사자」에 대하여는 일관하여 근로자성을 부인하고 있다. 특히, 이른바 「건설오야지」는 사업자등록을 필하지 않고 원재료·자재 등을 제공함이 없이 단지 건설회사와 건설 공사에 대하여 소수의 건설일용노무자들을 고용하여 도급공사를 수행하고 있으나, 실질적으로 건설회사의 지휘·감독을 받고 있으며, 오로지 자신의 노동력으로만 업무를 수행하고 있는 자들이므로 근로기준법상 근로자로 해석하지 않고 있는 판례에 수긍하기 어렵다. 또한 「특수고용직 종사자」도 비록 자영업자적 성격을 가지고 있음은 분명하나, 역시 특정한 회사에 전속되어 노동력을 제공하는 자이고 업무수행과정에서 구체적으로 소속 회사의 통제를 받지 않는 것은 업무의 특성에 기인한 것으로 보아야 하므로 일체의 근로자성을 부인하고 있는 판례에 대하여도 수긍하기 어렵다.

이처럼 판례가 이들에 대하여 근로자성을 부인하고 있는 근본적인 이유는 업무수행과정에 있어서 도급회사 또는 소속회사 등으로부터 구체적·개별적인 노무통제를 받지 않고 있으며, 이들이 받는 보수를 근로기준법상 임금의 성격이 아닌 위탁수수료 또는 일종의 도급금액으로 해석하고 있기 때문이다.

계약의 형식에 구애됨이 없이 사용종속관계가 있는지의 여부 및 임금이 정해져 있는지의 여부 및 근무시간 및 장소가 정해져 있는지의 여부 등을 기준으로 근로자 여부를 판단하고 있는 판례의 경향에 대해서는 다음과 같은 비판이 제기되고 있다.41)

(1) 「사용종속관계 = 근로자성」의 등식관계로 근로자 여부를 판단하는 것이 타당한가의 여부이다. 근로기준법 제2조 제1항 제1호가 제시하고 있는 근로자 판단요소는 「① 직업의 종류와 관계없이 ② 임금을 목적으로 ③ 사업 또는 사업

---

40) 대법원은 강의수행과정에서 사용자로부터 구체적이고 개별적인 지휘·감독을 받지 않으나, 강의시간 및 강의장소가 사용자가 일방적으로 정해져 있는 등 사용자로부터 상당한 지휘·감독을 받고 있다는 이유로 대학강사와 대학입시 종합반 강사를 근로자로 인정하였다(대법원 2007. 3. 29. 선고 2005두13018,13025; 대법원 2006. 12. 7. 선고 2004다29736).

41) 근로자의 요건과 범위에 대한 비판론에 대한 상세는 박종희, 「근로기준법상 근로자의 개념」, 73면 이하; 노병호·한경식, 임금보호법(초판), 30면 이하; 한경식, 「근로자 요건의 재구성」, 374면 이하 참조.

장에 ④ 근로를 제공」한다는 네 가지 요소를 분명히 제시하고 있음에도 이에 대한 검토 없이 곧바로 실질적인 사용종속관계로 넘어가 근로자 여부의 판단을 위한 핵심도구로 삼고 있는 법적인 근거가 무엇인가에 대한 의문이다.

(2) 근로기준법상 근로자 여부를 판단하기 위해서는 민법상의 고용계약이든 도급계약이든 그 계약의 형식에 관계없이 실질적으로 사용종속관계가 성립하면 근로자에 해당한다고 해석함으로써 근로자 여부를 실질적으로 판단해야 한다고 하는 것은 타당성이 있으나, 근로자 여부를 판단함에 있어서 근로기준법 제2조 제1항 제4호에 규정된 근로계약을 전혀 고려하지 않고 있다는 점이다.

(3) 판례가 제시하고 있는 사용종속관계 여부의 판단기준이 어떠한 근거에서 제시되었다거나 실질적인 사용종속관계를 판단하는 적합한 기준이 될 수 있는가에 대하여 의문이 있고, 사용종속관계 유무의 판단을 위한 기준을 나열하고 있을 뿐 어떤 기준이 핵심적이고 본질적인 것인지 또는 어떤 요소가 부차적인 것인지를 구분하고 있지 않기 때문에 구체적인 사건에 있어서 판단자가 어떤 요소에 가중치를 두는가에 따라 근로자의 요건이 달라질 수 있다고 하는 문제점이 있다.

(4) 근로자 여부를 판단하고 있는 기준으로서 임금지급 여부를 들고 있는데, 근로의 대가가 무엇인지에 대한 분명한 언급이 없어 이에 대한 혼란을 가중시키고 있다고 하는 점이다.

요컨대, 판례는 엄격하게 임금을 지급받으면서 사용자의 지휘·명령을 받고 있는 자만을 근로자로 판단하고 있는 것은 성과·목표관리를 강조하고 있는 현대 노무관리시스템에서 특정 사업주에 종속되어 노동력을 제공하고 일정한 보수를 받는 상당수의 노동력 제공자들이 노동법의 보호를 받지 못하는 결과를 초래하고 있는 점을 감안하면, 「① 근로계약 체결 여부와 관계없이 사업 또는 사업장에서 ② 임금을 목적으로 사용자의 지시에 의하여 ③ 근로를 제공하는 자」는 근로자의 요건을 충족한 것으로 해석하여 노동법의 인적 적용범위를 확대할 필요성이 있다.

Ⅲ. 사 용 자

1. 의의 및 중요성

사용자는 노동관계법상 의무를 이행하는 대내적인 책임과 근로계약상 의무를 부담하고 대외적인 책임을 부담하는 자이므로 근로자의 권리구제를 위해서는 사용자의 범위와 그 책임범위를 확정하는 것은 매우 중요한 문제이다.

근로기준법 제2조 제1항 제2호는 「사업주 또는 사업경영담당자, 그 밖에 근로자에 관한 사항에 대하여 사업주를 위하여 행위하는 자」를 사용자로 정의하고 있으므로 사용자의 범위는 이 규정에 따라 판단할 수밖에 없다. 내부적으로 근로자에 대하여 사용자로서 책임을 부담하는 자는 근로기준법 제2조 제1항 제2호에 규정한 모든 사용자가 해당할 것이고, 대외적으로 근로계약 당사자로서 책임을 부담하는 사용자는 사업주에 국한된다. 그러나 근로기준법 제2조 제1항 제2호는 매우 추상적인 사용자의 정의만 규정하고 있기 때문에 어느 범위까지 사용자로 볼 것인가의 여부에 대하여는 다양한 해석론이 대두되고 있다.

특히, 최근 고용형태의 다양화로 인하여 근로계약서상 사용자로 되어 있지 않으나, 사실상 실질적으로 특정인 또는 특정기업이 인사권과 근로조건 등을 결정하거나 영향력을 행사하고 있는 경우가 많은데, 이 경우 특정인 또는 특정기업을 근로계약상의 제반 의무를 부담하는 대외적인 사용자로 볼 수 있는가의 여부가 새로운 문제로 등장하고 있다.

2. 사용자 여부의 판단기준

1) 사 업 주

사업주라 함은 사업의 손익이 귀속되는 경영주체를 의미한다. 따라서 개인기업의 경우에는 개인 기업주가 사업주가 되고, 법인기업의 경우에는 법인 그 자체가 사업주가 된다. 사업주는 당해 사업에서 노동관계법 위반행위가 발생하였을 때 사업주 본인이 직접 위반행위에 관여하지 않았다 하더라도, 그 위반행위방지에 필요한 조치를 다 한 것이 입증되지 않는 한 벌칙을 면할 수 없다. 사업주는 대외적으로 근로계약상 임금지급 의무를 부담하고 있는 사용자에 해당하나, 근로계약이 형식상 유효하게 존재하지 않는 경우라도 실질적으로 사용종속관계가 성립하면 사용자에 해당된다.[42)]

2) 사업경영담당자

사업경영담당자라 함은 사업경영일반에 대하여 권한과 책임을 지는 자로서 사업주로부터 사업경영의 전부 또는 일부에 관하여 포괄적인 위임을 받고 대외적으로

---

42) 노병호·한경식, 임금보호법(초판), 39면.

사업을 대표하거나 대리하는 자를 말한다. 주식회사의 대표이사, 합명회사 및 합자회사의 업무집행사원, 유한회사의 이사, 지배인, 회사정리절차 개시 이후 선임된 관리인, 미성년자 또는 피성년후견인이 사업주인 경우의 법정대리인 등이 이에 해당한다. 그러나 이러한 명칭을 사용하지 않더라도 실질적으로 사업경영담당자로서 실질적인 권한을 갖는 경우에는 사업경영담당자로 보아야 한다.[43]

3) 근로자에 관한 사항에 대하여 사업주를 위하여 행위하는 자

「근로자에 관한 사항에 대하여 사업주를 위하여 행위하는 자」라 함은 인사·임금·복리후생·노무관리 등 근로조건의 결정 또는 근로의 실시에 관하여 지휘·명령 내지 감독을 할 수 있는 일정한 책임과 권한이 사업주에 의해 부여된 자를 말한다. 일반적으로 이사, 공장장, 과장, 부장, 직장책임자, 현장감독자 등이 이에 해당할 것이다. 그러나 이와 같은 직책상의 명칭에 관계없이 실질적으로 근로자에 관한 사항에 대하여 일정한 권한이 부여된 자는 사용자에 해당하고, 반대로 이와 같은 직명을 가지고 있다 하더라도 단지 상사의 상급자의 명령을 전달하는 자에 불과한 경우에는 사용자에 해당하지 않는다.[44] 이처럼 근로기준법상 근로자에 해당하는 경우라도 다른 근로자와의 관계에서는 사용자의 지위를 가지고 있는 경우가 있다.

3. 사용자 범위의 확장이론

1) 문제의 소재

근로자에 대해 법적의무를 부담해야 하는 사용자는 근로자와 근로계약을 체결한 사업 또는 사업장의 사업주가 되는 것이 원칙이다. 그런데 형식적인 근로계약상 사용자가 아닌 제3자가 실질적으로 근로관계에 대하여 실질적으로 결정권을 행사하거나 지휘·통제하는 경우에 그 제3자가 근로관계에 있어서 사용자로 해석하여 책임을 물을 수 있는가의 여부가 문제된다.

최근 근로계약의 체결당사자가 아닌 다른 사업 또는 사업장의 사업주가 실질적으로 근로관계를 지휘·통제하는 경우에는 그들에게도 사용자성을 확대하여 근로관계에 대한 책임을 물어야 한다는 주장이 제기되고 있다. 이러한 이론을 사용자 범위의 확장이론이라고 한다.[45] 예컨대, 모기업이 자회사에 대하여 경영권을 행사하여 지

43) 박홍규, 고용법·근로조건법(제2판), 199면.
44) 박홍규, 고용법·근로조건법(제2판), 199면.

배하는 경우에 모기업 사업주를 자회사 소속 근로자의 사용자로 해석하여 근로관계에 대한 책임을 지게 하는 것이다. 사용자의 범위를 확장하기 위한 이론으로서는 법인격 부인의 법리, 실질적 동일성의 법리, 지배 영역의 법리가 대두되고 있다.[46]

2) 법인격 부인의 법리

「법인격 부인의 법리」란 법인과 구성원 사이에 자산·업무가 혼동되어 있어서 법인격이 형해화(허수아비)되어 있는 경우 또는 그 법인이 그 구성원에 의하여 남용적인 목적으로 이용되고 있는 경우에 특정한 권리관계에 한해서 법인격의 존재를 부인하고, 그 배후에 있는 실질적인 구성원을 법인과 동일시하여 법률관계를 타당하게 조정 또는 해결하려는 이론을 말한다.[47] 즉, 회사의 법인격이 법이 본래 의도한 목적과는 달리 남용되는 경우에 회사의 특정한 법률관계에 한하여 그 법인격을 인정하지 아니하고 그 법인의 배후에 있는 실체를 기준으로 하여 법률적인 취급을 하려는 이론이다. 형식상 법인회사로 등록되었더라도 특정인 또는 모회사 등이 출자하고 실질적으로 직접 경영을 하여 온 경우에는 그 법인회사의 법인격은 부인되어 그 특정인 또는 모회사를 근로기준법상 사용자로 해석할 여지가 있다. 그러나 법인격 부인을 이유로 한 사업주의 범위를 확장하여 책임을 묻는 것은 예외적인 책임사유에 해당하는 것이므로 그 요건은 엄격하게 적용할 필요성이 있다.

판례는 「회사가 외형상으로는 법인의 형식을 갖추고 있으나, 그 실질에 있어서는 완전히 그 법인격의 배후에 있는 타인의 기업에 불과하거나 그것이 배후자에 대한 법률적용을 회피하기 위한 수단으로 함부로 쓰여지는 경우에는 비록 외견상으로는 회사의 행위라 할지라도 회사와 그 배후자가 별개의 법인격체임을 내세워 회사에게만 그로 인한 법적 효과가 귀속됨을 주장하면서 배후자의 책임을 부정하는 것은 신의성실의무에 위반되는 법인격의 남용으로서 심히 정의와 형평에 반하여 허용될 수 없으므로, 회사는 물론 그 배후자인 타인에 대하여도 회사의 행위에 관한 책임을 물을 수 있다고 보아야 한다.」라고 판시하여 탈법행위의 목적으로 한 형식상 법인에 대해서는 법인격을 부인하고 있다.[48]

---

45) 이상윤, 노동법(제3판), 101면; 임종률, 노동법(제14판), 339면.

46) 사용자 범위의 확정이론 및 관련 판례에 대한 상세는 "제3장 제5절 아웃소싱과 근로관계" 참조.

47) 김홍규, 민사소송법(제7판), 38면.

48) 대법원 2001. 1. 19. 선고 97다21604.

3) 실질적 동일성의 법리

「실질적 동일성의 법리」는 원래 위장 해산된 구회사와 신설회사가 영업실태와 회사 임원의 구성 등 여러 가지 면에서 실질적으로 동일하다고 판단되는 경우에는 신설회사에게 사용자 책임을 묻는 이론이다. 최근 다양한 고용형태의 확산으로 인하여 근로계약상의 사용자와 동일시할 수 있는 자에게까지 사용자 개념을 확대하여 책임을 묻는 판례들이 많이 있으나, 구체적인 사항에 대해서는 그 책임요건을 엄격하게 해석하고 있다.

판례는 실질적으로는 모회사가 자회사의 직원들을 직접 채용한 것과 마찬가지로 모회사와 근로계약관계가 존재한 것으로 평가할 수 있는 경우로서 모회사가 위장도급의 형식으로 자회사의 법인격을 이용한 것에 불과한 경우,[49] 소사장 기업의 근로자를 직접 관리하여 온 분할 전 기업[50]에 대하여는 「실질적 동일성의 법리」에 따라 모회사를 사용자로 판단하고 있다.

4) 지배영역의 법리

집단적 근로관계는 주로 근로자의 단결권 침해를 배제·시정하면서 정상적인 근로관계를 회복하는 것을 목적으로 하는 것이기 때문에 사용자의 범위는 개별적 근로관계 영역보다 넓다고 할 수 있다. 집단적 근로관계법에서 사용자 범위를 확대하는 이론은 이른바 「지배·영역의 법리」이다. 이 법리는 노동조합 및 노동관계조정법 제2조 제2호에서 규정한 근로자를 직접 사용하는 자 이외에 근로관계에 실질적·구체적으로 지배력과 영향력을 행사하는 자는 비록 직접적인 근로계약관계가 없더라도 단체교섭의 상대방으로서 적격성을 인정하여 노동3권을 보호하고자 하는 이론이다.[51] 이 법리에 의하면, 집단적 근로관계에서의 사용자는 근로계약당사자인 사업주뿐만 아니라 근로관계에 직·간접적으로 관련이 있거나 근로관계의 제반 이익에 대하여 영향력 또는 지배력을 행사할 수 있는 지위에 있는 자도 포함된다.[52] 따라서 근로자파견계약에 따라 파견근로자를 사용하는 사용자도 근로자에 대해 자신의

---

49) 대법원 2003. 9. 23. 선고 2003두3420; 대법원 2008. 7. 10. 선고 2005다75088.
50) 대법원 2002. 11. 26. 선고 2002도649.
51) 이병태, 최신노동법(제8전정판), 405면.
52) 이상윤, 노동법(제3판), 834면; 임종률, 노동법(제14판), 339면; 이병태, 최신노동법(제8전정판), 405면.

근무체제와 지휘감독 아래 근로조건을 지배하는 경우[53]의 사용사업주, 노동조합을 와해시킬 목적으로 기업을 일단 해산하면서 실질적으로는 동일사업을 계속하는 위장해산인 경우의 그 동일기업, 분사 전 회사가 분사 후 회사에 대하여 실질적으로 조합원의 근로조건 등을 결정하고 영향력을 행사하여 온 경우의 분사 전 회사가 사용자가 되어 부당노동행위의 주체와 단체교섭의 상대방으로서 사용자에 해당될 수 있을 것이다.

그러나 우리나라의 판례는 사용자 범위를 확대하여 노동3권을 보호하고 있는 경향을 보이고 있는 외국[54]과는 달리, 근로계약상 사용자만을 단체교섭의 당사자인 사용자로 해석하여 집단적 노사관계에서의 사용자 범위의 확대에 관하여 매우 소극적인 입장을 보이고 있다.[55]

4. 판례의 경향

최근 상당수의 기업들이 노동시장의 유연성과 경영합리화 차원에서 근로자의 직접 고용보다는 간접 고용형태인 도급·파견 등과 기업을 매각하거나 양도 또는 합병을 확대함으로써 대외적으로 법률상 근로관계의 의무자인 사업주를 누구로 보아야 할 것인가에 대하여 법적 분쟁이 빈발하고 있다. 이하에서는 주로 대외적으로 법률상 의무를 부담하고 있는 사업주로서의 사용자에 관한 판례의 경향만 개관하기로 한다.

1) 사업주 여부의 판단기준

▶ 사업주로서의 독자성과 독립성이 있는가의 여부

원고용주에게 고용되어 제3자의 사업장에서 제3자의 업무에 종사하는 자를 제3자의 근로자라고 할 수 있으려면, 원고용주는 사업주로서의 독자성이 없거

---

53) 서울행정법원 2006. 5. 6. 선고 2005구합11968.

54) 외국의 경우는 일본은 1995년 최고재판소의 조일방송사건 판결에서 「직접적인 근로계약관계가 없더라도 노동조합 제반 이익의 결정에 실질적·구체적으로 지배력과 영향력을 행사하는 자는 단체교섭의 상대방이 된다.」라고 판결한 이래 집단적 근로관계에 있어서 사용자 범위의 확대를 일반화하고 있다(김광호, 아웃소싱과 노사관계의 발전방향, 57면).

55) 대법원 1993. 11. 23. 선고 92누13011; 대법원 1995. 12. 22. 선고 95누3565; 대법원 1996. 6. 11. 선고 96누1504; 대법원 1997. 9. 5. 선고 97누3644.

나 독립성을 결하여 제3자의 노무대행기관과 동일시 할 수 있는 등 그 존재가 형식적·명목적인 것에 지나지 아니하고, 사실상 당해 피고용인은 제3자와 종속적인 관계에 있으며, 실질적으로 임금을 지급하는 자도 제3자이고, 또 근로제공의 상대방도 제3자이어서 당해 피고용인과 제3자 간에 묵시적 근로계약관계가 성립되어 있다고 평가될 수 있어야 한다(대법원 2008. 7. 10. 선고 2005다75088; 대법원 2002. 11. 26. 선고 2002도649).

▶ **법인격이 부인될 정도의 특정인이 권한을 행사하고 있는지의 여부**

회사가 외형상으로는 법인의 형식을 갖추고 있으나, 그 실질에 있어서는 완전히 그 법인격의 배후에 있는 타인의 기업에 불과하거나 그것이 배후자에 대한 법률적용을 회피하기 위한 수단으로 함부로 쓰여지는 경우에는 비록 외견상으로는 회사의 행위라 할지라도 회사와 그 배후자가 별개의 법인격체임을 내세워 회사에게만 그로 인한 법적 효과가 귀속됨을 주장하면서 배후자의 책임을 부정하는 것은 신의성실의 원칙에 위반되는 법인격의 남용으로서 심히 정의와 형평에 반하여 허용될 수 없고, 따라서 회사는 물론 그 배후자인 타인에 대하여도 회사의 행위에 관한 책임을 물을 수 있다고 보아야 한다(대법원 2001. 1. 19. 선고 97다21604).

▶ **실질적인 사주로서의 권한을 행사하여 왔는지의 여부**

형식상으로는 대표이사직에서 사임하였으나 실질적으로는 사주로서 회사를 경영하여 온 자는 임금 지불에 관한 실질적 권한과 책임을 가지는 자로서 근로기준법 소정의 사용자에 해당한다(대법원 2002. 11. 22. 선고 2001도3889).

▶ **근로계약의 체결이 형식적·명목적인 것에 불과한지의 여부**

아파트관리업자와 위수탁관리계약을 체결하였을 뿐인 아파트입주자대표회의가 직원들에 대하여 임금지급의무가 있는 사용자로 인정되기 위해서는 그 직원들이 관리사무소장을 상대방으로 하여 체결한 근로계약이 형식적이고 명목적인 것에 지나지 않고, 직원들이 사실상 입주자대표회의와 종속적인 관계에서 그에게 근로를 제공하며, 입주자대표회의는 그 대가로 임금을 지급하는 사정 등이 존재하여 관리사무소 직원들과 입주자 대표회의와 사이에 적어도 묵시적인 근로계약관계가 성립되어 있다고 평가되어야 한다(대법원 1999. 7. 12. 선고 99마628).

2) 사업주성을 인정한 판례

▶ **실질적으로 인사경영권을 행사하여 온 모기업**
(대법원 2003. 9. 23. 선고 2003두3420; 동지 대법원 2008. 7. 10. 선고 2005다75088).

▶ **소사장제 기업의 근로자를 직접 관리하여 온 분할 전 기업**
(대법원 2002. 11. 26. 선고 2002도649).

▶ **다른 기업과 합병한 회사**
(대법원 1980. 3. 25. 선고 77누265; 대법원 1994. 3. 8. 선고 93다1589; 대법원 1994. 10. 25. 선고 93누21231).

▶ **영업을 포괄적으로 양수한 기업** (대법원 1993. 5. 25. 선고 91다41750).

▶ **건설하도급자에게 고용된 일용노무자를 지휘·감독을 하여 온 도급인**
(대법원 1986. 8. 19. 선고 83다카657).

▶ **명의차용인** (대법원 1987. 7. 12. 선고 99마628).

3) 사업주성을 부정한 판례

▶ **조직의 동일성이 없는 기업자산만을 매수한 기업**
(대법원 2001. 7. 27. 선고 99두2680).

▶ **인력공급을 하여 온 항운노동조합** (대법원 2007. 3. 30. 선고 2004다83330).

▶ **근로조건 등에 직·간접적으로 관여한 사실이 있는 아파트입주자대표회의**
(대법원 1999. 7. 12. 선고 99마628; 대법원 2001. 1. 5. 선고 2000두2686; 대법원 2001. 6. 1. 선고 2001두2218).

▶ **아파트관리형태의 변경으로 인한 새로운 위탁관리회사**
(대법원 2000. 3. 10. 선고 98두4146; 중노위 2006. 3. 2. 2005부해764).

▶ **임의단체인 학교육성회를 제한 감독하는 서울특별시**
(대법원 1984. 5. 22. 선고 84다1115).

4) 평 가

대법원은 근로계약상 책임을 부담하는 사업주 여부의 판단기준으로서 「독자성과 독립성」의 유무를 제시하고 있다. 대법원은 이러한 사업주의 판단기준에 따라 법인격이 부인될 정도로 모회사 또는 특정인이 권한을 행사함으로써 근로자와 자회사 또는 특정 기업 사이에 체결된 근로계약이 단지 형식적·명목적인 것에 불과한 경우에는 모회사 또는 특정인을 근로기준법상 사업주로 해석하고 있는 경향을 보이고 있다.[56)]

그러나 아파트 위탁관리의 경우에는 비록 위탁자가 위탁관리 소속 근로자의 근로조건 등에 대하여 직간접적으로 사실적으로 관여하여 온 위탁자인 입주자대표회의의 사업주성을 부정하고 있을 뿐만 아니라, 종전 근로관계를 새로운 위탁관리회사가 승계하기로 위·수탁계약을 체결한 경우라도 새로운 위탁관리회사를 종전 근로자의 사업주로 인정하지 않고 있다.[57)] 이는 입주자의 관리비로 위탁회사의 임금 등을 지급할 수밖에 없는 아파트 위탁관리업무의 특성을 고려한 것이고, 단지 위탁관리 방법의 변경은 상법상 영업양도에 해당하지 않는다고 보기 때문이다.

기업변경에 의한 종전 근로자의 사업주 귀속에 대하여 대법원은 대체로 다음과 같은 기준에 따라 판단하고 있다. 첫째, 기업 양도의 경우에는 원칙적으로 양도회사의 근로관계가 포괄적으로 양수회사에 이전되나, 그 포괄이전 시점은 영업양도계약 체결 시로 해석하고 있다.[58)] 그리고 「조직의 동일성」이 없는 자산매각인 경우에는 인적 조직이 당연히 양수회사에 포괄적으로 이전되지 않기 때문에 양수회사는 양도회사 소속 근로자에 대하여 근로관계승계의무를 부담하는 사업주로 볼 수 없다는 견해를 취하고 있다.[59)] 둘째, 기업의 합병의 경우는 당사자간의 고용배제 특약 여부에 상관없이 당연히 합병회사 또는 신설합병회사에 포괄적으로 근로관계가 승계되어 합병회사 또는 신설합병회사의 사업주성을 인정하고 있다(상법 §235 참조).[60)]

이처럼 대법원은 「독립성과 독자성」을 사업주의 요건판단기준으로 제시하면서 법인격을 부인할 정도에 이르는 독립성과 독자성이 결여된 자회사 또는 소사장 기업의 사업주성을 부인하고 있다. 그러나 독립성과 독자성의 요건을 너무나 엄격하게 해석

56) 대법원 2015. 2. 26. 선고 2011다78316; 대법원 2002. 11. 26. 선고 2002도649; 대법원 2001. 1. 19. 선고 97다21604; 대법원 2003. 9. 23. 선고 2003두3420; 대법원 2002. 11. 22. 선고 2001도3889 등.

57) 대법원 1999. 7. 12. 선고 99마628; 대법원 2001. 1. 5. 선고 2000두2686; 대법원 2001. 6. 1. 선고 2001두2218; 대법원 2000. 3. 10. 선고 98두4146 등.

58) 대법원 1994. 6. 28. 선고 93다33173.

59) 대법원 1993. 5. 25. 선고 91다41750.

60) 대법원 1980. 3. 25. 선고 77누265; 대법원 1994. 3. 8. 선고 93다1589; 대법원 1994. 10. 25. 선고 93누21231.

한 결과 현실적으로 우월적 지위를 이용하여 근로조건 등에 상당한 영향력을 행사하고 있는 자에 대하여 사업주성을 부인하고 있다. 요컨대, 계약의 형식 또는 보수의 명목에 상관없이 실질적으로 근로자를 사용하거나 구체적으로 업무 지시 등을 행하는 자를 사업주의 범위에 포함시킬 수 있는 입법적 개선이 필요하다고 본다.[61)]

Ⅳ. 사용자와 근로자와의 상호관계

근로기준법은 「직업의 종류와 관계없이 임금을 목적으로 사업 또는 사업장에 근로를 제공하는 자」를 근로자로 정의하고 있으며, 「근로계약 당사자로서 임금 등의 지급의무를 부담하는 사업주뿐만 아니라 근로자에 대하여 지휘·명령할 지시권을 가진 사업경영담당자와 근로자에 관한 사항에 대하여 사업주를 위하여 행위하는 자」를 사용자로 정의하고 있다.

그러나 사업주의 이익대표자인 중간관리자는 근로자에 관한 사항에 대하여 사업주를 위하여 행위하는 자이므로 사용자에 해당되는 것이나, 대외적으로 인사처분을 비롯한 근로관계 당사자로서 법적 책임을 부담하는 사용자라고 볼 수 없다. 오히려 중간관리자는 임금을 목적으로 사업주 또는 경영주에 고용되어 그의 지휘와 명령을 받는 사용종속관계에 있는 것이므로 엄연한 근로기준법상 근로자에 해당된다. 따라서 근로자와 사용자의 개념은 상대적이라고 할 수 있다. 중간관리자를 사용자의 범위로 규정한 것은 중간관리자의 직책은 노무관리에 관련된 사항에 대하여 사업주로부터 직간접적으로 일정한 권한과 책임이 부여되어 있으므로 노동관계법이 제대로 준수되느냐 하는 것은 사업주보다도 오히려 중간관리자에 달려 있기 때문이다. 이와 같은 이유에서 근로기준법은 사업주의 이익대표자까지도 사용자의 범위에 포함시키고 있는 것은 법의 실효성을 확보하고자 하는데 있다.

이러한 측면에서 근로자와 사용자의 범위는 사업장에 있어서의 직책·지위 등에 의하여 획일적으로 결정되는 것이 아니라 근로자 신분과 사용자 신분이 중첩되는 경우가 많다. 이처럼 근로기준법에서 근로자와 사용자의 범위를 상대적·중복적으로 규정한 것은 법의 보호를 받을 수 있는 근로자의 범위를 확대하고 법의 실효성을 확보하기 위한 것이다.[62)]

61) 동지 박홍규, 고용법·근로조건법(제2판), 200면.
62) 노병호·한경식, 임금보호법(초판), 55~56면.

제2장 근로계약과 근로관계

제1절 개 관

근로계약이란 근로자가 사용자에게 근로를 제공하고 사용자는 이에 대하여 임금을 지급하는 것을 목적으로 체결된 계약을 말한다(근로기준법§2①4).[1] 근로계약은 근로자와 사용자 사이에서 근로와 임금이라는 채권채무관계의 성립을 목적으로 하는 것이므로 유상·쌍무의 채권계약인 동시에 일정한 형식을 요하지 않고 당사자의 합의만으로 계약이 성립된다는 점에서 낙성(諾成)·불요식(不要式) 계약이다. 따라서 근로계약은 사회적 지위의 설정을 목적으로 하는 근로자와 사용자 사이에 체결된 일종의 인격적 결합계약으로서의 성격도 지닌 계약이라고 할 수 있다.

근로계약은 근로관계의 설정과 근로관계의 내용을 정함으로써 당사자의 권리의무관계의 한계를 확정하는 기능을 가지고 있다. 근로기준법은 근로계약을 근로관계의 성립요건으로 보아 근로계약을 기초로 사용자의 인사처분을 포함한 근로조건의 보호를 규정하고 있다. 즉, 근로기준법은 제2장에 근로계약이라는 독립된 장을 두어 근로계약의 정의를 명문으로 규정한 다음, 근로관계의 존속 및 소멸에 관련된 보호규정을 차례로 규정하고 있다. 판례도 「근로관계가 성립하기 위해서는 근로자가 사용자에게 근로를 제공하고 사용자가 이에 대하여 임금지급을 목적으로 명시적 또는 묵시적으로 체결된 계약이 있거나 그 밖에 법적 근거가 있어야 한다.」라고 함으로써 근로계약이 근로관계의 성립요건임을 밝히고 있다.[2]

여기서 근로관계란 사용자의 지시권에 복종하면서 근로를 제공하는 관계를 의미하는 것이므로 종속노동관계를 본질로 한다. 근로계약에 의해서 형성되는 근로관계

---

1) 근로계약은 민법상 고용계약에서 분리된 독립된 개념이나, 노동법에서는 근로계약의 당사자를 「근로자와 사용자」로 규정하고 있는 것에 대하여 민법은 「당사자의 일방과 상대방」이라고 규정하고 있을 뿐이어서 근로계약과 고용계약의 목적이나 형식에는 아무런 차이가 없다. 그리고 우리 민법에서도 유상위임을 비롯한 독립적 고용을 고용계약에서 배제하여 종속적 고용만을 고용계약의 내용으로 정하고 있으므로 굳이 근로계약과 고용계약을 구별할 필요가 없다(이병태, 최신노동법(제8전정판), 584~585면).

2) 대법원 1972. 11. 14. 선고 72다895; 대법원 1987. 2. 10. 선고 86다카1949.

는 근로자의 근로제공과 임금지급의 교환을 기본적 내용으로 한다는 점에서 채권관계라고 볼 수 있지만, 근로관계는 민법상 채권관계와는 달리 계속적인 인적 결합을 본질로 하는 근로제공을 매개로 형성되기 때문에 이에 따른 부수적인 의무로서 근로자는 사업장 질서의 준수의무, 비밀유지의무, 경업금지의무 등을 부담하는 반면 사용자는 근로제공수령의무, 인격배려의무, 안전배려의무 등을 부담한다.[3)]

근로계약은 근로관계를 형성하는 계약으로서 근로관계의 성립요건이므로 근로계약을 체결할 때 근로관계가 성립된 이후에 적용되는 임금 등 근로조건을 결정하고, 근로자의 의사에 반하여 사용자의 강제근로를 금지하기 위한 보호 장치를 마련할 필요성이 있다.

근로기준법은 근로계약을 체결할 때 사용자가 임금 등 근로조건을 명시하도록 함과 동시에 강제근로와 인신구속의 폐단을 예방하기 위하여 위약금예정의 금지와 전차금상계의 금지 및 강제저축의 금지 규정을 두고 있다. 그리고 근로기준법에 명문규정은 없지만, 채용내정자와 시용채용자의 법적 보호도 문제가 된다.

제2절 근로계약

Ⅰ. 근로계약의 의의

1. 개 설

근로계약이란 근로자가 사용자에게 근로를 제공하고 사용자는 이에 대하여 임금을 지급하는 것을 목적으로 체결된 계약을 말한다(근로기준법§2④호). 근로계약은 근로자와 사용자 사이에 근로제공과 그에 대한 임금지급을 주된 내용으로 하는 계속적 근로관계를 형성하는 법률행위로서 유상·쌍무계약의 성격을 가지고 있다.

여기서 근로관계란 사용자의 지시권에 복종하면서 근로를 제공하는 관계를 의미하는 것이므로 종속노동관계를 본질로 한다. 근로계약에 의해서 형성되는 근로관계는 근로자의 근로제공과 임금지급의 교환을 기본적 내용으로 한다는 점에서 채권계약이라고 볼 수 있지만, 근로관계는 민법상 채권계약과는 달리 계속적인 인적 결합을 본질로 하는 근로제공을 매개로 형성되기 때문에 이에 따른 부수적인 의무로서

---

3) 김유성, 노동법Ⅰ(초판), 54면.

근로자는 사업장 질서의 준수의무, 비밀유지의무, 경업금지의무 등을 부담하는 반면 사용자는 근로제공수령의무, 인격배려의무, 안전배려의무 등을 부담한다.

따라서 근로계약은 근로자의 근로제공과 이의 대가로서 사용자가 임금지급을 약정하는 채권계약의 성격 이외에 근로자라는 사회적 지위의 설정을 목적으로 하는 근로자와 사용자 사이에 체결된 일종의 인격적 결합계약으로서의 성격도 지닌 계약이라고 할 수 있다.[4]

근로계약은 근로관계를 형성하는 계기를 부여하므로 근로관계의 성립요건이라고 할 수 있다.[5] 따라서 근로계약을 체결할 때 근로관계가 성립된 이후에 적용되는 임금 등 근로조건을 결정하고, 근로자의 의사에 반하여 사용자의 강제근로를 금지하기 위한 보호 장치를 마련할 필요성이 있다. 근로기준법은 근로계약을 체결할 때 사용자가 임금 등 근로조건을 명시하도록 함과 동시에 강제근로와 인신구속의 폐단을 예방하기 위하여 위약금예정의 금지와 전차금상계의 금지 및 강제저축의 금지 규정을 두고 있다. 그리고 근로기준법에 명문규정은 없지만, 채용내정자과 시용채용자의 법적 보호도 문제가 된다.

2. 근로계약과 고용계약

근로계약의 본질과 법적성질을 파악하는 데 있어서 중요한 것이 근로계약과 고용계약의 관계에 관한 것이다. 고용계약은 노무의 제공과 보수의 지급이라는 내용을 전제로 하는 쌍무계약으로서 대등한 당사자의 자유의사에 의하여 체결되는 평등한 당사자 간의 사적자치원칙에 의한 계약을 의미한다. 그러나 근로계약은 민법상의 도급계약이나 위임과는 달리 근로자와 사용자 사이에 체결된 근로조건하에 근로자가 사용자의 지시 감독을 받으며 근로를 제공하는 계약을 말한다.[6] 이 양자에 대하

---

4) 김유성, 노동법Ⅰ, 54면.

5) 근로관계는 근로계약만으로 성립하는 것인지 아니면 사용자의 경영조직에의 편입이라는 사실행위를 필요로 하는 것인가에 대하여 계약설과 편입설이 있다. 「계약설」은 근로관계는 근로계약만으로 성립한다는 견해이고, 「편입설」은 근로자가 사용자의 사업장 조직에 사실상 편입되어 근무를 개시함으로써 비로소 근로관계가 성립한다는 견해이다. 계약설이 지배적인 견해이나, 근로계약의 주된 권리의무인 근로제공과 임금지급의무는 사실상 사업장 조직에 사실상 편입되어 근로를 개시한 시점 이후에 비로소 발생하는 것이므로 편입설이 타당하다고 본다. 다만, 근로자가 현실적으로 근로제공을 실현하기 전에는 사용자의 근로조건 명시의무, 근로계약이 체결 시에 강제저축과 위약금예정 및 전차금상계금지 등 근로기준법이 적용될 뿐이다.

여는 노무제공의 유형을 기준으로 하여 근로계약을 종속적 노무제공을 목적으로 하는 계약으로 파악하여 양자를 준별하는 준별설과 고용계약은 이미 종속노동을 그 대상으로 하고 있기 때문에 근로계약의 개념과 구별되지 않는다고 하여 고용계약의 개념을 근로계약의 개념에 일치시켜서 파악하는 동일설의 학설이 있다.

준별설의 입장에서는 동일설을 취하는 경우 노동법의 기초를 이루는 보편적 개념으로서의 근로계약이 불필요하다는 것이 되고 실제의 법적용에서 오는 곤란과 모순이라는 문제를 제기한다고 비판한다. 그러나 노동법상의 노동력 수급계약은 근로기준법에 의하여 사적자치가 제한받고 있으며 이 계약은 단순한 채권채무관계를 발생시키는 데 그치지 않고 근로기준법상의 근로관계를 이루는 전제가 된다는 점에서 파악되어야 하기 때문에 고용계약과 근로계약을 동일개념이라고 하더라도 근로계약이라는 용어개념이 불필요하다고 할 수는 없을 것이다. 그리고 민법과 노동법사이에는 일종의 대립관계가 존재한다고 볼 수도 있으나 노동법에 의한 통제와 간섭은 그 자체에 목적이 있는 것이 아니라 시민법적인 자유와 평등을 구체화 하여 근로자의 실질적인 자유와 평등을 확보하기 위한 것으로 민법과 노동법은 단순한 대립관계에 있다고 할 수는 없다. 따라서 양자는 단순한 대립관계라기 보다는 노동문제의 해결에 있어서 협력적인 관계에 있는 것이어서 법적용상의 모순과 혼란은 오히려 준별설을 취하는 경우에 발생하게 된다.

그리고 준별설에 의하는 경우 노무제공의 형태가 유사하다고 하더라도 계약의 상대방인 사용자가 근로자를 몇 명 고용하고 있느냐에 따라서 당해 계약의 개념이 전혀 달라진다고 하는 현상에 직면하게 되고, 또 계약의 상대방 등 계약의 상황에 전혀 변화가 없음에도 불구하고 계약의 개념이 근로기준법의 적용범위가 바뀌면 그에 따라 계약의 개념이 바뀌게 된다는 현상에 직면하게 되는 것이다.

동일설에 의할 때 이러한 모순은 사라지고 민법 노동법 가운데 어느 법의 적용에 의하여 규율되느냐하는 문제만 남게 될 것이다.[7)]

요컨대 어떤 노무공급계약이 고용계약이 아닌 근로계약이라고 할 수 있는가 여부는 노무를 공급하는 자가 근로기준법이 적용되는 사업 또는 사업장의 사용자와 계약을 체결하는가에 의하여 결정된다고 할 수 있을 것이다.

---

6) 대법원 1967. 2. 10. 선고 86다카1949.

7) 대법원 판례도 동일설의 입장을 취하고 있다. 대법원 2001. 4. 13. 선고 2000도4901.

3. 근로계약의 체결

근로계약은 특별한 형식을 요하지 않는 불요식·낙성계약으로 종속노동관계하에서 근로제공을 하고 이의 대가로 임금지급을 약정하면 성립한다.[8] 다만 당사자 사이의 분쟁을 예방하기 위해서는 서면으로 근로계약의 내용을 명확하게 하는 것이 바람직하다. 특히 기간제근로자 및 단시간근로자의 근로조건에 대하여는 서면으로 명확히 하여야 하며, 해고의 시기와 사유에 대하여는 서면으로 통지하여야 한다.

근로계약은 당사자의 자유로운 합의를 바탕으로 대등한 입장에서 체결되어야 하며 민법상의 당사자의 의사능력·행위능력·대리 등에 관한 규정이 적용된다. 다만 근로자 보호의 견지에서 민법의 일반원칙에 수정을 가하고 있다. 즉 민법 제5조에 의하면 미성년자가 법률행위를 하려면 법정대리인의 동의를 얻어야 한다. 그러나 미성년자의 근로계약은 법정대리인의 동의 없이 단독으로 체결할 수 있으며, 법정대리인의 대리에 의한 근로계약체결은 금지된다(근기법제65조 제1항). 미성년 근로자를 친권자 등 후견인의 착취로 부터 보호하기 위한 것이다.

미성년자가 체결한 근로계약이 불리하다고 인정될 때에는 법정대리인 또는 행정관청에 의하여 해지할 수 있다. 해지권자의 해지권 행사는 미성년자를 보호하기 위하여 인정되는 것이므로 미성년자의 의사는 묻지 않는다.[9]

4. 근로계약기간

근로기준법은 근로계약기간에 대하여 규정을 두고 있지 않아 근로자와 사용자의 결정에 맡겨 두고 있다. 근로계약의 기간을 정하지 않은 경우에는 근로자는 언제든지 민법 제660조에 의하여 계약을 해지할 수 있다. 근로자가 임의로 사직서를 제출하였으나 사용자가 이를 수리하지 않으면 민법 제660조 제2항에 의하여 사용자가 해지통고를 받은 날로부터 1월이 경과하거나 동조 제3항의 규정에 의하여 사용자가 해지의 통고를 받은 임금지급기간후의 1임금지급기를 경과함으로써 해지의 효력이 발생한다.[10]

일정한 기간을 정한 근로계약은 근로기준법 제32조에 의한 해고나 해고예고 없이

---

8) 대법원 2006. 1. 7. 선고 2006도300.

9) 하갑래, 근로기준법(전정제27판), 180~181면; 김형배, 근로기준법, 12면.

10) 근기 1455-10936, 1970.11.20 ; 법무 811-4834, 1979.2.26.

기간의 만료로 인하여 소멸된다.[11] 고용기간이 만료한 후 노무자가 계속하여 그 노무를 제공하는 경우에 사용자가 상당한 기간내에 이의를 하지 아니한 때에는 전고용과 동일한 조건으로 다시 고용한 것으로 본다(민법§662조①).[12]

당사자 쌍방에 이의가 없으면 동일한 내용의 근로계약을 체결하는 절차를 생략하고 당연히 갱신되는 것으로 미리 정하는 자동갱신계약은 유효하다.

근로계약기간은 일정한 사업의 완료에 필요한 기간을 정한 장기근로계약을 체결할 수 있다. 여기서 일정한 사업에 필요한 기간이라 함은 당해 사업이 유기적 사업의 성질을 가진 것이 객관적으로 명백한 경우에는 그 사업의 완성까지를 말하며 준공 및 하자보수 기간을 포함한다. 근로계약 기간을 막연히 공사가 완료될 때까지라고 추상적으로 정한 것은 인정되지 않는다.

제3절 근로계약상 근로조건의 명시의무

Ⅰ. 의 의

계약에 의한 권리의무관계가 정착되어 있는 서구 국가와는 달리 가족적인 기업풍토와 동양적 유교사상이 강한 우리나라에서는 채용 당시 근로자가 근로계약의 내용을 세밀하게 확인하는 경우가 드물고 사용자가 제시하는 근로계약서에 단지 서명·날인만 하고 근로계약서를 사용자만 가지고 있는 경우가 많기 때문에 회사가 근로계약서를 제시하지 않으면 근로계약의 내용을 알 수 없는 경우가 대부분이다.

이에 근로기준법 제17조는 근로자가 사전에 임금 등 근로조건을 충분히 알지 못하여 예기치 않은 불리한 조건을 감수하게 되는 위험을 제거하기 위하여 사용자로 하여금 근로계약을 체결할 때 임금 등의 근로조건에 대하여는 서면으로 제시하도록 하고 근로자의 요구가 있는 경우에는 교부하도록 규정하고 있다.[13] 이처럼 근로기준법이 사용자로 하여금 근로자에게 임금 등 근로조건에 대하여 서면명시 의무를

11) 대법원 1965. 7. 7. 선고 65다970 ; 대법원 1989. 10. 24. 선고 89다카160.

12) 이 경우 당사자는 민법 제660조의 규정에 의하여 해지의 통고를 할 수 있다.

13) 반면, 사용자는 근로자를 채용할 때 학력·경력·성격·기업의 적응성 등을 판단하기 위한 이력서 등의 제출을 요구하고 있는데, 근로자는 사실 그대로 기재하여 사용자에게 고지해야 할 신의칙상 진실고지의무를 부담한다. 근로자가 중요한 경력 등을 고지하지 않고 채용된 경우에는 징계사유에 해당된다.

규정함으로써 임금분쟁에 있어서 사용자의 자의적이고 일방적인 해석의 여지가 상당 부분 해소될 것으로 예상된다.

Ⅱ. 명시하여야 할 근로조건의 범위

근로계약 체결 당시 사용자가 근로자에게 명시하여야 할 근로조건은 임금, 소정근로시간, 휴일, 연차유급휴가, 그 밖에 대통령령으로 정하는 근로조건이다. 임금은 그 구성항목, 계산방법, 지불방법 등이 구체적으로 명시되어야 한다. 따라서 사용자는 기본급과 고정적으로 지급되는 수당의 항목, 상여금의 지급요건과 방법, 시간외·야간·휴일근로수당 등 가산임금의 계산방법, 임금의 지불방법이 현금 또는 예금통장인지의 여부, 임금의 지급형태(월급·주급·일급 등) 등을 구체적으로 명시하여야 한다.[14] 임금 이외에 사용자는 소정근로시간, 시업 및 종업시간, 휴게시간, 휴일 및 휴가에 관한 사항과 그 밖에 대통령령이 정하는 근로조건[15]을 명시하여야 한다.

Ⅲ. 근로조건의 명시방법 및 시기

사용자는 임금의 구성항목계산방법·지급방법, 소정근로시간, 제55조에 따른 휴일 및 제60조에 따른 연차 유급휴가에 관한 사항에 대하여는 근로자에게 서면으로 명시하고 근로자의 요구가 있으면 그 근로자에게 교부하여야 한다(근로기준법§17·67③). 근로기준법은 그 밖의 근로조건에 대하여는 명시방법을 규정한 것이 없기 때문에 구두로 명시하여도 무방할 것이나, 명시 여부에 대한 입증책임은 사용자에게 있는 것으로 해석해야 한다. 사용자가 근로자에 대하여 임금 등 근로조건을 명시하여야 할 시기는 「근로계약을 체결할 때」이고, 근로계약관계 도중에 근로계약의 내용이 변경되는 경우에는 그 변경시점에서 변경되는 근로조건을 명시해야 한다.

Ⅳ. 포괄임금약정과 근로조건 명시의무와의 관계

사용자의 근로조건 명시의무와 관련하여 문제가 되는 것은 포괄임금약정의 유효

14) 민변, 변호사가 풀어주는 노동법Ⅰ, 145면.

15) 그 밖에 대통령령으로 정하는 근로조건은 ① 취업의 장소와 종사하여야 할 업무에 관한 사항, ② 근로기준법 제93조 제1호부터 제12호까지의 규정에서 정한 사항(취업규칙의 의무적 기재사항), ③ 사업장의 부속 기숙사에 근로자를 기숙하게 하는 경우에는 기숙사 규칙에서 정한 사항을 말한다(영§8).

성 여부이다. 포괄임금약정의 유효성에 대하여 대법원은 「기본임금을 미리 결정하지 아니하고 제 수당을 미리 합산한 일정 금액을 근로자의 승낙 아래 월 급여액으로 지급하는 내용의 계약을 체결하였다 하더라도 근로자에게 불이익이 없고 제반 사정에 비추어 정당하다고 하면 이를 무효로 할 것은 아니다.」라고 하여 근로자의 승낙을 요건을 매우 제한적으로 그 유효성을 인정하였으나,[16] 그 후 「근로시간, 근로형태와 업무의 성질 등을 참작하거나 계산의 편의와 직원의 근무의욕을 고취하는 뜻에서 시간외근로 등에 대한 제 수당을 합한 금액을 월급여액이나 일당 임금으로 정하거나 매월 일정액을 제 수당으로 지급하는 내용의 포일임금제에 의한 임금지급계약을 체결한 경우에 그것이 근로자에게 불이익이 없고 제반 사정에 비추어 정당하다고 인정될 때에는 이를 무효로 볼 수 없다.」라고 하여 근로자의 승낙을 포괄임금약정의 유효요건으로 해석하지 않고 있다.[17]

더욱이 대법원은 「근로자가 포괄임금으로 지급받은 연장근로수당 또는 이에 갈음하는 시간외수당, 야간수당, 휴일수당 등에는 근로기준법의 규정에 의한 시간외근로수당, 야간근로수당, 휴일근로수당이 모두 포함되어 있다고 볼 것이어서 근로자의 구체적인 시간외 근로시간 등을 인정하고 포괄임금으로 지급된 제 수당과 시간외근로 등에 대한 근로기준법의 규정에 의한 수당과의 차액의 지급을 명한 원심은 포괄임금제에 관한 법리오해의 위법이 있다」라고 하여 포괄임금약정에 의한 제 수당과 근로기준법에 의하여 산정된 제 수당과의 차액까지도 지급할 의무가 없는 것으로 해석하고 있다.[18]

현행 근로기준법은 근로계약의 내용 중 임금에 관한 구체적인 사항을 명시적으로 정하지 않고 포괄적인 임금규정에 의한 사용자의 자의적인 해석의 여지를 축소하기 위하여 「임금의 구성항목·계산방법·지급방법, 소정근로시간, 휴일 및 연차유급휴가에 관한 사항」에 대하여는 강제적으로 근로자에게 서면으로 명시하도록 규정한 것임을 볼 때,[19] 포괄임금약정이 근로계약서 등 서면으로 명시되어 있지 않는 한

16) 대법원 1987. 8. 18. 선고 87다카474.

17) 대법원 1995. 7. 28. 선고 94다54542; 대법원 1997. 4. 25. 선고 95다4066; 대법원 1998. 3. 24. 선고 96다24699 등.

18) 대법원 2002. 6. 14. 선고 2002다16958.

19) 1997. 3. 13. 개정 근로기준법(법률 제5309호) 제24조 후문에 「임금의 구성항목, 계산방법 및 지불방법에 관한 사항에 대하여는 대통령령으로 정하는 방법에 따라 명시하여야 한다」라는 내용을 신설하였고, 시행령 제8조는 「임금의 구성항목, 계산방법 및 지

유효한 것으로 해석할 수 없다고 보아야 한다. 요컨대, 근로자와 사용자 사이에 포괄임금약정이 서면으로 합의되어 있는 경우에만 사용자는 이를 이유로 법정 제 수당의 지급의무를 면할 수 있다고 보아야 한다.[20]

V. 근로조건 명시의무 위반의 효과

1. 손해배상청구

근로계약 체결 시에 명시한 근로조건이 사실과 다른 경우에는 근로자는 사용자를 상대로 근로조건 위반을 이유로 손해배상을 청구할 수 있다(근로기준법§19①). 근로조건 위반으로 손해를 입은 근로자는 법원에 소송을 제기하거나 노동위원회에 손해배상을 신청할 수 있다(근로기준법§19②).

근로기준법이 법원에 의한 손해배상청구소송 이외에 노동위원회를 통한 권리구제를 인정하고 있는 것은 근로계약 체결 시에 사용자가 명시한 근로조건이 근로계약 체결 후에 다른 것을 알게 되었다 하더라도 근로계약관계의 구속에서 벗어나기 어려운 근로자의 입장을 고려하여 취업 초기에 근로자가 원하지 않는 근로를 강제당하는 폐단을 방지하고 신속하게 구제하기 위한 것이다. 그러나 사용자의 근로조건 명시의무 위반에 따른 손해배상은 임금채권에 준하는 성질의 채권으로 보아 민법상의 소멸시효 기간인 10년이 아니고 3년으로 해석해야 한다.[21]

2. 근로계약의 즉시해지권

근로계약 체결 시 명시된 근로조건이 사실과 다른 경우에 근로자는 즉시 근로계약을 해제할 수 있다(근로기준법§19①).[22] 이는 사용자가 근로자를 유인하기 위하여

불방법에 관한 사항을 서면으로 명시하여야 한다.」라고 규정하였다가 2006. 12. 21. 근로기준법(법률 제8074호) 제24조 후문은 임금 등에 서면 명시의무를 대통령령으로 정하도록 내용을 삭제하고 「임금의 구성항목·계산방법·지급방법, 소정근로시간, 휴일 및 연차유급휴가에 관한 사항에 대하여는 근로자에게 서면으로 명시하고 근로자의 요구가 있으면 그 근로자에게 교부하여야 한다.」라고 규정하였다. 구 근로기준법 제24조 후문의 내용을 2007. 5. 17. 개정 근로기준법(법률 제8435호)은 제17호 후문으로 변경하였다.

20) 민변, 변호사가 풀어주는 노동법 I, 148면.

21) 대법원 1997. 10. 10. 선고 97누5732.

22) 근로기준법 제19조는 「근로계약 해제」라는 용어를 쓰고 있으나, 해제는 해지의 의미로

근로자에게 유리한 근로조건을 제시하였으나, 이를 이행하지 아니한 경우에 근로자로 하여금 근로계약의 구속으로부터 신속하게 해방될 수 있도록 하기 위한 것이다.

즉시해지권은 취업초기에 근로자가 원하지 않는 근로를 강제당하는 폐단을 방지하고 근로자를 신속하게 구제하려는데 그 취지가 있는 것이므로 취업 후 상당기간이 지나면 행사할 수 없다.[23]

3. 귀향여비의 지급

명시된 근로조건과 다른 것을 이유로 근로계약이 해지되었을 경우에 사용자는 취업을 목적으로 거주를 변경하는 근로자에게 귀향여비를 지급하여야 한다(근로기준법 §19②).

4. 벌칙의 적용

사용자가 근로조건 명시의무를 위반한 경우에는 500만 원 이하의 벌금에 해당하는 형사처벌을 받게 된다(근로기준법§114). 그러나 근로계약이 사법상 무효가 되는 것은 아님에 주의할 필요가 있다.

제4절 전차금상계의 금지

Ⅰ. 의 의

근로기준법 제21조는 「사용자는 전차금(前借金)이나 그 밖에 근로할 것을 조건으로 하는 전대(前貸)채권과 임금을 상계하지 못한다.」라고 규정하고 있다. 사용자가 근로자에게 금전을 빌려주고 장래 근로제공으로 취득하게 되는 임금채권과 전차금 반환채권과의 상계를 허용하면, 근로자의 전차금 채무가 완전히 변제될 때까지 근로제공을 하게 함으로써 이직의 자유를 제한하고 신체적 구속을 강요하게 된다. 근로기준법은 금전소비대차와 근로관계의 고리를 끊음으로써 근로자의 인신구속의 폐단

해석해야 한다. 즉, 이미 근로를 제공한 것과 그에 따른 임금지급의무를 소급적으로 무효로 할 수 없는 것이고 장래에 대해서만 근로계약의 효력을 부인하는 것이므로 법률 용어상 해지에 해당하기 때문이다.

23) 대법원 1997. 10. 10. 선고 97누5732.

을 막기 위하여 전차금 또는 전대채권과 임금과의 상계를 금지하고 있는 것이다.

Ⅱ. 상계금지의 범위

1. 전 차 금

전차금이란 근로계약의 체결 시 또는 근로계약 체결 후 근로를 제공할 것을 조건으로 근로자가 사용자로부터 금전을 차용하여 향후 임금으로 변제할 것을 약정하는 금전을 말한다. 사용자가 취업 시 근로자에게 일정액의 금전을 빌려주고 임금지급일마다 대여금의 일부를 임금에서 공제하는 것은 전차금 상계의 금지규정에도 위반될 뿐만 아니라 임금전액 지급의 원칙에도 반한다.

그러나 단체협약에서 근로자의 복지차원에서 융자금을 분할하여 임금에서 공제하도록 하는 것은 전차금 상계의 원칙에 반하지 않고, 임금의 가불(假拂)은 임금지급일 이전에 이미 제공한 근로에 대한 대가를 미리 지급하는 것이므로 임금에서 임금가불금을 공제한 후 지급하는 것은 무방하다.[24)]

2. 근로를 조건으로 하는 전대채권

전대채권이라 함은 사용자가 전차금 이외에 근로자 또는 그 친권자 등에게 미리 근로할 것을 전제로 대여하는 금전을 말한다. 근로할 것을 전제로 한 전대채권과 임금과의 상계를 금지하고 있는 것은 사용자가 그 채권의 회수를 위하여 근로자에게 근로를 강요하거나 퇴직의 자유를 제한함으로써 근로자의 신분적인 구속을 수반하기 때문이다.

3. 임금과의 상계금지 범위

1) 원 칙

상계라 함은 채권자와 채무자가 서로 이행기가 도래한 동종의 채권채무를 가지고 있는 경우에 서로 현실적으로 청구 또는 집행하고 이행하는 불편과 불공평을 해소하여 그 채권과 채무를 대등액에서 소멸시키는 의사표시를 말한다(민법§492①).

임금과 전차금 또는 근로할 것을 조건으로 하는 전대채권의 상계를 금지하고 있는

---

24) 이상국, 근로기준법, 132면.

이유는 근로자의 생활위협과 강제근로를 예방하고자 하는 것이기 때문에 사용자의 일방에 의한 상계만이 금지되고 근로자의 자발적인 의사에 의한 상계는 허용된다고 보아야 한다. 그러나 사용자가 전차금 또는 전대차계약을 하면서 경제적으로 곤궁한 처지에 있는 근로의 의사결정의 자유를 제약하여 근로자의 동의를 강제하는 결과를 가져오게 되는 경우에는 근로기준법 제21조의 취지에 반하는 것으로 해석해야 한다.

임금과의 상계가 금지되는 것은 「근로할 것을 조건으로 한 전대채권」이므로 근로할 것을 전제로 하지 않는 일반채권과 임금과의 상계계약은 유효하고, 근로자의 요구와 편의에 따라 사용자가 금전을 빌려주고 대부금과 대부기간·이율·반환방법이 합리적이고 반환 전에 이직의 자유를 제한하지 않는 경우에는 근로기준법 제21조의 위반에 해당되지 않는다. 그리고 임금상계 금지는 사용자가 그의 전대채권을 자동채권으로 하여 근로자의 임금채권을 수동채권으로 하여 전대채권과 임금채권과의 상계를 금지하는 것이므로 임금채권을 자동채권으로 하고 사용자의 전대채권을 수동채권으로 하는 임금상계는 허용된다.[25)]

그러나 전차금 또는 전대채권의 채무자는 개별근로자이기 때문에 개별근로자의 의사에 반하여 노동조합이 채무액을 임금에서 공제하도록 한 단체협약은 무효이고, 임금은 직접 근로자에게 전액을 지급하여야 하는 것이므로 초과 지급된 임금의 반환채권을 제외하고는 사용자는 근로자에 대하여 대출금이나 불법행위를 원인으로 한 채권은 임금채권과 상계하지 못한다.[26)]

결국, 상계가 금지되는 「전차금이나 그 밖에 근로할 것을 조건으로 하는 전대채권」에 해당되는지의 여부는 금전대여의 원인, 기간, 금리의 유무 등을 종합적으로 검토하여 근로자에게 이직의 자유를 구속하는 강제근로의 위험성이 있는가의 여부에 따라 판단하여야 한다.[27)]

2) 예 외

근로기준법은 근로자의 인신구속과 강제근로 및 이직자유의 제한 등을 예방하기 위하여 전차금 또는 근로할 것을 조건으로 하는 전대채권과 임금과의 상계를 금지하고 있는 것이므로, 이러한 폐단이 없는 경우에는 전차금 또는 전대채권과 임금과

---

25) 김형배, 노동법(제24판), 281면.

26) 대법원 1999. 7. 13. 선고 99도2168.

27) 김유성, 노동법Ⅰ, 70면; 김형배, 노동법(제24판), 280면; 임종률, 노동법(제14판), 413면.

의 상계는 허용된다고 보아야 한다. 구체적으로 임금과 전차금과의 상계가 허용되는 범위는 다음과 같다.

근로기준법 제21조는 사용자가 전차금이나 그 밖에 근로할 것을 조건으로 하는 전대채권을 일방적으로 임금과 상계하는 것을 금지하는 것이므로 근로자에 대한 금전채권을 확보하기 위하여 사용자의 임금채권에 대한 압류 및 전부명령까지를 금지하는 것으로 볼 수 없고,[28] 임금채권의 우선변제권은 사용자의 재산에 대하여 강제집행에 대한 환가금에서 일반채권에 우선하여 변제받을 수 있는 권리에 지나지 않는 것이므로 사용자가 근로자의 임금채권을 압류 및 추심하여 대출금채권과 상계하는 것은 가능하다.[29]

사용자가 계산의 착오 등으로 근로자에게 임금을 초과 지급하였을 때 사용자가 근로자에게 가지는 채권과 근로자의 임금채권과의 상계를 행사하는 시기가 임금이 초과 지급된 시기와 임금의 정산·조정의 실질을 잃지 않을 만큼 합리적으로 밀접하게 관련되어 있고 금액과 방법이 미리 예고되는 등 근로자의 경제생활의 안정을 해할 염려가 없거나 근로자가 퇴직한 후에 재직 중 지급되지 아니한 임금 또는 퇴직금을 청구하는 경우에 초과 지급된 임금의 반환청구권을 자동채권으로 하여 상계하는 것은 무방하다.[30]

근로자의 임금채권과 전대채권을 상계하는 것에 대한 근로자의 동의가 자유로운 의사에 의하여 이루어진 것이라고 인정할 만한 합리적 이유가 객관적으로 존재하는 경우에는 임금채권과 전대채권을 상계하는 것은 가능하고,[31] 해외위탁교육을 받은 직원이 의무재직기간 이상 근무하지 아니한 경우 교육비용의 전부 또는 일부를 상환하도록 하는 회사의 규정은 근로기준법 제7조의 강제근로에 하당하지 않고 근로기준법 제21조의 전차금상계금지에 위반되지 않는다.[32]

Ⅲ. 위반의 효과

전차금상계금지를 위반하면 형사처벌(500만 원 이하의 벌금)의 대상이 될 뿐만 아

28) 대법원 1994. 3. 16. 선고 94마1822.
29) 대법원 2000. 5. 26. 선고 99다31551.
30) 대법원 1995. 12. 21. 선고 94다26721; 대법원 1998. 6. 26. 선고 97다4200; 대법원 1999. 7. 13. 선고 99도2168.
31) 대법원 2001. 10. 23. 선고 2001다25184.
32) 대법원 1992. 2. 25. 선고 91다26232.

니라 사법상 무효가 되어 사용자는 원래의 임금 전액을 지급하여야 한다. 따라서 사용자는 근로자에게 직접 전차금을 청구하거나 압류 등과 같은 임금상계 이외의 방법을 통하여 반환받을 수밖에 없다. 사용자가 대출금 등을 원인으로 하는 채권을 가지고 있다는 사정은 근로자에 대한 임금 및 퇴직금 부지급에 따른 근로기준법 위반행위를 정당화할 수 있는 사유가 될 수 없다.[33] 근로의 내용이 매춘·도박 등 강행법규나 사회질서(민법§103)에 반하여 근로계약 또는 전차금계약이 무효인 경우에는 근로자는 전차금을 반환하지 않아도 된다.

제5절 강제저축의 금지

Ⅰ. 의 의

근로기준법 제22조 제1항은 「사용자는 근로계약에 덧붙여 강제 저축 또는 저축금의 관리를 규정하는 계약을 체결하지 못한다.」라고 규정하고 있다. 이 규정은 사용자가 임금의 일부를 강제로 저축하여 임금을 제대로 지급하지 않고 이직의 자유를 구속하는 폐단을 막고, 저축금을 회사 운영자금으로 사용하다가 경영악화로 저축금을 반환받을 수 없게 되는 위험으로부터 근로자를 보호하기 위한 것이다.

Ⅱ. 금지 내용

「근로계약에 덧붙여」라 함은 근로계약의 체결 또는 존속의 조건을 말한다. 「취업조건으로 저축계약을 하지 않으면 고용하지 않는다든가 취업 후 저축계약을 하지 않으면 해고한다.」 등 근로관계의 존속을 전제로 하는 경우가 이에 해당된다. 그리고 근로자가 자신의 의사에 따른 임의저축을 한 경우라도 「저축을 계속하지 않거나 환불을 청구하면 해고한다.」고 하는 것도 이에 해당된다.

「저축금의 관리를 규정하는 계약」이라 함은 사용자가 예금을 받아 관리하는 계약 또는 근로자의 임금을 사용자 또는 근로자 명의로 예금하고 그 통장이나 인장을 사용자가 보관하는 계약을 말한다. 퇴직적립금 명목으로 매월 임금의 일부를 갹출하여 사용자가 이를 관리하는 경우에도 강제성이 수반되면 강제저축에 해당된다.

---

33) 대법원 1999. 7. 13. 선고 99도2168.

Ⅲ. 근로자의 위탁에 의한 저축금관리

근로자의 자유의사에 의하여 저축을 하고 그 관리를 사용자에게 위탁하는 경우에는 근로기준법 제22조의 강제저축 금지에 해당되지 않는다. 그러나 근로자의 자유의사에 따라 사용자에게 저축금관리를 위탁하였다는 이유로 그대로 방치한다면 사실상 강제저축으로 유용될 우려가 있다. 따라서 근로자의 위탁에 의한 저축금 관리의 경우에도 사용자의 보관과 반환의 방법에 대하여 일정한 규제를 할 필요성이 있다.

이에 근로기준법 제22조 제2항은 「사용자가 근로자의 위탁으로 저축을 관리하는 경우에는 ① 저축의 종류·기간 및 금융기관을 근로자가 결정하고, 근로자 본인의 이름으로 저축할 것, ② 근로자가 저축증서 등 관련 자료의 열람 또는 반환을 요구할 때에는 즉시 이에 따를 것」 등의 준수의무를 부과하고 있다.[34)]

Ⅳ. 위반효과

사용자가 근로기준법 제21조 제1항의 강제저축의 금지규정을 위반하여 저축금을 관리하는 경우에는 2년 이하의 징역 또는 1,000만 원 이하의 벌금에 해당하는 형사처벌을 받게 되고(근로기준법§110), 근로기준법 제21조 제2항의 근로자의 위탁에 의한 저축금관리규정을 사용자가 이를 준수하지 않고 저축금을 관리하는 경우에는 500만 원 이하의 벌금에 해당하는 형사처벌을 받게 된다(근로기준법§114). 근로기준법 제21조를 위반한 저축금의 관리계약은 사법상 무효가 되기 때문에 사용자는 근로자에게 즉시 저축금을 반환하여야 한다.

---

34) 종래 사용자가 근로자의 위탁으로 근로자의 저축금을 관리하는 경우에 그 보관방법과 노동부장관의 인가를 받도록 하였으나, 1999. 2. 8. 근로기준법(법률 제5848호) 개정 시 폐지되었고, 대신 사용자가 근로자의 위탁으로 저축금을 관리하는 경우에 일정한 사항을 준수할 의무를 부과하고 사용자가 이를 준수하지 아니한 때에 형사처벌을 할 수 있게 하였다.

제6절 중간착취의 배제

Ⅰ. 의 의

근로기준법 제9조는 「누구든지 법률에 따르지 아니하고는 영리로 다른 사람의 취업에 개입하거나 중개인으로서 이익을 취득하지 못한다.」라고 규정하고 있다. 이는 취업과 관련하여 근로자의 수입(사람)에 대한 불법적이고 부당한 중간착취를 금지함으로써 근로자의 임금을 실질적으로 보호하기 위한 것이다.

「중간착취」라 함은 다른 사람의 취업을 소개하거나 알선하는 조건으로 소개료·중개료·수수료·구전 등의 명목으로 이익을 취하거나 취업 후에 임금의 일부를 착취하는 행위를 말한다.

Ⅱ. 중간착취의 요건

1. 영리의 목적

중간착취란 영리를 목적으로 다른 사람의 취업에 개입 또는 중개행위를 하는 것을 금지하는 것이므로 영리목적이 아닌 취업의 개입 또는 알선은 중간착취의 요건에 해당되지 않는다. 그러나 1회성으로 영리목적으로 다른 사람의 취업에 개입하여 이득을 취한 경우에도 반복적으로 계속하여 이익을 취할 의사가 있는 경우에는 중간착취의 요건을 충족한 것으로 해석해야 한다.[35] 그러나 다른 사람의 취업중개 또는 알선을 한 후 수동적으로 수고비를 받는 데 그치는 경우에는 영리의 목적이 없기 때문에 중간착취의 요건에 해당되지 않는다.[36]

2. 이익의 취득

「이익의 취득」은 다른 사람의 취업에 개입하여 수수료·보상금 기타 금전 이외의 재물 등 유형·무형의 일체의 이익을 말한다. 따라서 사용자와 근로자로부터 이익을 취한 경우에 한하지 않고 영리행위와 이익취득과의 인과관계가 있으면 제3자로부터 이익을 취한 경우에도 중간착취에 해당된다.

---

35) 동지 박상필, 한국노동법, 159면; 이상국, 근로기준법, 25면.
36) 김형배, 노동법(제24판), 201면.

3. 취업의 개입

「다른 사람의 취업에 개입한다.」한다는 것은 근로자와 사용자의 중간에 제3자가 개입하여 취업의 알선 또는 소개 등으로 근로관계의 존속에 대하여 인과관계를 가지는 행위를 말한다.[37] 예컨대, 법률에 의하지 않은 직업소개를 하면서 중개료를 받거나 허가 없이 근로자를 모집 또는 공급하여 이익을 얻는 행위를 말한다.

그러나 다른 사람이 근로관계의 개시나 존속에 개입하더라도 법률에 의하여 허용되는 경우에는 중간착취에 해당되지 않는다. 이와 관련한 법률로서는 「공중위생법」, 「용역경비업법」, 「피견근로자 보호 등에 관한 법률」이 있다.

Ⅲ. 취업의 개입행위

다른 사람이 근로관계의 개시에 개입하는 유형은 ① 직업소개, ② 근로자의 모집, ③ 근로자 공급의 세 가지가 있다. 「직업소개」라 함은 구인자와 구직자 사이에 근로계약의 성립을 알선하는 것을 말하고, 「근로자의 모집」이라 함은 근로자를 고용하는 사람이 직접 또는 간접으로 취업하고자 하는 자에게 피용자가 되도록 권유하는 것을 말하고, 「근로자 공급」이라 함은 근로자를 타인에게 사용시키는 것을 말한다.

여기서 「근로관계의 존속에 개입한다.」는 것은 일반적으로 근로자의 모집에 관여한 사람이나 근로자를 감독하는 지위에 있는 사람이 당해 근로자의 취업기간 중에 임금의 일부를 착복·횡령하는 경우를 말한다.

제7절 채용내정과 시용 및 수습채용자의 보호

Ⅰ. 문제의 제기

경제규모의 확대와 기업간의 경쟁이 치열해지면서 기업은 우수한 근로자를 미리 확보하고자 하거나 근로자를 바로 정식채용하기 보다는 노동력의 질을 충분히 검증한 후에 정식근로자로 채용하고자 한다. 즉 우수한 근로자를 미리 확보하기위하여 일정한 조건하에 채용내정(採用內定)을 하며, 기업이 처음부터 정식근로자로 채용하게 되면 근로자의 업무능력과 자질을 제대로 파악하지 못한 상태에서 노동관계법에

37) 이상국, 근로기준법, 25면.

규정된 각종 규제와 의무를 부담하게 되는 것을 회피하기 위하여 채용내정(採用內定)·시용(試用)·수습채용 등 정식채용 이전단계에 근로자의 자질과 능력을 검증할 수 있는 기간을 설정하는 것이 보통이다.

그러나 노동관계법은 정식채용 이전의 채용내정, 시용이나 수습 등에 대하여 구체적인 보호규정을 두고 있지 아니한 관계로 기업의 필요와 근로자의 보호를 충족할 수 있는 새로운 법해석과 제도의 보완이 필요하다. 특히 채용내정자의 경우는 사실상 기업의 조직에 편입되지 아니한 상태에서 사용자가 본 채용을 거부한 경우에 법적으로 어느 정도 보호할 것인가에 대하여 전혀 규정한 것이 없기 때문에 다양한 해석론이 대두되고 있다.

Ⅱ. 채용내정자의 보호

1. 의 의

채용내정이라 함은 기업이 필요로 하는 노동력을 미리 확보하기 위하여 일정한 조건이 충족되면 채용할 것을 약정하는 불확정적인 근로관계를 말한다. 학교 졸업 예정자를 대상으로 「졸업」 요건을 충족한 것을 조건으로 본 채용을 약정하거나 전역 예정자를 대상으로 전역을 조건으로 본 채용을 약정하는 것 등을 채용내정계약이라고 할 수 있다. 본 채용하기 전까지는 사용종속관계가 성립되지 않는다는 점에서 시용·수습과 구별된다.

채용내정은 기업이 필요로 하는 노동력을 미리 확보하고 채용내정자는 졸업이나 전역 전에 직장을 미리 확보할 수 있다는 장점을 가지고 있으나, 기업이 본 채용을 지연하거나 채용내정을 취소하는 경우에 채용내정자는 채용내정계약을 신뢰하여 다른 직장을 구하지 않고 있다가 다른 기업에 취업할 수 있는 적절한 기회를 상실하는 등의 불이익을 당하게 되므로 채용내정자의 법률관계와 보호범위가 문제된다.

2. 법적 성질

어느 정도로 채용내정자를 보호할 것인가에 대하여는 채용내정자의 법적 성질을 어떻게 파악하느냐와 밀접한 관련성이 있다. 채용내정자의 법적 성질에 대하여 다양한 학설이 대두되고 있다.

1) 근로계약예약설

일정한 조건이 충족되면 새로운 근로계약을 체결해야 한다는 일종의 예약에 불과하기 때문에 정식채용 전까지는 민법의 적용만 받을 뿐 노동관계법은 적용할 여지가 없다고 하는 견해이다. 이 견해에 의하면, 채용내정자는 기업의 예약불이행 또는 채용내정의 취소에 대하여 민법상 손해배상청구만 가능하고 기업은 채용내정자의 채용이 부적절하다고 인정되는 사정이 발생하면 정식채용 이전에 제한 없이 채용내정을 취소할 수 있고 근로계약의 체결을 거부할 수 있다고 한다.

2) 근로계약체결과정설

채용내정은 특별한 사정이 없는 한 근로계약을 체결하는 과정에 불과한 것이기 때문에 채용내정자는 부득이한 사유 없이 기업이 근로계약의 체결과정을 중지한 경우에는 단지 민법상 손해배상청구만 가능하다고 하는 견해이다. 이 견해는 채용의 의사표시가 확정 또는 완성되지 아니한 상태이므로 채용내정의 취소는 기대권 침해에 따른 불법행위 책임 또는 신뢰이익 배반에 따른 계약책임을 추궁할 수 있는데 불과하므로 채용내정자의 법적 지위가 지나치게 불안정하고 법적 구속력이 불명확하다는 비판을 받고 있다.[38]

3) 근로계약성립설

회사의 모집공고를 청약의 유인으로, 응모자의 응모를 청약으로, 기업의 채용내정을 승낙으로 해석하여 근로계약이 성립되었다고 하는 견해로서 통설이다. 이 견해는 다시 ① 졸업을 못하는 사유가 발생하면 근로계약이 자동적으로 해제된다고 하는「해제조건부근로계약설」,[39] ② 졸업을 정지조건으로 보는「정지조건부근로계약설」, ③ 채용내정에 의하여 근로계약은 성립하나 현실적인 근로제공이나 사업장에 편입되는 시기가 계약에 부과되어 있으므로 채용내정자가 취업시기 도래 전에 졸업을 하지 못하면 근로계약을 해지할 수 있다고 하는「해약권유보부근로계약설」로 견해가 대립한다.「해약권유보부근로계약설」이 다수설이고,[40] 대법원도「채용내정 때 근로계약이 성립하나, 정식발령 전까지는 사용자에게 근로계약의 해약권이

---

38) 하경효,「채용내정자와 시용근로자의 법적 지위」, 718면.
39) 김형배, 노동법(제24판), 284면.
40) 박홍규, 고용법·근로조건법, 281면; 김유성, 노동법Ⅰ, 72면.

유보되어 있다.」라고 판시함으로써 「해약권유보부근로계약설」을 따르고 있다.[41]

생각건대, 채용내정을 근로계약의 예약 또는 체결과정의 일부로 해석한다면 채용내정자는 근로자의 지위를 인정받지도 못하면서 사실상 다른 직장을 구할 기회를 제한받거나 박탈당하는 불합리한 결과를 초래하기 때문에 「해약권유보부근로계약설」이 타당하다. 따라서 채용내정자가 조건을 성취하지 못한 경우에 한하여 근로계약을 해지할 수 있다고 보아야 한다. 그러나 채용내정 통지로 근로계약이 성립되었다 하더라도 채용내정자는 현실적으로 근로를 제공하지 못하고 있는 상태에 있는 유동적 법률관계에 놓인 것으로 보아야 한다.

3. 근로관계의 효력발생시기

근로관계의 성립시기에 대하여는 계약설과 편입설이 대두되고 있다. 계약설은 근로계약의 체결이 있으면 실제 근로자가 경영에 편입되어 근로하였는가의 여부에 관계없이 근로관계가 성립된다는 입장인 반면, 편입설은 근로계약 이외에 실제로 근로를 제공하기 위하여 경영조직 내의 편입이라는 사실행위가 필요하다는 입장이다.

그러나 근로관계는 근로자의 근로제공의무와 사용자의 임금지급의무를 본질로 하는 법률관계이다. 이러한 근로관계는 근로계약에서 약정된 주된 채무, 즉 근로제공의무와 임금지급의무가 이행상태에 있을 때 실현되는 것이므로 채용내정 시부터 근로제공 전까지는 근로관계는 존재한다고 볼 수 없다. 따라서 근로관계의 효력발생 시기는 채용내정계약에 의하여 정하여진 취업개시일로 보아야 한다.

4. 보호범위

채용내정자는 취업 전까지는 현실적인 근로관계가 존재하지 않고 근로자에 해당되지 않기 때문에 노동법의 보호를 받을 수 없는가의 문제가 발생한다. 특히 근로기준법 제23조 및 제24조의 해고제한 규정을 적용받을 수 있는가의 여부가 쟁점이다.

채용내정 시에 근로계약은 이미 성립한 것이므로 기업은 입사예정일부터 채용내정자를 취업시킬 의무가 있고, 채용내정자는 취업청구권이 발생하게 된다. 따라서 채용내정자는 취업에 대한 기대이익뿐만 아니라 약정된 바에 따라 내정기간 중 사용자가 실시하는 연수·실습·견습과정에 참가하여 졸업 후 취업을 확보할 기대이익

---

41) 대법원 2000. 11. 28. 선고 2000다51476.

을 가지고 있기 때문에[42] 채용내정이 취소된 경우에는 사용자는 이로 인한 손해를 배상할 책임이 있다.[43]

그러나 취업예정일 전까지는 현실적인 근로제공관계가 성립되지 않기 때문에 기업은 임금지급의무와 안전배려의무를 부담하지 않는다. 취업예정일이 도래하여 채용내정자가 취업한 이후에 비로소 사용자와 현실적인 근로관계가 성립하고 노동관계법이 전면적으로 적용된다.

기업이 채용내정자의 정식채용을 거부하거나 채용내정을 취소하는 경우에는 사실상 직장상실을 의미하는 해고에 해당되기 때문에 근로기준법 제23조 및 제24조에 규정된 정당한 해고사유에 준하는 사유가 있어야 한다. 따라서 기업이 채용내정자의 정식채용을 거부하거나 취소한 경우에는 입사예정일로부터 취업할 수 없는 기간에 대한 임금 상당액을 지급할 의무를 부담한다. 그리고 경영상의 이유로 채용내정자를 취업시키지 못한 경우에는 근로기준법 제46조의 규정에 의하여 휴업수당을 지급해야 할 의무를 부담한다.[44] 비록 채용내정자가 채용발령 연기에 대하여 사전에 동의하고 이에 대하여 부제소합의를 하였다 하더라도 임금채권까지 포기한 것으로 볼 수 없다.[45]

Ⅲ. 시용채용자의 보호

1. 의 의

시용이란 정식채용(본채용) 이전에 근로자의 업무적격과 능력을 판단하기 위하여 일정기간 시험적으로 고용하는 것을 말한다. 시용은 이론상 정식채용과 엄연하게 구별되는 개념이나, 사용자가 비록 시용의 목적으로 근로자를 채용한 경우라도 그것이 취업규칙·근로계약 등에 명시적으로 나타나 있지 않은 경우에는 정식채용된 것으로 보아야 한다.

시용은 본 채용 이전에 업무의 적격성을 판단하기 위한 목적에서 기간을 설정하는 것이므로 근로계약 체결 후에 업무수행능력을 습득하기 위하여 일정한 기간을

---

42) 이상국, 근로기준법, 82면.

43) 대법원 1993. 9. 10. 선고92다42897; 근기 68207-848, 1999. 12. 13.

44) 김형배, 노동법(제24판), 288면.

45) 대법원 2002. 12. 10. 선고 2000다25910.

설정하는 수습과는 구별되고, 근로관계가 성립되어 있다는 점에서 근로관계 성립 이전의 채용내정과도 구별된다.

시용은 개념적으로 수습과는 구별되는 것이지만, 판례[46]와 기업현실은 양자의 개념을 명확히 구분하지 않고 사용하고 있기 때문에 시용에 해당하는가의 여부는 명칭에 구애받지 않고 그 실질에 따라 판단해야 한다.

2. 법적 성질

시용의 법적 성격에 관하여 학설과 판례[47]는 일관하여 당해 근로자의 자질·성격 및 능력 등 그 업무에 대한 적격성 여부를 판단하기 위하여 일정기간 해약권을 유보하는 근로계약으로 해석하고 있다. 따라서 시용근로자는 근로계약을 체결되어 근로관계가 성립되어 있다는 점에서 일반근로자와 차이가 없으나, 근로계약 해약권이 유보되어 있다는 점에서 차이가 있을 뿐이다.

3. 보호범위

시용근로자는 현실적으로 근로관계가 성립되어 있기 때문에 일반근로자와 동일하므로 노동법의 적용을 받는 근로자임에는 틀림없다. 따라서 사용자가 근로계약 해약권을 행사하기 위해서는 근로기준법 제23조의 정당한 사유가 있어야 한다. 그러나 대법원은 시용제도의 목적이 자질·성격·시용기간의 근무태도·능력 등 업무의 적격성 여부를 판단[48]하는데 있는 것이므로 통상해고보다는 넓게 해고의 정당사유를 인정하고 있다.[49]

---

46) 하급심 판례는 「일정한 수습기간을 두고 고용된 시용근로자라도 정식으로 채용된 경우와 마찬가지로 근로계약관계가 성립한 것임이 틀림없다.」라고 하여 시용을 수습기간의 일환으로 파악하고 있으며(서울행정법원 1999. 2. 12. 선고 98구15558), 「수습기간제도란 확정적인 근로관계를 맺기 전에 정식채용을 전제로 당해 근로자의 직업적 능력을 판단하기 위하여 실무를 배우고 익히는 기간을 두는 것으로서 확정적인 근로계약 체결 여부를 일정 정도 유보하는 제도이다.」라고 하여 수습을 시용과 동일한 개념으로 이해하고 있다(서울행정법원 2002. 12. 6. 선고 2002구합18180).

47) 대법원 1992. 8. 18. 선고 92다15710; 대법원 2003. 7. 22. 선고 2003다5955; 대법원 2006. 2. 24. 선고 2002다62432.

48) 업무적격성을 판단함에 있어서는 사회통념상 객관적이고 합리적인 기준이 있어야 한다.

49) 대법원 1992. 8. 18. 선고 92다15710; 대법원 2003. 7. 22. 선고 2003다5955; 대법원 2006. 2. 24. 선고 2002다62432.

시용기간 중에 업무부적격성 등 별다른 취업 장애사유가 발견되지 아니하면 근로기준법의 적용을 받는 계속적 근로계약관계가 성립된 것이라고 보아야 하나, 시용제도의 목적에 비추어 볼 때 정식채용 여부는 통상의 근로자에 대한 해고와 동일한 기준에 따라야 한다고 볼 수는 없고 합리적인 이유가 존재하면 회사는 시용기간 중의 근로자에 대하여 정식채용을 거절할 수 있다.[50)]

판례와 기업현실은 명확하게 시용과 수습을 구별하여 적용하지 않고 있으므로 비록 시용의 명칭을 사용하고 있다 하더라도 실질적으로 수습의 목적을 겸하고 있는 경우는 노동법상 수습근로자의 규정을 적용할 수 있다. 즉, 사용자는 시용채용자에 대하여 최저임금의 90%를 지급할 수 있고, 시용기간은 근로자의 적격성을 평가하여 본 채용을 결정하는 것이므로 수습의 성격도 아울러 가지고 있기 때문에 시용기간이 3개월 이내인 경우에는 해고예고 또는 해고예고수당을 지급하지 않고 즉시 해고가 가능한 것으로 해석해야 한다(근로기준법§35조 5호 및 동 시행령§16 참조).[51)] 다만 사용자는 시용기간 만료 시 본 근로계약 체결을 거부하기 위한 요건 및 이때 구체적·실질적인 거부사유를 서면으로 통지하여야 한다(근로기준법§27 참조).[52)]

시용기간 만료 후 정식 채용된 경우에는 시용기간은 당연히 퇴직금, 연차휴가 등의 계산 시 계속근로연수에 포함되고, 취업규칙·단체협약 등의 제반규정이 적용되어 일반근로자와 동등한 보호를 받게 된다. 그리고 시용기간이 만료되었음에도 사용자가 부적격 사유를 제시하지 않고 시용근로자를 사실상 계속 사용하거나 시용연장에 대하여 동의 또는 통보하지 아니한 경우에는 해약권의 유보가 없는 보통의 근로계약관계로 전환된 것으로 보아야 한다.[53)]

Ⅳ. 수습채용자의 보호

1. 의 의

수습이라 함은 정식채용 근로계약 체결 후에 근로자의 작업능력이나 사업장에서의 적응능력을 키워주기 위하여 일정기간 견습기간을 두고 채용하는 것을 말한다.

50) 대법원 1994. 1. 11. 선고 92다44695.
51) 이상국, 근로기준법, 89면.
52) 대법원 2015. 11. 27. 선고 2015두48136.
53) 김유성, 노동법Ⅰ, 74면; 서울행정법원 2006. 9. 26. 선고 2006구합20655.

따라서 수습계약을 별도로 체결하는 것은 아니고 하나의 근로계약 내용에 단지 수습기간만 설정하고 그 기간 동안 근로조건 적용의 특례를 두는 것에 불과하다.

수습채용은 이미 근로관계가 성립되어 있다는 점에서 시용채용과 유사하고 근로계약을 성립하였으나 근로관계가 성립되지 아니한 채용내정과는 다른 개념이라고 할 수 있다. 그러나 수습은 정식채용이라는 점에서 정식채용을 유보한 시용과는 그 성질이 다르다고 할 수 있으나, 판례와 기업현실은 수습과 시용을 엄격하게 개념적으로 구별하여 근로조건을 달리하는 것이 아니므로 수습과 시용을 거의 동일한 개념으로 이해하고 있다고 하는 것은 전술한 바와 같다.

2. 보호범위

수습채용자는 이미 근로관계가 성립한 근로자에 해당하므로 노동법상 근로조건 보호규정이 전면적으로 적용된다. 다만, 수습채용자에 대하여는 해고예고 및 해고예고수당의 적용을 받지 않으며(근로기준법§35 5호), 최저임금보다 낮은 임금을 지급할 수 있다.[54)]

그리고 단체협약·취업규칙 등의 규정에 따라 사용자는 노동법을 위반하지 않는 범위 내에서 수습채용자에게 정식근로자보다 낮은 임금을 지급할 수 있다. 이처럼 수습채용자는 정식근로자보다 낮은 임금을 지급하는 것이 보통이기 때문에 수습기간은 평균임금을 산정기간에서 제외시키고 있다(근로기준법 시행령§2① 1호).

제8절 사용자의 채용의 자유와 제한

I. 개 관

기업의 유지·발전과 노동력의 효율적인 활용 및 경영합리화를 도모하기 위한 목적으로 이루어지고 있는 사용자의 각종 인사처분은 전직, 전근, 전보, 전적, 파견, 근로자 공급 및 근로관계의 이전 등 다양한 형태의 근로관계 변경을 포함하는 개념으로써 이를 일률적으로 정의한다는 것은 용이하지 않다. 그러나 인사처분은 사용

54) 이외에도 수습기간은 근로자의 작업능력을 배양하기 위한 기간이므로 정식근로자보다 해고의 요건을 완화할 수 있으나, 사회통념상 합리성이 크게 벗어난 경우에는 해고의 정당한 요건을 결한 것으로 해석한다.

자가 관할하는 기업 내부 또는 사용자의 교체를 수반하는 기업 사이에서 이루어지는 것으로써 근무 내용·근무 장소 및 근로관계 당사자의 변경 등을 초래하는 근로관계의 변동이라고 정의할 수 있을 것이다.[55]

인사권에 근거하여 근로자에게 행해지는 인사처분은 경영 질서 및 유지 등을 위한 사용자의 권한이라고 할 수 있다. 그러나 인사처분의 대상자인 근로자의 입장에서 보면 신분상의 변동 또는 근무 장소 및 담당업무 등이 변경된다는 점에서, 근로자에게 불리한 인사 조치에 대하여는 헌법 제32조의 근로권과 제33조의 노동3권을 보장하기 위해서 사용자의 전권(專權)으로 할 수는 없고, 사용자의 인사처분의 필요성과 근로자 보호와의 적절한 균형이 요구된다.

Ⅱ. 사용자의 인사권의 근거

1. 학 설

1) 경영권설

인사권은 사용자의 경영권에서 도출되는 것이고, 사용자는 경영권에 근거하여 인사권을 행사할 수 있다는 견해이다.[56] 즉, 근로자는 근로계약의 체결에 의하여 경영조직에 편입됨으로써 사용자의 전반적인 경영관리권의 일부인 인사권 행사에 따라 인사관리를 받게 된다고 한다.

2) 포괄적 합의설

근로자는 사용자와의 근로계약 체결을 통하여 자신의 노동력을 사용자의 지휘·관리권에 속하게 하는 포괄적 합의를 하게 되고, 사용자는 포괄적인 지휘·관리권을 근거로 인사권을 행사한다는 견해이다.[57] 만약, 근로자와 사용자 사이에 사용자의 인사권에 대한 별도의 약정이 없는 경우에는 포괄적인 지휘·관리권이 인정된다고 한다.

3) 계 약 설

근로자와 사용자는 근로계약에 의하여 근로조건에 대하여 합의하게 되는데, 인사

---

55) 이상윤, 노동법(제3판), 378면.

56) 이 견해에 대하여는 이상윤, 노동법(제3판), 375면 참조.

57) 이 견해에 대하여는 임종률, 노동법(제14판), 498면 참조.

권의 행사는 하나의 근로조건으로서 근로계약의 합의사항에 포함되는 것이기 때문에 사용자는 근로계약에 의하여 인사권을 행사할 수 있다는 견해이다.[58] 따라서 사용자의 인사권은 근로계약에 합의된 범위 안에서만 유효하고, 이러한 범위를 벗어난 인사권의 행사는 근로계약의 변경에 해당되기 때문에 별도의 합의가 필요하다고 한다.

2. 판 례

대법원은 「비록 근로자에게 불이익한 인사처분이라 할지라도 인사권은 원칙적으로 사용자(인사권자)의 권한에 속하는 것이고, 업무상 필요한 범위 내에서 상당한 재량권이 인정되는 것이므로 특별한 사정이 없는 한 당연 무효라고 할 수 없고,[59] 근로자 본인과 성실한 협의절차를 거쳤는가의 여부는 정당한 인사권의 행사 여부를 판단하는 하나의 요소이므로 성실협의 절차를 거치지 않았다는 사정만으로는 인사권의 남용에 해당되지 않는다.」[60]라고 판시함으로써 인사권의 근거를 경영권에 두고 있다.

3. 평 가

「근로계약설」은 근로자와 사용자 사이에 합의된 사항에 대해서만 사용자가 인사권을 행사할 수 있고, 근로계약·취업규칙 등에 인사이동의 근거가 없는 경우에는 근로자의 동의 또는 합의가 필요하다는 것으로 사용자의 인사권을 과도하게 제한하는 것이고, 「포괄적 합의설」은 근로자와 사용자 사이에 별도의 인사권에 대한 합의가 없는 경우에도 사용자에게 포괄적인 지휘·관리권이 인정되기 때문에 경영권설과 차이가 없다. 그리고 「경영권설」은 원칙적으로 사용자가 경영권에 기하여 인사권을 가지는 것이나, 사용자가 근로자와의 근로계약 등에 의하여 인사권을 제한할 수 있고 노동관계법이나 권리남용 금지의 원칙 및 신의칙의 적용을 받게 되므로 인사권은 사용자의 포괄적인 권리로 볼 수 없다.

요컨대, 사용자는 헌법 제23조 제1항의 재산권보장 원칙에 따라 기업의 계속적인

---

58) 이 견해를 취하고 있는 학자는 박홍규, 고용법·근로조건법(제2판), 290면; 김유성, 노동법Ⅰ, 면; 김형배, 노동법(제24판), 564면 등이 있다.

59) 대법원 1998. 4. 28. 선고 97누19953; 대법원 2005. 2. 18. 선고 2003다63029.

60) 서울행정법원 1999. 10. 8. 선고 99구2696; 대법원 2005. 2. 18. 선고 2003다63029.

활동을 위하여 영업의 자유를 가지고 있으므로 인사권은 경영권으로부터 도출되는 사용자의 권한이라고 보아야 한다. 그러나 경영권에 근거한 인사권은 무제한의 권리가 아니고 근로자와 사용자와의 근로계약과 취업규칙, 단체협약, 노동관계법령, 권리남용금지의 원칙 및 신의칙에 따라 제한을 받는다.

결국, 인사권은 상당한 재량권이 인정되는 사용자의 권리이지만, 근로기준법 제23조 제1항에 규정된 「정당한 이유」가 있어야하고 권리남용 금지 및 신의칙 등에 위반되지 않아야 한다. 그리고 근로기준법 제23조 제1항에 규정된 「전직」은 기업내부에서 이루어지는 업무내용의 변경만을 의미하는 것이 아니고, 포괄적으로 근로자에게 불이익을 동반하는 모든 인사이동을 의미한다.[61)]

Ⅲ. 근로관계 성립 이전의 사용자의 인사권

1. 채용의 자유

사업주는 적당한 근로자를 채용하여 다른 생산수단과 결합하여 기업을 유지·발전시키고자 하는 경영권을 갖는다. 경영권은 헌법상 재산권에 기초하여 기업경영의 한 작용으로써 사용자에게 당연히 귀속되는 권리이다. 사용자는 경영권에 기초하여 근로자를 채용하고 어떠한 직종, 직급, 장소에 배치할 수 있는 인사권과 노무지휘권을 행사하게 되고 근로자는 이에 복종할 의무가 있다.[62)]

법률에 특별히 채용을 제한하는 규정이 없는 한 사용자는 경영권에 근거하여 근로자를 채용할 권한을 가지고 있으나, 일단 근로자가 채용되어 근로관계가 성립하면 근로자보호 차원에서 노동관계법의 규정에 의하여 인사권이 제한받게 된다. 따라서 인사권을 제한하는 법률이 없는 이상 근로관계가 성립되기 이전의 인사권은 전적으로 사용자의 고유권한이라고 할 수 있다. 사용자의 채용자유에는 채용방식의 자유, 채용내용의 자유가 포함된다.

1) 채용방식의 자유

계약자유의 원칙에 따라 사용자는 어떠한 형태의 근로자를 채용할 것인가는 전적으로 당사자의 의사에 달려 있다. 즉, 정규직 또는 비정규직 근로자 형태로 채용할

---

61) 이상윤, 노동법(제3판), 378면. 그러나 근로기준법 제23조 제1항의 「전직」을 직무 또는 직종의 변경만을 의미하는 것으로 해석하는 견해도 있다(김형배, 노동법(제24판), 565면).

62) 하갑래, 근로기준법(전정제27판), 546면.

것인가는 전적으로 채용을 희망하는 자와 사용자의 합의로 이루어진다.

사용자는 응모한 자 중에서 어떠한 기준에 의해 누구를 채용할 것인가는 전적으로 사용자의 권한에 속하고, 채용인원과 모집방법(공개모집, 연고모집 등)의 결정권을 가진다. 다만, 사용자는 모집과 채용 시에 성에 따른 차별을 할 수 없다(남녀고용평등법§6). 그리고 사용자는 수습 또는 시용기간을 거쳐 정식근로자로 채용할 것인가에 대한 결정권을 가진다.

2) 채용내용 결정의 자유

사용자가 근로자를 채용할 때 강행법규에 위반되지 않는 범위 내에서 임금·근로시간 등 근로조건의 결정권을 가진다. 구두 또는 서면으로 근로계약을 체결할 것인가의 여부도 사용자가 결정권을 가진다.

근로기준법 제17조는 근로계약을 체결할 때 근로자에게 임금의 구성항목·계산방법·지급방법, 소정근로시간, 휴일 및 연차유급휴가 등의 근로조건에 대하여는 서면으로 명시하고, 근로자의 요구가 있는 경우에는 근로자에게 교부하도록 규정하고 있으므로 이를 위반한 경우에는 소정의 벌칙이 적용된다.[63] 그리고 임금수준은 당사자의 계약내용에 따라 결정되는 것이나, 최저임금법에 정한 최저임금 이상이어야 한다. 그러나 최저임금 수준에 미달하는 근로계약을 체결하였더라도 그 계약이 무효로 되는 것이 아니라 최저임금에 미달되는 부분만 무효가 되어 사용자는 최저임금을 지급할 의무가 발생한다.

사용자는 근로계약 불이행에 대한 위약금 또는 손해배상액을 예정하거나 전차금 또는 전대채권과 임금을 상계하는 계약을 체결할 수 없고, 강제저축 또는 저축금의 관리를 규정하는 계약을 체결할 수 없다(근로기준법§20~22).

2. 채용자유의 제한

사용자는 기업에서 정한 인사기준과 원칙에 따라 기업에서 필요로 하는 근로자를 채용할 자유가 있으나, 사회적 약자의 취업촉진을 위하여 특별히 법률에 고용의무를 부과거나 차별고용을 금지하는 경우가 있다. 그리고 성인 남성에 비하여 신체적

---

63) 사용자가 근로기준법 제17조에 규정된 근로조건의 명시의무를 위반한 경우에 근로자는 즉시 근로계약해지권과 손해배상을 청구할 수 있으며, 근로자가 취업을 목적으로 거주를 변경하는 경우에는 귀향여비를 지급해야 한다(근로기준법§19).

으로 열악한 여성 또는 성장기에 있는 연소자의 취업을 특별히 보호하기 위하여 법률에 의하여 채용자유가 제한되는 경우도 있다.

1) 사용자의 채용의무

(1) 국가유공자의 채용의무

국가를 위하여 공헌하거나 희생한 국가유공자와 그 유족의 생활안정과 복지향상을 도모하기 위하여 1984. 8. 2.「국가유공자 등 예우 및 지원에 관한 법률(법률 제3742호)」이 제정되었다. 동 법률은 국가기관·지방자치단체·군부대 및 국공립학교, 1일 20인 이상 고용하는 공사기업체는 전체 고용인원의 3% 내지 8% 이내의 범위에서 대통령령이 정하는 고용비율 이상을 국가유공자 및 그 유족을 우선적으로 채용해야 하고, 국가보훈처장은 그 고용비율에 미달하여 국가유공자 및 그 유족을 고용하지 아니한 사업주에게 고용명령을 할 수 있도록 규정하고 있다(§30·33의 2·34).

(2) 장애인의 채용의무

1975년 UN총회에서「장애인의 권리선언」이 채택된 이후 일본과 유럽국가에서 장애인고용촉진을 위한 제도가 마련되면서 우리나라도 1990. 1. 13.「장애인고용촉진 등에 관한 법률(법률 제4219호)」이 제정된 이래 여러 차례 개정을 거쳐「장애인고용촉진 및 직업재활법」이 새롭게 제정되었다.

동 법률에 의하면, 국가 및 지방자치단체는 소속 공무원 정원의 2% 이상을 장애인으로 고용해야 하고, 장애인공무원의 수가 정원의 2% 미만인 경우에는 공개채용비율의 5% 이상을 장애인으로 채용하도록 의무화하고 있다(§23). 민간기업의 경우는 상시 50인 이상의 근로자를 고용하는 사업주는 근로자 총수의 2% 이상에 해당하는 장애인을 고용하도록 규정하고 있다(영§24). 기준고용률에 미달하는 장애인을 고용한 사업주는 매년 노동부장관이 고시하는 장애인고용부담금을 납부하고, 기준고용률을 초과하여 장애인을 고용한 사업주에게는 장애인의 수에 비례하여 산정한 고용장려금을 지급하도록 함으로써 간접적으로 장애인의 고용을 강제하고 있다.

(3) 고령자의 채용의무

고령자들의 경험과 능력을 경제활동에 적절히 활용하고 그들의 자아실현 기회를 제공함으로써 사회적 효율을 극대화시킬 목적으로 1991. 12. 31. 고령자고용촉진법이 제정되었다. 동 법률은 대통령이 정하는 일정 수(현 300인) 이상의 근로자를 사용하는 사업주는 업종에 따른 기준고용률(2~6%) 이상을 고령자로 채용할 것을 노력해야 하고, 기준고용률 이상을 초과하여 고용한 사업주에 대해서는 조세감면과 예산의 범위 내에서 고용지원금을 지급할 수 있도록 하고, 기준고용률에 미달하는 사업주에 대해서는 노동부장관에게 기준고용률 이행에 관한 계획서를 제출하도록 하게 함으로써 간접적으로 고령자의 채용을 유도하고 있다.[64]

2) 부당노동행위에 의한 차별채용 금지

「노동조합 및 노동관계조정법」 제81조 제1항은 정당한 노동조합 활동을 이유로 한 부당노동행위를 금지하고 있다. 이 규정이 사용자의 채용자유권을 제한하는 근거가 될 수 있는가에 대해서는 논란이 있을 수 있으나,[65] 적어도 사용자가 일정 시기마다 특정근로자 집단에 대한 단기고용을 반복하여 행하는 등의 노동관행이 있음에도 특정 근로자가 노동조합에 가입하거나 정당한 노동조합 활동을 한 것을 이유로 채용을 거부한 경우에는 부당노동행위가 성립하기 때문에 실질적으로 해당 근로자의 채용을 강제하는 결과를 가져온다.[66]

3) 연령 또는 여성에 대한 채용제한

근로기준법은 원칙적으로 18세 이상자만을 고용할 수 있음을 원칙으로 하고, 예외적으로 18세 미만인 자에 대해서는 일정한 요건을 갖춘 경우에 한하여 채용할 수 있다. 그리고 도덕·보건상 유해한 사업에 대해서는 여성과 연소자의 사용이 제한된다.

---

64) 장애인의무고용제도와는 달리 고령자 기준고용률제도는 사업주에게 기준고용률 이상으로 고령자를 채용할 것을 설정하는 일종의 가이드라인을 설정하는 제도이다. 기준고용률을 초과하여 고령자를 채용한 사업주에게는 인센티브(지원금)가 수반되지만, 행정지도수단인 기준고용률 이행계획 작성 및 제출 이외에 기준고용률 미달에 따른 효과적인 대응수단이 부재한 실정이다. 그렇다고 해서 기준고용률을 의무고용제로 전환하는 것은 기업의 영업자유를 제한하는 문제가 발생한다. 이러한 점에서 기준고용률제도를 통한 고령자의 고용촉진은 기본적으로 한계가 있을 수밖에 없다(조용만, 「고용에서의 연령차별금지의 법적 현황과 과제」, 141면).

65) 독일의 경우는 단결권 보장을 규정한 기본법 제9조 제3항과 근로자의 채용청구권을 규정한 민법 제249조 제1항에 의하여 근로자가 채용이 거부된 경우에는 근로자의 채용청구권을 인정하고 있다. 독일 기본법 제9조 제3항은 직접적 효력을 가지므로 이를 위반한 법률행위는 무효이고 사용자의 불법행위가 성립한다. 그리고 독일 민법 제249조 제1항에 의한 손해배상은 원상회복을 의미하는 것이므로 근로자에게 채용청구권이 인정된다(박홍규, 고용법·근로기준법(제2판), 275면).

66) 박홍규, 고용법·근로기준법(제2판), 275면.

(1) 15세 미만자는 대통령령이 정하는 기준에 따라 노동부장관이 발급한 취직인허증을 소지한 자 이외에는 채용할 수 없다(근로기준법§64) 15세 미만자에 대한 채용을 금지한 것은 아동의 건전한 성장과 교육의 기회가 방해되지 않도록 하기 위한 것이다. 사용자가 이를 위반하여 15세 미만자와 체결한 근로계약은 사법상 당연 무효가 된다. 그러나 이미 실현된 근로제공에 대해서는 근로기준법이 적용되기 때문에 사용자는 근로제공에 따른 임금 등을 당연히 지급해야 한다.

(2) 사용자는 18세 이상 20세 미만자인 미성년자를 채용할 때에는 친권자의 동의를 얻어야 한다. 친권자·후견인 또는 노동부장관은 근로계약이 미성년자에게 불리하다고 판단되는 때에는 언제든지 근로계약을 해지할 수 있다(근로기준법§67).

(3) 사용자는 임신 중이거나 산후 1년이 경과되지 아니한 여성과 15세 이상 18세 미만인 연소자를 도덕상 또는 보건상 유해·위험한 작업에 사용할 수 없다(근로기준법§65). 사용자가 연소자를 채용한 때에는 그 연령을 증명하는 호적증명서와 친권자 또는 후견인의 동의서를 사업장에 비치하여야 하고, 근로조건을 서면으로 명시하여 교부하여야 한다(근로기준법§66).

4) 남녀차별 모집 및 채용의 금지

「남녀고용평등과 일·가정양립지원에 관한 법률」 제7조는 사용자는 근로자의 모집 및 채용에 있어서 남녀를 차별해서는 안 되고, 여성근로자를 모집·채용함에 있어서 직무의 수행에 필요하지 않은 용모·키·체중 등의 신체적 조건 또는 미혼 조건 등을 제시하거나 요구할 수 없도록 규정하고 있다.

Ⅳ. 근로관계 성립 이후의 사용자의 인사권

1. 의 의

근로관계가 성립되기 이전의 채용 여부는 특별히 법령에 제한을 두고 있지 아니한 이상 경영권에 기초한 사용자의 고유권한이라고 할 수 있다. 그러나 근로자가 채용된 후 사용종속관계를 본질로 하는 근로관계가 성립하면 인사권은 업무상 필요한 법위 내에서 사용자의 재량권이 인정되지만, 근로자 보호차원에서 사용자의 인사권은 제한받게 된다. 특히, 근로자에게 불이익을 수반하는 징계권은 근로자의 생존을 보호이념으로 하는 노동법의 취지에 따라 제한을 받는다.

2. 사용자의 인사권의 유형

근로계약이 체결된 이후 사용자의 임금지급의무와 근로자의 근로제공의무를 본질로 하는 근로관계가 성립되면, 인사권자인 사용자는 일정한 수습 또는 교육훈련을 거친 후 근로자를 업무에 배치시키게 되고 근로자와 기업의 사정에 따라 다양한 인사이동을 실시하게 된다.

근로관계 성립 이후에 이루어지는 인사이동은 기업내부와 기업 사이의 인사이동으로 구분할 수 있는데, 기업내부의 인사이동은 전직·휴직·직위해제(대기발령)·징계 등이 있고, 기업 사이의 인사이동은 전출·전적·근로자파견·기업의 변동으로 인한 근로관계의 이전 등이 있다. 근로관계 성립 이후에 이루어지는 인사이동의 법률적 쟁점은 대체로 다음과 같다.

(1) 전직(轉職)은 근로자의 직무내용이나 근무 장소를 상당기간에 걸쳐 변경하는 인사처분으로 업무의 필요성과 근로자의 보호와의 균형이 주요 쟁점사항이다. 왜냐하면, 업무의 필요성이 있다 하더라도 전근은 생활상 불이익을 동반하는 것이 보통이므로 전근의 업무상 필요성과 근로자의 보호가 균형이 이루어져야 하기 때문이다.

(2) 휴직은 근로자를 직무에 종사하게 하는 것이 곤란하거나 적당하지 아니한 사유가 발생한 때에 일정한 기간 동안 근로제공을 면제 또는 금지시키는 사용자의 인사처분으로써 실질적으로 근로자에게 불이익한 결과를 초래하는 경영상 사유 또는 직장질서 위반으로 인한 휴직의 경우 징계절차의 준수여부와 인사권의 제한이 주요 쟁점사항이다.

(3) 직위해제(대기발령)는 직위를 계속 유지시킬 수 없는 사유가 있는 경우에 직위를 부여하지 않는 사용자의 인사 조치로 업무상 필요성의 범위와 근로자의 보호를 위하여 법률상의 징계요건과 징계절차를 준수하여야 하는가의 여부가 주요 쟁점사항이다.

(4) 징계는 직장규율 또는 경영질서를 위반한 근로자에 대한 사용자의 제재를 말하는 것으로 경영권과 근로권의 충돌 및 징계권 남용의 법리가 주요 쟁점이다.

(5) 전출은 소속기업과 다른 기업 사이의 협정에 의하여 소속기업에 적을 두고 있는 상태에서 다른 기업의 업무에 장기간 종사하게 하는 인사이동으로 전출명령을 하기 위한 업무상 필요성과 전출근로자의 생활상 불이익과의 비교 형량

및 전출 후의 근로자와 소속기업 또는 전출기업과의 근로관계를 어떻게 파악할 것인가가 주요 쟁점사항이다.

(6) 전적은 원래의 소속기업과 근로계약관계를 종료하고 다른 기업과 새로운 근로계약을 체결하여 그 기업의 업무에 종사하도록 하는 인사이동으로 전적의 필요성 범위와 전적 후의 근로관계를 어떻게 파악할 것인가가 주요 쟁점사항이다.

(7) 근로자파견은 소속기업(파견사업주) 근로자를 다른 기업(사용사업주)에 파견하여 다른 기업의 지휘명령을 받으면서 근로를 제공하도록 하는 인사처분으로 파견과 도급과의 구별 및 실질적인 사용자를 누구로 볼 것인가가 주요 쟁점사항이다.

(8) 기업변동으로 인한 근로관계의 이전은 경영상 필요에 따른 기업의 매수·합병이 있는 경우에 종전 근로계약관계가 양수·합병기업에 당연히 승계되는가의 여부와 양도·합병 전후의 근로계약관계를 어떻게 파악하는가가 주요 쟁점사항이다.

(9) 경영악화로 기업의 도산절차가 진행되는 경우에 관리인 또는 파산관재인이 기존의 근로계약을 해지하거나 경영해고를 할 수 있는가의 여부와 기존 단체협약의 효력이 지속되는가의 여부가 주요 쟁점사항이다.

3. 사용자의 인사권의 제한

인사권은 업무상 필요한 범위 내에서 사용자의 재량권이 인정되는 것이지만, 노동관계법에 규정된 인사제한 규정과 권리남용 금지의 원칙과 신의칙에 따른 제한을 받는 권리이다.

1) 노동관계법에 의한 제한

근로기준법 제23조 제1항은 「사용자는 정당한 이유 없이 해고, 휴직, 전직, 감봉 기타 징벌을 하지 못한다.」 규정하고 있으므로 인사권에 근거한 사용자의 인사조치는 「정당한 이유」가 있어야 한다. 「전직」은 근무 장소 또는 업무의 변경만을 의미하는 것으로 해석할 것은 아니므로, 근로기준법제23조 제1항은 사용자의 인사권 행사에 대한 법적 제한으로 해석해야 한다.[67] 따라서 전직 이외의 인사조치도 근로기준

67) 이상윤, 노동법(제3판), 379면.

법 제23조 제1항의 「정당한 이유」의 요건을 충족하여야 한다. 대법원 판례도 같은 견해를 취하고 있다.[68)]

그런데 인사조치의 유효요건으로서의 「정당한 이유」의 기준에 대해서 구체적인 규정을 두지 않았기 때문에 정당한 이유의 판단기준은 근로계약·취업규칙·단체협약 등에 구체적으로 정할 수밖에 없다. 일반적으로 인사조치의 유효요건인 「정당한 이유」란 「경영상 필요」와 「근로자의 능력 및 적격성」이 있는 경우를 의미한다. 구체적으로 특정한 근로자에게 인사 조치를 하지 않으면 안 될 경영상 또는 업무상 필요성이 있어야 하고, 경영상의 필요를 충족하기 위하여 당해 근로자가 적격성을 갖추어야 한다.[69)]

정당한 이유에 대하여 근로계약·취업규칙 등에 구체적으로 정한 것이 없는 경우에도 업무상 필요성과 근로자의 생활상 불이익과의 비교형량 및 근로자와의 사전협의 등 신의칙상 요구되는 절차를 거쳐야 한다.[70)] 예컨대, 전직명령의 경영상 필요성이 근로자가 입는 생활상의 불이익보다 큰 경우에는 그 전직명령은 유효하고, 이러한 전직명령에 따르지 않은 근로자에 대한 징계는 정당하다.[71)]

이외에도 사용자는 노동조합의 활동을 방해할 목적으로 노동조합의 활동이 어려운 다른 부서로 전보발령 또는 징계하거나 조합원의 동의 또는 합의를 거치지 않은 채 일방적으로 노동조합에 가입할 수 없는 직위로 승진시키는 것은 부당노동행위에 해당되어 무효이다(노동조합 및 노동관계조정법§81①). 그리고 근로자가 정당한 쟁의행위에의 참가, 부당노동행위 또는 근로조건 위반 등에 대한 신고·증언 등을 이유로 한 인사명령은 무효이다(노동조합 및 노동관계조정법§81①·근로기준법§104②).

2) 권리남용 금지 및 신의칙 위반에 의한 제한

민법 제2조는 「권리의 행사와 의무의 이행은 신의에 좇아 성실히 하여야 하고(제1항), 권리는 남용하지 못한다(제2항).」라고 규정하여 권리 행사의 요건으로서 신의성실의 원칙(신의칙)과 권리남용 금지의 원칙을 선언하고 있다. 「신의칙」이란 모든 사람은 사회공동생활의 일원으로서 상대방의 신뢰에 반하지 않도록 성의 있게 행동

68) 대법원 2007. 2. 23. 선고 2005다3991.

69) 김형배, 노동법(제24판), 567~568면.

70) 대법원 1994. 5. 10. 선고 93다47677; 대법원 1995. 5. 9. 선고 93다51263; 대법원 1996. 4. 12. 선고 95누7130 등.

71) 대법원 1995. 8. 11. 선고 95다10778.

해야 한다는 원칙으로 윤리적·도덕적 평가를 법적 가치판단의 한 내용으로서 도입한 것이다.

「권리남용」이란 외형상으로는 적법한 권리의 행사인 것과 같이 보이나, 실질적으로는 권리 본래의 사회적 목적을 벗어난 것으로 정당한 권리의 행사로서 인정할 수 없는 것을 말한다. 신의칙 위반에 따른 권리남용 금지의 원칙은 불공정하다고 판단되는 모든 권리행사에 적용되는 것은 아니고 극히 예외적인 경우에만 적용된다. 왜냐하면 신의칙 또는 권리남용 금지의 원칙을 확대하여 적용하면 구체적인 권리를 규정한 법률의 사문화를 초래하여 법적 안정성을 저해하기 때문이다. 따라서 신의칙 또는 권리남용 금지의 원칙에 위반된다는 이유로 그 권리행사를 부정하기 위해서는 법률관계 당사자가 상대방의 신의에 반하여 권리를 행사하는 것이 정의 관념에 비추어 용인될 수 없는 정도의 상태에 있어야 한다.[72]

법 윤리적인 성격을 가진 신의칙과 권리남용의 금지의 원칙은 법률관계 당사자의 행위준칙인 동시에 재판규범이 된다. 따라서 근로계약·취업규칙 등에 정당한 인사 및 징계기준을 정한 경우라도 사용자가 사회통념상 인정되는 신의칙에 위반되거나 인사 및 징계권을 남용한 경우에는 권리남용에 해당되어 무효로 된다. 즉, 취업규칙 등에 정한 징계요건에 따라 근로자를 징계한 경우라도, 신의칙에 위반되거나 인사권을 남용한 경우에 그 징계처분은 사회통념상 합리성을 벗어난 것으로써 부당한 징계처분이 된다.

72) 대법원 1995. 12. 12. 선고 94다42693.

제3장 취업규칙

제1절 의 의

Ⅰ. 개 념

근로계약은 사용자와 근로자가 개별적으로 이를 체결하고 그 내용을 확정하는 것이 원칙이지만, 사용자가 다수의 근로자와 일일이 계약내용을 약정한다는 일은 번잡한 일이며, 또한 노사의 근로관계는 어느 정도 정형화되어 있기 때문에 근로계약의 체결에 있어서 취업규칙을 이용하는 것이 일반적이다.[1)]

현행 근로기준법(이하 근기법이라 한다)에는 명시적으로 취업규칙에 관하여 정의규정을 두고 있지 않지만, 제93조에서 사용자에게 취업규칙의 작성의무를 부여하고 취업규칙에 필수적으로 기재하여야 할 사항에 관하여 규정하고 있으며, 제94조에서는 사용자가 취업규칙을 작성·변경함에 있어 해당 사업(장)에 근로자의 과반수로 조직된 노동조합이 있는 경우에는 그 노동조합, 그러한 노동조합이 없는 경우에는 근로자 과반수의 의견을 듣도록 하고 있고, 제97조에서는 이렇게 작성된 취업규칙의 기준에 미달하는 근로계약의 부분은 무효가 되며 이 경우 무효로 된 부분은 취업규칙에 정한 기준에 따르도록 규정하고 있다. 그러나 다른 한편 근기법은 제1조와 제2조에서는 최저 근로조건의 기준을 정한다는 목적성을 천명하고 있으며, 나아가 제3조에서는 "근로조건은 근로자와 사용자가 동등한 지위에서 자유의사에 의하여 결정되어야 한다."고 규정하고 있다.

이처럼 한편에서는 노동보호법적 관점에서 강행적·직접적 효력을 갖고 있는 취업규칙에 대한 사용자의 일방적인 제정·변경을, 다른 한편에서는 노사의 대등한 지위에서의 근로조건의 결정원칙을 천명하고 있는 까닭에 취업규칙에 관해서 많은 이론적 다툼과 쟁점이 있다. 나아가 판례는, 1977년 대법원판결[2)]을 통하여 취업규칙의 불이익 변경 시에는 근로자 과반수의 집단적 의사결정 방식에 의한 동의를 얻을 것을 요건으로 제시하고, 과반수의 동의를 얻지 아니한 취업규칙의 불이익 변경을 무

---

1) 김형배, 노동법(제24판), 294면.
2) 대법원 1977. 7. 26. 선고 77다355.

효로 하면서, 새로운 법 형성을 꾀하였다. 이러한 판례의 입장이 1989년 3월 근기법 개정 시에 반영되어 현재의 제97조 제1항 단서와 같이 취업규칙을 불이익하게 변경할 경우에는 동의를 얻어야만 되도록 되었다. 그러던 중 1992년의 대법원 전원합의체 판결[3]에서는 비록 근로자 과반수의 동의를 얻지 않고 변경된 취업규칙이라도 새로이 근로관계를 형성하는 신규근로자에 대하여는 효력을 가지는 것으로 보았다. 뿐만 아니라 취업규칙의 불이익한 변경이 근로자 과반수의 동의를 얻지 않아 무효가 된 경우에도 후에 노동조합이 단체협약에서 이를 소급적으로 동의하는 경우에는 인정하는 것으로 보았다.[4]

이와 같은 입법규정의 부조화성, 판례의 입장변화 등으로 말미암아 취업규칙을 둘러싼 법 이론의 구성과 해석에 있어서는 혼란스러움이 가중되고 있다. 즉 취업규칙의 법적 성질을 어떻게 보아야 하는지, 취업규칙의 불이익한 변경에 대한 판단과 변경의 절차에 대하여 구체적으로 어떻게 판단해야 하는지 등의 문제가 있다.

이를 기준으로 취업규칙을 일반적으로 정의하면 취업규칙이라 함은 사용자가 당해 사업 또는 사업장에 소속된 다수의 근로자에게 적용되는 근로조건 및 복무규율에 관한 사항을 집단적·일률적으로 규율하기 위하여 정하는 준칙 또는 그러한 준칙을 기록한 서면이라 할 수 있다.

❐ 대법원 2004. 2. 12. 선고 2001다63599

근로기준법 제96조 소정의 취업규칙은 사용자가 근로자의 복무규율과 임금 등 당해 사업의 근로자 전체에 적용될 근로조건에 관한 준칙을 규정한 것을 말하는 것으로서, 그 명칭에 구애받을 것은 아니고, 한편 취업규칙은 사용자가 정하는 기업 내의 규범이기 때문에 사용자가 취업규칙을 신설 또는 변경하기 위한 조항을 정하였다고 하여도 그로 인하여 바로 효력이 생기는 것이라고는 할 수 없고 신설 또는 변경된 취업규칙의 효력이 생기기 위하여는 반드시 같은 법 제13조 제1항에서 정한 방법에 의할 필요는 없지만, 적어도 법령의 공포에 준하는 절차로서 그것이 새로운 기업 내 규범인 것을 널리 종업원 일반으로 하여금 알게 하는 절차 즉, 어떠한 방법이든지 적당한 방법에 의한 주지가 필요하다.

3) 대법원 1992. 12. 22. 선고 91다45165.
4) 대법원 1992. 7. 24. 선고 91다34073; 대법원 1993. 3. 23. 선고 92다52115; 대법원 1993. 5. 11. 선고 92다49294.

> **❒ 근로기준팀-1387, 2006.3.29.**
>
> 취업규칙이란 '사업(장)의 근로자들에게 적용될 근로조건과 복무규율에 관한 통일적인 준칙'이라 볼 수 있고, 사용자는 취업규칙의 변경에 관하여는 당해 사업장의 근로자의 과반수로 조직된 노동조합(과반수 노조가 없을 경우에는 근로자의 과반수)의 의견을 들어야 하며, 근로자의 '기득의 권리나 이익'을 침해하는 불이익 변경의 경우에는 그 동의를 얻어야 하는 것임

이와 같이 취업규칙은 사용자가 다수의 개별적 근로관계를 처리함에 있어 그 편의를 위하여 근로조건에 관한 사항과 복무규정 및 직장질서에 관한 사항을 일방적으로 정해 놓은 것으로 그 법률상 성질이 보통거래약관과 유사하다. 그러나 공통적인 근로계약관계에 대해서는 조직적 노동을 원활하게 하기 위하여 공평한 근로조건과 통일적 규율이 필요하며, 이를 실현하기 위하여 계약내용의 정형화가 요구된다. 그러므로 취업규칙은 이른바 부합계약의 한 모습으로서 시민사회에서 널리 이용되고 있는 법적 기술을 사용자가 근로계약관계에 대하여 이용하고 있는 것이라고 할 수 있다.[5)]

Ⅱ. 법적 성질

취업규칙은 사용자가 일방적으로 작성한 근로계약의 내용이지만 사업장내에서 실질적으로 하나의 법규범으로서 사용자 및 근로자를 모두 구속한다. 이 경우 그 구속의 근거가 어디에 있느냐에 대해 종래부터 적지 않은 논의가 되어 왔다.

취업규칙의 법적성질에 대해서는 학설이 매우 다양하나 대체로 법규범설과 계약설로 크게 나눌 수 있으며 이를 요약하여 설명하면 다음과 같다.

1. 법규범설

이 설은 취업규칙이 일종의 법규범으로서 근로자와 사용자를 구속한다는 견해이다. 법규범설은 법규범의 근거를 어디에서 찾느냐에 따라 다시 학설이 나뉘며, 이를 구체적으로 설명하면 다음과 같다.

---

5) 이대우, '취업규칙의 법리에 관한 연구', 서강대학교대학원 석사학위논문, 5면.

1) 소유권설(경영권설)

취업규칙이 사용자의 소유권 행사에 의하여 작성된 기업의 규율이고, 국가가 그러한 소유권을 법적으로 보장하기 때문에 취업규칙이 법규범이 된다는 견해이다.

그러나 사용자는 생산수단의 소유자 또는 이용자로서 회사시설 등의 관리·운영권을 갖고 있기는 하지만, 그로 인해 근로조건에 대한 사용자의 일방적 결정권이 정당화 되지는 않는다.

2) 관습법설(사회자주법설)

취업규칙은 기업이라는 사회에서 일종의 사회규범으로서 작용을 하기 때문에 관습법에 준하는 법규범적 성질을 갖는다는 견해이다.[6)]

그러나 이 설에 따르면 실질적으로 장기간의 관습에 의하여 확립된 규범에 대해서만 이를 취업규칙으로 인정하게 되므로 취업규칙이 처음 제정되거나 전면적으로 개정되어 동일성을 상실한 때에는 취업규칙의 법규범성을 인정할 수 없게 되는 문제점이 발생한다.

3) 수권설(법규설)

취업규칙 자체로는 법규범성을 가지지 않는 사회규범이지만 근로기준법 제5조(근로조건의 준수), 제93조(취업규칙의 작성·신고), 제97조(취업규칙의 효력) 등의 규정이 취업규칙에 근로자와 사용자를 구속할 수 있는 힘을 부여함으로써 법규범으로 작용할 수 있도록 한다는 견해이다. 이 견해는 우리 대법원의 입장이기도 하다.

□ 대법원 1977. 12. 27. 선고 77다1378

취업규칙은 사용자가 기업경영권에 기하여 사업장에 있어서의 근로자의 복무규율이나 근로조건의 기준을 획일적 통일적으로 정립하기 위하여 작성하는 것으로서 이는 근로기준법이 종속적 노동관계의 현실에 입각하여 실질적으로 불평등한 근로자의 입장을 보호·강화하여 그들의 기본적 생활을 보호·향상시키려는 목적의 일환으로 그 작성을 강제하고 이에 법규범성을 부여한 것이라고 볼 것이므로 원칙적으로 취업규칙의 작성·변경권은 사용자에게 있다 할 것이다.

이에 대하여는 근기법 제97조는 취업규칙 자체를 수권에 의한 법규범이라고 규정

---

6) 김치선, 노동법강의, 박영사, 250면.

한 것이 아니라, 개개 근로자의 보호라는 관점에서 취업규칙 내용을 밑도는 특약을 허용하지 않으려는 취지를 정한 것에 지나지 않고, 근로계약상의 특약이 취업규칙의 특정조항의 기준에 미달하는 경우에 그 근로계약 부분이 무효가 된다는 점에서 취업규칙의 그 조항은 강행적·직접적 효력을 가진다고 하면서, 그러나 그것은 취업규칙의 일부에 그와 같은 규범적 효력이 법적으로 인정된다는 것이지 취업규칙 자체가 법규범은 아니라고 하는 견해[7]가 있다.

2. 계 약 설

이 설은 취업규칙의 구속력의 근거를 근로자와 사용자간의 약정 내지 동의에서 구하는 견해이다. 취업규칙이 어떻게 근로계약이 되느냐 하는 구체적 이론구성상의 차이점에 따라 다시 학설이 나뉘며 이를 구체적으로 설명하면 다음과 같다.

1) 순수계약설

사용자가 일방적으로 작성한 취업규칙은 청약으로서 사실상의 기준에 불과한 것으로 명시든 묵시든 근로자와의 합의를 통해서만 근로계약의 내용이 되며 구속력을 가진다는 견해이다.

그러나 이러한 견해는 취업규칙은 사용자가 일방적으로 정하는 것이며, 근로자가 취업규칙의 내용을 현실적으로 알지 못했거나 그에 반대한 경우에도 합의가 있었던 것으로 보기 때문에 비판을 받게 된다.

2) 사실규범설

취업규칙은 사용자가 일방적으로 정한 근로조건의 사실상 기준에 불과한 것이기 때문에 이러한 사용자의 일방적 결정에 법규범성을 인정하는 것은 근대적 계약개념에도 배치한다고 보면서, 취업규칙을 사실상의 규범에 불과한 것으로 이해하는 입장이다. 이 견해는 당사자의 합의에서 법적인 효력의 근거를 찾아야 한다는 점에서는 순수계약설과 다를 바 없으나, 취업규칙을 하나의 사실인 규범으로 파악하고 있는 점에서 차이가 난다.

---

7) 김형배, 노동법(제24판), 297면.

3) 사실관습설

근로조건이 당사자간의 특별한 약정이나 단체협약에서 규정하고 있지 아니하는 한 취업규칙에 의하여 결정된다는 것이 사실인 관습으로서 통용되고 있다는 견해이다. 즉 취업규칙 그 자체가 사실인 관습이 아니라 노사당사자 사이의 특별한 약정이나 단체협약에 없는 사항에 대해서는 사업장 차원에서 취업규칙에 따르기로 한다는 것이 사실인 관습이며, 이러한 관습을 기초로 취업규칙은 근로자의 동의를 매개로 그 전체가 근로계약의 내용으로 된다는 견해이다.[8)]

그러나 근로자가 반대하는 경우에도 법적 효력이 부여되는 점을 설명하지 못하고 있다는 문제점이 있다.

3. 소 결

취업규칙의 법적성질에 관한 논의는 취업규칙의 형식과 그 사회적 기능이 차이가 나는 것에서 기인한다고 생각된다. 사용자가 자신이 작성한 취업규칙을 제시하는 것은 계약법상 청약과도 같은 형식이다. 하지만 이는 단순한 사법관계에 있어서의 계약과는 달리 노동법적으로 볼 때 중요한 근로조건의 결정 역할을 하는 것으로 노사대등과 근로자보호라는 노동법의 목적을 떠나서는 존재할 수 없는 것이다.

따라서 사용자가 일방적으로 제정하는 취업규칙은 그 자체로서는 계약도 아니고, 법규범성을 가지지 않는 사회규범에 불과하지만, 근로기준법은 근로자보호라는 목적과 집단적 관리의 필요성에 입각하여 취업규칙에 대하여 일정한 절차 아래 법규범적 효력을 부여하고 있다고 판단되므로 취업규칙의 법적성질에 관해서는 수권설이 타당하다고 생각된다. 다만 근로자의 보호라는 관점에서 당사자가 동의도 하지 않은 부분에 대해서 보호라는 이름으로 강요하는 것은 보호라는 원래의 목적에 역행하는 결과가 나올 수 있음을 주의하여야 할 것이다. 이러한 측면에서 불이익변경에 일정한 요건을 부여하고 있는 것이다.

---

8) 김형배, 노동법(제24판), 298면.

제2절 취업규칙의 작성

Ⅰ. 취업규칙의 작성의무

상시 10인 이상의 근로자를 사용하고 있는 사업장의 사용자는 취업규칙을 작성하여 고용노동부장관에게 신고하도록 하고 있다(근로기준법 제93조).

1. 대상 사업장

1) 상시 10인 이상 사업장

취업규칙의 작성·신고의무자는 상시 10인 이상의 근로자를 사용하는 모든 사업장의 사용자이다. 여기서 상시라 함은 상태(狀態)라는 말로 때때로 10인 미만이 되는 경우가 있어도 상태적으로 보아 10인 이상이 되는 경우는 이에 해당한다. 또한 고용인원수에는 일용직 및 시간제 근로 등이 모두 포함된다.

❒ 서울행정법원 2009. 4. 22. 선고 2008구합27483

근로기준법 법 제11조제1항은 "이 법은 상시 5명 이상의 근로자를 사용하는 사업 또는 사업장에 적용한다. 다만, 동거하는 친족만을 사용하는 사업 또는 사업장과 가사(家事) 사용인에 대하여는 적용하지 아니 한다"라고 규정하고 있다. 이때 '상시 5명 이상의 근로자를 사용하는 사업 또는 사업장'이라 함은 '상시 근무하는 근로자의 수가 5명 이상인 사업 또는 사업장'이 아니라 '사용하는 근로자의 수가 상시 5명 이상인 사업 또는 사업장'을 뜻하는 것이고, 이 경우 '상시'라 함은 상태(常態)라고 하는 의미로서 근로자의 수가 때때로 5명 미만이 되는 경우가 있어도 사회통념에 의하여 객관적으로 판단하여 상태적으로 5명 이상이 되는 경우에는 이에 해당한다 할 것이고, 여기의 근로자에는 당해 사업장에 계속 근무하는 근로자뿐만 아니라 그때그때의 필요에 의하여 사용하는 일용근로자를 포함한다고 해석하여야 할 것이다.

❒ 근로기준과 1967, 2009.6.12

상시 사용하는 근로자 수는 해당사업 또는 사업장에서 법 적용사유 발생일 전 1개월 동안 사용한 근로자의 연인원을 같은 기간 중의 가동일 수로 나누어 산정하는 것이 원칙입니다(근로기준법 제11조제3항, 동법 시행령 제7조의2제1항). 이때 '근로자의 연인원'에는 해당 사업(장)에서 사용하는 통상근로자, 기간제근로자, 단시간근로자 등 고용형태를 불문하고 하나의 사업(장)에서 근로하는 모든 근로자가 포함되게 됩니다(근로기준법 시행령 제7조의2 제1항).

만약 10인 미만 사업장에서 취업규칙을 작성하였다면 신고의무는 없으나 당사자가 이를 준수하고 이행할 의무가 있다.

❒ 근기68207-2468, 2000.8.19

근로기준법 제4조에 의하면 근로자와 사용자는 단체협약, 취업규칙과 근로계약을 준수하여야 하며 각자가 성실하게 이행할 의무가 있다고 규정하고 있음. 따라서 5인 이하의 사업장에서 취업규칙을 작성한 경우에는 사용자가 노동부장관에게 신고할 의무는 없으나 노사당사자는 이를 준수하고 각자가 성실하게 이행할 의무가 있다고 사료됨.

2) 특수한 사업장

(1) 사립학교

사립학교 교원도 사립학교법의 특별규정의 적용을 받는 근로조건을 제외하고 나머지 근로조건은 근로기준법의 적용을 받게 되므로 근로기준법 제93조에 따라 취업규칙의 신고의무가 있다.

❒ 근로기준팀 5649, 2007.7.27

근로기준법 제93조에서 상시 10명 이상의 근로자를 사용하는 사용자는 취업규칙을 작성·신고토록 되어 있으며, 이때 상시 근로자 수의 산정 기준은 당해 사업(장)에 근무하는 모든 근로자 즉, 임시직·정규직·일용직·상용직·도급직 근로자 등을 총 망라한 근로자 수를 기준으로 산정하여야 할 것입니다.

한편 사립학교 교직원의 근무 관계는 "본질적으로 사법상의 고용계약 관계라고 할 것이므로, 사립학교 사무직원의 보수·복무 등 근로 조건에 관한 사항 중 사립학교교원연금법에서 정하고 있는 퇴직시의 급여 등을 제외한 사항은 근로기준법의 적용을 받는다(대법원 1997. 7. 22. 선고 96다38995 참고)."고 할 것입니다. 따라서, 귀 질의의 학교법인이 사립학교법 및 사립학교교직원 연금법을 적용받고 있는 교직원 등을 포함하여 상시 10인 이상의 근로자를 사용하는 경우에는 취업규칙 신고를 해야 하며, 또한 사립학교법 등 관련 법률에서 특별한 규정을 둔 경우에는 그에 따라야 할 것이나, 그 이외의 사항에 대하여는 근로기준법이 적용되어야 할 것으로 사료됩니다.

❐ 대법원 1997. 7. 22. 선고 96다38995

사립학교 사무직원 임면, 보수, 복무 및 신분보장에 관하여는 사립학교법에서 학교법인의 정관으로 정하도록 하였을 뿐이고 그 내용을 규정한 바가 없으며 그 근무관계는 본질적으로 사법상의 고용계약관계라고 할 것이므로, 사립학교 사무직원의 보수, 복무 등 근로조건에 관한 사항 중 사립학교교원연금법에서 정하고 있는 퇴직시의 급여 등을 제외한 사항은 근로기준법의 적용을 받는다.

(2) 건강보험공단·농어촌공사

국민건강보험공단이나 농어촌공사도 관련법이 근로기준법의 특별법이라고 볼 수 없으며 근로기준법에 대한 특칙을 규정하지도 않았으므로 취업규칙 작성·신고의무가 있다.

❐ 근기68207-1550, 1993.7.15

특별법이 일반법에 우선한다는 원칙은 통일 형식의 성문법규인 법률이 상호 모순 저촉되는 경우에 적용되는 것인 바, 의료보험법은 근로기준법과 입법목적, 규정사항 등을 달리하므로 전면적으로 근로기준법의 특별법이라고 볼 수 없으며, 의료보험법의 개별조항에 있어서도 임금, 근로시간 등 근로조건에 관하여 근로기준법에 대한 특칙을 규정한 바도 없고 조합의 조직과 관리운영 기타 조합의 해산·합병 등에 관하여 필요한 사항은 대통령령으로 정한다고 규정한 의료보험법 제25조를 지역의료보험조합 근로자의 근로조건과 관련하여 근로기준법에 대한 특칙을 규정한 것이라 보기 어려우므로 지역의료보험조합도 근로기준법 제94조에 의거 취업규칙을 신고할 의무가 있음.

2. 기업단위인가, 사업장단위인가

2이상의 사업장으로 구성된 하나의 기업이 각 사업장단위로는 상시근로자 수가 10인 미만이나 기업 전체로는 10인 이상인 경우 기업이 취업규칙을 작성·신고할 의무가 있느냐를 판단하는 기준은 각 사업장이 동질성을 가지고 있는지 여부에 따라 결정된다.

3. 근로자의 의견청취

사용자는 취업규칙을 작성하는 경우 (ⅰ) 당해 사업장에 근로자의 과반수로 조직된 노동조합이 있는 경우에는 그 노동조합, (ⅱ) 과반수 노동조합이 없는 경우에는 근로자 과반수의견을 들어야 한다(근로기준법 제94조).[9)]

Ⅱ. 취업규칙의 기재내용

1. 기재사항

취업규칙은 사용자가 일방적으로 작성하게 되므로 이를 제한하여 근로자를 보호하기 위하여 근로기준법 제93조에는 제12호에 걸쳐 취업규칙에 기재할 내용을 열거하고 있다. 그 내용은 다음과 같다.

① 업무의 시작과 종료 시각, 휴게시간, 휴일, 휴가 및 교대근로에 관한 사항, ② 임금의 결정·계산·지급방법, 임금의 산정기간·지급시기 및 승급에 관한 사항, ③ 가족수당의 계산·지급방법에 관한 사항, ④ 퇴직에 관한 사항, ⑤ 근로자퇴직급여보장법 제8조에 따른 퇴직금, 상여 및 최저임금에 관한 사항, ⑥ 근로자의 식비, 작업용품 등의 부담에 관한 사항, ⑦ 근로자를 위한 교육시설에 관한 사항, ⑧ 출산전후휴가·육아휴직 등 여성 근로자의 모성보호에 관한 사항, ⑨ 안전과 보건에 관한 사항, ⑩ 업무상과 업무외의 재해부조에 관한 사항, ⑪ 표창과 제재에 관한 사항, ⑫ 그 밖에 해당 사업 또는 사업장의 근로자 전체에 적용될 사항

2. 임의적 기재사항

법에 명시된 의무적 기재사항이 아니더라도 근로자 전체에 적용될 사항은 임의적으로 기재할 수 있다. 임의적 기재사항도 취업규칙에 명시되면 규범으로서 효력을 가지며 근로자에게 불리한 변경은 동의를 얻어야 한다.

의무적 기재사항 중 가족수당, 표창, 식비, 상여금, 업무 외 재해부조 등은 법정근로조건이 아니므로 취업규칙에 기재하지 않더라도 법위반으로 보기는 어렵다.

---

9) 의견청취방법에 대해서는 취업규칙의 변경부분에서 후술한다.

3. 기재사항이 미비된 취업규칙의 효력

근로기준법 제93조에 정한 기재사항 중 일부가 기재되어 있지 아니한 경우 취업규칙의 작성·신고의무 위반으로 벌칙을 적용받는 것은 별론으로 하고 취업규칙으로서 효력이 있다고 보아야 할 것이며, 기재되지 않은 부분에 대해서는 근로기준법령, 단체협약, 근로계약 등에 정한 조건에 따라야 할 것이다. 이 경우 고용노동부장관은 근로기준법 제96조 제2항의 규정에 따라 취업규칙의 변경을 명할 수 있다.

> **❐ 근기 01254-8855, 1991.6.21.**
> 외근 노동조합원의 징수업무처리에 관하여 필요한 사항을 규정한 징수업무처리규정이 근로조건에 관한 사항을 규정하고 있다면 근로기준법 제94조에 정한 기재사항 중 일부가 기재되어 있지 아니하더라도 취업규칙으로서의 효력이 있다고 보아야 할 것이며, 기재되지 않은 부분에 대해서는 근로기준법, 단체협약, 근로계약 등의 정함에 따라야 할 것임. 동법 제94조에 정한 기재사항에 대하여는 취업규칙에 적용여부를 기재하면 되고, 반드시 이를 근로조건으로 정하여 보장하여야 하는 것은 아님(예컨대 "가족수당 : 지급치 않음"으로 기재 가능).

Ⅲ. 복수의 취업규칙

1. 하나의 취업규칙이 원칙

취업규칙은 근로조건의 기준을 통일화·집단화·정형화한 일종의 경영규범이므로 하나의 기업에는 하나의 취업규칙이 적용되는 것이 원칙이다. 다만 임금규정, 징계규정, 출퇴근규정, 복리후생규정 등과 같이 근로조건에 따른 별도의 규정을 두는 것은 바람직하다. 이 경우 각 규정은 그 명칭이 어떠하든 취업규칙의 일부로서 모두가 신고대상이다.

2. 복수의 취업규칙도 허용

사용자는 같은 사업장에 소속된 모든 근로자에 대하여 일률적으로 적용되는 하나의 취업규칙을 작성해야 하는 것은 아니고, 근로기준법 제6조 등 관련법에 저촉되지 않는 범위 내에서 근로자의 근로조건, 근로형태, 직종 등에 따라 근로자 일부에 적용되는 별도의 취업규칙을 작성할 수 있다.

❐ 대법원 2007. 9. 6. 선고 2006다83246; 대법원 1992. 2. 28. 선고 91다30828

구 근로기준법 제94조 소정의 취업규칙이라 함은 복무규율과 임금 등 근로조건에 관한 준칙의 내용을 담고 있으면 그 명칭을 불문하는 것으로서, 사용자는 같은 사업장에 소속된 모든 근로자에 대하여 일률적으로 적용되는 하나의 취업규칙만을 작성하여야 하는 것은 아니고, 근로자의 근로조건, 근로형태, 직종 등의 특수성에 따라 근로자 일부에 적용되는 별도의 취업규칙을 작성할 수 있으며, 이 경우 여러 개의 취업규칙을 합한 것이 구 근로기준법 제94조 소정의 1개의 취업규칙으로 된다.

❐ 근기 01254-8855, 1991.6.21.

근로기준법 제94조는 사용자가 취업규칙을 작성, 신고토록 규정하고 있으나 하나의 사업장에 하나의 취업규칙만을 작성·운용하여야 한다고 특별히 규정치 않고 있으므로 근로형태나 직종이 현저히 다른 근로자에 대해 별도의 규정(취업규칙)을 작성·운용한다 하더라도 이를 동법 위반으로 볼 수는 없을 것임.

제3절 취업규칙의 변경

Ⅰ. 입법취지

근로기준법 제94조에는 취업규칙을 변경할 경우 당해 사업장에 근로자의 과반수로 조직된 노동조합이 있는 경우에는 그 노동조합, 그러한 노동조합이 없는 경우에는 근로자 과반수의 의견을 듣고, 불이익하게 변경할 때에는 동의를 얻도록 규정하고 있다.

이는 취업규칙은 단체협약과는 달리 사용자가 일방적인 작성·변경권을 가지고 있으므로 이에 대한 한계를 보완하기 위한 제도라고 할 수 있다.

Ⅱ. 취업규칙의 변경절차와 효과

1. 불이익하지 않은 취업규칙의 변경

1) 의견청취 대상과 주체

취업규칙이 불이익하지 않게 변경되었으면 근로자대표, 즉 근로자과반수로 조직된 노동조합이 있는 경우에는 그 노동조합, 그러한 노동조합이 없으면 근로자 과반수[10)]의 의견을 들어야 한다.

(1) 노동조합

근로자 과반수의 노동조합이 있는 경우 단위노동조합의 대표(위원장)로부터 의견을 청취하면 된다. 여기서의 노동조합은 기업별, 산업별, 지역별이든 관계가 없으며 그러한 단위노동조합의 지부·분회·지회 등 산하조직은 권한을 위임받지 않는 한 의견청취·동의에 대한 주체가 되지 않는다.

(2) 근로자 과반수

과반수 근로자를 산정함에 있어 근로자의 범위에는 근로기준법상 사용자의 범주에 포함되는 사업주, 사업경영담당자, 근로자에 대하여 사업주를 위하여 행위하는 자 즉 부서장, 팀장 등을 제외한 과반수로 보아야 할 것이다.

(3) 노사협의회 근로자위원

노사협의회 근로자위원은 취업규칙의 작성과 변경에 대한 의견청취의 주체로 인정되지 않는다. 다만, 노사협의회의 근로자위원이 취업규칙 작성·변경에 대한 별도의 위임이나 대표권을 확보한 경우에는 근로자대표로 인정될 수 있다.

> ❐ **근로기준과-2015, 2004.4.22.**
>
> 사용자가 취업규칙을 변경하고자 하는 경우에 당해 사업(장)에 근로자 과반수로 조직된 노동조합이 없다면 근로자 과반수의 의견을 청취하여야 할 것인 바(불이익 변경시에는 동의를 얻어야 함), 근로자참여및협력증진에관한법률에 의한 노사협의회의 근로자위원은 원칙적으로 취업규칙 변경에 대한 의견청취 또는 동의의 권한을 가진 자로 볼 수 없을 것임. 다만, 근로자의 과반수가 자유의사에 기하여

10) 이하 편의상 "근로자대표 또는 근로자집단"이라 한다.

취업규칙의 변경에 대한 의견청취 권한(이하 '동의권' 포함)을 노사협의회의 근로자위원에게 위임하였다면 그 근로자위원은 근로기준법상 취업규칙의 변경에 대한 의견청취의 권한을 가진 자로 볼 수 있다고 사료됨.

2) 의견청취 방법

과반수 노동조합이 있는 경우에는 단위노동조합의 대표(위원장)로부터 의견을 청취하고 그로부터 서명을 받으면 된다.

그러나 근로기준법은 근로자 과반수의 의견을 듣는 방법에 대해서는 규정하고 있지 않다. 근로자 과반수의 의견을 듣는 방법으로는 일반적으로 집단적 의사결정방법에 의한 의견청취를 의미한다. 따라서 개별적 회람·서명을 통해서 과반수의 의견을 청취하였더라도 의견을 청취하였다고 볼 수 없다.

❒ 근로기준팀-8936, 2007.12.26.

근로기준법 제94조 제1항에는 "취업규칙 작성 및 변경시에는 근로자 과반수로 조직된 노동조합이 있는 경우에는 그 노동조합의, 그러한 노동조합이 없는 경우에는 근로자의 과반수 의견을 들어야 하며, 다만 취업규칙을 불이익하게 변경하는 경우에는 그 동의를 받아야 한다"라고 규정하고 있습니다. 취업규칙의 불이익 변경시 요구되는 근로자 과반수의 동의는 근로자들의 집단적 의사 결정 방식 또는 회의 방식에 의한 동의를 의미하므로(대법원 1977.7.26 선고 77다355; 1992.11.10. 선고 92다30566 판결 등) 귀 질의에서와 같이 개별적 회람·서명을 통하여 과반수의 찬성을 얻었더라도 이는 취업규칙의 불이익 변경시 요구되는 근로자 과반수의 집단적 의사 결정 방식에 의한 동의를 얻은 것으로 볼 수 없습니다(대법원 1994. 6.24. 선고 92다28556 판결 등).

그러나 사업 또는 사업장의 기구별 또는 단위 부서별로 사용자측의 개입이나 간섭이 배제된 상태에서 근로자간에 의견을 교환하여 찬반을 집약한 후 이를 전체적으로 취합하는 방식은 허용된다 할 것이다.

❒ 대법원 2004. 5. 14. 선고 2002다23185,23192

사용자가 취업규칙의 변경에 의하여 기존의 근로조건을 근로자에게 불리하게 변경하려면 종전 근로조건 또는 취업규칙의 적용을 받고 있던 근로자의 집단적 의사결정방법에 의한 동의를 요하고, 이러한 동의를 얻지 못한 취업규칙의 변경은 효력이 없으며, 그 동의의 방법은 노동조합이 없는 경우에는 근로자들의 회의방식에 의한 과반수의 동의를 요하고, 회의방식에 의한 동의라 함은 사업 또는 한 사업장의 기구별 또는 단위 부서별로 사용자측의 개입이나 간섭이 배제된 상태에서 근로자간에 의견을 교환하여 찬반을 집약한 후 이를 전체적으로 취합하는 방식도 허용된다고 할 것인데, 여기서 사용자측의 개입이나 간섭이라 함은 사용자측이 근로자들의 자율적이고 집단적인 의사결정을 저해할 정도로 명시 또는 묵시적인 방법으로 동의를 강요하는 경우를 의미하고 사용자측이 단지 변경될 취업규칙의 내용을 근로자들에게 설명하고 홍보하는 데 그친 경우에는 사용자측의 부당한 개입이나 간섭이 있었다고 볼 수 없다.

3) 의견청취의 효과

(1) 의견청취를 하지 않은 경우

의견청취를 하지 아니한 경우 근로기준법 제94조 제1항의 의견청취의무는 (i) 단속규정이므로 취업규칙변경은 유효하다는 견해와 (ii) 효력규정이므로 취업규칙 변경은 무효라는 견해로 나뉘고 있다.

의견청취는 근로자 과반수의 합의결정을 요구하는 것이 아니고 취업규칙의 작성·변경에 관한 의견을 듣고 그 의견을 기입한 서면을 첨부하는 것으로 충분하므로 법령과 단체협약에 위반되지 않는다면 그 효력은 인정된다고 본다.

❐ 근기1455-2895, 1982.2.1.

취업규칙의 의견청취는 취업규칙 작성변경에 대하여 근로자의 단체적 의견을 반영시키려고 하는 취지이며, 또 의견서 첨부는 행정감독상의 편의를 고려한 것이므로 어느 것도 취업규칙의 효력 자체에는 영향을 미치지 못함. 다만 의견이 첨부된 규칙을 신고하지 않은 절차적인 책임은 별도로 취급함.

(2) 의견제시를 거부하는 경우와 반대하는 경우

취업규칙의 작성·변경에 관한 의견청취는 동의·합의를 뜻하는 것이 아니므로 근로자대표의 의견에 구속받지 않는다. 따라서 의견제시를 거부하거나 반대한다고 하더라도 적절한 절차를 거쳐 의견을 들었다면 의견청취의 효력은 인정된다.

> ❒ **근기 01254-9222, 1991.6.27.**
>
> 취업규칙의 작성 또는 변경에 관하여 당해 사업장 근로자의 과반수로 조직된 노동조합이 있는 경우에는 그 노동조합, 그렇지 않은 경우에는 근로자 과반수의 의견을 들어야 하는 바, 이때 의견을 듣는 것은 동의를 의미하는 것이 아니며 의견에 구속을 받는 것도 아님.
>
> 따라서 노동조합 또는 근로자가 의견서의 작성 또는 서명을 거부할 경우에는 그러한 사유를 취업규칙 신고시 같이 제출하면 의견청취 의무 위반의 책임을 물을 수 없을 것임. 다만 취업규칙을 근로자에게 불이익하게 변경하는 경우에는 그 동의를 얻어야 할 것임.

이 경우 노동조합이나 근로자가 의견서에 서명하지 않는 경우 사용자가 그 취지와 사유를 증명해서 신고하면 행정관청은 의견청취 사실이 객관적으로 증명되면 그 신고를 수리하므로 벌칙이 적용되는 것을 면할 수 있다.

2. 불이익한 취업규칙의 변경

1) 취업규칙 불이익변경의 개념과 판단

(1) 불이익 변경의 개념

근로조건의 내용을 기존 취업규칙보다 근로자에게 불리하게 변경하는 것을 불이익 변경이라 한다. 절차적인 면에서 취업규칙을 불이익하게 변경하려면 근로자 과반수로 조직된 노동조합이 있으면 그 노동조합, 그러한 노동조합이 없는 경우에는 근로자 과반수의 동의를 받아야 한다. 동의를 얻지 않은 취업규칙의 변경은 적법한 변경으로서의 효력이 인정되지 않는다. 즉 종전의 취업규칙이 규범으로서 작용하고 바뀐 취업규칙은 원칙적으로 무효가 된다.

(2) 불이익 변경 판단기준

가. 주관적 기준과 객관적 기준

취업규칙이 근로자에게 불이익하게 변경되었는지를 판단하는 기준에 대하여는 주관적 기준과 객관적 기준으로 견해가 나뉜다. (i) 주관적 기준은 근로자가 불리하다고 생각하여 과반수가 반대한 경우에는 근로자에게 불이익한 변경이라고 보는 견해이다.[11] (ii) 객관적 기준은 불이익여부를 사회통념상 합리성이 있는지 여부에

따라 판단해야 한다는 견해이다.[12]

판례와 행정해석은 객관적 기준의 입장을 취하고 있다. 다만, 객관적 기준을 취함에 있어 취업규칙 변경이 사회통념상 합리성이 있느냐의 여부나 근로자에게 불리한가의 여부는 그 변경의 취지와 경위, 해당 업무의 성질, 취업규칙 각 규정의 전체적인 체제 등 제반사정을 종합하여 판단해야 할 것이다.

❐ 대법원 2001. 1. 5. 선고 99다70846

사용자가 일방적으로 새로운 취업규칙의 작성·변경을 통하여 근로자가 가지고 있는 기득의 권리나 이익을 박탈하여 불이익한 근로조건을 부과하는 것은 원칙적으로 허용되지 아니한다고 할 것이나, 당해 취업규칙의 작성 또는 변경이 그 필요성 및 내용의 양면에서 보아 그에 의하여 근로자가 입게 될 불이익의 정도를 고려하더라도 여전히 당해 조항의 법적 규범성을 시인할 수 있을 정도로 사회통념상 합리성이 있다고 인정되는 경우에는 종전 근로조건 또는 취업규칙의 적용을 받고 있던 근로자의 집단적 의사결정방법에 의한 동의가 없다는 이유만으로 그 적용을 부정할 수는 없다고 할 것이고, 한편 여기에서 말하는 사회통념상 합리성의 유무는 취업규칙의 변경에 의하여 근로자가 입게 되는 불이익의 정도, 사용자측의 변경 필요성의 내용과 정도, 변경 후의 취업규칙 내용의 상당성, 대상조치 등을 포함한 다른 근로조건의 개선상황, 노동조합 등과의 교섭 경위 및 노동조합이나 다른 근로자의 대응, 동종 사항에 관한 국내의 일반적인 상황 등을 종합적으로 고려하여 판단하여야 한다.

❐ 근로기준팀-4711, 2006.9.5.

「사무국운영규정」이 근로자의 근로조건과 복무규율에 관한 규정 등을 포함하고 있다면 이는 근로기준법상 취업규칙에 해당한다고 볼 수 있고, 만약 취업규칙을 불이익하게 변경하면서 근로자의 과반수(근로자 과반수로 조직된 노동조합이 있는 경우에는 그 노동조합)의 동의를 받지 않은 경우에는 그 효력이 발생하지 않을 것이며, 여기서 「불이익변경 여부의 판단」은 사회통념상 합리성이 있는지 여부, 그 변경의 취지와 경위, 해당 사업체의 업무성질, 취업규칙 각 규정의 전체적인 체제 등 제반사정을 종합하여 판단하여야 할 것임.

11) 이병태, 최신노동법, 중앙경제사, 941면.
12) 이상윤, 노동법, 법문사(제4판), 350면.

나. 개별적 판단과 종합적 판단

① 근로조건 기준

취업규칙 변경 시 근로조건이 유리한 조건과 불리한 조건이 함께 섞여 있을 경우에는 각 근로조건의 성격 등을 종합적으로 고려하여 유·불리를 검토하여야 한다.

❐ 대법원 1992. 2. 28. 선고 91다30828

퇴직금규정이 근속년수의 기산일을 실제 입사한 날이 아닌 그 후의 일자 로 정함으로써 근로자에게 불리한 면이 있는가 하면, 지급율을 단수제가 아닌 누진제로 정하여 근로자에게 유리한 면이 있는 경우, 위와 같은 규정에 의하여 계산된 금액에 미달될 때 그 미달금액범위 내에서만 근로기준법에 위반되어 무효라고 할 것이지 기산일에 관한 규정만을 따로 떼어 내서 그 규정을 무효라고 할 것은 아니다.

즉, 근로조건을 결정짓는 여러 요소가 있는 경우 그 중 한 요소가 불이익하게 변경되더라도 그와 대가관계나 연계성이 있는 다른 요소가 유리하게 변경되는 경우 이를 종합적으로 고려하여 판단하여야 한다.

❐ 대법원 2004. 1. 27. 선고 2001다42301

원심이 인정한 사실관계와 기록에 의하면, 피고 공사는 2급 이상 직원에 대하여 연봉제를 도입하고, 연봉제 적용을 받지 않은 직원들의 경우 일부 기본급 성격의 수당을 기본급으로 편입하는 등 기본급 비중을 강화하는 내용으로 보수체계를 개편하면서, 그에 맞추어 명예퇴직수당에 관한 보수규정과 보수규정 시행세칙도 개정한 사실을 인정할 수 있는 바, 이로 미루어 보면 보수체계의 개편으로 인하여 명예퇴직수당산정의 기초임금이 변화되는 상황이 오자, 이에 맞추어 그 지급률을 낮춘 것이 아닌가 하는 짐작이 가나, 한편 불이익 변경인지 여부를 판단함에 있어서는, 근로조건을 결정짓는 여러 요소가 있는 경우 그 중 한 요소가 불이익하게 변경되더라도 그와 대가관계나 연계성이 있는 다른 요소가 유리하게 변경되는 경우 이를 종합적으로 고려하여야 하는 것이므로, 명예퇴직수당의 지급률이 낮아져 그 자체로는 불리해졌다고 하더라도 기초임금이 인상된 경우 반드시 불이익한 변경이라고 단정할 수는 없다.

판례는 정년규정이 없던 상황에서 55세 정년규정을 신설한 것이 취업규칙의 불이익한 변경에 해당한다는 입장이고,[13] 새로운 수당을 신설하면서 그 수당을 퇴직금 산정의 기초임금에서 제외하는 보수규정의 개정은 퇴직금 규정의 개정을 전후하여 퇴직금의 액수에 변동이 있는 것이 아니어서 기존의 근로자들의 기득의 권리나 이익을 박탈하는 것이 아니므로 취업규칙의 불이익한 변경에 해당하지 않는다고 판단한 바 있다.[14]

② 적용대상 근로자 기준

취업규칙의 변경이 어떤 근로자에게는 유리하고 어떤 근로자에게는 불리한 경우에는 불리한 근로자를 기준으로 판단한다. 따라서 적용되는 근로자 중에서 단 1명이라도 불리하면 불리한 변경으로 보아 전체 근로자 과반수의 동의를 얻어야 효력이 있다.

❐ 대법원 1993. 5. 14. 선고 93다1893

취업규칙의 일부를 이루는 급여규정의 변경이 일부의 근로자에게는 유리하고 일부의 근로자에게는 불리한 경우 그러한 변경에 근로자집단의 동의를 요하는지를 판단하는 것은 근로자 전체에 대하여 획일적으로 결정되어야 할 것이고, 또 이러한 경우 취업규칙의 변경이 근로자에게 전체적으로 유리한지 불리한지를 객관적으로 평가하기가 어려우며, 같은 개정에 의하여 근로자 상호간의 이, 불리에 따른 이익이 충돌되는 경우에는 그러한 개정은 근로자에게 불이익한 것으로 취급하여 근로자들 전체의 의사에 따라 결정하게 하는 것이 타당하다.

(3) 불이익변경 판단시점

불이익변경에 해당되는지 여부를 판단하는 기준시점은 취업규칙의 변경이 이루어진 시점이다. 따라서 취업규칙의 변경 이후에 사정 변경이 있다는 점은 고려되지 않는다.

❐ 대법원 1997. 8. 26. 선고 96다1726

취업규칙의 일부인 퇴직금 규정의 개정이 근로자들에게 유리한지 불리한지 여부를 판단하기 위하여는 퇴직금 지급률의 변화와 함께 그와 대가관계나 연계성이

13) 대법원 1997. 5. 16. 선고 96다2507.
14) 대법원 1997. 8. 26. 선고 96다1726.

있는 기초임금의 변화도 고려하여 종합적으로 판단하여야 하지만, 그 판단의 기준시점은 퇴직금 규정의 개정이 이루어진 시점이며, 그 종합판단의 결과, 일부 근로자에게는 유리하고 일부 근로자에게는 불리하여 근로자 상호간에 유·불리에 따른 이익이 충돌되는 경우에는 전체적으로 보아 근로자에게 불리한 것으로 취급하여 종전의 급여규정의 적용을 받고 있던 근로자들의 집단적 의사결정방법에 의한 동의를 필요로 한다.

2) 불이익 변경시의 동의의 주체

(1) 일 반 론

사용자가 취업규칙의 변경에 의하여 종전 근로조건의 내용을 일방적으로 근로자에게 불이익하게 변경하려면 종전 취업규칙의 적용을 받고 있던 근로자 집단의 집단적 의사결정방법에 의한 동의가 있어야 한다.[15] 근로자집단의 동의라 함은 근로자과반수로 조직된 노동조합이 있는 경우에는 그 조합의,[16] 그와 같은 조합이 없는 경우에는 근로자들의 회의방식에 의한 과반수의 동의를 말하며, 그러한 동의가 없는 한 취업규칙의 불이익한 변경은 효력을 가질 수 없다.[17] 동의를 얻어야 할 「근로자의 과반수」는 그 사업 또는 사업장의 전체 근로자의 과반수가 아니라 기존의 근로조건 또는 취업규칙의 적용을 받는 근로자집단의 과반수를 뜻한다.[18] 취업규칙을 규범으로 보건 계약으로 보건 간에 그 적용대상이 아닌 근로자의 동의까지 얻는다는 것은 무의미하기 때문이다.

한편 여러 근로자 집단이 하나의 근로조건 체계 내에 있어 비록 취업규칙의 불이익변경 시점에는 어느 근로자 집단만이 직접적인 불이익을 받더라도 다른 근로자 집단에게도 변경된 취업규칙의 적용이 예상되는 경우에는 일부 근로자 집단은 물론 장래 변경된 취업규칙 규정의 적용이 예상되는 근로자 집단을 포함한 근로자 집단이 동의주체가 되고, 그렇지 않고 근로조건이 이원화되어 있어 변경된 취업규칙이 적용되어 직접적으로 불이익을 받게 되는 근로자 집단 이외에 변경된 취업규칙의

---

15) 대법원 2009. 5. 28. 선고 2009두2238; 대법원 2005. 11. 10. 선고 2005다21494; 대법원 2008. 2. 29. 선고 2007다85997; 대법원 1977. 7. 26. 선고 77다355.

16) 대법원 2005. 5. 27. 선고 2005두524.

17) 대법원 1997. 5. 16. 선고 96다2507.

18) 대법원 2008. 2. 29. 선고 2007다85997.

적용이 예상되는 근로자 집단이 없는 경우에는 변경된 취업규칙이 적용되어 불이익을 받는 근로자 집단만이 동의 주체가 된다.[19)]

근로자의 과반수로 구성된 노동조합의 동의를 얻어 변경된 취업규칙은 개별적 동의절차를 거치지 않은 비조합원에게도 당연히 적용된다. 이때의 노동조합의 대표성은 조합원에게 한정되는 것이 아니라, 해당 종업원 전체에 미치기 때문이다. 이와 같은 경우에 취업규칙의 변경에 대해서 근로자 개인의 동의는 아무런 효력이 없다. 그리고 노동조합의 동의는 법령이나 단체협약 또는 노동조합의 규약 등에 의하여 노조위원장의 대표권이 제한되었다고 볼 만한 특별한 사정이 없는 한 노조위원장이 노동조합을 대표하여 하면 되는 것이고, 노동조합 소속 근로자의 과반수의 동의를 얻어서 하여야 하는 것은 아니다.[20)]

근로자과반수로 구성된 노동조합이 없는 때에는 근로자들의 회의방법에 의한 과반수동의가 필요하다고 할 것이지만,[21)] 그 회의방법은 반드시 한 사업 또는 사업장의 모든 근로자가 일시에 한 자리에 집합하여 회의를 개최하는 방법만이 아니라, 한 사업 또는 사업장의 기구별 또는 단의부서별로 사용자 측의 개입이나 간섭이 배제된 상태에서 근로자 상호간의 의견을 교환하여 찬반의견을 집약한 후 이를 전체적으로 취합하는 방식도 허용된다.[22)] 사업장의 규모가 큰 기업의 경우에는 모든 근로자가 한 자리에 모여 의사결정을 한다는 것이 현실적으로 어렵고, 사업의 성격상 근로자가 한꺼번에 근무 장소를 이탈하는 것이 불가능할 것이기 때문이다. 근로자로부터 개별적으로 받은 동의는 효력이 없다.

(2) 일부 근로자에게 불이익하게 변경되는 취업규칙의 변경에 대한 동의의 주체

가. 근기법 제94조의 문언에 규정된 동의의 주체에 대한 법적 의미

근기법 제94조가 근로자의 과반수로 조직된 노동조합이 있는 경우에 그 노동조합을 동의의 주체로 설정한 취지는 다음과 같이 이해할 수 있다. 즉 사업장 내에 통일적으로 적용되는 하나의 취업규칙을 근로자에게 불이익하게 변경할 경우 이를 사용자의 일방적 변경의사로서가 아니라 근로계약 상대방인 근로자의 동의를 얻도록 하

19) 대법원 2009. 5. 28. 선고 2009두2238.
20) 대법원 1997. 5. 16. 선고 96다2507.
21) 대법원 1997. 7. 26. 선고 77다355.
22) 대법원 1992. 2. 25. 선고 91다25055.

는데, 그 동의 주체는 개별근로자가 아니라 집단적 의사결정방식에 의한 근로자의 과반수의 동의를 얻어야 한다. 그런데 과반수로 조직된 노동조합은 이미 당해 사업장내의 근로자 과반수의 의사를 대변하는 지위를 점하고 있기 때문에 그 노동조합으로 하여금 과반수 근로자의 지위를 부여하더라도 본래의 취지에 어긋나는 것은 아니다. 이런 점에서 과반수 노동조합의 그와 같은 지위는 노동조합에 내재하는 지위가 아니라 법률의 규정에 의하여 부여된 특별한 지위(양적인 측면에서의 근로자 과반수의 지위)라고 볼 수 있다.

따라서 과반수 노동조합에게 부여된 지위는 어디까지나 변경되는 취업규칙의 이해관계를 가지는 개별근로자 과반수의 의사를 집단적으로 형성할 수 있는 지위에서 있기 때문에, 만일 과반수 노동조합이라 하더라도 이와 같은 요건을 충족시키지 못할 경우에는 비록 과반수 근로자를 조직하고 있다고 하더라도 정당한 동의의 주체가 되지 못한다고 보아야 한다.

나. 하나의 사업장에 복수의 취업규칙이 존재하는 경우의 문제

① 과반수노조가 있고, 그 노동조합의 조직대상의 범위에 속하지 않는 근로자에 대한 취업규칙의 내용을 불이익하게 변경하고자 할 경우

과반수 동의의 요건을 설정한 전제가 개별근로자의 지위에서는 자기결정성이 도모될 수 없고, 이러한 점에서 집단을 통하여 자기결정성을 도모하려는 데에 있으므로 집단적 의미에서의 동의의 주체는 어디까지나 자기결정의 주체인 당해 근로자가 포함된 근로자 과반수의 집단을 전제로 하는 것이다. 그런데 이 경우 노동조합은 과반수란 수적인 요건은 충족하였어도 자기결정성을 보완할 수 있는 것은 아니다. 왜냐하면 불이익하게 변경됨으로써 기득권이 침해되는 자는 노조의 조합원 신분을 가지지 못하는 비조합원인 일부 근로자이므로, 이들의 의사는 노조를 통해 충분히 반영될 수 없는 구조적 한계를 가지기 때문이다. 그럼에도 불구하고 노동조합으로 하여금 이들 비조합원들에게만 적용되는 취업규칙의 불이익 변경에 대한 동의주체로 인정하는 것은 취업규칙의 변경에 집단적 의사결정 절차를 도입하는 근본목적에 벗어나는 것이다.

그러므로 이 경우는 양적인 의미에서의 과반수 노동조합이 있다 하더라도 기득이익을 침해당하는 근로자들의 집단적 의사결정 방식으로 동의가 이루어져야 할 것이다.

② 불이익변경으로 기득권의 침해를 받는 근로자들의 소수만이 과반수노조의 조합원 자격을 가진 경우

이 경우에는 과반수노조가 자신의 조합원이 불이익한 취업규칙의 변경에 대하여 영향을 받고 이들 조합원의 이익을 대변하기 위한 정당한 지위를 가지기 때문에 이들 조합원의 이익을 대변하기 위하여 동의권을 행사할 수 있는 것으로 볼 것인지 문제된다.

이 경우에도 비록 불이익변경으로 인하여 기득이익의 침해를 받게 되는 근로자를 조합원으로 조직하고 있다하더라도 당해 노조가 기득권의 침해를 받게 될 근로자 집단의 과반수를 조직하고 있지 않다면 동의의 주체가 되지 못한다고 보아야 할 것이다. 수개의 취업규칙의 병존을 전제로 한다면 집단적 동의의 주체는 그 본지에 맞게 기득이익의 침해를 받게 되는 근로자 집단의 집단적 동의로 이해하여야 하고, 따라서 이들 중 다수가 과반수노조의 조합원자격을 갖지 못하는 경우에는 그 노조는 동의의 주체가 될 수 없다. 이 같은 판단은 조합 가입자격을 갖고 있다 하더라도 실제로 과반수에 해당하는 근로자들이 그 노동조합에 가입하고 있지 않은 경우에도 마찬가지로 적용되어야 할 것이다.

③ 취업규칙 불이익 변경에 영향을 받는 근로자들이 과반수노조의 조합원 자격을 가지지 못하나, 그들만을 조직대상으로 하는 별도의 노조가 설립되어 있으며, 그 소수노조에 불이익 변경의 영향을 받는 근로자의 과반수가 가입한 경우

소수노동조합은 비록 당해 사업장에서의 과반수 노동조합의 지위는 가지지 못하지만, 불이익한 변경의 적용을 받는 근로자의 과반수를 조직하고 있으므로 소수노조가 동의의 주체로 되는 것으로 보아야 할 것이다.

④ 노사협의회의에서 근로자위원들의 동의를 얻은 경우에 근로자과반수의 동의라는 집단적 동의가 구비된 것으로 볼 수 있는가

이에 대하여 판례[23]는 "노사협의회는 근로자와 사용자 쌍방이 이해와 협조를 통하여 노사 공동의 이익을 증진함으로써 산업평화를 도모할 것을 목적

23) 대법원 1994. 6. 24. 선고 92다28556.

으로 하는 제도로서 노동조합과 그 제도의 취지가 다르므로 비록 회사가 근로조건에 관한 사항을 그 협의사항으로 규정하고 있다 하더라도 근로자들이 노사협의회를 구성하는 근로자위원들을 선출함에 있어 그들에게 근로조건을 불이익하게 변경함에 있어서 근로자들을 대신하여 동의를 할 권한까지 포괄적으로 위임한 것이라고 볼 수 없으며, 그 근로자위원들이 퇴직금규정의 개정에 동의를 함에 있어서 사전에 그들이 대표하는 각 부서별로 근로자들의 의견을 집약 및 취합하여 그들의 의사표시를 대리하여 동의권을 행사하였다고 볼 만한 자료도 없다면, 근로자위원들의 동의를 얻은 것을 근로자들 과반수의 동의를 얻은 것과 동일시 할 수 없다."고 하였다.

그러나 동 판례의 취지가 현행법체계 하에서도 계속 적용될 것인지에 대해서는 의문이 제기된다. 이는 노사협의회의 제도적 의의와 협의회의 구성관계에서 종전의 경우와 현재의 경우에 차이가 나기 때문이다.

현행 근참법 하에서는 이전의 시기와는 달리 주체측면에서 과반수 노조만이 노사협의회의 근로자위원을 위촉할 수가 있으며, 현행 노사관계법 하에서는 과반수 근로자로 조직된 노조의 경우 근기법상 근로자 대표 및 근로자 과반수의 지위, 노조법상 노동조합으로서의 본연의 지위, 그리고 근참법상 노사협의회의 근로자위원의 지위 나아가 기타 노동관계법령상의 여러 지위 등이 한꺼번에 부여되어 있다. 그러므로 이러한 노조에 대하여는 각각의 지위에 상응하는 실질을 구비하고 있다면, 하나의 주체가 각기 다른 측면에서의 법적인 활동을 수행하는 것이므로 결과적으로 동일한 귀속주체로 볼 수 있을 것이다. 그리고 과반수노조라는 주체적인 측면을 도외시 하고 근참법의 목적을 십분 고려한다고 하더라도, 현행 근참법상 노사협의회의 권한을 살펴보면, 취업규칙에서의 그것과 다를 바 없다. 그러므로 노사협의회를 노사협조라는 미명하에서 노조의 기능과 구별되는 것으로 보는 것은 타당하지 않으며, 노사협의회의 지위를 취업규칙의 변경에서 배제시키는 것은 타당하지 않다. 더군다나 노조가 없는 사업장은 종업원의 선출을 통해 그들의 대표인 근로자위원을 선출하고 있어 불이익한 취업규칙의 변경에 영향을 받게 되는 근로자 범주와 다르지 않다면 근로자위원이 곧 근로자 과반수의 지위를 갖는다고 하더라도 무방할 것이며, 실제로도 노사협의회가 협조적 활동 이외에 근로조건에 관한 사실적인 단체교섭적 활동을 행하고 있어 노사협의회를 근로조건에 관해 관여할 법적 권한이 없다는 이론적 설명이 크게 설득력을 잃고 있다.

따라서 현행 근참법에서는 노사협의회와 노동조합의 기능적 분화가 이론적으로나 실제적으로 명백히 이루어지지 않은 상태일 뿐만 아니라, 구 노사협의회법에서와는 달리 과반수노조만이 노사협의회의 근로자위원을 위촉할 수가 있기 때문에, 위 판례와는 달리 노사협의회의 근로자위원이 동의한 경우에는 취업규칙의 불이익한 변경에의 유효한 동의로 보아야 할 여지가 많으며 이 문제는 입법적으로 해결하여야 할 것이다.[24)]

3) 동의의 방법

동의의 방법은 앞에서 설명한 의견청취방법과 동일하게 사용자측의 개입이나 간섭이 배제된 상태에서 근로자들의 자주적인 의견의 집약, 즉 집단적 의사결정방법에 의하여야 한다. 이에 대해 구체적으로 살펴보면 다음과 같다.

(1) 이사회 결의의 효력

취업규칙을 불이익하게 변경하면서 집단적 의사결정방법에 의한 동의 대신에 이사회의 결의와 간부 직원들의 동의를 얻은 경우, 이를 취업규칙의 불이익변경에 대한 근로자측의 동의를 얻은 것으로 볼 수는 없다.

❒ 대법원 1994. 4. 12. 선고 92다20309

노동조합이 설립되어 있지 않고 사업장이 전국에 17개나 산재하여 있으며 근로자의 수도 약 2,200명이나 되었기 때문에 보수규정을 불이익하게 변경하면서 집단적 의사결정방법에 의한 동의 대신에 이사회의 결의와 근로자 대표의 동의를 얻은 경우 취업규칙의 불이익변경에 대한 근로자측의 동의를 얻은 것으로 본 원심판결을 파기한다.

(2) 개별 동의와 집단 동의

취업규칙의 불이익변경에 근로자집단의 동의를 얻지 않은 경우에는 개인적으로 이에 찬성한 근로자에게도 구속력이 없고 반대로 집단의 동의를 얻은 경우에는 이에 찬성하지 않은 근로자에게도 구속력이 미친다.

---

24) 박종희, 전게서, 74~77면.

❐ 대법원 1992. 12. 8. 선고 91다38174

사용자가 취업규칙에 규정된 근로조건의 내용을 근로자에게 불이익하게 변경하는 경우에는 그 변경이 사회통념상 합리성이 있다고 인정되지 않는 한 취업규칙의 적용을 받고 있던 근로자들의 집단적 의사결정방법에 의한 동의를 얻어야 하고, 그 동의는 근로자 과반수로 조직된 노동조합이 있는 경우에는 근로들의 자주적인 의견의 집약에 의한 과반수의 동의를 의미하는 것으로서 위와 같은 방법에 의한 동의가 없는 한 취업규칙 변경은 효력이 없고, 이는 그러한 취업규칙의 변경에 대하여 개인적으로 동의한 근로자에 대하여도 마찬가지이다.

4) 동의를 받지 못한 불이익변경의 효력

(1) 원 칙

근로자에게 불이익하게 취업규칙을 변경하는 경우 근로자집단의 동의를 받지 못한 경우 전체 취업규칙이 무효로 되는 것은 아니고 변경된 부분만이 전체 근로자에게 효력이 없다. 따라서 불이익하게 변경된 취업규칙 내용은 변경전의 취업규칙이 적용된다.

❐ 대법원 1997. 8. 26. 선고 96다1726

사용자가 근로자들에게 불리하게 취업규칙을 변경함에 있어서 근로자들의 집단적 의사결정방법에 의한 동의를 얻지 아니하였다고 하더라도, 취업규칙의 작성, 변경권이 사용자에게 있는 이상 현행의 법규적 효력을 가진 취업규칙은 변경된 취업규칙이고 다만 기득이익이 침해되는 기존 근로자에 대하여는 종전의 취업규칙이 적용될 따름이다.

(2) 신규입사자에 대한 적용여부

사용자가 취업규칙을 불이익하게 변경한 후 근로자집단의 동의를 받지 못하여 무효가 된 경우 그 이후 입사한 근로자에 대하여 효력이 있는가에 대해 의문이 제기될 수 있다. 이에 대해서는 학설이 절대적 무효설과 상대적 무효설로 나뉘어진다.

가. 상대적 무효설

이는 취업규칙의 불이익 변경 후에 변경된 취업규칙에 따른 근로조건을 수용하고 근로관계를 갖게 된 근로자에 대한 관계에서는 당연히 변경된 취업규칙이 적용된다는 견해이다. 왜냐하면 취업규칙의 작성변경은 사용자의 고유권한이고 동의를 얻지 않은 기존 근로자에게는 불이익이 없으며 신규 입사자는 변경된 취업규칙을 알고 입사했기 때문이라는 것이다. 이는 판례 및 행정해석의 입장이다.

❐ 대법원 1992. 12. 22. 선고 91다45165(전원합의체 판결)

사용자가 취업규칙에서 정한 근로조건을 근로자에게 불리하게 변경함에 있어서 근로자의 동의를 얻지 않은 경우에 그 변경으로 기득 이익이 침해되는 기존의 근로자에 대한 관계에서는 그 변경의 효력이 미치지 않게 되어 종전 취업규칙의 효력이 그대로 유지되지만 그 변경 후에 변경된 취업규칙에 따른 근로조건을 수용하고 근로관계를 갖게 된 근로자에 대한 관계에서는 당연히 변경된 취업규칙이 적용되어야 하고 기득이익의 침해라는 효력 배제 사유가 없는 변경후의 취업 근로자에 대해서까지 그 변경의 효력을 부인하여 종전 취업규칙이 적용되어야 한다고 볼 근거가 없다.

❐ 근로기준팀-5727, 2007.8.1.

근로기준법 제94조에서 사용자는 취업규칙의 작성 또는 변경에 관하여 당해 사업장 근로자의 과반수(근로자 과반수로 조직된 노동조합이 있는 경우에는 그 노동조합)의 의견을 들어야 하고, 근로자에게 불이익하게 변경하는 경우에는 그 동의를 얻도록 규정하고 있습니다. 이 경우 적법한 동의 절차 없이 불이익하게 변경도니 취업규칙은 원칙적으로 효력이 없으나(불이익하게 변경된 부분에 한함) 신규 입사자에 대해서는 효력이 있습니다(대법원 전원합의체 1992.12.22. 선고 91다45165 참고). 따라서 사용자가 취업규칙에서 정한 근로조건을 근로자에게 불이익하게 변경함에 있어서 근로자의 동의를 얻지 않은 경우에 그 변경으로 기득 이익이 침해되는 기존의 근로자에 대하여는 변경의 효력이 미치지 않으나, 변경된 취업규칙에 따른 근로 조건을 수용하고 새롭게 근로 계약을 체결하여 근로관계를 갖게 된 근로자에 대하여는 변경된 취업규칙이 적용되는 것으로 보아야 할 것입니다.

나. 절대적 무효설

이는 기존 근로자는 물론 신규입사자에게도 무효가 되어 변경의 효력이 미치지 않는다는 견해이다.[25] 역사적으로 1992년 대법원 전원합의체 판결 이전에는 신규

25) 이병태, 앞의 책, 947면.

입사자도 기존 취업규칙이 적용된다는 해석을 했었다. 그 이유는 동의를 얻지 못해 무효가 된 것은 변경된 취업규칙이 존재하지 않기 때문이라는 것이다.

❐ 대법원 1977. 7. 26. 선고 77다355

근로기준법의 보호법으로서의 정신, 기득권보호의 원칙 및 근로기준법 제3조, 제98조의 규정 등에 비추어 취업규칙의 변경에 의하여 기존 근로조건의 내용을 일방적으로 근로자에게 불이익하게 변경하려면 종전 취업규칙의 적용을 받고 있던 근로자집단의 집단의사결정방법에 의한 동의를 요하며 이와 같은 동의가 없는 한 취업규칙의 불이익한 변경에 대하여 개인적으로 동의한 근로자에 대하여도 그 변경의 효력은 발생되지 않는다.

다. 검 토

현실적인 면에서는 상대적 무효설이 타당하고 이론적인 면에서는 절대적 무효설이 설득력이 있다. 그런데 이미 대법원이 1992년 이후 지속적으로 상대적 무효설에 입각한 판결을 지속적으로 내리고 있으므로 현재로서는 상대적 무효설에 입각한 취업규칙 변경을 기준으로 삼을 수밖에 없다. 다만, 기득권을 가진 근로자에게는 경과규정을 두어 불이익이 없게 하는 변경을 통해 기존 근로자와 신규 입사자의 근로조건에 차이를 두는 것이 가능하므로 절대적 무효설이 타당하다고 본다.

(3) 신규입사자가 노동조합에 가입하는 경우

가. 단체협약이 적용되지 않는다는 견해

이는 신규 입사자들이 새로이 노동조합에 가입한다고 하더라도 기존의 단체협약 체결 시 그 적용이 예상되지 않았던 신규 입사자들에게는 기존의 단체협약이 적용되지 않는다는 견해로서 행정해석의 입장이다.

❐ 근로기준과-2768, 2005.5.21.

단체협약에 누진제 퇴직금제도를 정하고 있는 사업장에서 신규 입사한 근로자에 대하여 취업규칙에 의거 단체협약의 내용보다 근로자에게 불리한 법정 퇴직금 제도를 적용하고 있는 경우, 신규 입사자들이 새로이 노동조합에 가입한다고 하더라도 기존의 단체협약 체결시 그 적용이 예상되지 않았던 신규 입사자들이 이후 노동조합에 가입하였다는 이유만으로 기존의 단체협약이 적용된다고 보기는 어려울 것이므로 귀 질의의 '을설'의 결론이 타당하다고 사료됨.

나. 단체협약이 적용된다는 견해

이는 단체협약은 조합원들의 근로조건을 유리하게 합의한 노사간의 규범이므로 조합원은 단체협약의 혜택을 누릴 수 있으므로 신규로 입사한 근로자라도 노동조합에 가입하는 경우에는 당연히 단체협약의 유리한 규정이 적용되어야 한다는 견해로서 만약 신규 조합원에게 단체협약의 일부조항을 적용시키지 않으려면 별도의 예외규정이나 경과규정을 두어야 한다는 입장이다. 법이론적으로 볼 때 이 견해가 타당하다고 본다.

(4) 동의의 예외로서 사회통념상 합리성

가. 사회통념상 합리성

취업규칙 불이익 변경 시 근로자 집단의 동의를 받지 못한 경우라 하더라도 취업규칙 변경의 필요성 및 내용의 양면에서 보아 여전히 당해 조항의 법적 규범성을 시인할 수 있을 정도로 사회통념상 합리성이 있다고 인정되는 예외적인 경우에는 취업규칙 변경의 효력이 있다고 본다.

❒ 대법원 2015. 8. 13. 선고 2012다43522

사용자가 일방적으로 새로운 취업규칙의 작성·변경을 통하여 근로자가 가지고 있는 기득의 권리나 이익을 박탈하여 불이익한 근로조건을 부과하는 것은 원칙적으로 허용되지 아니하지만, 해당 취업규칙의 작성 또는 변경이 필요성 및 내용의 양면에서 보아 그에 의하여 근로자가 입게 될 불이익의 정도를 고려하더라도 여전히 당해 조항의 법적 규범성을 시인할 수 있을 정도로 사회통념상 합리성이 있다고 인정되는 경우에는 종전 근로조건 또는 취업규칙의 적용을 받고 있던 근로자의 집단적 의사결정 방법에 의한 동의가 없다는 이유만으로 그의 적용을 부정할 수는 없다. 그리고 취업규칙의 작성 또는 변경에 사회통념상 합리성이 있다고 인정되려면 실질적으로는 근로자에게 불리하지 아니하는 등 근로자를 보호하려는 근로기준법의 입법 취지에 어긋나지 않아야 하므로, 여기에서 말하는 사회통념상 합리성의 유무는 취업규칙의 변경 전후를 비교하여 취업규칙의 변경 내용 자체로 인하여 근로자가 입게 되는 불이익의 정도, 사용자 측의 변경 필요성의 내용과 정도, 변경 후의 취업규칙 내용의 상당성, 대상(대상)조치 등을 포함한 다른 근로조건의 개선상황, 취업규칙 변경에 따라 발생할 경쟁력 강화 등 사용자 측의 이익 증대 또는 손실 감소를 장기적으로 근로자들도 함께 향유할 수 있는지에 관한 해당 기업의 경영행태, 노동조합 등과의 교섭 경위 및 노동조합이나 다른 근로자의 대응, 동종 사항에 관한 국내의 일반적인 상황 등을 종합적으로 고려하여 판단하

> 여야 한다. 다만 취업규칙을 근로자에게 불리하게 변경하는 경우에 동의를 받도록 한 근로기준법 제94조 제1항 단서의 입법 취지를 고려할 때, 변경 전후의 문언을 기준으로 하여 취업규칙이 근로자에게 불이익하게 변경되었음이 명백하다면, 취업규칙의 내용 이외의 사정이나 상황을 근거로 하여 그 변경에 사회통념상 합리성이 있다고 보는 것은, 이를 제한적으로 엄격하게 해석·적용하여야 한다.

나. 종합적 판단기준

사회통념상 합리성의 유무는 취업규칙의 변경에 의하여 근로자가 입게 되는 불이익의 정도, 사용자측의 변경 필요성의 내용과 정도, 변경 후의 취업규칙 내용의 상당성, 대상조치 등을 포함한 다른 근로조건의 개선상황, 노동조합 등과의 교섭 경위 및 노동조합이나 다른 근로자의 대응, 동종 사항에 관한 국내의 일반적인 상황 등을 종합적으로 고려하여 판단해야 한다.

다. 제한적 해석

사회통념상 합리성은 아주 불가피한 경우를 제외하고는 제한적으로 해석해야한다. '사회통념'과 '합리성' 모두 너무 추상적인 개념이며 근로조건의 불리한 변경에는 이해 당사자의 동의가 필요하다는 점에서 법개정을 이유로 하거나 인사·경영권의 본질적인 부분이 아닌 한 함부로 사회통념상 합리성을 인정해서는 아니 된다. 그렇지 않을 경우 사용자의 취업규칙 변경권이 남용될 우려가 있기 때문이다.

라. 검 토

대법원은 취업규칙의 작성·변경의 권한은 원칙적으로 사용자에게 있다는 법규범설의 입장에 서면서도 근로기준법 제94조 1항 단서가 신설되기 이전부터 근로자에게 불이익한 취업규칙의 변경은 근로자집단의 집단의사결정방법에 의한 동의가 있어야만 변경의 효력이 발생한다고 하고, 다만 근로조건의 변경이 사회통념상 합리성이 있다고 인정된다면 근로자의 집단적 동의를 얻지 않아도 유효하다는 태도를 취하였다.[26] 대법원의 이러한 이론구성은 일본의 최고재판소의 판례이론[27]을 따른 것으로 보이는데, 이는 취업규칙의 변경 시 근로자들의 의견청취만을 규정하였던

---

26) 대법원 1978. 9. 12. 선고 78다카1046; 대법원 1989. 5. 9. 선고 88다카4277; 대법원 2005. 11. 10. 선고 2005다21494.

27) 日本 最大判 昭和 43.12.25, 民集 22卷 13號, 3459面.

당시에 있어서는 사용자의 일방적인 취업규칙의 불이익변경을 방지하고, 취업규칙을 통일적으로 적용하는 데 크게 기여했다고 평가된다.

그러나 근로기준법 제94조 제1항 단서가 신설된 이후의 「취업규칙의 불이익변경」의 문제는 오직 근로자들의 집단적 동의의 유무에 따라 판단되어야 하며, 이것은 이 조항이 강행규정이기 때문이다. 판례가 취업규칙의 작성·변경의 권한은 사용자에게 있다는 입장을 일관성 있게 유지하려면 그 변경이 근로자에게 불리한 경우라도 그와 같은 취업규칙의 변경이 사회통념상 합리성이 있는 것이면 그 효력을 인정할 수밖에 없다는 등의 논리가 전제되어야 할 것이다. 그러나 판례가 한편으로는 취업규칙의 변경이 근로자에게 불리한 경우에 그 적용을 받는 근로자들의 집단적 동의를 받지 않으면 무효라고 하면서, 다른 한편으로는 그와 같은 근로자의 동의를 받지 않아도 사회통념상 합리성이 있는 변경은 유효하다고 하는 것은 모순된 태도이다. 특히 1989년 3월 29일에 근로기준법이 개정되면서 신설된 현행 제94조 제1항 단서 규정은 훈시규정이 아니라 효력규정이면서 강행규정이라고 보아야 하기 때문에 근로자들의 집단적 동의를 얻지 않은 취업규칙의 불이익 변경은 무효로 보아야 한다. 법원이 무효인 취업규칙의 변경을 사회통념상의 합리성이라는 근거를 내세워 유효한 것으로 판단하는 것은 법률의 규정에 반하는 것으로서 부당하다.

따라서 법원이 이와 같은 판단을 할 수 있으려면 법률에 근거규정이 있어야 한다고 생각된다. 근로자들의 집단적 방식에 의한 동의 없이 근로자의 기득의 권리나 이익을 침해하는 불이익한 근로조건의 변경을 인정하지 않는 근로자보호법 규정의 효력을 법원이 사회통념상의 합리성이라는 추상적 기준을 근거로 부인하는 것은 법원의 법해석의 재량권 한계를 벗어나는 것으로 생각된다. 입법적 보완이 필요하다.

(5) 소급 추인 가능여부

가. 소급 추인의 효력

근로자 집단의 동의 없이 불이익하게 변경된 취업규칙이라도 나중에 근로자 과반수로 조직된 노동조합이나 근로자 과반수로부터 소급적으로 추인을 받게 되면 그 효력이 인정된다는 것이 판례의 입장이다.

❒ 대법원 1993. 5. 11. 선고 92다49294

근로자들의 단체적 의사에 의한 동의 없이 퇴직금지급률을 하향 개정한 직원보수및 퇴직금규정을 인용하여 단체협약에 정한 규정이 단체협약을 통하여 노동조합의 사후추인을 얻음으로써 유효하다.

또한, 노동조합이 사용자측과 사이에 변경된 퇴직금 지급률을 따르기로 하는 내용의 단체협약을 체결한 경우에는 기득 이익을 침해하게 되는 기존의 근로자에 대하여 종전의 퇴직금 지급률이 적용되어야 함을 알았는지 여부에 관계없이 원칙적으로 그 협약의 적용을 받게 되는 기존의 근로자에 대하여도 변경된 퇴직금 지급률이 적용되어야 한다. 다만, 불이익하게 변경된 취업규칙에 관하여 근로자들이 이의를 제기하지 않았다는 사정만으로 추인하였다고 볼 수 없다.[28)]

나. 소급 추인의 주체

소급적 추인은 근로자 개인이 아니라 노동조합이나 과반수의 근로자집단이 될 것이다. 주로 단체협약의 체결이라는 형식으로 불리한 취업규칙을 소급해서 인정하게 되는데 부칙 등에 '단체협약 시행일 이전에 발생한 모든 사항은 이 협약에 의한 것으로 본다'고 포괄적으로 명시하더라도 소급추인의 효력은 인정된다.

또한 근로자의 동의없이 변경된 취업규칙이 무효로 판결나자 과반수 노조가 새로운 취업규칙으로 그러한 내용을 흡수하고 이를 소급적용하기로 한 경우에도 이는 효력이 있다.

❐ 대법원 2000. 12. 22. 선고 99다10806

원심판결 이유에 의하면, 원심은 피고 공사의 보수규정 가운데 퇴직금에 관한 부분이 개정된 경위와 내용 등에 관하여 판시와 같은 사실을 인정한 다음, 피고 공사는 1981.1.27자로 개정된 보수규정(이하 '개정 보수규정'이라 한다)이 1976.2.26자 보수규정(이하 '구 보수규정'이라 한다)보다 퇴직금 산정의 기준임금과 지급률 모두 근로자들에게 불이익함에도 근로자들의 집단적 의사결정 방법에 의한 동의를 얻지 아니하여 무효라는 법원의 판결이 선고되자, 이를 시정하기 위하여 개정 보수규정이 무효인 점을 알고 있는 근로자 과반수 이상으로 구성된 노동조합과 사이에 1994.6.30 단체협약을 체결하고 이에 기해 1994.7.27 보수규정(이하 '신 보수규정'이라 한다)을 개정한 후 이를 소급하여 적용하기로 합의하였으므로, 비록 이 단체협약이나 신 보수규정이 구 보수규정의 적용을 받고 있는 근로자들에게 불리

---

28) 대법원 1997. 8. 22. 선고 96다6967.

하다고 하더라도 신 보수규정은 유효하고, 한편 1994.7.16 피고 공사의 노·사 쌍방이 임금구조개선에 관한 협약을 맺고 그 협약의 이행시기를 1995.1.1로 정하여 그 이전에 퇴직하는 직원들이 불이익을 받게 되었다 하더라도, 이러한 사유만으로는 그 협약의 이행시기에 관한 부분이 신의성실 및 권리남용 금지의 원칙에 위배되어 무효라고 볼 수 없다는 이유로, 그 후에 퇴직한 원고들에 대한 퇴직금과 명예퇴직금은 신 보수규정에 따라 산정하여야 한다고 판단하였다.

기록과 앞서 본 법리에 비추어 살펴보면, 원심의 위와 같은 사실인정과 판단은 정당하고, 거기에 퇴직금의 성질이나 노동조합의 취업규칙 변경 동의권에 관한 법리오해 등의 위법이 있다고 할 수 없다. 이 점에 관한 상고이유도 받아들이지 아니한다.

다. 소급 추인의 효력범위

소급 추인의 효력은 추인 이후에 그 사업장에 근무하는 근로자에게 적용되고 그 전에 퇴직한 근로자들은 적용되지 않는다. 따라서 이들은 개별적으로 소송을 통해서 유리한 근로조건을 주장할 수 있다.

❒ 대법원 1992. 7. 24. 선고 91다34073

노동조합이 사용자측과 기존의 임금, 근로시간, 퇴직금 등 근로조건을 결정하는 기준에 관하여 소급적으로 동의하거나 이를 승인하는 내용의 단체협약을 체결한 경우에 그 동의나 승인의 효력은 단체협약이 시행된 이후에 그 사업체에 종사하며 그 협약의 적용을 받게 될 노동조합원이나 근로자들에 대하여만 생기고, 단체협약체결 이전에 이미 퇴직한 근로자에게는 위와 같은 효력이 생길 여지가 없다.

제4절 취업규칙의 신고 등

Ⅰ. 취업규칙의 신고

1. 신고방법

취업규칙을 작성·변경한 경우에는 고용노동부장관이 고시하는 서식에 취업규칙 및 근로자집단의 의견 또는 동의를 기입한 서면을 첨부하여 고용노동부장관에게 신고하여야 한다. 다만 신고처리업무가 지방노동관서장에게 위임하고 있으므로 관할 지방노동청 또는 지청에 신고하면 된다.

2. 지역을 달리하는 사업장이 있는 경우

지역을 달리하는 사업장 즉 지점·공장 등의 근로자가 10인 이상인 경우에는 그 지역을 관할하는 지방노동관서에 취업규칙을 신고하는 것이 원칙이다.

> **❐ 법무 811-6228, 1980.3.14.**
> 근로기준법은 상시 5인 이상의 근로자를 고용하는 모든 사업 또는 사업장에 적용되며(동법 제4조 동법시행령 제1조 참조), 이러한 사업(사업장) 중에서 상시 10인 이상의 근로자를 고용하는 사용자는 각 사업장별로 취업규칙을 작성·신고하여야 하는 것인 바(동법 제94조 참조), 귀 회사에 두고 있는 각 사업장(항공사업소, ○○대학병원 사업소 및 본사 등 3개소)의 상시 고용근로자수가 각 10인 이상이라면 각 사업장별로 그 소재지를 관할하는 노동청 지방사무소장에게 취업규칙을 각 신고하여야 함.

3. 신고하지 아니한 취업규칙의 효력

신고하지 아니한 취업규칙이 유효한지의 여부에 대하여는 (ⅰ) 신고의무규정은 행정상의 편의를 위한 절차규정으로서 신고는 효력요건이 아니므로 신고를 하지 아니하여도 취업규칙은 유효하다는 유효설[29]과 (ⅱ) 신고는 효력요건이므로 신고하지 아니한 취업규칙은 무효라는 무효설[30]로 견해가 나뉜다.

취업규칙을 사용자로 하여금 신고하도록 하는 것은 취업규칙에 대한 행정청의 감독상 편의를 위한 것으로 취업규칙을 작성 또는 변경한 후 근로자집단의 의견청취 또는 동의를 얻었다면 근로기준법 제116조의 벌칙을 적용받는 것은 별론으로 하고 법령, 단체협약에 위반되지 않는 한 유효하다고 보는 것이 타당할 것이다.

> **❐ 법무811-12994, 1979.5.31; 근기1455-2895, 1982.2.1.**
> 사용자가 작성, 변경한 취업규칙으로 규정하고 있는 근로조건에 관한 사항이 법령 또는 그 사업장에 적용되는 단체협약에 저촉되지 아니하고(근로기준법 제97조), 사용자가 그 취업규칙을 사업장에 게시·비치하거나 근로자에게 배부하여 그 규정 내용을 충분히 주지시키면 신고하기 이전이라도 효력이 있는 것임(동법 제13조)

---

29) 이상윤, 앞의 책, 355면.

30) 이병태, 앞의 책, 946면.

Ⅱ. 취업규칙의 심사

근로기준법 제96조 제2항의 규정에 따라 고용노동부장관은 법령·단체협약에 위반되는 취업규칙의 변경을 명할 수 있다.

근로감독관이 취업규칙의 신고를 접수한 때는 이를 20일 이내에 심사하고 심사결과 법령·단체협약에 위반되면 심사종료 후 3일 이내에 변경명령을 하게 된다(근로감독관집무규정 제75조).[31)]

Ⅲ. 취업규칙의 주지의무

근로기준법 제14조에는 사용자로 하여금 근로기준법령과 취업규칙을 각 사업장에 비치하여 근로자에게 주지시키도록 의무화하고 있다.

이러한 주지·비치의무에 위반한 취업규칙의 효력에 대해서는 무효라는 견해와 유효라는 견해로 나뉜다. (ⅰ) 무효설은 주지·비치의무 조항은 취업규칙의 법규범적 효력을 부여하는 전제로서 근로조건의 내용을 명확히 알도록 하기 위한 것이므로 주지·비치하지 않은 취업규칙은 효력이 없다는 입장이다. 반면 (ⅱ) 유효설은 주지·비치의무 조항은 단속규정이므로 근로기준법 제116조에 의하여 과태료가 부과되는 것일 뿐 사용자가 취업규칙을 주지·비치하지 않았더라도 효력이 있다는 입장이다. 근로자보호 측면에서는 무효설이 타당하지만 현실적인 측면에서는 유효설이 설득력이 있다고 본다.

제5절 취업규칙의 효력

Ⅰ. 취업규칙과 근로계약·단체협약과의 관계

1. 취업규칙과 근로계약과의 관계

취업규칙에 정한 기준에 미달하는 근로조건을 정한 근로계약은 그 부분에 한하여 무효가 된다. 이 경우에 있어서 무효로 된 부분은 취업규칙에 정한 기준에 의한다(근로기준법 제97조). 이 점에서 취업규칙의 법규범적 효력을 도출할 수 있으며, 취업

31) 이상윤, 앞의 책, 356면.

규칙에서 정한 기준에 대해 근로계약에서 정하지 않은 경우에는 취업규칙의 기준이 근로계약의 내용으로 되는 취업규칙의 보충적 효력이 인정된다.

이와는 반대로 취업규칙에서 정한 기준을 상회하는 근로조건을 정한 근로계약은 그 부분에 한하여 유효이고 근로조건의 규율에 있어서 취업규칙에 우선하여 적용된다.[32] 이는 노동법의 특성상 상위법우선적용의 원칙을 깨는 독특한 원칙으로서 유리한 조건 우선의 원칙이 적용되기 때문이다.

> **❐ 근로기준팀 5542, 2006.10.10.**
>
> 근로자의 근로조건은 근로계약·취업규칙·단체협약·법령 등으로 정하여지며, 근로기준법 제2조, 제22조, 제99조 및 제100조의 취지에 비추어 볼 때 이들 규정된 근로조건 중 근로자에게 가장 유리한 근로조건이 우선적으로 적용됨.
>
> 그러나 일정 근로조건이 단체협약과 취업규칙에 같은 수준으로 정해져 있다가 노사합의로 단체협약을 개정하여 단체협약상의 일정 근로조건이 취업규칙상의 근로조건보다 불리한 수준으로 변경된 후 취업규칙에는 당해 부분이 정리되지 아니한 채로 있을 경우에는 단체협약의 개정 경위와 그 취지에 비추어 볼 때, 단체협약의 개정에도 불구하고 종전의 단체협약과 동일한 내용의 취업규칙이 그대로 적용된다면 단체협약의 개정은 그 목적을 달성할 수 없으므로 개정된 단체협약에는 당연히 취업규칙상의 유리한 조건의 적용을 배제하고 개정된 단체협약이 우선적으로 적용된다는 내용의 합의가 포함된 것이라고 봄이 당사자의 의사에 합치한다고 할 것이고 따라서 개정된 후의 단체협약에 의하여 취업규칙상의 일정 근로조건에 관한 규정의 적용은 배제된다고 보아야 할 것임(대법원 2002. 12. 27. 선고 2002두9063 참고).

2. 취업규칙과 단체협약과의 관계

노동조합 및 노동관계조정법 제33조에는 단체협약에 정한 근로조건 기타 근로자의 대우에 관한 기준에 위반하는 취업규칙 또는 근로계약의 부분은 무효로 하고, 근로계약에 규정되지 아니한 사항 또는 제1항의 규정에 의하여 무효로 된 부분은 단체협약에 정한 기준에 의한다고 규정함으로써 단체협약의 규범적 효력(강행적 효력, 보충적 효력)을 부여하고 있다.

또한, 근로기준법 제96조에 취업규칙은 법령이나 해당 사업 또는 사업장에 대하

---

32) 이대우, 앞의 논문, 49면.

여 적용되는 단체협약과 어긋나서는 아니 된다고 규정함으로써 단체협약이 취업규칙에 대해 그 효력이 우위에 있음을 알 수 있다. 그런데 이러한 효력상의 순위관계가 언제나 일률적으로 적용되는가 아니면 취업규칙과 근로계약관계에 적용된 유리한 조건 우선의 원칙이 단체협약과 취업규칙의 관계에도 적용되는가에 대해 (i) 단체협약은 근로조건의 최저기준을 정한 것으로 이해되기 때문에 취업규칙이 단체협약상의 기준보다 유리한 근로조건을 규정하고 있을 때에는 단체협약은 강행적 효력을 상실한다는 견해와 (ii) 유리의 원칙을 인정한다면 노동조합의 단결권과 단체교섭권이 상당부분 침해될 위험이 있으므로 이를 부정해야한다는 견해가 있다. 우리 판례는 부정설을 취하고 있는 듯하다.

❒ 부산고등법원 1992. 10. 23. 선고 91나17009

어떤 근로조건을 두고 취업규칙과 단체협약에서 각각 다르게 정하고 있는 경우에는 취업규칙의 정함이 단체협약의 그것보다 불리한 경우에는 물론이고, 반대의 경우에도 단체협약에서 취업규칙에 유리한 근로조건을 정할 수 있다고 명시적으로 허용하고 있지 않는 이상에는 단체협약 우선의 원칙에 따라 단체협약상의 정함에 따라야 한다.

❒ 대법원 2002. 12. 27. 선고 2002두9063

단체협약의 개정 경위와 그 취지에 비추어 볼 때, 단체협약의 개정에도 불구하고 종전의 단체협약과 동일한 내용의 취업규칙이 그대로 적용된다면 단체협약의 개정은 그 목적을 달성할 수 없으므로 개정된 단체협약에는 당연히 취업규칙상의 유리한 조건의 적용을 배제하고 개정된 단체협약이 우선적으로 적용된다는 내용의 합의가 포함된 것이라고 봄이 당사자의 의사에 합치한다고 할 것이고, 따라서 개정된 후의 단체협약에 의하여 취업규칙상의 면직기준에 관한 규정의 적용은 배제된다고 보아야 할 것이다.

단체협약이 취업규칙보다 근로자에게 불리하게 개정된 경우 취업규칙의 적용이 배제되는지 여부에 대해서는 근로조건을 불리하게 변경하는 내용의 단체협약이 현저히 합리성을 결여하여 노동조합의 목적을 벗어난 것으로 볼 수 있는 것과 같은 특별한 사정이 없는 한 단체협약의 개정 목적 등을 고려할 때 그러한 노사간의 합의를 무효로 볼 수 없을 것이다.

Ⅱ. 취업규칙의 효력발생시기

취업규칙의 작성·변경과정은 ① 사용자가 작성·변경, ② 근로자대표의 의견청취 또는 동의, ③ 행정관청에 신고, ④ 게시 또는 주지의 순으로 이루어진다.

이와 같은 과정에서 취업규칙은 어느 시점에서 효력이 발생하는가를 살펴보면 취업규칙을 작성하거나 불이익이 하지 않게 변경한 경우에는 작성·변경시점이 효력발생시기가 되며, 불이익하게 변경한 경우에는 근로자집단의 동의를 받은 시점이 효력발생시점이 될 것이다.

제4장 임 금

제1절 임금의 의의

Ⅰ. 개 설

근로기준법 제2조 제5호는 임금을 「사용자가 근로의 대가로 근로자에게 임금, 봉급, 그 밖에 어떠한 명칭으로든지 지급하는 일체의 금품」이라고 정의하고 있다. 임금은 근로시간과 더불어 가장 전형적인 근로조건으로서 노동운동의 역사는 임금 인상과 근로시간 단축의 역사라고 할 수 있다. 임금은 근로자가 생활을 유지하기 위한 중요한 수단이 되기 때문에 근로기준법은 임금의 정의, 임금의 지급방법, 임금지연이자의 지급, 임금액의 보호, 임금채권의 보호규정을 상세하게 규정하고 있는 한편 최저임금법, 임금채권보장법 등의 특별법을 통하여 임금의 최저수준 확보와 임금채권의 이행보장을 도모하고 있다. 그리고 노동관계법 이외의 다른 법률을 통하여 임금구제의 실효성을 도모하기 위하여 여러 가지 특례를 인정하고 있다.

임금은 직장생활을 하는 동안 근로자의 생활을 보장하기 위한 의미뿐만 아니라 퇴직금, 실업급여, 법정수당, 산재보상금 등 각종 제 급여의 산정기초가 되는 평균임금과 통상임금의 범위를 정하는 전제가 되고 손해배상액 산정의 기초가 되는 월 소득액을 정하는 기준이 된다. 이처럼 근로기준법상의 임금은 다른 법률에 의한 사회보험급여 및 손해배상을 정하기 위한 기준이 되는 것이기 때문에 임금의 범위를 확정하는 문제는 매우 중요한 것이다.

Ⅱ. 임금의 법적 성격

1. 학 설

근로기준법은 근로의 대가를 임금으로 정의하고 있으나, 그 대가의 본질을 어떻게 볼 것인가에 대하여 다음과 같은 학설이 있다.

1) 노동대가설

근로계약을 근로와 임금과의 등가적(等價的) 교환계약으로 파악하여 근로자가 현실적으로 제공한 근로에 대한 대가를 임금이라고 보는 견해이다. 이 설에 의하면, 근로자가 사용자로부터 받는 일체의 금품 중에서 현실적으로 제공한 근로에 대한 대가만이 임금이므로 현실적인 근로제공과 관련이 없는 금품은 임금에 해당되지 않는다.

2) 노동력대가설

근로계약의 본질을 일정한 조건하에 노동력처분권한을 사용자에게 부여하는 계약으로 파악하여 임금을 구체적인 근로의 대가가 아니라 근로자의 노동력을 일정한 시간 동안 사용자의 처분에 맡기는 것에 대한 대가로 보는 견해이다. 이 설은 임금의 본질은 노동력 처분을 사용자에게 맡긴 것에 대한 대가로 이해하기 때문에 노동대가설보다 임금의 범위가 확대된다.

3) 임금이분설

근로계약의 본질을 근로자의 지위를 취득하게 하는 신분계약의 성격과 근로의 제공에 대한 대가로서 일정한 보수의 지급을 약정하는 교환계약의 성격을 동시에 지닌 것으로 파악하여 임금은 이원적으로 구성되어 있다고 보는 견해이다. 즉, 임금은 근로자의 지위에 대한 대가로서 지급되는 「보장성 임금」과 구체적인 근로의 제공에 대한 대가로서 「교환성 임금」으로 구성되어 있다는 견해이다. 이 설에 의하면, 사용자는 파업기간 동안 구체적 근로의 제공에 따른 교환성 임금은 지급할 의무는 없지만, 보장성 임금에 대하여는 지급해야 한다.

2. 판 례

우리나라 대법원 판례는 일본 판례의 영향을 받아 한 때 임금이분설에 따라 파업기간 동안이라고 사용자는 「보장성 임금」을 에 대하여는 지급해야 한다고 판시한 적이 있으나,[1)] 1995. 12. 21. 전원합의체 판결을 통하여 당사자의 계약의사를 중심으로 임금성 여부를 판단하고 불분명한 경우에는 보충적으로 노동대가설에 따라 파업기간 동안 임금 전액을 지급하지 않아도 된다는 취지의 판결을 하였다.[2)]

---

1) 대법원 1994. 10. 25. 선고 94다21979.

2) 대법원 1995. 12. 21. 선고 94다26721 전원합의체.

3. 평 가

「노동대가설」은 구체적으로 제공한 근로의 대가만 임금으로 보기 때문에 현행법의 규정과 현행 임금체계를 설명할 수 없다고 하는 문제가 있을 뿐만 아니라 임금의 범위가 너무 협소하게 되어 근로조건 보호라는 입법 취지에도 반한다.

「노동력대가설」은 유급주휴일, 휴업수당 등과 같이 구체적인 근로를 제공하지 않아도 일정액의 임금을 보장하도록 하고 있는 근로기준법의 규정과 기본급 이외의 가족수당·자녀학자금 보조비·교통비 등의 각종 생활보장적 성격이 강한 임금이 일반화되어 있는 임금체계를 포섭할 수 있다는 점에서 매우 설득력 있는 학설로 평가된다.

「임금이분설」은 파업기간 동안에도 생활보장성 임금에 대하여는 지급해야 한다는 것으로서 근로자의 파업권을 보호하는 기능을 부정할 수 없으나, 생활보장성 임금도 정상적인 근로의 제공이 있음을 전제로 하는 것이고 근로계약관계가 일시적으로 정지된 파업기간 동안에도 임금을 지급해야 한다고 하는 것은 파업권의 법리에 맞지 않는다.

그러나 우리나라의 임금체계와 구성항목은 매우 복잡하고 다양하기 때문에 임금의 법적 성격에 따라 「근로의 대가성」 유무를 일률적으로 결정하기 어렵다. 그리고 「근로의 대가성」 유무는 판례나 행정해석을 통하여 일정한 법리가 형성되어 있기 때문에 임금실무와 직접적으로 연관되어 있는 것도 아니다.[3] 따라서 최근 임금의 본질론에서 벗어나 구체적인 사안에 따라 해결하고자 하는 경향을 보이고 있다. 즉, 단체협약이나 취업규칙 또는 노동관행에 의하여 파업기간 동안 임금지급을 지급하여 온 경우에는 파업기간 동안에도 임금을 지급해야 한다고 하는 이론이다.[4]

Ⅲ. 임금의 요건

1. 법률상의 요건

근로기준법 제2조 제5호는 「① 근로의 대가로서 ② 사용자가 근로자에게 지급하는 ③ 일체의 금품」을 임금이라고 정의하고 있을 뿐, 그 구체적인 요건을 규정하고 있지 않기 때문에 이러한 정의규정에 따라 임금 요건을 판단할 수밖에 없다.

---

3) 김유성, 노동법 I, 78면.
4) 박홍규, 고용법·근로조건법, 390면.

1) 근로의 대가성

근로라 함은 근로계약관계에 있어서 근로자가 자신의 노동력을 사용자의 지배하에 맡기는 것을 말하는 것이므로 구체적으로 사용자의 지휘·명령을 받으면서 제공한 구체적 노무제공만을 의미한 것은 아니다.[5] 따라서 계속적·정기적으로 지급되는 금품이라 하더라도 지급의무의 발생이 근로제공과 밀접한 관련성이 있어야만 임금으로 볼 수 있으며, 개별근로자의 특수하고 우연한 사정에 의하여 좌우되는 경우에는 단체협약 등에 의하여 지급이 이루진 경우라도 임금으로 볼 수 없다.

임금은 근로제공과의 관련성 또는 사용자의 지급의무가 없는 순수 복리후생비(학비보조비, 경조금 등), 노조전임자의 급여, 해고예고수당, 사업주 부담의 건강보험료 등은 임금이 아니다. 일반적으로 정기적으로 지급되는 상여금, 퇴직금, 물가수당, 통근수당, 가족수당, 월동수당, 법정 제 수당(연월차휴가수당, 시간외근로수당, 휴업수당, 휴일근로수당 등), 판매수당, 영업수당 등은 근로제공과 관련성이 있는 임금에 해당된다.

2) 사용자가 근로자에게 지급하는 금품

임금은 사용자가 근로자에게 계속적·정기적으로 지급하는 금품이어야 하므로 일시적·불확정적인 급부에 불과한 실비 변상적 금품, 은혜급부적인 금품(경조금, 장려금 등), 여비, 특별상여금 또는 변동상여금, 출장비, 업무집행권을 가지고 있는 임원의 보수, 고객으로부터 받는 봉사료(tip)[6] 등은 임금에 해당하지 않는다. 근로자가 부담하는 국민건강보험료·국민연금·고용보험료 및 근로소득세 등은 비록 근로자에게 현실적으로 지급되지 않지만, 관련 법률에 의하여 임금 중에서 사용자가 원천징수한 것이 불과한 것이므로 임금에 해당된다. 그러나 산재보험 등 사회보험료에 대한 사용자의 부담부분이나 근로자가 받는 보험급여는 근로의 대가인 임금이 아니다.

「사용자의 지급요건」을 엄격하게 해석하게 되면, 현실적으로 근로계약관계가 성

---

5) 김형배, 노동법(제24판), 344면.

6) 봉사료가 임금에 해당되는지의 여부에 대하여는 순수하게 고객으로부터 직접 지급받는 경우에는 임금으로 볼 수 없으나, 사용자가 일정률 또는 일정금액으로 정하여진 봉사료를 고객으로부터 직접 받아 예치과정을 거쳐 분배하는 경우에는 임금으로 해석함이 타당하다. 왜냐하면 고객으로부터 일정액 또는 일정률의 봉사료를 책정하여 사용자가 이를 관리한 경우라면 사용종속관계 또는 사용자에의 구속성이 성립한 것으로 보아야 하기 때문이다.

립하였음에도 업무의 특성 등에 따라 월정급여를 낮게 책정하면서 그 이상의 수익금에 대하여는 성과급 형태로 근로자가 직접 수령하도록 하는 경우에는 임금의 범위가 너무 협소하게 되어 부당하다. 따라서 업무의 특수성과 임금관리의 편의를 위한 차원에서 사용자가 직접 지급하지 아니한 금품에 대하여도 근로계약관계가 성립하는 이상 임금으로 보아야 할 것이다. 예컨대, 택시기사처럼 회사에 납입하는 일정액의 사납금을 공제한 잔액을 개인수입으로 하는 경우에는 그 수입을 임금으로 보아야 할 것이다.7)

3) 일체의 금품

실질적으로 사용자가 근로의 대가로서 근로자에게 지급의무가 있는 계속적·정기적으로 지급하거나 지급하기로 되어 있는 금품이라면, 그 금품의 명칭과 상관없이 모두 임금에 해당한다. 따라서 복리후생비, 실비변상비 등의 명칭을 사용하였더라도 임금이 아닌 것으로 단정할 수 없고, 사실관계를 종합하여 볼 때 그러한 금품이 실질적으로 실비변상적 또는 복리후생비의 성격이 없거나 적은 경우에는 임금으로 보아야 한다. 금품에는 통화 또는 유가증권뿐만 아니라 식사의 제공과 같은 현물급여도 포함된다. 다만, 임금의 통화지급 원칙을 규정한 근로기준법 제43조 제1항에 의하여 금지될 뿐이다.

2. 판례법상의 요건

1) 임금요건의 판단기준

○ **근로제공과의 밀접 관련성**

사용자가 근로자에게 지급하는 금품이 임금에 해당하려면 먼저 그 금품이 근로의 대상으로 지급되는 것이어야 할 것인바, 어떤 금품이 근로의 대상으로 지급

---

7) 택시기사의 사납금을 공제한 개인수입액이 임금에 해당하는가에 대하여 대법원은 일관성을 보이지 않고 있다. 즉, 성과급여로서 임금에는 해당하나 퇴직금 산정을 위한 평균임금에는 포함되지 않는다고 하는 입장(대법원 1999. 4. 23. 선고 98다18568)과 근로의 대가인 임금에 해당하므로 사납금 초과 수입금은 특별한 사정으로 한 퇴직금 산정의 기초가 되는 평균임금에 포함된다고 하는 견해(대법원 2002. 8. 23. 선고 2002다4399)가 있다. 사납금 초과 수입을 임금으로 보는 이상, 근로기준법상 평균임금에 제외시킬 합리적인 이유에 해당하지 않으므로 퇴직금 산정을 위한 평균임금에 포함되는 것으로 해석하여야 할 것이다. 다만, 사납금 초과수입금액에 대하여는 근로자가 입증책임을 하여야 한다.

된 것이냐를 판단함에 있어서는 그 금품지급의무의 발생이 근로제공과 직접적으로 관련되거나 그것과 밀접하게 관련된 것으로 볼 수 있어야 하고, 이러한 관련 없이 그 지급의무의 발생이 개별 근로자의 특수하고 우연한 사정에 의하여 좌우되는 경우에는 그 금품의 지급이 단체협약·취업규칙·근로계약 등이나 사용자의 방침 등에 의하여 이루어진 것이라 하더라도 그러한 금품은 근로의 대상으로 지급된 것으로 볼 수 없다(대법원 2004. 5. 14. 선고 2001다76328).

○ **계속성·정기성의 금품**

임금이라 함은 사용자가 근로의 대가로 근로자에게 지급하는 일체의 금원으로서 근로자에게 계속적·정기적으로 지급되고 그 지급에 관하여 단체협약, 취업규칙, 관행 등에 의하여 사용자에게 지급의무가 지워져 있다면, 그 명칭 여하를 불문하고 모두 포함된다(대법원 1999. 9. 3. 선고98다34393; 대법원 2003. 4. 22. 선고 2003다10650).

○ **상여금·성과급에 대한 임금여부의 판단기준**

상여금이 계속적·정기적으로 지급되고 그 지급액이 확정되어 있다면 이는 근로의 대가로 지급되는 임금의 성질을 가지나, 그 지급사유의 발생이 불확정적이고 일시적으로 지급되는 것은 임금이라고 할 수 없으며, 상여금이 퇴직금 산정의 기초가 되는 평균임금에 산입될 수 있는지의 여부는 특별한 사정이 없는 한 퇴직 당시를 기준으로 판단하여야 한다(대법원 1998. 1. 20. 선고 97다18936; 대법원 2002. 6. 11. 선고 2001다16722; 대법원 2006. 5. 26. 선고 2003다54322).

상여금이 계속적·정기적으로 지급되고 그 지급액이 확정되어 있다면 이는 근로의 대가로 지급되는 임금의 성질을 가지나 그 지급사유의 발생이 불확정하고 일시적으로 지급되는 것은 임금이라고 볼 수 없다(대법원 2006. 2. 23. 선고 2005다54029).

특별성과급 등의 지급이 일시적·비정기적인 것인지 또는 계속적·정기적인 것인지의 여부에 따라 임금 여부가 결정된다(대법원 2002. 12. 10. 선고2002다54615).

2) 임금성을 긍정한 사례

○ **정기적·일률적으로 지급되는 식대보조비**

출근일에 한하여 제공되거나 구매권으로 지급되는 식대보조비 등을 지급한 경우에도 이는 근로제공과 밀접하게 관련된 것이라 할 것이고, 그것이 정기적·일률적으로 지급되는 한 근로제공과 무관한 단순한 복리후생적이거나 은혜적인 급부라 할 수 없으므로 근로의 대가로서의 임금의 성질을 지닌 것으로 보아야 한다(대법원 2001. 5. 15. 선고 2001도1186).[8)]

○ **근속 1년 단위로 일정액을 가산 지급하는 근속수당**

사용자가 매월 7. 1.을 기준으로 1년 이상 근속한 근로자에게 매 1년 단위로 일정한 금액을 가산하여 지급한 근속수당은 은혜적인 배려에서가 아니라 일정한 근속연수에 이른 근로자에게 실제의 근무성적과 상관없이 매월 일정하게 지급된 것으로서 정기적·일률적으로 지급되는 고정적인 임금이므로 통상임금에 포함된다(대법원 2002. 7. 23. 선고 2000다29370).

○ **택시기사의 사납금 초과 수입금**

운송회사가 그 소속 운전사들에게 매월 실제 근로일수에 따른 일정액을 지급하는 이외에 그 근로형태의 특수성과 계산의 편의 등을 고려하여 하루의 운송수입금 중 회사에 납입하는 일정액의 사납금을 공제한 잔액을 그 운전사 개인의 수입으로 하여 자유로운 처분에 맡겨 왔다면 위와 같은 운전사 개인의 수입으로 되는 부분 또한, 그 성격으로 보아 근로의 대가인 임금에 해당한다 할 것이므로, 사납금 초과 수입금은 특별한 사정이 없는 한 퇴직금 산정의 기초가 되는 평균임금에 포함된다(대법원 2002. 8. 23. 선고 2002다4399).

○ **지급기준과 지급률이 정해진 개인포상금**

포상금 지급은 해마다 그 지급 시기는 다르나 매년 한두 차례 시행되는 것이 관례화되어 있음을 알 수 있어 이를 우발적·일시적인 급여라고 할 수 없으며, 회사가 해마다 미리 지급기준과 지급비율을 정하고 그에 따라 계산된 포상금을 지급하는 것인 이상, 직원들이 그 요건에 맞는 실적을 달성하였다면 회사는 그 실적에 따른 포상금의 지급을 거절할 수 없을 것이므로 이를 은혜적 급부라고 할 수 없다(대법원 2003. 2. 11. 선고 2002다388).

---

8) 그러나 단체협약에 중식제공 규정이 있다 하더라도, 중식을 제공받지 않는 근로자에게 별도의 현금이나 보상을 지급하지 않고 실제 중식을 원하는 근로자에 한하여 현물로 중식을 제공한 경우에는 사용자가 후생복지를 위하여 지급하는 것에 불과하므로 임금으로 볼 수 없다(대법원 2006. 5. 26. 선고 2003다54322).

○ **정기적·제도적으로 지급되어 온 출퇴근교통비**

출퇴근교통비 지급의 근거가 급여규정에 명시되어 있지 않더라도 정기적·제도적으로 지급되어 왔고, 사무직원 중 출퇴근교통비가 지급되지 아니한 사무총장에게는 그 대신 출퇴근차량이 제공되었다면, 위 출퇴근교통비는 여비·출장비와 같은 실비변상적인 성격의 금원이 아니라 근로의 대가인 임금의 성질을 갖는 금원이다(대법원 1992. 4. 10. 선고 91다37522).

○ **일정한 요건에 해당하는 근로자에게 회사의 지급의무가 있는 가족수당**

가족수당은 회사에게 지급의무가 있는 것이고 일정한 요건에 해당하는 근로자에게 일률적으로 지급되어 왔다면, 이는 임의적·은혜적인 급여가 아니라 근로에 대한 대가의 성질을 가지는 임금에 해당한다(대법원 2006. 5. 26. 선고 2003다54322).

○ **인센티브(성과급)**

자동차 판매회사가 영업사원들에게 매월 자동차 판매수량에 따른 일정 비율의 인센티브(성과급)를 지급한 것이 퇴직금 산정의 기초가 되는 평균임금에 포함되는지가 문제된 사안에서, 인센티브 지급규정이나 영업 프로모션 등으로 정한 지급기준과 지급시기에 따라 인센티브를 지급하여 왔고, 영업사원들이 차량판매를 위하여 하는 영업활동은 갑 회사에 대하여 제공하는 근로의 일부라 볼 수 있어 인센티브는 근로의 대가로 지급되는 것이며, 인센티브의 지급이 매월 정기적·계속적으로 이루어지고, 지급기준 등 요건에 맞는 실적을 달성하였다면 갑 회사로서는 그 실적에 따른 인센티브의 지급을 거절할 수 없을 것이며, 인센티브를 일률적으로 임금으로 보지 않을 경우 인센티브만으로 급여를 지급받기로 한 근로자는 근로를 제공하되 근로의 대상으로서의 임금은 없는 것이 되고 퇴직금도 전혀 받을 수 없게 되는 불합리한 결과가 초래될 것인 점 등에 비추어 위 인센티브는 퇴직금 산정의 기초가 되는 평균임금에 해당한다(대법원 2011. 7. 14. 선고 2011다23149).

3) 임금성을 부정한 사례

○ **특별격려금 성격을 가진 생산 장려격려금**

노사화합 등을 위한 특별장려금으로서의 생산 장려금은 근로제공과는 직접 또는 밀접한 관련이 있는 금원으로 보기 어려울 뿐만 아니라, 계속적·정기적으로 지급되었다고 볼 수 없어 평균임금 산정의 기초가 되는 임금에 해당되지 않는다(대법원 2006. 5. 26. 선고2003다54322).

○ **경영실적 또는 무쟁의달성여부에 따라 지급여부나 금액이 달라지는 성과금**
회사가 근로자들에게 지급한 성과급은 경영실적이나 무쟁의 달성 여부에 따라 그 지급 여부나 지급금액이 달라지는 경영성과의 일부 분배로 볼 수 있을 뿐, 근로의 대상으로서의 임금이라 할 수 없으므로, 퇴직금 산정의 기초가 되는 평균임금에 포함되지 않는다(대법원 2006. 2. 23. 선고 2005다54029).

○ **구체적인 지급기준, 지급액, 지급시기 등에 관한 규정이 없는 특별상여금**
특별상여금의 지급 근거가 단지 급여규정에만 있을 뿐 단체협약에는 아무런 규정이 없고 또한 그 급여규정에 의하더라도 특별상여금은 회장이 특히 공로가 있다고 인정하는 직원에 대하여 지급할 수 있다고만 규정되어 있을 뿐, 구체적으로 그 지급기준, 지급액수, 지급시기 등에 관하여는 아무런 규정이 없어 그 지급이 확정되어 있다고 보기 어려우며, 실제로도 1987년에 처음으로 월 급여액의 30%가 지급되었고, 1988, 1989년에는 지급된 바 없다가, 1990년도에 다시 30%를 지급한 다음, 1991년도에는 2회에 걸쳐 도합 120%, 1992년부터 1994년까지 3년간은 12월에 100%씩 지급되다가 다시 중단되고, 그 지급 명목도 구구하였다면 그 지급기준과 지급명목 등에 비추어 특별상여금이 계속적·정기적으로 지급되고 있다거나, 그러한 관례가 성립되었다고 보기는 어려우므로 임금에 속한다고 볼 수 없다(대법원 1999. 9. 3. 선고 98다34393).

○ **임원의 퇴직금**
주식회사의 업무집행권을 가진 이사 등 임원은 회사로부터 일정한 사무처리의 위임을 받고 있는 것이므로(상법§382②) 사용자의 지휘 감독 아래 일정한 근로를 제공하고 소정의 임금을 지급받는 고용관계에 있는 것이 아니며, 따라서 일정한 보수를 받는 경우에도 이를 근로기준법 소정의 임금이라 할 수 없고, 회사의 규정에 의하여 이사 등 임원에게 퇴직금을 지급하는 경우에도 그 퇴직금은 근로기준법 소정의 퇴직금이 아니라 재직 중의 직무집행에 대한 대가로 지급되는 보수의 일종이며, 한편 새마을금고법 제24조는 주식회사와 이사의 관계에 대하여 위임에 관한 규정을 준용하도록 한 위 상법 제382조 제2항의 규정을 새마을금고의 임원에 다시 준용하도록 규정하고 있으므로 새마을금고의 이사장의 퇴직금 역시 근로기준법상의 임금에 해당하지 않는다(대법원 2001. 2. 23. 선고 2000다61312).

○ **실비변상 또는 은혜적인 급부**

판공비, 정보비, 차량유지비, 가계보조비 등은 공무원에게 지급되는 보수라기보다는 기관운영 또는 실제 직무를 수행함에 있어서 소용되는 경비를 보전해 주는 실비변상적 급여라고 할 것이므로 이를 일실이익의 산정에 포함시킬 수 없다(대법원 1996. 4. 23. 선고 94다446).

근로자가 특수한 근로 조건이나 환경에서 직무를 수행하게 됨으로 말미암아 추가로 소요되는 비용을 변상하기 위하여 지급되는 이른바 실비변상적 급여는 근로의 대상으로 지급되는 것으로 볼 수 없기 때문에 장래수입 상실 손해액 산정의 기초가 되는 임금에 포함될 수 없다고 할 것인바, 차량유지비의 경우 그것이 전 직원에 대하여 또는 일정한 직급을 기준으로 일률적으로 지급되었다면 근로의 대상으로 지급된 것으로 볼 수 있다고 할 것이나 차량 보유를 조건으로 지급되었거나 직원들 개인 소유의 차량을 업무용으로 사용하는 데 필요한 비용을 보조하기 위해 지급된 것이라면 실비변상적인 것으로서 근로의 대상으로 지급된 것으로 볼 수 없다(대법원 1997. 10. 24. 선고 96다33037,33044).

○ **부양가족이 있는 자에게 지급하는 가족수당**

부양가족이 있는 경우에 4인을 초과하지 않는 범위 내에서 부양가족 1인당 금 1만원을 지급하는 가족수당은 근로의 양이나 질에 무관한 요인에 따라 근로자의 일부에 대하여 지급하는 것으로서 임금의 범위에 포함시킬 수 없다(대법원 2003. 10. 9. 선고 2003다30777).

○ **자가운전보조비**

자가운전보조비 명목의 금원이 일정 직급 이상의 직원 중 자기 차량을 보유하여 운전한 자에 한하여 지급되어 있다면, 이는 단순히 직급에 따라 일률적으로 지급된 것이 아니고 그 지급 여부가 근로제공과 직접적 또는 밀접하게 관련 없이 일정 직급 이상의 직원이 자기 차량을 보유하여 운전하고 있는지 여부라는 개별 근로자의 특수하고 우연한 사정에 따라 좌우되는 것이므로 계속적·정기적으로 지급된 것이라 하더라도 근로의 대가로 지급된 것으로 볼 수 없다(대법원 1995. 5. 12. 선고 94다55934).

○ **해고기간 중의 임금상당액**

해고기간 중의 임금상당액의 성격은 부당해고로 인한 손해배상 또는 보상금액에 근로자의 임금 등을 기초로 산정되었다 하더라도 임금으로 볼 수 없고, 소득세법상 과세의 대상이 되는 근로소득, 퇴직소득, 기타 소득 어느 것에도 해당하지 않으므로 소득세 등을 원천징수할 수 없다(대법원 1991. 6. 14. 선고 90다11813).

○ **노조전임자의 급여지원금**

노동조합 전임자는 사용자와의 사이에 기본적 노사관계는 유지되고 근로자로서의 신분도 그대로 가지는 것이지만 근로제공의무가 면제되고 사용자의 임금지급의무도 면제된다는 점에서 휴직상태에 있는 근로자와 유사하고, 사용자가 단체협약 등에 따라 노동조합 전임자에게 일정한 금원을 지급한다고 하더라도 이를 근로의 대가인 임금이라고 할 수는 없다(대법원 2003. 9. 2. 선고 2003다4815,4822,4839).

4) 판례의 경향

대법원 판례는 근로의 대가로서의 임금총액에 포함되기 위해서는 「그 금품의 지급이 단체협약·취업규칙·근로계약·사용자의 방침 등에 의하여 이루어진 것이라 하더라도, 그 지급의무의 발생이 근로제공과 직접적으로 관련되거나 밀접하게 관련된 것으로 볼 수 있는 것」이어야 한다고 하여 임금의 정의를 보다 구체화하고 있다.[9] 나아가 임금 요건의 판단기준에 관하여 「사용자가 근로의 대가로 근로자에게 지급하는 일체의 금품으로서, 근로자에게 계속적·정기적으로 지급되며 그 지급에 관하여 단체협약·취업규칙·급여규정·근로계약·노동관행 등에 의하여 그 지급의무가 지워져 있고, 일정 요건에 해당하는 근로자에게 일률적으로 지급한 것이라면 그 명칭 여하를 불문하고 평균임금 산정의 대상이 되는 임금으로 보아야 한다.」라고 판시하고 있다.[10]

위의 대법원 판례에 의하면, 임금요건에 해당하기 위해서는 ① 근로의 대가로 지급되어야 하며, ② 계속적·정기적으로 지급될 것, ③ 근로제공과 관련하여 사용자에게 지급의무가 있어야 한다. 따라서 근로자가 특수한 근무조건이나 환경에서 직무를 수행함으로써 추가로 소요되는 비용을 변상하기 위하여 지급하는 금품이나 부

9) 대법원 1999. 5. 12. 선고 97다5015 전원합의체.

10) 대법원 2003. 2. 11. 선고 2002다50826.

정기적인 특별상여금 또는 성과급은 임금으로 볼 수 없다고 하는 것이 판례의 주류라고 볼 수 있다.

Ⅳ. 임금의 결정원리

1. 개 설

임금은 「사용자가 근로의 대가로 근로자에게 임금, 봉급 기타 어떠한 명칭으로든지 지급하는 일체의 금품」을 말한다. 임금은 근로를 제공하고 있는 근로자의 입장에서 보면 생계유지의 수단이 되나, 근로자를 고용하고 있는 사용자의 입장에서 보면 생산요소의 구입에 따른 비용이라고 할 수 있다.

따라서 사용자는 가능한 한 적은 임금으로 필요한 인력을 확보할 수 있기를 기대하는 반면, 근로자는 보다 좋은 조건하에서의 높은 임금을 받기를 희망한다. 근로자와 사용자 모두 최소의 노력으로 최대의 효과를 얻으려고 한다. 즉, 근로자는 생계유지의 수단으로 자기가 제공한 근로에 대한 적정한 임금지급을 요구할 것이나, 사용자는 기업의 매출 또는 수익상황 등 전반적인 지불능력과 미래지향적인 기업의 발전을 염두에 둔 임금을 지급하려고 할 것이다.[11]

이처럼 임금은 근로자와 사용자 사이에 이해관계가 가장 상충되는 근로조건이라고 할 수 있다. 이러한 측면을 고려하면 임금수준은 기업의 가치창출 목적과 근로자의 생활향상의 목적이 부합될 수 있는 범위에서 결정되어야 한다. 결국, 임금수준은 노동수요자 측면에서의 기업의 지불능력, 노동공급자 측면에서의 생계비, 노동시장적 측면에서의 사회적 균형성을 고려하여 결정된다고 할 수 있다. 그리고 근로조건을 보호하고자 하는 법규범적 측면에서는 보면, 근로자의 기본적 생활을 보장하기 위한 최소한의 임금수준을 확보하고 그 이상의 임금에 대하여는 노사 자율로 결정하게 하여야 한다.

2. 경영적인 측면에서의 결정원리

1) 기업 지불능력의 원리

「기업의 지불능력」은 임금수준의 상한선 설정의 기준이 된다. 「기업의 지불능력」이라 함은 기업이 지불할 수 있는 최대한의 재정적 능력이 아니라, 건전한 기업의

11) 최종태, 현대인사관리론, 186~187면.

성장을 전제로 한 재정적 능력을 말한다.

「기업의 지불능력」에 의한 임금수준 결정에 있어서 가장 중요한 요인의 하나는 「노동분배율」의 책정이다. 즉, 노동분배율의 기준을 어디에 두느냐에 따라 임금수준을 결정하는 기업의 지불능력 한도가 결정된다. 노동분배율의 기준으로서 노동생산성과 수익성을 들 수 있는데, 기업의 경영전략·업종·규모 등에 따라서 각 기업의 실정에 알맞은 것을 선택하면 된다. 일반적으로 기업의 경영전략이 성장위주인 경우에는 생산성 기준에 두고, 안정위주인 경우에는 수익성 기준에 두어 임금수준을 결정하게 된다. 그러나 오늘날 많은 기업들은 생산성을 기준으로 한 매출액 노동생산성과 부가가치 생산성은 임금의 상한선을 결정함에 있어서 계산의 편의성과 기업의 발전을 추정하는 표준이 되기 때문에 수익성 기준보다 생산성 기준을 선호하는 경향이 있다.[12)]

2) 생계비 보장의 원리

임금수준의 상한선 결정은 기업의 지불능력을 기준으로 한다면, 하한선 결정은 근로자의 생계비를 기준으로 한다. 임금은 근로자의 생계원천이 되는 소득이 되는 것이므로 최소한 근로자의 생계비를 보장해줄 수 있는 수준 이상이어야 한다. 만약 임금수준이 근로자의 생계비에 미달될 경우에는 노동력 재생산이 이루어지지 않기 때문에 기업의 노동능률 내지 생산력의 증가를 기대할 수 없다. 생계비는 임금수준의 하한선을 결정하는 중요한 기준이 되므로 생계비의 내용을 분석하고 파악해야 한다. 생계비를 파악하는 방법으로서는 생계비를 측정하는 방법과 개별 근로자의 라이프사이클을 들 수 있다.

3) 사회적 균형성의 원리

임금의 결정은 기업의 지불능력, 생계비 보장과 함께 사회적 균형성을 고려하여 결정해야 한다. 임금에 경향을 미치는 사회적 요인으로서는 노동력의 수급, 동일 업종의 기업임금 수준, 동일 지역·동일 규모의 임금수준, 노동조합의 교섭력, 정부의 임금정책 등이다. 특히 동종 기업 간의 임금수준은 임금의 결정에 중요한 영향을 미친다. 결국, 임금은 동일노동 동일임금의 원칙에 입각한 공정임금(fair wage)의 원칙에 따라 결정되어야 하고, 이는 근로자의 직무만족에 중요한 영향을 미치는 원

---

12) 최종태, 현대인사관리론, 201면.

인이 된다.[13)]

3. 규범적인 측면에서의 결정원리

1) 임금의 최저기준성

근로기준법 제3조는 「본법에서 정하는 근로조건은 최저기준이므로 근로관계 당사자는 이 기준을 이유로 근로조건을 저하시킬 수 없다.」라고 규정하고 있으며, 최저임금법 제6조는 「사용자는 최저임금의 적용을 받는 근로자에 대하여 최저임금액 이상을 지급하여야 하고, 사용자는 최저임금을 이유로 종전의 임금을 저하시켜서는 아니 된다.」라고 규정하고 있다. 노동관계법에 규정된 임금은 최저기준이므로 사용자는 이 기준을 이유로 종전의 임금수준을 저하시킬 수 없으며, 이 기준에 미달하는 근로계약, 취업규칙, 단체협약은 그 부분에 한하여 사법상 무효가 되고 무효로 된 부분은 최저 임금이 적용된다.

2) 임금결정 자유의 원칙

노동관계법에 정한 임금의 최저기준을 위반한 경우에는 그 효력을 인정할 수 없으나, 최저기준 이상에 해당하는 임금에 대하여는 노사관계 당사자가 동등한 지위에서 자유의사에 따라 결정한다(근로기준법 §4). 그러나 근로자는 현실적으로 사회·경제적으로 열악한 지위로 인하여 개별적으로 사용자와 대등한 관계에서 자유의사에 따라 임금수준을 결정하는 것은 불가능하므로 실질적인 노사대등의 원칙에 의한 임금결정은 근로자의 조직력을 바탕으로 한 노동조합의 단체교섭을 통하여 확보될 수 있다.

근로기준법 제4조의 성격을 선언적 규정으로 해석하는 것이 다수의 견해이나, 단순한 선언규정으로 평가하는 것은 근로기준법의 목적과 정신에 비추어 볼 때 타당하다고 볼 수 없다. 즉, 근로자가 사용자와 동등한 지위에서 자유의사에 의하여 결정하지 않은 임금은 효력을 인정하지 않는 효력규정으로 보아야 한다.[14)]

3) 동일가치노동·동일임금의 원칙

근로기준법 제6조는 「사용자는 근로자에 대하여 남녀의 성(性)을 이유로 차별적

---

13) 황대석, 인사관리론, 345면.
14) 민변, 변호사가 풀어주는 노동법Ⅰ, 25면.

대우를 하지 못하고, 국적·신앙 또는 사회적 신분을 이유로 근로조건에 대한 차별적 처우를 하지 못한다.」라고 규정하고 있으며, 남녀고용평등법 제2조는 남녀의 차별적 대우를 「사업주가 근로자에게 성별, 혼인 또는 가족상의 지위, 임신, 출산 등의 사유로 합리적인 이유 없이 채용 또는 근로조건을 달리하거나 기타 불이익한 조치를 취하는 것은 말한다.」라고 규정하고, 제8조는 같은 사업장내의 「동일가치노동·동일임금의 원칙을 규정하고 있다. 이들 규정은 강행규정으로서 사용자에 대하여 직접적 효력을 가지고 있기 때문에 합리적 이유 없이 임금차별을 받은 근로자는 합리적 이유 없는 임금차별을 입증하여 차액에 대한 임금청구권을 행사할 수 있다. 따라서 사용자는 합리적 이유 없는 임금차별이 금지되므로 근로자의 임금수준을 확보하는 기능을 담당하게 된다.

여기서 「동일가치 노동」은 당해 사업장 내의 서로 비교되는 남녀간의 노동이 동일하거나 실질적으로 거의 같은 성질의 노동 또는 그 직무가 다소 다르더라도 객관적인 직무평가 등에 의하여 본질적으로 동일한 가치가 있다고 인정되는 노동에 해당하는 것을 말하고, 「동일가치 노동」에 해당되는지의 여부는 직무수행에서 요구되는 기술, 노력, 책임 및 작업조건을 비롯하여 근로자의 학력·경력·근속연수 등의 기준을 종합적으로 고려하여 판단한다.[15]

4) 임금수준의 저하금지

비록 임금수준이 노동관계법에 규정된 최저기준을 위반하지 않았다 하더라도 사용자가 기존의 임금수준을 불이익하게 변경하기 위해서는 근로자의 집단적 동의를 얻어야 한다. 즉, 해당 사업 또는 사업장에 근로자의 과반수로 조직된 노동조합이 있는 경우에는 그 노동조합, 근로자의 과반수로 조직된 노동조합이 없는 경우에는 근로자의 과반수의 동의를 얻어야 한다(근로기준법§94① 단서). 이처럼 근로기준법은 최저기준을 초과하는 임금의 수준은 노사관계 당사자가 대등한 지위에서 자유롭게 결정하도록 하되, 임금 등 근로조건 저하에 있어서는 근로자의 집단적 동의를 얻도록 함으로써 임금수준을 보호하고 있다.[16]

15) 김형배, 노동법(제24판), 246면.

16) 상세한 내용은 제3장 제3절 취업규칙 변경 참조

제2절 통상임금과 평균임금

Ⅰ. 개 설

근로기준법은 임금을 통상임금과 평균임금으로 구분한 후, 각종 법정수당과 제 급여를 산정함에 있어서 통상임금과 평균임금 중 한 가지를 적용하도록 되어 있으므로 통상임금과 평균임금의 구분과 산정은 매우 중요하다.

【통상임금과 평균임금의 적용례】

통 상 임 금	평 균 임 금
• 해고예고수당(근로기준법§26) • 휴업수당(근로기준법§46) • 연장근로수당(근로기준법§56) • 야간근로수당(근로기준법§56) • 휴일근로수당(근로기준법§56) • 연차휴가수당(근로기준법§60) • 기타 「유급」으로 표시된 보상 또는 수당	• 퇴직금(근로기준법§34·근로자퇴직급여 보장법§8) • 휴업수당(근로기준법§46) • 연차휴가수당(근로기준법§60) • 재해보상 및 산재보험급여(근로기준법 §79조 이하·산재보험법§39 이하) • 감급의 제한(근로기준법§95) • 구직급여(고용보험법§45조)

일반적으로 평균임금은 임금에 해당하는 대부분의 금품이 포함되는 것이므로 통상임금보다 높다. 그러나 평균임금의 산정기간 중에 근로자의 귀책사유로 근로를 제공하지 못하거나 결근·정직처분 등으로 통상임금보다 낮아지게 되는 경우에는 통상임금을 평균임금으로 하여 각종 제 급여를 산정한다(근로기준법§2②).

이처럼 통상임금과 평균임금은 근로자의 권리보호에 매우 중요한 위치를 차지하고 있음에도 근로기준법은 통상임금과 평균임금의 정의만 규정하고 있을 뿐, 임금 중에서 어느 것이 통상임금과 평균임금에 해당하는지에 대하여는 구체적으로 규정하지 않고 단지 해석의 문제로 남겨 놓고 있다.

Ⅱ. 통상임금

1. 의 의

근로기준법 시행령 제6조 제1항은 「근로자에게 정기적·일률적으로 소정근로 또는 총 근로에 대하여 지급하기로 정하여진 시간급 금액, 일급 금액, 주급 금액, 월급

금액 또는 도급 금액」을 통상임금으로 정의하고 있다. 즉, 통상임금은 소정의 근로의 양 또는 질에 대하여 지급하기로 된 임금으로서 실제 근무 일수나 수령액에 구애됨이 없이 정기적·일률적으로 임금 산정기간에 지급하기로 정하여진 고정급 임금을 의미하며, 실제 수령한 임금에 구애됨이 없이 고정적이고 평균적으로 지급되는 일반임금을 의미한다. 통상임금은 근로기준법상 평균임금의 최저한도를 보장하고, 시간외 근로수당·야간근로수당·휴일근로수당과 해고예고수당, 연차휴가수당 등의 산정 근거가 된다.

「일률적」이라 함은 모든 근로자에게 지급되는 것뿐만 아니라 일정한 조건 또는 기준에 달한 모든 근로자에게 지급되는 것을 의미한다. 여기서 일정한 조건 또는 기준이란 작업내용이나 기술·경력 등과 같이 소정근로의 가치평가와 관련된 조건이다.[17] 「정기적」이라 함은 어떤 임금이 일정한 간격을 두고 주기적으로 반복되어 계속적으로 지급되는 것을 말한다. 기존에 1임금 산정기간(1개월)을 넘는 기간마다 정기적으로 지급되는 것이 통상임금에 해당되는지 논란이 되어 왔으나 대법원[18]은 지급주기가 1개월을 넘는다는 사정만으로 그 임금이 통상임금에서 제외될 수 없다고 하였다.[19]

그리고 고정성이란 어떤 임금이 특정 시점에 추가적인 조건과 관계없이 당연히 지급될 것이 확정되어 있는 것을 뜻한다.[20] 결국, 통상임금은 소정근로 또는 총 근로의 대상으로 근로자에게 지급되는 금품으로서 정기적·일률적으로 지급되는 고정급을 의미하는 것이므로, 실제의 근무성적에 따라 지급 여부 및 지급액이 달라지는

---

17) 예컨대, 부양가족이 있는 근로자들에게만 지급되는 가족수당의 경우 "부양가족이 있다."는 지급조건은 근로의 질(기술·경력)과는 무관한 조건이므로 그 가족수당은 일률성이 부정된다. 그러나 특정 임금이 가족 수당이라는 명목으로 모든 근로자에게 차별없이 지급되었다면 그 가족수당은 모든 근로자에게 소정의 근로의 대가로 지급한 것이므로 "일률성" 요건이 충족된다.

18) 대법원 2013. 12. 18. 선고 2012다94643 전원합의체.

19) 따라서 상여금이나 각종 수당이 격월, 분기, 반기, 1년 단위로 지급된다고 하더라도 그 기간마다 계속적으로 지급되어 왔다면 정기성 요건이 충족된다.

20) 대법원 판례(대법원 2013. 12. 18. 선고 2012다94643 전원합의체)는 임의의 날에 소정근로시간을 근무한 근로자가 그 다음날에 퇴직한다 하더라도 그 하루의 근로에 대한 대가로 당연하고도 확정적으로 지급받게 되는 최소한의 임금만이 고정성을 갖춘 통상임금이며, 추가적인 조건을 충족해야 지급되는 임금이나 그 조건 충족여부에 따라 지급액이 변동되는 임금부분은 고정성이 부정된다고 하고 있다.

임금은 통상임금으로 볼 수 없다.[21]

2. 통상임금의 요건 및 범위

근로기준법 시행령 제6조 제1항에 규정된 통상임금의 정의만으로는 어떠한 임금이 통상임금에 포함되는지에 대하여 명확하지 않으므로, 시행령 규정과 판례를 중심으로 그 판단기준을 설정할 수밖에 없다.

어떠한 임금이 통상임금에 속하는지 여부는 그 임금이 소정근로의 대가로 근로자에게 지급되는 금품으로서 정기적, 일률적, 고정적으로 지급되는 것인지를 기준으로 객관적인 성질에 따라 판단하여야 하고 임금의 명칭이나 그 지급주기의 장단 등 형식적인 기준에 의해 정할 것이 아니다.[22] 대법원 판례는 일반적으로 모든 근로자에게 일률적으로 지급되는 가족수당·지역수당·조정수당·주택수당 등을 통상임금에 해당하는 것으로 보고 있으나,[23] 각종 복리후생비중 지급액이 사전에 확정되지 않았거나(김장보너스), 특정 시점에 재직 중인 근로자에게만 지급된 금원은 고정성 자체가 부정되는 것으로 보고 있다(대법원 2012. 12. 18. 선고 2012다94643). 1개월을 넘는 기간마다 정기 또는 임시로 기업의 경영실적 또는 근로자의 근무성적 등을 감안하여 지급되고 있는 상여금에 대하여는 통상임금으로 해석하지 않고 있다.[24] 이러한 대법원 판례의 태도에 비추어 보면, 비록 근로의 대가성이 인정된다 하더라도 비정기적이고 비일률적인 임금은 통상임금에 포함될 수 없다.

통상임금 정의규정과 대법원 판례 및 유권해석을 종합하여 보면, 통상임금의 요건과 범위는 다음의 기준에 의하여 판단하여야 할 것이다.

【통상임금의 판단기준】

판단요소	판단기준
임금요건의 충족성	근로의 대가성, 사용자의 지급의무성, 지급사유의 확정성, 정기적·계속적 지급 등의 요건 충족.
소정근로 또는 총	소정근로시간의 근로에 직접적 또는 비례적으로 대응되지 않더

21) 대법원 2003. 10. 9. 선고 2003다30777.
22) 대법원 2013. 12. 18. 선고 2012다89399 전원합의체.
23) 대법원 1990. 12. 26. 선고 90다카12493.
24) 대법원 1990. 1. 17. 선고 89다카2292.

근로와의 관련성	라도 소정근로 또는 총 근로에 대한 대가성의 존재.
임금의 고정성	1임금 산정기간에 지급하기로 정해진 고정성 임금으로서 실제 근무일수나 수령액에 구애받지 아니함.
임금의 불변성	결근 등의 사유로 인해 임금이 삭감되더라도 변동되지 아니함.

① 근속기간에 연동하는 임금; 재직기간(6개월 이상 재직)을 기준으로 지급비율을 달리 정하는 상여금이나 근속연수를 기준으로 지급액을 달리하는 근속수당이 고정적 임금인가가 문제될 수 있다. 이러한 형태의 임금은 임의의 날을 기준으로 지급여부나 지급액을 확정할 수 있다. 즉 어떤 근로자가 4개월을 근무했든 8개월을 근무했든 1년 6개월을 근무했든 각자 가산임금을 산정할 시점(임의의날)에 얼마의 상여금 내지 근속수당을 받을 지는 명확하다. 따라서 이러한 유형의 임금은 통상임금이다.[25)]

② 근무일 수에 연동하는 임금; 근로자의 실제 근무일에 따라 일할계산되어 지급되는 임금은 근무일수에 정비례하여 지급되는 범위 내에서 고정성이 인정된다. 예컨대 특정 수당이 월 근무일수가 15일 미만이면 일할계산하여 지급하고 15일 이상이면 전액 지급하는 경우 그 근로자는 임의의 날을 근무하기만 하면 최소한 일할계산된 급여만큼은 확정적으로 수령할 수 있다. 따라서 위 수당은 고정적 임금으로 통상임금에 해당된다.[26)] 그러나 일정한 근무일수를 채워야 지급되는 임금은 소정근로 이외에 일정 근무일수라는 추가적인 조건을 성취해야 지급되는 것이므로 고정적 임금이 아니다.[27)]

③ 특정 시점에 재직 중인 근로자에게만 지급하는 임금; 명절 휴가비 등 각종복리후생적 급여 가운데 지급일 현재 재직 중인 근로자들에게만 지급하는 급여는 임의의 날에 지급여부가 확정되었다고 볼 수 없다. 명절휴가비 지급일 직전에 퇴직한 근로자는 그 퇴직시점에 명절휴가비를 지급받을 수 있을지 여부를 알 수 없다. 따라서 지급일 현재 재직 중이라는 추가적 조건이 붙은 급여는 고정성이 부정된다.[28)]

지급일 현재재직 중이라는 지급조건이 반드시 취업규칙이나 단체협약에 명시될 필요는 없다. 대법원은 노사간에 지급일에 재직 중일 것 이라는 조건을 임금을 지급

25) 대법원 2014. 8. 28. 선고 2013다74363.
26) 대법원 2015. 6. 24. 선고 2012다118655; 대법원 2014. 8. 28. 선고 2013다74363.
27) 대법원 2014. 8. 20. 선고 2013다10017.
28) 대법원 2014. 8. 28. 선고 2013다74363; 대법원 2014. 8. 20. 선고 2013다10017; 대법원 2014. 5. 29. 선고 2012다115786; 대법원 2014. 2. 13. 선고 2011다86287.

받을 수 있는 자격요건으로 부가하는 명시적 또는 묵시적 합의가 이루어졌다거나 그러한 관행이 확립되어 있다면 고정성이 부정될 수 있다고 보았다.[29] 그러나 대법원은 비록 지급일 현재 재직 중인 근로자들에게만 지급되는 성격의 급여라 하더라도 노사관행 등에 의하여 실질적으로 퇴직 시점까지의 근무일 수에 비례하여 그 급여를 정산하여 왔다면 고정성이 부인되지 않는다고 보았다. 예컨대, 2월과 9월에 지급되는 명절휴가비가 취업규칙 등에는 지급일 현재 재직 중인 근로자에게만 지급된다고 규정되어 있는데 5월에 퇴직한 근로자에게 관례적으로 90일(3월-5월분)분의 명절상여금을 일할계산하여 지급하여 왔다면 그 명절상여금은 실질적으로 근무일 수에 연동하는 임금의 유형에 해당하므로 고정성이 인정된다.

④ 특수한 기술, 경력 등을 조건으로 하는 임금; 특수한 기술이나 경력을 보유한 근로자들에게 추가로 지급하는 기술수당, 자격수당 등의 수당은 근로자가 해당 기술이나 자격을 보유하고 있으면 임의의 날 언제든지 확정적으로 지급되므로 고정성이 인정된다.

⑤ 근무실적에 연동되는 임금; 근로자의 근무실적을 등급별로 나누어 차등으로 지급하는 성과급과 같은 임금이 있다. 이러한 유형의 임금은 최소한도의 지급이 확정된 부분에 한하여서만 고정성이 인정된다. 즉, 근로자의 실적을 A, B, C, D 등급으로 나누어 최상위의 A등급에게는 기본급의 400%를, 최하위인 D등급에는 기본급의 100%만을 성과급으로 지급할 경우 당해 연도의 통상임금에는 해당되지 않고 그 전년도에 지급될 임금 중 최소한도의 지급이 확정된 임금상당액만이 그 전년도의 통상임금으로 인정된다.

3. 통상임금의 산정

통상임금을 시간급금액으로 산정할 경우에는 다음 각호의 방법에 의하여 산정된 금액으로 하고, 통상시간급 임금을 일급 금액으로 산정할 때에는 시간급 금액에 1일의 소정근로시간수를 곱하여 산정한다(시행령§6).

1. 시간급 금액으로 정한 임금은 그 금액
2. 일급 금액으로 정한 임금은 그 금액을 1일의 소정근로시간수로 나눈 금액
3. 주급 금액으로 정한 임금은 그 금액을 「주의 통상임금 산정 기준시간수」[30]로

29) 대법원 2013. 12. 18. 선고 2012다94643 전원합의체 판결.

나눈 금액

4. 월급 금액으로 정한 임금은 그 금액을 「월 통상임금 산정 기준시간수」[31]로 나눈 금액
5. 일·주·월 외의 일정한 기간으로 정한 임금은 제2호부터 제4호까지의 규정에 준하여 산정된 금액
6. 도급 금액으로 정한 임금은 그 임금 산정기간에서 도급제에 따라 계산된 임금의 총액을 해당 임금산정기간(임금마감일이 있는 경우에는 임금 마감기간)의 총 근로시간수로 나눈 금액
7. 근로자가 받는 임금이 제1호부터 제6호까지의 규정에서 둘 이상의 임금으로 되어 있는 경우에는 제1호부터 제6호까지의 규정에 따라 각각 산정된 금액을 합산한 금액

이처럼 근로기준법은 시간당 임금을 기준으로 법정 제 수당을 산정하도록 되어 있으므로 통상임금은 시간급으로 산정하는 것이 원칙이다. 성인근로자 1일 8시간·1주 44시간을 기준으로 하여 이에 대한 구체적인 산정방법을 소개하면 다음과 같다.

일급제의 경우는, 일급금액을 1일의 소정근로시간수로 나눈 금액이 통상시간급이 된다. 여기서 「소정근로시간」이라 함은 노동관계법상의 근로시간 범위 안에서 근로자와 사용자 사이에 합의로 정한 근로시간을 말하는 것이므로 일반근로자의 경우는 1일 8시간, 18세 미만 연소근로자는 1일 7시간, 고기압하의 유해·위험작업근로자는 1일 8시간 범위 안에서 근로자와 사용자가 정한 근로시간을 의미한다.[32] 그리고 「일급 금액」이라 함은 1일 소정근로시간을 기준으로 지급하기로 정하여진 통상임금을 의미하므로, 1일 소정근로시간을 초과하는 근로시간을 전제로 일당이 정해져 있는 경우에는 일급 전액이 통상임금에 해당되는 것이 아니라 소정근로시간에 비례한 임금만이 통상임금에 해당된다.[33]

---

30) 법정근로시간의 범위 내에서 근로자와 사용자 사이에 정한 근로시간 이외에 유급으로 처리되는 시간을 말한다.

31) 주의 통상임금 산정기준 시간수에 1년 동안의 평균 주의 수를 곱한 시간을 12로 나눈 시간을 말한다.

32) 하갑래, 근로기준법(전정제27판), 445~446면.

33) 예컨대, 1일 10시간의 근로를 전제로 일급 100,000원을 지급하기로 약정하였다고 가정할 때 소정근로시간에 비례한 임금만을 통상임금으로 보아야 한다. 즉, 일급 100,000원 속에는 근로기준법에 의한 근로시간 8시간을 초과한 2시간에 대한 임금이 포함된

주급제의 경우는, 주급금액으로 정하여진 임금에 대하여 그 금액을 「주의 소정근로시간수」로 나눈 금액이 통상시간급이다. 주급금액이라 함은 1주를 단위로 하여 지급하기로 정하여진 통상임금을 말하고, 「주의 소정근로시간수」는 근로기준법 제20조의 규정에 의한 주의 법정근로시간과 유급처리되는 시간을 말한다. 따라서 일반 근로자의 「주의 소정근로시간수」는 법정근로시간 44시간과 유급주휴일 8시간을 합하여 총 52시간이 된다.[34)]

월급제의 경우는, 통상임금에 해당하는 월정금액을 「월의 소정근로시간수」로 나눈 금액이 통상시간급이 된다. 그런데 현행 근로기준법은 월의 법정근로시간수를 규정한 것이 없기 때문에 「월의 통상임금산정기준시간수」를 어떻게 볼 것인가에 대하여 대법원은 1일 8시간·주 44시간의 적용을 받는 일반근로자의 경우 「월의 소정근로시간 수」를 226시간이라고 판시하고 있다. 즉, 대법원은 「[(주의 소정근로시간 수 52시간 × 52주) + 8시간] ÷ 12개월」의 방법에 따라 계산한 226시간이 월 소정근로시간 수에 해당된다고 판시하고 있다.[35)] 주의 소정근로시간을 52시간으로 한 것은 법정 근로시간수와 유급처리시간 8시간을 포함시킨 것이며, 1년 365일을 52주로 나누면 1일이 남게 되므로 1일 기준근로시간 8시간을 추가한 것이다.

그런데 주 40시간제·주 5일근무제를 실시하고 있는 경우에 통상시급을 산정하기 위한 월 소정근로시간을 몇 시간으로 할 것인가에 대하여는 토요휴무일의 성격을 어떻게 보느냐에 따라 달라진다. 토요일을 무급으로 한 경우에는 월 소정근로시간수는 [(주의 소정근로시간 수 40 × 52주) + 8시간] ÷ 12개월 = 209시간」이 되고,

---

것으로 해석해야 한다. 따라서 1일 총 근로시간은 8시간 + (2시간 × 1.5) = 11시간이고, 통상임금은 100,000원 × 8/11 = 72,727원이 된다.

34) 주 40시간·주 5일 근무제의 경우에 주당 소정근로시간수를 어떻게 하여야 할 것인가에 대하여는 명문규정을 두지 않고 있다. 이에 대하여는 다음과 같은 해석이 가능할 것이다. 첫째는 현행법상 모두 유급휴일로 하는 경우에 「주의 소정근로시간 수」를 56시간으로 보는 견해이다. 이는 법정근로시간 40시간 + 유급휴일시간 16시간 = 56시간으로 보아야 한다는 견해이다. 둘째는 모두 유급휴일로 본다 하더라도 토요일의 경우에는 통상 4시간 근무하는 것이 통례이므로 토요일의 유급시간은 4시간으로 보아 주의 법정근로시간 40시간 + 유급처리시간 12시간 = 52시간으로 산정해야 한다고 하는 견해이다. 셋째는 1일을 무급휴일로 하는 경우에는 법정 근로시간 40시간 + 유급처리시간 8시간 = 48시간으로 산정해야 한다고 입장이다. 소정근로시간수를 어떻게 산정할 것인가는 노사 당사자에게 아주 민감한 사안이므로 소정근로시간 수에 관한 세부적인 규정을 두는 것이 필요하다(한경식, 산업재해보상 및 배상론, 99면).

35) 대법원 1998. 4. 24. 선고 97다2842.

토요일을 유급으로 한 경우에는 노사간의 유급으로 처리하기로 한 시간을 포함하여 월 소정근로시간 수를 산정하면 된다. 즉, 노사간의 합의로 토요일 4시간을 유급처리하기로 한 경우에는 [(주의 소정근로시간 수 40시간 + 4시간 + 8시간) × 52주] + 8시간 ÷ 12개월 = 22시간이 되고, 8시간을 유급으로 한 경우에는 [(주의 소정근로시간 56시간 × 52주) + 8시간] ÷ 12개월 = 243시간이 된다. 그러나 노동부는 토요휴무일을 무급으로 한 경우에는 는 209시간이 되나, 유급으로 한 경우라도 토요일은 통상 4시간을 근무하는 것이므로 유급처리시간은 4시간으로 한정해야 하므로 월 소정근로시간은 226시간으로 해석해야 한다는 입장을 보이고 있다.[36]

연봉제의 경우에 근로기준법시행령제6조제1항은 통상임금을 시간급, 주급, 월급 및 도급이라고 규정하여 연봉급을 통상임금에서 제외하고 있다. 그러나 동시행령제6조제2항제5호는 일, 주, 월 외의 일정기간으로 정한 임금의 시간급환산방법에 대하여 규정하고 있어 소정근로에 대한 임금도 연봉급의 형태로 결정될 가능성을 열어두고 있으며, 연봉을 통상임금에서 제외하면 통상임금을 산정할 수 없게되는 결과가 초래된다. 따라서 연봉급도 다른 조건을 충족한다면 통상임금이 될 수 있다고 보아야 한다.[37]

4. 판례의 분석

1) 통상임금의 판단기준

통상임금이라 함은 소정근로의 양 또는 질에 대하여 정기적·일률적으로 지급하기로 된 임금으로서 실제 근무 일수나 실제 수령한 임금에 구애됨이 없이 고정적·평균적으로 지급되는 일반임금인바, 「일률적」으로 지급되는 것이라 함은 모든 근로자에게 지급되는 것뿐만 아니라 일정한 조건 또는 기준에 달한 모든 근로자에게 지급되는 것도 포함되고, 「일정한 조건」이란 고정적이고 평균적인 임금을 산출하려는 통상임금의 개념에 비추어 볼 때 고정적인 조건이어야 한다.[38]

36) 노동부, 개정 근로기준법 시행지침, 6~7면.
37) 하갑래, 근로기준법(전정제27판), 447면.
38) 대법원 1994. 5. 24. 선고 93다31979.

2) 통상임금성을 인정한 사례

○ 짝수 달마다 지급한 정기상여금

회사가 상여금지급규칙에 따라 상여금을 근속기간이 2개월을 초과한 근로자에게는 전액을, 2개월을 초과하지 않는 신규입사자나 2개월 이상 장기 휴직 후 복직한 자, 휴직자에게는 상여금 지급 대상기간 중 해당 구간에 따라 미리 정해 놓은 비율을 적용하여 산정한 금액을 각 지급하고, 상여금 지급 대상기간 중에 퇴직한 근로자에게는 근무일수에 따라 일할계산하여 지급한 사안에서, 위 상여금은 근속기간에 따라 지급액이 달라지기는 하나 일정 근속기간에 이른 근로자에게는 일정액의 상여금이 확정적으로 지급되는 것이므로, 위 상여금은 소정근로를 제공하기만 하면 지급이 확정된 것이라고 볼 수 있어 정기적·일률적으로 지급되는 고정적인 임금인 통상임금에 해당한다(대법원 2013. 12. 18. 선고 2012다89399).

3) 통상임금성을 부정한 사례

○ 경영실적·근무성적 등을 감안하여 지급하는 상여금

통상임금이라 함은 근로자에게 정기적 일률적으로 소정 근로 또는 총 근로에 대하여 지급하기로 정하여진 시간급금액, 일급금액, 주급금액, 월급금액 또는 도급금액을 말하는 것이므로 1개월을 넘는 기간마다 정기 또는 임시로 기업의 경영실적, 근로자의 근무성적 등을 감안하여 지급되고 있는 상여금은 통상임금의 산정의 기초가 될 임금에 포함되지 아니한다(대법원 1990. 1. 17. 선고 89다카2292).

사용자가 연 4회 지급한 상여금은 그 지급 여부 및 지급액이 실제의 근무성적에 따라 좌우되는 것이므로 통상임금에 해당하지 않는다(대법원 1996. 2. 9. 선고 95다19501).

○ 근무성적에 따라 좌우되는 각종 수당

무사고 수당이 실제 근무 일수나 실적에 따라 지급 여부가 결정되는 것이라면 통상임금에 포함되지 않는다(대법원 2003. 6. 13. 선고 2002다74282).

항공기승무원에게 지급되는 60시간분의 비행수당은 실제 근무성적에 따라 그 지급 여부나 지급액이 달라지므로 통상임금에 해당하지 않는다(대법원 1996. 5. 28. 선고 95다36817).

정근수당은 일정 기간의 계속 근로를 지급조건의 하나로 규정하고 있어 정근수당의 지급 여부는 결국 실제의 근무성적에 따라 좌우되어 고정적인 임금이라고 할 수 없으므로 통상임금에 속한다고 할 수 없다(대법원 1996. 5. 10. 선고 95다2227).

○ **근로의 질과 양과 상관없이 지급되는 은혜적인 성격의 수당**
가족수당이 배우자·자녀·동거하는 부모가 있는 근로자에게만 지급되고 있는 것이라면 이는 근로의 양이나 질에 무관하게 지급되는 것이고, 근속수당이 3년 이상 근속한 근로자에게만 근속한 기간에 따라 정하여 놓은 금액을 지급하는 것이라면 이는 장기 근속자를 우대하기 위한 은혜적인 성격의 수당으로 근로의 질과는 관계없이 지급되는 것이라 할 것이므로 통상임금의 범위에 포함시킬 수 없다(대법원 1994. 10. 28. 선고 94다26615).

4) 판례의 경향

대법원은 통상임금을 「소정근로의 양 또는 질에 대하여 정기적·일률적으로 지급하기로 된 임금으로서 실제 근무 일수나 실제 수령한 임금에 구애됨이 없이 고정적으로 지급되는 일반임금」으로 정의하면서 통상임금의 요건에 해당하는 「일률적」을 일정한 조건 또는 기준에 달한 모든 근로자에게 지급되는 임금으로 해석하고 있고, 「정기적」을 매월 일정시기에 지급하는 것뿐만 아니라 매년 일정시기에 기본급에 대한 일정 금액을 지급하는 경우까지를 의미하는 것으로 해석하고 있다.

대법원은 위의 통상임금의 판단기준에 따라 명칭에 상관없이 근로의 양 또는 질에 따라 일률적·정기적으로 지급되는 수당을 통상임금의 범위에 포함시키고 있는 반면, 근로의 질이나 양과 상관없이 지급되는 은혜적인 성격의 수당과 출근일수 또는 근무성적에 따라 차등 지급되는 수당에 대하여는 통상임금의 범위에 포함시키지 않고 있다.

우리나라의 상여금은 근로자의 근무성적이나 경영실적과 상관없이 연 상여금 비율을 정한 다음 1개월을 초과하여 정기적으로 지급되는 것이 현실이었으며 소정 근로 또는 총 근로에 대하여 정기적·일률적으로 지급하는 것이 관행임에도 불구하고 상여금을 통상임금으로 보지 않는 것은 문제가 있다는 지적이 있어 왔다. 그리고 「근로자에 대한 임금이 1개월을 초과하는 기간마다 지급되는 것이라도 그것이 일률적·정기적으로 지급되는 것이면 통상임금에 포함될 수 있다고 해석하여 매년 일정시기에 기본급에 대한 일정 금액을 지급하는 효도휴가비와 매년 11월에 일정금액의 월동보조비를 통상임금에 포함되는 것으로 판단한 판례[39]와도 모순되는 것이었다. 이러한 문제를 해결하기 위하여 대법원은 전원합의체 판결을 통하여 상여금의 경우에 정기성 요건이 충족되고 일률성과 고정성이 인정되면 통상임금에 해당한다고 판시하였다.[40]

대법원은 법률상 통상임금에 해당하는 임금을 통상임금에서 제외하기로 하는 노사합의는 무효이고 근로자는 그 제외된 임금을 포함시켜 추가임금을 청구할 수 있으나, 노사가 정기상여금이 통상임금에 해당하지 않는다고 신뢰한 상태에서 정기상여금을 제외하기로 합의를 했는데, 근로자가 그 합의의 무효를 주장하며 추가임금을 청구함으로써 기업에 중대한 경영상 어려움을 초래하게 되는 경우에 그 추가임금의 청구는 신의칙상 허용되지 않는다고 한다.[41]

[통상임금인지 문제되는 임금유형별 정리]

임금명목	임금의 특징	통상임금 해당여부
기술수당	기술이나 자격보유자에게 지급되는 수당(자격수당, 면허수당 등)	통상임금 ○
근속수당	근속기간에 따라 지급여부나 지급액이 달라지는 임금	통상임금 ○
가족수당	부양가족 수에 따라 달라지는 가족수당	통상임금 × (근로와 무관한 조건)
	부양가족 수와 관계없이 모든 근로자에게 지급되는 가족수당 분	통상임금 ○ (명목만 가족수당, 일률성 인정)
성과급	근무실적을 평가하여 지급여부나 지급액에 결정되는 임금	통상임금 × (조건에 좌우됨, 고정성 인정 ×)
	최소한도가 보장되는 성과급	그 최소한도만큼만 통상임금 ○ (그 만큼은 일률적, 고정적 지급)
상여금	정기적인 지급이 확정되어 있는 상여금(정기상여금)	통상임금 ○
	기업실적에 따라 일시적, 부정기적, 사용자 재량에 따른 상여금(경영성과분배금, 격려금, 인센티브)	통상임금 × (사전 미확정, 고정성 인정 ×)

39) 대법원 2004. 10. 23. 선고 2003다40859.
40) 대법원 2013. 12. 18. 선고 2012다89399.
41) 대법원 2013. 12. 18. 선고 2012다89399; 대법원 2014. 5. 29. 선고 2012다116871.

특정시점 재직 시에만 지급되는 금품	특정시점에 재직 중인 근로자만 지급받는 금품(명절귀향비나 휴가비의 경우 그러한 경우가 많음)	통상임금 × (근로의 대가 ×, 고정성 ×)
	특정시점 되기 전 퇴직 시에는 근무일수 비례하여 지급되는 금품	통상임금 ○ (근무일수 비례하여 지급되는 한도에서는 고정성 ○)

Ⅲ. 평균임금

1. 의 의

평균임금이라 함은 이를 산정하여야 할 사유가 발생한 날 이전 3월간에 근로자에게 지급된 임금총액을 그 기간의 총일수로 나눈 금액을 말한다(근로기준법§2①6호). 평균임금은 퇴직금, 휴업수당, 연차유급휴가수당, 재해보상금, 감급제재의 제한액, 산재보험법과 고용보험법에 의한 각종 보험급여 등을 산정하는 기준이 된다.

평균임금제도는 근로자가 통상적인 근로를 할 수 없을 때에도 가능한 한 실제 받았던 통상적인 생활임금에 따른 근로자의 생활을 보장하려는데 제도적 취지가 있다. 따라서 근로자가 정상적인 근로를 하지 않거나 퇴직을 하는 경우 근로자의 정상적인 생활을 보장하기 위하여 지급되는 통상적인 생활임금의 기준액을 평균임금이라고 할 수 있다.

2. 평균임금의 산정원칙

1) 산정원칙

평균임금은「이를 산정하여야 할 사유가 발생한 날 이전 3월간에 근로자에게 지급된 임금총액」을「그 기간의 총일수로 나눈 금액」을 말하는 것이므로, 평균임금은「사유발생일 이전 3월간의 임금총액÷사유발생일 이전 3월간의 총일수」의 방법에 의하여 산정한다. 취업 후 3월 미만의 경우에도 이를 준용한다.

2) 평균임금산정 기산일(사유발생일)

평균임금은 이를 산정하여야 할 사유가 발생한 날을 기산일로 한다. 여기서「사유가 발생한 날」이라 함은 평균임금 산정을 위한 사유가 확정된 날을 의미한다.

구체적으로 퇴직일, 휴업일, 재해발생일 또는 진단에 의하여 질병발생이 확정된 날이 기산일이 되며, 감급 제재의 경우는 제재의 의사표시가 근로자에게 도달된 날이다. 휴직 중에 퇴직한 경우는 휴직 첫날이 기산일이고, 노조전임자가 원직에 복귀하지 않고 퇴직한 경우는 단체협약 또는 취업규칙 등에 특별히 정한 바가 없으면 휴직의 경우와 같이 노조전임직에 취임한 날이 기산일이 된다. 임의퇴직의 경우는 사용자가 사직원을 수리한 날이 기산일이 되는 것이나, 사용자가 수리를 거부하거나 지연하는 경우는 사직원을 제출한 날로부터 1개월 또는 당기 후의 1임금지급기일이 경과되는 날이 기산일이 된다(민법§660②③).[42]

3) 사유발생 이전 3월간의 총일수

평균임금 산정사유 발생일 이전 3월간은 사유가 발생한 날의 전일부터 소급하는 역월(曆月)상의 3월을 말하며, 사유가 발생한 당일은 포함되지 않는다. 취업 후 3월 미만인 경우에는 그 기간만을 대상으로 평균임금을 계산한다. 사유발생 이전 3월간의 총일수 계산에 있어서 사유발생일은 근로를 제공하지 않는 것이 통례이므로 사유발생 당일은 포함되지 않는다.[43]

평균임금을 산정함에 있어서 다음의 기간이 있는 경우에는 그 기간과 그 기간 중 지급된 임금은 평균임금산정기준이 되는 기간과 임금의 총액에서 제외된다(시행령 §2①).

- ○ 법 제35조 제5호의 규정에 의한 수습사용 중의 기간[44]
- ○ 법 제46조의 규정에 의한 사용자의 귀책사유로 인하여 휴업한 기간
- ○ 법 제74조의 규정에 의한 출산전후휴가 기간
- ○ 법 제78조에 따라 업무상 부상 또는 질병으로 요양하기 위하여 휴업한 기간
- ○ 남녀고용평등법 제19조에 따른 육아휴직 기간
- ○ 「노동조합 및 노동관계조정법」 제2조 제6호에 따른 쟁의행위 기간
- ○ 「병역법」·「향토예비군설치법」 또는 「민방위기본법」에 따른 의무를 이행하기 위하여 휴직하거나 근로하지 못한 기간. 다만, 그 기간 중 임금을 지급받은 경

42) 민변, 변호사가 풀어주는 노동법Ⅰ, 104면.

43) 대법원 1996. 7. 9. 선고 95누5469.

44) 수습기간 도중에 평균임금 산정사유가 발생한 경우에는 수습기간 이후의 정상적 근로에 대한 임금이 아니라 산정사유가 발생한 당시의 임금, 즉 수습근로자로서의 임금을 기준으로 평균임금을 산정한다(대법원 2014. 9. 4. 선고 2013두1232).

우는 예외로 함.

ㅇ 업무 외 부상·질병 기타의 사유로 인하여 사용자의 승인을 얻어 휴업한 기간

4) 사유발생 이전 3월간의 임금총액

평균임금의 산정에 있어서 「지급된 임금의 총액」은 실제로 지급된 임금뿐만 아니라, 지급이 되지 않았다 하더라도 사유발생일에 이미 채권으로 확정된 임금을 포함한다.

그러나 평균임금 산정을 위한 임금 총액에는 임시로 지급된 임금 및 수당과 통화 외의 것으로 지급된 임금은 이를 산입하지 아니한다(영§2②). 「임시로 지급된 임금」이라 함은 임시 또는 돌발적인 사유에 의하여 지급되거나 지급조건은 사전에 규정되어 있어도 지급사유의 발생이 불확실하거나 매우 드물게 발생하는 경우에 지급되는 것을 말하고,[45] 「통화 외의 것으로 지불된 임금」이란 소위 현물급여를 의미한다. 결국, 평균임금의 산정의 기초가 되는 임금총액에는 사용자가 근로의 대상으로 근로자에게 지급하는 금품으로서 계속적·정기적으로 지급되고 단체협약·취업규칙·근로계약·노동관행 등에 의하여 사용자의 지급의무가 있는 것은 모두 포함된다.[46]

이처럼 평균임금 산정을 위한 임금총액에는 임시로 지불된 임금과 통화이외의 것으로 지불된 임금을 제외한 모든 임금이 포함되는 것이나, 평균임금을 산정할 수 없는 특별한 사정이 있는 경우에는 고용노동부장관이 정하는 바에 의하도록 하고 있다(영§4). 여기서 「평균임금을 정할 수 없는 경우」란 기술적으로 불가능할 뿐만 아니라 근로기준법 관계규정에 의하여 평균임금을 산정하는 것이 현저하게 부적당한 경우까지를 포함한다.[47] 평균임금제도는 근로자의 생활임금을 기초로 제 급여를 산정하기 위한 것이므로 특별한 사유로 인하여 통상의 경우보다 현저하게 적거나 많은 경우에는 이를 평균임금의 기초로 삼을 수 없으므로 근로자의 의도적 행위로 평균임금이 현저하게 높아진 경우에는 그러한 행위가 없었더라면 산정될 수 있

45) 「임시로 지급된 임금」에 해당하는 대표적인 사례가 해외근무자의 추가임금을 들 수 있다. 해외근무자의 임금총액 중 국내근로자보다 많은 부분은 근로의 대상으로 지급된 것이 아니라 실비 변상적이거나 해외근무라는 특수한 조건에 따라 임시로 지급하는 임금으로 보아야 하므로 평균임금에 포함되지 않는다(대법원 1990. 11. 9. 선고 90다카4683).

46) 대법원 2003. 4. 22. 선고 2003다10650.

47) 하갑래, 근로기준법(전정제27판), 421면; 김형배, 노동법(제24판), 376면.

었던 평균임금상당액을 평균임금으로 하여야 한다. 그러나 근로자의 의도적 행위로 인하여 증액된 임금을 계산하는 것이 어렵기 때문에 그러한 행위가 있었던 기간을 제외한 직전 3월간의 임금총액을 기준으로 평균임금을 산정한다.[48] 산정기간에 임금을 지급받지 못한 기간이 있는 경우 그 직전의 시점을 기준으로 1년 동안을 산정기간으로 하여 산정하기도 한다.[49]

임금총액을 산정함에 있어서 문제가 되는 것은 매월 지급되는 것이 아닌 상여금, 정근수당, 연차휴가수당에 대한 임금총액의 산정방법이다.

첫째, 상여금과 정근수당이 미리 지급조건 등이 명시되어 있거나 관례로 매년 정기적으로 지급되어 온 경우에는 사유발생 이전 3개월간에 지급되었는지의 여부와 상관없이 1년에 해당하는 금액에 대한 3월분만 임금총액에 포함된다.[50]

둘째, 연차휴가수당에 대한 평균임금 산정방법은 상여금과 마찬가지로 미사용 연차휴가수당의 총액에 대한 3개월분을 임금총액에 포함시키는 견해와 사유발생 이전 1년간의 일부가 평균임금산정기간인 3월간 내에 포함되지 않는 한 평균임금에 포함시킬 수 없다고 하는 견해가 있다.[51] 요컨대, 연차휴가는 사유발생 이전 1년간의 근로에 대한 대가로서의 임금이고 당해 연도에 대한 근로의 대가로 평가할 수 없는 것이므로 사유발생 이전 1년간에 발생한 연차휴가가 사유발생 이전 3월간에 걸리지 않는 이상 평균임금에 포함시키지 않는 것이 법리상 타당하다고 본다.[52] 그리고 임금협약이 임금협약만료일 이후에 체결되면서 구(舊)임금협약 만료일까지 소급 적용하기로 하는 경우에 있어서 임금협약 체결 이후에 퇴직한 근로자에게 퇴직금 산정

48) 대법원 1995. 2. 28. 선고 94다8613.

49) 대법원 2013. 10. 11. 선고 2012다12870.

50) 대법원 1989. 4. 11. 선고 87다카2901; 대법원 1982. 12. 22. 선고 81다472.

51) 노동부 유권해석은 퇴직 당시 사용할 수 있는 미사용 연차휴가수당에 대한 3개월분을 평균임금 산정을 위한 임금총액에 포함시켜야 한다고 입장을 보이고 있고(1993. 9. 23. 임금68027-2056), 대법원은 연차휴가수당은 퇴직하기 전 1년간의 근로의 대상으로 지급되는 것이지 당해 연도의 근로에 대한 대가로 볼 수 없기 때문에 연차휴가를 받게 된 원인이 퇴직하기 전 1년간의 일부가 퇴직한 날 이전 3월간 내에 포함되지 않는 한 연차휴가수당은 퇴직금 산정을 위한 평균임금에 포함시킬 수 없다는 입장이다(대법원 1992. 4. 14. 선고 91다5587; 대법원 1991. 12. 21. 선고 90다카24496 등).

52) 그러나 이러한 방식으로 연차수당에 대한 평균임금을 산정한다면, 평균임금산정을 산정함에 있어서 상당히 복잡·난해하여 적용하는 데 한계가 있다. 따라서 실무적으로는 1년간 미사용 연차휴가수당에 대하여 일괄적으로 3개월분을 평균임금에 포함시키고 있다.

을 위한 임금인상분을 평균임금에 포함할 수 있는가에 대하여는 임금협약에 특별한 정함이 없다면 임금협약의 효력은 체결 당시 재직 근로자에 한하여 그 효력이 있는 것이므로, 이미 퇴직한 근로자에 대하여는 임금인상분을 평균임금에 포함할 수 없을 뿐만 아니라 임금인상분에 대하여는 청구권이 없다고 보아야 한다.[53)]

다음으로 회사의 사정에 의한 임금삭감, 대기발령, 징계처분, 사직서의 수리를 거부한 경우 등으로 종전의 임금수준이 저하된 경우에 저하된 임금을 평균임금 산정을 위한 임금총액으로 보아야 할 것인가가 문제된다.

첫째, 경영악화로 인하여 임금을 삭감하는 것에 동의하는 조건으로 종전 상여금에 대하여는 평균임금에 포함하도록 단체협약을 체결한 경우에 종전 상여금이 평균임금에 포함되는지의 여부이다. 이에 대하여는 평균임금을 기초로 산정하는 제급여의 성격에 따라 달리 해석해야 할 것이다. 즉, 평균임금의 기초로 산정되는 제급여가 사용자의 지급의무로 되어 있는 경우에는 당연히 임금총액에 포함하여 평균임금을 계산하는 것이 임금삭감에 따른 근로자의 불이익측면과 임금삭감에 따른 사용자의 보상정도 사이의 형평성에 부합되는 것이므로 평균임금에 포함해야 할 것이나, 평균임금의 산정기초가 되는 제급여가 산재보험급여 등과 같이 그 지급의무자가 제3자인 경우에는 근로계약관계가 없는 제3자에게 전가할 수는 없는 것이므로 평균임금에 포함시키는 것은 부당하다고 본다. 이에 대한 명확한 판례는 없으나 대법원은 「산재보험법에 의한 재해보상은 보험사유가 발생 시에 근로자가 현실로 지급받았거나 지급받을 것이 확정된 임금의 범위 내에서 보상하여야 하는 것이므로, 단체협약 체결 시 노사간에 종전보다 상여금을 감축하여 지급하기로 하되, 이로 인한 근로자들의 불이익을 최소화하기 위하여 평균임금 산정 시에는 종전과 같은 상여금을 포함하기로 합의하였더라도, 가공의 상여금에 기하여 산재보험법상 휴업급여의 기초가 되는 평균임금을 산정할 수 없다」라고 판시하여 노사관계의 당사자가 아닌 제3자의 지급의무를 전제로 한 경우에는 삭감된 임금수준을 평균임금으로 산정해야 한다고 해석하고 있다.[54)]

둘째, 직위해제 기간 동안 제 수당 등이 지급되지 않음으로써 실질적으로 임금수준이 저하되는 결과를 초래하는데, 저하된 임금수준을 평균임금 산정을 위한 임금총액에 포함할 수 있는가의 여부이다. 임금총액에 포함할 것인가의 여부는 직위해

---

53) 대법원 1992. 7. 24. 선고 91다34073.
54) 대법원 2003. 6. 27. 선고 2003두2151.

제의 성격에 좌우되는 것으로 보아야 할 것이다. 예컨대, 직위해제가 징계처분의 성격으로 파악하는 경우에는 이에 따른 불이익은 근로자가 부담하여야 할 것이므로 직위해제로 저하된 임금수준을 평균임금 산정을 위한 임금총액에 포함하여야 할 것이나, 징계처분으로 보지 않는다면 직위해제 전의 임금수준을 임금총액으로 보아야 할 것이다. 그러나 대법원은 직위해제의 성격을 고려하지 않은 채 「통상의 생활임금을 사실대로 반영하는 방법으로 평균임금을 산정하여야 하나, 그 평균임금이 통상의 경우보다 현저하게 적거나 많다고 볼 수 없는 경우에는 원칙에 따라 직위해제 기간을 포함하여 퇴직 전 3개월간 지급된 임금을 기준으로 평균임금을 산정하여야 하므로 시간외근무수당을 받아오던 근로자가 직위해제 기간 동안 시간외 근무수당을 지급받지 못한 상태에서 퇴직한 근로자에 대하여 퇴직금 산정을 위한 평균임금에 직위해제 전의 시간외 근무수당을 포함시킬 수 없다.」라고 판시하였다.[55)56)] 요컨대, 직위해제 기간 동안 근로자에게 업무를 부여하지 않으면서 기준근로시간에 해당하는 임금만 지급하고 있기 때문에 실질적인 징계처분에 해당하는 것이므로, 직위해제의 정당성 여부에 따라 직위해제기간 동안 저하된 임금을 평균임금으로 포함하여야 할 것인가를 결정해야 할 것이다.

셋째, 근로자가 정당한 징계처분(강등, 강호, 감급 등)을 받아 실질적으로 임금이 저하된 상태에서 평균임금을 산정하기 위한 사유가 발생한 경우, 징계처분의 결과 저하된 임금을 임금총액으로 하여야 할 것인가에 대하여는 임금저하는 징계처분의 결과에 해당하는 것이므로 당연히 저하된 임금을 기준으로 평균임금을 계산함이 타당하다.[57)] 다만, 정당한 징계처분으로 인하여 평균임금이 통상임금보다 저액인 경

---

55) 대법원 2003. 7. 25. 선고 2001다12669.

56) 대법원은 직위해제를 「예상되는 업무상의 장애 등을 예방하기 위하여 일시적으로 당해 근로자에게 직위를 부여하지 아니함으로써 직무에 종사하지 못하도록 하는 잠정적인 조치로서의 보직의 해제를 의미하므로 과거의 근로자의 비위행위에 대하여 기업질서 유지를 목적으로 행하여지는 징벌적 제재로서의 징계와는 그 성질이 다르다.」라고 하여 징계처분으로 보지 않으면서도 직위해제 기간 동안 저하된 임금수준을 평균임금산정을 위한 임금총액으로 보는 것은 문제가 있다(대법원 1996. 10. 29. 선고 95누15926; 대법원 2005. 11. 25. 선고 2003두8210; 대법원 2006. 8. 25. 선고 2006두5151).

57) 그러나 우리나라의 다수설은 징계조치는 그 자체로서 근로자에게 불이익을 주는데 그쳐야 하고, 과거의 근로의 대가인 퇴직금에 대해서까지 불이익을 줄 수 없다고 하면서 평균임금 산정기간에서 징계처분 기간을 제외하여야 한다고 하는 입장이다(이병태, 최신노동법, 704면; 김형배, 노동법(제24판), 371면 등). 징계처분, 대기발령 등의 사유

우에는 높은 통상임금을 평균임금으로 보아 제 급여를 산정해야 한다.

넷째, 취업규칙 등에 특별한 규정이 없으면 사용자가 사직서의 수리를 거부하는 경우에 근로계약관계는 사직의 의사표시를 통고받은 날로부터 1개월 경과 후의 1임금지급기일이 근로관계종료일이 되는데(민법 제660조), 이 기간 동안 근로를 제공하지 않음으로써 평상시의 임금수준 보다 적은 경우에 어떠한 기준에 따라 평균임금을 산정해야 할 것인가의 문제된다. 평균임금은 근로자의 평상시의 임금수준을 기초로 각종 급여를 산출하기 위한 것이므로 사용자가 퇴직금 등 제 급여를 낮추기 위한 목적으로 의도적으로 사직서의 수리를 거부한 경우에는 사직서 제출일 이전 3월간의 임금총액을 기준으로 평균임금을 산정해야 한다해야 할 것이다.[58)]

3. 평균임금 산정의 특례

평균임금은 이를 산정하여야 할 사유의 발생 당시를 기준으로 하여 산정되는 것이 원칙이나, 이와 같은 방법으로 평균임금을 산정하기 곤란하거나 부적당한 경우에는 평균임금산정의 특례를 인정하고 있다.

1) 평균임금의 최저보장

평균임금이 통상임금보다 저액일 때에는 통상임금을 평균임금으로 하고, 이때의 통상임금은 일급통상임금을 기준으로 한다(근로기준법§2②). 이처럼 평균임금을 통상임금 이상으로 보호하는 이유는 평균임금을 산정하여야 하는 3개월 사이에 결근 등으로 근로일수가 적은 경우, 당해 근로자의 평균임금이 지나치게 낮아지는 것을 막기 위함이다.[59)]

2) 일용근로자의 평균임금

일용근로자는 1일 단위로 고용되고 임금은 일급(일당)의 형식으로 계산하며, 일반

가 있으면 현실적으로 임금수준이 저하되는 것이므로 이 기간에 대하여는 평균임금 산정기간에서 제외시킬 수 있도록 하는 입법적 조치가 필요하다.

58) 이에 관한 대법원 판례는 없으나, 하급심은 「근로자의 사직제출에 의한 퇴직의 효력은 사용자가 그 사직서를 임의로 수리하지 않는 한 근로자가 사직서를 제출한 달에 발생하는 것이 아니라 민법 제660조에 의하여 사직서를 제출한 다음 달의 말일에 발생하고, 평균임금도 퇴직의 효력이 발생한 달을 포함한 3개월간의 임금총액을 기준으로 산정해야 한다.」라고 해석하고 있다(서울지방법원 1994. 10. 6. 선고 91가합89078).

59) 하갑래, 근로기준법(전정제27판), 448면.

적으로 상용직 근로자에 비하여 근로제공일수가 일정치 않다고 하는 특징을 가지고 있다. 그리고 일용근로자의 일급은 법정 기준근로시간수를 기준으로 산정하는 것이 아니라 1일 평균근로시간에 대한 총 임금을 의미하는 것이 보통이다. 따라서 일반적인 평균임금 산정방식에 의하여 평균임금을 계산할 경우에는 평균임금의 격차가 심하게 발생하게 된다.[60] 이러한 문제점을 보완하기 위하여 일용근로자에 대하여는 고용노동부장관이 사업별 또는 직업별로 정하는 금액을 평균임금으로 하고 있다(영 §3). 그러나 고용노동부장관이 일용근로자에 대한 사업별 또는 사업장별 임금을 별도로 정한 것은 없으므로 일용근로자의 평균임금은 근로기준법 제2조 제6호에 의하여 계산하고, 예외적으로 평균임금보다 저액인 통상임금을 평균임금으로 적용하고 있는 것이 실무관행이다.[61]

3) 평균임금을 산정할 수 없는 경우의 산정방법

근로기준법 제2조 및 시행령 제2조에 의하여 평균임금을 산정할 수 없는 경우에는 고용노동부장관이 정하는 바에 의하여 평균임금을 정하도록 하고 있다(영§4). 이에 따라 2015. 10. 14. 「평균임금산정특례(고시 제2015-47호)」가 고시되었다. 이 고시에 의하면 평균임금을 산정할 수 없는 경우에 평균임금산정은 다음의 방법에 의한다.

○ 「평균임금의 계산에서 제외되는 기간이 3월 이상인 경우」에는 근로기준법 시행

---

60) 평균임금 산정에 있어서 문제가 되는 것은 주로 건축목공, 도장공, 벽돌공 등 건설현장 일용근로자이다. 이들은 1일 11시간 이상 근로하고 그에 해당하는 근로시간을 감안하여 일급을 산정하는 것이 보통이다. 따라서 건설일용근로자에 대하여는 근로기준법 제2조 제6호에 의하여 평균임금을 산정하게 되면 평균임금을 산정할 사유가 발생한 날 이전에 근로일수가 많으면 평균임금액이 과대하게 계상되고, 반대의 경우에는 과소하게 계상된다는 불합리한 면이 있다.

61) 산재보험급여를 산정하기 위한 평균임금은 1개월간의 임금총액을 동기간 동안 실 근로일수로 나눈 금액에 고용노동부장관이 고시한 통상근로계수(73/100)를 곱하여 산정하도록 하고 있다. 평균임금산정사유발생일 이전 1개월간 당해 사업장에서 받은 임금이 없으나 일당이 미리 정해진 경우에는 일당에 통상근로계수를 곱한 금액을, 임금 또는 일당이 없는 경우에는 동종근로자 일당에 통상근로계수를 곱한 금액을 평균임금으로 한다. 그러나 3월 이상 계속 고용된 경우, 3월간 평균근로일수가 통상근로계수 적용 근로일수 22.3일을 초과한 경우, 근로조건·근로계약형식 등 제반사실을 고려하여 상용근로자와 유사한 경우, 1월 이상 근로한 일용근로자가 이의신청하면서 제출한 지급받은 임금액에 관한 자료가 명확한 경우에는 통상근로계수를 적용하지 아니한다(산재·고용보험실무편람, 근로복지공단, 76~77면).

령(이하 "영"이라 한다) 제2조 제1항에 따라 평균임금의 계산에서 제외되는 기간이 3개월 이상인 경우 제외되는 기간의 최초일을 평균임금의 산정사유가 발생한 날로 보아 평균임금을 산정한다.

영 제5조는 제1항에 따라 평균임금을 산정할 때 이를 준용한다. 이 경우 영 제5조제1항 중 "부상 또는 질병이 발생한 달"은 "평균임금의 계산에서 제외되는 기간의 최초일이 속한 달"로 본다.

○ 「근로제공의 초일에 평균임금 산정사유가 발생한 경우」에는 근로를 제공한 첫 날(근로기준법 제35조제5호에 따라 수습기간 종료 후 첫 날을 포함한다)에 평균임금 산정사유가 발생한 경우에는 그 근로자에게 지급하기로 한 임금의 1일 평균액으로 평균임금을 추산한다.

○ 「임금이 근로자 2명 이상 일괄하여 지급되는 경우」에는 근로자 2명 이상을 1개조로 하여 임금을 일괄하여 지급하는 경우 개별 근로자에 대한 배분방법을 미리 정하지 않았다면 근로자의 경력, 생산실적, 실근로일수, 기술·기능, 책임, 배분에 관한 관행 등을 감안하여 근로자 1명당 임금액을 추정하여 그 금액으로 평균임금을 추산한다.

○ 「임금총액의 일부가 명확하지 아니한 경우」에는 평균임금의 산정기간 중에 지급된 임금의 일부를 확인할 수 없는 기간이 포함된 경우에는 그 기간을 빼고 남은 기간에 지급된 임금의 총액을 남은 기간의 총일수로 나눈 금액을 평균임금으로 본다.

○ 「임금총액 전부가 명확하지 아니한 경우」에는 다음 각호의 사항을 감안하여 적정하다고 결정한 금액을 당해 근로자의 평균임금으로 본다.

- 해당 사업장이 있는 지역의 임금수준 및 물가사정에 관한 사항
- 해당 근로자에 대한 「소득세법」 및 관련 법령에 따라 기재된 소득자별 근로소득원천징수부, 「국민연금법」·「국민건강보험법」·「고용보험법」에 따라 신고된 보수월액·소득월액·월평균임금 등에 관한 사항
- 해당 사업장이 있는 지역의 업종과 규모가 동일하거나 유사한 사업장에서 해당 근로자와 동일한 직종에 종사한 근로자의 임금에 관한 사항
- 해당 사업장의 근로제공기간 중에 받은 금품에 대하여 본인 또는 그 가족 등이 보유하고 있는 기록(이 경우 사업주가 인정하는 경우에만 한정한다) 등 증빙서류에 관한 사항

- 고용노동부장관이 조사·발간하는 "고용형태별근로실태조사보고서" 및 "사업체노동력조사보고서" 등 고용노동통계에 관한 사항

4. 평균임금의 조정

평균임금은 이를 산정하여야 할 사유가 발생한 당시의 임금을 기준으로 산정한다. 그러나 업무상 재해를 당한 근로자가 장기간 요양하거나 장기간 요양 후 사망되는 경우와 같이 보상금의 지급이 장기화되거나 재해일로부터 장기간 후에 보상금과 퇴직금을 받게 되는 경우에는 종전 평균임금을 적용하게 되면 현실의 임금수준과 차이가 발생하여 불합리한 결과를 초래한다.

이러한 문제점을 해결하기 위하여 근로기준법 시행령 제5조 제1항 및 산재보험법 시행령 제25조 제1항은 동일 사업장의 동종근로자의 통상임금이 5/100 이상 변동이 있는 경우에는 그 변동비율에 의하여 인상 또는 인하된 금액을 평균임금으로 조정하도록 하고, 소속 사업 또는 사업장이 폐지된 경우에는 그 근로자의 업무상 부상 또는 질병이 발생한 당시에 그 사업 또는 사업장과 동일한 종류와 규모의 사업 또는 사업장을 기준으로 평균임금을 조정할 수 있도록 하고 있다.

5. 판례의 분석

임금에 해당하는 금품은 원칙적으로 평균임금에 산정된다. 이미 임금의 요건 및 범위에 대해서는 살펴보았으므로 여기서는 주로 평균임금의 산정에서 제외되는 임금과 평균임금에 포함되는 특수한 경우에 해당하는 판례의 내용만 소개하기로 한다.

1) 평균임금 산정에 제외되는 임금의 범위

○ 월의 중도 퇴직자에게 당해 월 임금전액을 지급한 경우, 근로일수에 해당되지 않는 임금

월의 중도에 퇴직하더라도 당해 월의 보수 전액을 지급한다는 취업규칙상의 규정은 퇴직하는 근로자에 대한 임금 계산에 있어서의 정책적·은혜적 배려가 포함된 취지의 규정으로 보아야 할 것이지, 퇴직하는 근로자에게 실제 근무일수와 무관하게 퇴직 당해 월의 임금을 인상하여 전액 지급한다는 취지는 아니라고 할 것이므로, 퇴직 당해 월의 보수 전액을 퇴직 직전일로부터 최종 3개월간에 지급된 급여액에 산입하여 평균임금을 산정하고 이를 기초로 퇴직금을 산출

할 수는 없다(대법원 1999. 5. 12. 선고 97다5015 전원합의체).[62]

○ **평균임금을 높이기 위한 의도적인 임금**

퇴직금제도는 근로자의 통상의 생활을 종전과 같이 보장하기 위한 것이므로, 퇴직금 지급 사유가 발생하였을 때 그 지급하여야 할 금액의 산출 기초가 되는 '그 사유가 발생한 날 이전 3개월간에 그 근로자에 대하여 지급된 임금'이 특별한 사유로 인하여 통상의 경우보다 현저하게 많을 경우에도 이를 그대로 평균임금 산정의 기초로 삼는다면 이는 근로자의 통상의 생활을 종전과 같이 보장하려는 제도의 근본 취지에 어긋난다고 하지 않을 수 없고, 이러한 경우 평균임금은 근로자가 의도적으로 현저하게 평균임금을 높이기 위한 행위를 한 기간을 제외한 그 직전 3개월간의 임금을 기준으로 산정하여야 한다(대법원 1998. 1. 20. 선고 97다18936).

○ **해외근무자에게 임시로 지급되는 임금**

국외 주재 직원으로 근무하는 동안 지급받은 급여 가운데 동등한 직급호봉의 국내직원에게 지급되는 급여를 초과하는 부분은 해외근무라는 특수한 근무조건에 따라 국외 주재 직원으로 근무하는 동안 임시로 지급받은 임금이라고 보아야 할 것이므로 평균임금 산정의 기초가 되는 임금의 총액에 산입하지 아니하도록 규정되어 있다고 하여 그 취업규칙이 무효라고 할 수 없다(대법원 1990. 11. 9. 선고 90다카4683).

2) 특수한 경우의 평균임금 산정방법

○ **노동관행에 따른 계속 지급된 금품**

사용자에게 근로의 대가성이 있는 금품에 대하여 그 지급의무가 있다는 것은 그 지급 여부를 사용자가 임의적으로 결정할 수 없다는 것을 의미하는 것이고, 그 지급의무의 발생근거는 단체협약이나 취업규칙, 급여규정, 근로계약에 의한 것이든 그 금품의 지급이 사용자의 방침이나 관행에 따라 계속적으로 이루어져

---

62) 이 판결은 「일반적으로 월의 중도에 퇴직하더라도 퇴직 시에 당월 월의 보수 전액을 지급한다는 취업규칙에 따라 그 달분의 급여 전액을 수령한 경우 위 급여는 퇴직일까지의 근무에 대한 임금으로서 지급된 것이지 그 달 말일까지의 계속근무를 전제로 한 대가의 성질을 지니는 것으로 볼 수 없으므로 그 급여액 전부를 퇴직한 날 이전 3개월간에 지급된 임금의 총액에 포함시켜 이를 기준으로 평균임금을 산정해야 한다.」라고 한 종전의 대법원 판례(1993. 5. 27. 92다24509)를 변경한 것이다.

노사간에 그 지급이 당연한 것으로 여겨질 정도의 관례가 형성된 경우처럼 노동관행에 의한 것이든 무방하다(대법원 2002. 5. 31. 선고 2000다18127).

○ **입사 첫날 연장근무 도중 재해를 당한 경우의 평균임금 산정방법**

평균임금을 산정할 수 없을 경우에는 근로자의 통상의 생활임금을 사실대로 산정할 수 있는 방법에 의하되 그와 같은 방법이 없을 때에는 당해 근로자가 근로하고 있는 지역을 중심으로 한 일대에 있어서 동종의 작업에 종사하고 있는 상용근로자의 평균임금의 액을 표준으로 삼아야 한다(대법원 1997. 11. 28. 선고 97누14798).

○ **실제 임금을 산출할 수 있는 자료가 없는 경우의 평균임금 산정방법**

근무하기 전에 이미 5년 이상의 운전기사로서의 경력이 있는 택시운전사가 피해를 당한 경우에 사납금을 기초로 하여 피해자가 택시회사로부터 받은 급여에 관한 자료만이 현출되었을 뿐 그 급여를 제외한 피해자의 나머지 수입에 관한 객관적인 자료는 현출된 바가 없어 사고 당시의 피해자의 실제 수입을 산출할 방법이 없다면, 「임금구조 기본통계조사 보고서」상의 5년 경력의 운전업무종사자의 월 평균 수입을 기초로 하여 피해자의 일실수입을 산정한 것은 정당하다(대법원 1996. 12. 6. 선고 96다36524).

○ **휴직 중 퇴직한 경우의 평균임금 산정방법**

근로자가 구속되어 3개월 이상 휴직하였다가 퇴직함으로써 퇴직 전 3개월간 지급된 임금을 기초로 산정한 평균임금이 통상의 경우보다 현저하게 적은 경우, 휴직 전 3개월간의 임금을 기준으로 평균임금을 산정해야 한다(대법원 1999. 11. 12. 선고 98다49357).

○ **노조전임자의 평균임금 산정방법**

사용자가 단체협약 등에 따라 노조전임자에게 일정한 금원을 지급한다 하더라도 이의 금원을 임금이라고 할 수 없으며, 노조전임자의 퇴직금을 산정함에 있어서 노조전임자로서 실제 지급받은 급여를 기준으로 할 수 없고, 근로자의 통상생활을 종전과 같이 보장하려는 퇴직금제도의 취지에 비추어 볼 때 노조전임자와 동일 직급 및 호봉의 근로자들의 평균임금을 기준으로 퇴직금을 산정해야 한다(대법원 1998. 4. 24. 선고 97다54727).

Ⅳ. 관련문제

1. 포괄임금산정과의 관계

매월 정액적으로 시간외근로수당을 지급하는 경우에 이를 통상임금으로 볼 수 있는가의 여부이다. 단지 임금을 보전하기 위한 목적으로 시간외근로여부와 상관없이 명목상으로만 시간외근로수당을 책정한 경우에는 통상임금으로 보아야 할 것이나, 현실적인 시간외근로를 하였음을 전제로 하여 계산의 편의 또는 노무관리상 편의를 위한 목적으로 평균적인 시간외근로시간을 산정하여 수당으로 지급하는 경우에는 통상임금으로 볼 수 없다. 대법원도 「현실적으로 시간외근로를 하고 있다는 전제 아래 업무특성상 실제 시간외근로시간을 측정하기 곤란한 사정을 고려하여 근로기준법 제56조의 규정에 의한 수당을 산출하여 정액제 또는 정률제로 지급하기로 한 경우에는 통상임금으로 볼 수 없다.」라고 판단하고 있다.[63)]

그리고 근로계약을 체결하면서 상여금을 매월 균등 지급하도록 한 경우에 그 상여금이 통상임금에 해당하는지의 여부이다. 통상임금은 일정한 조건을 갖춘 모든 근로자에게 일률적·정기적으로 지급하는 임금을 말하는 것이므로 상여금 명목으로 매월 정기적으로 지급한 경우라면 통상임금에 해당하는 것으로 해석함이 타당하다고 본다.[64)]

2. 임금범위 축소의 효력

취업규칙, 단체협약, 근로계약서 등에 통상임금과 평균임금의 범위에 대하여 근로기준법에 규정한 것과 다르게 규정한 경우에 그 효력을 인정할 수 있는가의 여부이다. 이에 관하여 대법원은 「객관적 성질상 근로기준법 소정의 통상임금에 산입될 수당을 통상임금에서 제외하기로 하는 노사간의 합의는 근로기준법 제15조 제1항에서 정한 기준에 미달하는 근로조건을 정한 합의로서 무효」라고 해석하고 있다.[65)]

---

63) 대법원 2002. 4. 12. 선고 2001다72173.

64) 노동부 유권해석에 의하면, 「상여금을 월 단위로 지급하여 왔더라도 상여금의 결정이 연단위로 정해져 있고 고용계약서상 기본급·제수당과 별도로 상여금분할지급금을 명시한 경우에는 통상임금에 해당하지 않는다.」라고 하여 상여금을 연 단위로 결정한 다음 이를 매월 균등분할 지급하는 경우에는 통상임금으로 해석하지 않고 있다(임금 68207-162, 2001.3.12). 상여금을 연 단위로 결정하였다는 이유로 통상임금으로 보지 않는 것은 합리적인 근거가 없다.

그러나 일부의 수당에 대하여 임금범위에서 제외하기로 노사간의 합의가 있다 하더라도 그 지급률, 지급일수 등을 법정기준보다 높게 책정함으로써 궁극적으로 근로자에게 불리하지 않는 경우에는 그 합의는 유효하다고 보아야 할 것이다.[66]

대법원도 「퇴직금누진제를 실시하는 기업에서 평균임금에 포함되는 임금의 일부를 제외하였더라도 법정퇴직금보다 상회」한 경우에는 근로기준법 위반이 되지 않고,[67] 「임금에 포함되는 일부의 금품에 임금에서 제외시킴으로써 근로자에게 불리한 면이 있더라도 단체협약에서 퇴직일 이전 6개월 중 근로자가 희망하는 연속 3개월간 지급된 임금총액을 기초로 평균임금을 산정하도록 함으로써 근로자에게 유리한 면이 있는 경우에는 근로자에게 불리한 규정만을 따로 떼어 그 규정을 무효로 볼 수 없다.」라고 함으로써 전체적으로 보아 근로기준법에 정한 기준보다 미달되는 범위 내에서만 효력이 없는 것으로 판단하고 있다.[68]

그러나 택시운송수입금 전액을 회사에 납입하고 소정 근로시간에 해당하는 기준운송수입금을 초과하는 수입금을 근로자의 몫으로 지급하기로 한 경우에는 비록 단체협약에 기준운송수입금을 초과하는 수입금을 평균임금에 포함시키지 않기로 하였다 하더라도 그 임금협정은 무효이므로 그 초과수입금을 평균임금에 포함시켜 각종 제 급여를 산정해야 한다.[69]

제3절 임금액의 보호

Ⅰ. 휴업수당제도

1. 의 의

근로자는 근로기준법상 휴업수당 규정과 상관없이 사용자의 고의 또는 과실로 근로를 제공하지 못한 경우에는 사용자에게 채무불이행책임을 물을 수 있다(민법§538①). 그러나 사용자의 고의 또는 과실 및 손해액을 입증하는데 어려움이 있고, 그에

---

65) 대법원 2003. 10. 23. 선고 2003다40859.
66) 하갑래, 근로기준법(전정제27판), 440~441면.
67) 대법원 2003. 12. 11. 선고 2003다40538; 대법원 1994. 12. 23. 선고 94다6789.
68) 대법원 2006. 5. 26. 선고 2003다54322.
69) 대법원 2007. 7. 12. 선고 2005다25113.

따른 구제는 까다로운 민사소송절차를 거치게 되므로 많은 시간과 비용을 수반하게 된다. 휴업수당은 사용자의 귀책사유에 기한 경영상의 장애로 휴업하는 경우에 행정감독 및 벌칙을 통하여 일정액의 휴업수당의 지급을 강제함으로써 근로자의 생활을 보장하기 위한 것이다.

근로자의 귀책사유 없이 근로를 제공하지 못함으로써 발생하는 임금상실의 위험으로부터 근로자를 보호하기 위하여 근로기준법 제46조 제1항은 사용자의 귀책사유로 인하여 휴업하는 경우에는 휴업기간 중 당해 근로자에 대하여 평균임금의 100분의 70 이상의 수당을 지급하도록 규정하고 있다.

2. 휴업수당의 요건

휴업수당은 사용자의 귀책사유로 인하여 휴업하는 경우에 지급하는 것이므로 휴업과 사용자의 귀책사유의 요건을 충족하여야 한다.

1) 휴 업

휴업이라 함은 근로자가 근로계약상 근로를 제공할 의사가 있음에도 그 의사에 반하여 사용자가 근로의 수령을 거부하거나 불가능하게 된 경우를 말한다.[70] 따라서 휴업은 사업장 전체가 휴업하는 경우뿐만 아니라 일부가 휴업하는 경우는 물론 특정 근로자에 대한 근로제공을 거부하는 경우도 휴업에 해당된다. 휴업은 1일 단위에 한정되는 것이 아니라 1일 소정근로시간 중의 일부에 한정되는 경우도 포함된다.[71] 그리고 근로자의 개인적인 귀책사유에 의한 것이 아니라 회사의 경영사정에 의한 대기명령, 휴직 등의 명칭으로 근로자의 신청이나 동의 없이 근로자의 의사에 반하여 근로를 시키지 아니한 경우에도 휴업으로 해석해야 한다.[72]

2) 사용자의 귀책사유

휴업수당은 근로자의 귀책사유로 인하지 않은 휴업일수에 대하여 근로자의 생활

---

70) 대법원 1991. 12. 13. 선고 90다18999; 대법원 1991. 6. 28. 선고 90다카25277.

71) 김유성, 노동법Ⅰ, 103면.

72) 매출 또는 생산량의 감축 등 경영상 이유로 경영방침에 따른 재택근무, 순환휴직, 무급휴직 등을 실시하면서 형식적으로 근로자의 동의를 얻은 경우라도 휴업에 해당하는 것으로 해석해야 한다. 다만, 사용자가 경영해고를 하지 않는 조건으로 실시한 경우에는 해고를 당하는 것 보다 무급 휴직하는 것이 근로자에게 유리하기 때문에 휴업수당을 주지 않아도 무방할 것이다.

을 보장하기 위한 것이므로 천재·지변 등 불가항력에 해당되지 않는 한 경영상의 장애도 사용자의 귀책사유에 포함된다고 하는 것이 통설[73]과 판례[74]의 태도이다. 즉, 사용자의 귀책사유는 경영상의 장애까지를 포함하는 것으로서 민법상의 귀책사유인 고의 또는 과실보다 넓은 개념이다.[75] 이처럼 휴업수당의 지급요건으로서 사용자의 귀책사유를 민법보다 넓게 해석하고 있는 근거는 일반적으로 경영상 이윤이 사용자에게 귀속하는 것에 대응하여 경영상의 이유에서 발생하는 위험도 사용자가 부담하는 것이 형평의 관념에 부합한다는 점과 근로자에게 귀책사유가 없는 한 임금을 유일한 생계수단으로 하는 근로자의 최저생활을 보장하여야 한다는 점에 있다.[76]

따라서 공장의 소실, 기계의 파손, 자재의 부족, 주문의 감소, 판매부진 등에 의한 조업정지의 경우는 물론 하수급 공장의 자재 또는 자금난에 의한 휴업, 정전으로 인한 휴업, 배급유통기구의 차질에 의한 휴업, 정부의 구조개선정책에 의한 휴업,[77] 국지적인 전황의 변경에 따른 작업중단조치 등도 사용자의 귀책사유에 해당된다.[78]

3. 휴업수당의 지급수준

1) 원 칙

근로기준법 제46조 제1항은 「사용자의 귀책사유로 휴업하는 경우에 사용자는 휴업기간 동안 그 근로자에게 평균임금의 100분의 70 이상의 수당을 지급하여야 한다. 다만, 평균임금의 100분의 70에 해당하는 금액이 통상임금을 초과하는 경우에는 통상임금을 휴업수당으로 지급할 수 있다.」라고 규정하고 있다. 즉, 취업규칙·단

73) 김유성, 노동법Ⅰ, 103면; 임종률, 노동법(제14판), 410면; 김형배, 노동법(제24판), 397~398면; 이병태, 최신노동법, 728면; 이상윤, 노동법, 202면.

74) 대법원 1969. 3. 4. 선고 68다1972; 대법원 1970. 5. 26. 선고 70다523 등.

75) 사용자의 귀책사유를 민법상의 귀책사유에 해당하는 사용자의 고의 또는 과실과 동일한 것으로 본다면, 근로자에게 불리하기 때문에 민법상의 귀책사유보다 넓게 해석함은 당연하다. 왜냐하면 민법 제538조에 의하여 사용자의 귀책사유가 있는 경우에는 근로자에게 실 손해 전부(임금 전액)를 배상해야 하기 때문이다.

76) 김형배, 노동법(제24판), 397면.

77) 노동부는 정부의 빅딜정책에 의하여 휴업한 경우에도 사용자의 귀책사유로 해석하고 있다(1999. 9. 21. 근기68207-106).

78) 대법원 1970. 5. 26. 선고 70다523,524.

체협약 등에 특별히 정한 것이 없으면, 휴업수당은 통상임금 100% 범위 내에서 평균임금의 70%를 한도로 하고 있다.

근로기준법상의 휴업수당은 민법상의 청구권과는 달리 근로자의 생존을 위하여 인정된 강행규정이기 때문에 사용자의 귀책사유로 휴업한 기간 동안 근로자가 잠시 다른 직장으로부터 중간수입을 얻었다 하더라도 사용자는 휴업수당에서 중간수입 공제를 할 수 없다고 하는 것이 통설[79]과 대법원 판례[80]의 태도이다. 그러나 민법상 사용자의 고의 또는 과실에 의한 휴업으로 근로자가 임금 전액을 청구할 수 있는 경우에는 휴업수당을 초과하는 금액 범위 내에서의 중간수입공제가 가능하다.

2) 예 외

근로기준법 제46조 제2항은 부득이한 사유로 사업계속이 불가능하여 노동위원회의 승인을 얻은 경우에는 평균임금의 70%에 미달하는 휴업수당을 지급할 수 있도록 규정하고 있다. 여기서 「부득이한 사유」에는 일반적으로 천재지변·전쟁 등과 같은 전형적인 불가항력 사유 이외에 악천후로 인한 작업의 중단, 법령에 의한 휴업, 폭설·홍수로 인한 교통두절과 교통통제로 인한 휴업이 해당된다.

그러나 기업외적 요인에 의한 휴업을 「부득이한 사유」에 포함시킬 것인가에 대하여는 다툼이 있다. 사용자의 세력 범위에 속하지 않는 기업외적 사정과 사용자로서 최대의 주의를 다하여도 피할 수 없거나 사용자에게 그와 같은 사유발생의 회피를 전혀 기대할 수 없는 사고에 대하여는 이에 포함시켜야 한다는 견해[81]와 사용자의 귀책사유를 고의 또는 과실로 축소하는 결과를 초래한다는 이유로 포함시킬 수 없다고 하는 견해[82]가 있다. 그리고 기업외적인 사정에 의한 휴업으로 유형화할 수 있는 사실관계가 다양할 수밖에 없으므로 「부득이한 사유」에 해당하는가의 여부를 일률적으로 논할 수 없다는 이유로 사용자에게 휴업수당의 지급을 명하는 것이 타당한지의 여부와 근로자에게 최저한도의 생활을 보장할 필요성이 있는지의 여부를 구체적으로 고려하여 판단하여야 한다고 하는 견해가 있다.[83]

---

79) 김유성, 노동법Ⅰ, 105면; 임종률, 노동법(제14판), 411면; 이병태, 최신노동법, 730면; 박홍규, 고용법·근로기준법, 429면.

80) 대법원 1991. 12. 13. 선고 90다18999; 대법원 1991. 6. 28. 선고 90다카25277.

81) 김형배, 노동법(제24판), 398면.

82) 임종률, 노동법(제14판), 410면; 박홍규, 고용법·근로조건법, 432면.

83) 김유성, 노동법Ⅰ, 106면.

생각건대, 최선의 주의의무를 다하여도 피할 수 없는 사용자의 지배권을 일탈한 기업외적 요인에 의한 휴업의 경우를 「부득이한 사유」의 범주에 포함시키더라도 휴업수당의 지급요건으로서 사용자의 귀책사유가 민법상의 고의 또는 과실과 동일한 범위로 축소된다고 볼 수 없고, 기업외적인 요인에 의한 휴업을 모두 휴업수당의 지급요건으로 하는 것은 사용자에게 가혹한 부담을 주는 것이므로 「부득이한 사유」에 포함시키는 것이 타당하다.

한편, 「부득이한 사유」에 의한 휴업의 경우에 휴업수당 전액의 부지급이 가능한가의 여부가 문제된다. 근로기준법 제46조 제2항의 감액규정은 근로자의 생존권 보장이라는 휴업수당의 취지를 고려할 때 일부의 지급을 전제로 감액을 의미하는 것이므로 전액 부지급은 허용되지 않는다고 하는 견해[84]와 사용자의 휴업수당 지급의무의 경감 내지 면제를 정한 규정이므로 전액 부지급도 가능하다고 하는 견해[85]가 대립한다. 생각건대, 휴업수당 하한을 정한 규정이 없는 점, 「할 수 있다」라는 문언을 휴업수당을 반드시 지급해야 한다는 의미로 해석할 수 없다고 하는 점, 휴업수당에 대해서만 일부 감액만 인정하는 것은 특별한 사유가 있는 경우에 해고예고수당·재해보상 등의 지급의무를 면하도록 것과 균형을 상실한다고 하는 점 등을 고려하면 휴업수당 전액의 부지급도 가능한 것으로 해석해야 한다. 대법원도 「근로기준법 제46조 제2항은 사용자의 휴업수당 지급의무의 예외를 정한 것이므로 휴업수당 전액을 지급하지 않는 것도 가능하다.」라고 판시하고 있다.[86] 그러나 「부득이한 사유」로 인한 휴업에 대하여 노동위원회의 승인을 받지 않은 경우에는 휴업급여 전액을 지급하여야 한다고 하는 것이 대법원 판례의 태도이다.[87]

따라서 노동위원회의 휴업수당 예외승인처분을 하면서 근로자들을 상대방으로 하지 않았다 하더라도 노동위원회의 휴업수당 예외 승인결정은 근로자들의 수당 지급제한의 발생 여부에 직접 영향을 미치는 행정처분에 해당하는 것이므로 근로자들은 그 처분에 이해관계를 가진 자로서 중앙노동위원회에 재심을 청구하거나 행정법원에 행정소송을 제기할 수 있다.[88]

---

84) 박홍규, 고용법·근로조건법, 430면; 이병태, 최신노동법, 730면.
85) 김형배, 노동법(제24판), 398면; 임종률, 노동법(제14판), 412면.
86) 대법원 2000. 11. 24. 선고 99두4280.
87) 대법원 1968. 9. 17. 선고 78누151.
88) 대법원 1995. 6. 30. 선고 94누9955.

Ⅱ. 가산임금제도

1. 의 의

가산(할증)임금제도는 기준근로시간을 초과하는 연장근로와 야간근로 및 휴일근로에 대하여 통상임금의 일정률을 가산하여 지급하는 제도를 말한다. 이러한 가산임금제도는 기준근로시간제와 휴일제의 원칙을 유지하되 동시에 과중한 근로에 대한 정당한 보상을 하도록 하는 것이며, 사용자에게 연장근로·야간근로·휴일근로에 대하여 가산임금을 부담케 하여 연장근로·휴일근로·야간근로를 제한하고자 하는데 있다. 근로기준법 제56조는 사용자는 기준근로시간을 초과하는 연장근로와 야간근로(오후 10시부터 오전 6시까지 사이의 근로) 또는 휴일근로에 대하여는 통상임금의 100분의 50 이상을 가산하여 지급하여야 하도록 규정하고 있으며, 제109조는 사용자가 이를 위반한 경우에는 3년 이하의 징역 또는 2,000만원 이의 벌금에 처하도록 규정하고 있다.

2. 가산임금의 대상

1) 연장근로

연장근로란 법정근로시간 또는 변형근로시간을 초과하는 근로를 말하는 것으로 법정근로시간의 범위 내에서 당사자의 합의로 정해진 소정근로시간 이외의 근로와는 다르다. 소정근로시간이 법정근로시간과 동일한 경우에는 소정근로 이외의 근로가 연장근로에 해당되나, 소정근로시간이 법정근로시간 보다 짧은 경우에는 소정근로시간 이외의 근로 중에서 법정근로시간을 초과한 근로시간만이 연장근로에 해당된다. 따라서 법정 기준근로기간 내의 초과근로시간에 대하여는 가산임금의 적용대상이 되지 않는다.[89)]

근로기준법은 일반근로자(18세 이상)의 경우는 1일 8시간·1주 40시간을, 15세 이상 18세 미만의 연소근로자의 경우는 1일 7시간·1주 40시간을 기준근로시간으로 규정하고 있다(§50·§69). 산업안전보건법은 유해·위험작업에 종사하는 근로자의 기준근로시간을 1일 6시간·1주 34시간으로 규정하고 있다(§46).

일반근로자의 연장근로시간은 당사자의 합의를 전제로 1주 12시간을 초과할 수

---

89) 대법원 1998. 6. 26. 선고 97다14200.

없으나, 특별한 사정이 있는 경우[90]에는 고용노동부장관의 인가와 근로자의 동의를 전제로 1일 12시간을 초과하여 연장근로가 가능하다(§53①③). 변형 근로시간을 실시하고 있는 경우에는 단위기간 또는 정산기간의 평균근로시간이 1주당 40시간을 초과하는 근로가 연장근로이다. 즉, 탄력적 근로시간제에서는 단위기간을 평균하여 1주간의 근로시간이 40시간을 초과하는 부분이, 선택적 근로시간제에서는 정산기간을 평균하여 1주간의 근로시간이 40시간을 초과하는 부분이 각각 연장근로가 된다. 연소근로자의 경우는 1일 2시간·1주 6시간을 초과할 수 없고(§69단서), 유해·위험작업에 종사하는 근로자에 대하여는 연장근로가 금지된다.

근로기준법 제50조에 의한 탄력적 근로시간제를 도입하고 있는 경우에는 1일 8시간·1주 40시간을 초과하더라고 주 평균시간이 40시간의 범위 내라면 별도의 연장수당을 지급하지 아니하여도 무방하고, 근로기준법 58조에 의한 근로시간 및 휴게 적용의 특례를 적용받는 업종에 대해서는 시간외근로수당이 적용되지 않는다.

노동관계법에 규정된 최대 근로시간 한도를 초과하는 위법한 연장근로에 대하여는 벌칙이 적용됨은 물론 가산임금의 대상이 된다. 즉, 적법한 연장근로와 위법한 연장근로는 벌칙의 적용 여부만 차이가 있을 뿐이고, 가산임금의 지급대상이 된다는 점에서는 차이가 없다.

2) 휴일근로

휴일근로란 노동관계법 및 기타의 법령에서 휴일로 정한 날 또는 단체협약, 취업규칙, 근로계약 등에서 근로의무가 없는 날로 정하여진 휴일에 행하여진 근로를 말한다. 휴일은 주휴일과 근로자의 날이 대표적이나, 단체협약·취업규칙·근로계약 등에 법정휴일 이외에 특정한 날을 휴일로 정할 수 있다. 휴가 또는 교대제 근무에서의 비번일의 근로는 가산임금의 대상인 휴일근로에 해당되지 않는다.[91] 휴일은 유급휴일에 한정되지 않는 것이므로 무급휴일에 근로한 경우에는 가산임금의 지급대상이 된다.

---

90) 「특별한 사정이 있는 경우」란 당해 사업 또는 사업장에서 자연재해, 재난관리법상의 재난 또는 이에 준하는 사고가 발생하여 이의 수습을 위하여 연장근로가 불가피한 경우에 한한다(규칙§9②).

91) 2001. 10. 17. 근기68207-3562.

3) 야간근로

야간은 오후 10시부터 오전 6시까지를 말하며, 야간근로를 한 경우는 기준근로시간 준수 여부와 상관없이 가산임금의 대상이 된다. 일반근로자의 경우에는 야간근로에 대하여 특별한 제한이 없으나, 연소자와 임산부 및 18세 이상의 여성근로자의 경우에는 근로자의 동의가 있어야 한다. 사용자가 연소자와 임산부 및 여성근로자의 동의를 얻지 않고 야간근로를 시킨 경우에는 이에 따른 벌칙이 적용됨은 물론 당해 근로자에게 가산임금을 지급해야 한다.

3. 가산임금의 계산

연장근로와 야간근로 및 휴일근로에 대하여는 통상임금의 50/100 이상을 가산임금으로 지급하여야 한다(§56). 연장근로와 휴일근로 및 야간근로가 중복된 경우에는 각각 계산하여 더한 금액을 가산임금으로 지급해야 한다.[92] 예컨대, 연장근로 1시간이 동시에 야간근로에 해당한다면, 사용자는 본래의 근로시간에 대한 통상시급임금[93] 100%에 연장근로에 해당하는 가산임금 50%와 야간근로에 해당하는 가산임금 50%를 모두 합한 200%(2시간)을 지급해야 한다. 그러나 사용자가 가산임금액을 산정함에 있어서 계산방식이 잘못되어 일부 가산임금은 초과 지급되고 다른 일부 가산임금은 과소 지급된 경우라도 특별한 사정이 없는 한 초과 지급된 가산임금은 다른 부족한 가산임금에 충당된 것으로 보아야 한다.[94]

근로시간이 특정일 또는 특정주의 소정근로시간을 초과하지만 법정근로시간 이내인 경우, 즉 「법내 초과근로시간」인 경우에 연장근로수당을 지급해야 할 것인가에 대하여 대법원은 근로기준법에 의한 연장수당을 청구할 수 없다는 입장을 취하고 있다.[95] 그러나 단체협약, 취업규칙 등에 소정근로시간을 초과하여 근로한 시간에 대해 연장수당을 지급하도록 규정되어 있는 경우에는 연장수당을 지급해야 한다.

기업부담을 완화하기 위한 한시적 조치로 2003년부터 3년간 주 40시간제를 실시

---

92) 대법원 1991. 3. 22. 선고 90다6545.

93) 1일 8시간·1주 40시간·주 2일 유급휴일을 채택하고 있는 경우, 토요휴일의 유급시간을 8시간 또는 4시간으로 한 경우에 통상시급은 월 통상임금을 월 소정근로시간 수는 209시간 또는 226시간으로 나누면 된다.

94) 대법원 1993. 10. 12. 선고 93다28737.

95) 대법원 1991. 6. 28. 선고 90다카14758; 대법원 1995. 6. 29. 선고 94다18553.

하고 있는 경우에는 연장근로한도를 주 12시간에서 16시간으로 확대하면서 이중 최초 4시간에 대하여는 가산임금 할증률 25%를 적용하도록 하고 있었다(부칙§6Ⅱ). 여기서 「최초 4시간」이라 함은 1일 8시간을 초과하거나 1주 40시간을 초과하여 최초로 발생하는 4시간분의 연장근로를 말한다.[96] 따라서 1주일의 연장근로시간 중 주말이 아닌 주중의 연장근로가 최초 4시간에 해당될 수도 있다. 예컨대, 월요일과 화요일에 각각 10시간 근로를 하였다면, 월요일과 화요일의 연장근로가 최초 4시간의 연장근로에 해당되어 통상임금의 25%가 가산임금의 할증률이 된다.

휴일근로수당은 무급휴일인 경우에는 통상임금의 150% 이상만 지급하면 되나, 유급휴일인 경우에는 당해 휴일에 근로한 대가로서의 통상임금 100%와 휴일근로가산금 50%에 유급휴일에 당연히 지급하는 100%를 추가한 합계 250% 이상을 지급하여야 한다.[97][98]

이처럼 가산임금은 실제 가산임금의 지급대상이 되는 사유가 발생한 경우 임금지급일에 지급하는 것이 원칙이다. 그러나 연장수당·야간수당·휴일수당을 별도로 계산하지 않고 미리 기본임금에 합산한 일정액을 임금으로 지급하는 근로계약을 체결하는 경우가 있는데, 이를 포괄임금계약이라고 한다. 포괄임금계약의 유효성에 대하여 논란이 있으나, 포괄가산임금이 근로기준법에 정한 가산임금을 초과하거나 최소한 동일한 수준인 경우에는 근로자에게 불이익하다고 볼 수 없을 뿐만 아니라 노무관리 차원에서도 유익하다고 볼 수 있으므로 그 유효성을 인정해야 한다. 대법원 판례도 같은 입장을 취하고 있다.[99]

❒ 대법원 1998. 3. 24. 선고 96다24699

사용자는 근로계약을 체결함에 있어서 근로자에 대하여 기본임금을 결정하고 이를 기초로 제 수당을 가산하여 이를 합산 지급함이 원칙이나 근로시간, 근로형태

96) 노동부, 개정 근로기준법 시행지침, 35면.

97) 대법원 1964. 6. 2. 선고 63다1980.

98) 그러나 월급제 또는 연봉제의 경우는 통상임금에 이미 유급휴일에 해당하는 임금 100%가 포함되어 있으므로 실무적으로는 유·무급휴일 여부와 상관없이 일률적으로 통상임금의 150% 이상만 계산하여 지급하면 된다.

99) 대법원 1982. 3. 9. 선고 80다2384; 대법원 1992. 2. 28. 선고 91다30828; 대법원 1995. 7. 28. 선고 94다54542; 대법원 1997. 4. 25. 선고 95다4056; 대법원 1998. 3. 24. 선고 96다24699 등.

와 업무의 성질 등을 참작하여 계산의 편의와 직원의 근무의욕을 고취하는 뜻에서 기본임금을 미리 산정하지 아니한 채 제 수당을 합한 금액을 월 급여액이나 일당임금으로 정하거나 매월 일정액을 제 수당으로 지급하는 내용의 이른바 포괄임금제에 의한 임금지급계약을 체결한 경우에 그것이 근로자에게 불이익이 없고 제반 사정에 비추어 정당하다고 인정될 때에는 이를 무효라고 할 수 없다. 그리고 포괄임금제에 의한 임금지급계약이 근로자에게 불이익이 없어야 한다는 것은 단체협약이나 취업규칙에 구체적인 임금지급 기준 등이 규정되어 있는 경우에 그러한 규정상의 기준에 비추어 보아 불이익하지 않아야 한다는 것을 의미한다.

4. 가산임금의 적용제외

근로기준법 제57조의 규정에 따라 연장·휴일·야간근로에 대하여 가산임금을 지급하는 것에 대신하여 사용자와 근로자 대표의 서면합의에 의하여 보상휴가제를 실시하는 경우에는 가산임금의 지급대상이 되지 않고, 근로기준법 제63조 규정에 의한 근로시간·휴일이 적용되지 않는 사업 또는 업무에 종사하는 근로자는 연장근로수당과 휴일근로수당이 적용되지 않는다.

1) 선택적 보상휴가제도

(1) 의 의

「선택적 보상휴가제도」라 함은 연장·휴일·야간근로에 대하여 가산임금을 지급하는 것에 대신하여 사용자와 근로자 대표의 서면합의에 의하여 휴가를 부여할 수 있는 제도를 말한다(§57). 이 제도의 취지는 근로자와 사용자의 임금과 휴가에 대한 선택의 폭을 확대하는데 있다.

(2) 요 건

보상휴가제를 실시하기 위해서는 사용자와 근로자 대표의 서면합의가 있어야 한다. 여기서 「근로자 대표」란 당해 사업 또는 사업장에 근로자의 과반수로 조직된 노동조합이 있는 경우에는 그 노동조합, 근로자의 과반수로 조직된 노동조합이 없는 경우에는 근로자의 과반수를 대표하는 자를 말한다(§94①). 「서면합의」는 특별한 형식을 요하는 것은 아니나, 적어도 사용자와 근로자 대표의 서명이 있는 문서의 형식은 갖추어야 한다.

보상휴가제를 실시함에 있어서 개별근로자의 동의가 필요한 것인가에 대하여 논란이 있을 수 있으나, 선택적 보상휴가제도의 규정형식과 취지를 고려하면 근로자의 개인의 동의는 필요 없다고 보는 것이 타당하다.[100] 따라서 사용자와 근로자 대표가 서면합의로 전 근로자를 대상으로 일률적으로 보상휴가제를 실시하기로 한 경우에는 비록 이에 동의하지 않는 개별근로자가 가산임금을 청구하더라도 사용자는 이에 응할 의무가 없고 근로기준법 제56조 위반의 문제도 발생하지 않는다. 다만, 연차휴가에 있어서 휴가사용지정권이 근로자에게 있는 점을 고려하면 최소한 보상휴가의 사용 시기에 대하여는 개별근로자에게 보장되어야 한다.

「서면합의」에 포함되어야 할 내용에 대하여 법에 특별히 정한 것이 없기 때문에 노사가 자율적으로 정할 수 있으나, 적어도 보상휴가를 실시한다는 취지, 대상근로자, 보상휴가의 길이와 시기 등이 포함되어야 한다. 그리고 일부 시간에 대해서만 휴가를 부여하는 경우에는 그 부분에 대하여도 서면합의에 포함되어야 한다.[101]

(3) 효 과

사용자와 근로자 대표가 보상휴가제를 부여하기로 서면합의가 있는 경우에는 임금과 이에 대신하는 휴가는 동등한 가치가 있는 것이므로 근로기준법 제56조에 따른 가산임금을 고려하여 휴가를 결정해야 한다. 예컨대, 12시간의 연장근로에 대한 보상휴가는 18시간(12시간 × 1.5) 이상을 부여하여야 하고, 휴일근로 8시간에 대한 보상휴가는 12시간(8시간 × 1.5) 이상을 부여하여야 한다.

보상휴가는 유급이므로 소정근로일 또는 소정근로시간 중에 부여하여야 한다. 다만, 보상휴가를 시간단위로 부여할 것인지 이를 적치하여 일단위로 부여할 것인지의 여부는 서면합의에 정한 대로 실시하면 무방하다.

보상휴가를 실시하기로 합의한 경우라도 근로자가 휴가를 사용하지 아니한 때에는 그에 대한 가산임금을 지급하여야 한다. 왜냐하면, 보상휴가는 근로기준법 제61조에 의한 휴가사용촉진조치를 통하여 임금지급의무를 면제받을 수 없기 때문이다. 이때 가산임금청구권은 휴가를 사용할 수 없게 된 것이 확정된 날의 다음날부터 행사할 수 있고, 그 행사 가능일로부터 최초로 도래하는 임금정기지급일에 가산임금을 지급해야 한다.[102] 휴가를 사용할 수 없게 된 날이 확정된 날은 보상휴가를 실시

---

100) 김유성, 노동법Ⅰ, 173면; 민변, 변호사가 풀어주는 노동법Ⅰ, 400면.
101) 김유성, 노동법Ⅰ, 173면.
102) 김유성, 노동법Ⅰ, 174면; 민변, 변호사가 풀어주는 노동법Ⅰ, 400면.

하기로 한 서면합의에 정한 바에 따라 판단하면 된다. 만약 사용자가 가산임금을 지급하지 아니하면 근로기준법 제56조를 위반한 것이 되어 벌칙이 적용된다.

2) 근로시간·휴일의 적용을 받지 않는 근로자

농축수산업에 종사하는 근로자, 감시·단속적 근로에 종사하는 근로자, 관리·감독업무 또는 기밀업무를 취급하는 근로자는 연장근로수당과 휴일근로수당이 적용되지 않는다.[103] 그러나 취업규칙·단체협약에 별도의 연장수당과 휴일수당을 지급하기로 규정되어 있으면 사용자는 수당을 지급해야 한다.

(1) 농축수산업에 종사하는 근로자

토지의 경작·개간, 식물의 재식(裁植)·재배·채취사업 기타의 농림사업과 동물의 사육, 수산동물식물의 체포·양식사업 기타의 축산, 양잠, 수산업 등 농축수산업에 종사하는 근로자가 이에 해당된다.

(2) 감시·단속적 근로에 종사하는 근로자

「감시적 근로」란 일정한 장소에서 육체적 피로나 정신적 긴장이 상대적으로 적은 감시업무를 의미한 것으로써 수위, 경비, 물품감시원, 계수기 감수원 등이 이에 해당된다. 그리고 「단속적 근로」란 근로의 형태가 간헐적·단속적이어서 휴게시간 또는 대기시간이 많은 업무, 돌발적인 사고발생에 대비하는 업무, 실 근로시간이 대기시간의 반 정도에도 미치지 못하는 업무 등을 의미한다.

감시·단속적 근로에 종사하는 근로자에게 휴일수당과 연장수당을 지급하지 않기 위해서는 노동부장관의 승인의 얻어야 한다. 그러나 대법원은 노동부장관의 감시·단속업무에 대하여 승인을 받지 못하였더라도 포괄산정임금제도의 요건을 충족한 경우에는 야간수당과 휴일근로수당을 청구할 수 없는 것으로 판단하고 있다.[104]

(3) 관리·감독업무 또는 기밀업무를 취급하는 근로자

「관리·감독업무에 종사하는 근로자」란 형식적인 직책과 관계없이 근로조건 결정 기타 노무관리에 있어서 사용자와 일체적인 지위에 있으면서 관리·감독업무를 담당하는 근로자를 말하는 것이고, 「기밀업무를 취급하는 근로자」란 그 직무가 사업의

---

103) 근로시간과 휴일의 적용이 배제되는 근로자라도 야간수당과 연차수당은 적용된다.
104) 대법원 1993. 10. 26. 선고 93다36165; 대법원 1997. 4. 25. 선고 95다4056; 대법원 2002. 6. 14. 선고 2002다16958.

기밀사무를 취급하고 사용자 또는 관리직에 있는 자의 활동과 일체 불가분의 관계에 있는 근로자를 말한다.[105)]

Ⅲ. 최저임금제도

1. 의 의

최저임금제도는 근로자의 기본적인 생활을 보호하기 위하여 임금의 최저수준을 정하여 사용자에게 그 이상의 임금을 지급할 수 있도록 법적으로 강제하는 제도이다. 임금수준은 근로계약 당사자인 사용자와 근로자가 자유로이 결정하는 것이 원칙이나 임금결정에서 근로자와 사용자 사이에 교섭력의 차이로 지나치게 낮은 임금수준으로 결정되는 경우에는 근로자의 생활안정과 노동력의 질적 향상 및 노동력 재생산을 확보할 수 없게 된다. 최저임금법은 국가가 결정·고시하는 최저임금 이상을 사용자에게 지급하도록 규정함과 동시에 이를 위반한 경우에 벌칙을 적용하도록 규정하고 있다.

2. 최저임금의 적용범위

최저임금은 근로자를 사용하는 모든 사업 또는 사업장에 적용하되, ① 동거의 친족만을 사용하는 사업과 가사사용인, ② 선원법의 적용을 받는 선원 및 선원을 사용하는 선박의 소유자 등에 대하여는 적용하지 않는다(§3). 최저임금법의 적용을 받는 자는 상용근로자뿐만 아니라 일용근로자, 시간제근로자 등 고용형태와 관계없이 근로기준법상의 모든 근로자이다.

그러나 최저임금이 적용되는 사업에서도 일반근로자와 비교해 볼 때, 근로능력이 현저히 낮거나 특별한 사정으로 인하여 일반근로자와 동등한 임금을 지급하도록 하는 것이 당해 근로자의 고용유지 측면에서 적당하지 않을 때에는 최저임금의 적용을 제외시키거나 최저임금과 다른 금액을 최저임금으로 정할 수 있도록 하고 있다. 즉, 수습사용 중에 있는 자로서 수습사용한 날부터 3월 이내인 자,[106)] 근로기준법 제63조 제3호의 규정에 의한 감시 또는 단속근로에 종사하는 자로서 사용자가 고용노동부장관의 승인을 얻은 자에 대하여는 대통령이 정하는 바에 따라 최저임금과

105) 민변, 변호사가 풀어주는 노동법Ⅰ, 428면.
106) 최저임금액의 90%를 최저임금으로 적용한다(영§3).

다른 임금을 최저임금으로 결정할 수 있고,[107] 임금이 통상적으로 도급제 기타 이와 유사한 형태[108]로 정하여져 있는 경우처럼 최저임금액을 정하는 것이 적당하지 아니하다고 인정될 때에는 대통령령이 정하는 바에 의하여 최저임금액을 따로 정할 수 있다(§5②③). 그리고 정신 또는 신체의 장애로 근로능력이 현저히 낮은 자, 기타 최저임금을 적용하는 것이 적당하지 아니하다고 인정되는 자에 대하여는 고용노동부장관의 인가를 받은 경우에는 최저임금을 적용하지 않는다(§7).[109]

3. 최저임금의 범위

최저임금법 제6조 제4항은 최저임금에 포함되지 않는 임금으로서 ① 매월 1회 이상 정기적으로 지급하는 임금외의 임금, ② 소정의 근로시간 또는 소정의 근로일에 대하여 지급하는 임금외의 임금, ③ 기타 최저임금액에 산입하는 것이 적당하지 아니한 임금으로 규정하고, 시행규칙 제2조 [별표1]에서 최저임금에 포함되지 않는 임금의 범위를 구체적으로 열거하고 있다. 일반적으로 근로기준법에 의한 통상임금이 최저임금에 해당한다.

【최저임금의 적용을 위한 임금에 산입하지 아니하는 임금의 범위】

구 분	임금의 범위
매월 1회 이상 정기적으로 지급하는 임금외의 임금	1. 1월을 초과하는 기간의 출근성적에 의하여 지급하는 정근수당 2. 1월을 초과하는 일정기간의 계속근무에 대하여 지급하는 근속수당 3. 1월을 초과하는 기간에 걸친 사유에 의하여 산정하는 장려가급·능률수당 또는 상여금 4. 기타 결혼수당·월동수당·김장수당 또는 체력단련비 등 임시 또는 돌발적인 사유에 따라 지급하거나, 지급조건이 사전에 정하여진 경우에도 그 사유발생일이 확정되지 아니하거나 불규칙적인 임금·수당

107) 최저임금액의 80%를 시간급 최저임금액으로 한다(영§3②).

108) 현재 도급제 기타 이와 유사한 형태의 근로자에 대하여 별도로 최저임금액이 정해져 있지 않으므로 이들에 대하여도 일반 최저임금액을 적용한다.

109) 사용자가 고용노동부장관의 인가를 받아 최저임금의 적용을 제외할 수 있는 자의 범위는 근로자의 정신 또는 신체의 장애가 당해 근로자를 종사시키고자 하는 업무의 수행에 직접적으로 현저한 지장을 주는 것이 명백하다고 인정되는 자에 한한다(영§6).

소정의 근로시간 또는 소정의 근로일에 대하여 지급하는 임금외의 임금	1. 연차휴가 근로수당, 유급휴가 근로수당, 유급휴일 근로수당 2. 연장시간 근로·휴일근로에 대한 임금 및 가산임금 3. 야간근로에 대한 가산임금 4. 일·숙직수당 5. 기타 명칭여하에 관계없이 소정근로에 대하여 지급하는 임금이라고 인정할 수 없는 것
기타 최저임금액에 산입하는 것이 적당하지 아니한 임금	가족수당·급식수당·주택수당·통근수당 등 근로자의 생활을 보조하는 수당 또는 식사, 기숙사·주택제공, 통근차운행 등 현물이나 이와 유사한 형태로 지급되는 급여 등 근로자의 복리후생을 위한 성질의 것

4. 최저임금의 결정 및 고시

최저임금법 제4조는 근로자의 생계비, 유사근로자의 임금, 노동생산성 및 소득분배율 등을 고려하여 최저임금을 결정하도록 규정하고 있다. 여기서 「고려하여」라 함은 이러한 기준에 엄격하게 구속받는 것이 아니고 이를 참고하여 결정하면 된다는 의미이다. 최저임금은 사업의 종류별로 구분하여 정할 수 있도록 규정하고 있으나, 현실적으로 전 산업에 하나의 최저임금을 적용하고 있다. 최저임금액은 시간·일·주 또는 월 단위로 정하며, 일·주 또는 월 단위로 정한 경우에는 시간급으로 표시해야 한다(§5).

고용노동부장관은 매년 8월 5일까지 최저임금을 결정해야 한다. 고용노동부장관은 최저임금심의위원회에 매년 3월 31일까지 최저임금의 심의를 요청하고, 최저임금심의위원회는 심의요청을 받은 날로부터 90일 이내에 심의하여 최저임금안을 고용노동부장관에게 제출하여야 한다. 최저임금위원회로부터 최저임금안을 제출받은 고용노동부장관은 이를 고시하고 노사 대표자는 고시한 날로부터 10일 이내에 고시된 최저임금안에 대하여 이의를 제기할 수 있다.[110] 고용노동부장관은 이의가 이유있다고 인정되는 때에는 최저임금위원회에 재심의를 요구할 수 있고, 최저임금위원회가 당초의 최저임금안을 재의결한 때에는 그에 따라 최저임금을 결정하고 지체

---

110) 이의를 제기할 수 있는 근로자 대표는 총연합단체인 노동조합대표자 및 산업별연합단체인 노동조합대표자이고, 사용자 대표는 전국규모의 사용자 단체로서 고용노동부장관이 지정하는 단체의 대표자이다.

없이 이를 고시한다. 고시된 최저임금은 다음 연도 1월 1일부터 효력이 발생한다. 최저임금의 적용을 받는 사용자는 최저임금을 그 사업의 근로자가 쉽게 볼 수 있는 장소에 게시하거나 그 외의 적당한 방법으로 이를 근로자에게 주지시켜야 한다(§8~11).

5. 최저임금의 효력

1) 최저임금 이상의 임금지급의무

사용자는 최저임금의 적용을 받는 근로자에 대하여 최저임금액 이상의 임금을 지급해야 한다(§6①). 최저임금액에 미달하는 임금을 정한 근로계약은 그 부분에 한하여 무효이고, 무효로 된 부분은 최저임금법에 의하여 정한 최저임금과 동일한 임금을 정한 것으로 본다(§6③).

그러나 최저임금은 소정의 근로일과 근로시간에 근로를 제공한 것을 전제로 한 것이므로 ① 근로자가 자기의 사정으로 소정 근로시간 또는 소정 근로일에 근로를 제공하지 않은 경우, ② 사용자가 정당한 이유로 소정근로시간 또는 소정근로일에 근로시키지 않은 경우에는 근로하지 아니한 시간·일까지 최저임금의 지급을 강제하는 것은 아니다(§6⑤).

최저임금 이상을 지급해야 할 법적 의무자는 사용자이나, 사용자가 도급사업을 행하는 수급인이 되는 경우에는 예외적으로 도급인의 책임 있는 사유로 최저임금액에 미달하는 임금을 지급한 때에는 도급인은 수급인과 연대하여 책임을 진다(§6⑦~⑧). 도급인의 책임 있는 사유에 해당하는 행위는 도급계약 체결 당시 인건비 단가를 최저임금액에 미치지 못하는 금액으로 결정하거나 도급계약 기간 중 인건비 단가를 최저임금액에 미치지 못하는 금액을 인하한 경우이다.

2) 임금수준의 저하금지

사용자는 최저임금을 이유로 종전의 임금수준을 저하시켜서는 안된다(§6②). 여기서 임금수준 저하에 해당하는가에 대한 비교 대상이 되는 임금은 최저임금에 산입되는 임금뿐만 아니라 산입되지 않는 임금을 합한 임금총액이다. 따라서 임금총액이 최저임금액과 최저임금에 산입되지 않는 임금을 합한 금액보다 적은 경우에는 종전의 임금수준을 저하시킨 것이다.[111]

3) 벌칙의 적용

사용자가 최저임금액에 미달하는 임금을 지급하거나 최저임금을 이유로 종전의 임금수준을 저하시킨 경우에는 3년 이하의 징역 또는 2,000만 원 이하의 벌금이 적용된다(§28).

4) 근로시간 단축과 최저임금의 보전

주 40시간제의 도입으로 소정근로시간이 단축되는 경우라도, 사용자는 정당한 이유 없이 「최저임금의 적용대상이 되는 임금」이 「단축 전 소정근로시간에 단축 당시 적용되는 시간급 최저임금액을 곱한 금액」 보다 낮게 지급할 수 없다. 다만, 1주 4시간을 초과하여 단축되는 경우에는 그 초과되는 시간에 대하여는 단축 전 소정근로시간에서 제외할 수 있다(부칙③).

Ⅳ. 법정수당제도

1. 개 관

가산임금의 적용대상이 되는 연장·휴일·야간수당 등과 같은 법정 수당 이외에 가산임금의 적용을 받지 않는 법정 제 수당으로는 연차수당, 출산전후휴가수당 등이 있다. 2003. 9. 15. 법률 제6974호로 근로기준법이 개정됨에 따라 종전의 생리수당은 폐지되었고, 법정 근로시간의 단축으로 인하여 종전의 월차휴가는 주 44시간이 적용되는 사업 또는 사업장에 대하여서만 2011년까지 한시적으로 적용되었다. 그리고 연차휴가는 주 40시간제를 실시하고 있는 사업 또는 사업장의 경우에는 종전의 월차휴가를 폐지하는 대신 연차휴가의 요건과 일수를 대폭적으로 조정하였다.

또한 종전 출산전후휴가일수 60일을 90일로 확대 조정하면서 사용자의 부담을 고려하여 사용자가 부담하는 출산전후휴가수당은 종전 60일로 하되, 30일에 대하여는 고용기금을 통하여 보전하도록 하였다. 생리휴가에 대하여는 2011년까지 주 44시간제가 적용되는 근로자에 대하여는 종전의 유급생리휴가와 주 40시간제가 적용되는 근로자에 대하여는 무급생리휴가를 이원적으로 시행하도록 되어 있다.

111) 하갑래, 근로기준법(전정제27판), 464~465면.

2. 연차수당

연차유급휴가는 1년간 계속 근로하고 일정한 출근율의 요건을 갖춘 근로자에게 유급으로 휴가를 부여하는 제도를 말한다. 휴가제도는 근로자에게 정신적·육체적 휴양을 제공하고 노동의 재생산을 도모하고 근로자의 문화생활을 확보할 수 있도록 여가를 부여하는데 그 목적이 있다.

연월차휴가제도는 2003년 근로기준법의 개정으로 종전의 휴가와 전혀 다른 양상을 띠게 되었다. 즉, 주당 법정 기준근로시간을 44시간에서 40시간으로 단축하는 대신, 월차휴가를 연차휴가에 흡수 통합하여 휴가일수를 대폭적으로 조정하였다.

연차휴가는 기본휴가와 가산휴가를 합하여 휴가일수를 부여하고 있다. 주 40시간근로의 적용을 받는 사업장의 경우는 1년간 8할 이상 출근한 근로자에게 15일의 유급휴가를 부여한다(§60①). 일년간 80퍼센트 이상의 출근이라고 하는 것은 1년의 총일수에서 휴일을 제한 전 근로일의 80퍼센트 이상을 출근한 것을 의미한다. 근로자가 업무상 부상이나 질병으로 휴업한 기간은 출근한 것으로 본다. 그리고 사용자는 3년 이상 계속 근로한 것을 조건으로 총 휴가일수 25일을 한도로 최초 1년을 초과하는 계속근로연수 매 2년에 대하여 1일의 휴가를 가산하여야 한다.

연차휴가는 유급이므로 근로자가 연차휴가를 사용하여 근로를 제공하지 못하더라도 사용자는 임금을 지급해야 하고, 근로자가 연차휴가를 1년간 행사하지 아니하여 휴가청구권이 소멸하더라도 임금시효 3년이 경과하지 않는 이상 사용자는 미사용 휴가일수에 대하여 연차휴가수당을 지급해야 한다.[112)]

연차 유급휴가수당의 지급기준에 대하여 명문규정을 두고 있지 않기 때문에 사용자는 취업규칙 등에 특별히 정한 바가 없으면, 통상임금과 평균임금 중 어느 것을

---

112) 대법원 2005. 5. 27. 선고 2003다48549,48556; 대법원 2000. 12. 22. 선고 99다10806; 대법원 1996. 11. 22. 선고 95다36695 등. 노동부는 「연차유급휴가청구권·수당·근로수당과 관련된 지침」에서 연차휴가의 목적이 장시간 근로로 인한 피로를 회복해 주는 것인데, 향후 근로할 날이 없기 때문에 미사용 연차휴가를 사용할 수 없는 날에 대해서는 그에 대한 수당도 발생할 여지가 없다는 근거로 퇴직·해고 일까지 미사용 휴가일수를 사용하는 것이 불가능한 경우에는 그에 해당하는 연차휴가일수에 대하여는 연차수당청구권이 발생하지 않는 것으로 해석하여 왔으나(2000. 3. 10, 근기68201-695), 대법원 판례의 취지에 따라 퇴직 시 연차휴가를 사용할 수 있는 기간이 없었다 하더라도 유급으로 인정되는 연차휴가수당은 미사용 연차휴가일수에 대하여는 수당을 지급해야 한다고 지침을 변경하였다(2006. 9. 21, 노동부 임금근로시간정책팀-2820).

적용하더라도 무방하다.

그러나 근로기준법 제61조의 규정에 따라 휴가사용촉진을 시행하면서 사용자가 휴가사용촉진 조치를 다한 경우에는 미사용 연차휴가에 대하여는 연차수당을 청구할 수 없다.[113] 연차휴가사용 촉진조치를 취하지 않은 상태에서 근로자가 연차휴가를 사용하지 않은 경우에는 사용자는 연차휴가수당을 지급하여야 한다. 구체적으로 사용자가 연차휴가수당의 지급을 면하기 위해서는 연차휴가 사용기간이 끝나기 전 6개월을 기준으로 10일 이내에 근로자별로 미사용 연차휴가일수를 알려 주면서 근로자가 그 사용 시기를 정하여 통보하도록 서면으로 촉구하여야 하고, 근로자가 사용자의 휴가사용촉구를 받은 때부터 10일 이내에 사용하지 아니한 휴가의 전부 또는 일부의 사용 시기를 정하여 사용자에게 통보하지 아니한 경우에는 연차휴가사용기간이 끝나기 2개월 전까지 사용자가 사용하지 아니한 휴가의 사용 시기를 정하여 근로자에게 서면으로 통보하여야 한다.

연차휴가는 원칙적으로 입사 일을 기준으로 산정함이 원칙이나 노무관리의 편의를 위하여 회계연도를 기준으로 전 근로자에게 일률적으로 부여할 수 있으나, 다음 연도 1월 1일 근속기간에 비례하여 휴가를 부여하거나 미사용 휴가일수에 대하여는 수당을 지급해야 한다.[114]

3. 생리수당

모성보호 차원에서 1953년 근로기준법 제정 당시부터 유급으로 생리휴가를 부여하도록 규정하여 왔다. 특히 1989. 3. 29. 근로기준법 개정 시 여성근로자의 청구와 관계없이 생리휴가를 부여하여 오다가 유급 부분에 대하여 많은 논란이 있게 되자, 2003. 9. 15. 근로기준법(법률 제6974호) 개정 시 여성근로자가 청구하는 때에 월

---

113) 휴가사용촉진 조치는 2003년 근로기준법 개정으로 새로 도입된 제도로서 개정 근로기준법 시행 이후 새로이 발생하는 연차휴가에 한하여 적용되고 종전 근로기준법에 의해 발생한 연차휴가 또는 월차휴가에 대하여는 적용되지 않는다. 그리고 근속 1년 미만의 근속 기간 중에 발생하는 연차휴가는 휴가사용촉진 조치의 대상이 되지 않는다. 다만, 1년 이상 근로한 경우에는 연차휴가일수에 2년 미만 근속 중 발생하는 연차휴가가 포함되어 있더라도 그 전체 휴가일수에 대하여 사용자는 휴가사용촉진조치를 실시할 수 있다(하갑래, 근로기준법(전정제27판), 379면). 2012년의 개정 근기법은 사용자가 휴가사용촉진조치를 일찍 하도록 하여 조치기간을 확대하였다.

114) 고용노동부, 개정 근로기준법 시행지침, 17면.

1일의 생리휴가를 부여하도록 규정함으로써 생리휴가를 무급으로 전환하였다. 유급 생리휴가가 적용되는 사업 또는 사업장에서 생리가 있는 여성근로자에게 월 1일의 생리휴가를 부여하지 아니한 경우, 생리휴가를 부여하지 않은 것에 대한 벌칙이 적용되는 것과는 별개로 사용자는 생리수당을 지급해야 한다.[115] 그러나 생리휴가는 생리가 있는 여성근로자에게 적용되는 것이므로 생리가 없는 여성근로자에게 생리휴가를 부여하지 않았더라도 생리수당을 지급하지 않아도 무방하다.[116] 그리고 사용자가 생리휴가의 사용을 적극적으로 권장·종용하였음에도 근로자가 생리휴가를 사용하지 아니한 경우에는 생리휴가청구권과 수당청구권은 발생하지 않는다.[117]

사용자는 여성근로자의 청구가 있는 때에 무급생리휴가를 주어야 한다. 따라서 단체협약·취업규칙·근로계약 등에 생리휴가의 부여 및 수당의 지급에 대하여 특별히 규정한 것이 없으면, 사용자는 생리휴가수당을 지급할 의무가 없다. 생리휴가가 무급이라 하더라도 근로기준법에 의하여 부여된 휴가이므로 주휴일·연차휴가 등을 부여하기 위한 소정근로일수 및 출근율을 산정할 때에는 소정근로일수에 포함되고 그 휴가일은 출근한 것으로 보아야 한다.[118]

4. 출산전후 휴가수당

근로기준법 제74조 제1항은 여성근로자의 모성보호를 위하여 출산 전과 출산 후를 통하여 90일(한 번에 둘 이상 자녀를 임신한 경우에는 120일)의 보호휴가를 주도록 규정하고 있다. 출산전후휴가는 출·퇴근 성적과 관계없는 임신·출산에 따른 여성근로자의 모성보호 차원에서 인정된 보장적 휴가이므로 기업의 규모, 근로형태와 상관없이 여성근로자의 임신 및 출산이라는 사실만 있으면 휴가를 부여하여야 한

115) 생리휴가를 수당으로 대체하거나 생리휴가를 부여하지 않는 것은 생리휴가제도의 자체를 부인하는 것이므로 생리수당 지급 여부와 관계없이 근로기준법 위반이 되어 소정의 벌칙이 적용된다.

116) 그러나 해당 여성근로자의 생리가 없다는 것을 사용자가 입증해야 하므로 현실적으로 폐경기에 있었다는 객관적인 정황이 없는 이상 사용자는 생리휴가수당의 지급을 면할 수 없다.

117) 대법원 1989. 2. 28. 선고 86다카2567; 대법원 1990. 12. 26. 선고 90다카12493; 대법원 1991. 6. 28. 선고 90다카14758; 1989. 4. 18. 근기 01254-5698; 1994. 7. 27. 근기 68207-708.

118) 노동부, 개정 근로기준법 시행지침, 33면.

다.[119] 여기서 「산(産)」의 범위는 정상 분만뿐만 아니라 임신 16주 이후의 유산 또는 사산도 포함된다.

출산전후휴가는 출산으로 소모된 여성근로자의 체력을 회복시키기 위하여 산후에 반드시 45일(한 번에 둘 이상 자녀를 임신한 경우에는 60일) 이상의 휴가를 부여해야 한다. 따라서 근로기준법상 출산전후휴가는 90일을 초과할 수 있는데, 90일을 초과하는 출산전후휴가에 대하여는 무급으로 할 수 있고, 고용보험법상 출산전후휴가급여의 대상이 되지 않는다. 사용자는 출산전후휴가 90일 중 최초 60일(한 번에 둘 이상 자녀를 임신한 경우에는 75일)에 대하여는 유급으로 부여하고, 나머지 30일에 대하여는 고용보험법상 출산전후휴가급여로 보전된다. 사용자가 부담하는 출산전후휴가수당은 취업규칙 등에 특별히 정한 것이 없으면 통상임금을 기준으로 한다.

여성근로자가 고용보험법상 출산전후휴가급여를 지원받기 위해서는 휴가 종료일 이전에 피보험단위기간이 통산하여 180일 이상이어야 하고, 휴가개시일 이후 1월부터 종료일 이후 12개월 이내에 신청하여야 한다(고용보험법§74). 출산전후휴가급여 지원금은 통상임금 상당액으로 하되, 상한액과 하한액이 정해져 있으며,[120] 출산전후 휴가기간 중 사업주로부터 금품을 받은 경우에는 그 금품과 출산전후휴가급여를 합한 금액이 당해 근로자의 통상임금을 초과하면 그 초과금액을 감액하여 지급한다(고용보험법시행령§104).

5. 해고예고수당

1) 의 의

사용자의 일방적인 의사표시에 의한 해고는 근로자에게는 직장의 상실을 의미하는 것이기 때문에 생존권에 중대한 위협이 된다. 근로기준법은 정당한 이유 없이는 해고를 하지 못하도록 하는 동시에 정당한 이유에 의한 해고라도 적어도 해고예정일 30일 전에 예고를 하거나 예고를 하지 않은 경우에는 통상임금의 30일분을 해고예고수당으로 지급하도록 규정하고 있다(§26).[121] 사용자로 하여금 해고하기 전에

---

119) 출산전후휴가는 생리휴가와 마찬가지로 여성의 신체적 특수성을 감안하여 모성보호를 위한 휴가에 해당하는 것이므로 생리휴가와 전혀 무관한 제도로 볼 수 없다. 따라서 출산전후 휴가기간에는 출산 후 생리휴가기간도 포함된다.

120) 출산전후휴가급여의 상한액은 월 135만원, 하한액은 최저임금액의 1월분이다.

121) 해고예고수당은 근로의 대가로 지급되는 임금에 해당되지 않지만, 실무적으로 해고로

해고예고 또는 해고예고 수당을 지급하도록 한 것은 사용자의 일방적인 해고로 갑자기 직장을 잃게 되어 생활이 곤란해지는 것을 예방하고 다른 직장을 구할 수 있는 시간을 부여하기 위한 것이다.

2) 적용제외 근로자 및 즉시해고

정당한 해고사유가 있으면 사용자는 ① 일용근로자로서 3월을 계속 근로하지 아니한 자, ② 2월 이내의 기간을 정하여 사용된 자, ③ 계절적 업무에 6월 이내의 기간을 정하여 사용된 자, ④ 수습사용한 날로부터 3월 이내인 수습근로자에 대하여는 해고예고 또는 해고예고수당을 지급하지 않아도 된다(근로기준법§35·영§16).

기업을 유지할 수 없는 객관적인 사유가 있거나 근로계약관계를 유지할 수 없는 근로자의 중대한 귀책사유가 있는 경우에도 사용자로 하여금 해고예고 또는 해고예고수당의 지급을 강제한다면, 사용자에게 너무 가혹할 뿐만 아니라 사회통념상 타당하지 않기 때문에 해고예고 또는 해고예고수당을 지급하지 않고 즉시해고가 가능하다. 근로기준법 제26조 단서는 천재·사변 기타 부득이한 사유로 사업계속이 불가능하거나 근로자가 고의로 사업에 막대한 지장을 초래하거나 재산상의 손해를 끼친 경우에는 사용자는 해고예고 또는 해고예고수당을 지급하지 않고 즉시 해고할 수 있도록 규정하고 있다.

「부득이한 사유」란 중요한 건물·설비·기자재 등의 소실과 같은 돌발적이고 불가항력적인 경우로서 기업불황이나 경영난은 이에 해당되지 않는다. 「사업계속이 불가능한 경우」란 기업의 부도·도산 등과 같은 사유로 사용자가 경영정상화를 위하여 필요한 조치를 다하였음에도 사업의 전부 또는 대부분의 운영이 불가능한 것을 말한다.[122] 부득이한 사유로 사업계속이 불가능한 경우에 대한 입증책임은 사용자가 부담한다.[123]

근로자가 고의로 다음과 같은 행위를 하여 사업에 막대한 지장을 초래하거나 재

인한 법적 다툼에서 자주 등장되는 문제이기 때문에 편의상 임금보호법의 범위에 포함시킨 것이다.

122) 김형배, 노동법(제24판), 682~683면; 하갑래, 근로기준법(전정제27판), 651면.

123) 1989. 3. 29. 근로기준법의 개정으로 부득이한 사유로 사업의 불가능한 경우에 해당되는가에 대하여 노동부장관의 승인을 얻도록 한 규정이 폐지됨에 따라 부득이한 사유와 사업계속의 불가능 여부는 사용자가 판단하게 되므로 근로자는 사법적인 절차에 따라 구제받을 수밖에 없다.

산상의 손해를 끼친 경우에 사용자는 해고예고 또는 해고예고수당을 지급하지 않고 해고할 수 있다(규칙§4).[124)]

- ○ 납품업체로부터 금품이나 향응을 제공받고 불량품을 납품받아 생산에 차질을 가져온 경우
- ○ 영업용 차량을 임의로 타인에게 대리운전하게 하여 교통사고를 일으킨 경우
- ○ 사업의 기밀이나 그 밖의 정보를 경쟁관계에 있는 다른 사업자 등에게 제공하여 사업에 지장을 가져온 경우
- ○ 허위 사실을 날조하여 유포하거나 불법 집단행동을 주도하여 사업에 막대한 지장을 가져온 경우
- ○ 영업용 차량 운송 수입금을 부당하게 착복하는 등 직책을 이용하여 공금을 착복, 장기유용, 횡령 또는 배임한 경우
- ○ 제품 또는 원료 등을 몰래 훔치거나 불법 반출한 경우
- ○ 인사·경리·회계담당 직원이 근로자의 근무상황 실적을 조작하거나 허위 서류 등을 작성하여 사업에 손해를 끼친 경우
- ○ 사업장의 기물을 고의로 파손하여 생산에 막대한 지장을 가져온 경우
- ○ 그 밖에 사회통념상 고의로 사업에 막대한 지장을 가져오거나 재산상 손해를 끼쳤다고 인정되는 경우

V. 도급근로자의 임금액보호

임금수준이 도급 등과 같이 일의 성과에 의하여 결정된다면, 원래 사용자의 책임하에 처리되어야 할 연료 또는 재료 구입 등의 지연으로 근로자의 대기시간이 길어지거나 고객의 감소 등과 같이 근로자의 귀책사유로 볼 수 없는 사정으로 실적이 저조한 경우에는 임금이 지나치게 낮아지게 되어 근로자의 생활이 어렵게 된다.[125)] 이처럼 도급 등에 따른 낮은 임금으로 인한 근로자의 생활을 보장하기 위하여 근로기준법 제47조는 「사용자는 도급이나 그 밖에 이에 준하는 제도로 사용하는 근로자

124) 1999. 2. 8. 근로기준법 개정(법률 제5885)으로 근로자의 귀책사유에 대한 노동부장관의 승인요건 규정이 폐지됨에 따라 즉시 해고할 수 있는 근로자의 귀책사유가 있는지의 여부는 사용자가 판단하고 법적 분쟁이 발생하였을 경우에 한하여 사법기관이 최종적으로 판단할 수밖에 없다.

125) 김유성, 노동법Ⅰ, 108~110면.

에게 근로시간에 따라 일정액의 임금을 보장하여야 한다.」라고 규정함으로써 실적·성과 여부와 관계없이 근로시간에 따라 일정액의 임금을 보호하고 있다.

여기서 「도급이나 그 밖에 이에 준하는 제도」라 함은 성과급·판매수당 등 임금의 전부 또는 일부가 근로의 실적·성과·능률 등에 따라 결정되는 것을 말한다. 그러나 도급제 근로자에게 보장되는 「일정액의 임금」이 어느 정도인지에 대하여 명문 규정을 두고 있지 않기 때문에 해석상 논란이 있다. 이에 관하여 임금수준이 낮아지게 되는 이유는 근로자의 귀책사유가 아닌 사용자의 귀책시유에 기인한 것이 보통이므로 근로기준법 제46조의 휴업수당을 준용하여 평균임금의 70% 이상을 보장해야 한다는 견해[126]와 보장임금 수준에 대하여는 단체협약·취업규칙 등에 정한대로 따르면 된다고 하는 견해[127]가 있다. 도급제 근로자의 임금이 근로기준법 제46조의 규정에 의한 휴업수당에 미달된다는 것을 이유로 사용자에게 벌칙을 적용하는 것은 죄형법정주의에 반하는 것이므로 근로시간에 비례하여 최저임금 이상을 지급하면 법 위반에 해당되지 않는 것으로 봄이 타당하다.

결국, 도급제 근로자에 근로자에게 적용되는 구체적이고 객관적인 보장성 임금액 기준을 법령에 정하지 아니한 채 단체협약이나 취업규칙에 전적으로 그 기준을 일임하고 있는 것은 입법적 흠결에 해당된다. 도급제 근로자의 보장성 임금액 보호취지를 살리기 위해서는 적어도 최저한의 기준을 법령에 정하도록 하는 입법적 조치가 필요하다.

Ⅵ. 감급액의 제재 한도

감급(감봉)은 근로제공상의 태만이나 직장규율의 위반에 대한 제재로서 근로자가 실제로 제공한 근로에 대한 임금액에서 일정액을 공제하는 징계처분을 말한다. 임금은 근로자의 생계를 유지하는데 있어 가장 중요한 재정적 기반이 되는 것이기 때문에 감급액의 한도를 규제할 필요성이 있다.

근로기준법 제95조는 「취업규칙에서 근로자에 대하여 감급(減給)의 제재를 정할 경우에 그 감액은 1회의 금액이 평균임금의 1일분의 2분의 1을, 총액이 1임금지급기의 임금 총액의 10분의 1을 초과하지 못한다.」라고 규정함으로써 임금을 유일한 생

126) 김형배, 노동법(제24판), 362면.
127) 민변, 변호사가 풀어주는 노동법Ⅰ, 353면.

계수단으로 삼고 있는 근로자의 기본적인 생계를 보호하기 위해서 감봉징계처분을 제한하고 있다. 따라서 사용자는 1회의 징계혐의로 감봉징계처분을 하는 때에는 평균임금 1일분의 1/2를 초과할 수 없고, 수차례 걸쳐 감봉징계처분을 하는 때에도 1 임금지급시기에 있어서 임금총액의 1/10을 최고 한도로 감봉처분만 가능하다. 여기서 「임금총액」이라 함은 당해 임금지급기에 제제가 없었다면 실제로 지급되어야 할 임금액을 의미하는 것이므로 당해 임금지급기에 결근 또는 조퇴 등으로 임금이 삭감된 경우에는 삭감된 임금을 기준으로 산정한 임금총액의 1/10이 감봉액의 최고한도가 된다.[128)]

그런데 근로자의 귀책사유로 인한 징계처분 등의 부수적 결과에 따라 임금이 삭감된 경우에 감급액의 제재한도를 규정한 근로기준법 제95조에 위반되는가의 여부가 문제된다. 각 징계의 유형에 따른 근로기준법 제95조의 위반 여부를 살펴보면 다음과 같다.

첫째, 출근정지·휴직·정직 등의 징계처분으로 인한 임금수준의 저하는 해당 근로자가 징계의 결과 근로를 제공하지 못한 것에 기인한 것이므로 감급액의 제재한도를 초과하더라도 근로기준법 제95조의 위반으로 볼 수 없다.[129)]

둘째, 징계처분의 수단으로서 정기승급에 있어서 불이익을 주는 승급정지는 이미 발생한 임금의 삭감이 아니라 같은 직무를 계속 담당하면서 같은 임금을 받게 되는 것이므로 근로기준법 제95조의 감급의 제재규정을 위반한 것으로 볼 수 없다.[130)]

셋째, 직급·직위·호봉 등을 강등시키는 징계처분의 경우는 종전의 직무를 계속 맡고 있는지의 여부에 따라 근로기준법 제95조의 위반 여부를 판단하여야 한다. 즉, 종전 업무를 계속 유지하면서 임금만을 삭감하는 취지의 징계처분인 경우는 근로기준법 제95조의 위반이 되나, 직무를 변경하는 취지의 징계처분인 경우는 임금수준의 저하는 직무변경에 수반하는 결과에 의한 것이므로 근로기준법 제95조의 위반이라고 볼 수 없다.[131)]

넷째, 직위해제로 인한 임금저하가 근로기준법 제95조의 위반 또는 일사부재리의 원칙에 위반되는가의 여부가 문제된다. 이에 대하여 대법원은 「예상되는 업무상의

---

128) 민변, 변호사가 풀어주는 노동법Ⅰ, 504면.
129) 1983. 12. 30. 근기1451-3247.
130) 1966. 7. 14. 노정근 1455.
131) 1966. 7. 14. 노정근 1455; 1993. 3. 26. 근기 01254-467.

장애 등을 예방하기 위하여 일시적으로 당해 근로자에게 직위를 부여하지 아니함으로써 직무에 종사하지 못하도록 하는 잠정적인 조치로서의 보직의 해제를 의미하므로 과거의 근로자의 비위행위에 대하여 기업질서 유지를 목적으로 행하여지는 징벌적 제재로서의 징계와는 그 성질이 다르다」라고 함으로써 근로기준법 제95조의 위반 또는 일사부재리의 원칙에 반하지 않는다고 판단하고 있다.[132)]

Ⅶ. 쟁의행위와 임금공제

1. 문제의 제기

쟁의행위란 노동조합의 주도로 다수의 근로자가 근로제공을 거부(파업) 또는 해태(태업)하거나 사용자가 이에 대항하기 위하여 근로자가 제공하는 근로의 수령을 거부(직장폐쇄)함으로써 업무의 정상적인 운영을 저해하는 집단적 행위를 말한다.[133)] 쟁의행위는 정상적인 업무의 운영을 저해하거나 방해하는 행위이나, 그 쟁의행위가 정당성을 가지는 한 쟁의행위로서 발생하는 민·형사의 책임은 면제된다.[134)]

쟁의행위가 정당성을 가지는 한 근로계약 위반이라고 볼 수 없고, 쟁의행위기간 중에는 근로계약관계에 따른 주된 의무와 권리가 일시적으로 정지된다고 하는 것이 통설과 대법원 판례의 입장이다. 즉, 정당한 쟁의행위 기간 중에는 근로자의 노무급부의무와 임금청구권, 사용자의 임금지급의무와 노무급부청구권이 일시적으로 정지되고 쟁의행위가 종료됨으로써 주된 권리와 의무가 부활한다.[135)]

이처럼 쟁의행위 기간 중에는 근로계약관계의 주된 권리와 의무가 정지되는 것이므로 근로제공의무와 임금지급의무는 발생하지 않는다. 그러나 쟁의행위 기간 중 사용자의 임금공제를 어느 정도 인정할 것인지 또는 쟁의행위에 참가하지 아니한 근로자들의 임금도 공제할 것인가에 대하여 다양한 해석론이 대두되고 있다.

---

132) 대법원 1996. 10. 29. 선고 95누15926; 대법원 2005. 11. 25. 선고 2003두8210; 대법원 2006. 8. 25. 선고 2006두5151 등.

133) 노동조합 및 노동관계조정법 제2조 제6호.

134) 노동조합 및 노동관계조정법 제3~4조.

135) 쟁의행위 기간 중 근로계약관계의 주된 권리와 의무만이 정지되는 것에 불과하고 근로계약 관계 자체는 존속하는 것이기 때문에 근로계약관계에서 파생되는 종된 권리와 의무는 여전히 존재한다. 따라서 쟁의행위 기간 중에도 배려의무와 성실의무는 여전히 존재한다.

2. 파업과 임금공제

1) 파업참가자의 임금공제

파업에 참가한 근로자는 근로계약상의 주된 의무인 근로제공을 하지 않는 것이므로 파업의 정당성 여부와 관계없이 근로제공에 대한 급부로서의 임금청구권을 행사할 수 없다. 이는 근로계약의 유상·쌍무적 성격에 비추어 보면 근로를 제공하지 아니한 파업기간에 대하여 사용자가 임금을 지급할 법적 의무가 없음은 당연하다(무노동·무임금의 원칙). 「노동조합 및 노동관계조정법」 제44조는 쟁의행위 기간 중에는 쟁의행위에 참가하여 근로를 제공하지 아니한 근로자에게 그 기간 중의 임금을 지급할 의무가 없고, 노동조합이 쟁의행위 기간에 대한 임금의 지급을 요구하여 이를 관철할 목적으로 쟁의행위를 행하는 것을 금지함으로써 이 원칙을 확인하고 하고 있다.[136] 현행 법규정상 쟁의행위기간 중 사용자의 지급의무가 없음은 명백하나, 구 노동쟁의조정법상 쟁의행위 기간 중 임금공제의 범위에 대하여 견해가 대립하여 왔다.

첫째, 파업기간 중 교환성 임금에 해당하는 부분만 공제가 가능하다고 하는 견해이다. 이 견해에 의하면, 임금은 근로자의 구체적인 근로를 제공한 것에 대한 대가로서의 「교환성 임금」과 구체적인 근로제공과는 관계없이 종업원 지위에 근거하여 지급하는 「생활보장성 임금」으로 구성되어 있다고 보아, 파업기간 중 사용자의 임금공제가 인정되는 것은 「교환성 임금」에 한정되고 「생활보장성 임금」은 지급하여야 한다고 한다. 대법원은 종래 「쟁의행위로 인하여 사용자에게 근로를 제공하지 아니한 근로자는 일반적으로 근로의 대가인 임금청구권을 행사할 수 없지만, 구체적으로 임금청구권을 갖지 못하는 임금의 범위는 사실상 근로를 제공한 것에 대하여 받는 교환적 부분에 국한된다.」라고 함으로써 이 견해에 따르고 있었다.[137]

둘째, 파업기간 중 임금공제의 범위는 근로계약의 해석문제이므로 단체협약·취업규칙·근로계약·노동관행에 따라 개별적으로 사용자의 임금지급의무의 여부를 판

---

136) 「노동조합 및 노동관계조정법」 제44조는 쟁의행위 기간 중 사용자의 임금지급의무가 없음을 확인하는 규정에 불과한 것이므로 사용자가 파업참가 근로자에 대하여 호의적·임의적 급부를 행하는 것까지 금지하는 것으로 볼 수 없다. 그러나 사용자가 파업기간에 해당하는 임금의 일부를 지급한다 하더라도 이 금원은 임금의 성격을 가진 것으로 볼 수 없다(김형배, 노동법(제24판), 1087면).

137) 대법원 1992. 3. 27. 선고 91다36307.

단해야 한다는 견해이다. 이 견해에 의하면, 임금을 「교환성 임금」과 「생활보장성 임금」으로 구분하는 것은 적절하지 않다고 비판하면서 파업기간 중 근로제공 중단과 평상시의 결근을 달리 볼 이유가 없으므로 단체협약·취업규칙·노동관행에 따라 개별적으로 임금공제 범위를 결정해야 한다고 한다.[138)]

셋째, 파업기간 중 근로계약에 관련되어 있는 모든 임금은 임금공제의 범위에 해당된다고 하는 견해이다. 이 견해에 의하면, 임금 중에는 근로의 대가가 아닌 임금은 있을 수 없고, 파업참가자들의 근로제공의무와 사용자의 임금지급의무는 정지되는 것이므로 임금 전액을 공제해야 한다고 한다.[139)] 대법원은 1995. 12. 21. 전원합의체 판결을 통하여 파업기간 중 교환성 임금에 대해서만 임금공제가 가능하다고 하는 종전의 판례를 변경하여 파업기간 중의 「근로관계 정지론」에 따라 근로계약관계로 인한 임금 전액을 공제해야 한다고 판시하였다.[140)]

생각건대, 파업기간 중에는 사용자와 근로자의 주된 권리의무인 근로제공과 임금지급이 정지되는 결과, 파업참가 근로자들의 근로제공의무와 사용자의 임금지급의무는 모두 정지되는 것이므로 근로계약관계에 따른 임금 전액을 공제하는 것이 타당하다. 그 근거로서는 ① 생활보장성 임금도 근로의 대가로서의 성격을 갖는 것이므로 기타 임금과 차이가 없고 사실상 근로제공 없으면 임금도 지급하지 않는 것이 근로계약과 임금의 성격상 당연하다는 점, ② 쟁의행위라는 집단적 근로관계법상의 현상을 개별적 계약법상의 채무불이행과 동일시하여 파업에 의한 근로제공 중단과 평상시의 결근이나 지각 등에 따른 근로제공의 중단을 동일시하여 개별적인 계약내용에 따라 공제범위를 정하는 것은 집단적인 근로관계법의 취지와 목적을 간과한 것이라는 점, ③ 파업참가자에게 임금의 전부 또는 일부를 지급해야 한다면 쟁의행위의 대가성이 파괴되어 협약자치의 원칙에 반하는 결과를 초래할 수 있다는 점 등

138) 1995. 12. 21. 대법원 전원합의체 판결(94다26721)의 반대의견은 「쟁의행위로 인한 기간 동안의 임금 공제의 문제는 그 성질상 당해 근로계약의 내용에 쟁의행위로 인하여 근로를 제공하지 아니하더라도 공제할 수 없는 임금 부분이 설정되어 있는가는 계약해석의 문제이므로, 쟁의행위로 인한 임금 공제의 범위는 그에 관한 단체협약·취업규칙의 정함, 종래의 관행 및 통상의 결근, 지각, 조퇴에 관한 임금 공제의 취급 등을 참고로 하여 문제의 임금 항목이 근로계약상 공제 대상에서 제외되고 있는지를 고찰하여 이를 정하여야 한다.」라고 함으로써 이 견해를 취하고 있다.

139) 김형배, 노동법(제24판), 1088면; 이상윤, 노동법, 208면.

140) 대법원 1995. 12. 21. 선고 94다26721 전원합의체; 동지 대법원 1996. 2. 9. 선고 95다19501; 대법원 1996. 10. 25. 선고 96다5346.

을 들 수 있다.[141] 그러나 파업기간 중 변제기가 도래한 임금에 대해서까지 사용자의 임금공제를 인정하는 것이 아니기 때문에 파업참가 전에 근로자가 이미 청구권을 취득한 임금은 지급해야 한다.

2) 파업불참자의 임금공제 여부

(1) 문제의 제기

파업에 참가한 근로자는 근로제공의무와 임금지급의무가 정지되는 것이므로 파업기간 중 임금 전액을 공제하는 것은 가능하나, 파업에 참가하지 않은 근로자는 근로계약의 주된 권리의무관계가 정지되는 것은 아니므로 사용자가 이들 근로자에게 임금을 지급해야 하는가의 여부가 문제된다.

파업으로 인하여 근로를 희망하는 근로자가 근로를 제공하지 못하게 되는 경우에 사용자가 임금을 지급해야 하는가의 여부에 대하여 다양한 견해가 대립하고 있다.

(2) 학 설

부분파업으로 기업의 운영에 지장을 초래하는 때에는 「경영장애」가 발생하게 되어 근로를 희망하는 근로자는 근로를 제공하지 못하게 된다. 이 경우 파업기간 중 근로제공을 희망하는 근로자의 임금을 지급해야 할 것인가에 대하여는 영역설, 이익참여설, 휴업수당지급설, 조업가능설 등의 학설이 대립한다.

가. 영 역 설

부분파업으로 인한 경영장애의 원인이 노사 어느 측의 영향범위 내지 세력범위에 속하느냐에 따라 임금지급의 여부를 결정해야 한다는 견해이다. 이 견해에 의하면, 경영장애로 인한 근로제공 거부는 원칙적으로 사용자가 임금을 부담해야 하나, 부분파업으로 인한 기업의 정상적인 운영의 중단은 근로자 측에 책임이 있으므로 근로자의 전체적인 연대성을 기초로 그 경영위험을 근로희망자가 부담하게 되어 파업기간 중 임금을 청구할 수 없다고 한다. 그러나 파업이 근로자 측에 기인한다는 이유로 사용자에게 근로희망자가 조합원과의 연대성에 기초하여 임금위험을 부담하는 것은 부당하다.

나. 이익참여설

근로계약의 체결을 목적으로 하는 적법한 파업은 근로희망자들에게도 유익하게

---

141) 김형배, 노동법(제24판), 1088~1089면.

작용하기 때문에 임금공제의 위험은 근로희망자가 부담해야 한다고 하는 견해이다. 그러나 파업에 의하여 영향을 받지 않는 비조합원 근로자에게까지 임금공제의 위험을 부담케 하는 것은 부당하다.

다. 조합원 위험부담설

부분파업으로 인한 기업의 정상적 운영을 저해하여 근로를 수령할 수 없는 경우, 임금상실의 위험은 조합원인 근로희망자에 한하고 비조합원인 근로희망자는 임금을 청구할 수 있다고 하는 견해이다. 그러나 파업기간 중 임금 지급여부를 조합원과 비조합원을 구분하여 결정하는 것은 근로기준법 제5조의 균등처우 규정과 「노동조합 및 노동관계조정법」 제9조의 차별처우의 금지 규정에 반하므로 부당하다.

라. 휴업수당지급설

파업은 사용자가 근로자의 요구를 수용하지 않음으로써 발생하는 이른바 사용자의 귀책사유에 해당하기 때문에 근로기준법 제46조의 휴업수당 규정을 준용하여 근로희망자에게 평균임금의 70% 또는 통상임금 100%를 지급해야 한다는 견해이다.[142] 그러나 파업의 개시 여부에 대하여 사용자가 개입하면 부당노동행위가 성립하므로 파업을 사용자의 귀책사유로 보는 것은 논리적 비약일 뿐만 아니라 집단적 쟁의행위를 개별 근로자의 문제로 해석하는 것은 부당하다.

마. 조업가능설

파업에 참가하지 아니한 근로희망자들의 임금지급 여부는 파업으로 인한 조업 가능성 여부에 따라 결정해야 한다는 견해이다. 이 견해에 의하면, 조업이 가능함에도 사용자가 근로희망자의 취업을 거부한 경우에는 노무수령지체에 해당되어 임금 전액을 지급해야 하나, 조업이 불가능한 경우에는 임금을 지급하지 않아도 된다고 한다.[143]

일본 판례는 「파업에 참가하지 않은 조합원이 조업을 하더라도 그 부분이 파업 중인 조합원들로 인하여 무가치하게 된 경우에는 민법 제537조 제1항을 적용하여 파업에 참가하지 않은 근로자의 근로채무의 이행불능에 사용자의 귀책사유가 없으므로 사용자는 임금지급의무가 없다.」라고 함으로써 이 견해에 따라 사용자의 임금

142) 이병태, 최신노동법, 379면; 임종률, 노동법(제14판), 259~260면 등이 이 견해를 취하고 있다.

143) 김형배, 노동법(제24판), 1090면; 이상윤, 노동법, 204~205면.

지급 여부를 판단하고 있다.[144] 고용노동부는 「파업에 참가하지 않은 조합원 및 비조합원에 대한 임금지급 여부는 사용자가 현실적으로 근로제공희망자들의 노무제공으로 조업이 가능한지의 여부와 관련하여 판단해야 한다.」라고 하여 이 견해를 취하고 있다[145]고 하여야 할 것이고, 부분 파업으로 인하여 나머지 부분의 조업이 사실상 불가능한 경우에는 사용자는 임금을 지급할 의무가 없으나, 근로희망자들을 근로시킬 수 있음에도 불구하고 사용자가 이를 거부한 경우에는 사용자의 귀책사유에 해당하므로 휴업수당을 지급해야 한다.

(3) 평 가

조업가능성 여부를 고려하지 않은 채 파업에 참가하지 않은 근로희망자들에게 임금 전액 또는 일정액의 임금을 사용자가 부담해야 한다는 것은 협약자치의 원칙에 반하고 사용자에게 가혹한 부담을 주게 되어 부당하므로 조업가능설이 타당하다고 본다. 그 근거로서는 ① 파업으로 인한 조업손실과 근로희망자들의 임금위험을 사용자가 모두 부담토록 한다는 것은 노사대등의 원칙에 반한다는 점, ② 파업 여부는 노동조합이 자율적으로 결정할 수 있는 것이고 사용자가 이에 관여 또는 개입할 수 없는 것이므로 사용자의 귀책사유로 확대 해석할 수 없다는 점, ③ 근로희망자인 비조합원에 대해서만 임금을 지급하는 것은 조합원과 비조합원의 차별행위에 해당된다는 점, ④ 파업으로 인한 기업 운영의 중단의 책임이 근로자 측에 있다는 이유만으로 임금상실의 위험을 파업에 참가하지 않은 모든 근로자들에게 부담시키는 것은 근로자에게 너무 가혹하고 근로자의 파업권을 제한할 우려가 있다는 점 등을 들 수 있다.

3. 태업과 임금공제

태업은 노동조합의 주도하에 작업능률을 의식적으로 저하시키는 집단적 행위이므로 근로제공의 양 또는 질에 있어서 불안전한 노무제공에 해당된다. 따라서 사용

---

144) 東京高判 1964. 8. 29. 勞經判例速報 504.

145) 파업에 참가하지 않은 조합원 및 비조합원에 대한 임금지급 여부는 사용자가 현실적으로 근로제공희망자들의 노무제공으로 조업이 가능한지의 여부와 관련하여 판단하여야 할 것이고, 부분 파업으로 인하여 나머지 부분의 조업이 사실상 불가능한 경우에는 사용자는 임금을 지급할 의무가 없으나, 근로희망자들을 근로시킬 수 있음에도 불구하고 사용자가 이를 거부한 경우에는 사용자의 귀책사유에 해당하므로 근로기준법 제46조에 의한 휴업수당을 지급해야 한다(1994. 9. 17. 근기68207-1377).

자는 근로자의 불완전한 근로제공, 즉 불완전한 채무불이행에 따른 임금을 공제할 수 있다.

판례[146]는 근로를 불완전하게 제공하는 형태의 쟁의행위인 태업도 근로제공이 일부 정지되는 것이라고 할 수 있으므로 무노동무임금의 원칙이 적용된다고 하면서 근로자는 태업기간에 상응하는 유급휴일에 대한 임금의 지급을 청구할 수 없다고 한다. 그러나 실제에 있어서는 그 계산의 기초가 되는 불완전한 근로제공이 불명확한 관계로 파업에 참가한 개별 근로자의 불완전한 근로제공 부분을 구체적으로 확인하고 입증하는 것은 불가능하기 때문에 현실적으로 임금공제를 인정하는데 한계가 있을 수밖에 없다.

4. 직장폐쇄와 임금공제

1) 의 의

근로자의 쟁의행위에 대항하기 위한 사용자 측의 쟁의행위로서는 직장폐쇄가 있다. 직장폐쇄는 파업에 대항하여 사용자가 근로자들의 근로제공을 집단적으로 수령을 거부하여 임금을 지급하지 않음으로써 사용자의 주장을 관철하기 위한 쟁의행위이다. 직장폐쇄는 근로제공의 수령을 거부한다는 통보 또는 선언만으로는 부족하고 현실적으로 공장 또는 사업장의 출입구를 폐쇄함으로써 사회통념상 근로자의 근로제공이 불가능한 상태에 있어야 한다.

2) 직장폐쇄가 정당하지 않은 경우

직장폐쇄가 공격적으로 행한 경우처럼 정당성이 없는 경우에 사용자는 근로자의 근로제공 여부와 관계없이 임금을 지급해야 한다. 사용자가 어느 정도의 임금을 지급해야 할 것인가에 대하여는 민법 제390조의 사용자의 채무불이행 책임과 민법 제538조 제1항의 사용자 귀책사유로 인한 이행불능책임 규정에 따라 임금전액을 지급해야 한다고 하는 견해[147]와 근로기준법 제46조의 휴업수당을 지급해야 한다는 견해[148]가 대립한다. 노동부는 「직장폐쇄의 정당성이 인정되지 않는 경우에는 사용자의 귀책사유로 인한 휴업에 해당하므로 휴업수당의 지급문제가 발생한다.」라고 하

146) 대법원 2013. 11. 28, 선고2011다39946.
147) 김형배, 노동법(제24판), 1081면.
148) 이병태, 최신노동법, 379면.

여 근로기준법 제46조에 의한 휴업수당을 지급해야 한다고 해석하고 있다.[149)]

민법상 사용자의 귀책사유에 의하여 근로제공이 불가능한 경우에 근로자는 임금 전액을 청구할 수 있음에도 불구하고 평균임금 70%에 해당하는 휴업수당만 지급하는 것은 부당하므로 사용자는 정당성이 없는 직장폐쇄에 대하여는 임금 전액을 지급해야 한다.

요컨대, 정당성이 없는 직장폐쇄는 사용자가 고의 또는 과실로 근로자들의 근로제공을 수령하지 않는 근로계약 위반행위로서 채무불이행과 사용자의 귀책사유에 의한 근로제공의 이행불능에 해당되기 때문에 사용자는 임금 전액을 지급해야 한다.

3) 직장폐쇄가 정당한 경우

정당한 직장폐쇄에 대하여는 사용자의 민사상 책임이 면제되는 것이므로 사용자는 근로자에게 임금을 지급할 의무가 없을 뿐만 아니라 근로자의 근로제공을 거부할 수 있다. 즉, 정당한 직장폐쇄 기간은 파업과 마찬가지로 근로계약관계가 정지되는 것이므로 사용자의 임금지급의무와 근로자의 근로제공의무도 당연히 정지된다. 따라서 직장폐쇄가 정당성이 있는 경우에는 사용자가 근로자의 노무수령을 거부할 수 있으므로 근로기준법에 의한 임금지급이나 휴업수당의 지급문제는 발생하지 않는다.

5. 기타의 쟁의행위와 임금공제

1) 준법투쟁과 임금공제

준법투쟁이라 함은 노동조합의 주도하에 근로자들의 주장을 관철하기 위하여 법규정을 엄격하게 준수함으로써 작업능률을 의도적으로 저하시키거나 법률에 정한 근로자의 권리를 동시에 집단적으로 사용함으로써 정상적인 사업의 운영을 저해하는 쟁의행위를 말한다.

엄격한 법의 준수와 같은 「태업형 준법투쟁」은 불완전한 근로제공에 해당하는 것이므로 그에 대한 임금을 감액하는 것은 가능하나, 근로자의 불완전한 근로제공 부분을 확인한다는 것은 불가능하고 사용자가 이의 입증을 하기 어렵기 때문에 임금을 감액한다는 것은 현실적으로 어렵다. 집단연차 사용과 같은 「파업형 준법투쟁」은 본질적으로 파업에 해당되기 때문에 이에 대한 휴가수당의 공제가 가능하다.

---

149) 1994. 11. 9. 근기 68207.

2) 생산관리와 임금공제

생산관리라 함은 조합원들이 사용자의 지휘·명령을 거부하면서 사업장을 점거함으로써 조합간부의 지시 하에 근로를 제공하는 적극적·작위적 쟁의행위이다. 생산관리는 근로자들이 종전의 경영방침을 따르면서 근로자들이 직접 경영하여 임금을 지급받는 것으로서 위법한 쟁의행위에 해당되므로 사용자는 조합원을 상대로 손해배상 청구는 물론 근로자들이 임의로 지급한 임금의 반환청구도 가능하다고 보아야 할 것이다.

3) 피케팅과 임금공제

피케팅은 파업을 효과적으로 수행하기 위하여 근로희망자들의 사업장 또는 공장에의 출입을 저지하고 파업에 동참할 것을 설득하는 보조적 쟁의행위인데, 보통 공장 또는 사업장 입구에서 현수막을 부착하고 확성기를 이용하여 출입자를 감시하여 근로희망자들에게 파업에 동조할 것을 설득·요구하는 행위로 나타난다.

피케팅이 근로계약의 내용에 좇은 이행을 할 수 없을 정도의 것이 아닌 한 사용자는 그 근로제공에 따른 불완전성에 상응하여 노무관리상의 지시권을 행사할 수 있을 뿐 임금지급을 거부할 수는 없다고 보아야 한다.

4) 보이콧트와 임금공제

보이콧트(boycott)는 사용자 또는 그와 거래관계에 있는 제3자의 상품구입 기타 시설의 이용을 거절할 것을 호소하는 보조적 쟁의행위이다. 보이콧트는 정상적인 근로제공을 하면서 사용자의 상품 등을 구매하지 못하도록 하거나 시설의 이용을 거절할 것을 호소하는 것에 불과하기 때문에 임금을 공제할 수 없다. 다만, 보이콧트가 정당성을 상실한 경우에 사용자는 이로 인한 손해배상청구는 가능하다.

Ⅷ. 임금 불이익 변경의 제한

임금액이 근로기준법과 최저임금법에 위반되지 않는 한 근로계약·취업규칙·단체협약 등에 의하여 노사가 자유롭게 결정하는 것이 원칙이다. 그러나 근로자 생활의 재정적 기초가 되는 임금의 불이익한 내용을 사용자가 일방적으로 변경하는 것은 근로기준법의 보호정신과 기득권 보호의 원칙 및 근로조건은 노사가 대등한 지위에서 자유의사에 따라 결정되어야 한다는 근로기준법의 원칙상 허용될 수 없다.

이에 따라 근로기준법 제94조는 사용자가 기존의 임금 등 근로조건을 불이익하게 변경하기 위해서는 반드시 근로자의 집단적 동의를 얻도록 규정하고 있다. 즉, 해당 사업 또는 사업장에 근로자의 과반수로 조직된 노동조합이 있는 경우에는 그 노동조합, 근로자의 과반수로 조직된 노동조합이 없는 경우에는 근로자의 과반수의 동의를 얻어야 한다.

이처럼 근로기준법은 최저기준을 초과하는 임금은 노사관계 당사자가 대등한 지위에서 자유롭게 결정하도록 하되, 임금 등 근로조건을 불이익하게 변경하기 위해서는 근로자의 집단적 동의를 얻도록 함으로써 임금수준을 보호하고 있다. 근로자의 집단적 동의를 얻지 못한 임금의 불이익 변경은 무효이므로 그 변경에 반대를 한 근로자뿐만 아니라 찬성한 근로자에 대하여도 무효가 된다(상세한 내용은 취업규칙의 불이익변경 참조).

Ⅸ. 비정규직 근로자의 임금 등 근로조건 차별금지제도

1. 의 의

1997년 12월 외환위기 이후 기업의 전략적 노무관리 일환으로서 도입된 비정규직 고용의 증가는 일면 고용구조의 유연화를 통하여 기업의 경쟁력을 강화하고 복잡·다양한 노동시장의 변화에 신축적으로 대응함으로써 기업의 성장에 기여한 것은 사실이다. 그러나 비정규직 근로자들은 정규직 근로자에 비하여 근로조건 등에 있어서 차별대우를 받아 왔다. 근로조건에 대한 비정규직의 차별과 남용은 우리사회의 대표적인 사회양극화 현상 중의 하나로서 비정규직 근로자에 대한 고용안정과 근로조건을 개선해야 함은 당위의 명제이다.[150]

비정규직 근로자 중 기간제 및 단시간 근로자의 근로조건 보호를 위하여 제정된 법률이 「기간제 및 단시간 근로자보호 등에 관한 법률(이하 "기간제법")」[151]이고, 파견근로자의 근로조건 보호를 위한 법률이 「파견근로자보호 등에 관한 법률(이하 "파견법")[152]이다.[153] 이들 법률은 2년을 초과하여 사용한 경우에는 기간의 정함이 없

150) 윤기택·한경식, 「기간제 근로자의 차별금지제도에 관한 고찰」, 354~355면.

151) 제정 2006. 12. 21. 법률 제80745.

152) 개정 2006. 12. 21. 법률 제8076호.

153) 일반적으로 비정규직 근로자에는 한시적 근로자로서 단시간근로자와 기간제 근로자, 비전형 근로자로서 파견근로자·용역근로자·특수고용직 종사자까지를 포함시키고 있

는 근로자로의 전환과 사용사업주의 직접 고용의무를 부과하고, 기간제 또는 파견근로자임을 이유로 임금 등 근로조건에 대하여 동종 또는 유사한 업무에 종사하고 있는 상용근로자와의 차별적 처우를 금지하고 차별적 처우가 있는 경우에 차별시정을 할 수 있도록 규정하고 있다. 파견근로자법과 기간제법에 규정된 근로조건 등에 대한 차별금지제도의 내용은 동일하게 규정되어 있으므로 기간제법에 의한 근로조건 등에 차별대우금지제도에 대해서만 기술하기로 한다.

2. 적용범위

사용자는 2년을 초과하지 않는 범위 안에서 기간제 근로자를 사용할 수 있다(§2①호·§4①).[154] 기간제법은 민간기업의 경우에는 상시근로자 5인 이상의 근로자를 사용하는 모든 사업 또는 사업장에 적용하고, 국가 및 지방자치단체의 기관에 대하여는 상시 근로자수에 상관없이 전면적으로 적용된다. 다만, 동거의 친족만을 사용하는 사업 또는 사업장과 가사사용인에 대하여는 적용하지 않고 상시 근로자 4인 이하의 근로자를 사용하는 사업 또는 사업장에 대하여는 대통령령이 정하는 바에 따라 이 법의 일부를 적용할 수 있다(§3).

사용자가 2년을 초과하여 기간제 근로자를 사용할 때에는 기간의 정함이 없는 근로계약을 체결한 것으로 간주되어 근로계약기간 만료로 인한 계약해지로부터 보호를 받을 수 있으나, 사업의 완료 또는 특정한 업무의 완성에 필요한 기간을 정한 경우, 휴직·파견 등으로 결원이 발생하여 당해 근로자가 복귀할 때까지 그 업무를 대신할 필요가 있는 경우, 고령자와 근로계약을 체결하는 경우, 전문적 지식·기술의 활용이 필요한 경우[155]와 정부의 복지정책·실업대책 등에 의하여 일자리를 제공하는 경우로서 대통령령이 정하는 경우,[156] 기타 이에 준하는 합리적인 사유가 있

다. 그러나 법률상 보호대상이 되는 비정규직 근로자는 단시간근로자, 기간제근로자, 파견근로자에 국한된다.

154) 근로계약기간과 기간제근로의 사용기간을 다르게 규정할 경우 법 운용에 혼란을 초래할 우려가 있으므로 이를 일원화하기 위하여 근로기준법 제16조에 정한 근로계약기간의 상한 1년은 폐지되었다(부칙 제3항).

155) 박사학위 소지자·국가기술자격법 제9조 제1항 제1호에 따른 기술사 등급의 국가기술자격 소지자·전문자격 소지자가 해당 분야에 종사하는 경우에는 사용기간의 제한을 받지 않는다(영§3①).

156) 고용정책기본법·고용보험법 등 다른 법령에 따라 국민의 직업능력 개발, 취업 촉진

는 경우로서 대통령령이 정하는 경우[157] 등과 같은 합리적인 사유가 있는 경우에는 2년을 초과하여 사용할 수 있도록 하고 있다(§4).

3. 차별금지 대상

「차별적 처우」라 함은 임금 그 밖의 근로조건 등에 있어서 합리적인 이유 없이 불리하게 처우하는 것을 말하는 것이므로 기간제 근로자에 대한 차별금지대상은 임금을 포함한 근로조건 등이다(§2③호).

여기서 차별금지대상이 되는 「근로조건 등」의 내용은 반드시 인사규정 등에 명시되거나 관행으로 정착된 근로조건에 이르는 것만을 의미한다고 볼 수는 없고 고정적인 근로조건이 아니더라도 사용자의 편의제공이나 재량적 판단에 따른 기타의 조치들도 모두 차별시정의 대상이 되는 근로조건 '등'에 해당한다고 보아야 한다. 즉, 근로조건 등이란 채용이후 근로제공과 관련된 제반 조건을 모두 포함하는 의미로 보아야 하므로 임금, 기타 각종 수당, 각종 복지후생제도, 근로시간 등을 모두 포함하는 것으로 해석해야 한다.[158]

4. 차별적 처우 여부의 판단

1) 문제의 소재

기간제법 제8조 제1항은 사용자는 기간제 근로자임을 이유로 당해 사업 또는 사업장에서 기간의 정함이 없는 근로계약을 체결한 근로자에 비하여 차별적 처우를 하여서는 아니 된다고 규정하고 있으므로 기간제 근로자의 차별적 처우가 있는지를 비교할 수 있는 대상은 당해 사업 또는 사업장에 근무하고 있는 상용근로자에 국한

및 사회적으로 필요한 서비스 제공 등을 위하여 일자리를 제공하는 경우, 제대군인 지원에 관한 법률 제3조에 따라 제대군인의 고용증진 및 생활안정을 위하여 일자리를 제공하는 경우, 국가보훈기본법 제19조 제2항에 따라 국가보훈대상자에 대한 복지증진 및 생활안정을 위하여 보훈도우미 등 복지지원 인력을 운영하는 경우에는 사용기간의 제한을 받지 않는다(영§3②).

157) 다른 법령에서 기간제 근로자의 사용기간을 달리정하거나 별도의 기간을 정하여 근로계약을 체결할 수 있도록 한 경우, 소득세법 제20조 제1항에 따른 최근 2년간의 연평균 근로소득이 노동부장관이 최근 조사한 자의 근로소득 상위 25%에 해당하는 경우, 근로기준법 제18조 제3항에 따른 1주 동안의 소정근로시간이 뚜렷하게 짧은 단시간 근로자를 사용하는 경우 등은 사용기간의 제한을 받지 않는다(영§3③).

158) 윤기택·한경식, 「기간제 근로자의 차별처우금지제도에 관한 고찰」, 361~362면.

된다. 따라서 일단 비교대상 상용근로자를 선정한 후 기간제 근로자와 비교하여 임금 등에 대하여 불리한 결과를 초래하였는지의 여부를 판단하여야 한다.

그러나 기간제법은 단지 차별적 처우가 있는가를 판단할 수 있는 비교대상 상용근로자를 당해 사업 또는 사업장 근로자라고만 규정하고 있을 뿐, 비교대상 선정범위로서의 동일사용자의 범위, 동일한 사업 또는 사업장의 범위, 동종 또는 유사한 업무의 범위, 비교대상 상용근로자가 다수인 경우의 선정 기준에 대하여는 명문규정을 두지 않은 관계로 적용상 상당한 혼란이 발생할 소지가 있다.

2) 동일사용자 여부의 판단

기간제법 제8조는 차별금지에 관한 의무자인 사용자의 관점에서 금지규정을 정하는 형식을 취하고 있기 때문에 비교대상자로서 선정되는 상용근로자는 동일한 사용자의 사업 또는 사업장에 고용된 근로자임이 분명하다. 의무주체인 사용자의 입장에서 보면 책임주체인 사용자의 범위를 확대하게 되면 사용자의 책임이 가중되는 결과를 초래하기 때문에 동일한 사용자의 범위를 최대한 제한하게 될 것이나, 차별적 처우를 주장하고 있는 근로자의 입장에서 보면 가능한 한 동일 사용자의 범위를 확대함으로써 사용자의 책임범위를 확대하려고 할 것이다.

차별적 처우를 주장하고 있는 근로자를 고용하고 있는 회사가 단지 명목상의 사용자에 불과하여 법인격이 부인되지 않는 한 사용자로 볼 수 없다는 것이 대법원의 입장이므로, 실질적으로 근로조건 등의 결정에 대하여 상당한 영향력을 행사하고 있는 도급회사, 모기업, 파견근로자의 사용사업주, 위탁관리회사 등을 동일한 사용자의 범주에 포함시키는 것은 무리이다.[159] 그러나 대법원 판례처럼 사용자의 범위

---

159) 도급회사로부터 일체의 자재·재료 등을 제공받으면서 실질적으로 지휘감독을 받고 작업의 일부만을 도급받아 노무만을 제공하고 있는 이른바 '건설오야지'에 고용된 일용근로자의 경우 도급회사는 사용자가 될 수 없다고 하는 판례는 대법원 1987. 5. 26. 선고 87도604 판결이고, 관리위탁자인 아파트입주자대표회의가 실질적으로 위탁관리회사의 직원들의 근로조건과 인사권에 대하여 영향력을 행사한 경우라도 아파트입주자대표회의를 사용자로 보지 않는 판례는 대법원 1999. 7. 12. 선고 99마628 판결; 대법원 2001. 1. 15. 선고 2000두2686 판결; 대법원 2001. 6. 1. 선고 2001두2218 판결 등이 있으며, 자회사 또는 법인회사가 모회사 또는 특정 1인의 기업에 불과하여 법인격이 부인되는 경우에 한하여 모회사 또는 특정인이 사용자가 된다고 하는 판례는 대법원 2001. 1. 19. 선고 97다21604 판결; 대법원 2003. 9. 23. 선고 2003두3420 판결 등이 있다.

를 너무 협소하게 해석하는 경우에는 기업들은 오히려 기간제법에 의한 사용자의 책임을 회피하기 위하여 다른 형태의 간접고용 형태로 전환할 것이 예상되므로 기간제법의 실효성을 저해하는 역기능을 초래할 수도 있다.

따라서 형식적으로는 사용자가 아니더라도 근로자 자신이 수행하는 업무의 내용에 있어 실질적인 사용종속관계의 범위 내에 있는 것이라면, 동일한 사용자로 해석하는 것이 타당하다고 본다. 다만, 실질적으로 사용종속관계가 존재하는지에 대한 입증책임을 근로자가 부담해야 할 것이다.[160)]

3) 비교대상 상용근로자의 선정기준

동종·유사업무의 범위 내에 포함되는 상용근로자가 동일한 사업장과 사업 내에 모두 존재하고 근로조건 등이 서로 다른 경우에 누구를 비교대상으로 선정할 수 있는가 하는 것이 문제이다. 이처럼 비교대상이 되는 상용근로자가 다수일 때, 노사가 자율적으로 단체협약 또는 취업규칙에 비교대상 우선순위를 규정하고 있는 경우에는 별 문제가 없으나 당사자는 당연히 자신에게 유리한 상용근로자가 비교대상이 되어야 한다고 주장할 것이므로 운영상 혼란을 초래하게 된다. 따라서 법적용의 일관성을 위해서는 비교대상이 되는 상용근로자가 중복된 경우에는 비교대상에 대한 우선순위 규정을 둘 필요가 있다.[161)]

기간제법은 당해 사업 또는 사업장에서 동종 또는 유사한 업무에 종사하는 상용근로자와 비교하도록 정하고 있으므로 비교대상이 되는 근로자는 「현재 종사하고 있는 자」일 것을 요구하고 있다. 그러나 「현재 종사하는 자」의 의미를 어떻게 이해하느냐에 따라 비교대상의 범위가 달라질 수 있어 이에 대한 논의가 필요하다. 「현재 종사하는 자」의 범위를 엄격하게 해석할 경우, 사용자가 실질적으로 임금인하를 목적으로 상용근로자를 해고한 뒤 그 자리를 비정규직으로 대체하여 고용불안을 야기시킬 수 있으므로 「현재성」이란 원칙적으로 차별이 존재하였다고 하는 행위 당시에 동종·유사업무에 일하고 있던 상용근로자가 존재해야 한다는 의미로 해석해야

---

160) 윤기택·한경식, 「기간제근로자의 차별처우금지제도에 관한 고찰」, 370~371면.

161) 기간제 근로자는 동일한 사업장에 근무하고 있는 상용근로자와 비교하여 근로조건 등에 대하여 차별을 느낄 때 상대적 박탈감에 빠지는 것이 일반적이므로 비교대상 우선순위는 동종 사업장 → 동종 사업 → 유사 사업장 → 유사사업의 순으로 결정하는 것이 합리적일 것이다(윤기택·한경식, 「기간 제근로자의 차별처우금지제도에 관한 고찰」, 371면).

한다. 따라서 차별행위가 있었던 당시에 비교대상자가 존재하였으나 차별시정을 주장할 때에는 비교대상자가 없다 하더라도 「현재성」의 요건을 갖춘 것으로 보아 차별시정신청을 할 수 있다고 보아야 한다.[162] 결국, 비교대상이 되는 「현재 종사하는 자」의 범위는 근로조건처우의 일관성과 기간제법의 입법목적에 비추어 유연성 있게 해석해야 할 것이다.

기간제법은 당해 사업 또는 사업장 내의 동종 또는 유사한 업무에 종사하는 상용근로자에 비하여 차별적 처우를 금지하는 것이므로 사용자가 상용직 업무와 비정규직 업무를 구분하여 운영한다면 비교대상이 존재하지 않게 되어 차별적 처우금지 조항을 적용할 여지가 없게 된다는 문제가 발생한다.[163] 따라서 비교 가능한 통상근로자가 동일한 사업장에 없는 경우에는 단체협약에서 정한 것으로 하고 단체협약이 없는 경우에는 국내법률 또는 관행을 적용하도록 하는 등과 같은 비교대상 기준을 구체적으로 규정할 필요성이 있다.

4) 동종 또는 유사한 업무의 범위

기간제법은 비교의 대상이 되는 「동종 또는 유사한 업무」의 개념과 범위에 관하여 규정한 것이 없기 때문에 이에 대한 해석상 다툼이 있을 수 있다. 비교대상이 되는 업무가 기간제근로자의 업무와 같은 종류 또는 유사한 업무에 해당하는가 여부는 취업규칙이나 근로계약에서 정한 업무 내용이 아니라 근로자가 「실제로 수행하고 있는 업무의 내용」을 기준으로 판단하되 이들이 수행하는 업무가 완전히 일치하지 않고 업무의 범위나 내용 등에서 다소 차이가 있더라도 주된 업무의 내용에 본질적인 차이가 없다면 특별한 사정이 없는 한 이들은 같은 종류 또는 유사한 업무로 종사한다고 보아야 한다.[164]

그리고 근로계약서상 명시된 일의 내용이 동일한 경우라면 동일 또는 유사한 업무를 수행하였다는 점을 추정할 수 있을 것이나, 근로계약에 표시된 업무의 명칭이 실제 수행하는 일의 내용과 다른 경우에는 「동종 또는 유사」한 업무로 볼 수 없는 반면 주된 범위의 일에 있어서 비교적 상호대체가 용이하다면 「동일 또는 유사」한

---

162) 조임영 외 4인, 비정규직차별시정제도의 운영에 관한 연구: 기간제근로자 차별시정제도를 중심으로, 54면.

163) 김선수, 「비정규직 관련 정부입법안의 문제점과 대안」, 24면.

164) 대법원 2012. 10. 25. 선고 2011두7045; 대법원 2013. 3. 14. 선고 2010다101011.

업무라고 볼 수 있다.[165] 마찬가지로 단체협약에 의하여 비교대상이 되는 「동일 또는 유사성」을 판단할 수 있는 기준을 설정하여 놓았더라도 실질적으로 「동일 또는 유사성」이 존재한다면 차별시정대상이 된다고 보아야 한다.[166]

5) 합리적 차별 여부의 판단

기간제법 제2조 제3호에서 「차별적 처우란 임금 그 밖의 근로조건 등에 있어서 합리적이 이유 없이 불리하게 처우하는 것을 말한다.」고 규정하고 있다. 이를 반대해석하면 사용자는 합리적인 이유가 있으면 근로조건 등에 있어서 비교대상이 되는 동종 또는 유사업무에 종사하고 있는 상용근로자보다 불리한 처우를 할 수 있다는 의미이므로 무엇이 불리한 처우를 할 수 있는 합리적인 이유인가를 판단할 수 있는 기준이 제시되어야 함에도 기간제법은 이에 대한 기준과 「합리적 이유」에 대한 정의규정을 두지 않은 관계로 적용상 혼란을 초래하고 있다.[167] 판례에 따르면, '불리

165) 근로계약서에 명시된 대로 「동종 또는 유사」한 업무 여부를 판단하게 되면, 사용자가 비교가능성을 회피하기 위하여 사실상 업무의 차이가 없음에도 표현을 달리하여 작성할 가능성이 있을 뿐만 아니라 비교의 내용이 되는 업무란 실제 수행하는 업무를 의미하므로 근로계약서에 기재된 업무의 내용은 외형상의 일정한 추정일 뿐 「동종 또는 유사성」 판단의 필요조건이라고 볼 수 없다.

166) 단체협약이 노사간의 집단적 합의를 통해 이루어진다는 점에서 동일 또는 유사성 판단에 대한 집단적 의사를 보여주는 것이지만, 단체협약은 교섭력에 의해 좌우되는 성격을 무시할 수 없을 뿐만 아니라 기간제 근로자들이 현실적으로 기존 노동조합에 가입하거나 신규노동조합을 조직하는 것이 어려운 상황에서는 노동조합과 사용자가 실제 수행하는 업무의 동종 또는 유사성의 범위를 제약하여 기간제 근로자의 이익을 침해하는 현상이 발생할 수 있다.

167) 유럽연합의 ETUC, UNICE 및 CEEP의 기간제근로에 대한 기본협약은 「근로조건에 관하여 기간제근로자는 차별취급이 객관적 사유로 정당화되지 않는 한 단지 기간제 계약 또는 기간제 근로관계라는 이유만으로 비교 가능한 통상 근로자에 비해 불리한 방식으로 취급되어서는 안된다」고 규정하고 있고(§4①), 영국의 기간제근로자의 차별취급 방지를 위한 위임법령(The Fixed-term Employees(Prevention of Less Favourable Treatment) Regulations 2002, No. 2034)은 「기간제근로자는 객관적인 사유에 의하여 정당화되지 않는 한 기간제근로자라는 이유로 비교될 수 있는 상용근로자 보다 그 계약의 조건과 관련하여 불이익 취급을 받지 않을 권리를 가진다」라고 규정하고 있으며(§3①), 독일의 2001년 「단시간 및 기간제 근로자에 관한 법률(Gesetz ueber Teilzeitarbeit und befristete Arbeitsvertraege; TzBfG)은 기업의 형평상 필요에 부합하고 그러한 목적을 달성하는 데에 적당하고 필요한 것으로 객관적인 근거가 주어져 있는 경우를 「차별취급을 정당화하는 객관적인 사유」로 규정(§3)하고 있다(박종희 외 3인, 비정규직 차별금지에 관한 선진국 제도운용 연구, 213면 이하).

한 처우'란 사용자가 임금 그 밖의 근로조건 등에서 기간제 근로자와 비교 대상 근로자를 다르게 처우함으로써 기간제 근로자에게 발생하는 불이익 전반을 의미하고, '합리적인 이유가 없는 경우'란 기간제 근로자를 달리 처우할 필요성이 인정되지 않거나, 달리 처우할 필요성이 인정되는 경우에도 그 방법·정도 등이 적정하지 않은 경우를 의미한다. 그리고 합리적인 이유가 있는지는 개별 사안에서 문제가 된 불리한 처우의 내용 및 사용자가 불리한 처우의 사유로 삼은 사정을 기준으로 기간제 근로자의 고용형태, 업무 내용과 범위·권한·책임, 임금 그 밖의 근로조건 등의 결정요소 등을 종합적으로 고려하여 판단해야 한다.[168]

기간제법은 기간제 근로자에 대한 차별을 시정하는 것 뿐 아니라 사용자를 차별금지법리에 강하게 구속시켜서 기간제 근로자의 근로조건 등을 보호하는 것을 목적으로 하는 것이므로 불리한 처우가 기업질서 및 노사관계에서 어느 정도 사회통념상 정당하다고 판단되는 경우라도 합리적 차별 여부를 판단하기 위해서는 엄격하게 「적정성」과 「비례의 원칙」을 적용할 필요성이 있다.[169]

6) 차별시정명령

합리적 이유 없이 차별적 처우를 받은 기간제근로자의 신속하고 저렴한 비용으로 권리구제를 도모하기 위한 필요성에서 기간제법은 노동전문행정위원회인 노동위원회에 차별시정위원회를 설치하여 차별시정 여부를 판단하여 시정명령을 할 수 있도록 하고, 차별처우 여부에 대한 입증책임을 사용자가 부담하도록 규정하고 있다(§9).

기간제 근로자에 대한 차별에 관한 입증책임은 모두 사용자가 부담하도록 규정하고 있으므로 기간제근로자는 상용근로자에 비해 불리한 처우가 있음을 명시하여 기간제 근로자임을 이유로 한 차별적 처우가 존재함을 추정할 수 있는 정도의 사실만을 적시하면 무방할 것이다. 반면 사용자는 당해 처우의 기준이 기간제 근로자와 상용근로자간에 달리 적용되지 않았다는 점을 통해 제시된 상용근로자가 타당한 비교대상이 되지 않는다는 사실을 입증하거나 당해 처우의 결과가 실질적으로 불이익하지 않거나 합리적 차별이라는 것을 객관적으로 입증하여야 한다.

이때 사용자가 입증해야 하는 「합리적 이유」란 사용자가 기간제 근로자임을 불이익한 처우를 행하였는지에 대한 주관적인 의도나 내심의 의사를 밝히는 것이 아니

---

168) 대법원 2012. 10. 25. 선고 2011두7045.

169) 윤기택·한경식, 「기간제 근로자의 차별금지제도에 관한 고찰」, 373~374면.

라 객관적인 인과관계를 밝히는 것이므로 사용자는 자신의 내심에는 차별할 의도가 없었다는 점만으로는 반증이 될 수 없고 객관적으로 납득할만한 당해 처우의 목적 및 사업목적상의 필요성과 적정성을 검토하는 비례성의 원칙을 통해서만 객관적으로 정당화될 수 있다.[170] 만약 사용자가 이를 입증하지 못하면 「일응 차별((prima facie case)」로 추정되어 차별적 처우에 해당되는 것으로 보아야 한다.

노동위원회의 차별시정명령 내용은 각 사안별로 차별시정의 실효성을 높일 수 있도록 적절한 것이면 무방할 것이나, 차별적 행위의 중지, 임금 등 근로조건의 개선 및 적정한 금전보상 등이 포함되어야 한다(§13). 노동위원회의 차별시정명령에 대한 실효성 확보를 위하여 고용노동부장관은 확정된 차별시정명령에 대하여 사용자에게 이행상황의 제출을 요구할 수 있고, 사용자가 확정된 시정명령을 정당한 이유 없이 이행하지 아니한 경우에는 과태료를 부과할 수 있도록 규정하고 있다(§15·24①).

제4절 근로관계존속 중의 임금보호

Ⅰ. 임금지급방법상의 원칙

임금은 근로자 및 그 가족의 생활에 필요한 재정적 기초에 해당되는 금품이므로 근로기준법 제43조는 ① 통화(通貨)지급의 원칙, ② 직접지급의 원칙, ③ 전액지급의 원칙, ④ 정기지급의 원칙을 규정함으로써 근로자의 생계안정을 도모하고 있다. 다만, 단체협약에 특별한 규정을 둔 경우에는 전액지급의 원칙과 통화지급의 원칙에 대한 예외를 인정하고 임시로 지급하는 임금과 대통령령으로 정하는 임금에 대하여는 정기지급의 원칙에 대한 예외를 인정하고 있다.

1. 직접지급의 원칙

사용자는 반드시 근로를 제공한 근로자 본인에게 직접 임금을 지급하여야 한다. 이는 임금을 근로자가 직접 수령하게 함으로써 그의 자유로운 처분에 맡기게 함과 동시에 근로자의 생활을 보장하기 위한 것이다. 직접지급의 원칙에는 예외가 인정되지 않으므로 법령이나 단체협약 등에 의해서도 제한할 수 없다. 근로자의 요구에

170) 조임영 외 4인, 비정규직차별시정제도의 운영에 관한 연구: 기간제근로자 차별시정제도를 중심으로, 33면.

의하여 지정된 은행의 요구불예금구좌에 입금하는 것은 본인에게 직접 지급하는 것과 같은 효과를 갖는다.[171)]

따라서 근로자가 제3자에게 임금수령권한을 위임하였다 하더라도 사용자는 대리인 등에게 임금을 지급하면 무효가 되며, 미성년자인 근로자의 친권자인 부모 또는 법정대리인에게도 임금을 지급할 수 없다(§68). 그러나 인감을 주어 임금을 수령하도록 심부름을 하는 사자(使者)에게 임금을 지급하는 것은 직접지급의 원칙에 위배되지 않는다.[172)] 임금의 직접지급은 근로자의 생활을 보장하기 위한 것이므로 비록 근로자의 은행구좌에 입금한 후 미리 받아 놓은 예금청구서를 이용하여 사용자가 인출하여 채무변제의 형식을 취한 경우라도 실질적으로는 근로자에게 직접 지급한 것으로 볼 수 없다.[173)]

직접지급의 원칙과 관련하여 문제되는 것은 근로자가 임금채권을 제3자에게 양도한 경우에 그 효력을 어떻게 보아야 할 것인가이다. 이에 관하여 임금채권의 양도를 금지하는 규정은 없어, 대법원은 임금채권의 양도는 가능하나 사용자가 임금채권 양수인에게 임금을 지급하면 직접지급의 원칙에 위반되는 것으로 해석하고 있다.[174)]

사용자가 임금 지급에 갈음하여 제3자에 대해 가지는 채권을 근로자에게 양도하는 약정의 유효 여부에 관하여 대법원은 "임금은 법령 또는 단체협약에 특별한 규정이 있는 경우를 제외하고는 통화로 직접 근로자에게 전액을 지급하여야 한다(근로기준법 제43조 제1항). 따라서 사용자가 근로자의 임금 지급에 갈음하여 사용자가 제3자에 대하여 가지는 채권을 근로자에게 양도하기로 하는 약정은 전부 무효임이 원칙이다. 다만 당사자 쌍방이 위와 같은 무효를 알았더라면 임금의 지급에 갈음하는 것이 아니라 지급을 위하여 채권을 양도하는 것을 의욕하였으리라고 인정될 때에는 무효행위 전환의 법리(민법 제138조)에 따라 그 채권양도 약정은 '임금의 지급을 위하여 한 것'으로서 효력을 가질 수 있다."라고 하여 한정적 효력(임금 일부 변제의 효력, 따라서 변제받지 못한 부분에 대한 청구 가능)을 가질 수 있다고 판시하고 있다.[175)]

---

171) 근기 01254-18305, 1985.10.7.
172) 김형배, 노동법(제24판), 362면.
173) 대법원 1989. 11. 24. 선고 88다카25038.
174) 대법원 1988. 12. 13. 선고 87다카2803.
175) 대법원 2012. 3. 29. 선고 2011다101308.

2. 통화지급의 원칙

임금은 강제통용력이 있는 화폐로 지급하여야 한다. 다만, 법령 또는 단체협약에 특별한 규정이 있는 경우에는 통화 이외의 것으로 지급할 수 있다. 이는 현물급여(Truck-system)를 금지함으로써 근로자의 실질적인 임금확보를 보호하기 위한 것이다.

금융제도가 발달되어 있는 관계로 은행에 의하여 그 지급이 보증되는 보증수표(자기앞 수표)로 지급하는 것은 통화지급의 원칙에 반하는 것은 아니나, 은행에 의하여 그 지급이 보증되지 않는 당좌수표나 어음으로 임금을 지급하는 것은 통화지급의 원칙에 반한다.[176] 성과배분제도를 도입하면서 성과급의 지급수단으로 지급된 주식은 임금이 아니므로 위법이 아니다.

그리고 사용자가 악의를 가지고 소액의 강제통용력이 있는 화폐로 임금을 지급하는 경우에는 통화지급의 원칙에 반한다고 볼 수는 없으나, 근로자가 이를 환전하는데 상당한 노력과 시간을 요하게 되므로 노사관계의 신의성실에 원칙에 반하는 것으로 해석해야 한다.

3. 전액지급의 원칙

사용자가 근로자에 대하여 채권을 가지고 있더라도 이를 임의로 임금에서 공제하거나 상계할 수 없고 임금 전액을 지급해야 한다. 이는 사용자가 일방적으로 임금을 공제하는 것을 금지하여 근로자에게 임금전액을 확실하게 지급받게 함으로써 근로자의 경제생활을 위협하는 일이 없도록 하기 위한 것이다. 다만, 법령 또는 단체협약에 특별한 규정 있는 경우에는 임금의 일부를 공제할 수 있다. 전액지급의 원칙에 대한 예외로서 법령에 의한 경우는 고용보험법에 의한 고용보험료, 국민건강보험법에 의한 국민건강보험료, 국민연금법에 의한 국민연금료, 소득세법에 의한 갑종근로소득세 등이 있다.

문제는 단체협약에 의하여 임금의 일부를 공제할 수 있는 경우인데, 단체협약의 근거와 근로자의 동의가 있는 경우에는 임금의 공제를 허용해야 한다.[177][178] 그러

---

176) 민변, 변호사가 풀어주는 노동법Ⅰ, 342면; 하갑례, 근로기준법, 575면.

177) 대법원 2003. 6. 27. 선고 2003다7623.

178) 동지 김유성, 노동법Ⅰ, 94면; 김형배, 노동법(제24판), 364면; 하갑래, 근로기준법(전정제27판), 508면.

나 전액지급의 원칙에 대한 예외로서 법령 및 단체협약만을 규정하고 있으므로 취업규칙·근로계약에 의하여 임금의 일부를 공제할 수 없다.[179]

전액지급의 원칙과 관련하여 문제가 되는 것은 당사자의 합의 또는 사용자의 의사표시에 따라 임금을 상계할 수 있는가의 여부이다. 이에 관하여 대법원은「근로자의 자유로운 의사에 의하여 이루어진 것이라고 인정할 만한 객관적이고 합리적인 이유가 있으면 상계를 인정해야 하고, 계산의 착오 등으로 임금이 초과 지급된 경우에는 사용자는 초과 지급된 청구권을 자동채권으로 하여 임금과의 상계가 허용된다.」라고 해석하고 있다.[180]

그리고 사용자가 근로자에 대한 금전채권을 확보하기 위하여 임금채권을 압류 및 추심하여 임금채권과 상계하는 것은 임금전액 지급의 원칙에 반하지 않을 뿐만 아니라 임금채권 우선변제권을 규정한 근로기준법 제38조에도 위반되지 않는다.[181] 왜냐하면, 임금전액 지급의 원칙은 사용자가 근로자에게 가지고 있는 채권을 이유로 일방적으로 임금과 상계할 수 없도록 금지하지 못하도록 하는데 있는 것이지, 사용자가 근로자에 대한 채권을 확보하기 위하여 별도의 절차에 따라 임금채권에 압류 또는 집행 자체를 금지하는 것이 아니기 때문이다.[182]

4. 정기지급의 원칙

임금은 매월 1회 이상 일정한 기일을 정하여 지급하여야 한다. 따라서 매월 임금지급기일을 특정할 수 없는 기한을 정하여 지급하기로 한 근로계약은 무효이다(§43 ②). 비록 연봉제를 채택하고 있더라도 연봉총액을 일시에 전액 지급할 수 없고 매월 1회 이상 특정일을 정하여 일정액씩 분할하여 지급하여 한다.

---

179) 그러나 근로자 명의의 은행적금 불입, 대출금 상환의 대행 등과 같이 개인적인 필요에 의하여 요청한 경우에는 편의제공 차원에서 이의 공제를 인정해야 한다고 하는 견해도 있다(하갑래, 근로기준법(전정제27판), 508면).

180) 대법원 2001. 10. 23. 선고 2001다25184; 대법원 1993. 12. 28. 선고 93다38529; 대법원 1998. 6. 26. 선고 97다14200.

181) 대법원 1994. 3. 16. 선고 94마1822; 대법원 2000. 5. 26. 선고 99다31551.

182) 근로기준법 제38조에 규정된 임금채권의 우선변제권은 민사집행법상 사용자의 총재산에 대한 강제경매에 따른 매각대금에서 일반채권에 우선하여 변제받을 수 있는 권리에 지나지 않는 것이므로 사용자가 임금채권을 압류 및 추심하여 임금과 상계하는 것은 임금채권 우선변제의 원칙에도 반하지 않는다.

그러나 임시로 지급하는 임금, 수당 기타 이에 준하는 것과 대통령령으로 정하는 임금에 대하여는 예외가 인정된다. 이에 해당하는 임금으로서는 ① 1월을 초과하는 기간의 출근성적에 의하여 지급하는 정근수당, ② 1월을 초과하는 일정기간의 계속근무에 대하여 지급하는 근속수당, ③ 1월을 초과하는 기간에 걸친 사유에 의하여 산정되는 장려금·능률수당·상여금, ④ 기타 부정기적으로 지급하는 제 수당이 있다(영§23).

고용노동부장관은 일정한 조건 아래서 임금을 체불한 사업주의 명단을 공개하거나 종합신용정보 집중기관에 임금체불 자료를 제공할 수 있다(근로기준법§43의2, 43의3).

그리고 사용자는 임금지급기일 이전이라도 근로자가 출산, 질병, 재해, 혼인, 사망, 기타 부득이한 사유로 1주일 이상 귀향하게 됨으로써 그 비용을 충당하기 위하여 근로자가 임금을 청구하는 경우에는 이미 제공한 근로에 대한 임금을 지급해야 한다(§45·영§25).

Ⅱ. 도급사업에서의 임금채권보호

1. 의 의

사업이 수차의 도급에 의하여 행하여지는 경우에 근로자의 임금지급은 도급인 또는 상수급인에 의존하는 것이 현실이므로 직상수급인의 귀책사유로 인하여 임금을 지급하지 못하게 된 때에는 직상수급인은 수급인과 연대하여 책임을 묻게 할 필요성이 있으며, 사전에 도급금액 중 임금에 상당하는 금액에 대하여는 압류를 금지할 필요성이 있다.

이처럼 사업이 수차의 도급에 의한 경우에 경제력이 약한 수급인에게 고용된 근로자의 임금채권을 보호하기 위하여 근로기준법 제44조 제1항은 하수급인이 직상수급인의 귀책사유로 임금을 지급하지 못한 때에는 그 직상수급인은 근로자의 사용자인 하수급인과 연대하여 책임을 부담하고 직상수급인의 귀책사유가 그 상위 수급인의 귀책사유에 의하여 발생한 경우에는 그 상위 수급인도 연대하여 책임을 지도록 규정하였고, 근로기준법 제44조의 2 제1항은 직상수급인과 하수급인 사이에 합의가 있거나 민사집행법에 의한 집행권원(확정된 지급명령, 하수급인의 근로자가 하수급인에 대하여 임금채권이 있음을 증명하는 집행증서, 확정된 이행권고결정) 등이 있는 경우에는 직상수급인이 하수급인 소속 근로자의 임금을 직접 지급할 수 있도록 규정하고 있다. 그리고 건설산업기본법 제88조 제1항은 건설업자가 도급받은 건설공사의 도급금액 중 당해 공사의 근로자에게 지급하여야 할 노임에 상당하는 금액에 대하여 압류를 금지하도록 규정하고 있다.

2. 근로기준법에 의한 보호

1) 직상수급인의 연대책임

하수급인이 직상수급인의 귀책사유로 근로자에게 임금을 지급하지 못한 때에는 직상수급인은 하수급인과 연대하여 책임을 부담한다(§44①). 이는 근로자의 임금지급의무가 있는 하수급인은 대체로 임금지불능력이 직상수급인의 도급금액에 의존하게 되는 도급사업의 특수성을 고려하여 특별히 하수급인에게 고용된 근로자의 임금채권의 실효성을 확보하기 위한 임금채권보호제도이다.

여기서 「도급」이라 함은 당사자의 일방인 수급인이 어떤 일을 완성하고 그 상대방인 도급인은 그 일의 결과에 따라 보수를 지급할 것을 약정하는 계약을 말하고, 하수급인의 근로자에게 임금지급의 연대책임을 부담하는 「직상수급인」이라 함은 하수급인에게 일의 완성을 직접 의뢰한 바로 윗 단계의 수급인을 말한다. 그리고 도급인과 수급인만이 있는 1차 도급의 경우에 도급인을 직상수급인으로 보아야 하는가에 대하여는 이를 부정하는 견해도 있으나,[183] 수급인의 임금지불능력이 도급인에게 의존하고 있는 것이므로 도급인을 직상수급인으로 보아야 한다고 하는 것이 다수설[184]이고 판례[185]의 태도이다.

직상수급인의 귀책사유란 ① 정당한 사유 없이 도급계약에 정한 도급금액 지급일에 도급금액을 지급하지 아니한 경우, ② 정당한 사유 없이 도급계약에 정한 원자재 공급을 늦게 하거나 공급을 하지 아니한 경우, ③ 정당한 사유 없이 도급계약의 조건을 이행하지 아니하여 하수급인이 도급사업을 정상적으로 수행하지 못한 경우를 말한다(영§24).

직상수급인의 귀책사유로 임금을 지급하지 못하게 되었을 때에는 그 직상수급인

183) 임종률, 노동법(제14판), 420면.

184) 김유성, 노동법 I, 130면; 김형배, 노동법(제24판), 403면; 이병태, 최신노동법, 756면; 이상윤, 노동법, 217면.

185) 대법원 1999. 2. 5. 선고 97다48388.

은 하수급인과 연대책임을 져야 하므로 근로자는 하수급인 또는 직상수급인을 상대로 직접 임금을 청구할 수 있다. 그러나 직상수급인의 연대책임은 근로자의 임금채권을 보호하기 위한 특별책임에 불과한 것이므로 직상수급인의 미지급도급금액에 대하여는 임금채권우선변제는 인정되지 않는다.[186)]

2) 건설하도급에 있어서의 임금연대책임 및 특례

건설하도급에 있어서 임금지급의무는 사업주인 하수급인이 지게 된다. 여기서 사업주란 대외적으로 임금을 지급할 의무가 있는 사용자로서 건설산업기본법 등에 의한 건설면허사업자뿐만 아니라 관계법령에 의하여 실질적으로 건설업자로부터 하도급을 받고 사업을 운영하고 있는 건설면허가 없는 사업주인 이른바 「건설오야지」까지를 포함하는 것이다.

그러나 건설면허가 없는 영세사업주는 재정력이 열악하여 임금체불은 물론 직상수급인으로부터 건설공사대금을 수령한 후 행방을 감추는 경우가 많기 때문에 근로자의 임금채권을 확보하는데 상당한 어려움이 있다. 또한 임금지급의무가 있는 사업주는 근로자를 고용한 하수급인이므로 비록 하수급인이 임금을 체불하더라도 직상수급인의 귀책사유가 없는 한 근로자는 직접 직상수급인을 상대로 임금을 청구할 수 없기 때문에 근로자가 임금채권을 확보하기 위해서는 제3채무자인 직상수급인의 공사미지급액에 대한 가압류, 확정판결과 압류 및 추심명령 등의 복잡한 민사절차를 밟을 수밖에 없다.

건설하도급근로자의 임금채권을 확보하기 위하여 근로기준법 제44조의 2는 「건설업자가 아닌 하수급인이 사용한 근로자에게 임금을 지급하지 못한 경우에는 직상수급인은 당해 건설공사에서 발생한 임금의 범위 내에서 하수급인과 연대하여 하수급인이 사용한 근로자의 임금을 지급할 의무가 있다.」라고 규정함으로써 직상수급인의 임금지급연대책임을 인정하여 건설하도급 근로자의 임금채권을 보호하고 있다.

그리고 근로기준법 제44조의 3은 「하수급인에 고용된 근로자가 하수급인에 대하여 임금채권이 있음을 증명하는 집행증서, 소액사건심판법에 있어서의 확정된 이행권고결정, 직상수급인이 하수급인을 대신하여 하수급인 근로자에게 직접 임금을 지급한다는 직상수급인과 하수급인의 합의, 직상수급인이 파산 등의 사유로 하수급인이 임금을 지급할 수 없는 명백한 사유가 있는 경우에는 원수급인 또는 직상수급인

---

186) 대법원 1999. 2. 5. 선고 97다48388: 대법원 1997. 12. 12. 선고 95다56798.

은 하수급인에게 지급하여야 하는 하도급 대금 채무의 부담 범위에서 근로자가 해당 건설공사에서 발생한 임금을 직접 청구하면 그 하수급인이 지급하여야 하는 임금에 해당하는 금액을 근로자에게 직접 지급해야 한다.」라고 규정함으로써 직상수급인에게 직접 임금청구권을 인정하고 있다. 원수급인 또는 직상수급인이 하수급인에게 고용된 근로자의 임금을 지급하면 당연히 그 범위 안에서 하도급대금채무는 소멸한다(§44의3③).

【직상수급인의 임금직접 지급사유】

1. 직상 수급인이 하수급인을 대신하여 하수급인이 사용한 근로자에게 지급하여야 하는 임금을 직접 지급할 수 있다는 뜻과 그 지급방법 및 절차에 관하여 직상 수급인과 하수급인이 합의한 경우
2. 「민사집행법」 제56조 제3호에 따른 확정된 지급명령, 하수급인의 근로자에게 하수급인에 대하여 임금채권이 있음을 증명하는 같은 법 제56조 제4호에 따른 집행증서, 「소액사건심판법」 제5조의 7에 따라 확정된 이행권고결정, 그 밖에 이에 준하는 집행권원이 있는 경우
3. 하수급인이 그가 사용한 근로자에 대하여 지급하여야 할 임금채무가 있음을 직상 수급인에게 알려주고, 직상 수급인이 파산 등의 사유로 하수급인이 임금을 지급할 수 없는 명백한 사유가 있다고 인정하는 경우

3. 건설산업기본법에 의한 보호

건설산업기본법 제88조 제1항 및 시행령 제84조는 건설업자가 도급받은 건설공사의 도급금액 중 당해 공사의 근로자에게 지급하여야 할 노임에 상당하는 금액에 대하여 압류를 금지하도록 규정하고 있다. 압류가 금지되는 노임에 해당하는 금액은 당해 건설공사의 도급금액 중 설계서에 기재된 노임을 합산하여 산정한다. 공사금액 중 노임상당액에 대하여 압류를 금지하고 있는 것은 근로자의 생존권을 최대한 보장하려는 사회보장적 요구에 의한 것으로 이에 대한 압류명령은 강행법규에 위반되어 무효라고 해석하여야 한다.

따라서 건설하도급업체에 소속한 근로자가 임금이 체불된 상태에서 당해 건설하도급업체의 다른 채권자가 건설도급업체를 상대로 압류 또는 가압류 등의 보전절차를 취한 경우에는 임금채권자는 이에 항변할 수 있다. 그러나 압류명령 당시 압류의

대상인 당해 공사대금채권 중에서 압류금지채권이 얼마인지를 도급계약서에 의하여 형식적·획일적으로 구분할 수 없는 경우에는 공사대금의 전부에 대하여 압류금지 효력은 발생하지 않는다.[187)]

Ⅲ. 임금압류 및 임금포기의 제한

1. 임금압류의 제한

민사집행법 제246조 제1항은 「급료·연금·봉급·상여금·퇴직연금, 퇴직금 그 밖에 이와 비슷한 성질을 가진 급여채권의 2분의 1에 해당하는 금액」에 대하여는 압류를 금지하고 있다. 여기서 급료 등은 명목액이 아니고 원천징수되는 소득세·주민세·보험료 등을 공제한 잔액으로 보는 것이 통설이다. 퇴직위로금 또는 명예퇴직금은 법률상 퇴직금은 아니지만, 대법원은 퇴직금과 비슷한 성격으로 보아 그 금액의 2분의 1에 대하여 압류를 금지하고 있다.[188)]

그러나 임금수준에 상관없이 임금채권의 2분의 1에 대하여 무조건 압류를 허용하는 것은 근로자의 생계위협을 초래하고 노동운동의 탄압수단으로 악용된다고 하는 비판이 일자, 2005. 7. 28. 민사집행법 개정 시 제246조 제1항 4호 단서에 급료가 대통령령이 정하는 최저생계비에 미치지 못하면 최저생계비의 한도 내에서 압류를 금지하도록 하고 있다.[189)] 즉. 종래 임금수준에 상관없이 일괄적으로 급여의 1/2를 압류할 수 있도록 함으로써 저임금 채무자가 채권자로부터 급여압류를 당하는 경우에는 생계에 막대한 지장을 초래하여 왔었는데, 이러한 급여압류의 문제점을 보완하기 위하여 민사집행법은 국민기초생활보장법에 의한 최저생계비를 감안하여 대통령령이 정하는 금액에 미치지 못하는 경우 또는 표준적인 가구의 생계비를 감안하여 대통령령이 정하는 금액에 미치지 못하는 경우 각각 당해 대통령령이 정하는 금액에 대하여는 압류를 금지하도록 규정하고 있다.[190)] 다만, 퇴직금에 대하여는

187) 대법원 2005. 6. 24. 선고 2005다10173.

188) 대법원 2000. 6. 8. 선고 2000마1439.

189) 다른 국가들도 인간다운 생활을 보장하기 위하여 임금채권의 압류를 제한하거나 최저생계비 이하의 임금에 대하여는 압류를 금지하고 있다. 일본은 임금의 3/4를 압류 금지하되 표준세대의 월생계비 21만 엔에 대하여는 압류를 금지하고 있고, 독일은 임금채권 중 월 2,080유로 한도 내에서 압류를 금지하고 있으며, 오스트리아는 부양가족수에 따른 압류금지 할증제도를 시행하고 있으며, 미국은 임금의 3/4을 압류금지하고 있다(이시윤, 신민사집행법, 340면).

종전에는 퇴직금의 1/2까지 압류가 가능하다고 보았으나, 대법원은 최근 민사집행법이 퇴직연금 중 절반까지 압류를 허용하고 있더라도 특별법인 퇴직급여보장법(퇴직급여법)에 따라 퇴직연금 전액이 압류 금지된다고 하는 퇴직금 압류금지 판결을 하였다.[191]

2. 임금포기의 제한

근로자와 사용자의 합의에 의하여 이미 발생한 임금 또는 장래의 임금채권을 포기할 수 있는가의 여부가 문제된다. 임금은 근로자의 생계와 직결된 재정적 기초가 된다는 점과 근로조건을 보호하고자 하는 근로기준법의 취지를 고려하면, 비록 근로자의 자유로운 의사에 의한 것이라도 장래의 임금채권에 대하여는 포기할 수 없다고 보아야 한다.

대법원은 구체적인 퇴직금청구권은 계속근로가 종료되는 퇴직이라는 사실 요건이 충족된 경우에 발생하는 것이므로 근로관계가 존속되는 동안에는 퇴직금청구권을 사전에 포기하거나 사전에 그에 관한 민사상 소송을 제기하지 않겠다는 부제소 특약은 강행법규에 위반되어 무효라고 판시하고 있다.[192] 대법원은 근로관계가 종료된 이후에는 퇴직금을 포기할 수 있다는 견해를 취하고 있으나, 「근로기준법」과 「근로자 퇴직급여보장법」에 규정된 퇴직급여는 퇴직 이후의 근로자의 생활을 보장하기 위한 최저기준으로서 강행규정인 점을 고려하면 퇴직 후의 퇴직금 포기도 무효로 해석함이 타당하다.

비록 이미 발생한 임금채권에 대하여는 포기가 가능하나, 그 요건은 매우 엄격하게 적용해야 한다. 즉, 이미 발생한 임금채권 전액을 포기하는 것은 허용될 수 없고, 일부 임금채권의 포기에 대하여도 개별근로자의 자유로운 의사가 명백한 경우에 한하여 허용되는 것으로 해석해야 한다.[193] 따라서 단체협약에 임금의 일부에 대하여

---

190) 구체적으로 개정 민사집행법에 의한 월 급여의 압류한도는 다음과 같다.
- 월 120만 원 이하 : 전액 압류금지
- 월 120만원 초과~240만 원 이하 : 월급여-120만원
- 월 240만원 초과~600만 원 이하 : 월 급여의 1/2
- 월 600만원 초과 : 월 급여 – [300만원 + {(급여/2) – 300만원}/2]

191) 대법원 2014. 1. 23. 선고 2013다71180.

192) 대법원 1998. 3. 27. 선고 97다49732; 대법원 2007. 8. 23. 선고 2007도4171.

193) 대법원 2007. 6. 28. 선고 2007도1539.

반납하기로 규정되어 있다 하더라도, 개별근로자의 동의가 없으면 사용자는 임금 전액을 지급해야 한다.[194]

Ⅳ. 미성년자의 임금청구권

민법의 규정에 의하면, 만 20세 미만인 미성년자는 법률상 행위무능력자이므로 친권자의 동의 없이는 권리와 의무를 발생하는 법률행위를 독자적으로 할 수 없기 때문에 친권자 또는 후견인은 미성년자의 법률행위를 대리할 수 있을 뿐만 아니라 미성년자의 임금을 청구할 수 있다(민법§5).[195]

그러나 미성년자의 친권자 또는 후견인이 미성년자의 근로계약을 대리하거나 임금을 청구하는 경우에는 강제근로 및 노동혹사의 폐단이 발생할 수 있다. 이러한 폐단을 예방하기 위하여 근로기준법은 민법의 특례규정으로서 친권자 또는 후견인은 미성년자의 근로계약을 대리할 수 없도록 하고 근로를 제공한 미성년자가 독자적으로 사용자를 상대로 임금을 청구할 수 있도록 규정하고 있다(근기법§67~68). 따라서 사용자는 미성년자라는 이유로 친권자 등 법정대리인에게 임금을 지급할 수 없고 반드시 미성년자 본인에게 임금을 지급해야 한다. 사용자가 법정대리인에게 임금을 지급하면 미성년자의 독자적 임금청구권을 규정한 근로기준법 제68조에 위반되는 것뿐만 아니라 임금 직접지급의 원칙을 규정한 근로기준법 제43조 제1항에도 위반된다.

194) 노동부는 개별근로자의 동의에는 묵시적 동의도 포함된다고 전제하면서 회사의 경영악화로 인하여 노동조합이 임금의 반납에 동의할 것을 알고 있었던 상황에서 근로자가 임금반납에 대하여 상당기간 이의를 제기하지 않은 경우에는 근로자의 묵시적 동의가 있는 것이고, 임금반납의 의사가 사용자에게 수용된 경우에는 반납의 의사를 철회할 수 없는 것으로 해석하고 있다(2000. 3. 28. 근기 68207-922,; 2000. 3. 23. 근기68207-871).

195) 친권자란 미성년자의 부모를 말하고, 후견인은 친권자가 없거나 친권자가 있더라도 친권을 행사할 수 없는 경우에 부모의 유언에 의한 지정 또는 법원의 선임절차에 의하여 미성년자에 대하여 친권을 행사하게 되는 자를 말한다.

제5절 근로관계 종료 후의 임금채권 보호

Ⅰ. 개 설

근로관계는 근로자와 사용자 사이의 근로계약에 의하여 성립한 후 일정기간 존속하게 되고, 일정한 사유에 의하여 종료하게 된다. 근로관계의 종료사유에는 ① 당사자의 일방적인 의사표시에 의한 해고와 사직, ② 당사자의 의사와 관계없이 근로관계가 소멸하는 정년퇴직, 근로자의 사망, 법인의 청산, 법인의 양도, 기간의 정함이 있는 근로계약관계에 있어서의 기간의 만료, ③ 당사자의 의사의 합치에 의한 근로계약관계의 합의해지 등이 있다.[196]

이와 같은 사유로 근로관계가 종료하면 유기적인 법률관계로서의 근로자의 근로제공의무와 사용자의 임금지급의무 등 기본적인 권리의무관계는 당연히 소멸하는 것이나, 종전의 근로관계로부터 구체적으로 파생된 권리의무관계는 그것이 이행될 때까지는 소멸하지 않는다. 예컨대, 임금이 체불된 상태에서 근로관계가 종료되면 근로자는 임금채권에 대한 소멸시효가 완성되지 않는 한 임금채권의 만족을 얻을 때까지 사용자에게 임금을 청구할 수 있고, 사용자는 임금을 지급할 법적 의무가 여전히 존재하게 된다.[197]

노동법은 근로관계가 종료된 이후에 임금을 보호하기 위한 제도로서 금품청산, 퇴직급여, 임금채권우선변제 등을 규정함과 동시에 사용자의 도산 등으로 체불임금을 변제할 능력이 없는 경우에 국가에서 소정의 임금을 대위 지급하도록 하는 체당금제도를 도입하고 있다. 주로 근로관계가 종료된 이후의 임금보호규정은 임금채권의 확보에 중점을 두고 있다.

---

196) 근로자의 의사표시에 의한 사직 또는 합의해지 및 법인의 소멸에 의한 근로관계의 종료는 근로자의 보호라는 관점에서 별 문제가 없으나, 근로자의 의사와 관계없는 사용자의 일방적인 의사표시에 의한 해고의 경우는 근로의 기회를 박탈하는 것이기 때문에 근로기준법은 이에 대한 보호규정을 두고 있다. 그러나 영업양도 및 합병으로 인한 근로관계의 존속보호에 대하여는 명문규정을 두고 있지 않다.

197) 반면, 근로자는 근로관계의 종료 후에도 물품의 반환과 회사 서류의 반환과 같은 작위의무(作爲義務)와 회사의 비밀을 누설하지 않을 의무와 비밀준수의무 등과 같은 부작위의무(不作爲義務)를 부담한다.

Ⅱ. 금품청산제도

1. 의 의

사망한 근로자의 유족 또는 퇴직한 근로자가 사용자로부터 지급받을 금품을 신속히 지급받지 못하면 그 유족 또는 퇴직근로자의 생계에 막대한 지장을 초래할 수 있고, 재정적으로 어려움을 겪고 있는 근로자가 소송을 통하여 구제받는다는 것은 현실적으로 매우 곤란하다. 따라서 노동관계법은 근로자의 유족 또는 퇴직한 근로자의 생존권 보장을 위하여 특별한 사정으로 당사자간의 지급합의가 없는 경우에는 사용자는 그 지급사유일로부터 14일 이내에 임금·보상금 기타 일체의 금품을 청산하도록 규정하고 있다(근로기준법§36 및 근로자퇴직급여보장법 §9).

종전에는 사용자가 금품을 청산하지 않는 경우에는 근로자의 의사와 상관없이 형사처벌을 할 수 있도록 규정하였으나, 사용자가 형사처벌만 받으면 결국 근로자는 민사소송을 통하여 구제를 받을 수밖에 없었으므로 현실적으로 근로자의 권리구제에 큰 도움이 되지 않았다. 이에 2005. 3. 31. 개정 근로기준법[198]은 사용자의 형사처벌을 반의사불벌죄(反意思不罰罪)로 규정하는 한편, 사용자에게 고율(高率)의 지연이자를 부과하는 민사적 제재수단을 신설함으로써 근로자의 권리구제의 실효성을 도모하였다(§36의 2).

2. 금품청산의 범위

사용자가 사유발생일로부터 14일 이내에 청산하여야 할 금품은 임금, 보상금 기타 일체의 금품을 말한다. 여기서 「임금」은 근로기준법 제2조 제1항 제5호에 규정된 소정의 임금을 말하고, 「보상금」은 근로기준법 제78조 이하에 규정된 일체의 보상금을 말한다. 그리고 「기타 일체의 금품」은 근로관계에서 발생한 금품으로서 적립금, 보증금, 퇴직금, 해고예고수당 등 명칭 여하를 불문하고 근로자에게 귀속될 일체의 금품을 의미한다.

3. 금품청산의 당사자

금품청산의 청구권자는 원칙적으로 근로자 본인이고, 당해 근로자가 사망한 경우

---

198) 개정 2005. 3. 31. 법률 제7465호.

에는 그 상속인이 청구권자가 된다. 금품청산의 청구권은 근로자 개인의 구체적인 청구권이므로 대리인 또는 임금채권 양수인은 금품청산의 청구권자가 될 수 없다.

금품청산의 상대방은 사용자이다. 그러나 회사정리법에 의한 정리절차가 개시된 이후의 회사의 사업경영과 재산의 관리 및 처분권한은 관리인에게 전속되므로 관리인이 금품청산의 상대방이 된다.[199)]

4. 금품청산의 시기

근로자가 사망 또는 퇴직한 경우에는 그 지급사유가 발생한 날로부터 14일 이내에게 근로관계로 인한 금품을 청산해야 한다. 여기서 「근로자가 사망 또는 퇴직한 경우」라 함은 근로자의 사망 또는 자발적인 퇴직뿐만 아니라 정년, 계약기간의 도래, 해고 등 근로계약관계가 종료되는 일체의 사유를 말한다. 그리고 「지급사유가 발생한 때」라 함은 이유 여하를 불문하고 근로계약이 종료된 날을 의미한다. 임금채권의 소멸시효의 기산일은 근로관계 종료일로부터 14일이 아니라 근로관계가 종료된 다음날이다.[200)]

원칙적으로 금품청산은 근로관계종료일부터 14일 이내에 하여야 하나, 특별한 사정이 있어 당사자 사이에 금품청산기일을 연장할 수 있다. 여기서 「특별한 사정」이라 함은 천재·사변 기타 이에 준하는 부득이한 사정으로 사용자가 지급의무의 이행에 노력을 다하였음에도 그 의무를 이행할 수 없는 사정을 의미하고, 기간 연장의 기산점은 근로관계 종료일로부터 14일이 아니고 금품청산의 지급사유가 발생한 날로 보아야 한다.[201)] 그러나 당사자의 합의에 의한 금품청산 기일연장의 제한은 없다.[202)]

---

199) 대법원 1986. 6. 24. 선고 86도830.

200) 대법원 2001. 10. 30. 선고 2001다24051.

201) 민변, 변호사가 풀어주는 노동법 I, 316면.

202) 1999. 3. 3. 개정 이전 근로기준법 시행령 제13조는 특별한 사정이 있을 경우 당사자의 합의에 의하여 3월을 초과하지 않는 범위 내에서 금품청산을 연장할 수 있도록 규정하고 있었으나, 대법원이 근로기준법에서 금품청산 기일연장에 대하여 아무런 제한을 두고 있지 않음에도 시행령에서 금품청산 기일연장을 3월 이내로 제한하는 것은 죄형법정주의의 원칙에 위배되고 위임입법의 한계를 일탈한 것으로서 무효라고 판결(대법원 1998. 10. 15. 선고 98도1759 전원합의체)함에 따라 1999. 3. 3. 근로기준법 시행령 제13조를 삭제하였다.

5. 위반의 효과

1) 지연이자의 배상

금전채권의 이율은 당사자의 약정이 없으면 연 5%이나, 상행위로 인한 금전채무인 경우에는 연 6%이다(상법§54). 이러한 상사채무로 인한 금전채무의 법정이율은 상법상의 상행위로 인한 채무와 이와 동일성을 가진 채무에 대하여도 적용되는 것이고, 상행위가 아닌 불법행위로 인한 손해배상채무에는 적용되지 않는다.[203] 사용자와 근로자 사이에 체결된 근로계약은 보조적 상행위에 해당하는 것이므로 이로 인한 임금채무에 대하여는 상법상의 법정이율인 6%를 적용해야 한다.[204] 따라서 근로자가 임금청구소송을 제기한 경우에 사용자는 임금지급일 다음날로부터 소장 접수일까지는 연 6%, 그 이후부터 지급일까지는 연 15%의 지연이자만 부담하면 된다.[205]

이처럼 임금 미지급에 따른 낮은 지연이자로는 사용자의 심리적 압박감이 약하여 근로관계로 인한 금품의 지급을 의도적으로 지연시키는 사례가 많고, 결국 상당한 시간과 비용이 수반되는 소송을 통하여 임금구제를 받을 수밖에 없다.

사용자가 지급사유 발생일로부터 14일 이내에 금품을 지급하지 아니한 경우 벌칙 적용 이외에 고율의 지연이자를 부과하는 민사적 제재수단을 가함으로써 사용자에게 금품청산 압박을 강화하기 위한 목적으로 근로기준법 제36조의 2 제1항은 사용자가 지급사유가 발생한 날로부터 14일 이내에 임금 및 퇴직금의 전부 또는 일부를 지급하지 아니한 때에는 그 다음 날부터 지급한 날까지의 지연일수에 대하여 연

---

203) 대법원 2004. 8. 26. 선고 2003다34045.

204) 대법원 1977. 4. 12. 선고 76다497.

205) 헌법재판소는 소송판결이 채무자에게 송달된 날로부터 지급일까지 지연이자를 「대통령령이 정하는 이율」을 지연이자로 적용하도록 규정한 「구 소송촉진 등에 관한 특례법」 제3조 제1항은 법에 이율의 상한이나 하한에 대한 아무런 기준이 제시되지 않아 구체성과 명확성의 요건을 결하여 헌법 제75조에서 금지하고 있는 포괄위임에 해당한다고 하여 헌법불합치 결정(헌법재판소 2003. 4. 24. 선고 2002헌가15)이 있은 후, 2005. 12. 14. 「금전채무의 전부 또는 일부의 이행을 명하는 판결을 선고할 경우에 금전채무불이행으로 인한 손해배상액산정의 기준이 되는 법정이율은 그 금전채무의 이행을 구하는 소장 또는 이에 준하는 서면이 채무자에게 송달된 날의 다음날부터는 연 100분의 40 이내의 범위에서 「은행법」에 의한 금융기관이 적용하는 연체금리 등 경제여건을 감안하여 대통령령이 정하는 이율에 의한다.」라고 개정하였고, 2015. 10. 1. 시행된 대통령령은 연 15%를 법정이율로 정하고 있다.

100분의 40 이내의 범위에서 대통령령이 정하는 이율에 의한 지연이자를 지급하도록 규정하고, 시행령 제17조는 연 100분의 20을 지연이자로 배상하도록 규정하고 있다.

그러나 천재·사변 그 밖의 대통령령이 정하는 사유로 임금을 지연시킨 경우에는 적용하지 아니한다(§36의2②). 대통령령이 정하는 사유란 ① 임금채권보장법 제4조 각호의 어느 하나에 해당하는 경우(파산의 선고, 화의개시결정의 결정, 회사정리절차개시의 결정, 도산 등 사실인정), ②「채무자 회생 및 파산에 관한 법률」,「국가재정법」,「지방자치법」 등 법령의 제약에 따라 임금 및 퇴직금을 지급할 자금을 확보하기 어려운 경우, ③ 지급이 지연되고 있는 임금 및 퇴직금의 전부 또는 일부의 존부를 법원이나 노동위원회에서 다투는 것이 적절하다고 인정되는 경우, ④ 그 밖에 이에 준하는 사유가 있는 경우를 말한다(영§17). 지연이자 적용제외 사유가 있더라도 상법상의 지연이자인 연 6%의 이율은 사용자가 부담해야 한다.

2) 벌칙의 적용

사용자가 지급사유 발생일로부터 14일 이내 또는 특별한 사정이 있을 경우 당사자의 합의에 의한 지급기일연장일까지 금품을 청산하지 않으면 3년 이하의 징역 또는 2,000만 원 이하의 벌금에 처한다(§109). 이는 반의사불벌죄(反意思不罰罪)이므로 피해자가 처벌을 원하지 않는 경우에는 공소를 제기할 수 없다.[206]

그리고 금품청산의무는 청산기일 이내에 사용자에게 금품지급을 강제함으로써 근로자의 생활안정을 도모하고자 하는 취지가 있는 것이므로, 사용자가 금품을 청산하기 위하여 최선의 노력을 다하였으나 경영부진으로 인하여 자금 확보를 하지 못해 지급기일 내에 금품을 청산하지 못한 경우에는 형사처벌의 대상이 되지 않는다.[207]

---

206) 종전 금품청산 지급기일까지 금품을 청산하지 아니한 경우, 피해자의 의사와 상관없이 형사처벌할 수 있도록 한 것을 반의사불벌죄로 개정하면서 사용자의 근로자의 권리구제의 실효를 거둘 수 없다고 하는 비판론이 일게 되자, 이에 대한 보완책으로서 2005. 3. 31. 근로기준법 개정 시 지급사유 발생일로부터 14일 이내에 금품을 청산하지 않는 경우에는 그 다음날로부터 지급한 날까지의 지연일수에 대하여 100분의 40 범위 내에서 대통령령이 정하는 이율에 의한 지연이자를 지급하도록 하였다(§36의2).

207) 대법원 1993. 7. 13. 선고 92도2089.

Ⅲ. 퇴직급여제도

1. 개 설

퇴직금이란 근로자가 일정 기간 근속하고 근로관계가 종료할 때에 사용자가 근로자에게 지급하는 금전급여를 말한다. 법정퇴직금제도는 1961. 12. 4. 법률 제791호로 근로기준법이 개정되었을 때 도입된 이래 사회보장제도가 미비하였던 시기에 실직자의 생계안정과 퇴직자의 노후소득보장을 위한 제도로서 중요한 역할을 담당하여 왔다.

그러나 최근 노동시장의 변화로 평균근속연수가 짧아지고 퇴직연령도 낮아지는 경향 때문에 퇴직 후 소득보장제도로서의 퇴직금제도의 의의가 상당부분 상실되고 있다는 지적과 함께 일시금으로 지급되기 때문에 근로자의 생활보장에도 기여하지 못한다는 비판이 제기되고 있다.[208] 이러한 비판과 함께 금융위기 이후 기업도산의 증가로 인한 퇴직금 지급보장 문제가 발생하는 등 퇴직금제도에 대한 재평가의 필요성을 배경으로 2005. 1. 27. 법률 제7375호로 「근로자 퇴직급여보장법」이 제정되었고, 근로기준법상의 퇴직금제도는 근로자퇴직급여보장법이 정하는 바에 따르도록 하였다(근로기준법§34).

「근로자 퇴직급여보장법」은 종전 근로기준법상의 퇴직금제도와 퇴직연금제도를 퇴직급여제도로 통합적으로 규정하였고, 퇴직연금제도는 「확정급여형 퇴직연금제도」와 「확정기여형 퇴직연금제도」로 구분하여 실시하도록 규정하고 있다.

2. 퇴직급여의 법적 성격

퇴직금의 법적 성격에 대하여는 ① 장기간의 계속근로에 대한 은혜로서 사용자가 증여하는 것이라고 하는 「공로보상설」, ② 기업의 사회성에 기반을 두어 근로자가 퇴직한 후에 생활이 보장되도록 기업이 근로자에게 지급하는 급부라고 하는 「생활

---

208) 구체적으로 종전 퇴직금제도는 ① 퇴직한 근로자가 퇴직금을 일시금으로 수령함으로써 일시적인 생활자금으로 소진되어 노후 생활보장자금으로 활용되지 못하고 있는 점, ② 퇴직금중간정산제의 도입과 연봉제의 확산으로 퇴직금이 월급으로 분할되거나 연봉에 흡수됨으로써 퇴직 후 근로자들이 받을 퇴직금이 없어지고 있다는 점, ③ 퇴직금을 적립하도록 하는 제도적 정치가 없어 퇴직금 도산의 위험이 있다고 하는 점, ④ 근로자가 퇴직할 때 기업이 퇴직금 일시금을 부담함으로써 경영상 부담을 초래하고 있다고 하는 점 등을 들 수 있다(하갑래, 근로기준법(전정제27판), 754면).

보장설」, ③ 근로자가 재직 중에 적립하여 두었던 임금을 퇴직 후 지급하는 근로조건으로 이해하는 「임금후불설」이 있다. 통설은 퇴직금의 성격을 임금후불설로 파악하고 있고, 판례도 마찬가지이다.[209]

이처럼 퇴직금은 임금으로서의 성격을 가지고 있기 때문에 근로기준법상의 임금지급의 원칙(§43), 전차금 상계금지의 원칙(§21), 강제저금의 금지(§22), 금품청산(§36), 임금시효(§49) 등 임금과 관련된 보호규정이 전면적으로 적용된다. 그러나 퇴직금이 임금의 성격을 갖는다 하더라도 근속기간에 대한 후불성 임금이라고 하는 점, 퇴직금 지급시기가 불확정하다고 하는 점, 퇴직금 채권은 근로관계 존속 중에 이미 발생하는 것이나 그 이행기가 퇴직이라는 불확정시점이라는 점에서는 임금과 다른 성격을 갖는다.

그런데 「근로자 퇴직급여보장법」은 근로자와 사용자로 하여금 종전 근로기준법에 의한 퇴직금제도와 퇴직연금제도 중에서 하나를 선택하게 함으로써 퇴직금제도의 임금성격보다는 개인연금제도라는 사회보험적 성격을 강화하였다. 따라서 근로자퇴직급여보장법상의 퇴직연금제도의 성격은 임금후불적 성격보다는 생활보장적 성격이 강하다고 할 수 있다.

3. 퇴직급여의 지급요건

근로자퇴직급여보장법에 의한 퇴직급여를 지급받기 위해서는 다음과 같은 요건을 갖추어야 한다.

1) 상시 5인 이상의 사업 또는 사업장

근로자퇴직급여보장법은 원칙적으로 근로자를 사용하는 모든 사업 또는 사업장에 적용된다. 4명 이하 사업에 대하여는 2010. 12. 1.부터 시행하되(그 이전의 근무기간은 무시된다), 2012. 12. 31.까지는 법정 퇴직급여의 50%, 2013. 1. 1. 이후에는 전액으로 한다(부칙§1, 영§8의2). 그리고 동거의 친족만을 사용하는 사업 및 가사사

---

209) 대법원 1995. 10. 12. 선고 94다36186은 누진제 퇴직금에 관하여 「후불임금으로서의 성격 이외에도 사회보장급여로서의 성격과 공로보상으로서의 성격을 아울러 가지고 있는 것」으로 판시하고 있다. 이러한 경우 퇴직금은 임금의 성격과 공로보상의 성격을 아울러 가지고 있기 때문에 근로자가 퇴직 당시 퇴직급여 전액을 지급받았으나 퇴직 후 재직 중의 업무와 관련하여 퇴직금 감액사유에 해당하는 경우에는 퇴직급여 중 그 감액 상당액을 반환하여야 한다(대법원 2002. 9. 6. 선고 2002다29442).

용인에 대하여는 적용되지 아니한다(§3).

2) 1년 이상의 계속 근로한 후 퇴직한 근로자

퇴직급여의 적용대상은 사업 또는 사업장에서 1년 이상 계속 근로하다가 근로관계가 종료된 퇴직한 근로자이다. 다만, 「근로자 퇴직급여보장법」 제8조 제2항에 따라 근로자계속 근로 도중 근로자의 요구에 의하여 계속 근로한 기간에 대한 퇴직금을 미리 정산하여 지급하는 경우에는 퇴직 전이라도 퇴직급여를 지급받을 수 있다. 근로자는 「직업의 종류를 불문하고 사업 또는 사업장에서 임금을 목적으로 근로를 제공한 자」를 말한다(근로기준법§2①1호).[210] 공무원과 사립학교교원은 공무원연금법과 사립학교교원연금법이 적용되기 때문에 퇴직급여가 적용되지 아니한다. 그러나 공무원연금법이 적용되지 않는 국가 또는 지방자치단체의 소속 일용직 근로자, 사립학교교원연금법이 적용되지 않는 사립학교 직원, 정부투자관리기본법이 적용되는 정부투자기관의 직원은 퇴직급여가 적용된다.

퇴직급여의 지급 사유인 「퇴직」은 근로계약의 종료효과를 가져오는 모든 경우를 말하는 것이므로 근로계약의 종료원인이 근로자의 의사에 의한 사직, 사용자의 일방적인 의사표시에 의한 해고, 정년 또는 계약기간 만료에 의한 당연 퇴직 여부를 불문한다.

근로계약 또는 근로제공의 형태와 상관없이 사실상 1년 이상 계속 근로하다가 퇴직한 모든 근로자는 퇴직급여를 받을 수 있는 요건에 해당된다. 따라서 일용근로자라 하더라도 일용관계가 중단 없이 계속되어 1년 이상 계속 근로한 것으로 볼 수 있는 상당성이 있는 경우 또는 임시직이나 계약직 근로자라도 계약기간 만료와 재계약을 반복하여 1년 이상 사실상 계속 근로한 경우에는 퇴직급여 요건을 충족한 것이 된다.[211]

3) 현저히 짧은 단시간근로자가 아닐 것

단시간근로자라 함은 1주 동안의 소정근로시간이 그 사업장에서 같은 종류의 업

---

210) 업무집행권 또는 대표권을 가진 회사의 이사 및 임원은 회사로부터 일정한 사무를 위임받은 자에 해당하므로 회사의 정관 또는 주주총회의 결의에 따라 퇴직금을 받게 된다(상법§388).

211) 대법원 1976. 9. 14. 선고 76다1812; 대법원 1986. 8. 19. 선고 83다카675; 대법원 1975. 6. 24. 선고 74다1625; 대법원 1979. 1. 30. 선고 78다2089 등.

무에 종사하는 통상 근로자의 1주 동안의 소정근로시간에 비하여 짧은 근로자를 말한다(근로기준법§2①8호). 그리고 「현저히 근로시간이 짧은 단시간근로자」라 함은 4주간을 평균하여 1주간의 소정근로시간이 15시간 미만인 근로자를 말한다(근로기준법 시행령§9②). 현저히 근로시간이 짧은 단시간근로자는 퇴직급여의 지급대상이 되지 않는다(근로자퇴직급여보장법§11①단서).

4. 퇴직금제도

1) 의 의

퇴직금이라 함은 근로자가 일정기간 근속하고 근로관계가 종료될 때에 사용자가 근로자에게 지급하는 금전급여를 말한다. 사용자가 퇴직금제도를 설정하는 경우에는 계속근로기간 1년에 대하여 30일분 이상의 평균임금을 퇴직금으로 퇴직하는 근로자에게 지급할 수 있는 제도를 설정해야 한다(퇴직급여보장법§8①).

퇴직금은 근로관계가 종료된 후 14일 이내에 지급하는 것이 원칙이나, 퇴직 전이라도 근로자의 사정에 따라 적절하게 활용할 수 있도록 근로자의 요구가 있는 경우에는 계속 근로한 기간에 대한 퇴직금을 미리 정산하여 지급할 수 있다(근로자퇴직급여보장법§8②).

2) 퇴직금의 산정

(1) 산정방식

퇴직금은 원칙적으로 계속적인 근로관계가 종료된 경우에 지급하는 것이므로 해당 근로자가 퇴직한 후에 일시금으로 계산하여 지급해야 한다. 퇴직금은 계속근로연수 1년당 평균임금의 30일분 이상을 지급해야 하는 것이므로 법정퇴직금은 「[(평균임금×30일)×총 계속근로기간] ÷ 365일」의 방식에 의하여 산정한다. 따라서 퇴직금을 계산하기 위해서는 평균임금과 총 계속근로일수를 산정해야만 한다.

「근로자 퇴직급여보장법」상의 퇴직금 지급기준은 사용자가 퇴직하는 근로자에게 지급할 퇴직금액의 최저한도를 정한 것이므로 구체적인 퇴직금 규정이나 퇴직금 지급기준 보다 불리한 퇴직금계산 규정을 갖고 있는 사업장의 경우는 「근로자 퇴직급여보장법」에 규정된 퇴직금 기준을 적용해야 하나, 퇴직금 지급기준을 퇴직급여법보다 더 유리하게 정하고 있는 취업규칙이나 단체협약상의 퇴직금규정이 있는 경우에는 그 규정에 따라 퇴직금을 계산하여 지급해야 한다.[212)]

(2) 계속근로기간의 계산

가. 계속근로의 의미

퇴직급여는 계속근로기간이 1년 미만인 근로자에게 적용되지 않는다. 「계속근로기간」이라 함은 신분상 직분에 관계없이 사업장에 근로자로 고용된 날부터 중단 없이 퇴직할 때까지 근로한 역일상의 재직기간으로서 실제로 계속하여 근로를 제공한 기간을 의미하는 것이 아니다. 따라서 근로계약의 형식 또는 근로계약기간 여부와 상관없이 근로계약이 만료됨과 동시에 근로계약을 갱신(更新)하거나 동일한 근로계약을 반복한 경우에는 이를 모두 합산하여 계속근로기간으로 산정해야 한다. 대법원은 최소한 1월에 4~5일 내지 15일 정도 계속하여 근로를 제공한 경우에는 계속근로의 요건을 충족한 것으로 해석하고 있다.[213)]

이처럼 「계속근로기간」은 근로관계의 중단 없이 재직한 기간을 의미하는 것이므로 근로관계가 존속하고 있는 이상 계속근로기간에 포함된다. 따라서 노동조합의 전임으로 근무한 기간, 형사사건으로 구금되어 있던 기간, 유학기간, 수습기간, 휴직기간, 대기발령기간 등도 당연히 계속근로기간에 포함된다.[214)]

군복무기간이 퇴직금 산정을 위한 계속근로기간에 포함되는가에 관해서 대법원은 「병역법에 현역 또는 실역에 복무하게 되어 휴직된 자는 복무 후 직장에의 복직을 보장하고 군복무로 인하여 휴직된 때에는 승진에 있어서 복무기간을 실무의 종사기간으로 보아야 한다고 규정하고 있을 뿐, 퇴직금 지급기간에 가산하라는 명문의 규정이 없다는 이유로 계속근로기간에 산입할 수 없다.」라고 판시하고 있다.[215)] 그러나 이러한 대법원 판례는 국방의무의 이행에 대한 일종의 불이익 취급에 해당한다고 할 수 있고, 군복무로 인한 휴직기간을 다른 휴직의 경우와 달리 보아야 할 이유가 없을 뿐만 아니라 군복무로 인한 휴직기간을 다른 휴직기간보다 불리하게 취급한다는 것은 병역법의 취지에 반하며 승진이나 연차휴가에서는 실 근무기간으로 인정하면서 퇴직금 산정의 경우에만 제외하는 것은 논리적 통일성을 결여한 것으로 볼 수 있다.[216)] 한편 판례는 군복무를 위하여 회사방침에 따라 사직서를 제출

---

212) 대법원 1996. 12. 23. 선고 95다32631.

213) 대법원 1995. 7. 11. 선고 93다26168.

214) 대법원 1991. 6. 28. 선고 90다4560.

215) 대법원 1993. 1. 15. 선고 92다41968.

216) 민변, 변호사가 풀어주는 노동법Ⅰ, 286면.

하고 제대 후 다시 입사한 경우에는 사직서 제출이 무효이므로 군복무 기간도 계속근로기간에 포함된다고 본다.217)

「계속근로기간이 1년 미만」이라 함은 계속근로기간이 전체적으로 1년 미만인 경우를 말하는 것이므로 총 근로기간이 1년 이상인 경우에는 1년 미만의 근로기간에 대하여도 그 기간에 비례하여 1년당 평균임금의 30일분 이상의 비율로 퇴직금을 산정하여 지급해야 한다.218)

나. 계속근로기간의 기산일과 마감일

퇴직금 산정을 위한 「계속근로기간」은 신분상 직분에 관계없이 사업장에 근로자로 고용된 날부터 중단 없이 퇴직할 때까지 근로한 재직기간을 의미하는 것이므로 기산일은 고용일이 되고 마감일은 퇴직일이 된다. 따라서 임시직·촉탁직·잡급직·일용직 등 비정규직으로 근무하다가 사직 또는 재입사의 형식으로 근로관계의 중단 없이 정규직으로 근무한 경우에는 계속근로기간의 기산일은 최초 고용일이 되고, 마감일은 퇴직일이 된다.219) 다만, 비록 법령상의 퇴직금제도 시행일 이전에 고용되었다 하더라도, 계속근로의 통산에 대한 경과규정이 없는 한 계속근로기간의 기산일은 실제 고용일이 아니고 해당 법률의 시행일이 된다.220)

그러나 「근로자 퇴직급여보장법」의 적용을 받는 국가기관 또는 지방자치단체 등의 일용직 또는 임시직 근로자가 공무원의 신분을 갖는 고용직·기능직으로 임명되어 공무원연금법의 적용을 받게 되거나 반대로 공무원의 신분에서 「근로자 퇴직급여보장법」의 적용을 받는 임시직·일용직으로 전환된 경우에는 두 근로기간이 단절된 것으로 보아 각 근로기간별로 기산일과 마감일을 별도로 산정하여야 한다.221) 그리고 일반사원으로 입사하여 이사·감사 등 임원으로 승진한 경우에도 임원으로 승진한 시점까지만 계속근로기간에 포함하고 임원으로 승진한 이후의 근무기간은 계속근로기간에서 제외되어야 한다.222)

---

217) 대법원 2012. 10. 25. 선고 2012다41045.
218) 대법원 1987. 9. 22. 선고 86다카1651.
219) 대법원 1980. 5. 27. 선고 80다617; 대법원 1995. 7. 11. 선고 93다26168.
220) 대법원 1993. 4. 27. 선고 92다37161.
221) 대법원 1981. 1. 13. 선고 80다26168; 대법원 2000. 9. 8. 선고 99다1178.
222) 민변, 변호사가 풀어주는 노동법Ⅰ, 287면.

다. 특수한 계속근로기간의 산정방법

① 문제의 소재

회사의 분할·합병·양도 등으로 사업주체가 변경된 경우에 근로자는 사직원을 제출하고 신규입사 또는 재입사의 형식을 밟아 계속 근무하도록 하는 것이 노동관행이라고 할 수 있다. 이처럼 경영상의 사정으로 사업주가 변경된 경우에 계속근로기간을 각각의 사업주체별로 별도로 산정하여 퇴직금을 계산할 것인지 아니면 총 계속근로기간을 합산하여 퇴직금을 계산할 것인가가 문제된다.

② 재입사의 경우

대체로 대법원은 근로자의 사정에 의한 자발적인 사직이나 신규입사 또는 재입사가 근로자의 자발적인 의사에 기인하지 않고 경영상의 이유에 의하여 이루어졌고, 근로관계가 단절되지 않은 경우에는 전체 계속근로기간을 통산하여 퇴직금을 산정해야 한다는 견해를 보이고 있다. 즉, 대법원은 계속근로의 단절 여부를 근로자의 자발적인 의사에 의한 퇴직인가의 여부를 중요한 판단기준으로 삼고 있다.[223)]

③ 회사의 합병·분할·청산 등의 경우

회사가 합병되는 경우에는 신설회사 또는 존속회사에게 소멸회사의 권리의무가 포괄적으로 승계된다. 따라서 회사의 합병이 이루어진 경우에는 근로자에 대한 퇴직금 지급의무도 당연히 포괄적으로 신설회사 또는 존속회사에 자동 승계되기 때문에 퇴직금이나 퇴직연금급여 수준산정을 위한 계속근로기간은 전 근속기간을 통산하여 산정해야 한다. 다만, 합병 전 사용자와 근로자 사이에 퇴직금 중간정산을 실시한 경우에는 계속근로의 기산일은 신설회사 또는 존속회사의 신규입사 또는 재입사일이 된다.[224)]

그리고 사업의 특정 부분을 독립시키는 기업 분할과 개인 기업이 법인기업으로 변경되는 것처럼 단순한 경영주체의 변경에 불과한 경우에는 사업을 폐지하지 않은

---

223) 대법원 1995. 7. 11. 선고 93다26168; 대법원 1996. 7. 9. 선고 96다12535.

224) 재입사 후 종전의 근무경력을 인정받고 재입사하였더라도 근로자가 자유로운 의사에 따라 사용자에게 사직서를 제출하고 소정의 퇴직금을 정산하여 지급받은 경우에는 사직서 제출이 사용자의 일방적인 경영방침에 따라 어쩔 수 없이 이루어지거나 형식적으로 이루어진 것이라고 볼 수 없기 때문에 종전 기업과의 근로관계는 단절되어 재입사일이 퇴직금기산일이 된다(대법원 2001. 9. 18. 선고 2000다60630).

채 동일성을 유지하면서 근로관계의 단절 없이 동일한 근로자가 계속 승계되어 근로를 제공하였다면, 전체 근속기간을 계속근로기간으로 통산하여 퇴직금을 산정해야 한다.[225)]

그러나 사업폐지를 위하여 해산한 회사가 법인 청산과정에서 근로자를 정당하게 해고한 다음 청산업무 등의 수행을 위하여 일부 근로자를 다시 채용한 경우에는 계속근로가 인정되지 않는다.[226)]

④ 영업양도의 경우

영업양도라 함은 일정한 영업목적에 의하여 양도회사의 물적·인적 조직의 동일성을 유지하면서 그 일체를 양수회사에게 포괄적으로 이전하는 것을 말하는 것이므로 근로관계가 포괄적으로 양수회사에 승계된다고 하는 것이 다수설과 대법원 판례의 입장이다.[227)] 따라서 영업양도가 이루어지면 특단의 사정이 없는 한 퇴직금 지급의무 역시 포괄적으로 양수회사에 승계되는 것이므로 양도회사와 양수회사에 근무한 전 기간이 계속근로기간에 산정된다. 다만, 근로자가 형식적으로 양도회사에서 근무한 기간에 대하여 퇴직금을 지급받은 경우에는 총 퇴직금에서 이미 받은 금원을 공제하여야 한다.

그리고 대법원 판례는 종전 회사의 물적·인적 조직의 동일성 유지를 영업양도의 핵심적인 판단기준으로 삼고 있으며, 영업양도의 동일성 여부는 일반 사회통념에 의하여 판단하여야 할 사실인정의 문제로 보고 있다. 즉, 대법원은 영업재산의 전부를 양도했어도 그 조직을 해체하여 양도했다면 영업의 양도는 되지 않는 반면에 그 일부를 유보한 채 영업시설을 양도했어도 그 양도한 부분만으로도 종래의 조직이 유지되어 있다고 사회통념상 인정되는 경우에는 영업의 양도로 해석하고 있다.[228)] 따라서 형식상 자산매각의 형식을 취하여 회사의 전 재산을 인수한 경우에도 그 조직을 해체한 후 양도하였다면 영업양도에 해당하지 않기 때문에 당연한 계속근로기간은 단절된 것으로 보아야 한다. 반대로 회사 재산의 일부를 양도한 경우라도 그 조직을 해체하지 않은 채 종전 조직을 유지하고 있다면 영업양도로 보아야 하므로

225) 대법원 1987. 2. 24. 선고 84다카1409; 대법원 1997. 6. 27. 선고 96다38551.
226) 대법원 2002. 11. 26. 선고 2001다36504.
227) 대법원 1992. 7. 14. 선고 91다40276; 대법원 2001. 11. 13. 선고 2000다18608; 대법원 2005. 2. 25. 선고 2004다34790.
228) 대법원 1989. 12. 26. 선고 88다카10128; 대법원 2001. 7. 27. 선고 99두280.

계속근로는 단절되지 않는다.[229]

⑤ 기업간의 인사이동

기업간의 인사이동은 근로자가 원래 기업에서 그 신분을 유지하면서 다른 기업의 지휘·감독을 받고 근로를 제공하는 전출(轉出)과 원래 기업과의 근로관계를 종료하고 새로운 기업에 고용되는 전적(轉籍)이 있다.[230]

전출은 원래의 기업과 근로자의 신분을 유지하면서 다른 기업에서 근무하는 형태로서 휴직 중인 근로자의 성격을 가지고 있으므로 전출기간에 대하여도 당연히 계속근로기간에 포함시켜야 한다.[231] 전출과는 달리 전적은 종전 기업과 근로계약관계를 합의해지하고 이적하게 되는 해당 기업과 새로운 근로계약을 체결하는 것이므로 특별한 사정이 없는 한 종전 기업과의 근로관계는 단절되고 이적한 기업과의 근로계약관계는 다시 시작된다.[232] 따라서 종전 기업에서의 계속근로기간과 이적 기업에서의 계속근로기간을 분리하여 별도로 퇴직금을 산정하는 것이 원칙이다.[233]

그러나 전적이 근로자의 의사와 관계없이 회사의 일방적인 경영방침에 의하여 사실상 강요된 것이고, 전적 기업의 근로조건 결정권이 실제로 동일한 경영주체에 귀속되어 있는 경우에는 계속근로로 인정해야 해야 한다.[234]

---

229) 대법원 2001. 7. 27. 선고 99두2680; 이 판례는 「자산양도 회사의 만성적인 적자운영으로 향후 사업을 운영하는 경우에는 도산될 수밖에 없다고 하는 판단 아래 봉강 및 강관 사업부문을 정리하기로 방침을 세운 다음 양수회사와 자산매각의향서를 교환한 후 양수회사가 자회사를 설립하여 자산매각계약을 체결한 것을 이유」로 들어 영업양도로 판단하지 않은 사안이다.

230) 그러나 전적이라 하더라도 명시 또는 묵시적으로 원래 기업에의 재고용 약속이 있다면 사실상 전출과 구별하기 어렵고, 반대로 정년까지의 전출에 해당하는 경우에는 전적과의 구별이 어렵게 된다.

231) 전출은 원래 기업에 대하여는 근로의무가 면제되는 대신 전출기업에 근로를 제공하는 것이므로 원래 기업 입장에서 보면 휴직에 준하는 근로자로 볼 수 있다.

232) 전적은 원칙적으로 근로자의 동의를 얻어야 효력이 생기는 것이나, 계열회사 내에서 근로자의 동의를 얻지 아니하고 다른 계열기업으로 근로자를 전적시키는 관행이 있어서 그와 같은 관행이 기업 내에서 일반적으로 근로관계를 규율하는 규범적 사실로 명확하게 승인되거나 기업의 구성원이 일반적으로 아무런 이의를 제기하지 아니한 채 당연한 것으로 받아들여 기업 내에서 사실상의 제도로 확립되어 있어 근로계약의 내용을 이루는 것으로 인정되는 경우처럼 근로자의 구체적인 동의를 얻지 않고 다른 계열기업으로 전적시킬 수 있다(대법원 1996. 5. 10. 선고 95다42270).

233) 대법원 1996. 5. 10. 선고 95다42270.

그리고 모기업의 전적한 자회사의 인사 및 근로조건 등에 대하여 실질적인 결정권을 행사하여 온 경우처럼 자회사의 법인격이 부인되는 경우에는 근로관계는 중단된 것으로 볼 수 없으므로 퇴직금 산정을 위한 계속근로기간은 전적 전후의 기간을 포함하여야 한다. 이와 관련하여 대법원은 실질적으로는 모회사의 한 부서와 같이 사실상 경영에 관한 결정권을 행사하여 온 경우에는 모회사와 근로관계가 존재하는 것으로 판단하고 있으며,[235)] 근로자가 근무하고 있는 회사가 직전 회사의 일부 부서를 물적 기반으로 하여 설립된 회사이고 인사권과 경영권을 직전 회사가 행사하고 있는 경우에는 직전 회사와 현재 회사에서의 근로관계는 계속되는 것으로 판단하고 있다.[236)]

(3) 사유발생 이전 3월간의 총일수의 계산

퇴직급여는 퇴직일 이전 3개월간의 임금총액을 퇴직일 이전 3월간의 역일수로 나눈 평균임금을 기준으로 계산한다.[237)] 퇴직일 이전 3개월간의 역일수는 초일불산입의 원칙에 따라 퇴직급여 사유발생일인 퇴직 당일은 포함되지 않고 퇴직 전일부터 역일상의 3개월을 의미한다. 예컨대 6월 14일 퇴직한 경우의 평균임금은 3월 14일부터 6월 13일까지 지급된 임금총액을 그 기간의 총 일수인 92일로 나눈 금액이 된다.

(4) 퇴직금 산정례

【사실관계】

- 성 명 : 홍 길 동
- 근속기간 : 1999. 07. 05 - 2002. 09. 10(총 근속일수 1,163일)
- 임 금 : 통상임금 800,000원, 상여금 연 400%(기본급 기준)
- 미사용 연차유급휴가가일수 : 11일
- 퇴직 이전 3월간 개근, 2002. 7.과 2002. 8. 각 1일 휴일근로

---

234) 민변, 변호사가 풀어주는 노동법 I, 290면.

235) 대법원 2003. 9. 23. 선고 2003두3420.

236) 대법원 1997. 10. 24. 선고 96다12276.

237) 평균임금에 포함되는 퇴직일 이전 3월간의 임금총액에 대하여는 제2장 통상임금과 평균임금에서 자세하게 살펴보았으므로 생략한다.

【산 정 례】

평균임금·통상임금 및 퇴직금 산정내역서						
①채 용 연 월 일		1999. 7. 5.			②고용형태별	상 용
③임금지급 방법		월 급			④산정사유발생일	2002. 9. 11.
산 정 내 역						
⑤임금계산기간		2002. 6. 11.부터 2002. 6. 30.까지	2002. 7. 1.부터 2002. 7. 31.까지	2002. 8. 1.부터 2002. 8. 31.까지	2002. 9. 1.부터 2003. 9. 10.까지	계
⑥ 총 일 수		20일	31일	31일	10일	92일
⑦임금내역	기 본 급	541,940원	800,000원	800,000원	258,060원	2,141,940원
	월차수당	19,190원	28,320원	28,320원	9,130원	84,960원
	연장수당	79,900원	232,800원	264,600원	12,000원	589,300원
	휴일수당	-	42,480원	42,480원	-	84,960원
	상 여 금	(800,000원×400% ×3) ÷ 12 =				600,000원
	연차수당	(28,318원 58전 × 11일×3)÷12 =				77,876원
	소 계					3,579,036원
⑧평 균 임 금		총 임금액(3,579,036원) ÷ 총 일수(92일) = 38,902원 56전				
⑨통 상 임 금		(800,0000원 ÷ 226시간)×8시간 = 28,318원 58전				
⑩퇴 직 금		평균임금(38,902원 56전)×30일×총 근속일수(1,163일)]÷365일 = 3,718,658원				

3) 퇴직금중간정산제도

퇴직금중간정산제도라 함은 근로자가 퇴직하기 전에 계속 근로한 기간에 대한 퇴직금을 미리 정산하여 지급하는 제도를 말하는 것으로서, 근로자의 요구와 사용자의 승낙에 의하여 행해진다. 근로자의 요구는 자유로운 의사에 근거한 것이어야 하며[238] 서면요구까지는 필요 없으나 구체적이고 명시적이어야 하고, 단체협약·취업규칙·근로계약 등에 의하여 퇴직금중간정산제도를 설정하는 경우에도 개별근로자의 명시적인 퇴직금 중간정산 요구가 있는 경우에 한하여 유효하다.

퇴직금중간정산이 유효하게 이루어지면 정산지급한 후의 퇴직금 산정을 위한 계속근로기간의 기산일은 정산시점부터 새로이 진행되므로 근로자는 퇴직 당시의 평균임금을 기준으로 산정한 퇴직금과 차액이 발생하더라도 그 차액을 사용자에게 청구할 수 없다.[239]

---

238) 대법원 2012. 10. 25. 선고 2012다41045.

239) 퇴직금중간정산제도에 관한 자세한 내용은 269면 참조.

4) 퇴직금 분할 약정

매월 지급하는 월급이나 매일 지급하는 일당과 함께 퇴직금으로 일정한 금원을 미리 지급하기로 약정(이하 '퇴직금 분할 약정'이라 한다)하는 경우가 있다. 이 약정에 따라 그 금원을 지급하는 것은 적법한 퇴직금 중간정산으로 인정되는 경우를 제외하고는 근로자의 퇴직금 청구권을 사전에 포기하는 것으로서 무효이고, 그 결과 퇴직금 분할 약정에 따라 사용자가 근로자에게 퇴직금 명목의 금원을 지급하였다 하더라도 퇴직금 지급으로서의 효력이 없다.[240)]

근로관계의 계속 중에 퇴직금 분할 약정에 의하여 월급이나 일당과는 별도로 실질적으로 퇴직금을 미리 지급하기로 한 경우 이는 어디까지나 위 약정이 유효함을 전제로 한 것인바, 그것이 위와 같은 이유로 퇴직금 지급으로서의 효력이 없다면, 사용자는 본래 퇴직금 명목에 해당하는 금원을 지급할 의무가 있었던 것이 아니므로, 위 약정에 의하여 이미 지급한 퇴직금 명목의 금원은 '근로의 대가로 지급하는 임금'에 해당한다고 할 수 없다. 이처럼 사용자가 근로자에게 퇴직금 명목의 금원을 실질적으로 지급하였음에도 불구하고 정작 퇴직금 지급으로서의 효력이 인정되지 아니할 뿐만 아니라 임금 지급으로서의 효력도 인정되지 않는다면, 사용자는 법률상 원인 없이 근로자에게 퇴직금 명목의 금원을 지급함으로써 위 금원 상당의 손해를 입은 반면 근로자는 같은 금액 상당의 이익을 얻은 셈이 되므로, 근로자는 수령한 퇴직금 명목의 금원을 부당이득으로 사용자에게 반환하여야 한다.[241)]

임금은 통화로 직접 근로자에게 그 전액을 지급하여야 하므로 사용자가 근로자에 대하여 가지는 채권으로써 근로자의 임금채권과 상계를 하지 못하는 것이 원칙이고, 이는 경제적·사회적 종속관계에 있는 근로자를 보호하기 위한 것인바, 근로자가 받을 퇴직금도 임금의 성질을 가지므로 역시 마찬가지이다. 다만 계산의 착오 등으로 임금을 초과 지급한 경우에, 근로자가 퇴직 후 그 재직 중 받지 못한 임금이나 퇴직금을 청구하거나, 근로자가 비록 재직 중에 임금을 청구하더라도 위 초과 지급한 시기와 상계권 행사의 시기가 임금의 정산, 조정의 실질을 잃지 않을 만큼 근접하여 있고 나아가 사용자가 상계의 금액과 방법을 미리 예고하는 등으로 근로자의 경제생활의 안정을 해할 염려가 없는 때에는, 사용자는 위 초과 지급한 임금의

240) 대법원 2010. 5. 20. 선고 2007다90760.
241) 대법원 2010. 5. 20. 선고 2007다90760.

반환청구권을 자동채권으로 하여 근로자의 임금채권이나 퇴직금채권과 상계할 수 있다. 그리고 이러한 법리는 사용자가 근로자에게 이미 퇴직금 명목의 금원을 지급하였으나 그것이 퇴직금 지급으로서의 효력이 없어 사용자가 같은 금원 상당의 부당이득반환채권을 갖게 된 경우에 이를 자동채권으로 하여 근로자의 퇴직금채권과 상계하는 때에도 적용된다. 한편 민사집행법 제246조 제1항 제5호는 근로자인 채무자의 생활보장이라는 공익적, 사회 정책적 이유에서 '퇴직금 그 밖에 이와 비슷한 성질을 가진 급여채권의 2분의 1에 해당하는 금액'을 압류금지채권으로 규정하고 있고, 민법 제497조는 압류금지채권의 채무자는 상계로 채권자에게 대항하지 못한다고 규정하고 있으므로, 사용자가 근로자에게 퇴직금 명목으로 지급한 금원 상당의 부당이득반환채권을 자동채권으로 하여 근로자의 퇴직금채권을 상계하는 것은 퇴직금채권의 2분의 1을 초과하는 부분에 해당하는 금액에 관하여만 허용된다.[242)]

한편 위와 같은 법리는 실질적인 퇴직금 분할 약정이 존재함을 전제로 하여 적용되는 것이므로 사용자와 근로자가 체결한 해당 약정이 그 실질은 임금을 정한 것에 불과함에도 사용자가 퇴직금 지급을 면탈하기 위하여 퇴직금 분할 약정의 형식만을 취한 것인 경우에는 부당이득의 법리가 적용되지 않는다.[243)]

5) 퇴직금 계산의 특수문제

(1) 문제의 소재

퇴직금은 퇴직일 이전 3개월간의 평균임금을 기준으로 산정하고, 평균임금이 통상임금보다 적은 경우에는 높은 통상임금을 기준으로 산정한다. 그러나 특별한 사유로 인하여 평상시의 임금수준이 현저히 높거나 낮은 경우, 사업장의 잦은 이동으로 계속근로 여부를 판단하기 어려운 건설일용근로자 및 고용형태에 따라 통상임금이 평균임금보다 높게 되는 경우에는 그에 따른 평균임금 또는 통상임금을 기준으로 퇴직금을 산정하는 경우에는 퇴직금이 과도하게 높게 계산되거나 적게 계산되어 형평성의 문제가 제기된다. 이와 같이 고용형태 및 특별한 사정으로 인한 퇴직금 산정의 불합리한 문제를 해소하기 위하여 근로기준법은 퇴직금 계산의 특례를 인정하고 있다.

---

242) 대법원 2010. 5. 20. 선고 2007다90760.
243) 대법원 2012. 12. 13. 선고 2012다77006.

(2) 건설근로자 퇴직금제도의 특례

가. 의 의

건설근로자도 「근로기준법」과 「근로자 퇴직급여보장법」의 적용을 받는 근로자이므로 계속근로자 1년 이상 근로하다가 퇴직한 경우에는 당연히 퇴직금지급사유가 된다. 그러나 건설근로자는 계속 근로여부를 판단하기 곤란하기 때문에 퇴직금제도의 혜택을 받지 못하는 경우가 많았다. 이러한 문제를 해결하기 위하여 「건설근로자의 고용개선 등에 관한 법률」[244]이 제정되었고, 이 법률에 따라 1998. 1. 1.부터 「건설근로자 퇴직공제제도」가 시행되고 있다.

「건설근로자 퇴직공제제도」는 건설업에 종사하는 일용근로자가 건설업에서 퇴직하게 되는 경우, 사업주가 납부한 공제부금에 월 단위의 복리로 산정한 이자를 합산하여 해당 근로자에게 퇴직공제금을 지급하는 제도이다.

나. 건설근로자공제회의 설립

대통령령이 정하는 건설업관련 공제조합 및 사업자단체 중 일정기준에 해당하는 자는 건설근로자를 피공제자(被共濟者)로 하여 퇴직금공제금을 지급하는 건설근로자퇴직공제사업(이하 "공제사업")을 공동으로 실시하여야 한다(§8·영§4). 공제사업을 실시하는 자는 고용노동부장관의 인가를 받아 재단법인 형태의 「건설근로자 공제회」를 설립하여야 한다.

【건설업관련 공제조합 및 사업자단체의 범위】

① 건설산업기본법 제50조의 규정에 의하여 설립된 건설협회, 전문건설협회, 기타 협회
② 건설산업기본법 제54조의 규정에 의하여 설립된 건설공제조합, 전문건설공제조합 및 업종별 공제조합
③ 주택법 제81조의 규정에 의하여 설립된 주택사업자협회
④ 기타 법률의 규정에 의하여 허가 또는 인가 등을 받아 설립된 건설업관련 공제조합 및 사업주단체로서 노동부장관이 소관 행정기관의 장과 협의하여 지정한 공제조합 및 사업주단체

244) 1996. 12. 31. 제정 법률 5249호.

다. 공제회의 가입 대상

다음에 해당하는 공사는 「건설근로자 공제회」의 의무가입대상이 된다.[245]

① 국가 또는 지방자치단체 발주 공사로서 공사예정금액이 10억 원 이상인 공사

② 국가 또는 지방자치단체가 자본금 또는 출자금 총액의 2분의 1 이상을 출자 또는 출연한 법인이 발주하는 공사로서 공사예정금액이 1억 원 이상인 공사

③ 주택법 제16조의 규정에 의한 사업계획의 승인을 얻어 건설하는 300호 이상인 공동주택의 건설공사

④ 「사회간접자본시설에 대한 민간투자법」에 의한 민간투자사업으로 시행되는 공사로서 공사예정금액이 10억 원 이상인 공사

⑤ 전기공사업법에 의한 전기공사, 정보통신공사업법에 의한 정보통신공사, 소방법에 의한 소방시설공사, 문화재보호법에 의한 문화재 수리공사로서 「국가 또는 지방자치단체가 발주하는 공사예정금액이 10억 원 이상인 공사」와 「국가 또는 지방자치단체가 출자 또는 출연한 법인이 발주하는 공사예정금액이 10억 원 이상인 공사

「건설근로자 공제회」의 가입대상 사업주는 건설관계법령에 의하여 면허·등록 등을 받은 자이다. 건설공사가 수차의 도급에 의하여 행해지는 경우에는 원칙적으로 원수급인이 가입대상 사업주가 된다. 그러나 예외적으로 원수급인이 「하수급인 사업주 인정승인신청서」를 공제회에 제출하여 승인을 얻은 때에는 하수급인도 가입대상이 된다.

「건설근로자 공제회」에 가입하여 혜택을 받을 수 있는 피공제자는 「1일의 소정근로시간이 4시간 미만이고 1주간의 소정근로시간이 15시간 미만인 근로자」, 「기간의 정함이 없이 고용된 상용근로자」, 「1년 이상의 기간을 정하여 고용된 근로자」를 제외한 건설업에 종사하는 근로자이다.

의무가입대상 건설사업주는 매월 15일까지 당해 근로자의 근로내역을 공제회에 신고하고, 근로내역에 기재된 인원수에 고용노동부장관이 정하는 1인당 공제부금을 곱하여 산정한 공제부금을 납부하여야 한다.[246] 1인당 공제부금의 금액은 1일 1천

245) 의무가입대상 공사 이외의 공사는 임의가입대상 공사에 해당된다.

246) 사업주가 공제부금을 납부하도록 되어 있으나, 의무가입대상 공사 중 공공건설공사는 공제부금을 공사원가에 반영하고 공동주택공사는 분양원가에 반영하도록 되어 있으므로 궁극적으로 발주자 또는 입주자가 공제부금을 부담한다. 임의가입공사는

원 이상 5천 원 이하의 범위 안에서 공제회가 고용노동부장관의 승인을 얻어 정한다.

라. 퇴직공제금의 지급

건설일용근로자가 1년(연 252일 근로) 이상 근로한 피공제자가 자영업, 상용근로자 전환, 다른 업종으로의 이직 등으로 퇴직한 때에는 퇴직공제금을 청구할 수 있다. 여기서 「퇴직」이라 함은 피공제자가 건설업 일용직에서 이직하는 것을 말하는 것이므로 사업주와의 고용관계가 종료되는 것을 의미하는 것이 아니다.[247]

【퇴직공제금의 지급사유】

① 피공제자가 독립하여 새로운 사업을 시작한 경우 ② 건설업 이외의 사업에 고용된 경우 ③ 기간의 정함이 없는 상용근로자로 고용된 경우 ④ 부상 또는 질병으로 건설업에 종사하지 못하게 된 경우 ⑤ 피공제자가 사망한 경우 ⑥ 피공제자의 연령이 60세에 이른 경우 ⑦ 기타 건설업에 종사할 수 없는 사유가 있거나 종사할 의사가 없음이 입증되는 경우

피공제자가 공제회로부터 퇴직공제금을 받을 수 있는 경우에는 해당 피공제자를 고용한 사업주가 퇴직급여보장법상 퇴직금지급사유에 해당될 때에는 퇴직공제금을 공제한 금액을 퇴직금으로 지급한다.

(3) 지급율과 평균임금을 잘못 계산한 경우의 퇴직금산정방법

법정퇴직금은 계속근로연수 1년당 평균임금의 30일분을 기준으로 산정하는 것이 원칙이나, 이 기준은 최저기준이므로 취업규칙이나 단체협약 등에 퇴직금 산정방법을 다르게 규정하고 있더라도 근로자에게 유리한 경우에는 유효하다.

그러나 퇴직금 산정을 위한 2가지 요소인 퇴직금지급율과 평균임금 중 하나는

발주자의 재량에 따라 공제부금을 공사원가에 반영하거나 사업주가 부담한다. 임의가입사업주의 경우는 납부한 공제부금의 1/3에 해당하는 금액을 고용보험에서 지원한다.

247) 하갑래, 근로기준법(전정제27판), 794면.

「근로자 퇴직급여보장법」에 정한 기준을 상회하여 근로자에게 유리하지만, 다른 하나는 그 기준보다 하회하여 근로자에게 불리한 경우에 퇴직금규정의 효력을 어떻게 보아야 할 것인가가 문제된다. 예를 들면, 퇴직금 지급률에 대하여는 누진제를 적용하여 퇴직급여법의 기준을 상회하지만, 평균임금에 포함되는 수당을 제외함으로써 근로자기준법에 규정한 평균임금보다 하회한 경우에 퇴직금 규정을 전체적으로 무효로 볼 것인지 아니면 퇴직금산정기준에 미달하는 부분에 대하여는 「근로자퇴직급여보장법」과 근로기준법에 정한 기준을 적용하고 그 기준을 초과하는 부분에 대하여는 퇴직금규정에 의한 기준을 적용할 것인가의 여부이다.

이에 관하여 대법원은 일관하여 「퇴직금 규정에 의한 퇴직금이 근로기준법과 근로자퇴직급여보장법에 의한 퇴직금보다 불리한 경우에는 퇴직금 규정은 무효가 되어 퇴직급여법상의 기준에 의하여 퇴직금을 산정해야 하나, 전체적으로 근로자퇴직급여보장법보다 근로자에게 유리한 경우에는 퇴직금 규정은 유효하다.」고 판단하고 있다.[248]

결국, 대법원은 종래 근로기준법에 의한 퇴직금 총액만을 최저기준으로 파악하고, 퇴직금 규정에 의한 퇴직금총액이 「근로자 퇴직급여보장법」에 정한 기준보다 유리한 경우라면 퇴직금 지급률(계속근로연수 1년당 평균임금의 30일)과 기초임금(평균임금)을 최저기준에 해당되지 않는 것으로 해석하고 있다.

(4) 퇴직금 계산을 위한 평균임금 소급적용 여부

보통 임금교섭은 임금협약 종료 전후를 통하여 진행하여 임금협약 유효기간 만료 후에 체결되고 새로이 체결된 임금협약은 종전 임금협약의 종료일까지 소급하여 적용하고 있는 것이 노동관행이라고 할 수 있다. 이처럼 임금교섭의 지연으로 임금협약이 체결되기 전에 퇴직한 근로자가 새로운 임금협약에 의한 임금인상분을 퇴직일 이전으로 소급하여 평균임금을 계산하여 퇴직금을 산정할 것인가의 여부이다.

이에 관하여 고용노동부 유권해석은 「임금 인상 전에 퇴직한 근로자는 퇴직할 당시 근로계약이 적용되고 퇴직과 동시에 근로계약관계는 종료되는 것이므로 당사자간의 특약이 없는 한 새로운 단체협약에 의한 임금인상이 소급 인상되더라도 인상

248) 대법원 1987. 2. 24. 선고 84다카1409; 대법원 1992. 2. 28. 선고 91다30823; 대법원 1994. 5. 24. 선고 93다46841; 대법원 2003. 12. 11. 선고 2003다40538; 대법원 2006. 5. 26. 선고 2003다54322 등.

전 평균임금을 기준으로 계산하여야 한다.」라고 하고 있으며,[249] 대법원도 「임금인상분을 소급 적용하기로 동의하거나 승인하는 내용의 단체협약을 체결한 경우라도 그 동의나 승인의 효력은 단체협약이 시행된 이후에 적용받게 될 조합원이나 근로자에 대해서만 효력이 생기고 단체협약 체결 이전에 퇴직한 근로자에게는 효력이 없다.」라고 판시함으로써 퇴직금산정을 위한 평균임금은 퇴직 당시의 임금을 기준으로 하고 있다.[250]

(5) 특별한 사유로 평균임금이 통상의 경우보다 현저하게 적거나 많은 경우

평균임금의 계산에 산입되는 「그 사유가 발생한 날 이전 3월간에 그 근로자에 대하여 지급된 임금의 총액」이 특별한 사유로 인하여 통상의 경우보다 현저하게 적거나 많을 경우에는 이를 그대로 평균임금 산정의 기초로 삼을 수 없다.[251] 왜냐하면, 근로자의 통상의 생활임금을 사실대로 산정하는 것을 그 기본원리로 하는 평균임금제도의 취지에 반하기 때문이다.

평균임금제도의 취지를 고려하면 근로자가 3개월 이상 휴직하였다가 퇴직함으로써 퇴직 전 3개월간 지급된 임금을 기초로 산정한 평균임금이 통상의 경우보다 현저하게 적은 경우에는 휴직 전 3개월간의 임금을 기준으로 산정한 평균임금을 기준으로 퇴직금을 산정하여야 하고,[252] 근로자의 의도적 행위로 평균임금이 현저히 높아진 경우에는 그러한 행위를 하지 않았다면 산정될 수 있었던 평균임금을 기준으로 퇴직금을 산정해야 한다.[253]

노동조합이 주도가 된 사용자의 의사와는 상관없이 이루어지는 파업기간 동안 비조합원 근로자들이 생산물량을 맞추기 위하여 이루어진 연장근로시간에 대한 수당이 지급됨으로써 평균임금이 현저히 높아진 경우에도 평상시 보다 초과된 연장수당은 임시로 지급되는 수당의 성격을 가지고 있는 것이므로 파업기간을 제외한 이전 3월간의 평균임금을 기준으로 퇴직금을 산정해야 한다.

---

249) 노동부 1988. 8. 2. 근기 01254-11888; 노동부 1990. 6. 22. 임금 3240-8810.

250) 대법원 1992. 7. 24. 선고 91다34073; 대법원 2000. 6. 9. 선고 98다13747.

251) 대법원 2013. 10. 11. 선고 2012다12870; 대법원 1991. 4. 26. 선고 90누2772; 대법원 1995. 2. 28. 선고 94다8631; 대법원 1997. 11. 28. 선고 97누14798; 대법원 1998. 1. 20. 선고 97다18936; 대법원 1998. 4. 24. 선고 97다54727; 대법원 1999. 5. 12. 선고 97다5015 전원합의체; 대법원 1999. 11. 12. 선고 98다49357 등.

252) 대법원 1999. 11. 12. 선고 98다49357.

253) 대법원 1995. 2. 28. 선고 94다8631; 대법원 1998. 1. 20. 선고 97다18936.

(6) 일용근로자의 경우

일용근로자는 고용상태가 상용근로자에 비하여 일정하지 않을 뿐만 아니라 일반적으로 근로를 제공하는 사업장 또는 임금이 변동되는 경우가 많기 때문에 상용근로자와 동일하게 사유발생 이전 3월간의 평균임금을 기준으로 퇴직금을 산정하는 것은 적당하지 않다. 이러한 일용근로자의 특성을 감안하여 근로기준법 시행령 제3조는 「일용근로자에 대하여는 고용노동부장관이 사업별 또는 직업별로 정하는 금액을 평균임금으로 한다.」라고 규정함으로써 퇴직금산정의 특례를 인정하고 있다.

그러나 고용노동부장관이 일용근로자에 대한 사업별 또는 사업장별 임금을 별도로 정한 것은 없으므로[254] 일용근로자의 평균임금은 근로기준법 제2조 제6호에 의하여 계산하고, 예외적으로 평균임금이 통상임금보다 저액인 경우 통상임금을 평균임금으로 적용하고 있다. 따라서 일반적으로 일용근로자는 평균임금보다 통상임금이 높기 때문에 통상임금을 기준으로 퇴직금을 산정해야 하나, 통상임금은 일급 전액이 아니고 소정근로시간에 비례한 임금만이 통상임금에 해당된다.[255]

Ⅳ. 퇴직연금제도

1) 의 의

종래 근로기준법에 의한 퇴직금제도는 퇴직하는 근로자에게 계속근로기간에 비례하여 일시금으로 지급함으로써 사회보장제도가 미흡한 우리나라에서는 퇴직 후의 생활보장적 기능을 담당하여 왔음은 부인할 수 없다. 그러나 1997년 IMF 외환위기 이후 고용구조의 변화에 따른 연봉제의 확산, 근속기간의 단축 등으로 근로자의 생활보장적 기능을 담당할 수 없게 되었고, 특히 기업의 도산 시 근로자들이 퇴직금을 지급받지 못하는 경우가 많다. 이러한 퇴직금제도의 단점을 보완하기 위하여 「근로자 퇴직급여보장법」은 퇴직연금제도를 도입하였다.

2) 퇴직연금의 종류

「근로자 퇴직급여보장법」의 가장 큰 특징은 일시금 퇴직금제도 이외에 퇴직금연

254) 일용근로자에게 적용되는 사업별 또는 직업별로 정한 평균임금을 정하지 않은 노동부장관의 행정입법 부작위에 대하여 헌법재판소는 위헌결정을 하였다(헌법재판소 2002. 7. 18. 선고 2000헌마707).

255) 대법원 2003. 2. 11. 선고 2002두10001.

금제도를 도입하고 있다는 점이다. 퇴직연금은 연금형태로 퇴직금을 지급하는 제도로서 확정급여형(DB: Defined Benefit)과 확정기여형(DC: Defined Contribution)이 있다.

(1) 확정급여형 퇴직연금제도

이 제도는 근로자가 지급받을 퇴직급여의 수준이 사전에 결정되어 있는 퇴직연금을 말한다(§2⑦호). 근로자의 퇴직연금급여가 사전에 확정되는 반면, 사용자의 적립금[256] 부담금은 적립금의 운용결과에 따라 변동된다. 따라서 제도 운영에 있어서 재정의 건전성 확보가 매우 중요하기 때문에 「근로자 퇴직급여보장법」은 매년 의무적으로 적립해야 하는 기준을 규정함으로써 근로자의 수급권 보호를 위한 안전장치를 마련하고 있다. 적립금의 운용실적에 관계없이 일정 액수의 퇴직연금의 수령이 보장된다고 하는 장점이 있다.

퇴직연금은 55세 이상자로서 10년 이상 가입자에게 지급하며 연금의 지급기간은 5년 이상으로 하고 있다. 그러나 연금수급요건을 갖추지 못한 자나 일시금수급을 원할 때에는 일시금으로 지급할 수 있다(§12⑥호). 퇴직연금의 급여수준은 근로자가 퇴직 시 수령하는 일시금액이 계속근로기간 1년에 대하여 30일분 이상의 평균임금에 상당하는 금액 이상이어야 한다(§12(④).

(2) 확정기여형 퇴직연금제도

이 제도는 퇴직연금의 지급을 위하여 사용자가 부담하여야 할 부담금의 수준이 사전에 확정되어 있는 퇴직연금을 말한다(§2⑧호). 사용자가 부담하여야 할 부담금이 사전에 확정되는 반면, 근로자의 퇴직연금급여는 적립금의 운용결과에 따라 변동된다. 근로자의 퇴직연금이 적립금의 운용실적에 따라 결정되기 때문에 실적이 좋을 때에는 연금을 많이 받을 수 있는 장점이 있으나, 반대로 실적이 나쁠 때에는 연금을 적게 받게 되는 단점이 있어 근로자가 적립금 운용과정에 직접 참여할 수 있도록 하고 있다. 사용자의 부담금은 퇴직일시금이 계속근로연수 1년당 평균임금의 30일분임을 감안하여 근로자별 연간 임금총액의 1/21(8.3%) 이상으로 설정하고 있다.[257]

---

256) 적립금이라 함은 가입자의 퇴직 등 지급사유가 발생한 때에 급여의 지급을 위하여 사용자 또는 가입자가 납입한 부담금으로 적립된 자금을 말한다(§2⑪호).

257) 다만, 상시 4인 이하의 근로자를 사용하는 사업장이 퇴직연금제도를 도입하는 경우에는

3) 적용범위

퇴직급여제도는 모든 사업장에 적용되기 때문에 상시 근로자 5인 이상의 근로자를 사용하는 사업장에 적용되는 기존의 퇴직금제도 보다 그 적용범위가 넓다. 다만, 5인 미만의 근로자를 사용하는 영세사업주의 부담능력과 준비기간을 고려하여 그 시행일을 연기하고 있다.[258] 퇴직급여제도의 적용대상 사업장은 일시금형태의 퇴직금제도 또는 퇴직연금제도 중 반드시 하나를 선택하여 실시해야 한다(§4①).

4) 퇴직연금의 운용

(1) 퇴직연금의 규약작성 및 신고

퇴직연금제도를 설정하고자 하는 사용자는 근로자대표의 동의를 얻어 작성한 퇴직연금규약을 고용노동부장관에게 신고하여야 한다.

확정급여형 퇴직연금규약에는 퇴직연금사업자[259] 선정에 관한 사항, 가입자에 관한 사항, 가입기간에 관한 사항, 급여수준에 관한 사항, 재정건전성 확보에 관한 사항, 급여의 종류 및 수급요건 등에 관한 사항, 확정급여형 퇴직연금 운용현황의 통지에 관한 사항, 가입자의 퇴직 등 급여지급 사유발생과 급여의 지급절차에 관한 사항, 퇴직연금의 폐지·중단에 관한 사항 등이 필수적으로 포함되어야 한다(§12). 그리고 확정기여형 퇴직연금규약에는 부담금의 부담에 관한 사항, 부담금의 납부에 관한 사항, 적립금의 운용에 관한 사항, 적립금 운용방법 및 정보의 제공 등에 관한 사항, 중도인출에 관한 사항 등이 필수적으로 포함되어야 한다(§13).

(2) 개인퇴직계좌제도

근로자의 직장이직이 증가하여 근속연수가 짧아지고 있고, 퇴직금중간정산제와 연봉제의 실시 등으로 퇴직일시금이 소액 생활자금으로 소진되어 퇴직 후의 퇴직금이 소득보장제도로서의 기능을 다하지 못하고 있다. 이러한 문제를 해결하기 위하

「근로자 퇴직급여보장법」에 정한 사용자의 부담수준의 100분의 50 이상 100분의 100이하의 범위 안에서 대통령령이 정하는 바에 따라 단계적으로 높일 수 있다(부칙§3).

258) 근로자퇴직급여보장법 부칙 제1조, 동법 시행령 제8조의2는 4명 이하 사업에 대하여는 2010. 12. 1.부터 시행하되(그 이전의 근무기간은 무시된다), 2012. 12. 31.까지는 법정 퇴직급여의 50%, 2013. 1. 1. 이후에는 전액으로 한다고 정하고 있다.

259) 퇴직연금사업자라 함은 퇴직연금 또는 개인퇴직계좌의 운용관리업무 및 자산관리업무를 수행하기 위하여 고용노동부장관에게 퇴직연금사업자로 등록된 자를 말한다(§2⑫호).

여 근로자가 이직하더라도 퇴직일시금을 계속 적립하였다가 최종 퇴직 시에 연금 또는 일시금으로 지급받을 수 있는 개인퇴직계좌제도를 도입하고 있다. 「개인퇴직계좌」라 함은 퇴직급여제도의 일시금을 수령한 자 등이 그 수령액을 적립·운용하기 위하여 퇴직연금사업자에게 설정한 저축계정을 말한다(§2⑨호).

개인퇴직계좌를 설정할 수 있는 자는 퇴직급여제도의 일시금을 수령한 자 또는 안정적인 노후소득의 보장 확보가 필요한 자로서 대통령령이 정하는 자이므로 개인퇴직계좌에 가입할 수 있는가의 여부는 근로자의 재량이다. 그리고 상시근로자 10인 미만을 사용하고 있는 사용자가 근로자 대표의 동의를 얻어 근로자 전원으로 하여금 개인퇴직계좌를 설정하게 한 경우에는 퇴직급여제도를 설정한 것으로 본다(§26①). 사용자가 개인퇴직계좌를 설정하는 경우에는 퇴직연금 사업자 선정에 관하여 근로자 대표의 동의를 얻어야 하고, 최소한 가입자의 연간 임금총액의 1/12에 해당하는 금액을 현금으로 매년 1회 이상 납부해야 한다.

개인퇴직계좌가 설정되면 연금은 55세 이상인 가입자에게 5년 이상 지급되어야 하고, 일시금은 일시금을 원하는 55세 이상인 가입자에게 지급하여야 한다. 다만, 가입자가 무주택자로서 주택을 구입하는 경우, 가입자 또는 그 부양가족이 6월 이상 요양을 하는 경우, 그 밖에 천재·사변 등 고용노동부령이 정하는 사유와 요건을 갖춘 경우에는 적립금을 중도에 인출할 수 있다(영§8·23②).

(3) 적림금의 중도인출

퇴직연금은 만 55세 이상인 가입자에게 5년 이상 연금으로 지급하고, 연금대상이 되지 않는 경우에는 일시금 지급을 원칙으로 하고 있다. 이에 대한 예외로서 근로자가 일시금을 원하거나 일정한 사유가 있는 경우에는 적립금중도인출을 허용하고 있다. 즉, 가입자가 무주택자로서 주택을 구입하는 경우, 가입자 또는 그 부양가족이 6월 이상 요양을 하는 경우, 그 밖에 천재·사변 등 고용노동부령이 정하는 사유와 요건을 갖춘 경우에는 적립금을 중도에 인출할 수 있도록 규정하고 있다(영§8·11·23②).

적립금 중도인출제도는 근로자의 급박한 경제사정 등이 있는 경우에 극히 제한적으로 적립한 금액에 대하여 인출을 허용하는 것이므로 그 중도인출 사유는 엄격하게 제한할 필요성이 있다. 따라서 퇴직금 중도인출을 폭넓게 인정하는 것은 퇴직연금제도의 취지에 맞지 않으므로 중도인출사유, 횟수 등을 제한하여야 한다는 비판

이 있다.[260)]

(4) 퇴직연금사업자 자격 및 정부의 관리감독

「퇴직연금사업자」라 함은 퇴직연금 또는 개인퇴직계좌의 운용관리업무 및 자산관리업무를 수행하기 위하여 재무건전성 및 인적·물적 요건 등 대통령령이 정하는 요건을 갖추어 고용노동부장관에게 등록된 자로서 간접투자자산운용업법 제2조 제16호의 규정에 의한 자산운용회사, 보험업법 제2조 제5호의 규정에 의한 보험회사, 은행법 제2조제1항 제2호의 규정에 의한 금융기관, 증권거래법 제28조 제1항의 규정에 의한 증권업 허가를 받은 주식회사, 그 밖에 이에 준하는 자로서 대통령령이 정하는 자를 말한다(§2⑫호·§14).

퇴직연금액과 부담금액은 퇴직연금에 관한 업무를 위탁받아 운용하고 있는 연금사업자의 운용실적에 따라 그 수익률과 부담금이 달라질 수 있으므로 퇴직연금의 안정성과 직접 관련되어 있다. 따라서 「근로자 퇴직급여보장법」은 퇴직연금사업자에 대한 자격(§14), 운용관리업무(§15), 자산관리업무에 관한 계약 체결(§16), 선량한 관리자로서의 주의의무 및 적립금운용방법(§17) 등에 관하여 규율을 하고 있다. 그리고 퇴직연금사업자에게 퇴직연금제도의 건전한 운용과 계약체결 회피 또는 강요를 방지하기 위한 법령의 준수 및 계약의 준수의무와 충실의무를 부과하고 있으며(§20), 사용자 및 연금사업자에 대한 정부의 감독의무를 부과하고 있다(§22-23).

1. 퇴직보험 및 퇴직일시금신탁제도

1) 의 의

이 제도는 사용자가 근로자를 피보험자로 하여 퇴직보험에 가입하거나 근로자를 수익자로 하여 퇴직일시금신탁에 가입하여 퇴직 시에 근로자가 일시금 또는 연금으로 퇴직금을 수령하도록 하는 제도이다. 사용자가 퇴직보험 등에 가입한 경우에는 퇴직금제도를 설정한 것으로 본다.

사용자의 퇴직금지급의무가 있음에도 사용자가 퇴직금 재원을 충분히 확보하고 있지 아니한 경우에는 퇴직금 체불과 지급불능상태로 이어져 근로자의 생계에 막대한 영향을 미치게 된다. 이처럼 퇴직보험제도는 퇴직금을 금융기관에 적립하도록 함으로써 퇴직금 수급권의 안정성을 보장함과 동시에 기업으로 하여금 일시적인 거

260) 민변, 변호사가 풀어주는 노동법Ⅰ, 305~306면.

액의 퇴직금 부담을 덜 수 있도록 하기 위하여 1997년 근로기준법 개정 시 도입된 제도이다. 이 제도는 「근로자 퇴직급여보장법」 시행 당시 퇴직보험 등에 가입한 자에 한하여 유효하고, 그 효력기간은 2010. 12. 31.까지이고 그 이후에는 퇴직연금제도로 대체된다(부칙§2).

2) 내 용

사용자가 퇴직보험 또는 퇴직일시금신탁 등에 가입하여 근로자로 하여금 퇴직 시에 일시금 또는 연금으로 수령하도록 한 경우에는 퇴직금제도를 설정한 것으로 보기 때문에 사용자는 별도로 퇴직급여제도를 설정하지 않아도 된다.

근로자가 직접 일시금과 연금을 선택할 수 있고, 사용자가 보험계약을 해지하는 경우에 그 환급금은 근로자에게 직접 지급하고, 근로자의 수급권은 양도 또는 담보로 제공할 수 없다. 보험사업자는 보험계약의 중요한 사항에 대하여 직접 근로자에게 통지해야 한다. 퇴직보험 등에 의한 일시금은 퇴직급여법에 의한 퇴직금 이상이어야 하므로 사용자는 퇴직금보다 적은 경우에는 그 차액을 퇴직하는 근로자에게 지급하여야 한다(부칙§2).

2. 퇴직급여의 보호제도

1) 퇴직급여청구권의 포기 제한

퇴직급여는 임금후불적의 성격과 생활보장적 성격을 가지고 있는 것이므로 근로기준법상의 균등처우의 원칙(§6), 위약예정의 금지(§20), 전차금상계의 금지(§21), 강제저금의 금지(§22), 금품청산(§36), 미지급 임금에 대한 지연이자(§37), 임금시효(§49) 등의 규정이 「근로자 퇴직급여보장법」상의 퇴직급여에도 그대로 적용된다.

따라서 퇴직급여 지급시기가 도래하여 퇴직급여청구권이 발생하기 이전에 근로자가 미리 임금청구권을 포기하는 것은 강행법규인 근로기준법에 위반되어 무효이고, 근로계약이 존속하는 한 사용자의 퇴직급여 지급의무는 발생할 여지가 없으므로 퇴직 이전의 시점에서 퇴직급여청구권을 사전에 포기하거나 퇴직급여에 관한 소송을 제기하지 않겠다는 「부제소 특약」은 임금의 사전 포기에 해당하여 당연 무효로 해석해야 한다.[261]

261) 대법원 1998. 3. 27. 선고 97다49732; 이 판례는 퇴직금청구권이 발생하기 전인 근로관계 존속 중에 퇴직금을 청구하지 않도록 한 부제소합의의 효력을 부인한 사례인데,

퇴직급여는 근로관계가 종료된 것을 요건으로 하여 지급하는 것이므로 사용자와 근로자 사이에 매월 지급하는 임금 속에 퇴직금 명목으로 일정한 금원을 지급하기로 한 약정이나 연봉에 퇴직금을 포함시킨 연봉근로계약은 퇴직금 지급으로서의 효력이 없다.[262]

퇴직급여 규정은 법정 최저기준이고 퇴직급여제도를 설정하지 아니한 경우에는 「근로자 퇴직급여보장법」의 기준에 따른 퇴직금제도를 설정한 것으로 간주되므로(§5), 법정 퇴직급여보다 적은 퇴직금지급기준을 정한 취업규칙이나 단체협약은 그 범위 내에서 무효이고 법정퇴직급여기준이 적용된다.

2) 퇴직급여제도의 설정 및 내용변경에 따른 근로자의 동의권

「근로자 퇴직급여보장법」은 퇴직급여제도의 종류를 선택하거나 선택한 퇴직급여제도를 다른 종류의 퇴직급여제도로 변경하는 경우에는 당해 사업에 근로자의 과반수로 조직된 노동조합이 있는 경우에는 그 노동조합, 근로자의 과반수로 조직된 노동조합이 없는 경우에는 근로자 과반수의 동의(근로자 대표)를 얻도록 규정하고 있다(§4③). 그리고 선택되거나 변경된 퇴직급여제도를 불이익하게 변경하고자 하는 경우에는 근로자 대표의 동의를, 불이익하지 아니한 변경에 대하여는 의견을 들어야 한다(§4④).

따라서 근로자 대표의 동의 없는 퇴직급여제도의 설정이나 불이익한 퇴직급여제도의 변경은 그 효력이 없다. 그러나 대법원은 근로자 대표의 동의를 얻지 않은 불이익한 퇴직급여의 변경은 기득이익이 침해되는 기존의 근로자에 한하여 효력이 없으나, 불이익 변경 후에 근로조건을 수용하고 입사한 근로자에게는 불이익한 퇴직급여가 적용된다고 해석하고 있다.[263]

근로관계가 종료된 이후에 퇴직금을 청구하지 않도록 부제소합의를 한 경우에는 그 효력을 인정할 것인가에 대하여 논란이 있을 수 있다. 그러나 「근로기준법」과 「근로자 퇴직급여보장법」에 규정된 퇴직급여는 퇴직 이후의 근로자의 생활을 보장하기 위한 최저기준으로서 강행규정인 점을 고려하면 퇴직 후의 「부제소 합의」도 무효로 해석함이 타당하다.

262) 대법원 2002. 7. 12. 선고 2002도2211; 대법원 2005. 3. 11. 선고 2005도467; 대법원 2007. 8. 23. 선고 2007도4171.

263) 대법원 1992. 12. 22. 선고 91다45165 전원합의체 판결. 근로기준법 제94조는 취업규칙의 불이익 변경의 요건으로서 근로자의 집단적 동의를 규정하고 있으므로 근로조건에 대한 불이익 변경 요건을 갖추지 못한 경우에는 그 효력이 없는 것으로 보아

퇴직급여의 불이익 변경에 대하여 근로자 대표의 동의가 있다 하더라도 변경 이전의 재직기간에 대해서까지 소급 적용되는 것은 아니므로 변경 이전에 대한 퇴직급여는 종전의 지급률을 적용해야 한다.[264)]

그러나 불이익한 퇴직급여의 변경에 있어서 원칙적으로 소급 적용할 수 없으나, 근로자 대표가 소급 동의하거나 이를 승인하는 내용의 단체협약을 체결한 경우에는 그 동의 또는 승인의 효력은 단체협약이 시행된 이후에 그 협약의 적용을 받게 되는 노동조합원이나 근로자에 한하여 적용된다. 비록 퇴직금여 불이익 변경이 기득이익을 침해하게 되는 기존 근로자가 종전의 퇴직금 지급률이 적용되어야 함을 알았는가의 여부에 상관없이 일단 소급 적용에 동의를 한 이상 변경된 퇴직금 지급률이 적용된다.[265)]

3) 차등 퇴직급여제도의 설정 금지

「근로자 퇴직급여보장법」 제4조 제1항은 사용자는 퇴직하는 근로자에게 급여를 지급하기 위하여 퇴직급여제도 중 하나 이상의 제도를 설정하도록 규정하고, 제2항은 퇴직급여제도를 설정함에 있어서 하나의 사업안에 차등을 둘 수 없도록 규정하여 퇴직급여 차등제도를 금지하고 있다.

퇴직급여 차등금지제도는 하나의 사업장 내에서 직종, 직위, 업종별로 퇴직급여에 관하여 서로 다른 제도를 두어 차별하는 것을 금지하고, 하나의 퇴직급여제도를 적용하는데 그 목적이 있다. 퇴직급여차등제도는 근로기준법상 균등대우의 원칙에 정면으로 배치된다는 점에서 이를 금지하는 것은 당연하다.

사용자는 「근로자 퇴직급여보장법」 제4조 제1항에 따라 하나의 사업에 복수의 퇴직급여제도를 설정할 수 있으므로 개별 근로자에게 선택의 기회가 충분히 보장된다는 퇴직급여차등제도의 설정으로 볼 수 없다. 따라서 하나의 사업에서 퇴직금제도와 확정기여형 및 확정급여형 퇴직연금제도를 동시에 설정하고 근로자별로 퇴직급여제도의 종류를 선택하도록 하는 것은 퇴직급여차등제도의 설정이 아니다. 그러나

야 한다. 그럼에도 불구하고 근로조건 불이익 변경의 요건을 갖추지 아니한 취업규칙의 변경은 기존 근로자에 한해서만 효력이 없는 것으로 제한적으로 해석하고 있는 대법원의 전원합의체 판결은 결국 하나의 사업 안에 퇴직급여차등제도를 설정한 것과 같은 결과를 초래한다는 비판을 면할 수 없다.

264) 대법원 1990. 11. 27. 선고 89다카15939.

265) 대법원 2002. 6. 28. 선고 2001다77970.

동일한 퇴직연금제도를 설정하면서 특정한 근로자집단에 대하여는 특정한 상품만을 선택하도록 제한하는 경우, 즉 하위직급 근로자에게는 원리금 보장상품만을, 상위직급 근로자에게는 채권형 상품만을 가입하도록 하거나 생산직 근로자와 사무직 근로자를 구분하여 사용자 부담금 산정방식을 달리 적용하는 것은 퇴직급여차등제도의 설정에 해당한다.[266]

퇴직급여차등제도는 「하나의 사업 안」에서만 적용되는 것이므로 사업이 다른 경우에는 적용되지 않는다. 여기서 「사업」이라 함은 경영상 일체를 이루는 기업체 그 자체를 의미하는 것이므로, 경영상 일체를 이루면서 조직상 유기적으로 운영되는 지점·출장소·공장 등은 모두 포함하여 하나의 사업에 해당한다.[267] 그러나 현실적으로 모회사가 자회사의 주주로서 인사경영에 관여하고 있다 하더라도 자회사가 모회사의 허상에 불과할 정도의 법인격이 부인되지 않는다면, 자회사를 모회사의 사업으로 해석할 수 없다.

금지되는 퇴직급여의 차별내용은 퇴직금 산정을 위한 기초임금의 산입, 근속연수의 산정 및 누진율의 적용, 사무직과 생산직 또는 남녀 사이의 상이한 퇴직금 기준 등 일체의 차별이 포함된다. 그러나 기업의 합병이나 양도 등으로 기존 근로자와 포괄 승계된 근로자 사이에 발생하는 퇴직급여의 차이는 퇴직급여차등제도로 해석하지 않는다.[268]

4) 수급권의 보호

퇴직급여연금은 퇴직 후 근로자의 안정적인 생활을 보장하기 위하여 퇴직금을 연금으로 지급하는 것으로써 일종의 사회보장급여로서의 성격을 가지고 있다. 이러한 퇴직연금의 성격에 따라 퇴직 후의 생활을 보장하기 위하여 「근로자 퇴직급여보장법」 제7조는 「퇴직연금의 급여를 받을 권리는 양도하거나 담보로 제공할 수 없다. 다만, 주택구입 등 대통령령이 정하는 사유와 요건을 갖춘 경우에는 노동부령이 정하는 한도 안에서 담보를 제공할 수 있다」라고 규정하여 퇴직연금급여수급권의 양도를 금지하는 동시에 일정한 요건을 갖춘 경우에 한하여 제한적으로 담보의 제공을 허용하고 있다.

「근로자 퇴직급여보장법」 제7조 단서의 규정에 따라 시행령 제8조는 「무주택자

266) 민변, 변호사가 풀어주는 노동법Ⅰ, 277면.
267) 대법원 1993. 10. 12. 선고 93다18365.
268) 대법원 1995. 12. 26. 선고 95다41659; 대법원 2001. 4. 24. 선고 99다9370.

인 가입자가 주택을 구입하는 경우, 가입자 또는 그 부양가족이 6월 이상 요양을 하는 경우, 그 밖에 천재·사변 등 노동부령이 정하는 사유와 요건을 갖춘 경우」를 퇴직연금 담보제공 사유로 규정하고 있고, 시행규칙 제2조는 가입자별 적립금의 50%를 담보제공 한도로 규정하고 있다.

5) 기타의 보호제도

퇴직급여는 임금의 성격을 가지고 있기 때문에 근로기준법과 근로자퇴직급여보장법에 규정된 임금보호규정이 전면적으로 적용된다. 따라서 임금의 지급원칙(근로기준법§43),[269] 전차금 상계금지의 원칙(근로기준법§21), 강제저금의 금지(근로기준법§22), 금품청산(근로기준법§36·근로자퇴직급여보장법§9), 임금시효(근로기준법§49·근로자퇴직급여보장법§10), 임금채권우선변제(근로기준법§38·근로자퇴직급여보장법§11), 미지급 임금에 대한 지연이자(근로기준법§37), 근로조건 불이익 변경의 제한(근로기준법§94) 등이 전면적으로 적용된다.[270]

V. 임금채권우선변제제도

1. 의 의

임금은 근로자의 생계를 보장하기 위한 중요한 재정적 기반이 됨에도 현실적으로 사전에 근로자가 임금채권을 확보하기 위한 조치로서 사용자의 재산에 대하여 저당권·질권 등 약정담보권을 설정하는 경우가 거의 없다. 임금은 민법상 일반채권에 해당하는 것이므로 채권자평등의 원칙이 적용되고 담보채권보다 후순위의 권리이다. 따라서 기업의 도산 등으로 사용자의 총 재산에 대하여 경매가 개시된 경우에 임금채권자에 대하여 채권자평등의 원칙을 적용하게 되면 임금채권은 담보채권보다 후순위에 해당되어 임금채권 만족을 얻을 수 없게 된다.

사용자는 기업 활동을 수행하면서 다수의 채무를 부담하게 되고 이로 인하여 기업이 도산 또는 파산하거나 사용자의 재산이 제3채권자에게 의하여 압류 등 채권보전절차의 대상이 되는 경우에 근로자의 생계를 보장하기 위하여 임금채권을 확보할 필요성이 있다. 이에 근로자의 기본적인 생활을 보장하기 위하여 근로기준법 제38

---

269) 다만, 퇴직금은 퇴직하는 근로자에게 지급하는 것이므로 임금지급원칙 중 정기불의 원칙은 적용되지 아니한다.

270) 이에 대한 상세한 내용은 해당 분야에서 자세히 다루기로 한다.

조와 근로자퇴직급여보장법 제12조는「임금채권과 퇴직금, 기타 근로관계로 인한 채권에 대하여는 다른 채권, 조세·공과금 등보다 우선하여 변제할 것을 규정하고 있다.[271] 특히「최종 3월분의 임금」과「최종 3년간의 퇴직금」에 대하여는 최우선 변제대상으로 규정하고 있다.[272]

그러나 임금채권의 우선변제권은 사용자의 재산에 대한 법정담보물권으로서 담보물권의 경매실행에 의하여 우선적으로 변제받을 수 있는 권리에 지나지 않는 것이므로 근로자에 대한 채권자가 임금채권을 압류 및 추심하여 채권만족을 얻는 것은 임금채권 우선변제의 원칙에 반하지 않는다.[273]

2. 임금채권우선변제의 범위

1) 일반우선변제 임금범위

「임금채권 및 기타 근로관계로 인한 채권」과「퇴직금」은 사용자의 총재산에 대하

---

271) 임금채권에 대하여 우선변제권을 인정하는 것은 채권담보와 관련된 신용질서 및 산업금융의 원활한 유통에 문제점을 초래하고, 금융기관이 부실기업에 융자를 꺼리게 되어 중소기업의 신용획득의 길을 봉쇄하여 근로자의 직장상실의 결과를 초래할 수 있다고 하는 비판이 있다(박홍규, 고용법·근로조건법, 441면; 김형배, 노동법(제24판), 414~415면).

272) 근로자의 임금채권을 보호하기 위하여 1974. 12. 24. 근로기준법(법률 제4099호) 제37조에 임금채권 그 밖에 근로관계로 인한 채권에 대하여는 우선변제권 규정을 두었고, 1987. 11. 28. 법률 제3965호 개정 시 최종 3월분의 임금에 대하여는 최우선 변제규정을 추가하였고, 1989. 3. 29. 법률 4099호 개정 시 최우선 변제대상 범위에 퇴직금과 재해보상을 추가하였다. 1989. 3. 29. 개정 구근로기준법 제30조의 2 제2항에서 규정하고 있는 최우선변제에 해당하는 퇴직금의 범위에 대하여 대법원은「'최종 3월분의'라는 문구가 퇴직금을 수식하지 않는다고 보여지므로 위 법 조항상의 우선변제의 대상이 되는 퇴직금이 최종 3개월간 근무한 부분에 대한 퇴직금이나 그 지급사유가 사업 폐지 3개월 이내에 발생한 퇴직금만으로 한정되는 것이라고는 볼 수 없고 퇴직금우선변제 조항 시행일 1989. 3. 29. 이후의 근무기간에 상응하는 퇴직금 전액이 그 대상이 된다.」라고 판시하였다(대법원 1995. 7. 25. 선고 94다54474). 이에 대하여 헌법재판소가 퇴직금 전액에 대하여 최우선변제를 허용하는 것은 질권 또는 저당권의 본질적 내용을 침해한다는 취지의 헌법불합치결정(헌법재판소 1997. 8. 21. 선고 94헌바19) 을 함에 따라 1997. 11. 24. 법률 54735호 개정 시 최우선변제대상 퇴직금을 최종 3년분으로 개정하였으며, 2005. 1. 27. 최우선변제 대상으로서의 퇴직금에 관한 규정을 근로자퇴직급여보장법(법률 제7879호) 제11조로 이전하였다.

273) 대법원 1988. 6. 14. 선고 87다카3222; 대법원 1989. 5. 23. 선고 88다카15734; 대법원 1994. 3. 16. 선고 94마1822; 대법원 1994. 12. 9. 선고 93다61611; 대법원 1995. 6. 13. 선고 95누2562; 대법원 2000. 5. 26. 선고 99다31551 등.

여 질권·저당권에 우선하지 않는 조세·공과금과 질권·저당권에 의하여 담보된 채권 이외의 기타 채권에 우선한다(근로기준법§38①·근로자퇴직급여보장법§12①). 임금채권이 질권·저당권에 우선하는 조세·공과금과 담보된 채권보다 우선할 수 없으나, 기타의 채권에 대하여는 우선한다는 의미에서 이를 「일반적 우선변제 임금」이라고 한다.

여기서 「기타 근로관계로 인한 채권」이라 함은 근로자와 사용자 사이의 채권적인 성격을 갖는 일체의 금전적 청구권을 의미하는 것으로서 임금의 범위 보다는 넓은 개념이다. 따라서 임금의 성격을 갖는 휴업수당뿐만 아니라 근로관계에서 발생하는 임금 이외의 채권, 즉 보증금청구권·적립금청구권·사용자에게 보관된 금품의 반환청구권, 해고예고수당 등도 포함된다.[274]

2) 최우선변제임금

최종 3월분의 임금과 최종 3년간의 퇴직금 및 재해보상금은 모든 채권 및 조세·공과금에 우선하여 변제받는 대상이 된다(근로기준법§38② 및 근로자퇴직급여보장법 §11②).[275] 최우선변제임금은 일반적 우선변제 임금과는 달리 질권 또는 저당권에 우선하는 조세·공과금 그리고 담보된 일체의 채권보다 우선하므로 강력하게 보호받게 된다. 그러나 최종 3개월간의 임금 및 3년간의 퇴직금에 대한 지연이자는 최우선변제대상에 포함되지 않는다.[276]

「최종 3월분의 임금」의 범위는 반드시 미지급된 월정임금에 국한되는 것이 아니라 상여금과 각종 수당도 포함된다. 다만, 최종 3월의 기간 동안 도래한 모든 임금채권이 최우선 변제의 대상이 되는 것은 아니고 최종 3월분의 근로에 대응하는 임금만이 최우선변제의 대상이 된다.[277] 여기서 「최종 3월」이란 근로자의 퇴직일 또는 사실상 근로관계가 종료된 날로부터 소급하여 역일상의 3월을 의미한다. 즉, 「최종 3월」이란 근로관계가 종료된 날로부터 소급하는 역법상의 3월을 의미하는 것이지,

---

274) 동지 김형배, 노동법(제24판), 409면; 하갑래, 근로기준법(전정제27판), 531면.

275) 이외에 사용자의 총재산에 대하여 경매가 개시되었을 때에 최우선 배당대상이 되는 채권으로서는 주택임대차보호법 제8조의 규정에 의한 소액임차보증금, 상가건물임대차보호법 제14조의 규정에 의한 소액임차보증금채권이 있다. 사용자의 재산에 대한 매각대금이 최우선변제채권에 미달된 경우에는 각 안분하여 배당한다.

276) 대법원 2000. 1. 28. 선고 99마5143.

277) 김유성, 노동법Ⅰ, 125면; 임종률, 노동법(제14판), 575~576면.

해당 기업의 도산일 또는 사업폐지일로부터 소급하는 것이 아니다.[278] 따라서 파업으로 근로를 제공하지 못한 기간이나 부당해고를 다투는 기간도 당연히 「최종 3월」의 기간에 산입된다.

최종 3월분에 해당하는 「임금채권」이란 최종 3개월 사이에 지급사유가 발생한 임금채권을 의미하는 것이 아니라, 최종 3월간 근무한 부분에 대한 임금채권을 말한다.[279] 따라서 기본급에 따른 연간 상여금지급률을 정하도록 한 경우에 퇴직 전 최종 3개월 사이에 지급이 확정된 상여금 전액이 아니라 퇴직 전 최종 3개월의 근로에 해당하는 상여금만이 최우선변제권이 인정되는 임금에 해당된다. 부당해고로 인한 임금상당액은 근로기준법상 임금에 해당하지 않으므로 최종 3월분의 임금범위에서 제외된다.

「최종 3년간의 퇴직금」은 최종 3년의 기간에 대하여 산정한 법정퇴직금을 의미한다. 따라서 단체협약 또는 취업규칙 등에 법정퇴직금 보다 높은 퇴직금제도를 설정하였다 하더라도 최우선변제 대상이 되는 퇴직금은 법정퇴직금액으로 감축된다. 그러나 최우선변제대상이 되는 퇴직금은 일률적으로 3년분에 국한되는 것이 아니고, 임금채권우선변제 조항의 입법개정과 입사일과 근속기간에 따라 최고 평균임금의 250일분에 해당하는 퇴직금이 최우선변제의 대상이 된다. 임금채권 최우선변제제도를 도입한 1989. 3. 29.과 퇴직금 중 3년간의 퇴직금을 최우선변제대상으로 한정하도록 한 1997. 12. 24.을 기준으로 근로자의 입사일과 근속연한에 따라 최우선변제대상 퇴직금의 범위가 달라지게 된다. 즉, ① 1997. 12. 24. 이전에 퇴직한 근로자의 퇴직금은 1989. 3. 29. 이후의 계속근로연수에 해당하는 퇴직금만이 최우선변제대상이 되고, ② 1997. 12. 24. 이전에 고용되어 그 이후에 퇴직한 근로자의 퇴직금은 1989. 3. 29.부터 1997. 12. 24.까지의 계속근로연수에 대한 퇴직금과 1997. 12. 24. 이후의 계속근로연수에 대한 퇴직금을 합산한 금액이 최우선변제대상이 되나, ③ 최우선변제대상이 되는 퇴직금은 평균임금의 25일분을 초과할 수 없다(근로기준법 부칙§13·근로자퇴직급여보장법 부칙§4).

「재해보상금」은 근로기준법상의 재해보상금을 의미한다. 그러나 업무상 재해로 인하여 피재근로자가 산재보험급여를 받을 수 있는 경우에는 사용자의 재해보상은 면책되므로 실질적으로 재해보상금이 최우선변제의 대상이 되는 경우는 거의 없다

278) 대법원 1996. 2. 23. 선고 95다48650; 대법원 1997. 11. 14. 선고 97다32178.
279) 대법원 2002. 3. 29. 선고 2001다83838.

(산재보험법§52①).

3. 사용자의 총재산 범위

「사용자」라 함은 근로계약의 당사자로서 임금채무를 1차적으로 부담하고 있는 사업주를 의미한다. 법인인 경우에는 사용자의 총재산은 법인 자체의 재산에 국한되는 것이므로 법인의 대표자 개인의 재산은 사용자의 총재산에 포함되지 않고, 사용자가 개인인 경우에는 개인의 재산도 사용자의 총재산에 포함된다.[280] 그러나 실질적으로 그 법인회사의 배후에 있는 타인이 그 법인회사를 지배관리하고 있거나 형식상 특정인을 회사의 대표자로 등록시킨 후 전액 출자한 자가 실질적으로 회사운영을 하고 있는 경우, 즉 법인격이 부인되는 정도에 이르는 사실상 1인 기업에 해당하는 경우라면 그 법인의 배후에 있는 타인의 개인재산도 사용자의 총재산에 포함시키는 것이 타당하다.[281]

우선변제대상이 되는 사용자의 총재산은 사업주의 재산에 국한되는 것이므로 비록 직상수급인의 귀책사유로 하수급인이 임금채무를 변제하지 못하여 직상수급인이 하수급인과 임금채무에 대하여 연대책임을 부담하더라도 직상수급인의 총재산은 임금채권우선변제의 대상이 될 수 없다.[282]

그리고 사용자가 취득하기 전에 이미 그 재산에 대하여 설정된 담보물권에 대하여는 우선변제효력이 없고, 이미 제3자에게 처분한 재산 등에 대하여도 우선변제의 효력이 없다.[283][284] 그리고 합자회사의 무한책임사원은 회사의 재산으로 채무를

280) 김유성, 노동법Ⅰ, 126면; 이상윤, 노동법, 211면.

281) 대법원 2001. 1. 19. 선고 97다21604.

282) 대법원 1997. 12. 12. 선고 95다56798; 대법원 1999. 2. 5. 선고 97다48388.

283) 대법원 2004. 5. 27. 선고 2002다65905; 대법원 2002. 10. 8. 선고 2001다31141; 대법원 1994. 1. 11. 선고 93다30938; 대법원 1994. 12. 27. 선고 94다19242 등.

284) 이에 대하여 사용자가 담보물권이 설정되어 있는 재산을 처분하였다는 이유로 근로자의 임금채권우선변제권을 부정한다면 오히려 담보권자의 지위를 종전보다 부당하게 강화하는 결과를 초래하여 근로자 보호라는 공익적 요청에 반하게 되므로 재산권이 이전된 경우에도 임금채권우선변제의 효력을 인정해야 한다고 하는 견해가 있다(김유성, 노동법Ⅰ, 126면). 그러나 임금채권우선변제제도가 근로자를 위한 공익적 요청에 따른 것이라 하더라도, 이 경우까지 임금채권우선변제를 허용한다면 매수인이 불측의 손해를 감수해야 하므로 거래의 안전을 위협하게 된다. 다만, 사용자가 근로자의 임금의 지급을 면탈할 목적으로 제3자에게 재산을 처분한 경우에 임금채권자는 민법 제406조의 채권자취소권을 행사하거나 형법 327조의 강제집행면탈죄의 죄책을 물을 수 있다.

완제할 수 없거나 회사에 대한 강제집행이 유효하지 못한 경우에 책임을 부담하는 보충적 성격과 일반 담보권자의 신뢰보호 및 거래질서에 미치는 영향 등을 고려할 때 합자회사의 무한책임사원의 재산은 사용자의 총재산에 포함되지 않는다.[285] 그러나 개인사업 형태로 운영되던 사업을 법인형태로 전환하면서 저당 목적물의 재산을 법인에 출자한 경우에는 우선변제권이 있는 사용자의 총재산에 포함된다.[286]

개인기업 형태로 운영하던 것을 법인 형태로 전환하면서 근저당 등이 설정된 물적 시설을 법인에게 출자하거나 동일성을 유지하면서 영업 양도하면서 근로자들의 근로관계도 단절 없이 승계된 경우에는 임금채권우선변제 대상이 되는 사용자의 총재산에 포함된다.[287]

임금채권우선변제 대상이 되는 사용자의 총재산은 임금 체불 당시 사용자에게 속한 재산에 국한된다. 그러나 종전 사용자의 재산에 속하였으나 제3자에게 재산권이 이전된 경우에도 예외적으로 사용자의 총 재산에 포함되는 경우도 있다. 예컨대, 임금채권자가 민법 제406조에 규정한 「사해행위취소권」을 행사하여 채무자인 사용자의 수중에서 일탈한 재산을 원상회복시켜 놓은 경우에는 사용자의 총재산에 포함된다.[288] 그리고 사용자가 취소 또는 해지 등의 의사표시를 하면 재산취득이 가능한 경우에 임금채권자가 민법 제404조에 규정한 「채권자대위권」을 행사하여 과거의 재산을 회복시켜 놓은 재산은 사용자의 총 재산에 포함된다.[289]

4. 임금채권우선변제권자

임금채권우선변제권자는 원칙적으로 대상회사에 근로를 제공한 근로자가 되는 것이 원칙이다. 비록 대상회사가 화의절차가 진행 중이라도 우선변제권이 있는 채권은 화의채권이 되지 않는 것이므로 우선변제권이 있는 근로자는 대상회사의 재산

---

285) 대법원 1996. 2. 9. 선고 95다719.

286) 대법원 2004. 5. 27. 선고 2002다65905.

287) 대법원 2002. 10. 8. 선고 2001다31141.

288) 민사집행법은 임금채권자가 법원에 채무자인 사용자의 재산명시신청을 한 경우에 법원은 재산명시명령이 송달되기 전 1년 이내에 유상 양도한 부동산과 2년 이내에 무상 양도한 재산목록을 제출하도록 되어 있으므로 채무자인 사용자가 제출한 재산에 대하여 임금채권자는 「사해행위 취소권」을 행사하여 현재의 재산으로 환원시켜 배당에 참가하거나 집행권원에 의하여 강제집행할 수 있다(이시윤, 신민사집행법, 81면; 김상수, 민사집행법, 103면).

289) 이사윤, 신민사집행법, 82면.

에 대하여 경매를 신청하여 우선변제권을 행사할 수 있다.

임금채권우선변제권은 근로자의 일신전속적인 권리가 아니므로 근로자에게 채무를 지고 있는 자가 임금채권우선변제에 해당하는 채무를 변제한 경우에는 민법상 변제자의 대위규정에 따라 사용자의 총재산에 대하여 우선변제권을 행사할 수 있다.

민법 제481조와 민법 제482조 제1항은 변제할 정당한 이익이 있는 자는 변제로 당연히 채권자를 대위하고, 채권자를 대위한 자는 자기의 권리에 의하여 구상할 수 있는 범위에서 채권 및 그 담보에 관한 권리를 행사할 수 있는 것으로 규정하고 있다. 이 규정에 따라 우선변제권이 있는 임금채권을 변제한 자는 채무자인 사용자에 대한 임금채권자로서 사용자의 총 재산에 대한 강제집행절차나 담보권 실행을 위한 경매절차의 개시 후 배당을 요구하여 일반채권에 우선하여 배당받을 권리가 있다.[290]

【판례요지】

☞ 우선변재권이 있는 임금채권을 변제한 자는 채무자인 사용자에 대한 임금채권자로서 사용자의 총재산에 대한 강제집행절차나 담보권 실행을 위한 경매절차가 개신된 경우에 배당요구의 종기까지 배당요구를 하여 그 배당절차에서 저당권의 피담보채권이나 일반채권보다 우선하여 변제받을 수 있다(대법원 1996. 2. 23. 선고 94다21160).

☞ 우선변제권이 있는 임금채권을 대위변제한 자에게 임금채권은 동일성을 유지한 채 법률상 당연히 이전하는 것이므로 그 변제자가 사용자에 대한 담보권실행을 위한 경매절차 등에서 임금채권자로서 배당요구를 하여 우선 변제받더라도 이 우선변제권은 임금채권이 그 성질이 변하지 않고 이전된 이상 일신전속인 권리로서 근로자만이 주장할 수 있는 권리라고 할 수 없고, 임금이 근로자에게 이미 지급된 이상 근로기준법상 직접지급의 원칙에 위반된다고도 할 수 없다(대법원 1996. 4. 12. 선고 95다22894).

그러나 근로자로부터 임금채권을 양도받았거나 채권추심을 위임받은 자가 사용자의 총재산에 대하여 배당을 요구하는 경우에는 우선배당을 받을 수 없을 뿐만 아니라 임금직접지불의 원칙에도 위반된다.[291]

---

290) 대법원 1996. 2. 23. 선고 94다21160; 대법원 1996. 4. 12. 선고 95다22894.

291) 대법원 1996. 3. 22. 선고 95다2630.

5. 임금채권과 다른 채권과의 배당순위 관계

사용자의 재산에 대하여 경매가 개시되어 매각된 후 매각대금으로 모든 채권자를 만족하지 못하게 되는 경우 법원은 각종 법률에 의한 배당순위에 따라 배당을 할 수밖에 없다. 집행비용은 민사집행법상 최우선순위에 해당하나, 실체법상 각종 채권은 다음의 순위에 따라 배당하게 된다.

- 1순위 채권[292] : 근로기준법 제37조 제2항 및 근로자퇴직급여보장법 제11조 제2항의 규정에 의한 최종 3월분의 임금채권·최종 3년간의 퇴직금채권,[293] 주택임대차보호법 제8조의 규정에 의한 소액임차보증금,[294] 상가건물임대차보호법 제14조에 규정에 의한 소액임차보증금채권.[295]
- 2순위 : 조세 중 당해 부동산에 부과된 세금(증여세·상속세·종토세 등 당해세)
- 3순위 : 담보권에 앞서는 일반조세
- 4순위 : 조세에 뒤지는 담보권(세금납부기한 후에 설정된 저당권·가등기담보권·전세권). 확정일자를 갖춘 주택임대차보증금·상가건물임대차보증금채권.
- 5순위 : 최종 3월간 이외의 임금·최종 3년간 이외의 퇴직금·기타 근로관계채권
- 6순위 : 납부기한 등이 저당권·전세권의 설정보다 이후인 기타 조세채권
- 7순위 : 건강보험료채권·연금보험료채권·산재보험료채권 등
- 8순위 : 일반채권

6. 우선변제의 방법

임금채권자는 민사소송을 제기하여 집행권원(구법상 채무명의)을 얻은 후 사용자의 총재산에 대하여 강제집행을 신청한 후 사용자의 재산을 압류하여 환가처분하고

---

292) 압류등기 전에 대항요건을 갖추고 배당요구종기까지 배당요구가 있어야 한다.

293) 최우선변제권이 있는 임금채권에 대하여 근로복지공단이 체당금을 지급한 때에는 임금채권의 동일성을 유지한 채 법률상 당연히 임금채권이 근로복지공단에게 이전된 것이므로, 채무자인 사용자에 대한 임금채권자로서 배당요구의 종기까지 배당요구를 하면 제1순위로 배당받게 된다(윤완중, 민사집행과 채권관리, 482면).

294) 주택인도와 주민등록전입신고를 마친 주택임차인에 한한다.

295) 건물인도와 사업등록을 마친 상가임차인에 한한다. 주택임차보증금과 상가임차보증금 일부만이 최우선 배당되면 나머지 보증금은 대항력이 있을 경우 매수인에게 인수시킬 수도 있고, 확정일자까지 갖추었으면 4순위로 배당받을 수 있다.

배당을 받거나 다른 채권자가 민사집행절차를 거치는 경우에 소송참가를 통하여 변제를 받을 수 있다. 그러나 이러한 민사절차는 상당한 시간과 비용을 요하게 되므로 임금채권자의 권리구제방법으로는 한계가 있을 수밖에 없다.

임금채권자로 하여금 소송절차 없이 신속·간편하게 권리구제를 받을 수 있도록 하기 위하여 민사집행법 제217조 및 제218조는 사용자의 총재산에 대하여 경매가 개시된 경우에 근로자와 미지급임금을 증명할 수 있는 서류를 갖추어 배당요구 종기일까지 배당에 참가하면 매각대금에서 배당받을 수 있도록 규정하고 있다.

대법원은「임금채권의 우선변제권은 사용자의 재산에 대한 법정담보물권으로서 담보물권의 경매실행에 의하여 우선적으로 만족을 얻을 수 있는 정도의 효력」만 있는 것으로 보아,[296] 제3채권자가 사용자에게 상계권을 행사하는 경우에는 임금채권우선변제의 효력을 부정하고 있고,[297] 배당요구종기일까지 배당요구하지 않으면 실체법상 우선변제권이 있는 채권자라 하더라도 배당을 받을 수 없고 후순위채권자에게 부당이득반환을 청구할 수 없는 것[298]으로 해석하고 있다. 그러나 대법원은 민사집행절차의 안정성 보장과 근로자의 임금채권 보호와의 적절한 균형을 고려하여「임금채권자가 경매개시 전에 경매 목적물에 대하여 가압류한 경우에는 배당표가 확정되기 전까지 임금채권임을 입증하면 배당받을 수 있고,[299] 체납처분절차의 주관기관은 임금채권자에게 배분할 금액을 직권으로 확정하여 배분계산서를 작성하여 배당하여야 하고,[300] 체납처분의 청산절차에서 압류재산 매각대금 분배 시까지 배분요구를 하지 않은 임금채권자는 후순위 채권자를 상대로 부당이득반환청구를 할 수 있는 것[301]으로 판시하고 있다.[302]

---

296) 대법원 1988. 6. 14. 선고 87다카3222; 대법원 1989. 5. 23. 선고 88다카15734; 대법원 1994. 12. 9. 선고 93다61611; 대법원 1995. 6. 13. 선고 95누2562.
297) 대법원 2000. 5. 26. 선고 99다31551.
298) 대법원 1997. 2. 25. 선고 96다10263.
299) 대법원 1995. 7. 28. 선고 94다57718; 대법원 2002. 5. 14. 선고 2000다4870; 대법원 2004. 7. 22. 선고 2002다52312.
300) 대법원 2000. 6. 9. 선고 2000다15869.
301) 대법원 2003. 1. 24. 선고 2002다64254; 대법원 2004. 7. 22. 선고 2002다52312.
302) 임금채권에 대한 배당문제에 대하여는 제6장 임금채권의 구제, 제4절 민사적 구제 편에서 자세히 살펴보기로 한다.

Ⅵ. 체당금제도

1. 의 의

체당금(替當金)이라 함은 국가가 근로자에게 체불임금을 지급한 후에 사업주에게 상환받기로 하고 사업주의 임금채무를 대신하여 변제한 금액을 말한다. 1990년대 후반부터 우리나라의 경제가 불황에 빠져들면서 기업들의 도산사태와 실업이 증가됨에 따라 사용자의 임금변제능력 부족으로 근로자들이 임금지급을 받지 못하게 되어 이들의 기본적 생활에 중대한 위협이 되었다. 근로기준법 제38조의 규정에 따라 근로자는 일반채권자에 우선하여 임금채권을 보호받을 수 있는 권리가 보장되었지만, 사용자의 임금변제능력이 없어 임금채권우선변제제도는 단지 관념상의 권리에 지나지 않게 되었다.

이에 정부는 별도로 마련한 재원인 임금채권보장기금으로 사업주를 대신하여 일정액의 임금을 지급함으로써 기업의 도산에 따른 임금체불로 인하여 근로자의 생계를 보장하기 위하여 1998년 2월 20일 임금채권보장법[303)]을 제정하였다. 임금채권보장법은 주로 퇴직한 근로자가 기업의 도산 등으로 인하여 임금 및 퇴직금을 지급받지 못하게 된 경우에 임금채권보장기금에서 근로기준법 제38조 및 근로자퇴직급여보장법 제11조에 규정된 최우선임금채권 일정 범위 안에서 체불임금 및 퇴직금을 지급하고 사업주를 상대로 임금 및 퇴직금 청구권을 대위 행사하도록 하는 것을 규정하고 있다.

기업의 도산은 법원이 결정하는 「재판상 도산」과 경영악화로 기업 활동이 사실상 정지되어 폐업한 상태에 해당하는 「사실상의 도산」으로 구분된다. 「재판상 도산」은 사업주가 법원으로부터 파산선고를 받았거나 화의개시의 결정 또는 회사정리절차의 개시결정을 받은 것을 말한다. 「사실상 도산」이라 함은 해당 기업이 재판상의 도산에 해당하지 않더라도 상시 근로자 300인 이하의 중소기업이 경영악화로 인하여 영업이 폐지 또는 폐지과정에 있고 임금 등을 지급할 능력이 없거나 지급이 현저히 곤란하여 근로자의 신청에 의하여 지방노동청으로부터 사실상 도산인정을 받은 경우를 말한다(영§5조). 임금채권보장법은 주로 「사실상의 도산」에 중점을 두어 이에 대한 요건과 체당금의 지급을 중심으로 규정하고 있다.

---

303) 제정 1998. 2. 20. 법률 제5513호. 이 법은 1998. 7. 1.부터 시행하고 있다(부칙§1).

2. 도산 등 사실인정 요건

근로자가 임금채권보장법상 체당금을 지급받기 위해서는 노동관서로부터 사업주가 도산 등 사실인정을 받아야 한다. 임금채권보장법 시행령 제5조와 제8조는 도산 등 사실인정요건으로 형식적 요건과 실질적 요건을 규정하고 있다. 이 2가지 요건을 충족하여야만 도산 등 사실인정을 받을 수 있다.

【도산 등 사실인정 요건 및 사유】

유 형	사 유
형식적 요건	ㅇ 산재보험의 적용대상이 되는 사업의 사업주일 것 ㅇ 상시 사용하는 근로자수가 300인 이하일 것 ㅇ 적용대상이 되는 사업주가 6월 이상 당해 사업을 행하였을 것
실질적 요건	ㅇ 사업이 폐지되거나 폐지과정에 있을 것 ㅇ 사업주가 임금 등을 지급할 능력이 없거나 지급이 현저히 곤란할 것

1) 형식적 요건

(1) 산재보험법 당연 적용대상 사업주일 것

임금채권보장법은 산재보험법의 당연적용 대상이 되는 사업장 또는 사업 중 국가 및 지방자치단체가 직접 행하는 사업을 제외한 사업주이어야 한다(§3). 「당연적용사업」이라 함은 사업주의 의사와는 관계없이 자동적으로 산재보험관계가 성립하는 사업을 말하는 것으로서, 산재보험법 시행령 제3조에 규정된 적용제외사업에 해당하지 않는 이상 상시 근로자 1인 이상을 사용하는 모든 사업 또는 사업장은 당연적용대상에 해당된다. 따라서 국가 및 지방자치단체가 직접 행하는 산재보험 당연적용대상 사업주는 산재보험관계 성립신고의 제출 유무, 보험료의 납부 유무를 불문하고 임금채권보장법이 적용되지 않는다.

【임금채권보장법 적용제외사업 또는 사업】

1. 공무원연금법 또는 군인연금법에 의하여 재해보상이 행하여지는 사업
2. 선원법·어선원 및 어선재해보상법 또는 사립학교교직원연금법에 의하여 재해보상이 행하여지는 사업
3. 주택법에 의한 주택건설사업자, 건설산업기본법에 의한 건설업자, 전기공사업법

에 의한 공사업자, 정보통신공사업법에 의한 공사업자, 소방법에 의한 소방시설 공사업자 또는 문화재보호법에 의한 문화재수리업자가 아닌 자가 시공하는 다음 각목의 어느 하나에 해당하는 공사

가. 총 공사금액이 2천만원 미만인 공사

나. 연면적 330제곱미터 이하인 건축물의 건축 또는 대수선에 관한 공사

4. 가사서비스업
5. 제1호 내지 제5호의 사업 외의 사업으로서 상시근로자수가 1인 이상이 되지 아니하는 사업
6. 농업·임업(벌목업 제외)·어업·수렵업 중 법인이 아닌 자의 사업으로서 상시근로자수가 5인 미만인 사업
7. 국가 및 지방자치단체가 직접 행하는 사업

그러나 산재보험 당연 적용사업장이 아니더라도 산재보험 임의가입 또는 의제가입 사업장의 경우는 임금채권보장법이 적용된다(§3의2). 「임의가입」이란 산재보험 당연적용대상 사업의 사업주가 아닌 사업의 사업주가 산재보험가입을 희망하여 근로복지공단의 승인을 얻어 산재보험에 가입한 것을 말하고, 「의제가입」이란 산재보험 당연적용대상 사업의 사업주가 사업의 변동 등으로 당연적용대상이 되지 않게 되는 경우 산재보험관계를 당연 소멸시키는 것이 아니라 1년의 기간 동안은 산재보험에 가입한 것으로 보는 것을 말한다.

영업양도는 영업조직에 의하여 조직화된 물적·인적조직이 동일성을 유지하면서 양도회사의 물적·인적조직이 양수회사로 포괄적으로 이전되는 것일 뿐 양도회사가 도산한 것이 아니므로 양도사업주는 임금채권보장법에 의한 도산인정 대상사업주가 될 수 없다.

(2) 6개월 이상 당해 사업을 행하였을 것

6개월 이상 당해 사업을 행한 사업의 사업주를 적용대상 사업주로 한 것은 사회통념상 기업으로서의 존재를 인정할 수 있는 계속적인 사업 활동기간을 설정함으로써 임금채권보장사업의 남용을 방지하기 위한 것이다. 사업은 영리목적 유무를 불문하므로 사회복지사업의 사업주도 임금채권보장법의 대상사업주가 된다.

사업 활동의 기산일은 사업자등록일이 아니라 실질적으로 근로자를 사용하여 산재보험법관계의 당연적용 사업주가 된 날이다. 따라서 사업 준비기간 중 근로자를

채용하여 사용한 후에 사무실 개소, 사업자등록, 산재보험관계성립신고를 하였더라도 근로자를 채용하여 사용하기 시작한 날이 사업 활동의 기산일이 된다.[304]

사업기간 중 휴지기간이 있는 경우에 이 기간을 사업 활동기간에 포함시킬 것인가의 여부가 문제되는데, 노동부는 「사업의 중단과 재개가 반복되는 경우는 업종의 특성에 따른 현상이라고 할 수 있으므로 계속된 사업의 중단기간이 1년을 경과하지 않았다면 사업의 폐지로 보지 않고 전체 기간 중 휴지기간을 공제한 기간을 사업 활동기간」으로 판단하고 있다.[305]

(3) 인정대상 사업주일 것

「도산 등 사실인정」을 받을 수 있는 사업주의 범위는 업종구분 없이 상시근로자수가 300인 이하의 사업주이다. 「상시근로자수」는 전 년도 매월 말일 현재 사용하는 근로자수의 합계를 전년도의 조업월수로 나눈 수를 기준으로 산정한다. 「도산 등 사실인정」은 사업주를 대상으로 상시근로자수는 사업장 단위가 아닌 당해 사업의 전체에서 사용하는 근로자수를 기준으로 한다. 다만, 당해연도 중에 사업이 개시된 경우에는 임금채권보장관계의 성립일 현재 사용한 근로자를 기준으로 산정한다.

그러나 상시근로자수를 산정하기 곤란한 건설업의 경우는 (전년도 공사실적액×전년도 노무비율)÷(전년도 조업월수×전년도 월 평균임금)의 산식에 의하여 계산한다. 공사실적액은 당해 사업주의 총 공사실적액에서 건설산업기본법 등의 법령에 의하여 적법하게 하도급된 공사실적액을 제외한 금액으로 하고, 노무비율은 고용보험 및 산업재해보상보험의 보험료징수 등에 관한 법률(이하 “보험료징수법”) 제13조의 규정에 의하여 고용노동부장관이 고시한 노무비율로 한다. 건설업 월 평균임금은 보험료징수법 시행령 제2조 제1항 제3호의 규정에 의하여 노동부장관이 고시한 건설업 월평균임금으로 한다.[306]

---

304) 고용노동부, 임금채권보장업무처리요령, 39면.

305) 고용노동부, 임금채권보장업무처리요령, 39면. 그러나 건설업체가 하도급건설공사를 하다가 공사수주를 하지 못하는 등의 사유로 사업을 잠시 중단한 것은 사용자의 귀책사유에 의한 휴업에 해당하는 것이므로 사업주는 근로기준법 제46조에 의한 휴업수당을 지급할 법적 의무가 있음에도 불구하고, 사업의 휴지기간을 사업 활동기간에 제외시키는 것은 부당하다.

306) 고용노동부, 임금채권보장업무처리요령, 42면.

2) 실질적 요건

(1) 사업이 폐지되었거나 폐지과정에 있을 것

가. 사업의 폐지

사업의 폐지는 주된 생산 또는 영업활동이 중단되고 그 활동이 이루어지는 사업장이 폐쇄된 상황에서 근로자 전원을 해고하거나 퇴직한 상태를 의미하는 것이나, 사업의 정리 또는 청산을 위하여 필요한 최소한의 인원이 사업의 정리 또는 청산목적에 한정된 활동을 하는 경우에도 실질적으로 사업이 폐지된 것으로 보아야 한다.

주된 생산 또는 영업활동이 중단되고 근로자들이 퇴사한 상태에서 사업주가 사업의 재개 의지를 적극적으로 표명한 경우에도 사업이 폐지된 것으로 보아야 한다.[307] 왜냐하면, 「사업의 폐지」에 해당하는가의 여부는 해당 기업의 사업등록말소 내지는 법인말소 등 형식적으로 판단할 것이 아니라 경영악화로 근로자에게 임금 등을 지불할 능력이 없거나 현저히 곤란하여 실질적으로 주된 영업활동이 중단된 경우라면 영업의 폐지로 해석함이 임금채권보장법의 입법취지상 당연하기 때문이다. 요컨대, 영업의 폐지 여부는 사업자등록 말소와 같은 형식적인 요건과 사업주의 영업 재개의지에 국한하지 않고, 주된 생산 또는 영업활동이 전면적으로 중단되고 근로자들과의 근로계약관계가 종료된 경우에는 실질적으로 영업이 폐지된 것으로 보아야 한다.

【판례 및 의결 요지】

- 영업의 폐지는 객관적으로 영업을 폐지한 것을 인식할 수 있는 행위가 있으면 족하고, 반드시 상호등록말소신청이 된 때에만 영업의 폐지로 인정할 수 있는 것은 아니다(대법원 1982. 6. 8. 선고 81후54).
- 경영악화로 전 직원이 퇴직함으로써 실질적으로 영업활동이 중단된 점, 사업의 폐지는 실질적으로 영업이 중단되었는지를 기준으로 하여 판단해야 한다고 하는 점, 해외합자회사의 설립이 완료되지 않은 점, 대상 회사의 주된 영업활동은 국내

307) 고용노동부는 사업주가 자금계획의 확보, 거래업체와의 납품계약 체결 등 구체적으로 사업계획과 전망을 제시하면서 사업재개 의지를 명시적·적극적으로 표명한 경우에는 사업의 일시적 중단으로 보고 도산사실인정 신청일로부터 처리기한 범위 내에서 사업주가 제시하는 날짜를 고려하여 상당한 기한까지 지켜보고 「도산 등 사실인정」 여부를 판단하고 있다(고용노동부, 임금채권보장업무처리요령, 43면).

> 에서의 프로그램 개발이라고 하는 점 등을 고려하면 사업주가 영업재개의 의사를 표명하였더라도 실질적으로 대상회사의 사업이 폐지 또는 폐지과정에 있는 것으로 판단해야 하므로 도산 등 사실인정요건을 충족한 것으로 해석함이 상당하다(고충위 2006. 9. 10. 2BA-0607-004332).

그리고 개인기업이 도산된 후 근로자 전원을 해고하고 생활필수품을 제외한 전 재산을 처분한 후 사업주가 생계유지를 위하여 종전과 동일한 사업을 행하고 있거나 사업주가 사업을 폐지하고 근로자 전원을 해고하고자 함에도 근로자들이 조업활동을 계속하는 경우에도 사업의 폐지에 해당된다.[308]

나. 사업의 폐지과정

「도산 등 사실인정」을 받기 위해서는 「사업이 폐지되었거나 폐지과정에 있을 것」과 「임금 등을 지급할 능력이 없거나 지급이 현저히 곤란하여야 할 것」의 요건이 동시에 충족되어야만 한다. 사업이 폐지되지는 않았으나 임금채권보장법 시행령 제5조 제1항 제2호 각호의 사유 중 어느 한 가지에 해당되는 경우에는 사업의 폐지과정에 있는 것으로 본다.

사업의 폐지과정 사유에 해당하는 것으로서 ① 그 사업의 생산 또는 영업활동이 중단된 상태에서 주된 업무시설이 압류 또는 가압류되거나 채무변제를 위하여 양도된 경우, ② 그 사업에 대한 인가·허가·등록 등이 취소되거나 말소된 경우, ③ 그 사업의 주된 생산 또는 영업활동이 1월 이상 중단된 경우이다. 위의 모든 요건을 충족하여야만 사업의 폐지과정에 해당되는 것이 아니라 위의 사유 중 어느 한 가지라도 충족되면 당연히 사업의 폐지과정에 해당된다.

① 사업의 생산 또는 영업활동이 중단된 상태에서 주된 업무시설이 압류 또는 가압류되거나 채무변제를 위하여 양도된 경우

「생산 또는 영업활동의 중단」이라 함은 생산활동만 이루어지는 제조업의 경우는 생산활동의 정지를, 영업활동만 이루어지는 서비스업의 경우는 영업활동의 정지를, 생산활동과 영업활동이 병행하여 이루지는 사업의 경우는 생산활동과 영업활동의 모든 중지를 의미한다. 생산활동 또는 영업활동의 중단여부는 공장가동일지, 영업일지, 생산요소 투입상황 등의 객관적 자료에 의하여 판단한다.

308) 고용노동부, 임금채권보장업무처리요령, 44면.

「주된 업무시설」이라 함은 공장부지, 건물, 기계설비, 영업소, 점포 등을 구분하지 않고 당해 시설의 이용이 중단됨으로써 사업활동에 중대한 지장을 초래하는 시설을 말한다. 「압류·가압류·경매」의 진행 여부는 기계·건물·토지 등의 등기부등본을 확인하여 판단하여야 하나, 도산 등 사실인정은 채무변제를 위하여 양도된 경우에 한하는 것이므로 생산·영업자금 확보 등을 위하여 양도된 경우는 제외된다.

② 사업에 대한 인가·허가·등록 등이 취소되거나 말소된 경우

사업수행의 핵심적인 인가·허가·등록 등이 취소 또는 말소된 경우에는 영업의 폐지과정에 있는 것으로 본다. 사업 수행의 핵심적인 인허가 또는 등록의 취소 또는 말소가 사업의 폐지과정 사유에 해당되기 때문에 취소 또는 말소된 인허가 또는 등록이 사업수행에 핵심적인 것이 아니거나 직접적인 관련이 없는 경우에는 사업의 폐지과정에 해당되지 않는다.

③ 사업의 주된 생산 또는 영업활동이 1월 이상 중단된 경우

사업의 주된 생산 또는 영업활동이 중단되었는가의 여부는 그 사업의 핵심적인 활동이 무엇인가의 여부에 따라 판단해야 한다. 생산이 주된 활동인 제조업의 경우는 생산활동의 중단을, 영업활동이 주된 활동인 서비스업의 경우는 영업활동의 중단을 주된 사업이 중단된 것으로 판단한다. 그리고 생산·영업 등의 사업이 유기적으로 결합된 사업의 경우는 각 사업의 활동을 종합적으로 고려하여 사업의 중단 여부를 판단해야 한다.[309]

사업주가 행정관청에 휴업신고를 한 것은 주된 사업의 중단에 해당되지 않는다. 즉, 휴업신고는 일정기간 동안 사업을 중단한 후 휴업기간 만료 후 사업주의 의지에 따라 사업 재개의 여지가 있는 것이므로 휴업기간은 사업의 폐지과정에 있는 것으로 볼 수 없다. 그러나 휴업이 사업의 주된 생산 또는 생산활동 등의 중단으로 볼 수 있는 상태로서 주된 업무시설이 압류 또는 가압류되거나 채무변제를 위하여 채권자에게 양도하거나 휴업 중 그 사업을 계속할 수 없도록 사업에 필수적인 인허가·등록 등이 취소 또는 말소된 경우에는 사업의 폐지과정에 있는 것으로 해석해야 한다.[310] 생산 또는 영업활동이 경영장애로 인하여 1월 이상 중단된 경우를 판단함에 있어서는 건설업과 같이 사업의 성격상 계절적 요인으로 사업이 일시 중단된 경우

309) 고용노동부, 임금채권보장업무처리요령, 49면.
310) 2004. 7. 7. 임금정책과-2482.

에는 사업의 폐지과정에 해당되지 않는다.

(2) 임금 등을 지급할 능력이 없거나 지급이 현저히 곤란한 경우

가. 임금지급 능력 유무의 판단

「임금 등을 지급할 능력이 없거나 지급이 현저히 곤란한 경우」란 일반적으로 사업주에게 임금지급에 충당할 수 있는 자산이 없고, 자금차입이나 기타 방법에 의해서도 임금을 지급할 가능성이 없는 상태를 말한다. 따라서 부채액이 자산액을 초과하더라도 자산이 있으면 근로자의 임금채권은 우선 변제받을 수 있으므로 단순한 채무초과 상태는 체당금의 지급요건에 해당되지 않는다. 대상 사업주의 임금지급능력이 있는가의 여부는 일반적으로 대차대조표상 자산으로 계상된 항목에 대하여 구체적인 처분과정·회수방법 등의 가능성을 조사하여 판단하고 있는데, 실무에서 대상 사업주의 재산상태의 조사항목과 조사내용은 다음과 같다.[311]

【대상 사업주의 자산 조사항목 및 조사내용】

조사대상	조사내용
① 부동산	○ 부동산 등기부등본에 의한 저당권 설정 유무 ○ 저당권이 설정되어 있는 경우에는 저당권 설정건수·피담보채권액, 당해 부동산의 평가액 및 환가전망 등을 조사하여 임금지급 가능 여부 판단 ○ 자동차·선박·중기·항공기는 동산에 속하나, 이들 동산은 등록 또는 등기가 의무화되어 있으므로 등록원부 또는 등기부등본의 등록번호, 현상태 및 소재지, 실제 소유자 등을 조사
② 동 산	사업주, 근로자, 거래처, 기타 관계자로부터 제반사정을 청취하거나 현지조사를 통해 그 유무, 평가액, 귀속, 처분가능성 등에 의한 임금지급가능성의 조사
③ 채 권	사업주와 근로자로부터의 청취, 대차대조표·재무제표 등 경영관련 장부 검토, 채권자회의 등을 통한 조사 등
④ 자금차임전망	사업주, 근로자, 기타 관계자로부터의 청취 등
⑤ 부 채	일반적인 부채상황 외에 특히 임금채권에 우선하여 변제되어야 하는 채권 중심 조사

311) 고용노동부, 임금채권보장업무처리요령, 51면.

대상사업주는 임금체불 근로자와 근로관계를 맺고 있는 실질적인 사용자를 말하는 것이므로 도산 등 사실인정 요건 중 사업주가 임금지급능력이 있는지의 여부를 판단함에 있어서, 개인사업주의 경우는 명의상 대표자가 아니라 실제 근로자를 고용하고 사업을 행한 실질적인 대표자를 기준으로 판단해야 한다. 그리고 비록 법인의 형식을 갖춘 기업이라 하더라도, 그 법인의 배후에 있는 타인이 실질적으로 경영과 노무관리를 전담함으로써 그 법인이 형식상의 명목에 불과한 경우에는 그 법인의 배후에 있는 타인을 대상사업주로 해석해야 한다.[312)]

나. 현저한 임금지급의 곤란성 여부의 판단

대상사업주가 체불임금을 변제할 자산은 있으나, 회사의 재산에 대한 실질적인 지배력을 행사하는 개인사업주 또는 법인대표자 등이 1월 이상 소재불명으로 자산의 처분 또는 회수가 사실상 곤란한 경우에는 임금 등의 지급이 현저히 곤란한 것으로 해석한다. 이는 사업주의 1월 이상 소재불명을 임금 등의 지급이 현저히 곤란한 경우로 인정하고 있는 것은 원칙적으로 사업주의 재산상태 유무를 판단할 수 없는 상태인 경우에는 임금지급 능력이 없는 것으로 간주한다는 취지이다.[313)] 그러나 사업주가 다수의 채무관계로 채권자들을 피하여 도피 중인 경우에는 일시적으로 소재가 불분명한 것이므로 소재불명에 해당되지 않는다.

사업주의 재산을 환가하거나 회수하는데 객관적으로 도산 등 사실인정 신청일로부터 3개월 이상 걸릴 것으로 인정되는 경우는 「임금 등의 지급이 현저히 곤란한 경우」에 해당된다. 이는 사업주가 재산을 가지고 있다 하더라도 그 환가 내지 회수에 장기간이 소요된 경우 근로자의 생계를 보장하기 위한 것이다. 「3개월 이상의 기간이 소요될 것이 객관적으로 인정되는 때」라 함은 사업주가 최선의 노력을 다한다 하더라도 3개월 이상의 기간이 소요되는 것이 일반적으로 인정되는 경우 또는 경매절차 등을 밟는다 하더라도 그 기간이 3개월 이상 소요될 것으로 인정되는 경우를 말하고, 「사업주의 재산에 대한 환가 내지 회수」란 사업주의 재산이 처분된 후 근로자의 체불임금이 변제되는 것을 의미한다.[314)] 그러나 근로자가 법원으로부터

---

312) 대법원 2001. 1. 19. 선고 97다21604.

313) 고용노동부는 사업주에 대하여 지명통보 또는 지명수배 조치를 취하고 1월 이상 경과한 경우에 1월 이상 소재가 불명한 것으로 보고 있다(고용노동부, 임금채권보장업무처리요령, 52면).

314) 고용노동부, 임금채권보장업무처리요령, 53면.

최종 3개월분의 임금 등을 배당받기로 한 배당표를 수령한 경우는 배당금과 체당금을 이중으로 받는 부정수급 또는 부당이득의 반환문제가 발생할 수 있으므로 배당표를 수령한 경우에는 사업주의 재산이 환가 내지 회수된 것으로 보아야 한다.[315)]

대상사업주가 사실상 도산된 후 제2회사를 설립하는 경우가 있는데, 이 경우 임금 등의 지급능력이 없거나 현저히 곤란한 경우에 해당하는가의 여부는 실질적으로 영업양도에 해당하는가의 여부에 따라 판단해야 한다. 즉, 제2회사에 도산된 회사의 설비·자산을 매수함과 동시에 채무를 승계한 경우에는 영업양도에 해당되는 것이므로 체당금의 지급요건에 해당되지 않으나, 도산회사가 제2회사에 설비·자산만 매각한 경우는 근로관계가 포괄적으로 이전되지 않기 때문에 그 임대수입 또는 매각대금으로 체불임금에 충당할 수 있는지의 여부를 판단하여 체당금 지급요건을 결정해야 한다.[316)]

사업주가 체불임금을 변제할 재산이 없거나 그 지급이 현저히 곤란한 경우라도, 근로자가 제3자로부터 체불임금을 변제받은 경우에는 근로자는 현실적으로 체불임금을 받은 것으로 볼 수 있으므로 체당금의 지급요건에 해당되지 않는다. 이 경우 제3자가 근로자의 권리를 대위하여 체당금을 청구할 수 있는가의 여부에 대하여「도산 등 사실인정 및 체당금 신청은 근로자에게만 인정되고 체당금은 기업의 도산으로 인한 근로자의 생계를 보장하기 위하여 도산사업주가 지급해야 할 임금채무를 예외적으로 임금채권보장기금으로 지급한 후 근로자의 지위를 대위하여 도산사업주에게 대위권을 행사하도록 하는 제도이므로 제3자의 체당금청구를 부정해야 한다는 견해」와「근로자들의 체당금을 반환받는 조건으로 제3자가 체불임금을 변제한 것은 변제자대위에 해당하는 것이므로 민법 제469조의 변제자대위 규정을 적용하여 체당금을 신청할 수 있다는 견해」의 다툼이 있을 수 있다.

요컨대, 제3자가 체당금을 반환받는 조건으로 체당금에 상당하는 임금을 지급한 것이라면 민법 제469조의 변제자대위 규정에 따라 제3자가 체당금을 청구할 수 있다고 해석하는 것이 타당하다. 그 근거로서 ① 제3자가 근로자가 체당금을 수령하기 전에 체당금에 해당하는 체불임금을 먼저 변제한 것은 기업의 도산으로 인한 근

315) 2004. 7. 27. 임금정책과-2762.

316) 도산회사의 임금채무만을 인수하지 않고 설비·자산과 일반채무를 모두 인수하고 종전의 사업을 계속하는 등의 변칙적인 방법으로 제2회사를 설립한 경우는 실질적으로 영업양도에 해당되어 임금채무도 제2회사에 승계된 것으로 보아야 하므로 근로자는 제2회사를 상대로 체불임금을 청구할 수 있다.

로자의 생계를 보장하기 위한 임금채권보장법의 취지에 부합한다고 하는 점, ② 국가를 임금채무자로 볼 수 없다 하더라도 체당금의 지급요건을 충족한 경우에는 체당금을 지급해야 할 법적 의무가 있는 것이므로 근로자들이 체당금을 지급받기 전에 제3자로부터 체불임금을 변제받았다는 이유로 이의 지급을 부정하는 것은 형식적인 법 해석이라고 하는 점 등을 들 수 있다.

3. 체당금의 요건

체당금은 기업의 도산 등으로 임금을 지급받지 못한 상태에서 퇴직한 근로자에게 지급하는 것이므로 근로기준법상 근로자의 요건을 충족하여야 한다. 임금채권보장법 시행령 제7조는 대상사업주의 도산 등 사실인정 요건 이외에 퇴직기준일의 1년 전부터 3년 이내에 당해 사업 또는 사업장에서 퇴직한 근로자의 요건을 충족한 경우에 체당금을 지급하도록 규정하고 있다.

1) 근로자의 요건을 충족하였을 것

체당금을 청구할 수 있는 자는「기업의 부도 등으로 임금이 체불된 상태에서 당해 사업주의 사업에서 퇴직한 근로자」이므로 근로기준법상 근로자의 요건을 충족하여야 한다. 따라서 근로기준법 제2조 제1호의 근로자 요건을 충족하지 못하였거나 근무 중인 근로자 및 체불임금이 없는 퇴직근로자에 대하여는 적용되지 않는다.

근로자성 여부는 회사의 직위, 사업에의 참여형태, 업무집행, 보수의 성격, 취업규칙, 정관 등을 종합적으로 고려하여 판단하여야 한다. 특히, 이사 등 임원 명칭을 사용하고 있다 하더라도 업무집행권을 가진 자의 지휘 감독을 받으면서 사실상 노무에 종사하고 그 대가로서 임금을 받고 있는 경우에는 근로자로 해석해야 한다.[317)]

그리고 외국인이 근로기준법상 근로자의 요건을 충족하고 있는 이상, 비록 출입국관리법상 취업자격이 없는 외국이라 하더라도 체당금을 청구할 수 있는 근로자에 해당된다.

2) 퇴직기준일의 1년 전부터 3년 이내에 당해 사업에서 퇴직하였을 것

(1) 퇴직기준일과 퇴직일

퇴직기준일이란 근로자의 체당금지급 요건인 퇴직 시기를 판단하는 기준이 되는 날을 말하는 것으로서 퇴직기준일은 다음과 같다.

---

317) 근로자의 요건과 범위에 대하여는 제1장 제2절 참조.

◦ 법원의 파산선고, 화의개시결정 또는 회사정리절차개시의 결정이 있는 경우에는 그 신청일
◦ 화의법에 의한 화의개시의 신청 후 또는 회사정리법에 의한 정리절차개시 신청 후 법원이 직권으로 파산선고를 한 경우에는 그 신청일 또는 선고일
◦ 도산 등 사실인정이 있는 경우에는 그 도산 등 사실인정 신청일. 2 이상의 「도산 등 사실인정신청」이 있는 경우에는 최초의 신청일

퇴직일이란 사업주와의 근로계약관계가 종료된 날을 말하는 것인데, 퇴직일이 분명하지 않은 경우에는 다른 사업장에의 취업 여부, 산재·고용보험관계의 소멸일 등을 조사·확인하여 퇴직일을 결정해야 할 수 밖에 없다.

고용노동부는 사업주의 해고에 대하여 다툼이 있거나 사용자의 지시에 반하여 노동조합이 생산시설을 점거하여 생산관리를 하고 있는 경우에는 「사업주의 의사표시에 의한 해고일」을, 사업주의 행방불명으로 근로자의 퇴직일이 불분명한 경우에는 「사실상 근로관계가 종료된 날」을 퇴직일을 처리하고 있다.[318)]

(2) 1년 전부터 3년 이내의 범위

체당금 지급대상이 되는 근로자는 퇴직기준일의 1년 전부터 3년 이내에 퇴직한 근로자이다. 예컨대, 도산 등 사실인정 신청일이 2005. 7. 10.이라고 가정하면 퇴직기준일의 1년 전은 2004. 7. 10.이고, 퇴직기준일의 1년 전부터 3년 이내에 해당하는 마감일은 2007. 7. 9.이므로 체당금 지급대상은 2004. 7. 10.부터 2007. 7. 9. 사이에 퇴직한 근로자이다.

그러나 기업의 화의인가의 확정 또는 정리절차가 종결된 경우에는 법원의 감독으로부터 벗어나게 되고 재산처분의 제한도 소멸될 뿐만 아니라 근로자들도 종전의 기업으로 복직하게 되므로 「재건형 도산」의 경우에는 그 절차가 종료된 이후에 퇴직일이 1년 전부터 3년 이내에 해당된다 하더라도 체당금을 청구할 수 없다. 예컨대, 화의개시 신청일이 2003. 7. 5, 화의개시결정일이 2003. 7. 25, 화의인가 확정일이 2003. 10. 10.이라고 가정할 때, 2002. 7. 5.부터 2003. 10. 9. 사이에 퇴직한 근로자만이 체당금을 청구할 수 있고, 2003. 10. 10. 이후에 퇴직한 근로자는 체당금 지급대상이 되지 않는다.[319)]

318) 고용노동부, 임금채권보장업무처리요령, 73면.
319) 고용노동부, 임금채권보장업무처리요령, 73면.

4. 체당금의 범위 및 한도

1) 체당금의 범위

임금채권보장법에 의하여 보장된 체당금은 체당금 지급사유가 발생한 사업장 또는 사업에서 퇴직한 근로자가 근로기준법 제38조 제2항의 임금채권최우선 변제금 중 「최종 3개월분의 임금」과 근로자퇴직급여보장법 제11조 제2항의 「최종 3년간의 퇴직금」[320] 및 근로기준법 제46조의 휴업수당 중 「최종 3월간의 휴업수당」이다(§6 ①). 최종 3월간의 임금 및 최종 3년간의 퇴직금 채권의 범위는 임금채권 최우선변제 범위와 동일하다. 사업주가 임금을 지급하지는 않았지만, 다음과 같은 사유로 현실적으로 미지급 임금에 상당하는 금품을 받았거나 임금채권을 확보한 경우에는 체당금을 지급하지 않는다.[321]

- ○ 사업주가 재산을 근로자에게 양도하거나 근로자가 사업주 재산에 대하여 저당권을 설정하였거나 압류한 경우
- ○ 기업의 도산으로 사내복지기금을 해산하고 사내근로복지기금법 제23조의 2에 따라 근로자의 미지급 임금 및 퇴직금 등을 지급한 경우
- ○ 노동조합이 생산관리를 하면서 사업주의 재산을 매각하여 그 매각대금으로 미지급 임금을 충당한 경우
- ○ 법원의 경매절차에 의하여 사업주의 자산에서 배당을 받았거나 배당금액이 확정된 경우

(1) 최종 3개월분의 임금

체당금 지급범위에 해당하는 「최종 3개월분의 임금」이란 근로자의 퇴직일 또는 사실상 근로관계가 종료된 날부터 소급하여 3개월간의 근로로 인하여 지급사유가 발생한 일체의 임금을 말한다. 즉, 「최종 3개월간의 임금」은 반드시 미지급된 월정임금에 국한되는 것이 아니라 상여금·각종 수당도 포함되나, 최종 3월의 기간 동안 도래한 모든 임금채권이 최우선 변제의 대상이 되는 것은 아니고 최종 3월분의 근로에 대응하는 임금만이 해당되고, 「최종 3월」이란 근로자의 퇴직일 또는 사실상 근

---

320) 퇴직금 전액에 대하여 최우선 변제금으로 규정하였던 종전 근로기준법 제37조 제2항이 헌법불합치결정을 받게 되어 「최종 3년간의 퇴직금」으로 개정됨에 따라 임금채권보장법상의 체당금도 「최종 3월간의 퇴직금」으로 개정되었다.

321) 고용노동부, 임금채권보장업무처리요령, 82-83면.

로관계가 종료된 날로부터 소급하여 역일상의 3개월을 의미한다.

사용자에게 지급의무가 있는 해고기간 중 임금상당액과 노조전임자의 급여는 임금으로 볼 수 없기 때문에 근로기준법 제 38조 제2항의 규정에 의한 우선변제 채권과 체당금의 범위에 포함되지 않는다. 그리고 임금채권 우선변제권과 체당금의 범위에 포함되는 체불임금은 임금원본만을 의미하는 것이므로 그 지연이자도 포함되지 않는다.[322)]

폐업한 사업장에서 퇴직한 근로자가 폐업일 이전 상당기간 임금이 체불되었으나, 사용자가 최종 3월을 특정하여 임금을 지급한 경우에 체당금 지급사유에 해당될 수 있는가의 여부가 문제시 된다. 채무자가 제공한 급부(변제)가 동일한 채권자의 동종 채무 전액을 소멸시키기에 부족한 경우, 민법 제476조이하는 채무자의 지정→법정충당의 순서에 의하고, 비용→이자→원본의 순서에 따라 변제에 충당하도록 규정하고 있다. 그리고 민법 제477조는 채무자에게 이행이익이 같으면 이행기가 먼저 도래한 채무를 변제에 충당하도록 규정하고 있다.

채권자와 채무자 이외에 다수의 이해관계인이 있는 경우에는 당사자의 합의 또는 채무자에 의한 지정충당은 허용되지 않고 법정충당방법과 변제충당의 순서에 의한 충당만 허용된다고 해석해야 한다. 왜냐하면 담보권 실행을 위한 경매 또는 강제경매처럼 다수의 이해관계인이 있는 경우에 합의 또는 지정충당을 허용하게 되면 획일적·공평한 배당이 이루지지 않기 때문이다. 체당금제도는 사업주가 부담하고 있는 임금채무를 국가가 대신 지급하고 그 범위 내에서 사업주에게 근로자의 임금채권을 대위 행사할 수 있도록 하는 제도이므로 경매처럼 다수의 이해관계인이 관련되어 있다. 따라서 사용자가 상당기간 동안 임금을 체불하였음에도 불구하고 채권자인 근로자에게 최종 3월의 전부 또는 일부의 월을 특정하여 임금을 지급하였다는 이유로 최종 3월분의 임금에 포함시키지 않는 것은 근로자의 의사에 반한 일방적 채무변제로서 체당금 및 임금채권우선변제제도의 취지와 민법 제477조 및 제479조에 규정한 법정변제충당과 변제충당의 순서에 반하는 것이므로 체당금의 지급범위에 포함시키는 것이 타당하다.[323)] 그러나 고용노동부는 기업의 도산으로 상당기간

322) 대법원 2000. 1. 28. 선고 99마5143.

323) 채무자가 제공한 급부(변제)가 동일한 채권자의 동종 채무 전액을 소멸시키기에 부족한 경우, 민법 제476조이하는 채무자의 지정→법정충당의 순서에 의하고, 비용→이자→원본의 순서에 따라 변제에 충당하도록 규정하고 있다. 그리고 민법 제477조

임금이 체불된 상태에서 퇴직하였으나 사용자가 최종 3월을 특정하여 임금을 지급한 경우에 최종 3개월의 임금이 체불되지 아니한 것으로 보아 체당금의 범위에서 제외시키고 있다.[324)]

최저임금의 적용을 받는 사업 또는 사업장에서 최저임금에 미달되는 임금을 정한 근로계약은 그 부분에 한하여 무효로 하고, 무효로 된 부분은 최저임금법에 의하여 최저임금액을 임금으로 보기 때문에 임금이 최저임금에 미달된 경우에는 최저임금액을 임금으로 보아 체당금을 산정한다.

사업주가 행방불명이고 임금대장 등 관계서류의 분실 또는 기재미비로 인하여 미지급임금액이 명확하지 아니한 경우에는 근로자가 제시한 임금자료, 국세청의 근로소득자료, 국민연금 또는 건강보험의 임금자료, 고용보험법 제13조의 2 규정에 의한 이직확인서에 기재된 임금액을 기초로 미지급임금액을 확정하고, 이러한 방법으로도 임금을 산정할 수 없는 경우에는 고용노동부장관이 고시한 「기준임금」을 임금으로 하여 체당금을 산정한다(법§3의2).[325)] 기준임금은 ① 상시근로자수가 5인 미만인 사업의 경우, ② 사업의 폐업·도산 등으로 임금을 산정·확인하기 곤란한 경우, ③ 사업 또는 사업장의 이전 등으로 인하여 사업의 소재지 파악이 곤란한 경우에 사업주에게 보험료납부편의를 제공하고 임금확인을 위한 행정상의 부담을 완화하기 위하여 고용노동부장관이 고시한 금액을 말한다.

(2) 최종 3개월분의 휴업수당

「최종 3개월분의 휴업수당」이란 근로자가 퇴직한 날 또는 사실상 근로관계가 종료된 날부터 소급하여 3개월간에 사업주가 그 귀책사유로 인한 휴업기간에 대하여

는 채무자에게 이행이익이 같으면 이행기가 먼저 도래한 채무를 변제에 충당하도록 규정하고 있다. 그러나 채권자와 채무자 이외에 다수의 이해관계인이 있는 경우에는 당사자의 합의 또는 채무자에 의한 지정충당은 허용되지 않고 법정충당방법과 변제충당의 순서에 의한 충당만 허용된다고 해석해야 한다. 왜냐하면 담보권 실행을 위한 경매 또는 강제경매처럼 다수의 이해관계인이 있는 경우에 합의 또는 지정충당을 허용하게 되면 획일적·공평한 배당이 이루지지 않기 때문이다. 임금채권보장법상 체당금제도는 사업주가 부담하고 있는 임금채무를 국가가 대신 지급하고 그 범위 내에서 사업주에게 근로자의 임금채권을 대위 행사할 수 있도록 하는 제도이므로 경매처럼 다수의 이해관계인이 관련되어 있다.

324) 임금채권보장업무처리요령, 81면; 2001. 11. 7. 임금 68207-767; 2001. 4. 3. 임금 68207-241.

325) 고용노동부, 임금채권보장업무처리요령, 76-79면.

지급하는 수당을 말한다(근로기준법§46). 사업주의 귀책사유로 인하여 최종 3개월간 중 일정기간에 대해서만 휴업을 실시한 경우에는 휴업수당을, 그렇지 않은 기간에 대하여는 임금 전액이 체당금의 범위에 포함된다.

(3) 최종 3년간의 퇴직금

「최종 3년간의 퇴직금」이란 법정퇴직금 수준으로 산정한 최종 3년간의 퇴직금, 즉 평균임금의 90일분을 말한다. 예를 들면, 2007. 8. 1. 퇴직한 근로자의 최종 3년간의 퇴직금은 2007. 5. 1.부터 2007. 7. 31.까지 지급된 임금총액을 그 기간 동안의 총일수로 나누어 평균임금을 계산한 후 90일을 곱하여 산출한 금액이다.

체당금의 지급범위에 포함되는 퇴직금은 근로자퇴직급여보장법에 의한 법정퇴직금을 의미하는 것이므로 비록 퇴직금누진제를 도입하였더라도 계속근로연수 1년당 평균임금의 30일분이 체당금 지급한도가 된다. 사업주가 근로자를 피보험자 또는 수익자로 하여 퇴직연금이나 퇴직보험 또는 외국인 근로자 출국만기보험 등에 가입한 경우에는 그 지급이 보장된 퇴직금의 전부 또는 일부 금액을 공제한 퇴직금을 체당금으로 한다. 즉, 최종 3년간의 퇴직금 중 퇴직보험·퇴직일시금신탁으로 지급이 보장되는 금액을 공제하고 남은 미지급 퇴직금이 체당금 범위에 포함된다.

2) 체당금의 한도

체당금은 기업의 도산 등으로 인하여 임금이 체불되어 근로자의 생계 보장을 위하여 예외적으로 국가가 일정액의 임금을 사업주를 대신하여 지급하는 것이므로, 임금채권보장제도의 취지에 맞도록 근로자의 기본적인 생계를 유지하기 위한 범위 내에서만 인정할 필요성이 있다.[326] 이러한 이유로 임금채권보장법은 임금보장의 한도를 설정함과 동시에 생계비 부담이 많은 중·장년층을 우대하기 위하여 연령에 따라 그 상한액을 규정하고 있다(시행령 §6).[327]

---

326) 하갑래, 근로기준법(전정제27판), 537면

327) 체당금의 보장수준이 너무 높은 경우에는 임금채권보장기금의 안정적인 관리·운용이 어렵고 그 재원을 부담하는 사업주에게 부담을 초래할 수 있다는 문제점이 있고, 그 보상수준이 너무 낮은 경우에는 근로자의 기본적인 생계를 보호한다는 임금채권보장제도의 취지에 반하게 되어 그 상한을 정한 것이다. 따라서 임금채권보장법에서 지급받지 못한 나머지 임금채권은 근로자가 개별적으로 사용자를 상대로 청구할 수밖에 없다.

【체당금 상한액】

종류 \ 연령	30세 미만	30세 이상 40세 미만	40세 이상 50세 미만	50세 이상
임금·퇴직금	150만원	240만원	260만원	210만원
휴 업 수 당	105만원	168만원	182만원	147만원

※ 임금과 휴업수당은 1월분, 퇴직금은 1년분 기준

평균임금 9만원·월 270만원의 임금을 받던 근로자가 퇴직 당시의 연령이 만 40세이고 5개월의 임금과 5년간의 퇴직금을 지급받지 못한 경우, 체당금은 다음과 같이 산정한다.

○ 임금 : 260만원 × 3개월 = 780만원(최종 3월분만 체당금에 해당하고, 40세 이상 50세 미만자의 체당금 한도액은 260만원임).

○ 퇴직금 : 260만원 × 3년 = 780만원(총 5년간의 퇴직금 중 3년간의 퇴직금만 체당금에 해당하고, 1년간의 퇴직금은 평균임금 × 30일분 = 270만원이 되나 상한액 260만원이 적용됨).

○ 총 체당금 : 임금 780만원 + 퇴직금 780만원 = 1,560만원.

5. 임금채권보장기금의 재원

고용노동부장관은 체당금의 지급에 소요되는 비용을 충당하기 위하여 사업주로부터 임금총액의 1,000분의 2 범위 내에서 임금채권보장기금부담금을 징수한다. 그러나 상시근로자 5인 미만 사업주, 근로자퇴직급여보장법에 의한 퇴직보험 가입 또는 퇴직연금제도를 설정한 사업주, 근로기준법 또는 근로자퇴직급여보장법에 의하여 퇴직금을 미리 정산하여 지급한 사업주, 외국인근로자 등에 관한 법률에 의하여 외국인 근로자 출국만기보험 또는 출국만기일시금신탁에 가입한 사업주에 대하여는 부담금을 경감하고 있다(영§14).

6. 국가의 대위권 행사 및 부정수급자의 제재

고용노동부장관은 근로자의 청구가 있는 경우 민법 제469조의 「제3자의 변제」 규정에도 불구하고 사업주를 대신하여 근로자의 미지급임금과 퇴직금을 임금채권보장기금에서 지급하고 그 지급한 한도 안에서 당해 사업주에 대한 당해 근로자의 미지급임금 및 퇴직금청구권을 대위한다(§8). 고용노동부장관의 대위권행사는 근로자의 사업주에 대한 임금청구권을 대신하는 것이므로 근로기준법 제38조 제2항에 규정된 임금채권최우선변제순위와 동일하다.[328] 따라서 해당 사업주의 재산이 경매개시 된 경우에 국가는 배당에 참가하여 근로자의 임금채권과 동 순위로 만족을 얻을 수 있다. 그러나 민사집행법은 배당요구 종기일을 첫 매각기일 이전으로 정하고 근로복지공단은 배당요구 종기일까지 지급한 체당금에 대한 배당요구를 하여야 하는데, 현실적으로 근로복지공단은 배당요구종기일이 지난 다음에 체당금을 지급하게 됨으로써 대위권에 의한 배당참가로 인한 만족을 얻지 못하게 된다.

허위 기타 부정한 방법으로 체당금을 지급받은 자와 지급받을 수 있도록 한 자는 3년 이하의 징역 또는 2천만 원 이하의 벌금에 처하게 된다. 이 경우 이미 지급받은 체당금은 부당이득에 해당하는 것이므로 국가는 부정수급자에게 부정수급액의 배액을 징수할 수 있다. 또한 부정수급이 사업주의 허위보고 등에 의한 경우에는 당해 근로자와 사업주가 연대책임을 부담한다. 따라서 국가는 부정수급자와 사업주 각자를 상대로 부정수급액의 전액을 징수할 수 있고, 상대방은 국가의 전액 징수에 대하여 항변할 수 없다.

7. 체당금의 청구 및 지급

체당금을 지급받고자 하는 근로자는 퇴직일로부터 1년 이내에 퇴직 당시의 사업장 소재지를 관할하는 지방노동관서에게 「도산 등 사실인정신청」을 하여야 한다. 지방노동관서의 도산 등 사실인정이 승인되면 근로자는 체당금 지급사유 발생일로부터 2년 이내에 체당금지급청구서를 제출하여야 한다.

도산 등 사실확인을 받기 위해서는 체당금지급청구서와 함께 퇴직 당시 사업주가 발행한 퇴직증명서를 첨부해야 한다. 그런데 사업주의 행방불명 또는 도피 등으로 사업주로부터 퇴직증명서를 발급받지 못하는 경우에는 체당금을 지급받는데 어려

---

328) 임금채권보장법상의 체당금제도는 기업의 도산 등으로 현실적으로 사업주의 재정적 어려움으로 인하여 근로자의 임금을 지급하지 못하는 경우에 근로자의 생계를 보장하기 위하여 인정된 것이므로, 국가의 대위권이 인정된다 하더라도 현실적으로 대위권 행사가 불가능한 경우가 많다. 국가의 대위권 행사의 불능으로 인한 그 손실액은 전적으로 임금채권보장기금으로 해결할 수밖에 없다. 따라서 근로기준법 제38조 제2항에 의한 임금채권우선변제제도는 임금채권보장법의 제정으로 국가에 의하여 담보된 채권으로서의 지위를 갖게 되었다고 할 수 있다(김형배, 노동법(제24판), 418면).

움이 많기 때문에 사업주가 퇴직증명서의 발급을 거부하거나 행방불명으로 사업주가 발행한 퇴직증명서를 첨부하지 못하게 되는 때에는 사업주가 아닌 사용자가 확인한 퇴직사실 확인서로 대체하거나 사용자가 없을 경우에는 동료근로자의 확인서로 대체할 수 있다.[329)]

지방노동관서는 청구인이 체당금 지급요건을 충족하고 있는지를 확인하여 청구인에게 그 결과를 통지하고 지급요건을 갖춘 자에 대하여는 지급할 체당금을 계산하여 근로복지공단에게 체당금청구서와 도산 등 사실확인통지서를 송부한다.[330)] 체당금지급절차를 도식화하면 다음과 같다.

【체당금지급 절차도】

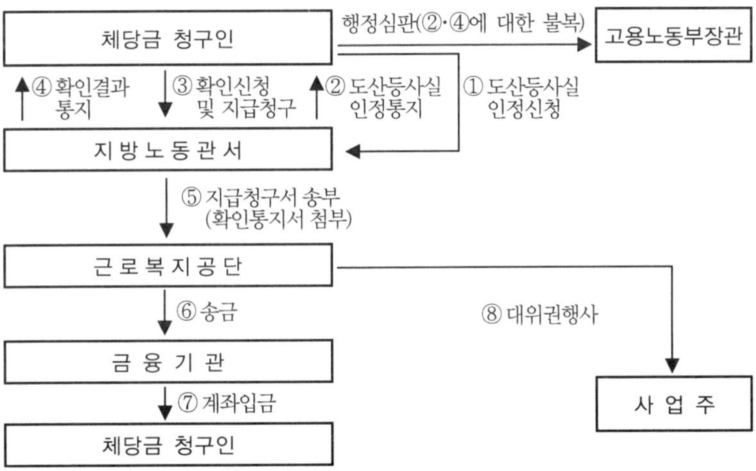

329) 종전에는 임금 등을 지급받지 못한 상태로 퇴직한 근로자가 도산 등 사실인정 등을 신청할 때에는 예외 없이 사업주가 발행한 퇴직증명서 등을 첨부하도록 되어 있었기 때문에 임금체불 근로자가 체당금을 지급받는데 어려움이 많았다. 이러한 문제점을 보완하기 위하여 2007. 4. 25. 임금채권보장법 시행규칙을 개정하여 「도산 등 사실인정신청서」에 사업주가 퇴직증명서 등의 발급을 거부하거나 행방불명으로 발급하지 못할 경우에는 사업주가 아닌 「근로기준법」 제2조 제2호에 따른 사용자가 확인한 퇴직사실 확인서 등의 확인서를 첨부할 수 있도록 하고, 사용자가 없을 경우 동료 근로자의 확인서를 첨부할 수 있도록 하였다.

330) 지방노동관서는 파산선고 등 사실인정을 받은 날 및 파산선고 등 사실인정을 신청한 날, 퇴직일 및 퇴직 당시의 연령, 최종 3월분의 임금 또는 휴업수당 및 최종 3년간의 퇴직금 중 미지급액, 지급받아야 할 체당금, 사업주의 도산 등 사실인정 요건 등을 충족하였는지를 확인하여야 하고, 사업주의 임금지급능력을 파악하기 위하여 사업주에게 재산목록의 제출을 명할 수 있다(영§10).

8. 수권권의 보호

체당금을 지급받을 권리는 양도하거나 담보로 제공할 수 없으며, 원칙적으로 체당금의 수령을 위임할 수 없고, 미성년자도 독자적으로 체당금을 청구할 수 있다(§10). 그러나 임금채권보장법은 체당금에 대한 압류금지규정을 두고 있지 않아 민사소송법 제579조가 적용되어 급여채권의 2분의 1 상당액까지 압류할 수 있는가에 대하여는 논란이 있을 수 있다.

제1설은 체당금은 기업의 도산 등으로 사업주의 지불능력이 없어 체불임금액의 일정액을 국가가 사업주를 대신하여 지급하는 것이므로 원칙적으로 체당금의 2분의 1에 상하는 금액에 대하여는 압류가 가능하나, 민사집행법 제246조 제1항 제4호에 의하여 체당금이 대통령이 정하는 최저생계비에 대하여는 압류가 금지된다고 하는 견해이다.[331)]

제2설은 체당금은 기업의 도산 등으로 임금을 지급하지 못한 상태에 있는 실업자의 생계를 보장하기 위한 사회보장수급권으로 이해하여 일체의 압류를 금지해야 한다고 하는 견해이다.[332)]

생각건대, 체당금은 사회보장법상 사회보장의 대상이 되는 사회적 위험인 실업상태에 있는 자의 생계보장을 위해서 일정액의 임금채권을 보호하고자 하는 것이므로 사회보장법상의 사회보장수급권 보호와 다르게 취급할 합리적 이유가 없다. 따라서 체당금 전액을 압류금지 대상이 된다고 해석해야 한다.[333)]

Ⅶ. 임금의 시효제도

1. 의 의

시효제도(時效制度)란 일정한 사실상태가 일정기간 동안 계속된 경우에 진정한 권

331) 현재 대통령령으로 정한 최저생계비는 월 120만원이므로 1월간의 체당금이 120만원에 미치지 못하는 경우에는 전액 압류가 금지되고, 최저생계비를 초과하는 체당금에 대하여는 그 초과액의 2분의 1에 상당하는 금액을 압류할 수 있다. 그러나 체당금이 퇴직금에 해당하는 것이면 금액에 상관없이 2분의 1까지 압류가 가능하다.

332) 사회보장기본법 제12조는「사회보장수급권은 관계법령이 정하는 바에 따라 타인에게 양도하거나 담보로 제공할 수 없으며, 이를 압류할 수 없다」라고 규정하고 있다. 이 규정에 따라 고용보험법 제29조, 산재보험법 제54조의 2, 국민건강보험법 제54조, 국민연금법 제54조, 공무원연금법 제32조에서는 사회보장수급권을 보호하고 있다.

333) 김형배, 노동법(제24판), 417면.

리관계와 일치하는지를 묻지 않고 그 사실상태를 존중하여 일정한 법률효과를 발생시키는 제도를 말한다. 임금채권의 시효기간은 3년이므로 임금채권이 발생한 날로부터 3년이 경과하면 근로자는 임금의 지급을 청구할 수 없다(근로기준법§49 및 근로자퇴직급여보장법§10).[334] 3년의 소멸시효에 걸리는 임금채권의 범위에는 근로기준법 제18조에 규정된 일체의 금품이 포함된다. 그러나 임금채권에 대한 3년간의 소멸시효에도 불구하고 채무자인 사용자가 시효완성 전에 채권자인 근로자의 권리행사 또는 시효중단을 불가능하게 하거나 현저하게 곤란하게 하였을 정도로 믿게 한 행위가 있는 경우에는 신의칙에 반하여 시효의 완성을 주장할 수 없다.[335]

2. 시효의 기산일

임금채권의 소멸시효는 객관적으로 권리가 발생하여 그 권리를 행사할 수 있는 때로부터 진행하고 그 권리를 행사할 수 없는 동안은 진행하지 않는다(민법§166①). 임금채권의 소멸시효 정지사유로서의 「권리를 행사할 수 없는 경우」라 함은 그 권리행사에 법률상의 장애사유에 해당하는 기간의 미도래나 조건불성취 등이 있는 경우를 말하는 것이고, 사실상 권리의 존재나 권리행사 가능성을 알지 못하였고 알지 못함에 과실이 없다고 하여도 이러한 사유는 법률상 장애사유에 해당하지 않는다.[336]

구체적으로 정기적으로 지급되는 임금은 그 정기지급일이 기산일이 된다. 연차휴가수당은 휴가가 발생한 날로부터 1년간 사용하지 않으면 소멸하는 것이므로 휴가청구권이 소멸한 날의 다음 날이 소멸시효의 기산일이 된다.[337] 그러나 근로자가 시기지정권을 행사한 경우에는 연차휴가를 주기 전 또는 직후의 임금지급일의 다음 날이 기산일이 된다.[338]

---

334) 그러나 회사와 노동조합이 체결한 단체협약은 보조적 상행위에 해당하므로 그에 기한 근로자의 유족들의 회사에 대한 위로금 채권은 5년의 상사 소멸시효기간이 적용된다(대법원 2006. 4. 27. 선고 2006다1381).

335) 대법원 1999. 12. 7. 선고 98다42929; 대법원 2002. 10. 25. 선고 2002다32332.

336) 대법원 2006. 4. 27. 선고 2006다1381.

337) 연차휴가수당은 휴가청구권이 발생한 날로부터 3년이 경과하여야 소멸시효가 완성되는 것이므로 근로자는 휴가사용취득일로부터 4년 이내에 연차휴가수당을 청구할 수 있다(2004. 2. 9. 근로기준과-208,).

338) 대법원 1995. 12. 21. 선고 94다26721.

퇴직금은 퇴직한 날의 다음날이 기산일이 되는 것이나, 퇴직금중간정산을 실시한 경우에 계산의 착오 등으로 적게 지급받은 퇴직금채권에 대한 소멸시효의 기산일을 퇴직금중간정산을 실시한 날로 볼 것인지 아니면 실제 퇴직일로 할 것인가의 여부가 문제시 된다. 이에 관하여 고용노동부 유권해석[339)]은 실제 퇴직일을 소멸시효의 기산일로 해석하고 있는 반면, 대법원 판례는 퇴직금중간정산일을 기산일로 해석하고 있다.[340)]

단체협약 등에 성과급의 지급요건과 지급일이 규정되어 있는 경우에 그 지급일이 구체적인 청구권이 발생하는 것이므로 임금시효의 기산일은 성과급의 지급사유가 발생한 날이 아니라 현실적으로 성과급의 지급일이 된다.[341)]

근로기준법 제36조 및 퇴직급여보장법 제9조는 근로관계로 인한 일체의 금품과 퇴직금에 대하여는 근로관계가 종료된 후 14일 이내에 지급하도록 규정하고 있으므로 근로관계 종료 후 14일 이후가 소멸시효의 기산일 이라고 할 수 있는가가 논란이 될 수 있다. 이에 관하여 대법원은 「금품청산제도는 근로관계가 종료된 후 사용자로 하여금 14일 이내에 근로자에게 임금이나 퇴직금 등의 금품을 청산하도록 의무를 부과하는 한편, 이를 불이행하는 경우 형사상의 제재를 가함으로써 근로자를 보호하고자 하는 것이지 사용자에게 위 기간 동안 임금이나 퇴직금 지급의무의 이행을 유예하여 준 것이라고 볼 수 없으므로 퇴직금 청구권 행사에 대한 법률적 장애라고 할 수 없다.」라고 판시하고 있다.[342)]

3. 시효의 중단

소멸시효의 중단이라 함은 소멸시효가 진행하는 동안 권리의 불행사라는 상태와 조화될 수 없는 사실이 발생한 경우에 이미 진행된 시효기간은 무의미하기 때문에 그 효력을 상실시키는 것을 말한다. 일단 시효가 중단된 경우에는 그 중단사유가

339) 2003. 7. 6. 임금 68207-560; 2001. 8. 17. 임금 68207-579.

340) 원래 퇴직금은 근로관계의 종료일인 퇴직일을 기준으로 지급하는 것이 원칙이나, 근로자의 필요와 사용자의 퇴직금 일시지급에 따른 부담을 완화하기 위한 취지로 예외적으로 도입한 퇴직금중간정산제도의 취지를 고려하면 퇴직금중간정산을 하였다는 이유로 퇴직금청구의 소멸시효의 기산일을 퇴직금중간정산일로 해석하고 있는 대법원의 판례에 찬동할 수 없다.

341) 대법원 2004. 5. 14. 선고 2001다76328.

342) 대법원 2001. 10. 30. 선고 2001다24051.

종료된 때로부터 소멸시효는 다시 진행된다. 시효중단사유의 입증책임은 시효의 완성을 다투는 당사자가 지나, 그 입증책임의 정도는 중단사유에 속하는 사실만 적시하면 족하다.[343] 임금채권도 일반채권과 마찬가지로 청구, 압류 또는 가압류, 가처분, 승인에 의하여 소멸시효가 중단된다(민법§168).

1) 청 구

청구란 시효의 대상인 임금채권을 행사하는 것을 말하는데, 시효중단의 효력이 발생하는 청구의 유형으로서는 재판상 청구, 파산절차의 참가, 지급명령, 화해를 위한 소환 내지 임의출석, 최고가 있다.

「재판상 청구」란 근로자가 사용자에 대한 임금채권을 재판상 주장하는 것으로 보통 소송의 제기를 지칭하는 것이나, 반소 또는 소송계속 중의 청구의 변경이나 확장도 포함된다. 그러나 사용자의 임금체불에 대한 형사소송 또는 행정소송의 제기는 사권(私權)의 행사를 직접 목적으로 하기 않기 때문에 시효중단 사유가 되지 않는다.[344]

「파산절차의 참가」란 근로자가 파산재단의 배당에 참가하기 위하여 자신의 임금채권을 신고하는 것으로써 시효중단의 효력이 있다. 그러나 임금채권자가 이를 취소하거나 그 청구가 각하되면, 시효중단의 효력은 발생하지 않는다. 회사의 화의절차 또는 정리절차 참가도 재판상 청구로 간주되어 시효중단의 효력이 발생한다.

「지급명령」은 체불임금의 지급을 목적으로 임금채권자의 신청에 대하여 법원이 사용자에게 임금의 지급을 명하는 약식소송을 말하는데, 임금채권자가 지급명령을 관할법원에 제출하였을 때 시효중단의 효력이 발생한다.

「제소전화해(提訴前和解)」는 임금채권자가 소송을 제기하기 전에 채무자(사용자)를 상대로 법원에 화해를 신청하는 것으로써 그 신청이 있으면 시효가 중단된다. 그러나 법원이 화해를 권고하기 위하여 채무자(사용자)를 소환하였으나 채무자가 출석하지 않거나 출석하더라도 화해가 성립되지 않은 경우에는 임금채권자가 1월 이내에 소송을 제기하지 않으면 시효중단의 효력은 발생하지 않는다. 조정(調停)은 재

343) 대법원 1997. 4. 25. 선고 96다46484.

344) 그러나 임금체불근로자가 노동관서에 진정 또는 고소를 하는 목적은 사용자를 형사처벌시키는데 있는 것이 아니고 형사처벌의 위험에 따른 사용자의 심리적 압박을 통하여 체불임금을 받고자 하는 것이므로 시효중단 사유로 볼 수 있도록 하는 입법적 개선이 필요하다.

판상 화해와 동일한 효력을 가지므로 임금채권자가 법원에 조정신청을 하면 시효중단의 효력이 발생한다.

「임의출석」은 임금채권자가 임의로 법원에 출석하여 소송에 관하여 변론을 함으로써 제소 또는 제소전화해신청을 하도록 허용하는 것을 말하는데, 시효중단의 효력이 있다. 그러나 임금채권자가 임의출석하여 화해가 성립되지 않으면 1개월 아내에 임금청구소송을 제기하여야 시효중단의 효력이 있다.

「최고」는 임금채권자가 채무자(사용자)에 대하여 임금채무의 이행을 청구하는 것으로 시효중단의 효력이 발생한다. 그러나 임금채권자가 최고 후 6개월 이내에 소송을 제기하지 않거나 압류·가압류 등의 보전처분을 신청하지 않으면 시효중단의 효력은 발생하지 않는다.

2) 압류·가압류

민사집행법상 보전처분인 압류·가압류·가처분은 반드시 재판을 전제로 하지 않을 뿐만 아니라 판결이 있더라도 재판 확정 후 다시 시효가 진행되기 때문에 압류 등에 대하여 독립적으로 시효중단의 효력을 인정하고 있다. 법원의 집행행위가 있으면 압류 등을 신청한 때부터 시효중단의 효력이 발생한다.

3) 승 인

시효중단사유로서의 승인은 시효이익을 받을 임금채무자가 시효의 완성으로 임금청구권을 상실하게 될 임금채권자 또는 그 대리인에 대하여 임금채권이 있음을 인식하고 있다는 뜻을 표시하는 것을 말한다. 승인은 특별한 방식을 요하지 않으며, 명시적이건 묵시적이건 상관없다. 예컨대, 변제기한의 유예요청, 이자의 지급, 체불임금의 일부변제, 담보의 제공은 묵시적 승인이 있는 것으로 본다. 승인은 시효완성 전에만 가능하고, 시효완성 후에는 시효이익의 포기에 해당된다.

Ⅷ. 임금의 유연성제도

1. 포괄산정임금제도

1) 의 의

근로계약을 체결함에 있어서 사용자는 근로자에 대하여 기본임금을 정하고, 이에 연장근로수당, 야간근로수당 및 휴일근로수당 등을 별도로 계산하여 지급함이 원칙이다. 그러나 근로형태 및 업무의 성질 등에 따라 시간외근로수당 등을 명확하게 확정하기 어려운 경우가 있는 경우 계산의 편의와 직원의 근무의욕을 고취하는 뜻에서 매월 일정액의 시간외근로수당 등을 지급하는 경우가 있는데, 이를 포괄산정임금제도라 한다.[345]

2) 요 건

대법원은 ① 업무의 성질 등을 참작하여, ② 근로자의 동의를 얻어 매월 일정액의 수당으로 지급하는 내용의 근로계약을 체결하였고, ③ 근로자에게 불이익이 없고 제반 사정에 비추어 정당하다고 인정될 때 포괄산정임금계약의 유효성을 인정하고 있다.[346] 그러나 포괄산정임금계약은 사용자의 법정 제 수당의 지급의무를 면탈할 위험성, 법률적 근거규정이 없는 점 등을 고려하면 그 요건을 엄격하게 해석할 필요성이 있다.

(1) 업무의 성질

근로의 형태와 업무의 성질상 근로시간과 휴게시간이 불규칙하거나 근로자가 재량을 가지고 결정할 수 있는 경우에는 포괄임금산정계약은 유효한데, 구체적인 직종과 근로형태는 다음과 같다.[347]

- ○ 매일의 기상조건, 자재 및 장비의 수급 등 현장공사의 여건에 따라 근로시간이 달라지는 염전회사의 직원이나 건설공사 현장 근로자처럼 근로시간과 휴게시간의 명확한 구분이 어렵고 실제 근무여부의 정확한 근로시간 확인이 어려운 직종
- ○ 아파트의 경비·관리, 보일러공 등 감시적 업무에 종사하거나 장소를 이탈할 수 없는 상태에서 근로시간 조정이 가능한 단속적 업무
- ○ 일용직 근로, 격일제근로, 교대제 근로 등과 같이 기준근로시간을 초과한 연장·야간근로 등이 당연히 예상되는 근로형태

---

345) 이상윤, 노동법, 238면; 하갑래, 근로기준법(전정제27판), 478~479면.

346) 대법원 1997. 4. 25. 선고 95다4056; 대법원 1991. 4. 23. 선고 89다카32118; 대법원 1995. 7. 28. 선고 94다54542; 대법원 1992. 2. 28. 선고 91다30828; 대법원 1998. 3. 24. 선고 96다24699 등.

347) 박주현, 「포괄역산임금계약과 근로시간」, 300면 이하; 하갑래, 근로기준법(전정제27판), 485면 이하 참조.

(2) 근로자의 동의

포괄산정임금제도는 근로기준법의 가산임금 지급체계에 대한 예외를 인정하는 것이라는 점에서 명시적으로 근로계약서를 작성하였거나 취업규칙 등에 구체적으로 명시하는 것이 원칙이다. 포괄산정임금의 유효요건으로서 「근로자의 동의」란 근로계약서 또는 취업규칙에 의한 근로자의 서면 동의를 말하는 것이나, 포괄산정임금산정내역에 관해 당사자 사이에 구체적이고 명시적인 합의가 있는 경우에는 구두합의도 포함된다.[348)]

대법원은 근로자의 동의방식에 관하여 「관행에 의한 묵시적인 동의」도 포괄임금산정의 유효요건으로 해석하고 있으며, 「근로계약 성격상 가산임금이 정해진 것이 명백」한 경우에는 별도의 동의가 필요 없는 것으로 해석하고 있다.

그러나 근로계약체결 당시 사용자는 임금의 구성항목·계산방법·임금지불방법·근로시간 등에 관한 근로조건에 관해서는 서면으로 제시하도록 한 근로기준법 제17조와 근로조건 및 근로계약의 자율결정원칙을 규정한 근로기준법 제4조의 규정을 고려하면 포괄산정임금이 유효하기 위해서는 당사자 사이에 명시적인 합의가 있어야 할 것이다. 근로계약서, 취업규칙, 단체협약 등에 시업과 종업 사이에 야간근로, 시간외근로 등이 포함되어 있는가를 기준으로 명시적 합의 여부를 판단해야 할 것이다.

(3) 근로자에게 불이익이 없고 제반 사정에 비추어 정당할 것

근로형태, 업무의 성질 등을 참작하거나 계산의 편의와 직원의 근로의욕을 고취하기 위해서 기본임금에 연장근로 등에 대한 제 수당이 포함되어 있다거나 매월 일정액을 제 수당으로 지급하는 내용의 근로계약을 체결한 경우, 근로자에게 불이익이 없고 제반 사정에 비추어 정당하다고 인정될 때에는 포괄임금산정근로계약은 유효하다.

「불이익이 없어야 한다는 것」은 단체협약·취업규칙에 규정된 구체적인 임금지급기준에 비추어 보아 불이익하지 않아야 한다는 것을 의미한다.[349)] 따라서 포괄임금산정제도에 의하여 지급되는 수당이 실제상의 연장근로 등에 대한 제 수당 보다 높은 경우에는 유효하지만, 실제상의 수당보다 낮은 경우에는 무효이므로 그 차액에

348) 박주현, 「포괄역산임금계약과 근로시간」, 301면 이하 ; 하갑래, 근로기준법(전정제27판), 491면.

349) 대법원 1998. 3. 24. 선고 96다24699.

대해서는 별도의 수당을 지급해야 한다.[350)]

대법원은 「24시간 계속 감시 단속적 근로를 하는 근로자에 대하여 통상임금과 수당을 합하여 매월 양수장근로자의 기본임금 3인분에 해당하는 급여를 지급하기로 결정하여 오거나 다른 운전원에 비해 고액의 기본임금을 책정하는 이외에 연장근로 등에 대한 보상책으로 매월 고정 특근수당과 특별수당을 지급하여 온 경우 및 1일 12시간씩 근로하기로 약정하고 입사하여 1일 12시간씩 근로한 것에 대한 임금을 기본급과 제수당의 명목으로 받아 온 경우에는 근로자에게 불이익이 없고 제반사정에 비추어 정당하다」고 판시하고 있다.[351)]

(4) 계산의 편의성과 근로의욕의 향상

근로형태나 업무의 성격이 포괄임금산정에 해당되지 않더라도 계산의 편의와 근무의욕의 고취를 목적으로 취업규칙, 근로계약 또는 당사자의 합의에 의하여 일정액을 연장근로수당 등 제 수당으로 지급하더라도 근로자에게 불이익하지 않는 한 이를 무효로 볼 수 없다고 하는 것이 학설[352)]과 판례[353)]의 일반적인 입장이다. 따라서 일정 일수 이상의 근무성적이 있는 자에 대하여는 시간외·야간·휴일근로 수당을 직급별로 정액 지급하고 근무일수에 미달한 직원에 대하여는 미달일수에 대하여 비례하여 수당을 감액 지급하는 것은 유효하다.

다만 근로시간의 산정이 어려운 경우가 아님에도 근로시간수와 상관없이 일정액을 법정수당으로 지급하는 포괄임금계약이 체결된 경우 근로기준법의 기준에 의하여 계산한 시간외근로수당에 미달되는 부분의 포괄임금약정은 무효이고 사용자는 미리 정한 기본임금에 실제의 연장근로 등에 따른 가산임금을 산정하여 지급해야 한다.[354)]

---

350) 이상윤, 노동법, 238면; 임종률, 노동법(제14판), 453면.

351) 이에 관한 관련 판례로는 서울고등법원 1978. 6. 22. 선고 77나1540; 대법원 1982. 12. 28. 선고 80다3120; 서울고등법원 1984. 1. 23. 선고 83나1810 등이 있다.

352) 하갑래, 근로기준법(전정제27판), 480면 이하; 임종률, 노동법(제14판), 453면; 이상국, 근로기준법, 195면 이하.

353) 대법원 1990. 11. 27. 선고 89다카15939; 대법원 1998. 3. 24. 선고 96다24699; 대법원 1997. 4. 25. 선고 95다4056; 대법원 1991. 4. 23. 선고 89다카32118; 대법원 1995. 7. 28. 선고 94다54542; 대법원 1992. 2. 28. 선고 91다30828 등.

354) 대법원 2010. 5. 13. 선고 2008다6052.

(5) 상위법규범과의 충돌이 없을 것

단체협약·취업규칙에 포괄산정임금 지급에 관한 특례 규정이 없고 연장근로수당 등 법정수당의 지급에 관한 규정을 별도로 규정하고 있지 않는 한, 당사자의 별도의 합의 또는 근로계약서 포괄산정임금 지급을 명시하더라도 그 유효성을 인정하기 어렵다. 그러나 근로계약서 또는 별도의 합의서가 근로자의 집단적 동의 또는 의견을 들어 정형화된 경우로서 취업규칙의 성격을 지닌 경우에는 포괄산정임금 약정을 유효하다.[355)]

3) 포괄산정에 포함되는 임금의 범위

(1) 연장·야간근로수당

포괄임금산정제도는 실 근로시간의 측정이 어려운 근로형태이거나 계산의 편의 등 필요성이 있는 경우 당사자의 계약을 존중하려는 데 있다. 따라서 그러한 근로형태 또는 필요성이 인정된다면 연장근로수당과 야간근로수당은 당연히 포괄임금산정의 대상이 된다.

그러나 사용자가 계산의 편의 등을 위하여 연장근로수당 등을 일정액으로 정하는 계약이 인정된다 하더라도, 개개 근로자가 실제로 제공한 근로시간에 따라 산정된 금액이 객관적으로 포괄임금산정에 의한 금액보다 많은 경우에는 해당 근로자는 그 차액의 지급을 요구할 수 있다.[356)]

(2) 휴일·휴가수당

근로기준법에서 보장하고 있는 유급휴일·휴가를 근로자가 사용하였을 때 유급휴일·휴가수당은 포괄산정임금제도의 대상이 된다. 근로자가 휴일·휴가를 사용하지 않았음을 전제로 유급휴일·휴가수당을 포괄산정임금제도의 대상이 될 수 있는가에 대하여 대법원은「휴일·휴가수당을 사전에 임금에 포괄 산정하더라도 사용자가 이를 근로자의 휴가사용을 부인하는 취지의 근거로 사용하지 않는 한 무효로 볼 수 없다.」라고 해석하고 있으며,[357)] 대부분의 학설도 이에 동조하고 있다.[358)]

그러나 근로기준법상의 휴일이나 휴가제도는 임금을 지급하는 것이 목적이 아니

---

355) 대법원 1998. 3. 24. 선고 96다24699.
356) 1987. 8. 13, 근기01254-13076.
357) 대법원 1998. 3. 24. 선고 96다24699.
358) 박우성·유규창·박종희, 연봉제, 100~101면; 이승길,「연봉제의 노동법적 검토」, 45면.

라 근로자의 심신피로 회복과 문화적 생활을 확보하기 위한 제도이므로 이에 대한 수당을 미리 예정하여 포괄산정임금제도의 대상으로 하는 것은 실질적으로 휴가사용권을 침해하는 것으로 해석하여야 한다.[359] 즉, 근로자가 휴가를 사용한 경우나 사용하지 않은 경우 모두를 똑같은 수준으로 임금을 받게 되는 모순이 발생하며, 이미 선 지급받은 수당 때문에 근로자의 휴가청구가 실질적으로 제약을 받음으로써 휴가제도 자체의 취지가 무의미해지는 결과를 초래하므로 부당하다. 더욱이 일정한 사유가 충족되어야 발생하는 생리휴가·출산전후휴가에 있어서 사용하지 않은 경우의 휴가보상까지 포괄산정임금제도로 처리하는 것은 처음부터 그 사용을 부정하는 결과를 가져오게 된다.

(3) 퇴 직 금

퇴직금이란 퇴직이라는 근로관계의 종료를 요건으로 하여 비로소 발생하는 것으로 근로계약이 존속하는 한 퇴직금 지급의무는 발생할 여지가 없는 것이므로, 매일 지급받는 일당임금 속에 퇴직금이란 명목으로 일정한 금원을 지급하였더라도 퇴직금 지급으로서의 효력은 없다.[360]

그러나 「근로자 퇴직급여보장법」 제8조 제2항은 계속근로 중이라도 기왕의 근로기간에 대하여는 근로자의 요구가 있는 경우에는 퇴직금중간정산을 실시할 수 있도록 규정하고 있으므로 퇴직금중간정산의 요건을 갖춘 경우에는 기왕의 근로에 대한 퇴직금을 정산하여 일시불 또는 매월 임금에 포함하여 지급하는 것은 유효하다.[361]

문제는 「근로자 퇴직급여보장법」에 퇴직금중간정간 기간에 대한 명문규정을 두고 있지 않았기 때문에 1년 미만 근속자에게 매월 퇴직금을 정산하여 지급할 수 있는가의 여부인데, 부정적으로 해석해야 한다. 왜냐하면, 퇴직금은 최소한 1년 이상 계속근로 한 경우에 발생하는 것이므로 계속근로기간이 1년 미만인 근로자에게 매월 퇴직금을 정산하는 것은 퇴직금의 요건에 반하기 때문이다. 따라서 근로자의 명시적인 요구와 기왕의 근로기간이 1년 이상인 근로자에 한하여 단위기간을 정하여 행한 퇴직금중간정산만이 유효한 것으로 해석하여야 한다.

---

359) 하갑래, 근로기준법(전정제27판), 484면; 김형배, 노동법(제24판), 426면.

360) 대법원 2007. 8. 23. 선고 2007도4171; 대법원 2005. 3. 11. 선고 2005도467: 대법원 2002. 7. 12. 선고 2002도2211: 대법원 1998. 3. 24. 선고 96도24669.

361) 퇴직금중간정산제의 유효성에 대한 구체적인 내용에 관하여는 269면 퇴직금중간정산제도와 272면 연봉제 참조.

4) 효 과

포괄산정임금제도는 노동법에 명문으로 규정된 개념이 아니고, 기업에서 이루어지고 있는 노동관행을 판례와 행정해석에서 인정하고 있는 임금의 유연성제도라고 할 수 있다. 실 근로시간의 측정이 어려워 당사자의 합의 또는 취업규칙·단체협약에 의하여 포괄산정임금제도를 적법하게 도입한 경우에는 근로자는 연장수당·야간수당 등의 법정 수당을 추가로 청구할 수 없다. 그리고 포괄산정임금제도의 요건을 충족한 경우에는 감시·단속적 근로에 해당한다 하더라도 별도의 감시·단속 적용제외 인가를 받지 않아도 근로자는 연장수당·야간수당을 청구할 수 없다.[362)]

포괄산정임금제도는 근로자의 동의 이외에 근로자에게 불이익이 없음을 요건으로 하고 있으므로 실제 근로시간에 의한 수당이 포괄 산정한 수당이 많은 경우에 근로자는 그 차액을 청구할 수 있는가의 여부가 문제된다. 수당차액의 지급 여부는 「계산의 편의에 의한 경우」와 「실 근로시간의 측정이 어려운 경우」로 구분하여 판단하여야 한다. 실 근로시간의 측정이 가능하나 계산의 편의에 의한 경우는 개개 근로자가 실제로 계산한 근로시간에 따라 산정된 금액이 객관적으로 포괄임금산정에 의한 금액보다 많다면 근로자는 그 차액을 청구할 수 있다.[363)] 비록 근로자가 포괄산정임금제도의 도입에 동의하였다 하더라도 실제 근로시간의 측정이 가능한 경우에는 근로자가 임의로 근로조건을 포기할 수 없는 것이므로 근로자는 수당의 차액을 청구할 수 있음은 당연하다.

그러나 감시·단속 업무와 같이 실 근로시간의 측정이 현실적으로 어려운 경우는 포괄산정임금이 실 근로시간에 따라 산정된 임금보다 저액이라 하더라도, 근로자는 그 차액을 청구할 수 없다고 보아야 한다. 대법원은 사용자와 아파트 경비근로자 사이에 기준 근로시간을 초과한 근로 등에 대하여 매월 일정액을 제 수당으로 지급한다는 내용의 포괄임금제에 의한 임금지급계약이 체결된 경우, 근로기준법에 의한 법정 수당이 포함된 것으로 보아 시간외 근로 등에 대한 수당과의 차액을 지급하지 않아도 된다고 판시하고 있다.[364)]

362) 대법원 1993. 10. 26. 선고 93다36165; 대법원 1997. 4. 25. 선고 95다4056; 대법원 2002. 6. 14. 선고 2002다16958.

363) 1987. 8. 13. 근기01254-13076.

364) 대법원 2002. 6. 14. 선고 2002다16958.

5) 판례의 경향

대법원은「업무의 성질 등을 참작하여 근로자의 동의를 얻어 매월 일정액의 수당으로 지급하는 내용의 근로계약을 체결하였고, 근로자에게 불이익이 없고 제반 사정에 비추어 정당한 것으로 평가될 때 포괄산정임금계약의 유효성을 인정하고 있다.「근로자의 동의」는 서면동의 뿐만 아니라 노동관행에 의한 묵시적 합의 또는 동의도 포함되고, 근로시간의 측정이 어려운 포괄산정임금제인 경우는 실제 근로시간에 의한 수당이 포괄산정 된 수당보다 높다 하더라도 그 차액을 지급하지 않아도 무방한 것으로 해석하고 있다. 퇴직금은 원칙적으로 포괄산정임금 대상에 포함될 수 없는 임금으로 보아 퇴직금 중간정산 요건을 갖추지 않은 채 매월 임금에 퇴직금을 포함시킨 포괄산정임금계약은 무효로 해석하고 있다.

2. 퇴직금중간정산제도

1) 의 의

퇴직금중간정산제도라 함은 근로자가 퇴직하기 전에 계속 근로한 기간에 대한 퇴직금을 미리 정산하여 지급하는 제도를 말한다(근로자퇴직급여보장법§8②). 퇴직급여는 원칙적으로 근로관계의 종료 시에 일시금으로 지급하는 것이기 때문에 사용자의 입장에서 보면 장기근속자가 퇴직하거나 다수의 근로자가 일시에 퇴직하게 되는 경우에는 상당한 재정적 부담을 초래하고, 근로자의 입장에서 보면 퇴직금은 사내에 유보되어 있기 때문에 기업이 도산하는 경우 임금채권보장법에 의한 최종 3년간의 퇴직금 이외에는 사실상 퇴직금채권이 확보되지 않을 뿐만 아니라 개인적인 사정에 따라 신축적으로 퇴직금제도를 활용할 수 없다고 하는 단점이 있다.[365] 이러한 퇴직일시금제도의 문제점으로 인하여 형식적으로 퇴직·재입사의 절차를 밟아 퇴직금을 지급하는 경우가 많았고, 이로 인한 법적 분쟁이 발생하여 왔다.

퇴직금중간정산제도는 퇴직금을 사용자와 근로자의 사정에 맞게 탄력적으로 운영할 수 있도록 하기 위하여 도입된 제도라고 할 수 있다. 그러나 퇴직금중간정산제도는 근로자의 편의에 따라 시의적절하게 퇴직금을 활용할 수 있다고 하는 장점이 있으나, 퇴직 후 소득보장이라는 측면에서는 부정적인 효과를 초래하는 단점이 있다.

---

365) 김유성, 노동법Ⅰ, 116~117면.

2) 요 건

근로자의 요구와 사용자의 승낙이 있는 경우에 한하여 퇴직금중간정산이 허용되는 것이므로 사용자가 경영방침 또는 퇴직금을 절약하기 위한 의도로 근로자의 의사와 무관하게 일방적으로 이루어진 경우에는 퇴직금 차액을 지급하여야 한다. 근로자의 요구는 서면요구까지는 필요 없으나 구체적이고 명시적이어야 하고, 단체협약·취업규칙·근로계약 등에 의하여 퇴직금중간정산제도를 설정하는 경우에도 개별 근로자의 명시적인 퇴직금 중간정산 요구가 있는 경우에 한하여 유효하다.[366]

그런데 「근로자 퇴직급여보장법」은 단지 「계속 근로한 기간」에 대한 퇴직금을 미리 정산할 수 있다고만 규정하고 있어, 정산기간을 어느 시기까지로 할 것인가에 대하여 해석상 논란이 있을 수 있다.

우선 퇴직금을 매월 정산하는 것이 가능한가의 여부인데, 퇴직금은 최소한 1년 이상 계속 근로를 그 지급요건으로 하는 것이므로 부정적으로 해석해야 한다. 대법원 판례도 「퇴직금은 퇴직이라는 근로관계의 종료를 요건으로 하여 발생하는 것으로 근로계약이 존속하는 동안에는 원칙적으로 퇴직금을 지급할 의무가 없는 것이므로, 사용자와 근로자 사이에 매월 지급받는 임금 속에 퇴직금이라는 명목으로 일정한 금원을 지급하기로 약정하고 사용자가 이를 지급하였다고 하여도 퇴직금으로서의 효력이 없다.」라고 판시하고 있다.[367] 그리고 퇴직금중간정산제도는 퇴직 후의 소득보장에 대한 부정적 효과를 감수하면서 근로자의 편의에 따라 탄력적으로 퇴직금을 운영하는 것이므로 근로자는 「계속 근로한 기간」을 한도로 일정기간에 대한 퇴직금 정산을 요구할 수 있다. 즉, 중간정산의 대상이 되는 계속근로기간은 정산요구 이전에 계속 근로한 기간만이 포함되기 때문에 중간정산 이후의 장래의 근로기간에 대하여 사전에 중간정산을 하는 것은 허용될 수 없다.[368]

근로자의 퇴직금 중간정산 요구가 있다 하더라도 사용자가 이를 수용할 것인가의 여부는 전적으로 사용자의 재량에 해당하므로 근로자의 요구에 구속되는 것은 아니다. 그러나 사용자가 합리적인 이유 없이 특정한 근로자에게는 중간정산을 허용하면서 다른 근로자에게는 이를 허용하지 않는 것은 근로기준법 제6조에 규정한 균등

---

366) 대법원 2002. 7. 12. 선고 2002도2211; 1997. 5. 21. 임금 68207-287.

367) 대법원 2007. 8. 23. 선고 2007도4171; 대법원 2005. 3. 11. 선고 2005도467: 대법원 2002. 7. 12. 선고 2002도2211; 대법원 1998. 3. 24. 선고 96도24669.

368) 권창영, 「연봉제와 퇴직금」, 2003, 120~121면.

처우의 원칙에 반한다.[369]

노동조합의 동의를 얻어 퇴직금을 중간 정산하도록 하는 단체협약이 있는 경우에 사용자가 노동조합의 동의를 얻어야만 중간 정산할 수 있는가에 대하여 논란이 있을 수 있으나, 근로자의 퇴직금채권은 개별 근로자의 구체적인 권리이므로 퇴직금 중간정산 여부에 대하여 사전에 노동조합의 동의를 얻도록 한 단체협약은 근로자의 구체적인 권리의 행사를 제한하는 것으로 단체협약의 효력을 인정할 수 없다고 보아야 한다. 따라서 사용자는 노동조합의 동의를 얻지 않고 퇴직금중간정산을 하더라도 단체협약 위반으로 볼 수 없다고 보아야 할 것이다.[370]

3) 효 과

퇴직금중간정산이 유효하게 이루어지면 정산지급한 후의 퇴직금 산정을 위한 계속근로기간의 기산일은 정산시점부터 새로이 진행된다.[371] 따라서 퇴직금중간정산금을 지급받은 근로자는 퇴직 당시의 평균임금을 기준으로 산정한 퇴직금과 차액이 발생하더라도 그 차액을 사용자에게 청구할 수 없다.

그러나 경영상의 필요에 따라 근로자의 정산요구와 무관하게 퇴직금중간정산이 실시된 경우에는 퇴직금중간정산의 요건을 충족하지 못하였으므로 최종 퇴직 시 전 근무기간을 기준으로 퇴직금을 계산한 후 지급받은 퇴직금중간정산금을 공제한 차액을 지급해야 한다고 하는 것이 일관된 대법원의 판례의 태도이다.[372]

퇴직금중간정산이 무효로 된 경우에 사용자가 이미 지급한 퇴직정산금에 대하여 법정이자 상당액을 부당이득으로 하여 반환을 청구할 수 있는가에 대하여 대법원은

---

369) 김유성, 노동법Ⅰ, 117~118면.

370) 이에 대하여 퇴직금중간정산 지급 여부에 대하여 노동조합의 동의를 얻도록 한 단체협약은 강행법규에 위반되어 당연 무효라 볼 수 없으므로 원칙적으로 사용자는 노동조합의 동의를 얻어야만 퇴직금중간정산을 할 수 있는 것으로 보아야 함을 전제하면서, 예외적으로 당해 근로자가 진정으로 퇴직금중간정산을 원하고 있음에도 불구하고 노동조합이 동의를 하지 않는 것은 노동조합의 동의권 남용에 해당되어 노동조합의 동의 없이도 퇴직금중간정산이 가능하다고 해석하는 견해가 있다(민변, 변호사가 풀어주는 노동법Ⅰ, 301면).

371) 퇴직금중간정산 시 계속근로기간의 단절은 퇴직금 산정에만 국한되는 것이므로 계속근로와 관련된 근속수당, 연차유급수당, 상여금, 경력, 승진 또는 승급 등 퇴직금 이외의 다른 근로조건은 변동되지 않는다.

372) 대법원 1992. 7. 14. 선고 91다40276; 대법원 2005. 3. 11. 선고 2003다44691; 대법원 2005. 7. 8. 선고 2003다40798,40804 등.

「착오로 인하여 변제기에 있지 아니한 채무를 변제한 경우에 해당한다고 할 수 없으므로 이미 지급한 퇴직금에 대한 지급일 다음날부터 최종 퇴직 시까지의 연 5푼의 비율에 의한 법정이자 상당액은 부당이득에 해당하지 않는다.」라고 하여 부정하고 있다.[373]

그리고 대법원은 「퇴직금은 피용자의 행위로 인한 신원보증인의 신원보증채무의 구상권에 대한 담보적 구실도 하는 것이므로 회사와 신원보증인 사이에 체결된 신용보증계약은 퇴직금 중간정산금을 지급받음으로써 당연 해지되어 효력을 상실한 만큼 그 이후에 퇴직금중간정산금을 받은 근로자의 행위로 인해 회사에 손해가 발생했더라도 보증인의 신원보증책임은 인정되지 않는다.」라고 함으로써 퇴직금 중간정산을 실시한 이후의 신원보증계약의 효력은 자동적으로 소멸한 것으로 판단하고 있다.[374]

3. 연봉제도

1) 개 설

우리나라의 기업은 기본적으로 연공주의적 임금체계를 도입하고 있으며 임금의 체계 역시 기본급 이외에 상여금과 다양한 수당이 존재하고 이들 수당 및 상여금이 근로자 전체 임금 중에서 상당액을 차지하고 있는 실정이다. 이러한 복잡한 연공주의적 임금체계는 임금관리의 유연성과 합리적인 노무관리를 저해하여 왔다. 그리하여 외환관리체제(IMF) 이후 경영위기에 처한 기업들이 변칙적으로 신설하거나 인상하여 온 각종 수당을 정리하여 임금체계를 통합·단순화 시켜야 한다는 주장이 임금관리의 유연성 확보방안으로 연봉제의 도입논의가 활발하게 전개됨[375]에 따라 상당수 기업들이 연봉제를 도입하고 있거나 도입을 적극적으로 검토하고 있다.

그러나 근로기준법상의 통상임금과 평균임금의 정의 및 그 산정기초는 연공주의

373) 대법원 1992. 5. 26. 선고 91다38075; 대법원 2001. 4. 24. 선고 99다9370; 대법원 2005. 4. 29. 선고 2003다55493; 대법원 2005. 7. 8. 선고 2003다40798,40804.

374) 대법원 2007. 5. 31. 선고 2007다9016.

375) 과거 저임금·고도성장·제한경쟁체제하에서 연공급은 나름대로 합리적인 임금체계였으나, 세계화·정보화시대와 함께 저성장·무한경쟁시대로 접어든 현재의 기업 환경에서는 연공급은 오히려 국제경쟁력을 약화시키므로 기업의 생존전략의 일환으로 연봉제를 도입할 수밖에 없다고 경영계는 주장하고 있다(한국경영자총협회, 연봉제에 대한 올바른 이해, 11면).

적인 성격의 정액임금체계에 근거를 두고 있는 것이므로, 연봉제는 우리나라의 노동법제가 상정하고 있는 임금체계와는 거리가 있다. 연봉제를 도입하고 있는 기업들도 개개인의 능력, 실적 및 공헌도를 기준으로 하는 것이 아니라 주로 인원감축 등 고용조정조치 대신 생산성 향상과 임금의 절약차원으로 인식하고 있기 때문에 노사관계에 있어서 새로운 법적 분쟁의 다툼의 여지를 남겨두고 있다.

2) 연봉제의 이론적 접근

(1) 연봉제의 의의

일반적으로 연봉제는 종업원 개개인의 능력, 실적 및 공헌도를 객관적으로 평가하여 계약에 의하여 연간 임금액이 결정되는 능력중시형의 임금체계라고 할 수 있다.[376)]

임금관리는 임금수준, 임금체계, 임금형태의 3대지주로 구성되어 있으므로 임금수준이 적정한 수준에서 결정되고, 임금형태가 합리적으로 지급될 때 임금의 동기유발이 촉진되어 임금관리의 효율성이 증대되는 것이다. 결국, 연봉제는 형식상으로는 임금형태의 한 종류이지만 내용상으로 볼 때는 임금체계의 직무급과 성과급의 절충형태인 직무성과급으로 정의할 수 있다.[377)] 그러나 우리나라 기업들이 도입하고 있는 연봉제는 종전의 임금체계인 연공급에 능력주의와 업적주의를 절충시킨 과도기적인 임금체계라고 할 수 있다.[378)]

(2) 연봉제 실시의 전제조건

가. 인사고과의 공정한 평가와 납득성

연봉제의 실시의 성공 여부는 평가의 공정성과 납득성에 달려 있는 것이므로, 개개인의 능력 및 실적에 대한 객관적이고 공정한 인사평가시스템이 뒷받침되어야 한다. 기업에서 실시하는 인사고과에 대해서 근로자의 뿌리깊은 불신감이 상존하고 있다는 사실을 감안할 때, 인사평가제도의 합리적인 설계와 운영이 절실히 요구되

376) 황대석, 인사관리, 371~372면.

377) 노동계는 평가과정에서 자의성 개입, 개인 간 경쟁격화로 인한 조직위축, 임금교섭에서의 노동조합의 영향력 감소, 초과수당의 미지급, 구조조정, 노동강도의 강화와 노동의 질 저하의 우려가 있다는 이유로 연봉제의 도입을 반대하고 있다(한국노동연구원·한국경제신문사, 연봉제와 임금교섭, 23면 이하; 한국경영자총협회, 연봉제에 대한 올바른 이해, 25면 이하).

378) 한국경영자총협회, 연봉제에 대한 올바른 이해, 8면.

고 있으며, 해당 근로자와의 개별적인 면담을 통하여 인사고과의 결과를 반드시 공개하여 평가의 공정성을 납득시켜야 할 것이다.[379]

그리고 연봉제를 제대로 실시하기 위해서는 인사고과의 전제가 되고 있는 직무분석, 직무평가, 목표관리제도가 잘 정비되어 있어야 하는데 이에 대한 준비가 되어 있는 기업들이 많지 않으므로 이에 대한 제도보완과 의식전환에 필요한 기간을 두어 점진적으로 연봉제를 도입하는 것이 바람직하다.[380]

나. 평가문화의 정착

연봉제를 실시하고 있는 기업이 공정한 인사고과를 실시하고, 근로자들도 인사고과의 결과에 대하여 승복할 수 있는 이른 바 '평가문화'가 정착되어야 한다. 종전 우리나라의 기업에서는 상대평가에 의한 인사고과를 근거로 임금의 가감제를 실시하였으나, 근로자 상호간의 불필요한 경쟁심 유발과 위화감 조성 등의 문제가 발생하게 되자 대부분 임금의 감액은 사라지고 가산제만 운영되고 있는 현실이다. 결국 연봉이 감액되는 경우를 상정하기란 결코 쉬운 일이 아니므로, 오히려 연봉제의 도입이 임금의 상승요인으로 작용할 가능성이 있다.[381] 이러한 문제점을 완화 내지 예방하기 위해서는 사전에 공정한 평가를 할 수 있도록 고과자훈련을 강화하고 피고과자는 '공정한 평가'가 근로자 자신의 경쟁력을 강화시켜 궁극적으로 자신의 발전에 도움이 된다고 하는 의식전환이 필요하다.

다. 고용관행의 개선

대다수 기업에서의 신규직원 채용은 직무에 바탕을 둔 계약에 의한 채용이 아니라 학력과 연령 등 속인적 요소를 기준으로 하여 채용하고 있고, 임금체계 역시 연공급 위주로 되어 있기 때문에 연봉제의 도입이 결코 쉽지 않다. 또한 고용의 경직성 등으로 인하여 근로관계가 탄력적이지 못한 것도 연봉제 도입의 장애요인이 되고 있다. 따라서 계약에 의한 고용과 해고의 요건을 완화할 수 있는 제도적 여건이 성숙되어야 한다.[382]

---

379) 양병무, 한국형연봉제의 도입방안, 한국경영자총협회, 50면.
380) 한국경영자총협회, 연봉제에 대한 올바른 이해, 23면.
381) 황대석, 인사관리, 372면.
382) 황대석, 인사관리, 373면.

라. 연봉적용 근로자의 신중한 선정

노동계가 경제계의 연봉제의 추진목적을 임금체계의 합리화보다는 오히려 노조의 교섭력 약화와 임금인상억제에 있다고 인식하고 있는 경향이 매우 강하므로, 생산직의 연봉제 도입은 노동조합과의 관계를 고려하여 신중한 검토가 필요하다. 따라서 연봉제의 적용대상은 근로기준법의 적용과 노동조합의 영향을 덜 받는 관리직과 전문직에 우선 실시하고, 그 효과를 보아가면서 확대하는 것이 바람직하다.[383)]

현행 근로기준법상 연봉제의 실시가 가능한 것은 근로조건의 규제를 받지 않는 사업경영담당자, 근로시간·휴게 및 휴일 등의 적용을 받지 않는 관리·감독업무에 종사하는 자, 사업장 밖 및 재량업무에 종사하는 자로서 인정근로시간제가 적용되는 재량근로자 등을 들 수 있다.[384)]

3) 연봉제와 관련한 노동법의 규제

연봉제도가 합리적인 능력중시형 임금체계라 하더라도 현행 근로기준법이 예상하고 있던 근로시간과 연계된 임금지급 형태와는 상당한 거리가 있다. 즉, 현행 근로기준법은 근로자가 제공한 노동력을 기초로 근로자의 성과나 능력과는 무관하게 근로시간의 장단에 따라 임금액을 결정하는 방식을 취하고 있기 때문에 노동의 질과 성과를 중시하는 연봉임금체계와는 상당부분 괴리가 발생하고 있는 것이다.

결국 연봉제도 근로자의 보호를 목적으로 하는 강행법인 근로기준법상의 임금관련규정에 위반할 수는 없는 것이므로 연봉제를 도입·실시하기 위해서는 이러한 관련규정과 판례 및 유권해석을 세밀하게 검토할 필요성이 있다.

(1) 통상임금과 평균임금

연봉은 임금산정기간 1년 동안 고정임금을 지급하는 임금체계로 각종 수당을 기본급에 포함하여 기본연봉으로 정하면 평균임금과 통상임금도 산정할 수 있다. 다만 신규 근로자가 아닌 기존의 근로자의 임금체계를 연봉급으로 바꾸면서 연봉제로 전환한 것을 감안하여 연봉액 중 일부를 통상임금 또는 평균임금으로 한다고 당사자가 합의하는 경우에는 연봉에 포함되지 않는 제 수당이나 퇴직금 등의 산정에서 근로자에 불리하지 않으면 이를 위법하다고 할 수 없다.[385)]

---

383) 양병무, 한국형연봉제의 도입방안, 50면.

384) 김형배, 노동법(제24판), 421~422면.

385) 하갑래, 근로기준법(전정제27판), 476~477면.

특히 연봉에 근로의 대가성이 희박한 각종 제 수당이 모두 포함되는 것으로 설계한 경우에는 근로기준법상의 통상임금과 평균임금이 높아지게 되어 각종 사회보장보험료와 소득세의 인상을 초래한다. 이러한 불합리한 결과를 예방하기 위해서는 근로기준법상의 통상임금과 평균임금 범위 내에서 노사합의로 그 산정방법을 정해 놓을 필요가 있다.[386)]

(2) 퇴 직 금

「근로자 퇴직급여보장법」 제8조 제1항은 「사용자는 계속근로연수 1년에 대하여 30일분 이상의 평균임금을 퇴직금으로서 퇴직하는 근로자에게 지급할 수 있는 제도를 설정하여야 하고, 사용자는 근로자의 요구가 있는 경우에는 근로자가 퇴직하기 전에 당해 근로자가 계속 근로한 기간에 대한 퇴직금을 미리 정산하여 지급할 수 있다.」라고 규정하고 있다.

그러나 연봉에 퇴직금을 포함하여 지급하는 것은 인정되지 않는다.

(3) 임금정기지급의 원칙

근로기준법은 임금은 매월 1회 이상 일정한 날짜를 정하여 정기적으로 지급하여야 하는 것으로 규정하고 있다. 따라서 연봉제를 도입하더라도 연봉을 분할하여 매월 1회 이상 정기적으로 지급하여야 한다.

(4) 포괄임금산정제도

근로계약을 체결함에 있어서 사용자는 근로자에 대하여 기본임금을 정하고, 이에 연장근로수당, 야간근로수당 및 휴일근로수당 등을 별도로 계산하여 지급함이 원칙이다. 그러나 근로자에게 불이익이 없는 범위 내에서 노무관리의 편의 또는 근로의욕을 고취하기 위해서 실제 근로일수 또는 근로시간과 관계없이 일정액의 법정수당을 지급하는 경우가 많다. 이처럼 근로형태 및 업무의 성질 등에 따라 시간외근로수당 등을 명확하게 확정하기 어려운 경우가 있는 경우 계산의 편의와 직원의 근무의욕을 고취하는 뜻에서 매월 일정액의 법정 제수당을 포괄적으로 지급하는 것을 「포괄임금산정제도」라고 한다.[387)]

대법원 판례는 업무의 성질 등을 참작하여 근로자의 동의를 얻어 매월 일정액의

---

386) 여상철, 연봉제의 설계와 연봉제의 운용, 300면.

387) 포괄임금산정제도에 관한 구체적인 내용은 262면 포괄산정임금제도 참조.

수당으로 지급하는 내용의 근로계약을 체결하였고, 근로자에게 불이익이 없고 제반 사정에 비추어 정당하다고 인정될 때 포괄임금산정근로계약의 유효성을 인정하고 있다.[388] 이와 같이 제 수당을 포괄하여 연봉에 포함시킬 수 있다.

(5) 근로계약기간

연봉제는 임금산출방식의 한 형태일 뿐 근로계약관계의 존속자체를 정하는 것이 아니기 때문에 연봉제 적용 근로자라 하더라도, 기간제 근로자로 해석할 수 있는 명백한 근거가 없는 한 1년 단위의 연봉근로계약기간이 종료되었다는 이유로 자동적으로 근로계약기간이 종료되었다고 볼 수 없다. 즉, 연봉제는 임금에 관한 제도이므로 원칙적으로 근로계약기간과는 아무런 관계가 없다. 따라서 기간의 정함이 없는 근로계약을 체결한 근로자에 대하여 연봉제를 실시한다고 해서 기존의 근로관계가 1년 단위의 기간이 정함이 있는 근로관계로 전환되는 것은 아니다.[389]

4) 연봉제의 설계

(1) 연봉의 구성 및 지급시기

우리나라의 임금은 대체로 기본급, 제 수당, 법정 제 수당, 상여금 또는 성과급으로 구성되어 있는 것이 보통이다. 이와 같은 종전의 연공급 임금체계를 연봉으로 흡수 통합하는 경우에는 우선적으로 근로기준법상의 통상임금과 평균임금의 법리에 일치하도록 다시 임금구성을 재편성하여야 한다. 따라서 연봉은 다음과 같이 기준연봉, 법정 제 수당, 상여금, 복리후생비로 구분하는 것이 필요할 것이다.[390]

「기준연봉」은 전년도 연봉을 기준으로 하여 본인의 자기신고와 직속상사의 근무평정, 전년도 업적 등을 종합 평가하여 연봉대상자와 경영간부의 협의를 통하여 결정하고, 기존의 통상임금에 해당하는 기본급·제 수당을 포함한다. 「법정 제 수당」은 근로기준법상의 연장·휴일·야간근로수당과 연차수당으로 구성하고 기준연봉을 기준으로 산정한 통상임금을 기준으로 하여 지급한다. 「상여금」은 기준연봉을 중심

388) 대법원 1997. 4. 25. 선고 95다4056; 대법원 1991. 4. 23. 선고 89다카32118.

389) 김형배, 노동법(제24판), 428면.

390) 일반적으로 기업에서는 연봉총액만 정한 후 이에 일률적으로 이를 12등분하여 지급하는 경향이 많은데, 이 경우 통상임금이 상당히 높게 산정될 뿐만 아니라 포괄역산제의 법리에도 배치되어 이의 유효성에 대하여 법적 문제를 야기될 개연성이 있으므로, 근로기준법상 통상임금과 평균임금의 법리에 일치하도록 연봉의 구성항목을 세분화하여야 한다.

으로 배분율을 정한 연간 총액으로 하되, 기업의 실정에 맞도록 상여금을 폐지하고 기준연봉에 포함할 수도 있을 것이다.[391] 「복리후생비」는 근로기준법상 임금에 해당하지 않는 금품으로서 식대비, 교통비, 차량지원금 등이 이에 해당할 것이다.[392]

기준연봉은 이를 12등분하여 매월 임금지급일에 지급하면 무방할 것이나, 상여금에 대하여는 별도로 그 지급시기와 지급율을 정하여 지급하여야 할 것이고, 법정제수당은 포괄임금산정제도를 도입하여 매월 일률적으로 지급하거나 사유발생일마다 지급하는 방법이 있을 것이다.

(2) 법정 제 수당

가. 연장·야간·휴일수당

연봉제를 도입하더라도 시간외근로수당, 휴일근로수당, 야간근로수당 등 법정수당을 연봉에 포함시키는 것은 근로기준법 위반이라고 볼 수 있다. 즉, 연봉에 법정수당이 포함된 것으로 하고 임금대장에 법정수당을 형식상 배분하는 것은 형식적으로는 법정수당을 지급한 것으로 되어 있으나, 실질적으로는 근로기준법상 통상임금에 해당되는 법정수당을 지급하지 않은 것이 된다. 이처럼 연봉에 법정수당이 포함되어 있는 것으로 연봉제를 설계하면, 오히려 연봉제실시 전보다 추가 임금부담이 발생하게 된다. 따라서 연봉제를 도입하는 경우 연봉과는 별도로 법정수당에 대해서는 사유발생 시마다 연봉외 임금으로 지급하는 것이 노동법제에 부합하는 것이 될 것이다.

다만, 대법원 판례는 「실제 근무실적에 따라 지급하여야 할 시간외, 야간 및 휴일근로수당 등을 근로시간 및 근로형태와 업무의 성질 등을 참작하고 계산의 편의와 직원의 근로의욕을 고취하는 뜻에서 매월 일정액을 법정수당으로 지급하는 내용의

---

391) 만약 종전의 상여금을 기준연봉에 포함하는 경우에는 그 상여금이 근로기준법상 통상임금이 되어 통상임금이 증가되어 각종 법정제수당의 계산에도 영향이 미치게 되어 사용자는 추가 임금지급이 발생하게 된다. 그러나 노동부는 상여금을 연단위로 정한 다음 이를 매월 균등 지급한 경우에는 통상임금으로 해석하지 않고 있다(2001. 3. 12. 임금68207-162).

392) 대법원 판례는 일반적으로 매월 일률적·정기적으로 지급하는 식대, 교통비 등을 통상임금에 해당하는 것으로 해석하는 경향이다(대법원 2004. 10. 23. 선고 2003다40859; 대법원 1996. 5. 10. 선고 95다2227). 따라서 복리후생비로 하기 위해서는 실제 근로일을 중심으로 이에 대한 금액을 정한 후 매월 출근일수에 따라 차등 지급할 수 있도록 설계하여야 한다.

근로계약을 체결하였다 하더라도 근로자에게 불이익이 없고 제반 사정에 비추어 정당하다고 인정될 때에는 이를 무효라고 할 수 없다.」라고 함으로써 이른바 「포괄임금산정제도」의 유효성을 인정하고 있다.[393] 그러나 노무관리상 포괄산정임금제도를 운영한다 하더라도, 개별 근로자가 실제로 행한 시간외근로 또는 야간근로가 노사간에 합의된 범위를 초과하여 근로한 경우에는 그 초과부분에 대해서는 수당으로 지급하여야 한다.[394]

따라서 연봉에 시간외근로 또는 야간근로수당을 연봉에 포함시키기 위해서는 기업에서 지급할 연봉을 결정한 다음 통상적으로 기업에서 행하고 있는 시간외·야간근로수당과 휴일근로수당이 포함되어 있는 것으로 하는 「포괄산정임금산정제도」를 병행하여야 한다.

나. 연차휴가수당

연봉제를 도입하면서 포괄산정임금제도를 병행한다 하더라도, 연차수당을 연봉에 포함하는 것은 명백히 법 위반이 된다. 왜냐하면, 근로기준법상의 연차휴가는 근로자들의 피로회복과 기본적인 문화적인 생활을 보장하기 위한 취지이고, 그 사용방법과 시기도 근로자들이 원칙적으로 이를 분할 적치사용 할 권리와 시기선택권을 가지고 있고 사유발생일로부터 1년간 휴가청구권을 행사할 수 있는 것이므로, 연봉에 연차수당을 미리 포함하는 것은 실질적으로 근로자들에게 연차휴가를 부여하지 않는 결과를 초래하기 때문이다.

비록 일정 일수에 대해서는 연차휴가를 부여하고 나머지 휴가일수에 대한 수당만 연봉에 포함한다 하더라도, 근로자의 휴가사용결정권을 제한하기 때문에 법 위반이 된다. 결국 근로기준법상의 연차수당은 개개 근로자의 입사일을 기준으로 하여 연봉과는 별도로 사유발생 시마다 지급하는 것이 원칙이나, 미사용한 연차수당을 개별근로자의 입사일을 기준으로 하는 경우에는 노무관리상 불편함이 있어 전 근로자의 연차휴가와 연차수당의 지급기산일과 마감일을 연봉계약기간과 통일적으로 연계할 필요성이 있다. 예를 들면, 전 근로자의 연차휴가의 기산일을 통일적으로 연봉적용시점인 매년 1월 1일부터 기산하고 연봉의 마감시점인 매년 12월 말일로 마감하는 것이다. 다만 중도입사자에 대해서는 입사 첫해에 한해서 입사일로부터 12월

393) 대법원 1998. 3. 24. 선고 96다24699.

394) 김형배, 노동법(제24판), 426면.

말일까지에 해당하는 일수에 비례하여 연차휴가를 부여하든지 수당으로 대체하면 될 것이다.

연차휴가수당의 지급에 있어서 주의할 점은, 연차휴가권은 입사 1년 후에 발생하고 그 청구권은 1년이 되는 것이므로, 미사용한 휴가에 대해서는 입사 후 2년 이후에 수당으로 대체하면 무방할 것이다. 다만 근로기준법 제62조는 노사간의 서면합의로 특정일의 휴무를 휴가로 대체할 수 있도록 하는 이른바「대체휴무제」도입의 근거를 두고 있으므로, 취업규칙 또는 단체협약에서 정한 유급휴일 이외의 휴무 또는 근로자가 결근계를 제출한 후 유급휴일을 초과하여 출근하지 않은 일수에 대해서는 연월차휴가를 대체 사용한 것으로 간주하고 입사 후 2년이 경과한 시점에서 미사용한 연차휴가일수에 대해서는 수당으로 대체할 수 있도록 설계하는 것이 바람직하다.

(3) 법정퇴직금

원칙적으로 연봉제와 퇴직금제도는 별개의 제도이므로 연봉제를 실시하더라도 별도로 퇴직금을 지급하여야 한다. 그러나「근로자 퇴직급여보장법」제8조 제2항은 퇴직금 중간정산제의 실시에 대하여 규정하고 있으므로 퇴직금 중간정산제와 연봉제를 연계시킬 수 있으나, 다음과 같은 요건을 충족하여야 한다.

첫째, 근로기준법 제17조의 근로조건 명시와 관련하여 연봉근로계약 체결 시에 연봉액에 포함된 퇴직금의 액수가 정확하게 정해져 있어야 한다.

둘째, 퇴직금의 중간정산을 요구하는 근로자의 요구가 명시적이어야 한다. 특히 단체협약·취업규칙·근로계약 등에 의하여 퇴직금중간정산제도를 설정하는 경우에도 개별근로자의 퇴직금 중간정산제를 요구한 경우에 한하여 유효한 것이다.[395)]

셋째,「근로자 퇴직급여보장법」은「계속 근로한 기간」에 대한 퇴직금에 한하여 중간정산을 인정하고 있으므로, 중간정산의 대상이 되는 근로기간은 중간정산 요구 이전 기왕의 계속 근로한 기간만이 포함되기 때문에 중간정산 이후의 장래의 근로기간에 대하여 사전에 중간정산을 하는 것은 허용될 수 없다.[396)]

현행「근로자 퇴직급여보장법」상 퇴직금 중간정산 기간에 대하여 명문규정을 두고 있지 않으므로 1년 미만 근속자에게 매월 퇴직금을 정산하여 지급할 수 있는가의

---

395) 대법원 2002. 7. 12. 선고 2002도2211; 1997. 5. 21. 임금 68207-287.

396) 권창영,「연봉제와 퇴직금」, 120~121면.

여부에 관하여 대법원은 「퇴직금은 퇴직이라는 근로관계의 종료를 요건으로 하여 발생하는 것으로 근로계약이 존속하는 동안에는 원칙적으로 퇴직금을 지급할 의무가 없는 것이므로, 사용자와 근로자 사이에 매월 지급받는 임금 속에 퇴직금이라는 명목으로 일정한 금원을 지급하기로 약정하고 사용자가 이를 지급하였다고 하여도 퇴직금으로서의 효력이 없다.」라고 판시하여 계속근로 1년 미만에 대한 퇴직금 중간정산은 무효로 해석하고 있다.[397)]

결국, 연봉제와 퇴직금을 연계하기 위해서는 근로자의 명시적인 요구가 있는 경우에 한하여 기왕의 근로기간이 1년 이상인 근로자에 대하여 1년 이상의 단위기간을 정하여 퇴직금 중간정산제를 도입한 경우에 한하여 유효한 것으로 해석하여야 한다.[398)]

(4) 결근·지각 등에 의한 임금공제 여부

연봉제에 의하여 약정된 연봉액은 이미 전년도의 업적평가를 기초로 하여 계산된 것이므로 결근·지각 등과 같이 아직 반영하지 않은 근무평가를 기초로 하여 연봉에서 이에 해당하는 임금부분을 공제하는 것은 허용되지 않는 것으로 보아야 한다. 왜냐하면 당해연도에 발생한 결근 또는 지각 등과 같은 하자 있는 근로제공에 해당하는 임금은 다음 연도의 연봉에 반영되기 때문이다.[399)]

그러나 연봉제를 전년도의 업적평가 뿐만 아니라 향후 업무수행능력 등을 종합평가하여 연봉을 결정하는 것이고 근로계약이 유상의 성격을 고려하면, 근로계약 또는 취업규칙에 지각·조퇴·결근 등에 대한 임금공제의 기준과 범위 등을 규정한 경우에는 유효한 것으로 해석함이 타당하다고 본다.

---

397) 대법원 2005. 3. 11. 선고 2005도467: 대법원 2002. 7. 12. 선고 2002도2211 동지: 대법원 1998. 3. 24. 선고 96도24669; 서울고등법원 2001. 12. 4. 선고 2001나46107; 서울지방법원 2002. 5. 8. 선고 2002가소1707.

398) 실제 사용자는 최초 입사 시 연봉 항목에 1년에 해당하는 퇴직금 중간정산금을 미리 계산한 다음 연도에 연봉근로계약을 체결할 때 이를 일시불로 지급하거나 다음연도에 매월 균등 지급하는 사례가 있다. 이 경우 1년 단위로 연봉재계약시 전년도에 발생한 퇴직금을 정산하여 지급하여 달라고 하는 근로자의 명시적인 요구가 있는 경우에는 유효한 것으로 해석함이 타당하다.

399) 김형배, 노동법(제24판), 427면; 이승길, 「연봉제의 노동법적 검토」, 38면; 박우성·유규창·박종화, 연봉제, 102면.

5) 연봉제와 단체협약 등과의 관계

노동조합이 조직되어 있는 사업장의 경우에는 연봉제가 단체협약의 내용과 상충되지 않아야 한다. 우선 연봉제 근로자가 비조합원이거나 조합가입대상에 포함되지 않은 경우에는 원칙적으로 단체협약이 적용되지 않으므로 단체협약과의 충돌문제는 발생하지 않는다. 그러나 이 경우에도 근로자 과반수를 대표하는 노동조합과 체결한 단체협약의 내용과 연봉제가 충돌하는 경우에는 단체협약의 일반적 구속력에 의하여 규범적 부분에 대하여는 비조합원에게도 당연히 효력이 확장되는 것이므로 현실적으로 연봉제를 실시하기 곤란하다(노동조합 및 노동관계조정법§33). 왜냐하면, 기존의 연공급을 연봉제로 전환하는 경우에는 일반적으로 근로조건의 불이익변경으로 해석하기 때문에 노동조합의 동의를 얻어야 하는데 노동조합이 연봉제의 도입에 대하여 동의를 하지 않으면 연봉제의 실시가 곤란하기 때문이다.[400]

연봉제 적용대상 근로자 과반수 이상으로 조직된 노동조합이 있는 사업장이 단체협약을 통하여 연봉제를 도입하는 경우에는 사업장 단위의 일반적 구속력에 의하여 비조합원에게도 당연히 연봉제가 적용된다고 해석하여야 한다.[401] 그러나 유리조건우선의 원칙에 의하여 근로계약 또는 취업규칙에 연공급으로 되어 있는 경우에는 연봉제는 확장할 수 없다고 해석해야 한다. 즉, 노동조합 및 노동관계법 제36조에 의하면, 단체협약에 반하는 근로계약은 그 부분에 한하여 무효로 되고, 근로기준법 제98조에 의하여 취업규칙에 반하는 근로계약은 무효로 되는 것이고, 단체협약에 연봉제를 규정하고 있더라도 근로계약 또는 취업규칙에 연공급을 규정하고 있는 경우에는 연봉제는 무효가 된다.

따라서 연봉제를 실시하면서 명시적으로 포괄임금산정근로계약서를 작성하였더라도 단체협약이나 취업규칙에 의하여 연장근로수당 등을 지급받을 수 있다고 하여야 하며, 포괄산정임금 포함 여부가 불분명한 경우 단체협약이나 취업규칙에 연장근로수당 등의 지급에 관한 규정이 있다면 연장근로수당 등을 별도로 지급받을 수 있는 것으로 해석하여야 한다.[402]

결국, 노동조합이 조직되어 있는 사업장, 특히 근로자 과반수로 조직된 경우에는 단체협약상의 임금조항과 연봉제와 충돌이 없어야 할 것이며, 근로계약·취업규칙·

---

400) 한국경영자총협회, 연봉제에 대한 올바른 이해, 40~41면.
401) 이승길, 「연봉제의 노동법적 검토」, 35면; 박우성·유규창·박종화, 연봉제, 85면.
402) 박주현, 「포괄산정근로계약(포괄역산임금계약)과 근로시간」, 307면.

단체협약상의 연봉제 관련 내용을 통일하여 일치시켜야 한다.

6) 연봉제의 도입절차

(1) 취업규칙의 작성 또는 개정

근로기준법 제93조는 상시 10인 이상의 근로자를 사용하는 사용자는 임금·근로시간 등 근로조건에 관한 사항을 명시한 취업규칙을 작성하여 신고하도록 규정하고 있고, 근로기준법 제94조는 취업규칙을 작성 또는 변경할 때에는 근로자의 집단적 의견 또는 동의를 얻도록 규정하고 있다. 그리고 사용자가 기존의 근로조건을 불이익하게 변경할 때에는 반드시 근로자의 집단적 동의를 얻어야 한다(§94①단서). 따라서 기업이 연봉제를 실시하고자 할 때에는 취업규칙을 작성하거나 변경하여 그 실시 근거를 두어야 한다.

문제는 연봉제로 임금체계를 변경하는 것이 근로조건의 불이익변경에 해당하는가의 여부이다. 연봉제의 도입이 불이익변경에 해당하는가의 여부는 어느 한 가지 근로조건만을 기준으로 볼 것이 아니라 전체적인 근로조건을 종합적으로 검토하여 판단하여야 하며, 그 변경의 취지와 경위, 해당 사업체의 업무성질, 취업규칙 등 각 규정의 전체적인 체제 등을 종합하여 구체적으로 판단하여야 한다.[403)]

「제로섬 방식의 연봉제」는 연봉제 대상근로자집단에게 지급될 총 임금재원은 연봉제 도입 이전과 동일하게 유지하지만 그 재원 중 일부는 인사고과에 따른 변동급여로 정하여 지급하는 방식이므로, 연봉제대상 근로자집단 전체로 볼 때는 동일한 임금수준일 수 있으나 개별근로자의 입장에서는 기존 보다 더 많은 임금을 받게 되는 근로자와 기존 보다 더 적은 임금을 받게 되는 근로자가 병존하게 된다. 따라서 「제로섬방식의 연봉제」의 도입은 근로조건의 불이익 변경에 해당하는 것으로 보아야 한다.[404)]

반면, 「플러스섬 방식의 연봉제」는 기존의 임금수준을 최저한도로 하면서 인사고과에 따라 추가로 임금을 지급하는 방식이기 때문에 기존의 임금이익을 침해하지 않을 뿐만 아니라 연봉적용 근로자 모두에게 유리한 것이므로 근로조건의 불이익 변경에 해당하지 않는다. 다만, 노동부 유권해석은 「플러스섬 방식의 연봉제」라 하더라도 전체적으로는 기존의 임금보다 많은 임금을 받을 수 있으나 일부의 근로자

---

403) 여상철, 연봉제의 설계와 연봉제의 운용, 278면.

404) 2000. 3. 31. 근기 68207-988 동지: 대법원 1997. 5. 16. 선고 96다2507.

들이 기존의 임금수준 보다 적게 받을 가능성이 있는 경우에는 근로조건의 불이익 변경으로 보고 있다.[405] 그러나 근로조건의 불이익 변경 여부는 단순히 특정화되지 않은 추상적인 몇몇 개별근로자들이 종전의 임금수준 보다 저하될 가능성이 있다는 이유만으로 근로조건의 불이익 변경으로 판단하는 것은 문제가 있다. 즉, 근로조건의 불이익 변경 여부는 종합적으로 판단하여야 하는데, 「플러스섬 방식의 연봉제」를 실시하는 경우 전체적인 임금수준은 종전 보다 향상되는 것은 당연한 것이고 비록 몇몇 근로자들이 업무실적 평가가 낮은 결과 종전 보다 낮은 임금을 받는다 하더라도 향후 업무실적 평가가 좋은 경우에는 언제든지 종전 임금보다 높은 임금을 받을 수 있으므로 플러스연봉제는 근로조건의 불이익변경에 해당하지 않는 것으로 봄이 타당하다.

다음으로 연봉제로 임금체계를 변경하고자 하는 경우, 동의 또는 의견 주체가 누가 되는가의 문제이다. 비조합원 또는 노조에 가입할 수 없는 근로자를 상대로 연봉제를 실시하는 경우, 비록 과반수로 조직된 노조라 하더라도 당해 노조가 비조합원들을 대표할 권한이 없으므로 연봉제 적용대상 근로자 과반수의 동의 또는 의견을 들으면 무방하다고 본다. 다만, 비조합원만을 상대로 연봉제를 실시한다 하더라도 노동조합과 체결한 단체협약이 조합가입범위에 해당하는 전체 근로자의 반수 이상에게 적용되고 있다면, 단체협약의 일반적 구속력에 의하여 비조합원에 대하여도 단체협약의 효력이 확장되는 것이므로 연봉제는 해당 근로자 과반수의 동의여부와 상관없이 연봉제는 무효라고 해석하여야 한다.[406]

연봉제가 근로기준법 제94조 제1항 단서에 의한 집단적 동의를 얻지 못하는 경우에 그 효력을 어떻게 보아야 하는가의 문제이다. 근로기준법 제94조 제1항 단서에 의한 집단적 동의 여부는 효력요건이므로 그 동의를 얻지 못하면 당연히 불이익한 부분에 대하여는 무효가 되는 것이나, 신규입사자에 대하여는 유효하다고 하는 것이 판례와 유권해석의 입장이다.[407] 그러나 동일 직종에 종사하고 있는 근로자들이 하나의 사업장에서 임금체계를 달리하는 근로조건이 병존하고 있다고 하는 것은 모

405) 2000. 3. 31. 근기 68207-988.

406) 여상철, 연봉제의 설계와 연봉제의 운용, 279면 이하.

407) 대법원과 노동부는 변경된 취업규칙의 내용에 따라 연봉제계약에 동의하고 입사한 신입사원이 입사 후 노동조합에 가입하여 조합원 자격을 취득하였다 하더라도 입사시의 연봉제계약의 효력이 상실되는 것은 아닌 것으로 해석하고 있다(2001. 11. 27. 근기 68207-4087; 대법원 1996. 4. 26. 선고 94다30638).

순일 뿐만 아니라, 이는 근로기준법 제6조에 의한 균등처우의 원칙에도 반하는 보아야 한다.

요컨대, 연봉제의 도입으로 인한 취업규칙의 변경이 근로기준법상 근로자에게 불이익이 되는가의 여부에 대하여 법적 다툼의 여지가 있기 있으므로, 취업규칙을 제정 또는 개정할 때 반드시 근로자 과반수의 동의를 받아야 한다.

(2) 근로계약의 체결

근로기준법 제4조는 근로조건은 근로자와 사용자가 동등한 입장에서 자유의사에 의하여 결정하도록 규정하고, 동법 제17조는 근로계약을 체결할 때 임금의 구성항목, 계산방법 및 지급방법을 명시하여 서면으로 작성하도록 규정하고 있다. 따라서 연봉제에 관한 일반적인 사항이 취업규칙에 정해져 있다 하더라도 기업은 개별근로자와 개별적 연봉 및 그 대상이 되는 기간, 소정 근로일수 및 근로시간, 연봉의 지급방법 및 지급기일, 퇴직금의 산정방법 등을 내용으로 하는 근로계약을 별도로 체결하여야 한다.

특히, 퇴직금 중간정산제를 연봉제와 연계하여 연봉근로계약을 체결하고자 할 때에는 사전에 퇴직금산정기간, 지급방법 등에 대하여 근로자의 퇴직금 정산요구가 있어야 하므로 퇴직금 정산요구서를 받아 놓아야 한다. 만약 사용자가 근로계약 또는 취업규칙에 정한 퇴직금중간정산 내용만을 기준으로 매년 연봉근로계약 체결 시 전년도에 발생한 퇴직금을 정산하여 지급한 경우에는 근로관계가 종료된 이후에 발생한 퇴직금과 기 지급한 퇴직금정산금과의 차액을 지급하여야 한다.

4. 임금피크제도

1) 의 의

임금피크제도라 함은 사업주가 근로자 대표의 동의를 받아 일정한 연령에 도달한 근로자를 대상으로 일정한 연령 이상까지의 고용을 보장하는 조건으로 근로자의 임금을 감액하는 제도를 말한다. 최근 취업 고령화지수[408]는 빠른 속도로 증가하고

408) 고령화 지수란 55세 이상 고령 근로자를 청년근로자(15~29세)로 백분율로 나눈 비율을 말하고, 준고령자 지수는 50세 이상 고령 근로자를 청년근로자(15~29세)로 백분율로 나눈 비율을 말한다. 2001년도 기준 고령자 또는 준고령자 지수는 생산직의 경우는 46.2%, 사무직의 경우는 2.9%로 나타났다. 사무직이 생산직에 비하여 고령화지수가 현저하게 낮은 이유는 연공급에 따른 높은 임금프리미엄 등으로 기업이 명예퇴

있다. 고령화지수가 증가하는 이유는 대체로 ① 고학력화로 인한 청년층의 노동시장으로의 참여지연과 고령자의 높은 취업의욕, ② 경제의 서비스화와 고령자적합 직종 또는 직무개발로 인한 고령자에 대한 노동수요 증가, ③ 고령자고용촉진법과 고용보험법상의 고령자 관련 각종 장려금제도의 도입으로 인한 고령자 고용유지 및 고용창출제도 등을 들 수 있다.

우리나라는 전통적으로 근로자의 능력에 상응하는 연봉제 또는 직무급 임금체계가 아니고 근로자의 학력, 근속연한, 경력 등의 속인적 요소에 따라 임금수준이 결정되는 연공급 임금체계를 채택하여 왔다. 그 결과, 젊은 근로자는 회사의 공헌도에 비하여 임금수준이 낮고, 반대로 중년 이후에 해당하는 근로자는 회사의 공헌도에 비하여 지나치게 임금수준이 높게 책정되어 임금과 공헌도 사이에 심한 불균형을 초래하였다. 이러한 임금 불균형에 따른 임금부담을 해소하고 기업의 유지 존속을 위한 조치로서 기업들은 고액임금 고령근로자들을 희망퇴직 또는 경영해고 등을 통한 구조조정과 성과중심의 연봉제를 도입함에 따라 고용불안의 원인을 제공하였다.

정부는 연공급이 현실의 임금체계라는 점을 감안하여 중고령자의 임금수준을 생산성에 맞추어 감액하는 대신 일정기간 고용을 보장하도록 하는 내용의 임금피트제도의 도입을 적극 검토하게 되었다. 즉, 정부는 임금피크제도의 도입 여부는 노사가 자율적으로 실시함을 원칙으로 하되, 임금피크 적용 근로자에게 임금 감액분의 일정액을 보전하도록 하였다.

2) 임금피크제도의 설계

(1) 적용대상 근로자의 범위 설정

임금피크제도를 도입하기 위해서는 전체 근로자를 대상으로 할 것인지 아니면 일정직렬 근로자 또는 일정 조건을 충족하는 일부 근로자를 대상으로 할 것인지를 결정해야 한다.

(2) 임금피크연령의 설정

임금의 감액 기준 시점이 되는 연령을 정년으로 할 것인지 정년 도달 전의 일정연령으로 할 것인지를 결정해야 한다. 정년을 피크연령으로 하여 일정기간 고용을 보장하는 조건으로 임금피크제도를 실시하는 경우에는 재고용제도와 별다른 차이

직 또는 경영해고 등의 조치로 조기 퇴직하는 경우가 많기 때문일 것으로 판단된다.

가 없다. 즉, 정년에 도달하면 자동적으로 별도의 의사표시 없이 근로계약관계가 종료되는 것이고, 정년 이후 재고용하는 경우에는 개별근로자와의 합의를 통하여 임금을 조정할 수 있기 때문에 엄밀한 의미에서 임금피크제도라고 할 수 없다.

임금피크제도는 정년까지 고용을 보장하는 조건으로 임금을 감액하는 것이므로 임금피크연령은 정년 도달 전에 일정 연령으로 설정하는 것이 임금피크제도의 도입 취지에 부합한다고 볼 수 있다.

(3) 임금조정방법의 결정

임금피크연령이 결정되면 그 연령부터는 종전의 임금체계에 의한 임금 대신 근로자 대표와의 합의 또는 근로자 대표의 동의를 얻어 조정된 임금 을 임금피크제도의 적용 근로자의 임금 으로 결정해야 한다. 그리고 조정 임금을 매년 동일하게 적용할 것인지 아니면 차등 적용할 것인지를 노사합의 또는 근로자대표의 동의를 얻어 결정해야 한다. 특히, 일정기간 고용을 보장한다 하더라도 임금수준의 감액률이 지나치게 높으면 노동조합이나 근로자들이 수용하기 어렵기 때문에 적정 수준의 임금감액률을 결정하는 것은 임금피크제의 도입에 있어서 매우 중요한 사항이다. 다음과 같은 임금감액 조정방안을 고려할 수 있다.

첫째는, 기본급을 조정하는 방안이다. 이에는 베이스(base)업분을 조정하는 방안과 호봉승급분을 조정하는 방안이 있다. 다시 베이스업분을 조정하는 방안은 ① 일반근로자와 동일하게 인상률을 적용하는 방법, ② 임금을 감액 지급하는 방법, ③ 아예 베이스업분을 지급하지 않는 방법을 고려할 수 있다. 그리고 호봉승급분을 조정하는 방안은 호봉승급을 정지하거나 감액 지급하는 방법이 있다.

둘째, 수당을 조정하는 방안이다. 이에는 관리정년제를 채택하여 임금피크 연령에 도달하면 관리직으로부터 해제시킴과 동시에 수당을 지급하지 않거나 감액지급하는 방법이 있다.

셋째, 상여금을 조정하는 방안이다. 이는 임금피크제 적용대상자에 대해서는 정기상여금의 비중을 줄이고 성과에 따라 지급하는 특별상여금의 비중을 높이는 방법이다.

(4) 직무조정 방법의 결정

종전의 직무 및 직급을 그대로 유지하면서 임금만 감액 조정할 수도 있으나, 임금감액 조정의 일환으로서 해당 근로자의 직무를 재설계하는 경우도 있을 수 있다.

임금피크제도는 일정한 연령에 도달한 근로자를 대상으로 일정비율의 임금을 조정함으로써 능력중심형 임금체계와 고용안정을 위한 것이므로 종전의 직무와 직급을 그대로 유지하면서 임금만 조정하는 방법을 채택하는 것이 합리적인 임금피크제도의 설계방법이다.

(5) 고용보장기간의 결정

임금피크제도는 임금조정과 고용보장을 교환조건으로 하는 것이기 때문에 임금피크제도를 시행하기 위해서는 반드시 고용보장기간을 설정해야 한다. 고용보장기간을 결정하는 방법은 정년까지 고용을 보장하는 「정년보장형」과 정년 이후 일정기간까지 고용을 보장하는 「고용연장형」이 있다.

그러나 정년이후 일정기간 동안 고용을 보장하는 조건으로 하는 「고용연장형」 임금피크제도는 실질적으로 재고용제도와 별다른 차이가 없기 때문에 까다로운 근로자 대표의 합의 또는 근로자 대표의 동의를 얻어 실시할 실익은 적기 때문에 「정년보장형」을 선택하는 것이 바람직하다. 「고용연장형」 임금피크제도를 시행하고자 한다면, 정년에 도달한 근로자와의 근로계약관계를 종료하고 기존의 근로관계로 인한 일체의 금품을 청산한 후 개별근로자와의 계약을 통하여 새로이 근로계약을 체결하면서 임금을 조정하는 것이 합리적이다.

3) 임금피크제도의 도입요건

임금피크제도는 일정 연령까지 고용을 보장하는 대신 종전의 임금액을 감액하는 제도인데, 근로조건의 불이익 변경에 해당하는가의 여부가 문제된다. 만약 근로조건의 불이익 변경에 해당한다면 근로자의 집단적 동의를 얻어야 하나, 근로조건 불이익 변경에 해당되지 않는다면 사업주가 근로자의 의견을 들어 임금피크제도를 시행하면 된다.

근로조건 불이익변경에 해당하는가의 여부는 전체 근로자의 입장에서 판단해야 하므로 외견상 불이익한 근로조건의 변경에 해당하더라도, 그 변경에 있어서 법적 규범성을 시인할 정도의 사회통념상 합리성이 인정되는 경우에는 불이익 변경에 해당하지 않는 것으로 보아 근로자의 집단적 동의가 필요 없다고 하는 것이 일관된 대법원 판례의 입장이다.[409)]

409) 대법원 1988. 5. 10. 선고 87다카2853; 대법원 2001. 1. 5. 선고 99다70846; 대법원

「정년보장형 임금피크제도」는 실질적으로 정년까지 임금이 감액되기 때문에 근로조건의 불이익 변경에 해당되는 것이므로 근로자의 집단적 동의를 얻어야 한다. 즉, 임금피크제도의 적용 사업 또는 사업장에 근로자의 과반수로 조직된 노동조합이 있는 경우에는 그 노동조합, 근로자의 과반수로 조직된 노동조합이 없는 경우에는 근로자의 과반수의 동의를 얻어야 한다. 왜냐하면, 근로자를 해고할 만한 정당한 사유가 없는 한 사용자는 정년까지 고용을 보장해야 법적 의무를 부담하기 때문이다.

그러나 「정년연장형 임금피크제도」는 정년 이후 일정한 연령까지 고용을 보장하면서 임금을 감액하는 것이므로 근로조건의 불이익 변경으로 해석할 수 없다. 다만, 「정년연장형 임금피크제도」를 시행하면서 정년까지에 해당하는 퇴직금 등을 청산 또는 중간정산을 하지 아니한 채 퇴직 시의 평균임금을 기준으로 전 근속기간에 해당하는 퇴직금을 지급하도록 하는 경우는 불이익 변경으로 해석해야 한다.

요컨대, 「근로조건의 불이익 변경」은 기존 취업규칙을 불이익하게 변경하여 근로조건을 저하시키는 경우뿐만 아니라 종전의 근로조건보다 불리한 근로조건을 신설하는 것도 포함되는 것이고, 유(有)·불리(不利)의 여부를 객관적으로 판단하기 곤란하고 근로자 상호간에 유·불리에 따른 이익이 충돌되는 경우에는 불이익 변경으로 평가한다.[410] 따라서 임금피크제도의 시행으로 인하여 현실적으로 임금이 감액 지급된 경우에는 근로조건의 불이익 변경으로 보아 근로자의 집단적 동의를 얻어야 할 것이다. 다만, 근로자의 집단적 동의를 얻은 이상 임금피크제도의 적용근로자의 개별적인 동의절차를 거칠 필요는 없다.

4) 임금피크제도의 실시 효과

(1) 임금피크제 지원금의 지급

가. 의 의

사업주가 근로자 대표의 동의를 받아 일정 연령 이상까지 고용을 보장하는 조건으로 일정 연령, 근속시점 또는 임금액을 기준으로 임금을 감액하는 제도를 시행하는 경우에 그 제도의 적용을 받는 근로자는 일정 기간 고용 지원금을 지급받을 수 있다(고용상 연령차별금지 및 고령자고용촉진에 관한 법률 §14② 2호 전단). "근로자대표"

2004. 7. 22. 선고 2002다57362.

410) 김유성, 노동법Ⅰ, 206면.

근로자의 과반수로 조직된 노동조합이 있는 경우에는 그 노동조합의 대표자를 말하며, 해당 노동조합이 없는 경우에는 근로자의 과반수를 대표하는 자를 말한다(고용상 연령차별금지 및 고령자고용촉진에 관한 법률 §14② 2호 후단).

나. 지급사유

고용노동부장관은 사업주가 근로자 대표의 동의를 받아 일정 연령 이상까지 고용을 보장하는 조건으로 일정 연령, 근속시점 또는 임금액을 기준으로 임금을 감액하는 제도를 시행하는 경우에 예산의 범위에서 고용 지원금을 지급할 수 있다(고용상 연령차별금지 및 고령자고용촉진에 관한 법률 §14② 2호, ③).

고용노동부장관은 위에 따라 다음 어느 하나에 해당하는 경우에는 근로자에게 임금피크제 지원금을 지급한다(고용상 연령차별금지 및 고령자고용촉진에 관한 법률 시행령 §11②, 고용보험법 시행령 §28①, §28의2① 및 §28의3①).

1. 사업주가 근로자대표의 동의를 받아 정년을 60세 이상으로 연장하거나 정년을 56세 이상 60세 미만으로 연장하면서 55세 이후부터 일정나이, 근속시점 또는 임금액을 기준으로 임금을 줄이는 제도를 시행하는 경우 고용노동부장관은 임금이 감소한 해당 근로자에게 임금을 감액하는 제도가 적용되는 날부터 2018년 12월 31일까지 지원금을 지급함(정년연장형 임금피크제)
   ※ 다만 해당근로자의 고용기간이 2018년 12월 31일 전에 종료되는 경우는 그 고용기간 동안 지급한다(고용보험법 시행령 §28의2①).
2. 사업주가 1.에 따른 제도를 시행하거나 3.에 따라 재고용하면서 주당 소정근로시간을 15시간 이상 30시간 이하로 단축하여 임금이 최초로 감액된 날이 속하는 연도의 직전 연도 임금과 비교하여 해당 연도의 임금이 낮아진 경우 해당 근로자와 사업주에게 근로시간을 단축하는 날부터 해당 근로자의 고용기간에 한정하여 최대 2년 동안 근로시간 단축 지원금을 지급함(근로시간단축형 임금피크제).[411]
3. 정년을 55세 이상으로 정한 사업주가 정년에 이른 사람을 재고용(재고용기간이 1년 미만인 경우 제외)하면서 정년퇴직 이후부터 임금을 줄이는 경우(재고용형 임금피크제)

---

411) 여기에 해당하는 경우에는 사업주에게도 임금피크제 지원금을 지급한다.

다. 지원금 지급 대상자

임금피크제 지원금은 해당 사업주에 고용되어 18개월 이상을 계속 근무한 사람으로서 피크임금과 해당 연도의 임금을 비교하여 다음 구분에 따른 비율 이상 낮아진 사람에게 지급한다(「고용보험법 시행령」 제28조제2항).

○ 정년연장형 임금피크제(위의 1.의 경우) : 정년 연장기간에 따라 다음의 구분에 따른 비율(상시 사용하는 근로자 수가 300명 미만인 사업은 10퍼센트)
  - 임금피크제 적용일부터 1년까지: 10퍼센트
  - 임금피크제 적용일부터 1년 초과 2년까지: 15퍼센트
  - 임금피크제 적용일부터 2년 초과 이후: 20퍼센트

○ 근로시간단축형 임금피크제(위의 2.의 경우) : 30퍼센트

○ 재고용형 임금피크제(위의 3.의 경우) : 20퍼센트(상시 사용하는 근로자 수가 300명 미만인 사업은 10퍼센트)

라. 지원금액 및 지원기간

고용보험법 시행령 제28조 제3항, 임금피크제 지원금액등 고시 제2조 제1항은 연도 단위로 임금피크제 지원금을 지급하는 경우, 분기 단위로 임금피크제 지원금을 지급하는 경우, 월 단위로 임금피크제 지원금을 지급하는 경우로 나누어 지급액 산정 산식과 연간 지급한도액을 상세히 규정하고 있다.

정년을 60세 이상으로 정한 사업 또는 사업장에서의 임금 감액에 따른 지원금은 임금을 감액하는 제도가 적용되는 날부터 2018년 12월 31일가지 지원금을 지급한다(고용보험법 시행령 §28의2②). 근로시간 단축 지원금은 근로시간 단축으로 임금이 최초로 감액된 날이 속하는 연도의 직전 연도 임금과 비교하여 해당 연도의 임금이 낮아진 경우 해당 근로자와 사업주에게 근로시간을 단축하는 날부터 해당 근로자의 고용기간에 한정하여 최대 2년 동안 근로시간 단축 지원금을 지급한다(고용보험법 시행령 §28의3①). 임금피크제 지원금은 임금피크제가 적용되는 날부터 5년 동안 지급한다. 다만, 고용기간이 5년보다 짧은 경우에는 그 고용기간 동안 지급하고, 정년연장형 임금피크제 시행 이후 근로시간단축형 임금피크제에 따라 재고용한 경우에도 최대 지급 기간은 통산하여 5년으로 한다(고용보험법 시행령 §28④).

(2) 사업주의 임금감액 지급

사업주가 근로자 대표의 동의를 얻어 합법적으로 임금피크제를 시행한 경우에는

사업주는 고용보장기간 범위 안에서 결정된 임금감액분을 제외한 임금을 지급한다. 따라서 임금피크제도의 시행에 따른 임금감액은 일정 연령까지의 고용보장을 조건으로 하는 것이므로 고용을 보장하지 아니한 상태에서의 임금감액은 사용자의 일방적인 근로조건 저하에 해당되기 때문에 해당 근로자는 종전의 임금을 청구할 수 있을 뿐만 아니라 임금피크제 보전수당의 지급요건에도 해당되지 않는다.

그리고 사업주가 근로자의 집단적 동의를 얻어 임금피크제도를 시행한 경우에는 근로기준법 제94조 제1항에 의한 합법적인 불이익한 근로조건 변경에 해당되기 때문에 해당 근로자는 피크임금과 감액임금과의 차액을 청구할 수 없다.[412)]

5) 관련문제

(1) 퇴직금 산정 문제

퇴직금은 퇴직 직전 3월간의 평균임금을 기준으로 전 근속기간에 대하여 산정한다. 따라서 임금피크제도를 도입할 경우 임금감액 이외에 퇴직금이 감소되는 이중의 불이익이 발생하게 되어 노동조합 또는 근로자의 반발을 초래하게 되기 때문에 근로자에게 불이익이 없도록 퇴직금제도를 합리적으로 설계하여야 한다.

첫째, 근로자퇴직급여보장법에 의한 퇴직연금제의 도입 방안이다. 퇴직일시금제도는 일시에 고액의 퇴직금을 지급해야 하기 때문에 기업에게 재정적 부담을 줄 수 있을 뿐만 아니라 근로자의 퇴직 후 생활안정 기능도 매우 미흡한 실정이라고 할 수 있다. 따라서 임금피크제도의 도입 기업은 근로자의 재정적 부담을 해소하고 퇴직 후 근로자의 생활안정과 퇴직금 저하를 예방하기 위한 차원에서 퇴직연금제도를 도입할 필요성이 있다.

둘째, 근로자퇴직급여보장법 제8조 제2항에 규정한 「퇴직금 중간정산제도」의 도입이다. 임금피크제도의 시행으로 인하여 임금감액이 된 상태에서 근로자가 퇴직한 경우 퇴직 시의 평균임금을 기준으로 하여 퇴직금을 산정하여 지급하면 임금피크제의 적용 근로자는 불이익을 받을 수밖에 없다. 특히 「정년보장형 임금피크제도」의 적용근로자가 정년퇴직 시에 퇴직금을 수령하게 되는 경우, 퇴직금이 대폭적으로 줄어드는 결과를 초래한다. 따라서 임금피크제의 적용근로자들이 퇴직금 산정에 있

412) 현실적으로 사업주가 임금피크제도를 시행하면서 근로자로 하여금 임금감액의 일정액을 임금피크제 보전수당으로 지급받게 하기 위해서는 근로자 대표의 동의를 얻어야 하므로 현실적으로 근로자가 임금 차액을 청구할 수 있는 요건은 극히 제한되어 있다고 보아야 한다.

어서 불이익을 입지 않도록 임금피크제도 도입 이전의 계속근로기간에 대하여는 피크임금을 기준으로 퇴직금을 정산하여 지급하도록 해야 한다. 현실적으로 「퇴직금 중간정산금을 지급하기 어려운 기업은 임금이 감액되기 전에 퇴직금액을 확정하고, 확정된 퇴직금에 대해서는 소정의 이자율을 가산하여 퇴직금 변제 시에 가산하여 지급하는 방안을 고려해야 한다.[413]

(2) 국민연금액의 보전 문제

현행 국민연금법은 연금수급 전 3년간의 평균소득월액의 평균액과 국민연금 가입자의 가입기간 동안 표준소득월액의 평균액을 합한 금액을 기준으로 기본연금액을 산정하고 있다. 따라서 「정년보장형 임금피크제도」의 시행으로 감액된 임금이 연금수급 전 3년간의 평균소득월액의 평균액에 포함되어 실질적으로 국민연금의 수령액이 저하되는 결과를 초래하게 되어 근로자들이 국민연금 수령액에서 손해가 발생한다. 근로자들이 국민연금 수령액의 손해가 발생하지 않도록 하는 입법적 개선이 필요하다.[414]

413) 대법원은 「미지급 퇴직금 중간정산금 채권의 소멸시효는 퇴직일로부터 기산하는 것이 아니라 퇴직금 중간정산일로부터 기산하여 3년」이라고 해석하고 있으므로 사업주는 퇴직금 중간정산일로부터 3년 이내에 지급해야 한다(대법원 2006. 5. 26. 선고 2003다54322).

414) 이에 대한 입법적 대안으로서는 임금피크제도의 시행 이전의 피크임금을 표준소득월액으로 간주하여 국민연금 보험료를 납부하도록 하는 방안을 고려할 수 있다.

제5장 근로시간·휴일·휴식·휴가

제1절 근로시간

Ⅰ. 총 설

1. 근로시간 규제

산업이 발전하면서 대량생산 체제로 전환되고 미숙련 근로자들이 산업현장에 투입되면서 장시간 근로가 일반화되었다. 그러나 이와 같은 장시간 근로는 근로자들의 건강을 위협하게 되고 산업재해의 원인이 되면서 근로시간 단축 움직임이 나타나게 되었다.

근로시간 규제를 선도한 ILO는 1919년「공업적 사업에 있어서 근로시간을 1일 8시간 및 1주 48시간으로 제한하는 협약」(제1호 협약)을 통해 근로시간에 대한 표준을 제시하였다. 나아가 1939년 에는「근로시간을 1주 40시간으로 단축할 것에 관한 협약」(제47호 협약)을 통해 1주 40시간근로제를 결의하였으며, 1962년「근로시간 단축에 관한 권고」(제116호 권고)를 통해 1주 40시간 근로제를 달성해야할 사회적 기준이라고 선언하면서 생활수준의 저하없는 근로시간 단축을 유도함으로써 많은 나라에서 1주 40시간근로제를 도입하였다.

한편 우리나라는 1953년 근로기준법을 제정하면서 1일 8시간, 1주 48시간을 법정기준근로시간으로 규정하였다. 그리고 1989년 1주 44시간제를 도입하였으며, 2004년 7월부터 1주 40시간제가 연차적으로 확대되어 2011년 7월부터는 5인 이상 사업장에 전면 시행된다. 1일 8시간근로제는 1953년 최초 도입시점부터 지금까지 그대로 유지되고 있으나, 1주 근로시간은 48시간제(1953)에서 44시간제(1989년)를 거쳐 40시간제로 점진적인 단축의 역사를 가지고 있다.

외국의 입법례뿐만 아니라 우리나라 근로기준법 등은 근로자의 근로시간에 대하여 여러 가지 제한을 하고 있는데, 이는 적정한 근로시간을 보장함으로써 근로자의 신체적·정신적 피로의 회복을 통하여 산업재해를 미연에 방지하고 근로의욕을 향상시키며, 또한 사회적·문화적 활동의 참가를 통하여 자신의 능력을 계발함으로써 인간다운 생활을 영위하게 하려는데 그 목적이 있다.

2. 근로시간의 개념

근로시간이라 함은 근로자가 사용자의 지휘·감독아래 근로계약상의 근로를 제공하는 시간을 의미하며,[1] 작업의 개시로부터 종료 시까지의 시간에서 근로자가 사용자의 지휘·감독에서 벗어나 자유롭게 이용할 수 있는 휴게시간을 제외한 시간을 말한다.

❒ 대법원 2006. 11. 23. 선고 2006다41990

근로기준법상의 근로시간이라 함은 근로자가 사용자의 지휘, 감독 아래 근로계약상의 근로를 제공하는 시간을 말하는바, 근로자가 작업시간의 도중에 현실로 작업에 종사하지 않은 대기시간이나 휴식·수면시간 등이라 하더라도 그것이 휴게시간으로서 근로자에게 자유로운 이용이 보장된 것이 아니고 실질적으로 사용자의 지휘·감독 하에 놓여있는 시간이라면 이는 근로시간에 포함된다고 할 것이다.

❒ 대법원 1993. 9. 28. 선고 93다3363

작업시작 전에 갖는 취업회의 내용인 갱내 근무자에 대한 보안교육이나 작업지시 및 작업조의 편성은 갱내 교대근무를 위한 필요불가결한 것으로서 사용자의 지휘·감독에 의한 구속 하에 행해질 수밖에 없으므로 실근로시간에 포함시키는 것이 타당하다.

Ⅱ. 근로시간의 보호

1. 법정기준근로시간

1) 기준근로시간

기준근로시간은 근로자의 기본근로시간을 정하여 이를 초과할 수 없도록 규정하고 있는 법정근로시간을 말한다. 현행 노동법상 기준근로시간은 18세 이상 근로자의 경우 1일 8시간, 1주 40시간(근로기준법 제50조), 18세 미만 연소근로자의 경우 1일 7시간, 1주 40시간(근로기준법 제69조), 유해·위험작업의 경우 1일 6시간, 1주 34시간(산업안전보건법 제46조)으로 규정하고 있다.

---

1) 대법원 2006. 11. 23. 선고 2006다41990.

이와 같이 법정기준근로시간은 1일과 1주 단위와 같이 이중적으로 제한하고 있다. 즉 1일 기준근로시간을 초과할 수 없고 1일 기준시간을 초과하지 않더라도 1주 기준근로시간을 초과하지 못하도록 하고 있다.

여기서 '1일'은 통상 0시부터 24시까지를 의미하지만 교대제 등으로 24시를 지나 달력상 이틀에 걸쳐 계속 근로하더라도 이는 업무를 시작하는 날의 근로로서 하나의 근무로 취급된다.[2] 그러나 다음 날의 소정근로시간대까지 계속 이어지는 경우에는 근로계약·취업규칙 등에 의하여 당초 근로제공의무가 있는 소정근로이므로 이를 전일 근로의 연장으로 볼 수 없으며, 새로이 근로시간이 계산된다.[3]

한편 '1주'는 원칙적으로 일요일부터 토요일까지를 의미하지만 취업규칙 등에서 별도의 규정을 하고 있으면 특정일로부터 시작하는 7일을 의미하는 것으로 해석된다.[4]

2) 소정근로시간

한편 소정근로시간은 위의 기준근로시간 범위 안에서 근로자와 사용자간에 정한 근로시간을 말한다.[5] 소정근로시간의 개념은 시간급 통상임금의 산정에 있어 일급이나 월급을 시간급으로 환산하기 위하여 주로 사용된다.[6]

2. 연장근로

1) 연장근로의 원칙

연장근로라 함은 근로기준법의 법정기준근로시간을 초과하는 근로를 말하며, 근로시간은 당사자의 합의에 의하여 1주 12시간 까지 연장할 수 있는 것이 원칙이다. 다만, ① 특별한 사정이 있거나, ② 특별한 사업에 있어서는 12시간 외에 추가연장근로가 허용된다.

따라서 18세 이상 근로자의 경우에는 당사자간 합의가 있는 경우 1주일에 12시간을 초과하지 않는다면 특별한 사정이 없는 한 1일 연장근로시간의 제한은 없다.[7]

---

2) 근기 01254-1433, 191. 10. 5.
3) 근기 68207-402, 2003. 3. 31.
4) 근기 68207-2855, 2000. 9. 19.
5) 근로기준법 제2조 제1항 제7호.
6) 이상윤, 노동법(제5판), 법문사, 2003, 243면,
7) 대법원 1997. 7. 25. 선고 96다29892.

그러나 연소근로자의 경우에는 1일 1시간, 1주 6시간 한도로 연장근로가 가능하며(근로기준법 제69조), 산후 1년이 지나지 않은 여성근로자에 대해서는 단체협약이 있는 경우라도 1일 2시간, 1주 6시간, 1년에 150시간을 초과하는 연장근로를 시키지 못한다(근로기준법 제71조).

한편 산업안전보건법은 "사업주는 유해하거나 위험한 작업으로서 잠함(潛艦) 또는 잠수작업 등 높은 기압에서 하는 작업에 종사하는 근로자에게는 1일 6시간, 1주 34시간을 초과하여 근로하게 하여서는 아니 된다."[8]고 규정하고 있는데, 이와 같은 유해·위험작업의 근로에 대하여는 법정기준근로시간외에 별도의 연장근로가 인정되지 않는다.

❒ 대법원 1993. 12. 21. 선고 93누5796

근로기준법 제42조 제1항의 "연장근로에 대한 당사자의 합의"에 있어서 개별 근로자의 합의권을 박탈하지 아니하는 범위 내에서 단체협약에 의한 합의도 가능하다.

【요 지】 근로기준법 제42조 제1항은 8시간 근로제에 따른 기준근로시간을 규정하면서 아울러 8시간 근로제에 대한 예외의 하나로 당사자의 합의에 의한 연장근로를 허용하고 있는 바, 여기서 당사자간의 합의라 함은 원칙적으로 사용자와 근로자와의 개별적 합의를 의미하고, 개별근로자의 연장근로에 관한 합의권을 박탈하거나 제한하지 아니하는 범위에서 단체협약에 의한 합의도 가능하다.

2) 추가연장근로

(1) 인가연장근로

사용자는 특별한 사정이 있는 경우 고용노동부장관의 인가와 근로자의 동의를 얻어 12시간외에 추가로 근로시간을 연장할 수 있다. 다만, 사태가 급박하여 고용노동부장관의 인가를 받을 시간이 없는 경우에는 사후에 지체 없이 승인을 받아야 한다(제53조 제3항).

여기서 특별한 사정이 있는 경우는 사업 또는 사업장에서 자연재해와 재난관리법에 따른 재난 또는 이에 준하는 사고가 발생하여 이를 수습하기 위한 연장근로를 피할 수 없는 경우로 한정된다(근로기준법 시행규칙 제9조 제2항).

한편 고용노동부장관은 제3항에 따른 근로시간의 연장이 부적당하다고 인정하면

8) 산업안전보건법 제46조 및 동법 시행령 제32조의 8.

그 후 연장시간에 상당하는 휴게시간이나 휴일을 줄 것을 명할 수 있다(제53조 제4항).

(2) 특별한 사업에 대한 추가연장근로(제59조)

근로기준법은 다음과 같은 특별한 사업에 해당하는 경우에 있어서 사용자가 근로자 대표와 서면합의 한때 1주 12시간을 초과하여 연장근로를 하게 하거나, 제54조에 따른 휴게시간을 변경할 수 있다고 규정하고 있다. 한편 이와 같은 근로시간 및 휴게의 특례가 인정되기 위하여는 다음의 사업에 해당되어야 한다.

1. 운수업, 물품 판매 및 보관업, 금융보험업
2. 영화 제작 및 흥행업, 통신업, 교육연구 및 조사 사업, 광고업
3. 의료 및 위생 사업, 접객업, 소각 및 청소업, 이용업
4. 그 밖에 공중의 편의 또는 업무의 특성상 필요한 경우로서 대통령령으로 정하는 사업.
   - 이 경우 "대통령령이 정하는 사업"이란 사회복지사업을 말한다(근로기준법 시행령 제32조).

Ⅲ. 근로시간의 유연화(신축적 운용)

산업구조가 변화하고 다양한 직업이 출현하고 있을 뿐만 아니라 업무의 계절적 변동 등 근로형태의 새로운 변화에 따라 근로시간의 신축적 운영을 필요로 한다. 기존의 획일적이며 고정화된 근로시간 규제로는 이와 같은 변화에 대응할 수 없었기 때문에 이런 문제점을 개선하기 위하여 우리나라에서도 1997년 근로기준법의 개정을 통하여 근로시간의 신축적인 운영제도를 도입하였는데 탄력적 근로시간제, 선택적 근로시간제 등이 있다.

1. 탄력적 근로시간제(제51조)

1) 의 의

탄력적 근로시간제란 일정단위기간(2주 또는 3개월 이내) 내에서 근로시간을 평균하여 법정기준근로시간을 초과하지 않는 한, 단위기간내의 특정일이나 특정주에 대해서 법정근로시간을 초과하여도 근로시간 위반이 아님은 물론 초과한 시간에 대해

서도 연장근로로 보지 않아 가산할증임금을 지급하지 않아도 되는 제도이다. 즉 일이 많이 밀릴 때는 더 일하고 일이 없을 때는 덜 일하는 방식으로 근로시간을 탄력적으로 운용하는 유연한 제도이다. 근로기준법에서는 단위기간을 2주 이내와 3개월 이내로 나누어 규정하고 있다.

2) 2주간 이내의 탄력적 근로시간제

2주 이내의 탄력적 근로시간제란 취업규칙(취업규칙에 준하는 것을 포함)에서 정하는 바에 따라 2주 이내의 일정한 단위기간을 평균하여 1주간의 근로시간이 40시간을 초과하지 아니하는 범위 내에서 연장근로가산할증임금 없이 특정한 주에 40시간을, 특정한 날에 8시간을 초과하여 근로하게 할 수 있는 제도이다. 다만, 특정한 주의 근로시간은 48시간을 초과할 수 없으나, 3개월 단위의 탄력적 근로시간제와는 달리 특정일에 대한 최장시간 규제가 없다.

3) 3개월 이내의 탄력적 근로시간제

3개월 이내의 탄력적 근로시간제란 근로자대표와 서면합의가 있는 경우 3개월 이내의 단위기간을 평균하여 1주간의 근로시간이 40시간을 초과하지 아니하는 범위에서 연장근로가산할증임금 없이 특정주에 40시간을, 특정일에는 8시간을 초과하여 근로하게 할 수 있는 제도를 말한다. 다만, 특정주의 근로시간은 52시간을, 특정일의 근로시간은 12시간을 초과할 수 없다.

근로자 대표와 서면 합의 사항은 ① 대상근로자의 범위, ② 단위기간(3개월 이내의 일정한 기간으로 정하여야 한다), ③ 단위기간의 근로일과 그 근로일별 근로시간, ④ 그 밖에 대통령령으로 정하는 사항을 말한다.[9]

4) 탄력적 근로시간제의 특징

탄력적 근로시간제란 단위기간의 근로시간을 평균하여 법정기준근로시간을 초과하지 않는 한, 단위기간내의 특정일이나 특정주에 대해서 법정근로시간을 초과하여도 연장근로로 보지 않아 가산할증임금을 지급하지 않아도 되는 제도이다. 그러나 단위기간의 평균근로시간이 법정기준근로시간을 초과하는 경우에는 당연히 이에 따른 연장근로할증임금을 지급하여야 한다. 탄력적 근로시간제는 15세 이상 18세

---

9) "그 밖에 대통령령으로 정하는 사항"이란 '서면 합의의 유효기간'을 말한다(근로기준법 시행령 제28조 제1항).

미만의 근로자와 임신 중인 여성 근로자에 대하여는 적용할 수 없으며(근로기준법 제51조 제3항), 사용자는 탄력적 근로시간제를 도입하여 근로자를 근로시킬 경우 기존의 임금수준이 낮아지지 아니하도록 임금보전방안을 강구하여야 한다(근로기준법 제51조 제4항).

2. 선택적 근로시간제(제52조)

1) 의 의

선택적 근로시간제란 일정한 기간(정산기간) 동안의 총근로시간을 결정한 다음 그 근로자가 총근로시간은 유지하지만 근로시간의 시작과 종료를 근로자가 선택할 수 있는 제도이다. 본 제도의 취지는 근로자가 출퇴근시간에 구애받지 않음으로써 효율적인 시간 배분 등으로 업무효율을 증대시킬 수 있으며, 주부 등의 근로자가 그의 개인생활과 업무를 조화시키면서 여가를 활용할 수 있다는데 가장 큰 장점이 있다. 따라서 업무의 성질 또는 근무실태 등에 의하여 근로자에게 출퇴근시간을 선택할 여지를 주지 못하는 경우에는 적용하기 어려운 제도이다.

한편 선택적 근로시간제 역시 정산기간을 평균하여 법정기준근로시간을 초과하지 않는다면 특정일 또는 특정주에 초과근로가 발생한다 하더라도 이에 대한 연장근로수당을 지급하지 않아도 된다.

2) 선택적 근로시간제의 요건

선택적 근로시간제를 도입하기 위해서는 먼저 취업규칙 기타 이에 준하는 것에 의해 업무의 시작 및 종료시각을 근로자의 결정에 맡기기로 정하여야 하며, 다음 그 근로자에 대하여 근로자 대표와 ① 대상근로자의 범위(15세 이상 18세 미만의 근로자 제외), ② 정산기간(1개월 이내의 일정한 기간으로 정하여야 한다), ③ 정산기간의 총근로시간, ④ 반드시 근로하여야 할 시간대를 정하는 경우에는 그 시작 및 종료시각, ⑤ 근로자가 그의 결정에 따라 근로할 수 있는 시간대를 정하는 경우에는 그 시작 및 종료시각, ⑥ 그 밖에 대통령령으로 정하는 사항[10]에 대하여 서면 합의가 있어야 한다.

---

10) "그 밖에 대통령령으로 정하는 사항"이란 '표준근로시간'(유급휴가 등의 계산 기준으로 사용자와 근로자 대표가 합의하여 정한 1일의 근로시간)을 말한다(근로기준법 시행령 제29조).

3) 선택적근로시간제의 특징

선택적 근로시간제를 채택한 경우에는 근로자가 출퇴근시간을 선택할 수 있으며, 총근로시간이 법정근로시간을 초과하지 않는 한 주 또는 일의 법정근로시간을 초과해서 근로한다하더라도 법 위반에 해당하지 않으며, 역시 연장근로수당을 지급할 의무가 없게 된다. 한편 선택적근로시간제는 15세 이상 18세 미만의 연소자에게는 그 적용이 배제된다. 다만, 탄력적근로시간제와는 달리 임신 중인 여성근로자에 대한 별도의 제한 규정이 없다.

3. 양제도의 비교

1) 공 통 점

탄력적 근로시간제나 선택적 근로시간제 모두 단위기간 또는 정산기간 동안의 평균근로시간이 법정근로시간 범위 내에 있는 경우 특정일 또는 특정주에 법정기준근로시간보다 장시간 근로한다하더라도 이를 연장근로로 보지 않는 점에서는 서로 다를 바 없으며, 단위기간 또는 정산기간 동안 평균근로시간이 법정기준근로시간을 넘어 연장근로를 하였을 경우에는 그에 대한 연장 근로수당이 지급되어야 한다.[11] 또한 15세이상 18세미만의 연소자에게는 탄력적 근로시간제 및 선택적 근로시간제의 적용이 배제된다는 공통점을 갖고 있다.

2) 차 이 점

탄력적 근로시간제는 소정의 근로일과 근로시간대가 정해지면 근로자들이 일률적으로 이에 따라 근로해야 하지만, 선택적 근로시간제는 반드시 근로해야 할 시간대(의무 근로시간대가 정해진 경우)에만 일률적으로 근로하고 나머지 근로시간은 근로자 개인별로 근로여부의 자유를 갖는다는 특징이 있으며, 탄력적 근로시간제에서는 임신중인 여성 근로자에 대하여 그 적용이 배제되나 선택적 근로시간대에서는 임신중인 여성 근로자에 대하여도 적용된다는 점이 다르다. 또한 탄력적 근로시간제는 일정 부분 근로자에게 불리한 제도라 할 수 있으므로 탄력적 근로시간제를 도입하는 경우 사용자에게 임금보전방안을 강구하도록 규정되어있으나, 선택적 근로시간제는 이와 같은 규정이 없다.

---

11) 탄력적 근로시간제 및 선택적 근로시간제의 평균근로시간에 대하여 당사자간의 합의에 따라 1주간 12시간을 한도로 근로시간을 연장할 수 있다(근로기준법 제53조 제2항).

Ⅳ. 근로시간 계산의 특례(제58조)

산업이 분화되고 근무형태가 다양화됨으로써 사업장 밖에서의 근로가 점차 증가하고 있는데 이 경우 실제 근로에 대하여 직접적인 관리·감독이 쉽지 않기 때문에 근로한 시간을 정확히 계산하기가 매우 어렵다. 또한 업무가 전문화되어 업무수행의 방법이나 시간 배분의 결정 등을 근로자의 재량에 맡길 필요가 있는 업무가 점점 증가하고 있는 데 이 경우에도 실제 근로시간을 계산하기 어려울 뿐만 아니라 오히려 업무수행방법과 근로시간의 운용을 근로자의 재량에 맡기는 것이 더 효율적 일 수 있다.

따라서 1997년 근로기준법 전면 개정 시 근로시간 계산에 대한 특례를 인정함으로써 이러한 사업장 밖에서의 근로와 재량근로에 대하여 그날그날 실제 근로한 시간을 계산하기 보다는 일정한 시간을 근로시간으로 간주하는 제도를 도입하게 되었으며, 이는 근로시간의 관리를 용이하게 하는 한편 업무의 효율성을 제고하고 있다.

1. 간주근로시간제

간주근로시간제란 출장, 영업, 기사의 취재 등 근로시간의 전부 또는 일부를 사업장 밖에서 근로하여 근로시간을 산정하기 어려운 때에는 소정근로시간 또는 근로자대표와 서면으로 합의한 시간 중 어느 하나를 근로시간으로 간주할 수 있다.

1) 소정근로시간 간주제(제58조 제1항)

① 근로자가 출장이나 그 밖의 사유로 근로시간의 전부 또는 일부를 사업장 밖에서 근로하여 근로시간을 산정하기 어려운 경우에는 소정근로시간을 근로한 것으로 본다. 따라서 근로자가 출장 기타 사업장 밖에서 근로하는 경우에 적용되지만 그러한 경우에도 근로시간을 산정하기 곤란한 때로 한정되며, 근로시간을 산정할 수 있을 때에는 그 실근로시간을 근로한 것으로 해야 한다.

② 다만, 그 업무를 수행하기 위하여 통상적으로 소정근로시간을 초과하여 근로할 필요가 있는 경우에는 그 업무의 수행에 통상 필요한 시간을 근로한 것으로 본다.

2) 합의 근로시간 간주제(제58조 제2항)

제1항 단서에도 불구하고 그 업무에 관하여 근로자대표와 서면 합의를 한 경우에

는 그 합의에서 정하는 시간을 그 업무의 수행에 통상 필요한 시간으로 본다.

2. 재량근로시간제(제58조 제3항)

1) 재량근로시간제의 의의

재량근로시간제란 업무의 성질에 비추어 업무수행방법을 근로자의 재량에 위임할 필요가 있는 업무에 있어서 사용자가 근로자 대표와 서면합의로 정한 시간을 근로한 것으로 인정하는 제도이다. 연구개발업무, 정보처리시스템 분석, 설계업무, 기사의 취재, 편집업무 등 창의성의 발휘가 필요한 고도의 전문적 업무에 종사하는 자에 대하여는 사용자의 구체적인 지시에 따라 업무를 수행하는 것보다 근로자의 재량에 맡기는 것이 노사 쌍방을 위하여 바람직 할 수 있다.

2) 재량근로시간제의 요건

재량근로시간제는 사용자와 근로자대표가 서면합의로 정한 시간을 근로한 것으로 보기 때문에 먼저 그 업무가 재량근로시간제 대상업무에 해당되어야 하며, 사용자와 근로자 대표간에 다음 사항에 대하여 서면합의가 있어야 한다.

(1) 재량근로의 대상업무(시행령 제31조)

1. 신상품 또는 신기술의 연구개발이나 인문사회과학 또는 자연과학분야의 연구 업무
2. 정보처리시스템의 설계 또는 분석 업무
3. 신문, 방송 또는 출판 사업에서의 기사의 취재, 편성 또는 편집 업무
4. 의복·실내장식·공업제품·광고 등의 디자인 또는 고안 업무
5. 방송 프로그램·영화 등의 제작 사업에서의 프로듀서나 감독 업무
6. 그 밖에 고용노동부장관이 정하는 업무

(2) 근로자대표와 서면 합의 시 명시할 사항

1. 대상 업무
2. 사용자가 업무의 수행 수단 및 시간 배분 등에 관하여 근로자에게 구체적인 지시를 하지 아니한다는 내용
3. 근로시간의 산정은 그 서면 합의로 정하는 바에 따른다는 내용

3) 재량근로시간제의 효과

재량근로시간제가 서면합의 된 경우에는 서면합의에서 정한 시간을 근로한 것으로 본다. 따라서 실제 근로한 시간을 산정하는 것이 아니라 노사간 서면합의로 정한 시간을 근로한 것으로 인정하는 것이다.

제2절 휴 게

Ⅰ. 의 의

1. 개 념

휴게시간이라 함은 근로자가 근로시간 중에 사용자의 지휘·감독으로부터 벗어나 자유로이 이용할 수 있는 시간을 말한다. 그러므로 휴게시간은 근로시간에 포함되지 않는다. 그러나 작업상 사정으로 대기하고 있는 대기시간, 물품이나 작업진행 등의 감시의무가 부여되고 있는 시간 등은 근로자가 사용자의 지휘·감독권으로부터 완전히 이탈한 상태가 아니므로 이는 휴게시간이 아니다. 다만 휴게시간을 식사시간으로 사용케 하는 것은 무방하다.

2. 법률규정 및 취지

근로기준법은 「사용자는 근로시간 4시간인 경우에는 30분 이상, 8시간인 경우에는 1시간 이상의 휴게시간을 근로시간도중에 주어야 하며, 휴게시간은 근로자가 자유로 이용할 수 있다」고 규정하고 있다(제54조).

근로시간이 장시간 계속되면 심신의 피로가 축적되고 작업능률이 저하될 뿐만 아니라 산업재해의 원인이 되므로, 근로시간의 도중에 적당한 휴게시간을 부여하여 근로자의 피로를 회복시키고 작업능률을 증진시키며 아울러 재해를 방지하기 위하여 마련된 제도라고 할 수 있다.

Ⅱ. 휴게시간의 길이와 배치

1. 휴게시간의 길이

사용자는 근로시간이 4시간인 경우에는 30분 이상, 8시간인 경우에는 1시간 이상의 휴게시간을 주어야 한다. 「근로시간이 4시간인 경우」란 근로시간이 4시간을 경과한 때에는 바로 30분이상의 휴게시간을 주어야 한다는 것이 아니라 실근로시간의 총계가 4시간을 초과하여 8시간 미만인 경우에는 그 근로시간의 도중에 30분 이상의 휴게시간을 주어야 한다는 의미이며, 근로시간이 8시간인 경우에도 동일하게 해석되어야 한다.

2. 휴게시간의 배치

휴게시간은 반드시 근로시간의「途中」에 주어야 한다. 그러므로 시업시간과 종업시간의 도중에 주어야 하며, 시업 전 또는 종업 후에 주는 것은 허용되지 않는다.

Ⅲ. 휴게시간의 자유이용과 한계

1. 의 의

휴게시간은 근로자가 자유로이 이용할 수 있는 것이 원칙이다. 하지만 시업에서 종업까지의 「구속시간」중의 시간이므로 절대적인 자유가 보장되는 것은 아니며, 사용자로부터 일정한 제한을 받는다는 한계가 있다. 이와 관련하여 자유이용의 원칙을 근로자에게 충분한 휴식을 주기 위한 수단으로 보아 휴식제도 본래의 목적을 달성하기 위해서는 적극적인 제한조치도 가능하다고 보는 견해(적극적제한조치설)와 자유이용의 원칙을 휴식제도의 목적으로 보아 직장질서유지나 기업 시설관리를 위해 필요한 최소한도의 소극적인 제한조치만이 인정된다고 보는 견해(소극적제한조치설)가 있다.

2. 휴게시간중의 조합활동 등

근로자가 휴게시간을 이용하여 조합활동의 일환으로서 유인물을 배포하는 행위 등은 다른 근로자의 휴게를 방해하거나 구체적으로 직장질서를 문란하게 하는 것이 아닌 한 인정된다. 휴게시간중 근로자의 정치활동도 직장의 질서문란을 가져올 구체적 위험이 없는 한 당연히 보장되어야 한다.

□ 대법원 1994. 5. 13. 선고 93다32002

허가받지 아니한 집회가 점심시간 중에 이루어진 것이라 하더라도 그것이 노무지휘권이 미치는 사내에서 취업규칙이 금하고 있는 행위의 태양으로 이루어진 이상 이는 징계사유에 해당한다.

Ⅳ. 적용제외

다만, 근로기준법 제59조(휴게시간의 특례)에 의하여 본조의 규정에 의한 휴게시간은 변경될 수 있으며, 제63조(근로시간 등의 적용제외)에 정한 근로자에 대해서는 휴게에 관한 규정이 적용되지 않는다.

제3절 휴 일

Ⅰ. 서 설

1. 의 의

휴일이라 함은 사용자의 지휘·명령으로부터 완전히 벗어나 근로제공 의무가 없는 날을 말한다. 휴일은 사용자의 지휘·명령으로부터 이탈된다는 점에서 연차휴가 또는 생리휴가와 유사하나, 연차휴가 등은 본래 근로일인데도 불구하고 근로제공의무가 면제되는데 대하여 휴일은 처음부터 근로제공의무가 없다는 점에서 구별된다. 또한 원래 근무일이 아니라는 점에서 휴무일과도 구별된다. 따라서 휴일근로에서는 통상임금 이외에 할증임금이 지급되지만(제56조), 휴가일근로에서는 할증임금이 지급되지 않는다.

2. 법률규정 및 취지

근로기준법 제55조는 "사용자는 근로자에 대하여 1주일에 평균 1회 이상의 유급휴일을 주어야 한다."고 규정하고 있다. 우리나라 근로기준법은 ILO조약이나 각국의 입법례와는 달리 주휴제를 유급으로 하고 있다는 점에서 특색이 있다. 주휴제는 근로자의 주중의 근로로 인한 피로를 회복하여 건강을 유지하고 여가의 이용을 통한 사회적·문화적 생활을 보장하여 인간다운 삶을 영위할 수 있도록 하기 위하여 마련된 제도이다.

3. 종 류

휴일은 법정휴일인 주휴일(제55조) 및 근로자의 날[12]과 단체협약, 취업규칙 등에서 정하는 약정휴일이 있다.

Ⅱ. 주휴제의 원칙

1. 주 1회 이상의 유급휴일을 가질 수 있는 자

1주일에 평균 1회 이상의 유급휴일을 가질 수 있는 자는 1주간의 소정근로일을 개근한 자에 한한다(시행령 제30조). 소정의 근로일은 보통 5일을 의미하나, 주6일제·격일제근로의 경우에는 소정의 일수만 채우면 개근한 것이 된다. 근로자가 1주일간의 소정근로일수를 하루라도 결근한 경우에는 휴일에 대한 청구권이 상실되는 것이 아니라, 유급으로 줄 것을 청구할 수 없을 따름이므로 무급의 휴일청구권을 갖게 되는 것이다.

❐ 대법원 2004. 6. 25. 선고 2002두2857

근로자가 소정의 근로일수를 모두 근무하지 아니하였다 하더라도 사용자에게 유급휴일로 처리하여 줄 것을 청구할 수 없을 뿐 휴일 자체가 보장되지 않는다고 볼 수 없다.

2. 1주 평균 1회 이상의 휴일

1주일에 평균 1회 이상의 휴일이라 함은 1주일에 1일 이상의 휴일로서 24시간의 역일(暦日)을 의미한다. 그러나 작업의 기술상 또는 경영상의 사정으로 인하여 교대제근로가 불가피한 경우에는 예외적으로 계속 24시간의 휴식을 준다면 본조위반이 되지 않는다고 해석된다.

3. 주휴일의 특정

주휴일을 어느 날에 주어야 하느냐에 대해서는 명문의 규정이 없다. 따라서 주휴

---

12) 「근로자의날제정에관한법률」 5월 1일을 근로자의 날로 하고 이 날을 "근로기준법"에 의한 유급휴일로 한다.

일은 반드시 일요일에 주지 않아도 되며, 단체협약이나 취업규칙으로 정하는 것이 일반적이다. 한편 주휴일은 주중의 일정한 날을 미리 지정해서 규칙적으로 부여하는 것이 원칙이지만 특정을 하지 않더라도 근로자가 미리 예측 가능한 경우 가능하다.

Ⅲ. 휴일의 대체

휴일의 대체라 함은 미리 휴일로 특정되어 있는 날에 근로를 시키고 대신 근로가 예정된 다른 날을 휴일로 하는 것을 말한다. 주휴일의 특정에 관하여 명문의 규정이 없으므로 단체협약이나 취업규칙 등에 특별한 사정이 있는 경우의 휴일의 대체가 규정되어 있거나 근로자의 동의를 얻은 경우에는 휴일의 대체를 할 수 있다고 본다. 이 경우 단체협약이나 취업규칙 등에 구체적으로 날짜가 정하여져야 하며 근로자의 동의도 구체적인 날짜를 정한 동의이어야 한다. 휴일의 대체의 경우에는 휴일 자체가 변경되어 버리기 때문에 휴일에 근로를 시켜도 휴일근로로 되지 않는다. 따라서 사용자는 휴일의 대체에 의한 근로에 대해서는 법 제56조의 가산임금을 지급할 필요가 없다.

❒ 대법원 2008. 11. 13. 선고 2007다590

단체협약 등에서 특정된 휴일을 근로일로 하고 대신 통상의 근로일을 휴일로 교체할 수 있도록 하는 규정을 두거나 그렇지 않더라도 근로자의 동의를 얻은 경우, 미리 근로자에게 교체할 휴일을 특정하여 고지하면, 다른 특별한 사정이 없는 한 이는 적법한 휴일대체가 되어, 원래의 휴일은 통상의 근로일이 되고 그 날의 근로는 휴일근로가 아닌 통상근로가 되므로 사용자는 근로자에게 휴일근로수당을 지급할 의무를 지지 않는다고 할 것이다.

Ⅳ. 휴일근로와 가산임금

휴일근로에 대하여는 통상임금의 100분의 50 이상을 가산하여 지급하여야 한다(제56조). 따라서 유급휴일에 근로한 경우에는 유급으로 당연히 지급되는 임금(100%)과 당해 휴일에 근로한 임금(100%)에 가산임금(50%)을 합한 임금(250%)을 지급하여야 한다. 무급휴일에 근로한 경우에는 휴일에 근로한 임금(100%)에 가산임금(50%)을 합한 임금(150%)을 지급하면 된다. 만일 유급주휴일과 다른 유급휴일이 중복되는 경우에는 단체협약·취업규칙 등에 특별한 규정이 없는 한 1유급휴일로 보아야 할 것이다.

V. 예 외

근로기준법 제63조에 의하여 농업·수산업 등의 일정한 사업에 종사하는 근로자에 대하여는 본조의 주휴제가 적용되지 않는다.

제4절 할증임금과 보상휴가제

I. 서 설

근로기준법은 제56조에서 “사용자는 연장근로와 야간근로 또는 휴일근로에 대하여는 통상임금의 100분의 50 이상을 가산하여 지급하여야 한다.”고 규정하고 있는 한편 제57조에서 “사용자는 근로자 대표와의 서면합의에 따라 제56조의 규정에 따른 연장근로·야간근로 및 휴일근로에 대하여 임금을 지급하는 것을 갈음하여 휴가를 줄 수 있다.”고 규정함으로써 할증임금과 선택적 보상휴가제를 명시하고 있다.

Ⅱ. 할증임금

1. 법률규정과 취지

근로기준법 제56조는 “사용자는 연장근로와 야간근로 또는 휴일근로에 대하여는 통상임금의 100분의 50 이상을 가산하여 지급하여야 한다.”고 규정하고 있다. 따라서 근로자가 일반적인 근로 이외에 연장, 야간, 휴일에 근로를 실제적으로 제공한 경우에는 그 근로시간에 대하여 당연히 지급되어야 하는 통상임금 100분의 100 이외에 추가로 통상임금 100분의 50을 가산하여 통상임금의 100분의 150에 해당하는 임금이 지급되어야 한다. 이러한 임금을 보통 연장근로수당, 야간근로수당, 휴일근로수당이라고 하며 이를 통칭하여 ‘법정수당’이라고 한다.

이와 같은 법정수당으로서 할증임금을 지급하라는 제도의 취지는 연장, 야간 및 휴일근로가 일반적인 근로시간에 행하는 근로보다 근로자에게 더 큰 피로와 긴장을 주고 근로자의 생활상 자유 시간을 제한하므로 이를 되도록 억제하고 한편으로는 이에 상응하는 경제적 보상을 해주려는데 있다.

❐ 대법원 1990. 12. 26. 선고 90다카12493

근로기준법 제46조가 정하는 할증임금지급의 제도적 취지는 시간외, 야간 및 휴일근로는 기준근로시간 내에서 행하여지는 근로보다 근로자에게 더 큰 피로와 긴장을 가져오게 하며 근로자가 누릴 수 있는 생활상의 자유시간을 제한하는 것이 되므로 이에 상응하는 경제적 보상을 해 주려는데 대하여 같은 법 제47조, 제48조 소정의 월차. 연차휴가제도는 시간외근로나 유급주휴제와는 달리 근로자의 정신적, 육체적 휴양을 통하여 문화적 생활의 향상을 기하려는데 그 취지가 있어서 상이한 제도이고 각 법조문의 표현에 있어서도 휴일과 휴가를 구별하고 있는 점에 비추어 근로기준법 제46조 소정의 휴일에는 같은 법 제47조, 제48조 소정의 연.월차휴가는 포함되지 않는다고 봄이 상당하다.

2. 연장근로에 대한 가산임금

1) 기준근로시간 초과

근로기준법 기준근로시간은 1일 8시간, 1주 40시간을 말한다. 따라서 1일 8시간, 1주 40시간을 초과하여 근로하는 경우 사용자는 연장근로의 대가(통상임금 100%)와 연장근로에 대한 가산임금(통상임금의 50%)을 지급해야 한다.

❐ 대법원 1997. 7. 22. 선고 96다38995

근로시간은 휴게시간을 제외하고 1일에 8시간을 초과할 수 없다고 규정한 같은 법 제42조 제1항이나 사용자는 근로자에 대하여 1주일에 평균 1회 이상의 유급휴일을 주어야 한다고 규정한 같은 법 제45조 및 하오 10시부터 상오 6시까지는 야간근로에 해당한다고 규정한 같은 법 제46조는 매일 연속적으로 근로를 제공하는 경우에 한하지 않고, 1일 24시간 격일제로 근무하는 이른바 교대제 근무에도 적용되므로, 격일제 근무의 경우에는 시간외근로시간수나 야간근로시간수를 절반으로 나누어 계산하여야 한다거나 휴일이 근로일에 해당하여도 휴일근로수당을 별도로 지급할 필요가 없다는 취지의 주장은 이유없다.

2) 법내 연장근로

당사자간 합의로 정한 소정근로시간이 법정기준근로시간보다 적어 연장근로를 하더라도 법정기준근로시간(1일 8시간, 1주 40시간)을 초과하지 않는 경우 법에서 정하는 연장근로에 해당하지 않으므로 당사자간 약정이 없다면 연장근로가산수당을

지급할 필요가 없다.[13)]

❒ 대법원 1995. 11. 10. 선고 94다54566

초과근로시간 가운데 토요일의 4시간을 초과한 근무시간이나 동절기에 있어서의 단축된 1시간의 초과근무시간을 포함하는 것이라면, 그 초과근로시간 중 1일 8시간, 1주 44시간을 초과하지 않는 부분은 법 제42조 소정의 법정기준근로시간 범위내의 근로시간이므로 이 부분의 근로는 이른바 법내초과근로에 해당하여 할증임금이 지급되는 법 제46조 소정의 시간외근로에는 해당하지 않는다.

3. 야간근로에 대한 가산임금

근로자가 하오 10시부터 상오 6시까지 근로를 제공하는 경우 이는 근로기준법상 야간근로에 해당되기 때문에 야간근로에 대한 가산임금(통상임금 50%)을 지급하여야 한다. 다만, 야간근로를 전제하여 근로계약을 체결한 경우 별도의 야간근로수당을 지급하지 않아도 된다.

❒ 대법원 1982. 3. 9. 선고 80다2384

근로계약 체결 시에 기본임금을 미리 결정하지 아니하고, 연장근로, 야간근로, 휴일근로 등에 대한 제 수당을 미리 합산한 일정금액을 근로자의 승낙하에 월급여액으로 지급하는 내용의 계약을 체결하였다고 하더라도 근로자에게 불이익이 없고, 제반사정에 비추어 정당하다고 인정될 때에는 이를 무효라고 할 수 없다.

4. 휴일근로와 가산수당

전술한바와 같이 휴일근로에 대하여는 통상임금의 100분의 50 이상을 가산하여 지급하여야 한다(제56조). 따라서 유급휴일에 근로한 경우에는 유급으로 당연히 지급되는 임금(100%)과 당해 휴일에 근로한 임금(100%)에 가산임금(50%)을 합한 임금(250%)을 지급하여야 한다.[14)] 무급휴일에 근로한 경우에는 휴일에 근로한 임금

---

13) 대법원 1995. 11. 10. 선고 94다54566.

14) 일요일은 법정휴일로 하고 토요일은 약정휴일로 한 사례에서 휴일 외 다른 날의 근로시간이 1주에 40시간을 넘은 경우 휴일에 한 근로시간은 모두 휴일근로시간임과 동시에 연장근로시간에 해당한다(대구지방법원 2012. 1. 20. 선고 2011가합3576).

(100%)에 가산임금(50%)을 합한 임금(150%)을 지급하면 된다. 만일 유급주휴일과 다른 유급휴일이 중복되는 경우에는 단체협약·취업규칙 등에 특별한 규정이 없는 한 1유급휴일로 보아야 할 것이다.

5. 경 합

사용자는 근로자의 연장근로, 야간근로, 휴일근로가 중복되는 경우 각 사유별로 할증률을 합산하여 지급해야 한다.[15] 예를 들어 유급 주휴일에 09시부터 24시까지 근무한 경우 18시까지는 휴일근로가산수당만 지급하면 되지만, 18시부터 24시까지는 휴일 및 연장근로가산수당이 함께 지급되어야 한다. 또한 22시부터 24시까지는 휴일, 연장, 야간근로가산수당을 합산하여 가산임금을 지급하여야 한다.

6. 일 숙직근무와 할증임금

❒ 대법원 1995. 1. 20. 선고 93다46254

일반적으로 일·숙직이라 함은 정기적 순찰, 전화와 문서의 수수, 기타 비상사태 발생 등에 대비하여 시설 내에서 대기하고 있는 것으로서 그 자체의 노동의 밀도가 낮고 감시·단속적 노동인 경우가 대부분이어서 이러한 업무는 관행적으로 정상적인 업무로 취급되지 아니하여 별도의 근로계약을 필요로 하지 아니하며 원래의 계약에 부수되는 의무로 이행되어야 하는 것으로서 정상근무에 준하는 임금을 지급할 필요가 없고, 야간·연장·휴일근로수당 등이 지급되어야 하는 것도 아니며, 관례적으로 실비변상적 금품이 지급되고 있다는 등의 특징이 있으나, 이러한 감시·단속적인 일·숙직이 아니고 일·숙직시 그 업무의 내용이 본래의 업무가 연장된 경우는 물론이고 그 내용과 질이 통상의 근로와 마찬가지로 평가되는 경우에는 그러한 초과근무에 대하여는 야간·연장·휴일근로수당 등을 지급하여야 할 것이다.

Ⅲ. 보상휴가제

1. 법률규정 및 취지

근로기준법 제57조는 "사용자는 근로자대표와의 서면합의에 따라 제56조의 규정

15) 대법원 1991. 3. 22. 선고 90다6545.

에 의한 연장근로·야간근로 및 휴일근로에 대하여 임금을 지급하는 것에 갈음하여 휴가를 부여할 수 있다."고 규정하여 이른바 선택적 보상휴가제를 명시하고 있는데, 이는 근로자와 사용자로 하여금 임금과 휴가에 대한 선택의 폭을 확대하고 나아가 실근로시간을 단축하려는데 있다.

2. 보상휴가제 도입요건

보상휴가제를 도입하기 위해서는 근로자대표와의 서면합의가 있어야 하며, 동 요건을 갖추지 못하면 효력이 없다. 여기서 근로자대표란 근로자 과반수로 조직된 노동조합이 있으면 그 노동조합, 근로자 과반수로 조직된 노동조합이 없는 경우에는 근로자 과반수를 대표하는 자이어야 한다. 한편 서면합의는 노사당사자가 서명한 문서의 형태로 작성되어야 한다.

근로기준법은 노사 서면합의로 보상휴가제를 도입할 수 있는 근거만 규정하고 있으므로 세부적인 사항은 노사 서면합의에 의해 노사가 자율적으로 정할 수 있다.

3. 보상휴가 부여기준

연장·야간·휴일근로에 대한 임금과 이에 갈음하여 부여하는 휴가 사이에는 동등한 가치가 있어야 하므로 근로기준법 제56조에 의한 가산임금까지 감안되어야 한다. 따라서 휴일근로를 2시간 한 경우 가산임금을 포함하면 총 3시간분의 임금이 지급되어야 하므로 3시간의 휴가가 발생하게 된다.

다만, 보상휴가제의 적용대상을 연장근로 등에 대한 가산임금을 포함한 전체임금으로 할지, 가산임금 부분만 할지는 노사 서면합의로 정한 바에 따라 결정될 사항이다.

4. 휴가부여 방법

동 규정에 의한 휴가는 소정근로시간 중에 부여되어야 한다. 따라서 휴가를 시간단위로 부여할지 이를 적치하여 "일" 단위로 부여할지는 노사서면합의로 정하는 바에 따라 결정되지만, 부여되는 휴가는 당연히 유급으로 처리되어야 한다.

5. 보상휴가를 사용하지 않는 경우 임금지급 의무

보상휴가제는 임금지급에 갈음하여 휴가를 부여하는 제도이므로 근로자가 휴가를 사용하지 않은 경우에는 그에 대한 임금이 지급되어야 함은 당연하며, 연차유급휴가와는 달리 사용자가 휴가사용촉진조치를 통해 임금지급의무를 면제받을 수도 없다.

제5절 연차유급휴가

Ⅰ. 서 설

1. 휴가의 의의

근로자는 인간이기 때문에 휴게·휴일만으로는 그 건강과 문화생활 등을 확보할 수 없고, 장기간 근로에 따라 또는 일정한 사유가 있을 때 근로의무에서 해방될 필요가 있다. 이러한 필요에 대응하는 제도가 유급휴가제도이고, 근로기준법은 연차유급휴가(제60조), 생리휴가(제73조), 출산휴가(제74조) 등을 설정하여 두고 있다.

연차휴가제도의 기초는 소정기간의 개근 등 일정한 요건을 갖춘 근로자에게 사용자가 소정일수의 유급휴가를 주어야 한다는 것이다. 다시 말하면 소정의 요건이 충족되기만 하면 근로자는 당연히 소정일수의 유급휴가를 받을 권리를 취득하는 것이다.

휴일과 휴가는 모두 근로자가 사용자의 지휘·명령으로부터 완전히 벗어나는 날이라는 점에서 동일하다. 그러나 휴일은 처음부터 근로의 의무가 없는 날로서 소정근로일에서 제외되는데 반하여, 휴가는 본래 근로의무가 있는 날이나 근로자의 청구 또는 특별한 법정사유의 충족에 따라 근로의무가 면제된다는데 근본적인 차이점이 있다.[16]

2. 연차휴가의 조정

개정 전 법 즉 1주 44시간제에서는 1월간 개근 시 월1일의 월차유급휴가를 부여하며, 1년간 개근 시 10일, 9할 이상 출근 시 8일의 연차유급휴가를 부여하고 1년을 초과한 기간에 대해 1년에 1일씩 가산하되, 총20일을 초과하는 휴가일수는 금전보상 가능하다고 규정하고 있었다. 그러나 1주 40시간제로 전환하면서 법정근로시간 단축에 따라 휴가일수를 국제기준에 부합하도록 합리적으로 조정할 필요에 따라 월차휴가는 폐지하되, 연차휴가 부여일수는 ILO 기준(3주)을 참조하여 계속근로년수 1년에 15일로 하고 2년마다 1일씩 가산하는 것으로 개정하게 되었다. 따라서 이하에

16) 이상윤, 노동법, 법문사, 2003, 278면.

서는 1주 40시간제를 기준으로 한 연차유급휴가제도를 중심으로 살펴보고자 한다.

Ⅱ. 연차유급휴가 성립요건

1. 1년간 계속 근로한 자

1) 계속근로년수 1년

연차유급휴가를 사용할 수 있기 위해서는 먼저 1년 이상 근무하여야 한다. 여기서 "1년간의 기산일"은 근로자를 채용한 날이다. 다만 연차휴가를 획일적으로 산정하기 위하여 어느 특정일을 산정마감일로 정한 경우 1년이 되지 않은 근로자에 대하여 불이익한 처우를 할 수는 없다.

"계속근로한 자"에서의 계속근로는 실질적으로 판단하여야 하므로, 예컨대 임시근로자가 정규사원으로 채용되거나, 단기근로계약이 여러 차례 갱신되는 경우에는 해당근로자는 계속 근로한 것으로 보아야 하며, 또한 계속근로라 함은 재적으로서 충분하므로 휴직기간도 계속근무이다.[17)]

2) 계속근로년수가 1년 미만인 경우

다만, 계속근로년수가 1년미만인 경우 1월간 개근시 다음달 첫날에 1일의 연차휴가 발생되며 월에 미리 연차휴가를 사용한 경우 1년 후 연차휴가 총일수 즉 15일에서 사용한 휴가일수를 공제하도록 하고 있다.

2. 1년 소정근로일의 8할 이상 출근

8할 이상의 출근이라는 요건에서 출근율은 출근일을 소정근로일수로 나누어 산정된다.

업무상의 부상 또는 질병으로 휴업한 기간, 산전·산후, 휴산 또는 사산 보호휴가기간 등의 사용기간은 출근율 산정에서 출근한 것으로 인정된다(근로기준법§60⑥). 그리고 근로자가 부당해고로 출근하지 못한 기간에 대하여 판례는 이를 출근한 것으로 본다.[18)]

적법한 쟁의행위기간, 육아휴직기간에 대하여 판례는 소정근로일수에서 제외하

---

17) 김형배, 노동법(제24판), , 478면.

18) 대법원 2014. 3. 13. 선고 2011다95519.

고 출근일수에서도 제외하여 출근율을 산정하되, 휴가일수는 그 출근율에 따라 산정된 휴가일수에서 '소정근로일에서 문제의 기간을 제외한 일수'를 '연간 소정근로일수'로 나눈 비율을 곱하여 최종 휴가일수로 확정한다.[19] 문제의 기간이 소정근로일수에 포함된 비율만큼 휴가일수를 비례적으로 삭감하는 것이다.

한편 근로자가 부당해고로 인하여 지급받지 못한 임금이 연차휴가수당인 경우에도 해당 근로자의 연간 소정근로일수와 출근일수를 고려하여 근로기준법 제60조 제1항의 요건을 충족하면 연차유급휴가가 부여되는 것을 전제로 연차휴가수당을 지급하여야 하고, 이를 산정하기 위한 연간 소정근로일수와 출근일수를 계산할 때 사용자의 부당해고로 인하여 근로자가 출근하지 못한 기간을 근로자에 대하여 불리하게 고려할 수는 없으므로 그 기간은 연간 소정근로일수 및 출근일수에 모두 산입되는 것으로 보는 것이 타당하며, 설령 부당해고기간이 연간 총근로일수 전부를 차지하고 있는 경우에도 달리 볼 수는 없다는 것이 판례의 입장이다.[20]

정직·직위해제 기간을 연차유급휴가 부여에 필요한 출근일수에서 제외하는 취업규칙 규정에 근거한 연차휴가수당 미지급의 적법 여부에 대하여 판례는 이 기간에도 근로자로서의 신분이 유지된다는 등을 이유로 들어 결근으로 처리할 수 있다고 판단하였다.[21]

Ⅲ. 연차휴가의 일수

1. 원 칙

사용자는 1년간 8할 이상 출근한 근로자에 대하여 15일의 유급휴가를 주어야 한다. 따라서 8할 이하를 출근한 근로자는 최근 1년간에 대하여는 연차휴가권이 발생하지 않는다.

2. 가산휴가제도

3년 이상 계속 근로한 근로자에 대하여는 최초 1년을 초과하는 계속근로년수 매 2년에 대하여 1일을 가산한 유급휴가를 주어야 한다. 다만, 25일 한도로 한다.

---

19) 대법원 2013. 12. 26. 선고 2011다4629.
20) 대법원 2014. 3. 13. 선고 2011다95519.
21) 대법원 2008. 10. 9. 선고 2008다41666.

〈근속년수별 휴가 산정례〉

1년	2년	3년	4년	5년	10년	15년	20년	21년	25년
15일	15일	16일	16일	17일	19일	22일	24일	25일	25일

※ 8할 이상 출근자 기준

Ⅳ. 통상임금 또는 평균임금의 지급

사용자는 연차유급휴가의 기간에 대하여 취업규칙이나 기타 정하는 바에 따라 통상임금 또는 평균임금을 지급하여야 한다.[22]

Ⅴ. 근로자의 시기지정권

사용자는 근로자가 청구하는 시기에 연차유급휴가를 부여하여야 한다. 시기지정은 근로자에게 발생한 연차휴가권을 구체적으로 실현하는 방법이다. 근로자가 휴가의 시기와 종기를 정하여 시기지정을 한 때, 사용자가 시기변경권을 행사하지 않는 한 연차유급휴가의 시기는 확정된다. 따라서 휴가의 시기·종기가 특정되지 아니한 시기지정은 적합하지 않으며 효력이 발생하지 않는다.[23] 시기지정의 방법은 취업규칙 등에 특별히 정한바가 없다면 구두의 방법도 가능하다.[24]

Ⅵ. 사용자의 시기변경권

근로자의 휴가청구는 휴가의 시기지정에 지나지 않으므로 사용자는 원칙적으로 그 시기 지정에 어떠한 제한을 둘 수 없다. 다만 사용자는 근로자가 청구한 시기에 휴가를 주는 것이 '사업운영에 심대한 지장이 있는 경우'에 한하여 그 시기를 합리적인 근거를 들어 변경할 수 있다(근로기준법 제59조 제5항). '사업운영에 심대한 지장이 있는 경우'의 판단은 사회통념에 따라 객관적으로 판단하여야 한다.[25]

다만, 취업규칙에 연차유급휴가를 행하는 경우 사전에 소속장에 신청하여 승인을

22) 근로기준법 제60조 제5항.
23) 대법원 1997. 3. 25. 선고 96다4930.
24) 대법원 1992. 4. 10. 선고 92누404.
25) 이병태, 최신노동법, 현암사, 1999, 791면.

얻도록 규정하고 있다할지라도, 이는 근로자의 시기지정권을 박탈하기 위한 것이 아니라 사용자에게 유보된 휴가시기변경권의 적절한 행사를 가능케 하기 위한 규정으로서 유효하다고 해석된다.[26] 사용자가 시기변경권을 행사하였음에도 근로자가 일방적으로 연차휴가를 사용한 경우 그 근로자를 무단결근 처리할 수 있다.[27]

Ⅶ. 연차휴가와 사용용도

연차휴가 자유이용의 원칙이 적용된다. 여기서 연차휴가의 분할사용이 문제되는 바 계속하여 부여하는 것이 원칙이나 근로자가 분할 청구하는 경우 분할사용이 허용될 수 있다. 「연차유급휴가 중 다른 사업에서 유상으로 근로할 수 있는가」가 문제되나 근로자 개인의 문제로 보아 허용된다는 견해[28]와, 휴가제도의 목적상 단체협약이나 취업규칙에서 금지할 수 있다는 견해[29]가 있다.

또한 휴가를 쟁의목적에 이용할 수 있는가의 문제(일제휴가투쟁의 문제)에 대하여 이는 사용자의 시기변경권을 침해한 행위로 연차휴가의 이름을 빌린 파업에 지나지 않으며 실질적으로 사용자의 정상적 업무운영을 방해함으로써 노동조합의 주장을 관철할 목적으로 하는 쟁의행위이므로 노동조합및노동관계조정법에 따른 규제를 받는다.

❒ 대법원 1996. 7. 30. 선고 96누587

택시회사 노동조합의 조합장이 실질적으로 회사로부터 거부당한 요구사항을 관철시키고 회사의 정상적인 업무수행을 저해할 의도로 근로자들에게 집단적으로 연차휴가를 사용할 것을 선동하고 이에 따라 근로자들의 집단적 연차휴가사용 및 근로제공 거부행위가 이루어진 경우, 이는 이른바 쟁의적 준법투쟁으로서 쟁의행위에 해당한다.

Ⅷ. 연차휴가권의 소멸시효

연차유급휴가는 연차유급휴가청구권을 취득한 뒤, 즉 1년간의 근로를 마친 다음

---

26) 대법원 1992. 6. 23. 선고 92다7542.
27) 이상윤, 노동법, 법문사, 2003, 286면.
28) 김형배, 노동법(제24판), 485면.
29) 이병태, 최신노동법, 현암사, 1999, 792면.

날부터 1년간 행사하지 아니한 때에는 소멸된다. 그러나 사용자의 귀책사유로 휴가를 사용하지 못한 경우, 1년경과 후에도 유급휴가를 청구할 수 있다(제60조 제7항).

다만, 유급휴가를 사용하지 않고 계속 근로한 근로자에게는 휴가일수에 해당하는 임금을 지급하여야 하며, 이 경우 임금청구권의 소멸시효는 3년이다.[30] 또한 연차유급휴가청구권이 소멸하기 전에 근로자가 퇴직한 경우 연차유급휴가근로수당청구권은 퇴직 시에 소멸되지 않는다.

❐ 대법원 제3부 2005. 5. 27. 선고 2003다48549,48556

유급으로 연차휴가를 사용할 권리는 근로자가 1년간 소정의 근로를 마친 대가로 확정적으로 취득하는 것이므로, 근로자가 일단 연차유급휴가권을 취득한 후에 연차유급휴가를 사용하기 전에 퇴직 등의 사유로 근로관계가 종료된 경우, 근로관계의 존속을 전제로 하는 연차휴가를 사용할 권리는 소멸한다 할지라도 근로관계의 존속을 전제로 하지 않는 연차휴가수당을 청구할 권리는 그대로 잔존하는 것이어서, 근로자는 근로관계 종료 시까지 사용하지 못한 연차휴가일수 전부에 상응하는 연차휴가수당을 사용자에게 청구할 수 있는 것이다.

Ⅸ. 연차휴가의 사용촉진(제61조)

1. 개 념

근로기준법은 근로자가 휴가를 사용할 경우 휴가수당(통상임금 또는 평균임금)을 지급하도록 규정(제60조제5항)하고 있으나, 근로자가 휴가를 사용하지 않은 경우 그 미사용한 휴가에 대하여 휴가수당으로 보상(휴가근로수당)해야 한다는 규정은 없다. 그러나 전술한 바와 같이 대법원은 휴가사용기간(1년)이 경과한 경우 연차휴가청구권은 소멸하지만, 이때 휴가근로수당 청구권이 발생한다는 입장을 일관되게 유지해 오고 있는데, 이는 휴가 제도 본래의 취지에 어긋나는 등 문제점이 노출되어 1주 40시간제로 전환하면서 사용자의 적극적인 사용권유에도 불구하고 근로자가 휴가를 사용하지 않는 경우 사용자의 금전보상의무를 면제하는 제도를 도입하였는데, 이는 휴가제도를 금전보전의 수단으로 이용되고 있는 실태를 개선하여 휴가사용률을 제고하고자 한 것으로 평가된다. 다만, 개정법은 사용자의 악용방지를 위하여 일정요

30) 대법원 1990. 12. 21. 선고 90다카24496; 임금32240-1608, 1991. 2. 4.

건을 정하고 있다.

2. 금전보상의무 면제

1) 연차휴가사용촉진의 적용기준

사용자의 적극적인 사용권유에도 불구하고 근로자가 휴가를 사용하지 않는 경우 사용자의 금전보상의무가 면제되는데 다만, 사용자의 악용방지를 위해 ① 휴가사용기간 만료 6월 전을 기준으로 10일 이내에 사용자가 근로자에게 휴가사용 시기지정을 서면으로 요구하고 ② 이에 대해 근로자가 통보를 받은 날부터 10일 이내에 사용시기를 지정하지 않아, 사용자가 휴가사용기간 만료 2월 전에 휴가사용시기를 지정하여 서면으로 통보했음에도 불구하고 근로자가 사용하지 아니한 경우에만 제한적으로 금전보상의무가 면제될 수 있다.

2) 연차휴가사용촉진의 시기

연차유급휴가는 발생한 때로부터 1년간 사용할 수 있으므로 "연차휴가 사용기간 만료일 6월전을 기준으로 10일 이내에" 연차휴가가 발생하여 1년이 되는 날을 기준으로 6개월 전부터 10일간을 의미한다. 다만, 그 이전에라도 사용자는 연차휴가 사용계획을 받아 휴가사용을 적극 권고할 수 있으나, 이는 휴가사용촉진조치는 아니므로 그에 따른 법적효과(금전보상의무 면제)는 없다.

3) 휴가사용촉진조치와 휴가사용 시기변경

사용자의 휴가사용촉진조치에 따라 근로자가 휴가사용시기를 지정하거나 근로자가 지정하지 않아 사용자가 사용시기를 지정한 경우 근로자는 원칙적으로 그 지정한 시기에 휴가를 사용하여야 하고 이를 변경할 수 없으나 사용자가 승인한 경우 변경할 수 있다. 사용자는 원칙적으로 그 지정된 시기에 휴가를 사용할 수 있도록 하여야 하나 사업운영에 막대한 지장이 있는 경우 시기변경권을 행사할 수 있음은 물론이다.

4) 근로자가 지정된 휴가일에 출근하는 경우

사용자는 지정된 휴가일에 근로자가 출근한 경우 노무수령 거부의사를 명확히 표시하여야 하며, 명확한 노무수령 거부의사에도 불구하고 근로를 제공한 경우에는 연차휴가근로수당을 지급할 의무가 없다. 사용자가 노무수령 거부의사를 명확히 표시하지 않았거나 근로자에 대하여 업무지시 등을 하여 근로자가 근로를 제공한 경우에는 휴가일 근로를 승낙한 것으로 보아야 하므로 연차휴가근로수당을 지급해야 할 것이다.

X. 유급휴가의 대체제도(제62조)

근로기준법 제62조는 "사용자는 근로자대표와의 서면합의에 의하여 제60조의 규정에 의한 연차유급휴가일에 갈음하여 특정한 근로일에 근로자를 휴무시킬 수 있다."고 규정하고 있다. 이 규정은 징검다리휴일제도의 활용, 경영사정상 일시적으로 작업량이 현저히 부족한 날 등 기업 또는 사업장 전체에 걸쳐 연차휴가제도의 효율적인 운영에 탄력성을 부여하기 위하여 사용자와 근로자대표 사이에 서면합의로 근로의무가 있는 특정근로일에 근로를 갈음하여 휴무시킬 수 있는 일종의 집단적 성질을 가진 유급휴가 대체사용제도라고 할 수 있다.

이 제도는 해당 기업 또는 사업장의 사업운영계획과 관련해서 노동력의 수요·공급을 시기적으로 적절하게 조절하기 위한 경영합리화를 그 기본취지로 하여 도입된 것으로 판단된다. 다시 말하면 휴가사용과 관련하여 그 기업 또는 사업장 내의 효율적인 인력활용을 촉진하고, 다른 한편 노동력의 낭비를 방지함으로써 기업이익에 이바지하면서 동시에 기업성과를 기할 수 있도록 하기 위한 제도로 이해된다.[31]

제6절 근로시간 등 적용제외(제63조)

I. 서 설

근로기준법은 제63조에서 근로시간, 휴게 및 휴일에 관한 규정이 적용되지 않는 사업과 근로자를 명시하고 있다. 이것은 사업의 성질 또는 업무의 특수성으로 인하여 근로시간이나 휴일 등을 적용하기 어려운 경우를 예상한 규정이다.

Ⅱ. 적용이 제외되는 조항

근로기준법 제63조에서 정한 적용이 제외되는 조항은 근로기준법 제50조의 근로

31) 김형배, 노동법(제24판), 490면.

시간, 제54조의 휴게, 제55조의 휴일, 제58조의 근로시간 및 휴게시간의 특례, 제53조의 연장근로, 제56조의 연장 및 휴일근로 가산임금 등이다.

그러나 야간근로와 연차유급휴가, 출산전후휴가, 생리휴가, 근로자의 날 등은 제도적 취지가 다르므로 본 조의 적용제외 규정이 적용되지 않는다는 점에 유의해야 한다.

Ⅲ. 적용제외 근로자의 범위

1. 농림·수산업 종사자

토지의 경작·개간, 식물의 재식(栽植)·재배·채취 사업, 그 밖의 농림 사업과 동물의 사육, 수산 동식물의 채포(採捕)·양식 사업, 그 밖의 축산, 양잠, 수산 사업에 종사하는 근로자가 해당된다.

이와 같은 산업은 근로의 대상이 자연물이고 따라서 업무가 기상이나 계절 등 자연적 조건에 강하게 좌우되는 1차 산업이기 때문에 근로시간과 휴게, 휴일을 획일적으로 엄격히 규제하기 곤란하고 적당하지 않은 사업의 특수성에 따라 적용제외 대상으로 규정한 것이다.

2. 감시·단속적 근로자

감시·단속적인 근로는 다른 일반근로자와 비교하여 노동의 강도가 낮고 신체적 피로나 정신적 긴장이 적기 때문에 예외를 인정하더라도 근로자보호에 큰 문제가 없기 때문이다. 다만, 감시·단속적 근로가 다른 일반 근로와 비교하여 노동 강도가 낮다는 것을 구분하기란 쉽지 않기 때문에 이의 엄격한 적용을 위하여 근로기준법은 고용노동부장관의 승인을 얻도록 하고 있다. 따라서 고용노동부장관의 승인을 얻은 감시·단속적 근로자에 대하여는 최저임금을 일반근로자에 비하여 감액 적용할 수 있고 주휴일부여, 연장 및 휴일근로가산수당의 지급의무가 없다.

❒ 대법원 1996. 11. 22. 선고 96다30571

1. 감시 또는 단속적 근로자에 대하여 구 근로기준법(1989.3.29 법률 제4099호로 개정되기 전의 것) 제49조 제3호에서 규정한 노동부장관의 인가(현행 근로기준법상으로는 노동위원회의 승인)를 받은 경우에는 같은 법 제4장과 제5장에서

정한 근로시간, 휴게 및 휴일에 관한 규정이 적용되지 않게 되어, 원칙적으로 사용자는 근로자에게 시간외근로수당 및 휴일근로수당을 지급할 의무가 없다.

2. 업무의 성질상 감시·단속적 근로자에 해당하고, 구 근로기준법(1989.3.29 법률 제4099호로 개정되기 전의 것) 제49조 제3호에서 규정된 노동부장관의 인가를 받으면 같은 법 제4장 및 제5장의 근로시간, 휴게 및 휴일에 관한 규정이 적용되지 않게 되는 바, 그 적용제외의 인가신청에는 노동조합 또는 근로자의 동의를 요하지 않는다.

3. 대통령령으로 정하는 업무에 종사하는 자

근로기준법 시행령 제34조(근로시간 등의 적용제외 근로자)는 "법 제63조제4호에서 대통령령으로 정한 업무란 사업의 종류에 관계없이 관리·감독 업무 또는 기밀을 취급하는 업무를 말한다."고 규정하고 있다.

1) 관리·감독적 지위에 있는 자

관리감독적 지위에 있는 자에 해당하는가의 여부는 각 사업장의 실태와 입법취지에 따라 구체적으로 판단해야한다. 즉, 사업장 내의 형식적인 직책에 불구하고 출퇴근 등에 대하여 엄격한 제한을 받고 있는지 여부, 노무관리 방침의 결정에 참여하거나 노무관리상의 지휘권한을 가지고 있는지 여부, 그 지위에 따른 특별수당을 받고 있는지의 여부 등을 종합적으로 고려하여야 한다.

❐ 대법원 1989. 2. 28. 선고 88다카2974

회사의 감독이나 관리의 지위에 있는 자로서 기업경영자와 일체를 이루는 입장에 있고 자기의 근무시간에 대한 자유재량권을 가지고 있어서 근로기준법에서 정한 근로시간, 휴식과 휴일에 관한 규정이 적용되지 아니하는 자라면 시간외근무나 휴일근무에 대하여 통상임금 상당의 근무수당을 지급받을 수 없다.

2) 기밀의 사무를 취급하는 자

'기밀을 취급하는 업무에 종사하는 자'란 비서 기타 직무가 경영자 또는 관리감독의 지위에 있는 자의 활동과 불가분적인 자로서 엄격한 근로시간 관리에 적합하지 아니한 자를 말하며, 반드시 비밀서류를 취급할 것을 의미하지는 아니한다. 따라서 직무

내용, 근로시간관리 등을 기준으로 각 기업의 실태에 따라 판단하여야 할 것이다.

Ⅳ. 적용 제외자에 대한 할증임금 지급문제

제63조에 해당하는 사업 등에 종사하는 자는 근로시간·휴게 및 휴일이 적용되지 않으므로 이들에게는 근로기준법 제56조에서 정한 할증임금을 지급하지 않아도 된다. 다만, 야간근로는 적용되므로 야간근로수당은 별도로 지급되어야 한다는 점에 유의하여야 하며, 나아가 감시단속적 근로에 종사하는 경우 고용노동부장관의 승인을 얻어야 함은 전술한 바 있다.

제6장 근로관계와 인사이동

제1절 개 설

기업내부의 인사란 법인격이 다른 기업으로의 인사이동이 아닌 기업 내부에서 이루어지는 인사이동으로 기업조직 내에서 근로자를 효율적으로 활용하기 위한 것을 말한다. 기업 내부의 인사는 채용 이후부터 근로계약관계가 종료될 때까지의 각종 인사이동을 포함한다. 사용자가 근로관계에서 행하는 인사에 관한 재량권을 인사권이라고 한다. 이와 같은 인사권에 기초하여 사용자는 기업내부에서의 인사이동을 행할 수 있는 권한을 가지나, 근로조건의 보호라고 하는 관점에서 노동관계법에 의하여 일정한 제한을 받는다.

인사권자인 사용자는 적합한 근로자를 채용한 이후 업무에 배속시켜 해당 업무를 수행하게 한다. 업무 배치 받은 근로자가 해당 업무를 수행하는데 적성이 맞지 않거나 업무수행능력이 떨어지게 되는 경우에 사용자는 일정한 교육훈련을 거쳐 다른 업무에 배치하게 되고, 근로자가 업무를 수행하는 과정에서 기업의 직장질서 또는 근무규율을 위반한 경우에는 징계권을 행사하게 된다. 근로자가 일정기간 근무할 수 없는 불가피한 사정이 있는 경우에는 휴직을 명하거나 근무수행능력의 부족 등으로 해당 업무를 수행하기 곤란한 경우가 있는 경우에는 대기발령을 거쳐 당연 퇴직시키는 경우도 있을 수 있다. 그리고 근로계약관계는 정년의 도달, 계약기간의 만료, 해고, 당사자의 소멸 등의 사유로 인하여 종료하게 된다.

채용 이후부터 근로계약관계가 종료될 때까지의 기업 내부의 인사이동은 일반적으로 근로자의 신분 또는 경제상의 불이익이나 불편을 초래하는 것과 근로자의 근로의욕 등을 증진시켜 기업의 목적을 달성하려고 하는 것이 있다. 전자의 인사이동에는 전직·휴직·직위해제(대기발령)·징계·당연 퇴직·의원면직 등이 있고, 후자의 인사이동에는 승격·승급·승진 등이 있다.

사용자의 인사조치 중에서 해고를 포함한 각종 징계처분은 근로자의 생존과 밀접한 관련이 있기 때문에 다른 인사조치보다는 엄격한 제한을 받게 된다. 비록 형식상 징계에는 해당되지 않지만, 사용자의 강요에 의한 사직서제출에 따른 의원면직이나 당연 퇴직처분 등도 실질적인 해고로 보아 엄격한 법적 제한을 가하는 경우도 있다.

기업 내부에서 이루어지고 있는 인사이동은 근로자의 귀책사유 또는 일정한 사유로 인한 것이 보통이므로 근로기준법이나 취업규칙에 정한 인사제한 규정을 준수해야 하는 것이 원칙이다. 그러나 근로자의 귀책사유가 아닌 경영악화 등으로 기업이 도산되어 기업회생절차 또는 파산절차가 개시된 경우에 관리인 또는 파산관재인이 근로기준법과 취업규칙·단체협약 등에 규정된 해고제한 사유 및 절차를 준수하여 근로자를 해고해야 하는가의 여부가 문제된다. 여기서는 주로 전형적인 해고를 제외한 기업내부에서 이루어지고 있는 인사처분에 대하여 살펴보고, 해고에 대한 구체적인 내용은 제8장에서 상세하게 다루기로 한다.

제2절 전 직

Ⅰ. 의 의

전직(轉職)이란 근로자의 담당 직종·부서 등과 같은 직무내용이나 근무 장소를 상당기간에 걸쳐 변경하는 인사처분을 말한다.[1] 동일 근무지 내에서 직무내용이 변경되는 것을 협의의 전직이라 하고, 근무지의 변경을 전근이라고 하기도 하지만,[2] 양자 사이에 본질적인 차이가 없고 직무내용과 근무지를 모두 변경하는 경우도 있기 때문에 법률상 양자를 구별하여 취급할 실익이 없다.[3]

일반적으로 전직은 인력의 적재적소의 배치, 인사교류를 통한 사업운영의 효율성 증대를 목적으로 정기적인 인사이동의 일종으로 실시하나, 경영상 이유에 의한 해고 회피수단이나 징계처분의 일환으로 활용하는 경우도 있다.

---

1) 배치전환(配置轉換)이라는 용어를 사용하기도 하지만, 「근로자참여 및 협력증진에 관한 법률」 제19조 제1항 제7호에서만 이 용어를 사용하고 있을 뿐이고 근로기준법 제23조 제1항과 공무원법 제5조 및 지방공무원법 제5조에서 전직이라는 용어를 사용하고 있기 때문에 전직이라는 용어를 사용하기로 한다.

2) 공무원법 제5조는 직렬을 달리하는 공무원 임명을 「전직」, 동일한 직급 안에서의 보직변경을 「전보」로 규정하고 있다.

3) 임종률, 노동법(제14판), 498면; 김유성, 노동법Ⅰ(초판), 245면; 이병태, 최신노동법(제8전정판), 627면; 이상윤, 노동법(제3판), 403면. 그러나 김형배, 노동법(제24판), 565면 이하에서는 전근과 전직을 엄격히 구별하여 인사권의 근거와 한계를 설명하고 있다.

Ⅱ. 전직의 근거

취업 장소와 종사하여야 할 업무는 근로계약을 체결할 때에 사용자가 근로자에게 명시해야 하는 근로조건이기 때문에 근무 장소와 직무내용은 당사자의 합의를 필요로 한다(근로기준법§17·영§8). 따라서 근로자와 사용자 사이에 근로계약을 체결할 때 또는 근로관계 존속 중에 직무내용과 근무 장소를 사용자의 결정에 맡긴다고 명시적으로 합의한 경우에는 이에 근거하여 사용자는 전직을 명할 수 있다(계약설). 그러나 근로계약은 근로자가 그의 노동력 사용을 사용자에게 일임하는 포괄적 합의를 포함한다고 볼 수 있으므로 취업규칙에 전직을 명할 수 있다는 취지의 포괄적 근거 규정을 두고 당사자 사이에 근로자의 직무내용이나 근무 장소를 특정하거나 별도로 합의하지 않는 것이 보통이다. 이 경우에도 당사자 사이에 전직명령권에 대하여 포괄적인 합의를 한 것으로 보아야 하므로 이에 근거하여 사용자는 전직명령권을 행사할 수 있다(포괄적 합의설).[4] 포괄적 동의는 전직명령에 대한 백지위임식의 동의가 아니며 근로계약 체결 당시의 사정과 관행, 그리고 신·구 직무 사이의 차이 등을 종합적으로 고려하여 합리적인 범위 내에서 사용자에게 직무내용의 일방적인 변경권을 위임하기로 동의한 것으로 해석해야 한다.

대법원은 「전직은 근로자가 제공하여야 할 근로의 종류와 내용 또는 장소 등의 변경을 가져온다는 점에서 불이익 처분이 될 수 있으나, 업무상 필요한 범위 안에서 상당한 재량권을 인정하여야 하므로 근로기준법 제23조 제1항에 위반되거나 권리남용에 해당하는 등 특별한 사정이 없는 한 당연 무효로 볼 수 없다.」라고 판시하고 있다.[5] 그러나 근로계약서상 또는 근로관계 존속 중에 근로자의 직무내용과 근무 장소를 명시적 또는 묵시적으로 한정한 경우에는 근로자의 동의 없이 일방적으로 전직명령권을 행사할 수 없다.

요컨대, 근로자의 근로제공은 사용자의 지휘명령에 의해 구체화되는 것이기 때문에 사용자의 일방적인 의사표시에 의한 전직명령은 법 위반이 되는 것이나, 업무상 필요한 범위 안에서 행해지는 전직명령은 권리남용에 해당되지 않는 것이므로 그 유효성을 인정해야 한다.

---

4) 김유성, 노동법Ⅰ(초판), 246면; 임종률, 노동법(제14판), 498면.

5) 대법원 1991. 2. 22. 선고 90다카27389; 대법원 1994. 5. 10. 선고 93다47677; 대법원 1996. 4. 12. 선고 95누7130; 대법원 1998. 1. 20. 선고 97다29417; 대법원 2007. 10. 11. 선고 2007두11566 등.

Ⅲ. 전직의 제한

1. 근로계약에 의한 제한

전직명령권의 법적 근거가 근로계약에 있는 이상, 전직명령은 우선 근로계약의 내용에 따라 제한을 받는다. 근로자의 근무 장소와 업무의 내용은 근로계약 체결 시에 사용자가 근로자에게 명시해야 할 근로조건에 해당된다. 따라서 근로계약을 체결할 때 또는 근로제공을 이행하는 과정에서 근로자의 직무내용과 근무 장소가 한정되어 있는 경우에는 사용자는 원칙적으로 근로자의 동의가 있어야만 전직명령권을 행사할 수 있다.[6] 직무 내용과 근무 장소가 명시적으로 한정되어 있는 경우에는 사용자는 근로자의 동의를 얻어 전직명령을 하면 될 것이나, 명시적으로 한정되어 있지 아니한 경우에는 근로자의 기술·기능·자격 여부, 채용자격, 사업의 종류, 관행 등을 종합적으로 고려하여 결정해야 한다.

(1) 명시적으로 직무내용이 특정되어 있지 않더라도 의사·간호사·아나운서, 속기사, 보일러기사 등과 같이 특수한 기술·기능·자격을 가진 근로자의 경우는 그 직종으로 직무내용을 한정하는 것으로 당사자 사이에 합의가 있었던 것으로 보아야 하므로 사용자는 전직명령을 함에 있어서 해당 근로자의 동의를 얻어야 한다.[7]

(2) 특별한 훈련·양성을 거쳐 일정한 기능·숙련을 습득하고 장기간 그 직종에 종사하여 온 근로자의 경우는 원칙적으로 직종이 한정되어 있는 것으로 볼 수 있으나, 기술혁신·업종전환·경영다각화와 근로자의 다기능이 요구되는 오늘날에 있어서는 직종이 한정된 것으로 단정할 수 없다.[8] 따라서 기술직 근로자를 그 기술에 관한 전문지식을 필요로 하는 서비스업무나 판매직으로 전직명령을 한 경우에는 부당한 인사처분으로 볼 수 없다.[9]

(3) 특수한 기술이나 기능을 요하지 않는 일반 단순근로자의 경우는 직종이 한정되어 있는 것으로 볼 수 없기 때문에 해당 직군의 범위 내에서 이루어지는 전직은 근로자의 동의를 얻지 않고 전직을 할 수 있다.[10] 다만, 직군을 달리하는 전직의

---

6) 대법원 2013. 2. 28. 선고 2010다52041.

7) 임종률, 노동법(제14판), 500면; 김유성, 노동법 I (초판), 248면; 김형배, 노동법(제24판), 568면.

8) 임종률, 노동법(제14판), 501면; 김유성, 노동법 I (초판), 248면; 김형배, 노동법(제24판), 568면.

9) 대법원 1995. 8. 11. 선고 95다10778.

경우에는 근로자의 채용자격, 채용 시의 사정, 회사에서의 지위, 회사의 규모, 사업의 종류, 관행 등 제반사정을 종합적으로 고려하여 직무가 한정되었는가의 여부를 판단하여야 한다.[11)]

(4) 취업규칙에서 직군이나 직종에 관한 규정을 두고 있거나 모집공고 때부터 직종을 분류하여 근로자를 모집하는 경우에는 취업규칙상의 직종이나 모집공고상의 직종으로 직무내용이 한정된 것으로 보아야 한다.[12)]

(5) 근로계약상 근무 장소가 명시적으로 특정되어 있지 않더라도, 사업장 인근지역에 연고가 있는 자를 전제로 채용하면서 관행상 전직이 없었던 직원, 생활의 본거지가 고정되어 있음을 전제로 채용된 반농반공(半農半工)의 근로자 또는 주부근로자, 단시간 근로자 등은 주거지의 통근 범위 내로 근무 장소가 정해진 것으로 묵시적 합의가 있었던 것으로 보아야 한다.[13)] 따라서 이들 근로자의 동의 없이 다른 지역으로 전직하는 것은 부당한 인사처분이다.

(6) 본사에 채용된 대졸신입 사원 또는 간부사원은 근무 장소가 특정되어 있지 않고 전국의 지점·영업소·공장 등에서 근무한다는 포괄적인 합의가 있었던 것으로 보아야 하므로 근로자의 동의를 얻지 않고 전직명령을 할 수 있다.[14)]

2. 근로기준법 제23조 제1항에 의한 제한

근로기준법 제23조 제1항은 정당한 이유가 없는 전직을 금지하고 있기 때문에 사용자의 전직명령의 유효성은 정당한 이유가 있는지의 여부에 따라 결정된다. 그런데 근로기준법이 전직의 「정당한 이유」가 무엇인가에 대하여 구체적인 규정을 둔 것이 없기 때문에 현실적으로 근로계약·취업규칙·단체협약에 규정된 전직의 정당한 이유가 그 기준이 된다. 일반적으로 근로기준법 제23조 제1항에 규정된 「정당한 이유」라 함은 경영상의 필요와 근로자의 능력 및 적격성이 있는 경우를 의미한다. 즉, 특정한 근로자에게 직무의 변경 또는 근무 장소의 변경을 명하지 않으면 안 될

---

10) 대법원 1989. 2. 28. 선고 86다카2567; 대법원 1994. 4. 26. 선고 93다10279.
11) 김유성, 노동법 I (초판), 249~250면.
12) 김유성, 노동법 I (초판), 250면.
13) 김유성, 노동법 I (초판), 250면; 임종률, 노동법(제14판), 501면.
14) 김유성, 노동법 I (초판), 250면; 임종률, 노동법(제14판), 501면; 대법원 1993. 9. 14. 선고 92누18825.

경영상 또는 업무상 필요성이 있어야 하고, 업무 또는 경영상의 필요를 충족하기 위하여 당해 근로자가 적격성을 갖추어야 한다.[15]

따라서 근로계약·취업규칙 등에 전직의 정당성 여부를 판단할 수 있는 기준을 설정한 경우에는 그에 따라 전직의 유효성을 판단하면 될 것이나, 정당성 기준을 설정하지 않은 경우에는 업무상 필요성, 근로자가 입게 될 불이익의 정도, 신의칙상 요구되는 절차 등을 종합적으로 판단하여 그 유효성을 판단할 수밖에 없다.

3. 전직명령권의 남용에 의한 제한

기업의 활동을 계속적으로 유지하기 위해서는 노동력을 재배치하거나 인력수급을 조절하는 것이 불가피하므로 근로자에 대한 사용자의 전직은 원칙적으로 인사권자인 사용자에게 상당한 재량권을 인정할 수밖에 없다. 그러나 사용자가 전근 발령할 업무상 필요성과는 별개의 부당한 동기 및 목적으로 이루어진 전직명령은 권리남용에 해당되어 무효이다. 예컨대 사용자가 근로자를 퇴직시킬 목적으로 실시하거나 회사 비판의 중심인물에 대한 전직명령은 권리남용에 해당된다.[16] 전직명령이 권리남용에 해당되느냐의 여부를 판단하는 일반적인 기준은 ① 전직명령의 업무상 필요성 여부, ② 근로자의 전직에 따른 업무상 필요성의 정도와 근로자의 생활상 불이익과의 비교형량, ③ 신의칙상 요구되는 전직명령의 절차위반 등이 있다.

(1) 근로자에 대한 전직명령이 권리남용에 해당되는가의 가장 중요한 판단기준은 사용자의 「상당한 재량권」과 「업무상 필요성」 및 「근로자의 생활상 불이익」과의 관계라고 할 수 있다. 사용자에게 인정되는 상당한 재량권의 인정범위는 업무상 필요한 범위 내로 제한되고, 업무상 필요성의 정도는 근로자가 전직으로 인하여 겪게 되는 생활상 불이익의 정도에 달려 있다. 왜냐하면 업무상 필요성의 정도는 비교형량의 대상이 될 근로자의 생활상 불이익의 정도와 각각 별개로 독립하여 존재하는 것이 아니라 업무상 필요성 강약에 따라 근로자의 생활상 불이익에 대한 평가도 상대적으로 변하기 때문이다. 따라서 전직처분에 따른 근로자의 생활상 불이익이 통상 예측할 수 없는 경우에는 그 근로자를 대신하여 다른 근로자에게 전직명령을 내리는 것에 특별히 곤란한 사정이 있는 경우에는 업무상 필요성이 인정되어 정당한

15) 김형배, 노동법(제24판), 567~568면.

16) 菅野和夫(이정 역). 일본노동법(초판), 407면.

전직명령에 해당되나, 반대로 다른 근로자로 대체할 수 있는 경우에는 그 전직처분은 정당성을 상실한 것으로 평가해야 한다.[17]

(2) 「생활상의 불이익」은 전직으로 인하여 근로자가 통상적으로 감수해야 할 정도를 현저히 벗어나는 것을 말한다. 생활상의 불이익에는 출퇴근의 소요시간, 노동의 강도, 임금의 차이 등 근로조건의 불이익뿐만 아니라 주거생활의 수준이나 가족·사회생활상의 불이익도 포함된다. 따라서 전직으로 인한 근로자의 생활상 불이익은 현재 존재하고 있는 불이익에 한정되지 않고 장래의 불이익까지 확장되며, 근로관계의 직접적인 내용뿐만 아니라 근로관계를 통해 간접적으로 형성되는 생활상의 불이익도 고려된다.[18] 생활상의 불이익 정도를 판단할 때에는 출퇴근 차량이나 숙소의 제공, 특별수당의 지급 등 전직근로자의 불이익을 완화하기 위한 사용자의 조치가 있었는지의 여부도 고려하여야 한다. 따라서 업무상 필요성이 크지 않음에도 전직에 따른 출퇴근의 곤란성 등 생활상의 불이익이 크거나 생활상의 불이익이 통상의 정도를 현저히 넘는 경우에는 부당한 전직이 된다.[19]

대법원은 업무상의 필요성이 크지 않음에도 한쪽 다리가 절단된 근로자를 인천에서 서울로 전직시킨 경우,[20] 교통·자녀교육·부부생활 등의 점에서 생활상의 불이익이 있음에도 서울에서 제주로 전직시킨 경우[21]에는 부당한 전직으로 판시하고 있다. 반면, 장기간 거주해 온 지역에서 노모를 부양하고 자녀가 중·고등학교에 다니고 본인도 대학에 다니는 근로자를 다른 지역으로 전직하더라도, 업무상 고도의 필요성이 있고 숙소 및 근무수당과 식사의 제공 및 대외호칭의 상향조정 등 불이익 감소를 위한 배려를 한 경우에는 정당한 전직으로 판시하고 있다.[22]

(3) 「업무상 필요성」은 사용자가 그 업무의 원활화와 효율적인 운영을 위하여 그 근로자의 직무내용이나 근무 장소를 변경해야 할 만한 객관적인 필요를 말한다.[23] 일반적으로 직장질서의 유지·회복 또는 상사·동료근로자와의 불화 등을 해결하기 위한 전직,[24] 기술혁신이나 기업재편에 따라 사업장 이전이 불가피하여 인력조정

17) 도재형, 노동위원회 패소사례분석(2000. 1. 1.~2005. 4. 30.), 95면.
18) 문무기, 「전직의 법리」, 노동법학(제13호), 81면.
19) 임종률, 노동법(제14판), 499면.
20) 대법원 1995. 5. 9. 선고 93다51263.
21) 대법원 1997. 12. 12. 선고 97다36316.
22) 대법원 1997. 7. 22. 선고 97다18165; 대법원 2000. 4. 11. 선고 99두2963.
23) 임종률, 노동법(제14판), 499면.

차원에서 이루어진 전직,[25] 누적된 인사적체를 해소하기 위한 방편으로 이루어지는 전직, 근로자의 기술·업무능력의 제고 및 배치상의 융통성·신축성의 제고 등은 업무상 필요성이 인정된다.[26] 그러나 근로자의 정당한 노동조합활동을 혐오하거나 성별·국적·신앙·사회적 신분 또는 사용자의 근로기준법 위반사실에 대한 진정·고발 등을 이유로 한 전직은 업무상 필요성에 의한 것으로는 인정되지 않는다. 그리고 전직 대상자를 선정함에 있어서 해당 근로자를 선택할 수밖에 없는 합리성도 갖추어야 한다. 그러나 전직대상자 기준의 합리성은 근로기준법 제24조 제2항의 경영상 이유에 의한 해고대상자의 선정기준과 같은 정도의 엄격성이 요구되는 것이 아니므로 전직대상자를 선정함에 있어서 그 기준이 당연 무효가 아닌 이상 전직대상 조건에 해당되는 근로자를 전직시킨 것은 부당하다고 볼 수 없다.[27]

(4) 전직처분을 함에 있어서 해당 근로자와 성실한 협의 등 신의칙상 요구되는 절차를 거쳤는지도 전직의 유효성을 판단하는 하나의 요소가 된다.[28] 절차상의 신의칙 위반 여부를 판단함에 있어서는 근로자의 동의를 얻는 방법이 가장 명쾌한 것이나, 그렇지 못한 경우에는 근로자의 동의를 얻기 위하여 행한 노력의 정도나 근로자 가정생활의 고려정도가 중요한 판단기준이 된다. 원칙적으로 전직처분을 함에 있어서 취업규칙 등에 해당 근로자와의 협의 또는 합의 등의 절차가 규정되어 있는 경우에 사용자가 이러한 전직절차를 준수하지 않는 경우에는 그 전직은 부당한 것이 된다. 그러나 취업규칙 등에 규정된 전직 사전협의절차는 인사의 공정성을 기하기 위하여 참고자료를 얻기 위한 것에 불과하기 때문에 그러한 절차를 거치지 않았다 하더라도 그 전직처분이 권리남용에 해당되지 않는 한 당연 무효가 되는 것이 아니다.[29]

---

24) 대법원 2013. 3. 28. 선고 2010다542041; 대법원 1994. 5. 10. 선고 93다47677.

25) 대법원 1991. 7. 12. 선고 91다12752; 대법원 1996. 4. 12. 선고 95누7130.

26) 문무기, 「전직의 법리」, 노동법학(제13호), 81면

27) 김유성, 노동법 I (초판), 247면.

28) 대법원 1994. 5. 10. 선고 93다47677; 대법원 1997. 7. 22. 선고 97다18165; 대법원 2000. 4. 11. 선고 99두2963.

29) 대법원 1995. 8. 11. 선고 95다10778; 대법원 1997. 7. 22. 선고 97다18165,18171. 신의칙상 요구되는 절차는 그 자체가 독립적인 고려요소라기 보다는 실체적 정당성 판단의 참고사항 내지 부수적인 요소에 지나지 않는 것으로 파악하고 있다. 따라서 실체적 정당성이 인정되는 경우에는 절차적 정당성에 다소간 하자가 있다 하더라도 전직처분의 정당성이 상실되는 것은 아니다.

4. 기타 법령에 의한 전직 제한

전직명령은 사용자에게 상당한 재량이 인정되는 인사권에 속하는 것이라 하더라도, 강행법규에 위반되어서는 아니된다. 「노동조합 및 노동관계조정법」 제81조는 사용자는 정당한 노동조합 활동을 이유로 한 사용자의 불이익처분을 부당노동행위로 규정하고 있으므로 노동조합활동을 혐오하거나 노동조합활동을 저해할 목적 등 부당노동행위에 해당되는 전직은 그 정당성이 인정되지 않는다.

그리고 근로기준법 제6조는 사용자는 근로자에 대하여 남녀의 성을 이유로 차별적 처우를 하지 못하고, 국적·신앙 또는 사회적 신분을 이유로 근로조건에 대한 차별적 처우를 금지하고, 「남녀고용평등과 일·가정 양립지원에 관한 법률」 제10조는 남녀를 차별하여 배치전환을 하지 못하도록 규정하고 있으므로 이를 위반한 차별적인 전직은 그 정당성을 인정할 수 없다.

Ⅳ. 전직의 효과

사용자가 근로기준법 제23조 제1항을 위반한 부당한 전직을 행한 경우라도 벌칙이 적용되지 않는다.[30] 그러나 근로기준법 제23조에 위반한 부당전직은 사법상 무효이므로 부당전직을 당한 근로자는 노동위원회에 신청하여 구제받을 수 있고, 일반법원에 제소하여 사법적 구제를 받을 수 있다.

근로자가 사용자의 정당한 전직명령에 불응하여 출근 또는 근로제공을 거부하는 경우에는 징계 또는 해고사유가 될 수 있으나, 전직명령이 객관적으로 부당한 것으로 인정되는 경우에는 근로자가 그 전직명령에 불응하였다는 이유로 징계하거나 해고할 수 없다.

Ⅴ. 판례의 경향

판례는 기본적으로 전직명령이 정당하기 위해서는 ① 업무상 필요성[31]이 존재하

30) 종전 정당한 이유 없이 부당전직을 행한 사용자는 5년 이하의 징역 또는 3천만 원 이하의 벌금형이 적용되었으나, 2007. 4. 24. 근로기준법 개정으로 벌칙조항이 삭제되었다.

31) 사용자가 전직처분 등을 함에 있어서 요구되는 업무상의 필요란 인원 배치를 변경할 필요성이 있고 그 변경에 어떠한 근로자를 포함시키는 것이 적절할 것인가 하는 인원선택의 합리성을 의미하는데, 여기에는 업무능률의 증진, 직장질서의 유지나 회복, 근로자 간의 인화 등의 사정도 포함된다(대법원 2013. 2. 28. 선고 2010다52041).

여야 하고, ② 업무상 필요성과 전직에 따른 근로자의 생활상 불이익을 비교 형량해야 하고, ③ 근로자를 대표하는 노동조합 또는 노동조합이 없는 경우에는 근로자와의 협의 등 전직처분을 하는 과정에서 신의칙상 요구되는 협의절차를 거칠 것을 요구하고 있다. 그러나 판례의 업무상 필요성과 근로자의 생활상 불이익을 비교 형량하는 판단구조는 사용자와 해당 근로자뿐만 아니라 제반요소를 함께 고려함으로써 근로자의 생활상 불이익 보다는 업무상 필요성을 중시하여 전직의 정당성을 판단하고 있는 경향을 보이고 있다.[32] 그리고 사용자는 전직처분 과정에서 근로자 측과의 협의 등 신의칙상 요구되는 절차를 거칠 것을 요구하나, 업무상 필요에 따른 전직으로 근로자가 입게 될 생활상의 불이익이 통상적으로 감수해야 할 정도를 현저히 벗어난 것이 아니라면 해당 근로자와의 협의 등의 절차를 거치지 아니하였다는 사정만으로 당연 무효가 되는 것이 아니라고 판시하고 있다.[33]

따라서 판례는 전직은 원칙적으로 사용자의 권한에 속하는 것으로 업무상 필요한 범위 안에서 상당한 재량이 인정된다는 것을 전제로 근로기준법 제23조 제1항에 위반되거나 권리남용에 해당되는 등 특별한 사정이 없는 한 무효로 볼 수 없고, 업무상 필요성이 인정되는 이상 근로자의 동의를 얻지 않고 전직명령을 할 수 있으며, 업무상 필요성과 근로자가 입게 될 생활상의 불이익을 비교 형량하여야 하나 전직으로 인한 근로자의 생활상 불이익이 사회통념상 통상의 정도를 현저히 넘지 않는 이상 권리남용에 해당되지 않는 것으로 판단하고 있다.[34]

이와 같은 판례의 태도는 전직명령권의 근거는 근로계약 등 당사자의 합의에 의한 것이 아니라 사용자의 인사권에 있는 것이고, 사용자의 일방적인 의사표시에 의하여 전직의 효력이 발생된다는 점에서 당사자의 포괄적인 합의에 기초한 것으로 볼 수 있다.[35]

---

32) 대법원 1994. 1. 25. 선고 93누14301; 대법원 1997. 7. 22. 선고 97다18172.

33) 대법원 1997. 7. 22. 선고 97다18165,18172; 대법원 1998. 12. 22. 선고 97누5435; 대법원 2004. 2. 12. 선고 2003두13250.

34) 대법원 1992. 1. 21. 선고 91누5204; 대법원 1994. 4. 26. 선고 93다10279; 대법원 1995. 5. 9. 선고 93다51263; 대법원 1995. 8. 11. 선고 95다10778; 대법원 1995. 10. 13. 선고 94다52928; 대법원 1998. 1. 20. 선고 97다29417; 대법원 2007. 10. 11. 선고 2007두11566 등.

35) 김형배, 노동법(제24판), 572면.

제3절 전 출

Ⅰ. 의 의

전출(轉出)이라 함은 근로자가 원래의 소속기업(원기업)과 다른 기업(전출기업)간의 협정에 의하여 원기업에 적을 두고 있는 상태에서 전출기업의 업무에 상당기간 동안 종사하게 하는 인사처분을 말한다.[36] 전출의 필요성은 자회사 등과 같은 관련회사의 경영기술지도, 근로자의 능력개발, 인사교류, 고용조정 등 다양한 측면에서 인정된다.[37] 전출은 근로자가 다른 기업에서 근로를 제공한다는 점에서 전적(轉籍)과 유사하지만, 원기업의 근로자 신분이 유지된다는 점에서 전적과 구별된다. 한편 전출은 자기가 고용하는 근로자를 일정한 기간 동안 다른 기업에 보내 그 기업의 지시·감독 아래 근로하게 한다는 점에서 파견과 비슷하나, 전출은 사용자의 업무에 종사하던 근로자를 다른 기업에게 보내고 복귀도 예정되었다는 점에서 처음부터 근로자를 다른 사용자에게 보낼 것을 전제로 한 파견과 다르다.[38]

원기업은 전출근로자를 휴직처리하고, 전출근로자의 근로시간·휴일·휴가 등의 근무형태는 전출기업의 취업규칙에 따라 정하여 지고 업무지휘 명령권은 전출기업이 행사하는 것이 보통이다.

Ⅱ. 근 거

전출은 근로계약상의 근로를 요구하는 권리를 실질적으로 전출기업에 양도하는 것이고 근로제공은 일신전속성을 가지고 있으므로 원기업이 근로자를 전출하기 위해서는 근로자의 동의를 필요로 한다(민법§657). 그리고 전출은 근로제공의 상대방이 변경되므로 밀접한 관련기업에의 일상적인 전출이라도 취업규칙 등에 전출의 근거규정이 있어야 한다. 전출에 대한 근로자의 동의는 명시적인 개별적인 동의만을 의미하는 것이 아니라, 근로관계의 전개과정에서 경영관행과 관련하여 근로자의 포괄적인 동의가 있는 것이 추단되는 경우에는 동의가 있는 것으로 해석할 수 있다.[39]

---

36) 현행법상 전출에 관하여는 명문규정이 없는 관계로 학설과 실무에서는 출향, 장기출장, 사외파견, 응원파견, 휴직파견 등 다양한 용어로 사용되고 있다.

37) 菅野和夫(이정 역). 일본노동법(초판), 409면.

38) 임종률, 노동법(제14판), 502·619면.

39) 실제적으로 전출은 모자기업(母子企業) 또는 밀접한 관련기업 사이에서의 업무제공·기

그러나 전출이 비록 원 기업과의 근로관계가 유지되는 것이지만, 실제로 근무하는 기업체가 변경됨으로써 근로조건 또는 경력인정에 있어서 불이익을 받을 가능성이 있다. 따라서 근로자 보호차원에서 근로자가 전출하게 될 기업의 근로조건, 전출기간, 원 기업으로의 복직 등에 관한 전출규정이 있는 경우에 한하여 전출은 유효한 것으로 해석해야 한다.[40]

요컨대, 전출은 전근과는 달리 실질적으로 근로자의 일신전속적인 근로제공의무를 원 기업이 전출기업에 양도하는 것이고 근로조건 등에 있어서 전근보다는 불이익을 초래할 가능성이 높기 때문에 근로자의 추상적인 동의가 있다고 추단된다는 이유만으로 전출이 정당화될 수는 없다. 따라서 전출의 유효성이 인정되기 위해서는 근로자의 포괄적인 동의는 엄격하게 해석해야 하고, 당해 전출이 통상 예상되는 범위 내에서 전출대상자에게 불이익한 근로조건이 부과되지 않는 조건을 갖추어야 한다고 본다.[41]

Ⅲ. 법적 제한

전출근로자는 원기업이 아닌 사업주를 달리하는 전출기업에서 근로를 제공하고 실질적으로 전출기업의 지휘·명령을 받을 뿐만 아니라 근로조건 등에서 불이익을 초래할 가능성이 높다는 점에서 근로기준법에 의하여 제한을 받는다. 즉, 전출명령을 하기 위해서는「업무상 필요성」이 있어야 하고, 전출대상근로자에게 미치는 생활상의 불이익과 비교형량하여 정당성이 인정되어야 한다. 따라서 전출로 인한 근로자의 생활상의 불이익이 현저한 경우 또는 원 기업에의 복귀가 예정되지 않는 등의 전출은 경영해고의 회피수단으로 정당화되지 않는 이상 무효로 해석해야 한다.[42]

술습득·인사교류 등을 위하여 일상적으로 행해지고 있으며, 근로자도 채용 시부터 전출을 당연한 것으로 받아들이는 경우가 있고, 근로계약 또는 취업규칙에 명시하는 경우가 많다. 이처럼 전출이 관행화되어 있거나 취업규칙 등에 전출의 근거를 두고 있는 경우에는 근로자가 전출에 대하여 포괄적으로 동의가 있는 것으로 추단할 수 있다.

40) 김형배, 노동법(제24판), 575면.

41) 김유성, 노동법Ⅰ(초판), 251면; 菅野和夫(이정 역). 일본노동법(초판), 410면 이하.

42) 김유성, 노동법Ⅰ(초판), 251면; 菅野和夫(이정 역). 일본노동법(초판), 412~413면.

Ⅳ. 전출 후의 근로관계

1. 문제의 소재

전출은 원기업과 전출기업 사이에 전출기간, 임금지급, 사회보험의 부담, 근로조건 및 대우에 관한 전출계약을 체결함으로써 이루어지는 것이므로 대체로 전출근로자의 근로조건 및 원기업과 전출기업과의 법률관계는 전출계약에 의하여 결정된다.

그러나 원기업과 전출근로자의 근로관계는 존속하고 단지 근로제공관계만 정지되기 때문에 원기업의 취업규칙 중 근로제공을 전제로 하지 않는 부분은 계속 적용되고, 전출기업과 근로자 사이에는 근로제공관계가 성립하기 때문에 전출기업의 복무규율을 적용받게 된다.[43] 이처럼 전출근로자는 원기업과 근로계약관계를 맺고 있으면서 전출기업에 근로를 제공하고 근로조건 등은 원기업과 전출기업과의 전출계약에 의하여 결정되기 때문에 전출근로자·원기업·전출기업 사이에 복잡한 법률관계를 형성하게 된다.[44]

2. 원기업과 전출기업과의 관계

전출은 원기업과 전출기업 사이의 전출계약에 따라 이루어지는 것이므로 전출근로자의 지위 및 근로조건에 관한 구체적인 사항은 전출계약의 내용에 의하여 결정된다. 전출근로자는 전출 전과 비교하여 근로3권 및 근로조건 등에 있어서 불이익을 받지 않도록 전출계약에 포함시켜야 한다. 따라서 전출기업과 원기업은 헌법 및 노동관계법상의 제 권리가 제한·축소되지 않도록 하는 내용을 포함하는 전출계약을 체결해야 한다.[45] 예컨대, 전출기업의 임금수준이 낮은 경우에는 그 차액을 원기업이 보전하고, 원기업과 전출기업의 근무기간을 통산하고, 노동3권을 보장해야 한다.

그런데, 전출근로자는 원기업과 근로관계를 유지하면서 전출기업의 복무규율을 적용받으면서 근로를 제공하기 때문에 전출근로자의 사용자를 누구로 볼 수 있는가가 문제된다. 근로기준법 제2조 제1항 제2호는 「사업주 또는 사업경영담당자, 그 밖에 근로자에 관한 사항에 대하여 사업주를 위하여 행위라는 자」를 사용자로 규정

43) 김유성, 노동법Ⅰ(초판), 251면.

44) 전출은 근로자 파견관계로 볼 수 있으므로 사용자 책임의 범위 등에 대하여는 근로자 파견의 법리를 따른다는 견해가 있다(하갑래, 근로기준법(전정제27판), 555면).

45) 이상윤, 노동법(제3판), 377면.

하여 사업주만이 아니라 근로자를 지휘·감독하는 입장에 있는 자에게도 각각 사용자로서의 근로기준법의 준수의무를 부과하고 있다. 따라서 원기업 및 전출기업과 이중의 근로관계를 맺고 있는 전출근로자에 대해서는 근로실태와 적용되는 구체적인 조항에 따라 당해 사항에 대한 실질적 권한을 가지고 있는 자가 사용자로서의 책임을 부담해야 한다.[46] 구체적인 사항에 적용되는 사용자책임 범위는 다음과 같다.

(1) 임금·제 수당 등의 지급의무가 있는 사용자책임은 원기업과 전출기업과의 전출계약의 내용에 따라 결정된다. 전출기업이 임금 등을 지급하고 원기업은 임금의 차액을 전출기업에 보전하는 방법과 원기업이 지급하고 전출기업이 자기 분담액을 원기업에게 지급하는 방법이 있을 수 있다.

(2) 근로계약상 전출근로자의 사용자는 원기업이므로 전출근로자에 대한 징계권의 주체는 원기업이 된다. 그러나 전출근로자는 전출기업의 지휘·명령에 따라 근로를 제공하기 때문에 전출기업이 원기업에게 징계를 요구하고 원기업이 해당 전출근로자를 징계하는 것이 보통이다.

(3) 근로자에 대한 안전위생 책임은 현실적으로 근로를 제공받고 있는 전출기업이 부담하는 것이 당연하기 때문에 근로기준법 및 산업안전보건법상의 안전위생에 대한 사용자책임은 전출기업이 부담한다.

(4) 산재보험료를 납부하는 사업주는 원칙적으로 전출기업이 되는 것이지만 전출계약에 따라 달리 정할 수 있고, 고용보험법상의 사업주는 전출근로자에 대한 주된 임금지급의무자가 누가되느냐에 따라 결정된다.

(5) 전출기업에서 근무 도중 퇴직한 경우에 원기업은 전출 전후의 근무기간을 합산하여 퇴직금을 정산해야 한다. 다만, 원기업과 전출기업과의 계약에 의하여 전출기간에 해당하는 퇴직금을 전출기업이 부담할 수 있다.

3. 전출근로자와 원기업과의 근로관계

전출근로자는 전출기업에 근로를 제공한다 하더라도 원기업과 근로계약을 체결하고 원기업에 채용된 근로자이므로 원기업과 근로관계는 그대로 유지된다. 그러나 전출근로자는 원기업에 근로를 제공하지 않기 때문에 원기업과의 근로관계는 전출기간 동안 휴직하여 근로관계를 정지시키는 것이 일반적이다.

46) 김유성, 노동법Ⅰ(초판), 252면.

원기업과 전출기업 사이에 전출계약 체결 후 원기업은 전출대상근로자에게 전출을 명하게 되는데, 원기업의 전출명령을 거부한 경우에 원기업이 전출대상근로자를 해고 또는 징계할 수 있는가의 여부가 문제된다. 원기업의 전출명령 자체가 근로자의 포괄적인 동의를 얻었다고 볼 수 없거나 정당한 이유 없이 행한 전출명령은 무효이므로 원기업이 그러한 전출명령을 거부한 것을 이유로 징계(해고)한 것은 무효이다. 그리고 전출의 필요성과 정당한 이유가 있다 하더라도 원기업이 노동조합 활동을 약화 또는 와해하는 수단으로 한 전출명령을 거부한 경우에도 해당 근로자를 징계(해고)할 수 없다.[47]

그러나 부당노동행위가 인정되지 않는 상태에서의 정당한 전출명령을 거부하는 것은 원기업의 정당한 인사명령에 위반한 것이므로 이를 이유로 한 징계(해고)는 유효하다.

원기업은 전출기업의 도산 등의 사정으로 더 이상 전출기업과 전출근로자와의 근로제공관계를 유지할 수 없거나 전출기간이 만료되면 전출근로자를 원래의 업무에 복귀시켜야 한다. 만약 원기업이 정당한 이유 없이 전출근로자를 복귀시키지 않으면 부당해고가 된다.

4. 전출근로자와 전출기업과의 근로관계

전출근로자는 전출기업에서 근로를 제공하기 때문에 전출기업의 지휘·명령에 따라 근무하게 되고, 당사자 사이에 특별한 약정이 없는 한 전출기업의 임금 및 근로시간 등 근로조건을 적용받게 된다.[48] 다만, 원기업과 전출기업에서 적용되고 있는 근로조건이 다른 경우에는 원기업과 전출기업 및 당사자의 합의에 따라 조정하여야 한다. 전출은 원기업과의 근로관계의 유지를 전제로 한 것이므로 원기업과의 근로관계가 단절되면, 전출근로자와 전출기업과의 근로관계도 당연히 단절된다.

V. 판례의 경향

(1) 대법원은 전출명령의 동기, 목적, 전출명령에 관한 업무상의 필요성·합리성의 여부, 전출에 따른 근로자의 생활상의 불이익과의 비교교량, 전출명령의 시기, 사용

47) 대법원 1993. 2. 23. 선고 92누11121.
48) 이상윤, 노동법(제3판), 377면.

자와 노동조합과의 관계, 전출명령의 과정 등을 종합적으로 고려하여 전출명령의 정당성을 판단해야 함을 제시하고 있다.[49]

(2) 회사의 경영방침에 따라 일방적으로 퇴직과 재입사의 형식을 취하여 전직의 형식을 취한 경우에는 전출로 보아 원기업과의 근로관계가 단절되지 않은 것으로 판단하여 전출 전후의 근속기간을 합산해야 한다는 입장을 취하고 있다.[50] 그러나 근로자가 자의에 의하여 종전 회사에 사직서를 제출하고 퇴직금을 지급받은 다음 계열회사에 입사한 경우에는 원기업과의 근로관계는 단절된 것으로 보아 원기업의 근무기간을 합산하도록 하는 특별한 규정이 없는 한 원기업과의 근로관계는 단절된 것으로 판단하고 있다.[51] 즉, 대법원은 실질적인 기준에 따라 전출과 전적으로 구별하여 원기업과의 근로관계 단절 여부를 판단하고 있다.

제4절 전 적

Ⅰ. 의 의

전적(轉籍)이란 본래의 소속기업(원기업)과의 근로관계를 종료하고 다른 기업(전적기업)과 새로이 근로계약을 체결하여 그 기업의 업무에 종사하는 것을 말한다. 전적은 그룹 계열 회사 사이의 원활한 인력수급 조정과 그룹 차원에서의 효율적인 인사정책의 수행 등의 목적으로 행해지는 인사이동이다.[52]

전적은 외형상 원기업에서 다른 기업으로 옮겨 업무에 종사한다는 점에서 전출과 동일하나, 원기업과의 근로관계가 종료된다는 점에서 원기업과의 근로관계의 존속을 전제로 하는 전출과 구별된다. 그러나 통상적으로 전적은 동일한 그룹 내의 기업에 채용된 근로자를 다른 계열기업으로의 인사이동에 활용되고 있기 때문에 실질적

49) 대법원 1993. 2. 23. 선고 92누11121.
50) 대법원 1997. 3. 28. 선고 95다51397.
51) 대법원 1997. 3. 28. 선고 95다51397; 대법원 1998. 12. 11. 선고 98다36924.
52) 대기업은 그룹 산하 계열회사 사이의 원활한 인력수급 조정과 그룹 차원의 효율적인 인사정책의 수행 등을 이유로 대졸사원을 그룹차원에서 각 계열회사의 인력수요를 감안하여 일괄적으로 채용한 다음 이들을 각 계열회사에 배속하고 계열회사별로 인력의 과부족 현상과 업무상의 필요성을 근거로 근로자를 계열회사로 이동시키는 인사관리를 시행하고 있다.

으로 전출과 전적은 혼동되어 사용되는 경우가 많다.[53)]

Ⅱ. 법적 근거

전적은 원기업과 근로자가 근로계약을 해지하고 전적기업과 근로자가 새로운 근로계약을 체결하거나 근로계약상의 사용자의 지위를 양도하는 것을 말한다.[54)] 따라서 전적은 사용자의 변경을 초래하고 근로계약의 일신전속성에 비추어 볼 때, 근로자의 동의가 있는 경우에 한하여 전적을 실시할 수 있다.[55)]

여기서 「근로자의 동의」는 근로자의 명시적 동의뿐만 아니라 포괄적인 동의도 포함된다. 따라서 사용자는 입사 당시 또는 근무하는 동안 전적에 관하여 미리 근로자로부터 포괄적인 동의를 받아 놓으면 전적 때마다 근로자의 개별적인 동의를 얻지 않더라도 유효하게 전적시킬 수 있다.[56)] 그러나 전적은 전출과는 달리 원기업과의 근로관계가 단절되어 원기업에의 복귀가 예정되어 있지 않기 때문에 포괄적 동의는 제한적으로 해석해야 한다. 따라서 미리 전적할 기업을 특정하고 그 기업에서 종사하여야 할 업무에 관한 사항 등 기본적인 근로조건을 명시하여 사전 동의를 얻은 경우에 한하여 전적에 대한 근로자의 포괄적인 동의가 있는 것으로 해석해야 한다.[57)]

한편, 대법원은 그룹 내의 다른 계열사로의 전적 요건에 관하여 「근로자의 동의를 얻지 않고 기업그룹 내의 다른 계열회사로 근로자를 전적시키는 관행이 있어서 그 관행이 근로계약의 내용을 이루고 있다고 인정하기 위해서는 그와 같은 관행이 그 법인체들 내에서 일반적으로 근로관계를 규율하는 규범적인 사실로서 명확히 승인되거나 그 구성원이 일반적으로 아무런 이의도 제기하지 아니한 채 당연한 것으

---

53) 대법원은 그룹 내의 기업에 고용된 근로자를 다른 기업으로 전직시킨 경우에 비록 형식적으로는 사용자의 법인격이 달라지게 되더라도 실질적으로 업무지휘권의 주체가 변동된 것으로 보기 어렵다고 하거나 모기업에서 퇴직절차를 거쳐 자회사로 적을 옮기는 계열사간의 전적에 대하여 전출이라는 용어를 사용함으로써 전출과 전적을 구분하지 않고 있는 경향을 보이고 있다(대법원 1993. 1. 26. 선고 92누8200; 대법원 1997. 10. 24. 선고 96다12276; 대법원 1997. 3. 28. 선고 95다51397).

54) 대법원 1993. 1. 26. 선고 92다11695.

55) 대법원 1993. 1. 26. 선고 92다11695; 대법원 1993. 1. 26. 선고 92누8200; 대법원 1996. 12. 23. 선고 96다29970.

56) 대법원 1993. 1. 26. 선고 92다11695.

57) 김유성, 노동법Ⅰ(초판), 254면; 이병태, 최신노동법(제8전정판), 618면.

로 받아들여 기업 내에서 사실상의 제도로서 확립되어 있지 않으면 아니 된다.」라고 하여 원칙적으로 포괄적인 동의를 엄격하게 해석하고 있으나,[58] 경영의 악화로 채산성이 없는 부분을 분리시키거나 판매 강화를 위하여 영업부문을 분리시키는 등의 경영상 이유로 한 전적의 경우는 전적의 필요성을 폭넓게 인정하여 근로자의 동의가 거의 필요 없는 것으로 해석하고 있다.[59]

Ⅲ. 법적 제한

전출과 마찬가지로 사용자는 정당한 이유 없이 전적을 명할 수 없고(근로기준법 §23~24), 전적절차가 취업규칙이나 단체협약에 규정되어 있는 경우에는 그 절차를 위반해서도 안된다. 여기서 「정당한 사유」란 해고에 준하는 근로자의 책임 있는 사유가 있거나 부득이한 경영상의 사유가 있음을 뜻한다. 즉, 근로자의 귀책사유에는 전적을 하지 않을 수 없는 일신상의 사유(능력·적성 등)가 있거나 근로자가 특별히 전적을 희망하는 경우이고, 사용자의 경영상 사유에는 ① 긴박한 경영상의 필요가 있고, ② 전적을 하지 않을 수 없는 불가피한 사정이 있으며, ③ 사용자가 전적을 회피하기 위한 성의를 다하고, ④ 사전에 근로자와의 개별적인 합의가 있어야 한다.[60]

Ⅳ. 전적 후의 근로관계

전적은 원기업과의 근로관계를 종료하고 전적기업과 새로운 근로계약관계가 개시되는 것이므로 전출과는 달리 전적근로자의 사용자는 원칙적으로 전적기업이 된다. 원기업과 전적기업은 원칙적으로 별개의 기업이고 원기업이 전적기업에게 근로자의 채용을 명할 권한이 없기 때문에 전적기업에서의 채용을 전제로 원기업에서 퇴직하였으나, 전적기업이 해당 근로자의 채용을 거부한 경우에는 원기업에서의 퇴직의 효력은 발생하지 않고, 같은 이유로 원기업에서 퇴직하지 않으면 채용의 효력도 발생하지 않는다. 그리고 일단 원기업을 퇴직하고 전적기업에 채용된 경우에는 원기업과의 근로관계는 종료되는 것이므로, 전적기업이 도산된 경우라도 원기업은

58) 대법원 1993. 1. 26. 선고 92다11695; 대법원 2006. 1. 12. 선고 2005두9873.
59) 대법원 1996. 4. 12. 선고 95누7130.
60) 이병태, 최신노동법(제8전정판), 618면.

전적근로자를 고용할 의무가 없으며, 근로자가 전적의 의사표시로 행한 것이 아니라 오로지 퇴직금을 지급받을 목적으로 전적을 행한 경우라도 사용자가 근로자의 진의 아님을 몰랐거나 알 수 없었을 경우에는 원기업과 근로관계는 당연히 종료된다(민법§107).

따라서 원기업과 전적기업 사이에 원기업과의 근로관계를 승계하기로 하는 특약이 있거나 이적하게 될 기업의 취업규칙 등에 원기업에서의 근속기간을 통산하도록 하는 등 특별한 사정이 없는 한 전적근로자와 원기업과의 근로관계는 단절되고 전적기업이 원기업과의 근로관계를 승계하지 않는다.[61]

그러나 회사의 일방적인 경영방침에 의해 계열기업 사이에 전적이 이루어졌거나 복귀가 예정되고 원기업이 임금차액을 계속 보전하고 퇴직금도 통산하여 지급하는 등 특별한 경우에 있어서는 원기업에서의 근속기간을 계속근로연수에 포함시켜 퇴직금을 지급해야 한다. 그리고 원기업과 전적기업이 형식적으로는 별개의 기업이라 하더라도 실질적으로는 전적기업이 원기업의 한 부문에 불과하여 「법인격 부인의 법리」가 적용되는 경우와 전적 시 복귀에 대한 특약이 있는 경우 등은 원기업이 전적자의 고용의무를 부담하는 경우도 있다.[62] 이와 관련하여 대법원은 「전적 당시 근로자가 원기업에 사직서를 제출하고 전적회사에 입사서류를 제출하는 형식을 거쳐 퇴직금을 지급받았다 하더라도, 당시 전적은 계열기업간 업무조정이라는 일방적인 경영방침에 따라 일부 소수의 근로자를 제외한 전원이 부득이 원기업을 사직하고 전적회사에 입사한 형식을 거친 것에 불과하여 근로관계를 단절할 의사가 없고, 전적회사가 비록 독립법인이긴 하나 원기업의 대주주들에 의하여 설립된 특수관계에 있는 회사인 점, 전적 전후에 걸쳐 근로자의 업무내용 및 업무처리 장소에 변동이 없었던 점, 원기업의 최초 입사 일을 기준으로 호봉·근속수당을 산정한 점, 퇴직금 산정의 기초가 되는 근속기간을 전적회사의 근속기간만을 산정한다는 별도의 약정이 없었던 점을 이유로 퇴직금 산정 시 원기업에서의 근속기간도 통산하여 산정해야 한다.」라고 판시하고 있다.[63]

---

61) 대법원 1993. 6. 11. 선고 92다19315; 대법원 1995. 7. 14. 선고 94다20198; 대법원 1996. 5. 10. 선고 95다42270; 대법원 1996. 12. 23. 선고 96다29970; 대법원 1998. 12. 11. 선고 98다36924; 대법원 2000. 12. 22. 선고 99다10806 등.

62) 김유성, 노동법 I (초판), 256면.

63) 대법원 2003. 4. 11. 선고 2001다71528.

V. 판례의 경향

(1) 대법원은 전적의 유효요건으로서 근로자의 동의 또는 합의와 정당한 사유를 제시하고 있는데, 근로자의 동의 또는 합의는 개별적·명시적인 의사표시뿐만 아니라 포괄적인 의사까지 포함하여 전적의 요건을 판단하고 있다.

(2) 전적에 대한 근로자의 동의 여부에 대하여 대법원은 원칙적으로 「근로자의 동의 없는 일방적인 전적의 관행이 규범적인 사실로써 명확히 승인되었거나 사실상의 제도로서 확립되어 있는 경우에 한하여 근로자의 포괄적인 동의가 있는 것으로 엄격하게 해석하고 있으나,[64] 경영의 악화로 인한 해고회피수단으로 행해지는 전적의 경우에는 전적의 필요성을 넓게 해석하여 근로자의 동의가 거의 필요 없는 것으로 해석하는 경향을 보이고 있다.[65]

(3) 전적은 특별한 사정이 없는 한 원기업과의 근로관계는 종료되고 전적기업과 새로운 근로계약을 체결하는 것이므로 근로관계를 승계하거나 근속기간을 통산하도록 하는 등의 특별한 사정이 없는 한 전적근로자와 원기업과의 근로계약관계는 당연히 단절되는 것으로 해석하고 있다.[66] 그러나 예외적으로 일방적인 경영방침에 의해 계열기업 사이에 전적이 이루어졌거나 복귀가 예정되어 있고 전적 전후의 근속기간을 통산하도록 하는 등의 특별한 사유가 있거나 전적기업이 원기업의 한 부서에 불과하여 법인격이 부인될 정도의 독립성이 없는 경우에는 원기업이 사용자로서 책임을 부담하는 것으로 해석하고 있다.[67]

제5절 휴 직

I. 의 의

휴직은 근로자를 직무에 종사하게 하는 것이 곤란하거나 적당하지 아니한 사유가

64) 대법원 1993. 1. 26. 선고 92다11695; 대법원 2006. 1. 12. 선고 2005두9873.
65) 대법원 1996. 4. 12. 선고 95누7130.
66) 대법원 1993. 6. 11. 선고 92다19315; 대법원 1995. 7. 14. 선고 94다20198; 대법원 1996. 5. 10. 선고 95다42270; 대법원 1996. 12. 23. 선고 96다29970; 대법원 1997. 3. 28. 선고 95다51397; 대법원 1998. 12. 11. 선고 98다36924; 대법원 2000. 12. 22. 선고 99다10806 등.
67) 대법원 2003. 4. 11. 선고 2001다71528.

발생한 때에 근로계약관계를 유지하면서 일정한 기간 동안 근로제공을 면제 또는 금지시키는 사용자의 인사처분을 말한다. 휴직은 근로자가 출근하지 않는다는 면에서 정직과 유사하나, 징계처분에 해당되지 않는다는 면에서는 정직과 구별된다.

휴직은 근로자의 일신상의 사유에 의한 경우(상병휴직·의원휴직 등), 기업경영상의 사유에 의한 해고회피의 일환으로 인한 경우(재택근무 또는 고용조정 휴직), 법률의 규정에 의한 경우(육아휴직), 복무규율위반에 따른 징계의 일환으로 인한 경우(징계휴직), 형사사건으로 기소된 근로자를 판결확정 시까지 휴직 처리하는 기소휴직 등 다양하다.

Ⅱ. 근 거

휴직은 사용자의 근로제공수령의무를 면하거나 근로자의 근로제공의무를 면하는 것이므로, 취업규칙에 휴직을 명할 수 있는 포괄적인 근거규정이 있거나 근로계약상 당사자의 명시적 또는 묵시적 합의가 있어야 사용자가 휴직을 명할 수 있는 권한을 가진다.[68] 그러나 인사권은 원칙적으로 인사권자인 사용자의 권한에 속하는 것이고, 업무상 필요한 범위 내에서 상당한 재량권이 인정되는 것이므로, 취업규칙에 휴직을 명할 수 있는 근거가 없다 하더라도 사용자는 인사권에 근거하여 정당한 사유가 있는 경우에는 휴직을 명할 수 있다.[69]

일반적으로 휴직은 사용자의 일방적인 의사표시 또는 근로자의 신청에 대한 사용자의 승낙의사표시에 의하여 이루어지는데, 취업규칙 또는 단체협약에 일반적인 휴직사유와 절차를 규정하고 있는 것이 보통이다.

Ⅲ. 휴직의 제한

1. 의원휴직

근로자의 신청에 의한 의원휴직은 근로자에게 불이익을 발생하지 않기 때문에 제한할 필요성이 적으나, 사용자가 정당한 이유 없이 근로자의 휴직신청을 거부하는 것은 부당하다. 실질적으로 사용자의 휴직승인 거부 이후 결근을 이유로 한 해고처분의 정당성 여부가 문제된다. 근로자가 상사 또는 동료의 폭행·협박으로 직장생활

---

68) 임종률, 노동법(제14판), 498면.

69) 동지 대법원 2005. 2. 18. 선고 2003다63029.

을 감당할 수 없음을 이유로 휴직신청을 하였으나, 사용자가 이를 승인하지 않자 휴직승인을 계속 요구하면서 무단결근한 경우 그것을 이유로 한 징계해고는 징계권의 남용이나 형평성의 원칙에 반하여 무효로 해석해야 한다.[70)]

2. 상병휴직

상병휴직은 업무 외의 상병으로 장기결근이 불가피한 경우 일정기간 동안(보통 3개월 내지 6개월) 휴직하게 하는 인사처분을 말한다. 상병을 이유로 한 휴직은 상당한 기간 정상적인 업무수행이 곤란한 정도의 상병이 존재하여야 한다. 휴직기간 중에 상병이 치유되면 당연히 복직되나, 휴직기간이 만료되었음에도 상병이 치유되지 않으면 자연퇴직 또는 해고되는 것을 전제로 한다. 따라서 상병휴직의 정당성은 복직요건인 치유(治癒)가 되었는가의 여부에 따라 결정된다. 복직요건으로서의 치유란 원칙적으로 종전의 직무를 통상의 정도로 이행할 수 있는 건강상태로 돌아오는 것을 말한다.[71)] 상병휴직 기간 동안 상병이 치유 된 경우에는 사용자는 당연히 복직시킬 의무가 있다. 치유되었음에도 사용자가 근로자를 복직시키지 않으면 부당해고가 된다.

3. 징계휴직

징계휴직은 근로자가 복무규율 위반을 이유로 징계절차가 진행 중인 경우에 그 징계처분이 확정될 때까지 업무를 부여하지 않는 휴직처분으로 대기발령의 성격을 가지고 있다. 징계절차의 진행을 목적으로 하는 징계휴직은 징계사유에 해당한다고 의심할 만한 상당한 혐의가 인정되어 이를 조사하고 징계절차를 진행하기 위하여 상당한 기간 근로제공을 금지할 필요성이 존재하여야 한다. 징계휴직은 임금·승진 등에서 근로자에게 불이익을 초래하기 때문에 사용자는 정당한 이유 없이 휴직처분을 할 수 없다(근로기준법§23①). 취업규칙·단체협약 등에 휴직근거를 규정하고 있더라도 휴직규정의 설정목적과 기능, 휴직명령권 발동의 합리성 여부 및 근로자가 받게 될 신분상·경제상의 불이익 등 구체적인 사정을 참작하여 근로자가 상당한 기간 동안 근로제공을 할 수 없거나 근로제공하는 것이 매우 부적당하다고 인정되는 경

70) 김유성, 노동법Ⅰ(초판), 258~259면.
71) 菅野和夫(이정 역), 일본노동법(초판), 417면.

우에 한하여 휴직의 정당성이 인정된다.[72]

4. 기소휴직

기소휴직은 근로자가 형사사건으로 기소되어 일정기간 또는 확정판결 시까지 휴직 처분하는 것을 말한다. 통상적으로 취업규칙 등에 형사사건으로 기소된 자는 「형사재판이 계류 중인 기간을 휴직으로 한다.」라는 규정을 두는 경우가 많다. 형사기소된 것만으로는 부족하고 형사기소로 인하여 직장질서, 기업의 사회적 신용, 직무수행 등에서 근로제공을 금지할 필요성이 인정되거나 구속이나 공판기일 출석으로 현실적으로 근로제공이 곤란한 경우가 있어야 만 휴직의 정당성이 인정된다.[73]

5. 고용조정휴직

고용조정휴직이란 사용자가 긴박한 경영상의 필요성에 따른 고용조정을 목적으로 하는 휴직을 말하는데, 통상적으로 순환휴직 또는 재택근무라고도 한다. 고용휴직이 정당하기 위해서는 근로기준법 제24조 제1항에 의한 긴박한 경영상의 필요성이 존재하여야 하고, 휴직자의 조 편성·휴직의 기간·휴직기간 중의 대우 등이 공정하고 합리적이어야 한다. 고용조정을 목적으로 하는 휴직은 사용자의 귀책사유에 의한 휴직이므로 원칙적으로 근로기준법 제46조의 평균임금의 70%에 해당하는 휴업급여를 지급해야 한다. 그러나 해고대상자를 선정한 후 해고를 하지 않는 조건으로 해고회피 수단으로써 해고대상자에 대하여 무급휴직을 실시하는 것도 가능하다.[74]

6. 육아휴직

법률의 규정에 의한 육아휴직은 만 8세 이하 또는 초등학교 2학년 이하의 자녀를 양육하는 여성근로자 및 남성근로자는 육아휴직을 신청할 수 있다(남녀고용평등과

---

72) 대법원 1992. 11. 13. 선고 92다16690.

73) 임종률, 노동법(제14판), 507면; 菅野和夫(이정 역). 일본노동법(초판), 419면.

74) 이와 관련하여 노동부는 해고대상자를 경영해고할 수 있음에도 해고 대신 무급휴직을 실시하는 것은 근로자에게 유리하다는 이유로 근로자의 무급휴직 신청과 관계없이 사용자는 휴업수당을 지급할 의무가 없는 것으로 해석하고 있다(1999. 2. 13. 근기 68207-388).

일·가정양립지원에 관한 법률§19). 사용자는 반드시 육아휴직을 허용해야 하고 시기변경권을 행사할 수 없다. 사용자가 근로자의 육아휴직을 거부하면 3년 이하의 징역 또는 2,000만원 이하의 벌금형을 받게 된다. 육아휴직을 신청할 수 있는 자는 출산부모 뿐만 아니라 입양 또는 대리모까지 포함되며, 만 8세 이하 또는 초등학교 2학년 이하의 자녀는 친자 이외에 법률상 양자와 법률상 혼인관계뿐만 아니라 사실상 혼인관계로 인한 자녀까지 포함된다.[75)]

사용자가 육아휴직을 거부한 것을 제외하고는 사용자가 정당한 이유 없이 휴직처분을 한 경우에 적용되는 벌칙은 없으나,[76)] 부당휴직을 당한 근로자는 노동위원회에 그 권리구제를 신청하여 구제받을 수 있고 법원에 제소하여 사법적 구제를 받을 수 있다.

Ⅳ. 휴직의 효과

1. 휴직중의 법률관계

휴직중이라 하더라도 근로관계는 존속·유지되나 근로자의 주된 의무인 노무제공의무는 정지된다. 그러나 근로자의 부수적 의무인 비밀준수의무, 경업피지 의무는 유지된다.

2. 휴직 사유의 소멸과 복직

휴직기간 동안 잠정적으로 근로제공이 정지되는 것에 불과하기 때문에 휴직기간이 만료되거나 휴직사유가 소멸하면 사용자는 취업규칙 또는 단체협약에 정한 복직절차에 따라 근로자를 복직시킬 의무가 있다. 사용자가 정당한 이유 없이 근로자를 복직시키지 아니한 경우에는 부당한 인사처분에 해당된다.

근로자도 휴직사유가 소멸하거나 휴직기간이 만료하면 원직에 복귀할 의무가 있기 때문에 복직하지 아니한 경우에는 징계사유에 해당된다. 일반적으로 단체협약 또는 취업규칙에 근로자가 복직하지 않으면 자진 퇴직한 것으로 규정하고 있으나, 이는 당연퇴직사유에 해당되지 않고 해고사유를 규정한 것으로 해석해야 한다.[77)]

---

75) 하갑래, 근로기준법(전정제27판), 983면.

76) 종전 정당한 이유 없이 부당휴직을 한 사용자는 5년 이하의 징역 또는 3천만 원 이하의 벌금형이 적용되었으나, 2007. 4. 24. 근로기준법 개정으로 벌칙조항이 삭제되었다.

이 경우 해고의 정당성 여부는 근로자의 귀책사유 여부, 휴직사유의 소멸 여부, 회사 업무에 지장을 초래하는 정도 등을 종합적으로 고려하여 판단한다.

3. 임금지급 등의 제한

근로자는 휴직기간 동안 근로를 제공하지 않기 때문에 원칙적으로 정상적인 근로관계에서 받는 임금액을 감액하여 지급하는 것이 보통이다. 휴직기간 동안 임금지급 제한은 취업규칙·단체협약 등에 정한 바에 따르면 될 것이나, 별도로 정한 바가 없으면 다음과 같은 방법으로 임금을 지급하면 된다.

(1) 근로자의 신청에 의한 휴직은 그 귀책사유 또는 일신상의 사정으로 인한 것이기 때문에 원칙적으로 사용자는 임금을 지급할 의무가 없다. 다만, 육아휴직의 경우에는 「남녀고용평등과 일·가정양립지원에 관한 법률」과 「고용보험법」에 의하여 사업주는 고용유지비용의 일부를 지원받을 수 있고, 출산전후휴가기간 90일과 중복되지 않는 30일 이상의 육아휴직을 부여받은 근로자는 육아휴직급여를 받을 수 있다.[78)]

(2) 근로자의 귀책사유가 아닌 경영상의 이유로 한 휴직(재택근무)은 원칙적으로 근로기준법 제46조에 따라 휴업수당(평균임금의 70% 이상)을 지급해야 한다. 그러나 사용자가 경영해고를 회피하기 위한 수단으로 노사의 합의에 따라 순환휴직을 실시한 경우에 해당 근로자는 휴직기간 동안 임금을 지급받지 못한다 하더라도 근로관계를 계속 유지할 수 있으므로 사용자는 휴업수당을 지급하지 않아도 법 위반이 되지 않는다고 보아야 한다.

(3) 근로자의 귀책사유로 인한 징계휴직은 실질적으로 직위해제와 같은 것이므로 직위해제의 법리에 따라 임금지급 여부를 결정하면 무방할 것이므로 취업규칙 또는 단체협약에 정하는 바에 따라 임금을 감액 지급할 수 있다.[79)]

---

77) 대법원 1993. 11. 9. 선고 93다7464.

78) 육아휴직 중에 있는 근로자는 육아휴직 개시일 이전에 피보험단위기간이 180일 이상이고, 동일한 자녀에 대해서 피보험자인 배우자가 육아휴직을 부여받지 않고 있고, 육아휴직 개시일 이후 1월부터 종료일 이후 12개월 이내에 육아휴직급여를 신청하면 고용보험법 제55조의 2에 의한 소정의 육아휴직급여를 받을 수 있다.

79) 징계휴직은 직위해제처분과는 달리 근로자가 아예 출근하지 않는다는 면에서 사용자가 휴업수당을 지급해야 하는가의 여부가 문제될 수 있기 때문에 실무적으로는 직위해제처분하는 것이 바람직하다.

(4) 상여금의 지급기준이 근로자의 총 근속연수에 따라 차등 지급되는 경우에는 휴직기간을 그 근속연수에 포함시켜 상여금을 지급해야 한다. 그러나 상여금이 일정기간 동안 근로한 대가, 즉 출근성적에 따라 지급되는 경우라면 휴직기간 일수에 상응하여 상여금의 일부 또는 전부를 지급하지 않아도 법 위반으로 볼 수 없다.[80]

(5) 실질적으로 휴직기간 동안 근로자는 평상시보다 임금액이 감액되어 그 기간을 평균임금 산정을 위한 기간에 포함시킨다면 평균임금이 저하되어 근로자에게 불이익이 발생하기 때문에 그 기간을 제외하고 평균임금을 산정해야 한다(근로기준법 영§2).

4. 근속기간의 포함 및 해고의 제한

휴직기간은 근로자의 신분을 유지하는 것이므로 퇴직금·연차휴가산정을 위한 계속근로기간에 포함된다. 따라서 사용자는 휴직기간을 계속근로연수에 포함하여 퇴직금과 연차휴가일수를 산정해야 한다.

업무상 재해 또는 육아휴직 등의 사유에 의한 휴직의 경우에는 사업을 계속할 수 없는 불가피한 사유를 제외하고는 사용자는 합리적인 이유가 있다 하더라도 당해 근로자를 해고할 수 없다(근로기준법§23②). 그러나 근로자가 휴직기간이 만료될 때까지 휴직사유가 소멸되지 않거나 복직신청이 없는 경우에는 해당 근로자를 해고할 수 있으나, 근로관계를 유지할 수 없는 정당한 이유가 있어야 한다. 취업규칙에 복직신청이 없으면 당연 퇴직한 것으로 간주하는 규정은 당연히 근로관계가 종료되는 것이 아니고 해고할 수 있다는 의미이므로 복직신청이 없는 휴직근로자를 해고하기 위해서는 정당한 이유가 있어야 한다.[81]

V. 판례의 경향

대법원은 취업규칙·단체협약 등에 휴직사유를 규정하고 있더라도 휴직규정의 설정목적과 기능, 휴직명령권 발동의 합리성 여부 및 근로자가 받게 될 신분상·경제상의 불이익 등 구체적인 사정을 참작하여 근로자가 상당한 기간 동안 근로제공을 할

80) 하갑래, 근로기준법(전정제27판), 588면.
81) 대법원 1993. 11. 9. 선고 93다7464.

수 없거나 근로제공하는 것이 매우 부적당하다고 인정되는 경우를 휴직의 정당한 요건으로 인정하고 있다.[82] 그리고 취업규칙에 휴직사유가 소멸한 후 근로자가 복직원을 제출하지 않는 경우에 당연 퇴직사유로 규정하였더라도 근로관계가 당연히 종료되는 것이 아니라 해고사유를 정한 것으로 보아야 하므로 사용자가 근로계약관계를 종료하기 위해서는 해고절차에 따라 해당 근로자를 해고해야 한다는 입장을 보이고 있다.[83]

제6절 직위해제

Ⅰ. 의 의

직위해제는 근로자의 신분을 유지하면서 직위를 계속 유지시킬 수 없는 사유가 있는 경우에 직위를 부여하지 않는 사용자의 인사처분을 말한다.[84] 직위해제는 잠정적인 인사처분으로 보직의 해제이므로 직위가 부여되지 않고 복직이 보장되지 않는다는 점에서 휴직과 구별된다. 그러나 직위해제는 근로자의 신분을 유지하면서 직무를 수행하지 않고 근로자로서의 비밀 준수의무가 있다는 점에서 휴직과 비슷하고, 직위해제기간 동안 임금 전액이 지급되지 않는다는 점에서 정직과 그 성격이 유사하다. 직위해제는 휴업수당에서 말하는 휴업에 포함된다.[85]

---

82) 대법원 1992. 11. 13. 선고 92다16690.

83) 대법원 1993. 11. 9. 선고 93다7464.

84) 직위해제와 비슷한 인사처분으로서 대기발령이 있다. 대기발령은 새로운 업무 또는 징계를 위한 대기기간을 명하는 사용자의 인사조치로서 출근의무가 없고 근로를 제공하지 않는다는 점에서 직위해제와 구별되는 것이나, 판례와 기업실무에서는 양자를 엄격하게 구별하지 않고 혼동하여 사용하고 있다. 여기서는 대기발령을 포함하여 직위해제라는 용어로 통일하기로 한다.

85) 근로기준법 제46조 제1항에서 정하는 '휴업'에는 개개의 근로자가 근로계약에 따라 근로를 제공할 의사가 있는데도 그 의사에 반하여 취업이 거부되거나 불가능하게 된 경우도 포함되므로, 이는 '휴직'을 포함하는 광의의 개념인데, 근로기준법 제23조 제1항에서 정하는 '휴직'은 어떤 근로자를 그 직무에 종사하게 하는 것이 불가능하거나 적당하지 아니한 사유가 발생한 때에 그 근로자의 지위를 그대로 두면서 일정한 기간 그 직무에 종사하는 것을 금지시키는 사용자의 처분을 말하는 것이고, '대기발령'은 근로자가 현재의 직위 또는 직무를 장래에 계속 담당하게 되면 업무상 장애 등이 예상되는 경우에 이를 예방하기 위하여 일시적으로 당해 근로자에게 직위를 부여하지 아니함으로써 직무에 종사하지 못하도록 하는 잠정적인 조치를 의미하므로, 대기발령은 근로기

근로기준법 제23조 제1항은 「사용자는 근로자에게 정당한 이유 없이 해고, 휴직, 전직, 감봉, 그 밖의 징벌을 하지 못한다.」라고 규정하고 있을 뿐, 직위해제에 관한 명문규정을 두지 않고 있다. 그러나 기업에서는 인사관리 차원에서 인사규정 또는 취업규칙에 직무수행능력이 부족하거나 근무성적이 불량한 자 또는 근무태도가 극히 불량한 자 등을 직위해제 사유로 하고 이를 이유로 대기발령을 한 후 대기발령 기간이 경과하여도 직위해제 사유가 소멸하지 않으면 직권 면직하도록 하여 근로계약관계를 해지하고 있는 것이 노동관행이라고 할 수 있다.[86)]

사용자는 기업의 계속적인 활동을 유지하기 위해서는 노동력을 재배치하거나 그 수급을 조절하는 것이 필요 불가결하므로 직위해제를 포함한 인사명령은 원칙적으로 인사권자인 사용자의 고유권한에 속한다고 볼 수 있다. 따라서 직위해제를 포함한 인사명령은 업무상 필요한 범위 안에서 사용자에게 상당한 재량을 인정하여야 하므로 근로기준법 등에 위반되거나 권리남용에 해당하는 등의 특별한 사정이 없는 한 위법하다고 할 수 없다.[87)]

직위해제를 포함한 인사명령은 원칙적으로 인사권자인 사용자의 고유권한에 속하는 것이므로 업무상 필요한 범위 내에서 사용자에게 상당한 재량권이 인정되나, 근로기준법 제23조 제1항 및 신의칙에 따른 제한을 받는다.

Ⅱ. 법적 성격

대법원은 직위해제는 근로자의 일정한 사유로 인하여 장래에 있어서 해당 근로자가 계속 직무를 담당하게 될 경우 예상되는 업무장애를 예방하기 위하여 잠정적인 보직의 해제에 해당된다는 이유로 기업질서유지를 목적으로 하는 징계에 해당되지

준법 제23조 제1항에서 정한 '휴직'에 해당한다고 볼 수 있다. 따라서 사용자가 자신의 귀책사유에 해당하는 경영상의 필요에 따라 개별 근로자들에 대하여 대기발령을 하였다면 이는 근로기준법 제46조 제1항에서 정한 휴업을 실시한 경우에 해당하므로 사용자는 그 근로자들에게 휴업수당을 지급할 의무가 있다(대법원 2013. 10. 11. 선고 2012다12870).

86) 국가공무원법 제73조의 3은 직무수행능력이 부족하거나 근무성적이 극히 불량한 자, 파면·해임 또는 정직에 해당하는 징계의결이 요구 중인 자, 형사사건으로 기소된 자, 고위공무원단에 속하는 일반직 공무원으로서 적격심사를 요구받은 자를 직위해제 사유로 하고, 직위해제기간은 3개월을 초과하지 못하도록 규정하고 있다.

87) 대법원 2005. 2. 18. 선고 2003다63029; 대법원 2006. 8. 25. 선고 2006두5151; 대법원 2007. 5. 31. 선고 2007두1460.

않고,[88] 단체협약 등에 직위해제를 징계사유로 규정하고 있더라도 징계와는 별도로 업무명령으로서의 직위해제처분이 가능한 것으로 판단하고 있다.[89]

그러나 직위해제처분을 받은 근로자는 어떠한 직무에도 종사하지 못하게 될 뿐만 아니라 승급·승호·보수지급 등에 있어서 실질적으로 불이익을 받게 되고 일정한 경우에는 직위해제를 기초로 하여 직권면직 처분을 받을 가능성도 있다. 이러한 이유에서 직위해제는 사실상 불이익한 인사처분에 해당되는 것으로 보아야 한다. 그리고 직위해제 처분에 이은 자동면직은 사용자의 일방적 의사에 따라 근로계약관계를 종료시키는 것이므로 징계조치로서의 해고에 해당된다.[90] 판례는 근무수행능력의 부족을 이유로 직위해제 처분에 따른 직권면직은 통상해고로 해석하고 있다.[91]

판례는 일관하여 직위해제는 근로자의 일정한 사유로 인하여 장래에 있어서 해당 근로자가 계속 직무를 담당하게 될 경우 예상되는 업무장애를 예방하기 위하여 잠정적인 인사처분으로써 보직의 해제에 해당된다는 이유로 징계와는 성격이 다른 것으로 해석하고 있다. 그러나 직위해제 처분을 받은 근로자는 승급·승호·임금 등에서 실질적으로 불이익을 받게 되고 직권면직으로 이어질 가능성이 높기 때문에 불이익한 인사처분에 해당되고, 취업규칙·단체협약 등에 직위해제를 징계처분의 일종으로 규정한 경우에는 징계처분으로 보아야 한다.[92]

Ⅲ. 직위해제의 제한

1. 사유에 의한 제한

노동법상 직위해제 사유를 명문으로 규정한 것은 없으나, 판례는 ① 근로자의 직무수행능력이 부족하거나 근무성적 또는 근무태도가 불량한 경우, ② 근로자에 대한 징계절차가 진행 중인 경우, ③ 형사사건으로 기소된 경우, ④ 경영상의 이유로

88) 대법원 1996. 10. 29. 선고 95누15926; 대법원 2003. 10. 10. 선고 2003두5945; 대법원 2004. 10. 28. 선고 2003두6665; 대법원 2005. 11. 25. 선고 2003두8210; 대법원 2007. 5. 31. 선고 2007두1460.

89) 대법원 1997. 11. 25. 선고 96누13231; 대법원 2006. 11. 23. 선고 2006두11644.

90) 대법원 1995. 12. 5. 선고 94다43351; 대법원 2005. 11. 25. 선고 2003두8210; 대법원 2007. 5. 31. 선고 2007두1460; 대법원 2007. 9. 21. 선고 2006다25240.

91) 대법원 1989. 7. 25. 선고 88다카25595.

92) 도재형, 「직위해제에 이은 당연퇴직의 정당성」, 64면.

잉여인원이 발생한 경우 등을 직위해제 사유로 인정하고 있다.

1) 근무수행능력의 부족 등의 사유발생

직위해제는 직무수행능력 부족·근무성적 또는 근무태도가 불량한 근로자가 해당 업무를 수행할 경우에 업무상의 장애가 예상될 때 인정된다. 직무수행능력 등이 부족한가의 여부는 사용자가 판단할 수밖에 없으나, 직위해제처분은 임금 등에 있어서 불이익을 초래하기 때문에 어느 정도 객관성을 갖추어야 한다.

2) 징계절차가 진행 중인 경우

징계혐의로 징계절차가 진행 중인 근로자가 징계절차가 완료될 때까지 해당 업무를 계속 수행한다면, 업무의 질 저하·업무의 비효율성 등으로 조직에 악영향을 끼치게 된다. 따라서 징계절차가 진행 중인 경우에는 부득이 징계가 확정될 때까지 해당 근로자에게 잠정적으로 업무를 부여하지 않는 것이 일반적이다.

3) 형사기소 된 경우

근로자가 형사사건으로 기소되어 상당기간에 걸쳐 근로제공을 할 수 없는 경우에는 사용자의 직위해제처분은 정당하나, 구속취소로 석방된 경우에는 근로자가 상당한 기간에 걸쳐 근로제공을 할 수 없는 경우에 해당된다고 볼 수 없기 때문에 직위해제 사유에 해당되지 않는다. 따라서 근로자가 형사사건으로 기소된 경우에 모두 직위해제 사유에 해당되는 것이 아니고 당해 형사사건으로 상당기간 동안 근로를 제공할 수 없는 객관적인 사정이 있는 경우에 한하여 직위해제 사유가 된다고 해석해야 한다.[93]

4) 잉여근로자의 발생

경영상의 이유로 잉여 노동력이 발생한 경우에 직위해제의 사유로 삼을 수 있는가에 대하여 대법원은 「경영형편상 과원(過員)으로 인정된 근로자에 대하여 대기발령과 출근금지를 명할 수 있고, 출근금지기간 중 명에 의하여 출근하는 경우에는 기본급 또는 그에 준하는 임금만을 지급하도록 하는 취업규칙이 있는 경우에는 업

---

93) 근로자 직무와 관련하여 형사 기소된 경우에는 근로기준법 제23조 제1항에 의한 징계사유가 해당되기 때문에 형사기소에 따른 직위해제처분보다는 징계절차가 진행 중인 것을 이유로 직위해제 처분을 하는 것이 일반적이라고 할 수 있다.

무상 필요한 범위 안에서 이루어 진 것으로써 정당한 이유가 있는 인사대기처분이다.」라는 요지의 판례를 내놓고 있다.[94)]

그리고 하급심 법원은 「회사의 인원감축 및 기구개편 과정에서 이루어진 점, 기구개편과정을 거치면서 기술직 직원들이 특허출원 등을 직접 담당함에 따라 원고가 전담할 보직이 더 이상 필요 없게 된 것으로 보이는 점을 종합하여 보면, 직위해제는 인사규정에 근거한 것으로 그 상당성과 합리성이 인정된다 할 것이고, 비록 원고가 정리해고 대상에 포함되어 있음에도 자진하여 사직서를 제출하지 않은 것이 대기발령을 하게 된 계기가 되었다 하더라도 위법하다고 볼 수 없다.」라고 판단하고 있다.[95)]

2. 직위해제에 이은 직권면직의 제한

1) 직권면직의 정당성 판단기준

직위해제 처분을 이유로 한 직권면직 처분은 사용자의 일방적인 의사표시에 의하여 근로관계를 종료시키는 법률행위에 해당되는 것이므로 직위해제에 이은 직권면직처분이 정당화되기 위해서는 사회통념상 근로계약관계를 유지할 수 없을 정도의 사유가 존재하거나 직위해제기간 동안 해고사유가 확정되어야 한다.[96)]

사회통념상 당해 근로자와의 고용관계를 계속할 수 없을 정도인지의 여부는 당해 사용자의 사업의 목적과 성격, 사업장의 여건, 당해 근로자의 지위 및 담당직무의 내용, 비위행위의 동기와 경위, 이로 인하여 기업의 위계질서가 문란하게 될 위험성 등 기업질서에 미칠 영향, 과거의 근무태도 등 여러 가지 사정을 종합적으로 검토하여 판단하여야 한다.[97)]

2) 정당한 직권면직

직위해제 또는 대기발령을 받은 근로자가 그 기간 동안 능력의 향상 또는 개전의 정이 없다고 인정되는 경우에 징계위원회의 의결을 거쳐 이루어진 직권면직처분은

94) 대법원 2007. 2. 23. 선고 2005다3991.

95) 서울행정법원 1999. 6. 15. 선고 98구20024.

96) 대법원 1995. 12. 5. 선고 94다43351; 대법원 2002. 8. 23. 선고 2000두9113; 대법원 2004. 10. 28. 선고 2003두6665; 대법원 2007. 5. 31. 선고 2007두1460.

97) 대법원 2003. 7. 8. 선고 2001두8018; 대법원 2006. 11. 23. 선고 2006다48069; 대법원 2007. 5. 31. 선고 2007두1460.

정당한 해고이고,[98] 직위해제 처분사유의 하자는 직권면직의 사유에 승계되지 않는다고 하는 것이 판례의 태도이다.[99]

따라서 직위해제 처분사유가 정당한 경우에는 직위해제 기간 동안 능력의 향상이나 개전의 정이 없음을 이유로 한 직권면적 처분은 정당하다.

3) 부당한 직권면직

직권면직은 기업의 인사규정에 의한 직위해제 사유가 소멸되지 않았음을 근거로 하는 것이므로, 직권면직 사유의 부존재로 정당성이 없는 경우의 직권면직은 무효이다.[100]

3. 직위해제 기간의 제한

1) 원 칙

노동관계법은 직위해제기간을 규제하는 명문규정을 두고 있지 않으나,[101] 직위해제는 일정한 사유로 인하여 업무상 장애를 예방하기 위하여 직위해제 사유가 존속하는 동안 업무를 부여하지 않고 직위해제 사유가 소멸하면 업무를 부여하는 잠정적인 인사처분 이므로 직위해제기간은 직위해제 사유의 존속기간이 된다. 직위해제기간 동안 실질적으로 신분 및 근로조건에서 직위해제된 자에 불이익을 초래하는 인사처분에 해당되기 때문에 인사규정·취업규칙 등에 그 기간을 규정하고 있는데, 통상적으로 3개월을 한도로 규정하고 있다.

그러나 비록 인사규정·취업규칙 등에 규정된 직위해제 기간 이내라고 하더라도 직위해제 된 근로자가 근로를 제공하는 것이 부적당하지 아니함에도 사회통념상 합리성이 없을 정도로 장기간의 직위해제처분은 정당하다고 할 수 없다.[102]

2) 직무수행능력의 부족 등에 따른 직위해제기간

직무수행능력의 부족 또는 근무태도의 불량 등의 사유가 있는 경우에는 해당 근

98) 대법원 1995. 12. 5. 선고 94다43351; 대법원 2005. 11. 25. 선고 2003두8210.
99) 대법원 1970. 1. 27. 선고 68누10.
100) 대법원 1995. 12. 5. 선고 94다43351; 대법원 2007. 9. 21. 선고 2006다25240.
101) 다만, 국가공무원법 제73조의 3 제3항은 직위해제된 자에 대하여 3월을 초과하여 대기기간을 설정하지 못하도록 규정하고 있다.
102) 대법원 2007. 2. 23. 선고 2005다3991.

로자의 직무수행능력이 향상될 때까지 혹은 개전의 정이 있을 때까지 직위해제기간을 설정할 수 있다. 해당 근로자의 직무수행능력의 향상 또는 개전의 정이 있는가의 판단은 인사권자인 사용자가 결정하는 것이므로 매우 주관적인 가치판단이 개입될 수밖에 없다. 그러나 사용자가 해당 근로자의 직무수행능력이 향상되지 않았거나 개전의 정이 없다는 주관적인 가치판단을 가지고 무한정 직위해제기간을 허용하는 것은 신의칙에 반하거나 인사권의 남용에 해당된다. 따라서 직무수행능력의 부족 등을 이유로 한 대기발령은 사회통념상 합리성이 있는 기간으로 한정되어야 하나, 일반적으로 인사규정·취업규칙 등에 정한 직위해제기간이 그 한도가 된다고 보아야 한다.[103]

3) 징계절차 진행 중이거나 형사기소에 따른 직위해제기간

사용자는 업무상 장애를 예방하기 위한 목적으로 징계혐의가 있어 징계절차가 진행 중이거나 범법행위로 형사 기소된 근로자에 대하여 직위해제처분을 하고 업무를 부여하지 않는 것이 일반적이다. 징계절차가 진행 중인 근로자에 대한 직위해제 기간은 징계처분이 내려질 때까지이고,[104] 형사기소 된 경우에는 해당 근로자가 업무를 담당할 수 없는 합리적인 기간이 될 것이다. 그러나 범죄혐의 내용이 직장질서 위반에 따른 징계사유와 중복되어 징계절차가 진행 중인 경우에는 징계처분일까지가 직위해제기간이 된다.

4) 잉여근로자 발생에 따른 직위해제 기간

경영상의 사유로 업무를 담당할 수 없는 잉여근로자가 발생한 경우에 경영합리화를 위하여 사용자가 취할 수 있는 경영선택은 근로기준법 제24조에 따른 경영해고를 실시하여 기업을 유지하는 방법과 다른 기업에게 영업을 양도하거나 합병하는 방법이 있을 수 있다. 원칙적으로 경영상의 이유로 인한 잉여근로자에 대한 직위해제기간은 직위해제처분일로부터 경영해고일 또는 영업양도일 및 합병일까지이다.

이와 관련하여 판례는 「경영상의 이유에 따른 잉여근로자에 대한 직위해제는 업무상 필요한 범위 안에서 이루어진 것으로 정당성이 있다 하더라도, 소속 기업과

---

103) 직무수행능력의 부족 또는 근무태도의 불량 등으로 인한 직위해제기간은 장기간 설정하는 것은 사용자에게도 결코 유리한 것이 아니기 때문에 직위해제에 이은 직권면직 또는 근로기준법 제23조의 규정에 따라 해고조치를 하여야 할 것이다.

104) 대법원 2006. 11. 23. 선고 2006두11644.

다른 기업이 영업양도 계약을 체결한 후 직위해제 된 근로자와 양수회사 사이에 고용계약까지 체결한 경우에는 직위해제 사유는 소멸된 것으로 보아야 한다.」라고 판시함으로써 직위해제 기간을 영업양도 이후의 근로계약 체결, 즉 근로관계승계 일까지로 해석하고 있다.[105] 따라서 양수회사가 직위해제 된 근로자의 종전의 직위해제 조치를 그대로 유지하는 것은 특별한 사정이 없는 한 정당한 직위해제 사유로 볼 수 없다.

4. 절차에 의한 제한

직위해제는 근로자의 직무수행 능력 부족, 징계절차가 진행 중인 경우, 형사사건으로 기소된 경우 등으로 예상되는 업무상의 장애를 예방하기 위한 잠정적인 인사처분으로써 징계의 성질과는 다르기 때문에 취업규칙 등에 특별히 규정한 것이 없으면 직위해제 처분을 함에 있어서 징계에 관한 절차를 준수하지 않았다는 이유만으로 위법하다고 볼 수 없다는 것이 판례의 태도이다.[106] 그러나 직위해제가 원칙적으로 인사권자인 사용자의 고유권한이기는 하지만, 직위해제의 업무상 필요성과 근로자의 생활상 불이익과의 비교 형량 및 당사자와의 협의 등 노사관계에서 신의칙상 요구되는 절차는 준수하여야 한다.[107]

직위해제 이후 일정기간 내에 보직 또는 업무를 받지 못한 경우에는 직위해제에 이은 당연 퇴직(면직)하도록 규정한 인사규정 또는 취업규칙 등이 있는 경우에 사용자가 징계절차를 준수해야 하는가의 여부가 문제된다. 이에 대하여 법원은 직위해제의 사유가 정당한 이상 직위해제를 이유로 한 퇴직(면직)처분은 정당하고 징계절차를 별도로 지키지 않아도 무방하다는 입장을 보이고 있다.[108]

그러나 취업규칙·단체협약 등에 직위해제와 관련하여 사전절차를 거치도록 규정하고 있는 경우에는 사용자는 직위해제처분을 함에 있어서 그 절차를 준수해야 한다. 왜냐하면, 취업규칙·단체협약 등에 규정된 인사 절차규정은 해당 근로자에게 직위해제를 당하게 된 경위를 알리도록 하여 그에 대한 불복의 기회를 보장함과 동

105) 대법원 2007. 2. 23. 선고 2005다3991.

106) 대법원 2013. 5. 9. 선고 2012다64833.

107) 대법원 2000. 9. 1. 선고 99두7908.

108) 서울행정법원 2000. 12. 15. 선고 2000구21853; 대법원 1989. 7. 25. 선고 88다카25595; 대법원 2000. 6. 23. 선고 98다54960.

시에 인사권자로 하여금 직위해제 사유의 여부를 신중하고 합리적으로 판단하도록 함으로써 직위해제에 관한 인사권 행사의 적정을 기하려는데 있기 때문이다.[109] 그리고 직위해제를 이유로 한 면직처분은 실질적으로 근로기준법 제23조의 해고에 해당되는 것이므로 근로기준법과 취업규칙 등에 규정된 징계절차를 준수해야 할 것이다.

Ⅳ. 직위해제의 효과

직위해제 중인 근로자는 원칙적으로 출근의무가 있으나 일정기간 직무에 종사할 수 없고, 사용자는 직무수행능력이 부족하거나 근무성적이 극히 불량한 근로자에 대하여 일정기간 능력회복 또는 근무성적 향상을 위한 교육훈련 또는 특별연구과제의 부여 등 필요한 조치를 하고, 직위해제 사유가 소멸하면 즉시 그 직위를 부여해야 한다. 그리고 직위해제 기간에는 평상시의 정상근로를 전제로 한 임금보다 낮은 금액을 지급할 수 있다.

1. 직무수행의 정지

직위해제는 근로자에게 발생한 일정한 사유로 인하여 해당 근로자에게 직무를 수행하게 될 경우에 예상되는 업무상 장애를 예방하기 위하여 잠정적으로 직무를 수행하지 못하도록 하는데 그 목적이 있는 것이므로 직위해제처분을 받은 근로자는 직위해제 사유가 소멸되지 않는 한 직무를 수행할 수 없음은 당연하다.

2. 임금지급의 제한

직위해제처분을 받은 근로자는 회사에 출근하지 않거나 출근하더라도 직무를 수행하지 않기 때문에 정상근로를 전제로 하는 임금수준보다 낮게 지급할 수 있음은 당연하다. 노동법상 직위해제기간 동안 임금을 규제하는 명문규정이 없기 때문에 어느 정도의 임금을 지급할 것인가는 인사규정 및 취업규칙 등에서 사용자가 자율적으로 정할 수 있다. 그러나 직위해제처분을 받은 근로자는 직무를 수행하지는 않지만 기본적으로 근로계약관계가 성립하고 있고 근로제공 이외의 의무를 이행하고

---

109) 도재형, 「직위해제에 이은 당연퇴직의 정당성」, 65~66면; 동지 판례 대법원 1992. 7. 28. 선고 91다30729.

있는 점을 고려하면, 임금을 전혀 지급하지 않는 것은 사회통념상 용인될 수 없는 것으로 해석해야 한다.

판례는 일관하여 직위해제는 징계에 해당되지 않기 때문에 일사부재리의 원칙과 이중처벌금지의 원칙이 적용되지 않는다고 하는 입장을 견지하고 있다.[110] 따라서 사용자가 직위해제 기간 동안 취업규칙 또는 단체협약에 정하는 바에 따라 정상근로를 전제로 한 임금수준보다 낮은 금액을 지급한 경우라도 감급의 제한을 규정한 근로기준법 제95조에 위반되지 않는다. 그러나 직위해제의 사유가 소멸되었음에도 사용자가 해당 근로자에게 직무를 부여하지 않거나 직위해제처분이 무효인 경우에는 사용자의 귀책사유로 인하여 해당 근로자가 근로를 제공하지 못한 것이므로 사용자는 계속 근로하였을 경우에 받을 수 있는 임금과 직위해제기간 동안 지급받은 임금과의 차액을 지급해야 한다.[111]

문제는 직위해제기간 동안 임금이 감액 지급되는 것이 보통인데, 직위해제기간을 평균임금의 산정기간에 포함될 수 있는가의 여부이다. 이와 관련하여 대법원은 근로기준법 시행령 제2조 제1항에 규정된 평균임금의 계산에서 제외되는 기간을 제한적 열거규정으로 해석하여 직위해제기간 중 지급받은 임금액을 평균임금 산정기간에서 제외할 수 없으므로 퇴직금 산정 시 평균임금에 대기발령 전의 시간외 근로수당을 포함시킬 수 없다는 견해를 취하고 있다.[112] 정당한 직위해제에 이은 직권면직으로 이어지게 되는 경우에 해당 근로자는 직장을 상실할 뿐만 아니라 정상적인 근로를 제공한 것보다 평균임금이 낮아지기 때문에 퇴직금 산정에서 불이익을 감수할 수밖에 없다.

---

110) 대법원은 이중징계를 하여 일사부재리의 원칙이나 이중처벌금지의 원칙에 위배되어 그 징계처분이 무효로 되기 위해서는 ① 선행처분과 후행처분이 모두 법적 성질상 징계처분이어야 하고, ② 선행징계처분이 취소됨이 없이 유효하게 확정되어야 하고, ③ 선행처분과 후행처분의 징계혐의사실이 동일해야 할 것을 모두 갖추어야 한다고 판시하고 있다(대법원 2000. 9. 29. 선고 99두10902). 즉, 대법원은 징계에 해당되지 않는 직위해제와 징계에 해당되는 감봉처분은 동일성이 없다는 이유로 임금저하를 수반하는 직위해제는 근로기준법 제23조 제1항의 감봉처분으로 볼 수 없고 근로기준법 제95조의 감급액의 제재규정에 위반되지 않는 것으로 해석하고 있다.

111) 대법원 2007. 2. 23. 선고 2005다3991.

112) 대법원 2003. 7. 25. 선고 2001다12669.

3. 후속적인 인사조치의 실행

직위해제는 기본적으로 잠정적인 인사 조치이므로 일정기간이 경과하면 당연히 후속적인 인사 조치를 실행하여야 한다. 즉, ① 직무수행능력의 부족 또는 근무성적의 불량을 이유로 한 직위해제의 경우에는 그 사유가 소멸하거나 개전의 정이 있는 경우에는 원래의 직무를 부여하고 직무수행능력 등이 향상되지 않은 경우에는 직권면직 처분을 하고, 형사사건으로 기소되거나 징계절차가 진행 중임을 이유로 한 직위해제의 경우는 그 결과에 따라 적당한 징계처분을 하면 된다. 직위해제 사유가 소멸되었음에도 불구하고 사용자가 사회통념상 합리성이 없을 정도로 부당하게 장기간 직무를 부여하지 않으면, 그 직위해제처분은 무효이다.[113]

4. 출근의무 및 연구과제 등의 수행

직위해제는 본연의 업무를 수행하지는 않지만, 원칙적으로 회사에 출근하여 회사가 지시하는 교육훈련 또는 연구과제 업무를 수행하는 것이 일반적이다. 직위해제 기간 동안 교육훈련 또는 연구 과제를 부여하는 경우에는 해당 근로자가 업무수행능력이 현저히 부족한 경우에 부여되는 것이 보통이다. 그러나 일반 기업에서 직위해제는 특별한 경우가 아니면, 징계혐의 사실로 징계절차가 진행되는 동안 행해지고 출근하지 않는 것이 보통이므로 출근을 하거나 별도로 교육훈련 또는 연구 과제를 부여하는 경우는 매우 드물다.

직위해제처분을 받은 근로자가 사용자의 사전 동의를 받지 않고 출근하지 않고 사용자가 지시한 교육훈련 또는 연구 과제를 수행하지 않는 경우에 사용자는 직위해제와는 별도로 기업질서 위반을 이유로 하는 징계책임을 물을 수 있다.

V. 판례의 경향

직위해제는 근로자의 일정한 사유로 인하여 장래에 있어서 해당 근로자가 계속 직무를 담당하게 될 경우 예상되는 업무장애를 예방하기 위하여 잠정적인 보직의 해제에 해당된다는 이유로 징계로 보지 않으므로[114] 징계와는 별도로 직위해제처분

---

113) 대법원 2007. 2. 23. 선고 2005다3991.

114) 대법원 1996. 10. 29. 선고 95누15926; 대법원 2003. 10. 10. 선고 2003두5945; 대법원 2004. 10. 28. 선고 2003두6665; 대법원 2005. 11. 25. 선고 2003두8210; 대법원

이 가능한 것으로 해석하고 있는 것이 일관된 판례의 입장이다.115) 그러나 직위해제 처분에 이은 자동면직은 사용자의 일방적 의사에 따라 근로계약관계를 종료시키는 것이므로 해고로 판단하고 있다.116)

판례는 직위해제의 실질적인 요건으로써 ① 취업규칙에 정한 직위해제 규정의 설정 목적과 기능, 합리성 여부 및 그로 인하여 근로자가 받게 될 신분상 및 경제상의 불이익 등 구체적인 사정을 모두 참작하여 그 기간이 합리적인 범위 내에서 이루어질 것, ② 근로자가 상당한 기간에 걸쳐 근로의 제공을 할 수 없거나 근로제공을 함이 매우 부적당할 것, ③ 사회통념상 합리성이 있는 적정한 직위해제기간일 것을 제시하고 있다.117) 그리고 절차적 요건으로써 업무상 필요성과 그에 따른 근로자의 생활상 불이익과의 비교형량, 근로자와의 협의 등 대기발령을 하는 과정에서 신의칙상 요구되는 절차를 거칠 것을 요구하고 있다.118)

그리고 비록 직위해제기간 동안 임금이 감액 지급된다 하더라도 직위해제기간은 평균임금 산정기간에 포함시켜 퇴직금 등을 산정하여야 하고,119) 직위해제와 감봉처분은 동일성이 없다는 이유로 임금저하를 수반하는 직위해제는 근로기준법 제23조 제1항의 감봉처분으로 볼 수 없으므로 근로기준법 제95조의 감급액의 제재규정에 위반되지 않는 것으로 판단하고 있다.120)

Ⅵ. 문제점 및 개선방향

1. 문 제 점

판례는「직위해제는 직무수행능력이 부족하거나 근무성적 또는 근무태도 등이 불량한 경우, 근로자에 대한 징계절차가 진행 중인 경우, 근로자가 형사사건으로 기소된 경우 등에 있어서 당해 근로자가 장래에 있어서 계속 직무를 담당하게 될 경우

2007. 5. 31. 선고 2007두1460.

115) 대법원 1997. 11. 25. 선고 96누13231; 대법원 2006. 11. 23. 선고 2006두11644.

116) 대법원 1995. 12. 5. 선고 94다43351; 대법원 2005. 11. 25. 선고 2003두8210; 대법원 2007. 5. 31. 선고 2007두1460; 대법원 2007. 9. 21. 선고 2006다25240.

117) 대법원 2007. 2. 23. 선고 2005다3991.

118) 대법원 2000. 9. 1. 선고 99두7908.

119) 대법원 2003. 7. 25. 선고 2001다12669.

120) 대법원 1996. 10. 29. 선고 95누15926; 대법원 2000. 9. 29. 선고 99두10902; 대법원 2005. 11. 25. 선고 2003두8210; 대법원 2006. 8. 25. 선고 2006두5151 등.

예상되는 업무상의 장애 등을 예방하기 위하여 일시적으로 당해 근로자에게 직위를 부여하지 아니함으로써 직무에 종사하지 못하도록 하는 잠정적인 조치로서의 보직의 해제」를 의미하는 것이므로 징계와는 그 성질이 다르다고 전제하면서,[121] 직위해제처분 사유가 정당하고 그 사유가 소멸되지 않은 경우에는 직권면직 처분은 정당한 것이고,[122] 별도의 징계절차를 준수하지 않아도 무방한 것으로 판단하고 있다.[123] 그리고 직위해제기간도 평균임금의 산정기간에 포함되는 것이므로 해당 근로자가 직위해제에 이은 직권면직으로 근로관계가 종료된 경우에 평균임금이 낮아지게 되어 퇴직금이 낮아지는 불합리한 결과를 초래하고 있다.

이와 같은 판례는 직위해제처분이 징계절차 중이라는 이유로 한 직위해제는 별도의 징계절차를 통하여 해당 근로자에게 소명의 기회 등을 부여하고 있어 징계처분의 결과에 따르면 되는 것이기 때문에 근로자에게 그다지 불리하다거나 절차적 정의에 위반된다고 볼 수 없다는 점에서 일응 타당성이 인정된다. 그러나 직위해제 사유가 직무수행능력의 부족 등으로 인한 경우에도 별도의 징계절차 없이 해당 근로자의 직무수행능력이 향상되지 않았거나 개전의 정이 없다는 이유로 곧바로 직권면직이 유효하다고 인정하고 있는 것은 사용자에게 과도한 해고권을 부여한 것으로 근로자의 생존권을 제한하는 것이라고 할 수 있다. 그리고 직무수행능력의 향상이나 개전의 정이 있는가의 여부는 객관적으로 결정되는 것이 아니라 인사권자인 사용자의 주관적인 가치판단에 의하여 좌우되는 성격이 강하기 때문에 사용자의 주관적인 의사에 따라 해당 근로자가 직권면직되어 직장을 상실하는 위험을 초래한다.

그리고 판례는 경영상의 이유로 잉여인원이 있는 경우에도 직위해제 사유로 인정하고 있는데,[124] 이는 사용자가 경영해고의 요건을 거쳐 잉여인원을 감원하기 보다는 직위해제에 따른 직권면직을 선택할 가능성이 있기 때문에 실질적으로 근로기준법 제24조에 규정된 경영해고제한을 무색케 할 우려가 있다.

결국, 근무수행능력의 부족 등을 이유로 한 직위해제는 근로기준법상의 엄격한 해고제한 규정을 회피하기 위한 수단으로 악용될 소지가 있을 뿐만 아니라[125] 직위

121) 대법원 1996. 10. 29. 선고 95누15926; 대법원 2003. 10. 10. 선고 2003두5945; 대법원 2004. 10. 28. 선고 2003두6665; 대법원 2005. 11. 25. 선고 2003두8210; 대법원 2007. 5. 31. 선고 2007두1460 등.

122) 대법원 1995. 12. 5. 선고 94다43351; 대법원 2005. 11. 25. 선고 2003두8210 등.

123) 대법원 1996. 10. 29. 선고 95누15926.

124) 대법원 2007. 2. 23. 선고 2005다3991.

해제를 이유로 장기간의 대기발령은 잠정적인 인사처분이라고 하는 직위해제의 본질과도 부합되지 않는 문제가 있다.[126]

2. 개선방안

판례는 직위해제의 사유를 매우 포괄적으로 인정하면서도 직위해제 사유의 유형을 구분하지 않고 직위해제 사유가 정당하고 직위해제 사유가 소멸되지 않았다는 것을 근거로 직위해제에 따른 직권면직을 정당한 것으로 판단하는 것은 실질적으로 객관적인 사유와 절차를 거칠 필요 없이 사용자의 주관적인 의사에 따라 해당 근로자와의 근로계약관계를 해지하는 것을 인정하는 것과 다름이 없다. 따라서 징계절차가 진행 중인 사유가 아닌 그 외의 사유로 인한 직위해제에 따른 직권면직이 정당화하기 위해서는 근로기준법과 인사규정 및 취업규칙 또는 단체협약에 정한 징계절차 규정을 준수하도록 하는 입법적 개선과 판례의 변화가 필요하다. 왜냐하면, 직위해제 처분에 따른 직권면직은 실질적으로 근로기준법 제23조의 해고에 해당되는 것이므로 사용자가 해고에 관한 절차를 준수해야 함은 당연하기 때문이다.

그리고 판례가 경영상 이유로 한 잉여인원에 대해서도 직위해제 사유를 인정하고 있는 것은 사용자로 하여금 근로기준법 제24조에 의한 경영해고 절차를 준수하여 잉여인원을 감원하기 보다는 요건이 완화된 직위해제에 따른 직권면직을 선호할 가능성이 있으므로 근로자의 보호차원에서 근로기준법 제24조의 경영해고의 법리에 따라 해결하는 것이 타당하다고 생각한다. 왜냐하면, 근로자의 귀책사유가 아닌 사용자의 경영상 이유로 한 근로자의 감원 등은 경영해고의 법리에 따라 해결하는 것이 근로기준법의 입법체계와 부합하는 것이고, 만약 경영해고 사유에 해당됨에도 직위해제에 따른 직권면직으로 근로계약관계의 해지를 인정하게 되면 근로기준법상의 경영해고의 제한규정은 사문화될 가능성이 있을 뿐만 아니라 해당 근로자가 직위해제기간 동안 임금 등에서 불이익을 받게 되기 때문이다. 그리고 비록 경영상 이유로 인한 잉여인원을 직위해제 사유로 인정하더라도 근로자의 귀책사유가 없는 것이므로 직위해제기간 동안은 근로기준법 제46조를 준용하여 평균임금의 70%를 지급하도록 하는 것이 타당하다.

---

125) 직무수행능력의 부족 또는 경영상 이유로 감원계획의 일환으로 대기발령은 받은 자는 사용자의 사직강요로 받아들여 사직하는 경우가 많다.

126) 김철영, 「대기발령의 정당성의 한계」, 50면.

결국, 사용자가 근로기준법에 규정된 엄격한 해고의 기준을 회피하기 위한 수단으로 직위해제를 통한 직권면직을 악용할 소지가 충분히 있기 때문에 이를 예방할 수 있는 입법적 개선이 필요하다. 즉, 직무수행 능력의 부족 또는 근무태도의 불량, 조직개편 등으로 발생한 잉여인원을 이유로 한 직위해제는 일정한 합리적인 기간이 경과하였음에도 사용자가 직무를 부여하지 않는 경우에는 이에 대한 사유를 사용자가 입증하지 못하는 한 업무상 필요성이 있는 잠정적인 인사조치가 아닌 것으로 간주하도록 하는 입법적 개선이나 판례가 형성되어야 할 것이다.[127]

또한 직위해제 기간 동안은 임금이 평상시보다 낮을 뿐만 아니라 평균임금의 산정에 포함되기 때문에 평균임금이 낮아지게 되어 해당 근로자가 이중의 불이익을 받게 되므로 근로기준법 시행령 제2조 제1항에 직위해제 기간은 평균임금의 산정기간에 제외하도록 하는 입법적 조치가 있어야 할 것이다.

제7절 징 계

Ⅰ. 의 의

징계란 통상적으로 경영 질서를 유지하기 위하여 직장규율 질서를 위반한 근로자에 대한 제재벌로써 근로관계상 사용자의 불이익한 인사처분을 의미한다.[128] 사용자는 기업질서 유지권을 갖게 되고 근로자는 회사의 경영 질서를 준수할 의무가 있다. 경영목적의 달성을 목표로 하는 조직체로서의 기업은 기업의 존립과 사업을 원만하게 수행하기 위한 수단으로 근로자에 대한 징계는 필요불가결하다. 회사는 이러한 경영권에 기하여 기업질서를 유지하기 위하여 취업규칙 제정권·업무상 지시 및 명령권·경영 질서위반에 대한 조사권 등의 권한을 행사할 수 있고, 근로자가 기업질서를 위반한 경우에 그에 따른 제재로서 징계권을 행사할 수 있다.

그러나 국민의 생존권과 근로권의 보장을 지향하는 사회복지국가적 헌법질서 아래에서는 사용자의 일방적인 징계를 제한하는 노동보호법적 규제가 불가피하게 요청된다.[129] 근로기준법은 사용자의 징계권 남용을 방지하기 위한 장치로서 10인 이

127) 김철영, 「대기발령의 정당성의 한계」, 50~51면.
128) 菅野和夫(이정 역). 일본노동법(초판), 381면.
129) 권혁재, '판례를 통하여 본 해고사유', 근로관계소송상의 제 문제(상), 재판자료 제39

상의 근로자를 사용하는 사업 또는 사업장에서 징계처분을 규정할 경우 취업규칙에 그 제재에 관한 사항을 기재하도록 의무화하고(§93 11호), 사용자는 근로자에게 정당한 이유 없이 해고·휴직·정직·감봉·그 밖의 징벌을 하지 못하도록 하고(§23①), 감봉의 제재한도를 규제하고 있다(§95). 근로기준법은 징계요건을 구체적으로 규정하지 않고 있기 때문에 징계요건은 취업규칙에 정하는 것이 일반적인데, 취업규칙에 정한 징계요건을 충족한 경우라도 근로기준법 제23조의 정당한 이유가 없거나 신의칙 위반 또는 권리남용에 해당되는 경우에는 그 징계처분은 정당성이 상실된다.

Ⅱ. 법적 근거

징계권의 법적 근거가 무엇인가에 관해서는 ① 사용자의 고유한 권리로 보는 고유권설(인사·경영권설), ② 노사간의 집단적 합의에서 징계권을 도출하는 공동규범설, ③ 취업규칙에서 징계권을 도출하는 법규범설 등이 있다.

1. 학 설

1) 고유권설

단체협약 또는 취업규칙에 징계근거 규정이 없더라도 사용자의 기업질서 유지를 위한 인사경영권으로부터 당연히 징계권이 도출된다는 견해이다. 이 견해는 취업규칙 또는 단체협약에 징계근거 규정이 없더라도 사용자는 인사·경영권에 근거하여 징계할 수 있고, 취업규칙 등에 규정한 징계사유나 징계수단의 열거는 예시적인 의미로 해석해야 한다고 한다.[130]

2) 공동규범설

기업공동 질서를 유지하기 위한 징계는 사용자가 전단(專斷)적으로 제정·운영되어서는 안 되고, 단체협약과 같은 노사의 공동규범에 의하여 징계사유와 징계방법, 징계의 집행주체와 징계절차 등이 명확히 규정되어 있어야만 징계권을 행사할 수 있다고 하는 견해이다.[131] 이 견해는 사용자가 일방적으로 제정한 취업규칙 또는 경영권에 근거하여 행한 징계는 무효라고 한다.

집, 법원행정처, 1987, 265면.

130) 임종률, 노동법(제14판), 498면.

131) 김형배, 노동법(제24판), 593~594면.

3) 법규범설

노사관계를 지배하는 법규범인 취업규칙을 근거로 근로기준법에 규정된 소정의 징계요건을 갖춘 경우에 사용자는 징계권을 가진다고 하는 견해로서 다수설이다. 이 견해에 의하면 사용자는 징계사유와 수단을 취업규칙에 규정하여야만 징계할 수 있고, 취업규칙에 규정하지 않은 사유와 수단으로 징계할 수 없다고 한다.[132)]

2. 판 례

대법원은 「징계권은 기업운영 또는 근로계약의 본질상 당연히 사용자에게 인정되는 권한으로써 기업질서를 확립하고 유지하는데 필요하고 합리적인 것으로 인정되는 한 기업질서 위반행위에 대하여 근로기준법 등 관계법령에 반하지 않는 범위 내에서 그 위반행위에 대한 규율을 취업규칙으로 정할 수 있다.」라고 판시함으로써 징계권의 근거를 사용자의 고유권설에 두고, 징계의 정당성 근거는 법규범설에 두고 있다.[133)] 즉, 징계권은 기업질서를 확립·유지하기 위한 사용자의 고유권한이나, 그 징계권의 정당성은 관계법령에 위반되지 않는 범위 내에서 취업규칙에 정한 징계규정에 근거를 두고 있다.

3. 평 가

사용자는 기업을 유지·발전시키기 위해서 직장질서를 정립·유지할 권한을 당연히 가지고 있는 것이고, 근로자는 근로계약의 성질·내용상 당연히 직장질서를 준수할 의무가 있으므로 사용자는 직장질서를 위반한 근로자에 대하여 징계권을 행사할 수 있음은 당연하다. 그렇다고 하더라도 사용자가 그 고유권한으로 직장질서를 위반한 근로자에 대하여 제한 없이 징계권을 행사하는 것을 인정하게 되면 징계권의 범위가 지나치게 확대되어 근로자 보호라는 노동법의 이념에 반한다. 그리고 공동규범설은 단체협약에 징계규정을 두지 않은 경우에는 비록 근로자의 직장질서 위반행위가 있더라도 징계를 할 수 없기 때문에 징계권의 범위가 지나치게 축소되어 합리적인 기업질서의 확립·유지의 필요성을 충족시키지 못하고 있다는 비판을 면할

132) 이 견해에 대하여는 김유성, 노동법Ⅰ(초판), 261면; 임종률, 노동법((제14판), 511면; 박홍규, 고용법·근로조건법(제2판), 302면; 菅野和夫(이정 역). 일본노동법(초판), 383면.

133) 대법원 1994. 6. 14. 선고 93다26151; 대법원 1994. 9. 30. 선고 94다21337; 대법원 1999. 3. 26. 선고 98두4672; 대법원 2000. 9. 29. 선고 99두10902 등.

수 없다.[134)]

징계는 직장질서를 위반한 근로자에 대하여 사용자가 근로계약상 행할 수 있는 일반해고, 손해배상청구, 승격의 제한과 같은 보통의 수단과는 별개의 특별한 제재벌이므로 징계를 하기 위해서는 특별한 근거가 필요하다. 즉, 제재에 관한 사항을 취업규칙의 필수적 기재사항으로 규정한 근로기준법 제93조의 입법취지를 고려하면, 사용자가 특별한 제재로서의 징계를 하기 위해서는 죄형법정주의에 준하는 징계사유와 수단을 취업규칙에 미리 규정해야 한다고 본다.[135)]

요컨대, 징계의 사유와 수단을 취업규칙 또는 단체협약에 미리 규정하고 있어야만 사용자는 직장질서를 위반한 근로자를 징계할 권한이 있다고 보아야 하므로 법규범설이 타당하다.

Ⅲ. 징계의 종류

1. 견책(경고)

견책(경고)은 장래 기업질서 위반의 행위가 발생하지 않도록 주의를 주거나 시말서를 받는 형식으로 이루어지는 징계로써 가장 약한 징계에 해당된다.[136)] 견책(경고)은 근로자에게 직접적인 불이익이 발생하지는 않으나, 반사적으로 승진·인사고과에서 불리하게 작용한다.[137)]

문제는 견책처분을 받은 근로자가 시말서를 제출하지 않은 경우에 사용자가 이를 징계사유로 삼을 수 있는가의 여부이다. 시말서 제출거부를 인사고과에 반영할 수 있음은 별론으로 하고 사용자가 인격까지 지배하는 것은 아니므로 시말서의 제출여부는 근로자의 의사에 맡기는 것이 합리적이다. 따라서 시말서의 제출 거부를 별도의 징계사유로 할 수는 없다고 보아야 한다.[138)]

---

134) 김유성, 노동법 I (초판), 261면.

135) 동지 임종률, 노동법(제14판), 511면; 김유성, 노동법 I (초판), 261면.

136) 견책은 통상적으로 시말서를 제출하게 하고 장래에 대하여 징계하는 것을 말하고, 경고는 장래에 대하여 징계할 뿐 시말서의 제출을 요구하지 않는 것이므로 엄격하게 해석하면 견책과 경고는 구별된다.

137) 김유성, 노동법 I (초판), 265면; 김형배, 노동법(제24판), 595면.

138) 기존 판례는 취업규칙 등에 징계처분을 당한 근로자가 시말서를 제출하도록 규정되어 있는 경우 시말서의 제출거부는 그 자체가 사용자의 업무상 정당한 명령을 거부한 것으로써 징계사유에 해당되는 것으로 판단하고 있었다(대법원 1991. 12. 24. 선고 90

2. 감급(감봉)

감급(감봉)은 근무태만이나 직장규율 위반에 대한 제재로써 근로자가 실제로 제공한 근로에 대한 임금액에서 일정액을 공제하는 징계처분을 말한다. 임금은 근로자의 생계를 유지하는데 있어 가장 중요한 재정적 기반이 되는 것이기 때문에 근로기준법 제95조는 「취업규칙에서 근로자에 대하여 감급(減給)의 제재를 정할 경우에 그 감액은 1회의 금액이 평균임금의 1일분의 2분의 1을, 총액이 1임금지급기의 임금 총액의 10분의 1을 초과하지 못한다.」라고 규정함으로써 감급액의 한도를 규제하고 있다. 따라서 사용자는 1회의 징계혐의로 감봉징계처분을 하는 때에는 평균임금 1일분의 1/2를 초과할 수 없고, 수차례 걸쳐 감봉징계처분을 하는 때에도 1임금지급시기에 있어서 임금총액의 1/10을 최고 한도로 하는 감봉처분만 가능하다.[139)]

여기서 「임금총액」이라 함은 당해 임금지급기에 제재가 없었다면 실제로 지급되어야 할 임금액을 의미하는 것이므로 당해 임금지급기에 결근 또는 조퇴 등으로 임금이 삭감된 경우에는 삭감된 임금을 기준으로 산정한 임금총액의 1/10이 감봉액의 최고한도가 된다.[140)] 그런데 근로자의 귀책사유로 인한 징계처분 등의 부수적 결과에 따라 임금이 삭감된 경우에 감급액의 제재한도를 규정한 근로기준법 제95조에 위반되는가의 여부가 문제된다.

다12991; 대법원 1995. 3. 3. 선고 94누11767). 그런데 최근 판례는 "취업규칙에서 사용자가 사고나 비위행위 등을 저지른 근로자에게 시말서를 제출하도록 명령할 수 있다고 규정하는 경우, 그 시말서가 단순히 사건의 경위를 보고하는 데 그치지 않고 더 나아가 근로관계에서 발생한 사고 등에 관하여 '자신의 잘못을 반성하고 사죄한다는 내용'이 포함된 사죄문 또는 반성문을 의미하는 것이라면, 이는 헌법이 보장하는 내심의 윤리적 판단에 대한 강제로서 양심의 자유를 침해하는 것이므로, 그러한 취업규칙 규정은 헌법에 위배되어 근로기준법 제96조 제1항에 따라 효력이 없고, 그에 근거한 사용자의 시말서 제출명령은 업무상 정당한 명령으로 볼 수 없다." 판시하여 반성의 내용이 포함된 시말서 제출명령의 불이행을 정당한 징계사유로 보았던 입장에서 그 입장을 사실상 변경하였다(대법원 2010. 1. 14. 선고 2009두6605).

139) 예컨대, 1일 평균임금이 30,000원이고 월 임금액이 1,000,000원인 경우 1개의 징계혐의로 인한 감급액은 평균임금 30,000원의 반액인 15,000원을 초과할 수 없고, 여러 건의 징계혐의로 수차례에 걸쳐 감급한 경우는 월 임금 1,000,000원의 10%인 100,000원을 초과할 수 없다. 그리고 1개의 징계혐의로 3개월 동안 감급한 경우에도 감급 1회의 액이 1일 평균임금의 반액인 15,000원을 기준으로 3개월 동안 45,000원을 초과할 수 없다.

140) 민변, 변호사가 풀어주는 노동법Ⅰ, 504면.

첫째, 출근정지·휴직·정직 등의 징계처분으로 인한 임금수준의 저하는 해당 근로자가 징계의 결과 근로를 제공하지 못한 것에 기인한 것이므로 감급액의 제재한도를 초과하더라도 근로기준법 제95조의 위반으로 볼 수 없다.[141]

둘째, 징계처분의 수단으로서 정기승급에 있어서 불이익을 주는 승급정지는 이미 발생한 임금의 삭감이 아니라 같은 직무를 계속 담당하면서 같은 임금을 받게 되는 것이므로 근로기준법 제95조의 감급의 제재규정을 위반한 것으로 볼 수 없다.[142]

셋째, 직급·직위·호봉 등을 강등시키는 징계처분의 경우는 종전의 직무를 계속 맡고 있는지의 여부에 따라 근로기준법 제95조의 위반 여부를 판단하여야 한다. 즉, 종전 업무를 계속 유지하면서 임금만을 삭감하는 취지의 징계처분인 경우는 근로기준법 제95조의 위반이 되나, 직무를 변경하는 취지의 징계처분인 경우는 임금수준의 저하는 직무변경에 수반하는 결과에 의한 것이므로 근로기준법 제95조의 위반이라고 볼 수 없다.[143]

넷째, 직위해제로 인한 임금저하가 근로기준법 제95조의 위반 또는 일사부재리의 원칙에 위반되는가의 여부가 문제된다. 이에 대하여 대법원은 「예상되는 업무상의 장애 등을 예방하기 위하여 일시적으로 당해 근로자에게 직위를 부여하지 아니함으로써 직무에 종사하지 못하도록 하는 잠정적인 조치로서의 보직 해제를 의미하므로 과거의 근로자의 비위행위에 대하여 기업질서 유지를 목적으로 행하여지는 징벌적 제재로서의 징계와는 그 성질이 다르다.」라고 함으로써 근로기준법 제95조의 위반 또는 일사부재리의 원칙에 반하지 않는다고 판단하고 있다.[144]

3. 정직(출근정지)

정직(출근정지)은 일정기간 동안 출근을 금지하여 근로제공을 하지 못하게 하는 징계처분이다. 정직(출근정지)은 근로자가 근로를 제공하지 않는다는 점에서 근로제공을 전제로 하는 임금을 감액하는 감급(감봉)과 구별된다. 정직(출근정지)은 취업규칙·단체협약 등에 임금지급 규정을 둔 경우를 제외하고는 근로자가 근로를 제공하

141) 1983. 12. 30. 근기1451-3247.

142) 1966. 7. 14. 노정근 1455.

143) 1966. 7. 14. 노정근 1455; 1993. 3. 26. 근기 01254-467.

144) 대법원 1996. 10. 29. 선고 95누15926; 대법원 2005. 11. 25. 선고 2003두8210; 대법원 2006. 8. 25. 선고 2006두5151 등.

지 않기 때문에 사용자는 그 기간 동안 임금을 지급할 의무가 없으나, 근로자의 신분은 유지되므로 근속기간에는 포함된다.

4. 강등 및 강호

강등(降等)이란 직급이나 직위를 강등시키는 징계를 말하고, 강호(降號)란 호봉을 낮추는 징계를 말한다. 근로자가 강등의 징계처분을 받은 경우에 근로기준법 제95조의 감급액의 제재한도 규정이 적용되는가의 여부는 종전의 직무를 그대로 맡고 있는지의 여부에 따라 판단된다. 즉, 강등처분을 받은 근로자가 종전의 업무를 계속 유지하면서 임금만을 삭감하는 취지라면 근로기준법 제95조가 적용되나, 직무를 바꾸는 취지라면 임금삭감은 직무변경에 수반되는 결과이기 때문에 근로기준법 제95조가 적용되지 않는다. 다만, 직무변경이 책임과 의무 등에 있어서 종전 직무와 동일가치노동이라면 감급의 제재규정이 적용된다.[145] 그리고 강호의 결과 삭감되는 임금은 근로기준법 제95조의 감급의 재재한도를 초과할 수 없다.

5. 징계해고

징계해고는 근로자의 기업질서 위반행위가 사회통념상 근로관계를 유지할 수 없을 정도로 근로자의 책임 있는 사유에 해당하는 경우 사용자의 일방적인 의사표시로 근로관계를 종료시키는 징계처분으로 가장 중한 징계에 해당된다. 제8장 해고와 근로자보호 편에서 별도로 구체적으로 다루기로 한다.

Ⅳ. 징계권의 제한법리

1. 징계권 제한의 필요성

징계권은 기업의 질서를 유지하기 위한 필요불가결한 수단이지만, 근로자의 생존권을 침해하지 않는 범위에서 사용자에게 인정된 권리이다. 따라서 징계권은 ① 기업의 질서를 유지하기 위한 합리적인 목적범위에서 행사되어야 하고, ② 원칙적으로 취업규칙 등에 정한 징계사유의 범위 안에서 이루어져야 하고, ③ 취업규칙 등에 정한 권한 있는 징계기관에 의해 행사되어야 하고, ④ 일반적인 법 해석의 원칙에

---

145) 하갑래, 근로기준법(전정제27판), 589면.

따라 징계권이 행사된 경우에 한하여 그 정당성이 인정된다.

기업은 인적·물적 조직의 유기적 결합체로서 사업목적을 달성하기 위해서는 근로자들에게 일률적으로 적용할 수 있는 규율질서를 확립하고, 근로자가 이를 위반한 경우에는 징계를 할 필요성이 있다. 그러나 징계를 당하는 근로자의 입장에서 보면, 신분 또는 근로조건 등에서 불이익을 초래하는 것이기 때문에 규율질서 위반 정도와 균형을 잃은 사용자의 징계권 행사에 대해서는 제한할 필요성이 있다. 징계는 경영규율질서를 위반한 근로자에 대한 사용자의 질서벌이라는 점에서 일종의 권력적 작용에 해당된다. 따라서 사용자가 정당한 징계권을 행사하기 위해서는 그 법적 근거가 있어야 하고 근로기준법과 취업규칙 등에 정한 징계사유와 징계절차를 따라야 한다.[146)]

근로기준법 제23조 제1항에 규정된 "징계의 정당한 사유"는 신의칙이나 공서양속, 형평성(비례)의 원칙, 권리남용 금지의 원칙 등을 내포하고 있는 것이다. 따라서 취업규칙·단체협약 등에 징계사유와 징계절차를 규정하고 있다하더라도 당연히 그에 따른 징계처분이 정당한 것이 아니고 위의 원칙에 위반되는 경우에는 그 정당성이 상실된다. 일반원칙에 의한 징계권의 제한법리는 징계권남용 금지의 원칙, 형평성의 원칙, 상당성의 원칙 및 과잉징계금지의 원칙, 이중처벌금지원칙 등이 논의되고 있다.

2. 목적에 의한 제한법리

사용자는 기업의 원활한 존립과 운영에 필요불가결한 기업질서를 유지하기 위한 목적으로 징계권을 행사하여야 한다. 징계목적의 정당성 여부는 사업목적과 성격, 사업장의 여건, 당해 근로자의 지위 및 담당직무의 내용, 비위행위의 동기와 경위, 위계질서의 문란 위험성 등 기업질서에 미칠 영향 및 과거의 근무태도 등 여러 가지 사정을 종합적으로 고려하여 판단한다.[147)] 따라서 기업의 질서유지와 관계없는 근로자의 사생활이나 정당한 노동조합활동 및 정치활동을 한 것을 이유로 징계할 수

146) 대부분의 징계에 관한 정당성에 관한 이론은 해고를 중심으로 구성되어 있는 관계로 여기서는 징계의 정당한 요건으로서 징계사유, 징계절차, 징계수단에 대한 개괄적인 내용만 살펴보고 이에 대한 상세는 해고 편에서 다루기로 한다.

147) 대법원 1998. 11. 10. 선고 97누18189; 대법원 1999. 9. 3. 선고 97누2528,2535; 대법원 2002. 5. 28. 선고 2001두10455; 대법원 2003. 7. 8. 선고 2001두8018 등.

없다.[148)]

3. 절차에 의한 제한법리

1) 원 칙

근로기준법은 해고 이외의 징계에 대해서는 그 절차를 규정한 것이 없기 때문에 해고 이외의 징계처분 절차는 취업규칙 또는 단체협약에 정한 바에 따르는 것이 일반적이다.

취업규칙 등에 정한 징계절차를 위반한 경우에는 그 정당한 징계사유 여부와 관계없이 원칙적으로 그 징계처분은 무효로 해석해야 한다. 왜냐하면, 취업규칙 등에 징계처분절차를 규정한 이유는 징계대상자에게 소명의 기회 또는 이의절차 등을 통하여 징계대상자의 의견을 충분히 청취하여 신중한 징계처분을 하기 위한 것이므로 그 징계절차를 준수하지 못할 특별한 사정이 없는 한 사용자는 이를 준수할 의무가 있기 때문이다. 그리고 취업규칙 등에 징계절차를 규정한 것이 없더라도 사회통념상 공정한 징계절차에 필요한 사항은 피징계자에게 반드시 보장해야 한다.

취업규칙에 징계위원회에 출석하여 변명과 소명자료를 제출할 기회를 부여하도록 되어 있다면 그 통보의 시기와 방법에 관하여 특별히 규정한 바가 없다고 하여도 변명과 소명자료를 준비할 만한 상당한 기간을 두고 개최일시와 장소를 통보하여야 하며, 이러한 시간적 여유를 주지 않고 촉박하게 이루어진 통보는 징계규정이 규정한 사전통보의 취지를 몰각한 것으로서 부적법하다고 보아야 할 것인바, 징계위원회의 개최일시 및 장소를 징계위원회가 개회되기 불과 30분 전에 통보하였다면 이러한 촉박한 통보는 징계대상자로 하여금 사실상 변명과 소명자료를 준비할 수 없게 만드는 것이어서 적법한 통보라고 볼 수 없다.[149)]

2) 예 외

(1) 징계제한 절차 규정이 없는 경우

징계처분을 함에 있어서 취업규칙 등 징계혐의사실의 고지나 변명의 기회부여 등 징계절차를 규정하지 않은 경우에는 징계사유만 정당하다면 별도의 징계절차를 밟

148) 대법원 1994. 12. 13. 선고 93누23275.
149) 대법원 1991. 7. 9. 선고 90다8077.

지 않고 징계처분을 하여도 무방하다고 하는 것이 일관된 판례의 입장이다.[150] 더욱이 판례는 취업규칙에 소명기회부여 규정이 없는 경우에는 소명기회를 부여하지 않아도 무방한 것으로 해석하고 있다.[151] 그러나 취업규칙에 징계절차규정이 없다는 이유만으로 부당한 징계를 방치하는 것은 근로자를 보호하기 위한 기본정신에 반하는 것이므로 최소한 사회통념상 요구되는 소명기회는 부여해야 한다고 본다.[152]

(2) 단순·경미한 징계절차를 위반한 경우

법원은 취업규칙 등에 규정된 단순한 징계절차규정을 위반한 경우라도 징계사유가 정당한 한 그 징계처분은 유효한 것으로 판단하고 있다. 즉, 판례는 ① 인사위원회를 개최함에 있어서 당연직 위원인 사무국장이 징계대상자로 된 경우에 징계대상자가 징계위원으로 참여하는 것은 오히려 위 징계처분을 함에 있어서 인사위원회의 결의를 거치도록 한 취지에 반하고 공정한 징계권의 행사를 위하여 바람직스럽지 않다는 이유로 당연직 위원인 징계대상자를 제외하고 다른 이사 1인을 인사위원으로 위촉하여 징계의결을 한 경우,[153] ② 단체협약과 징계규정에 정한 징계위원의 구성과 의결방법이 다르게 규정되어 있는 경우에 징계규정은 단체협약을 보충하는 의미가 있으므로 단체협약에 정한 징계의결에 따라 징계대상자를 징계할 수 없는 특별한 사유로 인하여 부득이 사용자가 징계규정에 정한 징계의결 방식에 따라 징계의결한 경우,[154] ③ 사용자가 징계대상자에게 소명의 기회를 주었음에도 소명하지 않아 의견개진 없이 징계위원회를 개최한 경우,[155] ④ 징계과정에 절차위반의

---

150) 대법원 1993. 7. 13. 선고 92다42774; 대법원 1994. 9. 30. 선고 93다26496; 대법원 1995. 7. 14. 선고 95누11491; 대법원 1998. 11. 27. 선고 97누14132 등.

151) 대법원 1993. 7. 13. 선고 92다42774. 근로자에게 불이익한 징계처분을 할 때에는 변명할 기회를 부여하는 것은 당연히 요구되는 절차적 정의라고 할 수 있다. 따라서 취업규칙 등에 명문의 규정이 없더라도 징계혐의자에게 최소한의 소명기회를 부여하지 않은 징계는 무효로 보는 것이 타당하다. 그리고 사용자의 주도하에 이루어지는 고용종료에 관한 ILO 제158호 협약 제7조도 「근로자의 고용은 근로자의 행위 또는 근무태도와 관련하여 당해 근로자가 자신에게 불리한 혐의에 대한 변호의 기회를 갖기 이전에는 고용은 종료될 수 없다.」라고 규정하고 있음을 볼 때 대법원 판례는 변경되어야 한다(민변, 변호사가 풀어주는 노동법 I (개정3판), 170면).

152) 이병태, 최신노동법(제8전정판), 984면.

153) 대법원 1997. 12. 12. 선고 97누3637.

154) 대법원 1993. 7. 16. 선고 92누16508.

하자가 있더라도 재심 과정에서 보완되거나 치유된 경우[156] 등에 있어서의 징계처분은 정당한 것으로 판단하고 있다.

(3) 징계동의(합의)권을 남용한 경우

징계처분의 공정과 신중을 기하기 위하여 단체협약에 노동조합과 협의 또는 동의(합의)를 얻도록 징계처분의 절차를 엄격하게 규정하고 있는 경우가 있다. 인사권은 강행 규범에 저촉되지 않는 한 원칙적으로 사용자의 권한이라도 단체협약을 통하여 그 권한을 제한할 수 있는 것이므로 노동조합의 동의(합의) 절차를 거치지 않은 징계처분은 무효이다.[157] 그러나 사용자가 근로자의 징계처분에 대하여 노동조합의 동의 또는 합의를 얻으려고 최선의 노력을 다하였음에도 노동조합이 명백하게 징계사유에 해당됨에도 합리적인 이유도 없이 해당 근로자의 징계에 협의 또는 동의하지 않는 것은 권리남용에 해당되어 노동조합과 협의 또는 동의를 얻지 않고 해당 근로자를 징계할 수 있다.[158]

그러나 해고협의조항에 대하여 판례는 동의 또는 합의조항과는 달리 해고협의조항은 인사의 공정을 기하기 위하여 필요한 노동조합의 의견을 제시할 기회를 부여하고 노동조합으로부터 제시된 의견을 참고자료로 활용하는 의미로 해석하여 노동조합의 사전협의절차를 거치지 않은 징계해고라도 곧바로 해고의 정당성이 상실되지 않는다는 입장을 견지하고 있다.[159]

(4) 징계위원회의 구성을 변경할 만한 특별한 사정이 있는 경우

단체협약이나 취업규칙 등의 징계위원회 구성요건을 갖추지 않고 의결한 징계처분은 중대한 절차상 하자가 있는 경우에 해당되기 때문에 그 징계처분은 무효[160]이

155) 대법원 1993. 9. 28. 선고 91다30620; 대법원 2007. 12. 27. 선고 2007다51758.

156) 대법원 1999. 3. 26. 선고 98두4672; 대법원 2005. 11. 25. 선고 2003두8210.

157) 대법원 1992. 9. 25. 선고 92다18542; 대법원 1993. 8. 24. 선고 92다34926; 대법원 1993. 9. 28. 선고 91다30620 등.

158) 대법원 1993. 7. 13. 선고 92다45735; 대법원 1993. 7. 13. 선고 92다50263; 대법원 1993. 9. 28. 선고 91다30620; 대법원 1994. 6. 14. 선고 93다29167 등.

159) 대법원 1992. 6. 9. 선고 90다41477; 대법원 1992. 9. 25. 선고 92다18542; 대법원 1993. 4. 23. 선고 92다34940; 대법원 1995. 8. 11. 선고 95다10778 등.

160) 대법원은 최근 기업별 단위노동조합과 사용자가 체결한 단체협약에서 징계위원회를 노사 각 3명의 위원으로 구성하기로 정하면서 근로자 측 징계위원의 자격에 관하여 아무런 규정을 두지 않은 경우, 근로자 측 징계위원은 사용자 회사에 소속된 근로자에

나, 예외적으로 징계위원을 다른 사람으로 교체할 수밖에 없거나 징계대상자를 변론할 징계위원의 선정권을 포기한 것으로 볼 수 있는 특별한 사정이 있는 경우에는 징계위원회의 구성요건을 결한 상태에서 징계의결을 하였더라도 그 징계처분을 당연 무효로 볼 수 없다. 예컨대, ① 단체협약의 규정에 따라 노동조합에게 징계위원 선정권을 부여하였음에도 그 권리를 행사하지 않은 경우,[161] ② 당연직 징계위원이 징계대상자로 된 경우에 다른 사람을 징계위원으로 선임한 경우[162]에는 그 징계처분은 유효한 것으로 보아야 한다.

(5) 징계의결을 할 수 없는 특별한 사정이 있는 경우

단체협약 등에 징계위원회의 노사동수 구성, 징계위원 과반수이상의 찬성을 징계의결정족수로 규정한 경우에 이를 위반한 징계의결은 원칙적으로 중대한 절차상의 하자에 해당되어 무효이다. 그러나 근로자 측 징계위원이 아예 징계위원회에 불참하거나 참석하더라도 징계처분에 반대함으로써 징계의결정족수 요건을 갖추지 못하여 도저히 징계의결을 할 수 없는 사유가 있는 경우, 취업규칙 등에 규정된 다른 징계위원회의 의결정족수의 요건을 갖추어 징계의결하더라도 그 징계처분이 당연 무효로 되지 않는다.

3) 징계절차 위반과 징계처분과의 관계

취업규칙과 단체협약 등에 규정된 징계제한 절차를 거치지 않은 징계처분은 원칙적으로 무효이다. 그러나 원래의 징계처분이 징계제한 규정을 위반한 경우라도 재심을 통하여 그 절차 위반이 보완된 경우에는 그 절차위반의 하자는 치유된 것으로 본다.[163] 그리고 사용자가 징계제한 절차 위반 또는 징계수단(징계양정)이 과하였음을 스스로 인정하여 원래의 징계처분을 취소하고, 다시 적법한 징계 절차와 새로운

한정되고, 기업별 단위노동조합이 단체협약을 체결한 후 산업별 단위노동조합의 지부 또는 분회로 조직이 변경되고 그에 따라 산업별 단위노동조합이 단체협약상의 권리·의무를 승계한다고 하더라도, 노동조합의 조직이 변경된 후 새로운 단체협약이 체결되지 아니하였다면 근로자의 징계절차에는 기업별 단위노동조합일 때 체결된 단체협약이 그대로 적용되어야 하므로 징계절차에서도 근로자 측 징계위원은 사용자 회사에 소속된 근로자에 한정되어야 한다고 판시한 사례가 있다(대법원 2015. 5. 28. 선고 2013두3351).

161) 대법원 1997. 5. 16. 선고 96다47074.

162) 대법원 1997. 12. 12. 선고 97누3637.

163) 대법원 1993. 10. 26. 선고 93다29358.

징계사유를 추가하여 다시 징계할 수도 있다.[164)]

징계절차의 위반과 과다한 징계수단으로 원래의 징계처분이 취소되면, 소급하여 징계처분이 없는 것으로 되기 때문에 그 후 동일한 징계사유 또는 새로운 징계사유를 추가하여 징계처분을 하더라도 일사부재리의 원칙이나 신의칙에 반하지 않는다. 그러나 징계처분을 취소한 후 동일한 사유와 절차로 동일한 징계처분을 하는 것은 신의칙에 반한다.[165)]

4. 징계사유에 의한 제한법리

1) 원 칙

근로기준법 제23조 제1항은 「사용자는 정당한 이유 없이 해고, 휴직, 정직, 전직, 감봉, 그 밖의 징벌을 하지 못한다.」라고 규정하고 있으므로 근로자에 대한 사용자의 징계는 그 징계사유가 정당해야 한다. 여기서 「징계사유」란 사용자가 기업질서를 유지하기 위하여 근로자를 징계할 수 있는 사유를 말한다. 근로기준법은 정당한 징계사유가 구체적으로 무엇인가에 대해서는 명문규정을 두고 있지 않기 때문에 일반적으로 사용자는 취업규칙 등에 징계사유를 정하고 근로자의 경영 질서위반이 징계사유에 해당되는 경우에는 징계권을 행사하는 것이 보통이다.

그러나 취업규칙 등에 규정한 징계사유에 해당된다 하더라도 그 징계가 당연히 정당성을 가지는 것은 아니고, 기업질서를 유지하기 위하여 필요하고도 합리적 범위 내에서 이루어진 경우에만 그 정당성이 인정된다. 따라서 근로자가 사생활 영역에서의 비행이나 범법행위를 하였더라도. 기업의 사회적 평가 또는 신용에 중요한 영향을 미치는 등 기업질서에 대한 침해에 해당되는 경우에 비로소 정당한 징계사유로 인정된다.[166)]

그리고 징계는 근로자에게 불이익을 부과하는 징벌이기 때문에 징계사유는 행위규범으로 기능할 수 있도록 객관적이고 예측가능성이 있어야 한다. 왜냐하면, 징계사유가 불명확하다면 무엇이 금지되는 행위인지 예측할 수 없을 뿐만 아니라 나아가 그 준수를 통한 기업질서의 유지도 기대할 수 없기 때문이다.[167)] 또한 단체협약

---

164) 대법원 1994. 12. 27. 선고 94누11132; 대법원 1997. 5. 28. 선고 95다45903.

165) 이병태, 최신노동법(제8전정판), 985면.

166) 대법원 1994. 12. 13. 선고 93누23275.

167) 김유성, 노동법Ⅰ(초판), 262면.

은 취업규칙에 우선하는 효력이 있으므로 취업규칙에 정한 징계사유와 단체협약에 정한 징계사유가 충돌한 경우에는 원칙적으로 단체협약에 정한 징계사유를 적용해야 한다. 다만, 취업규칙에 정한 징계사유가 단체협약에 정한 것보다 근로자에게 유리하게 규정된 경우에는 취업규칙에 정한 징계사유가 적용되고, 단체협약에 반하지 않는 한 사용자는 취업규칙에 새로운 징계사유를 규정할 수 있다.[168]

2) 유형별 징계사유에 의한 제한법리

(1) 근무태만

근무태만이란 근로자가 정당한 이유 없이 소정의 근로일 또는 근로시간에 근로를 제공하지 않거나 근무성과가 현저히 낮은 경우를 말한다. 근무태만에는 일반적으로 무단결근, 지각·조퇴, 근무성적 불량, 직장이탈 등이 있는데, 징계처분 중에서 가장 많이 활용되고 있는 징계사유이다.

근무태만은 근로계약상의 채무불이행에 해당되지만 그것이 취업규칙에 정한 규율을 위반하거나 직장질서를 문란케 한 것으로 인정되는 경우에 비로소 징계사유가 된다. 근로자가 근로계약에 의하여 사용자에게 부담하는 근로제공의무를 이행하지 못한 것을 정당화하기 위해서는 사전 또는 사후에 사용자의 승인을 얻어야 하고, 근로자의 일방적인 통지에 의하여 근로제공의무의 불이행은 정당화될 수 없다.[169]

「무단결근」이란 근로자가 정당한 사유 없이 결근계를 제출하지 않고 근로계약에 정한 근로일에 사업장에 출근하지 않는 것을 말한다. 노동조합 전임자도 사용자와 기본적인 근로관계는 존재하므로 취업규칙 또는 단체협약 등에 특별한 규정을 두지 않거나 특별한 관행이 존재하지 아니한 경우에는 출퇴근에 대하여 취업규칙 등의 적용을 받게 되므로 결근계를 제출하지 않고 출근하지 않는 경우에는 무단결근에 해당되어 징계사유에 해당된다.[170] 취업규칙에 특별한 규정이 없다면, 사용자는 근로자의 무단결근을 이유로 징계처분과는 별도로 무단결근에 대한 임금을 공제할 수 있다.[171]

근로자가 정당한 사유 없이 지각·조퇴·작업거부를 한 경우에는 징계사유에 해당

---

168) 대법원 1993. 1. 15. 선고 92누13035; 대법원 1999. 3. 26. 선고 98두4672.

169) 대법원 2002. 12. 27. 선고 2002두9063.

170) 대법원 1995. 4. 11. 선고 94다58087.

171) 근로계약은 유상·쌍무계약을 본질로 하는 것이기 때문에 징계처분과는 별도로 무단결근 또는 유계결근에 대하여서는 임금을 공제할 수 있음은 당연하고, 임금공제는 감봉징계처분으로 볼 수 없다(무노동·무임금의 원칙).

된다. 정당한 사유가 있었는지의 여부는 지각·조퇴·작업거부의 시기·방법·원인·결과 등 구체적인 사정을 고려하여 판단해야 한다.

「근무성적 불량」이란 근로자에게 요구되는 근무상태가 다른 근로자에 비하여 현저히 낮아 사용자의 근무성적 향상 독려에도 불구하고 평소의 불량한 근무태도가 개선되지 않은 경우를 말한다. 근무성적 불량이 징계사유에 해당되는가의 여부는 해당 근로자의 지위, 보수, 근무능력, 다른 근로자의 근무성적, 회사의 경영실태 등의 여러 가지 조건을 종합적으로 고려하여 해당 근로자에게 요구되는 최소한의 직무능력이 결여되어 있는가를 기준으로 판단해야 하고, 사용자가 추상적·주관적인 판단에 따라 행한 징계처분은 정당성이 없다.[172)]

(2) 업무명령 위반

사용자의 정당한 업무명령을 위반한 근로자는 근로계약상의 근로제공의무 위반에 따른 채무불이행 책임과 동시에 업무명령 위반을 취업규칙 등에 징계사유로 규정한 경우에는 징계처분의 대상이 된다. 업무명령 위반에는 작업지시 위반, 연장·휴일근무 명령위반, 전직·출장명령 위반, 취업시간 중 착용한 리본제거지시 위반, 소지품 검사 불응 등이 있다. 사용자의 업무명령 위반에 대한 징계처분의 정당성은 ① 업무명령이 근로계약의 범위 내에서 유효한 것인가의 여부, ② 근로자가 업무명령에 복종하지 않은 것에 대한 부득이한 사유가 있었는가의 여부, ③ 업무명령 위반에 대한 징계처분이 상당한가의 여부에 따라 결정된다.[173)]

(3) 직장규율 위반

직장규율이란 사용자가 근로자의 근로제공이나 사업장 내에서 근로자의 일정한 행동을 제한하는 규율을 말한다. 근로자가 취업규칙 등에 정한 직장규율을 위반한 경우에는 징계할 수 있다. 전형적인 직장규율로서는 사업장 내에서의 음주·흡연·수면·도박, 횡령·배임, 절도·재물손괴, 폭행 기타 사적 활동의 금지 등에 관한 것이다. 직장규율 위반을 이유로 한 징계처분의 정당성은 ① 직장규율이 정당한 것인가의 여부, ② 직장규율을 위반한 동기, ③ 직장규율 위반의 정도, ④ 해당 근로자의 회사에 대한 공헌도 등을 종합적으로 고려하여 판단해야 한다.[174)]

---

172) 이병태, 최신노동법(제8전정판), 969면.

173) 이병태, 최신노동법(제8전정판), 971면.

174) 대법원 1991. 10. 25. 선고 90다20428.

(4) 회사의 명예·신용 실추행위 및 품위유지 위반

근로자가 사용자 또는 소속 회사의 명예와 신용을 실추시키거나 거래관계에 나쁜 영향을 미치는 행위를 하는 경우와 근로자로서의 품위유지의무를 위반한 경우에는 징계사유가 된다. 사용자나 소속 회사의 명예 등을 실추시킨 것을 이유로 한 징계처분이 정당화되기 위해서는 그 행위의 성질·경위 이외에 사업의 종류·규모, 경제계에서의 회사 지위 및 경영방침, 회사 내에서의 근로자 지위·직종 등 여러 가지 사정을 종합하여 회사의 사회적 평가에 미치는 악영향이 매우 중대하고 객관적으로 인식되는 경우이어야 한다.[175)]

근로자의 품위유지 의무는 업종·직종 및 직위에 따라 그 의무 정도가 다르기 때문에 그 특성에 따라 개별적으로 징계사유가 되는지를 판단해야 한다. 일반적으로 품위유지의무 위반이 징계사유로 될 수 있는 근로자는 일반근로자에 비하여 높은 도덕성이 인정되는 관리직이나 교직원 등이다.[176)]

대법원은 국민건강보험공단의 행정직 3직급으로 근무하던 근로자가 2회에 걸쳐 위 공단의 전 직원이 볼 수 있는 내부통신망의 자유게시판에 사용자의 업무방침에 대해 비판하고 특정인의 전보인사와 관련하여 타인의 명예를 훼손할 수 있는 글을 작성한 행위가 위 공단의 인사규정에 직원의 의무로 규정된 품위유지의무를 위반하여 징계사유에 해당하는지 여부에 대하여 "사내 전자게시판에 게시된 문서에 기재되어 있는 문언에 의하여 타인의 인격, 신용, 명예 등이 훼손 또는 실추되거나 그렇게 될 염려가 있고, 또 문서에 기재되어 있는 사실관계 일부가 허위이거나 표현에 다소 과장되거나 왜곡된 점이 있다고 하더라도, 문서를 배포한 목적이 타인의 권리나 이익을 침해하려는 것이 아니라 근로조건의 유지·개선과 근로자의 복지증진 기타 경제적·사회적 지위의 향상을 도모하기 위한 것으로서 문서 내용이 전체적으로 보아 진실한 것이라면 이는 근로자의 정당한 활동범위에 속한다."다고 판시하였다.[177)]

(5) 경력사칭

경력사칭이란 고의로 채용 시에 제출하는 이력서 등에 학력·직업경력·학생운동 경력·노동운동 경력·전과사실 등을 허위로 기재하는 것을 말한다. 경력사칭이 징계

---

175) 이병태, 최신노동법(제8전정판), 975면.

176) 대법원 2000. 10. 13. 선고 98두8858.

177) 대법원 2012. 1. 27. 선고 2010다100919.

사유에 해당되는가에 관하여 다수설[178]과 판례[179]는 경력은 「사용자의 근로자에 대한 신뢰관계나 기업질서유지 등에 영향을 주는 것이므로 경력사칭을 사전에 알았다면 채용하지 않았거나 적어도 동일한 조건으로 채용하지 않았을 것으로 인정되는 중요한 경력의 사칭은 정당한 징계사유에 해당되는 것」으로 판단하고 있다. 즉, 중요한 경력사칭은 신의칙 위반일 뿐만 아니라 노동력이나 근로자에 대한 전인격적 판단을 그르치게 한 결과 채용 후의 인력의 적정한 배치 등 기업의 질서나 운영에 지장을 초래할 우려가 있다는 점에서 정당한 징계사유가 된다고 보고 있다.

그러나 채용 시의 모든 경력사칭이 징계사유에 해당되는 것은 아니고, 정당한 징계사유로 인정되기 위해서는 ① 경력사칭이 신의칙에 반하는 것이어야 하고, ② 기업질서를 침해할 우려가 현존해야 하고, ③ 근로계약 체결 후에 상당한 기간이 경과되지 않아야 한다.[180]

(6) 기업비밀의 누설

취업규칙 등에 회사의 비밀누설을 징계사유로 정한 경우에 사용자는 해당 근로자를 징계할 수 있다.[181] 왜냐하면 근로자는 기업의 비밀을 누설하지 않을 근로계약상 성실의무를 부담하기 때문이다. 그러나 징계사유로 삼을 수 있는 비밀은 사업상 필요한 기업의 비밀에 해당되고 보호할 만한 가치가 있어야 한다.[182]

(7) 겸직(이중취업)

겸직 또는 이중취업이란 근로자가 사용자의 허락 없이 다른 사업장에 취업하거나 사업을 운영하는 것을 말한다. 근로자는 근로시간 이후에는 사용자의 구속에서 벗

---

178) 임종률, 노동법(제14판), 514~515면; 이병태, 최신노동법(제8전정판), 977면 이하; 하갑래, 근로기준법(전정제27판), 620면 이하; 菅野和夫(이정 역). 일본노동법(초판), 388면.

179) 대법원 1988. 2. 9. 선고 87누818; 대법원 1988. 12. 13. 선고 86다204; 대법원 1989. 1. 31. 선고 87다카2410; 대법원 1989. 3. 14. 선고 87다카3196; 대법원 1990. 12. 7. 선고 90다카23912; 대법원 1994. 8. 12. 선고 93누21521; 대법원 1999. 3. 26. 선고 98두4672 등.

180) 이병태, 최신노동법(제8전정판), 978면 이하.

181) 기업의 비밀을 누설하는 것은 기업의 공동 질서를 위반하는 것이 아니고 근로계약상 부수적인 의무인 성실의무를 위반한 것이라는 이유로 의사·간호사 등 전문직 근로자 이외에는 징계사유로 삼을 수 없다고 하는 반대의견이 있다(김형배, 노동법(제24판), 599면).

182) 이병태, 최신노동법(제8전정판), 981면.

어나 자유로이 생활할 수 있는 것이므로 겸직을 하였다는 이유만으로 당연히 징계사유에 해당되지는 않는다. 판례도 「회사의 기업질서 또는 노무통제를 문란케 할 위험이 없고, 근로제공에 대한 특별한 지장을 가져오지 않는 한 겸직은 징계사유에 해당되지 않는 것」으로 판단하고 있다.[183]

그러나 근로자의 겸직이 기업질서를 문란케 하거나 기업의 이익을 침해하는 등 합리적인 이유가 있는 경우에는 취업규칙에 규정된 겸직금지 조항을 이유로 징계할 수 있다.[184]

(8) 사업장 밖에서의 범법행위

일반적으로 취업규칙 등에 근로자가 사업장 밖에서의 범법행위로 체포·구금·기소·유죄판결 등을 선고받은 경우를 징계사유로 규정하고 있는 것이 보통이다. 그러나 사업장 밖에서의 범법행위가 곧바로 기업질서를 위반한 것으로 볼 수 없기 때문에 범법행위로 인하여 구속 등의 사유가 발생하였더라도 당연히 징계사유가 되는 것이 아니고, 소속 기업의 사업 활동에 직접적인 관련이 있거나 기업의 사회적 평가를 훼손할 염려가 있는 경우에 한하여 징계사유가 된다.[185]

사업장 밖에서의 범법행위를 징계사유로 할 수 있는가에 대하여 가장 문제되고 있는 것은 정치활동과 노동운동으로 인한 구속 또는 유죄판결을 받은 경우이다. 사업장 밖에서의 정치활동 또는 노동운동으로 근로자가 체포·구속되어 언론에 보도되었다 하더라도, 곧바로 기업의 신용·명예가 훼손되었다고 볼 수 없기 때문에 징계사유로 삼을 수 없다. 징계사유에 해당되는가의 여부는 기업의 규모, 동기·목적, 구속 근로자의 지위, 선고된 형벌 등을 종합적으로 감안하여 기업의 명예를 실추한 행위에 해당되는가를 기준으로 판단해야 한다. 그리고 근로자가 체포·구속되어 결근한 경우라도 곧바로 무단결근을 이유로 징계처분을 해서는 안되고, 체포·구속 전후의 근로자 측 대응, 기소의 유무 등을 참작하여 징계 여부를 결정해야 한다.

유죄판결을 받아 구속되어 정상적인 근로를 제공할 수 없는 사유가 발생한 경우에 사용자는 해당 근로자를 징계할 수 있다. 여기서 「유죄판결을 받은 자」란 근로제공이 불가능한 신체의 구속 상태가 해소되지 아니하는 내용의 유죄판결을 받은 자

183) 서울행정법원 2001. 7. 24. 선고 2001구7465.
184) 이병태, 최신노동법(제8전정판), 981면; 김형배, 노동법(제24판), 599면.
185) 이병태, 최신노동법(제8전정판), 982면.

만을 의미하는 것이 아니고 유죄판결을 받은 모든 근로자를 말하며,[186] 유죄판결은 1심의 유죄판결을 의미하는 것이므로 반드시 상급심의 유죄확정판결을 의미하지 않는다.[187]

(9) 위법쟁의행위

정당한 쟁의행위는 민형사상의 책임이 면제되는 것이므로 사용자는 정당한 쟁의행위를 이유로 징계할 수 없음은 당연하다. 그러나 위법한 쟁의행위에 참가하는 근로자를 징계할 수 있는가에 대하여 견해의 대립이 있으나, 다수설과 판례는 징계책임을 긍정하고 있다. 즉, 다수설[188]과 판례[189]는 쟁의행위가 헌법상 보장된 노동3권을 실현하기 위하여 노동조합이 기획·주도한 집단적 사실행위라 하더라도, 쟁의행위에 참여한 개개 근로자에 대하여 어떠한 징계책임을 물을 수 없다고 하는 것은 근로관계의 형평성에 반하는 것이므로 쟁의행위에 참가한 개별근로자에 대한 징계처분은 불가피하고, 쟁의행위는 노동조합의 주도로 행해지는 것이므로 위법쟁의행위를 주도한 조합간부도 징계책임을 부담할 수밖에 없다고 보고 있다.

그러나 쟁의행위에 참가한 개별근로자는 당해 쟁의행위의 위법성 여부에 대하여 판단하기가 곤란한 경우가 일반적이므로 쟁의행위가 위법하다는 것을 알고 있음에도 불구하고 참여한 경우가 아닌 한 참여한 쟁의행위가 위법하다는 것을 알지 못한 경우에도 징계책임을 묻는다면 이는 부당하고 사실상 조합활동을 제약하는 것이 될 것이다. 주로 기업별 노동조합의 형태가 주류를 이루고 있는 우리나라의 경우에는 위법쟁의행위가 있었다는 이유만으로 제한 없는 징계책임을 인정한다면, 노동조합의 조직력을 약화시켜 노동3권의 행사가 위축될 수밖에 없으므로 위법쟁의행위에 이르게 된 귀책사유가 노동조합보다는 사용자에게 더 많거나[190] 위법쟁의행위로 징계하지 않겠다는 노사간에 면책약정이 있는 경우[191]에는 징계책임을 물을 수 없는 것으로 보아야 한다.

---

186) 대법원 1997. 5. 23. 선고 97다9239.
187) 대법원 1993. 2. 29. 선고 92다22206.
188) 이병태, 최신노동법(제8전정판), 365면; 임종률, 노동법(제6판)(제14판), 250~251면; 이상윤, 노동법(제3판), 748면; 김형배, 노동법(제24판), 1047면.
189) 대법원 1991. 7. 12. 선고 90다9353; 대법원 1994. 3. 25. 선고 93다32828.
190) 대법원 1991. 7. 12. 선고 90다9353.
191) 대법원 1992. 7. 28. 선고 92다14786; 대법원 1993. 5. 25. 선고 92다19859.

(10) 기타의 징계사유

회사의 경영 질서를 유지하기 위해서는 근로자들의 엄격한 근무기강의 확립이 요구된다는 점에서 직장 동료 또는 상사 등에 대한 폭행·폭언행위는 징계사유에 해당된다. 그러나 이와 같은 폭력행위는 다양한 모습과 동기로 발생하는 것이 보통이므로 폭력행위를 이유로 한 징계의 정당성은 그 행위의 동기와 경위 등 전후의 사정을 종합하여 징계권의 남용에 해당되는가의 여부를 판단해야 한다.

그리고 근로자의 업무상 횡령·절도·배임·금품수수는 소속 회사에 대한 범죄행위로 근로계약상 중대한 성실의무 위반에 해당되므로 특별한 사정이 없는 한 액수의 다과를 불문하고 징계사유에 해당된다. 특히, 다른 징계사유와는 달리 근로자의 횡령 등 업무와 관련된 범죄행위는 사용자의 수익을 감소시켜 종국적으로 회사의 경영상황을 악화시키거나 사용자의 경영판단에 착오를 불러일으킬 수 있다는 점에서 그 액수의 다과를 불문하고 정당한 징계사유로 인정된다. 판례는 횡령·배임·절도 등의 대상이 회사의 본질적인 수입원과 연결되어 있는 운수회사, 용역회사 등에 폭넓게 징계사유로 인정하고 있는 경향을 보이고 있다.[192]

5. 법해석의 원칙에 의한 제한법리

1) 의 의

근로자에 대한 사용자의 징계처분이 정당하기 위해서는 일단 법률과 취업규칙 및 단체협약에 정한 징계사유와 징계절차에 따라 행해져야 한다. 그러나 취업규칙 등에 정한 징계사유와 징계절차를 준수한 징계처분이라도 당연히 징계처분이 정당한 것은 아니고, 일반적인 법 해석의 원칙에 적합해야 한다.

근로기준법 제23조 제1항에 규정된 「징계의 정당한 사유」는 신의칙이나 공서양속, 형평성(비례)의 원칙, 권리남용금지의 원칙 등이 내포된 것이다. 따라서 취업규칙 등에 징계사유와 징계절차를 규정하고 있다하더라도 당연히 그에 따른 징계처분이 정당한 것이 아니고 징계권 행사의 제 원칙에 위반되는 경우에는 그 정당성이 상실한다.[193] 일반원칙에 의한 징계권의 제한법리는 징계권남용 금지의 원칙, 형평성의 원칙, 상당성의 원칙 및 과잉징계금지의 원칙, 이중처벌의 금지원칙 등이 논의

192) 대법원 1990. 11. 23. 선고 90다카21589; 대법원 1990. 11. 23. 선고 90다카21589; 대법원 1997. 7. 8. 선고 96누6431.

193) 권혁재, 전게논문, 307면.

되고 있다.

2) 징계권 남용금지의 원칙

(1) 의 의

징계권 남용금지의 원칙이란 동일한 징계사유에 대하여 어떠한 징계처분을 선택할 것인가는 징계권자인 사용자의 재량에 속하는 것이지만, 징계사유와 징계처분 사이에 사회통념상 상당한 정도의 균형이 상실된 경우에는 징계권의 범위를 일탈한 것으로 그 징계를 무효로 해석하는 원칙을 말한다.[194] 특히, 징계해고는 임금을 유일한 생계수단으로 하는 근로자의 생존을 위협하는 가장 중한 인사처분에 해당된다. 따라서 형식상 취업규칙·단체협약에 정한 징계 해고사유에 해당되는 근로자의 귀책사유가 있다 하더라도 제반 사정을 종합적으로 고려하여 해고할 수밖에 없는 근로자의 중대한 귀책사유가 있어야만 해고의 정당성이 인정된다.

(2) 징계권 남용 여부의 판단기준

취업규칙·단체협약에 징계사유로 규정되어 있더라도 비위행위 등 근로자의 책임있는 귀책사유, 즉 징계사유의 경중(輕重)과 징계처분 사이에 사회통념상 상당하다고 인정되는 균형을 유지하여야 한다. 따라서 비록 취업규칙·단체협약에 정한 해고사유에 해당되는 근로자의 귀책사유가 있다 하더라도 해고보다 가벼운 징계를 하는 것이 적정함에도 해고처분을 하는 것은 해고권을 남용하여 사용자가 그 행사 범위의 한계를 일탈한 것으로 무효로 된다.[195] 그러나 근로자의 과거 징계전력의 유무 등을 참작하여 당해 징계사유보다 한 단계 높은 수위의 징계처분을 하거나 낮은 징계처분을 하는 것은 징계권 남용에 해당되지 않는다.

징계권 남용 여부의 판단기준에 관하여 대법원 판례는 "취업규칙이나 상벌규정에서 징계사유를 규정하면서 동일한 사유에 대하여 여러 등급의 징계가 가능한 것으로 규정한 경우에 그 중 어떤 징계처분을 선택할 것인지는 징계권자의 재량에 속한다고 할 것이지만, 이러한 재량은 징계권자의 자의적이고 편의적인 재량이 아니며 징계사유와 징계처분 사이에 사회통념상 상당하다고 인정되는 균형의 존재가 요구되므로 경미한 징계사유에 대하여 가혹한 제재를 과하는 것은 징계권 남용에 해당

194) 김유성, 노동법 I (초판), 265면.
195) 민변, 변호사가 풀어주는 노동법 I (개정3판), 215면; 김유성, 노동법 I (초판), 265면.

된다."고 판시하고 있다.[196)]

(3) 판례의 경향

대법원은 「동일한 징계사유에 대하여 여러 등급의 징계처분이 가능한 것으로 취업규칙 등에 규정되어 있는 경우에 어떠한 징계처분을 선택할 것인지는 사용자의 재량에 속하는 것이지만, 이러한 재량은 징계권자의 자의적이고 편의적인 재량이 아니며 징계사유와 징계처분 사이에 사회통념상 균형」을 징계권 남용의 판단기준으로 제시하면서 구체적인 사안별로 징계권 남용 여부를 판단하고 있다.[197)]

구체적으로 판례는 상당한 이유 없이 근로자를 기능직→사무직→기능직으로 수차례에 걸쳐 수시로 전직처분을 한 후 다른 기능직 근로자와 차별하여 연장근로를 시키지 않음으로써 수입이 감소된 것에 대한 시정요구 수단으로 5일간 작업거부를 이유로 한 해고,[198)] 다년간 성실하게 근무하여 온 근로자가 신정휴무기간에 감시근무자로 자원 출근하여 도난·화재예방 등의 업무를 수행하다가 교대시간을 얼마 남겨 놓지 않은 상태에서 음주 후 잠을 잔 행위를 이유로 한 해고,[199)] ③ 상사에 대한 근로자의 폭행이 상사의 선제적인 폭행으로 유발되어 해당 근로자와 상사가 각각 전치 4주·10일간의 상해를 입었다는 이유로 한 해고,[200)] 동종의 직무상 부정행위에 가담한 다른 동료근로자에 대한 징계처분보다 지나치게 가혹하게 행한 해고처분[201)] 등은 해고권의 남용에 해당되는 것으로 판단하고 있다.

(4) 평 가

근로기준법 제23조 제1항은 「정당한 사유 없이 해고·휴직·정직·감봉·그 밖의 징벌을 하지 못한다.」라고만 규정하고 있을 뿐이고, 구체적인 징계사유와 징계의 범위에 대해서는 취업규칙 또는 단체협약에 포괄적으로 규정하고 있는 것이 보통이다. 사용자는 이러한 징계규정에 따라 징계사유가 발생하면 해당 근로자의 기업질서 위반 정도를 참작하여 적정한 징계권을 행사하게 된다.

그러나 취업규칙 등에 징계사유를 포괄적으로 규정하고 있기 때문에 사용자가 징

196) 대법원 2008. 1. 31. 선고 2005두8269.
197) 대법원 1991. 12. 13. 선고 90다18999; 대법원 2008. 1. 31. 선고 2005두8269.
198) 대법원 1991. 5. 28. 선고 90다8046.
199) 대법원 1991. 10. 25. 선고 90다20428.
200) 대법원 1992. 2. 11. 선고 91다25109.
201) 대법원 1994. 5. 24. 선고 93다26854.

계사유의 정도와 징계수위 사이에 균형을 상실할 정도의 과중한 징계권을 행사할 우려가 있다. 따라서 비록 취업규칙 등에 규정된 징계요건을 충족한 경우라도 사용자가 그 징계권을 남용한 경우에는 그 징계처분은 사법상 무효로 해석해야 한다.

요컨대, 징계처분은 사업 내 질서 위반행위에 대한 특별 예방적 관점에서 당해 위반행위자에 대한 반성을 촉구하는 한편, 다른 근로자에게 경고가 되도록 하는 일반 예방적 기능을 수행하는 것이므로 그 징계처분의 종류와 정도는 이러한 목적에 따라 합목적으로 이루어져야 한다.[202)]

3) 상당성의 원칙 및 과잉징계금지의 원칙

이 원칙은 징계수단은 징계사유에 해당하는 비위행위의 종류, 정도, 반복성, 직장질서에 미치는 영향 등에 비추어 상당한 것이어야 하고, 과잉징계에 해당되지 않아야 한다는 징계제한의 원칙을 말한다.[203)] 예컨대, 사용자의 경위서 제출거부에 대하여 가장 중한 징계해고를 하거나 익숙하지 못한 새로운 직장에서 안정과 적응기간을 고려하지 않고 단지 일시적인 근무성적 저하 등을 이유로 징계해고하는 것은 정당한 징계로 인정되지 않는다.

상당성의 원칙 및 과잉징계금지의 원칙에 해당되는가의 여부는 사용자의 사업목적과 성격, 사업장의 여건, 당해 근로자의 지위 및 담당직무의 내용, 비위행위의 동기와 경위, 이로 인한 기업위계질서의 문란위험성 등 기업질서에 미칠 영향, 과거의 근무태도 등 여러 가지 사정을 종합적으로 검토하여 판단해야 한다.[204)]

4) 이중징계금지의 원칙

(1) 의 의

이 원칙은 사용자가 동일한 징계사유로 이중징계를 하는 것은 일사부재리의 원칙 또는 이중처벌금지의 원칙에 위배되어 무효가 된다는 징계제한의 원칙을 말한다. 원래 이중처벌금지의 원칙은 범죄에 대한 국가의 형벌권 실행으로서 동일한 범죄행

---

202) 이승욱,「징계처분의 범위와 한계」, 133면.

203) 임종률, 노동법(제14판), 516면.

204) 도재형, 노동위원회 패소사례분석(2000. 1. 1.~2005. 4. 30.), 118면. 이와 관련된 판례는 대법원 1992. 5. 12. 선고 91다27518; 대법원 1994. 1. 11. 선고 93다49192; 대법원 1995. 4. 25. 선고 94누13053; 대법원 1995. 5. 26. 선고 94다46596; 대법원 1998. 11. 10. 선고 97누18189; 대법원 1998. 5. 22. 선고 98다2365; 대법원 2002. 5. 28. 선고 2001두10455 등이 있다.

위로 이중처벌을 금지하는 이론이나, 징계해고도 형벌과 마찬가지로 징계 대상 행위를 한 근로자를 기업공동체에서 배재하는 방법에 의하여 사업장 질서를 유지한다는 점에서 유사하고, 근로기준법 제23조 제1항의 징벌적 징계처분에 대해서는 형벌과 유사하게 엄격한 통제가 요구된다는 의미에서 사용자의 징계처분에 있어서도 이중처벌금지의 원칙이 적용되어야 한다고 한다.[205)]

(2) 이중징계의 요건

이중징계에 해당되기 위해서는 ① 선행처분과 후행처분이 모두 법적 성질상 징계처분에 해당되어야 하고, ② 선행징계처분이 무효·취소됨이 없이 유효하게 확정되어야 하고, ③ 선행징계처분과 후행징계처분이 동일한 징계혐의사실을 대상으로 해야 한다.[206)]

따라서 노동위원회에서 징계처분이 정당하다고 판정한 동일한 사안에 대하여 사용자가 다시 높은 징계처분을 하거나 다른 형태의 징계처분을 하는 것은 일사부재리의 원칙 또는 이중처벌의 금지원칙에 위배되어 당해 징계처분은 무효가 된다. 다만, 판례는 「집행유예 이상의 형이 확정되었음을 이유로 한 당연 퇴직처분과 징벌적 제재인 정직처분은 그 성질을 달리하므로 당연 퇴직처분이 일사부재리 또는 이중처벌금지 원칙에 위반되지 않는 것」으로 판단하고 있다.[207)]

(3) 판례의 경향

징계절차 요건의 미비를 이유로 징계처분이 무효로 된 경우에는 사용자는 징계절차 요건을 갖추어 다시 징계처분을 하거나[208)] 징계수위가 과다하여 징계처분이 무효로 된 경우에는 사용자가 다시 징계수위를 낮추어 적합한 징계처분을 하는

---

205) 김재훈,「징계절차의 하자관행과 징계행위의 효력」, 98면; 이승욱, 「징계처분의 범위와 한계」, 121~122면; 菅野和夫(이정 역), 일본노동법(초판), 395면. 형법상 죄형법정주의의 이론에 사용자의 징계권을 엄격히 통제하여야 한다는 견해는 징계가 정당하기 위해서는 징계사유에 대한 취업규칙이나 단체협약의 근거가 필요하고(이른바 법률주의), 징계사유를 규정하기 이전의 행위에 대해서는 징계할 수 없고(이른바 소급효금지의 원칙), 징계사유와 징계의 종류 및 범위가 명확해야 하며(이른바 명확성의 원칙), 징계조항이 없는 경우에는 유사한 성질을 가지는 행위에 대한 징계조항을 적용해서는 안 되고(이른바 유추해석금지의 원칙), 징계의 필요성과 징계처분 사이에 균형이 유지되어야 한다고 한다(이승욱, 「징계처분의 범위와 한계」, 123면).

206) 이상윤, 노동법(제3판), 385면; 대법원 2000. 9. 29. 선고 99두10902.

207) 대법원 2004. 4. 15. 선고 2003두12639.

208) 대법원 1994. 9. 30. 선고 93다26496.

것[209]은 일사부재리의 원칙 또는 이중처벌의 금지에 반하지 않는다. 그리고 직위해제는 기업질서의 유지를 목적으로 소정의 징계절차를 거쳐 가해지는 징벌적 제재인 징계와는 그 성격을 달리하는 것이므로 근로자가 동일한 사유로 징계처분을 받았다 하더라도 그 사유가 직위해제 사유로 평가할 수 있는 경우에는 징계처분 이외에 새로이 직위해제처분을 하여도 일사부재리의 원칙 또는 이중처벌의 금지원칙에 반하지 않는다.[210] 그러나 직위해제는 사실상 임금 등에 있어서 오히려 징계처분인 정직이나 감봉보다 당사자에게 불이익하게 작용하고 있을 뿐만 아니라 승진소요 근속기간에도 제외되고 있는 점을 감안하면, 직위해제처분의 취소를 구할 소의이익은 인정된다.[211]

5) 형평성의 원칙

이 원칙은 동일한 비위행위에 대하여 종전 또는 다른 근로자에게 과한 징계수단과 동등하거나 유사한 것이어야 한다는 징계제한의 원칙을 말한다. 즉, 징계사유와 징계처분 사이에는 사회통념상 상당하다고 인정되는 균형이 있어야 한다는 원칙을 말한다.[212] 예컨대, 동일한 징계사유에 대하여 다른 근로자보다 현저히 중한 징계를 하거나 종전에 묵인 또는 가벼운 경고를 해오던 징계사유에 대하여 그 보다 중한 징계처분을 하는 것은 형평성의 원칙에 비추어 정당한 징계처분으로 볼 수 없다.

다만, 종전의 상벌경력, 비위행위에 대한 반성의 정도를 종합적으로 고려하여 징계수단을 달리하거나 근로자에게 동일한 비위행위에 대하여 엄격하게 징계책임을 물을 수 있다는 회사의 방침을 사전에 충분히 주지시킨 경우에는 중한 징계처분을 하더라도 형평성의 원칙에 반하지 않는다.[213] 대법원 판례는 "대략 같은 정도의 비위를 저지른 자들에 대하여 그 구체적인 직무의 특성, 금전 수수의 경우에는 그 액수와 횟수, 의도적·적극적 행위인지 여부, 개전의 정이 있는지 여부 등에 따라 징계의 종류의 선택과 양정에 있어서 차별적으로 취급하는 것은 사안의 성질에 따른 합리적 차별로서 이를 자의적 취급이라고 할 수 없어 평등의 원칙 내지 형평에 반하지 않는다."[214]고 하고 있다.

---

209) 대법원 1981. 5. 26. 선고 80다2945.
210) 대법원 1983. 10. 25. 선고 83누184; 대법원 1992. 7. 28. 선고 91다30729.
211) 서울행정법원 2007. 4. 19. 선고 2006구합32474.
212) 도재형, 노동위원회 패소사례분석(2000. 1. 1.~2005. 4. 30.), 118면.
213) 임종률, 노동법(제14판), 516~517면.

이와 관련하여 하급심판례는 「취업규칙에 동일한 징계사유에 대하여 여러 등급의 징계가 가능한 것으로 규정된 경우에는 어떠한 징계처분을 선택할 것인가는 원칙적으로 징계권자의 재량에 속하나, 징계사유와 징계처분 사이에는 사회통념상 상당하다고 인정되는 균형이 있어야 함을 전제로 하면서 같은 정도의 비위를 저지른 근로자들 사이에 있어서 해당 직무의 특성 등에 비추어 개전의 정 여부에 따라 징계종류의 선택과 양정을 차별적으로 취급하는 것은 형평의 원칙에 반하지 않는 것」으로 판단하고 있다.[215]

징계가 형평성에 위반되어 무효로 될 수 있는가의 여부는 다음과 같은 단계에 따라 판단한다. 사용자가 여러 가지 징계사유를 주장하고 있는 경우에 전체 징계사유에 대하여 입증할 증거가 없다면 그 징계처분은 무효로 되고, 그 일부에 대하여 입증할 증거가 없다면 다음 단계로 넘어가 징계양정의 적정성 여부를 판단한다. 이때 법원은 당해 사용자의 사업목적과 성격, 사업장의 여건, 당해 근로자의 지위 및 담당직무의 내용, 비위행위의 동기와 경위, 이로 인한 기업위계질서의 문란위험성 등 기업질서에 미칠 영향, 과거의 근무태도 등 여러 가지 사정을 종합적으로 검토하여 그 징계양정이 적정한가의 여부를 판단한다.[216] 이러한 검토과정을 거쳐 징계양정이 적정하지 않다고 판단되는 경우에는 당해 징계처분은 사용자에게 허용된 징계재량권의 범위를 일탈한 것으로 무효가 된다.[217]

V. 징계요건을 규정한 단체협약과 취업규칙과의 관계

1. 문제의 소재

근로기준법 제23조 제1항은 단지 사용자는 정당한 이유 없이 징계할 수 없는 것으로 규정하고 있을 뿐, 구체적으로 징계처분을 정당화하게 하는 징계사유와 징계절차를 규정한 것이 없다. 따라서 구체적인 징계사유와 징계절차에 대해서는 취업규칙과 단체협약에 규정을 두어 사용자가 징계권을 행사하게 된다. 일단 취업규칙

214) 대법원 1999. 8. 20. 선고 99두2611.

215) 서울행정법원 2001. 7. 12. 선고 2000구합38226.

216) 대법원 1992. 5. 12. 선고 91다27518; 대법원 1994. 1. 11. 선고 93다49192; 대법원 1995. 4. 25. 선고 94누13053; 대법원 1995. 5. 26. 선고 94다46596; 대법원 1998. 11. 10. 선고 97누18189; 대법원 2002. 5. 28. 선고 2001두10455 등.

217) 도재형, 노동위원회 패소사례분석(2000. 1. 1.~2005. 4. 30.),118면.

과 단체협약에 규정된 징계사유와 징계절차가 있는 경우에는 그 규정자체가 법령에 저촉되고 신의칙에 반하거나 권리남용에 해당하는 등의 특별한 사정이 없는 한 유효하다. 따라서 취업규칙과 단체협약에 정한 징계사유와 요건을 갖추어 행한 징계처분만이 정당한 징계권의 행사로 인정받을 수 있다.

그런데, 취업규칙과 단체협약에 규정된 징계사유와 징계절차가 다른 경우에 사용자가 징계요건이 덜 엄격한 취업규칙을 적용하여 징계하는 것이 정당한가의 여부가 문제된다. 예컨대, 단체협약에는 징계사유와 징계절차를 규정한 것이 없으나 취업규칙에는 징계사유와 절차를 규정한 경우에 사용자가 취업규칙을 적용하여 근로자를 징계할 수 있는가의 여부이다.

2. 적용방법의 원칙

1) 상위규범 적용의 원칙

(1) 의 의

「상위규범 적용의 원칙」이란 위계를 달리하는 규범이 서로 충돌하는 경우에는 상위규범이 하위규범보다 우선하는 효력이 있기 때문에 하위규범의 내용이 상위법원에 모순·저촉되는 부분은 법률상 무효가 된다는 원칙을 말한다. 예컨대, 근로기준법에 징계요건과 단체협약에 충돌된 징계요건이 서로 다르게 규정된 경우에는 근로기준법에 의한 징계요건이 우선하는 효력을 인정하는 것이다.

(2) 적용순위

근로조건을 규정한 규범의 위계질서에 관하여 「노동조합 및 노동관계조정법」 제33조는 단체협약에 정한 근로조건 기타 근로자의 대우에 관한 기준에 위반하는 취업규칙과 근로계약의 부분은 무효로 하는 "단체협약의 강행적 효력"과 무효로 된 취업규칙과 근로계약은 단체협약에 정한 기준을 적용하도록 하는 「단체협약의 직접적 효력」을 규정하고 있다. 즉, 단체협약에 정한 근로조건 및 근로자의 대우에 관한 부분에 대해서는 규범적 효력이 발생한다. 규범적 효력이 생기는 범위는 단체협약 내용 중 '근로조건 기타 근로자의 대우에 관한 기준'인데, 이는 임금·근로시간·휴일·휴가·안전위생·직장환경·재해보상·복무규율·징계·인사·휴직·해고·정년제·교육훈련·복리후생 등 기업에 있어서 근로자에 대한 사항이 모두 포함된다.[218]

근로기준법 제3조는 「이 법에서 정한 근로조건은 최저기준이므로 근로관계 당사자는 이 기준을 이유로 근로조건을 낮출 수 없다.」라고 규정하고, 제15조는 「이 법에서 정하는 기준에 미치지 못하는 근로조건을 정한 근로계약은 그 부분에 한하여 무효로 하고(제1항) 무효로 된 부분은 이 법에 정한 기준에 따른다(제2항).」라고 규정하고 있다. 그리고 근로기준법 제97조는 「취업규칙에 정한 기준에 미달하는 근로조건을 정한 근로계약은 그 부분에 관하여는 무효로 한다. 이 경우 무효로 된 부분은 취업규칙에 정한 기준에 따른다.」라고 규정하고 있다. 이와 같은 규범위계 질서에 관한 규정들을 종합하여 보면, 근로조건의 적용순위는 「근로기준법 → 단체협약 → 취업규칙 → 근로계약」이 된다.

(3) 적용방법

사용자의 징계권 남용을 방지하고 징계의 적정성을 보장하기 위하여 근로기준법 제23조 제1항은 매우 추상적으로 "정당한 이유 없이 징계할 수 없다."라고만 규정하고 있고, 해고 이외의 징계절차에 대해서는 전혀 규정한 것이 없다. 결국, 구체적인 징계사유와 징계절차에 대하여는 노사의 자주적 규범인 취업규칙과 단체협약에 별도로 규정하여 징계권을 운용할 수밖에 없다. 따라서 주로 징계요건이 충돌되는 경우는 단체협약과 취업규칙에 정한 징계요건이 서로 다르게 되어 있는 경우의 징계요건 적용이라고 할 수 있다. 「노동조합 및 노동관계조정법」 제33조는 단체협약에 정한 근로조건 기타 근로자의 대우에 관한 기준에 위반하는 취업규칙과 근로계약의 부분은 무효로 하는 「단체협약의 강행적 효력」과 무효로 된 취업규칙과 근로계약은 단체협약에 정한 기준을 적용하도록 하는 「단체협약의 직접적 효력」을 규정하고 있다. 따라서 단체협약에 규정한 징계사유와 징계절차 조항의 법적 성격은 규범적 부분에 해당하는 것으로 단체협약의 강행적·직접적 효력에 따라 단체협약을 적용하는 것이 원칙이다. 즉 단체협약에 정한 징계요건은 근로조건에 해당되는 규범적 부분에 해당되기 때문에 이에 배치되는 징계요건을 규정한 취업규칙은 무효로 되는 것이 원칙이다. 따라서 징계요건이 단체협약과 취업규칙에 서로 다르게 규정된 경우에는 우선적으로 단체협약에 정한 징계요건에 따라 징계의 정당성 여부를 판단해야 한다. 판례도 원칙적으로 "단체협약의 규정에 의하지 않고서는 징계할 수 없다거나 취업규칙과 단체협약에 정한 징계요건이 서로 저촉되는 경우에는 단체협약에 의해서만 징계할 수 있는 것"으로 판단하고 있다.[219)]

---

218) 김재훈, '단체협약상의 해고사유와 취업규칙상의 해고사유', 노동법연구(제4호), 343면.

그리고 비록 단체협약에 정한 징계요건이 단체협약의 유효기간의 만료로 실효되었다 하더라도, 이미 근로조건으로 전환된 것이므로 근로자의 집단적 동의를 얻지 않는 이상 종전 단체협약의 징계요건은 여전히 유효한 것이므로 취업규칙에 정한 징계요건에 따라 징계의 정당성 여부를 판단할 수 없다. 이와 관련하여 대법원은 "임금, 퇴직금이나 노동시간, 그 밖에 개별적인 노동조건에 관한 부분은 그 단체협약의 적용을 받고 있던 근로자의 근로계약의 내용이 되어 그것을 변경하는 새로운 단체협약, 취업규칙이 체결·작성되거나 또는 개별적인 근로자의 동의를 얻지 아니하는 한 개별적인 근로자의 근로계약의 내용으로서 여전히 남아 있어 사용자와 근로자를 규율하게 되는데, 단체협약 중 해고사유 및 해고의 절차에 관한 부분에 대하여도 이와 같은 법리가 그대로 적용된다."라고 판단하고 있다.[220]

2) 동일순위 규범 상호간의 적용원칙

위계상 같은 순위에 있는 규범 사이에 징계요건에 관하여 충돌이 있는 경우에는 「질서의 원칙」과 「특별규정의 원칙」에 따라 징계요건의 적용순위를 결정한다.[221]

「질서의 원칙」이라 함은 어떠한 같은 순위의 규정이 다른 같은 순위의 규정 후에 성립되어 두 개의 규정이 충돌된 경우에 후에 성립한 규정이 우선하여 적용되는 것을 말한다. 따라서 같은 효력순위에 해당하는 두 개의 단체협약이 시간적으로 다르게 체결된 경우에 후에 체결된 단체협약이 비록 근로자에게 불리하더라도 전에 체결된 단체협약은 소멸한다.[222] 따라서 단체협약에 정한 징계요건이 있다 하더라도 노동조합과 사용자가 합의하여 단체협약과 동일한 효력이 있는 협약서 또는 합의서를 작성하여 징계요건을 강화하거나 완화한 경우에는 후에 성립한 협약서 또는 합의서에 정한 징계요건을 적용해야 한다.

「특별규정의 원칙」이라 함은 같은 순위의 규정 사이에 일반규정과 특별규정이 충돌하는 경우에 비록 특별규정이 근로자에게 불리하더라도 특별규정을 우선하여 적용하는 것을 말한다. 따라서 선원인 근로자는 선원법을 적용하는 것이 근로기준법

219) 대법원 1994. 6. 14. 선고 93다62126; 대법원 1995. 2. 14. 선고 94누5069; 대법원 2004. 4. 15. 선고 2003두12639.

220) 대법원 2007. 12. 27. 선고 2007다51758.

221) 질서의 원칙과 특별규정의 원칙은 법 적용의 일반원칙인 신법우선의 원칙과 특별법우선의 원칙을 노동관계법에 적용한 것이다.

222) 대법원 1994. 5. 10. 선고 93다31081; 대법원 2002. 11. 26. 선고 2001다36504.

을 적용하는 것보다 불리하더라도 선원법의 적용을 받고, 기업단위의 단체협약이 산별단위의 단체협약보다 근로자에게 불리하더라도 기업단위의 단체협약을 적용한다.[223]

3) 유리한 조건 우선 적용원칙

「유리한 조건 우선의 원칙」이란 근로조건을 규정한 규범이 서로 충돌한 경우라도 하위 규범이 근로자에게 유리하게 규정되어 있는 경우에는 상위규범 우선의 원칙이 적용되지 않고 근로자에게 유리한 하위 규범을 적용하여 근로자를 보호한다는 원칙을 말한다. 노동법은 근로조건의 보호이념을 목적으로 하는 것이므로 규범의 위계질서를 불문하고 가장 유리한 근로조건을 우선하여 적용해야 함은 당연한 법리이다.[224]

요컨대, 노동법은 근로조건의 보호를 목적으로 하는 법이기 때문에 하위 규범에서 정한 징계요건이 상위 규범에서 정한 것보다 근로자에게 유리한 내용으로 되어 있는 경우에는 상위 규범의 효력을 인정할 수 없다. 따라서 단체협약에 정한 것보다 취업규칙에 정한 징계기준이 근로자에게 유리한 경우에는 단체협약은 적용되지 않고, 반대로 취업규칙에 정한 기준이 단체협약보다 불리한 경우에는 그 취업규칙은 무효가 된다. 따라서 취업규칙에 정한 징계사유가 단체협약에 정한 것보다 근로자에게 유리하게 규정된 경우에는 취업규칙에 정한 징계요건이 적용된다.[225]

3. 징계사유의 성격에 따른 적용

징계요건을 규정한 단체협약과 취업규칙이 서로 상충되는 경우에 사용자가 징계를 할 때에는 원칙적으로 상위규범인 단체협약에 정한 징계요건을 충족한 경우에

---

223) 김형배, 노동법(제24판), 106면; 이상국, 근로기준법(개정2판), 9면.

224) 유리조건 우선의 원칙은 노동조합 통제력 및 단체교섭 기능이 약화되지 않는 범위 내에서만 인정되어야 한다고 하는 견해와 유리한 조건 우선의 원칙은 실정법과 자치규범 사이에 충돌이 있는 경우에 문제되는 것으로서, 현실적으로 근로기준법 보다 유리한 취업규칙을 적용하는 것은 근로기준법에 정한 근로조건아 최저기준을 정한 것에서 나오는 당연한 귀결이라는 이유로 반대하는 견해도 있다(박홍규, 고용법·근로조건법(제2판), 67면; 김재훈,「단체협약상의 해고사유와 취업규칙상의 해고사유」, 346면).

225) 대법원 1993. 1. 15. 선고 92누13035; 대법원 1999. 3. 26. 선고 98두4672. 다만, 단체협약에 반하지 않는 한 사용자는 취업규칙에서 새로운 징계사유를 정할 수 있고 그 징계사유에 따라 징계할 수도 있다(대법원 1993. 4. 27. 선고 92다48697).

징계의 정당성이 인정되는 것이나, 예외적으로 하위 규범인 취업규칙에 정한 징계요건이 근로자에게 유리한 경우에는 예외적으로 취업규칙에 정한 징계요건이 적용된다. 그런데 단체협약과 취업규칙에 정한 징계요건이 서로 상충되는 경우에는 단체협약의 강행적 효력과 직접적 효력에 따라 단체협약이 적용된다 하더라도 단체협약에 규정한 각종 징계사유의 법적 성격을 어떻게 보느냐에 따라 그 징계의 효력이 달라질 수 있다.

1) 학 설

단체협약이 적용되는 경우에 단체협약에 규정한 각종 징계사유의 법적 성격을 어떻게 보느냐에 따라 그 징계의 효력이 달라질 수 있는데, 이에 대한 학설로서는 「예시적 열거주의」와 「제한적 열거주의」가 있다.

「예시적 열거주의」란 단체협약에 규정된 징계사유는 단지 징계사유에 해당하는 경우를 예시적으로 열거한 것에 지나지 않는 것으로 보는 견해이다. 단체협약상의 징계사유를 예시적 열거주의로 해석하면, 단체협약 소정의 징계사유 이외의 취업규칙상의 징계사유를 이유로 한 징계는 유효한 것으로 된다.

「제한적 열거주의」란 단체협약에 규정된 징계사유는 징계할 수 있는 범위를 한정적으로 열거한 것으로 보는 견해이다. 단체협약상의 징계사유를 한정적 열거주의로 해석하면, 단체협약 소정의 징계사유 이외에 취업규칙상의 징계사유를 이유로 한 징계는 무효인 것으로 된다. 통설은 단체협약상의 징계사유는 노동조합이 단결력을 기반으로 근로조건을 확보할 목적으로 쟁취한 것이라는 점과 단체협약의 강행적·직접적 효력을 이유로 사회통념상 근로관계를 계속 유지할 수 없는 중대한 사유가 아닌 한 단체협약상의 징계사유 이외에 다른 징계사유로 근로자를 징계할 수 없다고 해석하고 있다.[226]

2) 판례의 경향

판례는 원칙적으로 제한적 열거주의에 따라 단체협약에 정한 징계사유 이외에 취업규칙상의 징계사유를 근거로 한 징계처분은 무효로 해석하고 있으나,[227] 단체협약에 반하지 않는 한 취업규칙에 새로운 징계사유를 정할 수 있고 그 징계사유에

---

226) 민변, 변호사가 풀어주는 노동법Ⅰ(개정3판), 188면; 이병태, 최신노동법(제8전정판), 964면; 김형배, 노동법(제24판), 597~598면; 김유성, 노동법Ⅰ(초판), 262면.

227) 대법원 1994. 6. 14. 선고 93다62126; 대법원 1995. 2. 14. 선고 94누5069.

따라 징계할 수 있다고 한다.[228] 다만, 징계사유와 징계절차를 단체협약에 의하도록 명시적으로 규정하고 있거나 동일한 징계사유와 징계절차에 관하여 취업규칙의 규정과 상호 저촉되는 것으로 볼 수 있는 경우[229]에 한하여 단체협약의 규정에 의해서만 징계할 수 있는 것으로 해석하고 있다.

3) 평 가

근로조건에 관한 부분에 대해서는 단체협약이 취업규칙에 우선한다는 단체협약의 강행적 효력과 단체협약상의 엄격한 징계사유는 노사의 자율적인 교섭력에 의한 것임을 감안하면, 단체협약상의 징계사유는 원칙적으로 징계권을 제한하는 제한적 열거주의로 해석해야 한다. 따라서 단체협약상의 징계사유보다 폭넓은 징계사유를 규정한 취업규칙을 적용하여 행한 징계처분은 정당하다고 할 수 없다. 다만, 단체협약상의 징계사유가 강행법규에 위반되거나 사회통념상 근로관계를 유지할 수 없는 중대한 사유에 해당됨에도 징계할 수 없도록 한 내용인 경우에는 적용되지 않는다고 보아야 하며, 단체협약에 정한 징계사유와 절차는 근로자의 단결력을 기반으로 조합원의 근로조건을 확보함에 있는 것이므로 단체협약의 효력확장이 없는 한 비조합원에는 적용되지 않는다.[230]

제8절 승진 및 표창

Ⅰ. 개 관

좁은 의미에서의 승진이란 기업조직의 관리·감독권한과 지휘명령 권한의 상하관계의 보직의 상승을 말하고, 넓은 의미이서의 승진이란 보직을 포함한 기업 내의 지위(직위)의 상승을 말한다.[231] 따라서 승진에는 근로자가 보다 유리한 직무로 수직적·상향적으로 이동하는 것뿐만 아니라 임금의 증가를 수반하는 승급까지를 포함한다. 그리고 표창이란 근로자의 장기근속, 개근, 발명, 재해방지 공로, 선행 등의 사유로 사용자가 해당 근로자에게 상장·상품·상금·승급·승격 등을 행하는 것을 말

228) 대법원 1994. 6. 14. 선고 93다26151.
229) 대법원 1993. 1. 15. 선고 92누13035; 대법원 1993. 4. 27. 선고 92다48797.
230) 김재훈, 「단체협약상의 해고사유와 취업규칙상의 해고사유」, 347면.
231) 菅野和夫(이정 역). 일본노동법(초판), 399면.

한다.

승진은 일반적으로 근로자의 위신의 증대와 지위의 상승 및 임금의 증가를 수반할 뿐만 아니라 근로의욕의 향상과 자아실현의 욕구를 충족시켜 준다. 그리고 승진은 유리한 직무에 공석이 발생하였을 때 외부에서 채용하지 않고 기업 내부 인력의 능력을 평가하여 보충하는 것이기 때문에 근로자의 사기 진작에도 큰 기여를 하게 된다. 그리고 표창은 당장 임금상승 및 지위의 상승을 동반하지 않으나, 향후 승진을 위한 인사고과에서 가산점을 부여하거나 징계처분 시 감경사유로 작용한다. 이와 같은 승진 및 표창의 기능을 고려하면 기업은 직장규율질서의 유지와 근로의욕의 향상을 위하여 징계와 더불어 합리적이고 공정한 승진 및 표창관리를 할 필요가 있다.

Ⅱ. 법적 규제

승진과 표창은 해당 근로자의 능력과 적성 등을 종합적으로 평가하여 이루어지는 사용자의 재량적 판단이므로 법이 개입하는 것은 바람직하지 못하다. 즉, 승진 및 표창은 근로자에게 이익을 부여하는 것이므로 특별히 법적으로 규제할 필요성은 거의 없다.

그러나 이른바 능력주의 인사관리의 일환으로써 연봉제의 도입이 일반화되어 있는 현대의 인사관리 시스템에서는 승진 및 표창의 부정적인 기능도 무시할 수 없다. 예컨대, 승진 및 표창이 인사고과제도와 결부되어 조합원과 비조합원과의 차별, 복수노조가 인정되는 경우의 조합간의 차별, 남녀 간의 차별, 사상·신조에 따른 차별 등과 노동 강화의 수단으로 악용될 소지가 있을 수 있다.[232] 따라서 이에 대한 적절한 법적 규제가 필요하다.

이와 관련된 규정으로는 표창을 취업규칙에 필수적으로 기재하도록 한 근로기준법 제93조 제11호와 교육배치·승진에 있어서 합리적인 이유 없이 차별하지 못하도록 한 「남녀고용평등과 일·가정 양립 지원에 관한 법률」 제10조의 규정 및 인사·노무관리의 제도 개선을 노사협의회의 협의대상으로 하도록 한 「근로자참여 및 협력증진에 관한 법률」 제20조가 있다. 그리고 「노동조합 및 노동관계조정법」 제81조는 정당한 조합 활동을 이유로 신분상 불이익처분을 할 수 없도록 규정하고 있다.

---

232) 박홍규, 고용법·근로조건법(제2판), 308면.

승진 및 표창기준은 근로조건에 해당되는 것으로 보아야 하므로 이의 기준을 설정함에 있어서는 평등취급의 원칙에 따른 제약을 받고, 정당한 조합 활동을 이유로 차별승진 및 표창을 실시하면 부당노동행위에 해당된다.[233] 판례는 해당 조합원의 동의를 얻지 않고 일방적으로 노동조합에 가입할 수 없는 직위로의 승진인사는 부당노동행위에 해당되는 것으로 판단하고 있다.[234]

그리고 노조전임자는 사용자와의 사이에 기본적 근로관계와 근로자로서의 신분은 그대로 유지되지만, 근로제공의무가 면제되고 사용자의 임금지급의무도 면제된다는 점에서 휴직상태에 있는 근로자와 유사하다.[235] 노조전임자는 근로를 제공하지 않기 때문에 정상적인 근로를 제공하고 있는 근로자와 동일하게 근무평정과 승진기준을 적용하면 실질적으로 노조전임자가 승진에서 제외될 개연성이 매우 높다. 따라서 노조전임자들에게 적용되는 인사기준을 별도로 정하지 않거나 근무평정의 불이익을 고려하기 위한 정황을 고려하지 않고 일률적으로 일반근로자와 동일한 인사 및 평정기준을 적용함으로써 다수가 승진에서 제외되었다면 부당노동행위가 성립하는 것으로 판단해야 한다.

Ⅲ. 평 가

승진 및 표창은 근로자의 입장에서 보면 자신의 능력과 지식 및 경험을 활용하여 적극적으로 기업의 발전에 공헌한 것에 대한 정당한 보상의 성격을 가지고 있으며, 기업의 입장에서 보면 근로자로 하여금 근로자의 근로의욕과 사기를 진작시켜 적극적으로 기업의 발전에 참여토록 하는 유인책이 된다.

그러나 노동법은 근로자의 노동기본권을 보장하기 위하여 근로조건을 규율하는 것에 그치는 것이 바람직하다. 비록 합리적인 승진 및 표창제도의 운영이 근로자의 자아실현과 기업의 발전을 위한 매우 중요한 요소임에는 틀림없으나, 노동기본권을 보장하기 위한 입법취지를 넘어 일반적으로 근로자에게 유리하게 적용되는 승진 및 표창에 대해서까지 법적 규제를 가하는 것은 입법의 목적을 일탈한 것이다. 그리고 승진결정에 대한 인사고과는 사용자의 종합적·재량적 판단의 성격을 가지고 있으므

233) 박홍규, 고용법·근로조건법(제2판), 309면.

234) 대법원 1992. 1. 21. 선고 91누5204; 대법원 1998. 12. 23. 선고 97누18035.

235) 대법원 2003. 9. 2. 선고 2003다4815,4822,4839; 대법원 2004. 2. 27. 선고 2003다51675.

로 현저하게 불합리하고 사회통념상 허용할 수 없는 경우를 제외하고는 위법한 것으로 볼 수 없다.

따라서 승진 및 표창제도의 운영에 있어서는 자율적으로 노사가 합리적인 기준과 원칙을 설정하여 이에 따라 운영하는 것이 바람직하다. 취업규칙 또는 인사규정 등에 노사가 자율적으로 정한 승진 및 표창기준에 위반하여 사용자가 차별 적용하는 경우에는 이에 규제를 가하는 것은 가능할 것이다. 그러나 현저하게 불합리하고 사회통념상 허용하기 힘든 차별적 사정에 의한 승진탈락이 있다 하더라도 사용자의 평가와 판단에 의한 결정인 경우에는 승진청구권을 인정하기 곤란하다.[236)]

제9절 근로관계의 종료사유와 인사권의 제한

Ⅰ. 개 관

근로관계는 근로계약의 체결에 의하여 성립·유지되어 오다가 일정한 근로관계의 종료사유가 발생하면 소멸하게 된다. 근로관계의 종료사유에는 당사자의 의사표시에 의한 것과 당사자의 의사표시와 관계없이 자동적으로 종료되는 것이 있다. 전자에 의한 근로관계의 종료사유에는 근로자가 근로관계 종료의 의사를 표시하는 사직, 사용자에 의한 근로관계 종료의 의사표시인 해고, 당사자의 의사합치에 의한 합의퇴직이 있고, 후자에 의한 근로관계의 종료사유에는 기간의 정함이 있는 근로계약기간의 만료, 당사자의 소멸, 정년의 도달 등이 있다.[237)]

【근로관계의 종료사유】

구 분	유 형	쟁 점
당사자의 의사표시에 의한 종료사유	해 고	해고사유와 해고절차의 제한
	사 직	사용자의 사직 강요 및 근로자의 비진의 사직의 의사표시에 따른 해고의 적용문제

236) 菅野和夫(이정 역), 일본노동법(초판), 401면. 그러나 사회통념상 허용할 수 없는 승진탈락에 대해서는 승진청구권이 인정된다고 하는 견해도 있다(박홍규, 고용법·근로조건법(제2판), 309면).

237) 사용자의 일방적인 의사표시에 의한 해고에 대해서는 별도로 다루기로 하고, 여기서는 해고 이외의 근로관계 종료사유에 대해서만 언급하기로 한다.

	합의퇴직	사용자의 강요 및 근로자의 비진의 합의의사와 해고 적용문제
자동적 종료사유	계약기간의 만료	정규직 근로자의 전환 및 해고의 적용문제
	정년 도달	정년 후의 재고용과 관련된 법리 및 임금피크제와의 관계
	당연퇴직	당연 퇴직 규정의 유효성
	당사자의 소 멸	기업의 합병·양도와 근로관계, 기업의 도산과 근로관계와의 관계

그러나 위의 근로관계 종료사유 중에서 근로기준법은 사용자의 일방적인 의사표시에 의한 해고에 대해서만 명문의 규정을 두고 있을 뿐, 그 밖의 사유에 대해서는 특별한 규정을 두고 있지 않기 때문에 노동법의 기본원칙이나 일반적인 법질서에 따른 해석론에 따를 수밖에 없다.

근로관계의 종료사유 중 사용자의 일방적인 의사표시에 의한 해고와 그 밖의 사유에 의한 근로관계 종료사유는 형식적으로는 구별할 수 있지만, 명확하게 구별할 수 없는 것이 있기 때문에 사안에 따라 해고의 제한법리가 적용되는 경우가 있다. 예컨대, 당연 퇴직사유에 의한 근로관계의 자동적 종료는 형식적으로는 당사자의 의사와 관계없이 일정한 사유의 발생으로 근로관계가 당연히 종료하는 것으로 되어 있더라도 실질적으로는 사용자의 일방적인 의사표시에 의한 해고에 해당되는 경우도 있다. 따라서 해고와 그 밖의 근로관계의 종료사유는 형식적으로 구별해서는 안 되고, 실질적으로 근로자의 의사에 반하여 사용자가 일방적으로 근로관계를 종국적으로 종료하였는가의 여부를 기준으로 구별해야 한다.[238]

Ⅱ. 사 직

1. 의 의

사직이란 근로자의 일방적인 의사표시에 의하여 근로관계를 해지하는 것으로 상대방(사용자) 있는 단독행위이다. 노동법은 사직에 따른 근로관계의 종료에 대하여

238) 김유성, 노동법 I (초판), 267~268면.

아무런 규정을 두고 있지 않기 때문에 사직은 근로자가 자유로이 행사할 수 있는 것이 원칙이다. 사직의 의사표시, 즉 사직서를 제출한 후 사용자가 이를 수리하면 합의에 의한 근로관계의 종료와 동일한 효과가 발생한다. 이 경우 근로자의 사직서 제출은 근로관계의 합의해지를 위한 청약이 되고, 사용자의 수리행위는 이에 대한 승낙이 된다. 사직서에는 사직하는 날, 즉 사직의 효력발생일을 특정해야 하고, 사직의 통고기간 중에도 근로관계는 유효하게 존속하므로 근로자는 근로계약상의 의무를 성실히 이행해야 한다.

사직에 대하여 근로계약서 또는 취업규칙 등에 별도로 규정한 것이 있으면 그에 따라 근로관계를 해지하면 무방하나, 명시적인 규정을 두지 않은 경우에는 민법의 고용계약법리를 준용한다. 그러나 근로자의 의사에 반하여 사용자의 강요 또는 강박에 의한 사직원의 제출은 해고로 취급되어 해고제한의 법리가 적용되는 경우가 있다.

2. 법적 규제

기간의 약정이 있는 근로계약의 경우에는 그 기간의 만료로 당연히 근로관계는 종료되는 것이므로 당사자의 의사표시 여부와 관계없이 자동적으로 근로계약관계는 종료되는 것이 원칙이다. 그러나 기간의 약정이 있는 근로계약이라도 수차례에 걸쳐서 연장되거나 근로계약의 연장신청 없이 근로자가 계속하여 근로를 제공하고 사용자가 이에 대하여 상당한 기간 내에 이의를 제기하지 않은 경우에는 기간의 정함이 없는 근로관계로 변경된 것으로 본다.[239] 이 경우 사용자가 근로계약기간의 만료로 근로계약을 해지한 경우에는 해고의 제한법리가 적용되고, 근로자는 근로계약 위반에 따른 손해배상책임을 부담하지 않고 언제든지 자유롭게 근로관계를 소멸시킬 수 있다.

기간의 약정이 없는 근로계약의 경우에는 근로자는 자유로운 의사에 따라 언제든지 사직의 의사표시를 할 수 있고(민법§660①), 사용자가 이를 승낙(사직서 수리)하면 근로관계는 승낙한 날로부터 합의에 의하여 종료된다. 그러나 사용자가 사직원을 수리하지 않는 경우에는 사직원을 제출한 날로부터 1개월이 경과하면 근로관계는 소멸된다(민법§660②). 다만, 주급·월급 등 기간으로 임금을 정한 때에는 「당기 후

---

239) 대법원 1994. 1. 11. 선고 93다17843.

1기」가 경과한 날로부터 사직의 효과가 발생한다(민법§660③).[240] 그런데 연봉으로 임금을 책정한 경우에도 민법 제660조 제3항의 규정에 따라 「당기 후 1기」가 경과한 때에 사직의 효과가 발생하는지가 문제될 수 있다. 이를 긍정하면 ① 지나치게 장기에 걸쳐 근로자의 퇴직자유 내지 직업선택의 자유를 제한하는 결과를 초래한다는 점, ② 민법의 제정 당시에는 연봉제근로계약 형태를 상정할 수 없었던 점, ③ 연봉제근로계약은 기간으로 보수를 정한 것이기보다는 오히려 업무성과의 평가와 임금지급의 단위기간을 1년으로 설정되어 있음에 불과한 점, ④ 임금은 매월 1회 이상 일정한 날짜에 지급해야 한다는 점(근로기준법§43②) 등을 고려하면 민법 제660조 제2항의 규정에 따라 사직서 제출 후 1월이 경과하면 사직의 효과가 발생하는 것으로 해석해야 한다.[241]

3. 해고와의 관계

1) 문제의 소재

근로자의 자유로운 사직의 의사표시가 있는 경우에는 그 의사표시에 따라 근로관계가 종료되는 것이 원칙이라고 할 수 있으나, 사용자의 명시적·묵시적인 사직의 강요 등에 의한 사직서를 사용자가 수리하는 방식으로 근로관계를 종료시키는 경우에 이를 해고로 보아 해고제한 법리가 적용되는가의 여부가 문제된다. 즉, 근로자의 사직서 제출이 해당 근로자의 진의 아닌 의사표시에 의한 사용자의 강요 또는 강박에 의한 경우에 해고로 볼 수 있는가의 여부가 문제이다.

2) 진의 아닌 의사표시에 의한 사직서 제출인 경우

근로자가 자기의 진의와 다른 사직의 의사표시임을 스스로 알면서 사용자에게 사직서를 제출하는 것을 「진의 아닌 의사표시」 또는 「비진의 의사표시」라고 한다(민법§107). 진의 아닌 사직의 의사표시는 사용자와 통정이 없다는 점에서 허위효시에 의한 사직의 의사표시와 구별되고, 근로자가 진의 아닌 사직의 의사표시임을 본인이 알고 있다는 점에서 착오로 인한 사직의 의사표시와는 구별된다.

---

240) 민법 제660조는 고용기간의 약정이 없는 때에는 당사자는 언제든지 계약해지의 통고를 할 수 있고, 상대방이 해지의 통고를 받은 날로부터 1월이 경과하면 해지의 효력이 발생하며, 기간으로 보수를 정한 때에는 상대방이 해지의 통고를 받은 당기 후의 1기를 경과함으로써 해지의 효력이 생기는 것으로 규정하고 있다.

241) 김유성, 노동법Ⅰ(초판), 328면.

비록 사직서의 제출이 근로자의 진의 아닌 의사표시에 의한 경우라도 원칙적으로 사용자가 이를 수리하여 근로관계를 종료시키는 것은 유효하다. 다만, 사용자가 사직서의 제출이 근로자의 진의 아닌 의사표시에 의한 것임을 알았거나 알 수 있었을 경우에는 무효로 된다(민법§107①).[242] 따라서 진의 아닌 의사표시에 의한 사직서의 제출은 원칙적으로 유효한 것이므로 근로자가 해고임을 주장하기 위해서는 사용자가 진의 아닌 의사표시에 의한 사직서 제출이었음을 알았거나 알 수 있었음을 입증해야 한다.

여기서 「진의」란 표의자가 진정으로 마음속에서 바라는 사항을 뜻하는 것이 아니라, 특정한 내용의 의사표시를 하고자 하는 표의자의 생각을 의미한다. 표의자가 의사표시의 내용을 진정으로 바라지는 아니하였더라도, 당시의 상황에서 그것이 최선이라고 판단하여 그 의사표시를 한 경우에는 이를 내심의 효과의사가 결여된 진의 아닌 의시표시로 해석할 수 없다.[243] 따라서 사직서의 제출이 근로자의 진의에 의한 의사표시에 해당되는가의 여부는 진정으로 바라는 내심의 의사를 기준으로 판단할 것이 아니라 근로자가 사직서 제출 당시의 상황에서 최선이라고 생각하여 사직서를 제출하였는가의 여부를 기준으로 판단해야 한다.[244]

사용자가 잉여근로자의 감원 또는 고령근로자의 조기퇴직을 유도하기 위하여 사직하는 근로자에게 퇴직금을 우대하거나 이른바 명예퇴직수당을 지급할 것을 조건으로 사직을 권장하여 근로자가 사직원을 제출한 경우에는 근로관계는 종료된 것으로 해석해야 한다.[245] 그러나 근로자의 의사에 반하여 사용자가 사직서의 제출을 명시적·묵시적으로 강요한 경우에는 해고에 해당된다.

대법원은 근로자의 사직서를 수리하여 근로계약관계를 종료시킨 행위가 근로기준법상 해고에 해당되는가에 관하여 원칙적으로 「특별한 사정이 없는 한 사직서는 사용자와의 근로관계를 해지하는 의사표시를 담은 것이므로 당사자 사이의 근로관

---

242) 민법 제107조 제1항은 「의사표시는 표의자가 진의 아님을 알고 한 것이라도 그 효력이 있다. 그러나 상대방이 진의 아님을 알았거나 이를 알 수 있을 경우에는 무효로 한다.」라고 규정하고 있다.

243) 송강직, 「해고무효」, 2001노동판례비평, 민주사회를 위한 변호사모임, 2002, 129면; 도재형, 노동위원회 패소사례분석(2000. 1. 1.~2005. 4. 30.), 144면.

244) 대법원 1996. 12. 20. 선고 95누16059; 대법원 2000. 4. 25. 선고 99다34475; 대법원 2003. 4. 25. 선고 2002다11458 등.

245) 이상윤, 노동법(제3판), 438면; 동지 대법원 2003. 4. 11. 선고 2002다60528.

계는 사용자가 그 사직서 제출에 따른 사직의 의사표시를 수락하여 합의해지(의원면직)가 성립하거나[246] 민법 제660조에 따라 사직원을 제출한 날로부터 1월이 경과함으로써 그 사직서 제출에 따른 근로계약의 해지효력이 발생하는 것으로 판단하고 있다. 이 경우 사용자의 근로자에 대한 근로관계의 소멸통지는 관념의 통지에 불과하여 근로기준법상 해고에 해당되지 않는 것으로 해석하고 있다.[247]

그러나 사용자가 사직의 의사 없는 근로자로 하여금 어쩔 수 없이 사직서를 작성·제출하게 한 후 이를 수리하는 형식(의원면직)을 취하여 근로관계를 종료시킨 경우에는 그 사직의 의사표시는 비진의 의사표시 또는 허위표시에 해당되어 무효이고, 그러한 사직서의 수리는 실질적으로 사용자의 일방적인 의사표시에 의하여 근로관계를 종료시키는 해고에 해당되는 것으로 판단하고 있다.[248]

3) 강박 등에 의한 사직서의 제출인 경우

사기·강박에 의한 사직의 의사표시란 사용자에게 기망 또는 위협을 당하여 근로자가 사직서를 제출하는 것을 말한다. 이와 같은 사용자의 불법수단에 의한 사직의 의사표시는 근로자의 자기결정에 의한 것으로 볼 수 없기 때문에 그러한 사직의 의사표시를 한 근로자는 이를 취소할 수 있다(민법§110①).[249]

사기·강박에 의한 사직서의 제출을 근거로 사용자가 사직원을 수리함으로써 근로관계를 종료시키는 것은 근로기준법 제23조 제1항의 정당한 이유 없는 해고처분에 해당되어 무효이다. 따라서 근로자가 사용자의 사기 또는 강박에 의하여 사직원을 제출하였더라도, 근로기준법 제23조 제1항의 정당한 해고사유가 없는 경우에는 근로자의 사직서를 근거로 한 의원면직 처분은 부당해고에 해당된다.[250]

판례는 사용자가 의원면직의 형식을 취하여 근로계약관계를 종료시킨다 할지라도 사직의 의사가 없는 근로자로 하여금 강제로 사직서를 작성·제출하도록 하는 것은 정당한 사유가 없는 한 부당해고에 해당되고,[251] 사용자가 근로자에게 징계해고

246) 대법원 2003. 4. 11. 선고 2002다60528; 대법원 2003. 4. 25. 선고 2001두6081.
247) 대법원 1996. 7. 30. 선고 95누7765; 대법원 2003. 4. 11. 선고 2002다60528.
248) 대법원 1992. 5. 26. 선고 92다3670; 대법원 2001. 1. 19. 선고 2000다51919,51926.
249) 민법 제110조 제1항은「사기나 강박에 의한 의시표시는 취소할 수 있다.」라고 규정하고 있다.
250) 대법원 1985. 5. 14. 선고 83다카2069; 대법원 1993. 5. 25. 선고 92다18603.
251) 대법원 1993. 1. 26. 선고 91다38686; 대법원 2002. 5. 14. 선고 2000두4675.

를 시사하면서 공포심을 갖게 하여 근로자로 하여금 사직의 의사표시를 하게 한 경우에는 강박에 의한 사직의 의사표시에 해당되기 때문에 취소할 수 있는 것으로 해석하고 있다.[252)]

4. 판례의 경향

근로자의 사직과 관련하여 법률적 쟁점이 되는 것은 사용자의 권유 등에 의하여 사직서를 제출한 경우에 이를 무효로 볼 수 있는가의 여부이다. 판례는 대체로 민법의 일반원칙에 따라 사직의사표시의 유효성을 판단하고 있다.

즉, 판례는 사용자가 잉여근로자의 감원 또는 고령근로자의 조기퇴직을 유도하기 위하여 사직하는 근로자에게 퇴직금을 우대하거나 이른바 명예퇴직수당을 지급할 것을 조건으로 사직을 권장하여 근로자가 사직원을 제출한 경우에는 유효한 사직으로 보고 있으나,[253)] 사용자가 징계사유를 들어 근로자가 사직서를 제출하지 않으면, 징계해고를 할 것임을 시사하여 근로자가 공포심을 갖게 하여 사직서를 제출하도록 한 경우에는 그 의사표시는 무효인 것으로 보고 있다.[254)] 그러나 판례는 근로자가 내심으로는 사직을 원한 것은 아니지만 사직서를 제출하지 않으면 오히려 불이익을 입을 수도 있다는 판단에 따라 차선책으로 사직서를 제출하는 것이 일반적이므로 이와 같은 근로자의 사직서 제출이 비진의 의사표시에 해당되지 아니하므로 무효가 아니라고 한다.

Ⅲ. 합의퇴직

1. 의 의

합의퇴직은 근로계약의 당사자의 합의에 의하여 계속적인 채권관계인 근로계약관계를 장래에 종료시키는 법률행위로 근로관계의 합의해지를 말한다. 사직이 근로자의 일방적인 의사표시임에 반하여 합의퇴직은 근로자와 사용자 사이에 의사의 합치라는 점에서 양자는 구별된다. 따라서 합의퇴직이 유효하기 위해서는 당사자 사

252) 대법원 1977. 11. 11. 선고 77다1605; 대법원 1993. 7. 27. 선고 92누16942.

253) 이상윤, 전게서, 438면; 동지 대법원 2003. 4. 11. 선고 2002다60528.

254) 대법원 1992. 5. 26. 선고 92다3670; 대법원 2001. 1. 19. 선고 2000다51919,51926; 대법원 1993. 1. 26. 선고 91다38686; 대법원 2002. 5. 14. 선고 2000두4675; 대법원 1977. 11. 11. 선고 77다1605; 대법원 1993. 7. 27. 선고 92누16942.

이에 근로계약관계의 종료에 대한 확정적인 의사의 합치가 있어야 한다. 노동법은 합의퇴직에 대한 별도의 규정을 두고 있지 않기 때문에 의사표시 및 계약과 관련된 민법의 일반원칙이 적용된다.

합의퇴직에는 근로자가 사직서를 제출하고 사용자가 이를 승인하는 「의원면직(依願免職)」, 사용자가 먼저 합의퇴직의 의사표시를 하고 근로자가 이를 승인하는 「권고사직(勸告辭職)」, 사용자가 일정기간까지 근로자가 사직서를 제출하면 의원면직하되 사직서를 제출하지 않으면 해고한다는 「조건부해고(條件附解雇)」, 「일괄사직서의 선별수리」 등의 형태가 있다.

2. 법적 규제

합의퇴직은 당사자의 합의에 의하여 근로계약을 장래 종료시키기로 하는 법률행위이므로 특별한 사정이 없는 한 근로관계는 소멸되는 것이 원칙이다. 그러나 당사자의 의사표시에 하자가 있는 경우에는 예외적으로 그 의사표시를 취소하거나 무효로 할 수 있다(민법§107~110). 즉, ① 사용자가 근로자의 진의 아닌 의사표시로 사직서를 제출하였음을 알았거나 알 수 있었을 경우에는 사직서를 수리하여 의원면직시킨 것은 무효이고(민법§107), ② 근로자와 사용자가 통정한 합의퇴직은 무효로 하며(민법§108①), ③ 근로자의 중대한 과실 없이 법률행위의 중요한 부분에 착오가 있는 경우에는 취소할 수 있으며(민법§109), ④ 합의퇴직이 당사자의 사기·강박에 의한 경우에는 취소할 수 있다(민법§109).

그런데 위와 같은 의사표시의 하자가 없음에도 근로자의 합의퇴직 신청에 대해 사용자가 승낙의 의사표시를 하기 전에 이를 철회할 수 있는가의 여부가 문제된다. 민법 제111조는 「상대방 있는 의시표시는 그 통지가 상대방에 도달한 때로부터 그 효력이 생긴다.」라고 규정하고, 민법 제527조는 「계약의 청약은 이를 철회하지 못한다.」라고 규정하고 있다. 민법의 해석원칙에 의하면, 합의퇴직 신청도 민법상 의사표시에 해당될 뿐만 아니라 일종의 계약에 해당되기 때문에 합의퇴직의 의사표시가 사용자에게 도달한 이상 이를 철회할 수 없는 것으로 볼 여지가 있다. 그러나 재산의 거래를 주된 목적으로 하는 민법상의 계약과는 달리 근로계약은 계속적인 종속적 노동을 대상으로 하는 것이기 때문에 민법상의 철회제한 규정을 그대로 적용할 수는 없는 것이므로 합의퇴직의 신청에 대한 사용자의 승낙의사표시가 있기 전에는 이를 철회할 수 있는 것으로 보아야 한다.[255] 판례도 명예퇴직신청에 의한 합의퇴직과 관련하여 「근로자가 명예퇴직을 신청하면 사용자가 그 요건을 심사한 후 이를 승인함으로써 합의에 의하여 근로관계를 종료시키는 것이므로 근로계약이 합의해지되기 전에는 근로자가 임의로 명예퇴직신청을 철회할 수 있는 것」으로 해석하고 있다.[256]

3. 해고와의 관계

1) 문제의 소재

법리적으로는 해고는 사용자의 일방적인 의사표시에 의하여 근로관계를 종료시키는 것인 반면, 합의퇴직은 근로자와 사용자 사이에 의사의 합치에 의하여 근로관계를 종료시키는 것이기 때문에 명확히 구별된다. 그러나 형식상 합의퇴직의 형식을 갖추어 근로관계를 종료하였으나, 그 합의퇴직이 사용자의 주도로 이루어진 경우에는 실질적으로 해고와 합의퇴직의 구별이 쉽지 않다.[257]

이처럼 합의퇴직이 사용자의 주도로 행해진 경우에 합의퇴직을 해고처분으로 볼 수 있는가의 여부가 문제된다. 그러나 노동관계법은 해고와 합의퇴직을 실질적으로 구별하는 규정을 두고 있지 않기 때문에 법의 일반원칙에 따른 해석론에 의존할 수 밖에 없다.

2) 의원면직 또는 권고사직의 경우

근로자의 사직의사에 근거한 사직서를 사용자가 수리하는 형식을 취하여 의원면직하는 것은 해고로 볼 수 없다. 그러나 사용자가 사직의 의사가 없는 근로자로 하여금 강요로 사직서를 제출하도록 한 경우에는 민법 제107조의 근로자의 진의 아닌 사직의 의사표시에 해당되어 그 의원면직은 해고에 해당된다. 따라서 사용자에게는 근로기준법 제23조 제1항의 해고제한법리가 적용된다.

판례는 근로자의 합의퇴직 신청이 민법 제107조의 규정에 따라 진의 아닌 의사표시로 무효로 되는가에 관하여 ① 근로자가 퇴직금을 중간정산받기 위하여 형식상

---

255) 김유성, 노동법Ⅰ(초판), 332면; 동지 임종률, 노동법(제14판), 552면.

256) 대법원 1992. 4. 10. 선고 91다43138; 대법원 2003. 4. 25. 선고 2002다11458.

257) ILO는 「근로관계의 종료에 관한 제158호 협약(1982)」에서 해고 개념 대신에 「사용자의 주도에 의한 근로관계의 종료」라는 광의의 개념을 사용하여 근로관계의 종료가 어느 측의 주도로 이루어졌는가의 여부에 따라 적용대상을 결정하고 있다(김유성, 노동법Ⅰ(초판), 329면).

사직서를 제출한 경우,[258] ② 특채인사에 대하여 반발하는 노동조합 조합원이 협상용으로만 사용하겠다는 취지로 사직서를 제출한 경우,[259] ③ 영업의 양도·합병·조직변경에 따라 근로자들이 회사 방침에 따라 퇴직금을 받고 일괄 사직서를 제출한 경우,[260] ④ 사용자의 지시에 의하여 사직할 의사가 없는 근로자들이 사직서를 제출한 경우[261]에는 진의 아닌 사직의사표시로 보아 무효로 보고 있다. 그러나 조직개편에 의하여 정리해고 대상자로 선정될 것을 예상하여 명예퇴직수당을 지급받는 조건으로 명예퇴직을 신청한 경우에는 진의 아닌 의사표시에 해당되지 않는 것으로 보고 있다.

3) 조건부해고의 경우

조건부해고는 일정기한까지 근로자가 사직서를 제출하면 의원면직하고, 사직서를 제출하지 않으면 해고한다는 사용자의 일방적인 의사표시이다. 조건부해고의 의사표시는 해고의 의사표시와 동시에 합의퇴직의 청약으로 구성되어 있다. 따라서 해고의 의사표시와 합의퇴직에 대한 청약의 의사표시는 일체로 취급하여 해고의 의사표시가 정당한 이유가 없어 무효인 경우에는 근로자의 사직서 제출이라는 합의퇴직 청약에 대한 승낙 역시도 무효로 해석해야 한다.[262]

이때 사용자는 조건부해고통지를 받은 날로부터 사직서를 제출하여 의원면직될 것인지 또는 징계면직 된 다음 법적 절차에 따라 구제를 받을 것인지의 여부에 관하여 근로자가 신중히 고려하여 선택할 수 있는 시간적 여유를 부여해야 한다.[263] 따라서 사용자가 촉박하게 사직서 제출기간을 정하여 조건부징계면직통지를 하였다면 근로자가 그 기간 내에 사직서를 제출하지 않았다 하더라도 징계면직처분의 효력은 확정적으로 발생하지 않고, 근로자가 상당한 기간 내에 사직원을 제출하였다면 조건부징계면직처분에 기초한 사직원의 제출로 보아야 한다.[264]

---

258) 대법원 1988. 5. 10. 선고 87다카2578.

259) 대법원 1992. 3. 27. 선고 91다44681.

260) 대법원 1999. 6. 11. 선고 98다18353.

261) 대법원 1991. 7. 12. 선고 90다11554; 대법원 1994. 4. 29. 선고 93누16185.

262) 김유성, 노동법 I (초판), 330면; 이병태, 최신노동법(제8전정판), 985면. 동지 판례 대법원 1982. 9. 14. 선고 82다174, 82다카390; 대법원 1985. 5. 14. 선고 83다카2069; 대법원 1988. 4. 25. 선고 87다카1280; 대법원 1995. 11. 14. 선고 95누1422.

263) 이병태, 최신노동법(제8전정판), 985면; 동지 판례 대법원 1995. 11. 14. 선고 95누1422.

4) 일괄사직서에 대한 선별수리의 경우

사용자가 근로자로 하여금 일괄적인 사직서의 제출을 요구하고 이를 선별 수리하여 의원면직하는 것은 형식적으로는 근로자의 합의퇴직에 대한 청약을 사용자가 승낙함으로써 근로계약의 합의퇴직이 성립하여 근로관계가 종료한 것으로 볼 수 있지만, 객관적으로 확정적인 근로자의 퇴직의사가 있다고 인정할 수 없기 때문에 실질적으로는 해고에 해당된다.[265] 근로자의 확정적인 퇴직의사가 있는가의 여부는 근로자의 내심의 의사가 기준이 아니라 사직서의 제출이 최선의 방법이었는가를 기준으로 객관적으로 판단해야 한다. 판례는 사용자가 근로자로부터 일괄 사직서를 제출받고 이를 수리하여 의원면직을 한 것이 해고에 해당되는가에 관하여 「사직의 의사가 없는 근로자로 하여금 어쩔 수 없이 사직서를 작성·제출하게 한 경우에는 실질적으로 사용자의 일방적인 의사표시에 의한 해고에 해당되는 것」으로 보고 있다.[266]

판례는 의원면직될지도 모른다는 점을 인식하면서 사용자의 지시에 좇아 일괄사직서를 작성·제출한 경우,[267] 근로자가 사직서를 제출하지 않을 수 없도록 사용자가 부당한 영향력을 행사하여 희망퇴직을 신청하도록 한 경우,[268] 중간관리자들의 계속적·반복적인 퇴직을 권유하거나 종용하여 사직서를 제출한 경우[269] 등과 같은 사직서제출행위는 진의 아닌 의사표시에 해당되어 실질적인 해고로 보고 있다. 그러나 희망퇴직제를 실시하는 과정에서 회사의 어려운 상황을 다소 과장하거나 퇴직권유에 응하지 않을 경우 어떤 불이익을 입을 수도 있다는 취지의 설명을 듣고 희망퇴직을 신청한 경우,[270] 누군가는 감원대상자로 선정되지 않을 수 없는 상황에서 객관적으로 타당한 심사기준에 의하여 감원대상자로 될 것을 우려하여 사직서를 제출한 경우[271]에는 해고가 아닌 합의퇴직에 해당되는 것으로 해석하고 있다.[272]

---

264) 대법원 1995. 11. 14. 선고 95누1422.

265) 김유성, 노동법Ⅰ(초판), 330면.

266) 대법원 1992. 5. 26. 선고 92다3670; 대법원 2001. 1. 19. 선고 2000다51919,51926; 대법원 2002. 7. 26. 선고 2002다19292; 대법원 2002. 10. 25. 선고 2002두6552 등.

267) 대법원 1991. 7. 12. 선고 90다11554.

268) 대법원 2002. 10. 25. 선고 2002두6552.

269) 대법원 2002. 7. 26. 선고 2002다19292.

270) 대법원 2001. 1. 19. 선고 2000다51919.

271) 대법원 1996. 12. 20. 선고 95누16059; 대법원 2003. 4. 11. 선고 2002다60528.

272) 대법원은 공직자에게 일괄사표를 제출하도록 한 후 의원면직시킨 것이 민법 제107조의 진의 아닌 사직의사표시로 보아 무효로 될 수 있는가에 대하여 「공직자의 숙정계

4. 판례의 경향

판례는 대체로 근로자에게 책임 있는 징계사유 또는 경영상의 이유로 징계해고 또는 경영해고를 하지 않고 근로자로 하여금 사직서를 제출케 하여 이를 수리하는 형식인 합의퇴직의 형태로 근로계약관계를 종료시킨 경우에 근로기준법에 규정한 해고제한 법리에 따라 의원면직의 정당성을 판단하지 않고 민법상 의사표시의 일반원칙에 따라 그 유효성을 판단하고 있다. 따라서 대부분의 의원면직의 경우는 근로자가 사용자의 권유 등에 의하여 사직서를 제출함에 있어서 내심으로는 사직을 원하지 않았다 하더라도 사직서를 제출하지 않으면 오히려 불이익을 입을 수도 있다는 판단에 따라 차선책으로 사직서를 제출하는 것이 일반적이라는 이유로 합의퇴직을 무효로 판시한 것은 드물다.

5. 평 가

근로자의 귀책사유 또는 경영상의 이유로 사용자가 사직서를 제출토록 하고 이를 수리하는 형식으로 근로계약관계를 종료시키는 것은 근로기준법상 해고에 해당된다. 이와 같은 의원면직은 근로기준법상 실질적인 해고에 해당되기 때문에 그 합의퇴직의 정당성은 민사법의 원리에 따라 판단되는 것이 아니라, 민사법의 특별법에 해당되는 노동법의 목적과 이념에 따라 판단해야 함은 헌법상 보장된 근로기본권과 노동법의 이념상 당연한 요청이다.273) 또한 노사의 자주적 규범인 취업규칙 또는 단체협약상의 해고요건을 충족하거나 민사법상 무효·취소·해제·해지 등의 사유에 해당되더라도 그 해고의 정당성은 근로기본권 보장이념과 경영권과의 균형이론에 따라 별도로 판단해야 한다.

이러한 점을 고려하면, 합의퇴직의 정당성을 노동법의 이념과 목적에 따라 판단하지 않고, 민법상 의사표시의 하자이론에 따라 판단하는 판례의 견해는 법 논리구성상 문제가 있다. 요컨대, 합의퇴직의 유효성을 민법상 의사표시의 하자 규정에 따라 판단할 것이 아니라 근로기준법상 정당한 해고사유에 해당되는가의 여부에 따라

획의 일환으로 일괄사표를 제출한 것에 대하여 강압에 의하여 의사결정의 자유를 박탈당한 상태에서 이루어진 것이라 볼 수 없고, 민법상 비진의 의사표시의 무효에 관한 규정은 공법행위에는 적용되지 않는다.」라고 판시하고 있다(대법원 2000. 11. 14. 선고 99두5481).

273) 강희원, 「해고법제의 체계를 위하여」, 307면.

판단해야 한다.

Ⅳ. 변경해지

1. 변경해지의 의의

사용자에게 근로조건 변경 권한이 유보되어 있지 않은 경우 사용자는 일방적으로 근로조건을 변경하는 데에는 많은 제약이 따르게 된다. 근로환경의 변화에 따라 근로조건변경의 필요성이 있어 기존의 근로조건을 유지할 수 없는 경우에 근로조건의 변경이 불가능하게 된다면 사용자는 해고에 의하여 현재의 근로조건의 구속으로부터 벋어나고자 하게 된다. 이러한 점을 고려한 것이 변경해지제도이다.

변경해지는 새로운 근로조건에 의한 고용계약체결의 신청에 수반한 현재의 고용계약의 해지의 고지이다. 근로조건의 변경을 해고라고 하는 수단을 통하여 달성하고자 하는 점에서 근로관계의 종료를 목적으로 하는 통상의 해고와는 다르다. 근로자가 근로조건의 변경의 청구를 받아들이지 않는 경우 해고문제가 야기된다는 점에서 고용관계의 존속을 전제로 하는 취업규칙에 의한 근로조건의 변경과는 다르다. 그리고 취업규칙에 의한 근로조건의 변경은 통일적·획일적 변경의 수단인데 대하여 변경해지는 근로조건의 집단적 변경의 수단이 되는 경우도 있으나 주로 개별적 근로조건의 변경 수단으로서의 기능을 하게 되는 것이다.

2. 변경해지제도의 도입 가능성

근로조건 변경과 해고가 연계되는 변경해지의 경우 해고를 엄격히 규제하고 있는 노동관계법의 규제를 받게 되어 해고제한에 대한 일반원칙인 정당한 이유에 의한 규제와 개별목적에 따른 해고제한 규정의 규제를 받게 된다. 바꾸어 말하면 변경해지는 현행법상 해고제한의 틀 속에서 한다면 가능하다고 할 수 있다.[274)]

해고를 일반해고와 경영상의 이유에 의한 해고로 나누는 것과 같이 변경해지도 근로조건변경이 일반해고와 연계되는 경우와 경영상의 이유에 의한 해고와 연계되는 경우로 나눌 수 있다.

근로조건변경이 일반해고와 연계되는 형태의 변경해지에 대하여 살펴보면 해고에 정당한 이유가 있는 한계 내에서는 변경해지가 가능하다고 할 수 있다. 예컨대,

---

274) 김형배, 노동법(제24판), 733면 이하.

버스회사의 운전기사가 운전면허를 취소당한 경우 해고에 있어서의 정당한 이유는 확보되었다고 할 수 있다. 이 경우에 사용자는 해고하기 보다는 다년간의 운수회사 근무의 경험을 살려 다른 직종으로 변경하여 배치전환하는 것이 회사나 본인에게도 이익이 될 것이라는 판단 하에 해고와 연계된 배차원으로의 직종변경을 제안하여 이를 수락하는 경우에는 배차원으로 직종변경하고 수락을 거절하는 경우에는 해고를 하게 된다. 이러한 형태의 변경해지를 하는 실익은 법률관계를 간명하게 할 수 있다는 데 있다. 즉 위 사례에서 면허 취소된 운전기사를 일단 해고하고 사용자가 해고된 운전기사에게 배차원으로 근무할 의사를 타진하여 이를 수락하는 경우 근로계약을 새로 체결하는 것에 비하여 변경해지에 의하여 직종변경을 하는 것이 법률관계를 간명하게 하는 것이다.

근로조건변경이 일반해고와 연계된 형태의 변경해지에는 해고에 정당한 사유가 있는가가 쟁점사안이 될 뿐 변경된 근로조건이 쟁점이 될 가능성은 적다고 하겠다.

근로조건의 변경이 경영상의 이유에 의한 해고와 연계되는 변경해지에 대하여 살펴보면 다음과 같다. 현행법은 경제적 구조적 또는 기술적 원인으로 인한 경영합리화 계획에 따라 정원조정을 하거나 조직을 개편할 필요가 있는 경우 해고를 할 수 있게 하고 있다. 다만 일반해고와는 달리 근로자의 귀책사유 없이 경영상의 필요에 의하여 대량으로 해고하여 근로자의 생계에 타격을 주고 사회적으로 큰 영향을 미친다는 점에서 근로기준법 제24조는 경영상의 이유에 의한 해고사유와 해고대상자 선정기준 및 해고절차에 대하여 제한을 가하고 있다.

경영상의 필요성이 있는 경우 극단적인 조치인 해고를 하는 것 보다는 근로조건을 합리적으로 변경하여 계속 고용하는 것이 근로자나 사용자에게 다 같이 이익이 될 것이다. 경영상의 이유에 의한 해고는 일반적으로 불황기에 대량해고의 형태로 이어져 재취업이 현저히 제한되어 근로자에 큰 위협이 되고 있으며 불황기의 경영난 때문에 근로자를 대량 해고한 사용자의 입장에서도 경기가 호전되는 경우에 다시 대규모 신규 인력을 채용하여 훈련을 시켜 직무배치를 하는 것 보다는 숙련된 기존의 근로자를 합리적 근로조건하에 계속 고용하는 것이 유리할 것이다.

경영난을 회피하기 위한 극단적인 조치인 해고가 가능하다면 근로조건을 변경하여 해고 없이 경영난을 피할 수 있다면 이를 마다할 이유가 없다 하겠다. 따라서 경영상의 이유에 의한 변경해지는 경영상의 이유에 의한 해고요건인 ① 긴박한 경영상의 필요성이 있어야 하고, ② 근로자 대표와의 성실한 협의를 거쳐야 하는 요건을 갖추게 되면 ③ 해고회피 노력의 일환으로 근로조건변경을 제안하고 , ④ 합리적이고 공정한 변경해고 대상자를 선정하며, ⑤ 변경된 근로조건을 근로자가 수락하는가 여부에 따라 계속고용 또는 해고를 결정하게 된다. 경영상의 이유에 의한 변경해지 요건의 구체적인 내용은 경영상의 이유에 의한 해고와 마찬가지로 확정적·고정적인 것이 아니라 구체적인 사안에서의 변경해지의 요건은 각 요건을 구성하는 개별적인 사정들을 종합적으로 고려하여 판단하여야 할 것이다.[275] 다만 ⑤의 변경된 근로조건의 수락여부에 대하여는 근로자에게 변경된 근로조건을 무조건 수락을 거부하고 해고소송으로 다툴 것인가의 양자택일을 하도록 하는 것은 타당하다고 할 수 없다. 따라서 1969년 개정에서 변경제안에 대한 유보부 승낙을 도입한 독일의 변경해지제도에서와 같이 유보부 승낙이라는 제3선택의 길을 열어주는 것이 합리적이라고 할 것이다.

근로조건변경에 무조건 동의하지 않는 근로자는 당해 근로조건변경이 사회적 정당성을 결여하지 않았을 것이라는 유보를 붙여서 변경제안을 수락하고 변경된 근로조건 아래서 계속 근로하는 것이 가능하고 (해고제한법 제2조)당해 변경이 사회적 정당성이 없다는 확인을 구하는 소송을 법원에 제기하는 것이 가능하다(동제4조2문). 법원에 의하여 당해 근로조건변경이 사회적으로 정당하지 않다는 판결이 나면 근로조건변경은 처음부터 무효로 되고(동제8조) 근로조건은 복귀하게 된다. 정당성이 있다고 판결이 나면 변경된 근로조건은 확정된다.[276]

3. 유보부 승낙의 가능성

사용자가 근로조건변경해지의 통보를 한 경우 근로자가 고용관계를 유지하면서 당해 변경제안된 근로조건의 합리성에 대하여 다투는 것이 가능한가 하는 것이 유보부 승낙의 가능성 문제이다.

유보부 승낙은 근로조건 변경을 근로자가 거부하는 것을 정지조건으로 하는 해고고지에 대하여 근로자가 당해 근로조건변경에 합리성이 없다는 것을 소급적 해제조건으로 하는 승낙의 의사표시이다.[277] 사용자가 이와 같은 유보부 승낙을 승인하고 근로자의 계속근로를 인정하는 경우에 변경된 근로조건의 합리성여부에 따라 종래

---

275) 구체적인 내용은 “경영상의 이유에 의한 해고”를 참조할 것.
276) 사회적 정당성의 판단은 해고에 대한 것이 아니라 근로조건 변경에 대한 것이다.
277) 土田道夫, 變更解雇告知と勞動者の自己決定(下), 法律時報63卷3号, 61面.

의 근로조건으로 복귀하거나 변경된 근로조건이 확정된다.

근로자가 유보부 승낙을 하고 이를 사용자가 승인하면 유보부 승낙은 법원의 판단에 따라 처리되게 되나 사용자가 유보부 승낙을 승인하지 않겠다는 의사표시를 명백히 한 경우 승인할 의무를 부과할 수 있겠는가 하는 것이 문제된다.

우리 민법 제534조의 '승낙자가 청약에 대하여 조건을 붙이거나 변경을 가하여 승낙한 때에는 그 청약의 거절과 동시에 새로운 청약을 한 것으로 본다.'는 규정에 따를 때 유보부 승낙은 사용자는 근로조건변경제안에 대하여 조건부 승낙을 한 것이어서 거절과 함께 새로운 제안을 한 것이 된다. 사용자는 유보부 승낙을 승인할 의무는 없게 되고 근로자가 사용자의 근로조건변경제안을 거절한 것으로 취급된다.

우리 민법과 같은 규정을 두고 있는 일본에서는 상기의 문제를 해결하기 위한 방안으로 유보부 승낙을 가능하도록 수정해석을 하자는 견해[278]가 있다. 이 견해는 변경해지의 목적은 근로계약의 해소가 아니라 변경된 근로조건하에서 근로계약을 유지하는데 있어서 유보부 승낙을 사용자가 받아들이는 것에 불합리한 것은 없으며 변경해지는 근로자의 지위 안정을 해하는 것이어서 사용자는 신의칙상 유보부 승낙을 승인할 의무를 진다고 한다. 그리고 사용자가 이 승인의무를 이행하지 않고 해고를 강행하게 되면 원칙적으로 권리남용이 된다고 한다.

그리고 일본 민법 제528조의 해석과 관련한 견해[279]는 이미 존재하는 계속 계약인 근로계약내용을 변경하는 신청은 동조를 적용하지 않는다고 해석한다. 「신규계약을 성립시키고자 하는 경우에는 일본민법 제528조는 계약의 성부에 관한 분쟁을 방지한다고 하는 의미에서 합리적인 해석기준이라고 할 수 있으나 기존의 근로계약의 내용을 변경하는 변경해지에 있어서 변경신청에 대하여 조건을 붙인 승낙(유보부 승낙)에 동조를 적용하는 것은 합리적이지 않다. 유보부 승락을 변경해지에 대한 거절로 보면 계속적 계약관계에 있어서는 단지 계약불성립이 아닌 계약관계의 해소에 이르게 된다. 그러나 변경해지의 경우는 양 당사자가 계약존속자체에 대하여 의욕하고 있어서 변경 내용에 대하여 쌍방이 합의를 모색하고 있는 상황이라고 할 수 있다. 계약내용에 대하여 합의모색과정을 봉쇄하는 해석을 하는 것은 타당하지 않다.」고 한다.

---

278) 土田道夫, 前掲論文, 61面以下.

279) 荒木尙志, 雇用システムと勞動條件變更法理, 309面.

독일의 경우 우리 민법 제534조에 해당하는 민법전 제150조 제2항에 의해 사용자는 유보부 승낙을 받아들일 의무를 지지 않는다는 해석이 유력하였다. 그러나 이러한 유보부 승낙을 승인하지 않는 법제도는 타당하지 않다고 하여 1969년 법개정에 의하여 유보부 승낙을 법제도화 하였다.

우리의 경우도 독일과 같이 입법에 의하여 유보부 승낙을 제도화하는 것이 바람직하다고 할 것이나 입법조치가 되지 않은 현상에 있어서도 민법제534조의 해석에 의하여 유보부 승낙이 가능하다 하겠다.

유보부 승낙을 하는 근로자는 그 승낙이 변경제안의 합리성 결여를 해제조건으로 하고 있다는 것을 근거로 변경제안의 합리성 결여를 주장하고 종전의 근로조건의 존재확인을 구하는 소송을 제기할 수 있다.이 때 심사의 대상은 해고가 아니라 변경신청된 근로조건의 합리성이다. 심사의 내용은 종전의 근로조건의 변경의 필요성과 제안된 근로조건변경 내용의 상당성의 상관관계이다.

노동법원이 설립되어 있지 않는 우리의 현실을 감안할 때 변경해지에 대한 심판을 노동위원회에 맡기는 방안도 검토할 필요가 있다 하겠다.

V. 근로계약기간의 만료

1. 의 의

사용자와 기간의 정함이 있는 근로계약을 체결한 근로자를 일반적으로 계약직 근로자 또는 기간제 근로자라고 한다. 특별한 사정이 없는 한 그 계약기간의 만료로 근로계약관계는 당연히 종료하는 것이 원칙이다. 따라서 계약기간의 만료에 의한 근로관계의 종료는 해고가 아니기 때문에 기간의 만료에 즈음하여 당사자의 별도 의사표시를 요하지 않으며 근로기준법에 규정된 해고의 제한규정이 적용되지 않는다.[280] 그러나 기간의 정함이 있는 근로계약이라 하더라도 계약기간 중에 근로자를 해고하기 위해서는 근로기준법에 규정된 해고의 제한규정이 전면적으로 적용된다.[281]

---

280) 대법원 1995. 6. 30. 선고 95누528; 대법원 1998. 1. 23. 선고 97다42489; 대법원 1998. 5. 29. 선고 98두625 등.

281) 기간의 정함이 있는 근로계약이라도 그 기간 중에 해고하기 위해서는 정당한 사유가 있어야 하는 것이지만, 사용자는 계약기간 중 해고하기 보다는 기간 만료 시에 근로계약이 당연히 종료되는 방식을 취하고 있기 때문에 기간 만료 전의 해고제한이 문제

현행「근로기준법」과「기간제 및 단시간근로자보호 등에 관한 법률[282](이하 "기간제법")」은 기간의 정함이 있는 근로계약의 체결에 대해 그 사유를 제한하는 규정이 없기 때문에 사용자는 기간의 정함이 있는 근로자를 자유롭게 채용할 수 있다. 이에 사용자가 근로계약 형식을 남용하여 기간의 정함이 있는 근로계약을 반복 갱신(更新)하여 노동법에 규정된 해고제한규정을 회피하려는 탈법행위 수단으로 활용하는 경향이 있었다.[283]

이에 학설과 판례에서는 비록 기간의 정함이 있는 근로계약이라 하더라도 계약기간 종료 후 상당한 기간 내에 이의를 제기하지 않거나 계약기간이 단지 형식에 불과하고 계속 고용이 기대되는 특별한 사정이 있는 경우에는 기간의 정함이 없는 근로계약을 체결한 것으로 해석하여 기간제 근로자를 보호하여 왔다.

2. 기간제고용 여부의 판단기준

해고사건에서 당해 근로계약이 기간의 정함이 있는 근로계약인지의 여부는 매우 중요한 쟁점이다. 왜냐하면 근로기준법상 해고의 제한 규정이 적용되는 것은 기간의 정함이 없는 근로자에 국한되기 때문이다.

판례의 원칙적인 입장은 특별한 사정이 없는 한 기간의 정함이 있는 근로계약을

되는 경우는 거의 없다(도재형, 노동위원회 패소사례분석(2000. 1. 1.~2005. 4. 30.), 161면).

282) 제정 2006. 12. 21. 법률 제80746호

283) 김유성, 노동법Ⅰ(초판), 334면. 종전 근로기준법(전부개정 2007. 4. 11 법률 제8372호 이전의 것) 제23조는「근로계약은 기간의 정함이 없는 것과 알정한 사업완료에 필요한 기간을 정한 것을 제외하고는 1년을 초과하지 못한다.」라는 규정에 따라 사용자는 근로계약기간을 1년으로 하고 매년 반복적으로 갱신하여 오다가 계약기간이 만료되었다는 이유로 근로계약의 갱신체결을 거부하는 사례가 빈발함에 따라 근로기준법 전부개정으로 근로계약기간의 상한을 폐지하였다(2008. 7. 1. 시행). 그리고 사용자가「기간을 정한 근로계약이 수차례에 걸쳐 반복 갱신되어 그 계약에 정한 고용기간이 형식적인 것에 불과한 경우를 제외하고는 그 계약기간이 만료되는 시점에서 근로계약의 갱신 또는 근로계약의 체결을 거부한 것은 부당해고로 볼 수 없다.」고 하는 대법원의 판례와 사업주의 근로조건에 대한 정규직근로자와의 차별과 남용으로부터 비정규직을 보호할 수 있는 입법 장치가 없는 것을 이유로 기간제 근로자의 고용비율을 증가시킴으로써 근로조건에 있어서 정규직과 비정규직 사이의 양극화를 심화시켜 왔다. 이러한 문제인식에 따라 비정규직 근로자 중 기간제 근로자의 근로조건 보호를 위하여 제정된 법률이 바로 기간제법이다.

체결한 경우에는 그 근로계약이 반복적으로 갱신되더라도 기간제 근로자로 판단하는 경향이 있다.[284] 따라서 근로계약서에서 근로계약의 존속기간을 정하고 있는 경우에는 일단 기간제 근로자로 추정된다고 보아야 한다. 그러나 예외적으로 처음에 고용할 당시 기간을 정한 근로계약서를 작성한 경우라도 근로계약서의 내용과 근로계약이 이루어지게 된 동기 및 경위, 기간을 정한 목적과 당사자의 진정한 의사, 동종의 근로계약 체결방식에 관한 관행 그리고 근로자 보호법규 등을 종합적으로 고려하여 그 기간의 정함이 단지 형식에 불과하다는 특별한 사정이 인정되는 경우에는 기간의 정함이 없는 근로계약을 체결한 것으로 해석해야 한다.[285] 이처럼 근로계약서에 계약기간이 명시된 경우에는 원칙적으로 기간제로 고용된 것으로 보는 이유는 우리나라의 해고요건이 엄격하고 사용자의 인사권이 제약을 받고 있다는 점과 고용의 유연성을 확보하기 위한 부득이한 조치로써 기간제 고용을 감수할 수밖에 없음을 감안한 것으로 보인다.[286]

다만, 판례는「기간제 근로자로 임용된 경우라도 사용자에게 재임용할 의무 또는 재임용절차 및 요건 등에 관한 근거규정을 두고 있어 근로자에게 재임용될 수 있으리라는 정당한 기대권이 인정되는 경우에는 사용자가 그 재임용 절차에 위반하여 부당하게 그 근로자를 재임용에서 제외시키는 것은 실질적으로 부당해고와 동일시 할 수 있는 것이므로 그 근로자는 임용기간이 만료된 이후에도 재임용에서 제외한 조치의 유효 여부를 다툴 법률상의 이익을 가진다.」라고 함으로써 기간제 근로자의 권리구제를 확대할 가능성을 열어놓고 있다.[287] 그러나 기간을 명시하여 근로계약을 체결하지 않은 경우에는 기간의 정함이 없는 근로계약을 체결한 것으로 추정되므로 기간제 근로자로 고용하였다는 반증은 사용자가 부담해야 한다.

---

284) 이에 대한 판례의 분석에 대해서는 박수근,「기간제근로분쟁에서의 쟁점과 법해석의 기준 및 과제」, 188면 이하; 김외숙,「근로계약기간과 해고에 관한 법리」, 29면 이하; 도재형, 노동위원회 패소사례분석(2000. 1. 1.~2005. 4. 30.), 161면 이하 참조.

285) 대법원 1994. 1. 11. 선고 93다17843; 대법원 1998. 5. 29. 선고 98두625; 대법원 2003. 11. 29. 선고 2003두9336 등. 그러나 유기근로계약이 반복 갱신되어 온 경우라도 그 기간의 정함이 단지 형식에 불과한 것으로 보아 해고제한에 관한 법률을 적용한 사례는 거의 드물고, 근로계약서에 정한 기간의 만료로 근로계약관계가 종료된 것으로 본 판례가 대부분이다(김외숙,「근로계약기간과 해고에 관한 법리」, 29면; 도재형, 노동위원회 패소사례분석(2000. 1. 1.~2005. 4. 30.), 164면).

286) 도재형, 노동위원회 패소사례분석(2000. 1. 1.~2005. 4. 30.), 162~163면.

287) 대법원 2005. 7. 8. 선고 2002두8640.

3. 법적 규제

1) 민법에 의한 규제

사용자는 계약기간이 만료되기 전까지는 근로관계를 유지해야 한다. 그러나 예외적으로 계약기간 중이라도 부득이한 사유가 있거나 사용자의 파산선고가 있는 경우에 당사자는 근로계약을 해지할 수 있다(민법§661·663). 여기서 근로계약을 해지할 수 있는 「부득이한 사유」란 근로계약관계를 계속 존속시켜 그 이행을 강제하는 것이 사회통념상 불가능한 경우를 말한다. 부득이한 사유에는 근로관계 당사자의 신뢰관계를 파괴하거나 해치는 행위, 근로계약상의 중대한 의무위반 등이 포함된다.[288)]

계약기간이 만료되었다 하더라도 사용자가 상당한 기간 내에 이의를 제기하지 않는 경우에는 종전의 근로계약과 동일한 조건으로 갱신된 것으로 본다(민법§662①). 여기서 「상당한 기간」란 근로관계의 종료에 관한 사무처리의 착오 등 이의를 제기할 수 없었던 이유를 고려하여 사회통념상 합리성이 있다고 인정되는 기간을 말한다.[289)] 판례에서는 근로계약기간 만료 후 근로자가 계속하여 근로를 제공하고 사용자가 약 2개월 동안 이의를 하지 않은 경우에는 상당한 기간 내에 이의를 제기하지 않은 것으로 보아 근로계약의 묵시적 갱신을 인정한 사례가 있다.[290)] 근로계약의 묵시적 갱신이 인정된 경우에 기간의 정함이 없는 근로계약으로 전환된 것으로 보는 견해[291)]도 있으나, 민법 제662조 제1항은 종전의 계약과 동일한 조건으로 고용된 것으로 간주하도록 규정하고 있으므로 특별한 사정이 없는 한 종전의 계약기간과 동일한 기간으로 계약이 갱신된 것으로 보아야 한다.[292)]

---

288) 대법원 2004. 2. 27. 선고 2003다51675.

289) 김유성, 노동법Ⅰ(초판), 333면.

290) 대법원 1998. 11. 27. 선고 97누14132.

291) 민법 제662조 제1항 단서는 「당사자는 제660조의 규정에 의하여 해지의 통고를 할 수 있다.」고 규정하고 있고, 민법 제660조는 기간의 약정이 없는 계약에 관한 규정이므로 계약기간 만료에도 불구하고 사용자가 당해 근로자를 계속 사용하겠다는 사용자의 의사에 비추어 볼 때 계약기간과 관련한 고용조건은 이미 소멸한 것으로 보아야 한다는 이유로 근로계약의 묵시적 갱신은 기간의 정함이 없는 근로계약으로 전환된 것이라고 한다(김유성, 노동법Ⅰ(초판), 334면).

292) 임종률, 노동법(제14판), 556~557면; 동지 판례 대법원 1986. 2. 25. 선고 85다카2096.

2) 「기간제 및 단시간근로자보호 등에 관한 법률」에 의한 규제

사용자가 2년을 초과하여 기간제 근로자를 사용한 경우에는 기간의 정함이 없는 근로자로 전환함과 동시에 기간제 근로자임을 이유로 동종 또는 유사한 업무에 종사하고 있는 상용근로자와의 차별적 처우를 금지하고 차별적 처우가 있는 경우에 차별시정을 할 수 있도록 하고 있다.[293)]

(1) 사용기간의 제한

사용자가 2년을 초과하여 기간제 근로자를 사용할 때에는 기간의 정함이 없는 근로계약을 체결한 것으로 간주되어 근로계약기간 만료로 인한 계약해지로부터 보호를 받을 수 있다(§4본문). 그러나 사업의 완료 또는 특정한 업무의 완성에 필요한 기간을 정한 경우, 휴직·파견 등으로 결원이 발생하여 당해 근로자가 복귀할 때까지 그 업무를 대신할 필요가 있는 경우, 고령자와 근로계약을 체결하는 경우, 전문적 지식·기술의 활용이 필요한 경우와 정부의 복지정책·실업대책 등에 의하여 일자리를 제공하는 경우로서 대통령령이 정하는 경우 등과 같은 합리적인 사유가 있는 경우에는 2년을 초과하여 사용할 수 있다(§4 단서 각호). 그런데 사용기간을 어떻게 산정하느냐에 따라 그 효과가 달라지므로 기간제법의 취지에 따라 사용기간을 다음과 같이 합리적으로 산정해야 한다.

첫째, 기간제법은 사용기간을 제한하여 기간의 정함이 없는 근로계약으로 전환하여 근로존속기간을 보호하고자 하는 것이므로 사용자가 기간제법을 회피하고자 하는 목적으로 의도적으로 근로관계를 단절시키고 반복 고용하여 총 사용기간이 2년을 초과하는 경우에는 기간의 정함이 없는 근로계약이 체결된 것으로 해석함이 타당하다.[294)]

---

293) 기간제 근로자에 대한 법적 규제에 대한 상세는 윤기택·한경식, 「기간제 근로자의 차별처우금지제도에 관한 고찰」; 박종희 외 3인, 비정규직 차별금지에 관한 선진국 제도운용 연구; 박종희 외 4인, 비정규직 차별금지판단기준 및 운영에 관한 연구; 조임영 외 4인, 비정규직차별시정제도의 운영에 관한 연구: 기간제근로자 차별시정제도를 중심으로 참조.

294) 윤기택·한경식, 「기간제 근로자의 차별처우금지제도에 관한 고찰」, 375면. 그런데 기간제법이 시행되기 전의 대법원 판례는 「기간을 정한 근로계약이 수차례에 걸쳐 반복갱신되어 그 정한 기간이 형식에 불과한 경우에는 사실상 기간의 정함이 없는 근로계약을 체결한 것으로 보아 정당한 이유 없이 근로계약기간 만료로 인한 근로계약의 해지 또는 근로계약의 체결거부를 부당해고에 해당되고(1995. 7. 11. 선고 95다9280),

둘째, 기간제법은 사용기간 산정에 대한 명확한 규정을 두고 있지 않기 때문에 문리적으로 해석하면 사용자는 파견근로기간과 기간제 사용기간을 포함하여 총 4년까지 사용이 가능하다. 그러나 기간제법과 파견법은 부당한 사용으로 인하여 발생하는 비정규직 근로자의 고용안정과 상용근로자와의 근로조건 차별을 시정하고자 함을 목적으로 하는 것이므로 파견기간과 기간제 사용기간이 총 2년을 초과하는 경우에는 기간의 정함이 없는 근로계약을 체결한 것으로 해석해야 한다.[295)]

(2) 차별적 처우의 금지

「차별적 처우」란 임금 그 밖의 근로조건 등에 있어서 합리적인 이유 없이 불리하게 처우하는 것을 말하는 것이므로 기간제 근로자에 대한 차별금지대상은 임금을 포함한 근로조건 등이다(§2③호). 여기서 차별금지대상이 되는 「근로조건 등」의 내용은 반드시 인사규정 등에 명시되거나 관행으로 정착된 근로조건에 이르는 것만을 의미한다고 볼 수는 없고 고정적인 근로조건이 아니더라도 사용자의 편의제공이나 재량적 판단에 따른 기타의 조치들도 모두 차별시정의 대상이 되는 근로조건 '등'에 해당된다.[296)]

사용자는 합리적인 이유가 있는 경우에는 근로조건 등에 관하여 기간제 근로자에 대해 차별적 처우가 가능하다(§8①). 여기서 기간제 근로자에 대한 차별사유로서의

근로계약기간은 근로조건이 아니고 '근로관계의 존속기간'에 불과한 것(1996. 8. 29. 선고 95다5783)」으로 판단하고 있다. 그리고 「근로관계가 단절된 후 다시 고용된 경우에 근로계약관계를 맺은 총 기간을 근속기간을 기준으로 퇴직금 산정을 하는 것이 아니라, 근로관계가 단절된 이후의 입사일을 기산일로 해야 한다.」고 판단하고 있다(1982. 7. 3. 선고 81다카571). 종전 대법원의 판례를 유추하여 보면, 2년 미만으로 근로계약을 체결하면서 상당기간 동안 계속근로를 단절시킨 다음 다시 기간제로 고용하는 경우, 총 2년을 초과하여 기간제 근로자의 사용이 가능하다는 결론에 이르게 된다. 따라서 기간제법이 시행되고 있는 상황을 고려하면 종전 대법원 판례의 수정이 필요하다.

295) 그러나 사용자는 파견사용기간과 기간제 사용기간을 포함하여 총 2년을 초과하였다는 이유만으로 사용자에게 행정벌을 부과하는 것은 죄형법정주의에 반하는 것이므로 기간제 근로자의 사용기간에 대한 산정방법에 대하여는 명문 규정을 두어 해석상 논란을 없애야 한다(윤기택·한경식, 「기간제 근로자의 차별처우금지제도에 관한 고찰」, 376면).

296) 윤기택·한경식, 「기간제 근로자의 차별처우금지제도에 관한 고찰」, 361~362면; 조임영 외 4인, 비정규직차별시정제도의 운영에 관한 연구: 기간제근로자 차별시정제도를 중심으로, 42면.

「합리적 이유」란 사용자의 자의적인 기준이 아니라 기간제 근로자에 대한 차별적 행위를 객관적으로 정당화할 수 있는 합리적인 이유를 말한다.[297)]

기간제법 제9조는 차별적 처우에 대한 입증책임을 모두 사용자가 부담하도록 규정하고 있으므로 근로자는 상용근로자에 비해 불리한 처우가 있음을 명시하여 기간제 근로자임을 이유로 한 차별적 처우가 존재함을 추정할 수 있는 정도의 사실만을 적시하면 무방할 것이다. 반면 사용자는 당해 처우의 기준이 기간제 근로자와 상용근로자간에 달리 적용되지 않았다는 점을 통해 제시된 상용근로자가 타당한 비교대상이 되지 않는다는 사실을 입증하거나 당해 처우의 결과가 실질적으로 불이익하지 않거나 합리적 차별이라는 것을 객관적으로 입증하여야 한다. 만약 사용자가 이를 입증하지 못하면 「일응 차별((prima facie case)」로 추정되어 차별적 처우에 해당되는 것으로 보아야 한다.[298)]

(3) 차별시정명령

합리적 이유 없이 차별적 처우를 받은 기간제 근로자에게 신속하고 저렴한 비용으로 권리구제를 도모하기 위한 필요성에서 기간제법 제9조는 노동전문행정위원회인 노동위원회에 차별시정위원회를 설치하여 차별시정 여부를 판단하여 시정명령을 할 수 있도록 규정하고 있다.

노동위원회의 차별시정명령 내용은 각 사안별로 차별시정의 실효성을 높일 수 있도록 적절한 것이면 무방할 것이나, 차별적 행위의 중지, 임금 등 근로조건의 개선 및 적정한 금전보상 등이 포함되어야 한다(§13). 노동위원회의 차별시정명령에 대한 실효성 확보를 위하여 노동부장관은 확정된 차별시정명령에 대하여 사용자에게 이행상황의 제출을 요구할 수 있고, 사용자가 확정된 시정명령을 정당한 이유 없이 이행하지 아니한 경우에는 과태료를 부과할 수 있도록 규정하고 있다(§15·24①).

4. 해고와의 관계

근로계약기간이 만료되면 특별한 사정이 없는 한 근로계약관계는 종료되는 것이

---

297) 조임영 외 4인, 비정규직차별시정제도의 운영에 관한 연구: 기간제근로자 차별시정제도를 중심으로, 32~33면.

298) 윤기택·한경식, 「기간제 근로자의 차별처우금지제도에 관한 고찰」, 362~363면; 조임영 외 4인, 비정규직차별시정제도의 운영에 관한 연구: 기간제근로자 차별시정제도를 중심으로, 36면.

므로 해고의 정당한 사유와는 관계없이 사용자가 근로계약의 갱신을 거절하더라도 해고에 해당되지 않는다. 그러나 이러한 원칙을 관철할 경우에 사용자는 노동법에 규정된 해고제한을 회피할 수 있게 되고 기간제 근로자의 고용불안을 초래하기 때문에 예외적으로 특별한 사유가 있는 경우에는 해고로 인정하거나 기간의 정함이 없는 근로계약으로 전환되는 경우가 있다.

(1) 기간제법 제4조는 사용자가 기간제 근로자를 2년을 초과하여 사용한 경우에는 기간의 정함이 없는 근로계약을 체결한 것으로 간주하도록 규정하고 있다. 따라서 정당한 해고사유에 해당되지 않는 한 사용자가 2년을 초과하여 기간제 근로자를 사용하다가 계약기간의 만료를 이유로 근로계약을 해지하거나 계약의 갱신을 거절한 경우에는 부당해고에 해당된다.

(2) 계약기간의 정함이 형식에 불과한 경우에는 실질적으로 계약기간의 정함이 없는 근로계약과 같은 것이므로 사용자가 계약기간의 만료를 이유로 근로계약의 갱신을 거절하면 해고에 해당된다. 이와 관련하여 판례는 「장기간에 걸쳐서 계약기간이 반복 갱신됨으로써 그 계약기간이 단지 형식에 불과한 경우에는 사실상 기간의 정함이 없는 것과 다를 것이 없기 때문에 사용자의 계약갱신의 거절은 해고와 마찬가지로 정당한 이유가 있어야 한다.」고 판단하고 있다.[299] 계약기간의 정함이 단지 형식에 불과한 것인가의 여부는 ① 근로계약의 내용, ② 근로계약의 체결동기 및 경위, ③ 계약기간을 정한 목적과 당사자의 진정한 의사, ④ 동종 근로계약의 체결방식에 관한 관행, ⑤ 근로자 보호법규 등을 종합적으로 참작하여 판단해야 한다.[300] 따라서 기간을 정한 근로계약이 여러 차례에 걸쳐 반복 갱신되었다는 이유만으로 계약기간의 정함이 형식에 불과한 것으로 단정할 수 없다.[301] 따라서 계약기간이 처음으로 만료된 경우라도 그 계약이 체결된 동기 및 경위와 당사자의 진정한 의사 여하에 따라 그 계약기간이 형식에 불과한 것일 수도 있고, 근로계약의 갱신을 거절당한 근로자가 없다는 사정만으로는 그 계약기간이 형식에 불과하지 않다고 한 경우도 있다.

---

299) 대법원 1994. 1. 11. 선고 93다17843; 대법원 1995. 7. 11. 선고 95다9280; 대법원 1998. 1. 23. 선고 97다42489; 대법원 2003. 11. 29. 선고 2003두9336 등.

300) 임종률, 노동법(제14판), 555면; 김유성, 노동법 I (초판), 334면; 대법원 1998. 5. 29. 선고 98두625.

301) 동지 임종률, 노동법(제14판), 555면; 김유성, 노동법 I (초판), 334면.

구체적으로 판례는 ① 동료근로자 상당수가 계약의 갱신을 거절당한 경우,[302] ② 계약을 갱신할 때마다 종전 근로계약이 단절되고 새로운 고용조건에 의한 근로계약을 체결한 경우[303] 등에는 계약기간의 정함이 단지 형식에 불과한 것으로 해석하지 않고 있다. 심지어 기간제 임용계약이 반복되어 갱신되어 왔고, 재계약 신청을 거부당한 사실이 없고, 계약기간 만료 전 2개월 전까지 재계약을 신청하면 자동적으로 계약이 갱신된다는 조항이 있음에도 계약기간의 정함이 단지 형식에 불과한 것으로 볼 수 없다고 하는 판례도 있다.[304] 그러나 국가로부터 인건비 전액을 지원받고 감독관청이 계약을 갱신하도록 협조 요청하였고, 별다른 문제없이 근로계약을 갱신하여 온 경우에는 계약기간의 정함은 형식에 불과한 것으로 해석하고 있다.[305]

계약기간을 단지 형식에 불과한 것으로 볼 수 없다 하더라도 제반 사정에 비추어 볼 때, 계속 고용이 기대되는 경우에는 예외적으로 사용자의 근로계약 갱신거절은 해고에 해당되는 경우도 있다. 이와 관련하여 판례는 계약기간의 정함이 형식에 불과하다고 볼 수 없더라도 계속적인 고용이 기대되는 경우의 계약기간은 연장이 허용되는 갱신기간이 되므로 해고제한의 법리가 유추 적용되어야 한다는 견해를 취하고 있다.[306] 다만, 계속고용이 기대되는 경우라도 그대로 해고제한의 법리가 적용되는 것이 아니라 유추 적용되는 것이므로 정당한 이유라는 해고제한의 기준보다는 완화된 사회통념상 상당하다고 인정되는 합리적인 이유가 근로계약의 갱신거절 사유가 된다.[307]

또한 판례는 경영상 사정으로 정규직에서 계약직으로 신분을 전환한 근로자가 계약기간이 만료되었다는 이유로 사용자가 계약의 갱신을 거절한 사안에 대하여 「법령이나 계약 등에서 계약갱신의 절차 및 요건 등에 관한 규정을 두고 있어 근로자에

302) 대법원 1995. 6. 30. 선고 95누528.
303) 대법원 2005. 10. 13. 선고 2005두7648.
304) 대법원 1998. 1. 23. 선고 97다42489. 이 판례는 계약기간의 정함이 형식에 불과한 것으로 볼 수 없다고 하는 근거를 ① 1년간 계약기간이 종료할 때마다 그 즉시 1년분 퇴직금을 지급함으로써 그 때마다 종전의 근로관계를 정산하여 온 점, ② 근로자가 외국인으로서 행정당국으로부터 단기간의 체류허가를 받아 국내에 거주하면서 재임용계약이 체결될 때마다 그에 맞추어 체류기간의 연장허가를 받아 온 점을 제시하고 있다.
305) 대법원 2006. 2. 24. 선고 2005두5673.
306) 대법원 2005. 9. 9. 선고 2005두6003; 대법원 2006. 2. 24. 선고 2005두5673.
307) 임종률, 노동법(제14판), 556면.

게 소정의 절차에 따라 계속 고용될 수 있으리라는 기대권이 인정되는 경우에는 그 절차에 위반하여 계약의 갱신을 거절하는 것은 부당해고에 해당되는 것」으로 판단하고 있다.[308)]

Ⅵ. 정년 도달

1. 의 의

정년제란 취업규칙·단체협약 등에 의하여 근로자가 일정한 연령(정년)에 도달한 경우에는 근로자의 의사나 능력을 묻지 않고 근로관계를 종료시키는 제도이다. 정년제를 도입한 경우에는 사용자의 의사표시 없이 근로자가 정년에 도달하였다는 사실만으로 근로관계는 종료된다.[309)] 정년에 도달하면 당연히 근로관계는 종료되는 것이므로 사용자가 정년에 도달한 근로자에게 행한 퇴직의 통지는 해고에 해당되는 것이 아니라 근로관계의 종료를 확인하는 관념의 통지에 해당된다.[310)]

정년제의 목적은 근로자가 정년에 도달할 때까지는 기업에 대한 귀속감을 갖게 신분을 보장함으로써 근로관계의 안정을 도모하고, 고임금 노령화된 노동력을 신진 저임금 근로자로 대체함으로써 취업을 촉진시키는 동시에 승진기회의 부여 및 근로제공의 효율성을 제고하는데 있다.[311)]

정년을 얼마로 정할 것인가는 근로의 성질·내용·근무형태 등 제반 여건을 고려하여 합리적인 기준에 따라 기업이 자율적으로 정할 사항으로써 특별한 사정이 없는 한 사용자의 권한에 속한다.[312)]

따라서 기업이 업무의 특성, 업무의 내용, 업무의 성질 등을 종합적으로 고려하여 합리적인 기준에 따라 정년을 설정한 경우에는 직책 또는 직급에 따라 정년을 달리 정할 수 있을 뿐만 아니라 직종에 따라 정년을 달리 정할 수 있다.[313)] 그러나 정년

---

308) 대법원 2005. 7. 8. 선고 2002두8640.

309) 도재형, 도재형, 노동위원회 패소사례분석(2000. 1. 1.~2005. 4. 30.), 170면.

310) 대법원 1994. 12. 27. 선고 91누9244.

311) 이상윤, 노동법(제3판), 443면.

312) 대법원 1989. 3. 28. 선고 88누4812; 대법원 1994. 5. 24. 선고 94누873; 대법원 1997. 7. 22. 선고 95다6991; 대법원 1998. 2. 13. 선고 96다52236; 대법원 2008. 2. 29. 선고 2007다85997 등.

313) 대법원 1991. 4. 9. 선고 90다16245; 대법원 1996. 8. 23. 선고 94누13589; 대법원 1997. 10. 24. 선고 97누1686; 대법원 1997. 11. 11. 선고 97누1990; 대법원 2008.

제는 계속 근로에 대한 의사가 있음에도 단지 정년 도달이라는 획일적인 기준에 의하여 근로관계가 종료되는 것이기 때문에 근로자의 입장에서 보면, 해고와 같은 효과가 발생한다. 그리고 우리나라의 정년은 유럽국가와는 달리 공적연금의 수급연령과 무관하게 기업 자체의 사정에 따라 결정된다는 점에서 정년제도에 대한 재평가가 필요하다는 인식이 확산되고 있다.[314)]

2. 정년제의 합법성 논란

1) 문제의 소재

정년제는 근로할 의사와 능력이 있음에도 단지 기업이 획일적으로 정해 놓은 정년에 도달하였다는 이유로 근로관계가 종료되는 것이므로 근로자의 귀책사유에 의한 해고는 아니지만 소득의 원천인 직장을 상실한다는 점에서 해고와 같은 효과가 발생한다. 특히, 고령화 사회에 접어들면서 고령자의 비율이 빠르게 증가하고 있으나, 공적연금의 수급연령 이전에 퇴직하게 됨으로써 정년퇴직 후에 생계곤란을 겪는 경우가 발생하고 있다. 이와 같은 정년제에 대한 부정적인 인식이 확산되면서 정년제에 대한 재평가와 정년퇴직에 대해서도 해고의 제한법리를 적용해야 한다는 논란이 일고 있는데, 그 논란의 쟁점은 바로 정년제에 대한 합법성 여부이다.[315)]

2) 쟁점 논란

학설은 정년제에 대하여 합법이라는 견해와 위법이라고 하는 견해가 있으나, 판례와 다수설은 합법이라는 견해를 취하고 있다.

첫째, 정년제가 합법이라는 근거로서는 ① 현실적으로 기업이 고용할 수 있는 근로자에는 한계가 있다는 점, ② 고령자를 일정한 기준에 의해 퇴직시키지 않으면 과다한 고령자가 근로하게 되어 기업운영에 장애가 발생한다는 점, ③ 고령자에 대한 개별적인 노동능력을 평가하여 근로관계를 종료하기 보다는 사전에 획일적인 기준에 따라 당연 퇴직시키는 것이 오히려 합리적이라는 점, ④ 정년까지는 고용이

---

2. 29. 선고 2007다85997 등.

314) 김유성, 노동법 I (초판), 337면 이하.

315) 그러나 실무에서는 남녀차별을 이유로 한 정년차별을 제외하고는 정년제의 합법성 여부가 다루어진 사례는 없다. 실무상 문제되는 것은 정년제를 도입하고 있지 않은 사업장에서 정년제를 신설하는 것이 근로조건의 불이익변경에 해당되는가의 여부에 대한 해석론이다.

보장된다는 점 등을 제시하고 있다.[316)]

둘째, 정년제가 위법이라는 근거로서는 ① 정년제는 원칙적으로 연령에 의한 고용차별이기 때문에 헌법 제11조의 평등원칙·근로기준법 제6조의 차별대우금지의 원칙·민법 제103조의 공서양속규정에 반한다는 점, ② 정년제의 합리성은 기업 측의 현실적인 사정만을 고려한 것이라는 점, ③ 정년제에 대한 합법성의 전제가 되었던 종신고용제·연공서열제·근로조건의 집단적 결정시스템이 와해되고 있는 점, ④ 급속하게 고령화 사회로 이행되고 있는 상황에서 정년제의 순기능 효과가 크지 않다는 점을 제시하고 있다.[317)]

반면, 판례는 일관하여 정년제의 합법성을 인정하는 경향을 보이고 있다. 헌법재판소는 법관 정년제의 합헌성 여부에 관하여 사법제도의 기능유지, 사법조직의 활력부여, 조직의 활성화 및 직무능률의 유지 등을 근거로 합헌성을 인정하고 있다.[318)] 그리고 대법원은 「특별한 사정이 없는 한 정년연장 여부는 사용자의 권한에 속하는 것이므로 근로자는 정년연장을 요구할 수 있는 권리가 없고, 해당 근로자에게 가혹하거나 다른 근로자의 정년과 형평성에 반한다는 사정만으로 정년연장을 하지 않는 것이 정당성이 없는 것으로 단정할 수 없다.」고 하여 원칙적으로 정년제의 합법성을 인정하고 있다.[319)] 그리고 정년제의 합법성 여부는 「근로의 성질·내용·근무형태 등 제반 여건에 따라 합리적인지의 여부에 따라 판단해야 하고,[320)] 정년연

316) 아직까지 정년제의 합법성 논란에 대한 자세한 내용을 언급한 것은 없으나, 대체로 이와 같은 근거로 정년제는 합법이라고 가정하고 있는 것 같다. 다만, 정년은 당사자 또는 사용자가 자유롭게 정할 수 있는 사항이라도 사회통념상 받아들일 수 없는 낮은 연령의 정년은 무효라고 하거나(이상윤, 노동법(제3판), 443~444면; 하갑래, 근로기준법(전정제27판), 714면), 정년이 특별히 불합리하거나 불공정한 것에 한하여 무효라는 주장이 있을 뿐이다(임종률, 노동법(제14판), 557면). 정년제의 합법성 근거에 관한 상세는 조용만, 「고용에서의 연령차별금지의 법적 현황과 과제」, 134면; 이철수, 「고령자 고용과 정년제의 법적 과제」, 111면 참조.

317) 정년제의 위법성 근거에 관한 상세는 김유성, 노동법 I (초판), 339면; 도재형, 노동위원회 패소사례분석(2000. 1. 1.~2005. 4. 30.), 170면; 이철수, 「고령자 고용과 정년제의 법적 과제」, 112면; 조용만, 「고용에서의 연령차별금지의 법적 현황과 과제」, 134면 참조

318) 헌법재판소 2002. 10. 31. 선고 2001헌마557.

319) 대법원 1989. 3. 28. 선고 88누4812; 대법원 1994. 5. 24. 선고 94누873; 대법원 1997. 7. 22. 선고 95다6991; 대법원 1998. 2. 13. 선고 96다52236; 대법원 1996. 10. 29. 선고 95누15926; 대법원 2008. 2. 29. 선고 2007다85997 등.

장을 허용하지 아니한 조치의 정당성은 취업규칙 등의 규정내용이나 규정취지에 위배되는지 여부에 따라 판단해야 한다.」[321]고 해석하고 있다.

3) 평 가

정년제는 기업이 정한 정년에 도달하였다는 이유만으로 당연 퇴직시키는 제도이므로 근로할 의사와 능력이 충분히 있는 고령자에게는 실질적으로 해고와 같은 효과가 발생하고 있음은 부정할 수 없다. 그러나 정년제는 기본적으로 근무수행능력이 부족한 고령근로자에 대해서는 근로계약관계를 종료하고 그 인력을 신규 근로자로 대체하는 기능을 수행함으로써 노동력의 신진대사를 촉진하는 역할을 한다. 그리고 고령근로자의 취업을 보장해야 한다는 필요성이 있다는 이유만으로 법률적으로 정년을 연장하거나 정년제의 폐지를 강제하는 것은 노동력수급의 원칙에도 반할 뿐만 아니라, 정년제와 관계없이 재고용제도를 통하여 근무수행능력이 우수한 고령자들은 정년 이후에도 취업할 기회를 가질 수 있다.

이와 같은 정년제의 취지와 기능을 고려하면, 정년제의 도입 여부 및 정년의 연령, 정년의 연장 여부는 사용자의 권한에 속하는 것으로 볼 수밖에 없기 때문에 정년제가 위법한 것으로 평가할 수 없다. 다만, 고령자의 생계보호와 취업기회를 부여할 필요성은 충분히 인정되기 때문에 정책적으로는 공적연금의 수급연령과 정년이 일치하도록 하거나 고령자의 취업을 촉진할 수 있도록 적극적인 정책의 추진은 필요하다.

그러나 정년기준은 보호대상이 되는 근로조건에 해당되는 것이므로 정년제를 실시하여 오지 않다가 취업규칙에 정년제를 도입한 경우에는 근로조건의 불이익 변경에 해당되는 것으로 해석함이 타당하다. 따라서 새로이 정년제를 도입하기 위해서는 근로자의 집단적 동의를 얻어야 한다.

3. 정년제의 법적 규제 및 정년연장 등을 위한 지원제도

정년의 연령은 근로의 성질·내용·근무형태 등 기업의 제반 여건을 고려하여 사용자가 합리적인 기준에 따라 정하면 되는 것이나, 간접적으로 기업으로 하여금 근로자의 정년을 연장하도록 하거나 고령자의 취업을 촉진하기 위한 정책적인 제도를

320) 대법원 1991. 4. 9. 선고 90다16245.
321) 대법원 2008. 2. 29. 선고 2007다85997.

실시하고 있다. 그리고 경우에 따라서는 법률이 금지하고 있는 차별정년제에 해당되는 경우도 있을 수 있다.

1) 정년제의 법적 규제

(1) 정년제의 신설 및 변경의 제한

정년제는 법률이 규율하는 제도가 아니므로 정년제의 실시 여부는 전적으로 단체협약이나 취업규칙에 정한 내용에 따라 결정된다. 그런데 취업규칙의 개정을 통하여 정년제를 도입하거나 정년을 단축하는 경우에 근로조건의 불이익 변경에 해당되는 것으로 보아 근로기준법 제94조 제1항 단서의 규정에 따라 근로자의 집단적 동의절차를 거쳐야 하느냐의 여부가 문제될 수 있는데, 원칙적으로 그 동의를 얻어야 한다.[322] 왜냐하면 정년연령의 기준은 근로조건에 해당되는 것이고, 정년제를 도입하거나 기존의 정년을 낮추는 것은 근로조건의 불이익 변경에 해당되기 때문이다. 다만, 정년의 도입이나 정년의 단축이 사회통념상 합리성이 있음에도 근로자가 이에 대한 동의를 거부한 경우에는 정년의 도입 또는 정년을 낮추더라도 그 효력은 인정된다고 보아야 한다.

(2) 차별정년 금지

정년의 연령은 사용자가 합리적인 기준에 따라 정할 수 있는 사항이나, 성별·국적·신앙·사회적 신분에 따른 차등정년제는 금지된다(근로기준법§6). 그러나 해당 업무의 성질·내용·근무형태, 인력의 정도·연령별 인원구성·정년의 차이 정도, 근로자의 의견 등을 종합하여 설정한 합리적인 기준에 따른 직책·직급·직종에 따라 정년의 연령을 달리 정하는 것은 차별정년금지 원칙에 위반되지 않는다.[323] 그리고 정년은 사업의 특성을 고려하여 사용자 또는 당사자의 합의에 따라 정하는 것이 원칙이므로 다른 기업의 정년보다 낮다고 하더라도 법률상 무효로 볼 수 없다.[324]

(3) 정년과 퇴직효력의 발생일

정년은 통상적으로 1년 단위를 의미하는 것이므로 어느 시점을 기준으로 퇴직일

---

322) 대법원 1997. 5. 16. 선고 96다2507; 서울행정법원 2001. 1. 18. 선고 2000구12156; 중앙노동위원회 2000. 5. 9. 2000부해73; 중앙노동위원회 2000. 4. 6. 2000부해1; 중앙노동위원회 2001. 3. 9. 2000부해629 등.

323) 대법원 1991. 4. 9. 선고 90다16245; 대법원 1996. 8. 23. 선고 94누13589.

324) 대법원 1991. 4. 9. 선고 90나22624.

로 볼 것인가에 대하여 논란이 있을 수 있다. 즉, 정년에 도달한 날, 정년에 도달한 달의 말일, 정년에 도달한 해의 매분기 말일, 정년에 도달한 해의 매반기 말일, 정년에 도달하는 해의 연말, 정년이 종료되는 날 중 어느 것을 기준으로 정년퇴직의 효력발생일로 볼 것인가의 여부이다. 정년퇴직일을 어느 시점으로 보느냐에 따라 당사자에게 미치는 이해관계가 크기 때문에 정년을 정할 때에는 그 퇴직일을 명확히 할 필요성이 있다.[325] 노동법은 정년퇴직일에 관하여 특별히 정한 것이 없기 때문에 다음의 원칙에 따라 퇴직일을 정하면 무방할 것이다. 즉, 취업규칙 등에 정한 퇴직일⇒노동관행⇒정년에 도달한 날의 순서에 따르면 무방할 것이다. 이에 대하여 「기간을 일, 주, 월, 또는 년으로 정한 때에는 그 기간의 말일의 종료로 기간이 만료된다.」라는 민법 제159조의 규정을 원용하여 정년이 종료되는 날을 정년퇴직일로 보아야 한다는 견해가 있을 수 있으나, 정년은 기간이 아니고 종기부기한(終期附期限)으로 보아야 하므로 정년에 도달한 날을 퇴직일로 하더라도 법 위반이 되지 않는다.[326]

정년을 남겨 놓은 상태에서 해고를 당한 근로자가 해고무효 확인소송 등 쟁송 도중 사실심 변론종결 이전에 정년이 도래한 경우에 해고무효 확인소송의 이익이 있는가에 관하여 판례는 「사실심 변론종결일 이전에 정년이 도래한 경우에는 근로자의 지위를 회복하는 것이 불가능하다는 이유로 소의 이익이 없는 것」으로 판단하고 있다.[327] 그러나 사실심 변론종결일 이전에 정년을 남겨놓은 경우에는 해고를 다투는 기간까지 정년에 포함시키는 것은 근로권을 제한하는 것이므로 사용자는 잔여 정년기간에 대해서는 고용을 보장해야 한다. 이와 관련하여 판례는 「직권면직기간을 계급정년기간에 포함한다면 공무원 신분보장 규정의 취지를 근본적으로 훼손하게 되므로 직권면직기간은 계급정년기간에서 제외된다고 봄이 상당하다.」라고 판단하고 있다.[328]

---

325) 국가공무원법 제74조 제4항은 「공무원은 그 정년에 달한 날이 1월에서 6월 사이에 있는 경우에는 6월 30일에, 7월에서 12월 사이에 있는 경우에는 12월 31일에 각각 당연 퇴직한다.」라고 규정하고 있다.

326) 하갑래, 근로기준법(전정제27판), 721면; 대법원 1973. 6. 12. 선고 71다2669; 대법원 2002. 9. 27. 선고 2000두4600.

327) 대법원 1984. 6. 12. 선고 82다카139.

328) 대법원 2007. 2. 8. 선고 2005두7273.

(4) 정년퇴직자의 재고용

재고용이란 기업의 편의 또는 근로자의 사정에 따라 정년에 도달한 이후에도 계속하여 근로자를 고용하는 것을 말한다. 재고용은 근로관계를 일단 종료시키고 새로운 근로계약을 맺는 것이기 때문에 정년연장과는 구별된다.[329] 정년에 도달한 근로자의 근로관계는 자동적으로 종료되는 것이나, 정년퇴직자와 사용자의 합의에 의하여 정년 퇴직자를 재고용하는 것은 무방하다.

정년퇴직자의 재고용은 종전의 근로관계를 일단 종료시키고 새로운 근로계약을 체결하는 것이므로 취업규칙 등에 명시적인 근거 규정이 없다 하더라도 사용자는 정년퇴직자 중에서 자유롭게 재고용대상자를 선별할 수 있고, 근로조건의 내용도 당사자의 합의로 종전의 근로조건과 다르게 정할 수 있다.[330] 그러나 취업규칙 등에 정년 퇴직자에게 결격사유가 없는 한 재고용의 권리를 부여하고 있거나 재고용의 관행이 확립되어 묵시의 계약내용으로 되어 있었다고 인정되는 경우에는 재고용계약의 체결을 요구할 권리가 발생한다.[331]

사용자가 정년에 도달한 근로자를 계속하여 재고용한 경우라도 정년의 도달은 당연퇴직사유에 해당되기 때문에 근로관계는 종료된 것으로 보는 것에는 이설이 없다. 그러나 취업규칙에 재고용할 수 있다는 취지를 명시적으로 규정한 경우에는 근로관계가 종료되지 않는 것으로 보는 견해가 있다.[332] 그러나 근로관계의 종료로 보지 않는 경우에는 오히려 근로조건에 있어서 근로자에게 불이익하게 작용될 수도 있으므로 취업규칙 등에 재고용규정 여부와 관계없이 근로관계는 종료된 것으로 해석해야 한다. 왜냐하면, 재고용된 근로자는 일반적으로 종전의 임금수준보다 낮은 것이 보통이므로 퇴직금 등의 산정에서 불이익을 입을 수도 있기 때문이다.

---

329) 이철수, 「고령자 고용과 정년제의 법적 과제」, 114면.

330) 이와 관련하여 「고용상 연령차별금지 및 고령자고용촉진에 관한 법률」 제21조는 「사업주는 정년에 도달한 자가 그 사업장에 다시 취업하기를 희망할 때 그 직무수행 능력에 맞는 직종에 재고용하도록 노력하여야 하고(제1항), 사업주는 고령자인 정년 퇴직자를 재고용할 때 당사자 간의 합의에 의하여 퇴직금과 연차유급(年次有給) 휴가일수 계산을 위한 계속근로기간을 산정할 때 종전의 근로기간을 제외할 수 있으며 임금의 결정을 종전과 달리할 수 있는 것으로 규정하고 있다.

331) 임종률, 노동법(제14판), 558면.

332) 김형배, 노동법(제24판), 758면.

(5) 정년 초과근무와 퇴직의 제한

취업규칙 등에 정년을 정하였더라도 사용자의 동의 아래 근로자가 상당기간 동안 계속하여 근로를 제공하여 왔다면 특별한 사정이 없는 한 정년 도달만을 이유로 정년퇴직시키는 것은 해고에 해당된다. 다만, 사무처리의 착오 등에 의하여 정년을 초과하여 근무하게 된 경우에는 사용자가 정년퇴직시킬 수 있으나, 그에 대한 입증책임은 사용자가 부담해야 한다.[333)]

2) 정년연장 또는 재고용촉진을 위한 제도

정년의 도입 여부 및 정년의 연령을 어떻게 정할 것인가의 문제는 원칙적으로 사용자의 권한에 속하는 것이므로 법률로 근로자의 정년을 연장하거나 정년퇴직자의 재고용을 강제하는 것은 사적자치의 원칙에 반한다. 그러나 ① 고령화 사회에 접어들면서 고령인구의 증가, ② 퇴직 후의 사회보장제도의 미흡, ③ 핵가족화 등 사회적·경제적 구조와 생활의 변화 등의 상황을 고려하면 고령자의 취업을 확대하고 정년을 연장해야 한다는 당위성이 있다. 특히 공적연금의 수급연령인 60세로 정년을 보장할 필요성이 있다. 이러한 관점에서 정년을 연장하거나 정년퇴직자의 재고용을 촉진시키기 위한 각종 정책지원제도를 시행하고 있다.

(1) 정부의 정년권장제도

「고용상 연령차별금지 및 고령자고용촉진에 관한 법률(이하 "고용촉진법")」 제19조는 「사업주가 근로자의 정년을 정하는 경우에는 그 정년이 60세 이상이 되도록 노력하여야 한다.」라고 규정하여 정부는 정년제를 도입하는 사업주에게 근로자의 정년을 60세 이상이 되도록 권장하고 있다.[334)]

정년의 연령은 사용자가 결정할 사항이나, 사회통념상 받아들일 수 없는 너무 낮은 정년의 연령은 선량한 풍속 기타 사회질서에 위반한 사항을 내용으로 하는 법률행위에 해당되어 무효로 될 수도 있다(민법§103). 이러한 취지로 고용촉진법 제20조

---

333) 하갑래, 근로기준법(전정제27판), 721면.

334) 고용촉진법은 60세 정년을 권장하고 있지만 정년연장계획의 작성 제출 등 행정지도 이외에 60세를 하회하는 정년의 설정을 규제할 수 있는 제도적 장치가 마련되어 있지 않다. 그리고 정년퇴직자 재고용장려제도 역시 직접적인 정년연장의 효과를 기대할 수 없다. 국민연금법상 완전노령연금의 수급연령인 60세와 균형을 유지할 수 있는 제도적 연계성을 강화할 수 있는 방안을 강구할 필요성이 있다(조용만, 「고용에서의 연령차별금지의 법적 현황과 과제」, 140~141면).

제2항과 제3항은 고용노동부장관은 정년을 현저히 낮게 정한 사업주에게 정년 연장에 관한 계획을 작성·제출할 것을 요청할 수 있고, 사업주가 제출한 정년연장 계획이 적절하지 아니한 경우에는 그 계획의 변경을 권고할 수 있도록 규정하고 있다.[335)]

(2) 재고용 및 고용촉진지원제도

정년퇴직자의 재고용의무를 사용자에게 부담시킬 수는 없지만, 정책적으로는 정년 퇴직자를 재고용한 사업주에 대해서는 다양한 지원을 함으로써 재고용을 유도할 필요성이 있다. 이러한 취지로 고용촉진법 제21조의 2는 정년퇴직자를 재고용하거나 그 밖에 정년퇴직자의 고용안정에 필요한 조치를 하는 사업주에게 장려금 지급 등 필요한 지원을 할 수 있도록 규정하고 있으며, 제14조에서는 대통령령으로 정하는 기준고용률을 초과하여 고령자를 추가로 고용하는 경우에는 조세특례제한법으로 정하는 바에 따라 조세를 감면하도록 규정하고 있다.

(3) 임금피크제도

「임금피크제도」란 사업주가 근로자 대표의 동의를 받아 일정한 연령에 도달한 근로자를 대상으로 일정한 연령 이상까지의 고용을 보장하는 조건으로 근로자의 임금을 감액하는 제도를 말한다.[336)] 임금피크제도는 임금조정과 고용보장을 교환조건으로 하는 것이기 때문에 임금피크제도를 시행하기 위해서는 반드시 고용보장기간을 설정해야 한다. 고용보장기간을 결정하는 방법은 정년까지 고용을 보장하는 「정년보장형」과 정년 이후 일정기간까지 고용을 보장하는 「고용연장형」이 있는데, 정년연장과 관련된 것은 후자이다.

고용노동부장관은 위에 따라 다음 어느 하나에 해당하는 경우에는 근로자에게 임금피크제 지원금을 지급한다(고용상 연령차별금지 및 고령자고용촉진에 관한 법률 시행령 §11②, 고용보험법 시행령 §28①, §28의2① 및 §28의3①).

1. 사업주가 근로자대표의 동의를 받아 정년을 60세 이상으로 연장하거나 정년을 56세 이상 60세 미만으로 연장하면서 55세 이후부터 일정나이, 근속시점 또는

335) 민법 제103조의 반사회적 법률행위가 되는 낮은 현저히 낮은 정년에 해당되는가의 여부는 최종적으로 법원이 판단할 사항이지만, 노동부장관의 정년연장 계획변경의 권고는 하나의 판단기준으로 원용될 수 있을 것이다.

336) 이하의 내용은 노병호·한경식, 임금보호법(초판), 237면 이하를 정리한 것임.

임금액을 기준으로 임금을 줄이는 제도를 시행하는 경우 고용노동부장관은 임금이 감소한 해당 근로자에게 임금을 감액하는 제도가 적용되는 날부터 2018년 12월 31일까지 지원금을 지급함(정년연장형 임금피크제).

※ 다만 해당근로자의 고용기간이 2018년 12월 31일 전에 종료되는 경우는 그 고용기간 동안 지급한다(고용보험법 시행령 §28의2①).

2. 사업주가 1.에 따른 제도를 시행하거나 3.에 따라 재고용하면서 주당 소정근로시간을 15시간 이상 30시간 이하로 단축하여 임금이 최초로 감액된 날이 속하는 연도의 직전 연도 임금과 비교하여 해당 연도의 임금이 낮아진 경우 해당 근로자와 사업주에게 근로시간을 단축하는 날부터 해당 근로자의 고용기간에 한정하여 최대 2년 동안 근로시간 단축 지원금을 지급함(근로시간단축형 임금피크제).[337]

3. 정년을 55세 이상으로 정한 사업주가 정년에 이른 사람을 재고용(재고용기간이 1년 미만인 경우 제외)하면서 정년퇴직 이후부터 임금을 줄이는 경우(재고용형 임금피크제)

(4) 가동연한제도

가동연한이란 사고가 없었다면 수입을 얻을 수 있는 연령을 말하는데, 가동연한은 주로 채무불이행 또는 불법행위로 인한 인적 손해배상액을 산정하기 위한 전제가 된다. 가동연한의 연령을 얼마로 정할 것인가는 구체적으로 법원이 판단할 사항이지만, 평균수명이 증가하면 판례를 통하여 그에 따라 가동연한도 연장된다고 할 수 있다. 실례로 대법원은 종전 일반 육체근로자의 가동연한을 55세로 보았으나, 평균수명이 증가됨에 따라 1989. 12. 26. 전원합의체 판결을 통하여 가동연한을 60세로 상향 조정하였다.[338] 손해배상 산정의 전제가 되는 가동연한이 직접적으로 정년연장과는 관련이 없으나, 정년연장의 근거가 되어 단체교섭을 통하여 단체협약에 반영되거나 사용자가 취업규칙에 정년의 연령을 조정할 수 있도록 하는 기능을 한다.

---

337) 이 경우에는 사업주에게도 임금피크제 지원금을 지급한다.

338) 대법원 1989. 12. 26. 선고 88다카16867 전원합의체 판결은 「우리나라의 사회적, 경제적 구조와 생활여건이 급속하게 향상 발전됨에 따른 저반사정의 변화에 비추어 보면 이제 일반육체노동 또는 육체노동을 주된 내용으로 하는 생계활동의 가동연한이 만 55세라는 경험칙에 의한 추정은 더 이상 유지되기 어렵다고 하지 않을 수 없으며 오히려 일반적으로 만 55세를 넘어서도 가동할 수 있다고 보는 것이 경험칙에 합당하다.」라고 판시하였다.

Ⅶ. 당연퇴직

1. 의 의

당연퇴직제도란 취업규칙·단체협약 등에서 일정한 사유의 발생을 당연퇴직사유로 규정하고 이와 같은 사유의 발생 일에 당연히 근로관계가 종료되는 것을 말한다. 예컨대, ① 휴직기간이 경과되었음에도 휴직사유가 해소되지 아니한 경우, ② 업무에 필요한 자격요건을 취득하지 못하거나 상실한 경우, ③ 직위해제(대기발령)를 받은 후 3개월 만에 보직을 받지 못한 경우, ④ 사망·정년·근로계약기간의 만료, ⑤ 이중 취업한 경우 등을 당연퇴직사유로 정하는 것에 해당한 경우 등이다.[339)]

근로관계의 당연퇴직사유를 근거한 사용자의 당연퇴직처분은 법률상 당연히 발생한 퇴직의 사유 및 시기를 공적으로 확인하여 알려주는 관념의 통지에 불과하여 해고처분과 같은 새로운 형성적 행위를 내용으로 하는 법률행위로 볼 수 없다.[340)]

2. 당연퇴직 규정의 유효성

취업규칙·단체협약 등에 규정된 당연퇴직사유의 발생일에 근로관계를 당연히 종료하는 것이 해고에 해당되는가에 관하여 「당연퇴직설」과 「해고적용설」이 있다.

1) 학 설

「당연퇴직설」은 당연퇴직사유가 발생하면 당연히 근로관계가 종료되는 것이므로 근로기준법 제23조 제1항의 해고에 해당되지 않는다는 견해이다.[341)] 이 견해에 의하면, 당연퇴직사유의 발생으로 근로관계는 자동적으로 종료되는 것이므로 사용자의 해고통지는 물론 근로기준법상의 해고제한 절차를 준수할 필요가 없다고 한다. 예컨대, 휴직기간 만료 시까지 휴직사유가 해소되지 아니한 경우에는 근로관계가 당연히 종료된다는 규정은 정년제와 마찬가지로 근로계약의 자동종료사유를 정한 것으로 근로기준법 제23조의 해고와는 구별된다고 한다.

「해고적용설」은 취업규칙 등에 정한 당연퇴직사유가 발생하였더라도 근로관계는 당연히 종료되는 것이 아니라 그 사유가 근로기준법 제23조의 정당한 해고의 요건

339) 이상윤, 노동법(제3판), 441면.

340) 대법원 2008. 2. 29. 선고 2007다85997.

341) 하갑래, 근로기준법(전정제27판), 737~738면; 김형배, 노동법(제24판), 666~667면은 이 견해를 취하고 있는 것 같다.

을 충족한 경우에만 근로관계가 종료된다는 견해이다.[342] 이 견해에 의하면, 당연퇴직사유인 근로자의 사망·정년·계약기간의 만료 등의 경우를 제외한 당연퇴직사유의 경우에는 근로기준법 제23조의 정당한 해고사유가 있어야만 근로관계가 종료된다고 한다.

2) 판 례

판례는「사용자가 어떤 사유의 발생을 당연퇴직사유로 규정하고 있다 하더라도, 근로자의 사망·정년·근로계약기간의 만료 등 근로관계의 자동소멸사유로 보이는 경우를 제외하고는 당연퇴직처분은 해고에 해당된다.」라고 하여 취업규칙 등에 정한 당연퇴직사유의 발생으로 근로관계는 당연히 종료되는 것이 아니고 근로기준법 제23조의 정당한 해고요건을 갖춘 경우에 한하여 당연퇴직규정의 유효성을 인정하고 있다.[343]

3) 평 가

사용자는 취업규칙에 해고와는 별도로 당연퇴직사유를 규정하고 그 사유가 발생하면 별도의 해고사유와 절차를 거치지 않고 근로관계가 종료되는 것으로 할 수는 있으나, 그 당연퇴직사유의 발생으로 당연히 근로관계가 종료되는 것으로 본다면 근로기준법 등에 의한 해고제한 규정이 형해화된다. 따라서 비록 취업규칙 등에서 정하고 있는 당연퇴직사유에 해당된다 하더라도 근로기준법 제23조의 정당한 해고요건을 갖추지 못한 경우에는 부당해고에 해당되는 것으로 보는 것이 합리적이므로 해고적용설이 타당하다.[344]

---

342) 도재형, 노동위원회 패소사례분석(2000. 1. 1.~2005. 4. 30.), 178면.

343) 대법원 1999. 9. 3. 선고 98두18848; 대법원 2007. 10. 25. 선고 2007두2067.

344) 당연퇴직사유의 성질에 따라 해고에 해당되는가의 여부를 별도로 판단해야 한다는 전제에서 근로자의 사망·정년·계약기간의 만료 등의 당연퇴직사유는 당연퇴직사유로 인정하고, 기타의 사유에 대해서는 별도로 근로기준법 제23조의 정당한 해고사유에 해당되는가의 여부에 근로관계가 종료된다고 하여 당연퇴직사유의 성질에 따라 당연퇴직규정의 유효성을 판단해야 한다는 견해가 있으나(이상윤, 노동법(제3판), 442면), 이 역시 해고적용설과 차이가 없다. 그리고 원칙적으로 당연퇴직설에 동조하는 견해도 역시 사회통념상 합리성이 없고 근로자의 의사에 반하여 당연 퇴직토록 하는 경우에는 근로기준법 제23조의 해고의 정당성 유무를 살펴야 한다는 입장이므로 해고적용설과 차이가 없다(하갑래, 근로기준법(전정제27판), 738면).

3. 당연퇴직처분과 해고제한 절차와의 관계

일반적으로 취업규칙 등에 당연퇴직사유를 규정하고 있는 경우에는 징계해고와는 달리 그 절차에 관한 규정을 두지 않고 있다. 문제는 취업규칙 등에 정한 당연퇴직사유가 근로기준법 제23조 제1항의 해고사유에 해당되지 않는 경우에 사용자가 당연퇴직처분을 함에 있어서 근로기준법상의 해고제한절차를 준수해야 할 의무가 있는가의 여부이다. 이에 관하여 판례는「단체협약 등에서 실질적으로 징계사유에 해당하는 당연퇴직사유에 대하여 징계해고에 관한 절차 등을 거치도록 규정하고 있지 않은 이상 사용자가 당연퇴직처분을 하면서 해고의 절차를 거치지 않아도 된다.」는 입장을 취하고 있다.[345)]

4. 유형에 따른 당연퇴직처분의 정당성

통설과 판례는 근로자의 사망·정년·계약기간의 만료 등 근로관계의 자동소멸사유로 보이는 경우를 제외하고는 취업규칙·단체협약 등에 정한 당연퇴직사유가 유효하기 위해서는 근로기준법 소정의 해고의 정당한 사유가 있어야 한다는 견해이다. 따라서 각 당연퇴직사유별로 그 정당성 유무를 판단할 수밖에 없으나, 여기서는 실무상 많이 거론되고 있는 몇 가지 당연퇴직사유에 따른 당연퇴직처분의 정당성 유무를 간단히 개관하기로 한다.[346)]

1) 휴직사유가 해소되지 않은 경우

휴직기간이 경과되었음에도 휴직사유가 해소되지 아니하였다는 이유로 한 당연퇴직처분의 정당성 유무는 다음의 원칙에 따라 판단하는 것이 타당하다. 즉, 휴직기간 만료 시까지 근로자의 귀책사유 없이 휴직사유가 소멸되지 않는 것이 일반적인 상황임을 고려하여 그 휴직기간의 경과를 이유로 한 당연퇴직처분은 정당성이 없는 것으로 해석해야 하나,[347)] 사회통념상 근로관계를 유지할 수 없을 정도로 그 휴직

345) 대법원 1995. 3. 24. 선고 94다42082; 대법원 1995. 7. 14. 선고 95다1767; 대법원 1998. 4. 24. 선고 97다58750. 그러나 사용자가 취업규칙 등에 실질적인 해고에 해당되는 것을 당연퇴직사유로 규정한 경우, 사용자가 정당한 해고사유의 요건만 입증하면 해고예고수당의 지급 등 근로기준법상의 해고제한절차를 거치지 않고 해고할 수 있으므로 실질적으로 즉시해고와 같은 효과가 발생하게 되어 근로기준법상의 해고제한절차의 실효성이 의문시된다.

346) 이에 대한 구체적인 내용은 제8장 해고 참조.

기간이 장기화된 경우에는 그 정당성이 인정된다고 보아야 한다. 예컨대, 근로자의 상병으로 인한 휴직이 장기화되어 부득이 사용자가 상당기간 동안 다른 근로자로 대체할 수밖에 없는 객관적인 사유가 있는 경우에는 당연퇴직처분은 정당성이 인정된다고 보아야 한다.

이와 관련하여 판례는 「단체협약 등에 정한 휴직기간의 만료일에 당연퇴직처분이 있는 것으로 보아야 하나, 휴직사유의 내용과 정도·그 사유의 조속해소 가능성 여부·휴직 또는 휴직의 연장으로 인하여 회사가 입었거나 입게 될 영향 등 제반 사정에 비추어 그 정당성 여부를 판단해야 한다.」는 입장을 취하고 있다.[348)]

2) 직위해제(대기발령)에 따른 당연퇴직처분의 경우

직위해제 또는 대기발령이란 회사의 경영상의 사정 또는 근로자의 일신상·행태상의 사유 등을 이유로 근로계약관계는 존속시키면서 근로제공을 일정기간 정지·금지 또는 면제시키는 인사처분을 말한다. 판례는 「대기발령은 사용자의 고유권한임을 전제로 근로기준법 등의 강행법규에 반하거나 권리남용에 해당되지 않는 한 정당하고, 그 정당성 판단은 대기발령의 업무상의 필요성과 그에 따른 근로자의 생활상의 불이익과의 비교, 근로자와의 협의 등 대기발령을 하는 과정에서 신의칙상 요구되는 절차를 거쳤는지의 여부 등에 의하여 결정해야 한다.」는 입장을 취하고 있다.[349)]

그리고 대기발령에 이은 당연퇴직처분은 근로자의 의사에 반하여 사용자의 일방적 의사에 따라 근로계약 관계를 종료시키는 것으로서 실질상 해고에 해당하기 때문에 사용자의 대기발령에 이은 당연퇴직처분은 근로기준법 제23조 제1항 소정의 정당한 이유가 있어야 한다. 따라서 정당한 당연퇴직처분이 대기발령 당시에 이미 사회통념상 당해 근로자와의 고용관계를 계속할 수 없을 정도의 사유가 존재하였거나 대기발령 기간 중 그와 같은 해고사유가 확정되어야 한다.[350)]

3) 이중취업의 경우

근로자는 근로시간 이외의 시간을 사용자의 구속에서 벗어나 자유로이 이용할 수

---

347) 김형배, 노동법(제24판), 583~584면.

348) 대법원 1995. 4. 11. 선고 94다4011.

349) 대법원 2002. 12. 26. 선고 2000두8011 판결; 대법원 2007. 2. 23. 선고 2005다3991.

350) 대법원 1995. 12. 5. 선고 94다43351; 대법원 2002. 8. 23. 선고 2000두9113; 대법원 2004. 10. 28. 선고 2003두6665; 대법원 2007. 5. 31. 선고 2007두1460 등.

있는 것이므로 사용자의 허락 없이 다른 사업장에 취업하거나 사업을 운영하더라도 원칙적으로 정당한 해고사유에 해당되지 않는다.[351] 따라서 취업규칙 등에 이중취업이 당연퇴직사유로 규정되어 있다는 것을 이유로 한 사용자의 당연퇴직처분은 법률상 무효로 해석함이 타당하다. 그러나 이중취업이 기업질서를 문란케 하거나 기업의 이익을 침해하는 등의 합리적인 이유가 있는 경우에는 취업규칙에 규정된 당연퇴직사유에 따라 당연퇴직처분은 유효한 것으로 보아야 한다.

Ⅷ. 당사자의 소멸

근로계약은 사업주와 근로자 사이의 계약이므로 계약당사자의 일방이 사망하거나 소멸하면 근로관계는 자동적으로 종료되는 것이 원칙이다. 근로관계는 일신전속적 성격을 가지는 것이므로 근로자가 사망하면 상속인에게 승계되지 않고(민법§657②), 기업이 폐업하면 기업의 물적 시설이 없어지는 것이므로 특별한 해고의 조치를 취하지 않더라도 근로관계는 자동적으로 소멸된다. 따라서 폐업으로 기업의 물적 기반이 없는 상태에서 사업주가 도피한 경우에는 폐업시점 이후의 휴업수당, 임금지급, 계속근로연수의 산정 등의 문제는 발생하지 않는다.

그러나 개인기업에 있어서 사업주가 사망한 이후 그 사업이 상속인에게 상속되어 계속 운영되고 있는 경우에 근로관계도 상속인에게 이전되는가의 여부가 문제된다. 이에 대하여 근로계약자의 지위는 일신전속적인 것이라는 이유로 상속의 대상이 되지 않는다는 견해가 있으나,[352] 사용자는 근로자의 동의를 얻어 근로자의 지위를 제3자에게 양도할 수 있으므로 근로자의 동의가 있는 경우에는 사용자의 지위도 상속인에게 상속(이전)된다고 해석해야 한다.[353] 왜냐하면 상속인에게 사용자의 지위가 상속(이전)되는 것으로 해석하는 것이 근로자와 상속인에게도 이익이 되기 때문이다. 다만, 사업주와 인적관계가 매우 중요시 되는 간병인, 전속운전기사, 개인비서 등은 상속인에게 이전되지 않는다.[354]

---

351) 이병태, 최신노동법(제8전정판), 981면; 서울행정법원 2001. 7. 24. 선고 2001구7465.

352) 菅野和夫(이정 역), 일본노동법, 429면.

353) 임종률, 노동법(제14판),559면; 김유성, 노동법Ⅰ(초판), 335~336면; 김형배, 노동법(제24판), 672면.

354) 김유성, 노동법Ⅰ(초판), 336면. 이에 대하여 근로자 중에서 누가 사업주와 긴밀한 인적관계를 가지는지 명백하지 않고, 사업주 개인과의 인적관계가 중요한 자는 근로

사업주가 법인이거나 법인격 없는 사단인 경우에는 그 법인 또는 사단이 해산되면 근로관계는 청산의 범위 내에서는 존속하나,[355] 청산 절차가 종료되면 근로관계도 자동적으로 종료된다. 사업의 폐지를 위하여 법인을 해산하는 것은 기업의 존속·유지를 전제로 한 경영해고와는 성격이 전혀 다른 것이므로 법인의 청산과정에서 해고예고 없이 근로자를 전원 해고하더라도 위장폐업에 해당되지 않는 한 그 해고는 유효하다.[356]

회사합병의 경우는 소멸하는 피합병 회사의 권리의무관계가 포괄적으로 합병회사에 이전되는 것이므로 당연히 근로관계도 합병회사에 포괄적으로 이전된다. 그리고 영업양도의 경우에도 해고의 정당한 사유가 없는 고용승계배제특약은 무효가 되는 것이기 때문에 원칙적으로 양도회사와 근로자와의 근로계약관계도 포괄적으로 양수회사에 이전된다.[357]

계약관계의 이전에 동의하지 않을 것이라는 이유로 상속인에게 이전되어야 한다는 반대의 견해도 있다(임종률, 노동법(제14판), 559면).

355) 법인의 청산 종료 전에 해고·사직·합의퇴직에 의하여 근로관계를 종료하는 것이 일반적이다.

356) 대법원 1993. 6. 11. 선고 93다7457; 대법원 1995. 10. 12. 선고 94다52768; 대법원 2001. 11. 13. 선고 2001다27975; 대법원 2004. 3. 12. 선고 2003다44363; 대법원 2003. 4. 25. 선고 2003다7005 등.

357) 이에 대한 상세는 제7장 기업변동과 근로관계 참조.

제7장 기업변동과 근로관계

제1절 개 설

근로자에 대한 사용자의 인사처분은 기업내부에서 이루어지고 있는 것이 일반적이나, 경영합리화·이익분산에 따른 절세·주주들의 이행조정·인력운용의 유연성과 생산성의 향상을 도모하기 위한 경영목적에 따라 기업의 합병·영업의 양도·기업의 분할·업무의 외부화 등이 진행됨으로써 기업 사이에 인사이동이 이루어지는 경우가 있다.

기업 사이의 인사이동은 모회사와 자회사 사이에 인사교류·고용조정을 목적으로 이루어지는 전출 및 전적, 영업양도·합병·기업분할 등 조직변경에 따른 근로관계의 승계, 급격한 기업 환경변화와 경쟁에서 기업을 유지·발전시키기 위하여 핵심 사업에 집중하고 부수적인 업무를 외부화하는 아웃소싱(파견·도급·위탁 등)에 따른 근로관계의 변경이 있다. 이처럼 기업 사이에 이루어지고 있는 인사이동 또는 근로관계의 변경은 기본적으로 사용자 지위의 변경을 초래한다.

그런데 노동관계법은 기업변동에 따른 근로관계에 대한 명문규정을 두고 있지 않은 관계로 기업변동 등으로 사용자의 변경이 있는 경우에 근로관계를 둘러 싼 다양한 문제가 발생하게 된다. 기업 사이에 이루어지고 있는 인사이동에 있어서 쟁점이 되는 사항은 새로운 사용자에게 승계되는 근로관계의 범위와 사업주의 교체에 따른 당사자의 법률관계라고 할 수 있다. 그리고 사용자의 변경으로 근로관계가 새로운 사용자에게 승계되는 과정에서 근로계약관계를 어떻게 파악해야 할 것인가의 여부와 법률상 사용자의 책임을 누가 부담하느냐의 여부도 중요한 쟁점이다.

제2절 기업변동에 따른 인사이동

Ⅰ. 개 관

근로관계는 사용자와 근로자의 근로계약 체결에 의하여 성립되는데, 근로관계 존속 중에 기업변동으로 인하여 사용자가 변경되는 경우가 있다. 기업변동은 주로 기업의 유지를 강화하기 위한 일환으로 영업권의 가치실현·도산위험의 극복·경쟁력 강화·경비절감 등 경영합리화 또는 시장독점을 위한 기업결합을 위하여 행해진다. 기업변동은 주로 기업의 합병·영업양도·회사 분할 등 주로 상법상의 회사형태의 변경에 의해 이루어진다. 기업변동은 법적 주체인 사용자의 변경을 초래하는 경우를 의미하므로 소유관계의 변화가 없는 단순한 지분의 변경은 기업변동에 포함되지 않는다.

노동관계법은 기업변동에 따른 근로관계에 대한 명문규정을 두고 있지 않은 관계로 기업변동이 이루어지게 되면 근로관계를 둘러 싼 다양한 문제가 발생하게 되는데, 그 중 가장 기본적인 쟁점은 기업변동으로 인한 근로관계의 승계여부이다. 즉, 영업양도·회사의 합병·회사의 분할 등으로 인하여 사용자의 지위가 다른 사용자에게 이전되거나 소멸되는 경우에 기존의 근로관계가 다른 사용자에게 포괄적으로 이전되는가의 여부이다.

Ⅱ. 현행법의 규율

1. 민 법

민법은 기업변동 시 근로관계의 포괄적 이전에 관한 명문규정을 두지 않고, 단지 채권채무관계의 개별적인 이전만을 규정하고 있다. 민법은 고용관계에서의 일신전속성(一身專屬性)을 기초로 사용자는 노무자의 동의 없이 그 권리를 제3자에게 양도하지 못하도록 규정하고(민법§657①), 채권양도와 채무인수에 관하여 권리의무의 개별적인 이전만을 규정하고 있을 뿐 기업변동으로 인한 고용관계의 포괄적인 이전을 인정하고 있지 않다(민법§449 이하·§453 이하). 따라서 기업변동으로 인한 근로관계의 포괄적 이전이 가능하기 위해서는 당사자 사이에 별도의 합의 또는 동의가 있어야만 한다.

2. 상 법

상법은 기업변동과 관련된 영업양도와 합병 및 분할을 각각 다른 제도로 설정하여 그 내용과 효과를 비교적 상세하게 규정하고 있으나, 기본적으로 영업재산의 이전에 대한 회사간의 채권채무관계를 규율하고 있을 뿐 근로관계의 이전에 대해서는 명문규정을 두고 있지 않다. 즉, 영리목적을 실현하기 위하여 조직된 유기체적 일체로서의 기능적 재산을 의미하는 「영업재산」의 이전을 중심으로 영업양도(§41 이하)·회사의 합병(§522 이하)·회사의 분할 및 분할합병(§530의2 이하)[1]을 규정하고 있을 뿐이다.

그런데 현행 상법은 대외적인 법률관계만을 규율대상으로 하고 근로관계의 이전 문제는 부수적인 현상이므로 기업변동 시 이전되는 영업재산의 범위에 물적 재산뿐만 아니라 인적 재산으로서의 근로관계도 포함시킬 수 있는지의 여부가 주요 쟁점사항으로 논의되고 있다.[2] 결국, 통상적인 기업 활동과 관련된 내용은 상법의 규율대상이 되고, 이와 관련된 대내적인 근로관계의 규율은 노동법의 영역으로 남게 된다. 따라서 기업변동에 관한 노동법의 문제는 상법상의 기업변동에 따른 후속현상으로 볼 수 있다.[3]

3. 노 동 법

노동법 역시 기업변동에 따른 근로관계의 이전에 관하여 구체적인 규정을 두고 있지 않은 관계로 기업변동에 따른 근로관계의 이전 문제는 해석론에 의존할 수밖에 없다.[4] 상법의 관심방향은 경영주체인 사업주의 관점에서 주로 기업의 기업변동에 따른 영업재산의 이전을 중심으로 규율하고 있기 때문에 근로자의 생존권을 보호이념으로 하는 노동법의 시각과는 전혀 다르다.

따라서 기업변동으로 발생하는 법적인 문제를 규율하는 상법의 규정은 근로관계와 관련된 문제의 해결을 위한 법 원리로서 그대로 적용할 수 있는 것이 아니므로 노동법적 시각에서 새로운 이론정립이 필요하다. 노동법적 시각에서 보면, 주로 기업변동으로 인한 근로관계의 이전 문제는 근로자의 근로권보호 차원에서 논의되고

1) 회사분할에 관한 규정은 1998년 상법 개정 당시 처음으로 도입된 제도로서 주식회사에 대해서만 인정하고 있다.

2) 이상윤, 노동법(제3판), 388면.

3) 김형배, 노동법(제24판), 611면.

4) 다만, 근로기준법 제24조 제1항 단서는 「경영악화를 방지하기 위한 사업의 양도·인수·합병은 긴박한 경영상의 필요가 있는 것으로 본다.」라고 하여 경영해고의 사유가 될 수 있음을 규정하고, 파견근로자법 제6조의 2는 「사용사업주가 2년을 초과하여 계속적으로 파견근로자를 사용하는 경우에는 당해 파견근로자를 직접 고용하여야 한다.」라고 규정하여 피견근로자의 고용을 보장하고 있을 뿐이다.

있다. 이를 살펴보면 다음과 같다.

(1) 기업변동으로 인하여 근로관계가 이전되는 과정에서 근로자가 직장을 상실하여 근로의 기회가 제한되는 것을 방지해야 한다는 논의가 있다. 이 논의는 근로권의 보호문제 및 부당해고의 방지문제와 영업양도 시 근로관계이전에 대한 당사자 사이의 합의문제와 관련되어 논의되고 있다.

(2) 기업변동으로 인하여 근로관계가 다른 기업으로 이전되는 것을 근로자가 원하지 않는 경우에는 이를 허용함으로써 근로자의 직업선택의 자유를 보장해야 한다는 논의가 있다. 이는 근로자의 직업선택의 자유(헌법§15)와 강제근로 금지(근로기준법§7)의 문제와 관련되어 있으며, 영업양도 시 근로관계 이전에 대한 근로자의 동의 여부가 주요 쟁점이 된다.

Ⅲ. 영업양도와 근로관계

1. 의 의

영업양도라 함은 「영업의 동일성을 유지하면서 영업용 재산과 재산적 가치가 있는 사실관계가 합하여 이루어진 조직적·기능적 재산으로서의 영업재산의 일체의 이전을 목적으로 하는 채권계약」을 말한다.[5] 따라서 영업양도로 인정되기 위해서는 영업양도계약과 그 계약에 따라 유기적으로 조직화된 수익의 원천으로서의 기능적 재산이 그 동일성을 유지하면서 일체로서 양도되었다고 볼 수 있어야 한다.[6]

영업양도의 대상이 되는 「영업」은 일정한 영업 목적에 의하여 조직화된 유기적 일체로서의 기능적 재산을 말하고, 「유기적 일체로서의 기능적 재산」은 영업을 구성하는 유형·무형의 재산과 경제적 가치를 갖는 사실관계가 서로 유기적으로 결합하여 수익의 원천으로 기능을 하는 것과 이와 같은 유기적으로 결합한 수익의 원천으로서의 기능적 재산이 마치 하나의 재화와 같이 거래의 객체가 된다는 것을 의미한다.[7]

영업양도는 회사의 재산 또는 일부의 자산매각, 영업의 소유관계의 변동을 초래하지 않는 영업의 임대차 또는 경영위임과 구별되고, 특정승계를 원칙으로 한다는

5) 정찬형, 상법강의요론(제7판), 86면.
6) 대법원 2005. 7. 22. 선고 2005다602.
7) 대법원 2005. 7. 22. 선고 2005다602; 대법원 2008. 4. 11. 선고 2007다89722.

점에서 포괄승계를 본질로 하는 합병과 구별된다.

2. 영업양도의 판단기준

영업양도는 종전 기업의 인적·물적 조직의 동일성과 영업의 동일성을 유지하면서 조직화된 유기적 일체로서의 기능적 재산의 전부 또는 일부가 양수인에게 양도되는 것을 본질로 한다. 따라서 계약의 형식이나 양도의 방법과 관계없이 실질적으로 종전 기업의 전부 또는 일부가 인적·물적 동일성을 유지하면서 양수인에게 이전되는 경우에는 상법상 영업양도에 해당된다. 따라서 영업양도 여부는 양수인이 유기적으로 조직화된 기능적 재산을 이전받아 종전과 동일한 영업활동을 하고 있는가를 기준으로 판단해야 한다.[8]

영업양도의 요건으로서 영업의 동일성이 있는가의 여부에 대하여 대법원은 계약 당사자의 주관적인 의사에 의하여 결정되는 것이 아니고 계약체결 전후의 사정과 경위, 당사자의 의사, 현실적으로 이전된 물적·인적 조직의 범위 내용 등을 종합하여 사회통념에 따라 판단해야 한다고 판시하고 있다.[9]

문제는 자산매수의 형태로 종전 회사의 물적 재산을 인수한 후 종전의 영업을 계속한 경우에 영업양도로 볼 수 있는가의 여부이다. 대법원은 자산양도의 형식을 취하여 영업재산을 매수하면서 종전 근로자 상당수를 신규로 채용하여 종전의 영업을 계속하여 온 사안[10]에서 「① 공장의 자산과 함께 인적 조직(근로자)을 포괄 양도하는 방식으로는 양수희망자가 없어 부득이 공장의 자산만을 매각한 사실, ② 양수인이 양도인 소속 근로자를 신규채용하면서 양도인의 인적 조직을 해체하여 양수회사의 기존 기준 및 인사관리방법에 따라 재구성하여 조직화한 사실, ③ 양수인이 양도인의 채권·채무관계를 전혀 인수하지 아니한 사실 등을 이유로 영업양도가 아닌 자산양도에 해당된다고 판시하였다.[11] 그러나 회사 자산을 매각하면서 종전 근로자를

---

8) 김유성, 노동법Ⅰ(초판), 352면; 이상윤, 노동법(제3판), 389면; 임종률, 노동법(제14판), 521면.

9) 대법원 2002. 3. 29. 선고 2000두8455; 대법원 2003. 5. 30. 선고 2002다23826; 대법원 2005. 2. 25. 선고 2004다34790; 대법원 2005. 6. 24. 선고 2005다8200; 대법원 2005. 7. 8. 선고 2003다40798; 대법원 2007. 6. 1. 선고 2005다5812; 대법원 2007. 11. 16. 선고 2007다36537 등.

10) 대법원 2001. 7. 27. 선고 99두2680; 대법원 2003. 11. 14. 선고 2003두4287.

11) 대법원 2001. 7. 27. 선고 99두2680 판결에 대한 원심(서울고등법원 1999. 1. 22. 선고

신규 채용하여 종전의 생산과 영업을 계속 유지하고 있음에도 회사의 물적 재산만을 양도받았다는 이유로 영업양도로 판단하지 않는 대법원의 판례는 다음과 같은 이유로 그 타당성을 인정할 수 없다.

(1) 양도인이 노동조합활동을 무력화하기 위한 수단으로써 양수인과 담합하여 형식상 물적 자산만을 매각하고 종전 근로자의 다수를 신규 채용하여 종전과 동일한 사업을 운영할 수 있게 된다는 점.

(2) 영업양도에 해당되는가의 여부는 당사자의 계약내용만을 기준으로 판단할 것이 아니라 실질적으로 종전과 동일한 영업을 하고 있는가의 여부에 따라 판단되어야 한다는 점.

(3) 양도인과 양수인 사이의 양도계약 체결시기를 기준으로 영업의 동일성 여부를 판단하게 되면, 근로관계가 포괄적으로 양수인에게 이전되지 않기 때문에 근로자의 고용불안과 체불임금 근로자의 임금채권 확보가 어렵게 된다는 점.

따라서 영업의 동일성 여부는 ① 사업목적의 동일성, ② 사업장소의 동일성, ③ 기존 고객관계의 유지, ④ 생산시설이나 생산수단의 동일성, ⑤ 생산목적의 동일성, ⑥ 영업권의 이전, ⑦ 자산 및 부채의 이전 정도, ⑧ 근로관계의 계속성, ⑨ 종전 경영조직의 계속성 여부 등 다양한 요소들을 종합적으로 고려하여 판단해야 한다.[12]

3. 근로관계의 승계요건

1) 문제의 소재

영업양도는 영업목적에 의하여 조직화된 인적·물적 조직의 동일성을 유지하면서 일체의 영업재산의 이전을 목적으로 하는 양도인과 양수인이 체결한 채권계약이므

97구53801)은 ① 양도회사와 양수회사의 사업목적의 동일성, ② 양수회사에 신규 채용된 후 근로자들이 양도회사를 퇴직한 사실, ③ 채용인원의 구성비는 공장운영에 필요한 기능직이 중심이라는 점, ④ 양수회사의 고유 직원은 임직원·노무관리직에 종사하여 사업운영에 비본질적이라는 점, ⑤ 신규채용근로자들은 수습기간 중 정규직에 상응하는 대우를 한 점, ⑥ 고용불승계 시 노동조합의 권리 및 근로자의 임금채권우선변제권의 침해가능성, ⑦ 양도회사로부터 신규 채용한 인적 자산을 통한 동일한 생산방식·동일제품생산 등의 이유를 들어 영업상의 조직·인적 조직이 그 동일성을 유지하면서 포괄적으로 양수회사에 이전된 영업양도에 해당된다고 판단하였다.

12) 동지 김유성, 노동법 I (초판), 353면.

로 원칙적으로 영업양도에 의하여 포괄적으로 양수인에게 이전되는 권리의무관계의 범위는 당사자의 계약에 의하여 결정되고 계약 체결 당시 근로관계를 유지하고 있는 근로자에 한하여 승계되는 되는 것이나, 당사자 사이에 특약이 없으면 양도인의 권리의무가 포괄적으로 양수인에게 이전된다고 보는 것이 통설과 일관된 판례의 입장이라고 할 수 있다.

그런데, 양도인과 양수인이 계약에 의하여 고용승계를 배제하도록 하는 특약의 유효 여부와 당사자의 합의와 근로자의 동의가 근로관계의 승계에 필요한 요건인가의 여부가 문제된다.

2) 영업양도가 이루어 질 것

우선 근로관계의 승계가 이루어지기 위해서는 영업의 양도가 이루어져야 한다. 여기서 「영업의 양도」란 계약에 의하여 일정한 사업의 목적에 의하여 조직화된 물적·인적 조직을 동일성을 유지하면서 일체로서 이전하거나 일정한 사업목적에 의하여 조직화된 유기적 일체로서의 기능적 재산을 이전하는 것을 말한다.

영업양도의 여부에 대한 판단기준에 관하여 대법원은 양수인이 조직화된 유기적 일체로서의 기능적 재산을 이전받아 양도인이 하던 영업적 활동을 계속하고 있는지의 여부[13]와 영업재산이 어느 정도 이전되어 있는지가 아니라 종래의 영업조직이 유지되어 그 조직의 전부 또는 중요한 일부로서 기능할 수 있는지의 여부에 따라 판단해야 한다고 한다.[14]

이러한 영업양도의 판단기준에 따라 대법원은 ① 명시적인 영업양도계약이 없었다 하더라도 다른 회사의 사업시설의 일부를 인수·사용하여 종전과 동일한 내용의 사업을 수행하고 근로자도 전원 종전과 동일한 근로조건으로 계속 근무하여 온 경우,[15] ② 당사자의 계약에서 자산만을 인수하고 인적 조직을 인수하지 않을 것을 명시하고 근로자를 채용함에 있어서 사직 및 신규채용의 절차를 밟고 채권의 전부와 채무의 일부를 인수하지 않았다 하더라도 승계한 물적·인적 조직을 이용하여 종전 사업부분의 기본골격을 그대로 유지한 채 이를 토대로 사업을 수행하고 있는 경우[16]에는 영업양도로 인정하고 있다. 그러나 양도인이 경영하던 특정의 사업부문을

13) 대법원 1997. 11. 25. 선고 97다35085.
14) 대법원 2001. 7. 27. 선고 99두2680.
15) 대법원 1991. 11. 12. 선고 91다12806.
16) 대법원 2002. 3. 29. 선고 2000두8455.

인수하면서 양도인 소속 근로자 대다수를 채용하고 수습기간을 거쳐 재배치하는 등 그 인적 조직을 해체하여 양수인의 경영방침에 따라 재구성한 경우,[17] 사업재산의 전부를 양도하였지만 그 조직을 해체하여 양도한 경우[18]에는 영업의 양도로 보지 않는다.

3) 고용배제특약이 없을 것

근로관계의 승계범위는 당사자의 영업양도계약의 내용에 따라 결정되는 것이므로 원칙적으로 당사자의 계약에 의하여 고용승계를 배제하는 특약은 유효하다. 그러나 고용승계 배제특약은 근로자에게는 실질적으로 해고에 해당되는 것이기 때문에 그 특약이 유효하기 위해서는 정당한 해고사유가 있는 경우에 한한다.[19] 따라서 영업양도 당사자 사이에 고용승계배제 특약이 있다 하더라도 근로기준법상 정당한 해고 사유에 해당하지 않으면 근로관계는 포괄적으로 양수회사에 승계된다.

그런데, 근로기준법 제24조 제1항 후단은 경영악화를 방지하기 위한 사업의 양도는 경영해고 요건의 하나인 긴박한 경영상의 필요가 있는 것으로 간주하도록 규정하고 있다. 이 규정은 근로자의 직장보호가 경영악화의 방지를 위한 영업양도의 장애물이 되지 않도록 하기 위한 것이다. 따라서 양도인이 경영악화를 방지하기 위하여 사업의 전부 또는 일부를 양도하는 경우에는 해고회피의 노력을 하고 공정하고 합리적인 기준에 의하여 해고대상자를 선정하고 근로자대표와의 협의를 통하여 그 해고대상자의 근로관계를 양수인과의 특약에 의하여 승계대상자에서 제외시킬 수 있다.[20]

4) 당사자의 합의여부

(1) 학 설

영업양도에 관한 법률행위가 있으면 당사자의 근로관계의 승계에 관한 합의가 없더라도 근로관계는 포괄적으로 양수회사에 자동적으로 이전된다고 하는 「합의불요설(자동승계설)」,[21] 당사자 사이에 근로관계의 승계에 관한 명시적·묵시적인 합의가 있는 경우에 한하여 근로관계가 승계된다고 하는 「합의필요설」, 당사자간의 근로관

17) 대법원 2001. 7. 27. 선고 99두2680.
18) 대법원 2003. 6. 10. 선고 2001다17596.
19) 대법원 1994. 6. 28. 선고 93다33173.
20) 임종률, 노동법(제14판), 523면; 대법원 2000. 10. 13. 선고 93다11437.
21) 임종률, 노동법(제14판), 521면.

계의 승계에 관한 약정이 없다 하더라도 그 법률행위에는 원칙적으로 양수회사가 근로관계를 포괄적으로 승계하기로 하는 내용이 포함되어 있다고 보아 근로자의 명시적인 반대의 의사표시가 없는 한 근로관계는 양수회사에게 포괄적으로 승계된다고 하는 「원칙승계설(절충설)」[22]이 대립하고 있다.

(2) 판 례

대법원은 「영업양도 당사자 사이에 반대의 특약이 없는 한 영업양도에 관한 합의안에는 원칙적으로 근로관계를 포괄적으로 승계하기로 하는 내용의 합의가 있는 것으로 사실상 추정되고, 근로관계의 전부 또는 일부를 제외하는 특약은 실질적으로 해고와 다름없는 것이므로 근로기준법상 해고의 사유에 해당되어야 한다.」라고 판시하여 원칙승계설의 입장을 취하고 있다.[23]

(3) 평 가

합의불요설(자동승계설)은 근로기준법상 해고의 요건에 해당되어 근로관계를 유지할 수 없는 근로자에 대해서까지도 자동적으로 승계되기 때문에 기업경영의 원칙에 반하여 수긍할 수 없고, 합의필요설은 일방적인 당사자의 계약에 의하여 근로기준법상 해고의 요건에 해당되지 않는 근로자도 고용승계에서 배제되어 근로권을 과도하게 제한한다는 점에서 수긍할 수 없다.

원칙승계설(절충설)은 고용승계를 배제하는 당사자 사이에 특약이 없으면 근로관계는 포괄적으로 승계되고 고용승계배제 특약은 근로기준법상 정당한 해고의 요건에 해당되는 근로자에게만 적용된다는 점에서 경영권과 근로권을 조화시킨 타당한 이론이다. 따라서 영업양도가 있으면 원칙적으로 모든 근로관계는 양수인에게 포괄적으로 이전된다고 보아야 한다.

5) 근로자의 동의여부

(1) 학 설

영업양도로 인하여 근로관계가 승계되기 위해서는 근로자의 동의가 필요한가의 여부에 대하여 동의필요설과 동의불요설이 대립하고 있으나, 동의불요설이 다수설

---

22) 김형배, 노동법(제24판), 622면; 김지형, 「영업양도와 근로관계의 승계」, 1041면; 이병태, 최신노동법, 625~626면; 이상윤, 노동법(제3판), 391면; 김유성, 노동법 I (초판), 349면.

23) 대법원 1994. 6. 28. 선고 93다33173; 대법원 1995. 9. 25. 선고 94다54245.

이다.

「동의필요설」은 ① 사용자는 노무자의 동의 없이 그 권리를 제3자에게 양도하지 못하도록 규정한 민법 제657조 제1항의 취지, ② 근로관계에 있어서 당사자인 사용자의 변경, ③ 일부 양도시의 잔존사업장에서의 계속취업의 가능성, ④ 헌법상 보장된 직업선택의 자유보장 등을 근거로 근로관계가 이전되기 위해서는 근로자의 동의가 필요하다는 견해이다.[24)]

「동의불요설」은 ① 민법 제657조 제1항의 고용계약은 노동법상의 근로계약과 그 성질을 달리하는 것이므로 근로관계의 승계에는 적용되지 않는다는 점, ② 근로자는 근로관계를 스스로 해지할 수 있기 때문에 직업선택의 자유를 제한하지 않는다는 점, ③ 근로관계의 승계는 사업양도의 효과로써 발생된다는 점 등을 근거로 근로자의 동의는 근로관계의 이전요건이 아니라는 견해이다.[25)]

(2) 판 례

대법원은 양도회사로부터 양수회사에 근로관계가 승계되는 것을 전제로 그 승계를 거부하는 근로자에 대한 근로관계는 양수기업에 승계되지 않고, 양도기업 사이에 존속한다고 함으로써 동의불요설의 입장을 취하고 있다.[26)]

(3) 평 가

영업양도에 따라 근로관계는 포괄적으로 양도인에서 양수인으로 이전되는 효과가 발생하는 것이므로 근로자의 동의 여부와는 관계없다고 보아야 한다. 그 근거로서는 ① 근로관계에서 사용자의 변경은 특별한 의미가 없다는 점, ② 근로자의 동의 여부와 관계없이 포괄적인 근로관계의 승계를 인정하는 것이 근로자에게 유리하다고 하는 점, ③ 근로관계 승계 이후에도 근로자는 언제든지 근로관계를 해지할 수 있기 때문에 직업선택의 자유를 제한하지 않는다는 점 등을 들 수 있다. 다만, 근로자가 근로관계의 승계를 명시적으로 원하지 않는 경우에는 승계되지 않는 것으로 해석해야 한다.[27)]

---

24) 동의필요설 ; 이상윤, 노동법(제3판), 390면.

25) 동의불요설 ; 김형배, 노동법(제24판), 632~633면; 임종률, 노동법(제14판), 521~524면; 이병태, 최신노동법(제8전정판), 627면.

26) 대법원 2000. 10. 13. 선고 88다11437; 대법원 2002. 3. 29. 선고 2000두8455.

27) 근로관계의 승계를 원하지 않는 경우는 근로자와 사용자의 신뢰관계가 중요시되는 중소기업의 영업양도와 일부 영업양도에 국한된다. 특히, 사업의 일부 양도에 있어서 양

6) 양도계약 체결 시 근로관계의 유지

영업양도는 법률행위인 양도계약에 의하여 이루어지기 때문에 원칙적으로 양도계약이 체결된 때를 기준으로 근로관계가 유지된 근로자에 한하여 포괄적으로 양수인에게 이전된다.[28] 따라서 영업양도 계약체결 당시 근로관계를 맺고 있는 근로자의 근로관계만 포괄적으로 이전되고, 해고된 자는 근로관계가 없기 때문에 이전되지 않는다. 그런데 영업양도 계약체결 이전에 해고의 효력을 다투고 있는 근로자를 양수인이 승계할 의무가 있는가의 여부가 문제된다.

(1) 학 설

학설은 대체로 근로관계의 이전시기를 양도계약이 체결된 때로 해석하는 경향이나, 해고의 효력을 다투는 자의 권리보호를 위하여 다양한 해석방법을 제시하고 있다.

① 영업양도를 통한 부당해고를 방지하기 위하여 영업의 전부 양도와 일부 양도에 따라 근로관계의 승계 여부를 따로 판단해야 한다는 견해이다. 즉, 일부 양도의 경우는 양수회사에게 근로관계가 이전되지 않고 양도회사에 그대로 남게 되나, 전부 양도의 경우는 양도회사가 소멸하기 때문에 양수회사가 근로관계를 승계해야 한다고 한다.[29]

② 양수인이 해고의 효력을 다투는 근로자의 고용을 승계할 의무는 없지만, 부당해고 판결이 확정된 이후에는 승계해야 한다는 견해이다.[30]

(2) 판 례

일부 영업양도에 있어서 해고의 효력을 다투는 근로자가 승계대상에 포함되는가

도대상이 된 기업에 잔존하는 사업장에서 계속 근무할 자리가 존재하고, 양수기업으로 근로관계가 이전될 경우 오히려 불리한 점이 많다고 판단될 때 근로관계의 승계를 거부하게 될 것이다. 따라서 근로관계의 승계거부를 인정할 실익은 중소기업의 영업양도와 사업의 일부 양도에서 발생한다(김형배, 노동법(제24판), 633면).

28) 그러나 현실적으로 양수인이 고용관계를 승계할 의무가 있는 시점은 영업양도계약 체결 시가 아니고, 양수인이 경영조직에 편입된 때로 보아야 한다. 왜냐하면, 양수인이 경영조직에 편입된 이후에 비로소 경영상의 제반문제를 결정할 수 있기 때문이다. 따라서 고용승계의 확정시기와 현실적으로 근로관계를 승계하는 시기는 다르다(동지 김형배, 노동법(제24판), 636면; 김지형, 「영업양도와 근로관계의 승계」, 민사재판의 제문제(제8집), 민사실무연구회, 1994, 1055면).

29) 이상윤, 노동법(제3판), 394~395면.

30) 하갑래, 근로기준법(전정제27판), 561면.

에 대하여 대법원은 「승계되는 근로관계는 계약체결일 현재 실제로 근무하고 있는 근로자와의 근로관계만을 의미하고 계약체결일 이전에 해고의 효력을 다투는 근로자의 근로관계는 승계되지 않는다.」라고 판시하여 양수인의 고용승계의무가 없는 것으로 해석하고 있다.[31] 따라서 영업양도계약 이전에 해고당한 근로자는 비록 해고무효 확인소송을 통하여 부당해고로 확정되었다 하더라도 양수회사에게 복직은 물론 체불된 임금을 청구할 수 없다는 것이 판례의 태도이다.

그러나 대법원은 예외적으로 영업양도 이전에 해고가 무효라는 확정판결이 있음에도 근로자를 복직시키지 않은 상태에서 기존 회사의 임금채무를 면탈하거나 노동조합을 와해하기 위한 목적으로 회사를 폐업하여 새로운 회사를 설립하거나 기존 회사와 실질적으로 동일한 회사에 양도한 경우에는 신설회사 또는 양수회사는 법인격이 부인되어 신설회사 또는 양수회사가 해고된 근로자에 대한 복직의무와 체불임금과 위자료를 지급할 의무가 있는 것으로 판시하고 있다.[32]

그리고 양수회사가 양도회사의 부당한 전적명령을 거부하였다는 이유로 해고당한 사실을 알고 있었던 사안에서, 대법원은 양수인이 영업양수 당시 해고가 무효임을 알았다는 이유로 해고된 근로자의 고용승계의무가 있는 것으로 판단하고 있다.[33]

(3) 평 가

영업양도는 법률행위인 당사자의 영업양도계약에 의하여 그 효력이 발생하는 것이므로 그 계약이 체결될 당시 양도인과 근로관계를 맺고 있는 근로자에 한하여 양수인에게 포괄적으로 승계된다고 하는 것은 당연하다. 그러나 영업양도계약의 체결 당시 현실적으로 근로관계가 있는 근로자만을 고용승계의 대상으로 확정하는 것은 근로자의 생존을 이념으로 하는 노동법의 취지에 반하는 것이므로 일정한 예외를 인정할 필요성이 있다. 따라서 영업양도계약 체결 이전에 해고된 자라도 그 보호의 필요성 여부에 따라 양수인에게 근로관계가 포괄적으로 승계될 수 있도록 하는 예외를 인정해야 한다.

---

31) 대법원 1993. 5. 25. 선고 91다41750; 대법원 1995. 9. 29. 선고 94다54245; 대법원 1996. 5. 31. 선고 95다33238.

32) 대법원 1999. 2. 23. 선고 98다12157; 대법원 2004. 11. 12. 선고 2002다66892; 대구고등법원 2006. 5. 19. 선고 2005나3053.

33) 대법원 1996. 5. 31. 선고 95다33238.

① 사업의 전부가 양도된 경우에는 개별적 근로관계와 집단적 근로관계로 구분하여 해고무효의 확정시기를 기준으로 양수인의 고용의무가 있는지의 여부를 판단해야 한다. 해고의 효력을 다투는 자는 근로기준법상 근로자에 해당되지 않기 때문에 영업양도계약이 체결되기 전에 양수인이 명백하게 부당해고임을 알았을 경우가 아닌 한 양수인에게 고용승계의무를 부담토록 하는 것은 부당하다.[34] 그러나 정당한 노동조합활동을 이유로 한 부당노동행위인 경우에는 집단적 근로관계에서는 근로자에 해당되기 때문에 부당노동행위로 확정된 시기에 양수인의 고용승계의무가 있는 것으로 보아야 한다.

② 사업의 일부양도인 경우에는 양도회사가 존속하고 있으므로 해고무효의 확정시기에 양도인이 잔존하는 사업부분에 복직시킴과 동시에 해고 일부터 복직일까지의 임금상당액을 지급할 의무가 있는 것으로 보아야 한다.

4. 근로관계의 승계범위

1) 문제의 소재

영업양도는 일정한 영업목적에 의하여 조직화된 인적·물적 조직을 그 동일성은 유지하면서 일체로서 이전하는 채권계약이므로 원칙적으로 모든 근로관계는 양수회사에 포괄적으로 이전된다. 그러나 구체적으로 포괄 승계되는 근로관계의 범위는 당사자의 합의 또는 계약에 의하여 결정된다.

현행 노동관계법은 영업양도로 인한 근로관계의 적용방법에 대하여 구체적인 규정을 두고 있지 않기 때문에 영업양도와 관련된 다양한 문제가 발생한다. 즉, 양도인과 양수인이 특정 근로자의 고용승계를 배제하는 특약을 한 경우에 그 특약의 유효성을 인정할 것인가의 여부와 고용승계에서 배제된 근로자를 어떻게 보호할 것인가의 여부가 문제된다. 그리고 양도회사와 양수회사에게 적용된 상이한 근로조건의

---

34) 대법원은 「해고의 효력을 다투고 있는 자를 근로자가 아닌 자로 해석해서는 안 된다는 노동조합 및 노동관계조정법의 규정은 노동조합의 설립 및 존속을 보호하고 사용자의 부당한 인사권의 행사에 의하여 노동조합의 활동이 방해받는 것을 방지하기 위한 규정으로 노동조합의 구성원이 될 수 있는 자격에 관하여 규정한 것일 뿐, 사용자와 근로자와의 근로관계에 관한 규정은 아니므로 노동조합의 조합원으로서의 지위와 관련하여서만 적용이 되어 사용자와 근로자와의 근로관계에 관한 규정은 아니므로 노동조합의 조합원으로서의 지위와 관련하여서만 적용이 되어야 할 것이고, 근로자와 사용자와의 개별적인 근로계약 일반의 효력에 확대 적용될 수는 없다.」라고 판시하고 있다(대법원 1993. 6. 8. 선고 92다42354).

적용방법, 근로관계의 승계 시기의 확정 문제, 노동조합과 단체협약의 승계로 인한 집단적 노사관계의 적용방법 등 영업양도에 따른 다양한 문제가 발생한다.

2) 개별적 근로관계의 승계범위

(1) 승계원칙

영업양도계약의 체결 당시 근로관계를 유지하고 있었던 근로자에 대한 모든 권리의무관계는 포괄적으로 양수회사에 이전된다. 따라서 양수회사는 양도회사와 근로자 사이에 체결된 종전의 근로계약·취업규칙·단체협약에 정해진 모든 근로조건을 이행할 의무를 부담해야 하고, 근로자도 종전과 동일한 근로관계에서의 의무를 양수회사에 이행할 의무를 부담한다.

양도회사에서의 근로관계는 단절되지 않는 것이므로 연차휴가와 퇴직금의 산정에 있어서 양도회사에서의 근무기간도 계속근로연수에 당연히 합산해야 한다. 따라서 근로자가 양도회사에 사직원을 제출하고 양수회사에 재입사하는 형식을 갖추었다 하더라도, 근로자가 계속 동일한 업무에 종사한 경우에는 근로관계는 단절되지 않고 양도전후의 근무기간을 모두 합산하여 퇴직금과 연차휴가 등을 산정하여야 한다. 다만, 근로자의 자유로운 의사에 따라 양도회사로부터 퇴직금을 수령하고 양수인에게 재고용된 것을 선택한 경우에는 양도회사와의 근로관계는 단절된 것으로 보아야 한다.[35)]

(2) 구체적인 승계범위

사업양도로 인한 근로관계의 승계는 근로계약상의 사용자가 양도인에서 양수인으로 변경된다는 것을 의미한다. 따라서 영업양수인은 근로자에 대한 양도인의 근로계약상의 권리의무를 포괄적으로 인수하고, 양도인의 근로계약상의 권리의무는 소멸하기 때문에 양도인의 근로자에 대한 체불임금책임은 양수인이 인수한다. 다만, 체불임금은 양도인이 야기한 것이고 양수인이 지급능력이 부족한 경우도 있을 수 있기 때문에 양도인도 양수인과 함께 체불임금에 대한 연대책임을 진다고 해석해야 한다.[36)]

---

35) 대법원 1991. 5. 28. 선고 90다16801; 대법원 2001. 11. 13. 선고 2000다18608; 대법원 2002. 9. 6. 선고 2002다24270.

36) 상법 제42조는 양도인과 양수인이 부담하고 있는 제3자에 대한 채무의 성질을 부진정연대책임으로 보고 있다는 점에서 체불임금에 대한 연대책임은 부진정연대책임으로

문제는 영업양도계약 체결이전에 퇴직한 근로자의 퇴직금을 양도인이 지급하지 아니한 상태에서 영업이 양도된 경우에 양수인이 퇴직금을 지급할 의무를 부담하는가의 여부이다. 이에 대하여 학설은 퇴직금의 후불임금 성격에 비추어 볼 때 양수인이 퇴직금을 지급해야 한다고 하는 견해[37]와 퇴직금의 지급의무는 근로관계가 종료된 때의 사업주인 양도인이 부담해야 한다는 이유로 양수인이 퇴직금을 지급할 의무가 없다고 하는 견해[38]가 대립한다. 영업양도에 있어서 근로관계의 내용을 보호한다는 것은 근로자로서의 지위가 승계된 것을 전제로 하는 것이고, 근로관계의 승계시점은 영업양도계약의 체결 시가 되는 것이므로 그 계약 체결 전에 이미 근로관계가 종료된 자는 양수인과의 사이에 근로관계가 존속할 여지가 없다.

따라서 영업양도 전에 퇴직한 자는 양수인에게 퇴직금과 체불임금을 청구할 수 없다. 다만, 영업의 일부양도에 있어서는 양도인은 그대로 존속하기 때문에 퇴직한 자는 양도인에 대하여 퇴직금 및 체불임금청구권은 그대로 존속하고, 양도인과 양수인과의 사이에 퇴직한 근로자에 대한 양도인의 퇴직금 및 임금채무를 인수하는 계약(민법§454)을 체결한 경우에는 양수인이 퇴직근로자에 대한 퇴직금 및 체불임금에 대한 채무를 부담한다.[39] 요컨대, 영업양도 전에 퇴직한 근로자에 대한 체불임금 및 퇴직금은 양수인에게 이전되지 않는 것이므로 양수인은 퇴직금을 지급할 의무를 부담하지 않는 것으로 해석함이 타당하다.

근로관계의 승계효과는 근로관계 당사자의 변경만 초래할 뿐이고 근로조건의 변경을 수반하는 것이 아니기 때문에 양수인은 양도인으로부터 승계한 취업규칙과 근로계약에서 정한 근로조건을 준수할 의무가 있다. 따라서 양도회사와 양수회사의 취업규칙 등에 정한 퇴직금 등 근로조건이 다르더라도 근로자퇴직급여보장법 제11조의 퇴직금차등금지 규정에 위반되지 않는다.[40]

다만, 영업양도에 따른 근로관계의 승계로 인하여 하나의 사업 또는 사업장에 적용되는 상이한 취업규칙과 근로조건의 병존은 바람직하지 않기 때문에 이를 조정·통일할 필요성이 있다. 그러나 양수인이 근로자에게 더 유리한 양도인의 취업규칙

보아야 한다(김형배, 노동법(제24판), 640면; 임종률, 노동법((제14판), 525면).

37) 임종률, 노동법(제14판), 525면.

38) 김형배, 노동법(제24판), 640면; 김지형, 「영업양도와 근로관계의 승계」, 1061면.

39) 김형배, 노동법(제24판), 640면.

40) 대법원 1992. 12. 22. 선고 91다45165; 대법원 1995. 12. 26. 선고 95다41659; 대법원 1997. 12. 26. 선고 97다17575.

을 폐기하고 양수인의 취업규칙을 획일적으로 적용하는 것은 취업규칙의 불이익 변경에 해당되기 때문에 근로자의 집단적 동의를 얻어야만 양수인의 취업규칙을 적용할 수 있다(근로기준법§94①단서).[41]

퇴직금과 연차휴가의 산정을 위한 계속근로연수는 영업양도 전후의 근무기간을 통산해야 한다. 영업양도 계약 체결 시에 양도회사의 근무기간을 퇴직금 또는 연차휴가의 산정에 있어서 제외하고 양도 후의 근무기간만 포함하기로 합의하였더라도, 근로자의 동의가 없는 이상 그 합의는 무효이다.[42] 다만, 근로관계의 승계에 수반하여 근로자의 요구에 의하여 중간퇴직금을 정산한 경우에는 그 이후의 퇴직금 산정에 있어서의 계속근로연수는 근로관계의 승계시점부터 새로이 기산한다(근로자퇴직급여보장법§8②). 그러나 양수인이 경영방침에 따라 일방적으로 양도 전의 근속기간에 해당하는 퇴직금을 정산지급한 후 영업양도 시점부터 다시 계속근로연수를 기산한 경우에는 퇴직금의 차액을 지급해야 한다.[43]

3) 집단적 근로관계의 승계범위

(1) 승계원칙

영업양도는 포괄적인 영업재산의 이전으로 사업주가 변경된다는 점을 제외하고는 영업의 동일성이 인정되는 한 그 영업조직에 종사하는 근로자의 근로관계를 전제로 한 집단적 근로관계도 당연히 동일성을 갖는다.[44] 따라서 양도인의 노동조합 및 단체협약은 양수인에게 포괄적으로 이전된다.

(2) 구체적인 승계범위

가. 노동조합에 관한 부분

영업양도로 인하여 노동조합의 지위가 양수회사에 포괄적으로 승계되는가에 대

---

41) 대법원 1995. 12. 26. 선고 95다41659; 대법원 2001. 4. 24. 선고 99다9370.

42) 대법원 1991. 11. 12. 선고 91다12806.

43) 퇴직금중간정산이 무효로 된 경우에 근로자의 퇴직금중간정산금에 대한 이자가 부당이득에 해당되는가의 여부에 관하여 대법원은 사용자가 근로자에 대하여 중간퇴직처리를 하면서 퇴직금을 지급하였으나 그 퇴직처리가 무효로 된 경우 이는 착오로 인하여 변제기에 있지 아니한 채무를 변제한 경우에 해당한다고 할 수 없다는 이유로 이미 지급한 퇴직금에 대한 지급일 다음날부터 최종퇴직 시까지의 연 5푼의 비율에 의한 법정이자 상당액은 부당이득에 해당하지 않는 것으로 판단하고 있다(대법원 2001. 4. 24. 선고 99다9370).

44) 이병태, 최신노동법(제8전정판), 630면.

하여 다수설[45]은 포괄 승계된 노조원들의 근로관계와 함께 노동조합의 지위도 포괄적으로 양수인에게 승계되는 것으로 파악하고, 소수설[46]은 근로관계의 포괄적인 승계와 노동조합의 지위의 승계는 별개의 문제이므로 노동조합의 지위 자체는 양도의 대상이 되지 않는다고 하여 양수인에게 승계되지 않는 것으로 이해하고 있다.

노동조합의 지위자체가 양수인에게 포괄 승계된다는 다수설은 ① 양도회사의 영업조직에 종사하는 근로자의 근로관계를 전제로 한 집단적 근로관계도 당연히 동일성을 갖는다는 점, ② 영업양도로 인하여 사용자인 사업주만이 변경될 뿐이고 노동조합의 동일성은 그대로 유지된다는 점 등을 그 논거로 제시하고 있다.

반면, 노동조합의 지위 자체는 승계되지 않는다고 하는 소수설은 ① 양도회사에 설립되어 있는 노동조합이 그 자체가 양도의 대상에 포함된다는 것은 영업양도의 개념과 취지에 반한다는 점, ② 기업별 노동조합은 당해 사업의 사용자와 고용관계를 갖고 있는 조합원 근로자의 근로조건의 유지·개선을 목적으로 하는 사단이기 때문에 양도회사의 노동조합의 지위 그 자체가 승계된다고 하는 것은 기업변동 자체의 효과를 부인하는 결과를 초래한다는 점 등을 그 근거로 제시하고 있다. 따라서 소수설은 노동조합의 규약변경만으로는 양수회사의 노동조합으로 인정될 수 없다고 한다.

양도회사의 노동조합의 지위가 양수회사에 포괄적으로 승계되는가에 대하여 하급심 판례는 「영업양도로 승계되는 근로관계는 사용자와 근로자 사이의 개별적인 근로관계뿐만 아니라 노동조합도 양수인 사업장의 노동조합으로 존속하는 것」으로 해석하고 있다.[47] 그리고 대법원은 영업양도로 인한 노동조합의 지위의 포괄적 승계에 대하여 분명하게 밝히고 있지 않지만, 「특별한 사정이 없는 한 종전의 단체협약도 잠정적으로 승계되는 것」으로 판시한 것으로 보아 노동조합의 지위의 승계를 전제로 단체협약도 함께 승계되는 것으로 해석하고 있는 것 같다.[48]

요컨대, ① 노동조합의 구성원인 근로자가 승계된 경우에는 노동조합의 지위도 함께 승계된다고 보는 것이 모든 권리의무관계의 포괄적 승계를 목적으로 하는 영

45) 김유성, 노동법 I (초판), 355~356면; 임종률, 노동법(제14판), 526면; 이병태, 최신노동법(제8전정판), 630면; 이상덕, 「영업양도와 고용승계」, 256면.

46) 김형배, 노동법(제24판), 655면 이하; 유성재, 사업양도 시 고용승계에 관한 법제개선 방안, 한국법제연구원, 2000, 86면.

47) 서울지방법원 1998. 11. 24. 선고 98가단28156.

48) 대법원 1989. 5. 23. 선고 88누4508.

업양도의 취지에 부합한다는 점, ② 노동조합의 승계를 인정하지 않을 경우 새로이 노동조합을 결성하기 어려울 뿐만 아니라 노동조합이 와해될 가능성이 있다는 점, ③ 노동조합의 구성원인 근로자가 승계된 이상 그들의 사업주는 이미 양수회사가 된다는 점 등을 종합하여 보면, 노동조합의 지위도 양수회사에 포괄적으로 승계되는 것으로 해석해야 한다. 그리고 승계되는 노동조합은 새롭게 설립되는 것은 아니나 노동조합의 지위의 승계로 인하여 사업주와 소속 사업장이 변경되기 때문에 규약과 노동조합의 명칭을 변경하여야 한다.

나. 단체협약에 관한 부분

양도인과 노동조합이 체결한 단체협약이 양수인에게도 그 효력이 인정되는가에 대하여 학설은 ① 당사자간의 특약이 없는 한 양도회사의 채권·채무관계가 양수회사로 승계되기 때문에 단체협약의 효력도 그대로 양수회사에게 승계된다고 하는 「승계긍정설」,[49] ② 단체협약의 당사자인 사업주가 변경되기 때문에 영업양도로 단체협약의 효력은 당연히 소멸된다고 하는 「승계부정설」,[50] ③ 단체협약의 규정 중에서 당사자간의 채무적 부분은 영업양도에 의하여 당사자의 변경으로 인하여 소멸하고, 근로조건에 관한 규범적 부분은 단체협약의 효력발생과 함께 근로관계의 내용으로 화체되어 양수회사에 승계된다고 하는 「절충설」[51]의 견해가 대립한다.

영업양도로 인하여 단체협약이 포괄적으로 양수인에게 승계되는가의 여부를 직접적으로 판시한 대법원 판례는 없으나 간접적으로 단체협약의 포괄적인 승계를 인정하고 있는 경향이고, 하급심판례는 명시적으로 단체협약의 포괄적인 승계를 인정하고 있다.

대법원은 회사의 합병과 단체협약의 포괄승계 여부에 대하여 「복수의 회사가 합병되더라도 피합병 회사와 그 근로자 사이의 집단적인 근로관계나 근로조건 등은 합병회사와 합병 후 전체 근로자들을 대표하는 노동조합과 사이에 단체협약의 체결 등을 통하여 합병 후 근로자들의 근로관계 내용을 단일화하기로 변경·조정하는 새

---

49) 이상윤, 노동법(제3판), 396면; 김유성, 노동법Ⅱ(초판), 206면; 김지형, 「영업양도와 근로관계의 승계」, 1058면 이하; 김홍준, 「기업변동에 있어서 노동법적 측면에 대한 소고」, 노동법연구(제4호), 한국노동법학회, 1994, 46면 이하 .

50) 박종희·김소영, 기업변동시 노동법적 쟁점과 정책과제, 2000, 32면 이하.

51) 김형배, 노동법(제24판), 643면 이하; 유성재, 사업양도시 고용승계에 관한 법제개선 방안, 92면,

로운 합의가 있을 때까지는 피합병 회사의 근로자들과 합병회사 사이에 그대로 승계되는 것이고,[52] 일반적으로 근로자를 그대로 승계하는 영업양도의 경우에 있어서도 특별한 사정이 없는 한 종전의 단체협약도 잠정적으로 승계되어 존속하는 것이라고 보아야 한다.」라고 판시하고 있다.[53] 그리고 하급심 판례는 분명하게 「영업양도가 이루어진 경우에는 원칙적으로 양도인과의 관계에서 형성된 집단적 근로관계도 양수인에게 승계되기 때문에 단체협약상의 권리의무는 당연히 승계되는 것」으로 판시하고 있다.[54]

위의 판례를 종합하여 보면, 법원은 합병인 경우에는 포괄적으로 일체의 근로관계가 합병회사에게 당연히 포괄적으로 승계됨을 전제로 하나, 영업양도의 경우는 특별한 사정이 없는 한 원칙적으로 단체협약도 양수인에게 포괄적으로 승계되는 것으로 해석하고 있다. 그리고 새로운 단체협약의 체결에 관한 합의가 없는 한 기존의 단체협약이 그대로 양수인에게 승계된다고 함으로써 영업양도 후 새로운 단체협약의 체결을 통하여 단체협약에 정한 근로조건을 변경할 수 있음을 제시하고 있다.

생각건대, 근로관계를 전제로 한 집단적 근로관계도 동일성이 인정되는 인적 조직에 해당되기 때문에 양도회사와 체결한 단체협약도 양수인에게 포괄적으로 승계되는 것으로 보아야 한다. 그러나 양수인이 양도인으로부터 승계 받은 사업을 통합하여 하나의 사업체로 경영하는 경우에 서로 다른 근로조건이 병존하는 것은 동일가치노동·동일임금의 원칙에 비추어 바림직하지 않기 때문에 새로운 단체협약을 체결하여 근로조건을 조정·통일할 필요성이 있다.

5. 판례의 경향

양도회사의 노동조합의 지위가 양수회사에 포괄적으로 승계되는가에 대하여 하급심[55]은 양도회사의 노동조합은 양수회사에 승계되는 것으로 해석하고, 대법원[56]은 특별한 사정이 없는 한 종전의 단체협약도 잠정적으로 승계된다고 하여 노동조합의 지위의 승계를 인정하고 있는 것으로 보인다. 그리고 종전의 단체협약은 포괄

52) 대법원 1994. 3. 8. 선고 93다1589; 대법원 2004. 5. 14. 선고 2002다23185.
53) 대법원 1989. 5. 23. 선고 88누4508.
54) 서울지방법원 1998. 11. 24. 선고 98가단28156.
55) 서울지방법원 1998. 11. 24. 선고 98가단28156.
56) 대법원 1989. 5. 23. 선고 88누4508.

적으로 승계되어 양수인과 노동조합 사이에 새로운 단체협약의 체결에 관한 합의가 없는 경우에는 기존의 단체협약이 그대로 양수인에게 승계되는 것으로 해석하고 있다.[57)]

Ⅳ. 합병과 근로관계

1. 의 의

회사합병이란 두개 이상의 회사가 상법의 규정에 따라 청산절차를 거치지 않고 하나의 회사를 만드는 법률사실을 말한다. 합병은 그 방법에 따라 흡수합병과 신설합병이 있으나, 어떠한 형태의 합병이든 소멸회사의 권리의무관계가 포괄적으로 합병회사에 이전된다는 점에서는 동일하다.

흡수합병은 수개의 기업 중 하나의 회사만이 존속하고 존속회사가 소멸회사의 권리의무를 포괄적으로 승계하는 합병을 말하고, 신설합병은 수개의 회사가 모두 소멸하고 신설된 회사가 소멸회사의 권리의무관계를 포괄적으로 승계하는 합병을 말한다. 합병은 새로운 합병회사가 소멸회사의 모든 권리의무를 포괄적으로 승계한다는 점에서 원칙적으로 소멸회사의 권리의무를 개별적으로 승계하는 영업양도와는 구별된다.

2. 근로관계의 승계요건

1) 문제의 소재

상법 제235조는「합병 후 존속한 회사 또는 합병으로 인하여 설립된 회사는 합병으로 인하여 소멸된 회사의 권리의무를 승계한다.」라고 규정하고 있으므로 소멸회사와의 근로관계도 당연히 합병회사에 포괄적으로 승계되는 것으로 해석해야 한다. 그러나 합병을 함에 있어서 당사자 사이에 승계되는 근로자의 범위를 제한하는 특약을 한 경우에 그 효력을 인정할 것인가와 근로관계를 승계함에 있어서 근로자의 동의를 얻어야 하는가의 여부가 문제될 수 있다.

2) 당사자의 합의 여부

성질상 이전이 허용되지 않는 것을 제외하고는 합병으로 인하여 근로자의 근로관

---

57) 대법원 1989. 5. 23. 선고 88누4508; 서울지방법원 1998. 11. 24. 선고 98가단28156.

계는 당연히 합병회사에 포괄적으로 승계된다고 하는 것이 판례[58]와 통설[59]의 입장이다. 따라서 당사자의 특약에 의하여 근로관계의 승계범위가 결정되는 영업양도와는 달리 합병에 있어서는 근로자의 전부 또는 일부를 승계대상에서 제외하기로 한 특약은 법률상 무효이므로 고용승계 배제 특약과 관계없이 소멸회사의 근로자는 당연히 합병회사에 승계된다.

그러나 당사자가 근로자의 일부를 감축한 이후에 합병하기로 합의하는 경우가 있는데, 이로 인한 인원감축은 해고에 해당되기 때문에 인원감축에 대한 특약은 근로기준법 제23조 또는 제24조에 규정된 정당한 해고사유의 요건을 충족한 경우에 한하여 그 유효성이 인정된다.[60]

3) 근로자의 동의 여부

합병으로 인한 근로관계의 승계에 대하여 근로자의 동의가 필요한 것인가의 여부에 대하여 「동의필요설」[61]과 「동의불요설」이 대립하고 있으나, 다수설은 근로자는 합병과 관계없이 사직의 자유에 따라 언제든지 이직할 수 있다는 이유로 근로자의 동의는 필요 없다는 견해이다. 요컨대, 근로자는 언제라도 사직예정일 이전 1개월 전에 사직의 의사를 표시하면 사용자의 사직수리 여부와 관계없이 사직할 수 있기 때문에 근로자의 동의를 받지 않고 근로관계를 승계하더라도 근로자에게 불이익하지 않으므로 근로자의 동의는 필요 없다고 보아야 한다.

3. 근로관계의 승계범위

1) 문제의 소재

합병으로 인하여 근로관계는 포괄적으로 합병회사에 승계되기 때문에 근로자는 근로조건 및 고용관계 등 개별적인 근로관계뿐만 아니라 노동3권의 보장 등 집단적

58) 대법원 1980. 3. 25. 선고 77누265; 대법원 1994. 3. 8. 선고 93다1589; 대법원 1994. 10. 25. 선고 93누21231.

59) 이상윤, 노동법(제3판), 396~397면; 이병태, 최신노동법(제8전정판), 632면; 임종률, 노동법(제14판), 520면; 김형배, 노동법(제24판), 617면 등.

60) 이병태, 최신노동법(제8전정판), 632면; 이상윤, 이상윤, 노동법(제3판), 397면.

61) 동의필요설의 근거로서 근로자는 근로계약기간 동안 계약불이행으로 인한 손해배상책임을 부담하지 않고 근로를 제공하지 아니할 사직의 자유가 보장되어야 한다는 이유를 제시하고 있다(이상윤, 노동법(제3판), 397면).

노사관계도 보장을 받게 된다. 그러나 합병으로 인하여 승계되는 근로자와 기존 근로자의 근로조건이 다르거나 이미 합병으로 인하여 하나의 회사에 두 개의 노동조합이 병존하는 경우에 근로조건과 노동조합을 어떻게 보호할 것인가가 문제된다.

2) 개별적 근로관계의 승계 범위

합병으로 인하여 피합병 회사의 근로계약이나 취업규칙은 합병회사에 포괄적으로 승계되므로 임금·근로시간 등 모든 근로조건은 합병 전과 동일하고 연차휴가나 퇴직금 산정을 위한 계속근로연수도 당연히 합산하여야 한다.[62] 경영방침에 의한 일방적인 결정에 따라 피합병 회사에 사직을 하고 합병회사에 재입사의 형식을 거친 경우에도 근로관계는 단절된 것으로 볼 수 없기 때문에 계속근로연수에 합산해야 한다.[63]

비록, 합병회사에 근무하고 있는 근로자의 근로조건과 근로관계가 승계되는 근로자의 근로조건이 서로 다르더라도 균등처우 위반이나 이원적인 취업규칙의 문제는 발생하지 않는다.[64] 따라서 피합병 회사의 근로조건이 합병회사의 근로조건보다 유리하더라도 합병회사가 근로자의 집단적 동의를 얻어 취업규칙을 개정하거나 새로운 단체협약을 체결하지 않는 이상 종전 근로조건이 적용된다.[65]

3) 집단적 근로관계의 승계범위

(1) 노동조합에 관한 부분

피합병 회사의 근로관계는 합병회사에 포괄적으로 승계되기 때문에 피합병 회사에 설립된 노동조합 또는 지부도 그대로 승계된다. 다만, 단체교섭과 단체협약상의 권리의무가 종래의 피합병 회사와 노동조합과의 관계에서 합병회사와 노동조합과의 관계로 전환될 뿐이다.[66]

노동조합이 합병회사에 승계된다 하더라도 합병으로 인하여 노동조합의 조직대

---

62) 대법원 1994. 3. 8. 선고 93다1589.

63) 대법원 1991. 3. 22. 선고 90다6545; 대법원 1992. 7. 14. 선고 91다40276; 대법원 1997. 6. 27. 선고 96다49674; 대법원 1999. 6. 11. 선고 98다18353.

64) 이병태, 최신노동법(제8전정판), 632면.

65) 대법원 1997. 12. 26. 선고 97다17575; 대법원 2001. 4. 24. 선고 99다9370; 대법원 2001. 10. 30. 선고 2001다24051; 1999. 10. 20. 근기68207-390.

66) 이병태, 최신노동법(제8전정판), 633면; 대법원 1992. 5. 12. 선고 90누9421; 대법원 2004. 5. 14. 선고 2002다23185.

상과 명칭이 달라지게 되므로 이에 따른 규약을 변경해야 한다. 합병회사에 별도의 노동조합이 있는 경우에는 노동조합을 합병하지 않고 복수노조의 형태로 손속시킬 수 있다. 그리고 합병회사의 노동조합이 유니온 숍(union shop) 조직형태를 취하고 있더라도, 피합병 회사의 노동조합과 합병회사 사이에 새로운 단체협약이 체결될 때까지는 합병회사의 노동조합에의 가입이 강제되지 않는다.[67]

(2) 단체협약에 관한 부분

합병으로 인하여 포괄적으로 이전되는 권리의무는 개별계약에 따른 권리의무뿐만 아니라 집단계약에 따른 권리의무도 당연히 포함되는 것이기 때문에 근로관계가 동일한 이상 단체협약의 효력도 합병회사에 승계된다. 승계되는 단체협약의 내용은 규범적 부분과 채무적 부분을 포괄한다. 다만, 합병 후에 노동조합이 소멸된 경우에는 규범적 부분만 근로관계의 내용으로 전환되어 합병회사에 승계된다.[68]

4. 판례의 경향

(1) 대법원은 일관하여 피합병 회사의 권리의무는 사법상의 관계나 공법상의 관계를 불문하고 그 성질상 이전을 허용하지 않는 것을 제외하고는 모두 합병으로 인하여 합병회사에 당연히 승계된다는 것을 전제로 임금·근로시간·계속근로연수 등 모든 근로조건은 합병회사에 포괄적으로 승계되는 것으로 판단하고 있다.[69] 따라서 피합병 회사 소속 근로자의 집단적 동의를 얻어 취업규칙 등을 개정하지 않는 이상 기존의 근로조건을 저하시킬 수 없다는 입장을 견지하고 있다.[70]

(2) 집단적 근로관계도 합병회사에 포괄적으로 승계되는 것이므로 비록 합병회사에 노동조합이 설립되어 있는 경우라도 피합병 회사의 노동조합과 합병회사의 노동조합이 합병되지 않는 이상 복수노조 형태로 존속할 수 있고, 피합병 회사의 노동조합과 단체협약은 합병회사에 그대로 승계되는 것으로 해석하고 있다.[71]

---

67) 대법원 2004. 5. 14. 선고 2002다23185.

68) 이병태, 최신노동법(제8전정판), 633~634면.

69) 대법원 1980. 3. 25. 선고 77누265; 대법원 1994. 3. 8. 선고 93다1589; 대법원 1994. 10. 25. 선고 93누21231.

70) 대법원 1999. 6. 11. 선고 98다18353; 대법원 1997. 12. 26. 선고 97다17575; 대법원 2001. 4. 24. 선고 99다9370; 대법원 2001. 10. 30. 선고 2001다24051.

71) 대법원 1992. 5. 12. 선고 90누9421; 대법원 2004. 5. 14. 선고 2002다23185.

V. 기업분할과 근로관계

1. 의 의

회사분할이란 1개의 회사가 2개 이상의 회사로 분리되어 분할 전 회사(피분할회사)의 권리의무가 분할 후 회사에 포괄승계되고, 원칙적으로 분할 전 회사의 사원이 분할 후 회사의 사원이 되는 상법상의 법률요건을 말한다.[72] 상법 제530조의 2는 「회사는 분할에 의하여 1개 또는 수 개의 회사를 설립(단순분할)하거나 1개 또는 수 개의 존립 중의 회사와 합병하는 것(분할합병)」을 회사의 분할로 규정하고 있다.[73] 회사분할은 복합적인 사업을 경영하는 대기업에 있어서 특정 사업부분의 기능별 전문화, 부진한 사업이나 적자사업의 분리에 의한 경영효율화, 이익분산에 의한 절세, 주주들 사이의 이해조정 등 다양한 목적으로 이루어지고 있다.

회사분할로 인하여 설립되거나 존속하는 분할 후 회사는 분할계획서 또는 분할합병계약서에 정한 내용에 따라 분할 전 회사의 권리의무를 포괄적으로 승계한다는 점에서 포괄승계를 전제로 하는 합병과 영업양도와는 구별된다. 상법은 분할계획서 또는 분할합병계약서에서 정한 범위에 대해서는 포괄적인 권리의무의 승계를 인정하고 있기 때문에 회사분할로 인하여 분할대상사업에 근무하고 있던 근로자들의 근로관계가 분할 후 회사에 포괄적으로 승계되는가의 여부가 문제된다.

2. 근로관계의 승계요건

영업양도와 마찬가지로 회사분할로 인하여 근로관계가 분할 후 회사에 승계되기 위해서는 분할 전회사와 분할 후 회사 사이에 근로관계의 승계에 관한 합의와 근로자의 동의가 필요한가의 여부가 문제된다.

1) 당사자의 합의여부

상법 제530조의 10은 「분할 또는 분할합병으로 인하여 설립되는 회사 또는 존속하는 회사는 분할하는 회사의 권리와 의무를 분할계획서 또는 분할합병계약서가 정하는 바에 따라 승계한다.」라고 규정하고 있으므로 합병과는 달리 당사자의 합의가

72) 정찬형, 상법강의요론(제4판), 231면.

73) 일반적으로 사업의 분리·독립, 사업의 분할, 자회사의 설립이라는 용어로 통용되고 있는데, 회사분할은 모회사가 출자하여 자회사를 설립하고 해당 영업부문을 양도하는 사후설립의 형태로 이루어진다.

있어야만 근로관계의 포괄적인 승계가 인정된다. 따라서 회사분할로 인하여 근로관계가 포괄적으로 분할 후 회사에 승계되기 위해서는 당사자의 합의, 즉 분할계획서 또는 분할합병계약서에 근로관계를 포괄적으로 승계된다고 하는 내용이 포함되어야 한다.

그러나 학설[74]과 판례[75]는 계약의 명칭과 형식에 관계없이 계약체결 전후의 사정과 경위, 당사자의 의사, 현실적으로 이전된 물적·인적 조직의 범위 내용 등을 종합하여 사회통념상 영업의 동일성이 인정되면 영업양도로 해석하고 있다. 따라서 형식상 회사분할의 형식을 갖추었다 하더라도, 실질적으로 분할 전 회사의 영업과 동일성이 인정되는 경우에는 일부 영업양도의 법리에 따라 원칙적으로 근로관계의 승계에 관한 당사자의 합의는 필요 없는 것으로 해석해야 한다.

2) 근로자의 동의여부

합병과 영업양도에 있어서는 근로관계가 합병회사 또는 양수회사에게 그대로 승계되는 것이 근로자에게도 유리하기 때문에 근로자의 동의가 없더라도 근로관계의 포괄적 승계를 인정하는 것이 합리적이라고 할 수 있다. 그러나 회사분할은 합병 또는 영업양도와는 달리 기존의 근로조건을 그대로 승계하는 것이 아니고 전혀 별개의 회사로 분리되는 것이므로 근로자의 동의가 필요한 것으로 보아야 한다.[76]

그 근거로서는 ① 근로자는 분할 전 회사와 근로관계를 계속하여 유지할 실익이 있다는 점, ② 분할 후·분할 전 회사가 소멸하더라도 2개 이상의 분할 후 회사 중 특정 분할 후 회사의 근로관계 승계를 전제로 다른 분할 후 회사로의 근로관계의 승계를 반대하는 항변권을 행사하는 경우가 있을 수 있다는 점, ③ 근로관계가 승계되는 분할 후 회사의 근로조건이 분할 전 회사보다 불리할 수 있음에도 근로관계의 승계를 인정하면 분할계획에 따른 사용자의 일방적인 노동력의 양도에 해당된다는 점 등이 있다.[77]

---

74) 김유성, 노동법Ⅰ(초판), 351면 이하; 임종률, 노동법(제14판), 522면; 이상윤, 노동법(제3판), 389면.

75) 대법원 2002. 3. 29. 선고 2000두8455; 대법원 2003. 5. 30. 선고 2002다23826; 대법원 2005. 2. 25. 선고 2004다34790; 대법원 2005. 6. 24. 선고 2005다8200; 대법원 2005. 7. 8. 선고 2003다40798; 대법원 2007. 6. 1. 선고 2005다5812; 대법원 2007. 11. 16. 선고 2007다36537 등.

76) 동지 김형배, 노동법(제24판), 635면.

이와 관련하여 최근 대법원은 "회사 분할에 따른 근로관계의 승계는 근로자의 이해와 협력을 구하는 절차를 거치는 등 절차적 정당성을 갖춘 경우에 한하여 허용되고, 해고의 제한 등 근로자 보호를 위한 법령 규정을 잠탈하기 위한 방편으로 이용되는 경우라면 그 효력이 부정될 수 있어야 한다. 따라서 둘 이상의 사업을 영위하던 회사의 분할에 따라 일부 사업 부문이 신설회사에 승계되는 경우 분할하는 회사가 분할계획서에 대한 주주총회의 승인을 얻기 전에 미리 노동조합과 근로자들에게 회사 분할의 배경, 목적 및 시기, 승계되는 근로관계의 범위와 내용, 신설회사의 개요 및 업무 내용 등을 설명하고 이해와 협력을 구하는 절차를 거쳤다면 그 승계되는 사업에 관한 근로관계는 해당 근로자의 동의를 받지 못한 경우라도 신설회사에 승계되는 것이 원칙이다. 다만 회사의 분할이 근로기준법상 해고의 제한을 회피하면서 해당 근로자를 해고하기 위한 방편으로 이용되는 등의 특별한 사정이 있는 경우에는, 해당 근로자는 근로관계의 승계를 통지받거나 이를 알게 된 때부터 사회통념상 상당한 기간 내에 반대 의사를 표시함으로써 근로관계의 승계를 거부하고 분할하는 회사에 잔류할 수 있다."고 판시하여 관련 사항에 대하여 근로자들의 이해와 협력을 구하는 절차를 거친 경우에는 해당 근로자의 동의가 없더라도 노동관계가 신설된 사업에 승계되지만, 해고제한 법령의 적용을 회피하기 위한 방편으로 이용되는 동의 특별한 사정이 있는 경우에는 해당 근로자는 승계를 거부하는 의사를 표시함으로써 분할하는 사업에 잔류할 수 있다고 보았다.[78]

그러나 회사분할로 인하여 회사분할 전의 사업시설과 자산을 포괄 이전받아 특정 분할 후의 회사가 종전과 동일한 영업을 승계 받은 경우에는 실질적으로 전부의 영업양도로 해석해야 하기 때문에, 이 경우에는 원칙적으로 근로관계의 승계에 대한 근로자의 동의는 필요 없는 것으로 해석해야 한다고 본다.

---

77) 김형배, 노동법(제24판), 635~636면. 이에 대하여 그러나 영업양도와 마찬가지로 회사분할도 단지 물적 시설의 이전뿐만 아니라 그 시설의 운영에 필요한 기능을 보유하고 있는 노동력이 함께 이전될 때 분할의 효과를 극대화시킬 수 있다는 이유로 물적 시설의 필수적인 시설에 종사하는 근로자의 동의요건을 완화해야 한다는 비판이 있다(박종희·이승길, 사업의 일부이전에 따른 근로관계의 이전 등 노동법상 제문제에 관한 고찰 및 개선방안연구, 노동부, 2002, 33면 이하).

78) 대법원 2013. 12. 12. 선고 2011두4282.

3. 근로관계의 승계범위

1) 승계원칙

회사분할로 인하여 근로관계가 포괄적으로 분할 후 회사에 이전되는가의 여부는 실질적으로 전부 영업양도에 해당되는가의 판단기준에 따라 판단해야 한다. 즉, 비록 회사분할의 형식을 갖춘 경우라도 종전 회사의 모든 인적·물적 조직이 동일성을 유지하면서 분할 후 회사에 승계되어 종전의 영업을 계속하는 경우에는 전부 영업양도로 보아 근로관계의 포괄적인 승계를 인정해야 하나, 단순한 물적 시설을 이전받아 새로운 영업을 하거나 생산조직 및 인사조직을 새로 구성한 경우에는 상법상 회사분할로 보아야 하기 때문에 근로관계의 포괄적인 승계는 인정되지 않는 것으로 해석해야 한다.[79]

2) 구체적 승계범위

회사분할이 종전 회사의 사업을 전부 양도받은 것으로 볼 수 있는 경우에는 개별적인 근로관계뿐만 아니라 집단적 근로관계도 포괄적으로 분할 후 회사에 승계되는 것으로 보아야 한다. 즉, 분할 전 회사의 근로계약·취업규칙·단체협약 등이 그대로 분할 후 회사에 승계되기 때문에 계속근로연수는 분할 전·후의 근속기간을 모두 합산해야 하고, 근로자의 집단적 동의를 얻지 않은 이상 종전의 근로조건을 저하시킬 수 없다. 다만, 분할 전의 회사와 분할 후의 회사에 모두 노동조합이 설립되어 있는 경우에는 하나의 사업장에 두 개의 단체협약이 병존하는 것은 바람직하지 않으나 복수노조체제하에서 새로운 단체협약이 체결되기 전까지는 불가피하고, 근로조건을 통일하기 위해서 근로자의 집단적 동의를 얻어 하나의 취업규칙으로 통일할 필요성이 있다.

분할 전 회사와 분할 후 회사가 분할계획서 또는 합병분할계획서에 고용승계 배제를 정할 수 있으나, 근로기준법상 정당한 해고의 사유에 해당되어야만 그 유효성을 인정할 수 있으므로 해고사유 없이 분할 전의 근로자를 고용승계하지 않는 것은 부당해고에 해당된다. 그리고 분할 후 회사(자회사)가 분할 전 회사(모회사)의 직접적인 지휘·명령을 받아 실질적으로 독립성이 인정되지 않아 법인격이 부인되는 경우에는 분할 전 회사의 한 사업부문으로 보아야 하므로 처음부터 근로관계의 이전

79) 하갑래, 근로기준법(전정제27판), 564~565면.

은 발생하지 않고 여전히 분할 전 회사가 사용자가 된다.[80)]

제3절 아웃소싱과 근로관계

I. 개 관

아웃소싱(outsourcing)이란 기업조직 내부에서 행해지고 있거나 직접 처리하던 업무 중에서 부가가치가 낮은 부수업무 등을 외부에 위탁하거나 외부화함으로써 기업을 유연하게 개편하기 위한 인적자원전략을 말한다.[81)] 아웃소싱은 기업이 급격한 환경변화와 경쟁에서 살아남기 위하여 핵심사업에 집중하고, 기타 부수적인 업무는 외부화를 통하여 조직을 슬림화함으로써 인력관리의 유연성과 생산성 향상의 효과를 거두기 위한 것이다.

아웃소싱의 기본적인 시각은 철저한 업무분석을 통하여 핵심 업무와 부수 업무를 구분한 후, 핵심 업무는 기업내부의 정규인력으로 처리하고 부수 업무는 기업외부의 조직을 활용하거나 비정규직 인력으로 대체한다는 것을 전제로 한다. 핵심 업무를 담당하는 정규인력은 기본적으로 장기고용과 지속적인 경력개발을 통하여 필요한 인력을 안정적으로 확보 또는 충당하게 된다. 즉, 조직내부로부터 핵심인력을 형성하는 바이 인(Buy in)의 인사전략이라고 볼 수 있다. 그러나 기업의 부수 업무를 담당하는 비정규직 인력은 기본적으로 기업내부에서 충당하는 것이 아니라 조직외부로부터 충당하는 것이다. 즉, 기업의 보조적 인력을 조직 외부로부터 구매하는 바이아웃(Buy out)의 인사전략이라고 할 수 있다.[82)]

아웃소싱 전략은 심화되고 있는 시장경쟁과 급속한 기술발전이 일어나고 있는 상황에서 기업의 핵심역량을 집중화함으로써 기업의 이익실현을 높여주고 전문성을 확대한다는 측면에서 그 당위성이 있으나, 정규직과 비정규직 근로자와의 심각한 임금격차·고용불안 등 많은 노사문제를 유발시키는 요인이 되고 있다.

아웃소싱에는 도급·근로자파견·위탁(위임)·분사화(소사장제)·외부 컨설팅·단시간

80) 동지 대법원 2003. 9. 23. 선고 2003두3420; 대법원 2002. 11. 26. 선고 2002도649; 대법원 2001. 1. 19. 선고 97다21604.

81) 최종태, 현대인사관리론(전정판), 808면.

82) 최종태, 현대인사관리론(전정판), 809면.

또는 계약직근로 등이 포함될 수 있으나, 여기서는 노사문제로 이슈화되고 있는 도급·근로자파견·위임 또는 위탁·소사장제도의 도입에 따른 근로관계 이론을 살펴본 후 이와 관련된 문제점과 개선방향을 제시하기로 한다.

Ⅱ. 분사화(소사장제)와 근로관계

1. 의 의

분사화 또는 소사장제란 생산성 향상 등 기업의 경쟁력을 강화하기 위하여 동일 사업 내에서 생산라인 또는 공정의 일부를 독립경영체제를 형성케 하는 소규모 경영방식을 말한다.[83] 분사화는 경영실적에 따라 예산·임금배분을 함으로써 경비절감 등 경영효율성과 소사장을 중심으로 한 소사업장 단위의 경영합리화를 도모하거나 고용조정의 일환으로 시행된다.

동일 사업장 내의 일부 생산라인이나 공정에 분사제를 도입한 경우에는 일반적으로 그 생산라인 또는 공정에 근무하고 있던 근로자들이 독립경영체인 소사장사업장 단위에 편입하게 되는 절차를 밟게 된다. 따라서 경영상 이유에 의한 고용조정 문제나 전출 또는 전적을 둘러싼 문제로 노사관계에 영향을 미치게 된다. 그리고 원기업과 소사장 기업 사이에 모자관계(母子關係)가 성립될 가능성이 높기 때문에 근로관계와 관련하여 원기업과의 마찰이 있을 수 있다.

법률상 원기업과 소사장 기업은 독립한 별개의 회사이므로 종전 생산라인 또는 공정에 근무하고 있었던 근로자의 지위는 승계되지 않는다. 그러나 예외적으로 분사화와 관련된 원기업과 소사장 기업 및 근로자와의 합의에 의하여 해당 근로자가 소사장 기업에 근무할 수는 있으나, 이 경우에 적용되는 인사이동은 소사장 기업의 법적 지위에 따라 다양하게 적용될 수 있다.

2. 원기업과 독립성이 인정되는 경우

소사장 기업이 자신의 책임 아래 사업자등록, 4대 보험 가입, 소속 근로자의 채용·임금결정·업무수행 감독·징계 등 독자적인 인사노무관리와 회계처리를 하는 경우에는 법률상 원기업과 완전히 독립한 별개의 회사로 보아야 한다. 이처럼 소사장 기업이 원기업과 완전히 분리되어 독립성이 인정되는 경우에는 노동관계법상 소사

83) 하갑래, 근로기준법(전정제27판), 565~566면.

장이 사용자의 지위를 가지게 된다. 따라서 원기업과 소사장 기업이 근로관계의 포괄적 승계에 관한 합의를 하더라도, 이는 법률상 무효이므로 종전 생산라인 또는 공정에 근무하고 있었던 근로자의 지위는 승계되지 않는다.

그러나 분사의 대상이 된 종전의 생산라인 또는 공정에 근무하고 있었던 당사자의 합의에 의하여 소사장 기업에 승계되어 근무하는 것이 보통인데, 이때 적용되는 인사이동은 전적으로 보아야 한다.[84] 소사장 기업에 근무하게 되는 종전의 근로자는 원기업과의 근로계약관계를 종료하고 소사장 기업과 새로운 근로계약관계를 맺은 것으로 보아야 한다. 따라서 근로관계는 단절된 것이므로 퇴직금 등의 산정을 위한 계속근로연수의 기산은 소사장 기업에 입사한 시점부터 다시 기산해야 하고, 비록 종전의 근로조건보다 불리하더라도 근로기준법 제94조 제1항 후단의 규정에 의한 근로조건의 불이익 변경에 해당되지 않는다.

3. 원기업의 자회사에 불과한 경우

소사장 기업이 비록 독립성이 인정되더라도 경영상 필요에 따라 원기업이 전액 출자하여 설립하여 원기업의 자회사에 불과한 경우에 적용될 수 있는 인사이동은 전출에 해당된다고 보아야 한다.[85] 원기업이 소사장 기업으로 근로자를 전출하기 위해서는「업무상 필요성」이 있어야 하고, 전출 대상 근로자에게 미치는 생활상의 불이익과 비교 형량하여 정당성이 인정되고 근로자의 동의를 얻어야 한다. 따라서 업무상 필요성보다 근로자의 생활상의 불이익이 현저하거나 원기업에의 복귀가 예정되지 않는 등의 소사장 기업으로의 전출은 경영해고의 회피수단으로 정당화되지 않는 이상 무효이다.

요컨대, 종전 근로자가 원기업의 인사명령에 따라 소사장 기업에서 근무하게 된 경우에는 전출의 성격을 지닌 인사이동에 해당되기 때문에 여전히 원기업이 사용자의 지위를 갖게 된다. 따라서 분사화 전후의 근무기간은 계속근로연수에 합산해야 하고, 상당한 기간이 경과하면 원기업에 복직시켜야 한다. 그리고 소사장기업에서 근무할 동안 임금수준이 저하된 경우에는 그 임금차액을 원기업이 보전해주어야 할 의무가 있다. 그러나 해당 근로자가 자발적으로 원기업에서 사직하고 신규로 소사장 기업에 입사한 경우에는 원기업과의 근로관계는 단절된 것으로 보아야 하므로

84) 전적 법리에 대한 상세는 제6장 제4절 참조.
85) 전출의 법리에 관한 상세는 제6장 제3절 참조.

분사 이전의 근무기간은 계속근로연수에 합산되지 않고, 원기업은 임금차액을 보전할 의무가 없다.

4. 법인격이 없는 경우

원기업이 소사장 기업 소속 근로자의 인사 및 노무관리 전반에 걸쳐 지휘감독권을 행사하여 사실상 소사장과 원기업과의 근로관계가 존속되는 경우에는 소사장 기업은 법인격이 부인되어 여전히 모기업이 사용자의 지위를 가지게 된다.[86]

원기업이 사용자로서의 책임을 지기 위해서는 소사장이 사업주로서 독자성이 없거나 독립성을 결여하여 기존 기업의 한 부서와 동일 시 할 수 있는 등 그 존재가 형식적·명목적인 것에 지나지 않고 당해 근로자는 기존 기업과 사용종속관계에 있다고 평가될 수 있어야 한다.[87]

이처럼 분사 대상인 생산라인 또는 공정에 근무하였던 근로자가 법인격이 없는 소사장 기업의 소속 근로자로 근무한 경우에는 여전히 원기업이 사용자로서의 책임을 부담한다. 원기업에서 소사장 기업의 소속 근로자로 전환된 것은 같은 기업 내의 인사이동으로 볼 수 있으므로 전근과 유사한 성격을 가진다. 따라서 전근과 같은 인사이동의 제한과 보호를 받는다고 보아야 한다.[88] 즉, 원기업은 정당한 이유 없이는 소사장 기업으로의 인사이동명령을 행할 수 없고, 계속근로연수도 모두 합산하여 퇴직금과 연차휴가일수를 산정해야 한다.

Ⅲ. 도급(용역)과 근로관계

1. 의 의

「도급」이라 함은 어느 일방이 어느 업무를 완성하여 줄 것을 약속하고 상대방이 업무결과에 대하여 보수를 지급할 것을 내용으로 하는 계약을 말한다(민법§664). 기업은 경영의 효율화와 경비절약을 도모하기 위하여 식당, 경비, 운전 등 단순 업무부서를 폐지하고 이를 외부 업체에 도급(용역)을 주는 경우가 있다. 특정 업무에 대한 외부의 도급 또는 용역은 근로관계가 외부 도급(용역)업체에 승계되지 않는다는

86) 대법원 2002. 11. 26. 선고 2002도649.

87) 대법원 2002. 11. 26. 선고 2002도649; 대법원 2003. 9. 23. 선고 2003두3420.

88) 전근에 관한 상세한 법리는 제6장 제2절 참조.

점에서 영업양도나 합병과 구별된다.

도급 또는 용역은 근로관계의 승계를 전제로 하는 것이 아니기 때문에 외부 용역화 대상이 된 업무에 종사하고 있는 근로자의 근로관계와 사용자를 누구로 볼 것인가의 여부가 쟁점이 된다.

2. 근로관계의 승계 여부

도급(용역)으로 인하여 기존 근로자가 외부의 도급(용역)업체에게 포괄적으로 승계되는 것이 아니기 때문에 당사자의 별도의 계약에 따라 도급(용역)업체로의 이전 여부가 결정된다. 비록 당사자 사이에 근로관계의 포괄적 승계에 관하여 합의를 하더라도 당연히 기존의 근로관계가 그대로 승계된다고 볼 수 없다.

따라서 기존 근로자에 대한 외부 용역업체의 재고용여부, 재고용 시의 근로조건 등 일체의 근로관계는 근로자와 용역업체의 별도의 합의로 결정될 수밖에 없다. 기존근로자가 재고용된 경우에는 종전 회사와는 완전히 근로관계가 종료되는 것이기 때문에 용역업체는 종전 근로관계에 따른 권리의무를 부담하지 않고, 이에 대한 책임은 전적으로 종전 기업이 부담한다. 다만, 종전 기업은 재고용을 원하지 않거나 재고용에서 배제된 근로자에 대해서는 배치전환 등의 방법을 통하여 흡수할 수 없는 경우에는 근로기준법 제24조의 경영해고 요건을 갖추어 해고할 수 있다.

3. 사용자 책임 귀속여부

외부 용역업체에 고용승계 된 근로자는 종전 기업과는 완전히 근로관계가 종료된 것이고, 근로관계로 인한 사용자 책임 범위는 각각의 근로관계 존속에 따라 결정된다. 즉, 종전 기업과의 근로관계에서 발생한 권리의무는 종전 사업주가 부담하고, 용역업체와의 근로관계에서 발생한 권리의무는 용역업체가 부담해야 한다.

그러나 외형상 도급계약 등의 명칭을 사용하여 외부 용역으로 전환하였지만, 종전 기업이 근로자에 대하여 실질적인 지휘감독권을 행사하여 온 경우에는 사용자로서의 책임을 부담한다. 이와 관련하여 대법원은 「건설하도급자에게 고용된 일용근로자를 지휘감독을 하여 온 경우에는 실질적으로 도급건설회사와 사용종속관계가 성립된 것」으로 도급건설 회사를 사용자로 판단하고 있다.[89]

---

89) 대법원 1986. 8. 19. 선고 83다카657.

요컨대, 용역(도급)을 행한 도급인이 노동법상 사용자의 지위를 가지고 있는가의 여부는 단지 형식상의 도급계약에만 의존할 것이 아니라 구체적으로 수급인 소속 근로자에 대한 직접적인 지휘 및 감독 여부·출퇴근지정 여부·임금지급 여부 등 종합적인 사실관계에 따라 판단하여야 할 사항이며, 단지 개별적으로 도급계약의 형식을 갖추었으나 노무만을 제공하면서 작업적 지시를 받는 경우에는 도급인을 당해 근로자의 사용자로 해석해야 한다.

Ⅳ. 위임·위탁과 근로관계

1. 의 의

「위임」이라 함은 통일적인 사무처리를 위하여 당사자 일방이 상대방에 대하여 사무의 처리를 위탁하고 상대방이 이를 승낙함으로써 그 효력이 발생하는 계약을 말한다(민법§680). 근로자를 채용한 자는 위탁관리인이 되는 것이므로 원칙적으로 근로관계의 사용자는 위탁관리인이 된다고 하는 것에 이견이 있을 수 없다.

위탁관리업무와 관련하여 실무상 문제가 되고 있는 것은 공동주택의 관리형태가 변경된 경우에 종전의 근로관계가 변경된 위탁관리회사로 승계되는가의 여부와 소속 근로자의 임금 등 근로조건을 실질적으로 결정하거나 인사노무관리에서 영향력을 행사하여 온 입주자대표회의가 근로기준법상 사용자의 지위를 가지고 있는가의 여부이다.

2. 근로관계의 승계 여부

공동주택관리 형태의 변경으로 종전의 근로관계가 승계되는가의 여부에 대하여는 다양한 해석론이 대두되고 있다. 이에 대한 견해를 정리하면 다음과 같다.

1) 학 설

「근로관계 승계설」은 입주자대표회의의 결정으로 아파트관리형태가 변경되면 실질적으로 사업양도로 보아 종전 근로관계의 승계를 인정해야 한다는 견해이다.[90]

---

90) 임종률, 노동법(제14판), 523면. 노동부는 관리자체를 변경하는 경우에는 업무의 동질성이 유지되고 근로자의 인수를 배제하는 특약이 없는 한 영업의 양도로 보아 원칙적으로 고용이 승계되고, 예외적으로 주택관리업자가 입주자대표회의로부터 독립하여 근로자에 대한 인사·노무관리의 전권을 행사하여 온 경우에는 고용승계 의무가 없는

그 근거로서는 ① 새로운 관리주체가 종전의 근로관계를 승계하는 것이 관리업무의 연속성이 인정되어 합리적으로 공동주택의 관리가 용이하다는 점, ② 근로관계의 승계를 인정하는 것이 근로자에게도 도움이 된다는 점 등을 제시하고 있다.

「근로관계승계 부정설」은 관리형태의 변경은 의사결정기관인 입주자대표회의 의결로 결정되는 것이므로 당사자 사이에 별도의 근로계약을 체결하지 않는 한 새로운 위탁관리인에게 승계되지 않는다는 견해이다.[91] 그 근거로서는 ① 관리형태의 변경은 전적으로 입주자대표회의 결정으로 이루어진다는 점, ② 동일한 위탁관리형태에서 단지 위탁관리회사만 변경되는 경우에도 위탁관리 회사 사이에 별도의 계약을 체결하지 않는다는 점, ③ 새로운 위탁관리 회사가 종전 위탁관리회사의 영업일체를 양도받지 않은 이상, 업무의 동질성이 있다는 이유만으로 영업양도에 준하는 것으로 볼 수 없다는 점, ④ 근로자의 보호문제의 법리와는 구별되어야 한다는 점 등을 제시하고 있다.

2) 판 례

대법원은 「입주자대표회의가 사업주체의 의무관리기간이 만료됨에 따라 다른 관리업자에게 위탁한 경우에는 업무의 동질성이 있다는 이유만으로 새로운 관리업자가 사업양도에 준하여 고용을 승계한다고 볼 수 없다.」라고 하고,[92] 「입주자대표회의가 종전 근로자의 우선적인 재고용의무를 관리업체선정의 입찰조건으로 수락한 새로운 관리업체인 경우에도 포괄적으로 고용관계를 승계한다고 볼 수 없다.」라고 판시[93]함으로써 고용승계의무를 부정하고 있다.

3) 평 가

공동주택관리 형태의 결정은 전적으로 입주자대표회의 의결로 결정되는 사항이고, 위탁관리업체가 변경된다 하더라도 위탁관리업체와는 별도로 종전의 권리의무를 승계하는 내용의 위·수탁계약을 체결하는 것이 아니므로 비록 관리형태가 변경되어 업무의 동일성이 있다 하더라도 이를 영업양도에 준하는 것으로 해석할 수는

것으로 해석하고 있다(아파트종사근로자의 근로조건 보호에 관한 지침; 1999. 11. 09. 근기 68206-564).

91) 노병호·한경식, 임금보호법(초판), 54면.

92) 대법원 2000. 3. 10. 선고 98두4146.

93) 대법원 2000. 3. 10. 선고 98두4146; 중노위 2006. 3. 2. 2005부해764.

없다. 따라서 위탁관리업체가 변경되더라도 당연히 근로관계의 승계는 인정되지 않는다. 다만, 종전의 공동주택 종사 근로자가 변경된 위탁관리회사에 계속적으로 근무하기 위해서는 별도의 근로계약을 체결해야 한다.

3. 입주자대표회의의 사용자 여부

공동주택관리 형태는 입주자 대표로 구성된 입주자대표회가 관리하는 자치관리와 외부의 전문관리 업체에 위임하는 위탁관리형태가 있는데, 관리형태의 결정은 입주자대표회의 의결로 결정된다. 자치관리형태인 경우에는 입주자대표회의가 사용자가 된다. 그런데 위탁관리 형태아래에서도 입주자대표회의가 근로조건 및 인사권에 사실상 관여하는 경우가 많은데, 이때 입주자대표회의를 노동관계법상 사용자로 볼 수 있는가의 여부가 문제된다.

1) 사용자성을 긍정하는 견해(노동부)

노동부는 「수탁받은 주택관리업자는 근로자에 대해 근로계약 체결 등 형식적 사용자의 지위를 가질 뿐, 입주자대표회의가 사실상의 사용자로서 근로자의 인사·노무관리에 직접 관여하는 경우」에는 입주자대표회의가 사용자가 되는 것으로 해석하고 있다.[94] 종래 중앙노동위원회는 「위탁관리업체가 변경되어도 근로기간이 단절되지 않고 근로조건 변동 없이 근무하여 왔고, 근로자의 인사노무관리에 직간접적으로 관여하여 온 경우」에는 사용자성을 인정하였으나,[95] 「입주자대표회의가 근로자의 인사·임금의 결정 등에 대하여 관여하여 온 경우라도 위·수탁계약이 형식적인 것에 불과한 것으로 볼 수 없다.」라고 하여 입주자대표회의의 사용자성을 부정하고 있다.[96]

---

94) 아파트종사자의 근로조건보호에 관한 지침(1999. 11. 09. 근기 68206-564).

95) 중노위 1999. 4. 29. 98부해550.

96) 중앙노동위원회는 「입주자대표회의가 4대 보험료를 전액 부담한 점, 입주자대표회의가 승인한 직제상의 인원을 정원으로 한 점, 부적격 직원에 대한 인사 조치의 요구 및 인력운용에 간섭하여 온 점, 고령자고용촉진지원금을 입주대표회의에 귀속한 점, 임금지급대장에 대표회의 회장이 결재하여 온 점, 입주자대표회의가 수년간 단체협약 사용자로서 임금협약을 체결하여 온 점 등이 인정된다 하더라도 위·수탁계약이 형식적인 것에 불과한 것으로 볼 수 없다.」라고 하여 입주자대표회의의 사용자성을 부정하고 있다(중노위 2005. 6. 1. 2005부노2).

2) 사용자성을 부정하는 견해(판례)

대법원은 「아파트관리사무소 직원이 관리사무소 소장을 상대방으로 하여 체결한 근로계약이 형식적이고 명목적인 것에 지나지 않고, 직원들이 사실상 입주자대표회의와 종속적인 관계에서 그에게 근로를 제공하고 입주자대표회의가 그 대가로 임금을 지급하는 사정 등이 존재하여 관리사무소 직원들과 입주자 대표회의와 사이에 적어도 묵시적인 근로계약관계가 성립되어 있을 때 사용자로 볼 수 있다고 전제하면서, 입주자대표회의가 인사·임금 등에 직·간접적으로 영향력을 행사하여 온 경우라도 위탁관리회사의 직원에 대한 인사권과 업무명령권이 형해화되지 않는 이상 사용자로 볼 수 없다.」라고 하여 입주자대표회의의 사용자성을 부정하고 있다.[97]

3) 평 가

입주자대표회의는 공동주택관계 법령에 의하여 공동주택관리에 관한 의결심의기구로서 예산편성권을 가지고 있는 점, 위탁자로서 합리적인 입주자관리를 위한 지도 감독권한이 있으므로 아파트관리사무소 근로자들의 임금을 결정할 수 있음은 당연하고 인사·임금 등에 대하여는 어느 정도 관여하는 것은 아파트관리업무의 특성상 필요하다.

따라서 입주자대표회의가 직접적으로 관리사무소 근로자의 채용·해임·승진·배치전환·징계 등 인사처분에 관하여 전권을 행사하거나 매월 관리비·사용료 및 특별수선충당금 등의 징수·사용·보관 및 예치에 관하여 전권을 행사하지 않는 한 사용자로 볼 수 없다고 보아야 한다.

V. 근로자파견과 근로관계

1. 의 의

근로자파견이란 파견사업주가 근로자를 고용한 후 그 고용관계를 유지하면서 파견사업주와 사용사업주 사이의 근로자파견계약에 따라 사용사업주의 지휘·명령을 받아 사용사업주를 위한 근로에 종사하게 하는 것을 말하고(파견근로자법§2①호), 이러한 파견의 대상이 되는 자를 파견근로자라고 한다(동법§2⑤호).[98]

---

97) 대법원 1999. 7. 12. 선고 99마628; 대법원 2001. 1. 5. 선고 2000두2686; 대법원 2001 .6. 1. 선고 2001두2218.

98) 근로자파견은 직업안정법에 의하여 금지되어 왔고, 근로기준법 제9조에 의한 중간착취

근로자파견은 사용자가 고용한 근로자를 타인을 위한 근로에 종사하게 한다는 점에서 업무도급과 유사하다. 그러나 근로자파견은 당해 근로자의 노동력을 타인(사용사업주)이 그 지휘·명령 아래 이용하고 사업운영을 타인(사용사업주)에 의존하지만, 업무도급은 노동력을 사용자인 수급인이 그 지휘·명령 아래 직접 이용하고 사업운영을 자기의 책임 아래 독립적으로 수행한다는 점에서 양자는 구별된다.[99] 그리고 근로자파견은 자기가 고용한 근로자를 일정기간 다른 기업에 보내어 그 기업의 지휘·명령 아래 근로하게 한다는 점에서 전출과 유사하지만, 파견근무 후 복귀가 예정되어 있지 않다는 점에서 전출과 구별된다.[100]

2. 당사자의 법률관계

근로자파견은 자기가 고용하고 있는 근로자를 다른 기업에 파견하여 그의 지휘·명령을 받아 근로하게 하는 제도로서 법률관계는 파견사업주, 사용사업주, 파견근로자의 3자관계로 형성된다. 즉, 파견사업주는 고용계약에 의하여 근로자를 고용하고, 사용사업주와 근로자파견계약을 체결하여 파견근로자가 사용사업주의 지휘·명령을 받으면서 사용사업주의 사업장에서 근로를 제공하는 관계가 성립한다. 파견근로자는 소속 사용자의 직접적인 지휘·감독을 받는 일반 근로자와는 달리 법률상 사용자가 아닌 사용사업주의 지휘·명령을 받고 임금은 소속 사용자인 파견사업주로부터 지급받고 있는 특징이 있다.

의 배제를 무의미하게 한다는 비판을 받아 왔다. 그럼에도 불구하고 경비업법, 공중위생법, 엔지니어링기술진흥법 등과 같은 특별법에 의하여 일부 업종에 대하여는 파견근로가 허용되어 왔고, 노동시장에서는 원활한 인력수급의 필요에 따라 음성적인 파견근로가 급속히 증가하여 왔다. 이에 따라 파견근로자를 둘러싼 근로관계를 합리적으로 규제할 필요성이 절실함에 따라 많은 논란을 거쳐 1998년 「파견근로자 보호 등에 관한 법률(이하 "파견근로자법")」이 제정되었다.

99) 임종률, 노동법(제14판), 619~620면; 김형배, 노동법(제24판), 1298면.

100) 임종률, 노동법(제14판), 619면.

【근로자파견관계】

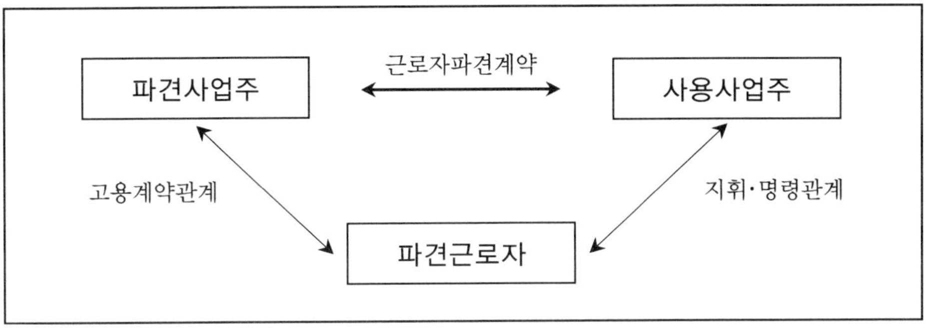

1) 파견사업주와 사용사업주와의 관계

파견사업주와 사용사업주는 근로조건 등이 포한된 근로자파견계약을 서면으로 체결하여야 한다(§20). 여기서 「근로자파견계약」이란 파견사업주와 사용사업주간에 근로자파견을 약정하는 것으로 파견사업주가 근로자를 파견하고 사용사업주는 이에 대하여 대가를 지급할 것을 목적으로 하는 쌍무계약이다(§2⑥호).

파견근로계약에는 파견근로자의 수, 파견근로자가 종사할 업무의 내용, 파견사유, 파견근로 할 사업장의 명칭 및 소재지 기타 파견근로자의 근로 장소, 파견근로 중인 파견근로자를 직접 지휘·명령할 자에 관한 사항, 근로자파견기간 및 파견근로 개시 일에 관한 사항, 시업 및 종업의 시각과 휴게시간에 관한 사항, 휴일·휴가에 관한 사항, 연장·야간·휴일근로에 관한 사항, 안전 및 보건에 관한 사항, 근로자파견의 대가, 기타 고용노동부령이 정하는 사항 등이 포함되어야 한다(§20①).

본래 근로조건을 결정하는 근로계약의 체결은 근로자가 직접 체결하여야 함에도 불구하고, 근로자가 아닌 제3자가 대신하여 근로조건을 체결한다는 점에서 근로자파견계약의 특수성이 있다.

2) 파견사업주와 파견근로자와의 관계

파견근로자와 파견사업주는 근로계약이 체결되고 그 관계는 원칙적으로 근로계약관계이다. 일반근로자와 사용자와의 근로계약은 근로자가 직접 사용자에게 근로를 제공하고 임금을 수령하는 것을 목적으로 하나, 파견근로자와 파견사업주와의 근로계약은 사용사업주의 지휘·명령을 받아 근로할 의무를 부담하고 임금은 파견사업주로부터 수령하게 된다는 점에서 일반적인 근로계약과는 구별된다.

3) 사용사업주와 파견근로자와의 관계

파견근로자와 사용사업주 사이에는 사용관계가 성립한다. 여기서 사용관계란 파견근로자가 사용사업주의 지휘·명령을 받으면서 근로를 제공하는 관계를 말한다. 사용사업주가 2년을 초과하여 파견근로자를 계속사용하거나 근로자파견이 금지된 업무에 파견근로자를 사용한 경우에는 파견근로자를 직접 고용하여야 한다(§6의2①).

3. 사내하도급과의 관계

1) 문제의 소재

사내하도급과 근로자파견은 근로자가 자신의 사용자와 근로계약관계를 유지하면서 자신의 근로제공을 제3자의 사업장에서 제공한다는 점에서 유사성을 가지고 있다. 그러나 근로자의 사용자가 수급인으로서 도급인을 위하여 일의 완성을 목적으로 자신의 근로자를 직접 지휘·감독하여 노무를 제공하는 사내하도급관계와는 달리 근로자파견은 사용자인 파견사업주와 제3자인 사용사업주와의 파견계약에 의하여 사용사업주가 파견근로자를 직접 지휘·감독한다는 점에서 양자는 구별된다.

그런데 근로자파견에 대해서는 파견근로자법에 의하여 법적 규율을 받게 되나 사내하도급을 규제하는 법률은 존재하지 않기 때문에 도급인이 파견근로자법과 근로기준법상 사용자 책임과 벌칙을 회피하고 인력운영의 효율성을 위하여 형식상 사내하도급을 통하여 도급인이 직·간접적으로 사내하도급인에게 고용된 근로자에 대하여 업무지휘 또는 감독을 행사하는 경우가 있다. 법리적으로 볼 때, 도급인이 사내하도급인에게 고용된 근로자를 직접 지휘·감독권을 행사하는 경우에는 실질적으로 근로자파견에 해당되어 도급인은 파견근로자법에 의한 사용자책임을 부담할 뿐만 아니라 이에 따른 벌칙이 적용된다.

이처럼 사내하도급과 근로자파견은 도급인이 사내하도급인에 고용된 근로자에 대하여 업무지휘·감독권을 행사하느냐의 여부에 따라 구분할 수 있는 것이지만, 어느 정도 업무지휘·감독권을 행사하는 경우에 근로자파견으로 볼 수 있는가에 실질적인 기준을 정한 법률은 없다. 종전 고용노동부는 파견근로자법이 시행된 후 사내하도급과 근로자파견을 구별하기 위한 내부기준으로써 1998. 7.「근로자파견사업과 도급 등에 의한 사업의 구별기준에 관한 고시(노동부고시 제98-32호)」와 2004. 7.「불법파견관련 사내하도급점검지침」을 마련하여 사업장점검을 실시하여 왔다.

그러나 건전한 노동시장 질서의 형성을 목적으로 하는 고용노동부와 파견근로자법 위반에 따른 형사소추권을 목적으로 하는 검찰이 사내하도급의 근로자파견법 위반 기준을 다르게 적용하여 업무집행에 혼선을 초래하여 왔다.

고용노동부의 근로감독관은 검찰의 지휘를 받아 근로자파견법 위반 여부를 수사하는 사법경찰관이므로 노동부와 검찰이 서로 다른 기준을 적용하여 업무를 처리하는 것은 노동행정의 신뢰성에 문제가 있다는 지적에 따라 고용노동부와 검찰은 공동으로 2007. 4.「근로자파견의 판단기준에 관한 지침」(행정규칙)을 마련하여 이 지침을 적용하기도 하였다.

이 과정에서 대법원은 근래 원고용주와 원고용주가 근로자를 제3자의 사업장에서 그 제3자를 위한 근로에 종사하게 하는 경우 이것이 파견에 해당하는지와 관련하여 어느 도급기업과 업무도급계약을 맺은 협력업체(수급기업)의 근로자들이 도급기업의 사업장 내 컨베이어벨트 좌우에서 도급기업의 정규직원들과 함께 단순·반복적인 업무를 수행하고 그 과정에서 도급기업이 근로자들의 작업 배치·변경 권한을 가진 사실, 도급기업이 직접 근로자들을 지휘하거나 협력업체의 현장관리인을 통해 구체적인 작업지시 를 하고 근로시간의 배치나 작업의 속도 등을 결정한 사실 등 제반 사정에 비추어 실질적으로는 파견(불법파견)에 해당한다고 인정하여 의미 있는 판시를 하기도 하였다.[101)]

최근 대법원은 사내하도급과 파견의 구별기준에 대한 일반적 판단기준을 제시하였다.

2) 사내하도급과의 구별기준

판례는 파견과 사내하도급의 구별기준에 대하여, "원고용주가 어느 근로자로 하여금 제3자를 위한 업무를 수행하도록 하는 경우 그 법률관계가 파견근로자보호 등에 관한 법률의 적용을 받는 근로자파견에 해당하는지는 당사자가 붙인 계약의 명칭이나 형식에 구애될 것이 아니라, ① 제3자가 당해 근로자에 대하여 직·간접적으로 업무수행 자체에 관한 구속력 있는 지시를 하는 등 상당한 지휘·명령을 하는지, ② 당해 근로자가 제3자 소속 근로자와 하나의 작업집단으로 구성되어 직접 공동작업을 하는 등 제3자의 사업에 실질적으로 편입되었다고 볼 수 있는지, ③ 원고용주가 작업에 투입될 근로자의 선발이나 근로자의 수, 교육 및 훈련, 작업·휴게시간,

---

101) 대법원 2010. 7. 22. 선고 2008두4367.

휴가, 근무태도 점검 등에 관한 결정 권한을 독자적으로 행사하는지, ④ 계약의 목적이 구체적으로 범위가 한정된 업무의 이행으로 확정되고 당해 근로자가 맡은 업무가 제3자 소속 근로자의 업무와 구별되며 그러한 업무에 전문성·기술성이 있는지, ⑤ 원고용주가 계약의 목적을 달성하기 위하여 필요한 독립적 기업조직이나 설비를 갖추고 있는지 등의 요소를 바탕으로 근로관계의 실질에 따라 판단하여야 한다."고 판시하고 있다.[102] 즉 계약의 명칭이나 형식에 관계없이 실질에 따라 판단하고, 위에서 구체적으로 제시하고 있는 다섯 가지 요소를 종합하여 개별적으로 판단해야 한다는 것이다.

3) 평 가

2007. 4. 고용노동부와 검찰이 근로자파견 위반 여부에 대한 입장 차이를 조정하여 공동으로 마련한 「근로자파견의 판단기준에 관한 지침」은 파견근로자법 위반에 따른 법 집행의 혼선을 줄이고 법률적용의 예측가능성과 투명성을 높일 수 있는 토대를 구축하였다는 점에서 나름의 의미가 있었다. 그러나 이 지침은 행정내부에 대해서만 효력이 인정되는 행정규칙에 불과하고, 대외적으로 효력을 갖는 법규명령으로 볼 수 없기 때문에 그에 따른 한계가 있을 수밖에 없었다. 즉, 이 지침은 이제까지의 파견근로자법 위반 여부에 관한 판례를 통하여 제시된 판단기준과 판단방법 등을 종합적으로 고려하여 작성된 것이기 때문에 법원에서도 사실상 중요한 판단근거로 될 수 있을 수 있지만, 파견근로자법 위반을 이유로 검찰이 해당 사업주를 상대로 형사 기소한 경우에도 법원이 이 지침에 구속되지 않고 독자적으로 판단할 수 있는 여지는 충분히 있었다. 그러한 점에서 대법원이 뒤늦게나마 파견과 사내하도급의 구별에 관한 일반적 판단기준을 설시한 것은 매우 긍정적으로 평가할 만하다.

4. 파견근로자의 보호

1) 보호의 필요성

파견근로자는 일반근로자처럼 근로계약상 사용자인 사업주에게 근로를 제공하고 임금을 지급받는 근로자가 아니고, 근로계약의 당사자가 아닌 제3자인 사용사업주의 지휘·명령을 받으면서 근로를 제공하기 때문에 파견근로자의 근로관계를 특별히

---

102) 대법원 2015. 2. 26. 선고 2010다106436; 대법원 2015. 2. 26. 선고 2010다93707; 대법원 2015. 2. 26. 선고 2012다96922.

보호할 필요성이 있다.

파견근로자법은 파견근로자의 근로관계를 보호하기 위한 특칙으로서 ① 파견대상업무의 제한, ② 파견기간의 제한, ③ 불법파견 또는 파견기간 초과 사용 시의 직접고용의무, ④ 파견사업장의 쟁의행위 중 파견금지, ⑤ 파견근로자에 대한 차별금지 및 차별시정 등을 규정하고 있다.

2) 개별적 근로관계에서의 보호

(1) 파견대상 업무의 제한

근로자파견을 무제한 허용할 경우에는 파견근로자의 보호는 물론 정규직 근로자의 지위를 불안정하게 할 우려가 있을 뿐만 아니라 고용불안을 야기할 우려가 있기 때문에 근로자파견법은 근로자파견사업의 허용대상 업종을 제한하고 있다. 파견근로자법은 근로자파견대상을 제한하는 방식을 「금지업무 열거방식(negative list)」이 아닌 「허용업무 열거방식(positive list)」을 취하고 있다.[103] 근로자파견법 제5조 제1항은 제조업의 직접생산 공정업무를 제외하고 전문지식·기술·경험 또는 업무의 성질을 고려하여 대통령령이 정하는 업무에 한하여 근로자파견을 허용하도록 규정하고, 시행령 제2조 제1항은 파견허용업무를 컴퓨터전문가, 사업전문가 등 32개 업무로 규정하고 있다.[104] 근로자파견법 제5조 제2항은 근로자의 출산·질병·부상 등으로 결원이 생기거나 일시적·간헐적으로 인력의 확보가 필요한 경우에는 파견허용업무가 아니더라도 근로자파견을 허용할 수 있도록 규정하고 있다(임시파견).

그러나 파견허용업무 또는 임시파견사유에 해당되더라도 ① 건설공사현장에서 이루어지는 업무, ② 「항만운송사업법」·「한국철도공사법」·「농수산물유통 및 가격

---

103) 「허용업무열거방식(positive list)」은 일정한 업종에 한하여 근로자파견을 허용하고 나머지 업종에 대해서는 금지하는 입법주의를 말하는데, 근로자파견을 제한할 수 있다는 장점이 있으나 새로이 등장하는 업종에 대해서는 부당한 제한을 하게 되어 불법파견이 확산될 우려가 있다고 하는 단점이 있다. 반면, 「금지업무 열거방식(negative list)」은 일정한 업종을 제외하고는 근로자파견을 허용하는 입법주의를 말하는데, 고용의 유연성을 높일 수 있다는 장점이 있으나 너무 많은 업종에 파견근로가 이루어져 근로자의 권익이 저해될 우려가 있다는 점이 단점이다(이병태, 최신노동법(제8전정판), 1038면; 김형배, 노동법(제24판), 1302면).

104) 다만, 경제자유구역에 입주하는 외국인투자기업에 대하여는 고용노동부장관이 정하는 경제자유구역위원회의 심의·의결을 거친 전문 업종에 대하여는 파견대상 업무를 확대할 수 있다(경제자유구역의 지정 및 운영에 관한 법률§17⑤).

안정에 관한 법률」·「물류정책기본법」상의 하역업무로서 「직업안정법」 제33조의 규정에 따라 근로자공급사업 허가를 받은 지역의 업무, ③ 「선원법」의 규정에 따른 선원의 업무, ④ 「산업안전보건법」의 규정에 따른 유해위험 업무, ⑤ 그 밖에 근로자 보호 등의 이유로 근로자파견사업의 대상으로는 적절하지 못하다고 인정하여 대통령령이 정하는 업무[105]에 대해서는 근로자파견이 금지된다.

(2) 파견기간의 제한

근로자파견이 허용되는 경우에도 파견근로자는 빠른 시일 이내에 사용사업주의 근로자로 전환되는 것이 근로자 보호차원에서 바람직하기 때문에 파견근로자법 제6조는 파견기간을 제한하고 있다. 여기서 파견기간은 동일한 사용사업주에 동일한 근로자를 계속적으로 파견할 수 있는 최장기간을 의미하는 것이므로 수차에 걸쳐 파견할 수 있는 최장기간이 아니다.[106] 따라서 파견근로자법 제6조는 다음과 같이 세 가지 경우로 나누어 근로자파견기간을 제한하고 있다.

첫째, 전문지식·기술 또는 경험을 필요로 하는 업무로서 근로자파견이 항상 허용되는 업무의 경우의 파견기간은 1년을 원칙으로 하고, 파견사업주와 사용사업주 및 파견근로자의 합의가 있는 경우에는 예외적으로 1년의 범위 안에서 연장할 수 있다(§6①②). 따라서 파견연장기간을 포함하여 최장 파견기간은 2년을 초과할 수 없다.[107]

둘째, 출산·질병·부상 등 사유가 객관적으로 명백한 경우에는 그 사유의 해소에 필요한 기간을 파견기간으로 한다(§6④1호).

셋째, 일시적·간헐적으로 인력을 확보할 필요가 있는 경우에는 3월 이내의 기간을 파견기간으로 하되, 그 사유가 해소되지 아니하고 파견사업주·사용사업주·파견근로자간의 합의가 있는 경우에는 1회에 한하여 3월의 범위 안에서 파견기간을 연

---

105) 시행령 제2조 제2항은 ① 「진폐의 예방과 진폐근로자의 보호 등에 관한 법률」에 따른 분진작업을 하는 업무, ② 「산업안전보건법」에 따른 건강관리수첩의 교부대상 업무, ③ 「의료법」에 따른 의료인의 업무 및 간호조무사의 업무, ④ 「의료기사 등에 관한 법률」에 따른 의료기사의 업무, ⑤ 「여객자동차 운수사업법」에 따른 여객자동차운송사업의 운전업무, ⑥ 「화물자동차 운수사업법」에 따른 화물자동차운송사업의 운전업무를 파견대상금지업무로 규정하고 있다.

106) 김유성, 노동법 I (초판), 392면.

107) 그러나 고령자고용촉진법 제2조 제1호의 규정에 따른 고령자인 파견근로자와 경제자유구역에 입주하는 외국인투자기업 중 경제자유구역위원회의 심의·의결을 거친 전문업종에 대하여는 2년을 초과하여 파견기간을 연장할 수 있다(파견근로자법§6③ 및 경제자유구역의 지정 및 운영에 관한 법률§17⑤).

장할 수 있다. 따라서 일시적·간헐적으로 인력이 필요한 경우의 파견기간은 연장기간을 포함하여 6개월을 초과할 수 없다(§6④2호).

파견근로자법은 항상 근로자파견이 허용되는 업무의 파견기간을 최장 2년으로 제한하고 있으나, 파견기간에 대한 산정방법을 구체적으로 규정하지 않았기 때문에 그 산정방법에 대하여 해석상 논란이 있을 수 있다. 파견기간을 제한하고 있는 입법취지는 파견근로자를 사용사업주의 근로자로 전환하고자 하는 것에 있는 것이므로 파견기간은 다음과 같은 방법으로 산정하는 것이 합리적이다.

첫째, 파견기간의 제한은 동일한 파견근로자를 대상으로 하는 것이므로 특정 파견근로자를 파견 허용업무에 2년 사용한 후 다른 근로자로 대체한 경우에는 파견기간에 위반되지 않는다.[108)]

둘째, 사용사업주가 파견근로자를 사용하던 도중 파견사업주와의 근로자파견계약이 해지된 후 파견사업주를 변경하면서 동일 파견근로자를 2년을 초과하여 사용한 경우에는 파견기간을 위반한 것으로 보아야 한다.[109)] 왜냐하면, 파견근로자를 사용사업주의 근로자로 전환하도록 하여 파견근로자를 보호하고자 함이 파견기간을 제한하는 취지이므로 동일 파견근로자에 대한 파견기간의 기산일은 파견사업주의 변경여부와 관계없이 최초로 파견사용일을 기준으로 하는 것이 타당하기 때문이다.

셋째, 사용사업주가 파견근로자를 2년 사용 후 일정기간 동안 사용관계의 공백기간을 두고 다시 동일한 근로자를 파견근로자로 사용한 경우에는 파견기간을 위반한 것이다.[110)]

(3) 사용사업주의 직접고용의무

파견금지업무에 파견근로자를 사용하거나 2년을 초과하여 계속하여 파견근로자를 사용한 사업주는 해당 파견근로자를 직접 고용해야 한다(§6의 2).[111)] 사용사업주

---

108) 동지 김유성, 노동법 I (초판), 391면; 1998. 6. 9. 고관 68460-407.

109) 동지 김유성, 노동법 I (초판), 392면; 김소영, 고용형태 다양화와 법·제도 개선방향, 110면. 고용노동부는 「파견기간은 사용사업주가 파견근로자를 최초로 사용한 시점을 기준으로 산정되며, 사용사업주가 파견근로자가 소속한 파견업체를 변경하거나 업무를 변경하여 사용하였다 할지라도 파견기간의 산정에는 영향을 미치지 못한다.」라고 하여 최초 사용일이 파견기간의 기산일이 되는 것으로 해석하고 있다(1998. 10. 19. 고관 68400-219; 1988. 4. 4. 고관 68460-999).

110) 이 경우 사용사업주는 새로이 사용한 시점부터 파견근로자로 사용한 것이 아니라 사용자로서 직접 채용한 것으로 보아야 한다.

의 직접고용의무는 근로자에 대한 사법상의 의무이므로 근로자는 사용사업주를 상대로 직접고용청구권을 갖는다.

사용사업주가 2년을 초과하여 파견근로자를 사용한 경우에는 파견근로자법 제6조의 2의 규정에 따라 2년의 기간이 만료된 날의 다음 날부터 사용사업주가 파견근로자를 직접 고용할 의무가 발생되며, 파견기간 만료 후 사용사업주가 파견사업주와의 근로자파견계약을 종료한 후 파견근로자를 계속 사용한 경우에는 당사자의 합의에 따라 계약직 또는 임시직으로 채용할 수 있다.[112] 사용사업주가 파견근로자를 2년 사용 후 직접 채용한 경우에는 고용승계 의무가 없는 신규고용에 해당되는 것이므로 별도의 약정이 없는 한 종전 파견기간의 근로관계는 단절되어 계속근로연수는 직접 채용한 시점부터 새로이 기산된다.[113] 사용사업주가 파견기간을 초과하여 계속 사용한 경우에는 사용자의 직접채용의무는 파견기간 종료일 다음 날이 되는 것이므로 계속근로연수는 파견기간 만기 그 다음날이 된다.

파견근로자법 제6조의 2 제1항은 「사용사업주가 파견기간 2년을 초과하여 사용하거나 파견대상 금지업무에 파견근로자를 사용한 경우에는 당해 근로자를 직접 고용하여야 한다.」라고 규정하고 있음을 볼 때, 사용사업주가 동일한 파견근로자를 2년을 초과하여 계속 사용한 경우에는 사용사업주를 당해 근로자의 사용자로 보아야 한다. 그리고 파견대상이 아닌 직종에 대하여 파견근로자를 사용한 경우에는 파견기간과 상관없이 사용사업주에게 직접고용의무가 있는 것이므로 사용사업주가 당해 근로자의 사용자가 된다.[114]

---

111) 구 파견근로자법 제6조 제3항은 「사용사업주가 2년을 초과하여 계속적으로 파견근로자를 사용하는 경우에는 2년의 기간이 만료된 날의 다음 날부터 파견근로자를 고용한 것으로 본다.」라고 하여 고용의제를 규정하였으나, 불법파견 또는 위장도급이 2년을 초과하는 경우에 고용의제가 적용되는가의 여부에 관하여 해석상 논란이 있었다. 즉, 행정해석과 하급심 판례는 고용의제를 적용해야 한다는 입장을 취하고 있으나(2001. 5. 11. 고관68460-573; 서울고등법원 2003. 3. 14. 선고 2002누2521), 대법원은 부정적인 입장을 취하였다(대법원 2003. 9. 23. 선고 2003두3420; 대법원 2004. 4. 16. 선고 2004두1728). 개정 파견근로자법(2006. 12. 21. 법률 제8076호)은 사용사업주의 직접고용의무를 도입하면서 그 적용범위를 명확히 함으로써 이에 대한 다툼을 입법적으로 해결하였다. 다만 대법원은 불법파견인 경우에도 고용의제규정이 적용된다며 기존의 입장을 변경하는 판결을 하였다(대법원 2008. 9. 18. 선고 2007두22320).

112) 김유성, 노동법Ⅰ(초판), 392면; 이상윤, 노동법(제3판), 403면.

113) 동지 김유성, 노동법Ⅰ(초판), 394면; 2001. 7. 11. 근기 68207-2231.

114) 노병호·한경식, 임금보호법(초판), 41면.

사업주가 파견금지업무에 대하여 형식상 도급계약을 체결하여 업무도급을 준 경우에 그 도급사업주를 사용자로 볼 수 있는가의 여부가 문제되는데, 도급사업주가 근로자의 근로제공과정에서 실질적으로 지휘·명령을 행사하여 왔다면 위장도급 또는 불법파견이 되어 도급사업주는 해당 근로자를 직접 고용해야 한다. 왜냐하면, 파견근로자법 제6조의 2 제1항은 파견금지업무를 위반하여 파견근로자를 사용하거나 파견업무에 대하여 2년을 초과하여 사용한 경우에는 파견사업주에게 직접고용의무를 부과하고 있으므로 실질적으로 도급관계인지의 여부에 따라 판단해야 하기 때문이다. 실질적으로 도급관계가 성립한 경우에는 수급인이 사업주가 되나, 도급인이 실질적으로 지휘 명령하거나 근로조건 등을 결정하는 경우에는 도급인이 사업주가 되는 것이므로 도급인이 근로자를 직접 고용할 의무를 부담한다.

파견과 도급의 구별은 ① 노동력을 직접 이용하고 있는지의 여부, ② 근로자에 대한 업무수행방법에 대한 지시 및 이에 관한 평가와 노무관리를 직접 행하고 있는지의 여부, ③ 근로자의 작업개시 및 종료시간, 휴식시간, 휴일, 휴가, 연장 및 휴일근로 등에 관한 지시와 관리를 직접 행하고 있는지의 여부, ④ 근로자의 복무상 규율에 관하여 지시와 통제를 하는가의 여부, ⑤ 자신의 책임과 부담으로 조달한 재료·자재 등에 의하여 업무를 처리하는지의 여부, ⑥ 자신의 기획 또는 전문적인 기술 또는 경험에 기초하여 업무를 처리하는지의 여부 등 구체적 사실관계에 의하여 판단하여야 한다.[115] 고용노동부는 도급인이 ① 작업배치·변경 결정권, ② 업무 지시감독권, ③ 휴가·병가 등의 근태관리 및 징계권, ④ 업무수행에 대한 평가권, ⑤ 연장·휴일·야간근로 등의 근로시간 결정권 등을 행사하는 경우에는 도급인을 사업주로 보아야 한다는 입장을 보이고 있다.[116] 요컨대, 도급인이 근로기준법상 사용자의 지위를 가지고 있는가의 여부는 단지 형식상의 도급계약에만 의존할 것이 아니라 구체적으로 수급인 소속 근로자에 대한 직접적인 지휘 및 감독 여부·출퇴근지정 여부·임금지급 여부 등 종합적인 사실관계에 따라 판단하여야 할 사항이나, 단지 개별적으로 도급계약의 형식을 갖추었으나 노무만을 제공하면서 작업적 지시를 받는 경우에는 도급인을 당해 근로자의 사업주로 해석하여야 한다.[117]

사용사업주의 직접고용의무는 파견근로자가 명시적인 반대의사를 표시하는 경

115) 하갑래, 근로기준법(전정제27판), 870면 이하.

116) 노동부, 근로자파견의 판단기준에 관한 지침, 2007. 4. 19.

117) 노병호·한경식, 임금보호법(초판), 43면.

우[118] 또는 대통령령[119]이 정하는 정당한 이유가 있는 경우에는 적용되지 않는다(§6의2②). 사용사업주가 파견근로자를 직접 고용하는 경우에 있어서 파견근로자의 근로조건은 ① 사용사업주의 근로자 중 당해 파견근로자와 동종 또는 유사업무를 수행하는 근로자가 있는 경우에는 그 근로자에게 적용되는 취업규칙 등에서 정하는 근로조건에 의하고, ② 당해 파견근로자와 동종 또는 유사업무를 수행하는 근로자가 없는 경우에는 당해 파견근로자의 기존의 근로조건의 수준보다 저하되어서는 안 된다(§6의2③). 그리고 사용사업주는 파견근로자를 사용하고 있는 업무에 근로자를 직접 고용하고자 하는 경우에는 당해 파견근로자를 우선적으로 고용하도록 노력해야 한다(§6의2④).

(4) 차별금지 및 차별시정

가. 의 의

파견사업주와 사용사업주는 파견근로자임을 이유로 사용사업주의 사업 내의 동종 또는 유사한 업무를 수행하는 근로자에 비하여 파견근로자에게 차별적 처우를 할 수 없다(§21①).[120] 파견근로자가 차별적 처우를 받은 경우에는 노동위원회에 그 시정을 신청할 수 있고, 차별시정의 신청, 차별시정절차 등에 관하여는 「기간제 및 단시간근로자 보호 등에 관한 법률[121](이하 "기간제법")」이 준용된다(§21②③).[122] 여

118) 파견근로자의 의사에 반하여 파견사업주와의 근로관계가 사용사업주에게 이전되는 것을 방지하려는 취지이나, 파견근로자가 사용사업주에게 고용되기를 기대하는 일반적인 경향에 비추어 볼 때 실익은 없다.

119) 파견근로자법 시행령 제2조의 2는 임금채권보장법 시행령 제4조 각 호의 어느 하나에 해당하는 경우(채무자 회생 및 파산에 관한 법률에 의한 파산의 선고 또는 회생절차개시의 결정, 노동부장관의 도산등사실인정)와 천재·사변 그 밖의 부득이한 사유로 사업의 계속이 불가능한 경우에는 사용사업주의 직접고용의무가 없는 것으로 규정하고 있다.

120) 상시 4인 이하의 근로자를 사용하는 경우에는 적용되지 않는다(§21④).

121) 제정 2006.12.21 법률 제80745호.

122) 비정규직 근로자의 근로조건 보호를 위하여 제정된 기간제법은 2년을 초과하여 사용한 경우에는 기간의 정함이 없는 근로자로 전환함과 동시에 기간제 근로자임을 이유로 동종 또는 유사한 업무에 종사하고 있는 상용근로자와의 차별적 처우를 금지하고 차별적 처우가 있는 경우에 차별시정을 할 수 있도록 하고 있으나, 차별금지 및 시정과 관련한 입법의 내용에 대해서는 대체로 사용자의 차별적 처우가 있는지를 판단할 수 있는 비교대상자의 불명확성, 추상적이고 불확정적인 합리적인 차별이유의 설정, 사용기간의 산정의 모호성 등의 문제점을 지니고 있다. 이에 대한 상세는 한경식, 「기간제근로자의 차별처우금지제도에 관한 고찰」 참조.

기서 「차별적 처우」란 임금 그 밖의 근로조건 등에 있어서 합리적인 이유 없이 불리하게 처우하는 것을 말한다.

나. 차별사유

사용자가 파견근로자에 대해 불리한 처우를 적법하게 실시하기 위해서는 원칙적으로 파견근로자라는 이유가 아닌 다른 합리적인 이유가 있어야 한다(기간제법§8①). 차별사유로서의 합리적 이유라 함은 파견근로자에 대한 구분이 사용자의 자의가 아니라 객관적인 기준에 의하여 정당화될 수 있는 것을 의미한다. 파견근로자임을 이유로 한 차별을 확정하기 위한 차별판단은 파견근로자에 대하여 상용근로자에 비하여 불이익한 결과가 발생하였다는 「불리한 처우」의 심사단계와 불리한 처우에 대한 「합리적 이유」의 심사단계로 분리할 수 있다. 불리한 처우를 판단하는 심사는 비교를 통한 심사로서 파견근로자와 비교되는 상용근로자 선정의 타당성을 검토하는 「비교가능성 심사」로서 구체화될 수 있으며, 합리적 이유를 판단하는 심사는 불리한 처우의 내용이 객관적으로 정당화되는지를 검토하는 「정당성 심사」로 구체화된다.[123)]

차별 규제는 파견근로자임을 이유로 상용근로자에 비하여 근로조건 등에 대하여 동등하게 대우해야 한다는 명제로부터 당연히 도출되는 것이기 때문에 차별심사는 원칙적으로 상용근로자에 비해 파견근로자에 대해서 불리한 처우가 존재한다면 일단 차별금지의 규범적 범주에 포함되는 것이며, 파견근로자에 대한 차별이 사회적으로 적법·타당한 것으로서 차별금지의 범주에서 벗어나기 위해서는 파견근로자임을 근거로 한 사용자의 행위를 객관적으로 정당화할 수 있는 합리적 이유가 있어야 한다.[124)]

다. 차별금지대상

차별적 처우는 임금 그 밖의 근로조건 등에 있어서 합리적인 이유 없이 불리하게 처우하는 것을 의미하므로 파견근로자에 대한 차별금지대상은 임금을 포함한 근로조건 등이다(기간제법§2조 3호). 차별금지대상이 되는 「근로조건 등」의 내용은 반드

123) 한경식, 「기간제근로자의 차별처우금지제도에 관한 고찰」, 법학연구(제26집), 2007. 5, 361면.

124) 조임영 외 4인, 비정규직차별시정제도의 운영에 관한 연구 : 기간제근로자 차별시정제도를 중심으로, 32~33면.

시 인사규정 등에 명시되거나 관행으로 정착된 근로조건에 이르는 것만을 의미한다고 볼 수는 없고 고정적인 근로조건이 아니더라도 사용자의 편의제공이나 재량적 판단에 따른 기타의 조치들도 모두 차별시정의 대상이 되는 근로조건 '등'에 해당한다고 보아야 한다. 즉, 근로조건 등이란 채용이후 근로제공과 관련된 제반 조건을 모두 포함하는 의미로 보아야 하므로 임금, 기타 각종 수당, 각종 복지후생제도, 근로시간, 교육훈련·배치, 인사, 징계 등 모두를 포함한다.[125)]

라. 차별시정명령

합리적 이유 없이 차별적 처우를 받은 파견근로자의 신속하고 저렴한 비용의 권리구제를 도모하기 위하기 위한 필요성에서 기간제법은 노동전문행정위원회인 노동위원회에 차별시정위원회를 설치하여 차별시정 여부를 판단하여 그에 따른 시정명령을 할 수 있도록 규정하고 있다(기간제법§9).

노동위원회의 차별시정명령 내용은 각 사안별로 차별시정의 실효성을 높일 수 있도록 적절한 것이면 무방할 것이나, 차별적 행위의 중지, 임금 등 근로조건의 개선 및 적정한 금전보상 등이 포함되어야 한다(기간제법§13). 노동위원회의 차별시정명령에 대한 실효성 확보를 위하여 고용노동부장관은 확정된 차별시정명령에 대하여 사용자에게 이행상황의 제출을 요구할 수 있고, 사용자가 확정된 시정명령을 정당한 이유 없이 이행하지 아니한 경우에는 과태료를 부과할 수 있도록 규정하고 있다(기간제법§15·24①).

마. 차별적 처우에 대한 입증책임

파견근로자에 대한 차별에 관한 입증책임은 모두 사용자가 부담하도록 규정하고 있으므로(기간제법§9④) 근로자는 상용근로자에 비해 불리한 처우가 있음을 명시하여 파견근로자임을 이유로 한 차별적 처우가 존재함을 추정할 수 있는 정도의 사실만을 적시하면 무방할 것이다. 반면 사용자는 당해 처우의 기준이 파견근로자와 상용근로자간에 달리 적용되지 않았다는 점을 통해 제시된 상용근로자가 타당한 비교대상이 되지 않는다는 사실을 입증하거나 당해 처우의 결과가 실질적으로 불이익하지 않거나 합리적 차별이라는 것을 객관적으로 입증하여야 한다. 이 때 사용자가 입증해야 하는 「합리적 이유」란 사용자가 파견근로자임을 이유로 불이익한 처우를

---

125) 조임영 외 4인, 비정규직차별시정제도의 운영에 관한 연구 : 기간제근로자 차별시정제도를 중심으로, 42면.

행하였는지에 대한 주관적인 의도나 내심의 의사를 밝히는 것이 아니라 객관적인 인과관계를 밝히는 것이므로 사용자는 자신의 내심에는 차별할 의도가 없었다는 점만으로는 반증이 될 수 없고 객관적으로 납득할만한 당해 처우의 목적 및 사업목적상의 필요성과 적정성을 검토하는 비례성의 원칙을 통해서만 객관적으로 정당화될 수 있다.[126] 만약 사용자가 이를 입증하지 못하면 「일응 차별(prima facie case)」로 추정되어 차별적 처우에 해당되는 것으로 보아야 한다.[127]

(5) 사용자책임의 강화

파견근로자는 파견사업주와 사용사업주 사이에 체결된 파견근로계약에 따라 사용사업주의 지휘·명령에 따라 근로를 제공하는 것이므로 근로계약의 상대방인 파견사업주와 근로제공의 상대방인 사용사업주도 모두 사용자가 된다. 따라서 파견근로관계에 있어서의 사용자는 파견사업주와 사용사업주가 모두 근로기준법상 사용자로 보기 때문에 근로기준법을 위반한 경우에는 모두 벌칙이 적용된다(§34①④). 그러나 파견사업주와 사용사업주의 사용자 책임한계를 명확히 설정하기 위하여 파견근로자법은 이에 관한 책임관계를 구체적으로 규정하고 있다(§34~35).

가. 파견사업주의 책임범위

파견근로자는 파견사업주와의 근로계약 체결을 전제로 사용사업주에게 파견되어 근로를 제공하는 자이므로 파견사업주는 다음과 같은 사항에 대해서는 근로계약상 사용자 책임을 부담한다.

【파견사업주의 책임범위】

근거규정	책임유형
파견근로자법 제34조 제1항 단서	• 근로계약기간 • 근로조건의 명시 • 단시간근로자의 근로조건 • 근로조건위반 • 위약예정의 금지 • 전차금상계의 금지 • 강제저축의 금지 • 해고 등의 제한 • 경영상이유에 의한 해고의 제한 • 우선재고용 등 • 해고사유의 서면통지 • 부당해고 등의 서면통지 • 부당해고 등의 구제신청 • 조사 등 • 구제명령 • 이행강제금 • 퇴직금급여제도 • 금품청

126) 조임영 외 4인, 비정규직차별시정제도의 운영에 관한 연구 : 기간제근로자 차별시정제도를 중심으로, 33면.

127) 한경식, 기간제근로자의 차별처우금지제도에 관한 고찰, 363면.

	산 • 미지급 임금에 대한 지연이자 • 사용증명서 • 근로자명부 • 계약서류의 보존 • 임금지급 • 도급사업에 대한 임금지급 • 건설업에서의 임금지급연대책임 • 건설업의 공사도급에 있어서의 임금에 관한 특례 • 비상시 지급 • 휴업수당 • 도급근로자 • 임금대장 • 가산임금 • 연차유급휴가 • 최저연령과 취직인허증 • 연소자증명서 • 미성년자의 근로계약과 임금청구 • 재해보상
파견근로자법 제34조 제3항·제35조 제4항	• 휴일·생리휴가·출산전후휴가 시 유급으로 지급되는 임금(§34③) • 산업안전보건법에 의하여 사업주가 정기적으로 실시하여야 하는 건강진단 중 일반건강진단(§35④)

나. 사용사업주의 책임범위

사용사업주는 파견근로자의 업무를 직접적으로 지휘 감독할 권한이 있기 때문에 그의 직접적인 통제 아래에서 이루어지는 근로조건 등에 대해서는 사용자로서의 책임을 부담한다(§34①단서·35①).

【사용사업주의 책임범위】

근거규정	책임유형
파견근로자법 제34조 제1항 단서	• 근로시간 • 탄력적 근로시간제 • 선택적 근로시간제 • 연장근로의 제한 • 휴게 • 휴일 • 근로시간계산의 특례 • 근로시간 및 휴게시간의 특례 • 유급휴가의 대체 • 적용의 제외 • 근로시간 • 야간근로와 휴일근로의 제한 • 시간외근로 • 갱내근로의 금지 • 생리휴가 • 임산부의 보호 • 육아시간
파견근로자법 제35조 제1항	사용사업주를 산업안전보건법 제2조 제3호의 규정에 의한 사업주로 보아 산업안전보건의무를 부담함.

다. 파견사업주와 사용사업주의 공동책임 범위

파견근로자는 파견사업주와 사용사업주가 체결한 파견근로계약에 따라 사용사업주의 사업장에서 사용사업주의 지휘감독을 받으면서 근로를 제공하는 자이므로 파견근로자의 보호를 위하여 파견사업주와 사용사업주가 공동 또는 연대책임을 부담하는 경우가 있다.

파견사업주가 사용사업주의 귀책사유로 인하여 파견근로자의 임금을 지급하지 못한 때에는 사용사업주는 당해 파견사업주와 연대하여 책임을 진다(§34②). 사용사업주의 귀책사유는 사용사업주가 정당한 사유 없이 근로자파견계약을 해지하거나 근로자파견계약에 의한 근로자파견의 대가를 지급하지 아니한 경우를 말한다(영§5).

파견사업주와 사용사업주가 근로기준법을 위반하는 내용을 포함한 근로자파견계약을 체결하고 그 계약에 따라 파견근로자를 근로하게 한 때에는 그 파견사업주와 사용사업주 모두를 근로기준법 제2조 제1항 제2호의 규정에 의한 사용자로 보아 해당 벌칙규정을 적용하고(§34④), 파견사업주와 사용사업주가 산업안전보건법을 위반하는 내용을 포함한 근로자파견계약을 체결하고 그 계약에 따라 파견근로자를 근로하게 한 경우에는 그 파견사업주와 사용사업주 모두를 산업안전보건법 제2조 제3호의 규정에 의한 사업주로 보아 해당 벌칙규정을 적용한다(§35⑥). 다만, 산업안전보건법에 규정된 건강진단 중 정기 일반건강진단은 파견사업주가 책임을 부담한다(§35④).

3) 집단적 근로관계에서의 보호

(1) 단결권 및 단체교섭권의 보호

파견근로자도 헌법 제33조의 노동3권을 향유할 수 있는 권리가 있음은 당연하므로 파견근로자도 「노동조합 및 노동관계조정법」상 노동조합을 결성하거나 가입할 수 있는 근로자에 해당된다. 따라서 노동조합 규약에 노동조합의 가입규정이 있는 경우에는 파견근로자도 사용사업주 또는 파견사업주의 사업장에 설립된 노동조합에 가입하거나 노동조합을 결성할 수 있다. 또한 근로계약관계가 있는 파견사업주와는 당연히 단체교섭관계가 인정된다.[128)]

문제는 파견근로자로 조직된 노동조합의 단체교섭 요구가 있는 경우에 파견사업주 또는 사용사업주가 이에 응할 의무가 있는가의 여부와 단체교섭에 응할 의무를 인정할 경우에 단체교섭의 대상범위이다. 파견사업주는 직접적인 근로관계의 당사자인 사용자에 해당되기 때문에 당연히 단체교섭에 응할 의무가 있다. 그러나 단체교섭의 대상은 파견사업주가 사용자로서 책임을 부담하는 임금과 관련된 근로조건, 해고와 관련된 사항, 재해보상 등에 국한된다. 그리고 파견근로자의 근로조건 개선

---

128) 김소영, 고용형태 다양화와 법·제도 개선과제, 102면.

은 파견사업주와 사용사업주 사이에 체결되는 근로자파견계약을 통해서 이루어지는 것이므로 파견근로자의 쟁의행위는 제한적일 수밖에 없다.[129]

그러나 파견근로자로 조직된 노동조합의 단체교섭 요구에 대하여 사용사업주가 이에 응할 의무가 있는가는 해석상 논란이 있을 수 있다. 사용사업주의 단체교섭의무를 부정하는 근거로서는 ① 사용사업주는 파견근로자와 직접적인 근로계약관계가 있는 사용자가 아니라는 점, ② 파견근로자법에 규정된 사용사업주의 사용자책임 규정은 단체교섭 당사자로서의 사용자를 의미하는 것이 아니라 파견근로자의 근로조건을 보호하기 위한 정책적 규정이라는 점을 들 수 있다. 반면, 단체교섭의무를 긍정하는 근거로서는 ① 파견근로자법상 근로시간·휴일·휴가에 관한 사항은 파견근로자의 사용자로서 사용사업주의 책임이라는 점, ② 비록 사용사업주는 직접적인 근로계약의 당사자는 아니나, 파견근로자와 사용종속관계를 맺고 있는 제2의 사용자로 볼 수 있는 점 등을 들 수 있다.[130] 사용사업주가 단체교섭의 상대방이 될 수 있는가에 대하여 대법원은 「단체교섭의 당사자인 사용자는 근로자와의 사이에 그를 지휘감독하면서 그로부터 근로를 제공받고 그 대가로서 임금을 지급하는 것을 목적으로 하는 명시적이거나 묵시적인 근로계약관계를 맺고 있는 자를 말하는 것이므로, 전국항운노동조합 산하 서울특별시 농산물종합시장노동조합 소속의 근로자들을 파견받아 사업장에서 하역작업을 시켜 온 회사와 근로자들과 사이에 실질적인 사용종속관계가 없다.」라고 하여 직접적인 근로계약관계가 없는 사용사업주의 단체교섭의무를 부정하고 있는 경향을 보이고 있다.[131]

그러나 노동조합이 근로계약을 체결하고 있는 근로자들의 근로조건만을 위하여 단체교섭을 요구할 수 있고, 그렇지 않은 경우에는 단체교섭을 요구할 수 없다면 개별적 근로관계와 집단적 근로관계를 구별하지 못하는 것으로 이는 집단적 근로관계법상의 적법한 질서형성을 부당하게 제약하는 것이다.[132] 따라서 집단적 근로관계에 있어서의 사용자는 근로계약 당사자의 여부와 관계없이 집단적 노사관계에 대

129) 김유성, 노동법 I (초판), 399면; 김형배, 노동법(제24판), 1315면; 김소영, 고용형태 다양화와 법·제도 개선과제, 102면.

130) 김형배, 노동법(제24판), 1318~1319면; 이상윤, 노동법(제3판), 406면; 김유성, 노동법 I (초판), 399면.

131) 대법원 1993. 11. 23. 선고 92누13011; 대법원 1995. 12. 22. 선고 95누3565; 대법원 1996. 6. 11. 선고 96누1504; 대법원 1997. 9. 5. 선고 97누3644.

132) 김형배, 노동법(제24판), 1318~1319면.

한 영향력과 지배력을 행사할 수 있느냐에 따라 사용자 여부를 판단해야 한다.[133)]

요컨대, 사용사업주는 파견근로자와 직접적인 근로계약관계를 맺은 당사자라고 볼 수는 없지만, 파견근로의 특성상 당연히 직접적인 사용종속관계가 성립할 뿐만 아니라 근로시간·휴일·휴가 등 일부의 근로조건에 대해서는 사용자로서의 지위가 인정되고 있으므로 제한적인 범위 내에서 단체교섭의 의무가 있다고 봄이 타당하다.

(2) 단체행동권의 보호

사용사업주는 파견근로자의 정당한 노동조합 활동 등을 이유로 근로자파견계약을 해지할 수 없고(§22①), 파견사업주는 사용사업주의 사업장 노동조합의 쟁의행위로 중단된 업무를 수행하기 위하여 쟁의행위 참가 근로자를 파견근로자로 대체할 수 없다(§16①). 파견근로자의 대체가 금지되는 「쟁의행위」란 「노동조합 및 노동관계조정법」상 정당한 쟁의행위를 말하는 것이므로 쟁의행위의 정당성이 인정되지 않는 경우에는 파견사업주는 파견근로자로 대체하여도 법 위반이 되지 않는다.[134)]

그런데, 파견사업주 소속 노동조합의 쟁의행위로 인하여 사용사업주의 업무가 정상적으로 수행되지 않을 경우에 사용사업주가 다른 근로자로 대체할 수 있는가의 여부가 문제된다. 이 경우는 쟁의행위의 발생원인에 따라 대체근로의 여부를 결정하는 것이 타당하다. 즉, 사용사업주와의 근로조건이 문제되어 쟁의행위가 발생한 경우에는 대체근로를 금지한 파견근로자법 제16조 제1항이 적용되어 다른 근로자로 대체할 수 없으나, 사용사업주와는 무관하게 파견사업주의 사업장에서 비롯된 사유로 쟁의행위가 발생된 경우에는 대체근로금지 규정이 적용되지 않는 것으로 봄이 타당하다.[135)]

(3) 노사협의회에의 참여보호

파견근로자법에는 노사협의회의 설립이나 운영에 관해서 명문규정을 두고 있지 않으나, 파견근로자가 사용사업체에서 근무하고 있는 동안에는 파견사업주의 사업장에 고용되어 있는 근로자이므로 「근로자참여 및 협력증진에 관한 법률」에 의하여 파견사업주의 사업장에서 노사협의회의 선거권과 피선거권을 행사할 수 있다. 그러나 노사협의회는 근로조건의 결정권이 있는 사업 또는 사업장 단위로 설치하도록 한

---

133) 김소영, 고용형태 다양화와 법·제도 개선과제, 103면.

134) 김유성, 노동법 I (초판), 400면; 1988. 8. 7. 고관68460-627.

135) 김유성, 노동법 I (초판), 400면.

「근로자참여 및 협력증진에 관한 법률」 제4조 제1항의 규정을 고려하면, 파견근로자는 사용사업체의 사업장에서는 노사협의회의 선거권과 피선거권을 갖지 못한다.

Ⅵ. 판례의 경향

기업이 경쟁력의 확보 및 경비절감을 목적으로 업무위탁, 근로자파견, 분사화 등 아웃소싱을 추진한 경우에 수탁회사, 사용사업주, 분사 전 회사가 개별적인 근로관계에서의 사용자와 집단적 근로관계에서의 단체교섭 상대방으로서 사용자가 될 수 있는가의 여부에 대한 대법원의 판례 경향은 대체로 다음과 같이 요약할 수 있다.

(1) 대법원은 ① 하도급업체가 사업주로서 독자성과 독립성이 결여된 경우,[136] ② 도급업체가 실질적인 사주로서 회사를 경영하여 온 경우,[137] ③ 도급업체와 사용종속적인 관계에서 근로를 제공하고 그 대가로 임금을 지급하는 사정 등이 존재하여 적어도 묵시적인 근로계약관계가 성립되었다고 평가할 수 있는 경우[138]에는 명시적으로 근로계약을 체결한 사실이 없더라도 사용자로 판단할 수 있다고 판시하고 있다.

(2) 구체적인 사안에서 대법원은 실질적으로는 모회사가 자회사의 직원들을 직접 채용한 것과 마찬가지로 모회사와 근로계약관계가 존재한 것으로 평가할 수 있는 경우로서 모회사가 위장도급의 형식으로 자회사의 법인격을 이용한 것에 불과한 경우,[139] 소사장 기업의 근로자를 직접 관리하여 온 분할 전 기업[140]에 대하여는 사용자성을 인정하고 있다. 그러나 아파트 위탁관리회사의 소속 아파트관리사무소 직원의 근로조건 등에 있어서 직·간접적으로 관여한

---

136) 대법원 2002. 11. 26. 선고 2002도649.

137) 대법원 2002. 11. 22. 선고 2001도3889.

138) 대법원 1999. 7. 12. 선고 99마628.

139) 대법원 2003. 9. 23. 선고 2003두3420. 법원은 「실질적으로는 모회사의 한 부서와 같이 사실상 경영에 관한 결정권을 행사하여 왔고, 채용면접과정에서 자회사의 임원 등과 함께 실시하여 왔고, 모회사의 직원과 구분 없이 업무지시, 직무교육실시, 표창, 휴가사용 승인 제반 인사관리를 직접 시행하고 근로자들의 업무수행능력을 직접 평가하는 동시에 임금인상 수준도 모회사의 임금인상율과 연동하여 결정하여 온 경우에는 실질적으로는 모회사가 자회사의 직원들을 직접 채용한 것과 마찬가지로서 모회사와 근로계약관계가 존재한다.」라고 판시하였다.

140) 대법원 2002. 11. 26. 선고 2002도649.

사실이 있는 입주자 대표회의,[141] 아파트관리형태의 변경으로 종전근로자를 포괄적으로 승계한 새로운 위탁관리회사[142]에 대해서는 사용자성을 부정하고 있다.

(3) 그리고 대법원은 원칙적으로 근로계약상 당사자가 아닌 자는 단체교섭의 당사자가 될 수 없는 것으로 보아[143] 분사 전 회사, 사용사업주, 아파트 입주자 대표회의 등에 대하여 단체교섭 상대방으로서의 사용자성을 부정하는 견해를 취하고 있다.

Ⅶ. 문제점 및 개선방향

1. 문제의 소재

아웃소싱은 기업 내부에서 하던 일을 외부의 기능이나 자원을 활용하는 기업전략이라고 할 수 있다. 기업의 입장에서 보면, 주력업무에 대해서는 경영자원을 집중하여 핵심역량을 강화하고 비효율적 업무나 고비용 업무에 대해서는 외부기관에 아웃소싱함으로써 주력업무의 전문성과 경영체질의 강화, 경쟁력의 강화 및 비용절감 등의 효과를 기대할 수 있다는 긍정적인 측면이 있다. 그러나 근로관계의 입장에서 보면, 아웃소싱으로 인한 고용불안, 노동조합조직의 약화, 비정규직 근로자의 증가 등 부정적인 측면이 있다. 그러나 기업들은 아웃소싱으로 인한 근로관계의 부정적인 문제를 간과한 채 경영적인 측면에서의 긍정적인 효과만을 강조하여 기업혁신의 한 방식으로써 아웃소싱을 확대하여 왔다.

대체로 아웃소싱으로 인한 근로관계의 변동은 근로기준법 제24조의 경영상 이유에 의한 해고의 제한, 전출·전적, 회사의 분할에 따른 근로관계의 승계, 모자기업관계에서의 사용자책임 등을 예상할 수 있다. 그러나 현행 노동법은 파견근로자법을 제외하고는 구체적으로 아웃소싱에 따른 근로자를 보호하기 위한 규정이 전무한 상태이다. 최근 기업들의 과도한 아웃소싱으로 인하여 노사갈등이 심화되고 있는 현실을 감안하면, 아웃소싱으로 인한 근로자의 근로기본권 침해를 방지할 수 있는

141) 대법원 1999. 7. 12. 선고 99마628; 대법원 2001. 1. 5. 선고 2000두2686; 대법원 2001. 6. 1. 선고 2001두2218.

142) 대법원 2000. 3. 10. 선고 98두4146; 중노위 2006. 3. 2. 선고 2005부해764.

143) 대법원 1993. 11. 23. 선고 92누13011; 대법원 1995. 12. 22. 선고 95누3565; 대법원 1996. 6. 11. 선고 96누1504; 대법원 1997. 9. 5. 선고 97누3644.

규정을 마련하는 것이 필요하다. 만약, 아웃소싱에 따른 근로관계의 문제점을 노동법적으로 규율하지 못한다면, 노동법의 기능은 약화될 것이다. 따라서 아웃소싱에 따른 근로관계의 문제점에 대응한 보호개선이 필요하다.

2. 아웃소싱에 따른 근로관계의 문제점

아웃소싱으로 인하여 근로관계에 파생되는 문제는 아웃소싱의 유형에 따라 다양하게 분석될 수 있는 것이나, 일반적으로 예상되는 문제는 고용불안, 비정규직 근로자의 증가, 근로조건의 악화, 노동조합의 약화 등을 들 수 있다.

1) 고용불안의 심화

기업의 일정 업무를 외부화하는 과정에서 경영상 이유에 의한 고용조정 문제와 해당 근로자의 인사이동을 둘러싼 문제가 발생하여 근로관계에 악영향을 줄 수 있다. 즉, 아웃소싱의 구체적인 방식에 따라서 경영상의 이유에 의한 해고의 문제나 전출 또는 전적을 둘러 싼 인사이동과 관련하여 각종 법률문제가 발생하게 된다. 그리고 기업이 일정한 업무를 분사화 하는 경우에는 기업간의 모자관계가 성립될 가능성이 높기 때문에 분사근로자와 모기업과의 마찰이 있을 수 있다.

아웃소싱이 지속적으로 확대되면 아웃소서 기업들의 난립과 수주경쟁의 심화로 인하여 채산성이 악화된 아웃소서 기업들의 지위의 불안정이 곧바로 그 소속 근로자들의 고용불안으로 작용할 가능성이 높다.

2) 비정규직 근로자의 증가 및 근로조건 악화

이웃소싱이 활발하게 진행되면 될수록 아웃소서에 소속된 근로자들의 상당부분은 비정규직 근로자로 대체되고 정규직 근로자에 비하여 임금 등 근로조건에서 불리하게 적용될 될 가능성이 높기 때문에 정규직과 비정규직 근로자 사이에 양극화가 발생하게 된다. 특히 기업이 비용절감 목적으로 아웃소싱을 추진하는 경우에는 종전의 유지비용보다 저렴하게 아웃소싱하게 되고, 아웃소서 기업은 초기의 리스크(risk) 방지와 비용절감을 위하여 근로자를 정규직이 아닌 비정규직으로 고용할 가능성이 높다. 이로 인하여 임금수준의 저하, 고용불안 등의 문제와 정규직과 비정규직 근로자 사이에 심한 양극화가 발생하게 되고, 결국 정부와 노동단체의 마찰로 이어져 전체 근로관계의 불안정을 초래하게 될 가능성이 있다.

3) 노동조합 조직의 약화

아웃소싱에 의하여 감소된 기존 노동조합 조직만큼 아웃소서 기업에서의 조직 확대는 기대할 수 없기 때문에 아웃소싱이 확산되면 필연적으로 노동조합 조직은 약화될 수밖에 없다. 게다가 사업주가 부당노동행위 일환으로써 아웃소싱을 행하는 경우도 배제할 수 없기 때문에 불안심리에 의하여 노동조합 조직이 약화될 가능성이 있다.

3. 개선방향

아웃소싱에 따른 근로관계 보호필요성과 관련하여 논의되고 있는 대표적인 개선방향은 사용자 범위를 확대함으로써 아웃소서 기업 소속 근로자들의 근로관계를 보호해야 한다는 것이다. 개별적인 근로관계에서 사용자 범위를 확대하는데 사용되는 중요한 이론이 바로 「법인격 부인의 법리」와 「실질적 동일성의 법리」이고, 집단적 근로관계에서는 부당노동행위 주체인 사용자 범위를 확대하는데 사용되는 이론은 「지배영역의 법리」라고 할 수 있다.

1) 법인격 부인에 따른 사용자 범위의 확대화

「법인격 부인론」은 회사의 법인격이 법이 본래 의도한 바와는 달리 남용되는 경우에 회사의 특정한 법률관계에 한하여 그 법인격을 인정하지 아니하고 그 법인의 배후에 있는 실체를 기준으로 하여 법률적인 취급을 하려는 이론이다.[144] 원래 회사의 법인격이 남용되는 경우에는 회사설립 요건을 강화하거나 설립무효·취소 등의 입법조치와 회사의 해산명령·해산판결 등 행정적 또는 사법적 조치로써 그 예방과 시정이 가능할 것이나, 이와 같은 극단적인 방법은 건전한 기업발전을 저해할 소지가 많아 거의 이용되지 못하였다. 이에 비하여 법인격부인이론은 법인격의 유지를 전제로 하면서 특정한 법률관계에 한하여 이론적으로 그 법인격을 인정하지 아니함으로써 구체적 타당성을 발견하려는 제도이다.[145] 아웃소싱이 탈세 또는 노동조합

---

144) 최준선, 「법인격부인이론의 적용요건(상)」, 11면; 정진세, 「법인격부인과 기판력·집행력」, 14면; 김광호, 「아웃소싱과 노사관계의 발전방향」, 56면.

145) 「법인격 부인론」은 19세기 후반부터 미국의 판례에서 성립되고 발달을 본 이론인데, 독일에서는 이러한 이론은 투시이론(Durchgriffslehre)으로, 프랑스에서는 외장이론(theorie de la simulation)으로, 그리고 영미에서는 법인격부인의 법리(the doctrine of the disregard of the corporate entity「fiction」:piercing the corpo-

을 와해하거나 체불임금을 면탈하기 위한 목적으로 분사화하는 경우에는 법인격의 부인법리가 적용될 가능성이 높다.

우리나라에서는 일부 법인격을 부인하는 판례가 있긴 하지만, 근로관계에서 법인격의 부인 법리에 따라 사용자 범위를 확대한 판례는 찾아보기 어렵다. 대법원은 이에 관하여 「회사가 외형상으로는 법인의 형식을 갖추고 있으나, 그 실질에 있어서는 완전히 그 법인격의 배후에 있는 타인의 기업에 불과하거나 그것이 배후자에 대한 법률적용을 회피하기 위한 수단으로 함부로 쓰여지는 경우에는 비록 외견상으로는 회사의 행위라 할지라도 회사와 그 배후자가 별개의 법인격체임을 내세워 회사에게만 그로 인한 법적 효과가 귀속됨을 주장하면서 배후자의 책임을 부정하는 것은 신의성실의 원칙에 위반되는 법인격의 남용으로서 심히 정의와 형평에 반하여 허용될 수 없으므로, 회사는 물론 그 배후자인 타인에 대하여도 회사의 행위에 관한 책임을 물을 수 있다고 보아야 한다.」라고 하여 형식상 법인의 실체를 갖추고 있으나 그 배후가 실질적으로 법인의 운영을 지배 관리한 경우에는 법인격이 부인되는 것으로 해석하고 있다.[146)]

생각건대, 형식상 법인회사로 등록되었더라도 특정인 또는 모회사 등이 출자하고 실질적으로 직접 경영을 하여 온 경우에는 그 법인회사의 법인격은 부인되어 그 특정인 또는 모회사를 근로기준법상 사용자로 해석함이 타당하다. 다만, 법인격 부인을 이유로 한 사업주의 범위를 확장하여 책임을 묻는 것은 예외적인 책임사유에 해당하는 것이므로 그 요건은 엄격하게 적용할 필요성이 있다.[147)]

2) 실질적 동일성에 따른 사용자 범위의 확대화

개별적인 근로관계 영역에서 사용자 범위를 확대하기 위하여 자주 사용되는 이론이 「실질적 동일성의 법리」이다. 이 법리는 원래 위장해산의 경우에 해산된 구회사와 신설회사가 영업실태와 회사 임원의 구성 등 여러 가지 면에서 실질적으로 동일

---

rateveil)로 발달하였다. 日本에서는 법인격이 전혀 형해에 불과하거나 남용되는 때에는 그 법인격은 부인되어야 한다는 最高裁判所 판례가 나온 것을 계기로(1969년 2월 27일 民集2卷 2號, 211面)이 이론이 채택되고 있다(최준선, 「법인격부인이론의 적용요건(상)」, 11면).

146) 대법원 2001. 1. 19. 선고 97다21604.

147) 노병호·한경식, 임금보호법(초판), 45면; 최준선, 「법인격부인이론의 적용요건(하)」, 13면.

하다고 판단되는 경우에는 신설회사에 책임을 지우는 이론이다.[148] 아웃소싱에 있어서 분사 전 모기업이 분사 후의 회사에 대하여 실질적으로 지휘 감독을 하여 분사된 회사가 분사 전 회사의 부서에 불과한 경우에는 모기업을 근로계약상의 사용자와 동일시 할 수 있는 자로 보아 분사 전 모회사에게 책임을 묻을 수 있다고 판단된다.

최근 다양한 고용형태의 확산으로 인하여 근로계약법에서는 근로계약상의 사용자와 동일시할 수 있는 자에게까지 사용자 개념을 확대하여 책임을 묻는 판례들이 많이 있으나, 구체적인 사항에 대해서는 그 책임요건을 엄격하게 해석하고 있다. 대법원은 실질적 동일성의 판단기준으로써 ① 소사장 기업이 사업주로서 독자성이 없거나 독립성을 결여하여 기존 기업의 한 부서와 동일시할 수 있는 등 그 존재가 형식적·명목적인 것에 지나지 아니하고, 사실상 당해 근로자가 기존 기업과 사용종속관계에 있다고 평가할 수 있을 것,[149] ② 대표이사직에서 사임한 자가 실질적인 사주로서 회사를 경영하여 왔을 것,[150] ③ 위탁관리 형태인 아파트관리사무소 직원들이 사실상 입주자대표회의와 종속적인 관계에서 그에게 근로를 제공하고 입주자대표회의는 그 대가로 임금을 지급하는 사정 등이 존재하여 관리사무소 직원들과 입주자 대표회의와 사이에 적어도 묵시적인 근로계약관계가 성립되어 있다고 평가될 수 있을 것[151] 등 제시하고 있다. 개별적인 사안에서 대법원은 실질적으로는 모회사가 자회사의 직원들을 직접 채용한 것과 마찬가지로 모회사와 근로계약관계가 존재한 것으로 평가할 수 있는 경우로서 모회사가 위장도급의 형식으로 자회사의 법인격을 이용한 것에 불과한 경우,[152] ② 소사장 기업의 근로자를 직접 관리하여 온 분할 전 기업[153]에 대하여는 「실질적 동일성의 법리」에 따라 모회사를 사용자로 판

148) 김광호, 「아웃소싱과 노사관계의 발전방향」, 56면.

149) 대법원 2002. 11. 26. 선고 2002도649.

150) 대법원 2002. 11. 22. 선고 2001도3889.

151) 대법원 1999. 7. 12. 선고 99마628.

152) 대법원 2003. 9. 23. 선고 2003두3420. 법원은 실질적으로는 모회사의 한 부서와 같이 사실상 경영에 관한 결정권을 행사하여 왔고, 채용면접과정에서 자회사의 임원등과 함께 실시하여 왔고, 모회사의 직원과 구분 없이 업무지시, 직무교육실시, 표창, 휴가사용 승인 제반 인사관리를 직접 시행하고 근로자들의 업무수행능력을 직접 평가하는 동시에 임금인상 수준도 모회사의 임금인상율과 연동하여 결정하여 온 경우에는 실질적으로는 모회사가 자회사의 직원들을 직접 채용한 것과 마찬가지로서 모회사와 근로계약관계가 존재한다.」라고 판시하였다.

153) 대법원 2002. 11. 26. 선고 2002도649.

단하였다. 그러나 아파트 위탁관리회사 소속 아파트관리사무소 직원의 근로조건 등에 있어서 직·간접적으로 관여한 사실이 있는 입주자 대표회의에 대해서는 사용자성을 부정하고 있다.[154)]

3) 부당노동행위 주체인 사용자 범위의 확대화

집단적 근로관계법은 노동3권의 보장을 기본목적으로 하는 특성 때문에 개별적인 근로관계법 영역보다 사용자 범위의 확대범위는 넓다고 할 수 있다. 즉, 집단적 근로관계법은 노동3권 보장 질서의 보호를 위한 법률로서 노동조합의 제반이익 확보와 부당노동행위의 방지를 주요 법익으로 하고 있기 때문에 단체교섭의 상대방과 부당노동행위의 금지자로서의 사용자 개념과 범위는 확대될 수밖에 없다. 만약, 집단적 근로관계에서의 사용자를 개별적 근로관계 내지 이와 유사한 사용종속관계를 전제로 파악할 경우에는 근로자의 지위는 불안정할 수밖에 없다. 개별적 근로관계에 있어서의 사용자 범위는 근로계약 체결 당사자뿐만 아니라 이와 동등시될 수 있는 자로 확대되어 가고 있는 것과 마찬가지로 집단적 근로관계에 있어서의 사용자 범위도 근로계약 당사자인가의 여부와 관계없이 집단적 근로관계에 대한 영향력과 지배력을 행사하는 경우에는 「노동조합 및 노동관계조정법」상 사용자로 될 수 있다.[155)]

집단적 근로관계법에서 사용자 범위를 확대하는 이론은 이른바 「지배·영역설」이다. 이 설은 노동조합의 거래상 제반이익의 결정에 실질적·구체적으로 지배력과 영향력을 행사하는 자는 비록 직접적인 근로계약관계가 없더라도 단체교섭의 상대방으로서 적격성을 인정하여 노동3권을 보호하고자 하는 이론이다.[156)] 분사형 아웃소싱에서 분사 전 회사가 분사 후 회사에 대하여 실질적으로 조합원의 근로조건 등을 결정하고 영향력을 행사하여 온 경우에는 분사 전 회사가 근로계약상 사용자가 아니더라도 단체교섭 상대방으로서의 사용자성을 인정할 수 있을 것이다.

대법원은 근로계약상 사용자만을 단체교섭의 당사자인 사용자로 해석하여 집단적 노사관계에서의 사용자 범위의 확대에 관하여 매우 소극적인 입장을 보이고 있

154) 대법원 1999. 7. 12. 선고 99마628; 대법원 2001. 1. 5. 선고 2000두2686; 대법원 2001. 6. 1. 선고 2001두2218.

155) 김소영, 고용형태 다양화와 법·제도 개선과제, 103면.

156) 김광호, 아웃소싱과 노사관계의 발전방향, 제8기 공인노무사실무교육, 한국공인노무사회, 1999, 56~57면.

다.[157] 그러나 외국의 경우는 판례를 통하여 사용자 범위를 확대하여 노동3권을 보호하고 있는 경향을 보이고 있다. 일본은 1995년 최고재판소의 조일방송사건 판결에서 「직접적인 근로계약관계가 없더라도 노동조합 제반 이익의 결정에 실질적·구체적으로 지배력과 영향력을 행사하는 자는 단체교섭의 상대방이 된다.」라고 판결한 이래 집단적 근로관계에 있어서 사용자 범위의 확대를 일반화하고 있다.[158]

4. 평 가

노동법은 노사관계를 규율하면서 근로관계를 보호하는데 그 존재의의가 있는 것이므로 노동법 질서 자체가 흔들리는 상황까지 아웃소싱의 진행을 방임해서는 안되고, 필요하다면 법 개정을 통하여 근로관계를 보호하여야 할 것이다. 기업혁신과 노동시장의 유연화의 필요성이 아무리 강조된다 하더라도, 노동법의 존재의의까지 무의미하게 할 정도에 이르러서는 안된다. 따라서 아웃소싱과 관련하여 노동법적인 문제에 대한 검토가 긴요하다.

아웃소싱에 따른 노동법적인 접근방법은 아웃소싱의 유형에 따라 다양할 수 있으나, 근로자의 해고문제는 근로기준법 제24조의 경영상 이유에 의한 해고의 제한 법리로, 아웃소싱에 따른 인사문제는 전출 또는 전적의 법리로 해결하면 무방할 것이다. 아웃소싱에 따른 근로관계의 보호방안으로서 공통적으로 논의되고 있는 것이 바로 분사형 아웃소싱에 있어서 사용자 범위의 확대화이다.

아웃소싱으로서의 분사화는 일정 사업부문 또는 일정 직무를 기업으로부터 분리하여 새로운 기업형태를 형성하는 것으로 모기업이 주식소유나 임원 파견 등으로 분사를 지배하게 되어 모자관계를 이루는 것이 보통이다. "모자관계 기업"에서 문제되는 것은 자회사 소속 근로자에 대한 모회사의 사용자 책임의 발생 여부이다. 이 문제는 개별적 근로관계법과 집단적 근로관계법 모두에 발생할 수 있다. 즉, 개별적 근로관계법에서는 자회사 소속 근로자에 대한 임금체불 등 근로계약법적인 문제가 있을 경우에 모회사 사용자에게 책임을 물을 수 있는가의 여부이고, 집단적 근로관계법에서는 자회사 소속 근로자로 조직된 노동조합의 단체교섭 상대방으로서 모회사 사용자가 단체교섭의 적격성을 가질 수 있는가의 여부이다.

---

157) 대법원 1993. 11. 23. 선고 92누13011; 대법원 1995. 12. 22. 선고 95누3565; 대법원 1996. 6. 11. 선고 96누1504; 대법원 1997. 9. 5. 선고 97누3644.

158) 김광호, 아웃소싱과 노사관계의 발전방향, 57면.

원칙적으로 분사 소속 근로자의 사용자는 근로계약상 분사의 사용자가 되는 것이나, 예외적으로 모기업이 분사를 실질적으로 지배하는 경우에는 모기업을 분사 소속 근로자의 사용자로 확대하여 책임을 묻도록 하는 것이 필요하다. 사용자의 개념 및 범위에 관한 우리나라의 학설의 기본적인 관점은 사용자 범위의 확대 가능성을 제시하고 있다. 그러나 대법원은 구체적인 사건에 있어서는 사용자 범위의 확대에 대하여 매우 소극적인 입장을 견지하고 있는 경향을 보이고 있다.

요컨대, 근로관계의 법리를 계약자유의 원칙에만 의존할 수는 없는 것이므로 기업의 경쟁력 강화와 경영합리화를 위한 경영이익과 근로관계의 보호가 상호 균형을 이루는 아웃소싱이 이루어질 수 있도록 하는 입법적 개선이 수반되어야 한다. 따라서 근로계약의 형식과 관계없이 특정인 또는 특정 기업이 실질적으로 근로조건 등을 결정하거나 지배력을 행사하는 경우에는 사용자로 볼 수 있는 입법적 근거가 마련되어야 한다.

제4절 기업의 자산매각 및 경매와 근로관계

Ⅰ. 자산매각과 근로관계

1. 의 의

영업양도가 이루어진 경우에는 명시적인 특약이 없는 한 근로관계는 포괄적으로 양수인에게 이전되는 것이나, 영업양도가 아닌 단순한 기업자산의 매각인 경우에는 근로관계는 매수인에게 이전되지 않는다고 하는 것이 학설과 판례의 경향이다. 그런데 자산 매수인이 매도인의 근로자들을 고용하여 기존과 동일한 영업활동을 하는 경우에 이를 자산매각으로 볼 것인지 아니면 영업양도로 볼 것인가의 여부가 문제된다. 즉, 영업양도와 자산매각의 구별기준을 어떻게 설정할 것인가가 문제이다.

2. 영업양도와 자산매각의 구별기준

「영업」이란 일정한 영업목적을 위하여 조직화된 유기적 일체로서의 기능재산을 말한다. 영업에는 고객관계 등 경제적 가치가 있는 사실관계도 포함된다. 그리고 영업양도란 양도인이 이와 같은 기능재산의 전부 또는 중요한 일부를 양수인에게 넘겨주어 양도인이 그 재산으로 경영하고 있던 영업활동의 전부나 중요한 일부를 양수인으로 하여금 이전받게 하여 양도인이 양도한 범위 내에서 법률상 당연히 경업금지의무를 수반하는 것을 말한다.[159)]

판례는「일정한 영업목적에 의하여 조직화된 인적·물적 조직의 동일성을 유지하면서 일체로서 이전하는 것으로 정의하고, 조직(영업)의 동일성이 인정되는가의 여부는 일반사회 관념에 따라 결정되는 사실인정의 문제로써 단지 어떠한 영업재산이 어느 정도로 이전되는가에 의하여 결정되는 것이 아니고 종래의 영업조직이 유지되어 그 조직의 전부 또는 중요한 일부로서 기능을 할 수 있는가에 의하여 결정되어야 한다.」라는 입장이다.[160)] 이와 같은 영업양도의 판단기준에 따라 당사자가 자산매각의 형식을 취한 경우라도 다음과 같은 내용이 포함되어 있으면 영업양도로 볼 수 있는 징표기준이 된다.[161)]

(1) 영업에 필요한 일체의 유형·무형재산의 이전(매매가액의 평가) : 기업의 매매가액은 사업과 직접 관련되는 요소가 아니더라도, 기업의 경제적인 가치를 결정하는 결정적인 요소가 된다. 따라서 매매가액 자체는 영업양도 여부를 판단하는 본질적인 기준이 되지 못하나, 사업과 분리된 자산을 매각하면서 그 자산평가액을 훨씬 초과하여 매매가액이 산정된 경우에는 영업양도로 인정할 수 있는 적극적인 추정력이 발생한다. 이와 관련하여 판례는 무형의 재산을 금전으로 평가한 후 이를 자산매각 대금에 포함시킨 것은 물적 조직의 동일성을 유지한 채로 영업양도가 있었던 것으로 판단하고 있다.[162)]

(2) 고객(거래처)관계의 이전 : 거래처에 대한 계약자로서의 일체의 지위를 양수인에게 이전한 경우는 영업양도를 볼 수 있는 추정력이 발생한다. 재산적 가치

---

159) 권성중,「자산매각과 고용관계의 승계」, 2002, 96~97면.

160) 대법원 2001. 7. 27. 선고 99두2680; 대법원 2003. 6. 10. 선고 2001다17596; 대법원 2003. 11. 14. 선고 2003두4287.

161) 대법원 2002. 3. 26. 선고 2000다3347과 김성중,「자산매각과 고용관계의 승계」, 100면 이하; 이승욱,「사업양도에 있어서 사업의 동일성과 근로관계의 이전」, 62면 이하 참조.

162) 대법원 2002. 3. 26. 선고 2000다3347 판결은 무형의 재산인 영업권이 전체 매각대금의 50%를 차지하였던 점을 고려하여 영업양도로 판단하였다. LAG Frankfurt v.10.6.83 독일 연방법원 판결은 양도인이 운송업의 사업수단을 양도하면서 동시에 고객의 70%의 이전을 보장하였다는 사실을 적극적으로 고려하여 사업양도의 계속 운영가능성이 있는 것으로 판단하였다(이승욱,「사업양도에 있어서 사업의 동일성과 근로관계의 이전」, 64면).

가 있는 사실관계에 대한 이전, 즉 고객관계의 이전은 영업양도에서 일반적으로 나타나는 특징이기 때문이다. 따라서 사업수단을 양도하면서 고객관계도 함께 이전되었다면 영업양도가 있었던 것으로 추정된다.

(3) 근로자의 거주용 아파트를 매각재산에 포함시킨 경우 : 근로자에 대한 배려차원에서 생산과 직접적인 관련성이 없는 아파트를 이전한 것은 근로관계의 승계를 전제로 한 계약으로 해석할 수 있다.

(4) 종전 근로자 대부분의 이전 : 자산매각계약서에는 근로관계의 승계의무가 없음을 전제로 소정의 인원만을 입사전형 절차를 통해 신규채용하기로 되어 있으나, 입사시험을 치르는 등 실질적인 입사절차를 거치지 않은 채 소정의 기한 내 입사의사를 표시한 종전 소속 근로자 전부를 채용하여 계속 동일한 업무에 같은 직급으로 종사하게 한 경우에는 인적 조직의 동일성이 있는 것으로 판단해야 한다. 즉, 비록 자산매각의 형식을 취한 경우라도 종전 근로자의 대부분이 실질적으로 동일하게 근무하고 있다는 점은 당사자가 영업양도를 의도한 것으로 평가할 수 있다.

(5) 종전 물적·인적 조직을 이용하여 종전과 동일한 영업활동을 계속하고 있는 경우 : 이는 기능적인 동일성이 유지된다는 근거가 된다.

(6) 상호 내지 상표의 이전 : 상호 내지 상표는 사업을 구성하는 요소가 아니라 기업과 관련된 하나의 요소에 불과한 것임을 고려하면, 상호 내지 상표를 양도하더라도 반드시 근로관계의 이전을 수반하는 영업양도에 해당되지는 않는다. 즉, 상호 내지 상표의 양도가 있었다고 하더라도 곧바로 영업의 양도가 긍정되는 것은 아니다. 그러나 상호 또는 상표를 양도한 사실이 있으면 영업양도로 볼 수 있는 징표적 효력은 인정된다. 따라서 상호 내지 상표가 이전된 경우에는 우선 본질적인 사업수단의 양도가 있었는지의 여부를 먼저 검토하여야 하고, 이것이 불분명한 경우에 한하여 상호 내지 상표의 징표적 효력을 고려하여 영업양도의 여부를 판단하여야 한다.

(7) 무채재산권의 이전 : 무채재산권은 사업을 구성하는 요소가 아니라 기업과 관련된 요소에 지나지 않기 때문에 영업양도의 여부를 결정하는 조직의 동일성을 판단하는데 있어서 직접적인 요소가 되지 않는다. 즉, 무체재산권은 사업수단으로서의 성격을 결여하여 사업의 동일성 그 자체에 대한 요건해당성을 결정하는 요소가 될 수 없고, 영업의 양도로 볼 수 있는 하나의 징표적 효력만

이 인정된다. 따라서 사업양도에 해당되는가의 여부가 불분명한 경우에 한하여 영업양도로 볼 수 있는 추정적 효력만이 인정된다.

(8) 영업권의 이전 : 영업의 명성과 신용을 의미하는 영업권은 경영목적의 실현에 간접적인 영향을 미치는 것은 사실이나, 영업권 그 자체는 영업상 성과와 직접적인 기초에 해당되지 않기 때문에 영업권의 이전이 있다고 해서 바로 영업양도의 효과가 발생하는 것은 아니다. 그러나 영업권의 이전은 사업의 동일성을 판단하는 징표적 효력은 인정된다.

3. 자산매각의 효과

경영악화로 인하여 회사의 건물, 대지 및 기계 등의 자산만을 다른 회사에게 매각한 경우에는 근로관계의 포괄적인 승계가 인정되는 영업양도 또는 합병에 해당되지 않기 때문에 근로관계는 매수회사에 이전되지 않는 것이 원칙이다. 비록 회사의 자산을 매수한 회사가 기존의 근로자를 고용하여 기존과 동일한 영업을 하더라도, 근로관계는 포괄적으로 승계되지 않는다고 하는 것이 판례의 입장이다.[163] 따라서 자산을 매각하는 회사와 매수하는 회사는 매각회사에서 영업양수도 관계가 아닌 단순한 채권채무관계에 불과하기 때문에 매수회사는 매각회사에서 근무하던 근로자들의 일부 또는 전부를 신규 채용할 수 있으나, 매수회사의 고용승계의무는 발생하지 않는다. 그리고 회사 자산의 매각이 회사폐업에 따른 정리절차인 경우에는 근로기준법 제24조 제1항의 경영해고 사유에 해당되어 회사는 경영해고의 절차에 따라 근로자를 해고할 수 있다.[164]

그러나 형식적으로 자산매각의 형식을 취하고 있으나, 매각대금에 영업권과 같은 무형의 자산평가액이 포함되어 있거나 종전 근로자의 상당부분을 채용하여 종전과 동일한 영업행위를 계속하고 있는 경우와 같은 특별한 사유가 있는 경우에는 실질적으로 종전의 물적·인적 조직의 동일성이 유지되는 영업양도에 해당되는 것으로 보아야 한다. 이때에는 종전의 근로관계는 포괄적으로 매수인에게 이전된다고 해석해야 한다.

---

163) 대법원 2001. 7. 27. 선고 99두2680; 대법원 2003. 6. 10. 선고 2001다17596; 대법원 2003. 11. 14. 선고 2003두4287.

164) 이상윤, 노동법(제3판), 407면.

Ⅱ. 기업경매와 근로관계

경영악화로 회사의 물적 기반인 기업시설의 전체가 법원에 의한 경매로 다른 기업에게 매수된 때에는 사용자가 폐업처분이나 해고처분을 한 일이 없다 하더라도 특별한 사정이 없는 한 근로관계는 합의퇴직으로 종료된 것으로 보아야 하므로 근로관계는 매수회사에게 이전되지 않는다.[165] 그리고 경매 방법이 아닌 공개입찰의 경우에도 고용승계가 입찰조건으로 되어 있지 아니하는 한 업무의 내용이 동일하다는 점만으로 고용승계를 인정할 수 없다는 것이 판례의 입장이라고 할 수 있다.[166]

제5절 기업의 도산과 근로관계

Ⅰ. 개 관

도산이란 일반적으로 기업이 발행한 어음 등의 부도로 인하여 주거래 은행으로부터 거래정지처분을 받은 것을 말하나, 법률적으로는 채무자가 정상적인 경제활동을 계속할 수 없을 정도로 경제적으로 파탄하여 변제기에 도달한 모든 채무를 변제할 수 없는 상태를 말한다.[167] 경영악화로 인하여 도산될 위기에 직면하게 될 경우에 기업은 일부 자산의 매각·합병·영업양도 등의 방법을 통하여 경영정상화를 꾀하거나 아예 폐업하는 경우가 있을 수 있고, 법원의 재판을 통하여 기업을 청산하거나 기업회생절차 또는 파산절차를 밟게 된다. 그러나 소규모 기업이 도산된 경우에는 법원의 재판절차를 거쳐 기업을 정리하는 경우는 드물고 채권자들의 강제집행에 의한 청산절차를 밟는 것이 보통이다.

종전의 「파산법」, 「화의법」, 「회사정리법」과 「개인채무자 회생법」을 통합하는 「채무자 회생 및 파산에 관한 법률(이하 "통합도산법")」이 2005. 3. 2. 국회에서 통과되어 2006. 4. 1.부터 시행되고 있다. 통합도산법상 법원의 재판을 통하여 집단적으로 도산기업을 처리하는 절차로서는 재건형 도산처리절차인 「기업회생절차」와 청산형 도산처리절차인 「파산절차」가 있는데, 기업회생절차는 법원이 관리인을 선임하여 회생절차를 밟는 「관리인형 회생절차」와 관리인을 선임하지 않고 도산기업이

165) 대법원 1988. 2. 9. 선고 87도2509.

166) 대법원 2000. 3. 10. 선고 98두4146.

167) 정태상, 「회사정리, 파산, 화의시 노사관계에 관한 법률문제」, 1999, 299면.

계속 경영권을 가지면서 회생절차를 밟는 「DIP형 회생절차」가 있다.

근로조건에 관한 계속적 계약관계인 근로관계는 채용과 동시에 성립하고 퇴직이나 해고로 인하여 종료되는 것이나, 기업의 도산절차가 개시된 경우에 기존의 근로관계에 어떠한 영향을 미치는가의 여부가 문제된다. 기업회생절차와 도산절차가 개시되더라도 청산이 완료되기까지는 기업이 여전히 존속하고 단지 사용자만 관리인 또는 파산관재인으로 변동된 것에 불과하기 때문에 근로관계는 그대로 존속한다.

그런데 정상적인 영업활동 도중에 이루어지는 통상의 영업양도와는 달리 기업회생 또는 파산을 위해서 도산절차를 진행하는 경우에는 기업의 회생 또는 파산에 따른 채권자의 공평한 채권만족이라는 중요한 목적을 고려하지 않을 수 없다. 이에 따라 도산절차 중에 영업양도가 이루어지는 경우에 통상의 영업양도와 다른 법리구성을 통해 양도인의 근로관계를 양수인에게 승계시키는데 일정한 제한을 가할 수 있는가의 여부가 문제된다.[168] 즉, 사용자가 도산절차가 개시된 것을 이유로 근로관계를 해지하거나 단체협약을 폐기할 수 있는가의 여부가 문제된다. 특히 사용자는 통합도산법상 규정된 「쌍방미이행 쌍무계약」을 근거로 근로계약 또는 단체협약을 폐기하거나 변경할 수 있는가의 여부가 문제된다. 이러한 문제들은 통합도산법상 노동법 이념의 실현 또는 통합도산법과 노동법 이념의 상호교차나 조화의 관점에서도 매우 중요한 의미를 지닌다. 그리고 도산기업에 종사하는 근로자에 대한 생활의 보장은 근로자 개인의 문제에 그치는 것이 아니라 사회안정과도 밀접한 관련이 있는 점을 고려하면 사회보장법과도 밀접한 관련이 있다.[169]

이처럼 도산기업의 근로관계에 관한 체계적인 법 해석의 정립이 요청됨에도 통합도산법은 이에 관한 명문규정을 두지 않고 있을 뿐만 아니라 정립된 학설과 판례도 거의 없는 상황이다. 아래에서는 통합도산법이 규정하고 있는 ① 관리인형 기업회생절차, ② DIP형 기업회생절차, ③ 파산절차로 구분한 후 각 도산절차에 따른 근로관계를 개관하기로 한다.

---

168) 전형배, 「도산절차와 근로관계의 승계」, 119~120면; 유성재, 사업양도시 고용승계에 관한 법제개선방안, 60면.

169) 김재형·남효순, 통합도산법, 610면.

Ⅱ. 관리인형 기업회생절차와 근로관계

1. 의 의

관리인형 기업회생절차란 기업이 사업을 계속할 수 없는 장애가 초래되거나 파산원인이 생길 우려가 있는 경우에 통합도산법의 규정에 따라 법원이 선임한 관리인의 감독 아래 회사를 회생시키는 것을 목적으로 하는 절차를 말한다. 기업이 사업에 지장을 초래하는 경우에 이를 방치하면 파산으로 이어질 수 있으나, 실제는 기업의 이사와 회사채권자 기타의 이해관계인 등이 협의하여 감자, 채무의 감면·유예 등의 사적정리가 행해지는 것이 대부분이다. 그러나 이는 특정한 채권자에게만 이익을 줄 수 있는 밀약 등이 행해지기 쉽고 공정한 수행을 기대하기 어렵기 때문에 법원의 엄격한 감독 아래 회생절차를 행함으로써 주주 및 회사채권자의 이익을 보호하기 위한 제도가 바로 기업회생절차이다.

2. 개별적 근로관계와의 관계

1) 문제의 소재

법원은 기업회생절차의 개시결정을 하는 때에는 동시에 관리인을 선임해야 한다. 관리인이 선임되면 도산기업의 대표이사는 사업의 경영과 재산의 권리처분권한을 상실하고 관리인이 사업운영과 재산관리처분권한을 행사하게 된다. 그런데 기업회생절차가 개시된 경우에 종전의 근로계약관계가 관리인에게 승계되어 존속하는지의 여부, 종전 근로관계에서 발생한 체불임금 등 이행되지 아니한 근로조건의 부담을 누가 부담하는가의 여부, 근로자를 해고할 수 있는가의 여부, 종전 단체협약의 효력은 어떻게 되는지가 문제된다.

2) 근로관계의 존속 여부

기업회생절차가 진행 중인 기업의 경영권은 법원이 선임한 관리인에게 전속되고 기업도 존속하는 것이므로 근로관계는 그대로 존속된다. 즉, 기업회생절차는 파산절차처럼 도산기업의 사업을 청산하는 것이 아니라 사업의 재건을 목적으로 하는 법적 절차이므로 기업회생절차가 개시되더라도 도산기업과 근로자와의 근로관계는 이에 영향을 받지 않기 때문에 당연히 소멸하는 것이 아니다.[170] 다만, 기업회생절차가 개시되면 근로관계의 당사자가 도산기업과 근로자에서 관리인과 근로자로 변경될 뿐이다. 기업회생절차의 개시결정이 있으면 사업주체는 도산기업이 아니고 관리인으로 변경되고, 관리인은 도산기업의 대리인 또는 대표자로서 기업회생절차 업무를 수행하는 것이 아니라 스스로 사업경영의 주체로서 경영행위를 수행한다.

3) 근로조건 이행의무의 주체

기업회생절차의 개시결정에 의하여 법원이 관리인을 선임하면 해당 기업의 대표업무집행권과 재산관리 및 처분권은 관리인에게 당연히 이전되어 그 근로자와의 관계도 회사 대 근로자의 관계로부터 관리인 대 근로자의 관계로 변경된다. 따라서 종전의 대표이사는 기업회생절차 개시 이후에는 근로자의 퇴직금 및 임금을 지급할 수 없고,[171] 종전 기업과 근로자와의 근로관계는 관리인에게 이전되어 관리인은 퇴직금 및 임금을 지급할 의무가 있다. 그러나 관리인은 기업회생을 위하여 임시적으로 선임된 사용자에 해당되는 것에 불과하기 때문에 체불임금 등을 지급할 의무가 있는 사용자에는 해당되지 않을 뿐만 아니라 근로기준법 위반 등에 따른 벌칙이 적용되지 않는다.[172]

다만, 통합도산법은 근로자의 생활을 보호하기 위한 정책적 목적에 따라 임금채권에 대해서는 변제 특례를 인정하고 있다. 즉, 근로자의 임금채권을 공익채권으로 규정하여 기업회생절차가 개시되더라도 수시로 변제할 수 있게 하는 동시에 회생채권과 회생담보권에 우선하여 변제를 받을 수 있는 권리를 인정하고 있다.[173] 임금채권에 인정되고 있는 변제방법 특례내용은 다음과 같다.

(1) 회생채권과 회생담보채권은 기업회생절차에 따라 신고→조사→확정을 거쳐 회생계획에 의하여 변제방법이 정해지나, 임금채권은 회생계획에 따라 채권의 내용이 변경되는 것이 아니고 채권 신고를 거치지 않고 직접 관리인에게

---

170) 서울지방법원, 회사정리실무(개정판), 119면; 임채홍·백창훈 외, 회사정리법(상), 379면; 김재형·남효순, 통합도산법, 611면.

171) 대법원 1989. 8. 8. 선고 89도436.

172) 대법원 1995. 11. 10. 선고 94도1477.

173) 공익채권이란 기업회생절차의 수행 및 기업의 재건에 필요한 비용을 지출하기 위하여 인정된 회사에 대한 청구권으로 주로 회생절차 개시 후의 원인에 의하여 생긴 청구권을 말한다. 그러나 임금채권은 근로자의 생계를 보호하고자 하는 사회 정책적인 이유에서 통합도산법 제179조는 회생절차개시 당시 아직 납부기한이 도래하지 않은 조세, 근로자의 임금·퇴직금 및 재해보상금, 회생절차 개시 전의 원인으로 생긴 근로자의 임치금과 신원보증금의 반환청구권 등을 공익채권으로 규정하고 있다.

이행을 청구할 수 있고 채권신고를 하지 않았다 하더라도 실권되지 않는다.

(2) 회생채권과 회생담보채권이 권리로 인정되기 위해서는 반드시 채권신고와 조사를 거쳐 채권액을 확정해야 하지만, 임금채권은 이러한 채권확정 절차를 거치지 않고서도 임금청구권을 행사할 수 있으며, 임금채권의 존부 또는 채권액에 관하여 다툼이 있는 때에는 관리인을 상대로 소송을 제기할 수 있다.

(3) 일반적으로 일반채권과 담보채권은 기업회생절차의 개시가 결정되면 강제집행·가압류·가처분·임의경매 등이 일체 허용되지 않고 소송절차도 중단되나, 임금채권은 회사정리절차의 개시결정이 있더라도 회생절차 중인 기업의 재산에 강제집행을 할 수 있고 관리인을 상대로 소송의 제기도 가능하다.

(4) 공익채권으로 인정되는 임금채권의 범위는 최종 3월분의 임금과 최종 3년간의 퇴직금에 한하지 않고 모든 임금과 퇴직금을 포함하는 것이므로, 기업회생절차 중에는 모든 임금채권은 물적 피담보채권보다 우선적으로 변제받게 된다.[174]

4) 근로계약의 해지 여부

기업회생절차의 개시결정이 있다 하더라도 여전히 도산기업은 존속하게 되므로 근로자가 퇴직하지 않는 이상 원칙적으로 근로관계는 존속한다. 따라서 해고의 정당한 이유 없이는 관리인이 기업회생절차가 진행 중이라는 것을 이유로 근로자를 해고할 수 없다.

그런데 기업도산절차에서의 이익을 고려하여 통합도산법 제119조 제1항은 회생절차개시 당시에 아직 그 이행을 완료하지 아니한 때에는 관리인은 쌍무계약을 해제 또는 해지하거나 채무자의 채무를 이행하고 상대방의 채무이행을 청구 할 수 있도록 규정하고, 제2항은 상대방은 관리인에 대하여 계약의 해제나 해지 또는 그 이행의 여부를 확답할 것을 최고할 수 있고 관리인이 그 최고를 받은 후 30일 이내에 확답을 하지 아니하는 때에는 관리인은 쌍무계약의 해제권 또는 해지권을 포기한 것으로 간주하도록 하는 규정을 두고 있다. 즉, 관리인은 「쌍방미이행 쌍무계약에

174) 실무적으로 일정 금액 이상의 공익채권 지출에 대해서는 관리인이 법원의 허가를 받도록 하고 있는데, 관리인이 법원의 허가를 받지 않고 임금채권(공익채권)을 변제한 경우에는 무효이지만, 선의의 제3자에게는 대항할 수 없다(정태상, 「회사정리, 파산, 화의시 노사관계에 관한 법률문제」, 303면).

관한 선택권」을 행사하여 쌍무계약을 해지할 수 있다.

통합도산법 제119조의 「쌍방미이행 쌍무계약에 관한 선택권」을 적용하여 관리인이 근로계약을 일방적으로 해지, 즉 해고할 수 있는가의 여부가 문제된다. 이에 관하여 근로계약도 쌍무계약에 속하는 것이므로 통합도산법 제119조가 적용되어 고용기간 만료 여부와 관계없이 근로자를 해고할 수 있다고 하는 「긍정설」과 쌍방미이행 쌍무계약에 관한 선택권은 단체협약에는 적용되지 않는다는 통합도산법 제119조 제4항을 근거로 근로계약에는 적용되지 않는다고 하는 「부정설」이 대립한다. 긍정설의 논거로서는 ① 기업을 회생시키기 위해서는 수익성이 낮은 한계사업 분야의 매각 등 사업주의 축소·변경과 경영합리화 조치가 필요하고, 이에 따른 잉여근로자의 감축 등 구조조정과정에서 관리인은 근로자를 해고할 수밖에 없다는 점, ② 관리인의 해고권은 회생절차가 진행 중인 기업의 인격적 사항에 관한 문제가 아니라 관리인의 전권사항인 기업의 경영권·기업재산의 관리처분권에 속하는 법률관계를 처리한다는 점 등을 제시하고 있다.

반면, 부정설의 논거로서는 ① 쌍방미이행 쌍무계약에 관한 선택권은 단체협약에는 적용되지 않기 때문에 단체협약의 규범적 부분은 회생절차 개시 중에도 효력이 있다는 점, ② 근로계약의 해지권을 인정하면 단체협약의 효력이 백지화된다는 점, ③ 단체협약은 근로계약보다 상위규범이므로 근로관계에 있어서는 단체협약이 우선적으로 적용된다는 점, ④ 단체협약과 근로계약 사이에는 근로조건 유리의 원칙이 적용된다는 점, ⑤ 단체협약의 효력을 존치시키고 근로계약의 해지를 인정하면 노동법의 법리와 맞지 않는다는 점 등을 제시하고 있다.[175)]

요컨대, 통합도산법 제119조에 의한 관리인의 해고권이 종전 법률관계를 정리하여 기업회생절차의 원활한 수행을 위하여 관리인에게 전속하는 권리임을 인정하더라도 관리인을 근로기준법상 사용자로 보는 이상 근로기준법의 적용을 배제할 수는 없는 것이므로 강행법규인 근로기준법에 규정된 해고제한 규정이 적용되는 것으로 해석해야 한다.[176)] 그리고 통합도산법 제119조 제4항은 쌍방미이행 쌍무계약에 관

175) 김재형·남효순, 통합도산법, 615면; 임채홍·백창훈 외, 회사정리법(상), 384~385면; 서울지방법원, 회사정리실무(개정판), 120면.

176) 동지 서울지방법원, 회사정리실무(개정판), 119~120면; 임채홍·백창훈 외, 회사정리법(상), 388면; 서경환, 「회사정리절차가 계약관계에 미치는 영향」, 회사정리법·화의법상의 제문제(재판자료 제86집), 법원도서관, 2000, 660면.

한 선택권은 단체협약에는 적용되지 않는다고 하는 법률체계나 해석상 근로계약에는 당연히 적용 배제된다는 것을 확인한 것에 불과하기 때문에 근로계약의 해지문제는 근로기준법의 해고제한 법리에 따라 판단할 사항이다.[177]

5) 경영해고의 가능 여부

근로기준법 제24조 제1항은 사용자는 긴박한 경영상의 필요성이 있는 경우에는 근로자를 해고할 수 있으며, 경영악화를 방지하기 위한 사업의 양도·인수·합병은 긴박한 경영상의 필요성이 있는 것으로 규정하고 있다.[178] 그런데 「긴박한 경영상의 필요성」은 매우 추상적인 표현이기 때문에 어느 정도의 긴박한 경영상의 필요성이 있어야만 경영해고의 요건에 해당되는가의 여부는 학설과 판례에 의존할 수밖에 없다.

이에 관한 학설로서는 ① 기업이 현실적으로 도산의 위기에 직면하여 그 위기를 타개하기 위하여 경영해고 이외에 다른 방법이 없는 상태에서 도산회피의 수단으로 해고할 수밖에 없는 상태에 이르러야 한다는 「도산회피설」, ② 현실적으로 기업이 도산위기에 직면하지 않았더라도 도산을 예방하기 위하여 해고가 불가피한 사정이 있어야 한다고 하는 「도산예방설」, ③ 계속적인 경영악화가 없더라도 생산성 향상 또는 경쟁력 강화를 위하여 구조조정 또는 기술혁신을 하거나 업종을 전환하는 경우에도 긴박한 경영상의 필요성을 인정하는 「경영합리화설」이 있다.

종전 판례는 「근로자를 해고하지 않으면 도산되거나 도산 위험이 있는 경우」를 긴박한 경영상의 필요성이 있는 것으로 보았으나, 최근에는 「긴박한 경영상의 필요성은 반드시 기업의 도산을 회피하기 위한 것에 한정할 필요는 없고, 인원삭감이 객관적으로 보아 합리성이 있다고 인정될 때에도 긴박한 경영상의 필요성이 있는 것」[179]으로 판단하고 있다. 다수설과 판례는 경영합리화설에 따라 긴박한 경영상의 필요성 여부를 판단하고 있다.[180]

---

177) 동지 김재형·남효순, 통합도산법, 617면.

178) 통합도산법은 기업회생 및 파산절차 도중 모두 영업양도가 가능한 것으로 규정하고 있다. 통합도산법 제62조 제1항은 기업회생절차 개시 이후 회생계획인가 전이라도 관리인은 채무자의 회생을 위하여 필요한 경우 법원의 허가를 받아 채무자의 영업 또는 사업의 전부 또는 중요한 일부를 양도할 수 있도록 규정하고, 제492조는 파산관재인은 법원의 허가를 받아 영업양도를 할 수 있도록 규정하고 있다.

179) 대법원 1991. 12. 10. 선고 91다8647.

그러나 학설과 판례는 기업회생절차가 진행되는 기업이 경영해고의 요건에 해당되는 「긴박한 경영상의 필요성」에 해당되는가의 여부에 관하여 명확한 입장을 밝히지 않고 있다. 다만, 기업회생절차가 개시된 경우 도산예방설과 경영합리화설의 입장에서는 긴박한 경영상의 필요성이 있는 것으로 볼 수 있고, 도산회피설의 입장에서는 긴박한 경영상의 필요성이 없는 것으로 유추할 수는 있을 것이다. 그리고 도산회피설이 긴박한 경영상의 필요성을 인정하지 않을 수 있다 하더라도, 근로기준법 제24조 제1항 후단은 「경영악화를 방지하기 위한 사업의 양도·인수·합병」을 긴박한 경영상의 필요성이 있는 것으로 규정하고 있기 때문에 기업회생절차 과정에서 사업의 양도·인수·합병이 있는 경우에는 당연히 긴박한 경영상의 필요성이 인정되어 경영해고가 가능하다.[181)]

이처럼 학설과 판례는 기업이 도산한 경우에 긴박한 경영상의 필요성을 인정하여 경영해고가 가능한 것으로 해석하고 있는 경향을 보이고 있다. 그러나 근로기준법상 해고의 제한규정은 헌법상 근로권을 보장하기 위한 것이고, 기업회생절차는 기업의 청산을 목적으로 하는 것이 아니고 경영위기를 예방하기 위한 조치이다. 이러한 점을 고려하면, 일률적으로 기업회생절차의 개시결정이 있다고 하여 반드시 긴박한 경영상의 필요성이 있는 것으로 단정할 수는 없다. 따라서 구체적인 상황에서 헌법이 보장하고 있는 근로권을 제한하여 경영해고를 해야 할 정도의 필요성이 있어야만 긴박한 경영상의 필요성이 있는 것으로 해석함이 타당하다. 즉, 기업회생절차에 있어서 긴박한 경영상의 필요성이 있는가의 여부는 ① 채권자의 동의를 얻어 정리계획안을 통과시키기 위하여 요구되는 최소한의 범위, ② 기업의 회생을 위하여 필수적으로 사업을 폐지해야 할 최소한의 범위, ③ 경영악화를 방지하기 위한 사업의 양도·인수·합병의 필요성을 종합적으로 고려하여 판단해야 한다.[182)]

3. 집단적 근로관계와의 관계

기업회생절차의 개시결정이 있으면 사용자의 지위는 종전 기업의 대표이사에서 관리인으로 변경되기 때문에 당연히 집단적 근로관계도 관리인에게 이전된다. 따라서 종전의 노동조합이 종전 기업과 체결한 단체협약도 관리인에게 이전되어 단체협

---

180) 긴박한 경영상의 필요성에 대한 학설과 판례에 대한 상세는 제8장 Ⅳ. 참조.
181) 김재형·남효순, 통합도산법, 620면.
182) 김재형·남효순, 통합도산법, 622면.

약의 효력이 그대로 인정되므로, 관리인은 기업회생절차가 개시되었다는 이유만으로 일방적으로 단체협약을 해지하거나 해제할 수 없는 것이 원칙이다. 그리고 법원이 기업회생절차를 종료하거나 폐지한 경우에는 집단적 근로관계는 종래의 회사로 환원된다.

이처럼 기업회생절차가 진행 중이더라도 기업은 여전히 존속하면서 단지 사용자의 지위만 변경되는 것이기 때문에 단체협약도 관리인에게 승계되어 단체협약의 효력도 그대로 발생하는 것이 원칙이지만,[183] 단체협약이 위협받게 되는 다음과 같은 요인이 다수 존재하여 단체협약의 유효기간 내라도 임금삭감 또는 임금반납 등 근로조건이 저하되는 새로운 단체협약이 체결되거나 기존 단체협약을 개정하는 경우가 있을 수 있다.[184]

(1) 기업회생절차가 개시된 이후 노동쟁의 또는 기업 내부의 분규나 이해관계인의 불합리하고 과다한 간섭 등이 계속되어 기업운영에 심각한 차질이 발생하거나 공익채권이 과다하게 증가해 향후 정리계획의 수행에 지장을 초래할 우려가 있는 경우에는 법원은 관리위원회, 채권자협의회 및 이해관계인의 의견을 들어 직권으로 회생절차를 조기에 종결하거나 중도에 폐지할 수 있으므로 당사자의 합의에 의하여 기존의 단체협약을 변경할 수 있을 것이다.

(2) 근로자와 노동조합이 스스로 기업을 회생시키기 위하여 임금의 삭감이나 경영해고의 수용 등 자구책을 제시하거나 관리인이 제시한 자구책을 수용하여 단체협약을 개정할 수도 있을 것이다.

---

183) 통합도산법 제119조 제4항은 단체협약에 대해서는 관리인에게 쌍방미이행 쌍무계약의 선택권을 부인하고 있지만, 관리인이 의무적으로 단체협약을 승계하여 그대로 준수해야 할 의무가 있는가에 대하여는 해석상 논란이 있을 수 있다. 이에 관하여 관리인은 기존 기업경영자와 노동조합이 체결한 단체협약에 대하여 전혀 관여한 사실이 없고, 관리인은 기업의 양수인이 아니라 기업의 회생을 위한 특수한 임무를 부여받은 경영자이므로 기존의 단체협약은 준수하지 않아도 된다고 생각할 수도 있다. 그러나 실질적으로 단체협약은 기업에 있어서의 사용자와 노동조합과의 협약으로 볼 수 있으므로 경제적으로 기업의 동일성이 유지되는 이상 법률상 주체의 변경, 즉 관리인이 경영주체로서 사업을 영위하게 되었다는 이유만으로 그 효력을 부인할 수 없다. 따라서 기업회생절차에서 관리인은 단체협약에 대하여 다른 쌍방미이행 쌍무계약과 동일하게 또는 임의적으로 계약의 이행이나 해제 중 어느 하나를 선택하여 단체협약의 효력을 부인할 수 있는 권리가 없으므로 원칙적으로 기존의 단체협약을 준수할 의무가 있다(김재형·남효순, 통합도산법, 618~619면).

184) 이하의 내용에 관해서는 김재형·남효순, 통합도산법, 612면 이하 참조.

(3) 기업회생절차가 진행 중인 기업을 회생시키기 위해서는 신규자금의 조달이 필수적인데, 금융기관이 신규자금을 지원하는 조건으로 단체협약의 개정이나 노동조합의 동의를 요구하는 경우가 있다. 이 경우 채권자가 희생을 감수하면서 회사를 회생시키려고 하는데 근로자들이 일정한 고통을 분담하지 않는 것은 공평·형평의 원칙에 어긋난다는 비판을 면하기 위해서 단체협약의 개정에 동의하는 경우가 있을 수 있다.

(4) 기업회생절차가 진행 중인 기업은 경영해고의 요건을 충족할 가능성이 매우 높기 때문에 단체협약의 효력도 일정부분 영향을 받게 된다. 즉, 근로기준법상 경영해고가 가능하더라도 단체협약의 효력이 상실되는 것은 아니나, 단체협약이 체결될 당시의 사정이 크게 변경되어 일부 내용의 전제조건이 사라진 경우에는 해당 단체협약의 내용도 그 의미가 변경된 것으로 보아야 하기 때문에 「단체협약의 자동변경원칙」에 따라 영향을 받을 수밖에 없다.

Ⅲ. DIP형 기업회생절차와 근로관계

1. 의 의

기업회생절차의 개시결정이 있으면 법원이 그 결정과 동시에 관리인을 선임하고, 관리인으로 하여금 회생절차를 진행하게 하는 것이 일반적이다. 그러나 예외적으로 기업회생절차의 개시결정이 있다 하더라도 법원이 선임한 관리인이 회생절차를 진행하는 것은 아니라 기존 경영진이 계속하여 경영권을 행사하면서 회생절차를 진행하는 경우가 있다. 이처럼 법원이 선임한 관리인이 아닌 기존 경영진이 채권자의 동의와 법원의 인가를 얻어 기업회생절차를 수행하는 것을 「DIP(debtor in possession)형 기업회생절차」라고 한다. 통합도산법은 관리형 기업회생절차를 원칙으로 하고, 「DIP형 기업회생절차」를 예외로 하고 있다.[185)]

기업회생절차에서 관리인을 선임하지 아니한 「DIP형 기업회생절차」는 기존의 사

185) 우리나라와는 달리 미국은 DIP형 기업회생절차를 원칙으로 하고, 예외적으로 관리형 기업회생절차를 인정하고 있다. 통합도산법의 제정을 검토하는 과정에서 미국식의 DIP형 기업회생절차를 도입하자는 의견이 있었으나, 부실기업에 대한 특혜 및 도덕적 해이 등의 문제가 있다는 강한 반대의견이 제기되어 원칙적으로 법원이 관리인을 선임하고 예외적으로 관리인을 선임하지 않을 수 있게 하였다(김재형·남효순, 통합도산법, 610면).

용자가 계속 경영권을 가지면서 감독을 받는 것 이외에는 기존 기업과 사용자의 법적 지위에는 아무런 변화가 없다. 그러나 「DIP형 기업회생절차」도 엄연한 법적 규제를 받는 기업회생절차에 해당되는 이상 근로관계가 영향을 받을 수밖에 없다.

2. 개별적 근로관계와의 관계

1) 근로계약의 존속 여부

「DIP형 기업회생절차」가 개시되더라도 기존의 사용자가 기업의 재산을 관리하거나 처분하는 권리를 그대로 보유하고 있으므로 근로관계는 아무런 변화가 없다. 다만, 「DIP형 기업회생절차」의 경우, 구체적인 상황에 따라 근로기준법 제24조 제1항의 긴박한 경영상의 필요성이 인정될 가능성이 높기 때문에 근로계약의 해지, 즉 경영해고의 요건을 충족하는 경우가 많이 발생될 수 있을 것이다. 그러나 통합도산법은 「DIP형 기업회생절차」에도 관리형 기업회생절차와 마찬가지로 쌍방미이행 쌍무계약의 규정이 적용되지 않기 때문에 단체협약의 효력에는 변화가 없으므로 근로조건 유리의 원칙에 의하여 단체협약에 엄격한 해고의 요건을 규정한 경우에는 사실상 경영해고가 어렵게 되는 경우도 있다.

2) 경영해고의 가능여부

「DIP형 기업회생절차」의 진행이 근로기준법상 경영해고의 요건에 해당되는가의 여부는 전술한 「관리인형 기업회생절차」와 마찬가지로 의문이 제기될 수 있다. 근로기준법 제24조 제1항 후단에서 경영악화를 방지하기 위한 사업의 양도·인수·합병을 긴박한 경영상의 필요성이 있는 것으로 규정하고 있는 점과 긴박한 경영상 필요성 인정 여부에 대한 각 학설을 유추하면, 「DIP형 기업회생절차」에서도 긴박한 경영상의 필요성이 인정된다고 보아야 한다.

따라서 관리형 기업회생절차와 마찬가지로 구체적인 상황을 고려하여 헌법이 보장하고 있는 근로권을 제한하여 경영해고를 해야 할 필요성이 현존하느냐에 따라 긴박한 경영상의 필요성 여부를 판단해야 할 것이다. 다만, 「DIP형 기업회생절차」는 「관리인형 기업회생절차」와는 달리 기존의 사용자가 계속 경영권을 유지한다는 점을 고려하면 관리형 기업회생절차보다는 긴박한 경영상의 필요성을 엄격하게 적용할 필요성은 있다.[186)]

3. 집단적 근로관계와의 관계

관리인형 기업회생절차와 마찬가지로 「DIP형 기업회생절차」가 개시된 경우에 단체협약에 어떠한 영향을 미치는가의 여부가 문제될 수 있다. 이에 관한 정립된 학설과 판례는 없으나, 법리적으로는 아무런 영향을 미치지 못한다고 보아야 한다. 왜냐하면, 통합도산법 제119조 제4항은 「DIP형 기업회생절차」에도 쌍방미이행 쌍무계약의 선택권이 인정되지 않는 것으로 규정하고 있고, 「DIP형 기업회생절차」가 개시되더라도 기업은 존속하고 단체협약의 당사자도 전혀 변동이 없기 때문이다.

구체적으로 단체협약은 헌법에서 보장하고 있는 노동3권의 행사결과로 탄생된 것이기 때문에 기업회생절차가 개시되었다 하더라도 기존의 단체협약을 무효로 할 수 있는 이유가 되지 못한다. 특히 「DIP형 기업회생절차」의 경우는 관리인형 기업회생절차와 파산절차와는 달리 관리인이나 파산관재인이 따로 선임되는 것이 아니고, 기존 사용자가 그대로 경영권을 행사하고 있으므로 기존 단체협약의 효력에는 아무런 영향을 미치지 않는다. 다만, 「DIP형 기업회생절차」의 경우에도 전술한 관리인형 기업회생절차와 마찬가지로 회생계획안에 대한 채권자의 동의 등을 받기 위하여 어느 정도 단체협약을 개정할 수 있는 요인이 존재할 뿐이다. 그러나 이는 단체협약의 개정문제이지 기존 단체협약의 효력과는 아무런 관계가 없다.[187]

Ⅳ. 파산절차와 근로관계

1. 의 의

파산절차란 채무자가 그 채무를 완제(完濟)할 수 없는 경우에 채무자의 총재산을 모든 채권자에게 공평하게 변제할 것을 목적으로 하는 재판상의 절차를 말한다. 원래 채무자가 모든 채권자에 대하여 채무를 완제할 수 있다면 각 채권자는 보통의 권리보호의 방법으로 만족을 얻으면 되나, 다수의 채권자가 경합함에도 불구하고 변제에 충당할 재산이 부족할 때에는 특별한 사권보호의 방법이 필요하게 된다. 파산절차는 바로 다수의 채권자에 대한 채무를 변제할 재산이 부족한 경우에 공평한 채무의 변제를 목적으로 하는 특별한 사권보호 요청에 부응하는 재판절차라고 할 수 있다.

파산절차가 개시되면 파산선고 당시에 파산기업이 가지고 있는 모든 재산과 파산

186) 김재형·남효순, 통합도산법, 624~625면.
187) 김재형·남효순, 통합도산법, 623면.

선고 전에 생긴 원인으로 인한 장래의 청구권은 압류할 수 없는 재산을 제외하고는 모두 파산재단에 속하게 된다(§382). 그리고 파산선고를 받은 기업은 파산재단에 대한 관리권을 상실하고, 파산재단을 관리하거나 처분할 권리는 법원이 선임한 파산관재인에게 속하게 된다(§384).

파산절차가 개시된 기업은 해산과 청산절차가 진행되나, 청산절차가 종료되기 전까지는 기업의 법인격이 그대로 유지된다. 따라서 파산절차가 개시된 경우라도 청산이 완료되지 않은 이상 청산의 목적 범위 내에서 기업은 존속하는 것이므로 해산에 의하여 근로관계가 당연히 종료되지 않는다. 그러나 파산절차는 기업회생절차와는 달리 기업의 청산을 목적으로 하는 것이기 때문에 기업회생절차에서보다도 근로관계에 상당한 영향을 미칠 수밖에 없다.

2. 개별적 근로관계와의 관계

1) 근로계약의 해지 여부

통합도산법 제335조 제1항은 「파산관재인은 쌍방미이행 쌍무계약의 해지와 이행 중 어느 한 쪽을 선택할 수 있는 것」으로 규정하고, 민법 제663조와 통합도산법 제339조는 「기업이 파산선고를 받은 경우에는 고용기간의 약정이 있는 때에도 근로자 또는 파산관재인은 고용계약을 해지할 수 있고, 고용계약의 해지에 의하여 손해가 발생하여도 쌍방은 손해배상을 청구할 수 없는 것」으로 규정하고 있다. 이들 규정의 취지는 기업이 파산한 경우에는 해산과 청산절차를 거치게 되어 파산관재인은 근로제공을 받을 필요가 없게 되므로 근로관계를 계속 유지하는 것은 부적당하고, 근로자의 입장에서도 기업회생의 전망이 없는 기업에 구속된다는 것은 바람직하지 않기 때문에 퇴직의 자유를 보장하기 위한 것이다.[188)]

파산절차가 개시된 경우에 위의 규정이 그대로 근로계약관계에도 그대로 적용할 수 있는가에 관하여 해석상 논란이 있을 수 있으나,[189)] 다음과 같은 근거로 적용되

188) 김재형·남효순, 통합도산법, 627면.

189) 기업이 파산된 이후에도 근로관계가 계속 유지되고 있는 경우에는 쌍방미이행 쌍무계약의 규정을 적용하여 근로계약을 해지할 수 있다는 견해(선재성, 「파산과 노동관계」, 504면)와 파산 및 이에 준하는 절차에서는 근로관계의 승계를 인정하지 않고 그 이외의 도산절차 중 일어나는 영업양도에 한하여 근로관계의 승계를 인정해야 한다는 견해가 있다(전형배, 「도산절차와 근로관계의 승계」, 141면; 유성재, 사업양도시 고용승계에 관한 법제개선방안, 62면). 대체로 외국의 입법례는 파산절차 또는 이에 준하는

지 않는 것으로 해석해야 한다.

(1) 법원으로부터 선임된 파산관재인이 비록 해당 기업의 해산과 청산업무를 수행하는 자라 하더라도 근로기준법상 사용자에 해당되는 것이므로 강행법규인 근로기준법에 규정된 해고제한 규정을 무시하고 통합도산법과 민법만을 적용하여 일방적으로 근로계약을 해지하는 것은 법체계상 타당성이 없다.

(2) 근로기준법은 근로계약에 관한 법정최저규범이므로 통합도산법 또는 민법을 보완 적용하더라도 근로기준법에 정한 최저수준 이상을 보장하여야 하므로 근로기준법에 규정된 해고의 정당한 사유가 있어야만 근로계약의 해지가 가능하다.

(3) 기업파산의 경우, 근로기준법상 해고가 충분히 가능함에도 굳이 통합도산법 또는 민법을 적용하여 근로계약을 해지할 필요성이 없다.

결국, 기업이 파산되었다 하더라도 파산관재인이 근로계약을 해지하기 위해서는 근로기준법상 정당한 해고사유가 있음을 요한다. 다만, 파산절차는 기업의 유지·존속을 전제로 하는 것이 아니라 청산의 목적을 하는 법정절차에 해당되는 것이기 때문에 근로기준법 또는 취업규칙 등에 규정된 해고절차를 준수하지 않아도 무방하다. 왜냐하면, 근로기준법 또는 취업규칙 등에 정한 해고제한 절차 규정은 기업의 유지·존속을 전제로 해고의 적정성을 확보하기 위한 것이기 때문이다.

따라서 파산관재인이 근로계약을 해지하는 것은 근로기준법상 정당한 해고사유에 해당되고, 해고예고 또는 해고예고수당을 지급하지 않았다 하더라도 부당해고에 해당되지 않는다.[190] 판례도 파산기업에 대한 청산업무의 일환으로 행한 근로계약의 해지는 정당한 해고사유에 해당되고, 해고예고 또는 해고예고수당을 지급하지 않아도 된다는 취지로 판단하고 있다.[191] 그리고 노동관계법상 해고가 금지되는 근로자가 있다 하더라도 파산관재인은 해당 근로자를 해고할 수 있다.[192] 예컨대, 업

도산절차 중에 있는 기업에 대해서는 근로관계의 승계를 인정하지 않고 있다(유럽연합, 프랑스, 독일 등).

190) 동지 선재성, 「파산과 노동관계」, 505면.

191) 대법원 1993. 6. 11. 선고 93다7457; 대법원 1995. 10. 12. 선고 94다52768 판결; 대법원 2001. 11. 13. 선고 2001다27975; 대법원 2003. 4. 25. 선고 2003다7005; 대법원 2004. 3. 12. 선고 2003다44363 등.

192) 근로기준법 제23조 제2항은 여성근로자의 출산전후 휴가기간과 그 후 30일과 업무상 부상으로 인한 휴업기간과 그 후 30일에 대해서는 정당한 해고사유가 있다 하더라도

무상 재해로 인한 요양으로 휴업한 경우라도 파산관재인은 일시보상을 하지 않고 해당 근로자를 즉시 해고할 수 있다.[193]

2) **경영해고의 적용 여부**

기업회생절차와 마찬가지로 파산절차의 경우에도 근로기준법 제24조의 긴박한 경영상의 필요성에 해당되는가의 여부가 문제될 수 있으나, 파산절차는 기업회생이 아닌 기업을 청산하기 위한 법정절차에 해당되는 것이므로 긴박한 경영상의 필요성에 관한 어느 학설을 따르든 간에 모두 긴박한 경영상의 필요성이 있는 것으로 인정된다고 보아야 한다. 따라서 파산관재인은 언제든지 근로기준법상 해고제한 절차를 거쳐 경영해고를 할 수 있으나, 근로기준법상 규정된 해고제한 절차를 준수해야 한다는 부담이 있다.

그러나 파산절차의 진행 중에 파산관재인이 근로자를 해고한 것이 근로기준법 제24조의 경영해고에 해당되는가에 대하여 판례는「기업의 유지·존속을 전제로 한 경영해고와는 달리 기업의 청산절차에서 파산관재인이 행한 해고조치는 위장폐업이 아닌 한 기업경영의 자유에 속하는 것으로서 정리해고가 아니라 통상해고에 해당되는 것이므로 근로기준법 또는 단체협약 등에 정한 해고제한 절차를 준수하지 않아도 무방한 것」으로 판단하고 있다.[194] 즉, 판례는 파산절차가 진행 중인 경우에는 파산관재인은 자유롭게 근로자를 해고할 수 있으므로 경영해고의 요건을 심사할 필요성조차 없다는 입장을 보이고 있다.

그러나 파산절차가 진행 중이더라도 곧바로 폐업되는 것이 아니라 일부 근로자는 계속적인 청산업무에 종사하기 때문에 파산과 동시에 근로관계가 종료한 근로자와 그렇지 않은 근로자의 선택문제가 발생할 수 있다는 점,[195] 채권자가 경영자의 회생계획을 수용한 경우에 기업회생절차로 진행될 가능성 또는 일정 부분의 경영을 개선한 후 이를 양도할 가능성을 전혀 배제할 수 없다는 점[196] 등을 고려하면 경영해고의 요건을 적용할 여지도 있으므로 일률적으로 경영해고의 요건이 적용되지 않는 것으로 단정할 수 없다.

사용자는 해고할 수 없는 것으로 규정하고 있다.

193) 서울지방법원, 파산사건실무(개정판), 93면.

194) 대법원 2001. 11. 13. 선고 2001다27975; 대법원 2003. 4. 25. 선고 2003다7005.

195) 김유성, 노동법 I (초판), 337면.

196) 김재형·남효순, 통합도산법, 633면.

3. 집단적 근로관계와의 관계

파산절차의 개시결정으로 해산절차에 들어갔다 하더라도, 청산의 범위 내에서 기업은 여전히 존속하기 때문에 파산관재인이 근로자를 전원해고하지 않는 이상 잔여 근로자에 대한 근로관계는 유지될 뿐만 아니라 단체협약도 그대로 유지되는 것이 노동법의 원리이다. 그런데, 파산관재인이 기업회생절차에 적용되는 쌍방미이행 쌍무계약을 적용하여 단체협약을 해제할 수 있는가의 여부가 문제된다.[197)]

이에 관한 판례는 아직 발견되지 않으나, 소수의견은 「파산선고에 의하여 단체협약이 당연히 소멸하는 것은 아니지만, 파산의 본질은 기업의 해체·청산에 있으므로 단체협약이 파산관재인의 업무수행에 지장을 초래할 우려가 있는 경우에는 쌍방미이행 쌍무계약을 적용하여 단체협약을 해제할 수 있는 것」으로 해석하는 견해가 있다.[198)] 그러나 쌍방미이행 쌍무계약의 규정은 단체협약에는 적용되지 않는다고 보는 것이 법률체계나 해석상 당연한 것이므로 쌍방미이행 쌍무계약의 적용배제 규정 유무와 관계없이 단체협약에는 적용되지 않는 것으로 보아야 한다. 따라서 파산관재인은 통합도산법상 쌍방미이행 쌍무계약의 규정을 적용하여 일방적으로 기존의 단체협약을 해제할 수 없으므로 기존 단체협약의 효력은 유효한 것으로 보아야 한다. 다만, 파산절차는 기업의 해체·청산을 목적으로 하는 것이기 때문에 단체협약 내용 중 기업의 존속·유지를 전제로 한 내용은 효력이 상실하고, 나머지의 단체협약 내용은 청산의 목적 범위 내에서 단체협약의 효력이 유지되고 청산절차의 완료와 동시에 모든 단체협약의 효력은 상실되는 것으로 보아야 한다.[199)]

---

197) 파산절차의 경우는 기업회생절차와는 달리 단체협약에 대해서 쌍방미이행 쌍무계약의 적용을 배제한다는 명문규정을 두고 있지 않다.

198) 서울지방법원, 파산사건실무(개정판), 94면. 일본의 학설도 단체협약에 대해서는 쌍방미이행 쌍무계약의 적용을 배제하는 규정이 없기 때문에 이를 근거로 단체협약을 해제할 수 있는 것으로 보고 있다. 다만, 파산관재인이 당연히 단체협약을 해제할 수 있는 권리가 있는 것은 아니고, 단체협약의 규정이 원활한 파산절차업무의 수행에 방해가 되지 않는다는 것을 노동조합이 입증하면 단체협약의 해제권은 부정된다고 한다(伊藤眞. 破産法, 有斐閣, 2002, 262~263면(김재형·남효순, 통합도산법, 629~630면에서 재인용).

199) 동지 김재형·남효순, 통합도산법, 630~631면; 이병태, 최신노동법(제8전정판), 283면; 이상윤, 노동법(제3판), 685면; 菅野和夫(이정 역). 일본노동법, 569면.

제8장 해 고

제1절 개 설

해고는 근로관계를 종국적으로 종료시키는 사용자의 일방적이고 확정적인 의사표시를 요건으로 하는 법률행위를 말한다. 법적 규율대상이 되는 해고는 그 명칭이나 절차와 관계없이 근로자의 의사에 반하여 사용자의 일방적인 의사에 의하여 이루어지는 일체의 근로관계의 종료를 의미한다.[1] 따라서 통상해고, 징계해고, 경영해고, 직권면직, 파면, 해임 등 그 명칭 여하를 불문하고 모두 법적 규율대상이 되는 해고에 해당된다.

해고는 사용자의 일방적인 의사표시에 의하여 근로계약관계가 종료되는 법적 효과가 발생하는 점에서 형성권적 성격을 가지고 있기 때문에 사용자의 해고의사표시는 근로관계를 종국적으로 종료시키려는 의사가 명확하고 분명한 형태로 표시되어야 한다. 또한 해고는 사용자가 근로계약의 상대방인 근로자에게 행하는 상대방 있는 단독행위이기 때문에 해고는 그 의사표시가 상대방에게 도달하는 때에 효력이 발생하고(민법§111①) 원칙적으로 조건을 붙일 수 없다. 해고의 의사표시방법에는 제한이 없다. 다만, 근로기준법 제27조의 규정에 따라 사용자는 해고사유와 해고시기를 적시하여 서면으로 해고를 통지할 의무를 부담할 뿐이다.

원래 시민법의 질서에 의하면, 사용자는 근로자와 자유로이 고용계약을 체결하고 고용계약을 자유로이 해지(해고)할 수 있는 것이 원칙이다(민법§659 이하). 그러나 시민법상의 고용계약 해지의 자유권을 그대로 근로관계에 적용할 경우에는 임금이라는 계속적 수입을 유일한 생계의 원천으로 하는 근로자와 그 가족의 생존에 커다란 위협이 된다. 그리고 규범적인 측면에서도 근로계약해지의 자유원칙에 기초한 사용자의 무분별한 해고의 자유를 용인할 경우에 인간의 존엄성을 보장하도록 근로조건의 기준을 법률로 정하도록 한 헌법상의 요청(헌법§32③)을 충족하지 못하는 결과를 초래할 뿐만 아니라, 근로자의 인간다운 생활할 권리(헌법§34①)와 노동을 통한 근

1) 대법원 1993. 10. 26. 선고 92다54210; 대법원 2005. 6. 10. 선고 2004두10548.

로자의 인격발현을 저지함으로써 인격적 불이익을 초래하여 행복추구권과 인간의 존엄성(헌법§10)을 침해하는 결과를 초래한다.[2)]

이러한 근거로 시민법에 의한 사용자의 근로계약 해지의 자유권에 대한 법적 제한의 필요성이 제기되었고, 이것이 바로 시민법상의 원리를 극복하고 노동법의 「해고제한의 법리」가 대두된 이유이다. 이러한 현실적·규범적 필요성이 노동관계법의 전체적인 질서에 반영되어 노동법은 사용자에게 정당한 이유가 있는 경우에 한하여 해고권을 인정하고 일정한 해고의 절차를 거치도록 하고 있다. 즉, 근로기준법은 정당한 이유 없이는 해고할 수 없다는 기본원칙을 설정하면서 해고의 시기를 제한하고 해고사유 등의 서면통지와 해고예고를 하도록 함으로써 근로자를 보호하고 있다.

제2절 해고의 유형

Ⅰ. 개 관

근로기준법은 해고의 유형을 구체적으로 규정하지 않고, 단지 정당한 이유 없이는 해고를 할 수 없도록 규정하고 있는 동시에 정당한 이유가 있다 하더라도 일정한 제한절차를 거쳐 해고를 할 수 있도록 규정하고 있을 뿐이다. 즉, 근로기준법은 실질적 요건으로서 정당한 이유와 절차적 요건을 갖출 경우에 해고의 정당성을 인정하고 있다.

해고의 실질적인 요건에 해당되는 「정당한 이유」에 대해서는 근로자의 귀책사유와 사용자의 귀책사유로 구분하여 해고의 정당성을 별도로 규정하고 있다(§23①·§24①). 그리고 해고의 절차적 요건은 근로자의 귀책사유와 사용자의 귀책사유로 인한 해고에 공통적으로 적용되는 해고예고와 해고사유 등의 서면통지가 있고(§26~27), 사용자의 귀책사유로 인한 해고에만 별도로 적용되는 근로자대표와의 성실한 협의 등의 절차가 있다(§24③). 이외에도 사용자는 자율적으로 취업규칙 또는 단체협약에 해고의 요건과 절차를 별도로 규정하고 있는 것이 일반적이다.

이처럼 노동관계법은 해고의 유형을 구체적으로 규정하지 않고 단지 해고의 정당성에 관한 요건만 규정하고 있기 때문에 학설과 판례는 다양하게 해고의 유형을 분류하고 그 정당성의 요건을 별도로 판단하고 있다.

---

2) 김유성, 노동법Ⅰ(초판), 270면.

Ⅱ. 학 설

해고는 적용되는 법규나 규제 법리에 따라 통상해고와 즉시해고 및 일반해고·징계해고·경영해고(정리해고)로 분류하여 해고의 유형에 따라 해고의 정당성을 판단하고 있는 것이 대체적인 학설의 입장이라고 할 수 있다. 근로기준법은 징계해고와 일반해고에 대해서는 근로기준법 제23조 제1항에서 규율하고, 경영해고(정리해고)에 대해서는 근로기준법 제24조에서 규율하고, 일반적인 해고제한 절차는 공통적으로 적용하도록 하는 입법체계를 취하고 있다.[3)]

1. 통상해고와 즉시해고

이는 근로기준법상 해고예고 또는 해고예고수당을 지급해야 하는 요건을 기준으로 분류한 해고유형이다. 통상해고는 해고예고 또는 해고예고수당의 적용을 받는 해고를 말하고, 즉시해고는 해고예고 또는 해고예고수당의 지급을 요건으로 하지 않는 해고를 말한다.

2. 일반해고·징계해고·경영해고

이는 해고의 이유가 누구의 귀책사유로 인한 것인가를 기준으로 분류한 해고 유형이다. 근로자의 귀책사유로 인한 해고에는 일반해고와 징계해고가 있는데, 일반해고는 일신상의 이유로 한 해고를 의미하고, 징계해고는 행태상의 이유로 한 해고를 의미한다. 그리고 경영해고[4)]는 사용자의 귀책사유인 긴박한 경영상의 필요에 의한 해고를 말한다. 일반해고 사유인 「일신상의 이유」란 근로자에게는 취업규칙·단체협약 및 근로계약에 규정된 위반사실은 없으나, 근로자 개인의 정신적·육체적 기

---

3) 김유성, 노동법Ⅰ(초판), 271면.

4) 경영상 이유에 의한 해고를 보통 정리해고 또는 고용조정이라는 용어를 사용하고 있는데, 우리나라의 입법체계상 적절치 않은 용어라고 판단된다. 즉, 정리해고는 일본에서 쓰고 있는 용어를 그대로 무비판적으로 차용한 결과이고, 고용조정은 근로시간과 근로자수를 조정하는 것 이외에 기존 노동력의 활용방법을 변경하는 것과 임금조정 등을 포괄하는 포괄적인 개념으로써 경영상 이유에 의한 해고는 고용조정 방법 중 일부에 해당되는 것이다. 따라서 근로기준법 제24조는 긴박한 경영상의 필요성에 의한 해고의 제한을 「경영상 이유에 의한 해고의 제한」이라는 용어를 사용하고 있는 점과 어감상 정리해고 보다는 경영해고라는 표현이 적절하다는 생각에 판례법상 정립된 정리해고 또는 고용조정 대신에 경영해고로 대체하여 사용하기로 한다.

타의 사유로 인하여 법령·단체협약 및 취업규칙 등에 규정된 근로제공을 충분히 이행할 수 없는 것을 이유로 한 해고사유를 의미한다. 징계해고 사유인 「행태상의 사유」란 근로자의 책임 있는 귀책사유로 인하여 관련법령·취업규칙·단체협약 및 근로계약에 규정된 의무를 위반하거나 사용자의 지시·명령에 불복종한 것을 이유로 한 해고사유를 말한다. 그리고 경영해고의 사유인 「긴박한 경영상의 필요」란 근로자의 귀책사유에 의한 것이 아니라 기업경영상의 필요에 의한 조직의 변경이나 신기술의 도입, 구조조정, 합리화조치 등과 같은 사용자의 귀책사유로 인한 해고사유를 말한다.

Ⅲ. 판 례

1. 개 관

판례는 위와 같은 학설에 따른 해고의 유형 및 명칭과 관계없이 사용자가 근로자의 의사에 반하여 일방적으로 근로관계를 종료시킨 것을 실질적인 해고로 판단하면서 해고를 징계해고, 정리해고, 직권면직, 당연퇴직(당연면직·자동면직), 통상해고로 구분하여 해고의 정당성 여부를 판단하고 있다.[5] 판례에서 분류하고 있는 해고의 유형에 따른 개념과 정당성의 요건을 요약하면 다음과 같다.[6]

【판례에 의한 해고의 종류에 따른 개념 및 정당성의 요건】

해고의 유 형	개 념	정당성 요건
징계해고	근로자의 잘못에 대하여 징계절차를 통한 해고	• 절차적 정당성 – 징계위원 구성의 적정성, 소명기회 • 사유의 정당성 • 양정의 적정성(비례성, 사회적 상당성, 전후사정·태도) • 형평성 • 징계시효
직권면직	근로자의 잘못이 중대하고 명백하여 절차 없이 취업규칙 등 규정에 따른 퇴직처리	• 사유의 정당성 • 양정의 적정성 • 형평성

5) 서울지방노동위원회, 인사권의 기본원리와 해고, 23~24면.

6) 이미 제6장 근로관계와 인사이동 편에서 직권면직과 당연 퇴직의 유효성에 대해서는 자세하게 다루었기 때문에 이에 대한 자세한 언급은 생략하기로 한다.

당연면직	근로자의 책임으로 채용결격 사유에 해당하거나 근로관계 지속이 어려운 경우 취업규칙 등 규정에 따른 퇴직처리(= 당연퇴직, 자동면직)	• 사유의 정당성 • 양정의 적정성 • 형평성
정리해고	사업계속을 전제로 경영상 문제점 해소를 위한 감원	• 긴박한 경영상 필요 • 근로자 대표에의 통보·성실협의 • 해고회피노력 • 합리적이고 공정한 해고기준에 따른 대상자 선정
통상해고	취업규칙 등에서 규정한 징계해고, 정리해고, 직권면직, 당연면직사유 이외의 사유로 인하여 근로관계를 지속시키기 어렵거나 사업 폐지를 위해서 하는 해고	• 합리적 이유 • 사회적 상당성

그리고 판례는 징계해고와 정리해고의 경우는 근로기준법에 정한 징계 제한절차를 따라야 하는 것이나, 기타의 해고에 대해서는 취업규칙 등에 해고절차 규정을 두지 않은 이상 징계 제한절차를 준수하지 않아도 된다는 입장을 취하고 있다. 그러나 특정의 해고사유가 징계해고사유와 징계해고가 아닌 해고사유에 동시에 해당되는 경우 어느 것을 적용하여 해고할 것인가는 사용자의 재량에 속하는 것이나, 단체협약 등에 징계해고에 관한 별도의 징계절차를 규정하고 있는 경우에는 그 절차에 따라야 한다고 판단하고 있다.[7)]

2. 징계해고

징계해고란 직장질서규범의 위반 등으로 근로계약관계를 유지할 수 없을 정도의 근로자의 책임 있는 귀책사유를 이유로 한 해고를 말한다. 징계해고의 정당성은 절차적 정당성(징계위원 구성의 적정성, 소명기회 부여 등), 징계사유의 정당성, 양정의 적정성(비례성, 사회적 상당성, 전후사정·태도), 형평성, 징계시효 여부 등을 종합적으로 고려하여 판단해야 한다는 것이 판례의 기본적인 태도이다.

7) 대법원 1994. 10. 25. 선고 94다25889.

3. 직권면직과 당연면직

직권면직은 비위의 정도가 중대하고 그에 대한 증거가 명백한 경우로서 취업규칙 등에 징계사유와는 별도로 면직사유를 두어 징계절차 없이 행하는 해고를 말하고, 당연면직은 채용결격사유에 해당하거나 근로자의 책임으로 더 이상 근로관계 지속이 어렵거나 근로제공 목적이 달성되기 어려운 경우를 퇴직사유로 규정해 놓고 이에 해당하는 경우 퇴직처리 하는 것을 말한다.[8)]

직권면직 사유로서는 상당기간 동안 무단결근이 계속된 경우, 업무와 관련하여 유죄판결이 확정된 경우 등이 있다. 당연면직 사유로서는 형사사건으로 구속되거나 금고 이상의 유죄판결이 확정된 경우, 업무에 필요한 자격이 취소된 경우, 신체장애로 근로제공이 어려운 경우, 업무능력의 저하 또는 업무실적의 저조로 직위해제 후 3개월 이내에 보직을 받지 못한 경우, 휴직기간 종료 후 휴직해소사유를 입증하는 자료를 첨부하지 못한 경우 등이다.

직권면직 또는 당연면직 처분의 정당성은 사유의 정당성, 양정의 적정성, 형평성 등을 종합하여 판단해야 하나, 명문규정이 없는 한 취업규칙 등에 정한 해고절차를 준수하지 않아도 된다는 것이 판례의 태도이다.[9)]

4. 정리해고

정리해고란 사용자의 귀책사유인 경영상의 이유로 감원의 필요성이 있는 경우에 사업 운영의 계속을 전제로 근로자를 감원하는 것을 말한다. 정리해고가 정당하기 위해서는 ① 긴박한 경영상 필요성, ② 해고대상자의 기준 등에 대하여 근로자대표와의 성실한 협의, ③ 해고회피노력, ④ 합리적이고 공정한 해고기준에 따른 해고대상자의 선정이 있어야 한다. 그러나 사업의 폐지를 전제로 한 파산절차와 기업의 해산결의에 의한 청산절차의 일환으로 인한 해고는 정리해고에 해당되지 않으므로 근로기준법과 취업규칙에 정한 해고 요건과 절차적 요건을 거치지 않아도 되는 통상해고로 해석한다.[10)]

---

8) 서울지방노동위원회, 인사권의 기본원리와 해고, 26면.

9) 대법원 1999. 9. 3. 선고 98두18848; 대법원 2002. 7. 12. 선고 2002다21233; 대법원 2005. 10. 13. 선고 2005두6522; 대법원 2007. 10. 25. 선고 2007두2067.

10) 대법원 2004. 2. 16. 선고 2003두13656; 대법원 2001. 11. 13. 선고 2001다27975.

5. 통상해고

통상해고란 취업규칙 등에서 규정한 징계해고, 정리해고, 직권면직, 당연면직사유 이외의 사유로 인하여 근로계약의 목적 달성이 불가능하거나 경영상 장애 등으로 인하여 더 이상 근로관계를 지속시키기 어려운 사정이 있는 경우에 행하는 해고를 말한다. 대체로 판례는 통상해고의 유형을 근로자의 귀책사유에 의한 통상해고, 사용자의 귀책사유에 의한 통상해고, 그 밖의 사유에 의한 통상해고로 분류하고 있다.

「근로자의 귀책사유에 의한 통상해고」는 일신상 또는 행태상 사유로 인하여 더 이상 근로관계를 지속시킬 수 없는 상태를 이유로 한 해고를 말한다. 그 사유에는 부상 또는 질병에 의한 장해로 정상적인 업무수행이 어려운 경우(일신상의 사유), 현저한 업무능력의 저하·동료 직원들과의 부조화로 인하여 직장분위기를 크게 해치는 경우(행태상의 사유)이다.

「사용자의 귀책사유로 인한 통상해고」는 폐업, 해산결의에 의한 청산절차, 파산선고에 따른 파산절차 등으로 인한 해고를 말하고, 「그 밖의 사유에 의한 통상해고」는 근로계약의 본질이나 사회적 상당성에 비추어 근로계약을 해지하는 것이 합리적이라고 인정되는 해고를 말한다.[11)]

제3절 해고에 대한 법적 규제

Ⅰ. 개 관

해고는 사회적·경제적 약자의 지위에 있는 근로자의 직장상실을 의미하는 것이므로 근로의 기회를 보호하기 위하여 사용자의 해고자유권을 제한할 필요가 있다. 민법은 원칙적으로 기업의 정상적인 운영과 근로자의 근로권을 보호하기 위하여 일정한 근로계약의 해지권에 대한 제한을 두고 있으나, 기본적으로는 사적자치에 따른 사용자의 근로계약의 해지권을 인정하고 있다. 그러나 노동관계법은 근로자의 근로권을 보호하기 위하여 사용자의 해고자유권을 광범위하게 제한하고 있다.

노동관계법은 근로권을 보호하기 위하여 ① 정당한 이유 없이는 해고할 수 없다는 기본원칙을 설정하고, ② 특별한 경우에는 해고의 시기를 제한하고, ③ 정당한

---

11) 서울지방노동위원회, 인사권의 기본원리와 해고, 35면.

이유가 있다 하더라도 일정한 절차를 거쳐 해고할 수 있는 것으로 규정하고 있으며, ④ 개별목적에 따른 해고를 제한하고 있다. 그리고 법규와 단체협약 등에 명문규정을 두고 있지 않더라도 해고권을 남용할 수 없다고 하는 이론이 확립되어 있다.

Ⅱ. 민법에 의한 해고의 규제

해고는 민법상 사용자에 의한 고용계약의 해지에 해당된다. 민법은 고용계약의 해지사유를 당사자 사이에 약정하지 아니한 노무의 제공을 사용자가 요구하거나 약정한 특수한 기능을 근로자가 갖추지 못한 경우로 규정하고 있으며(§658), 계약기간의 약정 유무 또는 약정기간에 따라 그 시기와 절차를 달리 규정하고 있다(§659 이하).

기간의 약정이 3년을 넘는 경우에는 3년이 경과한 후 사용자는 언제든지 근로자에게 해고의 통지를 할 수 있고, 근로자가 그 통지를 받은 날로부터 3월이 경과하면 해고의 효력이 발생한다(§659). 그러나 기간이 만료한 후 근로자가 근로를 계속하여 제공하고 사용자가 상당한 기간 내에 이의를 제기하지 않은 경우에는 동일한 조건으로 고용된 것으로 간주되기 때문에 사용자는 정당한 사유가 없으면 그 기간 동안에는 해고할 수 없다(§662①).

기간의 약정이 없는 경우에는 사용자는 언제든지 해고의 통지를 할 수 있으나 근로자가 그 통지를 받은 날로부터 1월이 경과하여야만 효력이 발생한다(§660①②). 다만, 기간으로 보수를 정한 때에는 해고의 통지를 받은 당기 후의 1기가 경과함으로써 해고의 효력이 발생한다(§660③).[12] 그러나 기간의 약정이 있는 경우라도 부득이한 사유가 있는 때(§661), 사용자가 파산선고를 받은 때(§663), 노무제공의 대체·기능의 상실 등이 있는 때(§657·658)에는 사용자는 해고예고 없이 즉시 해고할 수 있다.

위의 민법규정을 종합하여 판단하면, 기간의 정함이 없는 근로자에 대해서는 제한 없이 언제든지 해고통고를 한 후 1월이 경과함으로써 해고의 효력이 발생하고, 기간의 정함이 있는 경우에는 그 기간 동안 해고할 수 없는 것이 원칙이다.[13] 그러

12) 그러나 근로기준법 제43조 제2항은 임금(보수)은 매월 1회 이상 날짜를 정하여 지급하도록 규정하고 있으므로 결국 사용자와 근로자가 기간을 보수로 정한 경우라도 해고의 통지를 받은 날로부터 1월이 경과하면 해고의 효력이 발생하는 것으로 해석해야 한다.

13) 판례도 고용기간이 정해 진 근로계약은 부득이한 사유가 없는 한 30일 전에 예고하였다 하더라도 근로계약을 해지할 수 없는 것으로 판단하고 있다(대법원 1969. 3. 4. 선고

나 예외적으로 기간의 정함이 있는 경우라도 고용관계를 유지할 수 없는 부득이한 사유 등이 있는 경우에는 해고예고 없이 즉시 해고할 수 있다. 판례는 예고 없이 즉시 해고할 수 있는 「부득이한 사유」를 고용계약을 계속 존속시켜 그 이행을 강제하는 것이 사회통념상 불가능한 경우로 정의하면서 고용계약은 당사자 사이의 특별한 신뢰관계를 전제로 하는 것이므로 신뢰관계를 파괴하거나 해치는 사실도 부득이한 사유에 해당되는 것으로 판단하고 있다.[14)]

Ⅲ. 일반적인 해고의 법적 규제

해고의 제한에 관한 일반적인 원칙을 규정한 것은 정당한 이유 없이는 해고를 하지 못하도록 한 근로기준법 제23조 제1항이라고 할 수 있다. 이를 위반한 해고는 강행법규를 위반한 것으로 사법상 무효가 된다. 개별목적에 따른 특수한 해고의 제한 규정은 근로기준법 제23조 제1항 소정의 「정당한 이유」를 각 규율목적에 따라 구체화시킨 것이라고 할 수 있다. 근로기준법 제24조는 경영해고의 정당한 사유를 일반적인 해고보다는 훨씬 구체적으로 규정하고 있지만, 역시 근로기준법 제23조의 정당한 이유를 구체화한 것으로 볼 수 있다.

따라서 근로기준법 제23조 제1항은 해고의 정당한 요건을 규정한 일반조항이므로 특별한 규정이 없는 한 해고의 정당성에 대해서는 근로기준법 제23조 제1항이 적용되고, 특별한 규정이 있는 경우라도 근로기준법 제24조 제1항의 경영상 이유에 의한 해고의 제한 규정은 필요한 범위 내에서 보충적으로 적용된다.[15)]

Ⅳ. 개별목적에 따른 해고의 법적 규제

개별목적에 따른 해고의 법적 규제는 남녀를 이유로 한 차별적 해고의 금지, 모성보호에 반하는 해고의 금지, 권리행사에 대한 보복적 해고의 금지, 부당노동행위에 해당하는 해고의 금지 등이 있다. 이러한 해고금지 규정에 위반한 해고는 사법상 무효이다.

68다1972).

14) 대법원 2004. 2. 27. 선고 2003다51675.

15) 김유성, 노동법Ⅰ(초판), 272면.

1. 남녀차별에 의한 해고금지

1) 의 의

「모든 국민은 법 앞에 평등하다. 누구든지 성별·종교 또는 사회적 신분에 의하여 정치적·경제적·사회적 문화적 생활의 모든 영역에 있어서 차별을 받지 아니한다.」라는 헌법 제11조 제1항의 평등권 이념을 근로관계에서 구체화한 법 규정은 「남녀고용평등과 일·가정 양립지원에 관한 법률(이하 "고용평등지원법")」 제11조이다. 고용평등지원법 제11조는 「사업주는 근로자의 정년·퇴직 및 해고에서 남녀를 차별하여서는 아니 되고, 여성 근로자의 혼인·임신 또는 출산을 퇴직 사유로 예정하는 근로계약을 체결하여서는 아니 된다.」라고 규정하여 남녀를 이유로 한 차별적 해고를 금지하고 있다. 남녀차별을 이유로 한 해고는 동시에 근로기준법 제23조 제1항 및 균등처우를 규정한 근로기준법 제6조에도 위반된다.

고용평등지원법 제2조 제1호는 합리적인 사유 없이 성별을 이유로 한 채용·근로조건 등에 대한 남녀차별을 직접차별과 간접차별로 구분하여 별도로 정의하고 있다. 직접차별은 사업주가 근로자에게 성별의 사유로 합리적인 이유 없이 채용 또는 근로의 조건을 달리하거나 그 밖의 불이익한 조치를 취하는 것을 말하고, 간접차별은 사업주가 채용 또는 근로조건을 동일하게 적용하더라도 그 조건을 충족할 수 있는 남성 또는 여성이 다른 한 성에 비하여 현저히 적고 그로 인하여 특정 성에게 불리한 결과를 초래하며 그 조건이 정당한 것임을 입증할 수 없는 것을 말한다.

정당한 이유 없이는 해고를 할 수 없도록 규정한 근로기준법 제23조 제1항 및 남녀의 차별적 해고를 금지한 고용평등지원법 제11조 제1항의 규정은 상시 5인 미만의 근로자를 사용하고 있는 사업 또는 사업장에는 적용되지 않기 때문에 해고에 대하여 직접 적용할 수는 없다. 그러나 4인 이하의 근로자를 사용하는 사업장에서 남녀를 이유로 한 차별적 해고가 이루어진 경우에는 강행법규인 근로기준법 제6조가 적용되기 때문에 여전히 사법상 무효가 될 뿐만 아니라 벌칙을 적용받게 된다(§114).

2) 차별적 해고의 판단기준

「남녀차별」이란 사용자가 성별의 사유로 합리적인 이유 없이 채용 또는 근로의 조건을 달리하거나 그 밖의 불이익한 조치를 취하는 경우를 말하는 것이므로 합리적인 이유가 있는 경우에는 남녀를 이유로 한 차별해고에 해당되지 않는다. 근로계약·취업규칙상의 결혼 또는 출산퇴직 규정은 강행법규에 위반되는 것으로 사용자가 이들 규정을 적용하여 퇴직시키는 것은 남녀차별에 의한 부당해고에 해당된다. 그러나 결혼 또는 출산 후 퇴직관행으로 근로자가 사직원을 제출하여 사용자가 이를 수리하여 근로관계를 종료하는 것은 차별적 해고에 해당되지 않는다.

근로조건 등에 대한 정당한 남녀차별로 인정되는 「합리적인 이유」란 객관적으로 사업의 목적, 직무의 성질, 양태, 작업조건 등을 구체적·종합적으로 고려할 때 남녀를 달리 대우할 만한 기업경영상 필요성이 있어야 하고, 사회통념상 허용될 수 있는 이유를 말한다. 고용평등지원법 제2조 제2호 단서는 직무의 성격에 비추어 특정성이 불가피하게 요구되는 경우, 근로여성의 임신·출산·수유 등 모성보호를 위한 조치를 취하는 경우, 그 밖에 고용평등지원법 또는 다른 법률에 의하여 적극적 고용개선조치를 취하는 경우에는 합리적인 이유가 있는 남녀차별로 인정하고 있다.

3) 차별해고에 대한 입증책임

합리적인 남녀차별에 해당되는 것인지의 여부는 매우 주관적인 가치판단에 따라 좌우될 수밖에 없기 때문에 해당 근로자가 합리성이 없는 남녀차별 해고임을 입증한다는 것은 현실적으로 어렵다. 따라서 고용평등지원법은 사업주가 근로조건(해고기준)을 동일하게 적용하더라도 그 조건을 충족할 수 있는 남성 또는 여성이 다른 한 성에 비하여 현저히 적고 그로 인하여 특정성에게 불리한 결과를 초래하는 간접차별의 경우에는 근로자가 입증하지 않아도 되는 것으로 규정하고 있다(§2①호). 따라서 사용자가 동일한 해고기준을 적용하여 해고한 경우라도 특별히 여성이 남성보다 해고된 자가 현저히 많은 경우에는 남녀차별 해고로 추정되고, 합리성이 있는 해고라는 입증책임은 사용자가 부담한다.

4) 판례의 경향

판례는 합리적인 이유 없이 남성 또는 여성이라는 이유만으로 부당하게 차별대우하는 것을 남녀의 차별적 대우에 해당되는 것으로 전제하면서 구체적인 사안에 따라 남녀차별 해고 여부를 판단하고 있다.[16]

잉여인력 등으로 담당 인력이 고령화되고 업무자동화가 추진되고 있는 상황에서 대다수의 여성근로자가 담당하고 있는 전화교환직렬의 정년을 일반직종보다 낮은 조기정년으로 정한 경우,[17] 부부사원을 우선적 명예퇴직대상으로 삼아 명예퇴직을

16) 대법원 1996. 8. 23. 선고 94누13589; 대법원 1996. 8. 23. 선고 94누13589.

종용하여 부부사원 중 여성근로자 대다수가 퇴직한 경우[18] 등은 남녀차별에 해당되지 않는 것으로 판단하고 있다.

그러나 관념적으로 근로자가 결혼퇴직에 관한 계약서나 관행이 있다고 오해하여 사직원을 제출한 경우,[19] 행정직 6직급으로 근무하는 여성근로자를 모두 상용직으로 편입하면서 승진을 인정하지 않는 직제개편을 단행한 경우,[20] 성별 작업구분이나 근로조건의 구분을 명확히 하지 아니한 채 남녀 차별정년을 둔 경우,[21] 여성전문직종에 합리적인 이유 없이 부당하게 낮은 정년을 정한 경우,[22] 공무원채용시험에서 제대군인에게 가산점을 부여하는 경우[23] 등은 남녀차별에 해당되는 것으로 판단하고 있다.

2. 모성보호에 반하는 해고금지

1) 의 의

현대사회는 산업구조의 유연화로 인하여 여성 친화적 업무가 증가함에 따라 여성의 취업비율이 높아지고 있는 실정이고, 국가경쟁력 강화차원에서도 여성인력 활용이 매우 중요시 되고 있다. 그리고 맞벌이 부부가 증가함에 따라 여성의 사회적 지위가 가계보조자에서 가계동반자의 지위로 변화되고 있다. 그러나 이와 같은 사회적 변화에도 불구하고 여성근로자들이 임신·출산·육아 등의 이유로 직장생활을 영위하기 어려운 형편이다. 이런 현실을 감안하여 노동법은 여성근로자들이 직장생활

17) 대법원 1996. 8. 23. 선고 94누13589. 그러나 여성전용직종이라고 할 수 있는 전화교환직렬에 근무하고 있는 여성근로자는 일반 직렬과 동일하게 근무할 수 있음에도 불구하고 인력이 고령화되고 있다는 등의 이유로 조기정년을 두는 것은 합리성이 없는 차별정년으로 보아야 하기 때문에 이 판례는 많은 비판을 받고 있다.

18) 서울고등법원 2002. 5. 17. 선고 2001나1661(대법원 2002. 11. 8. 선고 2002다35379로 확정). 이 판례는 부부직원 일방을 명예퇴직대상자로 정하였을 뿐 여성배우자만을 대상으로 한 것이 아니라는 이유로 남녀차별에 의한 해고에 해당되지 않는 것으로 판단한 사안이다.

19) 대법원 2001. 12. 27. 선고 2000두7797.

20) 대법원 2006. 7. 28. 선고 2006두3476.

21) 대법원 1993. 4. 9. 선고 92누15765.

22) 대법원 1988. 12. 27. 선고 85다카657; 대법원 1993. 4. 9. 선고 92누15765.

23) 헌법재판소 1999. 12. 23. 선고 98헌마363. 전체 여성 중의 극히 일부분만이 제대군인에 해당되는 반면, 남자의 대부분은 제대군인에 해당된다는 이유로 제대군인에게 과목별 만점의 3% 또는 5%의 가산점을 부여하는 것은 남녀차별에 해당된다고 결정하였다.

과 가정생활을 양립할 수 있도록 하기 위하여 출산·전후 유급휴가와 육아휴직을 부여하는 동시에 육아휴직 기간 동안 수입이 없음을 감안하여 육아휴직급여[24]와 근로기준법상의 유급 출산전후 휴가기간을 초과하는 휴가에 대해서는 소정의 출산전후 휴가급여[25]를 지원하고 있다. 그리고 근로관계의 존속보호를 위하여 출산·전후 휴가로 인한 휴업기간과 그 후 30일간에 대해서는 해고를 금지하고, 육아휴직 또는 성희롱 피해자에 대한 해고를 금지하고 있다.

2) 출산전후 휴가와 해고금지

사용자는 출산전후의 여성근로자가 근로기준법 제74조 제1항의 휴업기간과 그 후 30일간은 해고의 정당한 사유가 있더라도 해고하지 못한다(§23②). 출산전후의 여성근로자에 대하여 해고시기를 제한하고 있는 것은 해고의 정당한 이유가 있다 하여 해고를 인정하게 되면, 해당 여성근로자는 임신 또는 출산 후의 산후조리 등으로 다른 직장을 구할 수 없을 뿐만 아니라 해고로 인한 물질적·정신적 고통의 가중으로부터 태아 및 모성을 보호하기 위한 것이다.

해고가 금지되는 「휴업기간」은 근로기준법 제74조 제1항에 의한 출산전후 보호휴가 기간인 90일(한 번에 둘 이상의 자녀를 임신한 경우에는 120일)을 의미하나, 사산 또는 조산 등으로 출산전에 보호휴가를 사용하지 못한 경우에는 90일에 미달될 수 있다. 그리고 해고가 금지되는 「그 후 30일」은 출산전후 보호휴가를 마치고 출근한 날로부터 기산하여 30일이 되는 날까지의 기간을 말한다. 그러나 사업을 계속할 수 없게 된 경우에는 해고금지기간은 적용되지 않는다(근로기준법§23②단서). 「사업을 계속할 수 없게 된 경우」란 해당 근로자가 소속한 사업장 또는 부서의 사업을 상당기간 중지할 수밖에 없게 된 경우를 말하는 것이므로 반드시 당해 사업의 폐업 또는 주요 사업장의 조업을 계속할 수 없게 될 것을 요하지 않는다.[26] 그리고 조업중지

24) 육아휴직이란 생후 3년 미만의 영유아를 가진 여성 및 남성근로자가 그 영유아의 양육을 위한 휴직이다(고용평등지원법§19①). 국가는 육아휴직이 무급임을 감안하여 고용보험법상 소정의 요건을 갖춘 것을 전제로 소정의 육아휴직급여를 지급하고 있다(고용보험법§20).

25) 국가는 근로기준법 제74조의 60일(한 번에 둘 이상의 자녀를 임신한 경우에는 75일)을 초과하는 출산전후휴가가 무급임을 감안하여 고용보험법은 30일 범위 내에서 위 60일을 초과하는 무급휴가일수에 대하여는 출산전후휴가급여를 지급하도록 하고 있다(고용보험법§76).

26) 임종률, 노동법(제14판), 545면.

의 사유를 불문한다.[27]

해고예고기간 중에 해고시기의 제한사유인 출산전후 휴가기간이 발생한 경우에는 사용자는 정당한 사유가 있더라도 해고를 할 수 없을 뿐만 아니라 해고예고의 효력은 상실되고, 해고시기의 제한사유가 발생한 기간 중에는 해고예고도 할 수 없다고 보아야 한다.[28] 판례도 「트럭운전수가 통원치료기간 중 회사에 나와 파업농성을 주도했다는 것만으로는 부상의 요양을 위하여 휴업을 할 필요가 없는 경우라고 단정할 수는 없다고 하여 요양을 위한 휴업기간 중에는 해고예고를 할 수 없는 것」으로 판단하고 있다.[29]

3) 육아휴직과 해고금지

사업주는 생후 3년 미만 된 영유아가 있는 근로자가 그 영유아의 양육을 위하여 육아휴직을 신청하는 경우에 이를 허용하여야 하고, 사업을 계속할 수 없는 특별한 사정이 없는 한 육아휴직을 이유로 해고나 그 밖의 불리한 처우를 하여서는 아니되며, 육아휴직 기간에는 그 근로자를 해고하지 못한다. 사업주는 해당 근로자가 육아휴직을 마친 후에는 휴직 전과 같은 업무 또는 같은 수준의 임금을 지급하는 직무에 복귀시켜야 하며, 육아휴직 기간은 근속기간에 포함시켜야 한다(고용평등지원법 §19).

4) 직장내 성희롱과 해고금지

「직장내 성희롱」이란 사업주·상급자 또는 근로자가 직장 내의 지위를 이용하거나 업무와 관련하여 다른 근로자에게 성적 언동 등으로 성적 굴욕감 또는 혐오감을 느끼게 하거나 성적 언동 그 밖의 요구 등에 대한 불응을 이유로 고용에 있어서 불이익을 주는 것을 말한다(고용평등지원법§2조 2호).

---

27) 종전 근로기준법은 「천재·사변 기타 부득이한 사유로 인하여 사업계속이 불가능한 때」라고 규정하였으나, 현행 근로기준법은 「사업을 계속할 수 없게 된 경우」로 규정함으로써 해고금지 적용제외의 요건을 대폭적으로 완화하였다.

28) 민변, 변호사가 풀어주는 노동법Ⅰ, 217면; 김형배, 노동법(제24판), 681면. 그러나 근로기준법상의 해고금지대상은 해당 기간 중에 근로자가 해고되어 직장을 상실하는 것으로 한정되고 해고의 예고까지 포함하는 것은 아니라는 근거로 해고금지 기간 경과 이후에 해고의 효력이 발생하는 해고예고는 가능하다고 해석하는 견해도 있다(임종률, 노동법(제14판), 544면).

29) 대법원 1991. 8. 27. 선고 91누3321.

「지위를 이용하거나 업무와 관련하여」라는 것은 포괄적인 업무관련성을 나타낸 것으로 업무수행의 기회나 업무수행에 편승하여 성적 언동이 이루어진 경우뿐 아니라 권한을 남용하거나 업무수행을 빙자하여 성적 언동을 한 경우를 의미하고, 어떠한 성적 언동이 업무관련성이 인정되는가는 쌍방 당사자의 관계, 행위가 행해진 장소 및 상황, 행위의 내용 및 정도 등의 구체적 사정을 참작하여 판단하여야 한다.[30) 성희롱의 전제요건인 「성적 언동 등」이란 남녀간의 육체적 관계나 남성 또는 여성의 신체적 특징과 관련된 육체적·언어적·시각적 행위로써 사회공동체의 건전한 상식과 관행에 비추어 볼 때 객관적으로 상대방과 같은 처지에 있는 일반적이고도 평균적인 사람으로 하여금 성적 굴욕감이나 혐오감을 느끼게 할 수 있는 행위를 의미한다.[31)]

성희롱이 성립하기 위해서는 행위자에게 반드시 성적 동기나 의도가 있어야 하는 것은 아니지만, 객관적으로 상대방과 같은 처지에 있는 일반적이고도 평균적인 사람으로 하여금 성적 굴욕감이나 혐오감을 느낄 수 있게 하는 행위가 있어야 하고, 그로 인하여 행위의 상대방이 성적 굴욕감이나 혐오감을 느꼈음이 인정되어야 한다. 따라서 객관적으로 상대방과 같은 처지에 있는 일반적이고도 평균적인 사람으로 하여금 성적 굴욕감이나 혐오감을 느끼게 하는 행위가 아닌 이상 상대방이 성적 굴욕감이나 혐오감을 느꼈다는 이유만으로 성희롱이 성립할 수는 없다.[32)]

사업주는 직장내 성희롱이 발생하면 지체 없이 행위자에 대하여 징계 기타 이에 준하는 조치를 취하여야 하고, 직장 내 성희롱과 관련하여 피해주장을 제기한 근로자 또는 피해를 입은 근로자에게 해고 그 밖의 불이익한 조치를 취할 수 없다(고용평등지원법§14).

3. 보복적 해고의 금지

근로자의 권리행사를 이유로 한 보복적 해고를 금지한 법규정은 사용자의 근로기

30) 대법원 2006. 12. 21. 선고 2005두13414.

31) 대법원 2007. 6. 14. 선고 2005두6461.

32) 대법원 2007. 6. 14. 선고 2005두6461. 이 판례는 초등학교 교사들의 회식 자리에서 교감이 여자교사들에 대하여 교장에게 술을 따라 줄 것을 두 차례 권한 언행이 그 경위나 정황, 발언자의 의도 등에 비추어 객관적으로나 일반적으로 여자교사들로 하여금 성적 굴욕감 또는 혐오감을 느끼게 하는 성적 언동에 해당하지 않는다고 판시한 사안이다.

준법 위반사실을 감독기관에 신고한 것을 이유로 한 해고를 금지한 근로기준법 제104조 제2항과 산업안전보건법 위반사실을 감독기관에 신고한 것을 이유로 한 해고를 금지한 산업안전보건법 제52조 제2항 및 부당노동행위를 신고한 것 등을 이유로 한 해고를 금지한 노조법 제81조 제5호가 있다.

4. 업무상 부상·질병에 의한 해고금지

업무상 부상 또는 질병의 요양을 위하여 휴업한 기간과 그 후 30일간은 정당한 해고사유가 있더라도 사용자는 해당 근로자를 해고할 수 없다(근로기준법§23② 및 선원법§34②). 업무상 부상 또는 질병으로 인한 요양기간과 그 후 30일간에 대해서는 해고를 제한하는 목적은 이 시기에 근로자를 해고하면 근로자가 다른 직장을 구하기 어렵고, 비록 직장을 구한다 하더라도 정상적인 근로를 할 수 없게 되어 근로자의 물질적·정신적 고통이 가중될 것이므로 실직으로부터 근로자를 보호하고자 하는 데 있다. 따라서 업무상 부상 또는 질병의 경우라도 정상적으로 출근하거나 요양을 위한 휴업이 필요하지 않은 경우는 해고가 제한되지 않는다.[33)]

해고가 금지되는 기간은「업무상 부상 또는 질병의 요양을 위하여 휴업한 기간」을 말하는 것이므로 업무 이외의 부상 또는 질병으로 인한 휴업기간은 해고시기의 제한에 적용되지 않는다. 그리고「그 후 30일간」은 업무상 부상 또는 질병의 요양을 위하여 휴업할 필요가 더 이상 인정되지 않아 다시 출근한 날 또는 출근할 수 있는 상태로 회복한 날[34)]로부터 기산하여 30일이 도래한 날까지의 기간을 말한다.

출산전후 보호휴가에 의한 해고제한과 마찬가지로 해고예고기간 중에 해고시기의 제한사유인 업무상 부상 또는 질병이 발생한 경우에는 사용자는 정당한 사유가 있더라도 해고를 할 수 없을 뿐만 아니라 해고예고의 효력은 상실하고, 해고시기의 제한사유가 발생한 기간 중에는 해고예고도 할 수 없다고 보아야 한다. 그리고 사용자가 근로기준법 제84조에 따라 일시보상을 하였거나 사업을 계속할 수 없게 된 경우에는 해고금지기간은 적용되지 않는다.

---

33) 대법원 1991. 8. 27. 선고 91누3321; 대법원 2011. 11. 10. 선고 2009다63205.

34) 업무상 부상을 당하거나 질병에 걸린 재해근로자는 산재보험법에 따라 산재요양신청을 신청하여 승인을 얻어 의료기관에서 요양을 하게 되고, 의학적으로 더 이상 치료의 효과를 기대할 수 없는 경우에는 요양종결을 한다. 따라서 출근할 수 있는 상태로 회복한 날이란 요양종결 다음 날을 의미한다고 보아야 한다.

5. 부당노동행위에 해당하는 해고금지

1) 의 의

부당노동행위란 사용자가 근로자의 노동3권을 침해하는 행위를 말하고, 부당노동행위제도란 사용자의 부당노동행위로부터 근로자의 노동3권을 보호하기 위하여 국가가 정책적으로 설정한 공법상의 권리구제제도를 말한다.[35] 부당노동행위제도는 공법상의 제도이지만, 부당노동행위에 해당하는 해고는 강행법규를 위반한 것이기 때문에 사법상으로도 무효가 된다.

헌법 제33조에 보장된 근로자의 노동3권은 본질상 국가보다는 사용자를 상대로 행사되는 것이 일반적이므로 사용자가 근로자의 노동3권의 정당한 행사를 방해하거나 단체교섭을 거부하는 상태를 방치한다면, 근로자의 단결권 보장의 실효성이 떨어지고 단체교섭관계를 중심으로 한 노동3권은 보장될 수 없다. 따라서 노조법은 근로자에게 노동3권을 보장하기 위하여 사용자의 부당노동행위를 금지하는 동시에 사용자가 부당노동행위를 행한 경우에 그 구제절차와 처벌을 규정하고 있다.

부당노동행위에 해당하는 해고를 금지한 직접적인 법규정은 노조법 제81조이다. 노조법 제81조는 근로자가 노동조합에 가입 또는 가입하려고 하였거나 노동조합을 조직하였거나 기타 노동조합의 업무를 위한 정당한 행위를 한 것을 이유로 불이익처분을 할 수 없도록 규정하여 사용자의 부당노동행위에 의한 해고를 제한하고 있다.

2) 불이익처분의 범위

「불이익처분」은 사용자가 정당한 조합 활동 등을 이유로 근로자를 해고하거나 근로자에게 불이익을 주는 행위를 의미한다. 부당노동행위에 해당되는 불이익처분에는 인사상·경제상·정신상·단결활동상의 불이익 처분이 모두 포함된다.

(1) 인사상 불이익처분에는 근로자의 신분을 박탈하는 해고처분, 해고 이외의 징계처분(강등·강호·견책·감봉·정직 등), 근로자에게 불이익한 교육훈련·전직·전적·휴직·인사평정 등이 포함된다. 불이익처분에 해당되는가의 여부는 징계사유, 지위, 직종, 출퇴근 사정, 개인적인 사정 등을 종합적으로 고려하여 판단한다.

(2) 경제상 불이익처분에는 각종의 임금·퇴직금·복리후생 급부에 대한 불이익처

---

35) 이상윤, 노동법(제3판), 831면; 대법원 1988. 12. 13. 선고 86다카1035.

분, 근로자의 의사에 반하여 연장근로 또는 휴일근로 등을 시키지 않는 경우 등이 이에 포함된다. 임금산정 또는 임금삭감 기준에 대한 차별적 적용이 경제상 불이익처분의 전형이라고 할 수 있다.

(3) 정신상 불이익처분에는 사용자가 근로자 본연의 업무 이외에 잡일을 시키거나 아예 업무를 부여하지 않거나 생활근거지로부터 멀리 떨어진 사업장으로 전직시키는 것 등이 포함된다.

(4) 단결활동상 불이익처분에는 조합 활동을 열성적으로 하고 있는 조합원을 노동조합에 가입할 수 없는 관리직으로 승진시켜 조합 활동을 하지 못하도록 하거나[36] 열성적으로 조합 활동을 하고 있는 근로자를 조합원과 접촉이 어려운 근무지로 전직 또는 장기출장을 보내는 것 등이 포함된다.

승진은 임금과 지위의 상승을 동반한다는 점에서 근로자에게 유리한 것이지만, 해당 근로자가 조합 활동을 계속 희망하고 있음에도 승진대상 요건에 해당된다는 이유만으로 일방적으로 승진시키는 것은 조합 활동을 불가능하게 하므로 불이익처분에 해당된다. 그러나 사용자가 조합 활동과 무관하게 경영상의 필요와 합리적인 기준에 따라 승진시킨 경우에는 조합원 자격이 상실되더라도 불이익처분에 해당되지 않는다.[37]

3) 부당노동행위의 주체와 객체

(1) 부당노동행위의 주체

부당노동행위의 주체는 누구를 부당노동행위의 규제대상자로 할 것인가의 문제이다. 사용자의 부당노동행위만을 규제하는 경우에는 그 주체는 사용자가 되는 것이지만, 사용자와 노동조합 양자의 부당노동행위를 규제하는 경우에는 사용자와 노동조합이 모두 그 주체가 된다. 우리나라는 사용자의 부당노동행위만을 규제하는 입법체계를 취하고 있기 때문에 사용자만이 부당노동행위의 주체가 된다.[38] 부당노동행위의 주체로서의 사용자란 사업주, 사업의 경영담당자 또는 그 사업의 근로

---

36) 대법원 1992. 10. 27. 선고 92누9418; 대법원 1998. 12. 23. 선고 97누18035.

37) 임종률, 노동법(제14판), 281면.

38) 노동3권은 사용자의 재산권과 조화·균형을 이루어 행사되어야 한다는 내재적 한계를 갖는 헌법상 보장된 기본권임을 전제로 노동3권이 이러한 내재적 한계를 일탈하여 행사되는 경우에는 근로자의 부당노동행위를 인정해야 한다는 주장이 있다(이상윤, 노동법(제3판), 836면).

자에 관한 사항에 대하여 사업주를 위하여 행동하는 자를 말한다(노조법§2②호). 부당노동행위의 주체로서의 사용자의 범위는 ① 부당노동행위금지명령의 수규자(受規者), ② 부당노동행위 구제명령의 수규자, ③ 형벌부과대상자로서의 사용자로 구분할 수 있다.

가. 부당노동행위 금지명령의 수규자

부당노동행위제도는 일정한 행위를 부당노동행위로 규정하여 근로자의 단결권 침해를 배제·시정하면서 정상적인 근로관계를 회복하는 것을 목적으로 한다. 따라서 부당노동행위 금지명령의 수규자에 해당되는 사용자는 근로계약당사자인 사업주뿐만 아니라 근로관계에 직·간접적으로 관련이 있거나 근로관계의 제반 이익에 대하여 영향력 또는 지배력을 행사할 수 있는 지위에 있는 자도 포함된다.[39)]

나. 부당노동행위 구제명령의 수규자

부당노동행위 구제명령의 수규자는 노동위원회의 구제명령을 따를 의무가 있는 사용자를 말한다. 부당노동행위 구제명령의 수규자는 원칙적으로 근로계약관계의 당사자인 사업주에 국한된다. 왜냐하면 부당노동행위에 대한 원상회복은 현실적으로 사업주인 사용자에게 명령하는 것으로 충분하기 때문이다.

다. 형벌부과대상자

부당노동행위를 행한 사용자는 형벌의 대상이 된다(노조법§90). 그런데 형벌부과대상자로서의 사용자는 부당노동행위 금지명령의 수규자와 일치하는 것이 원칙이나, 그 적용·해석방법이 다르기 때문에 반드시 일치하는 것은 아니다. 즉, 부당노동행위 금지명령의 수규자로서의 사용자는 노사관행 등 노사관계의 전반적인 측면을 종합적으로 고려하여 사용자의 범위를 판단하는 것이지만, 형벌부과대상자로서의 사용자는 형법상 엄격한 범죄요건을 충족해야 하기 때문이다.[40)]

예컨대, 사용자단체도 성실교섭의무를 지고 있으므로 부당노동행위의 주체가 될 수 있으나, 형벌부과대상자로서의 사용자는 형벌의 제재가 수반되는 범죄구성요건으로 되어 있다는 점에서 죄형법정주의 원리상 명문의 규정이 없는 사용자단체를

---

39) 이상윤, 노동법(제3판), 834면; 임종률, 노동법(제14판), 272~273면; 이병태, 최신노동법(제8전정판), 405면.

40) 이상윤, 노동법(제3판), 835면.

부당노동행위의 주체로 볼 수 없다.[41]

(2) 부당노동행위의 객체

부당노동행위의 객체는 근로자와 노동조합이다. 부당노동행위의 객체가 되는 근로자란 「직업의 종류를 불문하고 임금·급료 기타 이에 준하는 수입에 의하여 생활하는 자」를 말한다(노조법§2①호). 이처럼 노조법이 근로자의 개념을 근로기준법 제2조 제1항 제1호의 근로자 개념보다는 넓게 규정한 것은 추구하는 법의 목적이 각각 다르기 때문이다. 즉, 노조법 제2조 제1호는 노동조합에 가입하여 노동운동을 할 수 있는가를 기준으로 근로자를 정의한 것인 반면, 근로기준법 제2조 제1항 제1호는 사업 또는 사업장에서 근로조건을 보호받을 수 있는가의 여부를 기준으로 근로자를 정의하고 있다. 따라서 근로계약관계가 성립되지 아니한 실업자·해고의 효력을 다투는 자 등은 노조법상 근로자에 해당되나 근로기준법상의 근로자에는 해당되지 않는다.

노동조합은 근로자가 주체가 되어 자주적으로 단결하여 근로조건의 유지·개선 기타 근로자의 경제적·사회적 지위의 향상을 도모함을 목적으로 조직하는 단체 또는 그 연합단체를 말한다(노조법§2④전단). 주체성·목적성·자주성 등의 실질적 요건과 노동조합설립신고 등 형식적 요건을 갖춘 노동조합을 법내 조합이라고 하고, 이 중 어느 한 요건이라도 갖추지 못한 노동조합을 법외조합 또는 무자격조합이라고 한다. 부당노동행위의 객체가 되는 노동조합은 실질적 요건과 형식적 요건을 모두 갖춘 법내조합뿐만 아니라 실질적 요건만 갖춘 법외조합도 노조법상 부당노동행위의 구제신청 및 노동쟁의조정신청 그리고 노동조합 명칭 사용을 제한받을 뿐(§7), 부당노동행위의 객체가 된다고 보아야 한다. 왜냐하면, 단결권은 헌법상 보장된 노동기본권으로 하위법률인 노조법에서 구체적으로 규정한 노동조합의 요건을 충족한 경우에 한하여 효력이 발생하는 것이 아니고, 법외조합이 법률상 아무런 보호를 받지 못한다고 한다면 노조법 제7조에서 법외조합에 대한 불이익을 제한적으로 열거할 필요성이 없기 때문이다.[42]

41) 임종률, 노동법(제14판), 275면.
42) 이병태, 최신노동법(제8전정판), 129면; 임종률, 노동법(제14판), 275면.

4) 불이익취급의 사유

(1) 불이익취급 원인의 유형

노동조합법 제81조는 ① 근로자가 노동조합에 가입 또는 가입하려고 하였거나 노동조합을 조직하려고 하였거나 ② 기타 노동조합의 업무를 위한 정당한 행위를 한 것(1호), ③ 근로자가 정당한 단체행동에 참가한 것을 이유로 하거나 ④ 노동위원회에 대하여 사용자가 이 조의 규정에 위반한 것을 신고하거나 그에 관한 증언을 하거나 기타 행정관청에 증거를 제출한 것(5호)을 이유로 사용자가 그 근로자를 해고하거나 기타 불이익을 주는 행위를 부당노동행위로 규정하고 있다.

가. 노동조합에 가입 또는 가입하려고 하였거나 노동조합을 조직하려고 하였을 것

「노동조합에 가입」이란 근로자가 기존 노동조합의 조합원이 되는 것을 말하고, 가입하고자 한 노동조합은 기존 노동조합이든 조직 중인 노동조합이든 불문한다. 「노동조합을 조직하려고 하였을 것」이란 새로운 노동조합을 결성하는 것을 의미하는데, 노동조합을 조직하기 위한 준비행위도 당연히 포함된다.

여기서 노동조합이란 통상적으로 실체적 요건과 형식적 요건을 모두 갖춘 법내 노동조합을 의미하는 것이나, 불이익취급의 원인이 되는 노동조합을 조직하려고 한 것까지 당연히 포함되는 것이기 때문에 노동조합의 요건을 갖추지 못한 법외 노동조합까지도 포함된다고 보아야 한다.

나. 노동조합의 업무를 위한 정당한 행위를 한 것

「노동조합의 업무」란 노동조합의 목적을 달성하기 위한 활동으로써 노동3권의 행사와 관련된 업무를 말한다. 이에는 사용자와의 단체교섭 및 단체행동권과 직접적으로 관련된 활동뿐만 아니라 조합간부의 선출·회의의 출석 및 발언 또는 표결·노동조합 업무를 위한 출장·기타 조합원으로서 행하는 모든 행위가 포함된다. 그리고 노동조합의 임의의 목적을 달성하기 위한 공제·수양 기타 복리사업이나 조합원의 취미활동도 노동조합의 업무에 포함된다.[43]

「노동조합의 업무를 위한 정당한 행위」란 일반적으로 노동조합의 결의 또는 지시에 따라 조합원이 행한 활동을 의미하나, 노동조합의 결의 또는 지시가 없더라도 행위의 성질상 노동조합활동으로 볼 수 있거나 노동조합의 묵시적 수권 또는 승인

43) 이상윤, 노동법(제3판), 844면.

을 받았다고 볼 수 있는 경우에는 노동조합의 업무를 위한 정당한 행위로 보아야 한다.[44]

다. 근로자가 정당한 단체행동에 참가한 것

근로자가 정당한 단체행동에 참가한 것을 이유로 한 불이익처분은 부당노동행위에 해당되나, 위법한 단체행동에 대해서는 민·형사책임 또는 징계책임이 면제되지 않으므로 이를 이유로 한 불이익처분은 부당노동행위에 해당되지 않는다. 정당한 단체행동이란 목적·방법·수단·절차 등이 정당한 쟁의행위를 말한다.

판례는 쟁의행위의 정당한 요건으로써 「① 그 주체가 단체교섭의 주체로 될 수 있는 자이어야 하고, ② 그 목적이 근로조건의 향상을 위한 노사간의 자치적 교섭을 조성하는 데 있어야 하며, ③ 사용자가 근로자의 근로조건 개선에 관한 구체적인 요구에 대하여 단체교섭을 거부하였을 때 개시하되 특별한 사정이 없는 한 조합원의 찬성결정 등 법령이 규정한 절차를 거쳐야 하고, ④ 그 수단과 방법이 사용자의 재산권과 조화를 이루어야 함은 물론 폭력의 행사에 해당되지 아니하여야 한다는 여러 조건을 모두 구비할 것」을 제시하고 있다.[45]

라. 노동위원회에 대하여 구제신청 등을 한 것

근로자의 정당한 단체행동 참가, 부당노동행위의 신고·증언 또는 증거제출 등을 이유로 한 불이익처분은 부당노동행위에 해당되나, 단체협약의 위반 또는 조합의 결의·승인 없이 행한 단체행동은 정당한 조합 활동이 아니므로 이로 인한 불이익처분은 부당노동행위에 해당되지 않는다.

(2) 불이익취급 원인의 경합

가. 문제의 소재

부당노동행위에 해당하는 해고는 사법상으로도 무효가 되나, 근로자에 대한 사용자의 징계처분이 부당노동행위의 요건과 근로기준법 제23조 제1항에 의한 정당한 징계요건을 동시에 충족한 경우에 그 징계처분이 무효로 되는가의 여부가 문제된다. 이처럼 근로기준법상 정당한 징계사유와 부당노동행위가 경합한 경우에 사용자

---

44) 대법원 1995. 6. 13. 선고 95다1323.

45) 대법원 1998. 1. 20. 선고 97도588; 대법원 2001. 10. 25. 선고 99도4837 전원합의체; 대법원 2007. 5. 11. 선고 2006도9478 등.

는 해당 근로자가 징계사유에 해당되는 행위를 하였다는 이유로 정당한 징계처분임을 주장할 것이고, 반면 징계처분을 받은 근로자는 부당노동행위임을 이유로 징계처분의 무효를 주장할 것이다.

나. 학 설

징계처분이 징계사유와 부당노동행위의 요건을 동시에 충족한 경우에 부당노동행위가 성립할 것인가에 대하여 다양한 이설(異說)이 있다.

(1) 「부당노동행위 긍정설」은 사용자가 근로자의 정당한 조합 활동 등을 이유로 징계처분을 한 경우에는 정당한 징계사유에 해당된다 하더라도 항상 부당노동행위가 성립되어 그 징계처분은 무효가 된다고 하는 견해이다. 이 견해에 의하면, 징계사유 및 징계요건에 해당되는 근로자가 정당한 조합 활동 등을 행한 이후에 징계처분을 받은 경우에는 당연히 부당노동행위가 성립되어 그 징계처분은 무효가 된다.

(2) 「부당노동행위 부정설」은 근로기준법·단체협약·취업규칙 등에 정한 정당한 징계사유에 해당되는 경우에는 정당한 조합 활동 등을 이유로 불이익처분을 하더라도 당연히 부당노동행위가 성립되는 것은 아니라고 한다. 이 견해에 의하면, 사용자가 정당한 조합 활동에 참가한 이후에 징계처분을 하였더라도 그 징계사유가 정당한 이상 항상 부당노동행위는 성립되지 않아 그 징계처분은 유효가 된다는 견해이다.

(3) 「결정적 원인설」은 정당한 조합 활동 등의 사실과 징계사유에 해당되는 사실 중 어느 것이 징계처분의 결정적인 원인이 되는가의 여부에 따라 부당노동행위의 성립을 판단해야 한다는 견해이다.

(4) 「상당인과관계설」은 정당한 조합 활동 등의 사실이 없었더라면 징계처분이 없었을 것이라고 판단되는 경우에는 부당노동행위가 성립되지 않는다는 견해로써 다수설이다.[46)]

다. 판 례

판례가 어느 학설을 따르고 있는지에 관하여 정확히 표현을 하고 있지 않지만,

46) 김형배, 노동법(제24판), 1158면; 이상윤, 노동법(제3판), 847면; 이병태, 최신노동법(제8전정판), 418면; 임종률, 노동법(제14판), 284면 등.

구체적인 사안에 따라 부당노동행위 부정설과 상당인과관계설에 따라 징계처분의 유효성을 판단하고 있는 것 같다.

우선 판례는 「사용자가 정당한 해고사유로 근로자를 해고한 경우에 근로자의 조합 활동을 못마땅하게 여긴 흔적이 있다거나 사용자에게 반조합의사가 추정된다 하더라도 해고사유가 단순히 표면상의 구실에 불과하다고 볼 수 없으므로 부당노동행위가 성립되지 않는다.」고 하여 부정설의 입장을 취하고 있는 것 같다.[47]

그리고 사용자가 근로자를 해고함에 있어서 근로자가 노동조합의 업무를 위한 정당한 행위를 한 것을 그 결정적(실질적)인 해고이유로 삼았으면서도 표면적으로는 다른 해고사유를 들어 해고한 것으로 인정되는 경우에는 부당노동행위로 보아야 하고,[48] 근로자의 노동조합업무를 위한 정당한 행위를 실질적인 해고사유로 한 것인지의 여부는 사용자측이 내세우는 해고사유와 근로자가 한 노동조합업무를 위한 정당한 행위의 내용, 징계해고를 한 시기·회사와 노동조합과의 관계·동종의 사례에 있어서 조합원과 비조합원에 대한 제재의 불균형 여부·기타 부당노동행위의사의 존재를 추정할 수 있는 제반 사정을 비교 검토하여 종합적으로 판단하여야 한다.」라고 함으로써 상당인과관계설에 따라 부당노동행위의 여부를 판단하고 있다.[49]

라. 평 가

부당노동행위제도는 노동3권의 보장을 궁극적인 목적으로 하는 것이나, 그 보장은 절대적인 것이 아니므로 사용자의 경영권과 노동3권이 서로 규범적으로 조화되는 범위에서 보장되는 것이다. 이러한 노동3권의 보장한계를 고려하면 부당노동행위 긍정설과 부정설은 노사일방만의 보호에 편향된 것이므로 타당성이 없다. 그리고 징계처분의 결정적인 원인은 사용자의 주관적 동기에 의존할 수밖에 없기 때문

47) 대법원 1996. 4. 23. 선고 95누6151; 대법원 1999. 3. 26. 선고 98두4672; 대법원 2000. 6. 23. 선고 98다54960 등.

48) 일부 학설은 사용자가 정당한 조합 활동을 「결정적」인 이유로 삼았으면서도 표면적으로 다른 해고 사유를 들어 해고한 경우에는 부당노동행위가 성립된다는 대법원 1991. 2. 22. 선고 90누6132 판결을 들어 법원이 「결정적 원인설」을 따르고 있는 것으로 소개한 것도 있으나(이병태, 최신노동법(제8전정판), 418면; 김형배, 노동법(제24판), 1159면), 그러나 결정적 원인설에서의 「결정적」인 이유란 「진정한」 또는 「실질적」인 이유를 말하는 것으로 보아야 하므로 「결정적」인 이유라는 표현을 사용하였다는 이유만으로 판례가 결정적 원인설을 취하고 있는 것으로 볼 수는 없다.

49) 대법원 1991. 2. 22. 선고 90누6132; 대법원 1995. 3. 14. 선고 94누5496.

에 근로자가 이를 입증한다는 것이 현실적으로 어려운 점을 고려하면 결정적 원인설도 수용하기 어렵다.

결국, 징계사유와 부당노동행위의 사유가 경합한 경우에는 징계시기·징계수위·징계의 형평성을 종합적으로 고려하여 사용자의 부당노동행위의사로 징계처분이 이루어진 것인가를 판단할 수밖에 없으므로 상당인과관계설이 타당하다.

6. 장애인차별에 의한 해고의 금지

1) 의 의

2007. 4. 11. 제정된 「장애인차별금지 및 권리구제 등에 관한 법률(법률 8341호)」은 모든 생활영역에서 장애를 이유로 한 차별을 금지하고 장애를 이유로 차별받은 사람의 권익을 효과적으로 구제함으로써 장애인의 완전한 사회참여와 평등권 실현을 통해 인간으로서의 존엄과 가치를 구현하기 위한 법률이다. 「장애인차별금지 및 권리구제 등에 관한 법률」은 신체적·정신적 손상 또는 기능상실이 장기간에 걸쳐 일상 또는 사회생활에 상당한 제약을 초래하는 상태에 있는 자를 장애인으로 규정하면서 장애를 사유로 한 차별을 폭넓게 금지할 수 있도록 규정한 동시에 장애인 차별에 따른 권리구제의 방법을 구체적으로 규정하고 있다.

제10조 제1항은 「사용자는 모집·채용, 임금 및 복리후생, 교육·배치·승진·전보, 정년·퇴직·해고에 있어 장애인을 차별하여서는 아니 된다.」라고 규정하고 있으므로 사용자가 정당한 이유 없이 비장애인과 차별하여 해고하는 경우에는 그 해고는 무효가 된다.

2) 차별행위의 범위 및 차별금지의 영역

금지대상이 되는 차별행위는 ① 직접차별, ② 간접차별, ③ 정당한 편의제공 거부, ④ 광고를 통한 차별, ⑤ 장애아동의 보호자 또는 후견인 그 밖에 장애인을 돕기 위한 장애인 관련자를 차별하는 행위, ⑥ 보조견 또는 장애인보조기구 등의 정당한 사용을 방해하는 행위 등이 있다(§4①).

차별금지 영역을 고용, 교육, 재화와 용역의 제공 및 이용, 사법·행정절차 및 서비스와 참정권, 모·부성권 및 성 등, 가족·가정·복지시설 및 건강권 등의 여섯 가지 영역으로 규정하여 생활상의 다양한 영역에서 장애인 차별을 금지하고 있다(§10 이하). 그리고 장애여성의 증가 및 장애아동으로 인한 장애인 가족의 부담 증가 등을 고려하여 장애여성 및 장애아동에 대한 차별금지를 별도로 규정하고 있다(§33 이하).

3) 권리구제의 방법

사용자가 동일한 해고사유에 해당됨에도 비장애인과 차별하여 장애인을 해고한 경우에는 그 해고처분은 사법상 무효가 된다. 해고된 장애근로자는 통상적인 권리구제 방법인 노동위원회에 부당해고구제신청을 하거나 행정소송 및 해고무효 확인소송과 같은 민사소송을 제기할 수 있다. 그러나 통상적인 권리구제의 접근이 어렵다는 장애의 특성을 고려하여 그 구제방법에 대하여 몇 가지 특례를 두고 있다.

(1) 차별해고를 당한 장애인은 국가인권위원회에 권리구제를 신청할 수 있도록 하고, 국가인권위원회는 조사결과 차별해고로 판단한 경우에는 사용자에게 시정권고를 한다. 시정권고를 받은 사용자가 정당한 이유 없이 그 권고를 이행하지 않은 경우에는 법무부장관은 시정명령을 할 수 있고,[50] 사용자가 정당한 사유 없이 그 시명명령을 이행하지 않은 경우에는 3천만 원 이하의 과태료를 처하도록 하고 있다(§42~45·50). 시정명령의 내용은 차별행위의 중지, 피해의 원상회복, 차별행위의 재발방지를 위한 조치, 그 밖에 차별시정을 위하여 필요한 조치이다(§43②).

(2) 장애인에 대한 차별을 이유로 소송을 제기한 경우에 차별해고가 소명된 경우에는 본안판결 이전이라도 본안판결 전까지 차별행위의 중지 등 적절한 임시조치를 명할 수 있도록 하고 있다(§48).

(3) 장애차별로 인한 부당해고에 대한 입증책임은 원칙적으로 해고근로자인 장애인이 부담해야 하나, 비장애인과는 달리 그 입증을 하기 어렵다는 장애인의 특성을 고려하여 그 입증책임을 대폭적으로 완화하고 있다. 즉, 장애인차별로 인하여 재산상 손해를 피해자가 입증할 수 없는 경우에는 차별행위를 한 자가 차별행위로 얻은 재산상의 이익을 손해로 추정하고, 사용자의 고의 또는 과실이 없다고 하는 입증책임은 차별행위를 한 사용자가 부담한다(§46). 그리고

50) 법무부장관은 사용자가 국가인권위원회의 시정권고를 사용자가 이행하지 않았다고 해서 당연히 시정명령을 할 수 있는 것이 아니라, 그 피해의 정도가 심각하고 공익에 미치는 영향이 중대하다고 인정되는 경우에 한한다. 피해자가 다수인인 차별행위에 대한 권고 불이행, 반복적 차별행위에 대한 권고 불이행, 피해자에게 불이익을 주기 위한 고의적 불이행 등의 경우에는 그 피해의 정도가 심각하고 공익에 중대한 영향을 미치는 사유에 해당되어 법무부장관은 시정명령을 할 수 있다(§43).

원칙적으로 장애인 차별로 해고를 당한 사실에 대한 입증책임은 이를 주장하는 피해자가 입증해야 하나, 합리적인 차별로 부당해고에 해당되지 않는다는 입증책임은 사용자가 부담한다(§47).

V. 법 해석의 원칙에 따른 해고의 법적 규제

1) 의 의

노동관계법은 해고제한에 대한 일반적인 사항만 규정하고 있을 뿐 구체적인 해고의 사유 또는 절차는 취업규칙·단체협약 등에 규정하고 있는 것이 보통이다. 그러나 취업규칙과 단체협약에 따른 해고사유와 절차에 따른 해고라도 그 정당성이 당연히 인정되는 것이 아니라 일반적인 법해석의 원칙에 따라 그 정당성이 인정된다. 이에 대해서는 다양한 판례와 학설이 정립되어 있는 상태이다. 일반적으로 법 해석의 원칙에 따른 해고제한의 법리는 해고권 남용 금지의 원칙, 형평성의 원칙, 상당성의 원칙 및 과잉금지의 원칙, 이중처벌의 금지원칙 등이 논의되고 있다.[51]

2) 해고권 남용금지의 원칙

해고는 임금을 유일한 생계수단으로 하는 근로자의 생존을 위협하는 가장 중한 인사처분에 해당된다. 따라서 형식상 취업규칙·단체협약에 정한 해고사유에 해당되는 근로자의 귀책사유가 있다 하더라도 제반 사정을 종합적으로 고려하여 해고할 수밖에 없는 근로자의 중대한 귀책사유가 있어야만 해고의 정당성이 인정된다. 비록 취업규칙·단체협약상의 해고사유에 해당되는 근로자의 귀책사유가 있다 하더라도 해고보다 가벼운 징계를 하는 것이 적정함에도 해고처분을 하는 것은 해고권을 남용하여 사용자가 그 행사 범위의 한계를 일탈한 것으로 무효로 된다.[52] 판례는 「징계사유와 해고처분 사이에 사회통념상 상당하다고 인정되는 균형」이 유지될 때 해고권의 남용에 해당되지 않는 것으로 판단하고 있다.[53]

구체적으로 판례는 ① 상당한 이유 없이 근로자를 기능직→사무직→기능직으

51) 노동분쟁에서 적용되는 법 해석의 원칙으로서의 권리남용금지의 원칙, 상당성의 원칙, 이중처벌금지의 원칙, 형평성의 원칙에 관한 상세는 제6장 제5절 Ⅳ. 징계권의 제한법리 참조.

52) 민변, 변호사가 풀어주는 노동법Ⅰ(개정3판), 215면; 김유성, 노동법Ⅰ(초판), 265면.

53) 대법원 1991. 12. 13. 선고 90다18999; 대법원 2008. 1. 31. 선고 2005두8269.

로 수차례에 걸쳐 수시로 전직처분을 한 후 다른 기능직 근로자와 차별하여 연장근로를 시키지 않음으로써 수입이 감소된 것에 대한 시정요구 수단으로 5일간 작업거부를 이유로 한 해고,[54] ② 다년간 성실하게 근무하여 온 근로자가 신정휴무기간에 감시근무자로 자원 출근하여 도난·화재예방 등의 업무를 수행하다가 교대시간을 얼마 남겨 놓지 않은 상태에서 음주 후 잠을 잔 행위를 이유로 한 해고,[55] ③ 상사에 대한 근로자의 폭행이 상사의 선제적인 폭행으로 유발되어 해당 근로자와 상사가 각각 전치 4주·10일간의 상해를 입었다는 이유로 한 해고,[56] ④ 동종의 직무상 부정행위에 가담한 다른 동료근자에 대한 징계처분보다 지나치게 가혹하게 행한 해고처분[57] 등은 해고권의 남용에 해당되는 것으로 판단하고 있다.

3) 상당성의 원칙 및 과잉 금지의 원칙

해고처분은 해고사유에 해당하는 비위행위의 종류, 정도, 반복성, 직장질서에 미치는 영향 등에 비추어 상당한 것이어야 하고 과잉징계에 해당되지 않아야 한다.[58] 예컨대, 사용자의 경위서 제출거부에 대하여 가장 중한 징계해고를 하거나 익숙하지 못한 새로운 직장에서 안정과 적응기간을 고려하지 않고 단지 일시적인 근무성적 저하 등을 이유로 한 해고처분은 정당한 해고로 인정되지 않는다.

4) 이중처벌금지의 원칙

사용자가 동일한 징계사유로 이중징계를 하는 것은 일사부재리의 원칙 또는 이중처벌금지의 원칙에 위배되어 무효가 된다. 이중징계에 해당되기 위해서는 ① 선행처분과 후행처분이 모두 법적 성질상 징계처분에 해당되어야 하고, ② 선행징계처분이 무효·취소됨이 없이 유효하게 확정되어야 하고, ③ 선행징계처분과 후행징계처분이 동일한 징계혐의사실을 대상으로 해야 한다.[59] 따라서 집행유예 이상의 형이 확정되었음을 이유로 한 당연 퇴직처분과 징벌적 제재인 정직처분은 그 성질을 달리하는 것이므로 이중처벌금지의 원칙에 위반되지 않으나,[60] 노동위원회에서 징

---

54) 대법원 1991. 5. 28. 선고 90다8046.
55) 대법원 1991. 10. 25. 선고 90다20428.
56) 대법원 1992. 2. 11. 선고 91다25109.
57) 대법원 1994. 5. 24. 선고 93다26854.
58) 임종률, 노동법(제14판), 516면.
59) 이상윤, 노동법(제3판), 385면; 대법원 2000. 9. 29. 선고 99두10902.
60) 대법원 2004. 4. 15. 선고 2003두12639.

계처분이 정당하다고 판정한 동일한 사안에 대하여 사용자가 다시 높은 징계해고처분을 하는 것은 이중처벌의 금지원칙에 위배되어 무효이다.

5) 형평성의 원칙

사용자가 동일한 해고사유에 관하여 다른 근로자에게 과한 징계수단과 동등하거나 유사한 것이어야 한다. 예컨대, 동일한 해고사유에 대하여 다른 근로자에게는 정직처분을 하거나 종전에 묵인 또는 가벼운 징계처분을 해오던 것과는 달리 가장 중한 징계해고처분을 하는 것은 형평성의 원칙에 위반된다. 다만, 종전의 상벌경력, 비위행위에 대한 반성의 정도를 종합적으로 고려하여 징계수단을 달리하거나 근로자에게 동일한 비위행위에 대하여 엄격하게 징계책임을 물을 수 있다는 회사의 방침을 사전에 충분히 주시시킨 경우에는 중한 징계해고처분을 하더라도 형평성의 원칙에 반하지 않는다.[61]

제4절 이유에 의한 해고의 제한

Ⅰ. 개 관

해고의 이유가 어디에 있는가에 따라 근로자의 귀책사유에 의한 해고와 사용자의 긴박한 경영상의 필요에 의한 해고가 있다. 근로기준법 제23조 제1항은 해고의 일반적인 제한으로 사용자는 정당한 이유 없이 해고하지 못하도록 규정하고 있고, 제24조는 경영상 이유에 의한 해고제한으로 긴박한 경영상의 필요성이 없으면 해고를 하지 못하도록 규정하고 있다. 즉 근로기준법 제23조 제1항은 근로자 측의 귀책사유에 의한 해고의 제한 규정이고, 제24조는 사용자의 귀책사유에 의한 해고의 제한 규정이다. 여기서 「정당한 이유」란 사회통념상 근로관계를 계속 유지시킬 수 없을 정도로 근로자에게 책임이 있는 사유가 있거나 부득이한 경영상의 필요성이 있는 경우를 말한다.[62]

근로자의 귀책사유에는 일산상의 사유와 행태상의 사유가 있는데, 전자를 이유로

61) 임종률, 노동법, 516~517면. 동지 판례 대법원 2006. 2. 24. 선고 2005두6447; 2006. 8. 24. 선고 2006두3865; 대법원 2008. 6. 26. 선고 2008두6387.

62) 대법원 1992. 3. 13. 선고 91다39559; 대법원 1995. 5. 26. 선고 94다46596; 대법원 1998. 11. 10. 선고 97누18189 등.

한 해고를 「일반해고」·후자를 이유로 한 해고를 「징계해고」라고 한다. 그리고 긴박한 경영상의 필요에 의한 해고를 「경영해고 또는 정리해고」라고 한다. 일신상의 사유나 행태상의 사유에 의한 해고는 근로자에게 해고원인 내지 귀책사유가 있는 것으로 근로관계의 유지가 기대 불가능한 정도의 해고사유를 근거로 한 해고를 의미하고, 긴박한 경영상의 필요에 의한 해고는 근로자에게 해고원인 내지 귀책사유가 있는 것이 아니라 기업경영상의 필요에 의한 조직의 변경이나 신기술의 도입, 구조조정, 합리화조치 등에 의하여 발생하는 해고사유를 근거로 한 해고를 의미한다.

우리나라는 징계해고와 일반해고에 대해서는 근로기준법 제23조 제1항에서 규율하고, 경영해고 또는 정리해고에 대해서는 근로기준법 제24조에서 규율하는 이원적 입법체계를 취하고 있다. 그리고 일반적인 해고제한 절차는 공통적으로 적용하도록 하는 입법체계를 취하고 있다.[63)]

Ⅱ. 일신상 이유에 의한 해고의 제한

1. 의 의

「근로자의 일신상의 사유」란 근로자에게는 취업규칙·단체협약 및 근로계약에 규정된 위반사실은 없으나 근로자 개인의 정신적·육체적 기타의 사유로 인하여 법령·단체협약 및 취업규칙 등에 규정된 근로제공을 충분히 이행할 수 없는 것을 이유로 하는 해고사유를 말한다.[64)]

일신상의 사유에 해당되는 근로자의 귀책사유에는 ① 업무의 적성 또는 직무능력의 부족, ② 근로자의 성격에 따른 업무수행의 부적격성, ③ 근로제공을 곤란하게 하는 질병, ④ 경쟁기업과의 친인척관계 등이다. 「일신상의 사유」는 「행태상의 사유」와 명백하게 구별할 수 없거나 중복되어 두 가지 사유의 요건을 충족한 경우에는

---

63) 독일의 해고제한법 제1조 제2항은 해고사유를 일신상의 사유, 행태상의 사유, 긴박한 경영상의 필요로 나누어 구체적으로 규정하고, 이에 따라 해고의 정당성 여부를 판단하고 있다.

64) 학설은 근로자의 일신상의 이유로 한 해고를 일반 해고라고 하고, 판례는 이를 통상해고에 해당되는 것으로 판단하고 있다. 즉, 판례는 사용자가 행한 모든 해고에서 정리해고(경영해고), 징계해고, 직권면직(당연면직)을 제외한 해고를 통상해고로 분류하고 있고, 통상해고는 징계위원회를 개최하거나 근로자에게 소명의 기회를 주는 등 징계해고와 같은 절차를 거칠 필요가 없다고 한다(대법원 1991. 9. 24. 선고 91다13533).

근로관계의 존립을 기대할 수 없는 일차적 원인이 근로자의 적성이나 능력 내지 성격을 이유로 한 일신상의 사유에 해당되는지의 여부를 먼저 판단해야 한다.[65]

2. 해고의 정당성 판단기준

일신상의 사유를 근거로 한 일반해고는 직장질서의 위반 등을 원인으로 하는 징계해고와는 달리 근로자의 유책(有責)에 의한 것이 아니기 때문에 사용자와 근로자의 이익형량을 고려하여 해고의 정당성 여부를 판단해야 한다. 그리고 사용자는 근로계약상 부수적 의무로서 신의칙상 배려의무를 부담하고 있으므로 직무능력의 향상을 위한 훈련기회의 부여 또는 작업배치의 전환 등 배려의무를 이행하였는가를 참작하여 해고의 정당성 여부를 판단해야 한다.[66]

일신상의 사유가 일정기간의 훈련·합리적인 기회의 부여·적절한 치료행위·작업환경의 개선 등으로 극복될 수 있는 것이라면, 사용자는 근로계약상의 배려의무를 한 다음 해고할 수 있다. 특히 근로자의 건강악화가 작업환경 또는 다른 근로조건의 영향에 의하여 발생한 경우에는 근로자의 능력에 상응하는 다른 업무로 배치전환을 실시하지 않고 행한 해고는 정당성이 없다. 결국, 일신상의 사유로 인한 해고가 정당한 것인가의 여부는 구체적인 사안에 따라 당사자의 이익형량과 유기적 전체로서의 경영 질서를 참작하여 판단해야 하고, 해고는 최후의 방법으로 행사되어야 한다.

3. 유형에 따른 해고의 정당성

1) 업무의 적성 결여 또는 직무능력의 부족

담당업무에 대한 근로자의 적성이 결여되거나 직무능력이 부족한 경우에는 일신상의 사유에 해당된다.[67] 직무의 수행에 필요한 자격증을 소지하지 못한 경우, 직

65) 김형배, 노동법(제24판), 689면. 예컨대, 경쟁기업과 친인척 관계에 있는 근로자가 사업 또는 거래상의 비밀을 누설한 경우에는 일신상의 사유와 행태상의 사유의 요건을 모두 충족한다.

66) 김형배, 노동법(제24판), 691~692면.

67) 업무능력의 부족 등과 같은 일신상의 사유가 발생하면 사용자는 이를 이유로 해고하는 경우는 드물고, 필요한 직무능력수행기간을 직위해제 또는 대기발령을 명한 다음 그 기간이후에도 직무능력이 향상되지 않거나 개전의 정이 없다고 판단하는 경우에 당연면직사유로 하여 퇴직시키는 것이 일반적이다, 판례는 직위해제에 이은 당연면직처분은 통상해고로 해석하여 별도의 징계제한 절차를 거치지 않아도 무방한 것으로 판단하

무상 요구되는 시험이나 검사에 불합격한 경우, 전문적 지식이나 기능이 부족한 경우 등이 이에 해당된다.

정당한 해고사유에 해당되는 직무적성 또는 직무능력의 부족은 객관적으로 판명된 경우에 한하는 것이므로 단지 인사고과에 의한 근무성적 평정의 결과가 좋지 않다거나 직무능력의 부족이 단기간에 회복될 수 있는 경우에는 그 이유만으로 행한 해고는 정당성이 없다. 그러나 사용자가 근무성적의 향상을 위해 근로자에게 충분한 훈련기간을 부여하였음에도 근무성적의 향상이 없는 경우에는 정당한 해고로 판단할 수 있다.

특히, 상대평가에 의한 인사고과에 의하여 일정 비율의 인원을 해고할 수 있다고 한다면 상대평가로 인해 일정한 비율의 근로자에 대하여 사용자는 제한 없이 해고의 자유권을 가지는 것과 유사한 부당한 결과가 발생하게 된다.[68] 따라서 업무능력 부족을 이유로 한 해고는 사회통념상 더 이상 그 업무를 수행하기 곤란할 정도로 업무능력이 현저하게 부족하고 직업훈련이나 교육에 의해서도 업무능력의 개선 가능성이 없는 경우에 한하여 해고의 정당성이 인정된다고 보아야 한다.[69] 예컨대 보험회사에서 자의적 기준이 아니라 여러 가지 객관적 사정을 참작하여 최소한도의 직무수행능력이 결여되었다고 인정될 정도로 거수실적이 현저히 불량한 자를 선정하여 해고할 수도 있다.[70]

2) 근로자의 성격에 따른 업무수행의 부적격성

성격상 특성에서 비롯된 근로자 개인의 부적격성도 일신상의 사유에 해당된다. 악단 지휘자의 통솔능력이 부족한 경우, 관리자의 부하관리능력이 부족한 경우, 긴밀한 협동정신이 필요한 업무에 적응하지 못한 경우 등이 이에 해당된다. 그러나 근로자의 업무수행의 부적격성을 이유로 곧바로 해고하는 경우는 거의 없고, 직위해제 또는 대기발령을 한 다음 그 사유가 소멸되지 않는 경우에 직권 면직시키는 것이 일반적이다. 판례도 통솔능력 또는 관리능력이 부족하여 관리자로서의 자질이 부족한 경우에는 대기발령사유에 해당되고 대기발령 기간 동안 관리능력 또는 업무

고 있다(대법원 1989. 7. 25. 선고 88다카25595; 대법원 2000. 6. 23. 선고 98다54960).

68) 김유성, 노동법Ⅰ(초판), 283면; 민변, 변호사가 풀어주는 노동법Ⅰ(개정3판), 194면.

69) 김유성, 노동법Ⅰ(초판), 283면; 박홍규, 고용법·근로조건법(제2판), 314면.

70) 대법원 1991. 3. 27. 선고 90다카25420.

수행능력이 향상되지 아니한 것을 이유로 한 직권면직처분은 정당한 것으로 판단하고 있다.[71]

3) 근로제공을 곤란하게 할 정도의 부상·질병

근로자가 부상·질병 등으로 근로계약상의 근로제공을 정상적으로 할 수 없는 경우에는 일신상의 사유에 해당된다. 업무상 또는 개인적인 부상을 당하거나 질병에 걸린 경우, 운전사의 시력이 저하된 경우, 음주벽 또는 약물중독으로 의학상 질병으로 취급된 경우 등이 이에 해당된다.

이러한 질병 등을 이유로 한 해고는 그로 인하여 사용자의 경영상 이익이 침해되고 장기간 근로제공을 할 수 없다고 하는 객관적인 사유가 있는 경우에 한하여 정당성이 인정된다고 보아야 한다. 따라서 사용자는 근로자의 질병상태와 그로 인한 경영상의 이익을 형량하여 질병에 걸린 근로자를 경이한 근로에 취업시킬 수 없음을 입증한 경우에 해고의 정당성이 인정될 수 있을 것이다.[72] 업무상 부상 또는 질병으로 인한 휴업기간과 그 후 30일간은 사업을 계속할 수 없게 된 경우를 제외하고는 사용자는 해고할 수 없다(근로기준법§23②).

판례는 부상 또는 질병이 사용자의 귀책사유로 인한 것인지의 여부, 발병 당시 담당하고 있었던 업무의 성격과 내용, 노동력상실 정도, 업무조정을 위한 사용자의 배려와 근로자의 적응노력 등 제반사정을 종합하여 해고의 정당성 여부를 판단하고 있다.[73]

그러나 근로자의 업무상 부상에 관한 요양종결에 따라 상당한 신체장해가 남아 있는 상태에서 그 근로자가 종전의 업무를 수행할 수 없다고 객관적으로 인정되는 경우에는 해고금지기간에 해당하지 않는 한 장해근로자에 대하여 일정기간 유예기간을 두고 배치전환 등의 배려의무를 행하지 않고 해고하여도 무방하다.[74]

4) 경쟁기업과의 친인척관계

기업경영상 비밀의 유지가 요구되는 지위에 있는 근로자가 경쟁기업주와 친인척

71) 대법원 1995. 12. 5. 선고 94다43351; 대법원 2004. 10. 28. 선고 2003두6665; 대법원 2007. 9. 21. 선고 2006다25240.

72) 김형배, 노동법(제24판), 690면.

73) 대법원 1992. 11. 13. 선고 92누6082; 대법원 1993. 7. 13. 선고 93다3721; 대법원 1995. 7. 14. 선고 95다1767; 대법원 1996. 12. 6. 선고 95다45934.

74) 대법원 1996. 11. 12. 선고 95누15728.

관계에 있거나 친교관계로 인하여 경쟁기업에 사업상의 기밀이 누설될 위험에 있는 때에는 일신상의 사유에 해당된다. 경쟁기업체의 사용자와 친인척관계에 있는 근로자가 현실적으로 사업의 비밀을 누설한 경우에는 즉시해고사유가 될 수도 있다.

Ⅲ. 행태상 이유에 의한 해고의 제한

1. 의 의

「행태상 사유」란 근로자의 귀책사유로 인하여 관련법령·취업규칙·단체협약 및 근로계약에 규정된 의무를 위반하거나 사용자의 지시·명령에 불복종한 것을 이유로 한 해고사유를 말한다. 행태상 사유에 해당되는 근로자의 귀책사유에는 근무태만, 업무명령위반, 직장규율위반, 회사의 명예·신용실추행위 및 품위유지 위반, 경력사칭, 기업비밀의 누설, 범법행위, 위법쟁의행위 등이 있다.

근로자의 행태상의 사유로 인한 해고를 일반적으로 징계해고라고 한다. 징계해고란 근로자가 기업질서 위반행위를 하여 사회통념상 근로관계를 유지할 수 없을 정도로 근로자의 책임 있는 사유가 있을 때 사용자의 일방적인 의사표시로 근로관계를 종료시키는 징계처분으로 가장 중한 징계에 해당된다.

근로기준법 제23조 제1항은 단지 정당한 이유 없이 해고할 수 없는 것으로 규정하고 있을 뿐, 구체적인 징계해고 사유에 대해서는 명문규정을 두고 있지 않기 때문에 일반적으로 사용자는 취업규칙 등에 징계사유 또는 해고사유를 명시하고 근로관계를 계속 유지할 수 없을 정도의 행위를 한 때에는 징계해고 처분을 하고 있다.

2. 해고의 정당성 판단기준

징계해고가 정당하기 위해서는 사회통념상 근로관계를 계속할 수 없을 정도로 근로자에게 책임 있는 사유가 있어야 하고, 사회통념상 근로관계를 유지할 수 없을 정도인지의 여부는 당해 사용자의 사업의 목적과 성격·사업장의 여건·당해 근로자의 지위 및 담당직무의 내용·비위행위의 동기와 경위·기업의 위계질서의 문란 위험성·과거의 근무태도 등을 종합적으로 검토하여 판단해야 한다는 것이 일관된 판례의 입장이다.[75] 따라서 취업규칙 등에서 정하고 있는 징계해고사유에 해당되더라

75) 대법원 2002. 5. 28. 선고 2001두10455; 대법원 2003. 7. 8. 선고 2001두8018; 대법원 2006. 11. 23. 선고 2006다48069; 대법원 2007. 5. 31. 선고 2007두1460; 대법원

도 이에 따른 해고처분이 당연히 정당한 것으로 인정되는 것이 아니라, 사회통념상 근로관계를 계속할 수 없을 정도로 근로자에게 책임 있는 사유가 있는 경우에만 그 정당성이 인정된다.[76] 즉, 취업규칙 등에 정한 해고사유와는 별도로 해고사유의 실질적인 정당성에 대해서는 별도의 법적 평가가 이루어져야 한다.

그리고 정당성 여부의 판단 대상범위는 징계위원회의 의결을 거쳐 징계해고를 하는 경우에 징계위원회에서 징계사유로 삼은 것에 한하고 징계위원회에서 거론되지 아니한 징계사유를 포함시켜 징계해고의 여부를 판단해서는 안 된다.[77] 다만, 근로자의 어떤 비위행위가 징계사유로 되어 있느냐의 여부는 징계의결서나 징계처분서에 기재된 취업규칙 또는 징계규정 소정의 징계해고 근거 사유에 한정되는 것은 아니고 구체적인 자료를 통하여 결정된다.

3. 유형에 따른 해고의 정당성

1) 근무태만

근무태만이란 근로자가 정당한 이유 없이 소정의 근로일 또는 근로시간에 근로를 제공하지 않거나 근무성과가 현저히 낮은 경우를 말한다. 근무태만에는 무단결근, 지각·조퇴, 근무성적 불량, 직장이탈 등이 있는데, 가장 많은 징계해고사유에 해당된다. 근무태만은 근로계약상의 채무불이행에 해당되지만 그것이 취업규칙에 정한 규율을 위반하거나 직장질서를 문란케 하여 더 이상 근로관계를 유지할 수 없는 경우에 이르러야 비로소 해고사유가 된다.

「무단결근」을 이유로 한 해고의 정당성 판단은 구체적·개별적으로 판단할 수밖에 없다. 왜냐하면, 근로자가 결근을 하는 이유는 매우 다양하고 비록 사전에 결근계를 제출하지 않았더라도 무단결근으로 평가할 수 있는지의 여부는 당해 사업장의 관행·취업규칙·단체협약 등을 구체적으로 검토해야 할 뿐만 아니라,[78] 무단결근이

2007. 10. 12. 선고 2005두10149 등.

76) 대법원 1992. 5. 12. 선고 91다27518.

77) 대법원 1996. 9. 20. 선고 95누15742; 대법원 1997. 3. 14. 선고 95누16684; 대법원 1988. 12. 13. 선고 86다204; 대법원 2002. 5. 28. 선고 2001두10455 등.

78) 판례는 취업규칙 등에 전화 또는 구두로 사전 승인을 받은 경우에는 사후에 사유서를 첨부하여 결근계를 제출하도록 규정되어 있는 경우에 근로자가 사전 승인을 받았다 하더라도 결근계를 제출하지 않은 이상 무단결근에 해당된다고 판단하고 있으나(대법원 1990. 4. 27. 선고 89다카5451), 부상을 당한 근로자가 인사담당자에게 전화로 치료기

사업운영에 미치는 영향이 기업의 업종·규모·근로자의 인원 수·결근의 시기 등에 따라 차이가 있기 때문이다.[79] 판례는 무단결근·조퇴·지각·직장이탈 등에 의한 해고의 정당성 여부를 판단함에 있어서 사업이나 직무의 특수성을 고려하여 판단하고 있다. 예컨대, 고속버스 운전기사가 1일 무단결근하여 예정노선이 1회 결행·2회 대리운행 된 사안에서 정기성·계속성이 요구되는 고속버스사업의 특성 및 공익성을 고려하여 무단결근을 이유로 한 해고처분은 정당한 것으로 판단하고 있다.[80]

문제는 근무태만에 따른 「근무성과의 현저한 부족」의 판단은 매우 주관적인 평가에 의존할 수 없기 때문에 객관적으로 해고의 정당성 여부를 판단하는데 어려움이 많다. 만약 사용자가 해고 당시에 근로자가 불성실하게 근무하고 있었거나 회사 내의 근무성과 기준에 미달한 것으로 믿은 경우에 그 해고의 정당성을 인정한다면 실질적으로 사용자에게 해고자유권을 부여한 것과 같은 결과를 초래한다. 요컨대, 근무태만에 따른 근무성과의 부족을 이유로 한 해고의 정당성도 「사회통념상 근로관계를 계속할 수 없을 정도로 근로자에게 책임 있는 사유가 있는 경우」에만 인정되는 것이므로 사용자의 주관적이고 추상적인 판단에 의한 근무성과 부족을 이유로 한 해고는 정당성이 인정되지 않는다.

2) 업무명령위반

사용자의 정당한 업무명령을 위반한 근로자는 근로계약상의 근로제공의무 위반에 따른 채무불이행 책임을 지게 됨과 동시에 취업규칙 등에 업무명령위반이 해고사유로 규정되어있는 경우에는 해고처분의 대상이 된다. 업무명령 위반에는 작업지시 위반, 연장·휴일근무 명령위반, 전직·출장명령 위반, 취업시간 중 착용한 리본제

간은 연차휴가를 사용한 것으로 처리해 달라고 요청하고 사용자가 시기지정권을 행사하지 아니한 경우에는 연차휴가일수의 범위 내에서 연차휴가권을 사용한 것이므로 무단결근에 해당되지 않는 것으로 판단하고 있다(대법원 1992. 4. 10. 선고 92누404). 그리고 취업규칙 등에 일정기간 이상의 결근일수를 기준으로 하여 징계 또는 해고사유로 규정하고 있는 경우, 결근일수는 일정한 시간적 제한 없이 합계 며칠 이상의 무단결근을 한 모든 일수를 의미하는 것이 아니라 상당하다고 인정되는 일정한 기간 내에 합계 며칠 이상의 무단결근일수를 의미한다(대법원 1995. 5. 26. 선고 94다46596). 따라서 무단결근이 계속 이어지는 경우에 근로제공의무가 없는 휴일은 결근일수에서 공제되나, 정상적인 근무를 전제로 한 휴무일은 공제되지 않는다(대법원 1989. 5. 9. 선고 88다카4277).

79) 민변, 변호사가 풀어주는 노동법 I (개정3판), 195면.

80) 대법원 1994. 9. 13. 선고 94누576.

거지시 위반, 소지품 검사 불응, 시말서 제출 거부 등이 있다.

근로자의 업무명령 위반을 이유로 한 해고의 정당성은 ① 업무명령이 근로계약의 범위 내에서 유효한 것인가의 여부, ② 근로자가 업무명령에 복종하지 않은 것에 대한 부득이한 사유가 있었는가의 여부, ③ 업무명령 위반에 대한 징계처분이 상당한가의 여부에 따라 결정된다.[81)]

(1) 업무명령이 부당한 경우에 근로자가 이를 거부한 것을 이유로 한 해고는 무효이다. 업무명령을 불응한 것을 이유로 한 해고의 정당성 여부를 판단할 때에는 사용자 또는 상사의 업무명령이 근로계약·취업규칙·단체협약·법령에 위반되지 않는 정당한 것인지의 여부에 따라 해고사유에 해당되는지를 판단해야 한다.[82)]

판례는「취업규칙 등에 징계처분을 당한 근로자는 시말서를 제출하도록 규정되어 있는 경우 징계처분에 따른 시말서의 제출거부는 그 자체가 사용자의 업무상 정당한 명령을 거부한 것으로서 징계사유에 해당되나, 징계종류 중 가장 무거운 파면처분을 선택한 것은 그 징계권의 범위를 일탈한 것」으로 판단하고 있다.[83)] 그러나 소관업무가 아닌 업무지시를 받고서 수행하지 않고 폭언을 하는 등 회사 측의 지시를 적극적으로 어긴 경우에는 비록 해당 근로자의 소관업무가 아닌 점을 감안하더라도 이와 같은 비위행위에 대해 권고해직처분에 응하지 않아 당해 근로자를 징계면직한 경우,[84)] 여객자동차운송사업을 영위하는 사업체에서의 운전기사에 대한 배차지시는 통상적인 업무수행명령에 해당되므로 특별한 사정이 없는 한 사용자의 배차지시를 거부한 경우[85)] 등은 정당한 해고사유에 해당되는 것으로 판단하고 있다.

(2) 근로자는 전근·전보·출장 등 사용자의 정당한 인사명령을 따라야 할 의무가 있으므로 근로자가 정당한 인사명령을 따르지 않은 경우에는 징계사유에 해당된다. 그러나 사용자의 부당한 인사명령을 거부한 것은 징계사유에 해당되지 않는다. 다만, 사용자의 인사명령을 거부한 것을 이유로 한 해고의 정당성

---

81) 이병태, 최신노동법(제8전정판), 971면.

82) 민변, 변호사가 풀어주는 노동법 I (개정3판), 197면.

83) 대법원 1991. 12. 24. 선고 90다12991; 대법원 1995. 3. 3. 선고 94누11767.

84) 대법원 1993. 9. 28. 선고 93다15892.

85) 대법원 1994. 12. 23. 선고 94누3001; 대법원 2000. 6. 23. 선고 98다54960.

여부는 인사명령의 정당성과 함께 당해 근로자의 결근일수 및 인사처분의 경위 등의 제반사정을 고려하여 사용자의 인사재량권의 범위 내에 있는가의 여부에 따라 판단해야 한다.86)

판례는 근로자는 정당한 인사명령을 따라야 할 의무가 있으므로 유효한 인사명령에 불응하여 부임 등을 거부한 사안에서 사용자가 이를 무단결근으로 취급하여 해고사유로 삼아 해고한 것은 정당하나,87) 부당한 인사이동을 거부한 근로자에게 새로운 근무지 출근을 거부한 것을 해고사유로 삼을 수 없고 이를 무단결근으로 취급하여 행한 해고는 무효라고 판단하고 있다.88)

3) 직장규율위반

직장규율이란 사용자가 근로자의 근로제공이나 사업장 내에서 근로자의 일정한 행동을 제한하는 것을 말한다. 전형적인 직장규율로서는 사업장 내에서의 음주·흡연·수면·도박, 횡령·배임, 절도·손괴, 폭행 기타 사적 활동의 금지 등이다. 직장규율 위반을 이유로 한 징계해고의 정당성은 ① 직장규율이 정당한 것인가의 여부, ② 직장규율을 위반한 동기, ③ 직장규율 위반의 정도, ④ 해당 근로자의 회사에 대한 공헌도 등을 종합적으로 고려하여 판단해야 한다.89)

4) 회사의 명예·신용 실추행위 및 품위유지 위반

근로자가 사용자 또는 소속 회사의 명예와 신용을 실추시키거나 거래관계에 나쁜 영향을 미치는 행위와 근로자로서의 품위를 해치는 사유가 있는 경우에는 징계사유가 된다. 사용자나 소속 회사의 명예 등을 실추시킨 것을 이유로 한 징계처분이 정당화하기 위해서는 그 행위의 성질·경위 이외에 사업의 종류·규모, 경제계에서의 회사 지위 및 경영방침, 회사 내에서의 근로자 지위·직종 등 여러 가지 사정을 종합하여 회사의 사회적 평가에 미치는 악영향이 매우 중대하고 객관적으로 인식되는 경우이어야 한다.90)

---

86) 민변, 변호사가 풀어주는 노동법 I (개정3판), 198~199면

87) 대법원 1991. 9. 24. 선고 90다12366; 대법원 1994. 5. 10. 선고 90다47677; 대법원 1995. 5. 10. 선고 95다10778 등.

88) 대법원 1997. 12. 12. 선고 97다36316.

89) 대법원 1991. 10. 25. 선고 90다20428.

90) 이병태, 최신노동법(제8전정판), 975면.

판례는 조합원인 근로자가 허위사실을 유포하여 조합장 불신임 운동을 전개함으로써 회사의 공동체 질서를 위태롭게 한 경우,[91] 도시개발공사 직원이 부동산 투기를 하여 공사의 사회적 평가에 중대한 악영향을 끼친 경우,[92] 뚜렷한 증거도 없이 사용자를 고소·고발하여 그의 인격을 비난하는 내용이 담긴 진정서 등을 다른 기관에게 제출한 행위[93] 등을 회사의 명예·신용을 실추시킨 것으로 보아 그 징계해고를 정당한 것으로 보았다.

근로자의 품위유지 의무는 업종·직종 및 직위에 따라 그 의무 정도가 다르기 때문에 그 특성에 따라 개별적으로 해고사유가 되는지를 판단해야 한다. 일반적으로 품위유지 위반이 징계사유로 될 수 있는 근로자는 일반근로자에 비하여 높은 도덕성이 인정되는 관리직이나 교직원 등이다.[94] 판례는 결혼한 남녀 교사가 불륜관계를 맺어 오다가 각각 협의이혼하게 되어 동료 교사와 학부모들로부터 비난을 받고 물의를 일으킨 경우,[95] 교사가 학부모로부터 금품과 향응을 받은 경우[96] 등을 품위유지 위반에 따른 정당한 해고처분으로 인정하였다.

5) 경력사칭

(1) 징계해고사유의 해당 여부

경력사칭이란 고의로 채용 시에 제출하는 이력서 등에 학력·직업경력·학생운동경력·노동운동 경력·전과사실 등을 허위로 기재하는 것을 말한다. 경력사칭이 해고사유에 해당되는가의 여부에 대하여 학설은 부정설과 긍정설이 대립하고 있으나, 다수설과 판례는 징계해고사유로 인정하고 있다.

가. 학 설

경력사칭이 징계해고사유에 해당되지 않는다는 부정설은 ① 근무규율이나 직장질서를 위반한 행위가 아니기 때문에 근로계약의 무효 또는 취소를 야기하거나 신의칙상의 진실고지의무를 위반으로 일반해고 사유가 될 수는 있어도 징계해고사유

---

91) 대법원 1995. 2. 14. 선고 94누5847.
92) 대법원 1994. 12. 13. 선고 93누23275.
93) 대법원 1992. 6. 26. 선고 91다42982; 대법원 1995. 3. 3. 선고 94누11767.
94) 대법원 2000. 10. 13. 선고 98두8858.
95) 대법원 1993. 10. 23. 선고 93누14240.
96) 대법원 1997. 4. 25. 선고 96누17479.

로 볼 수 없다는 점,[97] ② 근로계약관계는 노무제공과 임금지급을 핵심적 요소로 하는 계약관계이지 신분관계가 아니라는 점,[98] ③ 근로제공과 관련된 중요한 사항을 이력서에 허위 기재하여 근로를 제공하는데 지장을 초래하는 경우에 한하여 징계해고사유에 해당되고 노동력의 평가와 무관한 내용을 허위 기재한 것 자체는 징계해고사유에 해당될 수 없다는 점[99] 등을 제시하고 있다.

반면, 징계해고사유에 해당될 수 있다는 긍정설은 중요한 경력사칭은 근로계약상 신의칙 위반일 뿐만 아니라 노동력이나 전인격적 판단을 그르치게 한 결과 채용 후의 인력의 적정한 배치 등 기업의 질서나 운영에 지장을 초래할 우려가 있는 경우에는 징계해고사유가 된다고 해석하고 있다.[100]

나. 판 례

판례는 「기업이 근로자를 고용하면서 학력 또는 경력을 기재한 이력서 등을 요구하는 이유는 단순히 근로자의 근로능력 즉 노동력을 평가하기 위해서 만이 아니라 노사간의 신뢰형성과 기업질서유지를 위해서는 근로자의 지능과 경험, 교육정도, 정직성 및 직장에서의 정착성과 적응성 등 전인격적 판단을 거쳐 고용 여부를 결정할 필요가 있으므로 그 판단자료로 삼기 위한 것」이라는 이유로 징계해고사유에 해당되는 것으로 판단하고 있다.[101]

나아가 「사용자는 통상적으로 근로자가 이력서 등에 기재한 경력 등을 진실한 것으로 신뢰하는 것이므로 달리 특별한 사정이 없는 한 사용자에게 근로자의 이력서 등의 기재내용의 진실 여부를 확인하여야 할 일반적인 의무가 없으므로 시용기간이 지난 후에도 징계해고사유로 삼을 수 있는 것」으로 판단하고 있다.[102]

---

97) 김형배, 노동법(제24판), 604면.

98) 민변, 변호사가 풀어주는 노동법 I (개정3판), 203면; 박홍규, 고용법·근로조건법(제2판), 306면.

99) 김유성, 노동법 I (초판), 282면; 민변, 변호사가 풀어주는 노동법 I (개정3판), 203면; 박홍규, 고용법·근로조건법(제2판), 307면.

100) 임종률, 노동법(제14판), 514~515면; 이병태, 최신노동법(제8전정판), 977면; 하갑래, 근로기준법(전정제27판), 620면 이하; 菅夜和夫(이정 역), 일본노동법(초판), 388면 등.

101) 대법원 1990. 12. 7. 선고 90다카23912; 대법원 1992. 9. 25. 선고 92다18542; 대법원 1992. 6. 23. 선고 92다8873; 대법원 1992. 9. 25. 선고 92다18542; 대법원 1994. 8. 12. 선고 93누21521; 대법원 1995. 3. 10. 선고 94다14650 등.

102) 대법원 1995. 3. 10. 선고 94다14650.

(2) 해고의 정당성 여부의 판단

다수설[103]과 판례[104]는 경력은 「사용자의 근로자에 대한 신뢰관계나 기업질서유지 등에 영향을 주는 것이므로 경력사칭을 사전에 알았다면 채용하지 않았거나 적어도 동일한 조건으로 채용하지 않았을 것으로 인정되는 중요한 경력의 사칭은 정당한 징계해고사유에 해당되는 것」으로 판단하고 있다. 즉, 중요한 경력사칭은 신의칙 위반일 뿐만 아니라 노동력이나 전인격적 판단을 그르치게 한 결과 채용 후의 인력의 적정한 배치 등 기업의 질서나 운영에 지장을 초래할 우려가 있다는 점에서 정당한 징계해고사유가 된다고 보고 있다. 여기서 「근로계약을 체결하지 않았거나 적어도 동일한 조건으로 계약을 체결하지 아니하였을 것으로 인정되는 경우」란 기업의 종류나 성격, 허위기재하거나 은폐한 내용, 근로계약의 체결 당시의 상황 등에 비추어 그러한 사정이 객관적으로 인정되는 경우를 말한다. 따라서 허위사항의 이력서 기재가 작성자의 착오에 의한 것이거나 그 내용이 극히 사소한 경우에는 그것을 이유로 한 징계해고는 사회통념상 타당성이 인정되지 않는다.[105]

판례는 ① 봉제공으로 근무한 사실이 없음에도 다른 회사에 봉제공으로 근무한 것처럼 이력서를 기재하여 봉제공으로 취업한 경우,[106] ② 특수강도 등의 혐의로 형사 입건되어 퇴학처분을 받았음에도 고등학교를 졸업한 것으로 이력서에 허위기재하여 신용금고에 입사한 경우,[107] ③ 공업고등학교 졸업과 공업전문대학 2학년 중퇴의 학력을 은폐하고 중학교만 졸업한 것으로 학력을 허위기재하여 입사한 경우,[108] ④ 중졸이상의 학력을 요건으로 하는 회사에 입사하면서 중학교 졸업자처럼 사칭하고 졸업증명서를 위조하여 8년간 은폐한 채 근무하여 온 경우,[109] ⑤ 근무성적 불량으로 해고된 사실과 주거침입 혐의로 지명수배된 사실 등이 알려질 것을 우

103) 임종률, 노동법(제14판), 515면; 이병태, 최신노동법(제8전정판), 977면 이하; 하갑래, 근로기준법(전정제27판), 621면 이하.

104) 대법원 1988. 2. 9. 선고 87누818; 대법원 1988. 12. 13. 선고 86다204; 대법원 1989. 1. 31. 선고 87다카2410; 대법원 1989. 3. 14. 선고 87다카3196; 대법원 1990. 12. 7. 선고 90다카23912; 대법원 1994. 8. 12. 선고 93누21521; 대법원 1999. 3. 26. 선고 98두4672 등.

105) 김유성, 노동법Ⅰ(초판), 281면.

106) 대법원 1985. 4. 9. 선고 83다카2202.

107) 대법원 1988. 2. 9. 선고 87누818.

108) 대법원 1989. 1. 31. 선고 87다카2410.

109) 대법원 1989. 3. 14. 선고 87다카3196.

려하여 이의 경력을 은폐하고 실재하지도 않은 다른 회사에서 근무한 것처럼 허위로 경력을 사칭하여 입사한 경우,[110] ⑥ 대학 4학년 때 좌익대학생 단체의 조직지도책으로 지명 수배되었다가 대통령의 특별사면으로 수배 해제된 사실이 있음에도 고의로 대학입학 및 대학자퇴의 전 과정을 누락시키고 고등학교만 졸업한 것처럼 허위기재하여 입사한 경우,[111] ⑦ 고등학교 졸업자가 입사 당시 이력서에 초급대학에 입학하여 졸업한 것으로 허위기재하여 대학졸업자라는 사실이 크게 작용하여 빠르게 승진한 경우,[112] ⑧ 부당해고구제신청을 하여 사용자와 합의하에 부당해고구제신청을 취하하면서 임의 퇴직한 사실을 숨기기 위하여 그 직장근무기간에 대하여 마치 다른 직장에서 근무한 것으로 허위기재하여 입사한 경우[113] 등은 정당한 징계해고로 판단하고 있다.

근래 대법원은 경력사칭을 근거로 징계해고하는 것에 대하여 기존에 비해 엄격한 판단기준을 제시하여 경력사칭을 이유로 한 징계해고가 정당하지 않은 것으로 판단될 여지를 넓히는 듯한 판시를 보여주고 있다. 즉, 대법원은 경력사칭을 이유로 한 징계해고의 정당성 여부는 기존 판례에서 판시하였던 사정, 즉 사용자가 사전에 경력사칭을 알았더라면 근로계약을 체결하지 아니하였거나 적어도 동일 조건으로는 계약을 체결하지 않았으리라고 여겨지는 사정(고용 당시의 사정)뿐만 아니라 고용 이후 해고에 이르기까지의 제반 사정을 종합적으로 고려하여 판단할 것을 요구하고 있다.[114]

그러나 ① 초등학교 중퇴의 학력밖에 없는 자가 고등학교를 중퇴한 것으로 사칭한 경우라도 학력이 업무능력에 미치는 영향이 거의 없는 납땜업무에 종사한 경우,[115] ② 형사처벌을 받고 파면된 사실을 은폐한 경우라도 입사 이후 13년 동안 성실하게 근무한 경우,[116] ③ 최종 학력을 기재하지 아니하고 전 직장의 근무기간을 실제 보다 길게 기재하여 입사한 경우라도 징계해고한 것이 적극적인 노동조합활동

110) 대법원 1990. 10. 30. 선고 89다카30846.
111) 대법원 1992. 6. 23. 선고 92다8873; 동지 대법원 1994. 1. 28. 선고 92다45230; 대법원 1994. 8. 12. 선고 93누21521.
112) 대법원 1995. 8. 22. 선고 95누5943.
113) 대법원 2000. 6. 23. 선고 98다54960.
114) 대법원 2012. 7. 5. 선고 2009두16763.
115) 대법원 1986. 10. 28. 선고 85누851. 동지 대법원 1989. 5. 9. 선고 88다카4918.
116) 대법원 1993. 10. 8. 선고 93다30921.

을 혐오한 나머지 최종 학력 미게재 등의 사유를 표면적인 구실로 내세워 그에 대한 보복조치로써 징계해고한 경우,[117] ④ 회사가 근무경력 은폐사실을 알고 있었더라도 고용계약을 체결하거나 적어도 동일한 조건으로 고용계약을 체결하였을 것으로 인정되는 짧은 경력기간을 누락시킨 경우[118] 등은 정당성이 없는 징계해고로 판단하고 있다.

(3) 평 가

근로관계의 존속 중에 근로관계가 성립되기 전의 행위인 경력사칭을 근거로 징계해고하는 것은 합리성이 있는 인사처분이라고 볼 수 없다. 그러나 근로관계는 근로제공과 임금지급을 목적으로 하는 계약관계인 동시에 노사 당사자의 신뢰관계를 기반으로 하는 인격적 결합관계의 성격도 가지고 있으므로 비록 경력사칭이 근로계약 체결 이전의 행위라도 그 경력사칭이 신뢰관계 또는 기업의 질서유지에 악 영향을 끼칠 위험성이 현존하는 경우에는 징계해고사유에 해당된다고 볼 수 있다. 따라서 경력사칭의 내용이 학력·경력 등과 같이 근로자의 능력평가와 관련이 있는 경우에는 징계해고사유에 해당되나, 이와 직접적인 관련이 없는 조합활동·학생운동·정치활동 등에 관한 경력사칭인 경우에는 징계해고사유가 되지 않는다고 보아야 한다.

요컨대, 채용 시의 모든 경력사칭이 징계사유에 해당되는 것은 아니고, 정당한 징계사유로 인정되기 위해서는 ① 경력사칭이 신의칙에 반하는 것이어야 하고, ② 기업질서를 침해할 우려가 현존해야 하고, ③ 근로계약 체결 후에 상당한 기간이 경과되지 않아야 한다.[119]

6) 기업비밀의 누설

근로자는 기업의 비밀을 누설하지 않을 근로계약상 성실의무를 부담하기 때문에 취업규칙 등에 회사의 비밀누설을 징계해고사유로 정한 경우에 사용자는 해당 근로자를 징계해고할 수 있다.[120] 그러나 징계해고사유로 삼을 수 있는 비밀은 사업상

117) 대법원 1996. 2. 9. 선고 94누9771.

118) 대법원 1999. 12. 21. 선고 99다53865.

119) 이병태, 최신노동법(제8전정판), 978면 이하.

120) 기업의 비밀을 누설하는 것은 기업의 공동 질서를 위반하는 것이 아니고 근로계약상 부수적인 의무인 성실의무를 위반한 것이라는 이유로 의사·간호사 등 전문직 근로자 이외에는 징계사유로 삼을 수 없다고 하는 반대의견이 있다(김형배, 노동법(제24판), 599면).

필요한 기업의 비밀에 해당되고 보호할 만한 가치가 있어야 한다.[121]

7) 겸직(이중취업)

근로자는 근로시간 이외의 사용자의 구속에서 벗어나 자유로이 이용할 수 있는 것이므로 겸직 또는 이중취업을 하였다는 이유만으로 당연히 해고사유에 해당되지 않는다. 즉, 근로자가 다른 사업을 겸직하거나 근무시간 이외에 다른 직업에 종사하고 있더라도, 이는 근로자 개인능력에 따른 사생활의 범주에 속하는 것이므로 기업질서나 노무제공에 지장이 없는 겸직까지 전면적·포괄적으로 금지하는 것은 부당하다. 법원도 「회사의 기업질서 또는 노무통제를 문란케 할 위험이 없고, 근로제공에 대한 특별한 지장을 가져오지 않는 한 겸직은 해고사유에 해당되지 않는 것」으로 판단하고 있다.[122]

그러나 근로자의 겸직이 근로관계를 유지할 수 없을 정도로 기업질서를 문란케 하거나 기업의 이익을 침해하는 합리적인 이유가 있는 경우에는 취업규칙에 규정된 겸직금지 조항을 이유로 해고할 수 있다고 보아야 한다.[123]

8) 업무와 관련성이 없는 사업장외의 범죄행위

근로자가 업무와 직접적인 관련성이 없는 범죄행위로 인하여 형사처벌을 받게 되면, 그로 말미암아 회사의 명예 또는 신용이 훼손되고 근로자에 대한 신뢰관계가 저하될 우려가 있다. 더욱이 범죄행위로 인하여 근로자가 구속되어 근로자가 장기간 근로제공의무를 이행할 수 없는 경우에는 근로계약 자체의 목적을 달성할 수 없게 된다.

이러한 이유에서 취업규칙 등에 근로자의 범죄행위로 형사처벌을 받는 경우를 해고사유로 규정하고 있는 경우가 많고, 그와 관련된 해고사건이 많이 발생하고 있다. 해고사유에 해당되는 「유죄판결」이란 유죄의 판결이 확정될 때까지는 무죄로 추정된다는 헌법상의 무죄추정의 원칙에 따라 확정된 유죄판결을 의미하는 것으로 해석해야 한다.[124] 따라서 1심에서 유죄판결을 받았지만 상고의 제기 등으로 그 유죄판결이 확정되지 않은 경에는 형사구속 등으로 장기간 근로를 제공할 수 없는 객관적

---

121) 이병태, 최신노동법(제8전정판), 981면.

122) 서울행정법원 2001. 7. 24. 선고 2001구7465.

123) 이병태, 최신노동법(제8전정판), 981면; 동지 김형배, 노동법(제24판), 599면.

124) 민변, 변호사가 풀어주는 노동법Ⅰ(개정3판), 201면.

인 사유가 없는 한 유죄판결만을 이유로 한 해고는 정당성이 없다. 그러나 판례는 근로제공이 불가능한 신체의 구속 상태가 해소되지 아니하는 내용의 유죄판결만을 의미하는 것이 아니고 모든 유죄판결을 의미하는 것으로 해석하고 있다. 다만, 상급심에서 무죄판결을 받은 경우에는 재취업할 수 있도록 한 단체협약의 규정은 무죄 확정 시 복직조건으로 일단 근로관계를 종료시키기로 한정하여 합의한 취지로 해석하고 있다.[125)]

요컨대, 업무와 관련이 없는 사업장 밖에서의 범죄행위는 기업질서를 위반한 것으로 볼 수 없기 때문에 장기간의 형사 구속 등으로 기업의 업무수행에 직접적으로 악영향을 초래하거나 기업의 사회적 평가를 훼손할 염려로 인하여 근로관계를 유지할 수 없는 객관적인 사유가 없는 한 단지 유죄판결을 이유로 한 해고는 무효로 해석해야 한다.[126)] 여기서 해고사유가 되는 「사회적 평가를 훼손할 염려」는 반드시 구체적인 업무저해의 결과나 거래상의 불이익이 발생하여야 하는 것은 아니고 당해 행위의 성질과 내용, 기업의 목적과 경영방침, 사업의 종류와 규모 및 그 근로자의 기업에 있어서의 지위와 담당 업무 등 제반 사정을 종합적으로 고려하여 그 비위행위가 기업의 사회적 평가에 미친 악영향이 상당히 중대하다고 객관적으로 평가될 수 있는 경우를 말한다.[127)]

따라서 업무와 관련이 없는 개인적인 범죄행위 또는 비위행위를 이유로 한 해고의 정당성은 기업의 규모, 동기·목적, 구속근로자의 지위, 선고된 형벌 등을 종합적으로 감안하여 근로제공을 장기간 제공할 수 없거나 기업의 명예를 실추한 행위에 해당되어 기업의 사회적 평가에 미친 악영향이 심히 중대한 것으로 객관적으로 평가되는 경우에 한하여 해고의 정당성이 인정되는 것으로 해석해야 한다. 그리고 근로자가 범죄행위로 체포·구속되어 결근한 경우라도 곧바로 무단결근을 이유로 해고처분을 해서는 안 되고, 체포·구속 전후의 근로자 측 대응, 기소의 유무 등을 참작하여 해고 정당성 여부를 판단하여야 한다.

9) 위법한 노동조합활동

취업규칙 등에 집회·연설·유인물의 배포 또는 부착 등 업무와 무관한 활동은 사

---

125) 대법원 1993. 2. 29. 선고 92다22206; 대법원 1997. 5. 23. 선고 97다9239.

126) 대법원 1994. 12. 13. 선고 93누23275; 대법원 2001. 12. 14. 선고 2000두3689.

127) 대법원 2001. 12. 14. 선고 2000두3689.

용자의 사전 승인을 얻은 경우에 한하여 허용하고, 이의 위반행위를 징계해고사유로 규정하고 있는 경우가 많다. 사업장 내의 시설관리나 근로자의 휴게시간의 자유로운 이용을 방해할 염려가 있고, 활동 내용 여하에 따라서는 기업질서를 문란케 할 가능성이 있다는 점에서 기업 내에서 업무 이외의 활동에 대한 사전승인은 합리성이 인정된다고 볼 수 있다. 그러나 징계해고사유로 된 업무 외의 활동이 노동조합의 정당한 활동에 해당되는 경우에는 당연히 민형사상의 책임이 면제되는 것이므로 사전승인을 얻지 않은 것을 이유로 한 해고는 무효로 된다. 그러나 그 활동이 노동조합의 정당한 활동에 해당되지 않는 경우에는 정당한 징계해고사유에 해당된다.

정당한 노동조합 활동으로 인정되기 위해서는 ① 노동조합의 업무를 위한 활동으로 볼 수 있거나 노동조합의 묵시적 수권 또는 승인을 받았다고 볼 수 있어야 하고(주체의 정당성), ② 근로조건의 유지개선과 근로자의 경제적 지위향상을 도모하기 위하여 필요하거나 근로자의 단결강화에 도움이 되어야 하고(목적의 정당성), ③ 취업규칙이나 단체협약에 별도의 허용규정이 없거나 노동관행 또는 사용자의 승낙이 없는 경우에는 근로시간 이외에 행해져야 하고(시기의 정당성), ④ 사용자의 시설관리권에 바탕을 둔 합리적인 규율이나 제약에 따라야 하고 폭력이나 파괴행위 등의 방법에 의하지 않는 것이어야 한다(방법의 정당성).[128]

판례는 사업장 내의 노동조합활동의 정당성 여부에 관하여 「회사의 사전 승인을 얻도록 하고 있더라도 근로조건의 유지개선이나 복지 증진을 위한 정당한 행위까지 금지할 수는 없는 것이므로 그 행위가 정당한가의 여부는 회사의 승인 여부만을 가지고 판단할 것은 아니고, 그 유인물의 내용·매수·배포의 시기·대상·방법·이로 인한 기업이나 업무에의 영향 등을 기준으로 판단해야 한다.」고 판시하고 있다.[129]

구체적으로 배포된 유인물이 타인의 인격·신용·명예 등을 훼손 또는 실추시키거나 사실관계의 일부가 허위이거나 그 표현에 다소 과장되거나 왜곡된 점이 있더라도, 유인물을 배포한 목적이 타인의 권리나 이익을 침해하려는 것이 아니라 근로조건의 유지개선과 근로자의 복지 증진 기타 경제적·사회적 지위의 향상을 도모하기 위한 것으로써 그 내용이 전체적으로 보아 진실한 것이라면 정당한 활동범위에 포함된다.[130] 그러나 노동조합활동이라 하더라도, 유인물이나 언동으로 기업 또는 대

128) 민변, 변호사가 풀어주는 노동법Ⅰ(개정3판), 208면.

129) 대법원 1991. 11. 12. 선고 91누4164; 대법원 1997. 12. 23. 선고 96누11778.

130) 대법원 1997. 12. 23. 선고 96누11778; 대법원 2001. 12. 28. 선고 2000두7315.

표자의 명예를 훼손한 행위는 해고사유에 해당된다. 다만, 정당하지 않은 노동조합활동이 해고사유에 해당된다 하더라도 그로 인한 징계의 적정성 여부는 별도로 판단해야 한다. 즉, 노동조합활동으로 기업 또는 대표자의 명예가 훼손되었다 하더라도 근로자와 회사와의 관계, 비방 또는 고발의 경위, 반복 정도 등 그 행위가 발생하게 된 경위를 구체적으로 고려하여 해고의 정당성 여부를 판단해야 한다.[131)]

특히, 노동조합활동과 관련하여 문제되는 것은 위법한 쟁의행위에 참가하는 근로자를 징계해고할 수 있는가의 여부이다. 징계해고할 수 없다는 견해는 ① 쟁의행위는 노동조합의 주도로 이루어지는 것이므로 위법쟁의행위에 대해서는 노동조합 자체가 책임을 부담해야 하는 것이지 개별조합원은 책임이 없다는 점, ② 쟁의행위가 위법하더라도 그 행위는 노동조합의 의사결정에 따라 행해지는 것이므로 조합원의 행위는 노동조합의 행위로 흡수되어 조합원에 대한 징계는 할 수 없다는 점, ③ 조합원에 징계책임을 인정하면 조합원에게 너무 가혹할 뿐만 아니라 이로 인해 노동운동이 위축될 가능성이 있다는 점, ④ 징계처분은 평상시의 근로관계를 전제로 직장질서 위반에 따른 제재이므로 사용자의 지휘감독관계가 존재하지 않는 쟁의행위에는 미칠 수 없다는 점 등을 근거로 제시하고 있다. 반면, 징계해고를 인정하는 견해는 ① 쟁의행위는 집단적 성격을 갖지만, 개별 근로자의 행위로 실현되는 것이므로 근로자 개인도 책임을 부담해야 한다는 점, ② 쟁의행위가 노동조합의 주도로 이루어지는 것이라도 근로자 개인이 전혀 책임을 지지 않는 것은 법의 상식에 부합하지 않는다는 점, ③ 쟁의행위 중 직장무단이탈자가 징계처분을 받지 않는 것은 위법성이 조각되는 것이므로 위법성이 조각되지 않는 위법한 쟁의행위에 참가한 근로자에 대해서는 징계책임이 적용되어야 한다는 점 등을 제시하고 있다. 우리나라의 다수설[132)]과 판례[133)]는 위법쟁의행위에 참가한 개별근로자에 대하여 사용자는 징계책임을 물을 수 있는 것으로 해석하고 있다.

그리고 위법쟁의행위를 주도한 조합간부가 일반조합원보다 무거운 특별징계책임을 부담하느냐에 관하여 긍정설과 부정설이 대립한다. 특별징계책임을 긍정하는 견

131) 예컨대, 사용자의 부당한 처사에 대항하기 위하여 유인물을 배포하거나 항의를 하는 과정에서 그 내용이나 표현방식이 과격하여 명예훼손에 이른 경우라면 정당한 해고로 볼 수 없을 것이다.

132) 이병태, 최신노동법(제8전정판), 365면; 임종률, 노동법(제14판), 250~251면; 이상윤, 노동법(제3판), 748면; 김형배, 노동법(제24판), 1053면.

133) 대법원 1991. 7. 12. 선고 90다9353.

해의 근거로서는 조합간부의 행위는 노동조합이라는 단체로서의 행위로 볼 수 있는 측면과 개인의 행위라는 측면을 지니고 있으며, 쟁의행위는 근로제공의 정지를 조직적으로 집단화하여 이루어지는 집단적 투쟁행위이므로 쟁의행위의 기획·지시 및 지도 등을 주도한 조합간부의 특별징계책임을 인정하는 것은 당연하다는 것 등이 제시되고 있다. 반면, 특별징계책임을 부정하는 견해의 근거로서는 민법상 법인이론에 따라 쟁의행위가 전체적으로 위법한 경우에 노동조합 자체가 책임을 부담하는 것과는 별도로 조합간부의 행위는 노동조합의 행위가 되므로 노동조합기관에 해당되는 조합간부에게 징계책임을 물을 수 없고, 조합간부의 위법·부당한 지휘명령에 따라 위법한 쟁의행위가 행해진 경우에도 쟁의행위가 사실행위인 이상 조합간부가 쟁의행위 자체의 대표자가 될 수 없다는 것 등이 제시되고 있다. 학설[134]과 판례[135]는 대체로 위법쟁의행위를 주도한 조합간부에 대한 특별징계책임을 긍정하는 입장을 보이고 있다.

요컨대, 쟁의행위가 헌법상 보장된 노동3권을 실현하기 위하여 노동조합이 기획·주도한 집단적 사실행위라 하더라도, 쟁의행위에 참여한 개별 근로자에 대하여 어떠한 징계책임을 물을 수 없다고 하는 것은 근로관계의 형평성에 반하는 것이므로 쟁의행위에 참가한 개별근로자에 대한 징계처분은 불가피하고, 쟁의행위는 노동조합의 주도로 행해지는 것이므로 위법쟁의행위를 주도한 조합간부도 징계책임을 부담할 수밖에 없다. 그러나 주로 기업별 노동조합의 형태가 주류를 이루고 있는 우리나라의 경우에는 위법쟁의행위가 있었다는 이유만으로 제한 없는 징계책임을 인정한다면, 노동조합의 조직력을 약화시켜 노동3권의 행사가 위축될 수밖에 없으므로 위법쟁의행위에 이르게 된 귀책사유가 노동조합보다는 사용자에게 더 많거나[136] 위법쟁의행위로 민·형사책임을 묻지 않겠다는 노사간에 면책약정이 있는 경우[137]에는 해고할 수 없는 것으로 보아야 한다.

---

134) 이병태, 최신노동법(제8전정판), 366면; 임종률, 노동법(제14판), 251면; 김형배,노동법(제24판), 1054면.

135) 대법원 1993. 5. 11. 선고 93다5147; 대법원 1994. 3. 25. 선고 93다32828; 광주지방법원 1995. 7. 14. 선고 94가합4546; 대법원 2006. 2. 23. 선고 2005두14767.

136) 대법원 1991. 7. 12. 선고 90다9353.

137) 대법원 1991. 1. 11. 선고 90다카21176; 대법원 1992. 7. 28. 선고 92다14786; 대법원 1993. 5. 25. 선고 92다19859.

10) 회사에 대한 비방·진정

사용자는 근로자가 근로기준법 위반 등을 노동행정기관에게 신고 또는 진정을 한 것을 이유로 해고할 수 없다(근로기준법§104). 그러나 근로자가 뚜렷한 자료도 없이 사용자를 수사기관에 고소·고발하는 행위, 사용자의 인격을 비난하는 내용의 진정서 등을 수사기관에 제출하는 행위, 공개석상에서 진실과 다른 내용이나 과장된 내용을 가지고 회사를 비방하는 행위는 정당한 징계사유에 해당된다.[138] 그러나 공익적 목적을 위한 이른바 내부고발행위는 일부 사실과 다른 내용이 있다 하더라도 전체적인 내용이 사실에 근거하고 그 목적이 정당하다면 해고사유에 해당되지 않는다.[139]

11) 폭행 또는 폭언

회사의 경영 질서를 유지하기 위해서는 근로자들의 엄격한 근무기강의 확립이 요구된다는 점에서 취업규칙·단체협약에 직장 동료 또는 상사 등에 대한 폭행·폭언행위를 해고사유로 규정하는 것은 강행 법규에 위반되는 것으로 볼 수 없다.[140] 그러나 이와 같은 폭력행위는 매우 다양한 모습으로 나타날 뿐만 아니라 그 동기도 상대방의 선제적인 도발행위에 기인할 수도 있고 여러 사정에 비추어 볼 때 정상을 참작할 만한 합리적인 이유가 있을 수 있다. 따라서 직장 동료 또는 상사에 대한 폭력행위를 이유로 한 해고의 정당성은 그 행위의 동기와 경위 등 전후의 사정을 종합하여 해고권의 남용에 해당되는가의 여부를 판단해야 한다. 판례는 어떠한 징계처분을 받은 사실이 없더라도 16세의 연상이고 근무경력도 10년이나 많은 노조위원장을 폭행하여 3주간의 치료를 요하는 상해를 입혀 형사처벌을 받은 것을 이유로 한 해고는 정당한 것으로 판시하고 있다.[141]

12) 업무와 관련한 횡령·배임·절도·금품수수 등

근로자의 업무상 횡령·절도·배임·금품수수는 소속 회사에 대한 범죄행위로 근로계약상 중대한 성실의무 위반에 해당된다. 따라서 특별한 사정이 없는 한 액수의 다과를 불문하고 이러한 범죄행위를 이유로 한 해고는 그 정당성이 인정된다고 보

138) 대법원 1992. 6. 26. 선고 91다42982; 대법원 1995. 3. 3. 선고 94누11767.
139) 김유성, 근로기준법 I (초판), 289면.
140) 대법원 1991. 12. 24. 선고 90다12991; 대법원 1995. 3. 3. 선고 94누11767.
141) 대법원 1992. 3. 13. 선고 91다39559.

아야 한다.

판례도 다른 해고사유와는 달리 근로자의 횡령 등 업무와 관련된 범죄행위는 사용자의 수익을 감소시켜 종국적으로 회사의 경영상황을 악화시키거나 사용자의 경영판단에 착오를 불러일으킬 수 있다는 전제 아래 그 액수의 다과를 불문하고 정당한 해고사유로 인정하고 있는 경향을 보이고 있다.[142] 특히, 횡령·배임·절도 등의 대상이 회사의 본질적인 수입원과 연결되어 있는 운수회사, 용역회사 등의 경우에는 폭넓게 해고사유로 인정하고 있는 경향을 보이고 있다. 다만, 횡령·배임 등이 관행화되어 있는 경우에는 경고 또는 사전교육을 통해 범죄행위라는 것을 주지시켰음에도 그와 같은 범죄행위가 재발되어 해고한 경우에는 금액의 다과와 관계없이 정당한 해고로 판단하고 있다.

구체적으로 판례는 우유협동조합의 지방영업소장이 횡령금의 일부를 판촉비에 사용하고 조합이 입은 손해를 모두 배상한 이후 징계면직처분을 한 경우,[143] 사내버스운행 도중 승차요금 5,000원을 횡령한 이유로 해고된 경우,[144] 등은 정당한 징계해고에 해당되는 것으로 판시하고 있다. 그러나 근로자의 직무상의 부정행위를 이유로 한 징계해고처분이 동종의 부정행위에 가담한 다른 근로자들에 대한 징계처분보다 지나치게 가혹한 경우,[145] 취업규칙에 정한 징계시효기간을 경과하여 총 12차례에 걸쳐 인쇄물 수주에 대한 사례비 명목으로 합계 6,300만원을 받아 이를 상급자에게 전달한 것을 이유로 해고한 경우[146] 등은 부당해고로 판단하고 있다.

요컨대, 업무와 관련된 범죄행위를 이유로 한 징계해고의 정당성은 사회통념상 현저하게 타당성을 잃어 징계권자에게 맡겨진 재량권을 남용하였는가의 여부에 따라 판단할 수밖에 없다. 여기서 사회통념상 현저하게 타당성을 잃었는지의 여부는 직무의 특성, 징계의 원인이 된 범죄행위의 내용과 성질, 징계에 의하여 달성하려고 하는 사업목적, 징계 양정의 기준, 수수액수, 수수경위, 수수시기, 수수 이후 직무에 영향을 미쳤는지 여부 등 여러 요소를 종합적으로 고려하여 객관적으로 판단해야 한다.[147]

---

142) 대법원 1990. 11. 23. 선고 90다카21589; 대법원 1997. 7. 8. 선고 96누6431.
143) 대법원 1990. 11. 23. 선고 90다카21589.
144) 대법원 1997. 7. 8. 선고 96누6431.
145) 대법원 1994. 5. 24. 선고 93다26854.
146) 대법원 2008. 7. 10. 선고 2008두2484.
147) 대법원 2008. 6. 26. 선고 2008두6387.

4. 해고사유의 판단범위 및 시기

1) 해고사유의 판단범위

해고의 정당성 여부를 판단함에 있어서 그 판단의 대상범위는 징계위원회에서 해고사유로 삼은 것에 한하고, 징계위원회에서 해고사유로 삼지 않은 징계사유를 포함시켜 판단해서는 안 된다.[148] 즉, 해고사유의 판단범위는 징계위원회에 회부된 해고사유에 한하고, 명백한 근로자의 책임 있는 해고사유가 존재하더라도 해고사유로 징계위원회에서 심의되지 않았다면 이를 징계해고사유로 삼을 수 없다.

징계위원회에서 해고사유로 삼았는가의 여부는 구체적인 자료를 통하여 징계위원회에서 해고사유로 삼았는가 여부에 의하여 결정되는 것이므로 반드시 징계결의서나 징계처분서에 기재된 취업규칙 등에 규정된 소정의 해고사유에 한정되는 것은 아니며,[149] 징계처분에서 징계사유로 삼지 아니한 비위행위라고 하더라도 징계양정의 참고자료로 삼는 것은 무방하다.[150]

2) 해고사유의 판단시기

입법취지상 근로기준법 제23조 제1항의 정당한 해고사유는 해고 당시 근로관계 유지를 계속 기대할 수 없을 정도의 근로자에게 책임 있는 사유를 의미하고, 그 사유는 해고 당시에 존재하여야 한다. 따라서 해고사유의 존재는 해고의 시점을 중심으로 판단해야 한다. 즉, 해고의 정당한 사유는 해고 당시에 현존하여야 하고, 해고 당시 이미 소멸된 과거의 사유나 장래에 발생하게 될 개연성이 있는 사유는 해고사유가 될 수 없다.[151]

요컨대, 근로기준법 제23조 제1항의 해고제한 규정은 근로관계의 유지를 목적으로 하는 것이므로 해고 당시 사용자와의 관계에서 근로관계의 유지를 기대할 수 없는 근로자의 귀책사유가 존재하지 않는 한, 사용자의 해고처분은 무효이다.

---

148) 대법원 1988. 12. 13. 선고 86다204; 대법원 1995. 3. 10. 선고 94누11880; 대법원 1997. 3. 14. 선고 95누16684; 대법원 2002. 5. 28. 선고 2001두10455 등.

149) 대법원 1996. 9. 20. 선고 95누15742; 1997. 3. 14. 선고 95누16684; 2002. 5. 28. 선고 2001두10455.

150) 대법원 1997. 2. 14. 선고 96누4244; 대법원 1997. 12. 9. 선고 97누9161; 대법원 1998. 5. 22. 선고 98다2365; 대법원 2002. 5. 28. 선고 2001두10455.

151) 김형배, 노동법(제24판), 605~606면; 박홍규, 고용법·근로조건법(제2판), 316면.

5. 해고사유 요건의 특례

사회통념상 근로관계를 계속 유지할 수 없는 근로자의 책임 있는 귀책사유가 있는 경우에 사용자는 근로기준법과 취업규칙 등에 정한 징계절차에 따라 해고할 수 있음은 당연하다. 그러나 사회통념상 객관적인 해고사유가 있다 하더라도 위법 쟁의행위와 관련하여 민·형사책임을 묻지 않기로 하는 면책합의에 따라 해고가 제한되는 경우가 있고, 징계시효가 경과되거나 신의칙에 반하는 경우에는 해고사유와 관계없이 해고가 무효로 되는 경우도 있을 수 있다. 수습 또는 시용근로자의 경우처럼 해고사유의 요건이 완화되는 경우가 있는가 하면 종교·자선사업 등 이른바 경향사업에 종사하는 근로자에 대해서는 해고요건의 적용을 배제하자는 주장도 있다.

1) 수습(시용)근로자의 해고요건의 완화

수습이란 근로계약 체결 후에 업무수행능력을 습득하기 위한 일정기간을 말하고, 시용이란 정식채용(본채용) 이전에 근로자의 업무적격과 능력을 판단하기 위하여 일정기간 시험적으로 고용하는 것을 말한다. 수습과 시용은 이론적으로 구별되는 것이지만, 판례[152]와 기업현실은 양자의 개념을 명확히 구분하지 않고 사용하고 있다.

수습과 시용은 근로관계가 성립되어 있다는 점에서 노동법의 적용을 받는 근로자임이 분명하므로 사용자는 정당한 사유 없이 본채용을 거부하거나 해고할 수 없다. 그러나 시용 또는 수습은 본채용 또는 정식채용 이전에 근로자의 직업적 능력·자질 등을 판단하기 위한 목적을 가지고 있는 것이므로 통상의 근로자에 대한 해고와 동

---

152) 판례는 「일정한 수습기간을 두고 고용된 시용근로자라도 정식으로 채용된 경우와 마찬가지로 근로계약관계가 성립한 것임이 틀림없다.」라고 하여 시용을 수습기간의 일환으로 파악하고 있으며(서울행정법원 1999. 2. 12. 선고 98구15558), 「수습기간제도란 확정적인 근로관계를 맺기 전에 정식채용을 전제로 당해 근로자의 직업적 능력을 판단하기 위하여 실무를 배우고 익히는 기간을 두는 것으로서 확정적인 근로계약 체결 여부를 일정 정도 유보하는 제도이다.」라고 하여 수습을 시용과 동일한 개념으로 이해하고 있다(서울행정법원 2002. 12. 6. 선고 2002구합18180). 따라서 판례와 기업현실은 명확하게 시용과 수습을 구별하여 적용하지 않고 있으므로 비록 시용의 명칭을 사용하고 있다 하더라도 실질적으로 수습의 목적을 겸하고 있는 경우는 노동법상 수습근로자의 규정을 적용할 수 있다. 즉, 사용자는 시용채용자에 대하여 최저임금의 90%를 지급할 수 있고, 시용기간은 근로자의 적격성을 평가하여 본채용을 결정하는 것이므로 수습의 성격도 아울러 가지고 있기 때문에 시용기간이 3개월 이내인 경우에는 해고예고 또는 해고예고수당을 지급하지 않고 즉시 해고가 가능한 것으로 해석해야 한다(이상국, 근로기준법(개정2판), 89면).

일한 기준에 따라야 한다고 볼 수는 없다. 따라서 합리적인 이유가 존재하면 회사는 시용기간 또는 수습기간 중의 근로자에 대하여 본채용 또는 정식채용을 하지 않아도 부당해고에 해당되지 않는다고 하는 것이 판례의 입장이라고 할 수 있다.[153] 그러나 시용 또는 수습기간 중에 업무부적격성 등 별다른 취업 장애사유가 없음에도 본채용 또는 정식채용을 거부하는 것은 부당해고에 해당된다.

시용 또는 수습기간이 만료되었음에도 사용자가 부적격 사유를 제시하지 않고 해당 근로자를 사실상 계속 사용하거나 시용연장에 대하여 동의 또는 통보하지 아니한 경우에는 기한의 정함이 없는 근로계약관계로 전환된 것으로 보아야 한다.[154]

2) 민·형사면책 합의

(1) 문제의 소재

사용자는 위법한 쟁의행위에 참가한 근로자나 그 쟁의행위를 주도한 노동조합 간부에 대하여 징계책임을 물을 수 있다. 그런데 노사 당사자가 쟁의행위를 마무리하면서 향후 쟁의행위와 관련된 일체의 민·형사 책임을 묻지 않기로 하는 민·형사면책합의를 하는 경우가 있다. 파업기간 중의 행위에 대한 노사간의 면책합의는 노사의 신뢰관계에 터 잡아 단체행동 등으로 갈등관계에 있었던 노사관계를 종식시키려는데 그 목적이 있는 것이다.[155] 그런데 근로자가 사회통념상 징계요건에 해당됨에도 이러한 민·형사면책 합의를 이유로 사용자가 징계책임을 물을 수 없는가의 여부가 문제된다. 즉, 민·형사면책 합의에 징계면책도 당연히 포함되어 있는가의 여부이다.

(2) 학설과 판례의 경향

학설[156]과 판례[157]는 이러한 면책합의에 위반하여 위법한 쟁의행위를 이유로 하

---

153) 대법원 1992. 8. 18. 선고 92다15710; 대법원 1994. 4. 11. 선고 92다44695; 대법원 2003. 7. 22. 선고 2003다5955; 대법원 2006. 2. 24. 선고 2002다62432 등.

154) 김유성, 노동법Ⅰ(초판), 74면; 김형배, 노동법(제24판), 292면; 서울행정법원 2006. 9. 26. 선고 2006구합20655; 대법원 1994. 4. 11. 선고 92다44695.

155) 현천욱, 「책약정의 해제와 직권해고」, 202면.

156) 이병태, 최신노동법(제8전정판), 366면; 민변, 변호사가 풀어주는 노동법Ⅰ(개정3판), 210면; 이승욱,「근로기준법상 서면합의의 효력」, 101면; 현천욱,「파업기간 중 행위에 대한 면책합의의 효력」,196면.

157) 대법원 1991. 1. 11. 선고 90다카21176; 대법원 1992. 7. 28. 선고 92다14786; 대법원

는 징계는 무효인 것으로 해석하고 있다. 즉, 민·형사면책 합의는 면벌적(免罰的) 효과가 발생한다. 그 근거로서 민·형사상의 책임을 묻지 않기로 한다는 합의의 취지는 특별한 사정이 없는 한 쟁의행위 기간 중에 일어난 모든 행위에 대한 민·형사 책임뿐만 아니라 사용자의 징계권 행사에 따른 책임까지도 포괄하여 면책시킨다는 취지로 해석해야 한다는 것을 들고 있다. 이와 관련하여 판례는 「노동조합의 압력 등에 의하여 궁지에 몰린 상태에서 어쩔 수 없이 사용자가 민·형사 면책합의에 응한 것이라도 그 면책합의가 선량한 풍속과 사회질서에 위반될 수 없음을 전제하면서 그 면책합의를 위반한 징계해고는 사법상 무효인 것」으로 해석하고 있다.[158]

그러나 위법한 쟁의행위에 대한 면책합의는 해당 쟁의행위를 이유로 한 징계해고사유로 삼을 수 없다는 것을 의미하는 것이므로, 면책합의가 있더라도 근로자의 다른 징계사유로 인하여 징계함에 있어서는 면책합의의 대상이 된 위법 쟁의행위를 징계양정의 판단자료로 삼는 것은 무방한 것으로 해석하고 있다.[159] 그리고 민·형사면책합의는 쟁의행위로 인한 노사의 갈등관계를 종식시키고 향후 정상적인 노사관계를 회복하는데 있는 것이므로 그 면책합의 이후에 노동조합 또는 근로자가 신의칙에 위반하는 행위로 면책합의의 존속기초가 되는 신뢰관계를 해칠 정도에 이른 경우에는 사용자는 그 합의의 해제권을 행사하여 징계할 수 있도록 하는 것이 정의와 형평에 부합된다.[160]

면책합의에 포함되는 행위의 범위는 쟁의행위와 일체성을 가지는 행위 및 쟁의행위로 인하여 사후에 불가피하게 발생되는 행위까지로 해석해야 한다. 따라서 면책합의 이후에 면책합의의 대상인 쟁의행위로 근로자가 형사처벌을 받고 구속된 기간동안 결근한 사실이 있더라도 이로 인한 결근을 징계해고사유로 삼을 수 없는 것으로 해석하고 있다.[161]

1993. 5. 25. 선고 92다19859.

158) 대법원 1992. 7. 28. 선고 92다14786.

159) 대법원 1994. 9. 30. 선고 94다4042.

160) 현천욱,「면책약정의 해제와 직권해고」, 202~203면. 대법원은 「노동조합과 회사 사이에 임금교섭기간 중 생겨난 민, 형사상의 문제는 각각 취하하고 회사는 고소된 근로자들을 면책키로 하는 등의 면책약정을 체결한 후 노동조합이 비합법적인 단체행동을 저질러 위 약정을 위반하였다면 회사로서도 이를 이유로 위 약정을 해제할 수 있고 그 해제에 의하여 위 면책약정은 실효되는 것」으로 판단하고 있다(대법원 1992. 5. 8. 선고 91누10480).

161) 대법원 1991. 8. 13. 선고 91다1233.

(3) 평 가

위법한 쟁의행위가 징계사유에 해당된다 하더라도 쟁의행위의 정당성 여부는 사법적 판단에 의존할 수밖에 없기 때문에 사용자가 미리 위법한 쟁의행위인 것으로 판단하여 징계할 수는 없다. 왜냐하면 위법 쟁의행위 여부에 대한 사법적 판단 이전에 미리 사용자가 취업규칙 등에 정한 징계사유에 해당된다는 이유만으로 징계권을 행사하는 경우에는 자칫 징계권의 남용에 해당되어 부당징계에 해당될 수 있는 개연성이 높기 때문이다.

그리고 쟁의행위는 노사간의 경제적 불이익을 초래하는 집단적 행위이기 때문에 쟁의행위로 인한 경제적 불이익을 최소화하기 위하여 쟁의행위 도중 단체협약을 체결하면서 당해 쟁의행위로 인한 일체의 민·형사책임을 묻지 않기로 하는 합의는 원칙적으로 유효하고, 징계권의 행사 여부는 사용자의 재량에 해당된다는 점을 고려하면 민·형사면책 합의에는 당연히 징계면책의 의미도 포함된 것으로 봄이 타당하다. 다만, 민·형사 면책합의서에 징계책임을 제외한다는 의미가 포함되어 있는 경우에는 사용자는 정당한 징계사유가 있는 경우에 그 면책합의와 관계없이 징계가 가능한 것으로 해석해야 한다.[162)]

그러나 사용자의 의사를 제압할 수 있을 정도의 노동조합의 물리력 행사·협박 등의 수단으로 어쩔 수 없이 사용자가 노동조합이 일방적으로 제시한 민·형사면책 합의서에 서명한 경우에는 불공정한 법률행위 또는 사회상규 등 강행법규에 위반되어 그 합의서의 효력을 인정할 수 없다. 따라서 민·형사합의서의 효력을 인정할 수 없는 사회통념상 상당성이 인정되는 경우에는 그 합의 여부와 관계없이 위법 쟁의행위에 참가한 조합원과 조합간부에 대해서는 징계책임을 물을 수 있는 것으로 해석해야 한다.

3) 신의칙의 적용

(1) 의 의

신의성실의 원칙(신의칙)이란 모든 사람은 사회공동생활의 일원으로서 상대방의 신뢰에 반하지 않도록 성의 있게 행동해야 한다는 원칙을 말한다. 신의칙은 윤리적·도덕적 평가를 법적 가치판단의 한 내용으로 도입된 것이다. 민법 제2조 제1항은

162) 현천욱, 「파업기간 중 행위에 대한 면책합의의 효력」, 198면.

「권리의 행사와 의무의 이행은 신의에 좇아 성실히 하여야 한다.」라고 규정하여 신의칙을 인정하고 있다. 신의칙 위반을 이유로 권리행사가 부정되기 위해서는 법률관계의 당사자가 신의에 반하여 권리를 행사하는 것이 정의 관념에 반하여야 한다.[163] 근로기준법 제23조 제1항의 해고사유 요건을 결하여 부당해고에 해당된다 하더라도, 신의칙에 반하는 경우에는 부당해고에 따른 근로자의 권리행사가 부정될 수 있다.

(2) 적용요건

해고무효 확인소송 등 근로관계의 존부를 둘러 싼 법적 분쟁에서 적용될 수 있는 신의칙은 실효의 원칙이다. 즉, 기업 활동을 전개하는 사용자와 임금 수입에 의존하여 생계를 유지하는 근로자의 입장을 고려하면, 근로관계의 존속에 관한 법적 분쟁은 신속하게 해결하는 것이 바람직하기 때문에 다른 법률관계에 있어서보다 실효원칙의 적용은 적극적으로 적용할 필요가 있다.

「실효의 원칙」이란 신의칙의 파생원칙으로써 권리자가 권리를 행사할 수 있음에도 불구하고 장기간 권리를 행사하지 않음으로써 권리를 행사하지 않을 것이라는 의무자인 상대방의 신뢰에 반하는 권리행사를 허용하지 않는다는 원칙을 말한다.[164]

실효의 원칙이 적용되기 위해서는 상당한 기간이 경과하여 권리를 행사하여야 하고, 그로 인하여 상대방이 더 이상 권리를 행사하지 않을 것이라는 신뢰를 보호할 필요성이 있는 특별한 사정이 존재하여야 한다. 여기서 「상당한 기간」이란 확정적인 기간을 의미하는 것이 아니라 사회통념상 제반 상황을 종합하여 상대방이 더 이상 권리를 행사하지 않을 것이라고 믿게 할 정도의 기간을 말한다.[165]

요컨대, 실효의 원칙으로 권리의 행사가 허용되지 않기 위해서는 권리자가 장기

---

163) 대법원 1995. 12. 12. 선고 94다42693.

164) 일본에서는 해고된 근로자가 이의 없이 퇴직금을 수령한 후 상당한 기간 내에 해고의 효력을 다투지 않는 경우에 해고무효 확인소송의 청구를 허용하지 않는 것을 해고의 승인문제로 접근하고 있다. 해고의 승인은 해고를 다툴 권리의 포기·합의해약의 성립·합의해약의 신청 등으로 법적 논리를 구성하고, 퇴직금 등의 수령 여부·퇴직금을 수령한 사정·퇴직금 수령 후의 근로자의 태도 등 제반사정을 고려하여 해고승인 여부를 판단하고 있다(박홍규, 고용법·근로조건법(제2판), 317면).

165) 그러나 상당한 기간은 적어도 임금의 소멸시효기간인 3년으로 해석하는 견해도 있다(박홍규, 고용법·근로조건법(제2판), 317면.

간에 걸쳐 권리를 행사하지 않은 것만으로는 부족하고 상대방이 더 이상 권리를 행사하지 않을 것으로 믿을 만한 정당한 사유가 있어야 한다.[166] 따라서 부당해고를 당한 근로자가 사용자에게 더 이상 해고무효 확인소송 등을 제기하지 않을 것으로 신뢰하게 하는 정당한 사유를 제공한 때에는 그 소송의 제기가 허용되지 않는다.

(3) 판례의 경향

판례는 해고된 근로자가 퇴직금 등을 수령하면서 아무런 이의의 유보나 조건을 제기하지 않고 상당한 기간이 지난 후에 그 해고의 효력을 다투는 소를 제기하는 것은 신의칙이나 금반언의 원칙에 위배되어 허용될 수 없음을 원칙으로 하고, 예외적으로, 해고의 효력을 인정하지 아니하고 이를 다투고 있었다고 볼 수 있는 객관적이거나 특별한 사정이 있는 경우에는 해고의 효력을 인정하지 않은 것으로 판단하고 있다.[167]

실효의 원칙 및 금반언의 원칙에 반한다는 이유로 근로자의 해고무효 확인소송의 제기 자체를 부적법한 것으로 인정한 판례로는 ① 해고된 근로자가 변제공탁된 퇴직금을 조건 없이 수령한 후 동종업체에 취업하여 3년이 지나 소송을 제기한 경우,[168] ② 근로자가 해고당한 뒤 아무런 이의를 보류함이 없이 회사로부터 퇴직금을 수령한 후 별다른 사유 없이 1년 7개월이 경과한 뒤 소송을 제기한 경우,[169] ③ 해고통지를 받은 근로자가 동종 업체에 취업하여 종전 회사와 동일한 수준의 임금을 받고 있으면서 퇴직금을 수령한 후 8개월 지나 소송을 제기한 경우,[170] ④ 의원면직된 때로부터 12년, 그 의원면직처분이 무효임을 안 때로부터 2년 4개월이 지나 근로자지위 확인의 소를 제기한 경우,[171] ⑤ 퇴직금을 수령한 후 부당해고구제신청이 기각되어 확정되었음에도 그로부터 1년 7개월이 지난 이후에 소송을 제기한 경우[172] 등이 있다.

---

166) 대법원 2002. 1. 8. 선고 2001다60019.

167) 대법원 2003. 10. 10. 선고 2001다76229; 대법원 1996. 3. 8. 선고 95다51847; 대법원 2005. 11. 25. 선고 2005다38270.

168) 대법원 1990. 11. 23. 선고 90다카25512.

169) 대법원 1991. 4. 12. 선고 90다8084.

170) 대법원 1991. 5. 28. 선고 91다9275; 대법원 1993. 4. 13. 선고 92다49171; 대법원 1996. 11. 26. 선고 95다49004.

171) 대법원 1992. 1. 21. 선고 91다30118.

172) 대법원 1995. 3. 10. 선고 94다33552.

실효의 원칙 및 금반언의 원칙에 반하지 않아 해고무효 확인소송의 제기를 적법한 것으로 인정한 판례로는 ① 해고된 근로자가 생계를 위하여 퇴직금을 수령하고 일시적으로 다른 업체에 취업하여 근무하고 있으나, 종전 회사에서 근무하기를 희망하면서 해고의 효력을 다투고 고용노동부에도 해고의 부당성에 대해 진정을 한 경우,[173] ② 징계해고 된 근로자가 생활형편이 어려워 퇴직금을 수령한 후 부당해고구제신청을 한 경우,[174] ③ 사용자가 공탁한 해고예고수당과 퇴직금을 조건 없이 수령하고 다른 회사에 취업한 경우라도 해고처분 즉시 부당해고구제신청을 한 경우,[175] ④ 4개월분에 해당하는 퇴직위로금을 수령한 경영해고 된 근로자가 실질적으로 같은 쟁점을 가지고 있는 동일한 다른 근로자들이 제기한 1심 승소결과에 따라 해고일로부터 2년이 경과하여 소송을 제기한 경우[176] 등이 있다.

다음으로 사용자의 징계해고가 신의칙에 반하여 무효가 된다는 판례는 인사규정상의 징계시효기간을 경과하여 징계 해고한 경우이다.[177]

위의 판례 내용을 종합하여 볼 때, 판례는 해고된 근로자가 해고에 대한 이의를 보류함이 없이 조건 없이 퇴직금을 수령한 후 별다른 사유 없이 상당한 기간이 경과한 이후에 제기한 해고무효 확인소송과 해고사유 발생일로부터 상당한 기간을 경과하여 해고한 경우에는 실효의 원칙 및 금반언의 원칙에 반하여 허용될 수 없다는 입장을 보이고 있다. 그러나 해고된 근로자가 생활상의 문제로 퇴직금을 수령하면서 해고의 효력을 다투겠다는 의사를 표시하는 등 객관적인 사정이 존재하는 경우에는 해고의 효력을 승인한 것으로 볼 수 없으므로 상당한 기간이 경과한 후에 소송을 제기하더라도 실효의 원칙 및 금반언의 원칙에 반하지 않는 것으로 판단하고 있다.

따라서 해고된 근로자가 해고의 효력을 다투고 싶은 생각이 있다면, 생활상의 문제로 퇴직금을 수령할 수밖에 없는 사정과 퇴직금 수령이 해고의 효력을 인정하는 것이 아니라는 취지의 내용증명을 통지하여 해고에 대한 이의를 제기하여 두는 것이 안전하다.

---

173) 대법원 1987. 4. 28. 선고 86다카1873.

174) 대법원 1996. 9. 6. 선고 95다16400.

175) 대법원 1992. 3. 31. 선고 90다8763.

176) 대법원 2005. 11. 25. 선고 2005다38270.

177) 대법원 2008. 7. 10. 선고 2008두2484; 대법원 1995. 3. 10. 선고 94다14650.

4) 경향사업 종사근로자의 적용제외 문제

일반적으로 경향사업이란 정치·노동조합·신앙·미술·자선·교육·언론에 종사하는 사업을 의미하는데, 이러한 사업에 종사하는 근로자에 대해서는 근로기준법 제23조 제1항의 정당한 해고사유를 적용하지 않고 해고할 수 있다고 하는 주장이 있다. 즉, 경향사업에 종사하는 근로자 중에서 경향사업의 특징적 활동을 직접 수행해야 할 의무가 있는 자가 경향사업의 목적에 반하는 행위를 한 경우에는 근로기준법상 해고제한 규정과 관계없이 해고를 인정해야 한다고 한다.[178]

경향사업에 종사하는 근로자의 해고제한 적용제외 규정이 없는 우리나라의 입법체계 아래에서는 근로기준법상의 해고제한 규정이 적용될 수밖에 없다. 다만, 해고의 실체적 요건으로써 사회통념상 근로관계를 유지할 수 없는 근로자의 책임 있는 사유는 사업의 특성·목적·담당자의 지위 등을 종합적으로 고려하여 판단해야 하는 것이므로 경향사업의 목적과 담당근로자의 업무내용 및 지위 등을 종합하여 일반사업에 종사하는 근로자의 해고요건보다 완화될 수는 있다. 그러나 경향사업에 직접적으로 종사하는 근로자에 대한 정당한 해고사유의 완화는 경향사업의 특성에 따른 당연한 결과가 아니고, 사업의 특성·해당 근로자의 담당업무·지위 등을 종합적으로 고려한 합리적인 차별해고사유의 적용으로 보아야 한다.

Ⅳ. 경영상 이유에 의한 해고의 제한

1. 서 설

「경영상의 이유」란 근로자에게는 귀책사유가 없으나 긴박한 경영상의 필요성으로 근로자의 감원의 필요성이 인정되는 사유로, 긴박한 경영상의 필요에 의한 해고를 경영해고라고 한다. 경영해고는 기업을 유지·존속시키기 위하여 일부 근로자를 해고한다는 점에서 사업을 폐지하기 위하여 청산절차 중에 행하는 통상해고와 구별된다.[179] 경영해고의 요건이 되는 「긴박한 경영상의 필요성」이란 일반적으로 경제

---

178) 김형배, 노동법(제24판), 697면 이하에서는 경향사업의 특징적 업무를 직접 수행하는 근로자는 독일 해고제한법이 적용되지 않는다는 것을 이유로 들어 해고제한 규정을 적용하지 않아야 한다고 주장하고 있다. 그리고 토지수용보상업무를 담당하고 있는 근로자의 부동산투기 행위를 정당한 해고사유로 인정한 대법원 1994. 12. 13. 선고 93누23275 판례를 인용하고 있다.

179) 대법원 2001. 11. 13. 선고 2001다27975; 대법원 2003. 4. 25. 선고 2003다7005.

적·산업 구조적 또는 기술적 원인으로 인한 경영합리화 계획에 따라 인원을 줄이거나 조직을 개편할 필요가 있는 경우를 말한다.

경영해고는 근로자의 귀책사유에 의한 일반해고나 징계해고와는 달리 불가항력적이거나 사용자의 책임 있는 사유인 긴박한 경영상의 필요성에 의한 해고로서 일반적으로 재취업이 곤란한 불황기에 대량해고로 이어져 근로자의 고용보장을 위협하고 사회적으로 중대한 영향을 미친다는 점에서 일반적인 해고사유와 구별하여 규제할 필요가 있다. 따라서 경영해고에 대해서는 일반해고나 징계해고와는 달리 특별히 엄격한 해고의 기준을 세워야 한다. 이에 근로기준법 제24조는 근로자의 귀책사유에 의한 해고제한 규정과 별도로 경영해고의 사유와 해고대상자의 선정기준 및 해고절차를 규정하고 있다.

사용자가 경영상의 이유로 근로자를 해고하기 위해서는 ① 긴박한 경영상의 필요성이 있어야 하고, ② 근로자 대표와 성실한 협의를 거쳐야 하며, ③ 해고회피노력을 하여야 하며, ④ 합리적이고 공정한 해고대상자 선정 기준을 세우고 그에 따라 공정하게 대상자를 선정하여 해고하여야 한다. 경영해고 요건의 구체적 내용은 확정적·고정적인 것이 아니라 구체적 사안에서 다른 요건의 충족정도와 관련하여 유동적으로 정해지는 것이므로 구체적 사건에서의 경영해고의 요건은 위의 각 요건을 구성하는 개별적 사정들을 종합적으로 고려하여 판단하여야 한다.[180]이에 대하여 살펴보면 다음과 같다.

2. 긴박한 경영상의 필요성

1) 긴박한 경영상의 필요성 정도

경영해고가 정당하기 위해서는 우선적으로 해고를 하지 않으면 안 될 정도의 긴박한 경영상의 필요성이 인정되어야 한다. 그러나 어느 정도의 긴박한 경영상의 필요성이 있어야만 경영해고의 요건에 해당되는가에 대하여 견해가 대립한다.

「도산회피설」은 근로자를 해고하지 않으면 경영악화로 기업이 도산되거나 존속유지가 위태롭게 될 것이 객관적으로 인정되는 경우에 한하여 긴박한 경영상의 필요성이 인정된다는 견해이다. 종전 판례는 「기업이 일정수의 근로자를 정리해고하

180) 대법원 2002. 8. 27. 선고 2000두6756,3061; 대법원 2002. 7. 9. 선고 2001다29452; 대법원 2004. 1. 15. 선고 2003두11339; 대법원 2006. 1. 26. 선고 2003다69393.

지 않으면 경영악화로 사업을 계속할 수 없거나 적어도 기업재정상 심히 곤란한 처지에 놓일 개연성이 있을 긴박한 경영상의 필요성이 있어야 한다.」라고 하여 도산회피설에 따라 경영해고의 정당성을 판단하였다.[181)]

「합리적 필요설」은 기업이 도산될 위험성이 없더라도 객관적이고 합리적인 감원의 필요성이 인정되는 경우에는 긴박한 경영상의 필요성이 인정된다는 견해이다. 현재 우리나라의 통설과 지배적인 판례[182)]의 입장이다. 상당수의 판례는 긴박한 경영상의 필요성을 기업의 경쟁력의 유지·강화를 위한 신기술 도입 등 구조조정에 수반하여 객관적으로 인원삭감이 필요한 경우까지 포함하는 것으로 판단하고 있다. 더욱이 장래에 올 수도 있는 위기에 대처하기 위한 인원삭감의 필요성까지도 포함시키고 있는 경향이다.

「감량경영설」은 생산성 향상, 경쟁력 강화, 이윤추구 등을 위하여 사용자가 근로자의 감원을 결정한 경우에는 긴박한 경영상의 필요성이 인정된다는 견해이다. 최근 이 견해에 따라 긴박한 경영상의 필요성을 판단하는 일부 판례가 있다.[183)] 판례는 「생산성 향상과 경쟁력 회복 및 강화에 대처하기 위한 작업형태의 변경·신기술의 도입 등 기술적인 요인에 따른 산업의 구조적 변화를 긴박한 경영상의 필요성이 있는 것」으로 판단하고 있다.

2) 긴박한 경영상의 필요성 요건

경영해고의 정당성이 인정되기 위해서는 ① 경영상의 필요성과 해고(감원) 사이에 긴박성이 인정되어야 하고, ② 경영상의 필요성은 상당기간 동안 계속되어야 하고, ③ 긴박한 경영상의 필요성은 전체 사업을 단위로 판단해야 하며, ④ 경영해고의 시점을 기준으로 긴박한 경영상의 필요성을 판단해야 한다.[184)]

(1) 경영상의 필요성과 해고 사이에 긴박성이 인정될 것

경영상의 필요성과 해고 사이에 긴박성이 있어야 경영해고가 정당화된다. 즉, 경영상의 필요라는 원인에 의해서 해고라는 결과가 인정되지 않을 수밖에 없는 경우

---

181) 대법원 1989. 5. 23. 선고 87다카2132; 대법원 1990. 1.12. 선고 88다카34094.

182) 대법원 2002. 7. 9. 선고 2001다29452; 대법원 2002. 11. 8. 선고 2001다16729; 대법원 2004. 1. 15. 선고 2003두11339.

183) 대법원 1991. 12. 10. 선고 91다8647; 대법원 1994. 6. 14. 선고 93다48823.

184) 긴박한 경영상의 필요성 요건을 명문으로 규정한 것은 없으나, 경영해고의 취지 및 판례를 종합하여 그 요건을 정리한 것이다.

가 긴박한 경영상의 필요성에 해당된다. 근로기준법 제24조 제1항의 「사용자가 경영상 이유에 의하여 근로자를 해고하려면 긴박한 경영상의 필요성이 있어야 한다.」라는 규정은 근로자를 해고할 수밖에 없는 긴박성이 있어야 함을 선언한 것이다.

해고할 경영상의 필요성은 경영자의 주관적인 입장에서 판단할 수밖에 없기 때문에 경영상 필요성이 인정된다고 해서 곧바로 경영해고가 정당화될 수는 없다. 따라서 법원은 「긴박성」이라는 객관적인 척도를 통하여 경영상의 필요와 해고 사이의 정당성을 심사하고 통제하여야 한다.[185] 종전 판례는 「기업경영을 위태롭게 할 정도의 급박한 경영상의 필요성이 존재할 것」을 긴박한 경영상의 필요성의 요건에 해당되는 것으로 판단하였으나,[186] 1990년 초부터 「근로자를 감원하지 않으면 기업이 도산될 위험성뿐만 아니라 장래의 경영위기에 대처하기 위하여 객관적인 감원의 필요성이 인정되는 경우」까지도 그 요건을 확대하고 있다.[187] 특히, 판례[188]가 「장래의 경영위기」까지도 긴박한 경영상의 필요성과 연계하여 긴박성의 요건을 완화하고 있는 것은 기업 전체의 경영사정을 현재와 미래의 운영 전반에 걸쳐 종합적으로 검토하여 경영상의 필요와 근로자 감원 사이에 객관적인 합리성을 토대로 긴박한 경영상의 필요성을 판단하는 것으로 이해할 수 있다.

그리고 경영악화를 방지하기 위한 사업의 양도·인수·합병은 긴박한 경영상의 필요성이 있는 것으로 간주되는 것이므로(근로기준법§24①후단), 경영악화를 방지하기 위한 합병임을 관련 당사자가 입증하기만 하면 긴박한 경영상의 필요성이 있는 것으로 인정된다. 다만, 경영해고권자는 근로계약의 당사자인 사업의 양도인과 피합병인이 되고 양수인과 합병인은 근로자를 해고할 권한이 없기 때문에 경영악화의 여부는 양도인 등을 기준으로 판단해야 하고,[189] 경영악화로 인한 해고의 필요성은 사업의 양도·합병 전에 발생하고 있어야 한다.[190]

185) 김형배, 노동법(제24판), 704면.

186) 대법원 1989. 5. 23. 선고 87다카2132.

187) 대법원 1992. 5. 12. 선고 90누9421; 대법원 1993. 1. 26. 선고 92누3076; 대법원 1997. 9. 5. 선고 96누8031; 대법원 1999. 5. 11. 선고 99두1809; 대법원 2002. 7. 9. 선고 2001다29452; 대법원 2002. 11. 8. 선고 2001다16729; 대법원 2004. 1. 15. 선고 2003두11339 등.

188) 대법원 2002. 7. 9. 선고 2001다29552,2000두9373; 대법원 2004. 1. 15. 선고 2003두11339.

189) 김유성, 노동법 I (초판), 293면.

190) 김형배, 노동법(제24판), 707~708면.

요컨대, 구조조정·조직의 변경·신기술의 도입·작업방법의 변경·업종의 전환 등과 같은 다양한 경영상 필요에 의한 경영해고가 정당화되기 위해서는 근로자를 감원하지 않으면, 객관적으로 기업의 존립에 중대한 영향을 미칠 수 있거나 경쟁력을 상실할 정도의 경영상 필요성이 있어야만 긴박성을 인정할 수 있을 것이다.

(2) 경영상 필요성이 상당한 기간 계속될 것

경영상의 필요성은 일시적이 아닌 상당기간 동안 계속되어 근로자를 해고할 수밖에 없는 긴박성이 있어야 한다. 즉, 경영해고를 하지 않으면 안 될 정도의 경영상의 어려움이 계속적으로 누적되어 왔고, 그 어려움이 장래에도 쉽게 해소되지 아니할 정도의 개연성이 존재하여야 한다.[191]

따라서 ① 파업으로 일시적인 경영난이 발생한 경우, ② 해고된 근로자 수에 상응하는 인원을 신규 채용한 경우, ③ 경영해고 전에 기업이 고급 승용차를 구입한 경우 등은 경영상의 어려움이 상당기간 지속되지 않은 것이므로 긴박한 경영상의 필요성이 인정되지 않는다.

(3) 전체 사업에 대한 긴박한 경영상의 필요성이 인정될 것

긴박한 경영상의 필요성은 기업전체의 사업을 기준으로 판단해야 한다.[192] 왜냐하면, 경영주체가 동일한 사업주가 경영하는 일부 사업의 적자운영으로 경영결단에 의하여 그 사업을 폐지하였더라도 기업 전체적으로는 근로자를 해고할 만한 긴박한 경영상의 필요성이 있는 것으로 단정할 수 없기 때문이다.

일부 사업장을 폐쇄하였더라도 다른 사업장을 계속 경영하고 있는 이상, 그 사업의 폐쇄만을 이유로 그 사업장에 근무하고 있는 근로자를 모두 해고하는 것은 경영해고의 요건을 충족하지 못한다.[193] 그러나 사업물량의 감소로 인한 경영난을 해소하기 위하여 해당 사업부의 업종을 폐지·전환하기로 함에 따라 잉여인력을 감축한 경우에는 긴박한 경영상의 필요성이 인정된다.[194]

동일한 사업주가 동일한 두 개의 법인사업체를 운영하고 있는 경우의 긴박한 경영상의 필요성 여부는 원칙적으로 법인사업별로 분리하여 판단해야 하나, 사실상

191) 이상윤, 노동법(제3판), 418면; 대법원 1995. 11. 24. 선고 94누10931.
192) 김유성, 노동법Ⅰ(초판), 293면; 김형배, 노동법(제24판), 705면.
193) 대법원 1993. 1. 26. 선고 92누3076; 대법원 1999. 4. 27. 선고 99두202.
194) 대법원 1997. 9. 5. 선고 96누8031.

하나의 법인으로 운영되고 있는 경우에는 두 개의 법인체를 종합적으로 고려하여 판단해야 한다.[195)]

(4) 경영해고의 시점에서 긴박한 경영상의 필요성이 인정될 것

긴박한 경영상의 필요성 여부에 관한 판단시점은 경영해고 시점을 기준으로 판단해야 한다.[196)] 왜냐하면 경영해고 이전의 일정한 시점, 즉 해고예고통지일이나 경영해고를 실시하기 위하여 근로자대표와의 협의일 등을 기준으로 긴박한 경영상의 필요성을 판단하게 되면 예상하지 않았던 사유로 인하여 경영상태가 호전될 수 있기 때문이다.[197)]

3) 사법심사의 대상 여부

긴박한 경영상의 필요에 따라 행한 경영해고의 합목적성에 대하여 법원이 이를 심사할 권한이 있는가의 여부에 대하여 다툼이 있으나, 다수설[198)]과 판례[199)]는 「경영해고가 기업경영에 대한 결정이라 하더라도 법원이 객관적인 자료에 근거하여 해고의 정당성 여부를 판단해야 한다는 이유로 모든 긴박한 경영상의 필요에 대하여 법원이 심사할 수밖에 없다.」는 견해를 취하고 있다. 그리고 사법심사의 범위는 기업경영 전체에 미치는 것이므로 긴박한 경영상의 필요성 여부의 심사는 일개 영업부문이나 영업소의 수지만을 기준으로 할 것이 아니라 기업 전체의 사정을 종합적으로 검토하여 판단해야 한다는 입장을 취하고 있다.[200)]

이에 반하여 「경영해고의 정당성에 관한 법원의 심사권한을 긴박한 경영상 구조

195) 대법원 2006. 9. 22. 선고 2005다30580.

196) 김유성, 노동법 I (초판), 293면.

197) 긴박한 경영상의 필요성 판단시점을 해고통지일로 보고, 제품수주·수출의 증가 등 예상하지 않았던 사유로 경영사정이 호전되어 인원감축의 필요성이 소멸된 경우에는 해당 근로자에게 재취업청구를 할 수 있는 것으로 해야 한다는 견해가 있다(김형배, 노동법(제24판), 705면 주3). 그러나 사용자는 일단 경영해고 된 근로자를 재고용할 노력의무만 부담하고 있다는 점과 긴박한 경영상의 필요성이 확대되어 근로기본권이 과도하게 제한될 수 있다는 점에서 수긍하기 어렵다.

198) 이병태, 최신노동법(제8전정판), 644면; 박홍규, 고용법·근로조건법(개정2판), 108면.

199) 대법원 1991. 12. 10. 선고 91다8647; 대법원 2002. 7. 9. 선고 2001다29452; 대법원 2002. 11. 8. 선고 2001다16729; 대법원 2004. 1. 15. 선고 2003두11339 등.

200) 대법원 1993. 1. 26. 선고 92누3076; 대법원 1999. 4. 27. 선고 99두202; 대법원 2006. 9. 22. 선고 2005다30580.

변경의 적정성에 대해서까지 인정한다면 기업의 경영활동이 본질적 제약을 받는다는 이유로 경영해고 대상자의 범위와 해고자의 선발기준이 정당한 것인가의 여부만 심사할 권한만 있고, 사업주의 결정이 명백히 비합리적이거나 자의적인 경우가 아닌 한 긴박한 경영상의 필요성 자체는 심사할 권한이 없다.」고 해석하는 반대의 의견이 있다.[201]

요컨대, ① 사업주의 결정이 비합리적이거나 자의적인지의 여부를 판단하기 위해서는 객관적인 자료에 의해서 기업 경영전체를 심사하여 비합리성·자의성·권리남용 여부를 판단할 수밖에 없다는 점,[202] ② 해고대상자의 선정 및 범위의 타당성만을 기준으로 경영해고의 정당성을 심사한다면, 경영해고의 전제가 되는 긴박한 경영상의 필요성 요건은 사문화되어 사용자가 다른 경영상의 요건을 충족한 경우에는 경영상 이유로 한 모든 해고가 정당화될 수 있다는 점을 고려하면, 법원은 당연히 긴박한 필요성 자체도 심사할 권한이 있다고 보아야 한다. 그리고 긴박한 경영상의 필요성이 있다고 하는 입증책임은 사용자가 부담해야 한다.

4) 판례의 경향

(1) 긴박한 경영상의 필요성에 관한 판단기준

판례에 따르면, 경영해고의 실질적인 요건이 되는 「긴박한 경영상의 필요성」이란 반드시 기업의 도산을 회피하기 위한 경우에 한정되지 아니하고, 장래에 올 수도 있는 위기에 미리 대처하기 위하여 인원삭감이 필요한 경우도 포함되지만, 그러한 인원삭감은 객관적으로 보아 합리성이 있다고 인정되어야 한다. 또한 '긴박한 경영상의 필요'가 있는지를 판단할 때에는 법인의 어느 사업부문이 다른 사업부문과 인적·물적·장소적으로 분리·독립되어 있고 재무 및 회계가 분리되어 있으며 경영여건도 서로 달리하는 예외적인 경우가 아니라면 법인의 일부 사업부문 내지 사업소의 수지만을 기준으로 할 것이 아니라 법인 전체의 경영사정을 종합적으로 검토하여 결정하여야 한다.[203]

한편, 대법원은 근래의 사례에서 기업의 전체 경영실적이 흑자를 기록하고 있더라도 일부 사업부문이 경영악화를 겪고 있는 경우, 그러한 경영악화가 구조적인 문

---

201) 김형배, 노동법(제24판), 709면.
202) 이병태, 최신노동법(제8전정판), 644면.
203) 대법원 2015. 5. 28. 선고 2012두25873.

제 등에 기인한 것으로 쉽게 개선될 가능성이 없고 해당 사업부문을 그대로 유지한다면 결국 기업 전체의 경영상황이 악화될 우려가 있는 등 장래 위기에 대처할 필요가 있다는 사정을 인정할 수 있다면, 해당 사업부문을 축소 또는 폐지하고 이로 인하여 발생하는 잉여인력을 감축하는 것이 객관적으로 보아 불합리한 것이라고 볼 수 없다고 판시한 바 있다.[204)]

(2) 긴박한 경영상의 필요성을 인정한 판례

판례는 위의 긴박한 경영상의 필요성 판단기준에 따라 계속되는 경영악화, 생산성 향상을 위한 구조조정과 기술혁신 및 업종전환, 사업의 양도·인수·합병 등은 긴박한 경영상의 필요성이 인정되는 것으로 판단하고 있다.

- ㅇ 공장의 부지 및 건물의 임대기간이 만료되고 연장이 불가능한 상태이고 새로운 공장을 건립하기에는 그 경영전망이 불확실한 상태에서 공장 전체를 폐쇄할 수밖에 없었던 경우(대법원 2000. 9. 8. 선고 99다42308).
- ㅇ 생산수단·축소로 인해 직업부서가 폐지된 경우(대법원 1990. 1. 12. 선고 88다카34094).
- ㅇ 계속된 사업적자로 일부 사업을 하도급제로 전환하면서 근로자를 감축한 경우(대법원 1995. 12. 22. 선고 94다52119).
- ㅇ 계속적인 노사분규로 인한 적자경영을 극복하기 위하여 일부 단위의 부서를 폐지한 경우(대법원 1992. 5. 12. 선고 90누9421).
- ㅇ 기업이 민영화되는 과정에서 제품가격 자유경쟁 체제로의 전환에 따른 산업구조의 변화에 대비하기 위하여 조직을 축소 개편한 경우(대법원 1994. 6. 14. 선고 93다48823).
- ㅇ 자금지원에 의존하는 기업에서 자금지원이 중단된 경우(대법원 1995. 12. 5. 선고 94누15783).
- ㅇ 취업규칙에 근거하여 경영합리화를 위하여 직제를 개편한 경우(대법원 1991. 1. 29. 선고 90누4433).
- ㅇ 경영상의 이유로 과(科)를 폐지하고 법인 산하 타사업장을 흡수한 경우(대법원 1987. 12. 12. 선고 89다카2011).
- ㅇ 회사의 경영위기가 상당기간 신규 설비 및 기술 개발에 투자하지 못한 데서 비

204) 대법원 2012. 2. 23. 선고 2010다3629.

롯된 계속적·구조적인 경우(대법원 2014. 11. 13. 선고 2014다20875·20882).

(3) 긴박한 경영상의 필요성을 부정한 판례

판례는 긴박한 경영상의 필요성은 어느 정도 지속되어야 하고 객관적으로 근로자를 감원할 필요성이 있어야 함을 전제로 하면서 일시적인 경영악화, 계속적으로 만성적자가 발생할 개연성이 없는 경우, 경영해고 이후 신규근로자를 채용한 경우, 여러 사업체 중에서 일부 사업을 폐쇄한 경우 등에 대해서는 긴박한 경영상의 필요성을 인정하지 않고 있다.

○ 실질적으로 동일한 경영주체가 운영하고 있는 일부 사업체만을 폐업하기로 한 경우(대법원 1990. 3. 13. 선고 89다카24445; 대법원 1992. 5. 12. 선고 90누9421; 대법원 2006. 9. 22. 선고 2005다30580).

○ 파업으로 인하여 일시 정상적인 경영의 어려움으로 본사 사업장을 폐지하고 다른 영업소에서 사업을 계속하고 있는 경우(대법원 1993. 1. 26. 선고 92누3076).

○ 경영해고 이후 신규로 근로자를 채용하는 등 사실상 경영사정이 곤란했다고 볼 수 없는 경우(대법원 1989. 5. 23. 선고 87다카2132).

○ 적자가 만성적이면서도 앞으로도 그러한 상태가 계속될 가능성이 없는 경우(대법원 1995. 11. 24. 선고 94누10931).

○ 대폭적인 재정적자를 예상하고 경영해고하였으나, 해고 이후 경영실적이 호전된 경우(대법원 1989. 5. 23. 선고 87다카2132).

3. 해고회피의 노력

1) 의 의

근로자를 해고할 수밖에 없는 긴박한 경영상의 필요성이 인정된다 하더라도 사용자는 경영해고를 하기 전에 상당한 기간 동안 해고를 회피하기 위한 노력을 다하여야 한다(근로기준법§24②). 경영해고의 정당한 요건인 해고회피를 위한 노력을 다하여야 한다는 것은 사용자가 근로자의 해고범위를 최소화하기 위하여 경영방침이나 작업방식의 합리화, 신규채용의 금지, 일시휴가 및 희망퇴직원의 활용, 전근·배치전환 등의 가능한 조치를 취하는 것을 말한다.[205] 사용자가 해고회피노력을 다하였

205) 대법원 1992. 12. 22. 선고 92다14779; 대법원 1999. 4. 27. 선고 99두202; 대법원 2004. 1. 15. 선고 2003두11339.

는가의 여부는 사용자의 능력과 수단에 비례하는 해고회피노력의 원칙, 단계적 해고회피노력의 원칙, 실현가능한 해고회피노력의 원칙에 따라 판단해야 한다.[206] 따라서 사용자가 경영해고를 하기 전에 기업이 당면한 경영상 어려움을 타개하기 위하여 실현 가능한 경영상 모든 조치를 강구하는 등 해고회피노력을 기울였으나, 그러한 노력만으로는 경영상 곤란을 극복할 수 없거나 해고 이외의 다른 경영상의 조치를 취하는 것을 기대하기 곤란한 사정이 있어 부득이 정리해고를 할 수밖에 없음이 인정되는 경우에 그 경영해고는 정당성이 있다.[207]

사용자의 해고회피 노력은 경영해고의 정당성 확보라는 소극적인 요건이기 보다는 장기적인 기업의 발전과 근로자의 고용안정을 위한 적극적 요건으로 이해하여야 하고, 근로자 역시 고용안정을 위하여 고통을 분담하려는 보다 적극적인 사용자의 해고해피 노력에 협력하는 자세가 필요하다.[208]

2) 해고회피노력의 수단

근로기준법 제24조 제2항은 사용자는 해고를 회피하기 위하여 노력을 다해야 함을 규정하고 있을 뿐, 해고회피의 유형 및 수단에 대해서는 구체적인 규정을 두고

---

206) 「사용자의 능력과 수단에 비례하는 해고회피노력의 원칙」이란 사용자의 해고회피노력과 해고회피조치의 내용은 그가 보유하고 있거나 동원가능한 수단과 능력에 비례하여 이루어져야 한다는 것을 말한다. 「단계적 해고회피노력의 원칙」이란 사용자의 해고회피노력은 우선적으로 근로자의 이익이 덜 침해되는 조치의 모색에서부터 시작하여야 하고, 이러한 조치가 불가능한 경우에 그 다음 단계의 조치를 모색하고, 금전적 보상이 수반되는 근로관계의 종료조치인 희망퇴직은 최종적인 해고회피의 수단으로 활용하여야 한다는 것을 말한다. 그리고 「실현가능한 해고회피노력의 원칙」이란 사용자의 해고회피노력은 구체적이고 명확해야 하고, 현실적으로 그 실현이 가능해야 한다는 것을 말한다. 이에 관한 상세한 내용은 조용만, 「경영상 해고회피 법리의 현재와 미래」, 110면 이하 참조.

207) 민변, 변호사가 풀어주는 노동법Ⅰ(개정3판), 255면.

208) 이러한 면에서 본다면, 사용자 측은 근로자를 채용 후 수년간 많은 투자를 하여 온 가장 중요한 인적 자산이라는 인식하에 기업의 구조조정 과정에서 보유부동산의 매각·물적 비용의 절감·고용유지에 따른 정부지원 방법의 강구 등의 적극적인 조치가 필요하고 해고가 불가피하더라도 고용불안을 최소화할 수 있도록 하는 경영개선 방식을 선택해야 한다. 그리고 근로자 측도 근로자의 해고범위를 최소화하거나 해고를 예방하기 위한 근로시간의 단축·순환휴직·임금삭감 또는 반납 등과 적극적인 고용유지 수단을 통하여 경영난을 타개하도록 하는 적극적인 자세가 필요하다(노동부, 경영상 해고제도의 해설, 35~36면).

있지 않다. 따라서 사용자가 취할 수 있는 해고회피 노력의 수단은 당해 기업의 특성·경영악화의 정도·근로자와의 협의 여부 등을 종합적으로 고려하여 해고를 회피하기 위한 최선의 방법을 선택하면 된다. 노동법상 예상되는 사용자의 해고회피노력에 관한 유형 및 수단을 제시하면 아래와 같다.

• 경영방침의 개선 및 작업방식의 합리화	• 임원수당 축소 등 일반관리비용의 절감
• 외부노동력을 자체인력으로의 대체	• 신규채용의 중단
• 근로시간 등의 조정	• 전직 등 기업내부 인사이동
• 기업 사이의 인사이동(전적·전출 등)	• 임금의 반납 또는 삭감
• 휴업·휴직의 실시	• 희망퇴직·명예퇴직의 실시
• 정부의 지원제도의 활용	

(1) 경영방침의 개선 및 작업방식의 합리화

경영해고를 단행하기에 앞서 사용자의 경영방침의 합리적 개선과 작업방식의 과학화·합리화 및 조직개편 등은 경영상 필요에 따른 구조조정 과정에서 당연히 전제되어야 한다. 이러한 조치 없이 감원의 필요성이 있다는 이유로 즉시 경영해고를 실시하는 것은 사용자의 해고회피노력을 다한 것으로 볼 수 없다. 판례와 재결은 먼저 경영합리화 노력을 보이지 않고 일방적으로 감원계획을 실행하는 것은 사용자의 해고회피노력을 다하지 않은 것으로 판단하고 있다.[209]

(2) 임원수당 축소 등 일반관리비용의 절감

경영위기는 사용자의 귀책사유에 의한 것이므로 일반적으로 경영진이 먼저 고통을 분담한다는 차원에서 경영진의 임원수당의 반납 또는 축소, 경영진의 차량 반납 등을 우선적으로 실시할 필요성이 있으며, 경비절감과 관련하여 복리후생의 일환으로 시행하고 있는 의료비·교육비·주택비·체력단련비 등의 지원을 축소 또는 폐지할 필요성이 있다. 다만, 이와 같은 복지후생비의 지원이 취업규칙 또는 단체협약에 규정되어 이미 근로조건으로 되어 있는 경우에는 근로자의 집단적 동의를 얻어야 하므로 사용자의 일방적인 폐지는 곤란하다.[210]

판례와 재결은 상당액에 달하는 접대비를 절약하거나 다른 적절한 해고회피노력을 하였다면 상위직을 하위직으로 변경하는 인력교체를 하지 않을 수도 있었다고

209) 대법원 1993. 11. 23. 선고 92다12285; 중앙노동위회 1995. 1. 11. 선고 94부해317.
210) 노동부, 경영상 해고제도의 해설, 47면.

볼 수 있는 경우에는 해고회피노력을 다하지 않은 것으로 판단하고 있으며,[211] 임원 차량의 반납·통근버스의 운행축소 등의 조치를 해고회피노력의 일환으로 인정하고 있다.[212]

(3) 외부노동력을 자체인력으로의 대체

간접고용형태의 파견·하도급 등의 축소 또는 폐지를 통하여 외부노동력의 의존도를 줄이고 자체 노동력의 활용도를 높이려는 사용자의 노력이 필요하다. 비정규직 근로자들에 대한 근로계약갱신의 중단 및 파견업체와의 파견근로계약 체결의 중단 또는 사내하도급의 중단 등의 조치를 통하여 내부 자체의 인력으로 대체하는 것은 해고회피 노력의 일환으로 인정된다.[213]

(4) 신규채용의 중단

사용자가 경영상 이유로 해고를 계획하고 있으면서 한편으로는 근로자의 신규채용을 한다는 것은 그 자체가 모순일 수밖에 없다. 근로자의 결원을 보충하지 않고 기존 근로자를 대상으로 배치전환을 도모하는 것은 해고회피노력의 기본일 뿐만 아니라 근로자의 저항을 받지 않고 시행할 수 있는 가장 간편한 해고회피 노력의 방안이다. 따라서 사용자가 근로자 감원 조치 결정 후 근로자를 신규 채용하는 경우에는 경영해고의 정당성은 인정되지 않는다.[214] 다만, 결원된 업무의 내용이 기존 근로자로 대체할 수 없는 경우에는 예외가 인정된다.[215]

(5) 근로시간 등의 조정

근로시간의 단축, 탄력적 근로시간제의 도입, 연월차유급휴가의 적극적인 활용을 통하여 휴가수당의 절감을 꾀하는 것도 해고회피노력의 일환으로 인정된다.

① 근로시간의 단축은 임금 수준의 저하를 수반하는 근로조건의 불이익 변경에 해당되는 것이므로 사용자는 경영위기에 따른 조업단축임을 충분히 근로자에게 설명한 후 근로자의 집단적 동의를 얻어야 한다(근로기준법§94).

② 탄력적 근로시간제의 도입은 근로의 합리적인 분산을 통한 경비절감에 기여할

211) 대법원 1995. 11. 24. 선고 94누10931.

212) 중앙노동위원회 1994. 4. 6. 선고 93부해310.

213) 중앙노동위원회 1996. 12. 17. 96부해174.

214) 대법원 1993. 12. 28. 선고 92다34858; 대법원 1987. 4. 28. 선고 86다카1873.

215) 노동부, 경영상 해고제도 해설, 48~49면.

수 있다. 토요격주 휴무제는 사용자와 근로자 모두에게 유익한 측면이 있고, 근로자의 생리적 리듬과 노동 강도에 별다른 영향을 미치지 않으므로 모든 업종에서 실시하고 있다. 그러나 2주 또는 3월 단위의 탄력적 근로시간제는 근로자의 생체리듬과 노동 강도에 좋지 않은 영향을 미칠 수 있으므로 근로기준법 제51조의 요건과 절차에 따라 도입을 검토해야 한다. 특히, 15세 이상 18세 미만의 근로자와 임신 중인 여성 근로자에 대하여는 탄력적 근로시간제를 적용할 수 없다.

③ 작업량의 감소 등으로 인하여 작업시간이 감소된 경우에 노사간의 합의를 통하여 미사용 휴가일수를 소진하게 하거나 근로기준법 제62조에 따라 근로자대표와의 서면합의를 통하여 연차유급휴가를 특정 근로일에 집단적으로 대체하여 사용하도록 함으로써 연차유급휴가수당을 절감하는 것도 해고회피노력의 일환으로 인정된다.

(6) 기업내부의 인사이동(전직)

기업내부의 인사이동은 인력의 적재적소 배치를 통하여 경영능률을 증진시키기 위하여 근로자의 직무내용·장소 등을 변경시키는 인사 조치를 말한다. 긴박한 경영상의 필요에 의하여 감원될 근로자들을 결원이 있는 직무 또는 업무로 인사이동 조치하는 것은 해고회피노력의 일환으로 인정된다. 다만, 기업내부의 인사이동은 업무상 필요성을 고려하여 근로자에게 현저한 생활상의 불이익이 발생하지 않도록 해야 한다. 따라서 일반적으로 전직 등의 인사이동은 근로자에게 생활상의 이익을 침해한다는 점에서 가능한 한 일부 사업폐지 등으로 인해 발생한 잉여인력에 한하여 실시하는 것이 바람직하다.

판례는 전직이나 전보는 원칙적으로 사용자의 권한에 해당하는 것이고, 긴박한 경영상의 필요에 의하여 해고회피의 일환으로 행하여진 전보 및 전직은 유효한 것으로 판단하고 있다.[216] 그리고 노조간부에 대한 인사이동 시 노동조합과 합의를 하도록 하는 단체협약의 규정이 있다 하더라도 노동조합이 합의권을 남용한 경우에는 노동조합과의 합의를 거치지 않고 전직 등의 인사명령 조치는 정당하고 해고회피 노력을 한 것으로 인정된다.[217]

216) 대법원 1995. 10. 13. 선고 94다52928.
217) 대법원 1992. 12. 8. 선고 92다32074.

(7) 기업 사이의 인사이동(사외파견·전적) 및 소사장제의 운영

다른 계열회사 또는 협력회사에 자사 근로자를 전출하거나 전적시키는 것도 해고회피의 일환으로 인정될 수 있다. 여기서 전출이란 소속 기업 근로자 신분을 그대로 유지하면서 다른 기업의 지휘 감독 아래에서 근로를 제공하는 기업 사이의 인사이동 형태를 말하고, 전적이란 소속 기업에서 근로자를 퇴직시킨 후 자회사·협력회사·거래회사 등에 취업시키는 것을 말한다.

이른바 소사장제의 도입은 경영악화에 직면하고 있는 개별 기업의 사정에 따라 유용한 해고회피 노력의 일환으로 인정될 수 있다. 소사장제란 생산성 향상 등 기업의 경쟁력을 회복하기 위하여 동일 사업장 내에서 생산라인 또는 공정의 일부를 독립경영 체제로 형성하는 소규모 경영방식을 말한다. 소사장제는 경영실적에 따른 예산·임금배분이 실시되므로 기업 전체적으로 보면 경비절감 등 경영효율을 높일 수 있고, 소사장을 중심으로 근로자 스스로 소사업장 단위의 경영합리화를 이룰 수 있다는 장점이 있다. 따라서 소사장제를 실시할 여건이 마련되어 있는 기업의 경우 고용조정의 한 방편으로 이용되기도 한다.[218]

(8) 임금의 반납 또는 삭감

경영위기에 직면하게 되면 기업의 임금지불능력이 부족하여 임금체불을 하거나 향후 임금지급을 할 수 없는 경우가 발생하는 것이 보통이다. 근로자와 사용자가 합의하여 체불임금을 반납(포기)하거나 임금수준을 하향조정(임금삭감)하는 경우가 있다. 임금의 반납이나 삭감은 경영위기를 타개하기 위한 해고회피 노력의 일환으로 인정된다. 여기서 임금의 반납이란 근로자의 자유로운 의사에 따라 이미 발생한 임금채권을 포기하는 것을 말하고, 임금의 삭감이란 앞으로 지급받게 되는 임금의 수준을 저하시키는 것을 말한다.

임금의 반납이 유효하기 위해서는 노조의 결의나 선언, 사용자와 노동조합과의 합의, 노사협의회의 의결 등 집단적 합의만으로는 부족하고 해당 근로자의 개별적인 동의가 있어야 한다.[219] 그리고 임금의 삭감이 유효하기 위해서는 앞으로의 임금 또는 상여금의 수준을 낮추는 것에 대한 근로자의 집단적 동의를 얻어 취업규칙·단체협약·근로계약을 변경해야 한다(근로기준법§94①단서).

---

218) 노동부, 경영상 해고제도 해설, 55~56면.

219) 대법원 2007. 6. 28. 선고 2007도1539.

그런데 임금의 반납과 삭감은 퇴직금 등 각종 제 급여를 산출하는 근거가 되는 평균임금의 저하를 수반하기 때문에 임금을 반납하거나 삭감하는 경우라도 퇴직금 등 다른 근로조건에서 불이익을 받지 않도록 임금의 반납 또는 삭감 이전의 평균임금을 그대로 적용하는 것이 바람직하다. 그리고 해고회피 노력의 일환으로 실시한 임금의 반납과 삭감을 둘러싸고 법적 분쟁이 많이 발생하고 있는 현실을 감안하면, 임금의 반납과 임금삭감의 방법과 내용 등에 대하여 반드시 당사자의 서명이 있는 임금반납동의서 또는 합의서를 작성하고, 임금 삭감의 경우에는 근로자의 동의를 첨부하여 취업규칙 등을 변경한 후 행정관청에게 신고해 놓는 것이 바람직하다.

(9) 휴업·휴직의 실시

수주물량의 부족 등 경영상의 사유로 휴업할 수밖에 없는 경우에 휴업 또는 순환휴직의 실시는 긴박한 경영상의 필요에 의한 해고회피의 일환으로 인정된다. 긴박한 경영상의 필요에 의한 휴업 또는 휴직은 사용자의 귀책사유로 인한 것이므로 사용자는 평균임금의 100분의 70이상에 해당되는 임금 또는 통상임금을 휴업수당으로 지급해야 한다(근로기준법§46). 즉, 휴업이란 근로자가 근로계약에 따라 근로제공의 의사가 있음에도 불구하고 그 의사에 반하여 취업이 거부되거나 불가능하게 된 경우도 포함되는 것이기 때문에 긴박한 경영상의 필요에 의한 휴업 또는 휴직도 당연히 휴업수당의 지급대상이 된다.[220]

다만, 부득이한 사유로 사업계속이 불가능하여 노동위원회의 승인을 받은 경우에는 휴업수당 이하로 휴업수당을 지급할 수 있다. 부득이한 사유로 사업계속이 불가능한 경우에 해당되는가의 여부는 사회경제적 상황, 당해 업종의 평균가동률, 시장상황, 사업을 계속하려는 사용자의 노력 정도, 사업계속을 위한 실행 가능한 조치가 있었는지의 여부 등을 종합적으로 고려하여 노동위원회가 판단할 문제이다.

(10) 희망퇴직 또는 명예퇴직의 실시

근로자를 해고할 수밖에 없는 긴박한 경영상의 필요성이 있는 경우에 근로자의 심한 반발을 사지 않으면서 고용조정의 효과를 거둘 수 있는 해고회피노력의 방안은 바로 희망퇴직과 명예퇴직이라고 할 수 있다. 왜냐하면 사용자는 근로자의 반발이 예상되는 경영해고를 하지 않고 경영위기에 따른 고용조정의 효과를 도모할 수

220) 대법원 1993. 11. 9. 선고 93다37915; 대법원 1996. 4. 23. 선고 94다446.

있고, 근로자도 경영해고를 당하기보다는 추가적인 금전보상을 받고 명예퇴직 또는 희망퇴직하는 것이 유리할 수도 있기 때문이다.

명예퇴직이란 정년퇴직 이전에 퇴직하는 조기퇴직을 의미하고, 희망퇴직은 전 근로자를 상대로 자발적인 퇴직자를 모집하여 퇴직을 희망하는 근로자를 퇴직시키는 일종의 의원면직처분에 해당된다. 해고회피 노력의 일환으로 실시되는 명예퇴직 또는 희망퇴직자에 대해서는 법정퇴직금과 해고예고수당을 초과하는 금전보상을 지급하는 것이 노동관행이다.[221] 그러나 희망퇴직 또는 명예퇴직이 사용자의 적극적인 권유 또는 강요 등으로 근로자의 자유로운 의사에 의한 신청이 아닌 경우에는 사법상 무효로 되는 경우가 있음을 유의해야 한다.[222]

(11) 고용유지지원금 제도의 활용

긴박한 경영상의 필요에 의하여 경영해고를 회피하기 위하여 근로시간 단축, 휴직의 실시, 휴업 등을 실시하는 기업에 대하여 국가는 고용유지지원금을 지급하고 있다. 이러한 고용유지지원금 제도의 활용은 해고회피 노력의 일환에 해당된다. 고용보험법은 생산량 감소 등 경영상 이유로 고용조정이 불가피한 사업주가 휴업·휴직 등과 같은 고용유지조치를 하고 근로자의 고용을 유지하는 경우에는 소정의 고용유지지원금이 지급된다.[223]

221) 노동부, 경영상 해고제도 해설, 63면.

222) 판례는 ① 근로자가 퇴직금을 중간정산받기 위하여 형식상 사직서를 제출한 경우(대법원 1988. 5. 10. 선고 87다카2578), ② 특채인사에 대하여 반발하는 노동조합 조합원이 협상용으로만 사용하겠다는 취지로 사직서를 제출한 경우(대법원 1992. 3. 27. 선고 91다44681), ③ 영업의 양도·합병·조직변경에 따라 근로자들이 회사 방침에 따라 퇴직금을 받고 일괄 사직서를 제출한 경우(대법원 1999. 6. 11. 선고 98다18353), ④ 사용자의 지시에 의하여 사직할 의사가 없는 근로자들이 사직서를 제출한 경우(대법원 1994. 4. 29. 선고 93누16185) 등을 민법 제107조의 진의 아닌 사직의사표시로 보아 무효로 판시하고 있다. 이러한 판례에 따라 희망 또는 명예퇴직 근로자가 사용자의 적극적인 권유, 강압 등으로 분위기상 자신의 의사와 관계없이 어쩔 수 없이 희망퇴직 또는 명예퇴직을 신청할 수밖에 없었다는 이유로 부당해고구제신청을 제기하거나 해고무효 확인소송을 제기하는 경우가 많다.

223) 고용보험법 제21조 및 고용보험법 시행령 제19조 내지 제21조 참조.

【고용유지지원금의 내용】

고용유지조치	지원요건	지원수준 및 기간
휴 업	1월간 소정근로일수의 1/15(월간 2일)을 초과하여 휴업을 실시하고 휴업수당을 지급한 사업주	• 고용유지조치 기간 동안 사업주가 근로자에게 지급한 임금액 및 휴업수당의 2/3(대규모기업 1/2) • 180일 범위 내에서 지급
휴 직	근로자에게 1개월 이상 유·무급휴직을 부여한 사업주	• 고용유지조치 기간 동안 사업주가 근로자에게 지급한 임금액 및 휴직수당의 2/3(대규모기업 1/2) • 무급휴직의 경우에는 1인당 20만원 • 무급휴직기간동안 훈련을 실시하는 사업주에게는 노동부장관이 고시한 훈련비와 훈련수당 지급 • 180일 범위 내에서 지급
훈 련	고용유지에 적합한 훈련을 실시하는 사업주	• 훈련을 실시한 경우에는 지급임금의 3/4(대규모기업 2/3) 및 훈련비 지급 • 180일 범위 내에서 지급. 단, 180일 고용유지조치 후 훈련을 실시할 경우 90일까지 연장지원
인력재배치	업종전환 후 종전 업종 종사근로자의 60% 이상을 새로운 업종으로 재배치한 사업주	• 사업주가 피보험자에게 지급한 임금의 4분의 3(대규모기업의 경우에는 3분의 2)에 해당하는 금액 • 1년간 지급
교대제전환	교대제로 전환하여 조가 증가(4조이하인 경우에 한함)한 사업주	• 교대제전환의 경우에는 교대제를 적용받고 있는 근로자에게 지급한 임금의 20/100(대규모기업 15/100) 지급. 단, 3조에서 4조로 전환한 경우에는 15/100(대규모기업 10/100) 지급 • 1년간 지급

3) 해고회피노력의 정도

「해고회피 노력을 다하여야 한다는 것」은 경영방침이나 작업방식의 합리화, 신규채용의 금지, 일시휴직 및 희망퇴직의 활용 및 전근 등 사용자가 해고범위를 최소화하기 위하여 가능한 모든 조치를 취하는 것을 의미한다.[224] 그러나 해고회피 노력을 다하기 위한 방법과 정도는 확정적·고정적인 것이 아니라 당해 사용자의 경영위기의 정도, 정리해고를 실시하여야 하는 경영상의 이유, 사업의 내용과 규모, 직급별 인원상황 등 제반 사정을 개별적으로 판단할 수밖에 없다.[225] 그리고 사용자가 해고를 회피하기 위한 방법에 관하여 노동조합 또는 근로자대표와 성실하게 협의하여 경영해고 실시에 관한 합의에 도달하였다면 이러한 사정도 해고회피노력의 판단에 참작되어야 한다.[226]

사용자의 해고회피노력은 해고 이외에 경영위기를 모면하기 위한 적극적인 노력을 의미한다. 따라서 사용자가 소극적으로 경영방침을 개선하기 위한 노력은 전혀 하지 않은 채, 단지 신규채용을 없애고 희망퇴직자를 모집하는 등 해고회피를 위한 일부 조치만을 취한 경우에는 사용자의 해고회피노력을 다한 것으로 볼 수 없다.[227]

사용자가 해고회피노력의무를 다하였는가의 여부는 일률적으로 확정할 수 있는 것이 아니라 기업의 규모, 사업의 성질, 경영해고의 목적·규모·긴급성의 정도 등 개별기업이 처한 제반사정을 종합적으로 고려하여 판단할 수밖에 없다.[228] 따라서 경영위기에 직면한 사용자가 모든 해고회피수단을 취해야 하는 것은 아니고, 근로자와의 협의 또는 합의를 통하여 최선의 해고회피수단이라고 생각되는 방안들을 선택·실시한 경우에는 해고회피의 노력은 다한 것으로 보아야 한다. 그리고 해고회피노력을 다하였는가의 판단시점은 경영해고가 이루어지기 이전의 시점을 기준으로 판단해야 한다.[229]

판례는 해고회피 노력을 다하기 위한 방법과 정도는 확정적·고정적인 것이 아니라 당해 사용자의 경영위기의 정도, 정리해고를 실시하여야 하는 경영상의 이유, 사업의 내용과 규모, 직급별 인원상황 등의 제반 사정을 개별적으로 판단할 수밖에

224) 대법원 2004. 1. 15. 선고 2003두11339.

225) 대법원 1999. 4. 27. 선고 99두202; 대법원 2002. 7. 9. 선고 2001다29552; 대법원 2003. 6. 10. 선고 2002두3430; 대법원 2004. 1. 15. 선고 2003두11339; 대법원 2005. 6. 9. 선고 2004도7218.

226) 대법원 2002. 7. 9. 선고 2001다29452; 대법원 2003. 6. 10. 선고 2002두3430; 대법원 2005. 6. 9. 선고 2004도7218.

227) 민변, 변호사가 풀어주는 노동법 I (개정3판), 255면.

228) 임종률, 노동법(제14판), 537면; 김유성, 노동법 I (초판), 294면.

229) 대법원 2002. 6. 28. 선고 2000두4606.

없음을 전제로 해고회피노력을 다하였는가의 여부를 구체적인 사안에 따라 개별적으로 판단하고 있다.[230)]

(1) 해고회피노력을 인정한 사례

○ 폐지된 부서의 상용직 근로자 일부는 본사 및 다른 사업장에 전직조치하고 일부는 의원사직처리하고 임시일용직을 일차적으로 해고한 후 더 이상 다른 사업장에 배치할 수 없는 경우(대법원 1990. 1. 12. 선고 88다카34094).

○ 작업의 성질이나 근로조건에 비추어 다른 사업장으로 배치전환 할 여지가 없고 다른 해고회피수단이 없는 경우(대법원 1992. 12. 22. 선고 92다14779).

○ 업무내용이나 인적 구성에 비추어 배치전환이나 희망퇴직자의 모집이 불가능하여 사무실 축소·임원임금 동결·촉탁직원의 권고사직 등의 조치를 취한 경우(대법원 1995. 12. 5. 선고 94누15783).

○ 해고를 회피하고자 회사의 유휴부지, 사택, 유가증권 등 자산을 매각하고 신규채용을 동결한 경우(중앙노동위원회 2003. 3. 19. 2002부해786).

○ 기구 통·폐합을 단행하면서 취업알선, 일정기간 동안 임금을 지급하면서 충분한 전직의 기회를 부여한 경우(중앙노동위원회 1990. 12. 3. 90부해113).

○ 경영합리화 조치를 취하면서 근무시간 단축, 임원 차량 등을 매각한 경우(중앙노동위원회 1994. 4. 6. 93부해310).

(2) 해고회피노력을 인정하지 않은 사례

○ 희망퇴직자, 휴직의 실시, 조업의 단축, 신규채용 억제 등 적극적인 노력을 하지 않은 상태에서 해고대상자를 해고한 경우(대법원 1990. 3. 18. 선고 86다카24445; 대법원 1993. 11. 23. 선고 92다12285).

○ 다른 아파트단지의 관리사무소로 전근시키는 등 직원 재배치가 불가능한 것이 아님에도 불구하고 입주자대표회의의 감원요청이 있다는 이유로 해고한 경우(대법원 1999. 4. 27. 선고 99두202).

4. 합리적이고 공정한 해고대상자의 선정

1) 의 의

정리해고가 실질적인 정당성을 갖추기 위해서는 긴박한 경영상의 필요성과 사용

230) 대법원 2002. 7. 9. 선고 2001다29552; 대법원 2004. 1. 15. 선고 2003두11339.

자의 해고회피노력 이외에 해고대상자의 선정이 합리적이고 공정해야 한다(근로기준법24②). 경영해고의 요건으로 합리적이고 공정한 해고기준을 요구하는 것은 무엇보다도 경영해고가 근로자의 귀책사유 없이 행해진다는 점을 근거로 한다. 따라서 해고기준의 합리성과 공정성을 확보하기 위해서는 근로자 측의 주관적인 사정을 면밀히 배려할 필요가 있다. 이러한 측면에서 해고기준의 합리성과 공정성은 일정 정도 근로자 상호간의 이익조정 기준으로서의 의미를 갖는 것이며, 기본적으로 근로자에 대한 사회적 보호의 필요성이 우선적으로 고려대상이 되어야 한다.[231] 그러나 경영해고는 경영위기를 타개하기 위한 사용자의 의지가 포함되어 있는 것이므로 해고대상자의 기준을 설정함에 있어서 경영이익을 반영할 필요성도 배제할 수 없다.

2) 합리적·공정한 해고기준의 판단

합리적·공정한 해고기준은 매우 추상적인 개념이고 그 판단기준이 노사의 입장과 개별기업이 처한 상황에 따라 달라질 수 있는 것이므로 그 선정기준은 사전에 노사의 합의로 단체협약 등에 정해 놓는 것이 바람직하다. 사전에 해고기준을 설정하여 놓은 것이 없다면 사용자가 근로자대표와의 협의를 거쳐 합리적이고 공정한 원칙을 정하여 실시하여야 한다. 이와 관련하여 근래 대법원은 객관적 합리성과 사회적 상당성을 가진 구체적인 기준이 마련되어야 하고 그 기준을 실질적으로 공정하게 적용하여 정당한 해고대상자의 선정이 이루어져야 한다고 판시한 바 있다.[232]

그러나 합리적이고 공정한 해고대상자 선정기준은 개별사업장의 사정과 여건에 따라 다르므로 이의 기준을 일률적·확정적으로 제시한다는 것은 불가능하다.[233] 결국 합리적이고 공정한 해고기준은 기업이 처한 상황과 노사의 견해에 따라 달라질

231) 김유성, 노동법 I (초판), 295면.

232) 대법원 2012. 5. 24. 선고 2011두11310.

233) 합리적이고 공정한 해고대상자 선정기준에 관하여 학설은 ① 원칙적으로 근로자의 주관적인 사정에 해당되는 자료를 위주로 하여 상대적으로 사회적·경제적 약자에 해당되어 더욱 보호의 필요성이 높은 근로자순으로 해고대상자에서 제외시키고 사용자의 이익은 2차적으로 고려되어야 한다는 견해, ② 사용자의 기업운영상의 필요성을 고려하는 것은 해고대상 근로자에 대한 공정한 선발기준에 배치된다는 견해, ③ 단체협약 또는 취업규칙에 해고대상자선정기준을 설정하지 않은 경우에는 근로자 측의 입장과 사용자 측 입장이 서로 조화·균형을 유지되어야 한다는 견해, ④ 기업의 업종과 규모 및 인원정리의 필요성 등을 종합적으로 고려하여 구체적으로 정하여야 한다는 견해 등을 제시하고 있다. 이에 관한 상세는 박수근, 「경영상 해고에서 합리적이고 공정한 선정기준」, 210면 이하 참조.

수밖에 없는 것이므로 「근로자의 보호 측면」과 「경영이익의 측면(공헌도)」을 고려하여 설정할 필요가 있다.[234] 즉, 근로자의 연령, 근속연한, 부양가족 수, 재산의 정도, 건강상태, 근무실적, 숙련도, 자질, 전직의 가능성 등을 종합적으로 고려하여 해고기준을 설정해야 한다.

【해고대상자 선정기준의 요인】

근로자의 보호측면	경영이익의 측면
• 근로자의 연령 • 근속연한 • 가족의 부양여부 및 정도 • 재산소유 상태 • 근로자의 건강상태 • 업무상 질병·부상 여부	• 평소의 근무상황(결근·지각·상벌 등) • 기능 숙련도·근로능력·경험·자질[235] • 전직의 가능성 • 기업에의 불이익 유무 • 고용형태에 있어서 기업의 귀속성 정도 (비정규직 근로자, 간접고용 등)

위의 해고대상자 선정기준의 요인들 중에서 노사의 합의 또는 협의를 거쳐 노사의 이익을 균형 있게 반영한 해고기준을 설정하여 해고대상자를 선정한 경우에는 특별한 사정이 없는 한, 합리적이고 공정한 해고대상자를 선정한 것으로 볼 수 있다. 그러나 경영해고는 근로자의 귀책사유에 의한 것이 아니고 사용자의 귀책사유인 경영위기에 의한 것이므로 원칙적으로 근로자 각자의 주관적인 사정을 위주로 상대적으로 사회적·경제적 약자의 순서로 해고대상에서 제외하고 경영이익의 기준은 부차적으로 고려하는 것이 바람직하다.[236] 따라서 노사의 합의 또는 협의를 거

234) 고용노동부, 경영상 해고제도 해설, 79면.

235) 기능의 숙련도·근로능력·자질 등은 인사고과에 의하여 평가할 수밖에 없다. 그런데 인사고과를 규제할 수 있는 법적 근거가 전혀 없기 때문에 인사고과의 불공정성을 이유로 한 해고의 다툼에 대하여 법원이 인사고과의 공정성 여부를 규범적으로 평가하여 해고의 부당성을 판단할 수 있는가의 여부, 즉 사법심사의 대상에 포함되는가의 여부가 문제된다. 인사고과의 실시주체는 사용자일 수밖에 없고 상당한 재량성이 있는 점을 감안하면, 노사 사이에 합의된 인사고과기준을 크게 벗어나지 않은 이상 사법심사의 대상이 되지 않는 것으로 보아야 한다. 따라서 근로자의 자질·능력 등을 해고대상자의 선정기준으로 설정한 경우에는 이의 객관성과 공정성을 담보할 수 있도록 평가과정에서 근로자를 참여시키고 인사고과기준과 고과결과를 근로자에게 공개함과 동시에 이의신청 시 이를 시정할 수 있는 제도적 장치를 마련할 필요성이 있다(박수근, 「경영상 해고에서 합리적이고 공정한 선정기준」, 228면 이하).

236) 고용노동부, 경영상 해고제도 해설, 80면; 김유성, 노동법 I (초판), 295~296면; 박

쳐 근로자의 보호측면을 배제하고 경영이익만을 고려한 해고기준에 따라 해고대상자를 선정하는 것은 합리적이고 공정한 해고대상자의 선정으로 볼 수 없다.[237)]

특히, ① 사내맞벌이 부부 중 여자, ② 생계책임이 적은 여자, ③ 일정한 연령 이상의 여자, ④ 남편 있는 여자, ⑤ 출산전후휴가 또는 육아휴직 중인 자 등의 해고기준은 남녀차별을 이유로 한 합리성과 공정성이 없는 해고기준으로서 당연 무효이다(근로기준법§24②후단).

판례는 긴박한 경영상의 필요와 마찬가지로 경영해고의 합리적이고 공정한 기준 역시 확정적·고정적인 것이 아님을 전제로 하면서 경영상의 이유, 해고를 실시한 사업 부문의 내용과 근로자의 구성, 해고 실시 당시의 사회경제상황 등 구체적·개별적인 상황을 고려하여 판단해야 한다고 판시하고 있다.[238)]

일반적으로 경영해고의 기준을 근무성적·업무능력·근무태도 및 입사시기 등을 종합적으로 고려하여 결정한 후 해고대상자를 선정함에 있어서 구체적으로 근로자의 가족사정·재산상태 등을 조사하여 감안한 경우에는 합리적이고 공정한 해고대상자를 선정한 것으로 판단하고 있다. 또한 사용자가 노동조합 또는 근로자대표와 합의하거나 협의를 거쳐 해고의 기준을 설정한 경우에는 특별한 사정이 없는 한 합리적이고 공정한 해고기준으로 인정하고 있다.[239)]

수근, 「경영상 해고에서 합리적이고 공정한 선정기준」, 210면.

237) 이와 관련하여 「해고로부터 보다 많은 보호를 받아야 할 장기근속 근로자를 우선 해고대상자로 선정한 것은 합리성과 공정성을 결한 것으로서 무효」라는 상급심 판례가 있고(대법원 1993. 12. 28. 선고 92다34858), 「경영해고의 경우 근로자의 일신상·행태상의 사유가 아닌 사용자 측의 경영상 필요로 해고가 이루어지는 것이므로 연령·근속기간·부양의무의 유무·재산·건상상태 등 근로자 각자의 주관적 사정을 기초로 그 사회적 위치를 살펴 상대적으로 사회적 보호를 덜 필요로 하는 근로자부터 해고를 하여야 하고, 근무성적·업무능력 등 사용자 측의 이해관계와 관련된 사정들을 부차적으로 고려하여야 할 것임에도 피고회사가 해고기준을 마련함에 있어서 피고회사의 이해관계와 밀접한 사항들만 반영하였을 뿐 근로자 각자의 주관적인 사정을 전혀 고려하지 않은 것은 비록 노동조합과 합의 또는 협의를 거쳤다 하더라도 해고대상자 선별기준의 정당성에 아무런 영향을 미치지 않는다.」라고 하는 하급심 판례가 있다(서울지방법원 1995. 12. 15. 선고 94가합10958).

238) 대법원 2002. 7. 9. 선고 2001다29452; 대법원 2003. 11. 13. 선고 2003두4119; 대법원 2006. 1. 26. 선고 2003다69393 등.

239) 대법원 2002. 7. 9. 선고 2001다29452.

(1) 인정 사례

- 해고대상자 선정기준에 대하여 노사간에 개괄적인 합의만 한 채 구체적인 사항을 회사에 일임하여 회사가 해고대상자를 선정한 경우(대법원 2003. 9. 26. 선고 2001두10776,10783).
- 경영해고 대상자의 수를 최소화하기 위하여 상대적으로 고임금을 받는 높은 직급의 고령 근로자와 재직기간이 긴 직원을 해고대상자로 선정한 경우(대법원 2002. 7. 9. 선고 2001다29452).
- 생산 작업을 하기 위하여 반드시 필요한 자격증을 소지한 근로자와 숙련기능공을 해고대상에서 제외시킨 경우(대법원 2002. 6. 14. 선고 2000두8486).
- 교통사고 발생 전력과 근무기간 동안의 징계전력 등을 경영해고의 기준으로 설정한 경우(대법원 2001. 12. 11. 선고 2000두5708).
- 노동조합 동의 아래 직제개편위원회 개최 하루 전에 위원들을 선발하여 무기명투표로 해고대상자를 선정한 경우(대법원 2002. 7. 9. 선고 2000두9373).
- 여러 차례에 걸쳐 노사협의회 및 노사실무협의회를 개최하여 정리해고 대상자의 수 및 그 선정기준 등에 대하여 협의를 하여 왔고, 기존의 근무평정점수가 객관성이 없어 노조의 다면평가를 도입해야 한다는 의견을 반영하여 과거 3년간의 근무평정점수를 25%, 그리고 특별평정점수를 75% 각 반영하여 그 합계점수를 기준으로 하여 그 점수의 최하위순으로 정리해고대상자를 선정한 경우(서울행정법원 2000. 12. 8. 선고 99구30721).
- 평소의 근무성적, 상벌관계, 경력, 기능의 숙련도 등을 고려하여 해고대상자를 선정한 경우(대법원 1987. 5. 12. 선고 86누690).
- 긴박한 경영상의 필요에 의해 실질적으로 별도로 운영되고 있었던 사업부를 폐지하면서 그 소속 전체 근로자를 해고대상자로 선정한 경우(대법원 1994. 5. 10. 선고 93다4892).
- 전직의 가능성이 비교적 어렵고 회사의 공헌도가 높은 장기 근속자를 보호하기 위하여 단기근속자 순으로 해고대상자를 선정한 경우(서울고등법원 1996. 5. 9. 선고 95구19784).
- 부부사원을 우선 명예퇴직대상으로 선정하여 명예퇴직을 종용하여 부부사원 중 여성근로자가 대대수가 퇴직한 경우(대법원 2002. 11. 8. 선고 2002다35379).[240]

(2) 불인정 사례

○ 해고로부터 보다 많은 보호를 받아야 할 장기근속 근로자를 우선 해고대상자로 선정한 경우(대법원 1993. 12. 28. 선고 92다34858).

○ 단체협약에 정한 해고선정기준을 따르지 않고 사용자가 임의로 해고대상자를 선정한 경우(대법원 1993. 11. 23. 선고 92다12285).

○ 긴박한 경영상의 필요성이 발생한 사업장 전체가 아닌 축소대상 부서 소속 근로자만을 경영해고 대상자로 선정한 경우(서울고등법원 1998. 7. 16. 선고 97구47600)

3) 사 견

합리적이고 공정한 해고대상자의 선정기준에 관한 구체적인 내용은 일률적으로 확정할 수 있는 있는 것이 아니므로 해당 기업과 근로자의 구체적인 상황 등을 고려하여 근로자대표와의 협의 또는 합의를 거쳐 해고대상자의 선정기준을 설정하여 해고대상자를 선정한 경우에는 특별한 사정이 없는 한 정당한 해고로 보아야 한다는 판례의 태도는 기본적으로 타당하다.

그러나 해고대상자 기준에 관하여 근로자대표와의 성실한 협의는 경영해고의 전 단계에서 관철되어야 할 불가피한 요청이고, 해고대상자 기준을 선정함에 있어서 근로자의 생활보호 측면과 사용자의 경영이익 측면을 고려하여 노사의 불이익을 최소화하기 위한 최소한의 제도적 장치라고 할 수 있다. 이와 관련하여 판례는 해고대상자의 선정기준에 대하여 노사간의 개괄적인 합의만 한 채 모든 구체적인 사항을 사용자에게 일임한 경우,[241] 노동조합 동의 아래 직제개편위원회 개최 하루 전에 위원들을 선발하여 무기명 투표로 해고대상자를 선정한 경우[242]까지도 합리적이고 공정한 해고대상자의 선정으로 인정하고 있는 것은 근로자 대표와의 성실한 협의를 통해 경영해고의 정당성을 확보하려고 한 취지에 반하는 것으로 볼 수 있다.[243]

판례는 우리나라의 임금체계가 연공서열 임금체계임을 감안하여 고임금·고연령·

---

240) 이 판례는 부부직원 일방을 명예퇴직대상자로 정하였을 뿐 여성배우자만을 대상으로 한 것이 아니라는 이유로 남녀차별에 의한 해고에 해당되지 않는 것으로 판단한 사안이다.

241) 대법원 2003. 9. 26. 선고 2001다10776.

242) 대법원 2002. 7. 9. 선고 2000두9373.

243) 김유성, 노동법Ⅰ(초판), 296면.

장기근속 근로자를 우선 해고대상자로 선정하여 행한 해고를 정당한 해고로 판단하고 있다.[244] 그러나 해고대상자의 선정기준과 왜곡된 연공서열 임금체계와 연계하여 고임금·고연령·장기근속 근로자를 우선 해고대상자로 선정하는 것은 모순이다. 이들은 퇴직권유 또는 명예퇴직의 대상자가 될 수 있으나, 단순히 경영이익만을 고려하여 우선 해고대상자로 삼는 것은 부당하다. 즉, 업무능력에 비해 고임금을 받는다면 임금체계의 개선을 통하여 임금을 조정해야 할 문제이므로 우선 해고대상자로 선정하는 것은 부당하다.[245]

근로기준법 제6조는 근로조건에 있어서 균등한 처우의 원칙을 규정하고, 남녀평등지원법 제2조 제1호는 남녀의 직접차별뿐만 아니라 사업주가 동일한 근로조건을 적용하더라도 특정 성(性)이 다른 성에 비하여 현저히 적어 불리한 결과를 초래하는 「간접차별」도 남녀차별로 금지하고 있으며, 근로기준법 제24조 제2항 후단은 경영해고에 있어서 남녀차별을 금지하고 있다. 따라서 경영해고대상자의 선정기준을 부양가족이 있는 세대주를 해고대상에서 제외하기로 한 경우 형식적으로는 남녀의 차별적 해고기준에 해당되는 것은 아니나, 실제로 그 기준을 충족할 수 있는 여성이 남성에 비하여 현저히 적어 해고대상자로 선정될 가능성 매우 높을 수밖에 없고, 사내부부 중 1인을 해고대상자 우선순위로 하는 경우에도 일반적으로 남성이 여성보다 근속연수가 많고 높은 임금을 받는 경우가 많기 때문에 실질적으로 우선적으로 해고대상자가 될 가능성이 매우 높을 수밖에 없다. 부양가족이 있는 세대주를 해고대상에서 후순위로 하거나 사내 부부 중 1인을 우선 해고대상기준으로 정하는 것은 남녀평등지원법에 의한 해고에 있어서의 간접차별에 해당된다고 보아야 한다.[246] 결국, 부부직원 일방을 명예퇴직대상자로 정하였을 뿐 여성배우자만을 대상으로 한 것이 아니라는 근거로 부부 직원 1인을 명예퇴직대상으로 선정한 것을 정당한 것으로 판단한 판례[247]는 해고에 대한 남녀 간접차별에 해당되는 것으로 보아야 한다.

---

244) 대법원 2002. 7. 9. 선고 2001다29452.

245) 외국의 경우는 경영악화로 인한 해고에 있어서 근속기간이 짧은 근로자부터 해고대상자로 하고, 당기 근속자를 우선적으로 보호하는 「선임권」의 원칙이 관행화 되어 있으나, 이와는 달리 우리나라의 경우는 장기근속자가 고임금이라는 점을 고려하여 우선 해고대상자로 선정하는 경우가 많다.

246) 김유성, 노동법 I (초판), 297면.

247) 대법원 2002. 11. 8. 선고 2002다35379.

V. 정당한 해고사유와 고용안정협약과의 관계

1. 문제의 소재

실제적으로 경영해고가 정당하기 위해서는 ① 해고할 수밖에 없는 긴박한 경영상의 필요성이 있어야 하고, ② 사용자가 해고회피 노력을 다하여야 하고, ③ 근로자와의 성실한 협의를 통하여 합리적이고 공정한 해고기준에 따라 해고대상자를 선정해야 한다. 경영해고는 다른 해고와는 달리 사용자의 경영악화로 인한 해고이기 때문에 대량해고로 이어져 심각한 고용불안을 야기하므로 경영해고로 인한 고용불안을 해소하기 위한 방안으로 사전에 단체협약에 고용보장 조항을 두거나 별도의 고용안정 합의서를 체결하는 경우가 있는데, 이를 통칭하여 고용안정협약[248]이라고 한다. 즉, 「고용안정협약」은 경영해고의 금지 또는 제한을 내용으로 하는 노사 당사자 사이에 체결된 단체협약과 합의서를 말한다. 그런데 사용자가 고용안정협약을 위반하여 경영해고의 요건인 긴박한 경영상의 필요가 있다는 이유로 근로기준법 제24조의 요건과 절차에 따라 경영해고를 한 경우에 그 해고가 정당한 것인가의 여부가 문제된다.

2. 고용안정협약의 유형 및 내용

고용안정협약을 경영상 해고를 금지하거나 제한하는 노사간의 합의로 이해할 경우, 고용안정협약의 내용은 대체로 경영해고의 금지와 노동조합의 사전동의 또는 합의와 같이 유형화할 수 있다.[249]

경영해고의 금지는 일정 기한까지는 아예 경영해고를 할 수 없도록 단체협약에 규정하거나 별도의 합의서를 작성하는 것으로써 가장 많은 부분을 차지하고 있는 고용안정협약이다. 예컨대, 「○○○○년까지 경영해고를 하지 않는다.」 또는 「○○○○년까지는 인위적인 감원을 하지 않는다.」라고 노사가 합의하는 경우이다. 여기서 인위적인 감원을 하지 않는다는 것은 자연적인 감원을 허용하되 사용자의 결정

248) 고용안정협약은 법률적인 개념은 아니나, 경영해고와 관련한 근로자의 고용안정을 위하여 노사가 체결한 제반 고용보장 합의서를 말한다. 고용안정과 경영위기 극복을 위한 협약서, 고용안정을 위한 협력서, 고용보장합의서, 고용보장협정서 등 다양한 명칭으로 사용되고 있다.

249) 강선희, 「고용안정에 관한 합의의 법적 성격과 효력」, 4면 이하.

에 의한 일방적인 경영해고를 금지한다는 취지이므로 해고를 금지하는 것과 동일한 내용으로 볼 수 있다.

노동조합의 사전 동의 또는 합의는 노동조합의 동의 또는 합의를 경영해고의 요건으로 하거나 해고대상자의 선정기준으로 하는 고용안정협약을 말한다. 예컨대, 「경영해고를 하기 위해서는 사전에 노동조합의 동의 또는 합의를 얻어야 한다.」, 「노동조합의 동의 없이 경영해고를 할 수 없다.」, 「해고대상자의 선정기준은 노동조합과 사전 합의하여 시행한다.」라고 노사가 합의하는 경우이다.

3. 고용안정협약의 효력

근로기준법 제24조의 경영해고 요건을 충족하였음에도 노동조합이 고용안정협정 내용을 근거로 경영해고에 동의하지 않거나 해고대상자의 선정기준에 대하여 합의를 하여 주지 않는 경우에 사용자가 임의로 해고대상자를 선정하여 해고한 경우에 그 효력의 여부가 문제된다. 대체로 해고의 효력을 인정해야 한다고 하는 긍정설, 고용안정협약을 위반한 해고는 무효라는 부정설, 그리고 해고할 수밖에 없는 긴박한 경영상의 필요성이 있음이 명백함에도 노동조합이 동의하지 않는 것은 신의칙에 반한다는 신의칙설 등의 견해가 있다.

「긍정설」은 경영상 해고는 긴급피난의 이론에 근거한 것이므로 긴박한 경영상의 필요성과 해고대상자의 선정이 합리적이고 공정한 경우에는 노동조합의 동의 또는 합의가 없더라도 해고는 유효하다는 견해이다. 이 견해는 고용안정협약상의 해고제한 금지·제한 규정을 「경영해고를 하지 않도록 최대한 노력한다거나 경영해고를 실시하지 아니함을 원칙으로 한다.」라는 의미로 해석한다.[250] 그 근거로서는 경영해고 자체를 금지하거나 해고권의 행사 여부를 노동조합이 결정하도록 하는 것은 단체교섭의 대상이 될 수 없는 것이므로 사용자의 인사권을 근본적으로 제한하는 고용안정협약은 효력이 없다는 점을 들고 있다.[251]

「부정설」은 사용자가 해고권한을 스스로 제한하여 경영해고를 하지 않거나 노동조합의 동의를 얻어 행사하도록 하는 고용안정협약은 유효한 것이므로 이를 위반한 해고는 무효라는 견해이다. 그 근거로서는 ① 노동조합의 경영해고의 동의(합의) 또

---

250) 노동부, 경영상 해고제도 해설, 20면.

251) 김형배, 노동법(제24판), 723·967면; 김형배 외 3인, 집단적 노사자치에 관한 법률, 105면.

는 경영해고 금지 요구는 성실교섭의무를 부담하는 단체교섭 대상이 되지 않는 것에 불과하다는 점, ② 해고권의 행사 여부는 사용자의 권한에 속하는 것이라도 스스로의 의사에 따라 그 권한을 제한할 수 있다는 점, ③ 노사간의 자유의사에 따라 고용안정협약을 체결한 경우에는 이에 구속된다는 사용자의 의사가 존재한 것으로 보아야 한다는 점 등을 들고 있다.[252)]

「신의칙설」은 긴박한 경영상의 필요성이 존재하고 사용자가 고용안정협약에 규정된 동의 또는 합의를 도출하기 위하여 진지하고 성실한 노력을 다하였음에도 노동조합이 합리적인 근거를 제시하지 않은 채 경영해고를 반대하는 경우에는 고용안정협약과 관계없이 경영해고가 가능한 것으로 해석하는 견해이다.

판례에 따르면, 고용보장 조항은 단체협약의 규범적 부분으로서 이에 어긋나는 정리해고는 원칙적으로 무효이고, 다만 급격한 경영상황의 변화 등 이 조항 체결 당시 예상하지 못한 사정변경이 있어 그 이행을 강요한다면 객관적으로 명백하게 부당한 결과에 이르는 경우에는 이 조항은 효력을 상실하고 사용자의 정리해고는 유효라는 입장을 취하고 있다.[253)]

한편 판례는 단체협약 등에 사전합의조항이 있음에도 사용자가 노동조합과 합의 없이 한 인사처분은 원칙적으로 무효로 보아야 하지만, 이처럼 사전합의조항을 두고 있다고 하더라도 사용자의 인사권이 어떠한 경우라도 노동조합의 동의나 합의가 있어야만 행사할 수 있는 것은 아니고, 노동조합이 사전합의권을 남용하거나 스스로 사전합의권 행사를 포기하였다고 인정되는 경우에는 사용자가 이러한 합의 없이 한 인사처분도 유효하다고 보아야 한다고 하면서, 여기서 노동조합이 사전합의권을 남용한 경우란 노동조합 측에 중대한 배신행위가 있고 이로 인하여 사용자 측의 절차 흠결이 초래되었다거나, 인사처분의 필요성과 합리성이 객관적으로 명백하며 사용자가 노동조합 측과 사전 합의를 위하여 성실하고 진지한 노력을 다하였음에도 노동조합 측이 합리적 근거나 이유제시도 없이 무작정 인사처분에 반대함으로써 사전 합의에 이르지 못하였다는 등 사정이 있는 경우를 의미한다고 설시하였다.[254)]

---

252) 강선희, 「고용안정에 관한 합의의 법적 성격과 효력」, 29면.

253) 대법원 2014. 3. 27. 선고 2011두20406; 대법원 2011. 5. 26. 선고 2011두7526.

254) 단체협약에서 노동조합간부에 대한 임면, 이동, 교육 등 인사에 관하여는 조합과 사전에 합의하여야 한다고 규정하고 있음에도 갑 회사가 노동조합과 사전 합의를 하지 않고 노동조합간부인 근로자 을에게 정리해고 통보를 한 사안에서, 제반 사정에 비추어 노동조합이 사전합의권을 남용하거나 스스로 사전합의권 행사를 포기한 경우에 해

생각건대 경영해고는 긴박한 경영상의 필요에 의한 고도의 경영결단에 속하는 것이므로 원칙적으로 단체교섭의 대상이 될 수 없는 것이나, 사용자의 해고권 남용을 예방하고 노동기본권을 보장하기 위한 목적으로 노사의 자유로운 의사에 따라 경영해고를 금지·제한하는 고용안정협약을 체결하는 것은 강행법규에 위반되거나 공서양속에 반하는 것으로 볼 수 없다. 따라서 원칙적으로 고용안정협약을 위반한 경영해고는 사법상 무효로 봄이 타당하다.

그러나 사용자가 고용안정협약에 규정된 경영해고의 요건을 갖추기 위하여 노동조합의 동의를 얻거나 합의하기 위하여 진지한 노력을 기울이고, 근로기준법 제24조의 경영해고 요건을 갖추어 해고한 경우에는 비록 고용안정협약을 위반하였다 하더라도 그 해고를 당연 무효로 해석할 수는 없다.

Ⅵ. 경영해고의 제한절차

1. 근로자대표와의 성실한 협의

사용자는 경영해고를 하기 전에 해고회피를 위한 방법과 해고의 기준 등에 관하여 근로자대표[255]에게 해고예정일 50일 전까지 통보하고 성실하게 협의하여야 한다(근로기준법§24③). 근로자대표와 해고회피 노력의 방법과 해고기준 등에 관하여 성실한 협의를 경영해고의 요건으로 한 것은 경영해고의 실질적인 요건을 담보함과 동시에 비록 긴박한 경영상의 필요에 의하여 경영해고를 하더라도 성실한 협의과정을 통해 노사의 이해관계를 고려하여 실시하도록 하는데 있다.[256] 따라서 단체협약

당한다는 이유로 정리해고가 무효라고 볼 수 없다고 한 사례(대법원 2012. 6. 28. 선고 2010다38007).

255) 근로자대표란 해당 사업 또는 사업장에 근로자의 과반수로 조직된 노동조합이 있는 경우에는 그 노동조합을 말하고, 근로자의 과반수로 조직된 노동조합이 없는 경우에는 근로자의 과반수를 대표하는 자를 말한다. 근로자의 과반수로 조직된 노동조합이 없는 경우에는 사용자의 개입이나 영향이 배제된 상태에서 근로자들이 자주적·자율적으로 자신의 의사를 표시하는 방법에 의하여 근로자대표를 선출하면 된다. 판례도 「근로자의 과반수로 조직된 노동조합이 없는 경우에 그 협의의 상대방이 형식적으로는 근로자 과반수의 대표로서의 자격을 명확히 갖추지 못하였더라도 실질적으로 근로자의 의사를 반영할 수 있는 대표자라고 볼 수 있는 사정이 있다면 위 절차적 요건도 충족하였다고 보아야 한다.」라고 판시하고 있다(대법원 2006. 1. 26. 선고 2003다69393).

256) 대법원 2002. 7. 9. 선고 2001다29452; 대법원 2006. 1. 26. 선고 2003다69393.

등에 해고대상자의 선정기준 및 회피노력 방법의 결정에 있어서 노동조합의 동의 또는 합의를 거치도록 규정되어 있더라도 동의 또는 합의는 강한 협의의 개념으로 이해하여야 하므로 반드시 노동조합의 동의 또는 합의를 거쳐야만 경영해고가 정당한 것은 아니다.

「성실한 협의」란 사용자가 자신의 의견을 근로자대표에게 진지하게 설명한 다음 근로자의 의견을 듣거나 질문에 답하면서 수용할 것은 최대한 수용하고 그렇지 못한 경우에는 그 의견을 설명하는 일련의 의견교환 또는 논의과정을 말한다.[257] 협의는 합의와는 다른 개념이나, 협의를 거쳐 합의에 도달하지 못하더라도 근로자의 의견이 부분적으로 반영될 수 있기 때문에 협의과정은 반드시 거쳐야 한다. 따라서 근로자와 협의하더라도 별다른 효과를 기대할 수 없는 특별한 사정이 있는 경우에는 협의를 거치지 않아도 무방한 것으로 판단하고 있는 판례의 태도[258]는 현행법의 아래에서는 타당하지 않다.

성실한 협의를 거쳤는지의 판단기준은 노사협의를 한 횟수와 협의내용 등이 그 준거가 될 수 있을 것이나, 사용자의 일방적인 의사전달이나 해고강행의 의사를 피력하면서 근로자 측의 무조건적인 동의를 구하는 것은 협의의 횟수와 관계없이 성실한 협의가 있었던 것으로 볼 수 없다.[259] 구체적으로 판례는 ① 주무장관의 경영개선명령에 따른 인력감축에 관하여 노동조합과 수차례 협의하던 중 일부 근로자들의 노동조합 탈퇴로 근로자 과반수에 미달하게 되어 근로자들이 선출한 근로자위원들과 노사협의회를 구성하여 협의한 경우,[260] ② 근로자의 개별적인 사전 협의를 거치지 않고 노사협의회에서 협의를 거쳐 인원감축에 합의한 경우,[261] ③ 긴박한 필요성이 있음이 객관적으로 명백하여 노동조합과 사전 합의를 위하여 성실하고 진지한 노력을 다하였음에도 불구하고 노동조합측이 합리적 근거나 이유를 제시함이

---

257) 임종률, 노동법(제14판), 540면. 근로자 대표와의 성실한 협의를 이끌어 내기 위해서는 기업이 긴박한 경영상의 필요성에 직면하여 경영해고를 할 수밖에 없다는 구체적인 경영정보를 근로자에게 제시하여야 한다. 그러나 현행법은 이와 같은 경영정보의 제공의무를 규정하지 않은 채 협의절차만을 규정하고 있기 때문에 협의절차는 경영해고를 하기 위한 단순한 요식절차행위로 전락할 가능성이 많다.

258) 대법원 1992. 11. 10. 선고 91다19463; 대법원 1994. 5. 10. 선고 93다4892; 대법원 1995. 12. 5. 선고 94누15783.

259) 민변, 변호사가 풀어주는 노동법 I (개정3판), 257면.

260) 대법원 2005. 6. 9. 선고 2004도7218.

261) 대법원 2001. 10. 26. 선고 2000두3016.

없이 무작정 정리해고에 반대함으로써 사전 합의에 이르지 못한 경우,[262] ④ 직급별·부서별로 안분된 직원들로 구성된 추진위를 구성하여 인원감축규모와 해고선정기준에 대하여 수차례에 걸쳐 사전협의를 거친 경우[263] 등은 성실한 협의를 거친 것으로 인정하고 있다. 그러나 판례는 노동조합이 합리적인 이유 없이 경영해고에 반대하고 있다는 특별한 사정이 없는 한 노동조합과의 동의 또는 합의규정에 따른 합의 또는 동의를 이끌어 내기 위한 노력을 하지 않은 경우[264]에는 성실한 협의절차를 거치지 않은 것으로 판단하고 있다.

2. 경영해고 계획의 신고

사용자는 일정규모의 이상의 인원을 해고하고자 할 때에는 근로기준법 시행령 제10조에서 정한 바에 따라 최초로 해고하는 날의 30일 전까지 고용노동부장관에게 신고하여야 한다(근로기준법§24⑤). 시행령 제10조는 사용자가 1개월 동안 상시 근로자수가 99명 이하인 사업 또는 사업장에서는 10명 이상의 근로자를, 100명 이상 999명 이하인 사업 또는 사업장에서는 상시 근로자수의 10퍼센트 이상을, 상시 근로자수가 1,000명 이상 사업 또는 사업에서는 100명 이상을 해고하고자 할 때에는 해고 사유·해고 예정인원·근로자대표와 협의한 내용·해고 일정을 신고하도록 규정하고 있다.

경영해고계획을 사전에 신고하도록 한 것은 대량해고가 이루어질 경우에 실업급여의 지급·취업알선 등 행정적인 대처가 필요하기 때문에 이에 대한 행정적인 준비를 위한 정책적인 목적을 달성하기 위한 것이다. 따라서 사용자가 사전에 경영계획신고를 하지 않았더라도 해고의 효력에는 전혀 영향을 미치지 않을 뿐만 아니라 벌칙도 적용되지 않는다.[265]

262) 대법원 2002. 5. 14. 선고 2001두649.

263) 대법원 2001. 1. 6. 선고 2000두1454.

264) 대법원 1993. 7. 13. 선고 92다50263.

265) 근로기준법 제24조 제5항은 제1항 내지 제4항의 경영해고 요건을 갖추어 근로자를 해고한 경우에는 정당한 해고로 간주하도록 규정하여 경영해고계획의 신고 여부는 해고의 효력에 영향을 미치지 않음을 분명히 하고 있다.

제5절 절차에 의한 해고의 제한

I. 개 관

해고는 사용자의 일방적인 의사표시에 의하여 근로관계를 종료시키는 법률행위로서 생존 기반이 되는 근로자의 직장상실을 의미한다. 따라서 해고처분은 공정하고 신중하게 이루어져야 할 뿐만 아니라 근로자의 입장이 충분히 반영될 수 있는 절차가 보장되어야 한다. 해고의 절차적 제한은 불리한 처분을 받는 자는 자신의 입장을 충분히 소명할 수 있는 기회를 부여해야 한다는 절차적 정의의 요청이라고 할 수 있다. 일반적으로 해고의 공정성을 담보하기 위한 절차는 징계(인사)위원회의 공정한 구성, 해고사유의 사전통지, 징계(해고)혐의자에 대한 충분한 소명 기회의 부여 등이 있다.

그러나 근로기준법은 해고의 일반적인 절차로서 사용자의 해고예고와 해고사유의 서면통지 의무와, 경영해고의 절차로서 경영해고기준·해고회피 방법 등에 대한 근로자대표와의 성실한 협의 및 경영계획의 신고의무 만을 규정하고 있을 뿐이고, 그 이외의 해고제한 절차의 적용 여부는 전적으로 노사의 자율에 위임하고 있다. 징계(인사)위원회의 구성·징계(해고)혐의자의 소명기회의 부여 등 해고의 절차적 정의를 담보하기 위한 절차는 취업규칙·단체협약 등에 별도로 규정하여 운영하고 있는 것이 보통이다. 판례는 취업규칙·단체협약 등에 징계(해고) 제한절차를 규정하고 있는 경우에 이의 절차를 따르지 않은 징계(해고)는 그 사유의 정당성을 따질 필요 없이 무효이나,[266] 별도의 절차를 규정하고 있지 않은 경우에는 징계(인사)위원회의 구성·소명기회의 부여 등의 절차를 따르지 않아도 무방한 것으로 판단하고 있다.[267]

그리고 취업규칙·단체협약 등은 징계절차를 거쳐서 행하는 해고와 징계절차 없이 해고할 수 있는 경우로 구분하고, 경우에 따라서는 해고 제한절차를 거치지 않고 즉시 해고하는 경우가 있다. 이와 관련하여 판례는 해고 제한절차 없이 해고할 수

---

266) 대법원 1991. 7. 9. 선고 90다8077; 대법원 1993. 7. 13. 선고 92다42774; 대법원 1994. 9. 30. 선고 93다26496; 대법원 1995. 7. 14. 선고 95누11491; 대법원 1998. 11. 27. 선고 97누14132.

267) 대법원 1992. 10. 9. 선고 91다14406; 대법원 1993. 7. 13. 선고 92다42774; 대법원 1995. 2. 3. 선고 94다17758.

있는 해고를 통상해고라고 하여 징계제한 절차 없이 행한 해고도 유효한 것으로 해석하고 있다.[268)]

Ⅱ. 근로기준법에 의한 해고의 제한절차

근로기준법은 일반적으로 적용되는 해고제한 절차로서 해고예고와 해고사유의 서면통지를 규정하고(§26~27), 특별히 경영해고에 대해서는 보다 엄격한 해고제한 절차를 규정하고 있다. 경영해고에만 특유한 해고 제한절차로는 해고기준과 해고를 회피하기 위한 방법 등에 관하여 근로자대표와의 성실한 협의를 거쳐야 하고, 일정한 규모 이상의 해고를 할 때에는 사전에 경영해고계획서를 고용노동부장관에게 신고하도록 규정하고 있다(§24③④·영§10).

1. 공통적인 해고의 제한절차

1) 해고예고

해고예고제도는 사용자가 해고 이전에 일정한 기간 동안 예고를 하도록 하여 근로자에게 재취업을 위한 시간적 여유를 부여하거나 일정한 금액의 해고예고수당을 지급하도록 함으로써 해고를 당하는 근로자에게 최소한의 경제적 뒷받침을 제공할 것을 목적으로 도입된 제도이다. 근로기준법 제26조 본문은 「사용자는 근로자를 해고하려면 적어도 30일 전에 예고를 하여야 하고, 30일 전에 예고를 하지 아니하였을 때에는 30일분 이상의 통상임금을 지급하여야 한다.」라고 규정하고 있다.

해고예고기간인 30일이란 휴일이나 휴가기간도 포함하는 역일을 의미한다. 해고예고는 사용자의 해고의사를 사전에 해당 근로자에게 주지하여 근로자로 하여금 해고 이후의 상황에 대비하도록 하기 위한 제도이기 때문에 불명확한 해고일이나 조

---

268) 판례는 취업규칙 등에서 규정한 징계해고, 정리해고, 직권면직, 당연면직사유 이외의 사유로 인하여 근로계약의 목적 달성이 불가능하거나 경영상 장애 등으로 인하여 더 이상 근로관계를 지속시키기 어려운 상태에 이르러 사용자가 일방적으로 근로계약을 해지하는 것을 통상해고로 정의하면서 이러한 통상해고는 「취업규칙 등에 징계절차를 적용하도록 하는 것이 없다면 사용자가 면직처분을 함에 있어 일반의 징계절차를 거쳐야 한다고 할 수 없고, 실질적으로 면직사유가 징계사유에 해당되는 경우에도 해고 제한절차를 거치지 않아도 된다.」라는 입장을 견지하고 있다(대법원 1995. 6. 30. 선고 94다35350; 대법원 1995. 3. 24. 선고 94다42082; 대법원 2000. 6. 23. 선고 99두4235.

건부 해고예고는 허용되지 않는다.

해고예고 기간 동안에도 근로계약관계는 유효하게 존속하기 때문에 근로자의 근로제공의무와 사용자의 임금지급의무가 있음은 당연하다. 그러나 해고예고 기간은 근로계약관계의 종료를 위한 정리단계로 볼 수 있으므로 해고예고 기간 동안의 근로관계는 평상시의 근로관계와 동일한 정도의 근로제공의무가 있는 것으로 볼 수 없다. 따라서 지나치게 장기간의 결근이 아닌 이상 근로자가 새로운 직장을 구하기 위하여 결근한 경우라도 결근에 대한 임금을 공제하는 것은 허용되지 않는 것으로 보아야 한다.[269]

해고예고를 대신하는 해고예고 수당은 30일분 이상의 통상임금에 상당하는 금액이다. 해고예고수당의 지급시기에 관하여 반드시 해고와 동시에 지급하지 않고 해고일로부터 14일 이내에 지급해도 무방하다는 견해가 있으나,[270] 즉시해고와 동시에 지급해야 하고 사용자가 즉시해고와 동시에 해고예고수당을 지급하지 않으면 해고의 효력은 발생하지 않는 것으로 해석해야 한다.

근로기준법 제26조 단서는 천재·사변 그 밖의 부득이한 사유로 사업을 계속하는 것이 불가능한 경우 또는 근로자가 고의로 사업에 막대한 지장을 초래하거나 재산상 손해를 끼친 경우로서 노동부령으로 정하는 사유에 해당하는 경우에는 해고예고를 하지 않고 즉시 해고할 수 있음을 규정하고 있다. 여기서 「부득이한 사유」란 해고를 회피할 여유가 없는 사유로 당해 설비의 중심이 되는 중요한 건물, 설비 또는 기계 등의 소실과 같이 돌발적이고 불가항력적인 경우를 말하고, 부득이한 사유로 인하여 「사업을 계속하는 것이 불가능한 경우」란 사업의 전부 또는 대부분이 불가능한 경우를 말한다. 사업계속의 불가능 여부의 판단은 사용자가 사회통념상 취할 수 있는 모든 조치를 다하였음에도 불구하고 어쩔 수 없는 정도를 기준으로 한다.[271] 사업계속의 불가능에 대한 입증책임은 사용자가 부담해야 한다.[272]

---

269) 김유성, 노동법 I (초판), 312면; 김형배, 노동법(제24판), 682면; 임종률, 노동법(제14판), 546면.

270) 이병태, 최신노동법(제8전정판), 656면. 만약, 해고예고수당을 해고일로부터 14일 이내에 지급하여도 무방한 것으로 해석할 경우, 사용자는 14일 이내에 지급만 하면 해고예고의무 위반에 따른 벌칙을 면할 수 있고 14일 경과한 이후도 해고예고수당을 지급하지 않는 경우에 한하여 근로기준법 제36조의 금품청산의무 위반에 따른 벌칙이 적용되어 부당하다.

271) 김형배, 노동법(제24판), 683면.

근로자가 고의로 사업에 막대한 지장을 초래하거나 재산상 손해를 끼친 경우로서 해고예고가 적용되지 않는 근로자의 귀책사유로서는 ① 납품업체로부터 금품이나 향응을 제공받고 불량품을 납품받아 생산에 차질을 가져온 경우, ② 영업용 차량을 임의로 타인에게 대리운전하게 하여 교통사고를 일으킨 경우, ③ 사업의 기밀이나 그 밖의 정보를 경쟁관계에 있는 다른 사업자 등에게 제공하여 사업에 지장을 가져온 경우, ④ 허위 사실을 날조하여 유포하거나 불법 집단행동을 주도하여 사업에 막대한 지장을 가져온 경우, ⑤ 영업용 차량 운송 수입금을 부당하게 착복하는 등 직책을 이용하여 공금을 착복, 장기유용, 횡령 또는 배임한 경우, ⑥ 제품 또는 원료 등을 몰래 훔치거나 불법 반출한 경우, ⑦ 인사·경리·회계담당 직원이 근로자의 근무상황 실적을 조작하거나 허위 서류 등을 작성하여 사업에 손해를 끼친 경우, ⑧ 사업장의 기물을 고의로 파손하여 생산에 막대한 지장을 가져온 경우, ⑨ 그 밖에 사회통념상 고의로 사업에 막대한 지장을 가져오거나 재산상 손해를 끼쳤다고 인정되는 경우 등이다(규칙§4별표1).

그리고 단기간의 근로계약으로 취업하는 근로자에 대해서는 해고의 정당한 사유가 있는 경우에는 해고예고 없이 근로자를 즉시 해고할 수 있는데, 이에 해당되는 단기간 근로자는 ① 일용근로자로서 3개월을 계속 근무하지 아니한 자, ② 2개월 이내의 기간을 정하여 사용된 자, ③ 계절적 업무에 6개월 이내의 기간을 정하여 사용된 자, ④ 3개월 이내의 수습 사용 중인 근로자이다(근기법 §35·영 §16).[273] 여기서 2개월을 초과하는 기간을 정하여 사용한 근로자에 대해서는 그 계약기간이 만료되면 근로계약관계는 당연히 종료되므로 해고예고를 하지 않아도 무방하나, 계약기간 내에 근로계약관계를 해지(해고)하거나 반복적으로 근로계약을 갱신 체결하여 계속 사용한 경우에는 기한의 정함이 없는 근로계약으로 전환되어 사용자가 근로계약을 해지하기 위해서는 해고예고를 하여야 한다.[274]

그러나 해고의 정당한 사유는 존재하나 사용자가 해고예고를 하지 않고 즉시 해고한 경우에 그 해고의 효력을 인정할 것인가의 여부가 문제된다. 이에 관하여 학설

272) 대법원 1970. 2. 24. 선고 69다1568.

273) 근로기준법 제35조 3호는 '월급근로자로서 6개월이 되지 못한 자'도 예외로 규정하고 있으나, 이 조항은 헌법재판소의 위헌 결정으로 효력을 상실하였다(헌법재판소 2015. 12. 23. 선고 2014헌바3).

274) 대법원 1994. 1. 11. 선고 93다17843; 대법원 1995. 7. 11. 선고 95다9280; 대법원 1998. 1. 23. 선고 97다42489; 대법원 2003. 11. 29. 선고 2003두9336 등.

은 근로기준법 제26조의 해고예고 규정은 단순한 단속규정에 지나지 않는 것으로 보아 사법상 해고의 효력이 인정된다고 하는 「유효설」, 해고사유의 정당성 여부와 관계없이 해고예고를 하지 않은 즉시해고는 사법상 무효라고 하는 「무효설」, 해고예고를 위반한 해고는 사법상 효력이 없지만 사후에 해고예고를 하면 사법상 효력이 인정된다고 하는 「상대적 무효설」이 있다. 판례는 해고의 효력은 원칙적으로 정당한 해고사유의 존부에 따라 판단해야 하고, 사용자의 해고예고 의무규정은 효력규정이 아니라 단속규정으로 해석하여 정당한 해고사유가 존재하면 사법상 유효한 것으로 판단하고 있다.[275)]

생각건대, 해고예고 또는 해고예고수당의 지급은 해고의 효력을 발생시키기 위한 강행적 또는 효력 요건이므로 비록 정당한 해고의 사유가 존재하더라도 이를 위반한 해고는 원칙적으로 사법상 효력이 부정된다고 보아야 한다. 다만, 사용자가 해고의 정당한 사유가 있고 사후에 해고예고를 하거나 해고예고수당을 지급한 경우에는 절차상 하자가 치유된 것으로 봄이 타당하므로 상대적 무효설이 타당하다.

2) 해고사유 등의 서면통지

사용자는 정당한 해고사유로 인하여 해당 근로자를 해고하기 위해서는 해고사유와 해고시기를 서면으로 통지하여야 한다(근로기준법§27①②).[276)] 해고의 방식을 서면주의로 한 것은 해고와 관련된 법적 분쟁 시 입증을 용이하게 하고 사용자로 하여금 해고의 신중을 기하기 위한 것이다. 따라서 사용자가 해고사유 등을 서면으로 통지할 때는 근로자의 처지에서 해고사유가 무엇인지를 구체적으로 알 수 있어야 하고, 특히 징계해고의 경우에는 해고의 실질적 사유가 되는 구체적 사실 또는 비위 내용을 기재하여야 하며 징계대상자가 위반한 단체협약이나 취업규칙의 조문만 나열하는 것으로는 충분하다고 볼 수 없다.[277)]

275) 대법원 1993. 9. 24. 선고 93누4199; 대법원 1994. 3. 22. 선고 92누2418; 대법원 1994. 6. 14. 선고 93누20115; 대법원 1998. 11. 27. 선고 97누14132; 헌법재판소 2001. 7. 19. 선고 99헌마663 등.

276) 종래 해고의 의사표시는 구두로도 가능하였으나, 서면으로 통지하도록 2007. 1. 26. 근로기준법을 개정하였다.

277) 대법원 2011. 10. 27. 선고2011다42324.
시용근로자에게도 시용기간 만료 시 본 근로계약 체결을 거부하기 위한 요건 및 이때 구체적·실질적인 거부사유를 서면으로 통지하여야 한다(대법원 2015. 11. 27. 선고 2015두48136).

여기서 '서면'이란 일정한 내용을 적은 문서를 의미하고 이메일 등 전자문서와는 구별되지만, 전자문서 및 전자거래 기본법 제3조는 "이 법은 다른 법률에 특별한 규정이 있는 경우를 제외하고 모든 전자문서 및 전자거래에 적용한다." 규정하고 있고, 같은 법 제4조 제1항은 "전자문서는 다른 법률에 특별한 규정이 있는 경우를 제외하고는 전자적 형태로 되어 있다는 이유로 문서로서의 효력이 부인되지 아니한다." 규정하고 있는 점, 출력이 즉시 가능한 상태의 전자문서는 사실상 종이 형태의 서면과 다를 바 없고 저장과 보관에서 지속성이나 정확성이 더 보장될 수도 있는 점, 이메일(e-mail)의 형식과 작성 경위 등에 비추어 사용자의 해고 의사를 명확하게 확인할 수 있고, 이메일에 해고사유와 해고시기에 관한 내용이 구체적으로 기재되어 있으며, 해고에 적절히 대응하는 데 아무런 지장이 없는 등 서면에 의한 해고통지의 역할과 기능을 충분히 수행하고 있다면, 단지 이메일 등 전자문서에 의한 통지라는 이유만으로 서면에 의한 통지가 아니라고 볼 것은 아닌 점 등을 고려하면, 근로자가 이메일을 수신하는 등으로 내용을 알고 있는 이상, 이메일에 의한 해고통지도 해고사유 등을 서면 통지하도록 규정한 근로기준법 제27조의 입법 취지를 해치지 아니하는 범위 내에서 구체적 사안에 따라 서면에 의한 해고통지로서 유효하다고 보아야 할 경우가 있다.[278]

해고사유 및 해고시기에 관한 서면통지는 해고의 효력요건이므로 해고자의 진정한 의사가 나타날 수 있도록 사용자의 서명 또는 날인이 있어야 유효하다.[279] 따라서 사용자가 해고사유 및 해고시기를 서면으로 명시하여 통지하지 않으면 그 해고는 사법상 효력이 없고, 비록 서면통지방식에 의한 해고라도 사용자의 서명 또는 날인이 없으면 그 해고는 원칙적으로 무효라고 보아야 한다.[280]

(출처 : 대법원 2015.11.27. 선고 2015두48136 판결[부당해고구제재심판정취소] 〉 종합법률정보 판례)

278) 대법원 2015. 9. 10. 선고 2015두41401.

279) 다만, 전자서명법 제3조는 공인전자서명도 서면으로 인정하고 있기 때문에 사용자가 공인전자서명을 사용하여 해고통지를 하는 것은 무방하다. 팩스 또는 복사는 서면방식의 요건을 충족하지 못한 것이므로 원칙적으로 팩스 또는 복사를 이용한 해고서면통지는 효력이 없는 것으로 보아야 하지만, 신속하게 해당 근로자에게 해고사실을 알리기 위하여 팩스 등의 통신수단을 이용하여 해고통지를 하면서 해고통지서 원본을 발송하는 것은 허용되어야 한다. 이 때 해고의 의사표시 도달시점은 팩스에 의한 사본의 도달일을 기준으로 삼아야 할 것이다(김형배, 노동법(제24판), 686~687면).

280) 김형배, 노동법(제24판), 686면.

사용자가 해고의 예고를 해고의 사유와 시기를 명시한 서면으로 한 경우에는 해고의 서면 통지를 한 것으로 본다(근로기준법§27③). 해고의 사유와 시기를 명시하여 서면으로 해고의 예고를 한 경우에는 서면 통지의 취지가 달성된 것이므로 별도로 서면 통지를 하지 않아도 된다는 점을 명시한 것이다.

Ⅲ. 자주적인 규범에 의한 해고의 제한절차

근로기준법은 정당한 사유로 근로자를 해고하기 위한 사전절차로서 해고예고 또는 해고예고수당의 지급(§26), 해고사유 및 해고시기에 관한 서면통지(§27), 경영해고 시의 근로자대표와의 성실한 협의(§24③)·대량해고시의 경영해고계획의 신고(§24④)만을 규정하고 있다.

이외의 해고 제한절차를 적용할 것인가의 여부는 전적으로 노사의 자주적인 규범인 취업규칙·단체협약 등에 정하는 바에 따르도록 하고 있다. 판례는 취업규칙·단체협약에 별도의 해고제한 절차를 규정하고 있는 경우에는 그 절차규정을 위반한 해고는 원칙적으로 무효로 해석하고 있으나, 별도의 해고 제한절차를 규정하고 있지 않은 경우에는 근로기준법에 규정된 해고 제한절차만 준수하면 무방하다는 입장을 보이고 있다.[281] 취업규칙·단체협약 등에서 사용자의 해고남용을 방지하고 해고의 절차적 정당성을 담보하기 위하여 해고협의자에 대한 소명(진술)기회의 부여, 징계(인사)위원회의 구성, 해고 동의(합의)조항, 재심절차 등을 규정하고 있다. 취업규칙·단체협약 등에 규정된 해고 제한절차의 효력에 대해서는 기업내부의 인사와 근로관계에서 서술한 절차에 의한 징계의 제한 법리와 동일한 것이므로 여기서는 해고와 직접적으로 관련된 해고협의·동의(합의)조항과 징계(인사)위원회의 구성 및 의결정족수에 대해서만 언급하기로 한다.

1. 해고협의·동의(합의)조항

1) 의 의

징계(해고)권의 남용을 방지하고 인사(징계)의 적정성을 보장하기 위하여 단체협약에 명문으로 노동조합의 관여를 인정하는 인사협의 또는 동의조항을 두는 경우가

281) 대법원 1993. 7. 13. 선고 92다42774; 대법원 1994. 9. 30. 선고 93다26496; 대법원 1995. 7. 14. 선고 95누11491; 대법원 1998. 11. 27. 선고 97누14132 등.

있다. 조합원의 징계 또는 해고를 제한하는 인사조항은 노동조합의 관여 정도에 따라 단순한 노동조합의 의견 진술부터 협의 또는 완전한 동의(합의)까지 여러 단계가 있을 수 있다. 사용자의 해고를 제한하는 단체협약상의 인사조항은 크게 「의견 참작조항」, 「해고협의조항」, 「해고동의(합의)조항」으로 구분할 수 있다.

「해고 의견 참작조항」은 노동조합의 협의 또는 동의(합의)조항과는 달리 사용자가 해고를 결정하기 전에 단지 노동조합의 의견을 참고 자료로 삼기위한 것에 지나지 않는 것이므로 해고의 정당한 사유가 있는 경우에는 노동조합의 의견을 듣거나 참작하지 않은 절차상 하자가 있더라도 해고의 효력에는 영향을 미치지 못한다고 하는 것이 판례[282]와 학설[283]의 입장이다.

「해고협의 또는 동의(합의)조항」은 원칙적으로 해고는 사용자의 인사권한에 속하는 것이라도 사용자가 스스로의 의사에 따라 그 권한에 제약을 가할 수 있는 것이므로 그 협의 또는 동의(합의)를 얻지 않고 행한 해고의 효력은 단체협약 규정의 취지에 따라 결정된다고 하는 것이 판례[284]와 학설[285]의 입장이다. 그런데 실무상 문제가 되는 것은 정당한 해고 사유가 있음이 명백한 경우에 노동조합의 사전 협의 또는 합의를 거치지 않은 해고가 유효한가의 여부이므로 이에 관한 내용만 개관하기로 한다.

2) 해고협의조항

해고처분의 공정성과 신중을 기하기 위하여 단체협약에 해고하기 전에 노동조합과 협의절차를 거치도록 규정하는 경우가 있는데, 이를 「해고협의조항」이라고 한다. 인사권은 강행 법규범에 저촉되지 않는 한 원칙적으로 사용자의 권한이라도 단체협약을 통하여 그 권한을 제한할 수 있는 것이므로 노동조합과 사전 협의절차를 거치지 않은 해고는 원칙적으로 사법상 무효로 보아야 한다. 그러나 판례는 해고협의조항은 인사의 공정을 기하기 위하여 필요한 노동조합의 의견을 제시할 기회를 부여하고 노동조합으로부터 제시된 의견을 참고자료로 활용하는 의미로 해석하여

---

282) 대법원 1992. 4. 14. 선고 91다4775.

283) 김유성, 노동법Ⅰ(초판), 305면. 그러나 취업규칙·단체협약 등에 규정된 소명의 기회를 부여하지 않은 경우 원칙적으로 징계가 무효인 것과 마찬가지로 노동조합의 의견 참작절차를 거치지 않은 징계와 해고도 무효로 보는 견해도 있다(민변, 변호사가 풀어주는 노동법Ⅰ(개정3판), 181면).

284) 대법원 1992. 9. 25. 선고 92다18542; 대법원 1993. 9. 28. 선고 91다30620.

285) 김유성, 노동법Ⅰ(초판), 305면.

노동조합의 사전협의절차를 거치지 않은 징계해고라도 곧바로 해고의 정당성이 상실되지 않는다는 입장을 견지하고 있다.[286)]

그런데 해고의 공정을 기하기 위한 「사전 협의」는 사용자가 해고의 정당한 사유로 해고하고자 할 때에는 노동조합과 협의하고 그 의견을 충분히 반영함과 아울러 사용자가 의도하는 바를 노동조합 측에 충분히 납득시키고 이행시킬 수 있을 정도의 수준을 의미하는 것이므로, 사용자의 일방적인 설명이나 형식적으로 양해를 얻는 정도의 수준은 협의를 거친 것으로 볼 수 없다.[287)] 이와 같은 「사전 협의」의 의미를 고려하면, 사용자가 해고를 하기 전에 사전 협의하기 위하여 노동조합에게 제안하였으나 노동조합이 합리적인 이유 없이 완강하게 협의자체를 거부하지 않은 이상 성실한 협의절차를 거쳐야만 해고가 유효한 것으로 보아야 한다. 따라서 단체협약상의 사전협의 조항을 단지 의견 참작조항과 같은 의미로 해석하여 협의절차를 전혀 이행하지 않은 경우에도 해고의 효력을 인정하고 있는 판례는 부당하다.

3) 해고동의(합의)조항

해고동의(합의)조항이란 사용자가 사전에 노동조합의 동의 또는 합의를 얻은 경우에 한하여 조합원(특히, 조합 임원)을 해고할 수 있도록 한 단체협약의 규정을 말한다. 여기서의 합의 또는 동의는 협의와는 달리 해고의 유효요건이므로, 비록 정당한 해고사유가 존재하더라도 사용자가 사전에 노동조합과의 합의 또는 동의를 얻지 않고 행한 해고는 원칙적으로 사법상 무효이다.[288)] 왜냐하면, 「사전 해고동의 또는 합의 조항」은 조합원에 대한 인사권의 신중한 행사를 위하여 단순한 노동조합의 의견수렴을 거치도록 하는 협의조항과는 달리 노동조합 간부에 대하여는 노동조합과 의견을 성실하게 교환하여 노사간의 의견의 합치를 이루어 인사권을 행사하여야 한다는 의미이기 때문이다.[289)]

그러나 명백한 해고사유가 존재한 경우에 해고동의 또는 합의조항을 위반한 사용자의 해고처분이 사법상 무효가 되는가에 대하여는 대체로 해고의 효력을 인정하는

---

286) 대법원 1992. 6. 9. 선고 90다41477; 대법원 1992. 9. 25. 선고 92다18542; 대법원 1993. 4. 23. 선고 92다34940; 대법원 1995. 8. 11. 선고 95다10778 등.

287) 민변, 변호사가 풀어주는 노동법 I (개정3판), 182~183면.

288) 대법원 1992. 9. 25. 선고 92다18542; 대법원 1993. 8. 24. 선고 92다34926; 대법원 1993. 9. 28. 선고 91다30620; 대법원 2007. 9. 6. 선고 2005두8788 등.

289) 대법원 1993. 7. 13. 선고 92다45735.

유효설, 해고의 효력을 부정하는 무효설, 그리고 해고사유가 명백함에도 노동조합이 동의 또는 합의권을 남용한 경우에는 신의칙에 반하여 해고가 유효하다는 신의칙설의 견해가 있다.

「유효설」은 노동조합의 동의 또는 합의절차를 거치지 않았더라도 객관적으로 정당한 해고사유가 명백하게 존재하는 경우에는 그 해고는 정당한 해고가 된다는 견해이다.[290] 그 근거로서는 ① 단체협약상의 해고동의 또는 합의조항은 사용자가 해고를 하지 않도록 최대한 노력한다거나 해고를 실시하지 아니함을 원칙으로 한다.」라는 의미로 해석해야 한다는 점, ② 해고의 제한·금지는 단체교섭의 대상이 될 수 없다는 점, ③ 해고동의 또는 합의조항은 실질적인 해고권한을 노동조합이 행사한다는 결과를 가져온다는 점, ④ 단체협약상의 인사조항은 채무적 효력으로 해석해야 한다는 점 등이 제시되고 있다.

「무효설」은 단체협약상의 해고동의 또는 합의조항은 강행법규에 위반되는 것이 아닌 한 유효한 것이므로 비록 정당한 해고사유가 있더라도 노동조합의 동의 또는 합의를 거치지 않은 해고는 사법상 효력이 없다는 견해이다.[291] 그 근거로서는 ① 노동조합의 해고의 동의 또는 합의 요구는 성실교섭의무를 부담하는 단체교섭 대상이 되지 않는 것에 불과하다는 점, ② 해고권의 행사 여부는 사용자의 권한에 속하는 것이라도 스스로의 의사에 따라 그 권한을 제한할 수 있다는 점, ③ 노사간의 자유의사에 따른 해고동의 또는 합의는 사용자가 이에 구속된다는 의사가 존재한 것으로 보아야 한다는 점. ④ 단체협약상의 해고동의 또는 합의조항은 규범적 효력이 인정된다는 점 등이 제시되고 있다.

「신의칙설」은 정당한 해고사유가 존재하고 단체협약에 규정된 노동조합의 동의 또는 합의를 도출하기 위하여 진지하고 성실한 노력을 다하였음에도 노동조합이 합리적인 근거를 제시하지 않은 채 해고를 반대하는 경우에 한하여 해고가 유효하다는 견해이다.[292] 판례는 노사간의 협상을 통해 사용자가 그 해고 권한을 제한하기로 합의하고 노동조합이 동의할 경우에 한하여 해고권을 행사하겠다는 의미로 해고의 사전 합의 조항을 단체협약에 두었다면, 그러한 절차를 거치지 아니한 해고처분

290) 김형배, 노동법(제24판), 723·966면; 김형배 외 3인, 집단적 노사자치에 관한 법률, 105면.

291) 이병태, 최신노동법(제8전정판), 250면; 이상윤, 노동법(제3판), 663면.

292) 임종률, 노동법(제14판) 166면; 하갑래, 근로기준법(전정제27판), 644면.

은 원칙적으로 무효라고 판단하고 있다. 다만, 이처럼 해고의 사전 합의 조항을 두고 있다고 하더라도 사용자의 해고 권한이 어떠한 경우를 불문하고 노동조합의 동의가 있어야만 행사할 수 있다는 것은 아니고, 노동조합이 사전동의권을 남용하거나 스스로 사전동의권을 포기한 것으로 인정되는 경우에는 노동조합의 동의가 없더라도 사용자의 해고권 행사가 가능하나, 여기서 노동조합이 사전동의권을 남용한 경우라 함은 노동조합측에 중대한 배신행위가 있고 그로 인하여 사용자측의 절차의 흠결이 초래되었다거나, 피징계자가 사용자인 회사에 대하여 중대한 위법행위를 하여 직접적으로 막대한 손해를 입히고 비위사실이 징계사유에 해당함이 객관적으로 명백하며 회사가 노동조합측과 사전 합의를 위하여 성실하고 진지한 노력을 다하였음에도 불구하고 노동조합측이 합리적 근거나 이유 제시도 없이 무작정 반대함으로써 사전 합의에 이르지 못하였다는 등의 사정이 있는 경우에 인정되므로, 이러한 경우에 이르지 아니하고 단순히 해고사유에 해당한다거나 실체적으로 정당성 있는 해고로 보인다는 이유만으로는 노동조합이 사전동의권을 남용하여 해고를 반대하고 있다고 단정하여서는 아니 된다는 입장이다.[293] 요컨대, 정당한 사유로 인한 해고는 사용자의 인사권한에 속하는 것이지만, 노사합의를 통한 단체협약을 통하여 스스로 그 권한을 제한할 수 있는 것이므로 단체협약상의 해고동의 또는 합의조항은 강행법규 또는 공서양속에 위반되지 않는 한 유효한 것으로 보아야 한다. 따라서 비록 정당한 해고사유가 있더라도 해당 근로자를 해고하기 위해서는 사전에 노동조합의 동의 또는 합의절차를 거쳐야 정당한 해고가 된다.

그러나 사회통념상 명백한 해고사유가 있음에도 노동조합이 해고동의 또는 합의조항을 근거로 사용자의 성실하고 진지한 해고동의 또는 합의 요구를 합리적인 이유를 제시하지 않은 채 노동조합 활동이나 노동조합 임원을 보호한다는 명분으로 반대한 경우에는 해고동의 또는 합의권한을 남용한 것이 되어 노동조합의 동의 또는 합의를 얻지 못하더라도 해고는 사법상 유효한 것으로 해석해야 한다.

2. 인사(징계)위원회의 구성 및 의결

1) 의 의

근로자에 대한 해고(징계)의 공정성을 담보하기 위해서는 사용자 1인의 결정에 따

---

293) 대법원 2007. 9. 6. 선고 2005두8788.

라 일방적으로 결정해서는 안 되고, 공정하게 구성된 별도의 인사(징계)위원회의 의결을 거치도록 하는 것이 바람직하다. 그리고 징계위원회의 구성은 사용자 측 위원만으로 구성하는 것보다 해고혐의자를 대변할 수 있는 근로자 측 위원을 참여시키고, 의결정족수의 요건을 어느 정도 강화하는 것이 해고의 공정성을 담보하는데 도움이 된다.

그런데, 노동관계법령은 인사(징계)위원회의 구성과 의결정족수에 대한 별도의 규정을 두고 있지 않지 않으므로 취업규칙·단체협약에서 규정한 내용에 따를 수밖에 없다. 인사(징계)위원회는 의결기관이 아니고 심의기관이기 때문에 인사(징계)위원회의 심의결과에 반드시 구속되는 것은 아니나, 인사(징계)위원회의 심의결과는 사용자가 해고 여부를 결정하는데 결정적인 영향을 미친다.[294] 따라서 사용자가 단체협약 등에 규정된 인사(징계)위원회의 구성 및 의결정족수의 요건을 갖추지 않은 해고는 중대한 절차상 하자에 해당되기 때문에 그 요건을 결한 징계해고는 원칙적으로 무효이다.[295]

2) 인사(징계)위원회 구성의 하자

단체협약 등에 규정된 징계위원회의 구성요건을 갖추지 않고 의결한 징계해고 처분은 중대한 절차상 하자에 해당되기 때문에 그 해고처분은 무효이나, 예외적으로 징계위원을 다른 사람으로 교체할 수밖에 없거나 징계대상자를 변론할 징계위원의 선정권을 포기한 것으로 볼 수 있는 특별한 사정이 있는 경우에는 징계위원회의 구성요건을 결한 상태에서 징계해고 의결을 하였더라도 그 징계해고 처분이 당연 무효로 되는 것은 아니다. 그러나 단체협약 등에 노·사 동수로 인사(징계)위원회를 구성하도록 규정되어 있는 경우에는 사용자가 일방적으로 근로자 측 위원을 선임하여 의결한 징계해고는 무효로 된다.[296]

인사(징계)위원회의 구성과 관련하여 판례는 ① 단체협약의 규정에 따라 노동조합에게 징계위원 선정권을 부여하였음에도 그 권리를 행사하지 않은 경우,[297] ② 당

---

294) 대법원 1993. 7. 13. 선고 92다50263.

295) 대법원 1993. 2. 9. 선고 92다27102; 대법원 1995. 4. 28. 선고 94다59882; 대법원 1996. 2. 9. 선고 95누12613.

296) 대법원 2006. 11. 23. 선고 2006다48069; 대법원 2006. 11. 23. 선고 2006다49901.

297) 대법원 1997. 5. 16. 선고 96다47074.

연직 징계위원이 징계대상자로 된 경우에 다른 사람을 징계위원으로 선임한 경우[298]는 유효한 해고처분으로 판단하고 있다. 그러나 ① 징계위원 제척 규정을 무시하고 해고혐의자의 친족과 징계해고사유에 관계있는 자가 징계위원으로 된 경우,[299] ② 해고혐의자 소속 과장이 당연직 징계위원으로 되어 있는 경우 소속 과장의 공석 또는 유고로 인하여 소속 계장을 징계위원으로 임명하여 징계해고 의결한 경우,[300] ③ 의사정족수를 미달하여 징계해고 의결한 경우,[301] ④ 노사 동수로 징계위원을 구성하기로 한 징계규정을 위반하여 조합원을 해고함에 있어서 사용자가 일방적으로 상조회 소속 근로자를 징계위원으로 구성하여 의결한 경우[302]는 무효로 판단하고 있다.

3) 의결정족수 요건의 하자

단체협약 등에 징계위원회의 노사동수 구성, 징계위원 과반수이상의 찬성을 징계의결정족수로 규정한 경우에 이를 위반한 징계해고는 원칙적으로 중대한 절차상의 하자에 해당되어 무효이다. 그러나 근로자 측 위원이 아예 징계위원회에 불참하거나 참석하더라도 징계해고에 반대함으로써 징계의결정족수 요건을 갖추지 못하여 도저히 징계의결을 할 수 없는 사유가 있는 경우에는 사회통념상 근로계약관계를 유지할 수 없는 근로자의 책임 있는 사유가 있음에도 해고할 수 없다고 하는 부당한 결과를 초래한다.

따라서「의결정족수 요건을 충족할 수 없는 불가피한 사정이 객관적으로 존재하는 경우에는 취업규칙 등에 규정된 다른 징계위원회의 의결정족수의 요건을 갖추어 징계해고 의결하더라도 그 징계해고는 당연 무효가 되지 않는 것으로 해석해야 한다. 판례는「취업규칙에 징계위원회의 구성을 노사 각 3인 동수로 하고, 징계위원과반수의 출석으로 개최하도록 규정되어 있다 하더라도 사용자가 근로자 측에게 징계위원 선정권을 행사할 기회를 부여하였음에도 근로자 측이 징계위원 선정을 포기한 경우에는 사용자 측 징계위원만 참석한 상태에서 의결한 징계해고를 유효한 것」으

298) 대법원 1997. 12. 12. 선고 97누3637.
299) 대법원 1995. 4. 28. 선고 94다59882; 대법원 1994. 8. 23. 선고 94다7553; 대법원 1995. 5. 23. 선고 94다24763.
300) 대법원 1995. 2. 10. 선고 94다19228.
301) 대법원 2000. 2. 11. 선고 99두2949.
302) 대법원 1996. 6. 28. 선고 94다153716; 대법원 2006. 11. 23. 선고 2006다48069.

로 판단하고 있다.[303)]

Ⅳ. 해고 제한절차의 적용특례

근로기준법은 근로자의 귀책사유를 이유로 한 해고 제한절차로서 해고예고 또는 해고예고수당의 지급(§26)과 해고사유 및 해고시기에 관한 서면통지(§27)만을 규정하고, 기타의 해고제한 절차는 전적으로 노사의 자주적인 규범인 취업규칙·단체협약 등에 정하는 바에 따르도록 하고 있다. 그런데, 판례는 취업규칙 등에 별도로 해고 제한절차를 규정하고 있지 않은 경우에는 근로기준법에 규정된 해고 제한절차를 준수하면 무방하고, 해고의 공정성을 확보하기 위한 소명의 기회, 인사(징계)위원회의 의결 등을 거칠 필요가 없다는 입장을 취하고 있다. 그리고 판례는 해고를 징계해고, 정리해고, 직권면직, 당연퇴직(당연면직·자동면직), 통상해고로 구분하면서 징계해고와 정리해고 이외의 해고에 대해서는 취업규칙 등에 해고절차 규정을 두지 않은 이상 그 절차를 준수하지 않아도 된다는 입장을 취하고 있다.

1. 별도의 해고제한 규정이 없는 경우

판례는「징계처분을 함에 있어서 취업규칙 등 징계혐의사실의 고지나 변명의 기회부여 등 징계절차를 규정하지 않은 경우에는 징계해고 사유만 정당하다면 별도의 징계절차를 거치지 않더라도 해고는 유효한 것」으로 판단하고 있다.[304)]

그러나 근로자에게 직장상실을 의미하는 해고처분을 함에 있어서 해당 근로자에게 최소한의 소명(변명)할 기회를 부여하는 것은 당연히 요구되는 절차적 정의라고 할 수 있다. 취업규칙에 징계절차규정이 없다는 이유만으로 부당한 해고를 방치하는 것은 근로자를 보호하기 위한 기본정신에 반하는 것이므로 최소한 사회통념상 요구되는 소명기회는 부여해야 한다고 본다.[305)] 따라서 취업규칙 등에 규정이 없다는 이유로 소명의 기회를 부여하지 않고 행한 해고를 유효한 해고로 판단하고 있는 대법원 판례는 변경되어야 한다.

---

303) 대법원 1994. 6. 14. 선고 93다29167; 대법원 1997. 5. 16. 선고 96다47074; 대법원 1999. 3. 26. 선고 98두4672.

304) 대법원 1993. 7. 13. 선고 92다42774; 대법원 1994. 9. 30. 선고 93다26496; 대법원 1995. 7. 14. 선고 95누11491; 대법원 1998. 11. 27. 선고 97누14132 등.

305) 이병태, 최신노동법(제8전정판), 984면.

2. 직권면직·당연(자동)면직 처분의 경우

1) 의 의

직권면직이란 근로자의 비위 정도가 중대하고 그에 대한 증거가 명백하여 취업규칙 등의 징계사유와는 별도로 면직사유로 규정하여 퇴직시키는 것을 말한다. 당연면직(자동면직 또는 당연 퇴직)이란 채용결격사유에 해당하거나 더 이상 근로관계의 지속이 어렵거나 근로제공을 할 수 없는 근로자의 귀책사유가 있는 경우에 취업규칙 등에 별도로 퇴직사유로 규정하여 퇴직 처리하는 것을 말한다. 직권면직 또는 당연면직은 근로자의 의사에 반하여 근로계약이 해지된다는 점에서 실질적인 해고에 해당된다.

기업은 취업규칙 등에 무단결근이 계속하여 7일 이상인 경우, 업무와 관련하여 유죄판결이 확정된 경우, 형사사건으로 구속된 경우, 금고 이상의 유죄판결이 확정된 경우, 업무에 필요한 자격이 취소된 경우, 업무 외의 부상으로 인한 장해로 근로제공이 어려운 경우, 업무능력의 현저한 저하 또는 업무실적이 저조하여 직위해제(대기발령) 후 3개월 이내에 보직을 받지 못한 경우, 휴직기간 종료 전 7일 이내에 진단서 등 휴직해소사유를 입증하는 자료를 첨부하여 제출하지 아니하는 경우 등을 직권면직과 자동면직 사유로 규정하고 있는 것이 보통이다. 그리고 직권면직 또는 당연면직 사유에 해당되는 경우에는 별도의 징계절차를 거치지 않고 해고할 수 있는 것으로 규정하고 있다.

2) 판례의 태도

판례는 직권면직 또는 당연면직을 실질적인 해고임을 전제로 하면서도 징계해고와는 달리 취업규칙 등에 징계 제한절차를 거치도록 하는 명문규정이 없는 경우에는 징계절차를 거치지 않아도 절차상 하자가 없다는 입장을 보이고 있다. 즉, 판례는「기본적으로 취업규칙 등에 징계 제한절차에 따라 면직한다는 명문규정이 없는 한, 근로기준법에 규정된 해고의 제한절차 이외의 징계절차를 거칠 필요가 없다.」라고 판단하고 있다.[306]

---

306) 대법원 1999. 9. 3. 선고 98두18848; 대법원 2002. 7. 12. 선고 2002다21233; 대법원 2005. 10. 13. 선고 2005두6522; 대법원 2007. 10. 25. 선고 2007두2067.

3) 평 가

취업규칙 등에 직권면직 또는 당연면직을 징계해고로 규정하지 않고 징계 제한절차를 거치도록 하는 명문 규정이 없더라도, 직권면직 또는 당연면직 처분은 근로자의 의사에 반하는 사용자의 일방적인 의사표시에 따라 근로관계가 종료되는 것이므로 근로기준법상 해고에 해당된다. 그리고 일반적으로 직권면직 또는 당연면직 사유에 해당되는 무단결근이 계속하여 7일 이상인 경우, 업무와 관련하여 유죄판결 또는 구속된 경우 등은 징계사유에 해당되는 것이다.

이처럼 직권면직 또는 당연면직 처분은 엄연한 해고일 뿐만 아니라 그 사유도 징계해고 사유와 중복되는 경우가 많다. 그럼에도 취업규칙 등에 징계 제한절차를 따르도록 하는 명문규정이 없다는 이유로 취업규칙 등에 규정된 징계해고 제한절차를 따르지 않아도 무방하다는 판례의 태도는 실질적으로 취업규칙 등에 규정된 징계해고 제한절차가 형해화될 수 있다는 비판을 면할 수 없다. 따라서 취업규칙 등에 징계해고 제한절차를 따르도록 하는 규정이 없더라도, 직권면직 또는 자동면직 사유가 징계해고사유와 중복되는 경우에는 징계절차를 따르도록 하여야 한다.

3. 통상해고의 경우

1) 의 의

통상해고란 취업규칙 등에서 규정한 징계해고, 정리해고, 직권면직, 당연면직사유 이외의 사유로 인하여 근로계약의 목적 달성이 불가능하거나 경영상 장애 등으로 인하여 더 이상 근로관계를 지속시키기 어려운 상태에 이르러 사용자가 일방적으로 근로계약을 해지하는 것을 말한다.[307] 판례는 통상해고의 유형을 근로자의 귀책사유에 의한 통상해고, 사용자의 귀책사유에 의한 통상해고, 그 밖의 사유에 의한 통상해고로 구분하면서 통상해고의 경우는 취업규칙 등에 정한 징계제한 절차를 거치지 않고 해고가 가능한 것으로 판단하고 있다.

2) 판례의 태도

(1) 근로자의 귀책사유에 의한 통상해고

이는 근로자의 일신상 또는 행태상의 사유에 의하여 더 이상 근로계약관계를 유

307) 서울지방노동위원회, 인사권의 기본원리와 해고, 34면.

지할 수 없는 상태에 이른 경우에 행해지는 해고조치이다. 일신상의 통상해고 사유는 근로자의 부상 또는 질병으로 인한 장애로 정상적인 업무수행이 어렵게 된 경우이고, 행태상의 통상해고 사유는 근로자의 업무능력 저하로 인하여 업무를 감당하기 어렵게 되거나 동료직원들과의 부조화로 인하여 직장분위기를 크게 해치는 등 더 이상 근로관계를 지속시키기 어렵게 되는 경우이다. 판례는 「근로자의 귀책사유로 인한 통상해고의 경우에는 취업규칙 등에 규정된 해고 제한절차를 준수하지 않아도 되나, 해고일 30일 전에 서면으로 해고사유와 시기를 통지할 의무만 있는 것」으로 판단하고 있는 경향을 보이고 있다.[308)]

구체적으로 판례는 「통상해고 사유와 징계해고 사유가 동시에 해당되는 경우 어느 해고를 선택할 것인가는 사용자의 재량이나, 통상해고를 선택한 경우에도 부수적으로 징계해고의 절차를 준수해야 한다.」는 견해를 취하고 있다.[309)]

그리고 판례는 「통상해고도 사용자의 일방적 의사표시에 의하여 근로계약관계를 종료시키는 것이므로 그 의사표시는 반드시 근로자에게 표시되어야 하고, 사용자가 통상해고를 하기 위해서는 30일 전에 예고를 하거나 30일분 이상의 통상임금을 지급해야 하는 것.」으로 판단하고 있다.[310)] 나아가 판례는 「부상 또는 질병을 이유로 해고하기 위해서는 의사가 발급한 진단서를 발급받도록 단체협약에 규정되어 있더라도 법원의 신체감정 촉탁으로 원고(근로자)의 후유장애가 확정되어 객관적인 의학적인 요건이 충족된 이상 진단서의 발급을 받지 않고 해고한 것은 유효한 것」으로 판단하고 있다.[311)]

(2) 사용자의 귀책사유에 의한 통상해고

이는 폐업, 해산결의에 의한 청산절차, 파산절차, 회사회생절차 등 사용자의 귀책사유로 인한 해고를 말한다. 판례는 회사의 존속을 전제로 하지 않은 사용자의 귀책사유로 인한 해고에 대해서는 근로기준법상의 해고 제한절차와 취업규칙 등에 규정된 해고절차를 준수하지 않고 해고하여도 무방한 것으로 해석하고 있다.

판례는 ① 파산관재인이 파산선고로 인하여 파산회사가 해산한 후에 사업 폐지를 위하여 행하는 해고,[312)] ② 사업의 폐지를 위하여 해산한 기업이 그 청산과정에서

---

308) 대법원 1991. 9. 24. 선고 91다13533; 대법원 1993. 5. 11. 선고 92다20712.

309) 대법원 1994. 10. 25. 선고 94다25889.

310) 대법원 1993. 5. 11. 선고 92다20712.

311) 대법원 1996. 12. 6. 선고 95다45934.

행한 해고[313]는 사업의 유지를 전제로 한 경영해고가 아니고 통상해고에 해당된다고 하여 근로기준법과 단체협약에 규정된 해고 제한절차가 적용되지 않는 것으로 판단하고 있다.

(3) 그 밖의 사유로 인한 통상해고

이는 근로계약의 본질이나 사회적 상당성에 비추어 근로계약을 해지하는 것이 합리적이라고 인정되는 해고를 말한다. 판례는 타 회사와 공동 사업수행을 위하여 설립한 동업체가 회사간의 관계 악화로 소멸되어 그 업무 수행을 위하여 채용된 근로자를 해고한 경우,[314] 근로계약체결 시 특정장소에서 근무할 조건으로 근로계약을 체결하였다면 그 장소에 대한 국유재산 사용허가가 취소되어 국유재산을 반환하는 시점에서 근로계약을 해지한 경우[315]를 통상해고로 판단하고 있다.

3) 평 가

판례는 근로기준법 제24조의 경영해고에 해당되지 않는 사업의 폐지를 전제로 한 해고는 근로기준법과 취업규칙에 정한 해고절차를 거치지 않아도 무방하고, 심지어 다른 회사와 공동으로 별도의 법인을 설립하여 그 법인이 소멸된 경우도 경영해고로 보지 않고 통상해고로 해석하여 해고절차를 거치지 않아도 무방한 것으로 판단하고 있다. 그리고 근로자의 귀책사유로 인한 통상해고의 경우는 취업규칙 등에 정한 해고절차를 준수할 필요는 없으나, 해고예고 절차에 따라 해고를 해야 한다는 입장을 보이고 있다.

생각건대, 사용자의 귀책사유로 인한 해고가 근로기준법과 취업규칙 등에 정한 해고절차를 준수하여야하는가 여부는 객관적으로 사업의 폐지를 전제로 한 해고인가를 기준으로 판단해야 한다. 이러한 기준에서 보면, 사업의 폐지를 전제로 한 해산결의에 의한 청산절차의 일환으로 행한 해고는 해고절차를 준수하지 않아도 무방하나, 기업의 도산으로 인한 기업회생 절차의 일환으로 행해지는 해고는 근로기준법 제24조의 경영해고에 해당되는 것이므로 경영해고 절차를 준수해야 한다. 따라서 법원의 파산선고로 인한 해고와 해산결의에 의한 기업의 청산과정 일환으로 행

312) 대법원 2004. 2. 16. 선고 2003두13656.
313) 대법원 2001. 11. 13. 선고 2001다27975.
314) 대법원 1996. 10. 29. 선고 96다22198.
315) 서울행정법원 2005. 7. 19. 선고 2004구합39723.

해진 해고는 해고절차를 거칠 필요가 없음은 당연하다. 그러나 동일 사업주의 아래에 있는 전 사업의 폐지를 전제로 하지 않는 일부 사업의 폐지 또는 근로자의 귀책사유로 인한 통상해고의 경우는 근로기준법과 취업규칙 등에 정한 해고절차에 따라 해고하는 것이 노동법의 취지와 부합된다고 보아야 한다.

제6절 시기에 의한 해고의 제한

Ⅰ. 의 의

근로기준법은 업무상 부상 또는 질병의 요양을 위하여 휴업하고 있는 경우와 출산전후의 여성근로자가 휴업하고 있는 경우에는 정당한 해고사유가 있다 하더라도 일정한 기간 동안 해고를 금지하고 있다. 근로기준법 제23조 제2항은 「사용자는 근로자가 업무상 부상 또는 질병의 요양을 위하여 휴업한 기간과 그 후 30일 동안 또는 출산전·출산후의 여성이 휴업한 기간과 그 후 30일 동안은 해고하지 못한다.」라고 규정하고 있다.

만약, 사용자가 업무상 재해근로자와 출산전후의 여성근로자에 대하여 일반근로자와 동일하게 해고할 수 있는 권리를 허용한다면, 이들을 위한 노동법상의 특별보호규정의 의의가 상실된다. 이처럼 업무상 부상 또는 질병 및 출산전후로 인한 휴업기간과 그 후 30일간에 대하여 특별히 해고를 금지하고 있는 취지는 업무상 재해 또는 출산에 의해 노동능력을 상실하거나 노동능력의 회복에 필요한 기간 동안 해고를 금지시킴으로써 근로자의 생계를 유지하도록 하기 위한 것이다. 다만, 사용자가 업무상 재해를 당한 근로자에 대하여 일시보상을 하였거나 사업을 계속할 수 없게 되는 특별한 사정이 있는 경우에는 예외적으로 해고시기의 제한규정은 적용되지 않는다(§23②단서).

Ⅱ. 해고의 금지범위

1. 해고금지의 적용사유

해고가 금지되는 기간은 업무상 재해 또는 출산으로 인한 노동력의 상실시간인 휴업기간과 노동력의 회복을 위한 그 후 30일간이다. 해고가 금지되는 기간은 업무상 재해 또는 출산으로 인한 법정휴업기간과 그 후 30일간에 국한되므로 요양과 휴업 사이에는 상당인과관계가 존재해야 한다. 해고금지 기간이 되는 부상 또는 질병은 업무상 사유에 의한 것에 한하므로 업무와 관련성이 없는 개인적인 부상이나 질병의 요양을 위한 휴업기간은 당연히 해고금지 기간에 해당되지 않는다.

업무상 재해근로자가 취업하면서 업무상 부상 등을 치료받는 일부 휴업의 경우에도 해고금지 기간에 해당되는 것으로 해석해야 한다.[316] 그 근거로서는 ① 일부 휴업의 경우를 해고금지기간에서 배제한다면 해고금지의 입법취지를 살릴 수 없다는 점, ② 휴업이 장기화될 경우를 대비하여 사용자가 일시보상의 지급을 전제로 해고할 수 있는 입법장치가 있다는 점(§84) 등을 들 수 있다. 그리고 여성근로자가 출산 전에 휴업을 청구하지 않고 계속 취업하고 있는 경우에도 해고금지 기간에 포함되는 것으로 보아야 한다.[317] 따라서 일부 휴업이나 출산 전에 휴업을 하지 않은 경우라도 사용자는 정당한 해고사유가 있더라도 해고할 수 없음은 물론 해고예고도 할 수 없다.

2. 해고금지의 적용제외 사유

업무상 재해 또는 출산전후의 휴업기간과 그 후 30일간의 해고금지 기간에 해당된다 하더라도, 사용자가 근로기준법 제84조의 일시보상을 행하였거나 사업을 계속할 수 없게 된 경우에는 해고할 수 있다(§23②단서).

(1) 업무상 재해근로자가 2년을 경과하여도 부상 또는 질병이 완치되지 아니한 경우에 사용자는 평균임금의 1,340일분에 해당되는 일시보상을 지급하면 해고할 수 있다. 이는 요양을 위하여 장기간의 휴업이 이루어지면 사업운영에 장애가 초래되거나 사용자의 지나친 부담이 된다는 점을 고려하여 사용자가 일시보상의 지급을 전제로 근로자를 해고할 수 있게 한 것이다. 일시보상의 지급은 해고의 유효 요건이므로 사용자는 현실적으로 일시보상금 전액을 지급해야만 해고할 수 있다. 그런데, 근로자의 상병이 산업재해보상보험법 제66조의 상병보상요건에 해당되어 상병보상연금을 지급받고 있는 경우에 사용자는 근로기준법상의 재해보상책임이 면제되므로 사용자는 근로기준법 제84조의 일시보상을 행하지 않고 근로자를 해고할 수 있다.[318]

---

316) 반대 김유성, 노동법Ⅰ(초판), 309면.
317) 김형배, 노동법(제24판), 681면.

(2) 사용자가 사업을 계속할 수 없게 된 경우에도 해고금지의 규정이 적용되지 않는다. 여기서 「사업을 계속할 수 없게 된 경우」란 사업의 전부 또는 대부분의 계속이 실제로 불가능하게 된 경우를 말한다. 따라서 화재 등으로 일시적으로 사업의 계속이 중지되었더라도 사업의 핵심적인 설비나 시설이 남아 있어 사업의 계속이 가능한 경우에는 사업을 계속할 수 없는 경우에 해당되지 않는다. 그리고 「사업」이란 해당 근로자가 소속한 사업장 또는 부서를 의미하는 것이 아니고, 근로기준법 적용대상이 되는 사업 그 자체를 말한다.[319]

Ⅲ. 해고의 금지내용

해고의 정당한 사유가 존재하더라도 사용자는 해고금지기간 중에는 해고할 수 없기 때문에 근로관계를 유지할 수 없는 일신상 또는 행태상의 귀책사유가 있거나 긴박한 경영상의 필요에 의한 근로자의 감원이 필요한 경우라도 사용자는 해당 근로자를 해고할 수 없다. 사용자가 해고금지 적용제외사유가 없음에도 해고금지기간 중에 해고금지기간이 적용되는 근로자를 해고한 경우에는 사법상 무효가 될 뿐 아니라 벌칙이 적용된다(§107).

그러나 근로기준법 제23조 제2항의 해고금지 기간의 취지는 해고 이외의 근로관계의 종료까지 금지하는 것은 아니기 때문에 근로자의 사직 또는 합의퇴직절차를 거쳐 근로관계를 종료하는 것은 법 위반이 되지 않는다. 문제는 해고금지 기간과 해고예고와는 어떠한 관계에 있는가의 여부이다. 즉, 해고예고 이후에 해고금지의 사유가 발생하거나 해고금지 기간 중에도 해고예고를 할 수 있는가의 여부가 문제된다.

(1) 사용자의 해고예고 이후에 해고 금지사유가 발생한 경우에는 해고예고는 효

---

318) 산업재해보상보험법 제80조 제1항은 「수급권자가 이 법에 따라 보험급여를 받았거나 받을 수 있으면 보험가입자는 동일한 사유에 대하여 근로기준법에 따른 재해보상 책임이 면제된다.」라고 규정하고 있다.

319) 사업을 해당 근로자가 소속한 사업장 또는 부서로 축소하여 해석하는 견해가 있다(임종률, 노동법(제14판), 545면). 이처럼 사업의 범위를 축소하여 해고금지 기간의 적용제외사유를 확대하면 업무상 재해로 요양 중인 근로자와 출산전후 휴가기간 중에 있는 여성근로자가 경영해고의 대상으로 될 수 있는 등 해고금지를 규정한 취지와 상반되고 산업재해 보호나 모성보호에도 역행하는 결과를 초래할 뿐만 아니라 해고예고 제외사유와 균형을 유지하는 것이 곤란하다(김유성, 노동법 I (초판), 310~311면).

력이 발생하지 않고 해고금지 기간 경과 이후에 다시 해고예고를 해야 할 것이다. 왜냐하면, 해고예고가 계속 유효한 것으로 본다면, 출산·전후 또는 업무상 부상으로 인한 최소한의 노동능력 회복에 필요한 기간을 해고를 제한하기 위한 해고금지의 취지에 반하기 때문이다.[320)]

(2) 재해근로자 또는 출산·전후 여성근로자의 상실 또는 감소된 노동능력의 회복에 필요한 기간 동안 해고를 금지시킴으로써 근로자의 생계를 유지하도록 하기 위한 입법취지를 고려하면, 해고금지 기간 중에는 해고예고를 할 수 없으며 이 기간 중에 행한 해고예고는 무효로 보아야 할 것이다.[321)]

제7절 해고의 효과

Ⅰ. 개 관

근로관계는 근로자와 사용자 사이의 근로계약에 의하여 성립한 후 일정기간 존속하다가 일정한 사유에 의하여 종료하게 된다. 근로관계의 종료사유에는 ① 당사자의 일방적인 의사표시에 의한 해고와 사직, ② 당사자의 의사와 관계없이 근로관계가 소멸하는 정년퇴직·근로자의 사망·법인의 청산·법인의 양도·기간의 정함이 있는 근로계약관계에 있어서의 기간의 만료, ③ 당사자의 의사의 합치에 의한 근로관계의 합의해지 등이 있다. 이와 같은 사유로 근로관계가 종료하면 유기적인 법률관계로서의 근로자의 근로제공의무와 사용자의 임금지급의무 등 기본적인 권리의무관계는 당연히 소멸하는 것이나, 종전의 근로관계로부터 구체적으로 파생된 권리의무관계는 그것이 이행될 때까지는 소멸하지 않는다. 이에 근로기준법은 근로관계존속 중 지급되지 않은 금품의 지급을 확보하기 위한 조치로써 사용자의 금품청산의무(§36)·미지급 임금 등에 대한 지연이자의 지급(§37)·임금채권의 우선변제(§38) 등을 규정하고 있다.

사용자의 해고처분이 있으면 해고의 정당성 여부와 관계없이 근로관계는 종료된

320) 해고예고의 효과는 중단되는 것에 그치고, 해고예고 자체는 유효한 것이므로 해고금지 기간이 만료된 후 중단된 해고예고 기간이 기산되어야 한다는 견해가 있다(김유성, 노동법Ⅰ(초판), 311면).

321) 해고예고는 해고 그 자체가 아니기 때문에 해고금지 기간 중에도 해고예고가 가능하다는 반대의 견해가 있다(김유성, 노동법Ⅰ(초판), 311면).

다. 그러나 해고근로자가 해고의 부당성을 다투어 그 해고가 사법상 무효로 되었을 경우에는 사용자의 복직의무 및 임금소급지급의무, 해고근로자가 복직을 원하지 않을 경우에 적용되는 금전보상지급의무와 사용자가 복직시키지 않을 경우에 적용되는 이행강제금이 적용된다. 그리고 사용자의 부당해고로 해고된 근로자는 이에 따른 민사상 손해배상청구가 인정된다. 다만, 경영해고가 정당하더라도 사용자는 경영해고 이후 3년 이내에 해고근로자가 해고 당시 담당하였던 업무를 할 근로자를 채용하고자 할 때에는 해고된 근로자를 우선하여 고용할 의무가 있다. 아래에서는 해고가 사법상 무효인 경우에 적용되는 해고의 효과를 중심으로 기술한다.

Ⅱ. 임금소급 지급의무

1. 의 의

근로자에 대한 사용자의 해고처분이 사법상 무효로 되거나 취소된 경우에 해고근로자는 해고일로부터 복직 시까지 근로자의 신분을 계속 유지되고 있었던 것으로 된다. 따라서 사용자는 해고일로부터 복직 시까지 계속 근로하였을 경우에 받을 수 있는 임금상당액을 해고근로자에게 소급하여 지급할 의무가 있다(민법§538①).[322] 해고근로자가 해고기간 동안 근로를 제공하지 못한 것은 사용자의 귀책사유인 부당해고에 의한 것이므로 사용자는 당연히 해고기간 중 받을 수 있는 임금을 소급하여 지급해야 함은 당연한 것이나, 해고기간 동안의 임금상당액에서 중간수입 공제와 과실상계의 법리를 적용할 것인가의 여부가 문제된다.

2. 임금상당액의 성격 및 범위

근로기준법상 임금은 현실적으로 근로를 제공한 것에 대한 대가를 의미하는 것이므로 부당해고 기간 동안 사용자로부터 받은 임금상당액은 임금으로 볼 수 없다. 비록 해고기간 동안의 임금상당액이 근로자의 임금을 기초로 산정되었더라도 임금으로 볼 수 없을 뿐만 아니라, 소득세법상 과세의 대상이 되는 근로소득·퇴직소득에도 해당되지 않는다.[323]

322) 대법원 1981. 12. 22. 선고 81다626; 대법원 1989. 5. 23. 선고 87다카2132; 대법원 1995. 1. 24. 선고 94다40987.

323) 대법원 1991. 6. 14. 선고 90다11813.

「임금상당액」이란 해고기간 동안 근로를 제공하였더라면 그 반대급부로 받을 수 있는 임금 전부를 말하는 것이므로 평균임금의 산정의 기초가 되는 임금 총액이 모두 포함된다고 보아야 한다.[324] 따라서 시간외근로수당이나 상여금도 당해 근로자가 해고되지 않았더라면 받을 수 있는 것으로 기대되는 경우에는 임금상당액에 포함되어야 하고,[325] 단체협약을 통하여 매년 인상하여 온 임금인상액[326]과 정기적으로 이루어지는 호봉승급에 따른 임금인상액도 임금상당액에 포함된다. 단체협약에 조합원이 1년간 개근할 경우 연말에 금 1돈(3.75g)을, 정근(지각 3회 이하)할 경우 금 반 돈을 교부하여 표창하도록 규정되어 있다면, 위 표창은 특별한 사정이 없는 한 근로자가 계속 근로하였을 경우 받을 수 있는 임금에 포함된다.[327] 근로자가 연차유급휴가를 사용하지 못하게 됨에 따라 사용자에게 청구할 수 있는 연차휴가수당도 임금에 해당한다.[328]

그러나 사용자가 지급하여야 할 임금상당액은 해고기간 동안 근로를 제공하였음을 전제로 한 것이므로 해고기간 동안 객관적으로 근로를 제공할 수 없었을 것으로 확실시 되는 경우에는 임금상당액을 산정함에 있어서 제외하여야 한다. 판례는 「사법상 무효가 되더라도 해고근로자가 해고기간 중 형사사건으로 구속되어 근로를 제공할 수 없었던 특별한 사정이 있는 경우에 그 기간 동안의 임금을 지급하지 않아도 무방하고,[329] 근로자가 소정의 위로금을 지급받고 명예퇴직을 하였으나 그 명예퇴직이 부당해고로 판정되어 복직된 후 다시 정당한 이유에 의하여 해고된 경우에는 법정퇴직금을 제외한 위로금은 사용자에게 반환해야 한다.」라고 판시하고 있다.[330]

3. 중간수입의 공제 여부

해고근로자가 해고일로부터 복직 일까지 다른 직장에 취업하여 수입을 얻은 이른

324) 대법원 1993. 12. 21. 선고 93다11463; 대법원 1990. 12. 7. 선고 90다카19647; 대법원 1999. 9. 3. 선고 98다34393,2000다18127; 대법원 2006. 12. 8. 선고 2006다38229 등.
325) 대법원 1992. 12. 8. 선고 92다38680; 대법원 2006. 12. 8. 선고 2006다38229.
326) 대법원 1993. 9. 24. 선고 93다21736.
327) 대법원 2012. 2. 9. 선고 2011다20034.
328) 대법원 2014. 3. 13. 선고 2011다95519.
329) 대법원 1994. 10. 25. 선고 94다25889; 대법원 1996. 4. 23. 선고 94다446.
330) 대법원 1995. 1. 24. 선고 94다40987.

바 중간수입을 임금에서 공제할 수 있는가의 여부가 문제된다. 이에 관한 이론으로서는 전액공제설, 공제부정설, 일부공제설이 대립하고 있다.

「전액공제설」은 민법상 손익상계의 법리 또는 '채무자(근로자)는 자기의 채무(근로제공)를 면함으로써 이익을 얻은 때에는 이를 채권자(사용자)에게 상환하여야 한다.'라고 규정한 민법 제538조 제2항을 원용하여 중간수입 전액을 공제하여야 한다는 견해이다. 「공제부정설」은 중간수입의 공제를 인정하게 되면, ① 부당해고를 한 사용자가 지급하여야 할 임금이 전혀 발생하지 않게 되는 경우도 발생하여 사용자로 하여금 경제적 부담을 전혀 지지 않는다는 것은 근로자를 보호하기 위한 노동법의 원리가 허구화될 수 있다는 점, ② 해고기간 중 생계유지를 위하여 다른 직장에 취업한 해고근로자에 대해서는 중간수입을 공제하면서 생계유지 노력을 하지 않은 해고근로자에 대해서는 임금 전액을 지급하는 것은 형평성의 원리에 반한다는 점 등을 이유로 중간수입을 공제할 수 없다는 견해이다. 그리고 「일부공제설」은 원칙적으로 임금공제는 가능하나, 해고근로자가 취업하지 못한 것은 근로를 제공할 의사가 있음에도 부당해고로 근로의 제공이 불가능하거나 사용자가 근로제공을 거부한 것에 의한 것이므로 근로기준법 제46조의 휴업수당 규정을 적용하여 휴업수당을 초과하는 범위 내에서만 공제가 가능하다는 견해이다.

③ 이와 관련하여 판례는 일관하여 「중간수입은 민법 제538조 제2항에서 규정하고 있는 채무(노무제공)를 면함으로써 얻은 이익에 해당된다는 이유로 사용자는 해당 근로자에게 해고기간 중 받을 수 있는 임금에서 공제해야 한다.」는 입장을 견지하고 있다.[331]

판례는 임금에서 공제할 수 있는 중간수입은 그 전액이 아니고 근로기준법 제46조의 휴업수당을 초과하는 범위 내로 한정된다는 입장을 취하고 있다. 즉, 「사용자

---

331) 대법원 1991. 6. 28. 선고 90다카25277; 대법원 1991. 12. 13. 선고 90다18999; 대법원 1993. 11. 9. 선고 93다37915; 대법원 1996. 4. 23. 선고 94다446 등. 사용자가 지급해야 할 부당해고 기간 동안의 임금상당액에서 해고근로자의 중간수입을 공제할 것인가에 대해서 학문적 논의만 전개하여 오다가 대법원 1991. 6. 28. 선고 90다카252 판결에서 「근로기준법 제46조의 휴업수당의 지급사유에 해당되는 '휴업'이란 근로자가 근로계약에 따라 근로를 제공할 의사가 있음에도 그 의사에 반하여 취업이 거부되거나 불가능하게 된 경우에도 포함되는 것이므로 해고기간 동안 근로자가 지급받을 수 있는 임금액 중에서 휴업수당을 초과하는 금액에 한하여 중간수입의 공제가 된다.」라고 하여 중간수입공제의 한계를 판시한 이래 그 판결 내용이 그대로 유지되어 확립된 판례로 정착되었다.

의 귀책사유로 인하여 휴업하는 경우에 사용자는 휴업기간 중 해당 근로자에게 평균임금의 70%를 휴업수당으로 지급하도록 규정한 근로기준법 제46조에 따라 중간수입의 공제는 휴업수당을 초과하는 범위 내에서만 공제가 가능한 것」으로 판단하고 있다.[332] 예를 들면, 해고근로자의 평균임금이 100,000원이고, 해고기간 중 다른 직장에서 얻은 평균수입이 80,000원이라고 가정할 때 사용자는 휴업수당 70,000원(100,000×0.7)을 초과하는 10,000원에 대해서는 중간수입공제가 가능하다는 입장이다.

4. 과실상계의 적용 여부

과실상계란 채무불이행 또는 불법행위에 관한 채권자 또는 피해자에게 그 손해의 발생·회피·경감 등에 의하여 과실이 있는 경우에 법원이 손해배상의 책임·그 금액을 정함에 있어서 그 과실을 참작하는 것을 말한다(민법§396·763). 과실상계는 손해배상제도를 지도하는 공평의 원칙, 채권관계를 지배하는 신의칙 및 사회생활에 있어서 협동정신의 구체적 표현이라고 할 수 있다.

부당해고 기간 동안 임금상당액에서 근로자의 과실에 해당되는 비율을 공제할 수 있는가의 여부가 문제된다. 즉, 근로자의 책임 있는 귀책사유가 있으나 근로관계를 더 계속 유지할 수 없는 사유에 해당되지 않아 부당해고가 된 경우에 법원이 근로자의 책임 있는 귀책사유에 해당되는 부분을 임금상당액에서 상계할 수 있는가의 여부이다. 이에 관하여 대법원은 「무효인 해고처분으로 해고근로자가 근로를 제공하지 못한 것은 사용자의 귀책사유에 의한 것이므로 민법 제538조 제1항에 의하여 부당해고 기간 동안 계속 근로하였을 경우에 받을 수 있는 임금 전액을 지급해야 하고,[333] 과실상계의 법리는 근로계약관계의 존속을 전제로 사용자의 수령지체로 인하여 근로하지 못한 기간 동안에 대한 임금의 지급을 구하는 사건에는 적용될 여지가 없다.」라고 판단하고 있다(대법원 1993. 7. 27. 선고 92다4273).

그러나 사용자가 지급해야 하는 부당해고 기간 동안의 임금상당액은 민법상 일실이익의 손해에 해당되는 것임을 감안하면, 단지 부당해고라는 이유만으로 일체 과실상계를 인정하지 않는 판례의 견해에 대해서는 의문이 있다. 즉, 해고가 정당하기

332) 대법원 1991. 6. 28. 선고 90다카25277; 대법원 1991. 12. 13. 선고 90다18999; 대법원 1993. 11. 9. 선고 93다37915.

333) 대법원 1981. 12. 22. 선고 81다626.

위해서는 근로계약관계를 유지할 수 없는 근로자의 책임 있는 귀책사유(실체적 요건)와 근로기준법 및 취업규칙 등에 정한 해고제한 절차의 준수(절차적 요건)를 요건으로 하고 있음에도 모든 부당해고에 대하여 과실상계를 적용하지 않는 것은 문제가 있다. 부당해고의 근본적인 이유가 무엇인가를 판단하여 과실상계의 적용 여부를 판단해야 할 필요성이 있다. 예컨대, 해고의 실체적 요건은 충족하였으나, 단지 해고의 제한절차를 위반하여 부당해고가 된 경우에는 근로자의 책임 있는 귀책사유에 대해서는 과실상계의 법리를 적용하는 것이 오히려 형평의 원칙에 부합하는 것이다.

Ⅲ. 원직복귀의무

1. 의 의

근로계약관계는 근로자의 근로제공과 사용자의 임금지급을 목적으로 하는 계속적 법률관계이기 때문에 사법상 무효인 해고에 대해서는 사용자는 해고 당시 근로자가 담당하고 있었던 원직에 복직시키고 해고기간 동안 받지 못한 임금의 상당액을 지급해야 함은 당연한 요청이다. 따라서 노동위원회의 원직복직명령이 있거나 해고무효가 확정된 경우에 사용자는 해고근로자가 해고 당시 종사하고 있었던 업무 및 직책·지위 그대로 복직시켜야 하는 법적 의무를 부담한다. 비록 직제개편 등으로 원직이 없어지거나 이미 다른 근로자로 해고근로자의 업무를 담당하고 있는 관계로 원직에 복직시킬 수 없는 경영상의 사유가 있다 하더라도 원직과 동일하거나 실질적으로 유사한 책임과 권한이 있는 직책으로 복직시켜야 한다.

2. 원직복귀의 범위

원래 원직복귀란 해고 당시 근로자가 담당하고 있었던 업무와 동일하거나 유사한 업무·직책·지위에 복직되는 것을 말하는 것이나, 해고기간 동안 담당 업무의 폐지·근로자의 대체·작업환경의 변화 등으로 원직의 업무가 없어진 경우에는 사용자는 그에 합당한 직책과 업무를 부여하여 복직시킨 경우에 원직복귀의무를 다한 것으로 보아야 한다.[334)]

사용자가 해고 당시 근로자가 담당하고 있었던 업무와 직종 및 직책이 없는 경우에는 최대한 이와 유사한 직책과 업무로 복직시킬 수밖에 없으나, 근로자의 입장에

334) 대법원 1997. 5. 16. 선고 96다47074.

서는 사실상 근로조건의 변경을 수반하는 전직에 해당되는 것이기 때문에 직제개편에 따른 전직의 정당성을 다툴 수 있다.[335)]

3. 취업청구권의 인정 여부

1) 문제의 소재

부당해고의 구제에 있어서 가장 곤란한 것은 해고근로자의 원직복귀 문제이다. 왜냐하면, 부당해고로 확정된 경우에도 사용자가 해고기간 동안의 임금상당액과 함께 임금을 계속 지급하면서 해고근로자를 원직에 복직시키지 않거나 적당한 업무를 부여하지 않는 경우가 많기 때문이다. 이와 같이 사용자가 부당해고로 확정된 근로자를 정당한 이유 없이 노동력의 수령을 거부하는 경우에 관련 해고근로자가 사용자를 상대로 취업을 청구할 수 있는가의 여부가 바로 취업청구권의 인정여부이다.

취업청구권은 근로자가 사용자에게 노동력의 수령을 요구할 수 있는 사법상의 권리이기 때문에 국가에 대한 공권인 근로권과 구별된다. 이는 결국 사용자의 근로수령의무를 인정할 것인가의 여부이다.[336)] 즉, 근로자의 근로행위는 근로계약관계의 반사적 이익에 불과 한 것으로 보아야 할 것인가와 법적 이익으로 보아야 할 것인가의 여부이다.

2) 학 설

부정설은 법령의 근거나 당사자의 특약이 없는 한 사용자의 근로수령의무를 근로자의 인격권으로부터 도출하는 것은 무리이므로 원칙적으로 취업청구권을 인정할 수 없다는 견해이고,[337)] 긍정설은 명문의 규정이 없다 하더라도 근로자의 취업청구권은 인정된다는 견해로서 ① 사용자의 근로수령 거부는 노동의 보람을 통하여 자유로운 삶을 향유할 수 있는 권리인 노동향유권과 노동인격권을 침해한다는 점, ② 인간의 존엄과 가치를 보장한 헌법 제10조의 이념을 전제로 하여 신의칙상 사용자의 부수적 의무로서의 근로수령의무가 있다는 점[338)]을 들고 있다.

---

335) 김유성, 노동법 I (초판), 322면.

336) 김유성, 노동법 I (초판), 323면.

337) 김형배, 노동법(제24판), 349면. 다만, 부정설의 입장에서도 당사자 사이에 명시적·묵시적 합의가 있는 경우에는 취업청구권을 인정하는 입장을 취하고 있다.

338) 김유성, 노동법 I (초판), 324면; 이병태, 최신노동법(제8전정판), 613면; 정진경, 「복직거부와 위자료」, 530면 이하.

3) 판 례

건전한 사회통념이나 사회상규상 용인될 수 없는 해고권 남용으로 인한 해고에 대해서는 사용자의 불법행위책임을 인정하거나[339] 정당한 이유 없이 사법상 무효로 확정된 근로자를 복직시키지 않은 경우에 이로 인한 근로자의 정신적 고통에 대한 사용자의 손해배상책임을 물은 판례[340]는 있으나, 명시적으로 근로자의 취업청구권에 기한 원직복귀를 인정한 판례는 없다.

다만, 대법원 1996. 4. 23. 선고 95다6823 판례가 「사용자는 근로제공을 통하여 참다운 인격의 발전을 도모함으로써 근로자의 인격을 실현시킬 수 있도록 배려해야 할 신의칙상의 의무를 부담한다고 하면서 근로자의 의사에 반하여 정당한 이유 없이 근로자의 근로제공을 계속적으로 거부하는 것은 근로자의 인격적 법익을 침해하는 것이 되어 이로 인한 근로자의 정신적 고통에 대한 사용자의 배상책임」을 인정한 것으로 보는 견해도 있으나,[341] 이는 불법행위의 성립에 따른 정신적 손해배상 책임을 인정한 판례로 봄이 타당하다.

4) 평 가

취업청구권을 전제로 하지 않으면 사용자는 해고가 사법상 무효로 확정되었어도 복직할 때까지 임금을 지급하는 한 그 해고근로자의 근로수령을 거부할 수 있으므로 임금상당액 지급만으로 근로자를 직장에서 배제하려는 목적을 달성하게 되고, 결과적으로 정당한 이유 없이는 해고를 금지하도록 규정한 근로기준법 제23조의 입법취지가 형해화된다는 문제점을 가지고 있음은 부정할 수 없다. 이러한 이유에서 다수설은 매매 또는 임대차계약과는 달리 근로채무의 이행을 위해서는 근로자의 전 인격을 사용자의 지배 아래 투입하여야 한다는 근로계약상의 본질적 특성에 착안하여 사용자는 근로자의 근로제공을 수령함으로써 근로자의 이익을 배려할 신의칙상 부수적 의무를 부담하기 때문에 취업청구권을 인정해야 한다는 입장이다. 그리고 대법원 1996. 4. 23. 선고 95다6823 판결을 근거로 판례도 취업청구권을 인정하고 있는 것으로 해석하고 있다.

그러나 위 판례는 해고근로자에 대한 사용자의 부당한 복직거부를 근로자의 인격

---

339) 대법원 1999. 2. 23. 선고 98다12157; 대법원 2006. 7. 28. 선고 2006다17355.

340) 대법원 1996. 4. 23. 선고 95다6823.

341) 김유성, 노동법 I (초판), 324면.

권 침해에 해당되는 불법행위의 성립을 인정하여 정신적 손해를 물은 것이지 취업청구권을 인정한 것으로 볼 수 없다.[342] 그리고 해고와 관련된 권리의무관계는 공법적인 관계가 아닌 사법관계(私法關係)이고, 원직복직의무는 작위적·비대체적 의무에 해당되는 것이므로 사용자가 해고근로자를 원직에 복직시키지 않더라도 벌칙 등의 적용을 통한 심리적 압박을 가함으로써 간접적인 강제만 가능할 뿐이다.[343] 또한 사법상의 의무를 이행하지 않는 경우의 구제는 금전배상을 원칙으로 하고 있다. 이러한 입법체계를 고려하면, 명문규정이 없는 한 취업청구권을 인정하기는 곤란하다.

Ⅳ. 금전보상명령의 이행의무

1. 의 의

금전보상제는 부당해고의 구제절차에서 해고근로자가 복직을 원하지 않을 경우에 노동위원회가 원직복직을 하지 않는 대신 사용자에게 금전보상의 구제명령을 할 수 있도록 하는 제도이다. 우리나라의 해고구제는 정당성이 없는 부당해고는 사법상 무효이기 때문에 근로계약관계도 그대로 존속되는 것을 전제로 해고근로자는 원직복직과 해고기간 중의 임금상당액의 지급을 구하는 것으로 되어 있다.

그러나 원직복귀와 임금상당액의 지급을 전제로 하는 부당해고의 구제방식은 해고근로자뿐만 아니라 사용자에 대해서도 비효율적이라는 지적이 있어 왔다. 즉, 해고를 다투는 과정에서 이미 노사간의 갈등이 심화되어 신뢰관계가 회복되기 불가능하거나 장기간의 법률적 쟁송을 통하여 해고근로자가 복직된다 하더라도 업무수행능력의 저하 등으로 정상적인 직무를 수행하지 못하는 경우가 있고, 이미 해고근로자가 담당하고 있었던 업무를 다른 근로자가 대체하여 수행하고 있는 경우에는 사용자가 현실적으로 해고근로자를 복직시킨다는 것이 어렵다고 하는 문제가 있다.[344]

---

342) 다만, 일반적으로 해고근로자에 대한 사용자의 복직거부가 손해배상책임이 성립하기 위해서는 취업청구권을 전제로 하는 것이므로 판례가 사실상 취업청구권을 인정한 것으로 해석하는 견해가 있다(정진경, 「복직거부와 위자료」, 535면).

343) 근로기준법은 사용자로 하여금 해고근로자의 원직복귀를 위한 심리적 강제방법으로 노동위원회의 확정된 구제명령을 이행하지 아니한 경우에 형벌을 부과할 수 있도록 하고(§111), 구제명령을 사용자가 이행하지 아니한 경우에는 이행강제금을 부과할 수 있도록 규정하고 있다(§33).

이러한 지적에 따라 2007. 1. 26. 개정 근로기준법(법률 제8293호) 제33조의 3 제3항은 「노동위원회는 근로자가 복직을 원하지 않는 경우에는 원직복직을 명하는 대신 근로자가 해고기간 동안 근로를 제공하였다면 지급받을 수 있는 임금상당액 이상의 금품을 근로자에게 지급하도록 구제명령을 발할 수 있다.」라고 규정하여 금전보상제도를 도입하였다.

금전보상제도는 해고근로자가 복직을 희망하지 않는 경우에 노동위원회가 원직복직을 대신하여 금전보상 지급의 구제명령을 할 수 있는 제도로써 정당한 이유 없는 해고에 대한 구제방식을 다양화함으로써 권리구제의 실효성을 제고하고 근로관계의 단절상태의 장기화를 방지하여 근로관계를 조속히 안정시키기 위한 제도이다.[345)]

2. 법적 성격 및 특징

금전보상제도는 부당해고 구제절차에서 노동위원회가 사용자에게 내리는 구제명령이다. 즉, 금전보상제도는 노동위원회의 구제절차라는 공법관계에서 사용자에게 이행의무가 부과되는 공법상의 구제조치에 해당된다. 따라서 구제명령에 따른 법적 성격에 따라 다음과 같은 특징을 가진다.[346)]

(1) 노동위원회의 금전보상명령은 사용자에게 의무이행을 부과하는 공법상의 행정처분에 불과한 것이고 사법상의 법률관계를 형성하는 효력을 인정하는 것이 아니다. 따라서 금전보상명령의 범위와 한계는 공법상의 의무에 관한 해석

---

344) 노동위원회의 구제명령은 근로관계의 지속을 객관적으로 기대할 수 있는지의 여부를 고려하지 않은 채 사용자에게 일률적으로 원직복직과 임금지급을 명하는 것이어서 실효성 측면에서 한계가 있었고, 해고무효 판결이 확정되어도 원직복직을 강제하는데 한계가 있었다. 그리하여 부당해고에 있어서 원직복귀와 임금지급이라는 일률적인 구제보다는 해고분쟁의 내용과 성격, 당사자의 의사 등을 고려하여 다양한 구제내용과 방식을 도입할 필요성이 있다는 의견에 따라 2007. 1. 26. 개정 근로기준법에서 해고근로자가 복직을 원하지 않는 경우에는 노동위원회가 금전보상 구제명령을 할 수 있는 금전보상 제도를 도입하였다(금전보상제의 입법과정에 대해서는 조상균, 「부당해고와 금전보상제도」, 3면; 노동부, 노사관계선진화입법자료, 83면 이하 참조).

345) 노동부, 노사관계선진화입법자료, 83면.

346) 김홍영, 「부당해고에 대한 금전보상제의 도입에 따른 쟁점사항」, 39면 이하; 박수근, 「부당해고구제와 금전보상제도의 해석과 과제」, 35면 이하; 조상균, 「부당해고와 금전보상」, 15면 이하 참조.

론에 따라 정해진다.

(2) 금전보상명령은 해고근로자의 원직복귀를 대신하는 것이므로 부당해고로 인한 사용자에 대한 징벌적 성격과 근로자가 원직복귀를 원하지 아니함으로써 발생하는 손실 보상의 성격을 모두 가지고 있다.

(3) 노동위원회가 금전보상제도를 운용함에 있어서 상당한 재량권을 가지고 있다. 따라서 노동위원회는 금전보상을 정함에 있어서 민사판례와 민법상의 손익상계와 과실상계를 적용하지 않아도 무방하다.

(4) 금전보상제도는 해고근로자와 사용자의 사법상의 권리의무관계를 확정하는 것이 아니다. 즉, 금전보상제도는 노동위원회의 구제명령에 해당되는 공법상의 행정처분에 해당되기 때문에 당사자의 구체적인 권리의무관계의 분쟁은 민사상의 판례 법리와 법률에 따라 손해배상청구, 임금지급 청구 등의 형식으로 해결할 수밖에 없다.

3. 금전보상명령의 요건

금전보상은 노동위원회가 정당한 이유 없이 해고당한 근로자가 원직복직을 원하지 않는 경우에 사용자에게 원직복직을 명하는 대신 근로자가 해고기간 동안 받을 수 있었던 임금상당액 이상의 금품지급을 명하는 구제명령이다. 따라서 노동위원회가 사용자에게 금전보상명령을 내리기 위해서는 부당해고가 성립하여야 하고 근로자의 원직복직의사가 없어야 한다.

1) 부당해고의 성립

부당해고 구제신청에 대하여 노동위원회가 부당해고가 성립되는 것으로 판단하여 구제명령을 내리는 경우에 한하여 금전보상이 적용된다. 금전보상제도는 해고기간 동안 임금상당액 이상의 금품을 지급하고 근로관계를 종료하려는 목적으로 도입된 것이기 때문에 부당해고 이외의 부당휴직·정직·전직·감봉 등의 부당인사에 대한 구제명령에는 적용되지 않는다.[347] 일반적으로 해고는 사용자의 일방적인 처분에 따라 근로계약관계가 종료되는 것을 의미하는 것이나, 경우에 따라서는 사용자의 일방적인 처분이 아닌 당연 퇴직 또는 직권면직, 의원면직, 기간제근로자에 대한 근로계약의 갱신거절 등도 해고에 해당되는 경우가 있으므로 근로계약관계가 근로자

347) 김홍영, 「부당해고에 대한 금전보상제의 도입에 따른 쟁점사항」, 39면.

의 의사에 반하여 종료되는 일체의 부당해고를 포함한다.

금전보상은 노동위원회의 구제명령에 한하여 적용되는 것이므로 법원이 제기된 해고무효 확인소송에서 해고가 사법상 무효라고 판단되더라도 원직복직을 명하는 대신 금전보상을 명할 수 없다.

2) 근로자의 신청의사

금전보상은 근로자가 원직복직을 원하지 않는 경우에만 인정된다. 외국의 입법례는 금전보상의 신청주체를 근로자뿐만 아니라 사용자에게도 확대하거나 금전보상의 신청사유를 노사간의 신뢰관계 파괴로 인한 근로관계의 유지가 객관적으로 불가능한 경우까지 폭넓게 인정하고 있으나, 우리나라의 노사관계 여건상 사용자의 해고권 남용이 우려된다는 지적에 따라 금전보상의 신청사유를 「근로자가 원직복직을 원하지 아니하는 경우」로 한정하고, 신청주체도 「근로자」로 한정하고 있다.[348)]

근로자가 원직복귀를 원하지 않는 경우 금전보상명령의 신청은 노동위원회의 심문회의 개최 일을 통보받기 전까지 서면으로 제출하여야 한다(노동위원회법 규칙 §64). 근로자의 의사표시는 금전보상명령을 위한 요건해당성을 의미하는 것이므로 금전보상명령의 요건을 둘러싼 다툼을 배제하기 위하여 이를 명확히 하기 위하여 근로자의 의사를 서면으로 제출하도록 한 것은 타당한 입법조치이다. 그러나 근로자가 원직복귀를 포기하고 금전보상을 받을 것인가의 여부를 결정하기까지는 상당한 기간이 필요한 점을 고려하면 근로자는 초심 또는 재심의 심문회의 종료 전까지 금전보상명령을 신청할 수 있는 것으로 해석해야 한다. 그리고 근로자의 의사표시는 노동위원회가 금전보상명령을 내리기 위한 법률상 요건에 해당되는 것이므로 가능한 한 의사표시의 철회는 제한하는 것이 필요하다. 이러한 점에서 초심 또는 재심을 불문하고 근로자의 의사표시를 심문회의 종료 시까지 철회하지 않으면 그 이후의 단계에서는 이를 철회할 수 없는 것으로 해석해야 한다. 다만, 근로자의 의사표시 자체에 무효 또는 취소를 행할 중요한 하자가 있는 경우에는 민법 제107조 이하의 규정된 의사표시에 관한 해석에 따라야 한다.[349)]

---

348) 김형배, 노동법(제24판), 747면; 김홍영, 「부당해고 구제절차에서의 금전보상제도 및 이행강제금 제도」, 48면.

349) 박수근, 「부당해고구제와 금전보상제도의 해석과 과제」, 39~40면.

4. 금전보상의 범위

원직복직을 대신하는 금전보상의 범위에 관하여 근로기준법 제30조 제3항은 단지 「근로자가 해고기간 동안 근로를 제공하였더라면 지급받을 수 있었던 임금상당액 이상의 금품」이라고만 규정하고 있을 뿐 그 보상의 산정방법에 대해서는 아무런 규정을 두고 있지 않다. 따라서 금전보상은 해고기간 동안 임금상당액과 위로금을 포함한 것으로 하여 그 액수는 당사자의 귀책사유와 해고의 부당성 정도 등을 참작하여 노동위원회가 재량적으로 정할 수밖에 없다.[350] 금전보상의 범위는 해고기간 동안의 임금상당액 이상의 금품이므로 금전보상은 임금상당액과 추가보상금으로 구성된다고 보아야 한다.[351]

1) 해고기간 동안의 임금상당액

해고기간 동안의 임금상당액이란 근로자가 해고기간 동안 근로를 제공하였더라면 지급받을 수 있었던 임금에 상당하는 금액을 말한다. 임금상당액은 실제로 근로한 것이 아닌 가상의 근로를 전제로 한 것이므로 종전에 받고 있었던 임금과 정확히 일치할 수 없으며, 임금에 상당하는지의 여부는 노동위원회의 전문성을 기초로 한 재량적인 판단사항이다.[352]

노동위원회가 금전보상을 산정함에 있어서 해고기간 동안 다른 직장에 취업하여 얻은 중간수입을 공제하여 임금상당액을 산정할 수 있는가의 여부가 문제된다. 판례는 근로기준법 제46조의 휴업수당을 초과하는 범위 내에서만 중간수입을 임금상당액에서 공제가 가능한 것으로 보고 있으나, 이는 당사자의 권리의무관계를 다투는 경우에 한하여 적용되는 법리라고 보아야 한다. 그러나 노동위원회의 금전보상은 사인간의 권리의무관계를 확정한 사법상의 권리구제가 아니고, 공법상 행정처분에 해당되는 구제명령에 해당되기 때문에 임금상당액을 판단함에 있어서 중간수입

---

350) 김형배, 노동법(제24판), 747면.

351) 그런데 근로기준법은 금전보상의 한도를 규정하지 않음으로써 보상금의 범위를 둘러싸고 다툼의 소지가 많을 뿐만 아니라 노동위원회 위원들의 법적 가치판단에 따라 금전보상의 범위가 달라질 수 있기 때문에 같은 부당해고의 경우에도 금전보상의 범위가 달라질 수 있다는 문제점이 있다. 입법론적으로는 금전보상의 한도와 산정방법에 관하여 근로기준법 시행령이나 시행규칙에 규정할 필요가 있다. 참고로 독일의 해고제한법 제10조는 해고보상금의 한도를 12개월분의 임금으로 정하고 있다.

352) 노동위원회는 해고기 기간 동안의 임금상당액을 산출하기 위하여 근로계약서, 임금대장 등 금액산정에 필요한 자료를 제출하도록 명할 수 있다(노동위원회법 규칙§64②).

여부를 고려하지 않는 것이 타당하다.[353]

그런데 금전보상제도는 노동위원회의 구제명령으로서 공법상의 의무에 불과하고 사법상의 권리의무관계에 직접적으로 영향을 미치지 않기 때문에[354] 당사자는 별도로 민사소송을 제기한 경우에는 임금상당액의 지급범위에 대하여 충돌이 발생하게 될 수 있다. 왜냐하면, 민사소송에서는 해고근로자가 다른 직장에 취업하여 수입을 얻은 경우에는 그 수입을 중간수입으로 공제하고 있기 때문이다.[355] 그리고 해고근로자의 금전보상의 신청 시점을 기준으로 근로제공의 의사가 없는 것으로 해석할 경우에는 그 이후에는 사용자에게 임금지급 의무를 인정할 근거가 없어 임금상당액의 산정에 있어서 민사판결과 노동위원회의 구제명령 사이에 현격한 괴리가 발생한다.[356]

2) 추가 금전보상금

금전보상은 이미 해고가 부당한 것으로 판정된 이후에 원직복직을 대신하여 사용자에게 내리는 구제명령이므로 해고기간 동안 임금상당액이 포함되는 것은 당연하다. 따라서 임금상당액에 추가하여 지급되는 금전보상은 위로금의 성격이 강한 것으로 보아야 한다. 그러나 근로기준법은 임금상당액 이상에 해당되는 금전보상의 결정에 관한 판단기준을 규정하지 않고 있기 때문에 노동위원회의 심판위원의 구성에 따라 다양한 금액으로 결정될 수 있을 뿐만 아니라 당사자의 불만으로 재심 또는 행정소송의 원인이 될 수도 있다. 이러한 추가보상금을 산정함에 있어서는 다음과 같은 사항을 고려해야 한다.[357]

(1) 금전보상은 민사상 손해배상과는 달리 부당해고에 따른 원직복귀를 대신하는

---

353) 김홍영, 「부당해고에 대한 금전보상제의 도입에 따른 쟁점사항」, 43면; 박수근, 「부당해고구제와 금전보상제도의 해석과 과제」, 40면.

354) 대법원 1996. 4. 23. 선고 95다53102.

355) 대법원 1991. 6. 28. 선고 90다카25277; 대법원 1991. 12. 13. 선고 90다18999; 대법원 1993. 11. 9. 선고 93다37915; 대법원 1996. 4. 23. 선고 94다446 등.

356) 민사소송 시의 임금상당액의 범위에 관하여 정진경 판사는 적어도 근로자가 금전보상을 신청한 시점에서 근로제공의 의사가 없음을 명시적으로 표시한 것으로 보아야 한다고 하면서 임금상당액의 계산은 해고일로부터 금전보상 신청 일까지로 한정해야 한다는 견해를 보이고 있다. 그리고 임금상당액의 범위에 대하여 다툼이 있는 경우에는 사용자는 노동위원회의 금전보상명령을 거부하여 민사소송(채무부존재 확인소송)을 제기할 수 있는 것으로 해석하고 있다(정진경, 「해고관련 법제의 변화 및 전망」, 23~24면).

357) 이하 박수근, 「부당해고구제와 금전보상제도의 해석과 과제」, 43면 이하.

것이므로 민사상의 손해배상 산정원리가 그대로 적용될 수 없다. 즉, 민사상 정신적 손해액을 산정함에 있어서 과실상계가 적용되지만, 추가 금전보상액을 결정함에 있어서는 근로자의 과실상계 법리를 적용할 필요가 없고 장래의 고용상실의 상황과 다른 직업에 종사할 경우 종전의 임금수입을 얻을 수 있는가의 개연성 등을 고려해야 한다.

(2) 금전보상명령은 부당해고로 인한 사용자에 대한 징벌성과 근로자에 대한 손실보상의 성격을 가지고 있으므로 추가 보상금 산정의 판단기준은 어느 정도 구체화된 징표를 구성할 필요가 있다. 여기에 포함될 수 있는 구체화된 판단기준으로서는 해고 경위, 근로자의 책임 있는 귀책사유, 근무기간과 잔존기간, 취업의 가능성, 사용자의 부담능력, 근로자 개인의 사정 등을 고려할 수 있을 것이다.

5. 금전보상명령의 불복

부당해고 사건에 대하여 근로자가 원직복귀에 대신하여 금전보상의 의사표시가 있으면, 노동위원회는 원직복귀명령 대신 사용자에게 금전보상을 명하는 구제명령을 발하게 된다. 노동위원회의 금전보상명령에 대하여 그 금액이 과다 또는 과소하다고 판단되는 경우에는 당사자는 재심 또는 행정소송을 제기할 수 있다.

노동위원회의 금전명령에 대한 당사자의 재심 또는 행정소송이 제기된 경우에 금전보상의 산정이 합리적인 사유와 기준에 의해 결정되었는지의 여부가 심리의 대상이 된다. 다만, 사용자가 금전보상명령에 대한 재심 또는 행정소송을 제기한 경우에는 금전보상 산정의 적정성 이외에 해고의 부당성 여부도 심리의 대상이 된다.[358] 그러나 노동위원회의 금전보상명령은 사법적 효력을 갖지 않기 때문에 금전보상명령의 불이행을 이유로 근로자가 민사법원에 그 이행의 청구를 할 수 없을 뿐만 아니라 민사집행을 청구할 수도 없다.

6. 문제점과 개선방향

1) 문 제 점

(1) 개정근로기준법은 근로자가 원직복직을 원하지 않는 경우에는 원직복직명령

358) 박수근, 「부당해고구제와 금전보상제도의 해석과 과제」, 46면.

대신 해고기간 동안 근로를 제공하였더라면 지급받을 수 있었던 임금상당액 이상의 금품이라고만 규정하고 있을 뿐 금전보상의 범위 및 산정기준에 대하여 구체적인 규정을 두고 있지 않다. 따라서 금전보상의 범위와 산정기준을 둘러싸고 다툼이 발생할 소지가 매우 높다. 더욱이 노동위원회 위원들의 법적 가치판단에 따라 금전보상의 범위와 산정기준이 달라질 수 있기 때문에 같은 부당해고의 경우에도 금전보상의 범위와 액수가 달라질 수 있다는 문제점이 있다.

(2) 사용자가 노동위원회의 금전보상명령을 이행하지 않는 경우에 이행확보수단이 미약하다는 문제점이 있다. 노동위원회의 금전보상명령은 사용자에게 공법상의 의무만 부과하는 것이므로 사법적 효력을 갖지 않기 때문에 사용자가 금전보상명령을 이행하지 않는다고 하여 법원에 그 이행을 청구할 수 없을 뿐만 아니라 금전보상의 명령만으로 곧바로 민사집행할 수 있는 집행권원도 인정되지 않는다. 결국, 해고근로자가 금전보상을 받기 위해서는 또 다시 해고무효 확인소송과 손해배상청구를 할 수 밖에 없다.[359]

2) 개선방안

(1) 금전보상의 범위와 한도는 해고근로자의 잔여 근로계약기간, 정년도래기간, 사업의 존속기간, 근속기간, 해고의 위법성 정도를 고려하여 차별적으로 적용할 수 있는 기준을 근로기준법 시행령이나 시행규칙에 규정할 필요가 있다. 금전보상의 범위와 한도와 관련하여 독일의 해고제한법 제10조는 원칙적으로 금전보상의 한도를 12개월분의 임금으로 하고, 예외적으로 해고근로자의 근속기간과 연령에 따라 금전보상의 한도를 증액할 수 있도록 규정하고 있다. 구체적으로 해고근로자가 50세를 초과하고 근속기간이 15년을 초과하는 경우에는 15개월분의 임금을, 해고근로자가 55세를 초과하고 근속기간이 20년을 초과하는 경우에는 18개월분의 임금을 금전보상의 한도로 하고 있다. 그리고 영국의 고용보험법은 기초적 금전보상(basic award)과 보상적 금전보상(compensatory award)을 합한 금액을 금전보상으로 지급하도록 규정하고 있다(§118①). 기초적 금전보상은 해고근로자의 직업상실에 대한 보상으로 근로자의 연령·근속연수 및 주급을 기초로 보상액이 결정되며(§119), 보상적 보상은 부당해고로 해고자가 입은 금전적 손해의 보상을 목적으로 한다. 보상적 금전보상은 부당해고와 합리적인 관련성이 있는 해고근로자가 입은 비용과 이익의

359) 김홍영, 「부당해고에 대한 금전보상제의 도입에 따른 쟁점사항」, 51~52면.

상실을 포함한다(§123).[360)]

(2) 노동위원회의 금전보상명령은 사법적 판단작용이 아니기 때문에 금전보상액을 소송물로 하여 직접 민사소송을 제기할 수 없다. 결국, 금전보상의 이행을 확보하기 위해서는 개정 근로기준법이 새로 도입한 이행강제금과 벌칙을 적극적으로 활용한 심리적 강제수단을 사용할 수밖에 없다.[361)] 즉, 이행강제금과 벌칙은 구제명령의 실효성 확보를 목적으로 도입된 것이므로 사용자가 금전보상명령을 이행하지 않은 경우에는 그 구제명령의 확정 여부와 관계없이 일정기간이 경과하면 즉시 이행강제금을 부과하고, 그 구제명령이 확정된 경우에는 즉시 벌칙을 적용함으로써 금전보상의 실효성을 확보할 수 있도록 해야 한다.

(3) 부당해고와 금전보상명령에 대한 불필요한 재심 또는 행정소송을 방지하고 금전보상명령으로 민사집행을 할 수 없다는 문제점을 보완하기 위하여 화해제도를 적극적으로 운영할 필요가 있다. 이와 관련하여 노동위원회법 제16조의 3 제1항과 제5항은 「부당해고의 판정·명령 또는 결정이 있기 전까지 당사자의 신청 또는 직권에 의하여 화해를 권고하거나 화해안을 제시할 수 있고, 화해조서는 민사소송법에 따른 재판상 화해의 효력을 갖는 것」으로 규정하고 있다. 노동위원회에서 이루어진 회해조서는 부당해고구제절차를 종료시키고 화해조서에 기재된 내용의 이행에 대해서는 법원에 민사집행을 청구할 수 있는 집행권원이 된다. 따라서 노동위원회는 우선적으로 화해권고와 금전보상명령을 적절히 활용함으로써 불필요한 법률적 다툼을 해소하고 권리구제의 실효성을 확보하도록 하는 정책적 판단이 필요하다.[362)]

---

360) 박수근, 「부당해고구제와 금전보상제도의 해석과 과제」, 43면; 김소영 외 2인, 부당해고구제의 실효성 제고방안, 82~83면; 김홍영, 「부당해고에 대한 금전보상제의 도입에 따른 쟁점사항」,44~45면.

361) 근로기준법은 사용자가 노동위원회의 구제명령인 금전보상명령을 이행하지 않는 경우에는 그 구제명령의 확정 여부와 관계없이 이행강제금을 부과할 수 있으며(§33의6), 확정된 구제명령을 이행하지 아니한 경우에는 1년 이하의 징역 또는 1천만원 이하의 벌금을 부과하도록 하고 있다(§113의2).

362) 화해조서는 빈사집행에 의한 실효성을 최종적으로 담보하는데 있는 것이므로 화해조서에 기재될 내용은 민사집행법상 집행력이 부여될 수 있는 내용으로 한정하고, 집행력을 담보할 수 있는 사용자의 책임재산이 확보된 경우에 한해야 한다. 그리고 화해조서는 노동위원회의 구제명령에 해당되는 것이 아니기 때문에 비록 사용자가 화해조서의 내용을 이행하지 않더라도 이행강제금의 부과대상이 될 수 없으므로 부당해고 구제에 있어서 화해조서보다 구제명령으로서의 금전보상명령이 더 효과적이라고 판단할 때에는 금전보상명령을 하는 것이 바람직하다.

V. 이행강제금의 부과

1. 의 의

사용자가 노동위원회의 구제명령을 정당한 이유 없이 이행하지 않는 경우에 이에 대한 제재수단이 없다면, 구제명령의 실효성을 담보할 수 없다. 더욱이 부당해고에 대한 벌칙이 삭제됨으로써 사용자가 해고권을 남용할 우려가 높다. 이와 같은 이유로 2007. 1. 26. 개정 근로기준법(법률 제82935호)은 노동위원회의 확정된 구제명령을 이행하지 아니한 경우에 1년 이하의 징역 또는 1천만 원 이하의 벌금으로 부과할 수 있도록 하고, 구제명령을 사용자가 이행하지 아니한 경우에는 이행강제금을 부과할 수 있도록 법적 근거를 마련하였다. 이행강제금은 확정된 구제명령이 아니더라도 가능한 것이므로 노동위원회의 판정에 불복하여 재심을 청구하거나 행정소송을 제기한 경우에도 그 부과가 가능하다.

이행강제금(履行强制金)이란 행정법상의 부작위의무 또는 비대체적 작위의무를 이행하지 않는 경우에 그 의무이행을 간접적으로 강제하기 위하여 과하는 금전벌을 말한다. 그리고 이행강제금은 일정한 기한까지 의무를 이행하지 않을 경우에는 일정한 금액의 과태료 등 금전지급의무를 부과할 것임을 사전에 계고(戒告)함으로써 의무자에게 심리적 압박을 주어 그 의무를 이행하게 할 수 있는 강제집행수단이다.[363]

노동위원회의 구제명령의 불이행에 따른 이행강제금제도는 구제명령의 확정 여부를 불문하고 적법하게 취소되기 전까지 사용자의 이행의무를 인정하여 노동위원회가 구제명령을 불이행한 사용자에 대하여 조속한 임의이행을 하도록 행정지도 및 감독을 한 후에도 사용자가 이행을 거부한 경우에 즉시 이행강제금을 부과함으로써 구제명령의 실효성을 확보하려는 제도이다.[364]

2. 법적 성격

1) 행정벌과의 관계

이행강제금은 이미 이루어진 행정법규 위반에 대한 사후적 재재수단이 아니라 장래에 있어서 일정행위의 이행을 확보하려는 사전적 강제수단인 행정상 명령실현을 위한 강제수단이라는 점에서 과거의 의무위반에 대한 제재로서의 행정벌과는 다르

363) 장태주, 행정법개론(개정3판), 503면.

364) 김재호·김홍영, 「부당해고구제명령 불이행에 대한 이행강제금 부과」, 119면.

다. 이행강제금은 단 1회에 그치는 행정벌과는 달리 의무자가 이행할 때까지 계속 반복 부과가 가능하고 행정벌과의 병과(竝科)가 가능하다.[365] 이행강제금은 의무불이행이라는 객관적 사실을 그 요건으로 한다는 점에서 의무자의 고의 또는 과실이라는 주관적 요건을 전제로 하는 행정벌과 구별된다. 따라서 행정벌과 이행강제금을 동시에 부과하여도 이중처벌금지에 해당되지 않는다.[366]

2) 대집행과의 관계

이행강제금은 일정한 강제금을 부과할 것을 의무자에게 예고함으로써 의무자가 스스로 의무를 이행하도록 하는 간접적·심리적 강제라는 점에서 행정청이나 제3자가 직접 실력을 가하여 그 의무를 실현하는 직접적·물리적 강제인 대집행(代執行)과 구별된다. 행정청은 개별사건에 있어서 위반내용, 위반자의 시정의지 등을 감안하여 합리적인 재량에 의하여 대집행과 이행강제금을 선택적으로 활용할 수 있다.[367]

3) 행정질서벌과의 관계

이행강제금은 행정상 강제집행의 수단임에 반하여, 행정질서벌로서의 과태료는 행정상 재재수단으로써 행정목적을 직접 침해하지는 않았지만 행정의 원활한 수행을 방해한 각종의 의무위반에 대하여 부과한다는 점에서 그 목적 자체가 다르다. 그리고 이행강제금을 납부하지 아니한 경우에는 강제징수의 절차에 따라 징수해야 하지만, 행정질서벌의 경우에는 비송사건 절차에 따라 재판을 거쳐야 한다는 점에서 그 징수방법이 서로 다르다.[368]

3. 이행강제금제도의 내용

근로기준법은 노동위원회의 확정된 구제명령을 이행하지 아니한 자에 대하여 1년 이하의 징역 또는 1천만 원 이하의 벌금을 부과하고(§111), 구제명령을 이행하지 아니한 경우에는 이행강제금을 부과할 수 있는 것으로 규정하고 있다(§33①). 구체적으로 근로기준법 제33조는 이행강제금의 부과·징수·부과기간 등을 규정하고 있다.

---

365) 장태주, 행정법개론(개정3판), 504면; 김재호·김홍영, 「부당해고구제명령 불이행에 대한 이행강제금 부과」, 127면.

366) 대법원 2002. 8. 26. 선고 2002마1022; 헌법재판소 2004. 2. 26. 선고 2001헌바80.

367) 장태주, 행정법개론(개정3판), 503면; 헌법재판소 2004. 2. 26. 선고 2001헌바80.

368) 김재호·김홍영, 「부당해고구제명령 불이행에 대한 이행강제금 부과」, 129면.

1) 부과권자

이행강제금의 부과기관은 부당해고를 행한 사용자에게 구제명령을 내린 노동위원회이다(§33②). 이행강제금의 부과기관을 노동부가 아닌 노동위원회로 한 것은 구제명령을 내린 기관이 그 이행을 감독하는 것이 구제명령의 실효성을 확보하는데 효과적이기 때문이다.[369]

2) 부과절차

이행강제금의 부과절차는 「① 노동위원회의 구제명령 ⇒ 구제명령의 이행기간 경과 ⇒ (근로자의 신고) ⇒ 이행강제금부과 예고통지 ⇒ 이행강제금의 부과 ⇒ 징수」의 순서로 진행된다. 구체적으로 노동위원회는 일정한 이행기간을 정하여 구제명령을 발하고, 이행기간이 도과한 후에도 구제명령이 이행되지 않으면 이행강제금을 부과하는 날의 30일 전까지 이행강제금을 부과·징수한다는 뜻을 사용자에게 미리 문서로써 알려주어야 한다(§33②). 이행강제금을 부과하기 위한 문서에는 이행강제금의 금액, 부과사유, 납부기한, 수납기관, 이의제기방법 및 이의제기기관 등이 명시되어야 한다(§33③). 구제명령의 이행기한이 도래하였음에도 사용자가 구제명령을 이행하지 아니한 경우에 근로자는 이행기간이 경과한 날로부터 15일 이내에 그 사실을 노동위원회에 통지할 수 있다(§33⑧). 근로자의 신고가 있으면 노동위원회는 다시 이행강제금 부과를 예고하여야 한다.

이행강제금 부과처리의 지연은 구제명령의 불이행 내지 이행의 지연을 방치하게 되어 구제명령의 이행을 강제하는 효과가 감소하는 것이기 때문에 이행강제금의 부과업무는 그 개시부터 종결일까지의 기간이 단기간이 되도록 신속히 처리하여야 한다.[370]

3) 징수방법 및 절차

노동위원회는 최초의 구제명령이 있은 날을 기준으로 매년 2회의 범위 안에서 구제명령이 이행될 때까지 반복하여 2천만원 이하의 범위 내에서 이행강제금을 부과·징수할 수 있다. 이 경우 이행강제금은 2년을 초과하여 부과·징수하지 못한다(§33①⑤). 따라서 이행강제금은 구제명령이 확정되지 않은 상태라도 2년을 초과하지 않는 한 매년 2회의 범위에서 반복하여 이행강제금을 부과할 수 있다. 그러나 노동위원

369) 김재호·김홍영, 「부당해고구제명령 불이행에 대한 이행강제금 부과」, 133면.
370) 김재호·김홍영, 「부당해고구제명령 불이행에 대한 이행강제금 부과」, 140면.

회는 중앙노동위원회의 재심판정이나 법원의 확정판결에 따라 노동위원회의 구제명령이 취소되면 직권 또는 사용자의 신청에 따라 이행강제금의 부과·징수를 즉시 중지하고 이미 징수한 이행강제금에 노동부령이 정하는 이자를 가산하여 반환하여야 한다(영§15). 노동위원회는 이행강제금 납부의무자가 납부기한 내에 이행강제금을 납부하지 아니한 때에는 기간을 정하여 독촉하고, 지정된 기간 내에 납부하지 아니한 때에는 국세체납처분의 예에 따라 강제집행할 수 있다.

사용자가 확정된 구제명령을 이행하지 않은 경우에는 벌칙과 이행강제금을 병과하더라도 이중처벌금지에 저촉되는 것은 아니나, 확정된 구제명령을 이행하지 않은 경우에는 우선적으로 이행강제금을 부과하도록 하고 그 이후에도 구제명령을 이행하지 않는 경우에 한하여 벌칙을 부과하는 방향으로 운영하는 것이 필요하다.[371)]

4. 문 제 점

(1) 이행강제금 제도는 벌칙제도와 함께 노동위원회의 구제명령의 실효성을 확보하기 위한 유용한 제도로 평가되고 있지만, 전통적인 행정적 제재수단이 실효성을 거두지 못할 때 이를 대체할 수 있는 수단이 필요한 경우에 한하여 예외적으로 인정하고 있는 행정 강제수단이다. 그럼에도 근로기준법은 확정되지 않은 구제명령에 대해서 이행강제금을 부과할 수 있도록 하고 노동위원회에 상당한 재량권을 부여하고 있다. 노동위원회가 구제명령이 확정되지 않은 상태에서 사용자에게 이행강제금을 부과할 경우에는 사용자의 권익을 과도하게 침해하는 것으로써 헌법상의 과잉침해금지 원칙을 위반한 것으로 평가될 수도 있다.[372)]

(2) 부당해고에 관한 법적 분쟁은 근로관계에서 발생하는 분쟁으로써 원칙적으로 일반법원이 관할권을 갖는 권리분쟁이므로 행정처분의 대상이 되지 않는다. 다만, 소송경제적인 이유 또는 신속한 해고근로자의 권리구제를 위하여 예외적으로 노동위원회에 부당해고구제 절차를 운영할 수 있는 권한을 부여한 것에 불과하다. 따라서 행정법 관계에서도 극히 예외적으로 허용되고 있는 이행강제금을 노동위원회의 구제명령에 대하여 상당한 재량권과 함께 확대하여 적용하는 것은 법치주의의 원칙에 반한다는 비판을 받을 소지가 많다.[373)]

---

371) 김형배, 노동법(제24판), 751면.

372) 김형배, 노동법(제24판), 752면.

373) 김재호·김홍영, 「부당해고구제명령 불이행에 대한 이행강제금 부과」, 131~132면; 김

(3) 해고기간 동안 임금상당액의 구제명령을 이행하지 않은 경우의 이행강제금 부과단계에서 임금상당액의 산정과 관련하여 적지 않은 논란이 있을 수 있다. 원칙적으로 임금상당액 지급의무 불이행과 관련한 이행강제금은 임금액에 관하여 다툼이 없음에도 사용자가 이를 지급하지 아니한 경우에 부과할 수 있는 것이지만, 노사 사이에 임금의 액수 또는 중간수입공제와 관련한 다툼이 있는 경우에는 사용자가 지급하여야 할 임금액이 민사소송에서 정해질 수밖에 없으므로 이행강제금을 부과하기 어려울 것이다.[374)]

(4) 일반적으로 동일한 사건에서 법적 성격을 달리하는 이행강제금과 형벌을 병과하는 것은 헌법 제13조 제1항에서 규정하고 있는 이중처벌금지의 원칙에 반하지 않는 것으로 해석하나, 이행강제금의 제재적 성격을 고려하면 동일한 행위로 형벌을 병과하는 것은 과잉금지 원칙에 위반될 소지가 있다. 과잉금지원칙의 위반에 대한 시비를 피하기 위하여 구제명령이 확정된 경우에는 이행강제금을 부과할 수 없고 형사처벌만 적용해야 할 것이다.[375)] 헌법재판소도「동일한 행위에 대하여 형벌을 부과하면서 과징금 또는 이행강제금을 부과하여 대상자에게 이중처벌의 효과를 낳는다면 과잉금지의 원칙에 위반될 수 있는 것」으로 판단하고 있다.[376)] 입법론적으로는 확정된 구제명령을 이행하지 않은 경우에 한하여 이행강제를 허용하도록 하고, 벌칙을 적용한 후에도 구제명령을 이행하지 않았을 경우에 보충적으로 이행강제금을 부과하도록 하는 것이 타당하다.

Ⅵ. 정신적 손해의 배상의무

근로계약관계는 기본적으로 근로자의 근로제공의무와 사용자의 임금지급의무가 대가적으로 결합한 법률관계이므로 원칙적으로 사용자가 해고권을 남용하여 그 해

형배, 노동법(제24판), 752면.

374) 정진경,「해고관련 법제의 변화 및 전망」, 25면.

375) 정진경,「해고관련 법제의 변화 및 전망」, 26~27면; 이철수,「개정 해고법제의 주요 내용과 그 평가」, 16면. 행정상 의무는 형벌에 의한 강제보다는 이행강제금과 같은 경제적 제재에 의한 강제가 더 바람직하다고 지적하면서 이행강제금제도가 도입된 현 시점에서는 형사처벌 규정을 삭제하고 이행강제금제도로 통일해야 한다는 견해가 있다(김홍영,「부당해고 구제절차에서의 금전보상 및 이행강제금」, 76면 이하).

376) 헌법재판소 2001. 5. 31. 선고 99헌가18,99헌바71·111; 헌법재판소 2001. 5. 31. 선고 2000헌바51·64·65·85,2001헌바2(병합).

고가 사법상 무효가 되더라도 해고의 효력만 발생하지 않는다. 즉, 해고가 사법상 무효로 되더라도 사용자는 불법행위가 성립하지 않고 채무불이행 책임만 부담하는 것이 원칙이다.

그러나 사용자가 해고사유에 해당되지 않음을 알고 있으면서도 의도적으로 근로자를 해고함으로써 사회통념상 도저히 받아들일 수 없는 명백한 부당해고를 한 경우에는 사용자는 해고근로자에 대한 채무불이행책임 이외에 불법행위가 성립하여 정신적 손해를 부담하는 경우가 있다. 이와 관련하여 판례는 「사용자가 근로자를 징계해고할 만한 사유가 전혀 없는데도 오로지 근로자를 사업장에서 몰아내려는 의도하에 고의로 어떤 명목상의 해고사유를 만들거나 내세워 징계라는 수단을 동원하여 해고한 경우나, 해고의 이유로 된 어느 사실이 취업규칙 등 소정의 해고사유에 해당되지 아니하거나 해고사유로 삼을 수 없는 것임이 객관적으로 명백하고 또 조금만 주의를 기울이면 이와 같은 사정을 쉽게 알아볼 수 있는데도 그것을 이유로 징계해고에 나아간 경우 등 징계권의 남용이 우리의 건전한 사회통념이나 사회상규상 용인될 수 없음이 분명한 경우에 있어서는 그 해고가 근로기준법 제23조 제1항에서 말하는 정당성을 갖지 못하여 효력이 부정되는 데 그치는 것이 아니라, 위법하게 상대방에게 정신적 고통을 가하는 것이 되어 근로자에 대한 관계에서 불법행위를 구성한다.」라고 판시하고 있다.[377)]

위장폐업에 의한 부당해고는 사회통념이나 사회상규상 용인될 수 없는 것이어서 불법행위를 구성하므로, 사용자는 그로 인하여 근로자들이 입게 된 정신적 고통에 대한 위자료를 배상할 책임이 있다.[378)]

그리고 해고가 사법상 무효가 확정되었음에도 합리적인 이유 없이 사용자가 원직에 복직시키지 않는 경우는 해고근로자에게 정신적 고통을 주는 것이므로 역시 불

---

377) 대법원 1999. 2. 23. 선고 98다12157.

378) 부당노동행위가 되는 위장폐업은 우리의 건전한 사회통념이나 사회상규상 용인될 수 없는 행위이므로, 이러한 위장폐업에 의한 부당해고는 근로자에 대한 관계에서 불법행위를 구성한다. 따라서 근로자들로서는 위장폐업에 의한 부당해고가 무효임을 이유로 민법 제538조 제1항에 따라 구회사 내지는 그와 실질적으로 동일성을 유지하고 있는 신설회사에 대하여 계속 근로하였을 경우 그 반대급부로 받을 수 있는 임금의 지급을 구할 수 있음은 물론이고, 아울러 위장폐업에 의한 부당해고가 불법행위에 해당함을 이유로 손해배상을 구할 수 있으며, 그 중 어느 쪽의 청구권이라도 선택적으로 행사할 수 있다고 한 사례(대법원 2011. 3. 10. 선고 2010다13282).

법행위가 성립하여 이로 인한 해고근로자의 정신적 손해를 배상할 책임이 있다.[379] 그러나 실제로 판례가 인정하고 있는 해고무효에 따른 근로자의 정신적 손해액은 크지 않다.

Ⅶ. 경영해고자에 대한 재고용의무

경영해고를 한 사용자는 해고한 날부터 3년 이내에 해고된 근로자가 해고 당시 담당하였던 업무와 같은 업무를 할 근로자를 채용하려고 할 경우에는 해고된 근로자가 원하면 그 근로자를 우선적으로 고용해야 한다(근로기준법§25①). 경영해고 된 근로자에 대한 사용자의 재고용의무는 해당 근로자를 반드시 재고용해야 하는 법적 의무는 아니고, 근로자의 귀책사유와는 관계없이 경영상의 이유로 해고된 근로자를 사후적으로 해당 기업에 재취업할 수 있는 기회를 부여하기 위한 고용안정 조치라고 보아야 한다.[380]

정부는 경영해고 된 근로자에 대하여 생계안정, 재취업, 직업훈련 등 필요한 조치를 우선적으로 취하여야 한다(근로기준법§25②). 이 규정에 정부는 실직자의 취업을 촉진하기 위한 목적으로 각종 직업능력 개발사업과 생계안정을 위하여 실업급여 사업을 실시하고 있으며, 고용조정으로 이직한 자를 6월 이후 2년 이내에 재고용한 사업주의 신청에 따라 재고용 1인당 6월간 소정의 재고용장려금을 지급하고 있다(고용보험법 제3~4장).

---

379) 대법원 1996. 4. 23. 선고 95다6823.
380) 대법원 2006. 1. 26. 선고 2003다69393.

제9장 산업재해보상보험법

제1절 산재보험제도

Ⅰ. 의 의

산업재해보상보험(이하 '산재보험')은 공업화가 진전되면서 급격히 증가하는 산업재해를 입은 근로자를 보호하기 위하여 1963년 도입된 우리나라 최초의 사회보험이다. '산재보험은 재해근로자와 그 가족의 생활을 보장하기 위하여 국가가 운영하는 강제보험으로 원래 근로기준법상 재해보상책임을 보장하기 위하여 국가가 사업주로부터 징수한 보험료 재정으로 산업재해를 입은 근로자에게 보험급여를 지급하는 제도를 말한다.

산업재해란 일반적으로 종속노동관계에 있는 근로자가 생산 활동 과정이나 그에 수반된 활동과정에서 당하게 되는 부상, 질병 또는 사망을 말한다. 산업안전보건법 제2조 제1호는 산업재해를 '근로자가 업무에 관계되는 건설물·설비·원재료·가스·증기·분진 등에 의하거나 작업 기타 업무에 기인하는 사망 또는 부상하거나 질병에 이환되는 것'으로 정의하고, 산업재해보상보험법(이하 '산재보험법') 제5조 제1호는 '업무상 사유에 따른 근로자의 부상·질병·장해 또는 사망'으로 정의하면서 산업재해를 업무상 재해로 표현하고 있다.

초기의 산업재해는 건설현장과 위험한 기계 기구를 설치·사용하는 사업장에서 주로 발생하였으나, 산업사회의 고도화와 정보화 등으로 산업재해의 원인도 직업병과 과로 및 스트레스(stress)에 기인한 재해가 급격히 증가하고 있다. 이처럼 현대 산업사회에서 모든 기업은 본질적으로 산업재해의 위험을 내포하고 있기 때문에 근로자는 산업재해의 위험에 직면할 수밖에 없고, 산업재해는 근로자의 의사나 행위에 관계없이 근로관계에서 불가피하게 발생하는 사회현상이라고 할 수 있다.[1)]

산업사회 현상으로서의 산업재해는 재해근로자와 그 가족에게 엄청난 고통일 뿐

1) 노병호·정용진, "업무상 질병 인정기준의 개선방안", 법학논고 제45집, 경북대학교 법학연구원, 2014, 482면; 한경식, "산업재해의 구제법리에 관한 연구(박사학위논문)", 2면.

만 아니라 국민 전체에 엄청난 경제적 손실을 가져오는 동시에 건강하고 안전하게 근로할 수 있는 노동기본권에 대한 중대한 위협이 되고 있다. 따라서 여러 입법조치를 통하여 산재를 사전에 예방하는 것이 1차적으로 중요한 것이지만, 재해근로자와 그 가족의 생활을 보장하기 위한 산재보험은 매우 중요한 의미를 지닌다.

Ⅱ. 산재보험의 기본이념

산재보험제도의 기본이념은 재해근로자와 그 가족의 생존권을 보장할 뿐만 아니라 사회보장제도의 기능을 꾀하는데 있다. 국가는 무과실책임의 원리에 따라 적정한 보험급여의 실시와 보험시설을 설치·운영함으로써 재해근로자 보호와 사회보장의 내실화를 도모해야 한다(산재보험법 제1조).

1. 재해근로자와 그 가족의 생존권 보장

헌법 제34조는 '모든 국민의 인간다운 생활할 권리, 국가의 사회보장·사회복지의 증진 노력의무, 국가의 재해예방 의무와 재해위험으로부터 국민을 보호하기 위한 노력의무'를 선언하고 있다. 헌법 제34조는 '인간의 존엄과 가치'를 규정한 헌법 제10조의 구체적인 내용을 이루는 요소로서 국가의 사회보장의무를 천명한 것이다.

산재보험제도는 재해근로자와 그 가족의 생존을 보장하기 위한 사회보장제도의 하나이다. 산재보험법은 재해근로자와 그 가족의 생존권을 구체적으로 보호하기 위해서 사용자의 무과실책임주의, 국가의 산재보험급여 주체, 산재보험가입의 강제 등을 규정하고 있다.

2. 사회보장제도의 확립

산재보험제도는 사회적 위험인 산업재해로부터 근로자를 보호하고 재해근로자에게 적정한 급여와 직업 재활을 실시함으로써 사회보장제도의 확립을 그 이념으로 한다. 따라서 산재보험제도는 산업재해로 인한 근로자의 노동능력 감퇴에 기인한 소득감소를 보전하는데 그치지 않고, 적극적으로 산업재해를 예방하고 이미 산업재해가 발생한 경우에는 다양한 재활조치를 통하여 재해근로자의 근로능력을 회복시키도록 하거나 신체 상태에 적합한 노동을 수행할 수 있도록 운영되어야 한다.

Ⅲ. 산재보상제도의 성격

1. 학 설

현행 산재보상제도에는 근로기준법상의 재해보상제도와 산재보험법상의 보험급여제도 및 민사법상의 손해배상제도가 있는데, 산재보상에 대한 법적 성격을 어떻게 보느냐에 대하여 다음과 같은 학설이 대립한다.[2)]

1) 손해배상설

산재보상제도를 산업재해라는 사회생활상의 손실을 전보하는 제도로 파악해야 한다는 견해이다. 이 견해는 산업재해는 사용자로 인하여 발생한 것이므로 그에 따른 근로자의 손해는 당연히 사용자에 의해서 보상되어야 한다고 하는 생각에 바탕을 둔 것이다. 따라서 이 견해에 의하면 사용자는 민사법의 원리에 의하여 산업재해로 인한 전체 손해를 재해근로자에게 배상하여야 하고, 재해근로자에게 과실이 있는 경우에는 과실상계를 적용하게 된다.

이 견해는 산재보상제도를 무과실손해배상의 법리로 파악함으로써 산업재해에 대한 법리를 전통적인 과실책임주의로부터 분리하여 그의 특질을 명확히 하였다는 점에서 긍정적으로 평가할 만하다. 그러나 이 견해에 의하는 경우 산재보상에 있어서 정률보상제도, 근로자의 과실상계를 적용하지 않는다는 점, 보험가입자인 사업주에게 공법상의 의무를 과하고 있는 점, 산재보상의 불이행 시 행정강제를 하고 있는 점 및 산재보험의 사회보험화 현상을 설명할 수 없다는 단점이 있다.

2) 근로조건 보호설

노동관계의 법 구조에 기초하여 사용자가 재해근로자에게 직접 보상하는 경우나 산재보험에 의하여 국가가 보험급여를 지급하는 경우를 막론하고 그 보상은 어디까지나 재해근로자의 근로조건 보호에 관한 것이기 때문에 산재보상제도를 노동법상의 독자적인 영역으로 보는 견해이다. 즉, 이 견해는 산업재해의 특질을 자본·노동력과 소유의 분리라는 체제 아래에서 노동력을 지배하는 근대적 노사관계의 구조 자체에 내포하고 있는 위험에서 구하고, 그에 대한 보상책임을 노사관계와 관련시

2) 산재보상제도의 법적 성격에 관한 내용은 박재동, "산업재해보상제도의 법적 과제(박사학위논문)", 39면 이하와 한경식, "산업재해의 구제법리에 관한 연구(박사학위논문)", 12면 이하 참조.

켜 명확하게 규명하고자 하는 것이다. 따라서 산업재해보상제도는 노동보호 입법에 의하여 결정되는 것이 합리적일 뿐만 아니라 노동조합 운동에 의하여 영향을 받을 수밖에 없는 근로조건에 해당된다고 한다.

그러나 이 견해는 무과실에 의한 사용자의 산재보상책임을 전제로 한 것이기 때문에 사업주에게 충분한 재산이 없으면 재해근로자가 보상받을 수 없을 뿐만 아니라 '업무상'의 여부가 사업주의 귀책요건이기 때문에 그 요건을 엄격하게 해석할 수밖에 없다. 따라서 일단 '업무 외'의 재해로 판정되면 재해근로자는 전혀 보상을 받을 수 없을 뿐만 아니라, 산재보상제도가 재해근로자만을 보호대상으로 할 뿐 그 가족의 생활보장을 도외시 한다는 비판을 받고 있다.

3) 생활보장설

산재보상제도를 생존권 보장에서 유래하는 제도로 파악하여 산재보상의 본질을 국가 자체의 생활보장의무 내지 사회보장제도의 일환으로 파악하는 견해이다. 즉, 산업재해의 결과가 미치는 근로자의 생활면에 중점을 두고 근로자의 산업재해보상청구권의 법적 근거를 규정 지우려는 견해이다. 이 견해는 다시 단체부양설, 근로권설, 생존권설로 대별된다.

(1) 단체부양설

'단체부양설'은 근로자에게도 사회인으로서의 인간다운 생활이 근로관계에 의하여 유지될 것을 전제로 하여 재해근로자의 불이익은 생산조직에서 이를 전보할 책임이 있고 생산조직의 주체의 부양을 받을 권리가 있는데, 그 부양관계는 근로의 자유를 전제로 하는 근로관계에 입각한 사회적 부양이라고 한다. 따라서 재해근로자는 기업의 단체적 부양에 관하여 보상을 요구할 수 있고, 나아가서 산업재해보상제도가 사회보장화됨으로써 산재보상은 생산조직의 연대책임으로서 국가에 의하여 보장되어야 한다고 한다.

(2) 근로권설

'근로권설'은 산업재해로 인한 근로자의 생활위협은 근로권에 의하여 확보될 근로자의 인간다운 생활(생존권)의 침해를 의미하는 것이기 때문에, 산재보상청구권은 근로권에서 유래한 것이라고 한다.

(3) 생존권설

'생존권설'은 산재보상제도를 생존권 보장의 구체화인 사회보장의 일환으로 보는 견해이다. 이 설에 의하면, 산재보상의 전체를 총 사용자의 사회적 책임으로 보는 동시에 국가를 생존권 보장의 주체로 보고 있다. 그 법적 근거로서는 산재보상제도가 사회보험으로 운영되고 있는 점, 그 보상내용에 있어서 연금급여가 도입되고 있는 점, 산재보험수급권자에 재해근로자의 유족 등을 반영시킨 점 등에 나타난 생활보호기능을 들고 있다.

2. 판 례

헌법재판소는 '산재보험제도는 업무상 재해라는 사회적 위험을 보험방식에 의하여 대처하는 사회보험제도이므로 이 제도에 따른 보험급여수급권은 사회보장수급권의 하나에 속하는 것이고, 보험급여가 보험사고로 초래되는 가입자(사용자)의 재산상의 부담을 전보하여 주는 경제적 유용성을 가진다.'라고 함으로써 산재보상제도를 손해배상 대위적 성격과 생활보장적 성격을 지닌 것으로 해석하고 있다.[3] 대법원도 산재보험급여의 성격을 재해근로자에 대한 사용자의 손해배상 또는 손해보험적 성격과 재해근로자에 대한 생활보장적 성격을 함께 가지는 것으로 해석하고 있다.[4]

3. 평 가

학설은 대체로 산재보험급여제도의 생활보장적 성격을 중시하여 재해근로자 및 그 가족의 생활을 보호할 정도로 보상이 이루어져야 한다는 견해인 반면, 헌법재판소와 대법원은 사용자의 손해배상을 전보하는 성격과 재해 근로자 및 그 가족의 생활을 보장하기 위한 성격을 아울러 가진 것으로 해석하고 있다.

산재보험급여 제도를 사회보험이 내포하고 있는 생활 보장적 성격을 강조하더라도, 보험가입자가 보험료 전액을 부담하고 산재보상이 지급된 경우에는 그 범위 내에서 사용자의 손해배상이 면책된다는 점을 고려하면, 재해근로자에 대한 사용자의 손해배상적 성격을 부인할 수 없다. 결국, 산재보험급여가 사용자가 전액 부담하고

---

3) 헌법재판소 2004. 11. 25. 선고 2002헌바52.

4) 대법원 1994. 5. 24. 선고 93다38826; 대법원 1992. 12. 8. 선고 92다23360; 대법원 2004. 12. 24. 선고 2003다33691; 대법원 2009. 5. 21. 선고 2008다13104 전원합의체.

있는 보험재정으로 지급되고 있는 현실을 고려하면, 산재보험급여제도는 재해근로자에 대한 사용자의 손해배상을 전보하는 책임보험이 주된 성격이고, 부수적으로 재해근로자 및 그 가족의 생활을 보장하는 성격도 아울러 가지고 있는 것으로 보아야 한다.

요컨대, 산재보험법상의 요양급여·장해급여·특별급여 등은 손해배상적 성격을 가지고 있는 것이고, 연금보험급여는 재해근로자 및 그 가족의 생활을 보장하기 위한 생활보장적 성격을 가지고 있다고 보아야 한다.

Ⅳ. 산재보상제도의 발전

1. 개 관

산재보상제도는 산업사회의 초기에는 과실책임주의에 입각한 손해배상에서 출발하여 무과실책임주의에 입각한 재해보상제도를 거쳐 현재의 사회보험에 의한 산재보험급여제도로 발전되어 왔다. 산재보상의 방법 및 성격과 보상정도에 따라 차이가 있지만, 우리나라의 산재보상제도는 민사법상의 손해배상책임, 근로기준법상의 재해보상책임, 산재보험법상의 보험급여책임 등 3가지 책임영역으로 구성되어 있다.

2. 손해배상책임제도

산업재해가 중요한 사회문제로 등장한 것은 19세기 후반 산업혁명으로 인한 근대산업의 성립과 더불어 근로과정에서 재해근로자의 급격한 증가로 인한 것이다. 당시의 산업재해보상은 근대 시민법의 개인주의적인 책임이론의 테두리 안에서 주로 불법행위의 법 이론에 의하여 처리될 수밖에 없었으므로 재해근로자는 사용자의 과실책임주의의 원칙에 따라 손해배상을 청구할 수밖에 없었다. 따라서 재해근로자가 사용자를 상대로 산업재해에 따른 손해배상을 청구하기 위해서는 해고를 감수하면서 사용자의 과실을 입증하여야 하고 과대한 시간과 경비가 드는 민사소송의 까다로운 절차를 밟을 수밖에 없었다.[5)]

그런데 근대산업의 발달로 산업재해가 증가함에 따라 과실책임주의에 입각한 시민법상의 손해배상제도는 사회적으로 비판을 받게 되었고, 근로자들의 자주적인 노

5) 한경식, 산업재해보상 및 배상론(초판), 22~23면.

동운동에 의하여 사용자의 산재보상 책임을 촉구하게 되었다. 이에 따라 과실책임을 완화하거나 이 원칙을 유지하면서 재해근로자의 구제를 확장시킬 수 있는 법 기술을 개선하려는 경향이 일게 되었다. 그 대표적인 법률이 1871년 독일의 「연방배상책임법(Reichshaftplichtgesetz)」과 1837년 영국의 「사용자책임법(Employer's liability Act)」이다. 이와 같은 사용자책임 입법은 시민법상의 손해배상적 성격을 완전히 벗어나지는 못하였지만, 산재보상제도로 접근하는 과도기적 입법이라고 평가할 수 있다.[6)]

이 당시의 산재보상제도는 손해전보의 한 형태이므로 산업재해가 성립하기 위해서는 '업무와 재해 사이에 상당한 인과관계'가 있을 것이 요구되었다. '업무상'이란 통상적인 의미에서의 업무가 아니라 근로자가 근로계약에 기하여 사업주의 지배하에 있는 업무수행성을 의미하는 것이고, '업무와 재해 사이의 상당인과관계'란 재해 등의 원인사실에 매개되었던 업무기인성을 의미한다. 따라서 업무상 재해에 해당하기 위해서는 '업무-원인사실'과 '원인사실-재해 발생', 즉 업무수행성과 업무기인성의 두 가지 요건을 충족해야 한다. 그 결과, 업무상 재해의 인정은 상당히 엄격하게 될 수밖에 없다.[7)]

3. 재해보상제도

사용자책임제도는 대체로 사용자의 과실책임 원칙을 완화함으로써 재해근로자의 손해를 배상을 용이하게 한다는 점에서 진일보한 것으로 평가할 수 있다. 그러나 사용자배상책임제도는 근본적으로 법원의 소송을 통한 구제방법이기 때문에 사용자가 유리한 입장을 이용하여 사전에 손해배상을 포기하도록 하거나 해고권을 배경으로 하여 피재근로자의 소송제기를 봉쇄함으로써 큰 실효를 거둘 수 없었다.

이와 같은 이유로 손해배상제도가 재해근로자를 보호하는데 한계가 있음을 자각하게 되어 새로운 구제제도를 모색하게 되었다. 즉, 산업재해에 대한 법적 책임도 시민법상의 책임이 아니라 사용자의 사회적 책임으로 파악함으로써 비록 시민법상 사용자에게 면책사유가 있는 경우라도 무과실책임과 정액보상방식을 도입하여 사용자가 산재보상책임을 지도록 하는 것이었다. 사용자의 무과실책임과 정액보상방식을

6) 김교숙, "산재보상법리의 변천", 193~194면.
7) 한경식, 산업재해보상 및 배상론(초판), 24~25면.

도입한 대표적인 입법은 1884년 독일의 「재해보장법(Unfaliversicherungsgesetz)」, 1887년 영국의 「근로자보상법(Workermen's Compensation Act)」 등이다.[8)]

시민법상 과실책임에서 재해보상제도로 발전하는데 있어서 이론적 토대를 제공한 것이 '합리적 관련성론'이다. '합리적 관련성론'은 업무와 재해 사이에 합리적인 관련성만 인정되면 재해근로자의 보호관점에서 보상을 해주어야 한다는 이론이다. 즉, 산업재해 여부의 판단은 업무와 재해 사이의 인과관계에 중심이 있다기보다는 오히려 산업재해에 대하여 사용자에게 생활보장책임을 과하는 것이 합리적인가의 판단에 이루어져야 한다는 이론이다.[9)]

4. 산재보험급여제도

재해보상제도는 기본적으로 산업재해에 대하여 사용자의 무과실책임주의를 바탕으로 하는 직접보상방식이므로, 사용자가 무자력인 경우에는 보상받을 방법이 없다고 하는 단점이 있다.

이에 재해근로자 및 그 가족의 생활보장을 확보하는 동시에 대규모의 산업재해의 발생으로 인한 기업의 도산을 방지하기 위한 제도의 도입이 필요하게 되었는데, 그것이 바로 사회보험법에 의한 산업재해보험 급여제도이다. 산업사회가 복잡해지고 다원화함으로써 산업재해의 발생은 필연적인 사회현상이기 때문에 산업재해보상제도의 초점은 개별적인 사용자의 보상책임제도로부터 사회보험제도로 전환하는 것이 재해근로자 및 그 가족의 생활보장은 물론 기업의 보호에도 도움이 된다고 하는 인식에서 사회보험제도가 도입된 것이다.

제2차 세계대전 이후 영국의 비버리지 보고서의 영향 아래 사회보장법이 발달함으로써 산재보상제도도 사회보장법 체계의 일환으로 편입되어 재해근로자 및 그 가족의 생활을 보장하는 산업재해보험제도로 발전하였다. 1942년 독일은 「연방책임법」에 산재보험이 삽입됨으로써 산재보험은 사회보험법의 일부분으로 되었고, 1963년 「재해보험신법(Unfallsversicherungs-Neureglungsgesetz)」을 제정하여 산재보험을 운영하고 있다. 이처럼 산재보험제도의 도입으로 종래 단순히 정책적 목적 내지 부차적 기능으로 파악되었던 재해근로자 및 그 가족의 생활보장적 요소가 오

---

8) 김교숙, "산재보상법리의 변천", 199~200면.
9) 김교숙, "산재보상법리의 변천", 206면.

히려 산재보상제도의 본질적인 요소로 부각되었다.[10]

산재보험제도의 본질을 생활보장적 성격으로 파악하게 한 이론이 바로 '업무관련성론'이라고 할 수 있다. '업무관련성론'은 산업재해보상의 본질을 재해근로자와 그 가족의 생활보장에 두면서 산업재해보상책임과 손해배상책임의 이질성에 착안하여 업무상의 재해는 업무와 재해 사이에 관련성이 있으면 족하다고 보는 견해이다. 여기서 '업무관련성'은 재해위험원인에 매개되었던 업무와 재해 사이의 '시간적 관련성'과 '공간적 관련성'을 말한다.[11] 공간적 관련성은 종속근로관계에서 불가피한 재해위험원인으로서 산재인정의 제1차적 기준이 되고, 공간적 관련성이 인정되면 시간적 관련성도 인정된다고 한다.[12]

V. 산재보험급여제도의 특징

1. 무과실책임주의의 채택

시민법상의 손해배상제도는 사용자의 고의 또는 과실을 요건으로 하나, 산재보험법에 의한 보험급여는 사용자의 고의 또는 과실을 요건으로 하지 않는다. 따라서 산업재해가 발생하기만 하면 사용자의 고의 또는 과실을 불문하고 재해근로자는 보험급여를 국가(근로복지공단)에 청구할 수 있다. 따라서 산재보험급여 청구권은 단순히 사용자의 개인적 책임을 추궁하는 시민법적 원리의 연장으로서 인정되는 것이 아니고, 재해근로자의 노동력 그 자체에 대한 보상을 목적으로 하는 사회보험법상 특수한 권리이다.[13]

2. 보험급여의 정형화

산업재해 보험급여는 산업재해로 인하여 현실적으로 발생한 재해근로자의 전 손해에 대한 전보가 아니고 그 재해 당시 평균임금을 기초로 법령에 의한 정률보상방식에 따라 산정되는 것이므로 그 보상액이 정형화 되어 있다.[14] 따라서 손해액의

---

10) 김교숙, "산재보상법리의 변천", 207~208면.

11) '시간적 관련성'은 산재보상제도의 목적에 따라 널리 종속관계에 있는 근로자의 행동에 재해원인이 작용하였거나 작용하였다고 추정되는 관계를 말하고, 「공간적 관련성」은 시간적 관련성에 있어서 재해원인이 재해로서 현실화하였다고 추정되는 관계를 말한다.

12) 김교숙, "산재보상법리의 변천", 211면.

13) 한경식, 산업재해보상 및 배상론(초판), 251면.

산정이나 입증을 요하지 않는다.

보험급여의 정액화는 주관적으로는 재해근로자의 손해를 충실히 구제하는 기능을 수행하고, 객관적으로는 손해배상을 둘러싼 노사대립의 가능성을 미리 예방하는 기능을 수행한다. 그러나 산재보험법은 산재보험급여청구권이 성립된 경우에도 기본적으로 사용자의 책임이 존속하는 것으로 규정하고 있기 때문에 분쟁을 입법적으로 해결하는 기능은 제한적이다.[15)]

3. 사회보험화

산재보험은 보험원리를 통하여 사용자의 산업재해에 대한 책임을 분산한다. 즉, 산업재해 보험급여는 사회보험급여에 해당되기 때문에 국가가 재해근로자에게 보험급여를 지급하고, 사용자는 보험가입자로서 보험료의 납부의무만을 부담한다. 따라서 산재보험급여의 관계당사자는 재해근로자와 국가이다. 이에 반하여 근로기준법상의 재해보상은 사용자의 직접보상체계를 채택하고 있기 때문에 그 재해보상관계의 당사자는 근로자와 사용자이다.

4. 전문심사 및 심의제도

산재보험급여 절차는 일반적으로 행정위원회에 의하여 행해지고, 그 절차의 규칙, 증거법칙, 적용법규의 결정 등은 그 입법목적의 달성을 용이하게 하기 위하여 엄격성이 완화된다. 현행 산재보험법에서는 산업재해 보험급여와 관련되는 법적 분쟁을 신속하고 전문적으로 처리하기 위하여 특별행정기구로서 '산업재해심사위원회'와 '업무상 질병판정위원회'를 두고 있다. 이는 전문기술적인 성격을 지닌 산업재해에 대하여 신중하고 신속한 결정을 하게 함으로써 재해근로자의 생활안정을 확보하려는데 있다.

그리고 산업재해의 예방과 보상체계를 종합적으로 심의하기 위하여 '산업재해보

---

14) 이론상 민사법상의 손해배상이 전 손해의 배상이라고 하지만, 실무에서는 손해배상액의 산정방식이 정형화되어 있어 어느 정도 정액배상제도에 가깝게 운영되고 있다. 손해배상의 산정방식의 유형화에 관해서는 한경식, 산업재해보상 및 배상론(초판), 319면 이하; 서울중앙지방법원, 손해배상소송실무(교통·산재) 초판, 131면 이하; 한경식, "산업재해의 구제법리에 관한 연구(박사학위논문)", 96면 이하 참조).

15) 전광석, 한국사회보방법론(제7판), 349면.

상보험 및 예방심의위원회'를 두고 있다. 이 위원회는 노사 및 공익을 대표하는 동수로 구성되고, 요양급여의 산정기준·보험료율의 결정·산재보험 및 예방기금의 운용계획 수립 등을 심의한다.

5. 과실상계의 미적용

시민법상의 손해배상액을 산정함에 있어서는 비록 사용자의 불법행위 등으로 근로자가 손해를 입었다고 하더라도, 근로자의 과실이 있는 경우에는 그 손해액에서 과실상계를 해야 한다. 그러나 산재보험법 또는 근로기준법에 의한 산재보상에 있어서는 근로자의 기여과실이 있더라도, 산재보상 청구권은 감축되지 않고 산재보상액을 결정하는데 있어서도 대체로 근로자의 과실 여부는 문제되지 않는다.

근로기준법 제81조는 업무상 재해에 대해 근로자의 중대한 과실이 있는 경우에 사용자에게 휴업보상 또는 장해보상이 면책되도록 규정하고 있는데, 이것이 시민법상의 과실상계의 이론에 의한 것이냐의 여부에 대하여 논란이 있다. 그러나 근로자의 중대한 과실이 있는 경우에 보상을 제한하는 것은 시민법상의 과실상계의 적용이 아니라 산재예방의 실효성을 확보하기 위한 사회법상의 특유한 것으로 인정된 것이다. 그 이유는 노동위원회의 인정을 받아 획일적으로 휴업보상 또는 장해보상을 선택하여 전적으로 면책 받게 되며, 중대한 과실이 있더라도 요양보상이나 유족보상 또는 장의비는 지급되기 때문이다.[16)]

Ⅵ. 산재보상제도의 입법체계

1. 개 설

우리나라의 산재보상제도는 사용자의 과실책임을 원칙으로 하는 손해배상제도에서 출발하여 무과실 책임을 기반으로 하는 재해보상제도를 거쳐 현재의 사회보장제도로서의 사회보험제도로 발전하여 왔다. 그러나 단일의 보상제도를 채택하고 있는 것이 아니라, 각 법률에 의한 보상제도가 혼용되고 있으며 그 보상원리도 다르게 적용하고 있다.

---

16) 이학춘, "업무상 재해와 구제제도에 관한 연구", 61면; 대법원 1981. 10. 13. 선고 81다카351; 대법원 2008. 11. 27. 선고 2008다40847; 대법원 1994. 12. 27. 선고 94다40543; 대법원 1992. 5. 12. 선고 91누13632 등.

이처럼 각각의 산재보상제도가 혼용됨으로써 각 보상청구권이 경합 또는 중복되는 경우에는 매우 복잡한 법률관계가 형성된다. 따라서 동일한 산업재해로 인하여 각 보상청구권이 경합하게 되는 경우에는 각 각의 보상금액과 보상주체가 다르기 때문에 이를 합리적으로 조정해야 하고 공평을 기하기 위하여 당사자들 사이에 구상관계가 성립하게 된다.

[산업재해보상의 법률체계]

유 형	업무상 재 해	무과실 책 임	책 임 주 체	장 제 보 험	보 상 방 법	구제절차	조 정
재해보상 (근로 기준법)	적용	적용	사용자	비적용	정 액 보 상	심사·중재와 민사소송의 병존	근로기준법 제87조 및 산재보험법 제80조
산재보험 (산재 보험법)	적용	적용	국가 (공단)	적용	정 액 보 상	심사·재심사-행정소송과 민사소송의 병존	
손해배상 (민사법)	적용	비적용	사용자	비적용	실손해의 전보	민사소송	

2. 근로기준법에 의한 재해보상제도

산재보험법의 적용을 받지 않은 사업 또는 사업장에서 산업재해가 발생한 경우에는 사용자가 재해보상을 하여야 한다. 근로기준법상의 재해보상제도는 업무상 사유에 따라 재해가 발생한 경우에 사용자의 무과실책임 제도를 확립하여 사용자에게 정액적인 보상책임을 인정함으로써 생산조직이 기계화되고 대규모화함으로써 발생되는 재해를 구제하기 위한 것이다.

재해보상에는 요양보상·휴업보상·장해보상·유족보상·장의비가 있고, 재해보상청구권은 재해근로자의 퇴직으로 인하여 변경되지 않으며 양도 또는 압류가 금지된다(법 제86조). 사용자는 근로자의 과실 여부와 관계없이 재해보상을 하여야 하고 재해보상액에서 재해근로자의 과실을 상계할 수 없다.[17] 그러나 근로자의 중대한 과

17) 대법원 1981. 10. 13. 선고 81다카351; 대법원 2008. 11. 27. 선고 2008다40847; 대법원 1994. 12. 27. 선고 94다40543; 대법원 1992. 5. 12. 선고 91누13632 등.

실로 업무상 부상 또는 질병에 걸리고 사용자가 노동위원회로부터 근로자의 과실에 대하여 인정을 받은 경우에는 사용자는 휴업보상과 장해보상을 하지 않아도 된다(법 제81조).

사용자의 재해보상 실시에 관하여 이의가 있는 자는 고용노동부장관에게 심사 또는 사건의 중재를 청구할 수 있고, 고용노동부장관은 심사 또는 중재청구를 받은 날로부터 1개월 이내에 심사 또는 중재를 하여야 한다(법 제88조). 고용노동부장관이 1개월 이내에 심사 또는 중재를 하지 않거나 심사 또는 중재의 결과에 불복하는 자는 노동위원회에 심사 또는 중재를 청구할 수 있다(법 제89조). 고용노동부장관 또는 노동위원회의 심사 또는 중재는 행정처분이 아니고 일종의 권고적 성질을 가지는 것이므로 이에 불복하는 자는 행정소송을 제기할 수 없다.[18]

3. 산재보험법에 의한 보험급여제도

근로기준법에 의한 재해보상은 근본적으로 사용자의 개별책임을 전제로 하는 것이기 때문에 재해근로자가 재해보상을 받는데 한계가 있을 수밖에 없다. 재해보상제도의 한계를 극복하기 위한 방안으로서 개별적인 사용자의 보상책임에서 사회보험제도로 전환할 필요성이 대두됨에 따라 도입된 산재보상제도가 산재보험법에 의한 보험급여제도이다. 산업재해 보험급여제도는 산업재해 발생에 따른 비용부담을 전 기업에게 분산시킴으로써 사용자는 큰 부담 없이 산재보험에 가입하여 산재발생에 따른 과다한 비용지출에 의한 기업의 도산을 예방할 수 있고, 재해근로자는 신속하게 산재보상을 받을 수 있게 되었다.

현행법상 산재보상의 대상은 일반근로자·선원 및 공무원과 사립학교교원으로 구분할 수 있다. 일반근로자에 관해서는 근로기준법과 산재보험법이, 선원에 관해서는 선원법 및 선원보험법이, 공무원과 사립학교교원에 관해서는 공무원연금법과 사립학교교직원연금법이 적용된다.

4. 민사법에 의한 손해배상제도

산업재해가 사용자의 귀책사유에 의하여 발생한 경우에 재해보상 또는 산재보험급여와는 별도로 재해근로자는 사용자를 상대로 민사법상 손해배상을 청구할 수 있

---

18) 김형배, 노동법(제24판), 550면; 대법원 1982. 12. 14. 선고 82누448.

다. 이와 같이 재해보상과 산재보험급여와는 별도로 재해근로자에게 사용자에 대한 손해배상청구를 인정하고 있는 이유는 ① 재해보상과 산업재해 보험급여는 재해근로자의 생활보장을 위한 최저수준의 물질적 손해전보임에 반하여 손해배상청구의 경우에는 형평의 원리에 의하여 일실이익 등 완전한 손해전보 뿐만 아니라 정신적 손해에 대한 위자료를 청구할 수 있다는 점, ② 재해보상과 산업재해 보험급여의 지급요건인 '업무상 재해'의 판단과 손해배상 청구소송에 있어서 인과관계의 입증이 실무상 다를 가능성이 있다는 점, ③ 산재보상책임에 있어서 개별기업의 책임구조를 명확히 함으로써 산업재해 예방효과를 얻을 수 있다는 점 등을 들 수 있다.[19]

재해근로자가 사용자를 상대로 산업재해에 따른 손해배상책임을 물을 수 있는 이론적 근거는 계약책임론과 불법행위책임론을 들 수 있다. '계약책임론'은 근로계약상 사용자는 근로자의 생명·건강에 위험이 생기지 않도록 작업상의 안전을 배려할 의무를 인정하고, 그 의무의 위반으로 산업재해가 발생한 경우에는 사용자는 불법행위가 아닌 채무불이행에 의한 배상책임을 져야 한다는 이론이다. 사용자의 계약책임은 사용자의 직접적인 안전배려의무위반에 의한 경우는 물론(민법 제390조), 그의 이행보조자의 고의 또는 과실에 의한 안전배려의무위반의 경우에도 적용된다(민법 제391조).

'불법행위책임론'은 사용자의 고의 또는 과실 및 공작물의 하자 등으로 산업재해의 발생한 경우 사용자는 그에 따른 손해배상책임을 부담해야 한다는 이론이다. 사용자의 불법행위책임을 규정한 것으로서는 법인의 불법행위책임(민법 제35조)·불법행위책임(민법 제750조)·사용자책임(민법 제756조)·도급인의 책임(민법 제757조)·공작물책임(민법 제758조) 등이 있다. 이외에도 근로자가 업무와 인과관계에 있는 업무를 수행하던 중 교통사고를 당한 경우에 적용되는 「자동차손해배상 보장법」이 있다.

Ⅶ. 산재보험관계

1. 의 의

'산재보험관계'란 산재보험법에 따른 권리의무 관계가 성립하는 관계를 말한다. 즉, 산재보험관계는 사업주의 보험료 신고 및 납부의무, 보험자의 보험급여 지급

19) 김교숙, "산재보상법리에 관한 연구", 123면; 한경식, "산업재해의 구제법리에 관한 연구(박사학위논문)", 42면.

의무, 산업재해 발생 시 재해근로자의 보험급여청구권 등의 제반 권리의무가 발생하는 관계를 말한다. 산업재해 보험관계는 보험관계의 성립일로부터 소멸일까지 존속하고, 보험관계 존속 중 보험관계의 내용에 변경사유가 있으면 보험관계는 변경된다.

2. 보험관계의 성립

1) 당연적용 사업의 보험관계 성립

당연적용 사업장의 경우는 당해 사업이 개시된 날 또는 당연적용 규모의 사업에 해당된 날에 성립한다(보험료징수법[20] 제7조 제1호). 당연적용 사업장의 사업주는 보험관계가 성립한 날로부터 14일 이내에, 14일 이내에 사업이 종료되는 경우에는 종료일의 전일까지 근로복지공단에 보험관계성립신고를 해야 한다(보험료징수법 제11조 제1항).

2) 임의적용 사업 및 의제가입의 보험관계 성립

임의적용 사업장의 경우는 사업주가 보험가입신청서를 근로복지공단에 접수한 날의 다음 날에 성립하나, 근로복지공단의 승인을 얻어야 한다(보험료징수법 제5조 제4항). 임의가입은 사업주의 보험가입 신청이 있다고 하여 당연히 보험관계가 성립하는 것이 아니고, 사업주의 가입신청과 근로복지공단의 승인이라는 의사의 합치가 있어야만 보험관계가 성립하는 계약으로서의 법적 성격을 갖는다. 따라서 사업주의 가입신청과 승인 사이에 발생한 업무상 재해에 대해서는 산재보험의 효력이 발생하지 않는다.[21] 당연적용 사업이 사업규모의 변동 등으로 인하여 임의가입 사업으로 전환된 것으로 의제된다(의제가입). 의제가입의 보험관계의 성립일은 임의가입으로 의제된 날이다(보험료징수법 제6조 제2항).

---

20) 보험료징수법은「고용보험 및 산업재해보상보험의 보험료징수 등에 관한 법률」을 말한다.

21) 헌법재판소는 '산재보험 가입신청과 근로복지공단의 승인 사이에 업무상 재해가 발생한 경우에 산재보험이 적용되지 않는다 하더라도, 통상적으로 가입신청과 승인 사이의 기간은 오래 걸리지 않고 사업주가 근로복지공단의 승인을 얻어 보험관계 성립 후에 사업을 개시함으로써 가입신청과 승인 사이에 발생하는 사고를 미연에 방지할 수 있다는 이유로 입법재량의 한계를 벗어난 것으로 볼 수 없는 것'으로 해석하고 있다(헌법재판소 2005. 7. 21. 선고 2004헌바2).

3) 보험관계의 일괄적용 성립

(1) 동종사업의 일괄적용

'동종사업의 일괄적용'은 동일한 사업주가 2개 이상의 동종 사업을 행하는 경우에 그 동종 사업 전부를 하나의 사업으로 보아 보험관계를 일괄 적용함으로써 사업주의 업무편의를 도모하고 근로자를 적극적으로 보호하기 위한 보험관계 적용방법이다. 동종사업의 일괄적용은 ① 사업주가 동일인에 해당하는 ② 각각의 사업이 기간이 정해져 있는 사업에 해당하는 ③ 관련 법령에서 인정하고 있는 건설업자, 주택건설사업자, 전기공사업자, 정보통신공사업자, 소방시설업자, 문화재수리업자가 행하는 사업에 해당되어야 한다(보험료징수법 제8조 제1항).

근로복지공단의 승인을 받아 동종사업의 일괄적용을 받은 사업주는 일괄 적용관계가 해지되지 않는 한, 그 보험연도 이후의 보험연도에도 계속 일괄적용관계가 유지된다. 사업주가 일괄적용 승인을 해지하고자 할 경우에는 다음 보험연도 개시일 7일 전까지 「일괄적용 해지신청서」를 제출해야 한다(보험료징수법 제8조 제2~4항).

(2) 도급사업의 일괄적용

보험관계는 사업 또는 사업장 단위로 사업주를 중심으로 성립되는 것이 원칙이나, 건설 사업이 여러 차례의 도급에 의하여 행해지는 경우에는 원수급인이 사업주가 된다. 다만, 근로복지공단의 승인을 얻은 경우에는 하수급인이 사업주가 된다(보험료징수법 제9조 제1항). 근로복지공단으로부터 하수급인의 사업주 승인을 얻고자 하는 원수급인은 하수급인과 보험료 납부의 인수에 관한 서면계약을 체결하고, 하도급 공사의 착공일로부터 14일 이내에 도급계약서 사본과 보험료 납부에 관한 서면계약서 사본을 첨부하여 '하수급인 사업주 승인신청서'를 제출해야 한다(보험료징수법 영 제7조·규칙 제6조).

원수급인을 사업주로 보도록 한 것은 재해근로자의 산재보험 보호에서 배제될 위험을 예방하고 업무상 재해를 신속하고 공정하게 보상하기 위한 것이고, 원수급인과 하수급인 사이의 서면계약과 근로복지공단의 승인에 의하여 하수급인이 보험료를 부담하는 것이므로 원수급인의 재산권과 계약자유의 원칙을 침해하는 것이 아니다.[22]

22) 헌법재판소 2004. 10. 28. 선고 2003헌바70.

3. 보험관계의 변경 및 소멸

산재보험에 가입한 사업주는 사업주의 이름 및 주민등록번호, 사업의 명칭 및 소재지, 사업의 종류, 사업자등록번호(법인등록번호 포함), 사업의 기간, 상시근로자수 등에 변경이 있는 경우에는 그 변경된 날부터 14일 이내에 근로복지공단에 보험관계 변경사항을 신고해야 한다(보험료징수법 제12조). 보험관계의 소멸사유에 해당되는 날에 보험관계는 소멸한다(보험료징수법 제10조). 보험관계의 소멸로 사업주의 보험료 납부의무와 보험자의 보험급여 지급의무는 소멸한다. 그러나 보험관계 소멸 이전에 발생한 체납보험료에 대한 납부의무와 보험급여청구권은 소멸되지 않는다.

【보험관계의 소멸사유 및 소멸일】

소멸사유	소멸일	비 고
사업의 폐지 또는 종료	사실상 폐지 또는 종료된 날의 다음 날	· 법인의 해산등기, 폐업신고, 보험관계 소멸신고와 무관 · 14일 이내에 보험관계 소멸신고
근로복지공단의 직권소멸	보험관계를 유지할 수 없다고 판단되어 직권소멸을 결정·통지한 날의 다음 날	
임의가입 보험계약의 해지신청	근로복지공단의 승인을 얻은 날의 다음 날	해지신청은 보험가입 승인을 얻은 당해 보험연도 종료 후 가능

제2절 산재보험법의 적용범위

산재보험법의 적용대상은 근로자를 사용하는 모든 사업이고, 적용단위는 사업 또는 사업장이다. 그리고 산재보험가입자는 근로자를 사용하고 있는 사업 또는 사업장의 사업주이고, 산재보험급여 수급권자는 재해근로자이다. 따라서 산재보험의 인적 적용 범위는 근로자와 사업주이고, 적용 단위는 사업 또는 사업장이다.

Ⅰ. 인적 적용범위

1. 근 로 자

산재보험법의 적용대상은 근로자를 사용하는 모든 사업이므로 산재보험은 근로자에게 적용된다. 근로자란 '직업의 종류와 관계없이 임금을 목적으로 사업이나 사업장에 근로를 제공하는 자'를 말한다(근로기준법 제2조 제1호). 근로자는 산재보험법상 보호대상자가 되기 때문에 근로자의 여부를 판단하는 것은 매우 중요한 문제이다.

근로기준법 제2조 제1호는 매우 추상적으로 근로자의 정의만 규정하고 있기 때문에 근로자 여부의 판단은 전적으로 해석론에 의존할 수밖에 없다. 그러나 최근 서비스의 경제화 및 정보화의 진전으로 인하여 고용형태가 다양화되고, 근로자의 업무수행 과정에서 사용자의 구체적인 지휘·감독보다는 업무 성과를 통제하는 노무관리 방식으로 점차 전환됨에 따라 근로자 여부를 판단하는데 어려움이 많다.[23]

근로자 여부를 판단하는 가장 중요한 판단기준은 '근로를 제공하는 자'이다. 판례와 학설은 근로자가 사용자의 지휘·명령을 받는 관계, 즉 사용종속관계를 근로를 제공하는 자로 이해하고 있다. 사용종속관계에 있는가의 여부는 "① 업무의 내용이 사용자에 의하여 결정되는지의 여부, ② 취업규칙 또는 복무(인사)규정의 적용을 받고 있는지의 여부, ③ 업무수행과정에서 사용자로부터 구체적·개별적인 지휘감독을 받는지의 여부, ④ 사용자에 의하여 근무시간과 근무 장소가 지정되고 이에 구속받는지의 여부, ⑤ 업무대체성의 여부, ⑥ 근로자가 비품·원자재나 작업도구 등 소유관계의 여부, ⑦ 보수가 근로자체의 대상적 성격을 가지고 있는지의 여부, ⑧ 기본급이나 고정급이 정해져 있는지의 여부, ⑨ 근로소득세의 원천징수 여부, ⑩ 근로제공관계의 계속성과 전속성의 여부, ⑪ 사회보장제도에 의한 법령 등 다른 법령에 의하여 근로자로서의 지위를 인정받고 있는지의 여부" 등을 종합적으로 고려하여 판단해야 한다.[24] 그러나 근로자성 여부를 판단하는 구체적인 징표가운데 기본급이나 고정급이 정해져 있는지의 여부, 근로소득세의 징수 여부, 사회보장제도에 따라 근로자로 인정받는지 등의 사정은 사용자가 경제적으로 우월한 지위를 이용하여 임의로 정할 여지가 크기 때문에 그러한 사정이 인정되지 않는다는 이유만으로 근

23) 대체로 임금을 지급받으면서 사용자의 구체적 지휘·명령을 받고 있는 자만을 근로자에 해당되는 것으로 판단하고 있다. 그 결과, 성과·목표관리를 강조하고 있는 현대 노무관리시스템에서 특정 사업주에 종속되어 노동력을 제공하고 일정한 보수를 받는 상당수의 노동력 제공자들이 노동법의 보호를 받지 못하는 결과를 초래하고 있다. 따라서 현대 노무관리시스템에 부합될 수 있도록 근로자의 요건을 완화할 수 있는 입법적 개선이 필요하다(이에 관한 자세한 내용은 한경식, "근로자요건의 재구성", 368면 이하 참조).

24) 대법원 1994. 12. 9. 선고 94다22859; 대법원 2005. 5. 27. 선고 2005두524; 대법원 2006. 12. 21. 선고 2006두15240 등.

로자성을 부인할 수 없다.[25)]

대체로 판례는 사용자의 구체적인 지휘·명령을 받으면서 계속적으로 근로를 제공하고 업무시간과 업무장소가 지정되고 임금이 정해져 있는 경우에 한하여 근로자의 요건을 충족하는 것으로 판단하는 경향을 보이고 있다.[26)] 따라서 레미콘기사, 지입차주, 화물기사, 학습지교사, 골프장캐디 등과 같은 특수형태 근로종사자는 근로자에 해당되지 않는 것으로 해석하여 노동법상 보호대상에서 제외되어 왔다.[27)]

2. 사 업 주

사업주는 산재보험가입자인 동시에 보험료의 부담주체가 된다. 사업주란 사업의 손익이 귀속되는 경영주체를 의미한다. 따라서 개인기업의 경우에는 개인 기업주가 사업주가 되고, 법인기업의 경우에는 법인 그 자체가 사업주가 된다. 근로자를 사용하고 있는 개별사업주가 산재보험료의 납부의무자가 되는 것이 원칙이나, 예외적으로 건설업과 같이 여러 차례의 도급에 의하여 행해지는 사업의 경우에는 최초로 사업을 도급받은 원수급인이 산재보험가입자가 되어 보험료를 납부할 책임이 있다. 다만, 발주자가 사업의 전부 또는 일부를 직접 행하는 경우에는 발주자가 직접하는 부분에 대하여 발주자가 원수급인이 되어 보험료를 납부해야 한다(보험료징수법 제2조 제4호).

'원수급인'이란 사업이 여러 차례의 도급에 따라 행해지는 경우에 최초로 도급을 받아 행하는 자를 말한다(보험료징수법 제2조 제4호). 예외적으로 도급계약의 형식으

---

25) 대법원 2008. 5. 15. 선고 2008두1566; 대법원 2006. 12. 7. 선고 2004다29736.

26) 근로자의 인정 여부에 대한 판례의 분석 및 비판에 관해서는 한경식, "근로자요건의 재구성", 372면 이하 참조).

27) 특수형태 근로종사자에 대한 근로자성을 부인한 판례로서는 대법원 1978. 7. 25. 선고 78다510(위탁수금원 근로자성 부인), 대법원 1996. 4. 26. 선고 95다20348(학습지교사 근로자성 부인), 대법원 1990. 5. 22. 선고 88다카28112(보험설계사 근로자성 부인), 대법원 1996. 7. 30. 선고 95누13432 (골프장 캐디 근로자성 부인), 대법원 1997. 2. 14. 선고 96누1795(레미콘차량기사 근로자성 부인), 대법원 2000. 10. 6. 선고 2000다30240(지입차주 근로자성 부인) 등이 있다. 이처럼 특수형태 근로종사자는 근로조건 보호의 필요성이 있음에도 불구하고 대법원이 일관하여 근로자성을 부인하는 함에 따라 2007. 12. 31. 개정 산재보험법(법률 제8835호) 제125조와 시행령 제125조는 주로 하나의 사업 또는 사업장에 그 운영에 필요한 노무를 상시적으로 제공하고 보수를 받아 생활하고 노무를 제공함에 있어서 타인을 사용하지 않는 보험설계사, 레미콘차주, 학습지교사, 골프장 캐디에 대하여는 산재보험법을 적용하도록 특례를 신설하였다.

로 수차의 하도급이 이루어진 건설공사의 경우에는 원수급인이 서면계약으로 하수급인에게 보험료의 납부를 인수하게 하고 원수급인의 신청에 의하여 근로복지공단의 승인을 얻지 않은 경우에는 하수급인이 산재보험 가입자가 된다.

3. 산재보험 적용의 특례

산재보험법의 보호대상이 되는 근로자는 근로기준법 제2조 제1호의 근로자의 범위와 동일하고, 사업주는 산재보험법상 보호대상이 되지 않는 것이 원칙이다. 그러나 근로의 특성과 산재보험법의 사회보장적 기능을 도모하기 위하여 다음과 같은 산재보험 적용특례가 인정된다.

1) 국외의 사업에 대한 특례

산재보험법은 국내의 사업 또는 사업장에 적용되는 것이므로 우리나라 기업에 소속된 근로자가 국외사업에 종사하던 중 발생한 재해에 대해서는 산재보험법이 적용되지 않는다. 이와 같은 국외사업에 취업 중인 근로자의 재해를 보상하기 위하여 산재보험법은 우리나라가 당사국이 된 사회보장에 관한 조약이나 협정 또는 대통령령으로 정하는 국가나 지역에서의 사업에 대하여 고용노동부장관이 협의하여 지정하는 보험회사에게 보험사업을 자기의 계산으로 영위할 수 있도록 하고 있다. 보험회사가 보험사업을 영위하는 때에는 산재보험법에 의한 보험급여보다 불리하게 할 수 없다(산재보험법 제121조 제1~2항).

2) 해외파견자에 대한 특례

해외파견근로자가 산업재해보험급여를 지급받기 위해서는 산재보험가입자인 소속 사업주가 근로복지공단에 보험가입신청을 하여 승인을 얻어야 한다(산재보험법 제122조 제1항). 해외파견자는 해외파견사업장 사용자의 지휘에 따라 근로를 제공하는 자이므로 해외파견특례조항에 따른 보험가입절차를 거치지 않으면 산재보험법의 적용을 받을 수 없다. 그러나 해외파견의 형식을 띠고 있더라도 근무의 실태를 종합적으로 검토해 볼 때, 단순히 근로의 장소가 해외에 있는 것에 불과하고 실질적으로 국내의 사업에 소속되어 당해 사업의 사용자의 지휘감독을 받는 경우에는 산재보험법의 적용을 받는다.[28)]

28) 김형배, 노동법(제24판), 526면; 대법원 2000. 10. 24. 선고 98두18503.

3) 현장실습생에 대한 특례

현장실습생은 근로기준법상 근로자에 해당되지 않기 때문에 실습 중 발생한 재해는 산재보험법의 보호대상이 되지 못하였었다. 현장실습생은 산업현장에서 일반근로자와 동일한 위험에서 현장실습 또는 작업을 수행하고 있는 점을 감안하여 산재보험법은 근로자의 특례를 인정하여 현장실습생을 산재보험법의 적용을 받는 근로자로 간주하여 업무상 재해를 보상하도록 하고 있다. 현장실습생에 대한 보험급여의 기초가 되는 임금액은 현장실습생이 지급받는 훈련수당 등 모든 금품으로 하되, 이를 적용하는 것이 현장실습생의 재해보상에 적절하지 않다고 인정되는 경우에는 고용노동부장관이 고시하는 금액을 임금액으로 할 수 있다(산재보험법 제123조).

4) 중소기업 사업주에 대한 특례

보험가입자로서 50인 미만의 근로자를 사용하거나 근로자를 고용하지 않고 자동차를 사용하여 여객 또는 화물운송 사업을 행하는 사업주, 건설기계 사업을 행하는 사업주, 택배원(퀵서비스업자), 예술인, 대리운전업에 종사하는 자는 근로복지공단의 승인을 얻어 사업주 본인 또는 유족을 보험수급자로 하여 산재보험에 가입할 수 있다(산재보험법 제124조 제1항). 사업주는 원칙적으로 산재보험수급대상자가 될 수 없는 것이나, 현실적으로 영세사업주는 일반근로자와 마찬가지로 노동에 의존하여 사업을 경영하는 것이 많으므로 이들 사업주로 하여금 산재보험수급자로 가입 신청하여 근로복지공단의 승인을 얻은 경우에는 예외적으로 산재보험수급대상자로 인정한 것이다. 그러나 보험료 체납기간에 산업재해가 발생하면 보험급여는 지급되지 않는다.

5) 특수형태근로종사자에 대한 특례

보험설계사, 골프장 캐디 등 「특수형태 근로종사자」는 근로기준법상 근로자에 해당되지 않기 때문에 산재보험법의 적용대상자가 될 수 없는 것이나, 산재보험법 시행령 제125조에 열거한 보호의 필요성이 있는 특수형태 근로종사자는 산재보험법의 적용대상자가 된다. 산재보험법의 적용을 받는 특수형태 근로종사자는 '주로 하나의 사업 또는 사업장에 그 운영에 필요한 노무를 상시적으로 제공하고 보수를 받아 생활하고, 노무를 제공함에 있어서 타인을 사용하지 않는 자' 중에서 보험업법 등에 따른 보험설계사·전업 우체국 보험의 모집인, 건설기계관리법 제3조 제1항에 등록된 콘크리트믹서 트럭을 소유하여 그 콘크리트믹서 트럭을 직접 운전하는 사람, 한국표준직업분류표의 세세분류에 따른 학습지 교사, 체육시설의 설치·이용에 관한 법률 제7조 및 제19조에 따른 골프장에서 골프경기를 보조하는 골프장 캐디, 한국표준직업분류표의 세분류에 따른 택배원인 사람으로서 택배사업에서 집화 또는 배송업무를 하는 사람과 퀵서비스업자로부터 업무를 의뢰받아 배송업무를 하는 사람, 대출모집인, 신용카드회원 모집인, 대리운전업자로부터 업무를 의뢰받아 대리운전업무를 하는 사람이다(영 제125조). 산업재해가 보험료체납 기간 중에 발생한 경우에는 근로복지공단은 보험급여의 전부 또는 일부를 지급하지 않을 수 있다.

이미 산재보험에 가입된 사업장에 종사하는 특수형태 근로종사자는 별도의 보험관계를 성립할 필요가 없으나, 일반근로자를 고용하지 않고 특수형태 종사근로자만으로 구성된 경우에는 별도의 보험관계 성립신고를 해야 한다. 특수형태 종사근로자가 산재보험의 적용을 받지 아니하거나 보험적용 제외신청을 하였던 자가 산재보험을 다시 적용받고자 할 때에는 본인이 '산재보험 적용제외·재적용 신청서'를 근로복지공단에 제출해야 한다.

6) 기초생활수급자에 대한 특례

국가 또는 지방자치단체가 실시하는 자활근로 사업에 의무적으로 참여하는 「국민기초생활보장법」 제15조에 따른 자활급여 수급자는 근로자성이 인정되지 않아 산재보험법의 적용을 받을 수 없다. 그러나 자활급여 수급자는 근로를 제공한다는 점에서 근로자와 유사성이 강하여 산재보상을 행할 필요성이 있다. 이에 따라 산재보험법 제126조는 국민기초생활수급자 중 자활근로에 참여하는 수급자는 자활근로 사업의 근로자로 보아 산재보험을 적용하고, 보험료산정 및 보험급여의 기초가 되는 임금액은 자활급여 수급자가 지급받는 자활급여를 적용하도록 하고 있다.

Ⅱ. 사업 또는 사업장 단위의 적용범위

1. 사업 또는 사업장의 의미

사업은 어떠한 목적을 위하여 업(業)으로 행해지는 계속적·사회적·경제적 활동단위를 말하고, 사업장은 사업이 행해지고 있는 사람과 물건이 존재하는 장소를 말한다. 따라서 산재보험법의 적용대상이 되는 '사업 또는 사업장'에 해당되기 위해서는 일정한 장소에서 유기적인 조직 아래에서 업(業)으로서 계속적으로 행해지고 있어야 한다. 업(業)으로서 계속성의 요건을 갖춘 이상 영리목적의 기업은 물론 비영리 또는 공익목적의 사업,[29] 사업이 1회적이거나 일시적이라도 무방하다.[30] 산재보험의 적용에 있어서 동일한 장소에서 계속적인 사업이 행해지는 경우에는 하나의 사업으로 하고, 장소적으로 분리되어 사업이 행해지고 있는 경우에는 별도로 산재보험을 적용하는 것이 원칙이다.[31]

2. 당연적용 사업

'당연적용 사업'이란 사업주의 보험가입 의사와 관계없이 자동적으로 보험관계가 성립하는 사업을 말한다. 당연적용사업은 산재보험적용 제외사업을 제외한 상시 1인 이상의 근로자를 사용하는 사업 또는 사업장이다. 상시 근로자에는 상용·일용 등 고용형태와 관계없이 사실상 고용된 모든 근로자가 포함된다.

당연적용 사업은 사업주의 보험관계 성립신고 여부와 관계없이 사업이 개시된 날 또는 당연적용사업에 해당되는 날 이후에 산업재해를 당한 근로자는 산재보험급여를 받을 수 있다.

---

29) 사회사업단체나 종교단체(대법원 1992. 2. 14. 선고 91누8098), 교육·연구기관(대법원 1979. 9. 25. 선고 78다2312), 정부투자기관(대법원 1994. 1. 11. 선고 93다37540), 정당도 사업 또는 사업장에 포함된다.

30) 대법원 1994. 10. 25. 선고 94다21979.

31) 산재보험관계의 적용단위로서 '사업 또는 사업장'이란 일정한 장소를 바탕으로 유기적으로 단일하게 조직되어 계속적으로 행하는 경제적 활동단위를 가리키는 것이므로 장소적 분리 여부는 산업재해보상보험관계 적용단위로서 독립한 '사업 또는 사업장'에 해당하는지 판단하는 우선적인 기준이다. 다만 사업에 수반되는 업무상 재해의 위험 정도에 따라 사업주 간 보험료 부담이 공평해야 하는 산업재해보상보험제도 고유의 특수성과 법의 취지를 고려하면, 비록 장소적으로 분리된 복수의 경제적 활동단위가 존재한다고 하더라도 이를 동일한 사업주가 운영하는 경우에는 각 조직의 규모, 업무의 내용 및 처리방식 등을 종합하여 각 단위별 경제활동의 내용이 보험가입자의 최종적 사업목적을 위하여 유기적으로 결합되어 있는지, 장소적 분리가 독립된 별개의 '사업 또는 사업장'을 두어야 할 업무상 필요성에서 기인한 것인지, 각 경제적 활동단위가 전체적으로 재해발생의 위험도를 공유한다고 볼 수 있는지 등을 추가적으로 고려하여 독립한 '사업 또는 사업장'에 해당하는지 판단해야 한다(대법원 2015. 3. 12. 선고 2012두5176).

3. 적용제외 사업

1) 적용제외 사업의 범위

산재보험은 근로자를 사용하는 모든 사업 또는 사업장에 적용하는 것이 원칙이나, 위험률·규모 및 장소 등을 고려하여 다음의 사업은 산재보험을 적용하지 않는다(산재보험법 제6조 및 영 제2조 제1항).

【산재보험 적용제외 사업】

1. 공무원연금법 또는 군인연금법에 따라 재해보상이 되는 사업
2. 선원법, 어선원 및 어선 재해보상보험법 또는 사립학교교직원 연금법에 따라 재해보상이 되는 사업
3. 주택법에 따른 주택건설사업자, 건설산업기본법에 따른 건설업자, 전기공사업법에 따른 공사업자, 정보통신공사업법에 따른 정보통신공사업자, 소방시설공사업법에 따른 소방시설업자 또는 문화재수리 등에 관한 법률 제2조 제5호에 따른 문화재수리업자가 아닌 자가 시공하는 다음 각 목의 어느 하나에 해당하는 공사
   가. 보험료징수법 시행령 제2조 제1항 제2호에 따른 총 공사금액이 2천만 원 미만인 공사
   나. 연면적이 100제곱미터 이하인 건축물의 건축 또는 연면적이 200제곱미터 이하인 건축물의 대수선에 관한 공사
4. 가구 내 고용활동
5. 제1호부터 제4호까지의 사업 외의 사업으로서 상시근로자 수가 1명 미만인 사업
6. 농업, 임업(벌목업 제외), 어업 및 수렵업 중 법인이 아닌 자의 사업으로서 상시근로자 수가 5명 미만인 사업

2) 건설공사의 적용제외 여부의 판단

산재보험 적용제외 사업 중 사회적으로 문제가 되는 것은 건설업자가 아닌 자(이른바 건설오야지)가 시공하는 공사의 총 공사금액이 2천만 원 미만이거나 연면적이 100제곱미터 이하인 건축물의 건축 또는 연면적이 200제곱미터 이하인 대수선 공사이다.[32] 산재보험의 당연 적용대상이 되는 건설규모에 해당되는가의 여부를 판

32) 이와 같은 소규모 공사에서 발생하는 재해는 중대재해일 가능성이 많고, 사업주의 재정적 빈약으로 산업재해보상을 받을 가능성이 희박하기 때문에 일반 사업장에 종사하

단하기 위해서는 총 공사금액의 범위와 건축연면적의 범위를 확정해야 한다.

'총 공사금액'은 계약상의 도급금액을 기준으로 산정하는 것이 원칙이나, 발주자로부터 별도로 자재를 공급받은 경우에는 그 재료의 평가액을 포함한다. 최종 목적물의 완성을 위하여 행하여지는 일체의 작업에 소요되는 총 공사금액을 기준으로 당연적용 여부를 판단하는 것이 원칙이나, 공사 장소가 여러 개인 건설공사를 1건으로 계약 체결한 도급공사가 장소적으로 분리되어 시공되는 경우로서 최종 목적물이 수개에 해당한다면 각각의 최종 목적물의 단위별 공사금액을 기준으로 판단한다. 그러나 장소적으로 분리된 각각의 공사가 모두 완성되어야만 비로소 그 공사의 기능을 발휘할 수 있도록 유기적인 관계로 연관되어 있는 경우에는 예외적으로 계약 체결된 도급금액 총액을 기준으로 총 공사금액을 산정한다.[33]

'건축연면적'은 하나의 건축물 각 층의 면적 합계를 의미하는 것이므로 1건의 공사에 의하여 여러 동의 건축물을 시공하는 경우라도 전체 건축물의 연면적을 합산할 수 없는 것이 원칙이다.[34] 그러나 산재보험의 적용대상이 되는 연면적에 여러 동의 연면적을 합산할 것인가의 여부는 신속한 재해보상을 통하여 근로자 보호에 이바지함을 목적으로 하는 산재보험법의 취지에 따라 건축허가나 신고 또는 건축물대장의 등재 내용만이 아니라 공사도급계약과 현실적인 관련성이 있는 경우에는 전체적으로 하나의 건축물로 보아 각 건축물의 건축연면적을 합산해야 한다.[35] 또한 구조상 독립된 건축물이고 외형상 독립한 거래의 대상이 될 수 있다 하더라도 주건물인 주택의 효용과 편익을 위한 부대시설에 해당되는 경우에는 그 부대시설은 주거용 건축물의 일부로 보아 그 면적은 주 건물의 연면적에 포함된다.[36]

고용노동부는 최종 공작물의 완성을 위한 여러 동의 공사를 1건으로 건축허가를

는 근로자들보다 오히려 보호의 필요성이 훨씬 크다. 이들 공사에 종사하는 근로자들의 산재보험급여의 수급권을 제한하는 것은 산재보험법의 취지에 반하는 것이므로 입법적 개선이 요망된다. 이에 관한 자세한 내용은 한경식, "산업재해보상보험법 적용요건 완화를 위한 제도개선", 139~140면; 박재동, "산업재해보상제도의 법적 과제(박사학위논문)", 82면 참조.

33) 노동부·근로복지공단, 2009 산재·고용보험실무편람, 47면.

34) 연면적이란 동일 대지 안에 있는 1개의 건물 바닥면적의 합계를 의미하고, 연면적의 합계란 동일 대지 안에 있는 2동 이상의 건축물이 있는 경우 각동 연면적을 합한 것을 면적을 말한다.

35) 대법원 1998. 7. 10. 선고 98두6432; 서울행정법원 2005. 8. 22. 선고 2005구단2035).

36) 대법원 1997. 4. 25. 선고 96누16254.

받은 경우라도 각 동의 공사가 시간적 또는 장소적으로 분리되어 독립적으로 행해지는 때에는 각각의 건축물 연면적을 기준으로 산재보험 당연적용 여부를 판단해야 한다고 해석하고 있다.[37]

'대수선 공사'란 증축·개축 또는 재축에 해당되지 않는 공사로서 건축물의 기둥, 보, 내력벽, 주 계단 등의 구조나 외부 형태를 수선·변경하거나 증설하는 말한다(건축법 제2조 제1항 제9호).[38]

4. 임의적용 사업

'임의적용 사업'이란 당연적용대상 사업이 아닌 사업으로서 보험가입 여부가 사업주의 자유의사에 일임되어 있는 사업을 말한다. 임의적용 사업은 사업주가 근로복지 공단의 승인을 얻어 산재보험에 가입할 수 있다. 산재보험에 가입하지 아니한 임의적용사업장에 근무한 근로자가 비록 업무상 재해를 당한 경우라도 산재보험법상 산재보상대상이 될 수 없고, 단지 민사상 손해배상만 가능할 뿐이다.

제3절 업무상 재해

Ⅰ. 업무상 재해의 의의

'업무상 재해'는 산재보험법의 보호대상이 되는 사회적 위험에 해당된다. 업무상 재해의 여부는 노사 쌍방에 있어서 보상책임의 유무와 보험급여의 내용을 결정하는 데 있어서 매우 중요한 문제이다. 특히, 재해근로자와 그 가족의 생활보장과 직결되는 중요한 문제이다. 그 뿐만 아니라 업무상 재해의 여부는 다음과 같은 중요성을 가지고 있다.

---

37) 2004. 8. 8. 보험적용부-675.

38) 내력벽을 증설 또는 해체하거나 그 벽 면적을 30제곱미터 이상 수선 또는 변경, 기둥을 증설 또는 해체하거나 세 개 이상 수선 또는 변경, 보를 증설 또는 해체하거나 세 개 이상 수선 또는 변경, 지붕틀을 증설 또는 해체하거나 세 개 이상 수선 또는 변경, 방화벽 또는 방화구획을 위한 바닥 또는 벽을 증설 또는 해체하거나 수선 또는 변경, 주계단·피난계단 또는 특별피난계단을 증설 또는 해체하거나 수선 또는 변경, 미관지구에서 건축물의 외부형태(담장 포함)의 변경, 다가구주택의 가구 간 경계벽 또는 다세대주택의 세대 간 경계벽을 증설 또는 해체하거나 수선 또는 변경하는 공사가 대수선 공사에 포함된다(건축법 시행령 제13조의2).

(1) 업무상 재해는 보험자 또는 사용자가 전적으로 그 지급책임을 부담하지만, 업무외의 재해는 일체의 책임을 지지 않는다.
(2) 업무상 재해는 다른 사회보험급여에 비하여 상대적으로 높은 수준의 보험급여가 지급된다.
(3) 보험급여에 필요한 비용은 보험재정으로 충당된다.
(4) 요양기간 중에는 해고가 제한된다.

이처럼 업무상 재해의 여부는 노사관계에 있어서 매우 중요한 문제임에도, 산재보험법 제5조 제1호는 업무상 재해를 '업무상 사유에 따른 근로자의 부상·질병·장해 또는 사망'이라고만 규정하고 있을 뿐, 업무상 재해의 범위와 요건에 관한 구체적인 규정을 두고 있지 않다. 따라서 산재보험법의 보호요건이 되는 업무상 재해의 요건과 기준을 정립하는 것은 산재보험법에서 간과할 수 없는 중요한 과제이다.

Ⅱ. 업무상 재해의 요건

업무상 재해는 '업무상의 사유에 따른 근로자의 부상·질병·장해 또는 사망'이므로 우선 근로자의 업무의 개념과 범위를 설정한 다음 그 재해가 업무수행 중에 발생하였는지 또는 업무와 기인하여 발생하였는가를 판단해야 한다.

1. 업무의 개념 및 범위

'업무'란 당해 사업의 운영에 관련된 일로서 근로자가 근로계약의 취지에 따라 행동하고 있는 상태의 모든 것을 의미하고, 업무범위에는 본래의 업무행위, 준비행위, 정리행위, 사회통념상 그에 수반되는 생리적 행위 또는 합리적·필요적 행위, 사업주의 지시나 주체에 의한 행사 등 그 일련의 과정이 사업주의 지배관리 아래에 있는 모든 행위가 포함된다.[39)]

산업재해보상의 성격을 재해근로자에 대한 사용자의 손해전보로 파악하는 경우에는 업무는 사업주의 지배영역 내에서 비롯된 상병 등에 국한되나, 생활보장제도로 파악하는 경우에는 사업주가 근로자의 생활을 책임지므로 업무의 범위가 합리적인 범위까지 확대된다.[40)]

---

39) 대법원 1996. 10. 11. 선고 96누9034; 대법원 1997. 8. 29. 선고 97누7271; 대법원 1999. 4. 9. 선고 99두189.

2. 업무수행성

업무수행성이란 근로자가 입은 질병이 업무상인지 업무외인지를 판단하는 기준으로 일반적으로 업무기인성을 판단하는 전단계로 검토된다. 업무수행성의 의미를 좁은 의미로 해석할 경우 단순히 사업장에 있어 근로자가 구체적인 업무를 실제로 수행하는 과정에서 발생하거나, 사업주가 관리하고 있는 시설물의 결함 또는 관리상의 하자로 인해 발생한 재해를 의미한다. 그러나 이것은 핵심이 되는 업무의 의미를 지나치게 좁게 해석한 것으로, 산재보상의 목적을 근로자의 생활보장 측면에서 고려한다면, 이에 국한되지 않고 사업자의 지배·관리(지휘·명령을 받는 상태) 하에서 근로계약에 따라 근로자가 행하는 본래의 구체적 업무 외에 근로자의 직무에 부수적인 행위와 담당업무의 개시 및 수행에 필요한 모든 행위를 포함하는 것으로 해석해야 할 것이다.[41] 판례 역시 업무와 관련된 부수적 행위를 포함한 개념으로 본다.[42]

3. 업무기인성

업무기인성이란 산재보상의 권리·의무관계가 발생하기 위한 요건으로서 업무와 발생된 재해 사이의 인과관계를 의미한다. 즉 근로자가 근로계약에 기초한 업무 또는 업무행위를 사용자의 지배 하에서 수행하면서 이에 수반하는 위험의 현실화가 경험칙상 인정되는 것을 말하며, 여기서 업무란 업무를 수행하는 것을 말한다.[43]

---

40) 이교림, "대법원판례를 중심으로 본 업무상 재해(상)", 73면.

41) 따라서 작업 중의 생리적 행위 및 반사적 행위, 작업시간 중 뿐만 아니라 작업 전후의 준비 및 정리행위, 기타 작업상 필요한 행위, 휴게시간 중 사업장 시설의 관리결함으로 인한 재해, 출장, 외근 등 사업장 외에서 행하는 용무 등이 모두 업무의 개념에 해당한다. 김수복, 「업무상 재해의 이론과 실제」, 중앙경제사, 1995, 39면; 김형배, 노동법(제24판) 528~529면; 이상윤, 「사회보장법」, 법문사, 2012, 375면; 菅野和夫, 「労働法」, 弘文堂, 2011, 384頁 이하; 水町勇一郎, 「労働法」, 有斐閣, 2013, 308頁 이하; 安枝英訷·西村健一郎, 「労働法」, 有斐閣, 2012, 170~171頁.

42) 근로자가 사업주와의 근로계약에 기인하여 사업주의 지배·관리 하에서 당해 근로업무의 수행 또는 그에 수반되는 통상적인 활동을 하는 과정(업무의 준비행위, 정리행위, 사회통념상 업무에 수반되는 생리적 행위 등)을 업무라고 보며, 이러한 업무에 기인하여 발생한 재해를 업무상 재해라고 본다. 대법원 1993. 1. 19. 선고 92누13073; 대법원 1996. 2. 9. 선고 95누16769; 대법원 1999. 4. 9. 선고 99두189; 대법원 2005. 9. 29. 선고 2005두4458; 대법원 2010. 4. 29. 선고 2010두184.

그러나 구체적인 업무수행 중에 발생한 재해만을 업무기인성이 있는 것으로 판단할 것은 아니다.44) 이러한 업무기인성은 업무와 발생된 재해와의 단순한 인과관계 일반을 의미하는 것은 아니며, 그 내용은 업무상의 개념과 산재보험법의 법적 성질을 어떻게 파악하느냐에 따라 그 의미가 달라질 수 있다. 따라서 업무기인성에 있어서 중요한 것은 그 한계와 범위에 관한 것이다. 업무기인성의 정도를 어떻게 보느냐에 따라 업무상 질병의 인정여부에 결정적인 영향을 미치므로 업무와 질병과의 인과관계에 관하여 학설이 대립하고 있다.

4. 업무수행성과 업무기인성과의 관계

기존 학설의 입장은 '업무상'이란 업무기인성을 의미하고, 그 1차적 판단기준은 업무수행성이라고 판단하고 있어, 업무수행성이 없으면 업무기인성은 성립하지 않는다고 함으로써 업무상 재해가 성립하기 위해서는 업무수행성과 업무기인성이 모두 충족되어야 한다고 보았다.45) 그러나 최근에는 업무기인성만으로 업무상 여부를 판단해야 한다는 '업무기인성 단일주의'가 유력설이다. 이에 따르면 업무수행성을 업무기인성과 별개의 인정기준으로 보지 않고, 단지 업무기인성의 1차적 판단기준으로 보아 업무수행성이 인정되면 특별한 반증이 없는 한 업무기인성이 추정된다고 하여, 업무수행성을 업무기인성의 판단을 용이하게 하는 수단에 불과하다고 본다.46) 생각건대 사용자의 보상책임을 손해배상적 책임의 성격이라고 본다면 민법상의 인과관계와 같이 업무기인성의 요건을 엄격하게 해석해야 할 것이지만, 손실의 분배라는 관점에서 본다면 업무수행성과 업무기인성 모두를 갖추는 경우에만 업무상 재해를 인정할 필요는 없을 것이다.47) 특히 최근 증가하고 있는 과로성 재해와 같은 업무상 질병에 있어서는 업무수행성이 1차적 기준이 될 수 없으며, 업무와 질병과의 인과관계가 인정되면 족할 것이다. 왜냐하면 업무상 질병(특히 직업성 질병)의 경우 장기간에 걸쳐 점진적으로 발생하는 경우가 많은데 발병을 시간적, 장소

43) 김형배, 노동법(제24판), 529~530면; 菅野和夫, 앞의 책, 385頁.

44) 판례는 업무와 관련 없는 경우에도 업무기인성(인과관계)를 인정하고 있다. 대법원 2012. 2. 9. 선고 2011두25661.

45) 김수복, 「업무상 재해의 이론과 실제」, 38면.

46) 김형배, 노동법(제24판), 531면; 임종률, 노동법(제14판), 476면; 한경식, 「산업재해보상 및 배상론」, 한국학술정보(주), 2007, 41~42면.

47) 김형배, 노동법(제24판), 531면.

적으로 특정하기 곤란할뿐더러 특정할 수 있다고 하더라도 그 발병이 업무와 어떠한 관련이 있는가에 대하여 발병한 때와 장소는 중요한 판단요소가 아니기 때문에 법적으로는 거의 의미가 없다.

1963년 11월 5일에 공포한 산재보험법 제3조제1항에서는 "이 법에서 업무상의 재해라 함은 업무수행 중 그 업무에 기인하여 발생한 재해를 말한다."고 규정하여, 업무수행성과 업무기인성이라는 2요건주의를 채택하였다. 그러나 1981년 제5차 개정 시에 업무상 재해를 "업무상 사유에 의한 근로자의 부상, 질병, 신체장해 또는 사망"이라고 규정하여 형식상 2요건주의에서 탈피하였다. 이후 2007년 19차 개정 시에 "업무상 사유에 따른 근로자의 부상·질병·장해 또는 사망을 말한다."고 규정하여 신체상의 장해에 국한되지 않고 정신적 장해에까지 업무상 재해를 확대하였다.

판례의 입장은 업무상 재해 일반에 관하여는 업무수행성과 업무기인성을 업무상 재해의 요건으로 보아 여전히 2요건주의에 입각하고 있는 것으로 보이나,[48] 업무상 질병에 있어서는 질병의 주된 원인이 업무수행과 직접적인 관계가 없더라도 (상당) 인과관계를 인정하여 업무상 질병을 인정하고 있는 경우가 많다.[49]

5. 업무상 재해의 입증책임

소송법상의 입증책임은 원칙적으로 근로자의 재해와 업무 사이의 인과관계에 관하여 이를 주장하는 자가 부담한다. 따라서 재해근로자가 산재보상을 받기 위해서는 당해 재해가 업무상 사유에 따른 것임을 입증하여야 하고, 반대로 업무기인성을 부인하기 위한 반증사유와 그 입증은 사용자가 부담해야 한다.

그러나 산업재해 소송에 있어서 ① 산업재해는 대개 가해자의 종업원들과 같이 작업을 하다가 발생하는 경우가 많아 가해자의 협조 없이는 피재근로자가 불법행위와 같이 사고원인을 주장·입증하기가 어렵고, ② 기업의 거대화와 산업·기술 등의 현대화·전문화에 따라 사고원인이 점점 복잡·다양해지고 이를 이해하고 파악하는 데 고도의 전문지식이 요구된다. 따라서 재해근로자가 구체적·과학적으로 사고원인을 규명한다는 것은 극히 어렵다.[50] 특히 직업병의 경우에는 그 원인이 개인의 사

48) 대법원 2006. 10. 13. 선고 2006두7669; 대법원 2007. 9. 28. 선고 2005두12572 전원합의체 등.

49) 대법원 2007. 6. 1. 선고 2005두517; 대법원 2009. 3. 26. 선고 2009두164; 대법원 2010. 1. 28. 선고 2009두5794; 대법원 2011. 6. 9, 2011두3944 등.

생활이나 기호와 관련되어 있으므로 재해근로자 측에서 과로에 의한 과로사의 상태에 있었다는 것을 입증하기란 거의 불가능하다.

따라서 산업재해소송에 있어서의 입증책임은 민사법의 논리를 그대로 적용 내지 유추한다는 것은 무리이고, 입증책임의 전환 내지 완화가 절실히 필요하다. 이러한 취지에서 대법원은 소위 '개연성이론'을 원용하여 어느 정도 재해근로자의 입증책임을 완화하고 있다.[51] 개연성이론은 산재에 있어서 전통적인 과실책임의 원칙을 고수하는 경우에는 재해와 업무와의 인과관계의 존부를 피재근로자측이 부담하게 되어 산재의 성질상 그 입증이 곤란하므로 산업재해로 인한 손해의 전보가 어렵다는 점을 중시하여, 위법행위가 없었더라면 결과가 발생하지 아니하였으리라고 하는 정도의 개연성의 입증이 있으면 족하고 가해자는 이에 대한 반증을 한 경우에만 인과관계를 부정하는 입증책임완화 이론이다. 개연성이론은 입증책임이 사실상 가해자에게 전환되어 실제적으로 무과실책임원칙을 적용한 경우와 동일한 효과가 있다.[52]

Ⅲ. 유형에 따른 업무상 재해인정기준

1. 개 관

업무상 재해는 산재보험급여 또는 재해보상의 지급요건이 되는 것이므로 그 유형에 따른 업무상 재해인정기준을 구체적으로 검토할 필요성이 있다. 산재보험법 제37조는 업무와 재해 사이에 상당인과관계가 성립한 업무상 사고와 업무상 질병을 업무상 재해로 인정하고 있다. 업무상 사고에 대한 구체적 인정기준은 시행령 제27조 이하에서 규정하고 있고, 업무상 질병의 범위는 근로기준법 시행령 제44조 및 별표 5에서 열거하고 있으며, 산재보험법 시행령 제34조 이하 및 노동부 고시 '뇌혈관 질병 또는 심장 질병 및 근골격계 질병의 업무상 질병 인정 여부 결정에 필요한 사항'에서 정하고 있다.

---

50) 이달휴, "과로사에 관한 고찰", 201~202면.

51) 대법원 1992. 6. 9. 선고 91누13656; 대법원 2001. 11. 27. 선고 2000두2242; 대법원 1999. 1. 26. 선고 98두10103; 대법원 1992. 5. 12. 선고 91누10466; 대법원 2002. 7. 26. 선고 2002두3331; 대법원 2010. 1. 28. 선고 2009두5794 등.

52) 한경식, 산업재해보상 및 배상론(초판), 44면.

【업무상 재해의 유형】

구 분	종 류	근거 규정
업무상 사고	업무수행 중의 사고	산재보험법 시행령 제27조
	출장 중의 사고	산재보험법 시행령 제27조 제2항
	시설물의 결함 등에 따른 사고	산재보험법 시행령 제28조
	출퇴근 중의 사고	산재보험법 시행령 제29조
	행사 중의 사고	산재보험법 시행령 제30조
	휴게시간 중의 사고	산재보험법 제37조 제1항 제1호 마목
	특수한 장소에서의 사고	산재보험법 시행령 제31조
	요양 중의 사고	산재보험법 시행령 제32조
	제3자의 행위에 따른 사고	산재보험법 시행령 제33조
업무상 질병	직업성 질병(직업병)	산재보험법 시행령 제34조 제1항 근로기준법 시행령 제44조 제1항
	과로성 질병(과로성 재해)	산재보험법 시행령 제34조 제1항
	사고성 질병	산재보험법 시행령 제34조 제2항
	진폐증	산재보험법 제91조의 2

'업무상 사고'는 사업주의 지배관리 아래에서 업무를 수행하던 중 업무와 관련하여 사고가 발생하거나 사업주의 지배관리 아래에 있는 시설물의 결함 또는 관리하자로 인하여 발생한 재해를 말한다. 업무상 사고는 '업무수행성'과 '업무기인성'의 요건을 충족한 경우에만 업무상 재해로 인정된다. '업무상 질병'은 업무상 사고와는 달리 업무상 사유로 발생한 질병으로서 대체로 작업환경이나 작업방법의 특수성에 의하여 직접 또는 간접적으로 장기간에 걸쳐 점진적으로 발생한다. 업무상 질병은 업무수행성 보다는 업무기인성, 즉 업무와 질병 사이의 상당인과관계가 업무상 재해 요건으로서 중요한 지위를 차지하고 있다.[53] 업무상 질병에 대한 업무상 재해 여부는 재해근로자의 성별, 연령, 건강정도 및 체질 등을 고려하여 판단한다.

53) 노병호·정용진, "업무상 질병 인정기준의 개선방안", 487면.

2. 업무상 사고

1) 업무상 재해의 기본원칙

근로계약에 따른 업무나 그에 따르는 행위를 하던 중 발생한 사고, 사업주가 제공한 시설물 등을 이용하던 중 그 시설물 등의 결함이나 관리소홀로 발생한 사고, 사업주가 제공한 교통수단이나 그에 준하는 교통수단을 이용하는 등 사업주의 지배관리 아래에서 출퇴근 중 발생한 사고, 사업주가 주관하거나 사업주의 지시에 따라 참여한 행사나 행사준비 중에 발생한 사고, 휴게시간 중 사업주의 지배관리 아래에 있다고 볼 수 있는 행위로 발생한 사고, 그 밖에 업무와 관련하여 발생한 사고로 인하여 부상을 당하거나 사망한 경우에는 업무상 재해로 인정된다. 다만, 업무와 재해 사이에 상당인과관계가 없는 경우에는 업무상 재해로 인정되지 않는다(산재보험법 제37조 제1항).

2) 업무수행 중의 사고

업무수행 도중 발생한 사고는 사업주의 지배관리 아래에 있는 것이 보통이므로 업무와 재해 사이에 상당인과관례를 인정하는데 큰 어려움이 없다. 작업장 내에서의 근무시간 중 발생한 사고는 원칙적으로 업무와 상당인과관계가 있는 것으로 추정되므로 그 사고의 발생이 근로자의 업무이탈, 자해 또는 순수한 사적 행위로 인하여 발생하였다고 볼 수 있는 명백한 증거가 없는 한 업무상 재해로 인정된다.

산재보험법 시행령 제27조 제1항은 근로자가 근로계약에 따른 업무수행 행위, 업무수행 과정에서 하는 용변 등 생리적 필요 행위, 업무를 준비하거나 마무리하는 행위, 그 밖에 업무에 따르는 필요적 부수행위, 천재지변·화재 등 사업장 내에 발생한 돌발적인 사고에 따른 긴급피난·구조행위 등 사회통념상 예견되는 행위로 인한 부상 또는 사망을 업무상 재해로 인정하고 있다. 그리고 업무의 성질상 업무수행 장소가 정해져 있지 않은 근로자가 최초로 업무수행 장소에 도착하여 업무를 시작한 때부터 최후로 업무를 완수한 후 퇴근하기 전까지 업무와 관련하여 발생한 사고도 업무상 재해로 인정하고 있다(산재보험법 시행령 제27조 제3항).

판례는 일반적으로 작업장 내에서 작업시간 중 업무를 수행하다가 재해가 발생한 경우, 비록 사적인 용무가 게재되어 있더라도 사적인 용무가 재해의 발생에 중대한 원인이 되지 않는 경우에는 업무상 재해로 인정하고 있다.[54] 또한 업무수행의 범위는 재해근로자 본인의 본래의 업무에 국한하지 않고 상사의 지시를 거부할 수 없는 사업의 성격 및 특성과 관련한 다른 업무까지도 포함하고 있다.[55] 그러나 재해근로자의 업무로 볼 수 없는 애경사 등에 참가하던 중 발생한 재해에 대하여는 업무상 재해로 인정하지 않고 있으며,[56] 근무시간 중에 발생한 재해라도 사인이 분명하지 아니한 사망에 대하여는 업무상 재해로 인정하지 않고 있다.[57]

3) 출장 중의 사고

출장행위는 비록 회사의 업무를 사업장 밖에서 수행하더라도 업무를 직접 수행하는 것이므로 업무와 재해 사이에 상당인과관계가 인정된다. 근로자가 작업장을 떠나 출장 중일 경우에는 그 용무의 완성이나 수행방법 등에 있어서 특별한 사정이 없는 한, 출장과정의 전반에 걸쳐서 사용자의 지배관리 아래에 있는 것으로 보아야 하므로 업무수행성이 인정된다.[58] 그러나 출장 중의 행위가 출장에 통상적으로 수반하는 범위 내의 행위가 아닌 자의적인 행위·사적인 행위, 사업주의 구체적인 지시를 위반하거나 정상적인 출장 경로를 벗어난 상태에서 발생한 사고는 업무상 재해로 인정되지 않는다(산재보험법 시행령 제27조 제2항).

판례는 근로자가 작업장을 떠나 출장업무를 수행하던 중 발생한 사고에 대해서는 그 출장업무의 완성이나 수행방법 등에 있어서 포괄적으로 사용자가 책임을 진다고 보아야 하므로 특별한 사정이 없는 한 일단 출장과정의 전반에 걸쳐 사업주의 지배 아래에 있는 것으로 보아 업무상 재해로 인정하고 있다.[59] 그러나 출장 중의 행위가 통상적으로 수반되는 범위 내의 행위가 아닌 사적 행위,[60] 정상적인 출장순로의 일탈행위,[61] 사용자의 지시 위반 등의 원인으로 재해가 발생한 경우에는 업무와의 상당인과관계를 부인하고 있다. 출장의 종료시점은 그 업무수행성 인정의 근거가 되는 사업주의 지배관리의 범위를 벗어나 근로자의 사적 영역 내에 도달하였는지 여부로 판단하여야 한다.[62]

---

54) 대법원 1991. 11. 8. 선고 91누3314.
55) 대법원 2001. 7. 27. 선고 2000두5562.
56) 대법원 1993. 10. 12. 선고 93누14806.
57) 대법원 1990. 10. 23. 선고 88누5037.
58) 하갑래, 근로기준법(전정제27판), 1037~1038면.
59) 대법원 2004. 11. 11. 선고 2004두6709.
60) 대법원 1992. 11. 24. 선고 92누11046; 대법원 1993. 11. 9. 선고 93다23107.
61) 대법원 2004. 11. 11. 선고 2004두6709.
62) 대법원 2002. 7. 26. 선고 2002두5290.

4) 시설물 등의 결함에 따른 사고

사업주가 제공한 시설물, 장비 또는 차량 등(이하 '시설물 등')의 결함이나 사업주의 관리 소홀로 발생한 사고는 업무상 재해에 해당된다. 그러나 사업주가 제공한 시설물 등을 사업주의 구체적인 지시를 위반하여 이용한 행위로 발생한 사고와 그 시설물 등의 관리 또는 이용권이 근로자의 전속적 권한에 속하는 경우에 그 관리 또는 이용 중에 발생한 사고는 업무상 재해에 해당되지 않는다(산재보험법 시행령 제28조).

판례는 '근로자의 자해행위 등으로 인한 경우를 제외하고는 사업주가 관리하고 있는 시설의 결함 또는 사업주의 시설관리소홀로 인하여 재해가 발생하거나 그와 같은 시설의 결함이나 관리 소홀이 다른 사유와 경합하여 재해가 발생한 때'에는 업무상 재해로 인정하고 있다.[63] 근로자의 업무상 과로 또는 스트레스에 의한 간질증상의 발현과 사설물의 관리하자가 경합하여 발생한 사고,[64] 작업시간 외에 경비원이 사업장 내 있는 결빙되어 있는 보도블록에 넘어져 발생한 사고,[65] 다음 날 작업준비를 위해 공사현장으로 작업도구를 옮기다가 발생한 사고[66] 등은 업무상 재해로 인정하고 있다. 그러나 술에 취한 상태에서 사업주의 지시나 승낙 없이 휴식장소로 사용하기 위하여 작업장 내의 2층 다락에 사다리와 휴식용 간이침대를 제작하다가 추락한 사고,[67] 술을 마신 상태에서 건설현장 흙더미를 넘다가 우수관로 바닥으로 추락한 사고[68] 등은 업무상 재해로 인정하지 않고 있다.

5) 출퇴근 중의 사고

(1) 보호의 필요성

근로자의 출퇴근 행위는 업무수행을 위한 준비행위 및 마무리행위로서 가정에서의 사적행위와 회사에서의 업무수행 사이에 가교적(架僑的) 사실행위이고, 업무수행과 밀접불가분의 연관성을 가진 '준업무행위'에 해당된다. 출퇴근길의 원거리화 및 교통사고의 증가로 근로자들이 안전주의의무를 다하여도 출퇴근 중의 사고는 피할

63) 대법원 1999. 1. 28. 선고 98두10103.
64) 대법원 1999. 1. 28. 선고 98두10103.
65) 서울고등법원 1996. 11. 19. 선고 96구24264.
66) 대법원 1996. 10. 11. 선고 96누9034.
67) 대법원 1994. 8. 23. 선고 94누3841.
68) 대법원 2003. 3. 25. 선고 2002두12311.

수 없는 사회적 위험에 해당된다. 이처럼 출퇴근 행위는 사업주의 직접적인 통제 아래에 있는 것은 아니나, 근로자가 업무를 수행하기 위한 준비행위 및 마무리 행위로써 업무와 밀접한 관계가 있는 준업무행위이고 피할 수 없는 사회적 위험임을 감안하면, 출퇴근 중의 사고는 업무상 재해로 인정할 필요성이 있다.[69]

(2) 출퇴근의 범위

출퇴근은 주거와 근무 장소를 왕복하는 것이므로 업무와의 관련성이 있는 주거와 근무 장소의 범위를 설정해야 한다. 주거는 취업의 거점을 의미한다. 따라서 주거는 기본적으로 생활의 중심지이면 족하고, 그 곳에서 어떠한 가족관계를 맺고 있는지 또는 주거와 취업 장소와의 거리는 업무상 재해를 판단하는데 원칙적으로 문제되지 않는다.[70] 주거에는 주된 주거뿐만 아니라 안정성을 띠는 부차적 주거 또는 가족적인 이유로 근로자가 통상적으로 이동하는 기타의 모든 장소를 포함한다.[71] 출퇴근의 시·종점은 일반인이 자유통행 가능성을 기준으로 판단해야 한다는 것이 다수의 견해이다.[72] 따라서 단독주택의 경우에는 대지 내에 들어오는 지점인 대문이, 공동주택의 경우에는 당해 근로자가 전용하고 있는 출입문이 출퇴근의 시·종점이 된다.

근무 장소는 근로자가 통상적으로 자신의 업무를 수행하는 장소 또는 사용자의 지시에 따라 업무를 수행하기 위하여 통상적 또는 예외적으로 이동하는 기타의 모든 장소를 의미한다. 따라서 업무상의 필요성 때문에 근로자가 이동한 사용자의 주거, 회사가 개최하는 연구·세미나 등의 장소도 근무 장소에 해당한다. 근무 장소에서 출퇴근 재해와 일반적인 업무상 재해를 구분하는 경계선은 사용자의 지배관리권이 미치는 영역을 기준으로 하여야 하므로 사업장의 출입구가 원칙적인 경계가 된다.[73]

(3) 업무상 재해인정기준

산재보험법은 사업주가 출퇴근용으로 제공한 교통수단이나 사업주가 제공한 것으로 볼 수 있는 교통수단을 이용하던 중에 사고가 발생하고, 출퇴근용으로 이용한 교통수단의 관리 또는 이용권이 근로자의 전속적 권한에 속하지 않은 경우에 한하

69) 한경식·황말희·신동택, "출퇴근 사고의 업무상 재해인정기준 개선", 13면.
70) 김복기, "통근재해 보호근거 및 보호범위", 140면.
71) 조용만, "프랑스의 통근재해 보호제도", 81면.
72) 김복기, "통근재해 보호의 근거 및 보호범위", 142면; 김유성, "통근도상의 재해", 68면.
73) 박종희·김희성·박지순, "출퇴근 재해의 업무상재해 인정관련 입법론적 개선방안에 관한 연구", 196면.

여 업무상 재해에 해당하는 것으로 규정하고 있다(산재보험법 시행령 제29조).

판례도 '사업주가 제공한 교통수단을 근로자가 이용하거나 또는 사업주가 이에 준하는 교통수단을 이용하도록 하는 등 근로자의 출퇴근과정이 사업주의 지배관리 아래에 있는 경우'를 업무상 재해 요건으로 판단하고 있다.[74] 다만, 대법원 2007. 9. 28. 선고 2005두12572 전원합의체 판결[75]에서는 '출퇴근 행위는 업무와 밀접불가분의 관계에 있고 출퇴근을 위한 합리적인 방법과 경로는 사업주가 정한 근무지와 출·퇴근시각에 의해 정해지므로 합리적인 방법과 경로에 의한 출퇴근 행위는 사업주의 지배관리 아래에 있는 것' 으로 보아야 한다는 소수의견이 제시되었다.[76]

판례는 자신 소유의 오토바이를 이용하여 출근하던 중 산불감시업무 수행 중 발생한 교통사고,[77] 사업주의 지시를 받고 다른 사업장의 견인차를 운행하여 고장차량을 견인하러 가던 중 발생한 교통사고,[78] 회사의 차량을 사실상 출퇴근용으로 묵인하여 오다가 출근 중 발생한 교통사고,[79] 출장에 준하는 출퇴근 도중의 사고,[80] 긴요한 업무상 필요로 심야까지 근무한 후 승용차를 이용해 퇴근하다가 발생한 교통사고[81], 근로자가 사업주의 지시에 따라 급여 외에 일정한 대가를 받고 자신의

---

74) 대법원 2005. 9. 29. 선고 2005두4458; 대법원 1999. 9. 3. 선고 99다24744; 대법원 2007. 9. 28. 선고 2005두12572 전원합의체 등. 출퇴근 사고에 대한 판례의 분석은 노상헌, "통근재해에 관한 판례법리와 산재보험의 사회보장화에 대한 검토", 215면 이하; 한경식·황말희·신동택, "출퇴근 사고의 업무상 재해인정기준 개선", 34면 이하 참조.

75) 이 판례에 대한 평석은 한경식, "출퇴근 사고에 대한 업무상 재해인정기준", 참조.

76) 한편 판례는 산재보험법 시행령 제29조는 예시적 규정으로, '그 밖에 출퇴근 중에 업무와 관련하여 발생한 사고를 모두 업무상 재해 대상에서 배제하는 규정으로 볼 수는 없으며, 따라서 사업주가 제공한 교통수단을 근로자가 이용하거나 또는 사업주가 이에 준하는 교통수단을 이용하도록 하는 경우뿐만 아니라, 외형상으로는 출퇴근의 방법과 그 경로의 선택이 근로자에게 맡겨진 것으로 보이지만, 출퇴근 도중에 업무를 행하였다거나 통상적인 출퇴근시간 이전 혹은 이후에 업무와 관련한 긴급한 사무처리나 그 밖에 업무의 특성이나 근무지의 특수성 등으로 출퇴근의 방법 등에 선택의 여지가 없어, 실제로는 그것이 근로자에게 유보된 것이라고 볼 수 없고 사회통념상 아주 긴밀한 정도로 업무와 밀접·불가분의 관계에 있다고 판단되는 경우에도, 그러한 출퇴근 중에 발생한 재해와 업무 사이에는 직접적이고도 밀접한 내적 관련성이 존재하여 그 재해는 사업주의 지배관리 아래 업무상의 사유로 발생한 것이라고 볼 수 있다'고 판단하였다. 대법원 2010. 4. 29. 선고 2010두184; 대법원 2012. 11. 29. 선고 2011두28165.

77) 대법원 2005. 9. 29. 선고 2005두4458.

78) 대법원 1999. 4. 9. 선고 99두189.

79) 대법원 1999. 9. 3. 선고 99다24744.

80) 대법원 1993. 11. 9. 선고 93다25851.

승용차에 동료 직원을 태워 통상적인 경로에 따라 출근하다가 발생한 교통사고[82] 등은 사업주의 지배관리성을 인정하고 있다. 그러나 차량에 대한 관리사용권한이 근로자에게 있는 경우,[83] 전근지로 자신의 차량을 이용하여 이동하던 중 발생한 교통사고[84] 등은 사업주의 지배관리성을 부정하고 있다.

한편 헌법재판소는 통상의 교통수단으로 출퇴근을 하던 중 발생한 사고(재해)에 대하여 업무상 재해에서 제외하고 있는 산재보험법 제37조 제1항 제1호 다목에 대하여 심판대상 조항이 평등원칙에 위배되지 않는다는 합헌결정을 하였으나,[85] 최근 결정에서 재판관 6:3의 의견으로 대상조항이 헌법에 합치되지 않는다는 결정(헌법불합치)을 선고하여 종래의 선고를 변경하였다.[86]

(4) 입법과제

산재보험법과 판례는 매우 엄격하게 사업주가 출퇴근용으로 제공한 교통수단이나 사업주가 제공하였다고 볼 수 있는 교통수단을 이용하던 중에 사고가 발생하였

---

81) 대법원 2008. 9. 25. 선고 2006두4127.

82) 대법원 2008. 5. 29. 선고 2008두1191.

83) 대법원 1997. 11. 14. 선고 97누13009; 대법원 1997. 9. 12. 선고 97누6339.

84) 대법원 1996. 9. 20. 선고 96누8666.

85) 헌법재판소 2013. 9. 26. 선고 2011헌바271; 헌법재판소 2013. 9. 26. 선고 2012헌가16. 다만, 당시 결정에서 대상조항이 통상의 출퇴근 재해를 당한 근로자의 보호에 부족하고 평등원칙에 위배되므로 재판관 5:4의 의견으로 헌법불합치의견을 표시하여 헌법에 위반된다는 의견이 다수였으나, 위헌결정을 함에 필요한 정족수에 이르지 못하여 합헌으로 선고하였다.

86) 헌법재판소 2016. 9. 29. 선고 2014헌바254. 헌법재판소는 이 결정에서 '도보나 자기소유 교통수단 또는 대중교통수단 등을 이용하여 출퇴근하는 산재보험 가입 근로자는 사업주가 제공하거나 그에 준하는 교통수단을 이용하여 출퇴근하는 산재보험 가입 근로자와 같은 근로자인데도 사업주의 지배관리 아래 있다고 볼 수 없는 통상적 경로와 방법으로 출퇴근하던 중에 발생한 재해를 업무상 재해로 인정받지 못한다는 점에서 차별취급이 존재한다'고 판단하였으며, 나아가 '오늘날 산재보험제도는 산업재해로부터 피재근로자와 그 가족의 생활을 보장하는 기능의 중요성이 커지고 있으며, 근로자의 출퇴근 행위는 업무의 전 단계로서 업무와 밀접·불가분의 관계에 있고, 사실상 사업주가 정한 출퇴근 시각과 근무지에 기속되며, 대법원은 출장행위 중 발생한 재해를 업무상 재해로 인정하는데, 이러한 출장행위도 이동방법이나 경로 선택이 근로자에게 맡겨져 있다는 점에서 통상의 출퇴근 행위와 다를 바가 없으므로, 통상의 출퇴근 재해를 업무상 재해로 인정하여 근로자를 보호해 주는 것이 산재보험의 생활보장적 성격에 부합한다'고 판단하였다.

을 것과 출퇴근용으로 제공한 교통수단의 관리 또는 이용권이 근로자 측의 전속적 권한에 속하지 아니할 것의 요건을 모두 갖춘 경우만을 업무상 재해로 인정하고 있다. 그 결과, 근로자가 정해진 출퇴근 시간대에 사고를 당하더라도 업무상 재해에 해당되는 경우는 극히 드물다.

그러나 출퇴근 행위가 사업주의 직접적인 지배관리 아래에 없더라도 출퇴근 시간이 사업주의 노무관리 방침에 따라 일방적으로 정해지고 업무와 밀접불가분의 관련성이 있는 사업주의 간접적인 지배관리 아래에 있는 것으로 보아야 하기 때문에 정상적인 출퇴근 도중 발생한 사고는 업무상 재해로 인정할 필요성이 있다.[87] 그 근거로서는 ① 출퇴근 행위는 근로의 제공을 위한 필연적 행위로서 사실상 사용자의 노무관리 방침에 따라 구속된다는 점,[88] ② 사용자의 교통수단 제공 여부에 따라 업무상 재해인정기준을 삼는다는 것은 형평성의 원칙에 반한다는 점,[89] ③ 공무원과 같은 특수직역종사자에 대해서는 원칙적으로 공무상 재해로 인정하면서 일반근로자에 대해서만 업무상 재해로 인정하지 않는 것은 공평의 원칙에 반한다는 점,[90] ④ 산재보험의 사회보장화 기능에 반한다는 점,[91] ⑤ 다른 나라의 입법례와 비교할 때 업무상 재해의 요건이 너무 엄격하다는 점[92] 등이 제시되고 있다.[93]

---

87) 출퇴근 재해의 보호범위에 관한 상세는 김복기, “통근재해 보호의 근거 및 보호범위”, 136면 이하; 한경식·황말희·신동택, “출퇴근 사고의 업무상 재해인정기준 개선”, 26면 이하; 노상헌, “통근재해에 관한 판례 법리와 산재보험의 사회보장화에 대한 검토”, 228면 이하 참조; 한경식, “출퇴근 사고에 대한 업무상 재해인정기준”, 221면 이하 참조.

88) 노상헌, “통근재해에 관한 판례법리와 산재보험의 사회보장화에 대한 검토”, 229면; 대법원 2007. 9. 28. 선고 2005두12572 전원합의체 판결 중 소수의견.

89) 노상헌, “통근재해에 관한 판례법리와 산재보험의 사회보장화에 대한 검토”, 229면; 한경식·황말희·신동택, “출퇴근 사고의 업무상 재해인정기준 개선”, 26면.

90) 한경식·황말희·신동택, “출퇴근 사고의 업무상 재해인정기준 개선”, 19면; 박재동, “산업재해보상제도의 법적 과제”, 102면. 공무원은 공무원연금법 시행규칙 제14조에 따라 출퇴근 중 발생한 사고 중 통상적인 경로 또는 방법에 의한 경우에는 원칙적으로 공무상 재해로 보호를 받고 있고, 사립학교교직원은 사립학교교직원연금법에 따라 직무상 재해에 관하여 공무원연금법의 관계규정을 준용하는 규정을 두어 공무원과 마찬가지로 원칙적으로 출퇴근 재해를 보호받고 있다. 그리고 군인은 군인연금법 제31조 제1항 및 국방부 훈령 제346호 전공사상자처리규정 [별표1] 전공사상자분류기준표에 따라, 국가유공자는 「국가유공자 등 예우에 관환 법률」 제4조 제1항·제2항 및 시행령 제3조의 2 [별표1] 국가유공자요건인정기준표에 따라 보호받고 있다.

91) 노상헌, “통근재해에 관한 판례법리와 산재보험의 사회보장화에 대한 검토”, 239면.

92) 외국의 입법례에 관해서는 박찬임 외 3인, 주요국의 통근재해보상제도 연구, 64면 이

① 업무와 관련성이 있고, ② 주거와 근무 장소 사이를 왕복하는 행위이고, ③ 순리적인 경로 및 방법에 따른 출퇴근 도중의 사고는 업무상 재해로 인정할 수 있도록 산재보험법을 개정해야 한다.[94] 다만, 자동차종합보험 약관 대인배상Ⅱ는 자동차종합보험에 의한 보험급여가 면책되고 전액 산재보험이 전면적으로 적용되어 산재보험재정의 악화로 이어질 가능성이 있으므로 자동차종합보험의 적용을 받는 출퇴근 재해는 제외하는 것이 타당할 것이다.

6) 행사 중의 사고

'행사'란 노무관리 또는 사업운영상 사업주의 주관·지시에 따라 실시하는 운동경기·야유회·등산 등 각종 행사를 말한다. 산재보험법은 근로자가 행사에 참가하는 것이 사회통념상 노무관리 또는 사업운영상 필요한 경우로서 행사에 참가한 시간을 근무한 시간으로 인정하는 경우, 사업주의 지시 또는 승인에 따라 행사에 참가한 경우, 그 밖에 사업주가 그 근로자의 행사 참가를 통상적·관례적으로 인정하는 행사 참가 중에 발생한 사고는 업무상 재해로 인정하고 있다(산재보험법 시행령 제30조).

판례는 '행사나 모임의 주최자·목적·내용·참가인원과 그 강제성 여부·운영방법·비용부담 등의 사정들에 비추어, 사회통념상 그 행사나 모임의 전반적인 과정이 사용자의 지배관리 아래에 있는가의 여부 및 근로자가 행사나 모임의 순리적인 경로를 일탈하지 않았는가의 여부'를 기준으로 업무상 재해 여부를 판단하고 있다.[95]

하; 한경식·황말희·신동택, "출퇴근 사고의 업무상 재해인정기준 개선", 19면 이하; 김유성, "통근도상의 재해", 75면 이하; 김복기, "통근재해의 보호의 근거와 보호범위", 118면 이하 참조 이하 참조. 국제노동기구(ILO)는 1964년 제121호「업무상 재해급여협약 및 권고」의 채택을 통해 출퇴근 재해를 업무상 재해와 동일시하거나 적어도 동일한 취급을 할 것을 공식적으로 결정하고 협약 제121호를 통하여 회원국이 이를 시행할 것을 권고하고 있으며, 영미법계 국가들은 기본적으로 업무상 재해보상을 손실보상에 입각한 업무상의 개념에 비중을 두어 출퇴근 재해를 취급하고 있고, 대륙법계 국가들은 피재자의 생존권보장을 지도이념으로 하는 사회보장적인 측면에서 명문의 입법을 통하여 출퇴근 재해보상을 보장하도록 제도화하고 있다.

93) 출퇴근 사고의 보호근거에 관한 쟁점별 내용은 한경식, "출퇴근 사고에 대한 업무상 재해인정기준", 221면 이하 참조.

94) 출퇴근 사고에 대한 입법적 개선방안에 관해서는 한경식·황말희·신동택, "출퇴근 사고의 업무상 재해인정기준 개선", 52면 이하 참조.

95) 대법원 1992. 10. 9. 선고 92누11107; 대법원 1995. 5. 26. 선고 94다60509; 대법원 1997. 9. 26. 선고 97다4494; 대법원 2007. 3. 29. 선고 2006두19150 등.

판례는 사업주의 지원으로 정기적으로 실시되는 동호인 모임에 참가 중 발생한 사고,[96] 사업주가 경비와 차량을 지원한 사실상 야유회 참가 중 발생한 사고,[97] 사업주의 승인을 받고 회사 소유 승용차를 이용하여 동료직원 결혼식에 참석하기 위하여 이동 중 발생한 교통사고[98] 등은 업무상 재해에 해당하는 것으로 판단하고 있다. 그러나 등산대회 참가 중 공식회식이 끝난 후 일부 직원들과 음주한 상태에서 발생한 사고,[99] 행사 참가 중 술을 마신 상태에서 통상적인 순로가 아닌 일반인의 접근이 금지된 철로 위를 걷다가 발생한 사고,[100] 강제성이 없는 동종업체 경영자 가족간의 친목모임 참석 중 발생한 사고,[101] 회식 후 강제되지 않은 2차 노래방에서 발생한 사고,[102] 강제성이 없는 팀원들의 단합 및 영업력 고취 목적으로 스키장에서 개최된 워크숍 행사에 참가 중 스키를 타다가 상해를 입은 사고[103] 등은 사업주의 지배관리성이 없다는 이유로 업무상 재해에 해당되지 않는 것으로 판단하고 있다.

7) 휴게시간 중의 사고

휴게시간은 사업주의 관리 통제에서 벗어나 근로자가 자유롭게 활용할 수 있는 것이므로 휴게시간 중에 발생한 사고는 원칙적으로 업무상 재해에 해당되지 않는다. 그러나 휴게시간 중 사업주의 지배관리 아래에 있는 것으로 볼 수 있는 행위로 발생한 사고는 업무상 재해에 해당된다(산재보험법 제37조 제1항 마목). 따라서 휴게시간 중이라도 근로자의 업무준비 또는 정리행위, 사회통념상 인정되는 생리적 행위·합리적 필요적 행위, 사업장 시설물의 하자 등으로 사고가 발생한 경우에는 사업주의 지배관리 아래에 있는 것이므로 업무상 재해로 인정된다.[104]

판례는 휴게시간 중 근로자의 업무행위 또는 업무의 준비행위 내지 정리행위, 사회통념상 인정되는 생리적 행위 또는 합리적·필요적 행위, 사업주의 지시나 주최에 의하여 이루어지는 행사, 취업규칙·단체협약 기타 관행에 의하여 개최되는 행사에

96) 대법원 1997. 8. 29. 선고 97누7271.
97) 서울고등법원 1997. 1. 21. 선고 96구23216.
98) 대법원 1991. 4. 9. 선고 90누10483.
99) 대법원 2002. 12. 27. 선고 2000다18714; 대법원 1995. 5. 26. 선고 94다60509.
100) 대법원 1999. 10. 12. 선고 99두8122.
101) 대법원 1997. 9. 26. 선고 97다4494.
102) 대법원 2001. 5. 8. 선고 2000두10540.
103) 대법원 2007. 3. 29. 선고 2006두19150.
104) 한경식, 산업재해보상 및 배상론(초판), 130면.

참가하는 행위 등 그 행위과정이 사업주의 지배관리 아래에 있다고 볼 수 있는 경우에는 업무상 재해로 인정하고 있다.[105)]

8) 기타 업무와 관련하여 발생한 사고

(1) 특수한 장소에서의 사고

사회통념상 근로자가 사업장 내에서 할 수 있다고 인정되는 행위를 하던 중 태풍·홍수·지진·눈사태 등의 천재지변이나 돌발적인 사태로 발생한 사고는 근로자의 사적 행위, 업무 이탈 등 업무와 관계없는 행위를 하던 중에 사고가 발생한 것이 명백한 경우를 제외하고는 업무상 재해에 해당된다(산재보험법 시행령 제31조).

(2) 요양 중의 사고

업무상 부상 또는 질병으로 요양 중에 발생한 사고는 업무와의 상당인과관계를 인정하기 어려우므로 업무상 재해에 해당하지 않는 것이 원칙이다. 그러나 업무상 요양 중인 행위와 새로운 사상 사이에 상당인과관계가 인정되는 때에는 업무상 재해로 인정된다. 예컨대, 디스크수술 후에 그 후유증으로 근로자가 사상한 경우, 외과수술을 받고 요양을 위하여 병원에 입원하고 있던 중에 그 병원에 유행하였던 호흡기질환에 감염되어 사상한 경우는 업무상 재해로 인정될 수 있다.[106)] 산재보험법은 업무상 부상 또는 질병으로 요양을 하고 있는 근로자가 요양급여와 관련하여 발생한 의료사고, 요양 중인 의료기관 내에서 업무상 부상 또는 질병의 요양과 관련하여 발생한 사고는 업무상 사고로 규정하고 있다(산재보험법 시행령 제32조).

판례는 요양 중 발생한 새로운 사고와 당초의 부상 또는 질병 사이에 상당인과관계를 업무상 재해 요건으로 판단하면서 그 인과관계는 개연성에 따라 판단하고 있다.[107)] 판례는 업무상 질병에 기인한 심신상실 내지 정신착란 상태에서 발생한 자살,[108)] 업무상 재해로 인한 상병을 치료하는 과정에서 발생한 요도협착과 이를 치료하기 위한 수술과정에서 발생한 발기부전증,[109)] 장기간 요양에 의한 약물복용에 의한 심장마비[110)] 등을 요양 중의 사고로 인정하고 있다.

---

105) 대법원 1996. 8. 23. 선고 95누14633; 대법원 2000. 4. 25. 선고 2000다2023.

106) 김형배, 노동법(제24판), 536면.

107) 대법원 1993. 12. 14. 선고 93누9392; 대법원 1991. 11. 12. 선고 91누5624.

108) 대법원 1993. 12. 14. 선고 93누9392.

109) 대법원 2003. 5. 30. 선고 2002두13055.

(3) 제3자의 행위에 따른 사고

제3자의 행위에 따른 근로자의 사고는 그 근로자가 담당한 업무가 사회통념상 제3자의 가해행위를 유발할 수 있는 성질의 업무라고 인정되는 경우에는 업무상 사고에 해당된다(산재보험법 시행령 제33조). '제3자'란 재해근로자와 산재보험관계가 없는 자로서 재해근로자에 대하여 불법행위 등으로 인한 손해배상책임을 지는 자를 말한다. 비록 근로자가 동일한 사업주에 의하여 고용된 동료 근로자의 행위로 인하여 업무상의 재해를 당한 경우라도, 그 동료 근로자는 보험가입자인 사업주와 함께 직·간접적으로 재해근로자와 산재보험관계를 가지는 자이므로 제3자에 해당되지 않는다.[111)]

재해발생 경위 및 재해근로자가 담당한 업무의 성질이 가해행위를 유발할 수 있다고 사회통념상 인정되고, 제3자의 가해행위와 해당 근로자의 사상 사이에 상당인과관계가 있는 때에는 업무상 사고에 해당된다. 그러나 제3자의 가해행위가 피해자의 도발에 의하여 일어난 경우 또는 가해행위가 사회적 상당성을 넘어 업무영역을 벗어난 경우에는 업무상 재해에 해당하지 않는다.[112)]

(4) 자해·자살 행위에 따른 사고

근로자의 고의·자해행위 또는 그 행위가 원인이 되어 발생한 부상·질병·사망은 업무와의 상당인과관계를 인정할 수 없으므로 업무상 재해에 해당되지 않는다. 그러나 그 부상·질병·장해 또는 사망이 정상적인 인식능력 등이 뚜렷하게 저하된 상태에서 한 행위로 발생한 경우로서 업무상의 사유로 발생한 정신질환으로 치료를 받았거나 받고 있는 사람이 정신적 이상 상태에서 자해행위를 한 경우, 업무상의 재해로 요양 중인 사람이 그 업무상의 재해로 인한 정신적 이상 상태에서 자해행위를 한 경우, 그 밖에 업무상의 사유로 인한 정신적 이상 상태에서 자해행위를 하였다는 것이 의학적으로 인정되는 경우에는 업무상 재해에 해당된다(산재보험법 제37조 제2항·영 제36조).

판례는 근로자의 자발적인 행위가 내재되어 있다 하더라도, 업무상 상병의 결과 심신상실의 상태에 빠지거나 업무상 과로 또는 스트레스 등으로 자해행위를 유발·

---

110) 대법원 2000. 1. 28. 선고 99두10438.

111) 대법원 2004. 12. 24. 선고 2003다33691.

112) 대법원 1995. 1. 24. 선고 94누8587; 대법원 1995. 1. 24. 선고 94누8587.

촉진시킨 경우에는 재해경위 등을 종합하여 업무 또는 업무상 상병과의 상당인과관계가 인정될 수 있는 정도에 이른 경우에는 업무상 재해로 인정될 수 있다고 판단하고 있다.[113)]

(5) 노조전임자의 사고

'노조전임자'란 근로자로서의 지위를 그대로 유지하면서 근로계약상의 근로제공을 하지 않으며, 노동조합의 업무만을 전담하는 자를 말한다. 산재보험법은 노조전임자의 업무상 재해인정기준을 규정하지 않고 있으나, 판례는 '노조전임자의 지위를 휴직상태에 있는 근로자로 보면서 정상적인 노조활동을 하는 과정에서 발생한 사고'는 업무상 사고로 판단하고 있다.[114)] 판례가 노조전임자의 사고를 업무상 사고로 인정하고 있는 근거로서는 노동조합업무는 회사의 노무관리업무와 밀접히 관련되어 있고, 노조전임자를 산재보험급여의 수급권자로 보는 것이 근로계약관계에서 생기는 위험으로부터 근로자를 보호하려는 산재보험법의 목적과 취지에 부합된다는 이유를 들고 있다.

판례는 ① 노조업무를 수행하거나 이에 수반하는 통상적인 활동을 하는 과정에서 그 업무에 기인하여 사고가 발생할 것, ② 사용자의 사업과는 무관한 상부 또는 사용자와 연합관계에 있는 노동단체와 관련된 활동이나 불법적인 노동조합활동이 아닐 것, ③ 사용자와 대립관계로 되는 쟁의행위 단계에 들어간 이후의 노동조합활동 중에 생긴 재해가 아닐 것을 업무상 사고의 요건으로 판단하고 있다. 그러나 노조전임자도 근로자의 신분을 유지하면서 단지 근로계약상의 주된 권리의무만이 정지된다는 점, 근로관계에서 발생되는 위험으로부터 근로자를 보호하는 것이 산재보험법의 취지라는 점, 노동쟁의와 관련된 노조활동은 중요한 목적활동임에 비추어 보면 통상적인 노조활동과 쟁의관계 돌입 이후의 노조활동을 구별하여 업무상 사고의 인정기준을 달리 판단하는 것은 논리상 타당하다고 볼 수 없다.[115)]

---

113) 대법원 2001. 3. 23. 선고 2000두10281; 대법원 1999. 6. 8. 선고 99두3331.

114) 대법원 2004. 2. 27. 선고 2003다51675; 대법원 2002. 7. 26. 선고 2002두3331.

115) 동지 박재동, "산업재해보상제도의 법적 과제(박사학위논문)", 105면; 한경식, 산업재해보상 및 배상론(초판), 169면.

3. 업무상 질병

1) 직 업 병

(1) 의 의

'직업병'은 업무수행 과정에서 유해·위험 요인을 취급하거나 그에 노출되어 발생한 질병을 말한다(산재보험법 제37조 제1항 제2호 가목). 직업병은 직업에 내재된 유해물질 등의 질병원인이 누적되어 발생하고 그 위험원인이 완만하게 지속적으로 작용하여 발생하기 때문에 개인적인 질병으로 보기 쉽고 업무와의 상당인과관계를 입증하는 것이 매우 어렵다.[116] 산재보험법은 업무와 질병과의 인과관계에 대한 입증을 완화하기 위하여 근로기준법 시행령 제44조 제1항 관련 별표5의 업무상 질병에 걸린 경우에는 특별한 사정이 없는 한 업무상 재해로 인정하고 있다.

(2) 예시된 질병에 대한 업무상 재해인정기준

'예시된 질병'은 업무와의 밀접한 관련성이 경험칙상 확인되는 질병을 일정의 업무와 대응시켜 구체적으로 열거한 것이므로 재해근로자가 일정의 업무에 종사하고 거기에 대응하는 소정의 질병에 걸린 사실을 입증하면 업무기인성이 추정된다.[117] 즉, 당해 질병의 업무기인성을 부정하는 특별한 반증이 없는 한 업무상 질병으로 인정된다. 따라서 근로자가 「근로기준법 시행령」 제44조 제1항 관련 시행령 별표 5[118]의 업무상 질병의 범위에 속하는 질병에 걸린 경우에는 업무상 요인에 의하여

---

116) 김형배, 노동법(제24판), 528면; 이병태, 최신노동법(제8전정판), 890면; 임종률, 노동법(제14판), 481면.

117) 김유성, 노동법 I (초판), 232면.

118) 「근로기준법 시행령」 제44조 제1항 관련 시행령 별표 5에서는 직업병을 열거하면서 가목부터 아목까지에서 규정한 질병 이외에 산재보험법 제8조에 따른 산업재해보상보험 및 예방심의위원회의 심의를 거쳐 고용노동부장관이 지정하는 질병(자목)과 그 밖에 가목부터 자목까지에서 규정한 질병 외에 업무로 기인한 것이 명백한 질병(차목)을 직업병으로 추가할 수 있도록 하고 있다. 산업재해보상보험 및 예방심의위원회의 심의를 거쳐 고용노동부장관이 지정하는 질병을 직업병으로 추가하도록 한 취지는 예시된 직업병 이외에 새로운 원료나 작업방법 및 작업환경의 변화에 따라 새로운 유형의 질병이 발생하여 업무상 질병으로 인정할 필요성이 있는 경우에 법령의 개정을 거치지 않고 고용노동부장관이 간편한 절차에 의하여 추가로 업무상 질병을 지정하도록 하는데 있다. 그리고 기타 업무로 기인한 것이 명백한 질병(차목)을 직업병에 포함하도록 한 취지는 근로기준법 시행령 제44조 관련 별표5에 열거한 질병 이외에 업무상 유해인자에 의하여 일어나는 질병 또는 유해인자를 특정할 수 없으나 업무기인성이

이환된 질병이 아니라는 명백한 반증이 없는 한 업무상 질병으로 간주된다(산재보험법 시행령 제34조 제1항).

[예시된 직업성 질병의 업무상 재해인정기준]

• 근로자가 업무수행 과정에서 유해·위험요인을 취급하거나 유해·위험요인에 노출된 경력이 있을 것 • 유해·위험요인을 취급하거나 유해·위험요인에 노출되는 업무시간, 그 업무에 종사한 기간 및 업무 환경 등에 비추어 볼 때 근로자의 질병을 유발할 수 있다고 인정될 것 • 근로자가 유해·위험요인에 노출되거나 유해·위험요인을 취급한 것이 원인이 되어 그 질병이 발생하였다고 의학적으로 인정될 것

나. 예시되지 않은 직업병에 대한 업무상 재해인정기준

'예시되지 않은 직업성 질병'은 '예시된 직업성 질병'과는 달리 기본적으로 업무와의 상당인과관계가 추정되지 않고 재해근로자가 충분한 입증을 하도록 엄격하게 운영되고 있다. 그러나 의학의 발달에 의하여 업무와의 관련성이 새로이 인정될 수 있는 질병에 대응하기 위해서는 「근로기준법」 제44조 제1항 관련 별표5의 업무상 질병의 범위에 규정된 포괄규정, 즉 '별표 5의 가목에서 자목까지에서 규정한 질병 외에 업무로 인한 것이 명백한 질병'(차목)의 규정과 산재보험법 시행령 제34조 제3항 별표3의 그 밖에 근로자의 질병과 업무와의 상당인과관계가 인정되는 경우 업무상질병으로 본다는 규정(제13호)은 다른 직업병의 인정범위를 결정하는 중요한 역할을 담당하고 있다.[119] 직업병에 대한 업무상 재해인정기준 여부는 '예시되지 않은 질병'에 초점이 맞추어 지고 있다.

또한 산재보험법 시행령 제34조 제3항 관련 별표3에서는 업무상 질병에 대한 구체적인 인정 기준에 관하여 규정하고 있으며, '예시되지 않은 직업병'의 업무상 재해인정기준에 관해서는 산재보험법 시행령 제34조 제3항 관련 별표3의 제1호부터 제12호까지의 규정에 해당하지 않는 경우라도 근로자의 질병과 업무와의 상당인과

인정되는 질병을 적용하기 위한 것이다(김수복, 산업재해보상보험법(정면개정증보8판), 131면).

119) 이상국, 산업재해보상보험법(초판), 243~244면; 김수복, 산업재해보상보험법(정면개정증보8판), 132면.

관계가 인정되는 경우에는 업무상질병으로 본다.[120] 대표적인 업무상질병의 유형인 뇌혈관 또는 심장질환, 근골격계에 발생한 질병, 간질환에 대해서만 별도로 검토하기로 한다.

2) 과로성 질병

(1) 의 의

'과로성 질병'이란 '업무상 과로 또는 업무상 스트레스에 에 의하여 뇌실질내출혈, 지주막하출혈, 뇌경색, 고혈압성뇌증 등의 뇌혈관질환과 협심증, 심금경색, 해리성 대동맥류 등의 허혈성 질환 또는 심장마비 등의 심장질환을 유발하여 노동장해 또는 사망에 이른 상태'를 의미한다. 판례는 실질적으로 뇌혈관질환과 심장질환에 국한하지 않고 업무상 과로 또는 업무상 스트레스 등에 의하여 기존의 간질환, 위암, 청장년급사증후근, 폐혈증 및 폐암 등의 질병이 악화된 된 경우까지를 과로성 질병에 포함시키고 있는 경향이 있다.

과로성 질병은 일반적으로 당해 근로자의 성별, 연령, 신체적 조건, 기존 질병 등 개인적인 특성에 의하여 발생되는 것이 보통이므로 업무상 과로와 질병의 발생 또는 사망과의 인과관계를 판단하는데 어려움이 많다.[121] 따라서 과로성 질병은 업무상 재해 여부를 판단함에 있어서 업무수행성보다는 주로 업무기인성의 문제로 귀착된다.

(2) 업무상 과로와 스트레스의 정도

과로성 질병은 업무상 과로 또는 스트레스에 의하여 질병이 발병하거나 기존 질

---

120) 2013. 6. 28 일부개정 시 신설하였다. 판례도 산재보험법 시행령에 규정된 업무상 질병이 한정적 규정이 아니라 예시적 성격의 규정이라 판단하고 있다(대법원 2014. 6. 12. 선고 2012두24214). 한편 개정 법률에 있어 주목할 점은 열거된 질병의 종류를 확대 또는 세분화하거나 질병의 분류체계를 개편하는 것이 아니라, 기타의 질병에 관한 '포괄규정'을 신설함으로써 업무상 질병의 인과관계에 관한 판단기준으로 상당인과관계를 명문으로 채택한 것이다. 개정 산재보험법이 종래 다수설과 판례의 입장인 상당인과관계설을 명문으로 규정함으로써 법원이나 행정기관이 업무상 질병의 판단기준을 적용함에 있어 해석상의 편리함은 도모된다고 볼 수 있으나, 문제는 '상당함'이라고 하는 근본적인 한계를 가지고 있는 상당인과관계설에 관한 면밀한 검토 없이 법령에 명문으로 규정하고 있는 것에 대해서는 논란의 소지가 있을 것이다. 노병호·정용진, "업무상 질병 인정기준의 개선방안", 483면.

121) 대한간학회, 간질환관련 업무상 질병인정기준, 5면; 김형배, 노동법(제24판), 531~532면.

환이 악화되는 것이므로 업무상 과로와 업무상 스트레스 정도를 판단해야 한다. 과로는 신체 기능과 질병에 대한 저항능력을 저하시켜 질병을 유발시키거나 기존 질병을 악화시키는 인자로 알려져 있다. 그러나 질병 발생은 과로 외에도 여러 가지 요소들이 직접적 혹은 간접적으로 관여하고 있으며, 근로자의 재해발생 당시 과로의 정도, 기초체력, 평소 신체의 단련, 연령, 주변 환경, 과로기간, 음식물 섭취, 기초질환이나 기존질환 유무 등 개인적 여건에 따라 과로에 의한 영향이 달라질 수 있다. 또한 과로의 원인제공이 업무상 생활영역인지 또는 사적 생활영역인지를 분명하게 구분할 수 없다.[122)]

'업무상 과로'란 자신의 능력을 벗어나 자신의 건강을 회복하는 능력을 초과할 정도의 근로를 의미하는 것으로서 피로보다는 부담이 큰 것을 말한다. 즉, 피로는 계속된 운동이나 작업 등으로 심신기능이 지치고 저하되어 있는 상태를 말하는 것이고, 과로는 피로가 회복되기 전에 다시 피로가 겹쳐 축적된 상태를 의미한다.[123)] 그러나 의학적으로 어느 정도의 과로가 있어야 질병의 유발 또는 악화로 인정될 수 있는가를 계량적으로 측정할 수 있는 방법은 없고, 특정한 근무량이나 근무시간이 모든 사람에게 동일한 질병을 유발하는 것이 아니므로 각각의 경우마다 상황을 면밀히 검토하여 과로와 질병간의 인과관계를 밝힐 수밖에 없다.[124)]

'업무상 스트레스(work-related stress)'란 직업상의 필요조건에 대한 근로자의 능력이나 재주 또는 필요성이 부합되지 않을 때 발생하는 육체적인 유해한 반응이나 정서적 반응을 의미한다. 유해자극에 의하여 생체(生體)가 항상성을 유지하지 못하거나 충분하지 못할 때에는 혈압이 상승하여 심장의 박동수를 증가시키게 하며, 혈당의 증가, 골격근에 혈류량의 증가, 피부입모, 비장수축과 같이 신체의 여러 장기에서 스트레스 반응을 일으키게 된다. 그러나 스트레스의 강도는 근로자의 개인적인 업무숙달 정도, 흥미, 능력, 정서 상태, 질병 상태 등 주관적인 특성과 환경에 따라 개인별로 차이가 있다.[125)]

---

122) 이흥재, "과로사의 인정기준에 관한 판례의 경향", 1면; 구건서·한기준, 과로사와 산재보상(초판), 36면.

123) 대한간학회, 간질환관련 업무상 질병인정기준, 9면.

124) 한경식, 산업재해보상 및 배상론(초판), 174면.

125) 대학간학회, 간질환관련 업무상 질병인정기준, 8면 이하.

(3) 뇌혈관 질환 및 심장질환에 대한 업무상 재해인정기준

가. 의학적인 측면에서 인정기준

뇌혈관 및 허혈성 심장질환 등은 기초가 되는 동맥경화 등에 의한 혈관병변, 동맥류, 심근변성 등의 기초적 병태가 병력의 증가와 일반생활 등에 있어서의 위험 인자에 의해 약화되고, 혈관으로부터의 출혈과 혈관이 폐색된 상태 및 심근의 괴사 등이 발생하여 발병에 이르는 것이 대부분이다.

[뇌혈관 질환 및 허혈성심장질환 등의 위험인자]

위험요소 / 질환	연 령	고혈압	고지혈증	흡 연	음 주	당뇨병
뇌 출 혈	+	+++	−	±	++	+
뇌 경 색	++	++	+	+	+	+
허혈성심장질환	++	++	+++	++	—	+

※ +++ : 특히 강한 관계, ++ : 강한 관계, + : 관계있음, ± : 별로 관계없음, — : 부(負)

의학적으로 보면, 발병의 기초가 되는 혈관병변 등의 형성에 업무가 직접적으로 관여되는 것이 아니기 때문에 일반적으로 뇌혈관질환 및 허혈성 심장질환 등은 소위 개인적인 질병인 혈관병변이 악화된 결과로서 발병하는 것으로 볼 수 있다. 의학적인 측면에서만 판단한다면, 뇌혈관질환 및 심장질환은 소위 '개인적인 악화형' 질병이고 산재보상에 있어서 일반적으로 취급되는 직업성 질환과는 다른 질병이라고 할 수 있으나, 개인적인 질병을 기초로 한 질병이라도 그 발병 또는 악화에 업무가 상대적으로 유력한 원인을 제공한 것으로 인정할 수 있는 경우에는 업무상 재해로 인정된다. 따라서 뇌혈관질환 및 심장질환이 명백하게 그 자연경과를 초과하여 급격한 혈압변동과 혈관수축에 의해 혈관병변이 현저하게 악화되어 발병하였다고 인정되고, 이 급격한 혈압변동과 혈관수축이 업무에 의해 야기되었다고 인정되는 경우에는 그 발병에 있어서 업무가 상대적으로 유력한 원인이라고 판단된다고 보아 업무상 재해로 인정된다.[126]

나. 산재보험법상의 인정기준

산재보험법 시행령 제34조 제3항 관련 [별표 3] '업무상 질병에 대한 구체적 인정

126) 구건서·한기준, 과로사와 산재보상(초판), 44~45면.

기준'과 2016. 7. 1. 고용노동부 고시(제2016-25호) '뇌혈관 질병 또는 심장 질병 및 근골격계 질병의 업무상 질병 인정 여부 결정에 필요한 사항'에서 규정하고 있는 구체적인 업무상 재해인정기준을 정리하면 다음과 같다.

【업무상 재해인정기준】

가. 다음 어느 하나에 해당하는 원인으로 뇌실질내출혈(腦實質內出血), 지주막하출혈(蜘蛛膜下出血), 뇌경색, 심근경색증, 해리성 대동맥류가 발병한 경우에는 업무상 질병으로 본다. 다만, 자연발생적으로 악화되어 발병한 경우에는 업무상 질병으로 보지 않는다.

1) 업무와 관련한 돌발적이고 예측 곤란한 정도의 긴장·흥분·공포·놀람 등과 급격한 업무 환경의 변화로 뚜렷한 생리적 변화가 생긴 경우 : 발병 전 24시간 이내에 업무와 관련된 돌발적이고 예측 곤란한 사건의 발생과 급격한 업무 환경의 변화로 뇌혈관 또는 심장혈관의 병변 등이 그 자연경과를 넘어 급격하고 뚜렷하게 악화된 경우

2) 업무의 양·시간·강도·책임 및 업무 환경의 변화 등으로 발병 전 단기간 동안 업무상 부담이 증가하여 뇌혈관 또는 심장혈관의 정상적인 기능에 뚜렷한 영향을 줄 수 있는 육체적·정신적인 과로를 유발한 경우 : 발병 전 1주일 이내의 업무의 양이나 시간이 일상 업무보다 30퍼센트 이상 증가되거나 업무 강도·책임 및 업무 환경 등이 유사한 업무를 수행하는 동종의 근로자라도 적응하기 어려운 정도로 바뀐 경우를 말하며, 해당 근로자의 업무가 "단기간 동안 업무상 부담"에 해당하는지 여부는 업무의 양·시간·강도·책임, 휴일·휴가 등 휴무시간, 근무형태·업무환경의 변화 및 적응기간, 그 밖에 그 근로자의 연령, 성별, 건강상태 등을 종합하여 판단

3) 업무의 양·시간·강도·책임 및 업무 환경의 변화 등에 따른 만성적인 과중한 업무로 뇌혈관 또는 심장혈관의 정상적인 기능에 뚜렷한 영향을 줄 수 있는 육체적·정신적인 부담을 유발한 경우 : 발병 전 3개월 이상 연속적으로 과중한 육체적·정신적 부담을 발생시켰다고 인정되는 업무적 요인이 객관적으로 확인되는 상태를 말한다. 이 경우 해당 근로자의 업무가 "만성적인 과중한 업무"에 해당하는지 여부는 업무의 양·시간·강도·책임, 휴일·휴가 등 휴무시간, 교대제 및 야간근로 등 근무형태, 정신적 긴장의 정도, 수면시간, 작업환경, 그 밖에 그 근로자의 연령, 성별, 건강상태 등을 종합하여 판단하되, 업무시간에 관하여는 다음의 사항을 고려

① 발병 전 12주 동안 업무시간이 1주 평균 60시간(발병 전 4주 동안 1주

평균 64시간)을 초과하는 경우에는 업무와 발병과의 관련성이 강하다.

② 발병 전 12주 동안 업무시간이 1주 평균 60시간(발병 전 4주 동안 1주 평균 64시간)을 초과하지 않는 경우라도 업무시간이 길어질수록 업무와 발병과의 관련성이 서서히 증가하며, 야간근무(야간근무를 포함하는 교대근무도 해당)의 경우는 주간근무에 비하여 더 많은 육체적·정신적인 부담을 발생시킬 수 있다.

나. 가목에 규정되지 않은 뇌혈관 질병 또는 심장 질병의 경우에도 그 질병의 유발 또는 악화가 업무와 상당한 인과관계가 있음이 시간적·의학적으로 명백하면 업무상 질병으로 본다.

판례는 산재보험법에 규정된 엄격한 재해인정기준에서 탈피하여 업무상 과로 또는 스트레스가 질병이나 사망의 한 원인이 될 수 있다거나 기존질환의 악화원인이 될 수 있다는 의학적 견해만 있으면 업무상 재해로 인정하고 있다.[127] 업무와 재해 사이의 상당인과관계는 반드시 의학적·자연과학적으로 명백히 입증하여야 하는 것은 아니고, 제반 사정을 고려할 때 상당인과관계가 있다고 추정되는 경우에는 그 입증을 한 것으로 판단하고 있다.[128]

질병의 주된 발생 원인이 업무수행성과 직접적인 관계가 없더라도 적어도 업무상의 과로나 스트레스가 질병의 주된 발생 원인에 겹쳐서 질병을 유발하거나 악화시켰다면 그 사이에 인과관계가 있는 것이고, 평소에 정상적인 근무가 가능한 기초질병이나 기존질병이 업무의 과중 등을 원인으로 자연적인 진행속도 이상으로 급격하게 악화된 때에는 업무상 재해로 인정하고 있다.[129] 업무와 사망과의 인과관계의 유무는 보통 평균인이 아니라 당해 근로자의 건강과 신체조건을 기준으로 판단하고 있다.[130]

---

127) 뇌혈관 질환 및 심장질환의 업무상 재해 여부에 대한 판례의 분석은 한경식, 산업재해보상 및 배상론(초판), 193면 이하 참조.

128) 대법원 2012. 2. 9. 선고 2011두25661; 대법원 2007. 4. 12. 선고 2006두4912; 대법원 2001. 10. 12. 선고 2001두3723; 대법원 2001. 4. 13. 선고 2000두9922.

129) 대법원 2007. 4. 12. 선고 2006두4912; 대법원 2004. 9. 3. 선고 2003두12912; 대법원 1998. 12. 8. 선고 98두12642; 대법원 2001. 10. 12. 선고 2001두3723.

130) 대법원 2007. 4. 12. 선고 2006두4912; 대법원 2004. 9. 3. 선고 2003두12912; 대법원 2000. 9. 22. 선고 2000두3627.

이처럼 판례가 재해근로자의 주관적인 요소인 평소의 건강상태·신체조건 등 재해근로자 본인을 중심으로 과로와 재해간의 상당인과관계를 파악하고 있는 것은 의학적으로 명백하게 과로로 말미암아 질환이 발병된다고 하는 병명은 많지 않은 반면, 과로가 기존질병의 악화원인으로 거론되는 경우가 많기 때문이다.[131)]

(4) 간질환에 대한 업무상 재해인정기준

간(肝)은 인체 내에서 가장 큰 단일장기로서 인체에 흡수된 각종 유해물질이나 알콜을 해독할 뿐만 아니라 약제나 인체 내에서 발생하는 각종 유해물질을 해독 또는 대사시키는 기능을 한다. 간질환은 염증발현 시기와 지속기간에 따라 급성간염과 만성간염으로 분류한다. 급성간염은 일반적으로 1~2개월 이내에 회복되고 있으나 약 1%는 다량의 간세포가 동시에 파괴됨에 따라 생명에 위험이 초래되는 전격성 간염(fulminant hepatitis)이 발생되고 있다. 급성간염이 회복되지 않고 간조직 내에서 염증반응이 6개월 이상 지속되는 경우에는 만성간염으로 분류하고 있다.[132)] 산재보험법 시행령 제34조 제3항 관련 [별표 3] '업무상 질병에 대한 구체적인 인정기준'은 다음과 같다.

【업무상 재해로 인정하는 경우】

가. 트리클로로에틸렌, 디메틸포름아미드 등에 노출되어 발생한 독성 간염. 다만, 그 물질에 노출되는 업무에 종사하지 않게 된 후 3개월이 지나지 않은 경우만 해당하며, 약물, 알코올, 과체중, 당뇨병 등 다른 원인으로 발생하거나 다른 질병이 원인이 되어 발생한 간 질병은 제외한다.

나. 염화비닐에 노출되어 발생한 간경변

다. 업무상 사고나 유해물질로 인한 업무상 질병의 후유증 또는 치료가 원인이 되어 기존의 간질병이 자연적 경과 속도 이상으로 악화된 것이 의학적으로 인정되는 경우

그러나 업무 외적인 사유에 따른 잦은 음주로 발생한 알코올성 간질환, 양약·한약이나 그 밖의 검증되지 않은 물질(민간약·건강보조식품·녹즙 등)의 사용으로 발생한

131) 과로성 질환에 대한 판례의 분석에 관해서는 박상훈, "판례평석: 과로완 업무상 재해", 홍경모, "과로사에 대한 판례분", 이흥재, "과로사의 인정기준에 관한 판례의 경향", 참조.

132) 대한간학회, 간질환관련 업무상 질병인정기준, 8면.

간질환, 과체중·당뇨병 등의 합병증으로 발생한 지방간·지방간염·간경변증, 자가면역성 간염·유전성 간질환·혈관질환 등으로 발생한 간질환, 간내결석·담도결석·담도암·췌장암 등으로 발생한 간질환, 심장질환·폐질환·위장관 질환·혈액질환으로 인한 간질환, 다른 장기의 악성종양이 간에 전이되어 발생한 간질환은 업무상 질병으로 보지 않는다.

종래 대법원 판례는 '비록 간질환이 업무와 직접적인 관련성이 없다 하더라도 간염 등이 업무상 과로 내지 스트레스로 인하여 간암 등으로 자연속도 이상으로 악화된 경우에는 업무와 상당인과관계에 있는 것이고, 재해자의 신체적 조건이나 업무의 성격 등을 종합하여 개별적으로 공무와의 인과관계를 인정할 수 있는 개연성'만 있으면 뇌혈관 및 심장질환과 동일하게 업무상 재해로 인정하여 왔다.[133] 그러나 2000년대 접어들면서 '과로나 스트레스가 간질환의 발생이나 그 악화요인으로 작용하는지 여부에 대하여는 일반인의 통념보다 의학적 전문견해를 더 존중하여야 할 것이고, 그러한 의학적 소견과 다르게 인과관계를 추단하기 위해서는 예외적으로 그 인과관계를 추단할 수도 있는 개연성에 관한 특별한 자료가 있어야 한다.'라는 취지의 판결을 함으로써 업무상 재해인정기준을 엄격하게 적용하고 있는 경향을 보이고 있다.[134]

(5) 기타의 과로성 질환에 대한 업무상 재해인정기준

업무상 과로 또는 스트레스에 따른 업무상 재해는 주로 뇌혈관 및 심장질환이라고 할 수 있다. 그러나 산업의 발달에 따른 새로운 기술 및 기계의 도입이나 신물질의 사용 등으로 작업환경과 작업방법의 변화로 인해 근로자는 새로운 유해물질에 폭로될 위험이 커짐에 따라 업무상 과로와 스트레스를 유발하여 원인불명의 질병에 이환되거나 기초질병이 악화되어 사망하는 경우가 많다.

이러한 점에 비추어 판례는 폐 절제수술을 받은 공무원이 누적된 피로로 인해 폐결핵으로 사망한 경우,[135] 과로로 신체의 저항기능이 저하되어 패혈증이 발병한 경우,[136] 과로한 상태에서 업무수행 중 청장년 급사증후군으로 사망한 경우[137] 등에

133) 대법원 2001. 7. 27. 선고 2000두4538; 대법원 1998. 10. 25. 선고 98두12642; 대법원 1997. 5. 18. 선고 97누10 등.

134) 대법원 2005. 5. 13. 선고 2004두14441; 대법원 2004. 4. 16. 선고 2003두13878; 대법원 2002. 10. 25. 선고 2002두5566 등.

135) 대법원 1994. 2. 25. 선고 93누19030.

대해서는 업무상 재해로 인정하고 있다. 그러나 현대의학상 과로와의 관련성이 입증되지 아니한 위암[138]·폐암[139]·버거씨병[140]·급성골수성 백혈병,[141] 사인이 불분명하고 과로로 발병하였다고 볼 수 없는 청장년급사증후군[142] 등에 대해서는 업무상 재해로 인정하지 않고 있다.

3) 사고성 질병

'사고성 질병'은 업무상 부상이 원인이 되어 질병이 발현되거나 기초질병이 악화되는 경우를 말한다(산재보험법 제37조 제1항 제2호 나목). 업무상 부상과 발현된 질병 또는 기초질병의 악화가 의학적으로 관련성을 인정할 수 있으면 업무상 질병으로 인정된다. 따라서 업무상 부상을 입은 근로자가 업무상 부상과 질병 사이의 인과관계가 의학적으로 인정되고 기초질환 또는 기존 질병이 자연발생적으로 나타난 증상이 아닌 경우에는 업무상 질병으로 인정된다(산재보험법 시행령 제34조 제2항). 사고성 질병이 업무상 재해에 해당되는가의 여부를 판단할 때에는 해당 근로자의 성별, 연령, 건강 정도 및 체질 등을 고려해야 한다(산재보험법 시행령 제34조 제4항).

4) 근골격계 질환

'근골격계 질환'이란 특정 신체부위에 부담을 주는 업무로 그 업무와 관련이 있는 근육, 인대, 힘줄, 추간판, 연골, 뼈 또는 이와 관련된 신경 및 혈관에 미세한 손상이 누적되어 통증이나 기능 저하가 초래되는 급성 또는 만성질환을 말한다. 근골격계 질환에 대한 업무상 재해인정기준은 산재보험법 시행령 제34조 제3항 관련 [별표 3] '업무상 질병에 대한 구체적인 인정기준'과 노동부 고시(제2016-25호) '뇌혈관 질병 또는 심장 질병 및 근골격계 질병의 업무상 질병 인정 여부 결정에 필요한 사항'에 구체적으로 규정되어 있다.

---

136) 대법원 1992. 7. 24. 선고 92누5335.
137) 대법원 1993. 5. 11. 선고 91누2243.
138) 대법원 1998. 5. 22. 선고 98두4740; 대법원 1990. 5. 25. 선고 90누295.
139) 대법원 1994. 3. 22. 선고 94누408.
140) 대법원 1993. 4. 23. 선고 92누8545.
141) 대법원 1997. 8. 29. 선고 95누91.
142) 대법원 1998. 4. 24. 선고 98두3303.

【근골격계 질환의 범위】

신체부분	신체부위	대표적인 질환
팔(上肢)	목, 어깨, 등, 위팔, 아래팔, 팔꿈치, 손목, 손 및 손가락 부위	경추염좌, 경추간판탈출증, 회전근개건염, 팔꿈치의 내(외)상과염, 수부의 건염 및 건초염, 수근관증후군 등
다리 부분(下肢)	둔부, 대퇴부, 무릎, 다리, 발목, 발 및 발가락 부위	무릎의 반월상 연골손상, 슬개대퇴부통증증후군, 발바닥의 근막염, 발과 발목의 건염 등
허리 부분	요추 및 주변의 조직	요부염좌, 요추간판탈출증 등

반복 동작이 많은 업무, 무리한 힘을 가해야 하는 업무, 부적절한 자세를 유지하는 업무, 진동 작업, 그 밖에 특정 신체 부위에 부담이 되는 상태에서 하는 업무의 작업력이 있는 근로자가 업무수행 중 발생한 사고로 인해 나타나는 근골격계 질환을 입은 경우에는 업무상 질병으로 인정한다.

'업무수행 중 발생한 사고'란 업무수행 중에 통상의 동작 또는 다른 동작에 의해 관절 부위에 급격한 힘이 돌발적으로 가해져 발생한 경우를 말한다. '급격한 힘이 돌발적으로 가해져 발생한 경우'를 판단할 때에는 신체부담업무에 따른 신체의 영향과 급격한 힘의 작용에 따른 신체의 영향을 종합적으로 고려하여 업무관련성 여부를 판단한다. 신체부담업무의 업무관련성을 판단할 때에는 신체부담정도, 직업력, 간헐적 작업 유무, 비고정 작업 유무, 종사기간, 질병의 상태 등을 종합적으로 고려하여 판단한다. 신체부담 정도는 재해조사 내용을 토대로 인간공학 전문가, 산업위생 전문가, 산업의학 전문의 등 관련 전문가의 의견을 들어 평가한다.

5) 진 폐 증

'진폐증'이란 분진을 흡입함으로써 폐장 내에 병적 변화를 가져오는 질병을 말한다. '분진'이란 근로자가 작업하는 장소에서 발생하거나 흩날리는 미세한 분말상의 물질을 말하고, '진폐'란 분진을 흡입하여 폐에 생기는 섬유증식성 변화를 주된 증상으로 하는 질병을 말한다. 진폐증은 사고성 재해와는 달리 근로자가 장기간 업무를 수행하면서 분진을 흡입함으로써 발생하는 직업병이기 때문에 업무상 재해 여부를 판정하기까지는 상당한 시간이 걸리는 것이 보통이다.

산재보험법 제5조 제7호에서는 진폐(塵肺)를 분진을 흡입하여 폐에 생기는 섬유증식성 변화를 주된 증상으로 하는 질병으로 정의하고 있으며, 제 91조의 2에서는 근로자가 진폐에 걸릴 우려가 있는 작업으로서 암석, 금속이나 유리섬유 등을 취급하는 작업 등 고용노동부령으로 정하는 분진작업에 종사하여 진폐에 걸릴 경우 업무상 질병으로 인정하고 있다. 여기서 '고용노동부령으로 정하는 분진작업'의 범위는 산업안전보건기준에 관한 규칙 제605조 제2호 관련 [별표 16] '분진작업의 종류'[143]에 규정된 분진작업과 명백히 진폐증에 걸릴 우려가 있다고 인정되는 장소에서의 작업을 말한다(산재보험법 시행규칙 제32조). 구체적인 진폐판정 및 보험급여 결정기준 등은 산재보험법 시행령 제83조의 2에서 규정하고 있는데, 산재보험법 시행령 제83조의 2 제1항 [별표 11의 2]관련 [진폐병형과 심폐기능의 정조의 판정기준, 진폐장해등급 기준 및 요양대상 인정기준]에 규정된 진폐증의 병형이 제1형 이상인 경우로서 진폐증의 합병증으로 활동성 폐결핵·흉막염(胸膜炎)·기관지염·기관지확장증·기흉(氣胸), 폐기종(심폐기능이 경도 장해 이상인 경우에만 해당)·폐성심·원발성(原發性) 폐암(광업의 분진작업 종사 경력이 있는 자에게만 해당) 또는 비정형(非定型) 미코박테리아 감염이 있는 경우, 진폐증으로 인해 심폐기능에 고도 장해(F3)[144]가 있는 경우에는 요양급여의 대상이 된다. 그리고 진폐증의 병형이 제4형이고 대음영의 면적 합계가 오른쪽 폐의 위쪽 2분의 1을 넘는 경우, 진폐의증에 활동성 폐결핵이 합병된 경우(산재보험법 제36조의 보험급여 중 제1호의 요양급여 및 제4호의 간병급여만 해당)에도 요양급여의 지급 대상이 된다.

한편 합병증 등으로 심폐기능의 정도를 판정하기 곤란한 진폐근로자에 대한 진폐장해등급의 결정기준은 산재보험법 시행령 제83조의 2 제2항의 [별표 11의 3]에서 규정하고 있다.

6) 업무상 질병의 판정

업무상 사고와 달리 업무와 질병 사이의 인과관계 등에 대한 객관화가 어렵기 때문에 업무상 질병에 대한 업무상 재해 여부를 판단하기 위해서는 전문적인 조사와 판단이 필요하다. 산재보험법 제38조는 근로복지공단 지역본부별로 관계전문가로

---

143) 토석·광물·암석 등을 파내는 장소에서의 작업 등 총 25개의 분진작업의 종류를 열거하고 있다.

144) 폐기능검사에서 노력성폐활량(FVC) 또는 일초량(FEV1)이 정상 예측치의 45% 미만인 경우(일초량인 경우는 노력성폐활량의 70% 미만이어야 함).

구성된 '업무상 질병판정위원회'(이하 '질병판정위원회')를 설치하여 업무상 질병 여부를 심의하도록 함으로써 업무상 질병 판정에 대한 공정성과 전문성을 제고하였다. 또한 질병판정위원회의 심의를 거쳐 업무상 질병 여부가 결정된 사안에 대한 불복은 심사청구를 거치지 않고 곧바로 재심사청구를 제기할 수 있도록 함으로써 권리구제의 신속성을 도모하였다.

질병판정위원회는 위원장 1명을 포함하여 150명 이내의 위원으로 구성하고, 위원장과 위원은 변호사 또는 공인노무사, 「고등교육법」 제2조에 따른 학교에서 조교수 이상으로 재직하고 있거나 재직하였던 사람, 의사·치과의사 또는 한의사, 산재보상보험 관련 업무에 5년 이상 종사한 사람, 「국가기술자격법」에 따른 산업위생관리 또는 인간공학 분야 기사 이상의 자격을 취득하고 관련 업무에 5년 이상 종사한 사람 중에서 공단 이사장이 위촉하거나 임명한다(산재보험법 시행규칙 제6조). 판정위원회는 진폐증의 판정절차에 따라 업무상 질병 여부가 판정되는 질병,[145] 이황화탄소 중독증, 유해·위험요인에 일시적으로 다량 노출되어 나타나는 급성 중독 증상 또는 소견 등의 질병, 업무와 그 질병 사이에 상당인과관계가 있는지를 명백히 알 수 있는 경우로서 공단이 정하는 질병에 따른 요양급여 신청의 경우에는 심의에서 제외된다(산재보험법 시행규칙 제7조).

제4절 산재보험급여

Ⅰ. 개 관

산재보험급여는 산재보험법의 적용을 받는 사업 또는 사업장 소속 근로자가 업무상 재해를 당하여 부상·질병·장해 또는 사망한 경우에 이를 회복시키거나 상실소득을 보장하고 그 가족의 생활보호를 위하여 보험자가 지급하는 급여를 말한다. 산재보험급여에는 요양급여, 휴업급여, 상병보상연금, 장해급여, 간병급여, 유족급여, 장의비, 자가재활급여가 있다. 그리고 산재보험급여에는 재보되지 않으나, 민사대불제도로서의 특별급여가 있다.

현물급여를 제외한 대부분의 보험급여는 업무상 재해 당시의 재해근로자의 임금

---

145) 진폐증의 여부와 그에 따른 요양의 필요성 및 장해정도의 심사는 근로복지공단에 설치된 진폐심사회의가 행한다(산재보험법 시행규칙 제38조).

수준을 기준으로 보험급여를 산정하기 때문에 임금, 특히 평균임금은 보험급여의 산정의 기초가 된다. 따라서 임금의 개념과 범위는 보험급여의 산정에 있어서 간과할 수 없는 중요한 기초이론이 된다.

산재보험급여는 재해근로자 및 그 가족의 생활을 보호하기 위한 것이기 때문에 일반 재산권과는 달리 특별히 그 수급권은 보호되나, 동일한 업무상 재해로 인하여 이중의 보상 또는 배상을 금지하기 위하여 다른 법률에 의한 보상 또는 배상청구권이 중복된 경우에는 일정한 조정절차를 거친다. 일정한 사유가 있으면 보험급여를 정지 또는 제한한다.

Ⅱ. 보험급여 산정의 기초가 되는 임금

1. 임금의 의의 및 중요성

임금은 '사용자가 근로의 대가로 근로자에게 임금, 봉급, 그 밖에 어떠한 명칭으로든지 지급하는 일체의 금품'을 말한다(근로기준법 제2조 제5호). 대법원은 임금 여부의 판단기준에 관하여 '사용자가 근로의 대상으로 근로자에게 지급하는 일체의 금품으로서 근로자에게 계속적·정기적으로 지급되며 그 지급에 관하여 단체협약·취업규칙·급여규정·근로계약·노동관행 등에 의하여 그 지급의무가 지워져 있고, 일정 요건에 해당하는 근로자에게 일률적으로 지급한 것이라면 그 명칭 여하를 불문하고 임금에 해당되는 것'으로 판단하고 있다.[146]

휴업급여, 장해급여, 유족급여, 상병보상연금 및 장의비 등의 보험급여는 평균임금을 기준으로 산정한다. 그러나 평균임금이 통상임금보다 저액인 경우에는 통상임금을 기준으로 보험급여를 산정한다. 결국 산재보험급여는 평균임금 또는 통상임금을 기준으로 산정되기 때문에 통상임금과 평균임금의 산정방법을 정확히 이해하는 것은 매우 중요하다. 그런데 근로기준법은 통상임금과 평균임금의 정의만 규정하고 있을 뿐, 임금 중에서 어느 것이 통상임금과 평균임금에 해당하는지에 대하여는 구체적으로 규정하지 않고 있다. 이에 고용노동부는 「통상임금 산정지침(노동부예규 476호, 2002. 1. 22)」에 따라 산재보상업무에 활용하고 있다.

146) 대법원 2003. 2. 11. 선고 2002다50826. 임금의 요건 및 범위에 관한 내용의 분석은 노병호·한경식, 임금보호법(초판), 64면 이하 참조.

2. 통상임금[147)]

3. 평균임금

1) 의 의

평균임금은 업무상 재해가 발생한 날 이전 3월간에 근로자에게 지급된 임금총액을 그 기간의 총 일수로 나눈 금액을 말한다(근로기준법 제2조 제1항 제6호). 평균임금은 근로자가 통상적인 근로를 할 수 없을 때에도 가능한 한 실제 받았던 통상적인 생활임금에 따른 근로자의 생활을 보장하려는데 제도적 취지가 있다.

2) 평균임금의 산정

평균임금은 '사유발생일 이전 3월간의 임금총액÷사유발생일 이전 3월간의 총 일수'의 방식에 따라 산정한다. '사유 발생일'이란 평균임금 산정을 위한 사유가 확정된 날을 의미한다. 업무상 재해 발생일 또는 진단에 의하여 질병발생이 확정된 날이 사유 발생일이 된다. '사유 발생일 이전 3월간'은 사유가 발생한 날의 전일부터 소급하는 역월(曆月)상의 3월을 의미하고, 업무상 재해가 발생한 날은 포함되지 않는다.

'사유발생 이전 3월간의 임금총액'에는 사용자가 근로의 대상으로 근로자에게 지급하는 금품으로서 계속적·정기적으로 지급되고 단체협약·취업규칙·근로계약·노동관행 등에 의하여 사용자의 지급의무가 있는 것은 모두 포함된다.[148)] 따라서 사용자가 실제로 지급된 임금뿐만 아니라 사유발생 일에 이미 채권으로 확정된 임금도 임금총액에 포함된다. 유의해야 할 것은 상여금, 정근수당, 연차휴가 수당에 대한 임금총액의 산정방법이다. 상여금과 정근수당이 미리 지급조건 등이 명시되어 있거나 관례로 매년 정기적으로 지급되어 온 경우에는 사유발생 이전 3개월간에 지급되었는지의 여부와 상관없이 1년에 해당하는 금액에 대한 3월분만 임금총액에 포함된다.[149)] 연차휴가 수당은 업무상 사유 발생 이전 1년간의 근로에 대한 대가로서의 임금이고 당해 연도에 대한 근로의 대가로 평가할 수 없는 것이므로 사유발생(재해발생일) 이전 1년간에 발생한 연차휴가가 사유발생 이전 3월간에 걸리지 않는 이상 평균임금에 포함되지 않는다.[150)]

---

147) 제4장 제2절 Ⅱ. 참조.

148) 대법원 2003. 4. 22. 선고 2003다10650.

149) 대법원 1989. 4. 11. 선고 87다카2901; 대법원 1982. 12. 22. 선고 81다472.

3) 평균임금의 산정 특례

(1) 평균임금의 최저보장

평균임금이 통상임금보다 저액일 때에는 통상임금을 평균임금으로 하고, 이때의 통상임금은 일급통상임금을 기준으로 한다(근로기준법 제2조 제2항). 이처럼 평균임금을 통상임금 이상으로 보호하는 이유는 평균임금을 산정하여야 하는 3개월 사이에 결근 등으로 근로일수가 적은 경우, 당해 근로자의 평균임금이 지나치게 낮아지는 것을 막기 위함이다.

(2) 통상근로계수의 적용

근로형태가 특이하여 평균임금을 적용하여 보험급여를 산정하는 것이 적당하지 않은 경우에는 미리 정하여진 일당에 통상근로계수를 적용하여 재해근로자의 평균임금으로 적용한다. 통상근로계수를 적용하여 평균임금을 산정하는 방법은 1일 단위로 고용되거나 근로일에 따라 일당 형식의 임금을 지급받는 일용근로자에게 적용된다. 그러나 3월 이상 계속 고용된 경우, 3월간 평균근로일수가 통상근로계수 적용 근로일수 22.3일을 초과한 경우, 근로조건·근로계약형식 등 제반사실을 고려하여 상용근로자와 유사한 경우, 1월 이상 근로한 일용근로자가 이의신청하면서 제출한 지급받은 임금액에 관한 자료가 명확한 경우에는 통상근로계수를 적용하지 아니한다.

사유발생일 당시 미리 정해진 1일 동안의 근로시간에 대한 대가인 일급에 통상근로계수(73/100)를 적용하여 평균임금으로 산정한다. 평균임금 산정사유 발생일 이전 1개월간 당해 사업장에서 지급받은 임금은 없으나, 일급액이 미리 정해진 경우에는 그 일급액, 임금 또는 일급액이 없는 경우에는 동종 근로자의 일급액에 73/100을 곱하여 평균임금으로 산정한다.[151)]

(3) 근로기준법에 따라 평균임금을 산정할 수 없는 경우의 평균임금 산정방법

근로기준법에 따라 평균임금을 산정할 수 산정할 수 없는 경우에는 고용노동부장관이 고시한 「평균임금산정특례(고시 제2015-77호)」에 따라 다음과 같은 방법으로

---

150) 대법원 1992. 4. 14. 선고 91다5587; 대법원 1991. 12. 21. 선고 90다카24496. 그러나 이러한 방식으로 연차수당에 대한 평균임금을 산정한다면, 평균임금산정을 산정함에 있어서 상당히 복잡·난해하여 적용하는 데 한계가 있다. 실무적으로는 1년간 미사용 연차휴가수당에 대하여 일괄적으로 3개월분을 평균임금에 포함시키고 있다(1993. 9. 23. 임금68027-2056).

151) 노동부·근로복지공단, 2010 산재·고용보험실무편람, 96면.

평균임금을 산정한다.

- ‘평균임금의 계산에서 제외되는 기간이 3개월 이상인 경우’에는 근로기준법 시행령(이하 “영”이라 한다) 제2조제1항에 따라 평균임금의 계산에서 제외되는 기간이 3개월 이상인 경우 제외되는 기간의 최초일을 평균임금의 산정사유가 발생한 날로 보아 평균임금을 산정한다. 영 제5조는 제1항에 따라 평균임금을 산정할 때 이를 준용한다. 이 경우 영 제5조제1항 중 “부상 또는 질병이 발생한 달”은 “평균임금의 계산에서 제외되는 기간의 최초일이 속한 달”로 본다.
- ‘근로제공의 초일에 평균임금 산정사유가 발생한 경우’에는 근로를 제공한 첫 날(근로기준법 제35조제5호에 따라 수습기간 종료 후 첫 날을 포함한다)에 평균임금 산정사유가 발생한 경우에는 그 근로자에게 지급하기로 한 임금의 1일 평균액으로 평균임금을 추산한다.
- ‘임금이 근로자 2명 이상 일괄하여 지급되는 경우’에는 근로자 2명 이상을 1개 조로 하여 임금을 일괄하여 지급하는 경우 개별 근로자에 대한 배분방법을 미리 정하지 않았다면 근로자의 경력, 생산실적, 실근로일수, 기술·기능, 책임, 배분에 관한 관행 등을 감안하여 근로자 1명당 임금액을 추정하여 그 금액으로 평균임금을 추산한다.
- ‘임금총액의 일부가 명확하지 아니한 경우’에는 평균임금의 산정기간 중에 지급된 임금의 일부를 확인할 수 없는 기간이 포함된 경우에는 그 기간을 빼고 남은 기간에 지급된 임금의 총액을 남은 기간의 총일수로 나눈 금액을 평균임금으로 본다.
- ‘임금총액의 전부가 명확하지 아니한 경우 등’에는 지방고용노동관서장이 다음 각 호의 사항을 감안하여 적정하다고 결정한 금액을 해당 근로자의 평균임금으로 본다.

  ① 해당 사업장이 있는 지역의 임금수준 및 물가사정에 관한 사항

  ② 해당 근로자에 대한 소득세법 및 관련 법령에 따라 기재된 소득자별 근로소득원천징수부, 국민연금법·국민건강보험법·고용보험법에 따라 신고된 보수월액·소득월액·월평균임금 등에 관한 사항

  ③ 해당 사업장이 있는 지역의 업종과 규모가 동일하거나 유사한 사업장에서 해당 근로자와 동일한 직종에 종사한 근로자의 임금에 관한 사항

  ④ 해당 사업장의 근로제공기간 중에 받은 금품에 대하여 본인 또는 그 가족

등이 보유하고 있는 기록(이 경우 사업주가 인정하는 경우에만 한정한다) 등 증빙서류에 관한 사항

⑤ 고용노동부장관이 조사·발간하는 "고용형태별근로실태조사보고서" 및 "사업체노동력조사보고서" 등 고용노동통계에 관한 사항

(4) 고시임금의 적용

가. 최고·최저보상기준 금액의 적용

최고·최저보상기준 금액이란 보험급여의 산정에 있어서 고용노동부장관이 고시하는 최고보상 기준금액을 초과하거나 최저보상 기준금액에 미달한 경우에는 그 최고보상 기준금액 또는 최저보상 기준금액을 재해근로자의 평균임금으로 적용하는 것을 말한다. 최고보상 기준금액은 휴업급여·장해급여·유족급여·상병보상연금에 적용하고, 최저보상 기준금액은 장해급여와 유족급여에 적용된다. 산재보험급여 산정에 있어서 최고보상제 규정이 헌법상 평등의 원칙·포괄위임금지의 원칙·재산권보장원칙에 위반되는가의 여부에 논란이 있을 수 있으나, 헌법재판소는 산재보험의 사회보장적 성격과 보험급부의 목적성을 중시하여 헌법에 위반되지 않는다고 결정하였다.[152)]

2005. 9. 1.~2006. 12. 31.의 기간에는 최저 보상기준 금액 1일 45,700원, 최고보상기준 금액 1일 155,360원이었는데, 해가 거듭함에 따라 조금씩 인상되어 2016. 1. 1.~2016. 12. 31.의 기간에는 최저 보상기준 금액은 1일 53,275원, 최고 보상기준 금액은 1일 191,793원으로 되어 있다(고용노동부 고시 제2015-98호).

【연도별 최저 보상 및 최고 보상기준 금액】

적용기간	최저 보상기준 금액	최고 보상기준 금액
2016. 1. 1 ~ 2016. 12. 31	53,275원/일	191,793원/일
2015. 1. 1 ~ 2015. 12. 31	51,746원/일	186,286원/일
2014. 1. 1 ~ 2014. 12. 31	50,255원/일	180,919원/일
2013. 1. 1 ~ 2013. 12. 31	48,089원/일	173,120원/일
2012. 1. 1 ~ 2012. 12. 31	46,933원/일	165,809원/일
2011. 1. 1 ~ 2011. 12. 31	46,933원/일	159,796원/일

152) 헌법재판소 2004. 11. 25. 선고 2002헌바52.

2010. 1. 1 ~ 2010. 12. 31	46,933원/일	157,220원/일
2009. 1. 1 ~ 2009. 12. 31	46,933원/일	159,481원/일
2008. 1. 1 ~ 2008. 12. 31	46.933원/일	157,220원/일
2007. 1. 1 ~ 2007. 12. 31	46,933원/일	157,220원/일
2005. 9. 1 ~ 2006. 12 .31	45,700원/일	155,360원/일

나. 최저임금의 적용

최저임금은 임금의 최저수준을 보장함으로써 근로자의 생활안정과 노동력의 질적 향상을 기하기 위해 최저임금법에 따라 고용노동부장관이 고시하는 임금으로서 휴업급여와 상병보상연금 산정에 있어서 보충적 역할을 담당한다. 재해근로자의 평균임금이 최저임금에 미달하는 경우에는 최저임금을 휴업급여 지급액으로 한다(산재보험법 제54조 제2항). 재해근로자의 평균임금이 최저임금액의 100/70(143%)에 미달하는 경우에는 최저임금액의 100/70을 곱한 금액을 평균임금으로 하고(산재보험법 제67조 제1항), 그 평균임금에 폐질등급에 해당하는 일수를 곱하여 상병보상연금을 산정한다(산재보험법 제66조 제2항 [별표 4]).

【상병보상연금표】

폐질등급	상병보상연금
제1급	평균임금의 329일분
제2급	평균임금의 291일분
제3급	평균임금의 257일분

다. 중소기업 사업주의 평균임금

대부분의 중소기업 사업주는 근로자와 마찬가지로 근로에 종사하는 경우가 많고 경제적으로 영세하다는 점을 고려하여 2007. 7. 1.부터 재해로부터 중소기업 사업주를 보호하기 위하여 산재보험 특별가입제도를 시행하고 있다(산재보험법 제124조).[153] 중소기업 사업주의 임금액 및 평균임금을 총 12개 등급으로 구분하고, 최고

153) 시행초기인 2007년에는 중·소기업 사업주에 대한 산재보험료 및 보험급여 산정의 기초가 되는 보수액 및 평균임금을 총 7개 등급으로 구분하였으나, 점차 세분화하여 2016

12등급 적용임금은 근로자에게 적용되는 연도별 최고보상기준 금액과 동일하다. 중소기업 사업주의 업무상 재해에 따른 보험급여를 산정할 때 고용노동부장관이 정하여 고시하는 금액이 변경된 경우에는 그 변경된 금액을 보험급여의 산정기준이 되는 평균임금으로 한다. 산재보험급여 산정기준 임금은 보험료 신고 이후 당해 보험연도 중에는 변경할 수 없고, 변경하기 위해서는 중소기업 사업주는 다음 연도 보험료 신고납부 시 해당 등급을 보험자에게 신고해야 한다.

라. 진폐 등 업무상 질병 이환자에 대한 평균임금산정의 특례

진폐 등 업무상 질병 이환근로자의 평균임금이 매월 노동통계조사보고서상의 임금으로 산정된 평균임금보다 낮은 경우와 소속 사업장이 휴·폐업되거나 퇴직 등으로 평균임금을 산정할 수 없는 경우에 그 특례가 인정된다(산재보험법 제36조 제6항). 직업병 근로자에게 평균임금의 특례를 인정하고 있는 이유는 직업병의 누적 또는 발견 시점에서 결근, 작업능률의 저하 등으로 평균임금이 감소될 우려가 있기 때문이다.

사업장이 가동 중인 경우의 평균임금은 직업병으로 확인된 날이 속하는 분기의 전전분기의 말일 이전 1년간 해당 근로자의 임금수준이 비슷한 근로자의 월평균 임금총액을 합산한 금액을 그 기간의 총일수로 나눈 금액으로 한다(산재보험법 시행령 제25조 제2항). '직업병으로 확인된 날'이란 그 직업병이 보험급여 지급대상이 된다고 확인될 당시에 발급된 진단서나 소견서의 발급일을 말한다. 다만, 그 직업병의 검사·치료의 경과 등이 진단서나 소견서의 발급과 시간적·의학적 연속성이 있는 경우에는 그 요양이 개시된 날, 소음성 난청인 경우에는 소음에 노출되는 업무를 하지 않게 된 날이 된다(산재보험법 시행령 제25조 제3항).

사업장이 휴·폐업된 경우의 평균임금은 사업의 휴업일 또는 폐업일이 속하는 분기의 전전 분기 말일 이전 1년간의 월평균 임금총액을 합산하여 그 기간의 총 일수로 나누어 임금액을 산정한 후, 직업병이 확인된 날까지 전체 근로자 임금평균액의 증감률을 곱하여 증감한 금액으로 한다(산재보험법 시행령 제25조 제5항).

(5) 평균임금 자동증감 제도

평균임금은 이를 산정하여야 할 사유의 발생 당시를 기준으로 하여 산정되는 것

년(고용노동부고시 제2015-102호)에는 총 12개 등급으로 구분하여 고시하고 있다.

이므로 요양기간이 장기화되거나 연금보험급여인 경우에는 현실과 부합하지 않게 되어 근로자 또는 유족에게 불리한 결과를 초래한다. 이러한 문제점을 보완하기 위하여 재해근로자의 평균임금을 산정하여야 할 사유가 발생한 날부터 1년이 지난 이후에는 매년 전체 근로자의 임금평균액의 증감률에 따라 평균임금을 증감한다. 다만, 재해근로자의 연령이 60세에 도달한 이후에는 소비자물가변동률에 따라 평균임금을 증감한다(산재보험법 제36조 제3항).

재해근로자의 평균임금을 산정하여야 할 사유가 발생한 날부터 1년이 지난 이후에는 1년 마다 보험자는 직권으로 평균임금을 증감하고, 평균임금의 증감이 누락되는 등의 사유가 있는 경우에는 재해근로자도 평균임금 증감신청이 가능하다(산재보험법 시행령 제22조).

Ⅲ. 보험급여의 종류와 급여수준

1. 요양급여

1) 의 의

요양급여란 근로자가 업무상 부상 또는 질병에 걸린 경우에 보험자가 설치한 보험시설 또는 지정 의료기관에서 요양하게 하는 현물급여이다. 다만, 예외적으로 재해근로자가 비지정 의료기관에서 요양을 받거나 자비로 요양을 한 경우 등 부득이한 사정이 있는 경우에 요양비를 지급한다(산재보험법 제40조 제2~3항). 요양급여의 지급기간은 재해발생일로부터 상병이 치유될 때, 즉 요양종결까지이다. 치유란 부상 또는 질병이 완치되거나 치료의 효과를 더 이상 기대할 수 없게 되어 그 증상이 고정된 상태를 의미한다. 따라서 요양 중인 근로자의 상병을 호전시키기 위한 치료가 아니라 단지 고정된 증상의 악화를 방지하기 위한 치료만이 필요한 경우에는 치료종결 사유에 해당된다. 요양종결 여부는 주치의 진단과 의학적으로 치료의 효과를 거둘 수 없다는 자문의사의 의학적 소견을 참고하여 결정한다.[154]

154) 구체적으로 의료기관은 해당 재해근로자에 대한 상병경과, 치료예정기간 및 치료방법을 적은 진료계획서를 근로복지공단에 제출하고, 근로복지공단은 주치의와 자문의사의 치료종결에 관한 의학적 소견이 같은 경우에는 요양종결하고, 주치의와 자문의사의 의학적 소견이 다른 경우에는 5인으로 구성된 자문의사회의 심의를 거쳐 요양종결 여부를 결정한다(산재보험법 제47조 및 영 제40조 이하).

2) 요양급여의 범위 및 방법

요양급여의 대상은 진찰 및 검사, 약제 또는 진료재료와 의지(義肢)나 그 밖의 보조기의 지급, 처치·수술 그 밖의 치료, 재활치료, 입원, 간호 및 간병, 이송, 그 밖에 고용노동부령이 정하는 사항이다. 요양급여의 범위 및 비용 산정기준에 관한 세부적인 사항은 고용노동부 고시 「산업재해보상보험 요양급여 산정기준」에서 정하고 있다.

양방요법으로 외과적 치료를 받은 후 한방요법에 의한 요양이 필요한 외상, 요통, 염좌, 근골격계 질환, 뇌혈관 및 심장질환 등 업무상 질병, 기타 한방요양의 필요성이 인정되는 내과질환 등은 양방에 의한 요양급여 이외에 한방요양급여를 지급하고 있다. 한방요양급여의 대상은 진찰료, 입원료, 투약[155] 및 처방조제료, 침술, 구술, 부항술 처치료, 양도락 검사, 맥전도 검사, 경락기능 검사 등이다. 그러나 한방의 첩약, 물리치료는 한방요양급여 대상이 아니다(국민건강보험 요양급여의 기준에 관한 규칙 제9조 제1항 [별표 2]).

기본적인 요양급여의 적용기준 및 방법은 보건복지부령인 「국민건강보험 요양급여의 기준에 관한 규칙」에 정한 요양급여의 적용기준 및 방법과 동일하다. 업무상 부상 또는 질병 발생일과 보험자의 요양승인 사이에는 시차가 발생할 수밖에 없으므로 요양승인 전까지는 건강보험이 우선적으로 적용된다(산재보험법 제42조). 요양승인 전에 건강보험 요양급여를 받은 자는 요양기관에게 납부한 본인 부담금 중 요양급여에 해당하는 금액을 보험자에게 청구하여 반환받으면 된다.

요양 중인 산재보험 의료기관의 인력·시설 등이 그 근로자의 전문적인 치료 또는 재활치료에 맞지 아니하여 다른 산재보험 의료기관으로 옮길 필요가 있는 경우, 생활근거지에서 요양하기 위하여 다른 산재보험 의료기관으로 옮길 필요가 있는 경우, 종합전문요양기관에서 전문적인 치료 후 다른 산재보험 의료기관으로 옮길 필요가 있는 경우, 자문의사회의의 심의절차를 거쳐 부득이한 사유가 있다고 인정되는 경우에는 요양 중인 근로자는 공단에 전원(轉院) 요양을 신청할 수 있다(산재보험법 제48조·영 제44조).

---

155) 가미소요산(加味逍遙散) 등 56종으로 한약제제 급여목록 및 상한금액표(보건복지부 고시 제2015-133호, 2015. 7. 23.)에 규정되어 있다.

3) 요양급여의 지급요건

산재보험 적용대상 근로자가 업무상 부상 또는 질병으로 4일 이상 요양해야 한다(산재보험법 제40조 제3항). 업무상 사유와 관련이 없는 개인질환은 요양급여의 대상이 되지 아니하나, 업무상 부상 또는 질병의 치료를 위하여 개인 질병의 조절이 반드시 선행되어야 한다고 의학적으로 인정되는 경우에는 예외적으로 그 범위 내에서 필요한 요양급여의 대상이 된다.[156] 업무상 부상 또는 질병이 3일 이내에 치유될 수 있는 경우에는 근로기준법 제78조 제1항의 규정에 따라 소속 사업주가 요양비용을 부담한다. 다만, 재해근로자가 요양개시 후 3일 이내에 사망한 경우에는 요양급여의 대상이 된다.[157]

그런데 사업주가 산재보험료 전액을 납부하고 있음에도 요양기간이 3일 이내라는 이유로 재해근로자의 요양비용 전액을 부담하도록 하는 것은 사업주의 보험이익을 제한하는 것이므로 이에 대한 입법적 개선이 요구된다.[158]

4) 재 요 양

요양급여를 받은 재해근로자가 요양종결 후 요양급여의 대상이 되었던 업무상 부상 또는 질병이 재발하거나 요양종결 당시 보다 상태가 악화되어 적극적인 치료가 필요하다는 의학적인 소견이 있는 경우에는 재요양을 신청하여 요양급여를 받을 수 있다(산재보험법 제51조).

재요양은 치유된 업무상 부상 또는 질병과 재요양의 대상이 되는 부상 또는 질병 사이에 상당인과관계가 있을 것, 재요양의 대상이 되는 부상 또는 질병의 상태가 치유 당시보다 악화된 경우로서 나이나 그 밖에 업무 외의 사유로 악화된 경우가 아닐 것, 재요양의 대상이 되는 부상 또는 질병 상태의 호전을 위하여 수술(신체 내 고정물의 제거 수술 또는 의지 장착을 위한 절단 부위의 재수술 포함) 등 적극적인 치료가 필요하다고 인정될 것, 재요양의 대상이 되는 부상 또는 질병의 상태가 재요양으로 치료효과를 기대할 수 있다고 인정될 것의 요건을 모두 충족해야 한다(산재보험법

156) 판례는 업무상의 사유로 근로자가 장착한 의족이 파손된 경우에도 산재보험법상 요양급여의 대상인 근로자의 부상에 포함된다고 판시하고 있다(대법원 2014. 7. 10. 선고 2012두20991).

157) 고용노동부·근로복지공단, 2010 산재·고용보험실무편람, 71면.

158) 이에 관한 자세한 내용은 박재동, "산업재해보상제도의 법적 과제(박사학위논문)", 83면 이하; 한경식, "산재환자에 대한 요양급여 지급제도 개선", 370면 이하 참조.

시행령 제48조 제1항). 재요양의 요건으로서의 의학상 상당인과관계의 입증방법 및 정도는 당해 근로자의 건강과 신체조건을 기준으로 간접사실에 의하여 추단될 정도의 개연성만 있으면 된다.[159)]

5) 추가상병 요양

요양 중인 근로자는 업무상 재해로 이미 발생한 부상이나 질병이 추가로 발견되어 요양이 필요한 경우 또는 그 업무상의 재해로 발생한 부상이나 질병이 원인이 되어 새로운 질병이 발생하여 요양이 필요한 경우에는 그 추가상병에 대한 요양급여를 신청할 수 있다(산재보험법 제49조).

6) 후유증상의 진료

(1) 산재보험법상 후유증상의 진료

요양급여의 지급기간은 요양개시일부터 치유일까지이고, 치유 후 최초의 상병이 악화 또는 재발된 경우에는 재요양을 신청하여 요양급여를 받을 수 있다. 그러나 예외적으로 재요양의 요건에는 해당하지 않지만, 그 업무상의 부상 또는 질병의 특성상 치유된 후에 후유증상이 발생하였거나 발생할 우려가 있는 자에 대해서는 산재보험 의료기관에서 필요한 조치를 받을 수 있다(산재보험법 제77조). 산재후유증상의 진료는 임의급여이다.[160)]

'후유증상'이란 업무상 상병이 치유되었으나, 해당 상병 또는 장해의 특성으로 인하여 발생하였거나 발생할 우려가 있는 증상으로서, 재요양의 요건에 해당되지 않는 증상을 말하고, '진료'란 상병 치유 후 후유증상의 관리를 위하여 의료기관이 하는 진찰·약제·처치·의료시설 수용, 그 밖의 필요한 의학적 조치를 말한다. 보험자가 후유증상 대상자로 결정한 경우에는 그 대상자에게 후유증상서비스카드를 발급하고, 그 대상자는 지정 의료기관에서 2년의 범위 내에서 진료를 받을 수 있다.

(2) 산재보험법상 후유증상 범위에 해당되지 않는 진료비 부담 문제

산재보험법상의 후유증상의 진료는 임의급여이고 후유증상의 진료범위와 진료단위 기산이 정해져 있다. 따라서 후유증상 진료범위에 해당되지 않는 후유증상의 진

---

159) 대법원 1997. 11. 14. 선고 97누13573; 대법원 1997. 3. 28. 선고 96누18755.

160) 고용노동부 예규 2014. 12. 31. 제849호 「합병증 등 예방관리업무처리규정」은 후유증상 대상자의 범위 및 진료범위 등에 관한 구체적인 내용을 정하고 있다.

료비 부담자를 누구로 할 것인가에 대하여 하급심 판례는 사용자가 부담해야 한다는 견해와 건강보험공단이 부담해야 한다는 견해로 나뉘어져 있다.

후유증상의 진료비를 사용자가 부담해야 한다는 판례의 근거로서는 ① 치료 종결로 인하여 재해근로자가 건강보험법에 의한 요양급여를 받은 경우에도 사용자는 여전히 근로기준법 제78조 제1항에 의하여 요양보상의무가 있다는 점, ② 구상권의 대상이 되는 제3자의 범위에는 법률의 규정 또는 계약에 의하여 당해 가해자의 행위에 대하여 손해배상책임을 부담하는 자도 포함되므로[161] 건강보험가입자인 사용자도 제3자의 범위에 포함된다는 점, ③ 건강보험공단이 지급한 요양급여는 사용자의 부당이득에 해당된다는 점, ④ 건강보험공단이 지급한 요양급여는 건강보험법 제53조 제1항 4호에 따라 제한되는 산재요양 종결 후에 건강보험공단이 지급한 요양급여는 민법 제742조의 비채변제(非債辨濟)에 해당되지 않는다는 점, ⑤ 근로기준법 제78조 제1항, 민법 제741조, 국민건강보험법 제53조 및 제57조 제1항을 근거로 요양급여를 지급한 건강보험공단은 사용자를 상대로 구상권의 행사가 가능하다는 점 등을 들고 있다.[162]

후유증상의 진료비를 건강보험공단이 부담해야 한다는 판례의 근거로서는 ① 재해근로자의 요양비용을 건강보험공단이 지급한 이상, 사용자는 동일한 사유로 재해보상책임이 면제되기 때문에 사용자는 요양급여를 반환할 의무가 없다는 점,[163] ② 건강보험법의 공공적 성격과 기능 및 건강보험의 목적, 사용자가 재해근로자의 건강보험료 50%를 부담하고 있는 점을 고려하면 사용자의 개인적인 요양보상의무를 규정한 근로기준법 제78조 제1항보다는 건강보험법 보험급여 규정이 우선적으로 적용된다는 점[164]을 들고 있다.

요컨대, ① 산재보험법상의 요양급여는 근로자의 업무상 부상 또는 질병이 의학적으로 치료의 효과를 기대할 수 있는 기간까지 지급하는 급여라는 점, ② 사용자가 근로자의 건강보험료 50%를 부담하고 있는 점, ③ 국민의 건강증진과 사회보장의 증진을 목적으로 하는 건강보험법의 공공적 성격 등을 종합적으로 고려하면 법리적으로는 산재후유증상에 따른 요양비용은 건강보험공단이 부담하는 것이 타당하다.

---

161) 대법원 2004. 8. 20. 선고 2003다1878.
162) 대구지방법원 2002. 12. 11. 선고 2002나11456.
163) 서울동부지방법원 2008. 1. 26. 선고 2007가소51197.
164) 인천지방법원 1997. 5. 9. 선고 96나5476.

2. 휴업급여

1) 의 의

휴업급여란 근로자가 업무상 재해에 따른 요양으로 인하여 취업할 수 없는 기간 동안 임금을 받지 못하는 재해근로자에게 지급되는 보험급여이다(산재보험법 제52조). 여기서 '요양으로 인하여 취업할 수 없는 기간'은 근로자가 업무상 부상으로 요양을 하기 위하여 근로를 제공할 수 없었기 때문에 임금을 받지 못한 기간을 의미하는 것이므로 재해근로자가 의료기관에서 업무상 부상을 치료받은 기간뿐만 아니라 자기 집에서 행한 요양으로 인하여 취업하지 못한 기간도 포함된다.[165]

2) 휴업급여의 지급요건

휴업급여는 업무상 부상 또는 질병으로 요양 중이어야 하고, 요양으로 4일 이상 취업할 수 없어야 하며, 요양기간 중 사용자로부터 임금을 지급받지 못하였어야 한다. 요양에는 입원·통원·재가요양을 포함하나, 재해근로자의 임의적 요양은 포함되지 않는다. 요양으로 취업하지 못한 기간이 4일 미만인 경우에는 근로기준법 제79조에 따라 사용자가 평균임금의 60% 이상을 지급해야 한다.

3) 휴업급여의 수준

휴업급여는 요양으로 인하여 취업할 수 없는 기간(휴업기간) 중 1일당 평균임금의 100분의 70에 상당하는 금액으로 한다(산재보험법 제52조). 그러나 재해근로자가 저소득근로자 또는 고령자이거나 부분취업자 등의 경우에는 특례가 인정된다.

(1) 부분휴업급여

근로자의 조기취업과 직업복귀를 촉진하기 위하여 요양 중인 근로자가 부분취업을 한 경우에 지급하는 급여이다. 재해근로자는 부분취업으로 인한 임금과 부분휴업급여를 지급받게 됨으로써 취업을 촉진할 수 있게 되고, 보험자는 취업하지 않은 상태에서의 휴업급여보다 낮은 급여를 지급할 수 있다는 장점이 있다.

부분휴업급여의 요건은 요양 중 취업사업과 종사업무 및 근로시간이 정해져 있어야 하고, 근로자의 부상 또는 질병상태가 취업을 하더라도 치유시기가 지연되거나 악화되지 않는다는 의사의 소견이 있어야 한다. 지급액은 그 취업한 날 또는 취업한

165) 대법원 1993. 5. 11. 선고 93누1039.

시간에 해당하는 평균임금에서 그에 해당하는 임금을 뺀 금액의 100분의 90에 상당하는 금액이다(산재보험법 제53조 제1항). 예컨대, 평균임금이 100,000원이고, 4시간 취업하여 30,000원을 수령하였다고 가정하였을 때의 부분휴업급여액은 53,000원이 된다.[166)]

(2) 저소득근로자의 휴업급여

'저소득근로자의 휴업급여'는 저임금 근로자의 생활안정을 위하여 최저생계비 정도의 수준으로 휴업급여액을 보전하여 주는 급여이다. 휴업급여 지급액이 최저보상기준 금액(전체 근로자의 임금평균액의 1/2)의 100분의 80보다 적거나 같은 경우에는 평균임금의 90%에 상당하는 금액을 휴업급여로 지급하고, 평균임금의 90%가 최저임금액보다 적은 경우에는 최저임금액을 휴업급여로 지급하고, 평균임금의 90%가 최저보상 기준금액의 80%를 초과하면 최저보상 기준금액의 80%를 휴업급여로 지급한다(산재보험법 제54조 제1항).

(3) 고령자 휴업급여

'고령자 휴업급여'는 휴업급여가 소득보전의 성격임을 감안하여 취업연령 수급권자와 정년 연령 이후 수급권자와의 형평성을 제고하기 위하여 휴업급여 수급권자가 61세 이상 고령자에 해당되는 경우에는 휴업급여액을 감액하여 지급하는 급여이다. 고령자의 휴업급여는 61세부터 65세까지 매년 4%씩 감액하고, 65세 이후에는 20%를 감액한다. 다만, 61세 이후 취업 중 업무상 재해로 요양하거나 61세 전에 업무상 질병으로 장해급여를 받은 자가 61세 이후 최초로 요양하는 경우에는 요양을 시작한 날로부터 2년간 감액이 유예된다(산재보험법 제55조). 고령자에 대한 구체적인 휴업급여 산정기준은 산재보험법 제55조의 [별표 1] '고령자의 휴업급여 지급기준'상의 산식에 의한다.

---

166) 취업시간에 대한 휴업급여는 (100,000원 × 4/8 − 30,000원) × 90% = 18,000원이고, 미취업시간에 대한 휴업급여 : (100,000원 × 70%) × 4/8 = 35,000원이 된다. 취업시간과 미취업시간에 대한 휴업급여를 합하면 53,000원이 된다. 따라서 요양 중 부분취업자가 받은 총 금액은 83,000원이 되어 휴업급여 70,000원(100,000원 × 70%)보다 13,000원을 더 받게 된다.

3. 장해급여

1) 의 의

'장해급여'란 근로자가 업무상 부상 또는 질병에 걸려 치유 후에도 신체에 장해가 있는 경우에 그 장해의 정도에 따라 지급되는 보험급여이다. 휴업급여는 장해로 인한 노동능력 상실에 대한 전보의 성격을 가진 보험급여이다. '장해'란 부상 또는 질병이 치유되었으나 정신적 또는 육체적 훼손으로 인하여 노동능력이 손실되거나 감소된 상태를 말하고, '치유'란 부상 또는 질병이 완치되거나 부상 또는 질병에 대한 치료의 효과를 더 이상 기대할 수 없게 되어 그 증상이 고정된 상태에 이르게 된 것을 말한다.

2) 지급요건

업무상 재해로 인한 부상 또는 질병이 치유 후 신체에 장해가 잔존하여야 하고, 그 장해가 당해 부상 또는 질병과의 상당인과관계가 있어야 한다. 장해급여는 완치되거나 더 이상 치료의 효과를 기대할 수 없게 된 후 고정된 장해에 대하여 지급하는 보험급여이므로, 상병부위가 2개 이상이고 그 중 일부 부위에 대하여 치료가 종결되어 증상이 고정되었다 하더라도 다른 부위가 치유되지 아니한 경우에는 신체부위별로 치료가 종결되어 증상이 고정되었음을 이유로 별도로 장해등급을 판정하여 장해급여를 지급할 수 없다.[167)]

3) 장해급여의 지급액 및 지급방법

산재보험법은 장해의 정도에 따라 신체 계열별로 장해등급을 1급에서 14급으로 분류하고 있다. 장해급여 수급권자는 그의 선택에 따라 장해보상일시금(8급~14급) 또는 장해보상연금(7급 이상) 중 원하는 보상을 지급받을 수 있다(산재보험법 제57조 제2항). 다만, 노동능력을 완전히 상실한 1급 내지 3급에 해당되는 장해에 대해서는 장해보상연금으로 지급해야 한다. 다만, 장해급여 청구사유 발생 당시 외국에 거주하고 있는 외국인 근로자에게는 장해보상일시금을 지급한다.

장해급여는 최저 평균임금의 55일분(14급)에서 최고 평균임금의 1,474일분(연금 329일분; 1급)으로 하고 있다. 수급권자가 장해연금을 신청하거나 장해연금에 해당되는 경우에는 그의 선택에 따라 3등급 이상인 경우에는 최초 1년 내지 4년분을,

---

167) 대법원 2000. 2. 25. 선고 97누13702.

그 이외의 경우에는 최초 1년 내지 2년분을 선급할 수 있다(산재보험법 제57조 제4항). 장해보상연금 수급권자가 사망한 경우에는 이미 지급한 연금의 합계액이 장해보상일시금에 미달한 때에는 그 미달하는 일수에 사망 당시의 평균임금을 곱하여 산정한 차액을 유족에게 일시금으로 지급하여야 한다(산재보험법 제57조 제5항). 장해급여액은 장해보상연금과 장해보상일시금에 따라 그 산정방법이 다르다.[168]

【장해급여 수준】

장해등급	장해보상연금	장해보상일시금	장해등급	장해보상연금	장해보상일시금
제1급	329일분	1,474일분	제8급	-	495일분
제2급	291일분	1,309일분	제9급	-	385일분
제3급	257일분	1,155일분	제10급	-	297일분
제4급	224일분	1,012일분	제11급	-	220일분
제5급	193일분	869일분	제12급	-	154일분
제6급	164일분	737일분	제13급	-	99일분
제7급	138일분	616일분	제14급	-	55일분

4) 장해등급의 조정

산재보험법은 장해를 신체 계열별로 분류하여 1급에서 14급으로 분류하는 동시에 중복장해와 가중장해의 경우 일정한 원칙에 따라 장해등급을 상향 또는 하향 조정하도록 하고 있다.

(1) 중복장해의 조정

'중복장해'란 업무상 상병으로 인하여 계열을 달리하는 장해가 2개 이상 있는 경우를 말한다. 중복장해는 계열을 달리하는 2개 이상의 장해가 13급 내지 14급에 해당하는 경우에는 심한 장해에 해당하는 장해등급을 적용하고, 13급 이상의 장해가 2개 이상인 경우에는 가장 심한 등급에 장해정도에 따라 1급 내지 3급을 인상한 등

168) 산재보험법에서 신체장해 3급 이상인 경우에는 연금방식으로 지급하도록 규정하고 있음에도, 장해보상일시금한도액을 정한 것은 산재보험급여와 손해배상청구권이 경합하게 된 경우 산재배상액에서 이를 조정하고, 연금을 받고 있다가 사망한 경우 이미 지급한 연금액이 일시금에 미달하게 때에 그 차액을 지급하기 위한 것으로 판단된다(한경식, 산업재해보상 및 배상론(초판), 260~261면).

급을 장해등급으로 한다. 다만, 장해등급의 조정결과 1급을 초과하는 경우에는 1급을 그 근로자의 장해등급으로 하고, 장해의 정도가 조정된 등급에 규정된 다른 장해의 정도에 비하여 명백히 낮다고 인정되는 경우에는 조정된 등급보다 1개 낮은 등급을 장해등급으로 한다(산재보험법 시행령 제53조 제2항).

【장해등급의 조정】

조정 사유	등급조정	비 고
제5급 이상 장해가 2 이상인 경우	3개 등급인상	장해등급조정 결과 제1급을 초과하는 경우는 1급 적용
제8급 이상 장해가 2 이상인 경우	2개 등급인상	
제13급 이상 장해가 2 이상인 경우	1개 등급인상	

(2) 가중장해의 조정

'가중장해'란 이미 장해가 있던 자가 업무상 상병으로 인하여 동일부위에 장해의 정도가 가중된 것을 말한다. 가중장해의 경우에는 중복장해와는 달리 장해급여의 금액을 조정한다. 가중장해자의 장해급여액은 장해등급별 장해보상일시금 또는 장해보상연금의 지급일수를 기준으로 장해보상일시금으로 지급하는 경우와 장해보상연금으로 지급하는 경우로 구분하여 조정한다(산재보험법 시행령 제53조 제4항).

장해보상일시금으로 지급하는 경우의 장해급여액은 심해진 장해에 해당하는 장해보상일시금의 지급일수에서 기존의 장해에 해당하는 장해보상일시금의 지급일수를 뺀 일수에 급여청구사유 발생 당시의 평균임금을 곱하여 산정한 금액이다. 그리고 장해보상연금으로 지급하는 경우의 장해급여액은 심해진 장해에 해당하는 장해보상연금의 지급일수에서 기존의 장해에 해당하는 장해보상연금의 지급일수(기존의 장해가 제8급부터 제14급까지의 장해 중 어느 하나에 해당하면 그 장해에 해당하는 장해보상일시금의 지급일수에 100분의 22.2를 곱한 일수)를 뺀 일수에 연금 지급 당시의 평균임금을 곱하여 산정한 금액이다.

5) 장해등급의 재판정 또는 재요양에 따른 장해급여의 조정

(1) 장해등급의 재판정에 따른 장해급여의 조정

장해등급의 판정은 요양이 종료된 때에 증상이 고정된 상태에서 한다. 다만, 예외적으로 요양이 종결된 후에도 증상이 고정되지 않은 때에는 의학적으로 6개월 이내

에 증상이 고정될 것으로 인정되는 경우에는 그 증상이 고정된 때에 판정하고, 6개월 이후에도 그 증상이 고정되지 않은 경우에는 6개월이 되는 날에 고정될 것으로 인정하는 증상에 대해서 판정한다. 의학적으로 6개월 이내에 증상이 고정될 수 없다고 인정되는 경우에는 요양이 종결된 때에 장차 고정될 것으로 인정하는 증상에 대해서 판정한다(산재보험법 시행규칙 제46조 제10항).

그러나 장해판정 이후, 장해보상연금 수급권자가 관절의 기능장해 또는 신경계통 등의 장해상태가 호전되거나 악화되어 치유 당시 결정된 장해등급이 변경될 가능성이 있는 경우에는 수급권자의 선택 또는 보험자의 직권으로 장해등급을 재판정할 수 있다. 재판정의 결과 장해등급이 변경된 경우에는 변경된 장해등급에 따라 장해급여를 지급한다(산재보험법 제59조 제1~2항). 장해등급의 재판정은 장해보상연금 지급결정을 한 날을 기준으로 2년이 지난날부터 1년 이내에 1회 실시한다(산재보험법 시행령 제56조 제1항).

장해등급의 재판정 결과, 장해등급의 변경으로 장해보상연금을 청구한 경우에는 진찰일이 속한 달의 다음 달부터 변경된 장해등급에 해당하는 장해보상연금을 지급한다(산재보험법 시행령 제57조 제1항). 그라나 장해보상일시금을 청구한 경우에는 장해상태가 호전된 경우와 악화된 경우로 구분하여 장해급여액을 조정한다. 장해상태가 악화된 경우에는 변경된 장해등급에 해당하는 장해보상일시금의 지급일수에서 이미 지급한 장해보상연금액을 지급 당시의 각각의 평균임금으로 나눈 일수의 합계를 뺀 일수에 평균임금을 곱한 금액을 지급하고, 장해상태가 호전된 경우에는 변경된 장해등급에 해당하는 장해보상일시금의 지급일수가 이미 지급한 장해보상연금액을 지급 당시의 각각의 평균임금으로 나눈 일수의 합계보다 많은 경우에만 그 일수의 차(差)에 평균임금을 곱한 금액을 지급한다(산재보험법 시행령 제57조 제2항).

(2) 재요양에 따른 장해급여

재요양을 받고 치유된 후 장해상태가 종전보다 호전되거나 악화된 경우에는 그 호전 또는 악화된 장해상태에 해당하는 장해등급에 따라 장해급여를 지급한다. 장해보상연금 수급권자가 재요양을 받은 경우에도 그 연금의 지급은 정지되지 않는다(산재보험법 제60조). 전체 근로자의 임금평균액의 증감률 및 소비자물가변동률이 변동되면 재요양 후의 장해급여의 산정에 적용할 평균임금도 증감되나, 재요양 후 장해보상연금을 지급하는 경우에는 연금의 선급금은 인정되지 않는다(산재보험법 시행령 제58조 제4~5항). 다만, 종전에 장해급여의 대상에 해당되지 않았던 사람이 재요양 후 장해보상연금을 지급받게 되는 경우에는 선급금은 인정된다.

장해보상연금을 받던 사람이 재요양 후에 장해등급이 변경되어 장해보상연금을 청구한 경우에는 재요양 후 치유된 날이 속하는 달의 다음 달부터 변경된 장해등급에 해당하는 장해보상연금을 지급한다(산재보험법 시행령 제58조 제1항).

장해보상연금을 받던 수급권자가 재요양 후에 장해등급이 변경되어 장해보상일시금을 청구한 경우에는 장해상태가 악화된 경우와 호전된 경우로 구분하여 지급한다(산재보험법 시행령 제58조 제2항). 장해상태가 악화된 경우의 장해급여는 변경된 장해등급에 해당하는 장해보상일시금의 지급일수에서 이미 지급한 장해보상연금액을 지급 당시의 각각의 평균임금으로 나눈 일수의 합계를 뺀 일수에 평균임금을 곱한 금액으로 한다. 장해상태가 호전(제8급부터 제14급까지에 해당하는 장해등급의 변경 포함)된 경우의 장해급여는 변경된 장해등급에 해당하는 장해보상일시금의 지급일수가 이미 지급한 장해보상연금액을 지급 당시의 각각의 평균임금으로 나눈 일수의 합계보다 많은 경우에만 그 일수의 차에 평균임금을 곱한 금액으로 한다.

장해보상일시금을 받은 사람이 재요양을 한 경우 재요양 후의 장해상태가 종전에 비하여 악화된 경우에는 수급권자가 장해보상연금 또는 장해보상일시금으로 청구하느냐에 따라 장해급여의 산정기준이 다르다. 수급권자가 연금으로 청구한 경우의 장해급여는 재요양 후 치유된 날이 속하는 달의 다음 달부터 변경된 장해등급에 해당하는 장해보상연금을 지급하되, 이미 지급한 일시금의 지급일수에 해당하는 기간만큼의 장해보상연금은 지급하지 않는다. 수급권자가 일시금으로 청구한 경우의 장해급여는 변경된 장해등급에 해당하는 장해보상일시금의 지급일수에서 종전의 장해등급에 해당하는 장해보상일시금의 지급일수를 뺀 일수에 평균임금을 곱한 금액으로 한다(산재보험법 시행령 제58조 제3항).

4. 간병급여

1) 의 의

간병급여는 요양급여를 받은 자 중 치유 후 의학적으로 상시 또는 수시로 간병이 필요하여 실제로 간병을 받는 자에게 지급하는 급여를 말한다(산재보험법 제61조 제1항). 종전 2000. 7. 1. 이전에는 요양기간 중에만 간병료가 지급되었기 때문에 요양급여가 종결된 후 이후의 중증 장해자가 자비로 간병료를 부담하게 되어 재해근로자의 보호에 미흡하였으나, 산재보험법 개정으로 2000. 7. 1. 부터는 요양기간이 종료된 이후에도 의학적으로 간병이 필요한 경우에는 간병급여를 지급하도록 함으로써 중증 장해자의 보호를 강화하였다.[169)]

2) 간병급여의 종류 및 지급대상(산재보험법 시행령 제59조 제1항 별표7)

구 분	지급대상
상시간병급여	1. 신경계통의 기능, 정신기능 또는 흉복부 장기의 기능에 장해등급 제1급에 해당하는 장해가 남아 일상생활에 필요한 동작을 하기 위하여 항상 다른 사람의 간병이 필요한 사람 2. 두 눈, 두 팔 또는 두 다리 중 어느 하나의 부위에 장해등급 제1급에 해당하는 장해가 남고, 다른 부위에 제7급 이상에 해당하는 장해가 남아 일상생활에 필요한 동작을 하기 위하여 항상 다른 사람의 간병이 필요한 사람
수시간병급여	3. 신경계통의 기능, 정신기능 또는 흉복부 장기의 기능에 장해등급 제2급에 해당하는 장해가 남아 일상생활에 필요한 동작을 하기 위하여 수시로 다른 사람의 간병이 필요한 사람 4. 장해등급 제1급(제53조제2항에 따른 조정의 결과 제1급이 되는 경우를 포함한다)에 해당하는 장해가 남아 일상생활에 필요한 동작을 하기 위하여 수시로 다른 사람의 간병이 필요한 사람

3) 지급기준 및 지급방법

간병급여의 지급기준은 고용형태별 근로실태조사의 직종별 월 급여총액 등을 기초로 하여 고용노동부장관이 고시하는 금액으로 한다. 상시 간병급여의 대상자에게는 고시 금액의 전액을 지급하고, 수시 간병급여의 대상자에게는 상시 간병급여의 3분의 2에 해당하는 금액을 지급한다(산재보험법 시행령 제59조 제3항). 다만, 간병급여의 대상자가 무료요양소 등에 들어가 간병비용을 지출하지 않았거나 간병료 지급기준보다 적은 금액을 지출한 경우에는 실제 지출한 금액을 지급하고, 재요양 기간 중에는 간병급여를 지급하지 않는다(산재보험법 시행령 제59조 제4~5항). 간병급여의 지급은 간병이 실제로 행하여진 날을 기준으로 월 단위로 지급하고, 간병인의 수는

169) 김수복, 산업재해보상보험법(전면개정증보8판), 484면.

간병대상자 1인당 1인을 기준으로 한다.

간병급여 지급기준은 2005. 9. 1.~2006. 12. 31.의 기간에는 상시간병의 경우 1일 37,420원, 수시간병의 경우 1일 24,940원이었다. 이후 해가 거듭함에 따라 조금씩 인상되어 2014. 8. 1.~2017. 7. 28.의 기간에는 상시간병의 경우 1일 41,170원, 수시간병의 경우 1일 27,450원으로 정해져 있다.

【간병급여 지급기준】

적용기간	상시간병	수시간병
2014. 8. 1~2017. 7. 28	41,170원/일	27,450원/일
2011. 1. 1~2014. 7. 31	38,240원/일	25,490원/일
2010. 1. 1~2010. 12. 31	38,240원/일	25,490원/일
2009. 1. 1~2009. 12. 31	38,240원/일	25,490원/일
2008. 1. 1~2008. 12. 31	38,240원/일	25,490원/일
2007. 1. 1~2007. 12. 31	38,240원/일	25,490원/일
2005. 9. 1~2006. 12. 31	37,420원/일	24,940원/일

5. 유족급여

1) 의 의

유족급여는 근로자가 업무상 사유로 사망 또는 사망한 것으로 추정되는 경우에 그 근로자에게 부양되고 있었던 유족들의 생활보장을 위하여 지급되는 급여이다. 유족급여는 사망한 근로자가 생존하고 있었던 당시 그에 의하여 부양되고 있었던 유족의 생활을 보장하고자 하는 취지에서의 보상, 즉 상실된 부양이익의 전보에 해당하는 급여의 성격을 지닌다. 이러한 점에서 생명의 침해에 대한 민사배상에 의한 사망자의 일실이익의 전보로서의 성격과는 본질적으로 다르다. 따라서 비록 사망한 근로자의 과실이 있다 하더라도 그 과실에 해당하는 부분을 손익상계할 수 없고, 유족급여액이 손해배상액을 초과하더라도 부당이득반환청구권이 발생하지 않는다.[170)]

170) 대법원 1981. 10. 13. 선고 80다2928.

2) 유족급여의 요건

유족급여의 요건은 근로자가 업무상의 사유로 사망하거나 사망으로 추정되는 사유가 있어야 한다. 업무상 사망은 업무상 사유에 따른 근로자의 사망뿐만 아니라, 부상 또는 질병이 악화되어 사망한 경우는 물론 일단 치유되었던 부상 또는 질병이 재발·악화되어 사망한 경우도 포함된다. 사망으로 추정되는 자는 사고가 발생한 날 또는 행방불명된 날에 사망한 것으로 추정된다(산재보험법 시행령 제37조 제2항).

【사망추정의 요건】

- 선박이 침몰·전복·멸실 또는 행방불명되거나 항공기가 추락·멸실 또는 행방불명되는 사고가 발생한 경우에 그 선박 또는 항공기에 타고 있던 근로자의 생사가 그 사고 발생일부터 3개월간 밝혀지지 아니한 경우
- 항해 중인 선박 또는 항공기에 타고 있던 근로자가 행방불명되어 그 생사가 행방불명된 날로부터 3개월간 밝혀지지 아니한 경우
- 천재지변·화재, 구조물 등의 붕괴, 그 밖의 각종 사고의 현장에 있던 근로자의 생사가 사고 발생일부터 3개월간 밝혀지지 아니한 경우

3) 유족급여의 종류 및 급여수준

유족급여는 연금으로 지급함이 원칙이나, 근로자 사망 당시 연금수급자격자가 없는 경우 또는 연금수급권자가 외국에 거주하는 경우에는 예외적으로 일시금으로 지급한다(산재보험법 제62조 제2항). 다만, 연금수급권자가 연금과 일시금을 원하는 경우에는 유족보상일시금 평균임금의 1,300일분의 50%를 일시금으로 지급하고 유족보상연금은 50%를 감액하여 지급한다(산재보험법 제62조 제3항). 유족급여 수령방식을 일시금과 연금의 각 50% 방식으로 선택하여 유족보상일시금을 수령한 후에는 유족보상일시금 상당액 부분에 대한 수급권은 이미 소멸하였으므로 그 반환을 조건으로 수령방식을 전액 연금 방식으로 변경할 수는 없다.[171]

유족보상일시금은 사망 근로자 평균임금의 1,300일분으로 하고, 유족보상연금액

171) 대법원 2005. 7. 8. 선고 2003두13700. 그러나 산재보험법 제62조 제4항은 연금방식으로 유족급여를 수령하여 오던 중 연금수급권자 자격을 상실한 경우, 이미 지급한 연금액의 합계가 유족보상일시금에 미달된 때에는 다른 유족에게의 일시금차액을 지급하도록 되어 있으므로 연금방식에서 일시금방식으로의 전환은 가능하다.

은 기본급액과 가산금액을 합산한 금액으로 한다. 기본급액은 급여기초연액(평균임금 × 356일)의 47/100에 해당하는 금액이고, 가산금액은 유족보상연금 수급자격자 1인당 급여기초연액의 5/100를 가산한 금액이다. 가산금액은 급여기초연액의 20%(최대 4인)를 초과할 수 없다. 유족보상연금액은 {평균임금 × 365 × [(47/100 + 5/100) × 수급권자수]}의 산식에 의하여 산정한다. 따라서 유족보상연금액은 최소 평균임금의 52%부터 최대 67%까지이다.

4) 수급권자의 범위 및 순위

유족의 범위는 사망한 근로자의 배우자(사실상 혼인관계에 있는 자 포함)·자녀·부모·손자녀·조부모 또는 형제자매이다. 그러나 유족보상연금 수급자는 근로자 사망 당시 그 근로자와 생계를 같이 하고 있던 유족으로서 자녀·부모·손자녀·조부모 또는 형제자매 중 근로자 사망 당시 다음과 같은 일정한 연령과 신체장애의 요건을 갖추어야 한다(산재보험법 제63조 제1항). '근로자와 생계를 같이 하고 있던 유족'은 근로자가 사망할 당시에 근로자와 주민등록표상의 세대를 같이 하고 동거하던 유족으로서 근로자의 소득으로 생계의 전부 또는 상당 부분을 유지하고 있거나, 근로자의 소득으로 생계의 전부 또는 상당 부분을 유지하고 있던 유족으로서 학업·취업·요양·그 밖에 주거상의 형편 등으로 주민등록을 달리하였거나, 동거하지 않았으나 근로자가 정기적으로 지급하는 금품이나 경제적 지원으로 생계의 전부 또는 대부분을 유지하고 있던 자를 말한다(산재보험법 시행령 제61조).

【유족 보상연금 수급자격 요건】

순 위	신분관계	연령 요건	신체장애 요건	비 고
1	자 녀	19세 미만 또는 태아	19세 이상 60세 미만의 자로서 장애인복지법에 의한 장애등급 제2급 이상 또는 시각장애 제3급 이상인 자	태아는 출생한 때로부터 근로자의 사망 당시 그에 의하여 부양되고 있던 자로 간주
2	부 모	60세 이상		
3	손자녀	19세 미만		
4	조부모	60세 이상		
5	형제자매	60세 이상 또는 19세 미만		

유족급여 수급권자의 순위는 '배우자 → 자녀 → 부모 → 손자녀 → 조부모 및 형제자매'의 순서에 따른다. 다만, 근로자가 유언으로 보험급여를 받을 유족을 지정한 경우에는 그 지정에 따른다. 같은 순위의 수급권자가 2인 이상인 경우에는 그 유족

에게 균등 지급하되, 사망 근로자와 생계를 같이 한 유족이 우선한다. 부모는 양부모를 선순위·실부모를 후순위로 하고, 조부모는 양부모의 부모를 선순위·실부모의 부모를 후순위로 하며, 부모의 양부모를 선순위·부모의 실부모를 후순위로 한다. 수급권자인 유족이 사망한 경우 그 보험급여는 같은 순위자가 있으면 같은 순위자에게, 같은 순위자가 없으면 다음 순위자에게 지급한다(산재보험법 제65조).

5) 수급권자의 자격상실 및 차액일시금 지급

유족급여를 받을 권리는 선순위자의 사망 또는 사망 근로자의 배우자가 혼인 등의 사유로 수급자격을 잃게 되는 때에는 같은 순위자가 있는 경우는 같은 순위자에게, 같은 순위자가 없는 경우에는 다음 순위자에게 이전된다(산재보험법 제64조 제2항). 그리고 수급권자가 사망 등 그 수급자격을 잃은 경우 다른 수급자격자가 없고 이미 지급한 연금액을 지급 당시 각각의 평균임금으로 나눈 일수의 합계가 1,300일분에 미달되는 일수에 대하여는 수급자격 상실 당시의 평균임금을 곱한 금액을 유족보상연금 수급자격자가 아닌 사망근로자의 다른 유족에게 지급한다(산재보험법 제62조 제4항).

6. 상병보상연금

1) 의 의

'상병보상연금'이란 재해근로자의 요양이 장기화 되어 요양개시 후 2년이 경과된 날 또는 2년 이후에 상병이 치유되지 않은 상태에 있고 당해 상병에 의한 폐질의 정도가 폐질등급표상 제3급 이상에 해당되는 경우에 요양급여 외에 지급되는 연금급여를 말한다(산재보험법 제66조). 상병보상연금은 요양이 장기화됨에 따라 재해근로자와 그 가족의 생활안정을 위하여 휴업급여 대신 지급하는 급여이다. 상병보상연금은 폐질상태에 대한 의사의 진단서가 발급된 날부터 적용하나, 폐질의 발생 또는 변동된 날을 명백히 알 수 있는 경우에는 폐질의 발생 또는 변동된 날부터 적용한다.

2) 상병보상연금의 지급액

요양급여를 받는 근로자가 요양 개시 후 2년이 경과하여도 그 부상 또는 질병이 치유되지 않은 상태에 있고 폐질등급 기준에 해당되는 경우에 한하여 상병보상연금이 지급된다. 상병보상연금액은 폐질 1등급인 경우에는 평균임금의 329일분, 제2등급인 경우에는 평균임금의 291일분, 제3등급인 경우에는 평균임금의 257일분을 매월 균등 지급한다. 그러나 재해근로자의 소득이 저액이거나 고령자 또는 재요양 기간 중에는 상병보상연금의 지급 특례가 인정된다.

(1) 저소득근로자의 상병보상연금 지급액

재해근로자의 평균임금액이 최저임금액에 100/70을 곱한 금액보다 적을 때에는 최저임금액의 100/70에 해당하는 금액을 평균임금으로 간주하여 상병보상연금을 지급한다. 또한 저소득 재해근로자의 1일당 상병보상연금액(평균임금×폐질등급 일수/365)이 1일당 휴업급여 지급액(평균임금의 90% 또는 최저보상기준 금액의 80%)보다 적은 경우에는 최저임금액을 1일당 상병보상연금액으로 한다(산재보험법 제67조).

(2) 고령자의 상병보상연금 지급액

고령자의 상병보상연금액은 61세에 도달한 날부터 매년 4%씩 감액하여 폐질 등급 일수를 365로 나누어 4% 내지 20%을 뺀 값에 평균임금을 곱한 금액이 1일당 상병보상연금액이 된다(산재보험법 제68조). 예컨대, 폐질등급 1급인 62세 고령자의 1일당 상병보상연금액은 [평균임금×(329/365 - 0.08)]에 따라 산정한다.

(3) 재요양기간 중의 상병보상연금 지급액

저소득 또는 고령자가 재요양을 개시한 지 2년이 지난 후에도 상병상태가 상병보상연금 지급요건에 해당하는 경우에는 저소득 또는 고령자의 상병보상연금액과 동일하게 적용한다. 그러나, 재해근로자가 장해보상연금을 지급받고 있는 경우에는 상병보상연금은 지급되지 않는다. 다만, 재요양 중에 폐질등급이 높아지면 재요양을 시작한 때부터 2년이 경과한 것으로 보아 상병보상연금을 지급한다(산재보험법 제69조).

3) 상병보상연금의 효과

상병보상연금은 휴업급여를 대신하여 지급하는 급여이고 휴업급여보다 높은 급여액을 보장하고 있기 때문에 휴업급여는 지급되지 않는다. 요양개시 후 3년이 경과된 날 이후에 상병보상연금을 지급받고 있는 경우에는 근로기준법상의 일시보상을 지급한 것으로 간주된다. 따라서 사용자는 재해근로자가 요양개시 후 3년이 경과된 날 이후에도 상병보상연금을 지급받고 있는 경우에는 그 근로자의 근로계약관계를 해지할 수 있다(산재보험법 제80조 제4항).

7. 장 의 비

장의비는 재해근로자가 사망한 경우에 장례에 소요되는 비용을 지급하는 보험급여이다(산재보험법 제71조). 장의비는 실질적으로 장례를 위한 비용을 보상하는 것이므로, 수급권자는 반드시 유족급여의 수급권자인 유족에 한정하는 것은 아니고 실제 장제를 실행하는 자이다. 장의비의 금액은 사망 근로자의 평균임금의 120일분을 원칙으로 하나, 고용노동부장관이 고시하는 최고금액을 초과하거나 최저금액에 미달하는 경우에는 그 최고금액 또는 최저금액을 각각의 장의비로 한다.[172)]

8. 직업재활 급여

1) 의 의

'직업재활 급여'란 업무상 재해로 인한 장해근로자의 취업촉진과 장해근로자의 고용 유지를 촉진하기 위하여 장해근로자와 사업주에게 지급하는 급여를 말한다. 직업재활 급여에는 직업훈련비용 및 수당, 직장복귀 지원금, 직장적응훈련비 및 재활운동비 등이 있다.

2) 직업훈련비용·훈련수당

산재장해인의 재취업과 창업 등 직장복귀를 촉진하기 위하여 산재장해인이 직업훈련기관과 사설훈련기관에서 직업훈련을 받을 경우에 그 비용과 소정의 훈련수당을 지급한다. 종전에는 예산사업으로 시행하여 오던 것을 2008. 7. 1. 도입된 급여이다.

훈련대상자는 장해등급 제1급 내지 제12급에 해당하거나 업무상의 사유로 발생한 부상 또는 질병으로 인하여 요양 중으로서 그 부상 또는 상태가 치유 후에도 장해등급 제1급부터 제12급까지의 어느 하나에 해당할 것이라는 내용의 의학적 소견이 있으며, 취업을 하고 있지 아니하고 다른 직업훈련을 받고 있지 아니하며, 직업복귀계획을 수립한 자이다(산재보험법 시행령 제68조 제1항).

'직업훈련비용'은 고용노동부장관이 고시한 금액의 범위 내에서 보험자와 해당 훈

172) 2016. 1. 1.부터 2016. 12. 31.까지 적용되는 장의비 최고금액은 14,217,340원, 최저금액은 10,061,800원이다. 고용노동부고시 제2015-99호(2015. 12. 31.).

련기관 사이에 계약한 수강료·재료비·교재비 등이다.[173] 직업훈련비용을 지급하는 훈련기간은 12개월 이내이다(산재보험법 제73조). '직업훈련수당'은 훈련수당 출석률이 80% 이상인 자에게 지급되고 1일당 최저임금에 상당하는 금액이다. 다만, 휴업급여나 상병보상연금을 받는 훈련대상자에게는 직업훈련수당을 지급하지 않는다. 직업훈련 수당을 받는 자가 1일당 장해보상연금액과 1일당 직업훈련 수당을 합한 금액이 평균임금의 70%를 초과하는 경우에는 그 초과금액 중 직업훈련 수당에 해당하는 금액은 지급하지 않는다(산재보험법 제74조).

3) 직장복귀 지원금 등

'직장복귀 지원금 등'이란 산재장해인의 고용확대를 위하여 요양종결 후 원직장의 복귀를 촉진함으로써 재취업 등에 소요되는 사회적 비용을 최소화하고, 조기 사회복귀 도모 및 안정적인 직업생활 유지를 위해 지원하는 급여를 말한다. 직장복귀 지원금 등에는 직장복귀 지원금, 직장적응훈련비 및 재활운동비가 있다.

'직장복귀 지원금'의 지급대상은 장해등급 제1급 내지 제12급 산재장해인을 업무상 재해가 발생할 당시의 사업장에 복귀시켜 요양종결일로부터 6개월 이상 고용을 유지한 사업주이다. 장해급여자가 요양종결일로부터 6개월이 되기 전에 자발적으로 퇴직한 경우에는 그 퇴직한 날까지의 직장복귀지원금을 지원한다(산재보험법 시행령 제70조 제1항). '6개월 이상 고용유지'란 휴직, 병가, 재요양기간 등 근로관계가 단절되지 않는 기간을 포함하여 6개월 이상 고용관계가 유지되는 것을 말한다.[174] 지원기간은 12개월 이내로 하고 지원한도는 고용노동부장관이 고시한 금액으로 한다(산재보험법 제75조 제2항).[175]

'직장적응훈련비 및 재활운동비'의 지급대상은 장해등급 제1급 내지 제12급 산재장해인을 업무상 재해가 발생할 당시의 사업장에 복귀하여 그 직무수행이나 다른 직무로 전환하는데 필요한 직장적응훈련이나 재활운동을 요양종결일부터 6개월 이내에 실시하고 6개월 이상 고용을 유지한 사업주이다(산재보험법 시행령 제70조 제2

---

173) 현행 기준상 훈련생 1인당 직업훈련비용은 600만원이며, 한국장애인고용공단의 산재장해인 1인당 위탁훈련비용은 800만원이다. 노동부고시 제2010-34호(2010. 4. 27.).

174) 노동부·근로복지공단, 2010 산재·고용보험실무편람, 122면.

175) 현행 기준상 직장복귀 지원금은 장해등급 제1급 내지 제3급인 경우에는 월 60만원, 장해등급 제4급 내지 제9급인 경우에는 월 45만원, 장해등급 제10급 내지 제12급인 경우에는 월 30만원이다. 노동부고시 제2010-34호(2010. 4. 27.).

항). 지원종목은 자체시설 또는 외부위탁시설에서 실시하는 직장적응훈련과 자체시설 또는 외부스포츠 기관에서 실시하는 재활운동이다. 지원기간은 3개월 이내로 하고, 지원한도는 고용노동부장관이 고시한 금액이다.[176]

Ⅳ. 특별급여

1. 의 의

'특별급여'란 사용자의 고의 또는 과실에 의하여 업무상 재해가 발생하였을 경우에 보험자가 사용자의 손해배상을 대신하여 지급하는 급여이다. 특별급여는 산재보험법상의 보험급여의 일종이지만, 민사배상액에 갈음하여 고용노동부장관이 보험기금에서 일시적으로 대체하는 제도이기 때문에 산재보상으로서의 보험급여와는 그 성격이 다르다. 즉, 특별급여는 일종의 민사대불제도라고 할 수 있다. 현행 산재보험법상의 특별급여에는 장해특별급여와 유족특별급여가 있다(산재보험법 제78~79조).

사업주의 고의 또는 과실로 인하여 업무상 재해가 발생하였을 경우에 사업주는 산재보상책임과 민사법상의 불법행위에 의한 배상책임이 발생하게 된다. 이러한 경우 수급권자가 민사배상청구에 갈음하여 별도의 예외적인 급여를 받을 수 있도록 함으로써 민사소송을 거치지 아니하고 배상문제를 신속·간편하게 해결하기 위한 것이 산재보험법상의 특별급여제도이다.

2. 특별급여의 지급요건

특별급여는 ① 보험가입자의 고의 또는 과실로 인하여 근로자가 사망하거나 신체장해등급 제1급 내지 제3급에 해당하는 장해(진폐장해)가 있어야 하고, ② 보험가입자와 재해근로자가 특별급여를 청구하는 경우에는 민법 기타 법령에 의한 신체적·정신적 손해에 대한 손해배상을 청구하지 아니한다는 합의가 있어야 하고, ③ 수급권자가 민사배상청구에 갈음하여 특별급여를 청구한 경우에 한하여 지급한다.

176) 현행 기준상 직장적응훈련비는 월 45만원 이내, 재활운동비는 월 15만원 이내이다. 고용노동부 고시 제2010-34호(2010. 4. 27.).

3. 특별급여의 수준

1) 장해특별급여

장해특별급여는 평균임금의 30일분에 장해등급에 해당하는 노동력상실률과 취업가능기간에 상응하는 라이프니츠계수를 곱하여 산정한 금액에서 장해보상일시금을 공제한 금액으로 한다.[177] 이 경우의 노동력상실률은 장해등급(진폐장해등급) 제1등급 내지 제3등급은 모두 100%이고, 취업가능 기간은 신체장해의 판정일부터 단체협약 또는 취업규칙에 정하는 취업정년으로 하나 이에 관한 규정이 없으면 만 60세까지로 한다(산재보험법 시행령 제73조).

2) 유족특별급여

유족특별급여는 평균임금의 30일분에서 사망자 본인의 생활비를 공제한 후 취업가능기간에 대응한 라이프니츠계수를 곱하여 산정한 액에서 유족급여를 공제한 금액으로 한다.[178] 사망자 본인의 생활비 비율은 부양가족이 없는 경우에는 40%, 부양가족이 1인인 경우에는 35%, 부양가족이 2인인 경우에는 30%, 부양가족이 3인 이상인 경우에는 25%이다(산재보험법 시행령 제74조 제1항 [별표 10]). 부양가족의 범위는 민법을 따르되, 사실상 혼인관계에 있는 배우자도 포함된다.

4. 특별급여의 효과

특별급여는 민사배상에 갈음하는 보험급여이기 때문에, 수급권자는 동일한 사유로 민법 기타 법령에 규정한 손해배상을 청구할 수 없고 보험가입자인 사업주는 특별급여에 해당하는 금액을 보험자에게 납부하여야 한다. 보험료의 납부는 특별급여의 지급일로부터 1년간 4회 분할 납부할 수 있다(산재보험법 시행령 제75조 제1항). 이처럼 특별급여는 보험가입자에게는 모든 법령상의 배상의무를 면제받게 됨으로써 심리적 안정과 금전적 부담을 덜어주게 되고, 수급권자에게는 민사소송절차를 거치지 아니하고 간이·신속하게 보상받을 수 있다는 장점이 있다.

---

177) 구체적으로 장해특별급여는 「(평균임금 × 30일분 × 노동력상실률 × 취업가능기간에 상응하는 라이프니츠계수) - 장해급여일시금」의 방법에 따라 산정한다.

178) 유족특별급여는 「[(평균임금 × 30일분) - (평균임금 × 30일분 - 본인의 생활비공제비율) × 취업가능기간에 상응하는 라이프니츠계수] - 유족급여일시금」의 방법에 따라 산정한다.

V. 수급권의 보호

1. 의의 및 필요성

'수급권'이란 보험급여 지급사유인 업무상 재해로 인하여 보험급여를 받을 수 있는 권리를 말하고, '수급권자'란 보험급여를 받을 수 있는 사람을 말한다. 산재보험급여 수급권자가 재해근로자 본인인 경우는 민법과 충돌문제는 발생하지 않으나, 그 수급권자가 유족인 경우에는 민법상의 상속순위와 충돌된다. 보험급여 수급권자가 유족인 경우에는 민법에 따른 상속순위와는 달리 업무상 재해로 사망한 근로자에게 실제 부양되고 있느냐를 중요시 한다.[179)]

산재보험급여제도는 업무상 재해가 발생한 경우에 재해근로자 및 그 가족의 생활보호를 위하여 신속·확실하게 산재보상을 실시하는 제도이다. 산재보험급여는 사용자의 재해근로자에 대한 재해보상책임을 담보하는 책임보험 또는 손실전보에서 벗어나 적극적으로 재해근로자 또는 그 가족의 생활을 보장하고자 하는 사회보장의 성격을 지닌 급여이다. 따라서 산재보험급여는 재해근로자 또는 그 가족의 생활보호를 위하여 절대적으로 필요한 것이므로 그 수급권은 일반채권과는 달리 강력한 보호가 요청된다. 이와 같은 보험급여의 중요성에 따라 산재보험법은 수급권자를 보호하기 위한 각종 제도를 두고 있다.

2. 수급권의 불변경성

보험급여의 수급권은 퇴직을 이유로 소멸되지 않기 때문에 수급권자가 보험급여를 받는 도중 퇴직하더라도 계속하여 보험급여를 지급받을 수 있다(산재보험법 제88조 제1항).

'퇴직을 이유로 보험급여가 소멸되지 않는다.'라는 것은 퇴직으로 인하여 보험급여를 받을 권리 그 자체가 소멸되거나 축소되거나 변경되지 않음을 의미한다. 퇴직이유를 불문하므로 근로자의 자의에 의한 임의퇴직, 사용자의 일방적인 의사표시에 의한 해고, 계약기간 만료에 의한 근로계약관계의 종료, 해당 사업 또는 사업장이 폐지되어 퇴직한 경우에도 당연히 산재보험급여수급권은 보호받는다.[180)] 보험급여의 수급권은 퇴직을 이유로 소멸되지 않기 때문에 근로계약 종료 후 새로 발생한 질병이

---

179) 김수복, 산업재해보상보험법(전면개정증보8판), 545면.
180) 한경식, 산업재해보상 및 배상론(초판), 273면.

근로계약 존속 중에 그 원인이 되어 발병된 경우에는 수급권은 보호받는다.[181]

3. 수급권의 양도 및 압류금지

1) 수급권의 양도금지

'수급권의 양도'란 보험급여를 받을 자가 그 권리를 계약에 의하여 제3자에게 이전하는 것을 말한다. 법률행위에 의하여 산재보험급여를 제3자에게 제한 없이 지급된다면 재해근로자 및 그 가족의 생활에 중대한 위협이 된다. 재해근로자 및 그 가족의 생활을 보호하기 위해서는 제3자에 대한 보험급여의 지급을 금지할 필요성이 있다.

따라서 수급권자와 그 가족의 생활안정을 위하여 보험급여 수급권의 양도는 금지된다(산재보험법 제88조 제2항). 보험급여 수급권의 양도금지의 취지에 비추어 볼 때, 수급권의 양도뿐만 아니라 질권의 목적물로 설정할 수 없으며 권리의 포기 기타 위임형식에 의한 권리의 담보 등 일체의 법률행위가 금지되는 것으로 해석해야 한다.[182] 수급권자가 수급권 양도의 금지규정에 위반하여 이를 양도한 경우에는 양수자는 이 양도계약을 근거로 보험자에게 보험금여를 청구할 수 없음은 물론 그 양도계약은 강행법규에 위반되어 당연 무효이다.

2) 수급권의 압류금지

보험급여의 전액을 재해근로자 또는 그 유족으로 하여금 확실하게 수령하게 하기 위하여 보험급여를 받을 권리에 대한 압류는 금지된다(산재보험법 제88조 제2항). '압류'란 채무자의 일정한 재산을 강제집행의 목적물로서 압류하는 것을 법률상 또는 재판상 금지하는 것을 말한다. 보험급여청구권은 민사상의 강제집행, 세법상 체납처분에 의하여 압류할 수 없으므로 그 권리에 대한 압류는 무효이다.

4. 공과금의 면제

보험급여로서 지급된 금품에 대해서는 국가 또는 지방자치단체의 공과금을 부과할 수 없다(산재보험법 제91조). 보험급여는 재해근로자와 그 유족의 생활보호를 목적으로 하고 있는 것이므로 보험급여에 대해서는 공과금을 부과할 수 없도록 한 것

181) 대법원 1992. 5. 12. 선고 91누10466.
182) 한경식, 산업재해보상 및 배상론(초판), 274면.

은 당연한 입법조치이다.[183] 공과금 부과의 금지대상은 산재보험급여로서 지급된 금품이다. 형식상 보험급여로 되어 있으나 재해근로자 또는 그 유족에게 귀속되지 않는 진료비 또는 개호료 등은 과세의 대상이 된다. 왜냐하면 진료비 또는 개호료는 의료기관의 입장에서 볼 때 의료행위에 의한 소득의 일부분이 되기 때문이다.[184]

5. 미지급 보험급여의 지급

'미지급 보험급여'란 보험급여의 수급권자가 보험급여를 지급받기 전에 사망한 경우에 수급권자에게 지급할 보험급여를 말한다. 산재보험법 제81조는 보험급여의 수급권자가 사망한 경우에 그 수급권자에게 지급하여야 할 보험급여로서 아직 지급되지 않거나 수급권자가 보험급여를 청구하지 않은 때에는 그 수급권자 유족의 청구에 따라 미지급 보험급여를 지급하도록 하고 있다. 수급권자의 사망 등 사정변경이 있더라도 그 권리를 소멸시키거나 제한하지 않고 차순위 유족에게 미지급 보험급여를 지급함으로써 유족의 생활을 보호하고 있다.[185]

6. 보험급여의 일시지급

'보험급여의 일시지급'이란 외국인 근로자가 업무상 재해에 따른 부상 또는 질병으로 요양 중 치유되기 전에 출국하기 위해 보험급여의 일시 지급을 신청한 경우에 보험자가 그 신청한 날 이후에 청구사유가 발생할 것으로 예상되는 보험급여를 한꺼번에 지급하는 것을 말한다(산재보험법 제76조 제1항). 외국인 근로자에게 일시 지급할 수 있는 금액은 예상되는 보험급여 금액의 2/100에 해당하는 금액을 뺀 금액이다(산재보험법 제76조 제2항·영 제72조).

---

183) 근로기준법상의 재해보상금에 대하여 조세 및 공과금을 면제한다는 규정은 없으나, 소득세법 제12조 제3호 라목은 근로기준법 또는 선원법에 의하여 근로자·선원 및 그 유족이 지급받는 요양보상금·휴업보상금·상병보상금·일시보상금·장해보상금·유족보상금·행방불명보상금·소지품 유실보상금·장의비 및 장제비에 대해서는 소득세를 면제하도록 하고 있다.

184) 한경식, 산업재해보상 및 배상론(초판), 275면; 김수복, 산업재해보상보험법(전면개정증보8판), 550면.

185) 산재보험급여여의 수급권은 민법상 재산권에 해당하는 것이므로 미지급 보험급여는 재산상속인에게 귀속되어야 하는 것이나, 미지급 보험급여의 지급제도는 유족의 생활안정을 도모하고자 하는 것이므로 민법의 상속에 관한 규정이 적용되지 않는다(한경식, 산업재해보상 및 배상론(초판), 275면.

상병보상연금은 그 산정기준이 되는 폐질등급과 같은 장해등급의 장해보상 일시금에 해당하는 금액으로 하고, 장해보상연금은 그 장해등급의 장해보상 일시금으로 한다. 보험급여의 일시금액은 보험급여를 미리 지급하는 기간에 따른 이자를 고려하여 다음의 방법에 따라 각각 환산한 금액을 합한 금액으로 한다(산재보험법 제76조 제2항).

(1) 출국하기 위하여 요양을 중단하는 날부터 업무상의 재해에 따른 부상 또는 질병이 치유될 것으로 예상되는 날까지의 요양급여
(2) 출국하기 위하여 요양을 중단하는 날부터 업무상 부상 또는 질병이 치유되거나 그 상병상태가 취업할 수 있게 될 것으로 예상되는 날까지의 기간에 대한 휴업급여
(3) 출국하기 위하여 요양을 중단할 당시 업무상의 재해에 따른 부상 또는 질병이 치유된 후에 남을 것으로 예상되는 장해등급에 해당하는 장해보상일시금
(4) 출국하기 위하여 요양을 중단할 당시 요양 개시일부터 2년이 지난 후에 상병보상연금의 지급대상이 되는 폐질상태가 지속될 것으로 예상되는 경우에는 그 예상되는 폐질등급과 같은 장해등급에 해당하는 장해보상일시금에 해당하는 금액
(5) 요양 당시 받고 있는 진폐장해등급에 따른 진폐보상연금

7. 사업주의 조력의무

재해근로자가 보험자에게 보험급여를 청구하기 하기 위해서는 사업주의 조력이 절대적으로 필요하다. 산재보험법 제116조는 보험급여를 받을 자가 보험급여의 청구 등의 절차를 행하기 곤란한 경우에는 사업주는 이에 조력하여야 하고, 보험급여를 받을 자가 보험급여에 필요한 증명을 요구한 경우에는 사업주가 그 증명을 하도록 규정하고 있다. 보험자는 사업주의 행방불명, 그 밖의 부득이한 사유로 보험급여를 받는데 필요한 증명이 불가능한 경우에는 그 증명을 생략할 수 있다.

Ⅵ. 급여의 제한·정지 및 조정

1. 의의 및 필요성

보험급여를 받을 수 있는 자가 고의로 상병상태를 악화시키는 등의 비난가능성이

있는 행위가 있는 경우에는 보험급여가 제한된다. 급여를 받을 수 있는 자가 일정한 사유에 해당되는 경우에는 그 기간 동안 보험급여의 지급은 정지된다. 급여의 제한과 정지는 급여를 받을 수 있는 자의 의무 불이행에 대한 제재이다. 급여의 제한과 정지는 도덕적 해이(moral hazard)를 예방하기 위한 것이다. 그리고 재해근로자의 과잉보상 또는 배상을 방지하기 위해서 동일한 업무상 재해로 다른 법령에 따른 보상 또는 배상을 받은 경우에는 그 한도 내에서 급여를 지급하지 않는다.

2. 급여의 제한

1) 제한사유

근로기준법상의 재해보상과는 달리 산재보험법은 근로자의 중대한 과실로 업무상 재해가 발생한 때에 산재보험급여를 제한하는 규정이 없으므로 산재보험급여는 근로자의 중대한 과실에 상관없이 지급된다.

요양 중인 근로자가 정당한 사유 없이 요양에 관한 지시를 위반하여 부상·질병 또는 장해 상태를 악화시키거나 치유를 방해한 경우, 장해보상연금 또는 진폐보상연금 수급권자가 장해등급 또는 진폐장해등급 재판정 전에 자해(自害) 등 고의로 장해 상태를 악화시킨 경우에는 산재보험급여의 전부 또는 일부를 지급하지 아니할 수 있다(산재보험법 제83조 제1항).

2) 제한범위

산재보험급여는 수급권자의 청구에 따라 지급되는 것이나, 일정한 급여 제한사유가 있는 때에는 그 급여의 전부 또는 일부를 지급하지 않는다. 요양 중인 근로자가 정당한 사유 없이 요양에 관한 지시를 위반하여 상병상태를 악화시키거나 치유를 방해하여 보험자가 보험급여의 지급을 제한하기로 결정한 날 이후에 지급사유가 발생하는 휴업급여 또는 상병보상연금의 20일분에 상당하는 금액을 지급하지 않는다(산재보험법 시행령 제78조 제1항). 장해급여 수급권자가 장해등급 재판정 전에 고의로 장해상태를 악화시킨 경우에는 장해상태가 종전의 장해등급보다 심해진 경우에도 종전의 장해등급에 해당하는 장해보상연금(진폐보상연금)을 지급하고, 장해상태가 종전의 장해등급보다 호전되었음이 의학적으로 확인된 경우로서 재판정 전에 장해상태를 악화시킨 경우에는 그 호전된 장해등급에 해당하는 장해급여(진폐보상연금)를 지급한다(산재보험법 시행령 제78조 제2항).

3. 급여의 조정

'급여의 조정'이란 산재보험급여 수급권자가 다른 법령에 따라 보상 또는 배상을 받은 경우에 보험자가 그 한도 내에서 보험급여를 지급하지 않는 것으로서 과잉 급여를 방지하기 위한 것이다. 산재보험급여 청구권과 다른 보상 또는 급여청구권이 경합한 때에는 과잉보상을 방지하기 위하여 각 보상관계를 조정할 필요가 있다.

1) 다른 법령에 의한 지원금과 직장복귀지원금 등과의 조정

사업주가 다른 법령에 따라 직장복귀지원금, 직장적응훈련비 또는 재활운동비에 상당하는 금액을 지원받은 경우에는 직장복귀지원금, 직장적응훈련비 또는 재활운동비를 지급하지 않는다(산재보험법 제75조 제4항·영 제71조). 이는 사업주가 동일한 사유로 다른 법령에 따라 직장복귀지원금 등에 상당하는 지원금을 지급받은 경우에 이중급여의 지원을 방지하기 위한 것이다. 따라서 법문에 '직장복귀지원금 등의 지급제한'이라고 표현하고 있지만 실질적으로는 급여의 조정에 해당된다.

직장복귀지원금 등의 지급이 제한되는 사유로서는 사업주가 ①「고용보험법」 제23조(고령자 등 고용촉진 지원)·제27조(사업주에 대한 직업능력개발 훈련의 지원)·제32조(건설근로자 등의 직업능력개발 지원)에 따른 고용장려금을 받은 경우, ②「장애인고용촉진 및 직업재활법」 제30조(장애인 고용장려금의 지급)에 따른 고용장려금을 받은 경우, ③「근로자직업능력 개발법」 제20조(사업주 등의 직업능력개발사업 지원) 제1항에 따른 지원을 받은 경우, ④ 직장복귀지원금을 받을 목적으로 장해급여자가 사업에 복귀하기 3개월 전부터 복귀 후 6개월 이내에 다른 장해급여자 또는「장애인고용촉진 및 직업재활법」에 따른 장애인을 그 사업에서 퇴직하게 한 경우, ⑤「장애인고용촉진 및 직업재활법」 제28조에 따른 고용의무가 있는 장애인을 고용한 경우(직장복귀지원금만 해당), ⑥ 그 밖에 법이나 다른 법령에 따라 직장복귀지원금·직장적응훈련비 또는 재활운동비에 상당한 지원을 받은 경우이다(산재보험법 시행령 제71조).

2) 재해보상과의 조정

산재보험법은 근로기준법의 재해보상책임을 전제로 하여 그 신속·확실한 보상을 확보하기 위하여 제정된 법률이고, 산재보험은 재해근로자에 대한 사용자의 재해보상에 대한 책임보험의 성격을 가지고 있다.[186] 따라서 재해근로자의 산재보험급여

186) 대법원 2001. 9. 18. 선고 2001다7834.

청구권과 재해보상청구권이 경합한 경우에는 산재보험급여를 현실적으로 받았는가의 여부와 관계없이 사용자의 재해보상책임은 면책된다(산재보험법 제80조 제1항). 다만, 산재보험법의 적용대상이 되지 않는 산업재해에 대하여는 근로기준법상의 재해보상책임이 적용된다.[187)]

그러나 보험가입자인 사업주가 산재보험급여의 지급사유와 동일한 사유로 산재보험급여에 상당하는 금품을 재해근로자에게 미리 지급한 경우에 사업주는 수급권자의 산재보험급여를 받을 권리를 대위한다(산재보험법 제89조). 사업주가 산재보험급여에 상당하는 금품을 지급하였음을 증명하는 서류를 갖추어 보험자에게 청구하면 보험자는 그 금품을 지급해야 한다(산재보험법 시행령 제82조).

3) 손해배상과의 조정

(1) 산재보험급여와 손해배상과의 관계 및 조정범위

산재보험급여와 손해배상은 그 목적·성질·요건 등을 달리하는 별개의 제도이지만, 동일한 업무상 재해로 산재보험급여 청구권과 손해배상청구권의 요건을 모두 충족한 경우에 양자의 청구권은 경합한다.

산재보험급여와 손해배상과의 관계에 관하여 산재보험법 제80조 제2항과 제3항은 수급권자가 동일한 사유로 산재보험급여를 받은 경우에는 보험가입자는 그 금액의 한도에서 민법 기타 법령에 의한 손해배상책임을 면제하고, 수급권자가 민법이나 그 밖의 법령에 따라 보험급여에 상당하는 금품을 받으면 대통령령으로 정하는 환산한 금액의 한도 안에서 보험급여를 지급하지 않는 것으로 규정하고 있음을 볼 때, 산재보험급여와 손해배상은 상호병존관계에 있다.[188)] 판례도 같은 입장이

---

187) 현행 산재보험법은 주택법 또는 건설산업기본법 등에 의한 건설 또는 공사업자가 아닌 자가 공사하는 경우로서 총 공사금액이 2천만 원 미만인 공사 또는 연면적 100제곱미터 이하인 건축물의 건축 또는 200제곱미터 이하의 대수선에 관한 공사(산재보험법 시행령 제2조 제1항 3호), 농업·임업(벌목업 제외)·어업·수렵업 중 법인이 아닌 자의 사업으로서 상시근로자수가 5인 미만인 사업(산재보험법 시행령 제2조 제1호 제6호), 상시근로자 1명이 되지 않은 사업(산재보험법 시행령 제2조 제1항 제5호), 요양 또는 휴업일수가 3일 이내인 재해(산재보험법 제40조 제3항·제52조 단서)에 대하여는 산재보험이 적용되지 않는다.

188) 재해근로자에게 산재보험급여 이외에 사용자에 대한 손해배상청구를 인정하고 있는 이유는 ① 손해배상에는 산재보험급여에 없는 정신적 손해를 포함하고 있다고 하는 점, ② 일실이익(逸失利益)에 관하여 산재보험급여의 경우에는 피재근로자의 임금을

다.[189]

요컨대, 산재보험급여와 손해배상은 상호병존관계에 있기 때문에 재해근로자는 동일한 산업재해로 인하여 손해배상과 산재보험급여청구권을 동시에 취득한 경우에는 재해근로자는 자유로이 하나의 청구권을 청구하거나 동시에 두 개의 청구권을 행사할 수 있다. 결국, 동일한 업무상 사유에 따른 질병·부상 등으로 손해배상과 산재보험급여청구권이 경합한 경우에는 재해근로자가 어느 보상을 먼저 지급받느냐에 따라 조정방법이 달라진다.[190] '동일한 사유'란 동일한 재해에 기인한 동질·동일의 손해를 말하는 것으로써, 산재보험급여와 손해배상이 이중으로 전보하게 됨으로써 상호조정관계에 있는 경우를 말한다. 따라서 동일한 재해로 발생한 손해라 하더라도 복수의 제도에 의하여 동질 내지 이중전보의 관계가 없는 손해는 동일한 사유에 해당되지 않는다.

(2) 산재보험급여가 손해배상보다 먼저 지급된 경우의 조정방법

재해근로자가 손해배상보다 산재보험급여를 먼저 지급받은 경우에는 사용자는 「수급권자가 동일한 사유로 산재보험급여를 받은 경우에는 보험가입자는 그 범위한도에서 민법 기타 법령에 의한 손해배상책임이 면제된다.」라는 산재보험법 제80조 제2항에 따라 산재보험급여의 범위 내에서 손해배상책임은 면제된다.

산재보험법에 따라 보험급여를 받은 재해근로자가 사용자 또는 제3자를 상대로 손해배상을 청구하고 그 손해발생에 대하여 재해근로자의 과실이 경합되어 과실상계를 할 때에는 산정된 손해액에서 과실상계를 한 후 지급받은 보험급여를 공제(이득공제)해야 한다.[191]

100% 전보할 수 없다고 하는 점, ③ 산재보험급여의 성립요건인 「업무상」의 판단과 손해배상청구의 요건으로서 인과관계의 입증이 실무상 다를 가능성이 있다는 점 등 때문이다(김교숙, "산재보상법리에 관한 연구", 123면).

189) 대법원 1976. 4. 27. 선고 75다1253; 대법원 1989. 6. 27. 선고 88다카15512; 대법원 1989. 11. 24. 선고 88다카28204 등.

190) 산재보험급여와 손해배상과의 조정방법에 관해서는 한경식, 산업재해 및 배상론(초판), 424면 이하; 한경식, "산업재해의 구제법리에 관한 연구(박사학위논문)", 115면 이하; 김진석, "산업재해보상보험금 지급청구권과 민법상 손해배상의 관계", 박재동, "산업재해보상제도의 법적 과제(박사학위논문)", 52면 이하 참조.

191) 대법원 1996. 1. 23. 선고 95다24340; 대법원 1990. 2. 13. 선고 89다5997; 대법원 1989. 4. 25. 선고 88다카5041 등.

산재보험급여는 손해배상을 모두 포함하고 있는 것이 아니고 경우에 따라서는 연금급여가 지급되는 경우가 있기 때문에, 재해근로자가 산재보험급여를 지급받았더라도 사용자의 손해배상책임이 당연히 면책된다고 볼 수 없다. 따라서 산재보험급여는 정신적 손해인 위자료의 전보까지 목적으로 하는 것은 아니므로 사용자는 위자료에서 산재보험급여를 공제할 수 없고, 산재보험급여는 업무상 재해로 인한 인신손해를 전보하는 것이므로 이로 인한 물적 손해는 사용자가 별도로 배상해야 한다.[192] 또한 연금급여인 경우에는 산재보험법상 일시금의 한도 내에서만 손해배상액에서 공제된다.[193]

(3) 산재보험급여보다 먼저 손해배상금을 받은 경우의 조정방법

재해근로자가 동일한 업무상 사유로 민법 기타 법령에 의하여 보험급여에 상당하는 금품을 받은 때에는 대통령령으로 정하는 환산금액 범위 안에서 보험급여를 지급하지 않는다(산재보험법 제80조 제3항). '대통령령으로 정하는 환산금액'이란 재해근로자가 받은 금품을 손해배상액 산정 당시의 평균임금으로 나눈 일수에 해당하는 보험급여의 금액을 말하며, 다만 그 받은 금품이 요양이면 그 요양에 드는 비용으로 환산한 금액으로 한다(산재보험법 시행령 제76조 제1항). 재해근로자가 산재보험급여를 받기 전에 손해배상금을 수령한 경우의 조정방법은 다음과 같다.

첫째, 손해배상액이 산재보험급여보다 저액인 경우에는 보험자는 재해근로자에게 그 차액에 해당되는 산재보험급여를 지급하여야 한다. 왜냐하면, 산재보험급여에서 공제되는 손해배상금은 재해근로자가 사용자로부터 지급받은 일실이익 손해금을 한도로 하기 때문이다.

둘째, 산재보험가입자인 사용자가 재해근로자에게 손해배상을 행한 경우에 국가를 상대로 재해근로자에 대한 산재보험급여에 해당되는 금액을 구상할 수 있다.[194] 그 근거로서 ① 사용자는 국가의 재해근로자에 대한 산재보험급여 면책 부분에 대하여는 민법상 손해배상자의 대위규정(제399조) 또는 변제자 대위규정(제480조)을 유추 적용하여 재해근로자를 대위하여 그 권리를 주장할 수 있다고 하는 점, ② 사용자의 구상권을 인정하지 않으면 공평의 원리 또는 산재보험의 책임보험 성격에

192) 한경식, "산업재해의 구제법리에 관한 연구(박사학위논문)", 119면.

193) 대법원 2000. 5. 26. 선고 99다31100; 대법원 2001. 9. 25. 선고 2000다3958.

194) 대법원 1994. 5. 24. 선고 93다38826.

반한다고 하는 점, ③ 산재보험급여가 행해지기 전에 손해배상을 한 사용자는 수급권자인 피해자의 산재보험급여청구권을 대위 취득할 수 있다고 하는 점, ④ 보험가입자가 업무상 재해에 대하여 소속 피재근로자에게 산재보험급여에 상당하는 금품을 미리 지급한 경우에는 당해 수급권자의 보험급여를 받을 권리를 대위하도록 규정한 산재보험법 제89조의 규정은 사용자가 국가를 상대로 구상권을 행사할 수 있는 근거가 된다는 점을 들고 있다.[195]

(4) 재해근로자와 사용자와의 합의 등에 따른 조정

당사자의 합의에 의한 손해배상의무의 면제나 감축 그리고 포기의 효력은 산재보험급여액을 초과하는 부분에 대해서만 제한적으로 해석해야 하므로 비록 재해근로자가 사용자 또는 제3자 가해자와 별도의 면책 합의를 하였더라도 국가는 민사합의금을 초과한 산재보험급여를 지급해야 한다. 그 근거로서는 ① 손해배상의무의 면제나 감축 등을 전면적으로 인정하는 것은 수급권자의 생활안정이라는 산재보험법의 취지에 반한다는 점, ② 산재보험법 제55조의 산재보험급여수급권의 양도 및 압류 금지규정은 산재보험수급권의 포기나 기타 위임형식에 의한 권리의 담보 등 일체의 법률행위도 금지된 것으로 해석해야 된다는 점, ③ 근로기준법의 재해보상이나 산재보험법의 산재보험급여에 관한 규정은 사적 자치에 따라 그 적용을 배제할 수 없는 강행법규라는 점 등을 둘 수 있다.[196]

대법원은 '재해보상을 수령하면서 사용자에 대하여 그 밖의 배상청구권을 포기하는 것은 유효하나,[197] 보험자가 재해근로자의 제3자에 대한 손해배상청구권을 대위취득한 후에는 그 효력이 없으며,[198] 합의금의 근로기준법상 재해보상에 상당하는 손해배상금을 제외한 나머지 손해배상금을 뜻하므로 산재보험급여청구권이 소멸되지 않는 것'[199]으로 판단하고 있다. 대법원은 대체로 당사자의 합의에 의한 배상의무의 포기나 면제 등을 인정하고 있으나, 그 합의를 매우 엄격하게 해석하고 있다.

---

195) 박재동, "산업재해보상제도의 법적 과제(박사학위논문)", 60~61면; 한경식, 산업재해보상 및 배상론(초판), 455면.

196) 박재동, "산업재해보상제도의 법적 과제(박사학위논문)", 63~64면

197) 대법원 1970. 9. 29. 선고 70다1590.

198) 대법원 1978. 2. 14. 선고 76다2119 전원합의체; 대법원 1987. 4. 28. 선고 86다카2348; 대법원 1990. 2. 23. 선고 89다카22487 등.

199) 대법원 1993. 6. 22. 선고 92누16102.

4) 자동차보험과의 조정

자동차사고가 산업재해의 요건을 충족한 경우에 재해근로자는 산재보험급여청구권을 취득하는 동시에 자동차배상보장법(이하 '자배법')에 의한 손해배상청구권을 취득하게 되므로 양자의 책임은 경합한다. 자배법 제36조는 피해자가 국가배상법·산재보험법 그 밖의 대통령령이 정하는 법률에 의하여 배상 또는 보상을 받은 경우에는 그 보상 또는 배상을 받은 범위 안에서 자배법에 의한 배상책임을 면하도록 규정하고 있다. 이러한 면책규정에 따라 자동차종합보험 보통약관은 「배상책임이 있는 피보험자의 피용자로서 산재보험법에 의한 재해보상을 받을 수 있는 사람」에 대하여는 산재보상금 한도 내에서 교통사고로 인한 손해배상을 면책시키고 있다.[200)]

산재보험급여 청구권과 자배법에 의한 손해배상 청구권이 경합한 경우에 재해근로자가 이중배상을 받지 못하도록 하기 위하여 다음과 같은 조정절차를 거쳐야 한다.[201)] 재해근로자가 산재보험급여를 받은 때에는 자동차보험자는 교통사고로 인한 인적 손해배상이 면책되고, 재해근로자가 자배법 제3조의 규정에 의한 손해배상책임이 있는 자로부터 배상을 받은 때에는 국가는 그가 배상받은 금액의 범위 안에서 그 책임을 면한다. 그러나 재해근로자가 받은 금액이 자배법에 의한 배상액보다 저액일 때에는 그 부족액에 대해서는 별도로 자배법에 의한 손해배상청구가 가능하다. 산재보험급여보다 자동차보험에 의한 손해배상액이 먼저 재해근로자에 지급된 경우에는 그 배상액의 한도에서 산재보험급여의 지급은 면책된다.

5) 건강보험급여와의 조정

산재보험급여 중 요양급여는 재해발생일로부터 치유종결일까지만 지급되고, 국

---

200) 자동차사고가 업무상 재해에 해당하는가의 판단이 반드시 명확한 것이 아니고, 피보험자로서의 피용자가 유한보상인 산재보험급여보다는 무한배상인 자동차보험급여를 청구할 가능성이 있다. 이때 자동차보험회사가 산업재해에 해당한다고 하여 그 지급을 거절할 경우 소송을 제기하거나 별도로 공단을 상대로 산재보험급여의 지급을 청구할 수밖에 없는데, 그 과정에서 산업재해 여부를 둘러싸고 법적 분쟁이 발생할 뿐만 아니라 공단이 산재보험급여를 지급하였더라도 공단이 자동차보험회사를 상대로 구상권을 행사하는 지복잡한 법률관계를 형성하게 공(한국행정학회, 산재보험과 자동차보험(책임보험중심)과의 조정방안 연구, 208면). 결국, 손해배상 범위 안에 있는 산재보험급여는 자동차보험자가 부담하게 되는 결과를 가져오게 되므로 자동차종합보험약관상의 면책조항은 폐지함이 타당하다.

201) 산재보험급여와 자동차보험과의 조정방법에 대한 상세는 한국행정학회, 산재보험과 자동차보험(책임보험중심)과의 조정방안 연구, 참조.

민건강보험공단은 요양기간 동안 재해근로자에 대한 요양급여의무가 면제된다(국민건강보험법 제53조 제1항 제4호). 따라서 산재보험급여와 건강보험급여가 중복된 경우에는 산재보험급여가 우선적으로 적용되므로 산재보험법은 국민건강보험법에 대한 특별법의 성격을 가진다.[202)]

근로기준법 제78조 제1항은 사용자가 산업재해로 인한 요양보상을 부담하도록 규정하고 있고, 국민건강보험법 제53조 제1항 제4호와 제2항은 근로자가 업무상 재해로 다른 법령에 의하여 보험급여에 상당하는 비용을 지급받게 되는 때에는 그 한도 내에서 보험급여를 실시하지 아니하는 것으로 규정하고 있으므로 산재요양급여의 대상이 되지 않거나 산재보험급여를 초과하는 일체의 요양비는 사용자가 부담할 수밖에 없다.[203)] 다만, 재해근로자가 산재보험법 제77조의 후유증상의 진료대상자에 해당되는 경우에는 국민건강보험공단 또는 사용자의 진료비의무는 면책된다. 제3자의 행위로 산업재해가 발생하여 건강보험공단이 재해근로자의 요양비를 부담한 경우에는 제3자에 대한 재해근로자의 손해배상청구권을 대위취득하기 때문에 제3자에게 요양비 전액을 구상할 수 있다.

사용자는 재해근로자의 건강보험료 50%를 부담하고 있음에도 산재보험법상 요양급여의 대상이 되지 않는다는 이유만으로 사용자가 재해근로자의 요양비용 전액을 부담하도록 하는 것은 사회보험의 원리에 반한다.[204)] 산재보험급여에 해당되지 않는 재해근로자의 요양비용은 건강보험 또는 산재보험을 적용할 수 있도록 법률을

---

202) 전광석, 한국사회보장법론(제7판), 265면.

203) 한경식, "산재환자에 대한 요양급여 지급제도 개선", 368면; 정홍기·조정찬, 국민건강보험법(개정판), 466면. 하급심 판례는 사용자의 요양비 부담을 긍정하는 입장과 부정하는 것이 입장이 있다. 즉, "치료종결로 인하여 근로자가 산재보험법에 의한 요양보상을 받지 못하여 국민건강보험법에 의한 보험급여를 받은 경우 사용자는 여전히 근로기준법 제78조 제1항에 의한 요양보상을 할 의무가 있다."라고 하는 판례(대구지방법원 2002. 12. 11. 선고 2002나11456), "재해근로자의 요양비용을 건강보험공단이 지급한 이상, 사용자는 동일한 사유로 재해보상책임이 면제되기 때문에 사용자는 요양급여를 반환할 의무가 없다."라는 판례(서울동부지방법원 2008. 1. 26. 선고 2007가소51197), "건강보험법의 공공적 성격과 기능 및 건강보험의 목적, 사용자가 재해근로자의 건강보험료 50%를 부담하고 있는 점을 고려하면 사용자의 개인적인 요양보상의무를 규정한 근로기준법 제78조 제1항보다는 건강보험법 보험급여 규정이 우선적으로 적용된다."라는 판례(인천지방법원 1997. 5. 9. 선고 96나5476)가 있다.

204) 한경식, "산재환자에 대한 요양급여 지급제도 개선", 370면; 박재동, "산업재해보상제도의 법적 과제(박사학위논문)", 83면.

개정해야 한다.

6) 국민연금과의 조정

국민연금법에 따른 장해연금 또는 유족연금의 수급권자가 국민연금법에 의한 장해연금 또는 유족연금의 지급사유와 동일한 사유로 산재보험법에 의한 장해급여 또는 유족급여를 지급받을 수 있는 경우에는 그 연금액의 2분의 1에 해당하는 금액을 지급한다(국민연금법 제113조). 산재보험급여 수급권자가 민법 기타 법령에 의하여 보험급여에 상당하는 금품을 받으면 대통령령으로 정하는 방법에 따라 환산한 금액의 한도 안에서 보험급여를 지급하지 않는다(산재보험법 제80조 제3항).

따라서 재해근로자가 산재보험급여를 지급받은 경우 국민연금관리공단은 국민연금법 제113조에 의하여 장애연금 또는 유족연금의 50%는 면책되고, 국민연금법에 의한 장애연금 또는 유족연금의 50%가 먼저 지급된 경우에는 근로복지공단은 산재보험법 제80조 제3항에 의하여 산재보험급여는 그 한도에서 면책된다. 그런데 국민연금법은 산재보험법에 의한 장애급여 또는 유족급여를 받을 수 있는 경우에는 국민연금급여의 1/2을 감축하도록 되어 있으므로 재해근로자가 국민연금급여를 청구한 후 산재보험급여를 청구하는 경우에는 재해근로자는 국민연금의 1/2이 감축된 상태에서 또 다시 산재보험법 제80조 제3항에 따라 보험급여에서 이를 공제하게 되는 불합리한 결과를 초래한다. 이러한 모순을 해결하기 위하여 실무적으로는 먼저 산재보험급여를 청구한 후 국민연금을 청구하는 것이 보통이다.[205]

4. 급여의 중지

'급여의 중지'란 급여를 받을 수 있는 자가 일정한 사유에 해당되는 경우에 그 기간 동안 보험급여를 실시하지 않는 것을 말한다. 보험자는 요양 중인 근로자가 보험자의 전원 요양지시를 정당한 사유 없이 따르지 않는 경우, 보험자의 직권 장해등급 또는 진폐장해등급 재판정 요구에 응하지 않는 경우, 산재보험법에 따른 보고·서류 제출 또는 신고를 하지 않는 경우, 보험자의 질문이나 조사에 응하지 않는 경우, 보험자의 진찰요구에 응하지 않는 경우에는 보험급여의 지급을 일시 중지할 수 있다(산재보험법 제120조).

모든 보험급여는 중지 대상이 된다. 다만, 요양 중인 근로자가 보험자의 전원 요

205) 한경식, 산업재해보상 및 배상론(초판), 479~480면.

양지시를 정당한 사유 없이 따르지 않는 경우에는 휴업급여 또는 상병보상연금 또는 진폐보상연금만이 중지된다(산재보험법 시행령 제119조 제2항). 보험자가 보험급여를 일시 중지하기 위해서는 상당한 기간을 정하여 문서로 의무이행을 촉구해야 하고, 급여를 중지할 수 있는 기간은 의무이행 지정일 다음 날부터 그 의무를 이행한 날의 전날까지이다(산재보험법 시행령 제119조 제1항·제3항).

Ⅶ. 급여비용의 징수

'급여비용의 징수'란 보험자가 재해근로자에게 보험급여를 지급한 후에 보험가입자 또는 제3자를 상대로 급여비용의 전부 또는 일부를 징수하는 것을 말한다. 산재보험법과 보험료징수법은 보험가입자가 보험가입의 신고 또는 보험료 납부를 태만히 한 기간 중에 발생한 재해에 대하여 보험자가 보험급여를 행한 경우, 거짓 또는 부정한 방법으로 보험급여를 받은 경우, 제3자의 행위에 의하여 재해가 발생한 경우에는 급여비용를 징수하도록 하고 있다.

1. 보험급여액의 징수

1) 의 의

'보험급여액의 징수'란 보험가입자가 보험가입 신고 또는 보험료의 납부를 태만히 한 기간 중에 업무상 재해가 발생하여 보험자가 재해근로자에게 보험급여를 지급한 때에 보험자가 그 급여액의 전부 또는 일부를 보험가입자로부터 환수하는 것을 말한다. 보험급여액의 징수제도는 보험가입자로 하여금 성실한 보험가입신고와 보험료의 성실납부를 유도하기 위한 것으로써 보험관계의 성립신고 또는 보험료 납부를 해태한 것에 대한 제재의 성격을 가지고 있는 행정처분에 해당된다.

2) 보험급여액의 징수사유 및 범위

(1) 사업주가 산재보험가입신고를 게을리 한 기간 중에 재해가 발생한 경우

보험급여액의 징수대상은 산재보험 가입신고를 하여야 할 기한이 만료된 날의 다음 날부터 보험가입 신고를 한 날까지의 기간 중에 발생한 재해에 대한 요양급여·휴업급여·장해급여·간병급여·유족급여·상병보상연금이다.

징수금액은 보험가입 신고를 게을리 한 기간 중에 발생한 재해에 대하여 보험자가 지급 결정한 보험급여액의 50/100에 해당되는 금액이다. 다만, 요양을 개시한 날(재해 발생과 동시에 사망한 경우에는 그 재해 발생일)부터 1년이 되는 날이 속하는 달의 말일까지의 기간 중에 급여청구사유가 발생한 보험급여에 한한다(보험료징수법 제26조 제1항 제1호·영 제34조 제1항).

(2) 사업주가 보험료 납부를 게을리 한 기간 중에 재해가 발생한 경우

개산보험료의 납부기한(분할납부의 경우에는 각 분기의 납부기한)의 다음 날부터 당해 보험료를 납부한 날의 전날까지의 기간 중에 재해가 발생한 경우에 보험자는 요양급여·휴업급여·장해급여·간병급여·유족급여·상병보상연금을 행한다. 이 경우 보험자는 재해가 발생한 날부터 보험료를 납부한 날의 전날까지의 기간 중에 급여청구사유가 발생한 보험급여의 금액의 100분의 10에 해당하는 금액을 사업주로부터 징수한다. 다만, 재해가 발생한 날까지 내야 할 해당연도의 월별보험료에 대한 보험료 납부액의 비율이 100분의 50이상인 경우, 해당연도에 내야 할 개산보험료에 대한 보험료 납부액의 비율(분할납부의 경우에는 재해가 발생한 분기까지 내야 할 개산보험료에 대한 보험료 납부액의 비율)이 100분의 50 이상인 경우에는 징수하지 않는다(보험료징수법 제26조 제1항 제2호·영 제34조 제2항).

3) 보험급여액의 징수방법

보험자가 보험급여액을 징수함에 있어서 지급 결정된 보험급여가 장해보상연금 또는 유족보상연금인 경우에는 최초의 급여청구사유가 발생한 날에 장해보상일시금 또는 유족보상일시금이 지급 결정된 것으로 본다(보험료징수법 시행령 제34조 제3항). 보험급여액의 징수사유가 경합한 때에는 그 경합된 기간 동안에는 그 징수비율이 가장 높은 징수금만을 징수한다(보험료징수법 시행령 제34조 제4항). 보험자가 보험급여의 금액의 전부 또는 일부를 징수하기로 결정한 때에는 지체 없이 해당 사업주에게 통지해야 하고, 납부기한은 통지를 받은 날부터 30일 이상이 되도록 해야 한다(보험료징수법 제26조 제2항·영 제35조).

2. 보험자의 구상권

1) 의 의

'보험자의 구상권'이란 제3자가 피해자에게 이행하여야 할 손해배상의무를 보험

자가 대신하여 보험급여를 실시한 후, 피해자가 제3자에게 가지고 있는 손해배상청구권을 대위하여 행사하는 것을 말한다. 산재보험법 제87조 제1항은 "근로복지공단은 제3자의 행위에 따른 재해로 보험급여를 지급한 경우에는 그 급여액의 한도 안에서 급여를 받은 자의 제3자에 대한 손해배상청구권을 대위(代位)한다."라고 하여 보험자의 구상권을 인정하고 있다.[206]

2) 구상권 행사의 요건

보험자가 제3자를 상대로 산재보험급여 수급자에게 지급된 급여를 구상하기 위해서는 제3자의 불법행위로 업무상 재해가 발생해야 하고, 보험자가 보험급여를 지급하였어야 한다.

(1) 제3자의 불법행위가 있을 것

'제3자'란 보험가입자 및 소속 근로자 이외의 자로서 고의 또는 과실에 의하여 보험급여의 원인을 발생시킨 자를 말한다. 다만, 보험가입자인 2 이상의 사업주가 같은 장소에서 하나의 사업을 분할하여 각각 행하다가 그 중 사업주를 달리하는 근로자의 행위로 재해가 발생한 경우에는 그 근로자는 제3자에 해당되지 않는다(산재보험법 제87조 제1항 단서).

민법 제756조의 사용자책임 규정에 의하여 소속근로자의 사업주에게 구상권을 행사하게 되는 부당한 결과를 초래하기 때문에 재해근로자의 사용자와 근로계약관계를 맺고 있는 소속 근로자는 제3자의 범위에 포함되지 않는다.[207] 제3자의 '행위'란 고의 또는 과실로 보험급여의 원인을 발생하게 한 행위를 말하는 것이므로 손해배상 책임을 발생시키는 민사법에 의한 불법행위를 의미한다.

(2) 보험급여사유가 발생하였을 것

보험자의 구상권이 발생하기 위해서는 제3자의 행위가 산재보험법상 보험급여사유에 해당되어야 한다.[208] '보험급여사유의 발생'이란 피해자에게 발생된 손해 중

---

206) 보험자의 구상권에 대한 구체적인 내용은 한경식, "사회보험법상 보험자의 구상권", 및 제2장 제5절 Ⅵ, 2. '제3자의 행위에 의한 구상권 행사' 참조.

207) 대법원 2004. 12. 24. 선고 2003다33691.

208) 법인이 아닌 자의 사업으로서 상시근로자수가 5인 미만의 농업·임업·어업·수렵업, 관련 법률에 의한 주택건설사업자가 아닌 자가 시공하는 총 공사금액이 2천만 원 미만인 공사 또는 건축연면적 100제곱미터 이하인 건축물의 건축 또는 대수선에 관한 공

인적 손해인 질병·부상 및 사망이 발생하여 보험자가 보험급여를 지급할 의무가 발생한 것을 말한다. 따라서 제3자의 행위에 의하여 발생된 질병·부상 및 사망이 산재보험법상 보험급여의 제한사유 및 정지사유에 해당되지 않는 한 보험자는 보험급여를 지급해야 한다.

(3) 보험급여를 행하였을 것

제3자에 대한 피해자의 권리가 보험자에게 이전되는 시점은 보험자가 보험급여를 한 때이므로 보험자가 피해자에게 현실적으로 보험급여를 지급하지 아니한 이상 장래에 지급될 것이 확정되었다 하더라도 보험자는 제3자에게 구상권을 행사할 수 없다. 다만, 보험급여가 연금인 경우에는 일시금 한도로 보험급여가 지급된 것으로 보아 일시금 한도 내에서 구상권 행사가 가능하다.

3) 구상권의 범위

보험자의 구상권은 제3자에 대한 재해근로자의 손해배상청구권을 대위하는 것이므로 보험자의 구상범위는 재해근로자가 제3자에게 가지는 손해배상청구권의 범위 내에서 보험자가 재해근로자에게 지급한 보험급여가 된다.[209] 따라서 피해자가 제3자로부터 받아야 할 손해배상금이 보험자가 부담한 보험급여비용보다 적은 경우에는 보험자의 구상금액은 제3자에 대한 피해자의 손해배상금으로 제한되고, 반대로 손해배상금이 보험급여보다 많은 경우에는 구상금액의 최고한도는 보험금여액 전액이다.

4) 구상권 행사방법

보험자의 구상권은 보험급여수급자에게 급여를 지급한 경우에 발생하는 것이므로 재해근로자가 보험급여를 받기 전에 제3자로부터 손해배상 전부를 받은 경우에는 보험자는 제3자를 상대로 구상권을 행사할 수 없다.

보험자가 재해근로자에게 보험급여를 지급한 이후에 제3자가 재해근로자에게 손해배상금을 지급한 경우라도 보험자의 구상권 행사에는 영향을 미치지 못한다.[210]

사, 상시근로자 1인 미만의 사업 등은 산재보험법이 적용되지 않기 때문에 구상권은 발생하지 않는다(산재보험법 제6조·영 제2조).

209) 대법원 2002. 3. 21. 선고 2000다62322 전원합의체.

210) 대법원 1990. 2. 23. 선고 89다카22478; 김형배, 노동법(제24판), 560~561면; 菅野和夫(이 정 譯), 일본노동법(초판), 369면.

따라서 제3자가 보험자의 구상권 취득 여부를 알았는가의 여부와 관계없이 보험자는 제3자를 상대로 구상권을 행사할 수 있고, 제3자의 이중배상 문제는 부당이득의 법리에 따라 제3자가 피해자를 상대로 부당이득금 반환청구권을 행사할 수밖에 없다.

재해근로자가 보험급여를 받기 전에 제3자에 대한 손해배상청구권을 양도 또는 면제 및 포기한 경우에는 이미 손해배상을 받은 것으로 볼 수 있으므로 보험자는 보험급여를 실시하지 않아도 되고, 이미 보험급여가 이루어진 경우에는 재해근로자에게 환수할 수 있다.[211] 그러나 재해근로자와 사용자가 합의한 민사합의금은 근로기준법에 의한 재해보상에 상당하는 손해배상금을 제외한 나머지 손해배상금에 대한 합의를 뜻하는 것으로 보아 산재보험급여청구권은 소멸되지 않는다.[212]

3. 부당이득의 징수

산재보험법 제84조는 보험급여를 받은 자 또는 요양기관이 거짓 또는 부정한 방법으로 보험급여 또는 진료비 등을 지급받은 경우에 보험자는 부당이득금으로 징수하도록 하고 있다.[213]

1) 부당이득의 징수사유 및 징수범위

보험급여를 받은 자가 거짓이나 그 밖의 부정한 방법으로 보험급여를 받은 경우에는 보험자는 지급받은 보험급여의 2배에 해당하는 금액을 징수한다. 보험급여의 지급이 보험가입자·산재보험 의료기관 또는 직업훈련기관의 거짓된 신고, 진단 또는 증명으로 인한 경우에는 그 보험가입자·산재보험 의료기관 또는 직업훈련기관은 연대책임을 부담한다(산재보험법 제84조 제1항 제1호 및 제2항). 보험자의 잘못된 보험급여 또는 수급권자의 변동 등 신고의무를 이행하지 않은 경우에는 잘못된 보험급여액을 징수한다(산재보험법 제84조 제1항).

보험자는 산재보험 의료기관 또는 약국이 거짓이나 그 밖의 부정한 방법으로 진료비나 약제비를 지급받은 경우에는 그 진료비나 약제비의 2배에 해당하는 금액을 징수한다. 요양급여의 산정 기준을 위반하여 부당하게 진료비나 약제비를 지급받은

---

211) 대법원 1978. 2. 14. 선고 76다2119; 대법원 1990. 2. 23. 선고 89다카22487; 대법원 2007. 6. 15. 선고 2005두7501.

212) 대법원 1993. 6. 22. 선고 92누16102.

213) 보험자의 부당이득금의 징수에 관한 구채적인 내용은 제2장 제5절 VI. 1. '부당이득의 징수' 참조.

경우나 그 밖에 진료비나 약제비를 잘못 지급받은 경우에는 그 진료비나 약제비에 해당되는 금액을 징수한다(산재보험법 제84조 제3항). 다만, 의료기관이 거짓이나 그 밖의 부정한 방법으로 진료비나 약제비를 지급받은 경우로써 보험자가 과징금을 부과하는 경우에는 그 진료비나 약제비 원액을 징수한다.

보험자는 보험급여 또는 진료비 등에 대하여 부당이득을 받은 자, 연대책임이 있는 보험가입자 또는 산재보험 의료기관에 지급할 보험급여·진료비 또는 약제비가 있는 경우에는 징수할 금액에 충당할 수 있다(산재보험법 제86조 제1항).

2) 징수절차

보험자가 부당이득금을 징수하기로 결정한 때에는 지체 없이 납부책임이 있는 자에게 그 금액을 낼 것을 통지해야 하고, 납부의무자는 그 통지를 받은 날로부터 30일 이내에 그 금액을 납부해야 한다(산재보험법 시행령 제79조). 납부책임이 있는 자가 그 기한 내에 납부하지 않으면 보험자는 고용노동부장관의 승인을 얻어 국세체납처분의 예에 따라 징수할 수 있다(보험료징수법 제28조 제1항).

제5절 산재보험 재정

Ⅰ. 개 관

산재보험 사업에 소용되는 재정은 보험가입자가 납부하는 보험료와 국고보조로 구성되어 있는데, 가장 중요한 재정은 보험료이다. 고용노동부장관은 산재보험 사업에 필요한 재원과 급여에 충당하기 위하여 산재보험 및 예방기금을 설치·운영해야 한다. 기금은 보험료, 기금운용수익금, 적립금, 기금의 결산상 잉여금, 정부 또는 정부 외의 자로부터의 출연금 및 기부금, 차입금, 그 밖의 수입금으로 조성된다. 산업재해 예방사업의 수행을 위해 회계연도마다 기금예산지출 총액의 3%에 해당되는 범위 안에서 정부의 출연금으로 세출예산에 계상(計上)해야 한다(산재보험법 제95조).

Ⅱ. 보 험 료

1. 의 의

산재보험료는 보험자가 보험급여 사업에 필요한 재정을 충당할 목적으로 법률에 근거하여 가입자로부터 징수하는 공과금 성격을 지닌 보험료이다. 그러나 산재보험료는 반대급부를 전제로 하지 않는 세금과는 달리 반대급부인 보험급여의 지급을 전제로 한다는 점에서 독자적인 성격을 가진 공과금이다.

보험가입자는 사업주가 되고, 사업주는 보험료 전액을 부담한다. 산재보험을 받을 수 있는 자는 산재보험 가입대상 사업장에서 업무상 재해를 당한 근로자가 된다. 따라서 산재보험가입자와 급여수급권자가 다르다는 점에서 다른 사회보험과는 그 성격을 달리한다.

2. 보험료의 산정

1) 보험료율의 결정요소

산재보험료는 사업주가 경영하는 사업에 종사하는 근로자의 개인별 보수총액에 같은 종류의 사업에 적용되는 산재보험료율을 곱한 금액을 합한 금액으로 산정되므로 임금총액과 보험료율은 산재보험료를 결정하는 요소가 된다(보험료징수법 제13조 제5항).

(1) 보수총액

임금총액은 회계연도마다 1년 동안 사용할 근로자에게 지급할 보수총액의 추정액(개산보험료) 또는 1년 동안 근로자에게 지급된 보수총액(확정보험료)을 의미하고, 임금총액에는 사용자가 근로의 대가로 근로자에게 지급하는 일체의 금품을 말한다(근로기준법 제2조 제5호). 보수총액을 결정하기 곤란한 경우에는 대통령령이 정하는 바에 따라 고용노동부장관이 고시하는 노무비율을 곱하여 보수총액의 추정액 또는 보수총액을 결정할 수 있다(보험료징수법 제13조 제6항). 임금총액을 결정하기 곤란한 경우에 해당되는 대표적인 사업은 하도급이 다단계로 이루어지고 있는 건설공사와 벌목(伐木)업이다.

노무비율은 건설공사와 벌목업으로 구분하여 고용노동부장관이 정하여 고시한다. 건설공사의 노무비율은 해당 연도(기준보험연도)의 6월 30일 이전 3년 동안 건설업을 행하는 각 사업주의 총 공사금액을 합산한 전체 총 공사금액에서 같은 사업주가 근로자에게 지급한 보수총액을 합산한 전체 보수총액이 차지하는 비율 등을 고려하여 고용노동부장관이 일반 건설공사와 하도급공사의 노무비율을 구분하여 고시한다. 벌목업의 노무비율은 기준보험연도의 6월 30일 이전 3년 동안 벌목업을 행하는 각 사업주가 벌목공사를 행함에 있어 소요되는 비용을 합산한 전체 비용에서 같은 사업주가 근로자에게 지급한 보수총액을 합산한 전체 보수총액이 차지하는 비율 등을 고려하여 단위 벌목재적량(伐木材積量)당 지급하는 보수액으로 고용노동부장관이 고시한다.

보수총액의 추정액 또는 보수총액의 결정은 고용노동부장관이 건설공사와 벌목업으로 구분하여 결정 고시한다. 건설공사의 경우, 보수총액의 추정액은 총 공사금액에 노무비율을 곱한 금액으로 하고, 보수총액은 당해 건설공사를 수행함에 있어 직접 고용하는 근로자에게 지급한 보수총액과 하도급공사금액의 합계액에 하도급공사의 노무비율을 곱한 금액을 합한 금액으로 한다. 다만, 노무비율에 따라 산정된 보수총액의 추정액이 도급금액의 100분의 90을 초과하는 경우에는 도급금액의 100분의 90을 보수총액의 추정액으로 하고, 근로복지공단의 승인을 얻어 하수급인이 산재보험료 납부자가 되는 경우에는 보수총액에서 하수급인의 하도급공사금액을 제외한다. 벌목업의 경우, 보수총액의 추정액 또는 보수총액은 벌목재적량에 노무비율을 곱한 금액으로 한다(보험료징수법 시행령 제11조).

상시근로자 5인 미만의 사업의 경우, 사업의 폐지·도산 등으로 임금을 산정·확인하기 곤란하거나 보수 관련 자료가 없거나 불명확한 또는 사업자의 이전 등으로 사업의 소재지를 파악하기 어렵거나 곤란한 경우에는 고용노동부장관이 고시하는 기준임금을 보수총액으로 할 수 있다(보험료징수법 제3조·영 제3조 제1항).

(2) 보험료율의 결정 및 특례

보험료율은 매년 6월 30일 현재 과거 3년 동안의 보수총액에 대한 보험급여총액의 비율을 기초로 하여, 산재보험법에 의한 산재보험급여에 드는 금액, 재해예방 및 재해근로자의 복지증진에 드는 비용 등을 고려하여 사업의 종류별로 구분하여 고용노동부장관이 정한다(보험료징수법 제14조 제3항). 특정 사업종류의 보험료율은 전체 사업의 평균 보험료율의 20배를 초과하지 못하고, 보험료율의 인상 또는 인하는 직전 보험연도 보험료율의 100분의 30의 범위에서 조정해야 한다(보험료징수법 제14조 제5항·제6항). 보험료율을 정함에 있어서 동일한 사업주가 하나의 장소에서 사업의 종류가 다른 사업을 2 이상 행하는 경우에는 근로자수 및 보수총액 등의 비중이 큰 주된 사업에 적용되는 보험료율을 적용한다. 주된 사업은 「근로자의 수가 많은 사업 →(근로자 수가 같거나 그 수를 파악할 수 없는 경우) 보수총액이 많은 사업 →(앞의 두

가지 방법으로 주된 사업을 결정할 수 없는 경우) 매출액이 많은 제품을 제조하거나 서비스를 제공하는 사업」의 순서로 결정한다(보험료징수법 시행령 제14조).

산재보험법은 사업주의 산업재해 예방노력을 촉진하기 위하여 개별사업장 단위로 산업재해 발생빈도에 따라 보험료율을 증감할 수 있도록 규정하고 있다(보험료징수법 제15조 제2항·영 제15조 및 16조). 즉, 건설업 중 매년 당해 보험연도의 2년 전 보험연도의 총 공사금액이 20억 원 이상인 사업과, 건설업 및 벌목업을 제외한 사업으로서 상시근로자수가 10명 이상인 사업으로서 매년 6월 30일 이전 3년 동안의 산재보험료에 대한 산재보험급여의 금액의 비율이 100분의 85를 넘거나 100분의 75 이하인 경우에는 산재보험료율의 100분의 50의 범위에서 사업 규모를 고려하여 인상 또는 인하한 비율을 그 사업에 대한 다음 보험연도의 보험료율로 할 수 있다.[214] 또한 위 요건에 해당하는 사업으로서 산재보험의 보험관계가 성립한 사업의 사업주가 해당 사업 근로자의 안전보건을 위하여 재해예방활동[215]을 실시하고 이에 대하여 고용노동부장관의 인정을 받은 경우 산재보험료율의 100분의 30 범위에서 대통령령으로 정하는 바에 따라 인하한 비율을 그 사업에 대한 다음 보험연도의 보험료율로 할 수 있다(보험료징수법 제15조 제3항·영 제15조). 한편 위의 경우에 따른 보험료율을 모두 적용받을 수 있는 사업의 경우 그 사업에 적용되는 보험료율에 각각 인상 또는 인하한 비율을 합하여(인상 및 인하한 비율이 동시에 발생한 경우 같은 값만큼 서로 상계하여 계산) 얻은 값만큼을 인상하거나 인하한 비율을 그 사업에 대한 다음 보험연도 보험료율로 한다(보험료징수법 제15조 제5항).

고용노동부장관은 산재예방요율을 적용받는 사업이 거짓이나 그 밖의 부정한 방법으로 재해예방활동의 인정을 받는 경우, 적용기간 중 중대재해가 발생한 경우, 그

214) 산재보험료율을 해당 사업의 재해율을 기초로 차등화하는 것은 사업주의 산업재해 예방노력에 대한 보상의 의미가 있는 것이나, 산업재해는 사업주의 예방노력과는 관계없이 구조적인 원인에 의하여 발생하는 경우가 많다. 그리고 재해율에 따른 산재보험료의 차등적용은 산업재해 은폐 또는 재해근로자의 보험급여청구에 대한 사업주의 비협조 등으로 이어져 재해근로자의 권리구제에도 악영향을 미치는 요인이 될 수 있다. 따라서 재해율에 따른 보험료율의 차등 적용에 대한 입법론적 검토가 필요하다(동지 전광석, 한국사회보장법론(제7판). 393면).

215) 사업주가 건설물, 기계·기구, 설비, 원재료, 가스, 증기, 분진 등에 의하거나 작업행동, 그 밖에 업무에 기인하는 유해·위험요인에 관한 위험성평가를 실시하거나, 재해예방 관련 교육을 이수하고 사업장에서 재해를 예방하기 위한 산재예방계획을 수립한 경우(보험료징수법 시행령 제18조의 2 제1항).

밖에 대해예방활동의 목적을 달성한 것으로 인정하기 곤란한 경우 등의 사유가 발생할 경우 재해예방활동의 인정을 취소하여야 한다(보험료징수법 제15조 제6항). 거짓이나 그 밖의 부정한 방법으로 재해예방활동의 인정을 받아 인정이 취소된 사업의 경우 산재예방요율 적용을 취소하고, 산재예방요율을 적용받은 기간에 대한 보험료를 다시 산정하여 부과하여야 하며, 적용기간 중 중대재해가 발생한 경우, 그 밖에 대해예방활동의 목적을 달성한 것으로 인정하기 곤란한 경우의 사유로 인정이 취소된 사업에 대하여는 해당 보험연도 재해예방활동의 인정기간비율에 따라 산재예방요율을 적용하여 다음 보험연도의 산재보험요율을 산정한다(보험료징수법 제15조 제7항 및 제8항).

2) 개산보험료와 확정보험료의 산정

현행 보험료징수법은 산재보험료를 개산보험료와 확정보험료로 구분하여 개산보험료를 신고·납부한 후에 보험료를 확정·정산하는 절차를 취하고 있다. 개산보험료는 매 회계연도마다 그 해 1년 동안 사용할 모든 근로자에게 지급할 보수총액의 추정액에 보험료율을 곱하여 산정한 보험료를 말한다(보험료징수법 제17조). 즉, 개산보험료는 일종의 추정보험료이다. 보수총액의 추정액을 결정하기 곤란한 경우에는 고용노동부장관이 고시하는 노무비율에 의한 보수총액을 기준으로 개산보험료를 산정한다.

【개산보험료의 산정방법】

구 분	산정방법	비 고
원 칙	당해 연도의 추정보수총액×보험료율	추정액이 전년도 보수총액의 70/100~130/100 이내인 경우에는 전년도 확정 보수총액이 당해 연도의 보수총액 추정액이 됨
보수총액의 추정 곤란	총 공사금액×노무비율×보험료율	건설업과 벌목업 적용

확정보험료는 매 회계연도의 초일부터 당해 연도 말일 또는 보험관계가 소멸한 날의 전날까지 지급한 보수총액에 보험료율을 곱하여 산정한 보험료를 말한다. 즉, 확정보험료는 당해 연도에 실제로 지급한 보수총액을 기준으로 보험료를 산정하는 것을 말한다(보험료징수법 제19조). '실제로 지급된 보수총액'에는 근로자에게 현실적

으로 지급된 임금뿐만 아니라 지급하기로 결정된 미지급 임금도 포함된다. 확정보험료는 당해 보험연도 중 실제 지급한 보수총액에 보험료율을 곱하여 산정하는 것이 원칙이나, 예외적으로 보수총액을 결정하기 곤란한 경우에는 고용노동부장관이 고시한 노무비율로 확정보험료를 산정할 수 있다.

3. 보험료의 납부 및 징수

1) 납부의무자

다른 사회보험과는 달리 산재보험료는 보험가입자인 사업주가 전액 부담한다. 산재보험료의 부담을 전액 사업주가 부담하도록 한 것은 산재보험의 주된 성격이 재해근로자에 대한 사용자의 손해배상책임을 담보하는 책임보험이기 때문이다. 다만, 특수형태 종사근로종사자를 사용하고 있는 사업장의 경우는 사업주와 특수형태근로종사자가 각각 50%씩 부담하고 보험료의 납부주체는 사업주가 된다.

그러나 산재보험은 산업재해에 따른 사용자의 손해배상책임을 담보하는 성격뿐만 아니라 재해근로자 및 유족의 생활을 보호하는 보장적 성격도 가지고 있음을 고려하면, 반드시 사업주가 산재보험료의 전액을 부담해야만 하는 이유가 될 수 없으므로 산재보험료 부담자에 관한 입법론적 재고가 필요하다.[216]

2) 개산보험료의 납부 및 징수

사업주는 당해 보험연도의 3월 31일까지 보험료신고서를 근로복지공단에 제출하고, 개산보험료를 한국은행·시중은행 또는 우체국에 납부해야 한다. 보험연도 중에 보험관계가 성립한 경우에는 그 성립일로부터 70일 이내에 납부해야 한다. 다만, 건설공사 등 기간의 정함이 있는 사업으로서 보험관계 성립일로부터 70일 이내에 종료되는 경우에는 그 사업 종료일 전일까지 개산보험료를 납부해야 한다.

사업주가 개산보험료를 신고하지 않거나 그 신고가 사실과 다른 경우에는 공단은 그 사실을 조사하여 개산보험료를 산정하여 징수하고, 이미 납부한 금액에 부족액

---

216) 외국의 입법례도 산재보험료의 부담자를 누구로 할 것인가에 대하여 다양한 입장을 보이고 있다. 근로자와 사용자가 공동으로 부담하고 있는 국가로서는 영국·네덜란드 등이 있고, 사용자의 부담으로 하고 있는 국가로서는 독일·프랑스 등이 있으며, 조세로 충당하는 국가로서는 영국이 있다(노상헌, "통근재해에 대한 판례법리와 산재보험의 사회보장화에 대한 검토", 235면; 박찬임외 2인, 주요국의 통근재해보상제도 연구, 75~76면·127면·152면).

이 있는 경우에는 그 부족액을 징수한다(보험료징수법 제17조 제1~2항). 공단은 결산서 등 보험료 산정을 위한 기초자료를 확보하기 어려운 경우 등의 사유에 해당하는 경우에는 그 사업주의 적용대상 사업과 규모, 보수수준 및 매출액 등이 비슷한 같은 종류의 사업을 기준으로 그 사업의 보험료를 산정하고 부과하여 징수할 수 있다(보험료징수법 제20조·영 제27조).

보험관계가 6월 말 이전에 성립된 사업장의 경우에는 사업주의 신청에 의하여 분할납부가 가능하다(보험료징수법 제17조 제3항). 개산보험료의 분할납부는 그 보험료를 4등분한 금액을 연 4기로 한다, 제1기의 분할납부는 1월 1일부터 3월 31까지, 제2기의 분할납부는 4월 1일부터 6월 30일까지, 제3기의 분할납부는 7월 1일부터 9월 30일까지, 제4기의 분할납부는 10월 1일부터 12월 31일까지로 한다(보험료징수법 시행령 제22조 제1항). 기한 내에 개산보험료를 신고한 사업주는 이미 신고한 개산보험료가 이 법에 따라 신고해야 할 개산보험료를 초과한 경우 공단에 신고해야 할 기간이 지난 후 1년 이내에 최초에 신고한 개산보험료의 경정(更正)을 공단에 청구할 수 있다.

3) 확정보험료의 납부 및 정산

사업주는 다음 보험연도의 3월 31일까지 확정보험료를 신고·납부해야 한다. 보험관계가 보험연도 중애 소멸한 경우에는 소멸한 날로부터 30일 이내에 확정보험료를 납부해야 한다. 확정보험료보다 개산보험료를 초과 납부한 경우에는 그 초과금액을 반환받거나 충당한다. 확정보험료 정산 이전에 개산보험료를 납부하지 않은 경우에는 확정보험료 전액을 납부해야 한다(보험료징수법 제19조). 사업주가 신고를 하지 않거나 신고가 사실과 다른 경우 공단은 그 사실을 조사하여 확정보험료의 금액을 산정한 후 개산보험료를 내지 않은 사업주에게는 그 확정보험료 전액을 징수하고, 개산보험료를 낸 사업주에 대하여는 이미 낸 개산보험료와 확정보험료의 차액이 있을 경우 그 초과액을 반환하거나 부족액을 징수해야 하며(보험료징수법 제19조 제4항), 결산서 등 보험료 산정을 위한 기초자료를 확보하기 어려운 등의 사유가 있는 경우에는 사업주의 적용대상 사업과 규모, 보수수준 및 매출액 등이 비슷한 같은 종류의 사업을 기준으로 보험료를 산정하고 부과하여 징수할 수 있다(보험료징수법 제20조·영 제27조).

공단은 사업주가 법정기한 내에 개산 또는 확정보험료를 신고(보고)하지 않거나 그 신고(보고)가 사실과 다른 때에는 그 징수해야 할 보험료의 100분의 10에 해당하는 가산금을 부과하여 징수하며, 건강보험공단은 사업주가 납부기한까지 보험료 또는 그 밖의 징수금을 납부하지 않은 경우에 그 납부기한이 지난 날부터 체납된 보험료, 그 밖의 징수금의 1천분의 30에 해당하는 연체금을 징수한다(보험료징수법 제24조 및 제25조). 근로복지공단이 보험료를 징수하는 것은 공단이 우월적 지위에서 행하는 행정처분에 해당된다.[217] 보험료 및 기타 징수금의 소멸시효는 3년이다. 기한 내에 확정보험료를 신고한 사업주는 이미 신고한 확정보험료가 이 법에 따라 신고해야 할 확정보험료보다 적은 경우에는 조사계획의 통지 전까지 확정보험료 수정신고서를 제출할 수 있다.

5) 과납보험료의 충당과 반환

사업주가 납부한 개산보험료와 확정보험료의 차액이 있는 때에는 그 초과액을 반환하거나 부족액을 징수한다(보험료징수법 제19조 제4항). 사업주가 납부한 보험료 그 밖의 징수금과 체납비 중 과납이 발생한 경우에는 '체납처분비→월별보험료, 개산보험료 또는 확정보험료→연체금→가산금→보험급여액의 징수금'의 순위에 따라 우선 충당하고 그 잔액을 사업주에게 반환한다(보험료징수법 제23조 제1항).

보험자가 과납보험료를 충당하거나 반환할 때에는 다음에 정한 날의 다음날부터 충당 또는 반환하는 날까지의 기간에 대하여 국세환급 가산금의 이율에 따라 계산한 금액을 가산하여 지급한다(보험료징수법 제23조 제4항·영 제31조 제4항).

(1) 착오납부, 이중납부, 납부 후 그 부과의 취소 또는 경정결정으로 인한 초과액에 있어서는 그 납부일
(2) 사업주가 신고기한에 보수총액신고서를 제출한 경우 그 신고기한부터 7일
(3) 사업주가 신고기한을 지나 보수총액신고서를 제출한 경우 보수총액신고서 접수일부터 7일
(4) 보수총액신고서를 제출하지 않은 경우 공단이 보험료를 산정한 날이 속하는 달의 말일
(5) 보험료를 감액한 경우의 초과액은 개산보험료 감액신청서 접수일부터 7일
(6) 확정보험료신고서 접수일부터 7일

---

217) 대법원 2007. 7. 12. 선고 2006다29723.

4. 보험료 등의 경감

천재·지변·화재·폭발 및 전화(戰禍) 그 밖에 이에 준하는 사유가 발생하여 보험료의 경감 필요성이 인정되는 경우에 「고용보험법」 제7조에 따른 '고용보험위원회' 또는 산재보험법 제8조에 따른 산업재해보상보험 및 예방심의위원회'의 심의를 거쳐 보험료 및 그 밖의 징수금의 30%를 경감한다(보험료징수법 제22조의2 제1항·영 제30조의2). 사업주가 개산보험료를 신고·납부기한 이내에 고용·산재정보통신망을 통하여 신고한 경우(보험사무대행기관을 통한 신고 제외)에는 개산보험료가 10만원을 이상인 경우에 한하여 산재보험료 5천원을 경감할 수 있다(보험료징수법 제22조의2 제2항·영 제30조의3). 사업주가 개산보험료 또는 특례보험료를 자동이체의 방법으로 납부하는 경우에는 산재보험 월별보험료에서 250원을 경감하거나 분기마다 개산보험료에서 250원을 경감할 수 있으며, 추첨에 따라 경품을 제공하는 등 재산상의 이익을 제공할 수 있다(보험료징수법 제22조의2 제3항·영 제30조의4).

Ⅲ. 국가보조

국가는 회계연도마다 예산의 범위 안에서 산재보험사업의 사무집행에 드는 비용을 일반회계에서 부담해야 하고, 산재보험 사업에 드는 비용의 일부를 지원할 수 있다(산재보험법 제3조). 사무집행에 대한 국가의 일부보조는 의무적이나, 산재보험사업 비용에 대한 국가의 일부보조는 임의적이다.

제6절 산재보험제도의 관리운영

Ⅰ. 개 관

산재보험법에 의한 보험 사업은 고용노동부장관이 관장하나, 고용노동부장관은 산재보험 사업을 공법인인 근로복지공단에 위탁하여 시행하고 있다. 따라서 근로복지공단이 보험자로서 산재보험의 실질적인 관리운영 주체가 되고, 국가는 근로복지공단의 보험 사업에 대한 관리감독권을 가지게 된다. 그리고 고용노동부 내에 설치되어 있는 '산업재해보상보험 및 예방심의위원회'(이하 '심의위원회')는 산업재해의 예방과 보상체계를 종합적으로 심의한다. 결국, 산재보험의 관리 및 운영은 크게 그 주체로서의 보험자(근로복지공단)와 심의기구로서의 심의위원회 그리고 산재보험운영에 관한 총체적인 감독기관으로서의 고용노동부장관으로 구분할 수 있다.

Ⅱ. 근로복지공단

1. 의 의

근로복지공단은 고용노동부장관의 위탁을 받아 산재보험급여의 실시, 보험시설의 설치·운영 등 산재보험 사업을 효율적으로 수행하기 위하여 설립된 공법인이다(산재보험법 제10조). 근로복지공단은 업무상 재해가 발생한 경우에 보험급여를 행하고 사업주로부터 보험료를 징수할 수 있는 산재보험의 운영주체로서 보험자이다. 그러나 근로복지공단은 산재보험 사업에 관하여 고용노동부장관으로부터 위탁을 받은 기관이므로 자율조직이 아니고 고용노동부장관의 지휘감독을 받는다.

근로복지공단은 공법인이기 때문에 주된 사무소의 소재지에 설립등기를 함으로써 성립하고, 정관이 정하는 바에 따라 분사무소를 둘 수 있다(산재보험법 제13조·제15조). 근로복지공단은 공법상의 재단법인이므로 공공기관의 운영에 관한 법률에 규정된 것 외에 민법 중 재단법인에 관한 규정이 준용된다(산재보험법 제35조).

2. 업무범위

근로복지공단은 다음의 사업을 수행하고, 보험급여의 결정과 지급에 따른 사업의 수행에 필요한 자문을 하기 위하여 관계 전문가 등으로 구성된 보험급여자문위원회를 둘 수 있다. 보험급여자문위원회의 구성과 운영에 필요한 사항은 근로복지공단이 정한다(산재보험법 제11조).

【근로복지공단의 업무범위】

1. 보험가입자와 수급권자에 관한 기록의 관리·유지
2. 보험료징수법에 따른 보험료와 그 밖의 징수금의 징수
3. 보험급여의 결정과 지급
4. 보험급여 결정 등에 관한 심사 청구의 심리·결정
5. 산업재해보상보험 시설의 설치·운영

5의2. 업무상 재해를 입은 근로자 등의 진료·요양 및 재활

5의3. 재활보조기구의 연구개발·검정 및 보급
5의4. 보험급여 결정 및 지급을 위한 업무상 질병 관련 연구
5의5. 근로자 등의 건강을 유지·증진하기 위하여 필요한 건강진단 등 예방사업
6. 근로자의 복지 증진을 위한 사업
7. 그 밖에 정부로부터 위탁받은 사업
8. 제5호부터 제7호까지의 규정에 따른 사업에 딸린 사업

3. 임 원

임원은 이사장 1명과 상임이사 4명을 포함한 15명 이내의 이사와 감사 1명으로 한다. 국가공무원법 제33조 각 호 및 공공기관의 운영에 관한 법률 제34조 제1항 제2호의 결격사유에 해당되는 자는 임원이 될 수 없다(산재보험법 제16조·제19조). 이사장은 고용노동부장관의 제청에 따라 대통령이 임명하고, 상임이사는 이사장의 제청에 따라 고용노동부장관이 임명한다(당연직이사는 제외). 비상임 이사는 무보수로 한다. 다만, 비상임 이사는 직무수행에 드는 실제 비용을 지급받을 수 있다(산재보험법 제16조).

이사장의 임기는 3년·이사와 감사의 임기는 2년으로 하되, 각각 1년 단위로 연임할 수 있다. 임원의 임기는 3년 또는 2년의 범위 내에서 1년 단위로 연임할 수 있는 것이므로 그 임기기간을 초과할 수 없다(산재보험법 제17조). 이사장은 공단을 대표하고 공단의 업무를 총괄하고, 정관이 정하는 바에 따라 직원을 임명하거나 해임한다. 상임이사는 정관으로 정하는 바에 따라 공단의 업무를 분장하고, 이사장이 사고가 있을 때에는 정관으로 정하는 순서에 따라 그 직무를 대행하며, 감사는 근로복지공단의 업무와 회계를 감사한다(산재보험법 제18조).

상임임원과 직원은 그 업무 외에 영리를 목적으로 하는 업무에 종사할 수 없다. 상임임원은 고용노동부장관의 허가를, 직원은 이사장의 허가를 받지 아니하고는 다른 직무를 겸할 수 없다. 임직원이나 그 직에 있었던 자는 그 직무상 알게 된 비밀을 누설하지 않아야 한다(산재보험법 제21조).

4. 이 사 회

이사회는 근로복지공단의 최고 의사결정기관으로서 산재보험 업무에 관한 중요 사항을 심의·의결한다. 이사회는 이사장 및 이사로 구성하고, 이사장은 이사회의 의장이 된다. 이사회의 회의는 이사회 의장이나 재적이사 3분의 1 이상의 요구로 소집하고, 재적이사 과반수의 찬성으로 의결한다. 감사는 이사회에 출석하여 의견을 진술할 수 있다(산재보험법 제22조).

Ⅲ. 산업재해보상보험 및 예방심의위원회

1. 의 의

'산업재해보상보험 및 예방심의위원회'(이하 '심의위원회')는 고용노동부에 설치된 산업재해 예방과 보상체계를 종합적으로 심의하는 기구이다(산재보험법 제8조 제1항). 정부 내에 각종 위원회가 난립하여 의사결정의 속도를 떨어뜨리고 책임행정을 저해하는 한편 예산의 낭비를 초래한다는 비판이 있어 왔다. 이에 따라 2009. 10. 9. 산재보험법 개정을 통하여 종전 산재보험에 관한 중요 사항을 심의하는 '산업재해보상보험 심의위원회'를 산업안전보건에 관한 기본계획 및 중앙행정기관과 관련되는 주요 정책을 종합적으로 심의·조정하기 위한 「산업안전보건법」 제7조의 '산업안전보건정책 심의위원회'와 통합하여 심의위원회로 명칭을 변경하여 산업재해 예방과 보상체계를 종합적으로 심의하도록 하였다.

심의위원회는 심의 사항을 검토하고, 위원회의 심의를 보조하게 하기 위하여 산업재해보상보험정책전문위원회와 산업재해보상보험요양전문위원회 및 산업안전보건전문위원회를 두고 있다(산재보험법 제8조 제3항·영 제8조 제1항).

2. 구성 및 임기

심의위원회는 근로자를 대표하는 자·사용자를 대표하는 자 및 공익을 대표하는 자로 구성하고, 각각 같은 수로 구성한다(산재보험법 제8조 제2항). 고용노동부장관은 총연합단체인 노동조합이 추천하는 사람 5명(근로자위원), 전국을 대표하는 사용자 단체가 추천하는 사람 5명(사용자위원), 고용노동부차관·고용노동부에서 산재보험 업무를 담당하는 고위공무원 또는 산재 예방업무를 담당하는 고위공무원 중 1명·시민단체[218]에서 추천한 사람과 사회보험 또는 산재 예방에 관한 학식과 경험이

풍부한 사람 중 3명(공익위원)을 심의위원회의 위원으로 임명하거나 위촉한다(산재보험법 시행령 제4조). 위원의 임기는 3년으로 하되, 연임이 가능하다. 다만, 고용노동부차관인 위원과 고용노동부에서 산재보상 업무를 담당하는 고위공무원 또는 산재 예방업무를 담당하는 고위공무원 위원의 임기는 그 재직기간으로 한다. 보궐위원의 임기는 전임자의 남은 임기로 한다. 고용노동부장관은 위원회의 위촉위원이 심신장애로 인하여 직무를 수행할 수 없거나 직무와 관련한 비위사실이 있는 경우, 직무태만·품위손상이나 그 밖의 사유로 인하여 위원으로 적합하지 않다고 인정된 경우, 위원 스스로 직무를 수행하는 것이 곤란하다고 의사를 밝히는 경우에는 해당 위원을 해촉(解囑)할 수 있다(산재보험법 시행령 제5조).

심의위원회의 위원장은 고용노동부차관이 되고, 부위원장은 공익을 대표하는 위원 중에서 위원회가 선임한다. 위원장은 위원회 사무를 총괄하고 위원회를 대표하며, 부위원장은 위원장을 보좌하고 위원장이 부득이한 사유로 직무를 수행할 수 없을 때에는 그 직무를 대행한다(산재보험법 시행령 제6조). 심의위원회의 사무를 처리하기 위하여 고용노동부 소속 공무원 중에서 고용노동부장관이 임명한 간사 1명을 둔다(산재보험법 시행령 제9조).

3. 기능 및 회의

심의위원회는 요양급여의 범위나 비용 등 요양급여의 산정 기준에 관한 사항, 보험료율의 결정에 관한 사항, 산재보험 및 예방기금의 운용계획 수립에 관한 사항, 산업안전·보건업무와 관련되는 주요정책 및 산재 예방에 관한 중·장기 기본계획, 그 밖에 고용노동부장관이 산재보험 사업 및 산업안전·보건 업무에 관하여 심의에 부치는 사항을 심의한다(산재보험법 시행령 제3조). 위원장은 회의를 소집하고 의장이 된다. 회의는 고용노동부장관의 요구가 있거나 재적위원 과반수의 요구가 있을 때 소집하고, 재적위원 과반수의 출석으로 개의하며, 출석위원 과반수의 찬성으로 의결한다(산재보험법 시행령 제7조).

Ⅳ. 국가의 감독

근로복지공단은 국가의 위탁을 받아 산재보험 업무를 수행하는 공법인이므로 자

---

218) 비영리민간단체 지원법 제2조에 따른 비영리민간단체를 말한다.

치운영의 원칙이 적용되지 않는다. 따라서 근로복지공단은 그 업무에 대한 감독과 통제를 국가로부터 받을 수밖에 없다. 산재보험법은 국가의 근로복지공단의 업무와 예산에 관한 감독권과 승인권 및 각종 통제권한을 규정하고 있다.

근로복지공단은 매 회계연도의 사업운영계획과 예산에 관하여 고용노동부장관의 승인을 얻어야 하고, 매 회계연도 종료 후 2개월 이내에 사업실적과 결산을 노동부장관에게 보고해야 한다. 고용노동부장관은 근로복지공단에게 사업에 대한 보고를 명하거나 사업 또는 재산상황을 검사할 수 있으며, 필요하다고 인정할 때에는 정관의 변경을 명하는 등 감독상 필요한 조치를 취할 수 있다(산재보험법 제25조).

제7절 산재보험의 실효성 확보

Ⅰ. 국가의 감독

근로복지공단은 산재보험 업무를 수행하는 공법인으로서 그 관리운영 주체가 된다. 그러나 근로복지공단은 산재보험 업무에 관하여 국가로의 위탁을 받은 기관이므로 국가는 그 운영 및 관리에 대한 감독과 통제권을 행사한다. 국가는 회계연도마다 근로복지공단의 사업운영계획과 예산에 관한 승인권을 가지고 있고, 사업실적과 결산에 대한 보고를 명할 수 있으며, 재산상황의 검사와 정관의 변경을 명하는 등 감독권을 행사한다(산재보험법 제25조).

Ⅱ. 벌칙의 적용

산재보험 의료기관 또는 약국의 종사자가 거짓이나 그 밖의 부정한 방법으로 진료비나 약제비를 지급받은 자는 3년 이하의 징역 또는 3천만 원 이하의 벌금에 처하고, 거짓이나 그 밖의 부정한 방법으로 보험급여를 받은 자는 2년 이하의 징역 또는 2천만 원 이하의 벌금에 처하며, 근로복지공단의 임직원 또는 그 직에 있었던 자가 업무상 알게 된 비밀을 누설한 자는 2년 이하의 징역 또는 1천만 원 이하의 벌금에 처한다(산재보험법 제127조). 벌금의 적용은 행위자 이외에 그 법인 또는 개인에게도 적용된다. 다만, 법인 또는 개인이 그 위반행위를 방지하기 위하여 해당 업무에 관하여 상당한 주의와 감독을 게을리하지 않은 경우에는 벌금이 적용되지 않는다(산재보험법 제128조).

Ⅲ. 과태료 부과

과태료는 산재보험법상 의무를 이행하지 않은 것에 대한 금전적 제재로서의 행정벌을 말한다. 과태료는 위반행위의 유형에 따라 200만 원 이하 또는 100만 원이하의 금액으로 한다(산재보험법 제129조 제1~2항). 과태료는 고용노동부장관이 부과 및 징수하며, 고용노동부장관은 위반행위의 정도, 위반 횟수, 위반행위의 동기와 그 결과 등을 고려하여 해당 금액의 2분의 1의 범위에서 가중하거나 감경할 수 있으나, 가중하는 경우에는 과태료의 상한을 초과할 수 없다(산재보험법 시행령 제129조).

【위반행위의 종류와 횟수[219]별 과태료 부과기준】

위반행위의 종류	근거 법령	과태료		
		1회	2회	3회 이상
1. 제34조를 위반하여 근로복지공단 또는 이와 비슷한 명칭을사용한 경우	제129조 제1항 제1호	100만 원	150만 원	200만 원
2. 산재보험 의료기관이 제45조 제1항을 위반하여 공단이 아닌 자에게 진료비를 청구한 경우	제129조 제1항 제2호	50만 원	100만 원	200만 원
3. 산재보험 의료기관이 제47조 제1항에 따른 진료계획을 정당한 사유 없이 제출하지 않은 경우	제129조 제2항 제1호	진료계획 미제출 1건당 5만원		
4. 제105조 제4항(제109조 제1항에서 준용하는 경우 포함)에 따른 질문에 답변하지 않거나 거짓된 답변을 하거나 검사를 거부·방해 또는 기피한 경우	제129조 제2항 제2호	50만원	70만원	100만원
5. 제114조 제1항 또는 제118조에 따른 보고를 하지 않거나 거짓된 보고를 하거나 서류나 물건의 제출명령에 따르지 않는 경우	제129조 제2항 제3호	50만원	70만원	100만원

219) 위반행위의 횟수는 과태료 부과 대상이 되는 위반행위가 적발된 경우 그 위반행위를 포함하여 그 이전 1년 동안 같은 위반행위로 과태료가 부과된 횟수이다. 산재보험법 시행령 제128조 [별표 12].

6. 제117조 또는 제118조에 따른 공단의 소속직원의 질문에 답변을 거부하거나 검사를 거부·방해 또는 기피한 경우	제129조 제2항 제4호	50만원	70만원	100만원
7. 제125조 제3항에 따른 신고를 하지 않은 경우	제129조 제2항 제5호	미신고 1건당 5만원		

Ⅳ. 가산금과 연체금의 부과

1. 가산금의 부과

가산금은 납부의무자가 산재보험료를 납부하지 않은 경우에 그 납부의 이행을 확보하기 위한 간접강제의 효과를 갖는 것을 말한다. 사업주가 확정보험료를 법정기한 내에 신고·납부하지 않거나 그 보고가 사실과 다른 경우에는 보험자는 징수하여야 할 보험료액의 10%를 가산금으로 부과한다. 다만, 가산금 징수액의 합계액이 3,000원 미만이거나 보수총액 또는 확정보험료를 신고하지 않은 것이 천재·지변 그 밖에 고용노동부장관이 인정하는 부득이한 사유에 의한 경우에는 가산금을 부과하지 않는다. 사업주가 조사계획 통지 전에 확정보험료 수정신고를 한 경우의 가산금은 추가 납부액의 50%를 경감한다(보험료징수법 제24조·영 제32조).

2. 연체금의 부과

건강보험공단은 사업주가 납부기한까지 보험료 및 기타 징수금을 납부하지 않은 경우 납부기한이 지난 날부터 체납된 보험료 및 기타 징수금의 1천분의 30에 해당하는 연체금을 징수한다. 나아가 공단은 사업주가 보험료 또는 보험료징수법상 그 밖의 징수금을 내지 않으면 납부기한이 지난 날부터 1개월이 지날 때마다 체납된 보험료 및 기타 징수금의 1천분의 10에 해당하는 연체금을 위의 연체금에 더하여 징수한다. 이 경우 연체금은 체납된 보험료, 그 밖의 징수금의 1천분의 90을 넘지 못한다. 다만, 채무자 회생 및 파산에 관한 법률 제140조(벌금·조세 등의 감면)에 따른 징수의 유예가 있거나 그 밖에 연체금을 징수하는 것이 적절하지 않다고 인정되는 경우에는 제외한다(보험료징수법 제25조).

3. 보험급여액의 징수 및 과태료와의 관계

가산금은 연체금의 성격을 가지고 있는 것이므로 보험료징수법이 가산금과 연체금을 별도로 징수할 수 있도록 한 것은 보험료 납부를 게을리 한 것에 대한 과도한 재재로 볼 수 있다. 따라서 가산금 규정을 삭제하거나 연체금의 한도를 낮출 필요가 있다. 그러나 헌법재판소는 가산금과 연체금은 보험급여액의 징수금과는 목적과 성질이 다르고, 연체금의보험급여액의 징수금에 비하여 일반적으로 매우 낮은 금액에 불과하므로 징수금을 부과하면서 가산금과 연체금 및 과태료를 동시에 부과하더라도 과도한 중복제재에 해당되지 않는 것으로 판단하고 있다.[220)]

V. 보험급여액의 징수

1. 의 의

'보험급여액의 징수'란 보험자가 보험가입자가 보험가입의 신고 또는 보험료의 납부를 게을리 한 기간 중에 발생한 업무상 재해에 대하여 보험급여를 지급한 때에 그 급여액의 전부 또는 일부를 보험가입자로부터 징수하는 것을 말하며, 보험자는 급여액의 전부 또는 일부를 징수하기로 결정하였을 경우 지체 없이 그 사실을 보험가입자에게 알려야 한다(산재보험법 제26조). 보험급여액의 징수제도는 보험재정의 부실을 예방하기 위하여 보험관계 성립신고를 태만히 한 보험가입자에 대하여 일정한 제재를 가하여 그 주의를 환기하고 성실한 의무이행을 촉구하기 위한 것이다.[221)]

보험급여액의 징수제도가 헌법상 과잉금지의 원칙에 위반되는가의 논란이 있으나, 헌법재판소는 '보험가입자는 보험가입 미신고 기간 동안에 발생한 사고에 대한 보험혜택을 받을 수 있고, 제재의 정도가 과중하지 않다는 이유로 헌법상 과잉금지 원칙에 위반되지 않는 것'으로 판단하고 있다.[222)]

2. 산재보험 미가입에 따른 급여액의 징수

사업주가 산재보험 가입신고를 게을리 한 기간 중에 발생한 재해에 대한 징수금은 보험자가 지급 결정한 보험급여액의 50%로 한다. 다만, 요양을 개시한 날(재해발

---

220) 헌법재판소 2004. 10. 28. 선고 2003헌바70.
221) 헌법재판소 2004. 10. 28. 선고 2003헌바70.
222) 헌법재판소 2004. 10. 28. 선고 2003헌바70.

생과 요양을 개시망한 경우에는 그 재해발생일)부터 1년이 되는 날이 속하는 달의 말일까지의 기간 중에 급여청구사유가 발생한 보험급여에 한한다. 징수대상이 되는 보험급여는 요양급여·휴업급여·장해급여·간병급여·유족급여·상병보상연금이다(산재보험법 시행령 제34조 제1항).

3. 보험료 납부태만에 따른 급여액의 징수

사업주가 산재보험료의 납부를 게을리 한 기간 중에 발생한 재해에 대한 징수금은 재해가 발생한 날부터 보험료를 납부한 날의 전날까지의 기간 중에 발생한 보험급여액의 10%이다. 다만, 재해가 발생한 날까지 내야 할 해당연도의 월별보험료에 대한 납부액의 비율이 50% 이상인 경우, 해당연도에 내야 할 개산보험료에 대한 납부액의 비율(분할납부의 경우 재해가 발생한 분기까지 내야 할 개산보험료에 대한 납부액의 비율)이 50% 이상인 경우에는 보험급여액을 징수하지 않는다. 징수대상이 되는 보험급여는 월별보험료 또는 개산보험료의 납부기한(분할납부의 경우는 각 분기의 납부기한)의 다음 날부터 당해 보험료를 납부한 날의 전날까지의 기간 중에 발생한 재해에 대한 요양급여·휴업급여·장해급여·간병급여·유족급여·상병보상연금이다(산재보험법 시행령 제34조 제2항). 지급 결정된 보험급여가 장해보상연금 또는 유족보상연금인 경우에는 최초의 급여청구사유가 발생한 날에 장해보상일시금 또는 유족보상일시금이 지급 결정된 것으로 본다(산재보험법 시행령 제34조 제3항). 산재보험 미가입에 따른 보험급여액의 징수사유와 경합한 때에는 경합기간 동안은 급여액의 징수비율이 가장 높은 징수금만을 징수한다(산재보험법 시행령 제34조 제4항). 단시간 근로자에게 보험급여를 지급하는 경우 산재보험법 시행령 제24조 제1항 제2호에 따라 산정한 평균임금 중 재해가 발생한 사업을 대상으로 산정한 평균임금이 차지하는 비율에 해당하는 보험급여액을 기준으로 하여 산재보험 미가입 및 납부태만에 따른 급여액의 징수규정에 따라 보험급여액을 징수한다. 다만 재해가 발생한 사업만의 평균임금으로 보험급여를 산정할 경우 해당 평균임금이 낮아 별도로 보험급여가 산정되는 경우[223]에는 그 산정된 보험급여액을 기준으로 한다(산재보험법 시행령 제34조 제5항).

223) 산재보험법 제36조 제7항 본문, 제54조 또는 제67조에 따라 보험급여가 산정되는 경우.

Ⅵ. 기타의 실효성 확보 수단

보험자는 필요한 경우 사업주 또는 근로자 및 보험사무대행기관에게 보험사업에 관하여 필요한 보고 또는 관계 서류의 제출을 요구할 수 있고(산재보험법 제114조 제1항), 보험급여에 관한 결정,심사 청구의 심리·결정 등을 위하여 확인이 필요한 경우 산재보험법의 적용을 받는 사업의 사무소 또는 사업장과 보험사무대행기관의 사무소에 출입하여 관계인에게 질문을 하게 하거나 관계 서류를 조사하게 할 수 있다(산재보험법 제117조 제1항).

또한 보험자는 보험급여에 관하여 필요하다고 인정하면 대통령령으로 정하는 바에 따라 보험급여를 받는 근로자를 진료한 산재보험 의료기관에 대하여 그 근로자의 진료에 관한 보고 또는 그 진료에 관한 서류나 물건의 제출을 요구하거나 그 관계인에 대한 질문 또는 관계 서류나 물건을 조사할 수 있고(산재보험법 제118조 제1항), 보험급여를 받은 자 또는 이를 받으려는 자에게 산재보험 의료기관에서 진찰을 받을 것을 요구할 수 있다(산재보험법 제119조).

제10장 구제제도

제1절 임금채권의 구제제도

Ⅰ. 개 설

임금은 근로자의 생활을 유지하기 위한 가장 중요한 수단이기 때문에 노동관계법은 임금의 의의, 임금채권의 보호, 임금액의 보호에 관하여 구체적으로 규정하고 있다. 그 이외에도 민사집행법은 기업의 부도 등으로 사용자의 총 재산이 임의경매된 경우에 배당참가의 특례를 인정하고 있는 동시에 법률구조법은 임금체불 근로자의 경제적 어려움을 감안하여 임금권리구제를 위한 소송을 지원하고 있다.

구체적으로 근로기준법은 임금 등 근로조건의 최저기준을 설정하고 사용자가 이를 이행하지 않는 경우에 이의 실효성을 확보하기 위한 조치로서 근로감독관의 사전 노동행정지도와 감독을 통하여 사용자로 하여금 근로조건을 준수하도록 함과 동시에 근로조건을 이행하지 않는 경우에 형사처벌을 함으로써 근로기준의 이행을 강제하고 있다.

그리고 근로기준법에 정한 임금보호기준에 미달하는 근로계약은 무효로 하고 무효로 된 근로계약은 근로기준법에 정한 임금기준에 의하도록 함과 동시에 취업규칙과 단체협약에 위반되는 근로계약은 단체협약과 취업규칙에 정한 임금기준을 적용하게 함으로써 임금의 사법적 효력을 인정하고 있다. 그러나 노동법상 임금채권의 실효성 확보제도만으로 근로자의 권리구제를 도모할 수 없는 경우에 결국 근로자는 민사와 행정구제 제도를 이용하여 권리구제를 실현할 수밖에 없다.

【임금채권의 구제유형】

구제유형	구제수단
형사적 구제	• 임금체불에 따른 사용자의 벌칙적용
행정적 구제	• 근로감독행정제도(사전적 구제) • 행정심판제도(사후적 구제)

	• 감사청구제도(사후적 구제) • 고충민원제도(사후적 구제)
민사적 구제	• 임금청구소송 • 강제집행 및 배당참가

따라서 사업주를 상대로 한 근로자의 임금채권의 구제는 근로기준법상의 실효성 확보제도 뿐만 아니라 행정쟁송법과 민사소송법 등을 통한 사법적 구제제도를 총체적으로 활용할 때 가능하다.

Ⅱ. 형사적 구제

1. 개 관

사용자로부터 임금을 지급받지 못한 근로자는 해당 사업 또는 사업장을 관할하는 지방노동관서에 사용자의 형사처벌을 요구하는 진정서 또는 고소장을 제출할 수 있다. 임금체불에 대한 진정 또는 고소장이 제출되면 해당 지방노동관서 소속 근로감독관은 검사의 지휘를 받아 사용자가 노동관계법에 규정된 임금보호규정을 위반하였는지의 여부를 수사하게 된다. 수사결과, 임금체불혐의가 인정되면 기소처분을 하고 혐의가 없으면 불기소처분을 하게 된다. 임금체불에 따른 형사책임은 사용자에게 형사처벌에 따른 심리적 강제를 줌으로써 체불임금을 청산하도록 하는 데 있다.

사용자의 임금체불에 대한 벌칙의 적용은 근로자의 임금채권을 확보하기 위한 목적임에도 사용자가 임금체불에 대한 형사처벌을 받은 경우에는 체불임금을 지급하지 않거나 지연하는 경향이 많기 때문에 오히려 근로자의 권리구제에 장애가 되는 경우가 있다. 즉, 재력과 법률적 지식이 없는 근로자는 사용자로부터 체불임금을 지급받기 위해서는 부득이 비용과 시간이 많이 소요되는 민사소송을 통하여 권리구제를 받을 수밖에 없으므로 체불임금을 구제받는데 상당한 어려움에 봉착하게 된다.

근로기준법은 임금체불의 예방과 체불임금의 조기청산을 위하여 임금지급의 지연에 따른 지연이자를 도입하면서 임금체불에 대한 벌칙을 반의사불벌죄(反意思不罰罪)로 전환하였다. 따라서 사용자가 임금체불의 범죄를 범하였다 하더라도 임금체불 근로자의 명시적인 의사에 반하여 공소를 제기할 수 없다.

2. 임금관련 위반에 따른 벌칙

노동관계법은 근로자의 생계 및 생활안정을 위한 각종 임금보호규정을 두는 동시에 사용자에게 일정한 의무를 부과하고 있다. 사용자가 임금보호규정을 위반한 경우에는 사업주와 행위자에게 벌칙을 적용하는 양벌주의를 채택하고 있다.

【임금관련 위반에 따른 벌칙】

벌 칙	위반내용
3년 이하의 징역 또는 2천만 원 이하의 벌금	금품청산(근로기준법§36) 임금지급(근로기준법§43) 도급사업 및 건설업에서의 임금지급연대책임(근로기준법§44·§44의 2) 휴업수당(근로기준법§46) 가산임금(근로기준법§56) 퇴직금의 미지급(근로자퇴직급여보장법§9) 최저임금 위반(최저임금법§6①②) 건설 직상수급인의 임금지급연대책임 위반(근로기준법§44의 2)
2년 이하의 징역 또는 2천만 원 이하의 벌금	차등 퇴직금제도의 설정(근로자퇴직급여보장법§4②)
2년 이하의 징역 또는 1천만 원 이하의 벌금	비정규직근로자에 대한 근로조건 차별(파견법§21①·기간제법§16). 해고예고수당 미지급(근로기준법§26), 강제저금의 금지(근로기준법§21①)
1억원 이하의 과태료	비정규직근로자에 대한 확정된 차별시정명령 불이행(파견법§21③·기간제법§14)
1년 이하의 징역 또는 1천만 원 이하의 벌금	강제저금의 금지(근로기준법§22①)
1천만 원 이하의 벌금	임금의 비상시지급(근로기준법§45)
5백만 원 이하의 벌금	전차금상계의 금지(근로기준법§21) 강제저금의 금지(근로기준법§22②) 도급근로자의 임금액보호(근로기준법§47) 불이익한 임금변경(근로기준법§94) 감급액의 제제한도(근로기준법§95) 근로조건명시의무(근로기준법§17·67③) 근로자 동의 또는 의견을 듣지 않은 퇴직급여제도의 설정(근로자퇴직급여보장법§4③④)
1천만 원 이하의 과태료	사용자 또는 퇴직연금사업자의 책무위반 (퇴직급여보장법§19~20)
1백만 원 이하의 과태료	최저임금액 주지의무위반(최저임금법§11)

금품청산(근로기준법§36), 임금지급(근로기준법§43), 도급사업 및 건설업에서의 임금지급연대책임(근로기준법§44·§44의2), 휴업수당(근로기준법§46), 가산임금(근로기

준법§56)의 위반은 반의사불벌죄(反意思不罰罪)에 해당된다.

임금체불에 대한 벌칙의 목적은 개별 근로자의 임금을 확보하기 위한 것이므로 사용자가 다수의 근로자에 대하여 임금체불을 한 경우에는 1죄가 성립하는 것이 아니고 체불임금 근로자수 만큼 죄수(罪數)가 성립한다. 따라서 사용자가 10명의 근로자의 임금을 체불하면 10명에 대한 총 2억원까지의 벌금형이 가능하다. 그리고 사용자가 임금보호 관련규정을 여러 개 위반한 경우에는 각 조항 위반죄는 실체적 경합관계에 있는 것이므로 사용자는 각 조항 위반죄에 따른 벌칙을 병과(竝科)할 수 있다.

사업주를 위하여 행위하는 대리인, 사용인, 그 밖의 근로자가 임금보호규정을 위반한 경우에는 그 위반행위자자 뿐만 아니라 사업주도 벌칙이 적용된다(양벌주의).[1] 다만, 사업주가 위반방지에 필요한 조치를 다한 경우에는 벌칙을 적용하지 않는다.[2]

3. 체불임금에 따른 형사책임의 주체

1) 사업주 또는 사업경영담당자

임금체불에 따른 형사책임의 주체는 원칙적으로 회사 재산의 권리 및 운영권을 가진 사업주와 사업경영담당자가 된다. 형식상 사업경영담당자가 아니더라도 사업주로부터 사업경영의 전부 또는 일부에 대하여 포괄적인 위임을 받고 대외적으로 사업을 대표하거나 대리하는 자는 예외적으로 형사책임의 주체가 될 수 있다.[3]

근로관계가 종료한 후의 금품청산의무는 임금지급사유 발생일로부터 14일이 경과한 때부터 성립하므로 법인기업 대표자가 그 이전에 자격을 상실한 경우에는 특별한 사정이 없는 한 임금체불에 따른 형사책임의 주체가 되지 않는다.[4] 이 경우는 새로운 법인회사의 대표자가 임금체불의 형사책임을 부담한다.

2) 실질적인 사업주

근로기준법상 사용자라 함은 형식상의 주주, 지위, 명칭 여하를 불문하고 실질적으로 근로자의 인사 및 경영에 관여하고 있는 자를 말하는 것이므로 형식상 대표이사직을 사임하였으나 실질적으로는 사주로서 회사를 사실상 경영하여 온 경우에 임

1) 근로기준법 부칙 제115; 퇴직급여보장법 제34조; 최저임금법 제30조; 파견법 제45조.
2) 사업주가 미성년자 또는 피성년후견인인 경우에는 그 법정대리인을 사업주로 본다.
3) 대법원 1983. 10. 11. 선고 83도2272; 대법원 1988. 11. 12. 선고 88도1162.
4) 대법원 1995. 4. 14, 선고 94도1724; 대법원 1995. 11. 10. 선고 94도1477; 대법원 2002. 11. 26. 선고 2002도5044.

금 등 청산의무위반에 따른 형사책임을 부담해야 한다.[5)]

회사가 외형상으로는 법인의 형식을 갖추고 있으나 그 실질에 있어서는 완전히 그 법인격의 배후에 있는 타인의 기업에 불과하거나 배후자에 대한 법률적용을 회피하기 위한 수단으로 사용되는 경우에는 비록 외견상으로는 회사의 행위라 할지라도 회사와 그 배후자가 별개의 법인격체임을 내세워 회사에게만 그로 인한 법적 효과가 귀속됨을 주장하면서 배후자의 책임을 부정하는 것은 신의성실의 원칙에 위반되는 법인격의 남용에 해당되어 그 배후자인 타인에 대하여도 임금체불의 죄책을 물을 수 있다.[6)]

3) 사업주체의 변경에 따른 형사책임의 주체

기업의 합병·양도가 있게 되면 종전 기업의 근로관계는 포괄적으로 합병회사 또는 양수회사에 이전된다. 종전 기업의 임금체불에 대한 지급의무도 당연히 합병회사 또는 양수회사에 이전되므로 임금체불 근로자는 합병회사 또는 양수회사를 상대로 미지급 임금을 청구할 수 있음은 당연하다.

그러나 임금체불에 따른 형사책임은 합병회사 또는 양수회사에 승계되지 않기 때문에 합병회사 또는 양수회사의 사용자는 임금체불에 따른 형사책임의 주체가 될 수 없다. 임금체불에 따른 형사책임은 종전 기업의 사용자가 부담해야 한다.[7)]

4. 형사면책사유

1) 임금체불 청산노력을 다한 사용자

사용자가 근로자에게 임금을 지급해야 할 의무가 있음은 당연한 것이나, 임금을 지급하기 위하여 최선의 노력을 다하였음에도 임금체불을 방지할 수 없었던 불가피성이 사회통념상 인정될 수 있는 정도의 특수한 사정이 있는 경우에는 임금체불에 따른 형사책임이 조각된다고 하는 것이 일관된 판례의 태도이다.[8)9)]

---

5) 대법원 2002. 11. 22. 선고 2001도3889.
6) 대법원 2001. 1. 19. 선고 97다21604.
7) 1993. 3. 15. 근기 01254-390.
8) 대법원 1993. 7. 13. 선고 92도2089; 대법원 1994. 3. 25. 선고 93도2903; 대법원 2002. 9. 24. 선고 2002도3666; 대법원 2005. 5. 27. 선고 2004도9001; 대법원 2006. 2. 9. 선고 2005도9230 등.
9) 반면, 노동부는 사용자가 임금의 정기지급을 위하여 최선의 노력을 다한 흔적이 있고

그러나 사용자가 임금체불의 청산을 위한 최선의 노력 및 임금을 체불할 수밖에 없는 부득이한 사정의 판단은 매우 신중하고 엄격하게 적용하여야 하며, 이에 대한 입증책임은 사용자가 부담해야 한다.[10)]

2) 청산관리인 및 파산관재인

법원의 회사정리절차 개시결정에 의하여 관리인이 선임되면 그 회사의 대표권·업무집행권·관리권·처분권뿐만 아니라 근로관계에 대한 권리의무도 관리인에게 이전되므로 관리인이 회사정리 개시결정 이후의 임금체불에 대하여는 법적 책임을 부담한다. 그러나 관리인이 법원에 제출한 자금계획서에 체불임금을 계상하였더라도 도저히 자금을 마련할 수 없었던 사정이 인정되는 경우에는 임금지급기일 연장합의의 노력이 없다 하더라도 임금체불의 형사책임을 물을 수 없다.[11)]

그리고 청산회사의 관리인과 파산회사의 관재인은 주어진 권한 범위 내에서 임금체불에 대한 책임을 부담하나, 체불임금의 청산과 관련하여 성의를 다하고 불가피한 사정이 있는 경우에는 면책된다.

3) 행정해석 변경으로 인한 사용자의 작위의무불이행

근로기준법 위반죄는 임금 또는 퇴직금을 지급하지 않는 경우에 발생하는 진정부작위범이므로 작위의무의 존재 자체가 범죄의 구성요건에 해당된다. 임금 또는 퇴직금을 지급할 작위의무의 존재에 대한 착오는 법률의 착오가 아닌 범죄구성요건에 대한 착오인 「사실의 착오」에 해당된다. 해당 사용자가 고용노동부 행정해석을 신뢰함으로써 임금 또는 퇴직금을 지급할 의무가 없다고 인식하였다면 근로기준법 위반에 대한 고의가 없으므로 범죄구성요건이 결여되어 범죄가 성립하지 않는다.[12)]

따라서 유권해석의 변경으로 종전의 임금지급의무가 없었던 것을 임금지급의무가 있는 것으로 전환된 경우에는 종전 유권해석을 신뢰하여 임금을 지급하지 아니한 것에 대하여는 형사책임을 물을 수 없다.[13)]

임금지급기일을 도저히 지킬 수 없는 부득이한 사정이 있다고 인정되더라도 천재지변과 같은 불가항력이 아닌 사용자의 귀책사유에 해당할 때에는 정상참작의 사유만 해당될 뿐이고 면책사유는 될 수 없다고 해석하고 있다(1995. 10. 25. 근기 32102-19347).

10) 대법원 2004. 4. 16. 선고 2002도5721.

11) 대법원 1995. 11. 10. 선고 94도1477.

12) 법무부 2006. 7. 11. 법무심의관실-4891.

13) 이와 관련하여 형법 제13조는 「법률에 특별한 규정이 있는 경우를 제외하고는 죄의 성

4) 임금지급의무의 여부에 대한 해석상 다툼이 있는 경우

비록 사용자가 근로자가 제기한 임금청구소송에서 패소한 경우라도, 임금지급의무의 존재 여부에 대하여 민사상 다툴만한 합리적 이유가 있는 경우에 사용자는 임금체불에 대한 고의성을 인정할 수 없으므로 사후에 민사소송에서 패소하여 사용자의 임금지급의무가 확정되었다는 이유로 사용자에게 임금체불에 대한 형사책임을 물을 수 없다.[14)]

그러나 명백하게 사법상 효력이 없는 당사자간의 법률행위를 근거로 임금의 지급을 거절하는 것은 임금의 지급 여부에 대한 해석상 다툼이 있는 것으로 볼 수 없을 뿐만 아니라 임금 미지급에 대한 고의가 있는 것으로 보아야 하므로 사용자는 형사책임을 면할 수 없다.[15)]

5) 공소시효의 완성

임금을 체불한 사용자를 처벌하기 위해서는 검사가 공소시효기간 내에 공소(기소)를 제기하여야 하므로 공소시효기간이 경과하면 사용자를 처벌할 수 없다. 형사소송법 제249조 제1항 제5호는 「장기 5년 미만의 징역 또는 금고, 장기10년 이상의 자격정지 또는 벌금에 해당하는 범죄」에 대한 공소시효는 5년으로 규정하고 있다.

임금체불과 관련된 벌칙은 대부분은 3년 이하의 징역 또는 2천만 원 이하의 벌금이므로 임금체불에 따른 공소시효는 5년이다. 공소시효의 기산일은 임금정기지급일 위반인 경우에는 그 정기지급일로부터, 근로관계의 종료에 따른 금품청산 위반인 경우에는 근로관계 종료일로부터 14일이 경과된 날이다.

5. 구제절차

1) 진정 또는 고소장의 제출

임금체불 근로자는 사용자의 형사처벌을 요구하는 진정서 또는 고소장을 관할 지방노동관서에 제출함으로써 간접적으로 임금체불의 구제를 받을 수 있다. 그러나

립요소인 사실을 인식하지 못한 행위는 벌하지 아니한다.」라고 규정하고 있는 동시에 형법 제16조는 「자기의 행위가 법령에 의하여 죄가 되지 아니한 것으로 오인한 행위는 그 오인에 정당한 이유가 있는 때에 한하여 벌하지 아니한다.」라고 규정하고 있다.

14) 대법원 2007. 6. 28. 선고 2007도1539; 대법원 2007. 8. 23. 선고 2007도4171.

15) 대법원 2007. 8. 23. 선고 2007도4171.

근로자가 사용자를 상대로 진정 또는 고소를 하는 이유는 직접적으로 체불임금을 지급받고자 하는 것이나, 사용자가 형사처벌을 감수하면서까지 미지급 임금을 지급하지 않는다면 민사적 절차를 통하여 구제를 받을 수밖에 없다.

2) 근로감독관의 조사 및 수사

임금체불 근로자의 진정 또는 고소가 있는 경우에 관할 지방노동관서 소속 근로감독관은 「사법경찰관리의 직무를 행할 자와 그 직무범위에 관한 법률」이 정한 사법경찰관의 지위에 근거하여 사용자의 노동관계법령 위반 여부에 대하여 조사와 수사를 개시한다.

근로감독관이 사법경찰관의 직무를 행하게 되는 노동관계법령은 근로기준법, 산업안전보건법 등 개별적 근로관계법 뿐만 아니라 「노동조합 및 노동관계조정법」 등 집단적 근로관계법도 포함된다. 조사 또는 수사결과 사용자가 노동관계법을 위반하여 임금체불을 한 혐의가 인정되면, 검찰에게 입건·송치하여야 한다.

3) 검사의 기소 여부 결정

해당 근로감독관이 검사에게 노동관계법 위반에 따른 체불임금 혐의로 사용자를 송치 또는 입건 조치하면, 담당 검사는 기소하여 법원의 최종적인 노동관계법 위반 여부를 판단하게 하거나 조사 또는 수사가 미진하다고 판단되는 경우에는 근로감독관으로 하여금 재수사 등을 명할 수 있다. 그러나 근로기준법 위반에 따른 임금체불 위반죄는 반의사불벌죄(反意思不罰罪)에 해당하는 것이므로 피해자인 임금체불 근로자가 진정 또는 고소를 취하면서 사용자의 처벌을 원하지 않는다는 명시적 의사표시를 한 경우에는 검사는 기소할 수 없다.

Ⅲ. 행정적 구제

1. 개 관

임금은 근로의 대가로 사용자가 지급하는 일체의 금품을 의미하는 것이므로 사용자가 근로자의 체불임금을 지급할 법적 의무가 있음은 당연하다. 그러나 임금채권은 다른 채권과는 달리 근로자의 중요한 생활유지 수단이 되기 때문에 전통적인 형사책임과 민사책임만으로는 그 실효성을 확보할 수 없다.

임금채권의 실효성을 확보하기 위해서는 사용자가 임금을 체불하지 않도록 사전에 철저한 행정지도 및 감독이 필요하고, 기업의 도산 등으로 체불임금을 청산할 수 없는 사유가 발생한 때에는 국가에서 근로자의 생계보호를 위하여 사용자를 대신하여 소정의 체불임금을 지급한 후 해당 사업주를 상대로 구상할 수 있도록 하는 임금채권 구제의 특례를 인정할 필요성이 있다.

이처럼 근로자의 생계보호 차원에서 인정되고 있는 임금채권의 사전적 행정구제 제도로서는 근로감독행정제도, 사후적 구제제도로서는 감사청구제도 및 고충민원제도가 있다. 그리고 전통적인 사후 행정구제 제도로서는 노동관서의 「도산 등 사실불인정 처분」에 대한 행정쟁송제도가 있다.

2. 근로감독행정제도

1) 의 의

체불임금을 이유로 사용자를 형사처벌하거나 소송을 통한 사법적 구제는 현실적으로 체불임금이 발생한 이후의 사후적 권리구제에 지나지 않는다. 그러나 사용자에게 벌칙을 적용함에 있어서 엄격한 죄형법정주의가 적용되기 때문에 그 위반의 입증이 어려울 뿐만 아니라 비록 사용자가 형사처벌을 받았다 하더라도 곧바로 근로자의 체불임금이 해결되는 것은 아니다. 그리고 체불임금에 대하여 사법적 효력을 인정한다 하더라도 법률지식이 없는 근로자가 복잡한 절차와 많은 시간과 비용이 드는 민사소송을 통하여 구제받는데 상당한 어려움을 겪게 된다.

따라서 사용자의 벌칙을 배경으로 한 행정적인 지도 감독을 통해 근로기준법 위반에 따른 체불임금을 사전에 예방함으로써 근로자의 권리를 보호할 수 있는 사전적 구제수단이 필요하다. 근로기준법은 임금 등 근로조건에 대한 사전예방수단으로서 근로감독행정제도를 두고 있다. 근로감독관제도라 함은 노사관계에 충분한 지식과 경험을 가진 전문적인 행정기관으로 하여금 노동법에 정한 근로기준의 이행을 지도·감독하여 사용자의 위반행위의 발생을 사전에 방지하고, 위반행위가 발생한 경우에는 빠른 시일 내에 시정케 하고, 위반자를 수사하고 벌칙의 적용을 요구함으로써 근로기준 위반행위를 차단하는 제도를 말한다.[16)]

2) 법적 성질

근로감독행정은 행정법상 행정지도에 해당한다. 행정지도라 함은 행정기관이 그

---

16) 이병태, 최신노동법, 996~997면.

소관 사무의 범위 안에서 일정한 행정목적을 실현하기 위하여 특정인에게 일정한 행위를 하거나 하지 않도록 지도·권고·조언 등을 하는 행정작용을 말한다. 즉, 행정지도는 행정주체가 일정한 행정목적을 실현하기 위하여 행정객체를 일정한 방향으로 유도하는 비권력적 사실행위를 의미한다. 행정지도는 상대방의 임의적 협력을 전제로 하기 때문에 그 자체로서는 직접적인 법률효과를 발생시키지 않는 사실행위라는 점에서 개별적·구체적인 법률의 근거를 요하지 않는다.[17] 따라서 근로감독관의 행정지도는 특정사항에 대하여 권리의 설정 또는 의무의 부담을 명하거나 법률상 효과를 발생시키는 행정처분으로 볼 수 없다. 다만, 노동관서의 행정지도를 계속 위반한 경우에는 특별감독을 실시하도록 한 경우에는 대외적 구속력을 가진 공권력의 행사에 해당되므로 행정처분에 해당된다.[18]

3) 효 과

근로감독행정은 원칙적으로 행정지도의 성격을 가지고 있기 때문에 법률의 근거 없이도 가능하고 사용자를 상대로 노동행정이 의도하는 방향을 실현하기 위한 협력적 행위를 요청하는 의사표시에 불과하기 때문에 근로감독관의 행정지도가 단체협약 또는 취업규칙에 정한 근로조건보다 불리하게 지도하더라도 그에 따른 법률효과가 발생하지 않고 항고소송의 대상도 되지 않는다.

그러나 행정지도를 위반한 경우에 특별감독을 실시하도록 하는 통제적인 행정지도는 사실상 사용자를 구속하기 때문에 공권력의 행사로서 행정처분에 해당되어 행정쟁송의 대상이 될 수 있다.

3. 행정쟁송제도

1) 의 의

체불임금으로 인하여 사업주와 행위자가 노동관계법상 양벌규정에 의하여 형사처벌을 받는 것과는 별개로 대외적으로 사업주가 법적 책임을 부담해야 한다. 그러나 사업주의 도산 등으로 무자력이거나 재산을 소유하고 있더라도 체불임금 근로자가 집행권원을 얻어 강제집행을 하거나 배당에 참가하여 임금채권의 만족을 얻거나 사업주의 재산을 환가하는데 상당한 시일을 요함으로써 근로자의 생계에 막대한 지

---

17) 장태주, 행정법개론, 385면.

18) 헌법재판소 2007. 8. 30. 선고 2004헌마670.

장을 초래하는 경우가 있다.

이처럼 원칙적으로 체불임금은 당해 근로자를 고용한 사업주가 법적 책임을 부담하고 체불임금 근로자가 민사적 구제절차를 통하여 임금채권을 확보해야 하는 것이나, 예외적으로 임금채권보장법은 사업주의 재판상 도산 또는 사실상 도산이 된 경우에는 체불임금 근로자가 근로기준법 제38조 및 근로자퇴직급여보장법 제11조의 최우선변제임금 중에서 소정의 체불임금을 국가에서 체당금으로 지급한 후 해당 사업주를 상대로 근로자의 권리를 대위하여 행사할 수 있는 제도를 두고 있다.

체불임금 근로자의 「도산 등 사실인정 신청」에 대하여 관할 지방노동관서가 불인정 처분한 경우에는 해당 근로자는 노동청을 상대로 이의 취소를 요구하는 행정심판 또는 행정소송을 제기할 수 있다.

2) 구제절차

(1) 도산 등 사실인정신청

상시근로자 300인 이하의 산재보험 적용대상 회사의 사실상 도산으로 해당 사업이 폐지 또는 폐지과정에 있고 사업주가 임금 등을 지급할 능력이 없거나 지급이 현저히 곤란한 경우에 근로자는 체당금을 지급받기 위해서는 퇴직 후 1년 이내에 퇴직 당시의 사업장 소재지를 관할하는 지방노동관서에 「도산 등 사실인정신청」을 할 수 있다.

관할 지방노동관서에서 근로자의 「도산 등 사실인정신청」에 대하여 기각하는 행정처분을 한 경우에 해당 근로자는 관할 노동부를 국무총리 소속의 행정심판위원회에 행정심판을 제기할 수 있다.

(2) 행정심판의 제기

국무총리 및 중앙행정기관의 장이 재결청이 되는 행정심판청구 사건은 국무총리 소속하에 설치된 국무총리행정심판위원회가 담당한다. 근로자의 「도산 등 사실인정신청」을 기각 또는 각하하는 경우에 재결청은 중앙행정기관인 노동부가 되는 것이므로 국무총리 소속하에 설치된 행정심판위원회에 취소심판을 청구하여야 한다.

행정심판청구는 원칙적으로 「도산 등 사실불인정처분」이 있음을 안 날로부터 90일 이내 또는 처분이 있은 날로부터 180일 이내에 제기하여야 한다(행정심판법§27①③). 행정심판의 제기기간은 불변기간으로서 행정심판위원회의 직권조사사항이다. 이 두 기간 중 어느 하나라도 기간이 경과하면 행정심판을 청구할 수 없다.

「처분이 있음을 안 날」이란 당사자가 통지·공고 기타의 방법에 의하여 「도산 등 사실불인정처분」이 있었다는 사실을 현실적으로 안 날을 의미한다.[19] 「도산 등 사실불인정처분」을 서면으로 하는 경우에는 그 서면이 상대방에게 도달한 날, 공시송달의 경우에는 서면이 도달한 것으로 간주되는 날을 의미한다. 또한 「처분이 있은 날」이란 「도산 등 사실불인정처분」이 처분으로서 효력이 발생한 날을 말한다.[20]

그러나 천재·지변·사변 그 밖에 불가항력으로 인하여 90일 이내에 행정심판을 청구할 수 없을 때에는 그 사유가 소멸한 날로부터 14일 이내에 청구할 수 있고(행정심판법§27②), 처분이 있은 날로부터 180일 이내에 행정심판을 청구할 없는 객관적인 정당한 사유가 있는 경우에는 처분이 있은 날로부터 180일이 경과한 후에도 행정심판을 제기할 수 있다(행정심판법§27③). 그리고 지방노동관서가 심판청구기간을 행정심판 제기기간보다 긴 기간으로 잘못 고지한 경우에는 그 고지기간 내에 행정심판을 제기한 경우에는 처분이 있은 날로부터 90일 이내에 행정심판을 제기한 것으로 본다(행정심판법§27⑤).

행정심판을 제기하였다 하더라도 「도산 등 사실불인정처분」의 효력 및 집행 또는 절차의 진행에는 영향을 미치지 않는데, 이를 「집행부정지의 원칙」이라고 한다(행정심판법§30①). 그러나 재결청(고용노동부)은 예외적으로 「도산 등 사실불인정처분」의 집행 또는 절차의 진행으로 인하여 회복하기 어려운 손해를 예방하기 위하여 긴급한 필요가 있다고 인정되는 때에는 당사자의 신청 또는 직권에 의하여 그 처분의 효력이나 그 집행의 전부 또는 일부의 정지를 결정할 수 있다(행정심판법§30②③).[21]

(3) 행정소송의 제기

국무총리행정심판위원회의 「도산 등 사실불인정처분」에 대한 기각 또는 각하재결에 대하여 근로자는 행정법원에 행정소송을 제기할 수 있다. 행정소송은 재결청인 고용노동부를 상대로 행정법원에 소장을 갖추어 제소기간 내에 제기하여야 한다.

취소소송의 소장 형식에 대하여는 행정소송법에 특별히 규정한 것이 없으므로 민

---

19) 대법원 1995. 11. 24. 선고 95누11535.

20) 장태주, 행정법개론, 848면.

21) 「도산 등 사실불인처분」과 관련하여 집행정지를 할 수 있는 사유로서는 근로자가 소속한 대상회사의 총 재산이 대하여 경매가 개시되어 행정심판의 심리결과 취소될 경우 근로자의 임금채권을 확보하기 곤란하거나 대상회사의 총 재산에 대하여 근로복지공단이 체당금에 대하여 대위권을 행사할 수 없는 사정이 있는 경우이다.

사소송법의 규정이 준용된다(행정소송법§8②). 소장에는 당사자·법정대리인·청구의 취지 및 원인을 기재하여야 한다(민사소송법§249①).

행정소송은 재결서의 정본을 송달받은 날로부터 90일 이내에 제기하여야 한다(행정소송법§20①). 민사소송과는 달리 행정소송의 제소기간을 제한하고 있는 것은 공익과 밀접한 관계가 있는 공법관계를 장기간 불확실한 상태에 방치하는 것은 바람직하지 않기 때문이다. 관할법원은 재결청인 고용노동부 소재지를 관할하는 행정법원이 되고, 피고는 고용노동부가 된다.

(4) 심리 및 결정

행정심판 또는 행정소송이 제기되면 국무총리행정심판위원회(또는 행정법원)는 심리하고 심리 결과에 따라 기각재결(판결), 취소재결(판결), 각하재결(판결)을 하게 된다. 행정쟁송법은 심리절차의 객관적 공정성을 위하여 당사자에게 공격·방어의 방법으로 의견진술과 증거 등을 제출함으로써 행정심판위원회 또는 행정법원이 제3자적 입장에서 심리를 진행할 수 있도록 「심리절차의 사법화」를 도모하고 있다.

심리는 행정쟁송을 제기하는데 필요한 요건을 충족하였는가의 여부를 형식적으로 심리하는 「요건심리」와 행정쟁송의 청구가 이유 있는가의 여부를 실질적으로 심리하는 「본안심리」로 구분된다. 요건심리의 대상은 행정쟁송의 대상이 되는 처분의 존재 여부, 쟁송기간의 준수 여부, 쟁송청구기재 사항의 구비 여부 등을 심리하게 되는데, 요건심리 결과 쟁송요건을 갖추지 않은 행정쟁송청구에 대하여는 각하한다. 「본안심리」는 당해 행정쟁송 청구사건이 요건심리의 결과 적법한 것으로 수리한 것을 전제로 당해 행정쟁송 청구의 취지를 인용할 것인가의 여부를 결정하게 된다. 본안심리의 결과 청구의 취지가 이유 있다고 인정되는 경우에는 「도산 등 사실불인정 처분」을 취소하는 취소재결(판결)을, 이유 없다고 인정되는 경우에는 기각재결(판결)을 하게 된다.

3) 재결 및 판결의 효과

국무총리행정심판위원회의 취소재결 또는 행정법원의 취소판결이 확정되면 일정한 법률효과가 발생하게 되는데, 여기서는 행정소송법상 취소판결에 따른 법률효과를 중심으로 개관하기로 한다. 취소소송의 판결이 확정되면 선고법원에 대하여는 불가변력(不可變力), 소송당사자에 대하여는 불가쟁력(不可爭力), 법원과 당사자에 대하여는 기판력(旣判力), 행정기관에 대하여는 기속력(羈束力), 제3자에 대하여는

형성력(形成力)이 발생하게 된다.[22]

(1) 불가변력

법원이 판결을 일단 선고하면 선고법원 자신도 그 내용을 취소·변경할 수 없는 효력을 말한다. 불가변력이 인정되는 이유는 법원이 내린 판결은 당해 문제된 법률관계의 분쟁에 대한 공권적인 판단으로서의 성질을 가지기 때문이다.

(2) 불가쟁력

취소소송의 판결에 불복이 있으면 그 취소·변경을 위한 상소를 하여야 한다. 그러나 상소기간이 경과하거나 당사자가 상소를 포기하는 등의 사유가 있으면 상소를 할 수 없게 되어 판결은 확정된다. 이를 형식적 확정력 또는 불가쟁력이라고 한다.

(3) 기 판 력

행정소송의 대상인 소송물에 관한 법원의 판결이 확정된 경우에는 법원은 동일한 소송물에 있어서 종전의 판단에 모순 또는 저촉되는 판단을 할 수 없고 소송의 당사자 및 그의 승계인도 그에 반하는 주장을 하여 다투는 것이 허용되지 않는 효력을 말한다. 기판력은 소송절차의 반복과 모순된 재판의 방지라는 법적 안정성의 요청에 따라 인정되는 효력이다.

기판력은 당해 소송의 당사자 및 당사자와 동일시할 수 있는 자에게만 미치고 제3자에게는 미치지 아니한다. 그리고 행정소송에 있어서의 보조참가는 그 참가유형이 보조참가가 아니라 공동소송적 보조참가의 성격을 갖는 것이므로 보조참가인에게도 기판력이 미친다고 보아야 한다.[23] 취소소송의 피고는 행정청이므로 그 판결의 기판력은 피고인 처분행정이 속하는 국가나 공공단체에도 미친다.

기판력의 객관적 범위는 그 판결의 주문에 포함된 사항에 대하여만 미친다. 즉, 소송물로 주장된 법률관계의 존부에 관한 판단의 결론 그 자체에만 미치고, 판결이유 중에 설시된 그 전제가 되는 법률관계의 존부까지 미치는 것은 아니다.[24]

(4) 기 속 력

취소소송 판결이 확정되면 소송당사자인 행정청과 그 밖의 관계행정청의 판결이

---

22) 행정심판의 재결 및 행정소송의 판결 효력에 대하여는 홍정선, 행정법원론(상), 742면 이하·867면 이하; 장태주, 행정법개론, 782면 이하·861면 이하 참조.

23) 장태주, 행정법개론, 784면.

24) 대법원 1987. 6. 9. 선고88다카2756.

내용에 따라 행동하여야 할 실체법상의 의무가 발생하게 되는데, 이러한 효력을 기속력 또는 구속력이라 한다. 따라서 취소소송 판결이 있게 되면 처분행정청 또는 관계행정청은 동일한 사실관계 아래에서 동일한 당사자에 대하여 종전과 동일한 내용의 처분 등을 반복할 수 없고(동일내용의 처분금지의무), 판결의 취지에 따라 다시 처분할 의무가 있다(재처분의무).[25]

기속력은 주로 판결의 실효성을 확보하기 위하여 인정되는 효력이므로 판결의 주문뿐만 아니라 주문의 전제가 되는 처분 등의 구체적 위법사유에 관한 이유 중의 판단에 대하여도 미치고, 당해 거부처분을 한 행정청은 신청을 인용하는 처분을 하여야 하고 사실심 변론종결 이전의 사유를 내세워 다시 거부처분을 하는 것은 확정판결의 기속력에 저촉된다.[26]

(5) 형 성 력

판결이 확정되면 판결의 취지에 따라 법률관계의 발생·변경·소멸을 가져오는 효력을 말한다. 취소판결이 확정되면 처분 등의 효력은 처분청의 별도의 행위를 기다릴 것 없이 처분 시에 소급하여 그 효력이 소멸되어 처분이 없었던 것과 같은 상태로 된다. 형성력은 특히 취소인용판결의 경우에 일반적으로 인정되는 효력으로서 취소판결의 제3자효를 규정한 행정소송법 제29조 제1항을 전제로 한 것이다.

4. 감사청구제도

1) 의 의

감사원은 헌법 제97조와 감사원법 제20조의 규정에 따라 국가의 세입·세출의 결산 및 국가기관과 법률이 정한 단체의 회계를 상시 검사·감독하여 그 집행에 적정을 기하며 행정기관의 사무와 공무원의 직무를 감찰하여 행정운영의 개선·향상을 도모하기 위한 심의의결기구의 성격을 지닌 감사기구이다. 감사원은 대통령 직속기구로 되어 있으나, 직무에 관하여 독립성을 보장하고 있는 동시에 감사위원의 신분을 보장하고 있다(감사원법§2·§8).

감사원의 감사는 회계검사와 직무감찰로 구분되는데, 근로자의 임금구제와 관련된 사항은 직무감찰이라고 할 수 있다. 즉, 담당 공무원의 비리 또는 법령·제도·행

25) 장태주, 행정법개론, 785~788면.
26) 대법원 2001. 3. 23. 선고 99두5238.

정관리의 모순 등으로 「도산 등 사실불인정처분」 또는 임금진정·고소와 관련하여 위법·부당한 행위로 인한 행정처분으로 권리를 침해받은 근로자는 감사원에 직무감찰을 청구하여 그 결과에 따라 권리구제를 받을 수 있다.

2) 감사범위

(1) 회계검사

회계검사는 감사원이 국가, 지방자치단체, 정부투자기관 등의 회계를 검사하여 그 집행에 적정을 기하기 위한 감사다. 회계검사대상은 필요적 검사사항과 선택적 검사사항으로 구분되고, 필요적 검사대상은 감사원에서 반드시 검사하여야 하는 사항으로서 국가 및 지방자치단체 등 38,700여개 기관의 회계업무가 있다. 선택적 검사사항은 감사원이 필요하다고 인정하거나 국무총리의 요구가 있을 때 검사할 수 있는 사항으로서 국고수납대리점(금융기관) 등 29,300여개 기관의 회계업무가 있다(§22~23).

(2) 직무감찰

직무감찰은 감사원이 행정기관 등의 사무와 그 소속 직원의 직무에 관한 감찰을 할 수 있는 권한을 말한다. 공무원의 비위적발을 위한 비위감찰뿐만 아니라 법령·제도 또는 행정관리상의 모순이나 문제점의 개선 등에 관한 감찰도 포함된다. 직무감찰의 범위는 다음과 같다(§24①).

- 정부조직법 및 기타 법률에 의하여 설치된 행정기관의 사무[27]와 그에 소속한 공무원의 직무[28]
- 지방자치단체의 사무와 그에 소속한 지방공무원의 직무
- 한국은행과 국가 또는 지방자치단체가 자본금의 2분의 1 이상을 출자한 법인 및 특별법에 따라 설립되고 그 임원의 전부 또는 일부나 대표자가 국가 또는 지방자치단체에 의하여 임명 또는 임명 승인되는 단체의 사무와 그에 소속한 임원 및 감사원의 검사대상이 되는 회계 사무와 직접 또는 간접으로 관련이 있는 직원의 직무
- 법령에 의하여 국가 또는 지방자치단체가 위탁하거나 대행하게 한 사무와 기타

27) 군 기관과 교육기관을 포함하되, 군 기관에는 소장급 이하의 장교가 지휘하는 전투를 주 임무로 하는 부대 및 중령급 이하의 장교가 지휘하는 부대는 제외된다.
28) 국회, 법원 및 헌법재판소에 소속한 공무원 제외된다.

법령에 의하여 공무원의 신분을 가지거나 공무원에 준하는 자의 직무

3) 감사처리절차

(1) 감찰요구 및 조사 등

노동관서의 위법 또는 부당한 행위로 인한 「도산 등 사실불인정처분」으로 체당금을 지급받지 못하였거나 위법 또는 부당한 임금체불에 대한 조사 및 수사로 인하여 체불금품확인원을 발급받지 못하여 권리를 침해받은 근로자는 감사원에 해당 노동관서의 직무감찰을 요구할 수 있다. 감찰요구를 받은 감사위원은 당사자 및 관계인에 대한 조사 및 자료제출 등을 요구한 후 감사위원회의에 회부한다.

(2) 감사위원회의의 의결

감사위원회의의 의결할 사항은 ① 감사원의 감사정책 및 주요감사계획에 관한 사항, ② 회계검사의 결과에 의한 국가의 세입·세출의 결산 확인에 관한 사항, ③ 변상책임의 판정에 관한 사항, ④ 징계 및 문책처분의 요구에 관한 사항, ⑤ 시정 등의 요구에 관한 사항, ⑥ 개선요구에 관한 사항, ⑦ 권고 등에 관한 사항, ⑧ 재심의에 관한 사항, ⑨ 의견표시 등에 관한 사항 등이다(§12①).

감사위원회의가 심의하고자 할 때에는 감사원규칙이 정하는 바에 의하여 상대방 기타 관계인에게 서면·전자문서 또는 구술로 의견을 진술할 기회를 주어야 하고(§13의 2), 필요한 관계인 또는 증인을 출석시켜 신문할 수 있다(§14).

(3) 판정서의 송부 등

회계 또는 직무 감사 결과 위법 또는 부당한 사실이 발견되면, 감사원은 그에 대한 판정서를 소속 장관 또는 당헤 기관의 장에게 송부하고 그 판정서를 송부받은 소속장관 또는 당해 기관의 장은 송부받은 날로부터 20일 이내에 변상책임자에게 송부하여 감사원이 정하는 기한 내에 변상조치 등을 행하게 하여야 한다(§31). 그리고 감사원은 국가공무원법 기타 법령에 규정된 징계사유에 해당하거나 정당한 사유 없이 감사를 거부 또는 자료의 제출을 해태한 공무원에 대하여 징계를 요구할 수 있다(§32).

4) 감사결과의 효력

(1) 변상책임 및 징계책임

감사 결과 법률이 정하는 바에 따라 회계 관계직원 등이 변상책임이 있다고 판정

하였을 때에는 해당 공무원은 변상책임을 져야 한다(§31③). 그리고 해당 공무원이 징계사유에 해당하거나 정당한 사유 없이 감사를 거부 또는 자료의 제출을 해태함으로써 감사원이 징계요구를 하면 소속 장관 또는 임용권자는 10일 이내에 징계위원회 또는 인사위원회에 징계의결을 요구하여야 하고, 그 징계의결 결과를 감사원에 통보하여야 한다(§32①②).

(2) 징계·문책사유의 시효정지

감사원이 조사 중인 특정사건에 대하여는 관계 행정관청은 조사개시의 통보를 받은 날부터 징계 또는 문책절차를 진행하지 못한다. 징계 또는 문책절차를 진행하지 못하여 법령 또는 소속 단체 등이 정한 징계 또는 문책사유의 시효기간이 만료되거나 그 잔여기간이 1월 미만인 경우에는 그 시효기간은 조사종료의 통보를 받은 날 또는 징계 또는 문책요구를 받은 날부터 1월이 경과한 날에 만료된다(§32의2).

(3) 시정요구의 이행의무

감사원은 감사의 결과 위법 또는 부당하다고 인정되는 사실이 있을 때에는 소속 장관, 감독기관의 장 또는 당해 기관의 장에게 시정 등을 요구할 수 있다. 감사원의 시정요구가 있는 경우에는 소속장관·감독기관의 장 또는 당해 기관의 장은 감사원이 정한 기한 내에 이를 이행하여야 한다(§33). 감사원의 시정요구가 있는 경우에는 해당 행정관청은 의무적으로 그 시정요구를 이행하여야 하기 때문에 직접 관계행정관청을 구속한다.

(4) 제도개선 요구의 이행

감사원은 감사 결과 법령·제도·행정상의 모순이 있거나 개선할 사항이 있다고 인정할 때에는 국무총리·소속장관·감독기관의 장 또는 당해 기관의 장에게 법령 등의 제정·개정 또는 폐지를 위한 조치나 제도상 또는 행정상의 개선을 요구할 수 있다. 감사원의 제도개선 요구를 받은 기관의 장은 그 조치 또는 개선의 결과를 감사원에 통지하여야 한다(§34).

(5) 권고·통보의 이행

감사원은 감사결과 징계요구, 시정요구, 제도개선 요구를 하는 것이 부적절하거나 관계기관의 장으로 하여금 자율적으로 처리하게 할 필요가 있다고 인정되는 때 또는 행정운영 등의 경제성·효율성 및 공정성 등을 위하여 필요하다고 인정할 때에는 소속장관·감독기관의 장 또는 당해 기관의 장에게 그 개선 등에 관한 사항을 권고 또는 통보할 수 있다. 감사원으로부터 권고 또는 통보를 받은 소속장관·감독기관의 장 또는 당해 기관의 장은 그 처리결과를 감사원에 통보하여야 한다(§34의2).

(6) 고발조치

감사원은 감사의 결과 범죄혐의가 있다고 인정할 때에는 감사위원회의 의결을 거쳐 수사기관에 고발하여야 한다(§35). 그러나 증거인멸 또는 도피의 우려가 있을 때에는 감사위원회의의 의결을 거치지 아니하고 수사기관에 수사를 요청할 수 있으며, 시간 또는 장소의 제약 등으로 직접 고발 또는 수사요청하기 어려운 경우 등 필요한 때에는 대상기관으로 하여금 적정한 조치를 하게 할 수도 있다.

5. 고충민원제도

1) 의 의

행정기관 등에 의한 국민의 권익침해의 구제 및 불합리한 제도의 개선을 강화하여 국민의 기본적 권익보호 수준을 향상시키고자 「부패방지 및 국민권익위원회의 설치와 운영에 관한 법률」이 제정·시행되고 있다. 국민권익위원회(이하 "위원회")는 고충민원[29]을 접수·상담하고, 이를 신속하게 조사·처리하며, 행정기관의 민원사무 처리상황을 감시함으로써 국민의 권리와 이익을 보호하기 위하여 설치된 대통령 소속 위원회이다.

2) 위원회의 기능

위원회의 주요 업무로서는 ① 국민의 권리보호·권익구제 및 부패방지를 위한 정책의 수립 및 시행, ② 고충민원의 조사와 처리 및 이와 관련된 시정권고 또는 의견표명, ③ 고충민원을 유발하는 관련 행정제도 및 그 제도의 운영에 개선이 필요하다고 판단되는 경우 이에 대한 권고 또는 의견표명, ④ 위원회가 처리한 고충민원의 결과 및 행정제도의 개선에 관한 실태조사와 평가, ⑤ 공공기관의 부패방지를 위한 시책 및 제도개선 사항의 수립·권고와 이를 위한 공공기관에 대한 실태조사, ⑥ 공

29) 「고충민원」이라 함은 행정기관등의 위법·부당하거나 소극적인 처분(사실행위 및 부작위를 포함한다) 및 불합리한 행정제도로 인하여 국민의 권리를 침해하거나 국민에게 불편 또는 부담을 주는 사항에 관한 민원(현역장병 및 군 관련 의무복무자의 고충민원을 포함한다)을 말한다(§2④5호).

공기관의 부패방지시책 추진상황에 대한 실태조사·평가, ⑦ 부패방지 및 권익구제 교육·홍보 계획의 수립·시행 등이다(§12).

3) 위원회의 처리절차

위원회는 고충민원을 접수한 때에는 지체 없이 그 내용에 관한 조사를 하고(§41 ①), 조사결과 위원회가 행정처분 등이 위법·부당하다고 인정할 만한 정당한 이유가 있는 때에는 관계행정기관의 장에게 적절한 시정조치를 권고할 수 있고 경우에 따라서는 제도나 정책의 개선을 권고하거나 의견을 표명할 수 있다(§46~47).

행정기관의 장은 정당한 사유가 있는 경우를 제외하고는 권고 또는 의견을 받은 날로부터 30일 이내에 그 처리결과를 위원회에 통보하여야 하고(§50), 위원회는 처리결과의 내용을 사생활 침해의 우려가 없는 경우에는 대외적으로 공표할 수 있다(§53). 그 밖에 위원회는 합의를 권고하거나 조정을 할 수 있고(§44~45), 정당한 사유 없이 조사를 방해·거부·기피·지연시킨 자에게 과태료를 부과할 수 있다(§91② 1호).

4) 위원회의 임금구제기능

「도산 등 사실불인정처분」의 처분취소를 요구하는 고충민원에 대하여 위원회가 위법 또는 부당한 처분을 하였다고 판단하는 경우에는 고용노동부에게 그 처분을 취소하는 시정권고 또는 의견표명을 할 수 있고, 사안에 따라 합의권고 또는 조정을 할 수 있다.

위원회가 결정한 시정권고 등이 행정기관을 구속하는 강제집행력은 없으나, 시정권고 또는 의견표명을 받은 행정기관의 장은 정당한 사유가 있는 경우를 제외하고는 이를 존중하도록 함으로써 행정기관이 수용하도록 하고 있다(§50). 그러나 고용노동부가 위원회의 결정을 수용하지 않았다 하더라도 이를 강제할 방법이 없는 점을 고려하여 관계 행정기관에 대한 시정조치 또는 제도개선의 결과통보 요구권, 일반국민에 대한 위원회 의결내용 및 관계기관의 처리결과 공표권, 위원회 운영상황에 대한 대통령·국무총리 보고권, 감사요구권 및 징계요구권 등을 통하여 간접적인 집행력을 보장하고 있다.

Ⅳ. 민사적 구제

1. 개 관

근로자는 사용자에게 근로를 제공하고 사용자는 그 근로의 대가로서 임금을 지급해야 한다. 사용자는 근로자로부터 근로를 제공받은 이상 법률상 근로자에게 임금을 지급할 의무가 있는 것이지만, 근로의 대가인 임금을 지급하지 못하는 경우가 발생할 수 있다. 이때 사용자는 임금을 지불해야 하는 임금채무자가 되고 근로자는 임금을 지급받아야 할 임금채권자가 된다.

이처럼 근로자의 임금이 체불된 경우에 임금채권자인 근로자는 국가의 공신력을 이용하여 임금채권을 회수하는 방법으로 임금을 지급받을 수밖에 없다. 임금채권자는 사용자가 재산을 처분하지 못하도록 사용자의 재산에 대한 가압류 등 보전처분, 임금청구소송, 강제집행 및 배당에의 참가 등의 민사절차를 밟게 된다.

【민사구제절차도】

가압류절차 ⇒	집행권원문을 얻는 절차 ⇒	강제집행절차
신청(목적물소재법원) ⇒ 심리 ⇒ 재판 ⇒ 가압류결정	ㅇ 독촉절차(지급명령절차) ⇒ 가집행선고부 지급명령 ㅇ 민사소송 ⇒ 판결(가집행선고), 제소전 화해, 소송상 화해, 인낙 ㅇ 소액심판 ⇒ 판결(가집행선고) ㅇ 공정증서	신청 ⇒ 압류 ⇒ 매각 ⇒ 만족(배당) ↑ 배당요구

2. 보전처분으로서의 가압류

1) 필 요 성

협의(狹義)의 보전처분은 가압류와 가처분을 말하고, 가처분에는 계쟁물가처분과 임시의 지위를 정하는 가처분이 있다. 보전처분은 본안재판의 지연으로 인하여 생길 위험 또는 손해를 방지하기 위하여 본안재판의 판결이 있을 때까지 신속하게 잠정적인 조치 내지 처분을 강구하기 위한 약식소송이다. 가처분은 금전채권 이외의 권리의 보전을 위한 보전처분이므로 금전채권에 해당하는 임금채권에 대한 보전처분으로서는 적당하지 않다.

그러나 가압류는 금전채권이나 금전으로 환산할 수 있는 채권의 집행을 보전할 목적으로 미리 채무자의 재산을 동결시켜 채무자로부터 그 재산에 대한 처분권을 잠정적으로 빼앗는 제도이다.[30] 따라서 가압류는 임금채권자가 장래의 강제집행을 보전하기 위하여 임금채무자(사용자)의 책임재산을 임시로 압류하여 그 처분을 금지해 두는 약식소송이므로 임금채권의 구제에 적당한 보전처분이다.

임금채무자인 사용자가 임금채권자에게 임금을 지급하지 않으면 임금채권자는 부득이 임금청구소송을 제기하여 강제집행에 착수하거나 사용자의 재산에 대한 경매에 참가하여 임금채권의 만족을 얻을 수밖에 없다. 그러나 임금채권자가 소송을 제기하여 확정판결을 얻을 때까지 상당한 시일이 필요하므로 그 사이에 사용자가 재산을 처분하게 되면 판결을 얻더라도 실익이 없게 된다. 또한 임금채권자는 다른 채권자가 제기한 강제경매에 대한 배당요구 종기를 준수하는데 상당한 어려움이 있다.

따라서 임금채권자는 소송을 제기하기에 앞서 우선적으로 사용자가 재산을 처분할 가능성이 있는 재산에 대하여 가압류를 함으로써 재산의 처분을 금지할 필요성이 있다. 특히 임금채무자인 사용자의 부동산에 대한 강제집행에 있어서 집행권원이나 고용노동부가 발급한 체불금품확인원을 갖고 있지 아니한 경우에 임금채권자가 배당요구를 하기 위해서는 가압류명령을 받을 필요가 있다.

2) 보전처분의 특성

(1) 잠정성(暫定性)

가압류처분은 소송물인 임금채권 또는 법률관계의 확정을 목적으로 하는 것이 아니고, 판결의 확정까지 현재의 채권 또는 법률관계를 잠정적으로 확보해 두거나 이에 대하여 임시적 규율을 목적으로 하는 조치이다. 따라서 가압류집행에 의하여 생긴 결과는 본안소송에 영향을 미치지 아니한다.

(2) 긴급성(緊急性)

가압류처분은 장래의 임금채권의 만족을 위한 긴급 또는 급박한 보전처분이다. 즉, 가압류처분은 임금채무자의 재산을 그대로 방치하면 임금채권자의 채권만족이 어려워질 긴급한 우려가 있는 경우에 취하는 보전처분이다. ① 가처분명령을 발함에 있어서 필요적 변론이 아닌 임의적 변론주의를 채택한 점, ② 판결이 아닌 결정의

30) 법원행정처, 민사집행법해설, 239면.

형식으로 재판하고 소명주의를 채택한 점 등은 가처분의 긴급성에 따른 조치이다.

(3) 밀행성(密行性)

가압류는 소송판결 전에 임금채무자 소유 재산의 처분을 금지함으로써 권리의 실현을 목적으로 하는 것이므로 임금채무자의 집행방해에 대비하여 임금채무자에게 알려지기 전에 비밀리에 진행하는 것이 합리적이다. ① 변론과 심문 없는 서면심리의 진행, ② 가압류처분의 송달 전에 가압류처분 집행 등은 이러한 밀행성을 반영한 조치이다.[31)]

(4) 수반성(隨伴性)

가압류처분은 임금채권관계를 확정하는 본안소송의 존재를 예정하는 부수적 보전절차이므로 본안소송의 부수성 내지 종속성을 가진다. ① 채무자의 제소명령신청제도, ② 3년의 본안 제소기간의 도과로 인한 가압류처분의 취소제도, ③ 본안소송의 관할법원에의 전속, ④ 가압류처분이의신청 사건에 대한 본안소송 법원으로의 재량이송제도, ⑤ 본안소송에서 채권자의 패소판결이 있는 경우의 사정변경에 의한 가압류처분취소명령제도 등은 가압류처분의 수반성을 반영한 조치이다.

(5) 자유재량성(自由裁量性)

가압류처분의 심리절차에서는 법원에게 상당한 자유재량권이 부여되어 있다. 즉, 심리에 있어서 임의적 변론절차에 의함으로써 서면심리·심문심리·변론심리 중에서 법원이 선택할 수 있다. 또한 가압류처분을 결정함에 있어서 채권자의 담보제공 여부와 그 제공의 방법 및 액수도 법원의 재량사항이다.

3) 가압류 요건

가압류는 소송 확정판결 시까지 임금채무자의 재산에 대한 처분을 제한함으로써 임금채권의 만족을 얻고자 하는 임시적인 보전처분이므로 가압류를 하기 위해서는 ① 그 권리는 금전채권 청구권이어야 하고(피보전권리), ② 장래 강제집행이 불가능하거나 현저하게 곤란하여야 한다(보전의 필요성).

---

31) 이러한 밀행성은 가압류처분에서 두드러지게 나타난다. 그러나 최근 집행채무자의 절차적 보장 내지 불의의 타격방지를 위하여 밀행성이 다소 후퇴하고 있다. 민사집행법 제304조에서 임시의 지위를 정하는 가처분의 경우에 변론기일 또는 채무자가 참석할 수 있는 심문기일을 반드시 열게 하도록 한 것이 그 예이다.

(1) 피보전권리(彼保全權利)

가압류는 금전채권의 강제집행을 보전하는 것이므로 그 피보전 권리는 금전의 지급을 목적으로 하는 임금채권청구권이어야 한다. 임금채권이면 기한부 또는 장래의 청구권이든 관계없으나, 현재 그 권리가 특정할 수 있고 가까운 장래에 발생할 것이 상당 정도 기대되는 것이어야 한다. 피보전 권리는 판결절차에서 이행의 소송으로서 심리할 금전채권이므로 피보전 권리와 본안소송의 소송물이 완전히 일치할 필요는 없지만 최소한 그 동일성은 유지되어야 한다.[32)]

(2) 보전의 필요성

즉시 가압류를 하지 않으면 장래 강제집행이 불능 또는 현저히 곤란하게 될 우려가 있어야 한다. 예컨대, 임금채무자인 사용자가 재산·상품 등을 낭비하거나 염가판매 또는 훼손·은닉할 염려가 있을 때, 자주 주소를 이동하거나 주소가 불확실하고 도주할 염려가 있을 때, 재산의 대부분을 외국으로 방출시키거나 외국으로 이주할 준비를 하고 있는 때 등이다. 보전의 필요성이 있는가의 여부는 법원이 심리를 통하여 구체적으로 판단할 사항이지만, 임금을 유일한 생계수단으로 하는 근로자에 있어서는 임금의 지급이 중단되면 생활상 곤란에 직면하게 될 것은 경험칙상 당연히 추정할 수 있으므로 보전의 필요성은 사실상 추정된다고 할 수 있다.

특히 근로기준법과 근로자퇴직급여보장법상 우선변제권이 있는 임금채권자는 경매절차개시 전에 경매 목적 부동산을 가압류한 경우에는 배당요구의 종기까지 우선권 있는 임금채권임을 소명하지 않았다고 하더라도 배당표가 확정되기 전까지 그 가압류의 청구채권이 우선변제권 있는 임금채권임을 소명하면 우선배당을 받을 수 있으므로,[33)] 집행권원이나 체불금품확인원을 갖고 있지 않은 경우에는 배당요구 종기일 이전까지 가압류 명령을 받아 놓아야 한다.

가압류가 이유 있다고 인정된다 하더라도 국내에서 충분한 재산을 보유하고 있는 경우, 임금채권자가 피보전 권리에 대하여 충분한 물적 담보를 확보하고 있는 경우, 즉시 강제집행을 할 수 있는 경우에는 보전의 필요성이 인정되지 않는다. 또한 가압류임금채권자가 본안소송에서 승소판결을 받고 확정된 후에 상당한 기한이 지나도록 본 집행에 착수하지 아니한 경우에는 보전의 필요성이 소멸된다.[34)]

---

32) 대법원 2001. 3. 13. 선고 99다11328.
33) 대법원 2004. 7. 22. 선고 2002다52312.

4) 가압류명령절차

(1) 관할 및 가압류신청

가압류소송은 가압류할 물건이 있는 곳을 관할하는 지방법원이나 본안의 관할법원에 전속한다. 임금채권자는 편리한 대로 물건소재지나 본안법원 중 어느 하나를 선택하여 신청하면 된다. 가압류신청의 종류는 임금채무자 재산의 종류에 따라 ① 동산가압류신청, ② 부동산가압류신청, ③ 채무가압류신청(채무자가 제3채무자에 대하여 채권을 가지고 있을 때 그 채권에 대해 가압류를 하는 경우), ④ 자동차가압류신청, ⑤ 전화가입권가압류신청 등이 있다.

임금채권자가 가압류를 신청할 때에는 신청서에는 ① 채권자·채무자·제3채무자(채권에 대한 가압류를 할 때)·법정대리인(임금채권자가 미성년자인 경우), ② 임금채권 표시, ③ 신청취지, ④ 신청이유, ⑤ 대상재산, ⑥ 그 외의 첨부서류 소명방법을 기록한다. 가압류할 채무자의 책임재산이 동산 또는 부동산인 경우에는 그것을 특정하는데 어려움이 없으나, 은행예금채권인 경우에는 임금채권자가 정확하게 특정하기 어렵다. 따라서 실무적으로는 임금채권자가 임금채무자의 은행계좌까지 특정할 필요는 없고 제3채무자인 은행 본·지점만 올바르게 표시하여 특정하면 무방한 것으로 처리하고 있다.[35]

가압류신청은 상대방의 동의 없이 가압류명령을 명하는 판결 또는 이의사건의 판결이 확정되기 전까지 취하가 가능하다.[36] 그리고 임금채무자는 일방적으로 가압류집행의 취소를 신청할 수 있으므로 결과적으로 확정된 가압류의 효력을 소멸시킬 수 있다.

(2) 심리 및 재판

가압류의 재판은 변론을 거치지 않고 서면심리에 의한 결정으로 행한다. 다만, ① 보전처분에 대한 이의의 재판, ② 사정변경 또는 담보제공을 이유로 하는 보전처분 취소의 재판, ③ 특별사정에 의한 가처분취소의 재판은 반드시 변론을 거쳐야 한다(필요적 변론주의).[37]

---

34) 대법원 1990. 11. 23. 선고 90다카25246.

35) 이시윤, 민사집행법, 331면.

36) 대법원 1979. 9. 27. 선고 79마259.

37) 사용자측이 노동조합의 쟁의행위에 따른 손해를 확보하기 위하여 노동조합의 재산이나

가압류신청이 소송요건 또는 가압류요건에 흠결이 있는 경우에는 신청은 각하된다. 가압류신청을 인용하더라도 법원은 임금채무자에게 발생한 손해를 방지하기 위해 일정액의 담보를 제공시키거나 상당하다고 인정하는 기간 내에 담보를 제공하는 것을 가압류집행의 실시조건으로 하여 가압류를 명령을 하는 것이 보통인데, 채권자가 이를 이행하지 않는 경우에는 가압류신청은 각하된다.[38]

(3) 가압류명령

가압류신청이 적법하고 가압류의 요건을 충족한 경우에는 법원은 가압류명령을 발령한다. 가압류명령에는 피보전권리 및 청구금액, 피보전권리의 보전을 위해 임금채무자의 재산을 가압류한다는 선언, 담보부일 때에는 제공할 담보액·종류 및 방법, 가압류 해당금액을 명시하여야 한다.

5) 가압류명령의 효력

가압류명령의 효력은 그 재판이 고지된 때에 발생하는 것이 원칙이다. 가압류명령이 임금채무자에게 송달되기 전에 집행되고 이 집행을 임금채무자가 알게 된 경우에도 가압류효력은 발생한다. 가압류효력은 자기구속력과 확정력[39]을 갖고 집행력을 가지며, 그 효력은 본안소송의 결과에 좌우되는 잠정적인 것이다. 그리고 가압류명령이 재판의 형식으로 이루어진다 하더라도 피보전권리를 확정하는 의미의 기판력은 발생하지 않는다.[40] 가압류를 한 후에 임금채권자가 집행력 있는 집행권원을 얻게 되면 임금채권자는 강제집행신청을 하게 되고 가압류는 압류로 전환되어 즉시 환가의 절차에 들어간다.

노조간부의 임금채권을 가압류하는 방법으로 노동조합의 불법쟁의행위에 대하여 대응하는 사례가 성행하면서 노동운동탄압이라는 비판이 일게 되자, 2003. 10. 22. 전국신청담당판사회의는 ① 심문심리절차의 도입, ② 사용자 측 진술제도의 채택, ③ 담보공탁제도의 개선 등을 골자로 하는 운영개선책을 마련하여 시행하고 있다(이시윤, 민사집행법, 445~446면).

38) 채권자가 채무자의 재산에 대하여 가압류를 신청할 때 채무자가 손해를 볼 경우, 이를 보전(補塡)하기 위하여 집행법원은 담보를 제공하도록 되어 있으나, 이는 법원의 재량에 속하는 사항이고 임금채권은 거의 틀림없는 확정금전채권에 해당하므로 대부분 무담보로 처리되고 있다.

39) 다만, 사정변경에 의한 취소가 가능하므로 약한 의미의 효력을 갖는다.

40) 김상수, 민사집행법, 404면.

6) 가압류 집행

가압류집행절차는 가압류결정의 실현을 목적으로 하는 절차로서 집행권원의 실현인 강제집행에 대응하는 것이므로 가압류집행에 대하여는 예외가 인정되는 경우를 제외하고는 강제집행의 규정을 준용하고 있다.[41] 다만, 가압류결정의 집행은 강제집행과는 달리 채권자에게 결정서를 고지한 날로부터 2주 내에 착수하여야 한다.

「부동산에 대한 가압류의 집행」은 부동산가압류결정의 등기부기입으로 이루어지는데, 법원사무관 등이 직권으로 등기관에게 기입촉탁하는 방식으로 이루어진다.

「유체동산에 대한 가압류집행」은 유체동산을 집행관이 점유함으로써 이루어지고 금전을 가압류한 때에는 공탁한다. 가압류물은 현금화하지 못하나 가압류물을 즉시 매각하지 않으면 그 가치가 크게 떨어질 염려가 있거나 그 보관에 지나치게 많은 비용이 드는 경우에는 그 물건을 매각하여 매각대금을 공탁한다.

「채권에 대한 가압류집행」은 본 압류와는 달리 채무자에 대한 처분 및 영수금지 명령을 하지 않고 제3채무자에 대한 지급금지명령만 발령한다. 특히 예금채권을 명확히 특정하기 위해서는 예금자의 이름, 거래지점, 예금의 종류 및 계좌번호, 예금액 등을 명확히 하여야 하나, 이러한 기준을 관철하게 되면 사실상 예금채권에 대한 가압류집행은 불가능하게 되므로 어느 정도 특정성을 완화할 필요가 있다. 따라서 법원실무는 피압류 목록에 은행명과 함께 적어도 취급 지점명을 기재하거나 그것이 불가능한 경우에는 본점에서 용이하게 채무자의 예금계좌를 색출할 수 있도록 예금자인 가압류채무자의 주민등록번호 또는 생년월일이나 사업자등록번호를 기재하여 가압류집행을 하고 있다.[42]

가압류집행이 있게 되면 임금채무자는 목적물을 처분할 수 없다(처분금지효). 이를 위반한 임금채무자의 양도·저당권설정 등 처분행위는 당사자간에는 유효하지만 적어도 가압류 임금채권자에게는 상대적으로 무효가 된다. 따라서 임금채권가압류가 된 경우에 제3채무자의 변제나 채무자의 처분행위가 있더라도 그 변제 또는 처분행위는 유효하나 가압류 임금채권자에 대하여는 대항할 수 없다. 그러나 가압류 임금채권자는 어떠한 우선권이 부여되는 것은 아니므로 다른 채권자가 가압류물에 대

---

41) 그러나 청구이의의 소, 집행문부여에 대한 이의의 소는 가압류에는 적용이 없고, 집행문과 집행권원의 송달은 가압류에는 적용이 없다는 점에서 집행권원의 실현인 강제집행과는 현저한 차이가 있다.

42) 김상수, 민사집행법, 417~418면 이시윤, 신민사집행법, 331면.

하여 강제집행을 진행시키는데 어떠한 영향을 줄 수 없고, 다른 채권자가 이미 가압류한 동일물에 대하여 이중가압류도 할 수 있다.[43)]

3. 민사소송제도

1) 무료법률구조제도

(1) 필 요 성

체불임금 근로자가 진정 또는 고소 등 형사적 구제절차를 밟았음에도 사용자가 형사처벌을 감수하고 임금을 지급하지 아니한 경우에는 민사소송절차에 따라 구제받을 수밖에 없다. 그러나 민사소송은 그 절차가 복잡하고 시간과 경비가 많이 소요되기 때문에 체불임금으로 인하여 생계의 곤란을 겪고 있는 근로자가 민사소송을 통하여 권리구제를 받는데 상당한 어려움이 있다.

이와 같은 임금체불근로자의 민사절차에 따른 권리구제를 도모하기 위하여 정부는 2005. 7. 1.부터 법률구조법에 의하여 설치된 대한법률구조공단을 통하여 무료법률구조지원을 실시하고 있다.

(2) 대상자 및 대상사건

법률구조공단에 무료법률지원을 신청할 수 있는 대상자는 회사로부터 임금이 체불되어 고용노동부로부터 임금체불에 대한 조사가 확정되어 체불금품확인원을 발급받은 모든 근로자이다. 체불임금근로자에는 외국인근로자도 당연히 포함된다. 비록 외국인근로자가 「출입국관리법」과 「외국인근로자의 고용 등에 관한 법률」을 위반하여 불법체류자(미등록근로자)의 신분이라도 취업자격이 없는 외국인의 고용이라는 사실적 행위자체를 금지하고자 하는 정책적인 입법을 위반한 것에 불과한 것이므로 불법체류외국인이 실질적으로 사용종속관계에서 근로를 하다가 임금이 체불된 이상 무료법률지원대상자가 된다.[44)]

---

43) 이시윤, 신민사집행법, 470~471면.

44) 근로자 이외에 법률구조공단으로부터 법률구조를 받을 수 있는 자는 농·어민, 영세상인, 국가보훈대상자, 물품의 사용 및 용역의 이용으로 인한 피해를 입은 소비자, 헌법재판소가 공익법무관을 국선대리인으로 선정한 사건의 청구인, 법원이 공익법무관을 국선변호인으로 선정한 사건의 피의자 또는 피고인, 국내거주 외국인, 국민기초생활보장법에 의한 수급자, 장애인 그 밖에 생활이 어렵고 법을 몰라 스스로 법적 수단을 강구하지 못하는 국민 등이다(법률구조법 시행규칙§7①).

근로자가 무료법률지원을 신청할 수 있는 대상사건은 임금체불과 관련된 민사소송뿐만 아니라 소액심판사건, 보전처분, 강제집행사건 등 일체의 민사사건이다. 법률구조공단을 통한 근로자의 무료법률지원에 소요되는 비용은 고용노동부의 출연기금으로 운영된다. 따라서 법률구조공단은 근로자로부터 법률구조를 이유로 수수료 명목으로 금품을 받을 수 없다(법률구조법§7①). 다만, 법률구조공단은 대통령령으로 정하는 각종 인지세 및 송달료 등에 대하여는 근로자로부터 받을 수 있다.

(3) 지원절차

체불임금근로자가 법률구조공단으로부터 무료법률지원을 받기 위해서는 ① 관할 지방노동관서에 진정 등을 통한 임금체불 사실신고를 하고, ② 관할 지방노동관서는 임금체불 여부 및 체불임금액에 대한 조사를 행하고 체불금품확인원을 해당 근로자에게 발급하였어야 하고, ③ 해당 근로자가 관할 지방노동관서에서 발급한 체불금품확인원을 첨부하여 대한법률구조공단에 무료법률지원을 의뢰하면, ④ 대한법률구조공단은 해당 근로자에게 체불임금과 관련된 일체의 민사사건을 지원하고, ⑤ 고용노동부는 무료법률지원 소요비용을 대한법률구조공단에 지원한다.

2) 임금청구소송

(1) 의 의

소장은 심리와 재판의 기초를 이루는 것이므로 이의 정확을 기하기 위하여 일정한 형식을 갖추어 관할 법원에 제출하는 것이 원칙이다. 소장에는 소송가액에 대한 법정의 인지를 붙여야 한다. 이는 국민의 권리구제를 국가의 소송제도를 이용하는 것이므로 그 수수료를 인지로 징수하기 위한 것이다. 그리고 피고에게 소장을 송달하기 위하여 피고 인원수만큼 소장 부본을 첨부하고 송달의 비용을 예납하여야 한다.

사용자의 임금체불에 대한 근로자의 권리수제수단으로서의 소송은 간이소송절차인 「지급명령신청제도」와 「소액사건심판제도」 및 「정식소송」으로 구분할 수 있는데, 노동관서의 사실조사에 의하여 작성된 체불금품확인원을 기초로 하는 것이기 때문에 소송비용과 시간을 절약하기 위하여 우선 「지급명령신청」과 「소액사건심판」을 활용하고 부득이한 경우에 한하여 정식소송을 제기하는 것이 보통이다.

(2) 지급명령신청제도

지급명령은 금전, 그 밖의 대체물이나 유가증권의 일정한 수량의 지급을 목적으로 채권자(근로자)의 일방적인 신청에 따라 채무자(사용자)를 심리하지 않고 서면심리에 의하여 지급명령을 발하고, 채무자(사용자)가 이에 대하여 이의신청을 하지 않는 경우에 지급명령에 형식적인 확정력과 집행력의 부여를 목적으로 하는 간이소송절차를 말한다. 이처럼 지급명령은 다툼이 없는 청구에 관하여 간이·신속하고 저렴한 비용으로 집행권원을 얻도록 하는데 그 목적이 있다. 일반적으로 근로자가 임금청구소송을 제기하기 전에 지방노동관서로부터 발급받은 체불임금 내역이 기재된 체불금품확인원을 확보하고 있기 때문에 지급명령을 신청하는 것이 권리구제에 유리하다고 볼 수 있다.[45)]

지급명령신청은 그 성질에 반하지 않는 한 정식소송에 관한 규정이 준용되므로 원칙적으로 서면으로 작성하여 관할법원에 제출하여야 한다(민사소송법§464). 지급명령신청서에는 당사자, 법정대리인, 청구취지 및 청구원인을 표시하여야 한다. 청구취지에는 체불임금액과 지연이자에 대하여 지급명령을 신청한다는 뜻을 기재하고, 청구원인에는 체불임금청구의 특정, 청구적격을 밝히면 되고 청구를 이유 있게 하는 사실관계까지는 적시하지 않아도 무방하다.

채권자(근로자)의 지급명령신청이 적법하고 이유가 있는 때에는 법원은 증거조사와 채무자(사용자)를 심문하지 않고 지급명령서를 발부한다. 채무자(사용자)는 지급명령을 송달받은 날로부터 2주 이내에 이의신청을 하면 지급명령은 실효되고, 지급명령을 신청한 때에 그 명령을 발한 지방법원에 소를 제기한 것으로 간주되어 채무자(근로자)는 별도의 소송을 제기할 필요가 없다(§470·§472②).

법원의 지급명령에 대하여 채무자(사용자)의 이의신청이 없거나 이의신청의 취하 또는 각하결정이 확정된 때에는 지급명령은 확정되고, 확정된 지급명령은 확정판결과 동일한 효력이 있으므로 집행력 있는 집행권원의 효력이 발생한다(§474).

(3) 소액사건 심판제도

「소액사건 심판제도」는 지급명령신청과 더불어 금전, 그 밖에 대체물이나 유가증권의 이행소송을 대신하여 대법원 규칙으로 정하는 소액의 민사사건에 대하여 간이·신속한 재판을 통하여 집행권원을 부여하여 집행의 실현을 목적으로 하는 간이

45) 노동관서가 발급하는 「체불금품확인원」은 담당 감독관이 근로자와 사용자를 조사한 사실관계를 기초로 작성된 것이기 때문에 체불임금액에 대하여는 다툼이 거의 없을 뿐만 아니라 사용자 역시도 지급의무가 있음을 인정하고 있기 때문에 사용자가 법원의 지급명령에 대하여 이의신청을 하지 않을 가능성이 매우 높다고 볼 수 있다.

소송절차를 말한다. 소액사건 심판의 대상이 되는 소액사건이라 함은 소송가액이 2,000만 원을 초과하지 아니하는 금전, 그 밖에 대체물이나 유가증권의 일정한 수량의 지급을 목적으로 하는 제1심의 민사사건을 말한다(소액사건심판법§2·규칙§1의2).

지급명령은 신청인의 주장에 대한 진위 여부를 실질적으로 심리하지 않고 채권자(근로자)의 일방적인 지급명령신청을 기초로 채무자(사용자)에 대하여 지급명령을 내리는 판결절차의 선행적·대체적 소송절차이나, 소액사건 심판은 법원이 직권으로 이행권고결정을 한 뒤 피고(사용자)가 이의신청을 하지 않으면 집행권원을 부여하고 이의신청이 있으면 당사자 평등주의·변론중심주의, 증거재판 등 소송의 기본원칙을 그대로 유지하면서 통상적인 소송절차를 간이화할 수 있는 특례를 인정하고 있다는 점에서 지급명령과 차이가 있을 뿐이다.[46]

「소액사건 심판법」은 지방법원 및 지방법원 지원의 관할사건 중 대법원 규칙으로 정하는 2,000만 원 이하의 민사사건을 간이절차에 따라 신속하게 처리하고 소송비용과 소송기간을 절약하기 위하여 민사소송법에 대한 특별규정을 두고 있다. 소액사건 심판에 대한 소송특례로서는 ① 구술에 의한 소의 제기, ② 이행권고결정, ③ 1회 심리종결의 원칙, ④ 증거조사의 간이화, ⑤ 소송대리 및 상고제한의 특별규정, ⑥ 공휴일 및 야간의 개정(開廷) 등을 들 수 있다.

소액사건심판은 소장을 작성하여 제기하는 것뿐만 아니라 구술에 의한 소의 제기도 가능하다. 다만, 구술로 소를 제기하는 경우에는 법원사무관 등 앞에서 진술하여야 하고 법원사무관 등은 제소조서를 작성하여 기명·날인하여야 한다(§4).

소액사건의 소송이 제기된 경우에 법원이 결정으로 소장부본이나 제소조서등본을 첨부하여 피고(사용자)에게 원고(근로자)의 취지대로 이행할 것을 권고하는 결정을 송부하고, 이에 대하여 피고가 이의신청을 하지 않으면 곧바로 원고에게 집행권원을 부여하게 된다. 이행권고결정제도는 지급명령제도와 화해권고결정제도의 개념을 함께 반영한 것으로써 변론 및 증거조사를 생략하여 소액채권자에게 신속하게 권리구제를 받을 수 있도록 한 것이다. 그러나 이행권고결정은 모든 소액사건에 대하여 적용되는 것이 아니고, 다음의 사유 중 어느 하나에 해당되면 법원은 이행권고결정을 해서는 안 되고 곧바로 변론기일을 지정하여야 한다(§5의3).

○ 독촉절차 또는 조정절차에서 소송절차로 이행된 때

---

46) 김홍규, 민사소송법, 886면.

○ 청구취지나 청구원인이 불명한 때

○ 그 밖에 이행권고를 하기에 적절하지 않은 경우[47)]

피고(사용자)는 법원의 이행권고결정등본을 송달받은 날로부터 2주일 이내에 서면으로 이의신청하거나 그 등본이 송달되기 전이라도 이의신청을 할 수 있는데, 피고의 이의신청이 있으면 법원은 원고의 주장사실을 다툰 것으로 보아 바로 변론기일을 지정해야 한다(§5의4).

법원의 이행권고결정에 대하여 피고의 이의신청이 없거나 이의신청의 취하 또는 각하결정이 확정된 때에는 그 이행권고결정은 확정되고 확정판결과 동일한 효력이 있다(§5의7). 그리고 이행권고결정은 소액채권자가 간이·신속하게 강제집행을 할 수 있도록 하기 위한 것이므로 특별한 경우[48)]를 제외하고는 집행문을 부여받을 필요 없이 정본에 의하여 바로 집행할 수 있다(§5의8①).

(4) 정식소송제도

가. 소송의 제기

소송의 제기는 심리와 재판의 기초를 이루는 것이므로 그 정확을 기하기 위하여 소장이라는 일정한 형식을 갖추어 원고의 주소지를 관할하는 법원에 제출함으로써 성립한다. 다만, 근로자가 제기한 지급명령신청에 대하여 사용자의 적법한 이의신청이 있는 경우에는 지급명령을 신청한 때에 소송의 제기가 있는 것으로 보기 때문에 별도의 소장을 제출할 필요가 없다. 체불임금 근로자가 제기하는 소송은 이미 발생한 체불임금의 지급을 청구하는 것이므로 일반적으로 당사자 적격이 있는 「소의 이익」이 있는 것으로 취급된다. 비록 근로자와 사용자 사이에 소를 제기하지 않겠다는 「부제소 특약(不提訴 特約)」이 있다 하더라도 그 특약은 무효이므로 체불임금 근로자는 그 특약과 관계없이 소송을 제기할 수 있다고 보아야 한다.[49)]

---

47) 「이행권고결정을 하기에 적절하지 아니한 경우」란 변론 없이 청구취지나 제소조서만으로 집행권원을 부여하면 피고(사용자)에게 예기치 못한 손해를 발생할 가능성이 있는 경우를 말한다(김홍규, 민사소송법, 888면).

48) 이행권고결정이 명하는 채권에 선이행이나 불확정기한이 붙은 금전지급청구와 같은 조건부 채권의 경우와 승계집행문이 필요한 경우에는 재판장의 명을 받아 조건성취집행문이나 승계집행문을 부여받아야 한다(§5의8①단서).

49) 「부제소 특약」을 위반하여 소를 제기하는 것이 소의 이익이 있는가의 여부에 대하여 그 특약이 공서양속에 반하지 않는 한 사적 자치의 원칙을 존중하여 그 유효성을 인정하고 소의 이익이 없는 것으로 해석하는 것이 통설이라고 할 수 있다(김홍규, 민사소송

소장에는 당사자 및 법정대리인, 청구의 취지 및 청구원인을 필수적으로 기재하여야 한다. 당사자 및 법정대리인의 표시는 원고(근로자)·피고(사용자)가 특정인이라는 것을 식별할 수 있도록 성명·명칭·주소 등을 정확히 기재하여야 한다. 피고(사용자)의 주소가 불명확한 경우에는 공시송달의 방법으로 소송을 진행할 수밖에 없으므로 공시송달의 요건에 관한 소명자료를 갖추어 최후의 주소를 기재한다.50)

「청구취지」는 원고(근로자)가 어떠한 종류, 내용, 범위의 재판을 구하는 것인가를 표시하는 소의 결론적 부분에 해당하는 것으로서 간결·명확하게 표시한다. 청구취지는 ① 본안에 관한 부분, ② 소송비용의 부담에 관한 부분, ③ 가집행선고에 관한 부분으로 구성된다. 본안에 관한 부분은 「피고는 원고에게 금○○원 및 이에 대한 20○○. ○○. ○○.부터 이 사건 소장 송달까지는 연 6푼의, 그 다음 날부터 완제일까지는 연 2할의 각 비율에 의한 금원을 지급하라.」라는 식으로, 소송비용의 부담에 관한 부분은 「소송비용은 피고의 부담으로 한다.」라는 식으로, 가집행선고에 관한 부분은 「제1항은 가집행할 수 있다.」라는 식으로 표시한다.

「청구원인」은 청구취지를 이끌어내는 논리적인 판단의 경위와 사실관계를 설명하는 부분으로 대체로 당사자의 지위, 체불임금의 경위 및 체불임금액 등으로 구성하여 기술하는 것이 보통이다. 「당사자의 지위」에서는 체불임금 근로자인 원고와 임금지급의무가 있는 사용자인 피고를 중심으로 한 근로계약관계 등 법적인 지위를, 「체불임금의 경위 및 체불임금액」에서는 그 내용과 사용자의 책임사유 등을 기술한다.

청구를 이유 있게 하는 공격·방어방법의 기재는 소장의 필수적 기재사항이 아니므로 이를 기재하지 않았다 하여 소장이 각하되는 일은 없다. 그러나 2002. 1. 26. 개정 신 민사소송법이 집중심리제도를 도입함에 따라 기본적인 주장이나 증거를 소장에 분명하게 기재하고, 준비서면을 통하여 청구를 이유 있게 하는 직접사실 및 간접사실의 주장과 증거를 제출함으로써 첫 변론기일에 집중심리가 될 수 있도록 하는 것이 유리하다.

법, 각주 243). 그러나 임금은 근로자의 생존과 밀접한 관련이 있는 금전이므로 「부제소 특약」은 공서양속에 반할 뿐만 아니라 임금채권우선변제를 규정한 근로기준법 제38조 및 근로자퇴직급여보장법 제11조의 입법취지를 고려하면 무효라고 해석해야 한다.

50) 실무적으로는 피고가 자연인인 경우에는 통·반장의 「불거주 확인서」를, 회사의 경우에는 「부재확인서」를 첨부한다.

임금의 시효기간은 3년이므로 체불임금 근로자는 적어도 체불사유 발생일로부터 3년 이내에 소를 제기하거나 3년이 경과하기 전에 사용자의 재산에 가압류 등의 보전절차의 조치를 취하여 시효의 중단을 시켜 놓아야 한다. 다만, 가압류 등의 보전절차를 취하였더라도 임금시효의 중단기간은 3년에 국한되는 것이므로 가압류 조치 후 3년 이내에 소송을 제기하여야 한다.

나. 변론 및 심리

민사소송법은 원고(근로자)의 소장 부본을 송달받은 피고(사용자)의 답변서가 제출되면 법원은 무변론 판결을 하는 경우를 제외하고는 모든 소송사건을 변론준비절차에 회부하여 서면으로 당사자 주장의 제출, 증거신청, 석명처분[51] 등을 먼저 진행하여 쟁점 및 증거를 명확히 정리하여 사실관계를 명확히 하고, 변론기일에 실체적 진실에 부합하는 신속한 재판을 도모할 수 있도록 「집중심리주의」를 채택하고 있다.

다. 판결의 효력

변론과 심리를 거쳐 판결이 확정되면 그 판결 선고와 동시에 판결 법원은 그 판결을 임의로 철회 또는 변경할 수 없고(기속력), 판결 선고 이후 상소기간 내에 상급법원에 상소하지 않으면 그 판결은 확정되고(형식적 확정력), 판결이 종국적으로 확정되면 당사자를 구속할 뿐만 아니라 동일한 사항에 이에 반하는 주장을 하여 다툴 수 없고 법원도 이와 모순·저촉되는 판결을 할 수 없다(실질적 확정력).

그리고 원고(근로자) 승소 이행판결이 확정되면 원고는 그 판결 내용의 이행의무를 강제집행에 의하여 채권만족을 얻을 수 있고(집행력), 확정판결의 선고 내용에 따라 당사자 사이의 법률관계를 창설하거나 종래의 법률관계를 변경 또는 소멸시키는 효력이 발생한다(형성력).

4. 강제집행제도

1) 의 의

임금채권자가 임금지급청구소송에서 승소의 종국판결을 받거나 독촉절차에서 확

---

51) 석명처분이란 소송관계를 분명하게 하기 위하여 법관이 당사자의 진술모순이나 불완전함을 제거하기 위하여 당사자의 출석명령, 소송에 인용한 문서 등의 제출 또는 유지, 감정, 필요한 조사의 촉탁 등을 말한다(민사소송법§140).

정된 지급명령을 받는 등 임금 청구에 관한 집행권원을 부여받은 경우에는 사용자의 재산에 대해 강제집행을 신청할 수 있다. 강제집행의 대상이 되는 채무자의 재산에는 부동산, 동산, 예금 등이 있고, 채권자는 압류된 채무자의 재산을 현금화한 대금으로 순위에 따라 변제받게 된다.

강제집행이란 국가의 공권력을 행사하여 사법상의 청구권을 강제적으로 실현시키기 위한 절차를 말한다. 판결절차가 권리의 확정에 의해 분쟁을 관념적으로 해결해주는 절차라면 강제집행절차는 판결절차의 후속단계로서 분쟁을 사실적·종국적으로 해결해주는 절차라고 할 수 있다.

2) 집행문의 부여

(1) 집행권원의 의의

집행권원이란 강제집행절차에 들어가기 위해 필요한 것으로, 공적인 기관이 일정한 사법상 이행청구권의 존재와 범위를 표시하고 집행력을 부여한 공정증서를 말한다.

임금 청구에 관한 집행권원의 종류는 다음과 같다(민사집행법 제24조, 제56조 및 제291조). ① 임금 지급 청구의 소의 확정된 종국판결, ② 임금 지급 청구의 소의 가집행선고 있는 종국판결, ③ 확정된 지급명령, ④ 공증인이 일정한 금액의 지급이나 대체물 또는 유가증권의 일정한 수량의 급여를 목적으로 하는 청구에 관하여 작성한 공정증서로서 채무자가 강제집행을 승낙한 취지가 적혀 있는 것, ⑤ 소송상 화해, 청구의 인낙 등 그 밖에 확정판결과 같은 효력을 가지는 것, ⑥ 가압류명령 등이 그것이다.

(2) 집행문의 부여

강제집행은 집행문이 있는 판결정본(이하 '집행력 있는 정본')이 있어야 할 수 있다(민사집행법 제28조 제1항).

집행문은 신청에 따라 제1심 법원의 법원사무관 등이 내어 주며, 소송기록이 상급심에 있는 때에는 그 법원의 법원사무관 등이 내어 준다(민사집행법 제28조 제2항).

(3) 집행문부여의 예외

집행문의 부여는 모든 집행권원에 필요한 것이 원칙이지만 집행의 신속·간이성을 위해 확정된 지급명령, 확정된 이행권고판결, 가압류명령이 있을 때에는 집행문을 부여받지 않아도 된다(민사집행법 제58조 제1항 본문, 제292조 및 소액사건심판법 제5조의8 제1항).

3) 재산명시절차

(1) 재산명시절차의 의의

재산명시절차란 금전채권에 기초한 강제집행을 할 경우 채무자의 재산을 쉽게 찾을 수 없는 때에 채무자로 하여금 자신의 재산상태를 명시한 재산목록을 법원에 선서 제출하게 하고, 채무자 명의의 재산에 대해 공공기관·금융기관 등에 조회하며, 재산명시기일에 출석하지 않거나 재산목록을 제출하지 않는 경우 등에 채무불이행자 명부에 등재하는 것을 말한다.

재산명시절차는 재산명시선서, 재산조회, 채무불이행자명부등재 등의 세 가지를 주요내용으로 한다.

(2) 재산명시선서

금전의 지급을 목적으로 하는 집행권원에 기초하여 강제집행을 개시할 수 있는 채권자는 채무자의 보통재판적이 있는 곳의 법원에 채무자의 재산명시를 요구하는 신청을 할 수 있다(민사집행법 제61조 제1항).

신청은 서면으로 하며, 채권자·채무자 및 대리인의 표시, 채무자가 이행하지 않는 금전채무액, 신청취지 및 신청사유를 적는다(민사집행규칙 제25조 제1항).

(3) 채무불이행자 명부 등재신청

집행권원이 생긴 후 6개월 내에 채무자가 채무를 이행하지 않거나 정당한 사유 없이 명시기일에 불출석·재산목록 제출을 거부·선서거부 또는 거짓의 재산목록을 제출하는 등 재산명시절차에 비협조적인 경우, 채권자는 법원에 그 채무자를 채무불이행자명부에 올리도록 신청할 수 있다(민사집행법 제70조 제1항).

(4) 재산조회

재산명시절차의 관할 법원은 ① 재산명시명령이 채무자에게 송당불능으로 채권자가 주소보정명령을 받고도 채무자의 주소불명으로 이를 이행할 수 없었던 경우, ② 재산명시절차에서 채무자가 제출한 재산목록의 재산만으로는 집행채권의 만족을 얻기에 부족한 경우, ③ 정당한 이유 없는 채무자의 명시기일 불출석·재산목록제출거부 또는 선서거부, 또는 채무자의 허위재산목록 제출의 경우에는 그 재산명시를 신청한 채권자의 신청에 따라 개인의 재산 및 신용에 관한 전산망을 관리하는 공공기관·금융기관·단체 등에 채무자명의의 재산에 관하여 조회할 수 있다(민사집행법 제74조).

4) 채무자재산의 압류 및 현금화

(1) 강제집행의 유형

임금 청구에 관한 강제집행은 집행대상인 재산의 종류에 따라 부동산집행, 선박 등 준부동산집행(민사집행법 제78조부터 제171조까지), 자동차·건설기계·소형선박(자동차 등 특정동산 저당법 제3조 제2호에 따른 소형선박을 말함) 및 항공기(자동차 등 특정동산 저당법 제3조 제4호에 따른 항공기 및 경량항공기를 말함)집행(민사집행법 제187조), 유체동산 및 채권집행(민사집행법 제172조부터 제186조까지)으로 분류된다.

(2) 부동산집행

부동산에 대한 강제집행은 채권자의 신청에 따라 그 부동산이 있는 지방법원의 관할로 이루어진다(민사집행법 제78조 제1항 및 제79조).

부동산의 강제집행은 강제경매와 강제관리의 방법으로 이루어진다(민사집행법 제78조 제2항).[52] 강제경매란 강제집행절차를 통한 부동산의 매각절차를 말하며, ① 강제경매의 개시(민사집행법 제83조), ② 매각준비절차(민사집행법 제84조), ③ 매각기일·매각결정기일의 공고(민사집행법 제104조), ④ 매각실시절차(민사집행규칙 제72조), ⑤ 대금납부(민사집행법 제142조), ⑥ 배당(민사집행법 제145조)의 순서로 이루어진다.

강제관리란 채무자의 부동산을 강제적으로 관리·수익하여 그 수익으로 채권자의 금전채권을 만족시키는 부동산집행의 방법을 말하며, ① 강제관리개시결정(민사집행법 제164조), ② 배당(민사집행법 제169조)의 순서로 이루어진다.

(3) 준부동산에 대한 강제집행

부동산 이외에 등기할 수 있는 선박, 자동차·건설기계·소형선박(자동차 등 특정동산 저당법 제3조 제2호에 따른 소형선박을 말함) 및 항공기(자동차 등 특정동산 저당법 제

---

52) 강제집행과 강제관리의 신청은 서면으로 해야 하며, 채권자는 채권자·채무자와 법원, 부동산 및 경매의 이유가 된 채권액과 집행권원을 기재한 서면을 작성하여 관할법원에 제출해야 한다(민사집행법 제81조).

3조 제4호에 따른 항공기 및 경량항공기를 말함)에 관해서는 부동산에 준한 집행절차가 마련되어 있다(민사집행법 제172조부터 제186조까지 및 제187조).

(4) 유체동산·채권에 대한 강제집행

유체동산과 채무자가 가지는 제3자에 대한 채권에 관해서도 강제집행절차가 마련되어 있다(민사집행법 제188조부터 제274조까지). 유체동산에 대한 강제집행은 ① 압류(민사집행법 제189조), ② 입찰 또는 호가매매(민사집행법 제199조), ③ 배당(민사집행규칙 제155조)으로 진행된다. 채권에 대한 강제집행은 ① 압류(민사집행법 제223조), ② 추심명령·전부명령(민사집행법 제229조)으로 진행된다.

5) 채권자의 만족

(1) 부동산집행·준부동산집행

배당요구의 종기까지 경매신청을 한 압류채권자, 배당요구의 종기까지 배당요구를 한 채권자, 첫 경매개시결정등기 전에 등기된 가압류채권자가 있는 경우에는 함께 배당을 받게 된다(민사집행법 제148조 및 민사집행규칙 제185조).

부동산강제집행의 경우 매각대금으로 배당에 참가한 모든 채권자를 만족하게 할 수 없는 때에는 법원은 민법·상법, 그 밖의 법률에 의한 우선순위에 따라 배당해야 하며, 이는 준부동산집행에도 준용된다(민사집행법 제145조 제2항 및 제172조).

최우선순위인 집행비용(민사집행법 제53조 제1항)을 제외한 배당의 순위는 다음과 같다.

1. 최종 3개월분의 노임채권·최종 3년간 퇴직금채권과 재해보상채권, 주택의 소액보증금채권·상가건물의 소액보증금채권
2. 조세 중 해당 부동산에 부과된 세금
3. 담보권에 앞서는 일반조세
4. 조세의 법정기일 후에 설정된 저당권·가등기담보권·전세권·등기명령에 다라 등기된 임차권·확정일자를 갖춘 주택임대차보증금·상가건물임대차보증금채권
5. 임금·퇴직금·재해보상금 그 밖에 근로관계채권
6. 법정기일 등이 저당권·전세권의 설정보다 이후인 그 밖의 조세채권
7. 의료보험채권·연금보험료채권·고용보험료나 산업재해보험료채권
8. 일반채권

> ※ 임금 채권은 일반채권이므로 8순위에 해당된다.
> ※ 부동산의 강제관리 시에는 부동산수익에서 그 부동산이 부담하는 조세, 그 밖의 공과금을 뺀 뒤에 관리비용을 변제하고, 그 나머지 금액이 채권자에게 지급된다(민사집행법 제169조 제1항).

(2) 유체동산의 강제집행

유체동산에 대한 집행은 채권자의 서면신청에 기하여(민사집행법 제4조) 집행관이 목적물을 압류함으로써 개시된다(민사집행법 제189조 제1항).

집행관은 입찰 또는 호가경매의 방법으로 압류물을 적정한 가격에 매각하여 현금화한다(민사집행법 제199조).

압류채권자는 압류물의 매각대금에서 배당을 받음으로써 채권의 만족을 얻게 된다(민사집행법 제217조부터 제221조까지).

(3) 채권의 강제집행

채권의 강제집행이란 채무자가 제3채무자에 대하여 갖고 있는 금전채권을 강제집행의 대상으로 하는 경우(예컨대, 을에 대해 1억원의 임금 채권을 가지고 있는 갑이 병에 대한 을의 5천만원의 매매대금채권을 강제집행하는 경우)를 말한다.

금전채권에 대한 압류명령의 신청은 채권자가 서면으로 해야 하며(민사집행법 제4조) 신청서에는 채권자·채무자·제3채무자 및 집행권원을 표시하는 외에(민사집행규칙 제159조) 특히 압류할 채권을 특정하기 위하여 압류할 채권의 종류와 액수를 밝혀야 한다(민사집행법 제225조).

압류채권의 현금화와 이를 통한 채권의 만족은 추심명령,[53] 전부명령에 의하여 이루어진다. 압류채권자는 법원의 전부명령을 통하여 제3채무자에 대한 채무자의 채권을 양도받음으로써 채권의 만족을 얻게 된다. 전부명령이 확정되면 전부명령이 제3채무자에게 송달된 때에 채무자가 채무를 변제한 것으로 본다(민사집행법 제231조).

---

53) 집행법원으로부터 추심명령을 받은 압류채권자는 제3채무자로부터 피압류채권을 추심하여 채권의 만족을 얻게 되는바 이때 압류채권자는 추심금을 지급받은 사실을 집행법원에 신고해야 한다(민사집행법 제236조 제1항).

제2절 부당인사처분의 구제

Ⅰ. 개 설

사용자의 부당한 인사처분에 대한 사후적인 권리구제는 노동위원회에 부당해고 등 구제신청과 노동위원회의 판정에 대한 불복절차로써 행정법원에 제기하는 행정소송이 있다(행정구제제도). 사용자로부터 부당한 인사처분을 받은 근로자가 관할 지방노동위원회에 구제신청을 하면 해당 지방노동위원회는 그 사건을 조사·심문하여 부당인사의 성립 여부를 판단하고 이에 불복한 당사자는 중앙노동위원회에 재심을 신청하고 중앙노동위원회의 재심판정에 불복하는 당사자는 중앙노동위원회 위원장을 피고로 하여 행정법원에 행정소송을 제기한다. 행정법원의 판결에 대한 항소심은 고등법원, 상고심은 대법원이 된다. 부당인사에 대한 행정구제절차는 「지방노동위원회→중앙노동위원회→행정법원→고등법원→대법원」의 순서로 진행되고 5심제로 구성되어 있다.

부당인사에 대한 노동위원회의 판정 또는 행정소송의 판결은 사용자가 이에 따라야 할 공법상의 의무만 부담하는 것일 뿐, 직접적으로 사법상의 법률관계를 발생 또는 변경시키는 것이 아니기 때문에 근로자는 행정구제제도와는 별도로 법원에 해고무효 확인소송과 같은 민사소송을 제기할 수 있다(민사구제).[54] 그리고 노동위원회의 구제명령에 대한 사용자의 불이행 또는 부당해고 등에 대하여 사용자를 형사처벌함으로써 사용자에게 심리적 부담을 주어 부당인사를 예방하고자 하는 간접적인 구제제도로서의 형사구제가 있다.

이와 같은 사용자의 부당인사에 따른 사후적 구제제도 이외에 사전적 구제제도로서 사전에 사용자의 부당한 인사처분을 예방하기 위한 목적으로 이루어지는 고용노동부의 근로감독행정제도가 있다.

【부당인사처분의 구제유형 및 구제수단】

유 형	구제수단
형사적 구제	부당인사 처분과 노동위원회의 구제명령 불이행과 관련된 벌칙의 적용

54) 대법원 1996. 4. 23. 선고 95다53102.

행정적 구제	• 근로감독행정제도 • 노동위원회의 구제명령 • 행정소송
민사적 구제	• 가처분제도(임금지급가처분·지위보전가처분 등) • 민사소송(해고무효 확인소송)

Ⅱ. 형사구제

1. 개 관

노동법 또는 사회상규에 위반된 부당한 인사처분을 행한 사용자에게 형사처벌하는 것은 직접적인 근로자의 권리구제를 실현하기 위한 것은 아니나, 형사처벌을 적용함으로써 사용자에게 심리적인 압박을 가하여 부당한 인사처분의 예방과 부당한 인사처분 이후에 부당한 인사처분이 없었던 상태의 회복을 촉진시켜 간접적인 권리구제의 역할을 도모한다.

그러나 부당한 인사처분이 있다 해서 모두 형사처벌의 대상이 되는 것이 아니고, 형법상 범죄의 성립요건과 가벌성의 요건을 충족해야 한다. 따라서 부당한 인사처분과 형벌의 적용은 반드시 일치하는 것이 아니고, 형법상의 형벌적용 요건을 충족한 경우에 한하여 사용자를 형사처벌할 수 있다.

2007. 1. 26. 개정 이전의 근로기준법은 일반적인 부당징계처분에 대하여 벌칙규정을 두었으나, 형법상 명확성의 원칙과 과잉처벌금지 원칙에 위반될 수 있다는 논란이 있어 왔다. 이러한 지적에 따라 2007. 1. 26. 개정 근로기준법은 노동위원회의 구제명령을 사용자가 이행하지 않는 경우에 이행강제금과 확정된 구제명령 불이행에 대한 형사처벌 조항을 도입하는 대신 부당해고에 대한 형사처벌 조항을 폐지하였다. 따라서 현행법상 부당인사를 행한 사용자에 대한 형사처벌은 극히 예외적인 경우에 적용된다고 볼 수 있다.[55]

---

55) 2007. 1. 26. 개정 이전의 근로기준법은 일반적인 부당해고에 대하여 5년 이하의 징역 또는 3천만 원 이하의 벌금에 처하도록 규정하고 있었으나, 법원은 부당해고에 대한 처벌조항을 제한적으로 적용하여 왔다. 대법원은 「법률에 특별한 규정이 없는 한 고의범만을 처벌하도록 규정한 형법 제13조의 '특별한 규정이 있는 경우'를 다른 형벌법규에 의하여 처벌되는 죄의 성립에 고의를 요하지 아니한다는 명문의 규정이 있거나 그 법률 중에서 그러한 취지를 명백하게 알 수 있는 경우로 제한적으로 해석하여 부당해고

2. 부당인사처분과 관련된 형벌의 주체 및 내용

부당한 인사처분에 따른 형사책임의 주체는 원칙적으로 부당인사처분을 행한 사업주와 사업경영담당자가 된다. 형식상 사업경영담당자가 아니더라도 사업주로부터 사업경영의 전부 또는 일부에 대하여 포괄적인 위임을 받고 대외적으로 사업을 대표하거나 대리하는 자도 실질적으로 부당한 인사처분을 행한 경우에는 예외적으로 형사책임의 주체가 될 수 있다.[56]

3. 형사처벌의 요건

형법 제13조는 「죄의 성립요소인 사실을 인식하지 못한 행위는 벌하지 않는다. 단, 법률에 특별한 규정이 있는 경우에는 예외로 한다」라고 규정하고 있다. 형사처벌의 대상자인 행위는 원칙적으로 고의범에 한하는 것이지만, 예외적으로 법률에 특별한 규정이 있는 경우에는 범죄의 고의가 없는 행위라도 형사처벌의 대상이 된다. 여기서 「법률에 특별한 규정이 있는 경우」란 다른 형벌법규에 의하여 처벌되는 죄의 성립에 고의를 요하지 아니한다는 명문의 규정이 있거나 그 법률 중에서 그러한 취지를 명백하게 알 수 있는 경우를 의미한다.[57]

따라서 근로자의 책임 있는 징계사유가 명백하게 존재하여 사용자가 정당한 것으로 판단하여 행한 징계처분이 무효로 된다 하더라도 사용자에게 고의를 인정할 수 없으므로 형사처벌할 수 없다. 결국, 근로자에 대한 사용자의 인사권행사가 인사권을 남용하거나 그 범위를 일탈하여 사회통념상 가벌성이 있는 것으로 평가되는 경우에 한하여 형사처벌의 대상이 된다.[58] 판례 역시도 「징계가 그 내용에 있어 징벌권을 남용하거나 또는 그 범위를 벗어난 것으로 인정되고 또 이것이 사회통념상 가벌성이 있는 것으로 평가되는 경우에 한하여 형사처벌의 대상이 되는 것」으로 판단

위반죄에 대해서 일반형벌의 원칙에 따라 고의가 필요하다고 전제하면서, 어떤 징계사유가 존재하고 당시 사정으로 보아 사용자가 당해 처분을 할 만한 정당한 이유가 있다고 판단한 것이 무리가 아닌 것으로 인정되는 경우에는 비록 그 징계처분이 사후에 사법절차에서 무효로 되었다 하더라도 사용자에게 부당해고에 대한 고의를 인정할 수 없다」라고 판시하여 왔다(대법원 1994. 5. 27. 선고 93도3377; 대법원 1996. 12. 10. 선고 95도830; 대법원 2007. 6. 14. 선고 2007도2710).

56) 대법원 1983. 10. 11. 선고 83도2272; 대법원 1988. 11. 12. 선고 88도1162.

57) 대법원 1994. 5. 27. 선고 93도3377.

58) 정진경, 「해고관련 법제의 변화 및 전망」, 20면.

하고 있다.[59]

2007. 1. 26. 개정 근로기준법은 사용자가 노동위원회의 구제명령을 이행하지 않은 경우에는 이행강제금을 부과할 수 있도록 하고, 확정된 구제명령을 이행하지 않은 경우에는 1년 이하의 징역 또는 1천만 원 이하의 벌금을 부과할 수 있도록 규정하고 있다(§33①·§111). 일반적으로 동일한 사건에서 법적 성격을 달리하는 이행강제금과 형벌을 병과하는 것은 헌법 제13조 제1항에서 규정하고 있는 이중처벌금지의 원칙에 반하지 않는 것으로 해석하나, 이행강제금의 제재적 성격을 고려하면 동일한 행위로 형벌을 병과하는 것은 과잉금지 원칙에 위반될 소지가 있다. 과잉금지 원칙의 위반에 대한 시비를 피하기 위하여 구제명령이 확정된 경우에는 이행강제금을 부과할 수 없고 형사처벌만 적용해야 할 것이다.[60] 이와 관련하여 헌법재판소는 「동일한 행위에 대하여 형벌을 부과하면서 과징금 또는 이행강제금을 부과하여 대상자에게 이중처벌의 효과를 낳는다면 과잉금지의 원칙에 위반되는 것」으로 판단하고 있다.[61]

4. 부당인사처분에 대한 형사업무처리

1) 의 의

2007. 1. 26. 개정 근로기준법은 정당한 이유 없는 부당인사에 대한 형사처벌조항을 삭제하는 대신 노동위원회의 확정된 구제명령을 사용자가 이행하지 않은 경우에는 1년 이하의 징역 또는 1천만 원이하의 벌금에 처하도록 규정하고 있다(근로기준법§111). 그리고 해고예고를 위반한 경우에는 2년 이하의 징역 또는 1천만원 이하의 벌금에 처하고(근로기준법§110), 부당노동행위로 인한 불이익 인사처분에 대한 확정된 구제명령을 이행하지 않은 경우에는 3년 이하의 징역 또는 3천만원 이하의 벌금에 처하도록 규정하고 있다(노동조합 및 노동관계조정법§89).

따라서 사용자로부터 부당한 인사처분을 받은 근로자는 노동위원회에 구제신청

59) 대법원 1994. 6. 14. 선고 93도3128; 대법원 1995. 11. 24. 선고 95도2218; 대법원 2005. 10. 7. 선고 2005도3763; 대법원 2007. 1. 11. 선고 2005도8291; 대법원 2007. 6. 14. 선고 2007도2710 등.

60) 정진경, 「해고관련 법제의 변화 및 전망」, 26~27면.

61) 헌법재판소 2001. 5. 31. 선고 99헌가18,99헌바71·111, 2000헌바51·64·65·85, 2001헌바2(병합).

및 민사구제를 신청하는 이외에 사업장 관할 지방노동청에 사용자의 형사처벌을 요구하는 진정 또는 고소를 할 수 있다. 그런데 노동위원회 등에서 부당한 인사처분이 확정되지 않은 상태에서 지방노동청에 진정 또는 고소가 제기된 경우에 업무처리 및 판단의 혼선을 초래할 우려가 있다. 따라서 이와 같은 업무처리의 혼선을 방지하기 위하여 노동부는 「부당해고 등 관련 민원사건 처리지침(노동부 1997. 5. 20. 근기 68201-663)」을 마련하여 시행하고 있다.

2) 업무처리의 기본방침

(1) 선(先) 노동위원회의 구제신청제도의 활용 권고

부당해고 등에 관한 상담이나 진정 또는 고소·고발이 있을 때는 노사관계의 특수성을 설명하여 가능한 한 먼저 노동위원회의 부당해고 등 구제신청제도를 활용토록 권고하여야 한다.

(2) 노동위원회의 판정결과에 따른 사건처리원칙

부당해고 등과 관련되는 진정·고소·고발 등 신고사건은 최대한 준사법기관인 노동위원회의 판정 결과를 존중하여 처리하되 중앙노동위원회의 재심청구여부에 관계없이 지방노동위원회의 판정결과에 따라 신속히 처리함을 원칙으로 한다.

(3) 부당해고 등 사용자 의법조치

노동위원회의 구제명령이 확정된 경우는 1차에 한하여 사용자에게 최단 시일 내에 원상회복토록 지시하고, 그 기한 내 불이행시는 지체 없이 근로기준법 위반으로 입건 조치한다.

3) 처리절차

(1) 고소·진정 접수 시의 처리절차

부당인사처분을 받은 근로자의 진정 또는 고소가 접수되면, 관할 지방노동청 소속 근로감독관은 「사법경찰관리의 직무를 행할 자와 그 직무범위에 관한 법률」이 정한 사법경찰관의 지위에 근거하여 사용자의 노동관계법령 위반 여부에 대하여 조사와 수사를 개시한다.

해당 지방노동청은 즉시 고소·진정인 조사를 통하여 노동위원회에 구제신청을 하였는지 또는 구제신청의 의사가 있는지를 확인하고, 구제신청을 하지 않은 경우에는 구제신청을 할 수 있도록 안내한다. 노동위원회에 구제신청토록 권유하였음에도 이를 거부한 경우에는 독자적으로 법 위반여부를 수사하여 그에 따라 검찰에 송치한다. 이미 구제신청을 하였거나 권유에 따라 구제신청을 한 경우에는 기관장의 결재를 얻어 지방노동위원회의 구제판정 시까지 수사를 보류하고 진정인 또는 고소인에게 그 뜻을 통지한다. 그러나 조사결과 부당해고 등이 명백한 경우로서 당해 사업장 또는 지역노사관계에 미치는 영향 등을 고려하여 기관장이 필요하다고 판단되는 경우에는 노동위원회의 구제신청을 안내하거나 구제신청 심리결과를 기다릴 필요 없이 독자적으로 적절한 처리를 할 수 있다.

지방노동위원회 조사·설문과정에서 구제신청이 취하되거나 각하된 경우에는 독자적으로 법 위반여부에 관한 수사를 재개하여 검찰에 송치하고, 지방노동위원회에서 구제신청이 기각된 경우에는 노동위원회 판정결과와 그 이유를 참고하여 불기소 의견으로 검찰에 송치한다. 노동위원회의 구제명령이 확정된 때에는 노동위원회 판정결과와 그 이유를 참고하여 기소의견으로 검찰에 송치한다.

(2) 구제명령서가 송부된 경우의 처리절차

지방노동청은 근로자가 부당인사와 관련된 진정·고소를 제기함이 없이 노동위원회에만 구제신청을 제기하여 구제명령이 내려진 경우 또는 지방노동위원회의 판정결과에 따라 불기소 송치 또는 무혐의 종결 처리하였으나 그 후 중앙노동위원회에서 부당해고 등 구제명령이 내려진 경우에는 다음의 절차에 따라 사건을 처리한다.

지방노동청은 구제명령서가 접수된 즉시 7일 이내의 기간을 정하여 사용자에게 구제명령 이행지시를 하고, 그 기간 내에 사용자가 이행한 경우에는 종결 처리한다. 그 기간 내에 사용자가 이행하지 않은 경우에는 즉시 입건하여 노동위원회 심문결과·판정이유 등을 참고하여 수사 후 기소의견으로 검찰에 송치한다.

(3) 검찰의 기소 여부 결정

해당 근로감독관이 노동관계법 위반에 따른 부당인사처분 혐의로 검찰에 사용자를 송치 또는 입건 조치하면, 담당 검사는 기소하여 법원의 최종적인 노동관계법 위반 여부를 판단하게 하거나 조사 또는 수사가 미진하다고 판단되는 경우에는 근로감독관으로 하여금 재수사 등을 명할 수 있다. 그러나 노동위원회의 구제명령이 확정되지 않은 상태에서는 구제명령 불이행을 이유로 형사처벌을 할 수 없기 때문에 구제명령이 확정될 때까지는 사용자를 기소하거나 약식벌금을 명할 수 없다.

Ⅲ. 행정구제

1. 개 관

징계해고와 같은 근로자에 대한 사용자의 부당한 인사처분의 효력을 다투는 기본적인 수단은 해고무효 확인소송 등을 통한 민사구제라고 할 수 있다. 그러나 근로자가 사용자를 상대로 해고무효 확인판결이 확정되었음에도 사용자가 해고근로자를 복직시키지 않거나 해고기간 동안의 임금상당액을 지급하지 않으면 근로자는 별도로 강제집행을 하여야 할 뿐만 아니라 많은 시간과 비용이 소요된다. 그리고 해고무효 확인의 본안소송을 전제로 하는 법원의 가처분명령도 사용자가 임의로 이행하지 않는 한 그 이행을 강제할 방법이 없고 집행력도 인정받지 못한다.

또한 부당한 인사처분을 행한 사용자의 처벌을 목적으로 하는 형사구제 역시 엄격한 죄형법정주의가 적용되기 때문에 그 위반의 입증이 어려울 뿐만 아니라, 비록 사용자가 형사처벌을 감수하고 부당한 인사처분을 취소하지 않는 한 근로자의 권리구제는 확보할 수 없게 된다. 이와 같은 한계와 문제점을 고려하면 민·형사구제는 사용자의 부당한 인사처분에 대한 적절하고 유효한 구제수단이 될 수 없다.

따라서 실질적으로 사용자의 부당한 인사권행사로부터 근로기본권을 보장하기 위해서는 사전에 사용자가 부당한 인사권행사를 하지 못하도록 적절한 근로감독행정이 뒷받침되어야 하고, 부당한 인사처분을 받은 근로자의 원직복귀 등이 담보될 수 있는 행정구제가 필요하다. 즉, 사용자의 부당한 인사처분에 대한 구제의 실효성을 확보하기 위해서는 사용자가 부당한 인사를 하지 않도록 사전에 철저한 행정지도 및 감독이 필요하고, 현실적으로 부당한 인사처분이 있는 경우에는 그 처분이 없었던 원래의 상태로 회복시켜 주도록 하는 사후적인 행정쟁송이 필요하다. 이러한 행정구제에는 사전적 구제제도로서의 근로감독행정과 노동위원회에의 부당인사구제제도 및 행정소송제도가 있다.

2. 근로감독행정제도

1) 의 의

부당한 인사처분을 행한 사용자를 형사처벌하거나 쟁송을 통한 권리구제는 현실적으로 사용자의 부당한 인사처분이 발생한 이후의 사후적 권리구제에 지나지 않는다. 사용자의 부당한 인사처분을 예방하는 것이 보다 중요한 권리구제수단이 된다.

따라서 사용자에 대한 벌칙을 배경으로 한 행정적인 지도감독을 통해 근로기준법 위반에 따른 부당인사를 사전에 예방함으로써 근로자의 권리를 보호할 수 있는 사전적 구제수단이 필요하다. 근로기준법은 해고·임금 등 근로조건에 대한 사전예방 수단으로서 근로감독행정제도를 두고 있다. 근로감독관제도라 함은 노사관계에 충분한 지식과 경험을 가진 전문적인 행정기관으로 하여금 노동법에 정한 근로기준의 이행을 지도·감독하여 사용자의 위반행위의 발생을 사전에 방지하고, 위반행위가 발생한 경우에는 빠른 시일 내에 시정케 하고, 위반자를 수사하고 벌칙의 적용을 요구함으로써 근로기준 위반행위를 차단하는 제도를 말한다.[62]

2) 법적 성질

근로감독행정은 행정법상 행정지도에 해당한다. 행정지도라 함은 행정기관이 그 소관 사무의 범위 안에서 일정한 행정목적을 실현하기 위하여 특정인에게 일정한 행위를 하거나 하지 않도록 지도·권고·조언 등을 하는 행정작용을 말한다. 즉, 행정지도는 행정주체가 일정한 행정목적을 실현하기 위하여 행정객체를 일정한 방향으로 유도하는 비권력적 사실행위를 의미한다. 행정지도는 상대방의 임의적 협력을 전제로 하기 때문에 그 자체로서는 직접적인 법률효과를 발생시키지 않는 사실행위라는 점에서 개별적·구체적인 법률의 근거를 요하지 않는다.[63] 따라서 근로감독관의 행정지도는 특정사항에 대하여 권리의 설정 또는 의무의 부담을 명하거나 법률상 효과를 발생시키는 행정처분으로 볼 수 없다. 다만, 노동관서의 행정지도를 계속 위반하여 특별감독을 실시하도록 한 경우에는 대외적 구속력을 가진 공권력의 행사에 해당되므로 행정처분에 해당된다.[64]

3) 효 과

근로감독행정은 원칙적으로 행정지도의 성격을 가지고 있기 때문에 법률의 근거 없이도 가능하고 사용자를 상대로 노동행정이 의도하는 방향을 실현하기 위한 협력적 행위를 요청하는 의사표시에 불과하기 때문에 근로감독관의 행정지도가 단체협약 또는 취업규칙에 정한 근로조건보다 불리하게 지도하더라도 그에 따른 법률효과가 발생하지 않고 항고소송의 대상도 되지 않는다.

---

62) 이병태, 최신노동법(제8전정판), 996~997면.
63) 장태주, 행정법개론(개정3판), 385면.
64) 헌법재판소 2007. 8. 30. 선고 2004헌마670.

그러나 행정지도를 위반한 경우에 특별감독을 실시하도록 하는 통제적인 행정지도는 사실상 사용자를 구속하기 때문에 공권력의 행사로서 행정처분에 해당되어 행정쟁송의 대상이 될 수 있다.

3. 노동위원회의 구제명령제도

1) 의 의

부당한 인사처분을 받은 근로자는 사법적인 구제절차와는 별도로 노동위원회에 부당해고 등 부당인사구제신청을 하여 권리구제를 받을 수 있다. 사용자와 근로자 사이에 이루어진 인사처분은 공법적인 행정처분이 아니고 사법상의 권리의무관계에 해당되는 것이기 때문에 이의 부당성 여부에 대한 법률적 다툼은 민사소송을 통하여 해결하는 것이 법리에 합치된다.

정당한 이유 없는 부당인사처분에 대하여 노동위원회를 통한 행정구제를 인정한 이유는 민사소송을 통한 권리구제 기간의 장기화, 과다한 소송비용 등으로 경제적 어려움을 겪고 있는 해고근로자가 현실적으로 민사소송을 통하여 권리구제를 받는데 한계가 있다고 하는 정책적 고려에 의한 것이라고 할 수 있다. 근로자가 노동위원회에 구제신청을 하여 부당인사로 판정된 경우에는 노동위원회는 사용자에게 구제명령을 발하게 된다. 사용자는 노동위원회의 구제명령을 이행할 공법상의 의무를 부담하고 확정된 구제명령을 이행하지 않은 경우에는 소정의 벌칙을 적용함으로써 부당인사처분을 받은 근로자의 권리구제 기능을 수행한다.

만약 지방노동위원회의 구제신청에 대하여 기각판정이 있는 경우에는 해당 근로자는 중앙노동위원회에 재심을 신청할 수 있고, 재심의 판정에 불복이 있는 당사자는 행정소송을 제기할 수 있다. 부당인사에 따른 행정구제의 요건과 절차를 예시하면 다음과 같다.

【부당인사처분 구제신청 요건 및 절차】

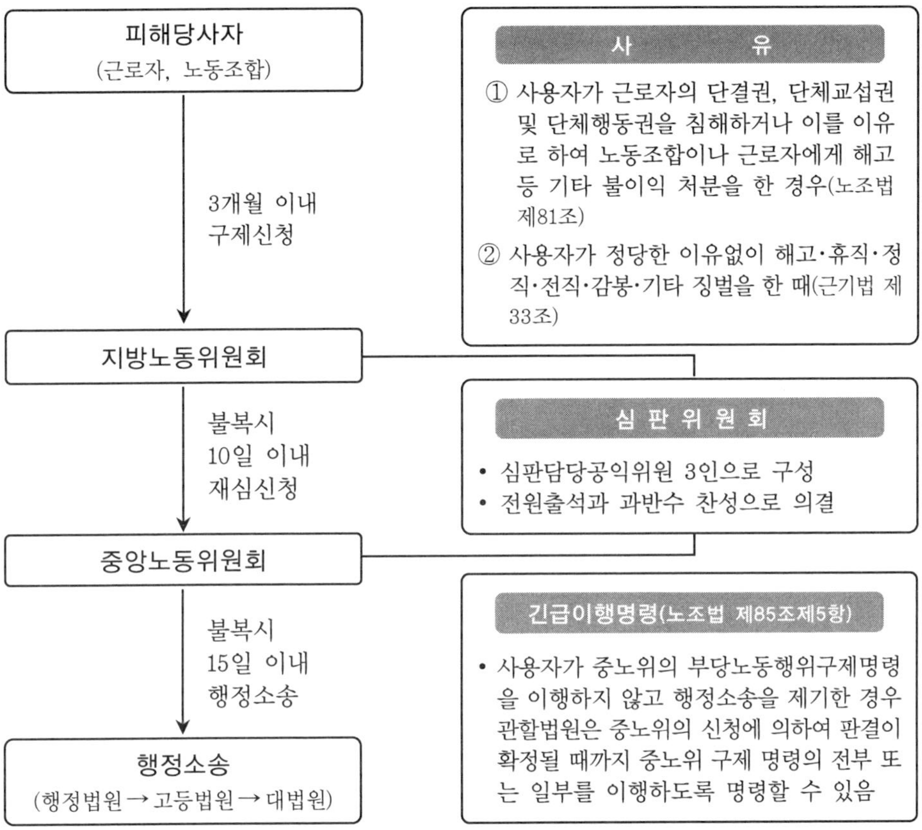

2) 공인노무사 무료지원제도의 활용

공인노무사 무료지원제도란 근로자가 정당한 이유 없이 해고, 징계, 전보 등 인사상 불이익 처분을 받거나 비정규직 근로자가 합리적인 이유 없이 차별을 받은 경우에 권리구제를 받을 수 있도록 노동위원회가 공인노무사를 선임하여 무료로 법률서비스를 지원하는 제도를 말한다. 무료법률지원을 받을 수 있는 자는 노동위원회에 부당해고구제신청 또는 차별신청을 접수한 월 평균임금이 150만원 미만인 근로자에 한한다. 사업주는 그 규모 및 재정상태 여부와 관계없이 일체 무료법률서비스를 지원받을 수 없다.

무료법률 서비스의 지원범위는 법률상담에서부터 구제신청 이유서 또는 답변서 작성·제출, 심문회의의 참석 및 진술, 합의 등 사건이 종료될 때까지 일체의 법률서비스이다. 무료법률서비스의 지원은 노동위원회의 구제신청서 접수→대리인선임 신청→근로소득확인(월 150만 원 미만)→공인노무사 선임 및 통보→무료법률 서비스지원의 절차로 진행된다. 공인노무사 선임신청은 노동위원회에 구제신청을 접수할 때 상담을 통하여 신청하거나 구제신청서를 제출한 날로부터 10일 이내 또는 사건진행 안내문을 받은 날로부터 5일 이내에 관할 노동위원회에 신청하면 된다.

3) 심급절차

(1) 초 심

가. 신청인과 피신청인

부당인사처분이 발생한 사업장의 소재지를 관할하는 지방노동위원회 또는 특별노동위원회가 초심으로서의 관할권을 가진다(노동위원회법§3②③). 신청인은 사용자의 부당인사처분으로 인하여 권리를 침해받은 근로자와 부당노동행위로 인한 인사상 불이익처분으로 권리를 침해받은 근로자 또는 노동조합이 된다. 신청인은 노동위원회의 명령서 또는 결정서 등이 교부될 때까지는 언제든지 신청의 전부 또는 일부를 취하할 수 있다.

부당노동행위로 인한 인사상 불이익처분에 대하여 노동조합이 구제신청권을 갖는 것은 권리를 침해당한 근로자 개인과는 별개로 독자적인 권한이므로 부당인사처분을 받은 근로자를 대위하거나 대리인인 자격으로 구제신청에 참가하는 것이 아니다.[65] 따라서 노동조합을 조직하려고 하였다는 이유로 근로자에게 인사상 불이익처분을 행한 부당노동행위에 대해서는 후에 설립된 노동조합도 독자적인 구제신청권을 가진다.[66] 또한 노동조합의 구제신청권은 독자적인 권한이므로 해당 근로자가 부당인사구제신청을 할 의사가 없다 하더라도 해당 근로자에 대한 불이익 처분은 노동조합에 대한 침해행위로 볼 수 있기 때문에 신청권한이 있고, 반대로 노동조합의 어용화(御用化)로 그 노동조합이 부당노동행위에 대하여 다툴 의사가 없더라도 권리를 침해받은 조합원 개인도 신청권한이 있다.[67] 구제를 받고자 하는 신청인은 관할 노동위원회에 ① 신청인의 성명·주소, ② 부당인사행위를 구성하는 구체적 사실, ③ 신청취지, ④ 신청일자와 ⑤ 신청인의 기명·날인이 있는 구제신청서를 제출

65) 대법원 1979. 2. 13. 선고 78다2275.
66) 대법원 1991. 1. 25. 선고 90누4952.
67) 김형배, 노동법(제24판), 1183면.

하여야 한다.

피신청인은 부당인사를 행한 법적 당사자인 사용자이다. 개인기업의 경우에는 개인기업주이고 법인 기업인 경우에는 법인이 된다. 다만, 부당노동행위로 인한 불이익한 인사처분인 경우에는 부당노동행위를 현실적으로 실행한 사업주를 위하여 행동하는 사용자도 피신청인이 될 수 있다.[68]

나. 신청기간

부당인사구제신청은 부당인사처분이 있은 날로부터 3개월 이내에 하여야 한다. 다만, 계속되는 부당인사처분인 경우에는 그 종료일로부터 3개월 이내에 구제신청을 하면 된다. 따라서 해고예고 없이 행한 해고의 경우에는 해고통지가 도달된 때로부터, 예고기간이 있는 해고의 경우에는 예고기간이 종료된 날로부터 구제신청의 기산일이 된다. 구제신청기간의 법률적 성격은 제척기간이다. 이와 같이 단기의 제척기간을 설정한 이유는 상당한 기간이 경과하면 사실관계의 입증이 곤란하고 구제명령의 실효성이 상실되기 때문이다.

다. 심 사

노동위원회가 신청인으로부터 구제신청을 받은 때에는 지체 없이 필요한 조사와 관계당사자를 심문해야 한다. 조사는 신청인과 피신청인의 주장과 입증방법을 명확히 하여 쟁점을 정리하는 것으로 심문을 위한 준비절차이다. 노동위원회 위원장은 신청서를 접수한 때에는 지체 없이 당해 사건의 처리를 담당할 조사관을 지정하고, 신청인에게 신청이유를 소명하기 위한 증거의 제출을 요구해야 한다. 피신청인에게는 신청서의 부본을 송부하여 그에 대한 답변서 및 그 이유의 소명을 위한 증거의 제출을 요구해야 한다. 노동위원회는 구제신청접수일로부터 60일 이내에 심문회의를 개최하여야 하고, 조사 및 심문과정에서 언제든지 당사자에게 화해를 권고할 수 있다.

조사가 끝난 다음에는 신청의 각하 또는 취하가 없는 한 필요한 심문을 진행하여야 한다. 부당인사 여부의 판정은 반드시 심문을 거쳐야 한다. 당사자 일방이 정당한 이유 없이 출석하지 아니한 경우를 제외하고는 심문은 당사자가 모두 출석한 가

---

68) 부당노동행위로 인한 불이익한 인사처분에 대해서도 사업주만이 피신청인이 된다는 반대의 의견도 있다(김형배, 노동법(제24판), 1183면).

운데 행한다. 당사자는 심판위원회 위원장의 승인을 얻어 진술할 수 있으며, 증인을 심문하고 반대심문을 할 수 있다. 당사자는 심문회의 개최일을 통보받기 전까지 증인을 신청할 수 있고, 노동위원회는 증인채택 여부를 결정하고 그 결과를 당사자에게 통지하여야 한다. 심문 결과 부당인사가 성립되지 않는 것으로 판정한 때에는 기각결정을 하고, 부당인사가 성립하는 것으로 판정하면 사용자에게 구제명령을 하여야 한다.

라. 화 해

노동위원회는 사건의 조사과정이나 심문회의 진행 중에 당사자에게 화해를 권고하거나 주선할 수 있다. 화해가 성립한 경우에는 당해 사건은 종결되고, 화해조서가 작성된다. 그러나 실제 대부분의 화해는 화해조서작성이라는 형식을 취하지 않고 당사자 사이에 화해를 한 다음 신청인이 신청을 취하하는 형식으로 이루어지고 있다.

(2) 재 심

가. 재심신청

지방노동위원회의 구제명령 또는 기각결정에 불복이 있는 당사자는 그 명령서 또는 결정서를 송달받은 날로부터 10일 이내에 중앙노동위원회에 재심을 신청할 수 있다. 재심신청이 있다 하더라도 지방노동위원회의 구제명령 또는 기각결정의 효력이 정지되지 않는다. 재심을 신청하고자 할 때에는 재심신청서에 초심 지방노동위원회의 명령서 또는 결정서 사본을 첨부하여 초심 지방노동위원회를 경유하거나 직접 중앙노동위원회에 제출하여야 한다. 재심신청은 초심에서 신청한 범위를 넘어설 수 없고, 재심심리와 판정은 당사자가 재심을 신청한 불복의 범위 안에서 하여야 한다.

나. 재심의 범위 및 절차

재심은 신청한 불복의 범위 내에서만 행해지므로 재심의 심리와 판정은 당사자가 재심을 신청한 불복의 범위 안에서만 하여야 한다. 즉, 초심신청사실에 관한 것이라도 재심신청인이 재심청구를 하지 않은 것이라면, 초심의 결정 또는 명령의 당부는 재심의 대상이 되지 않는다.

재심절차에서도 초심과 마찬가지로 신청→조사→심문→의결→명령 등의 절차가 진행된다. 재심신청이 취하되거나 화해가 성립된 때에는 중앙노동위원회는 그 사실을 초심 지방노동위원회에 통지한다. 중앙노동위원회는 재심 결과 그 재심신청이 이유 없다고 인정하는 경우에는 기각결정하고, 이유 있는 것으로 인정하는 경우에는 초심의 처분을 취소하고 새로운 구제명령을 내리거나 변경할 수 있다.

4) 구제명령

(1) 의 의

구제명령이란 노동위원회가 근로자에 대한 사용자의 인사처분이 부당인사 또는 부당노동행위가 성립한 것으로 인정한 경우에 해당 사용자에게 부과하는 행정명령이다. 구제명령은 일종의 행정처분으로써 어떠한 내용의 구제명령을 발할 것인가는 전적으로 노동위원회의 재량행위라고 할 수 있다. 따라서 구제명령은 노동위원회의 재량행위로서의 행정처분의 성격을 가지고 있다. 노동위원회가 부당인사처분으로 인정하는 판정을 한 때에는 신청의 취지와 부당인사의 내용 등을 참작하여 부당인사처분이 없었던 상태로 회복하는데 가장 적절하고 타당하다고 판단되는 구제명령을 내려야 한다.

(2) 구제명령의 내용

구제명령의 내용을 규정한 명문규정이 없기 때문에 노동위원회가 사용자에게 어떠한 구제명령을 내릴 것인가는 전적으로 노동위원회의 재량이라고 할 수 있다. 노동위원회는 사용자의 부당인사처분으로 침해된 근로자의 권리를 회복하는데 필요하고도 적절한 구체적인 구제명령을 하면 된다.

일반적으로 부당해고 사건에서 노동위원회가 발하는 구제명령은 해고근로자를 원직 또는 원직에 상당하는 지위에 복직시킬 것과 해고가 없었다면 지급했어야 할 임금상당액의 지급(back pay)을 명하는 것이 보통이고, 해고근로자가 원직복귀를 원하지 않는 경우에 한하여 금전보상명령을 내릴 수 있다. 부당노동행위와 부당해고가 성립한 경우에는 해고근로자에 대한 원직복귀명령과 임금소급지급명령 이외에 사용자의 지배개입을 금지하는 내용의 부작위명령 또는 사과문의 게시명령(post notice)을 발할 수 있다. 해고가 아닌 부당한 징계처분 또는 전직의 경우에는 효력정지명령을 내릴 수 있다.

승급 또는 승진차별의 경우에는 기업의 승급 및 승진기준 등 구체적인 사안에 따라 구제명령의 내용이 결정된다. 예컨대, 연공·학력 등과 같이 객관적인 속인적 기준에 따라 기계적으로 승급 또는 승진이 이루어지는 경우에는 승급 또는 승진명령을 내릴 수 있다. 그러나 관리직으로의 승진요건이 사용자의 경영관리적 의사결정에 의하여 이루어지는 경우에는 구체적인 승진명령을 내릴 수 없고, 재사정명령을 내리는 것이 타당할 것이다.[69] 이외에도 노동위원회의 재량에 따라 구제명령의 이행상황에 관한 보고명령을 행할 수 있다.

구제명령은 사용자의 부당한 인사처분을 시정하기 위한 행정상의 조치이기 때문에 그 적법성은 어디까지나 행정처분으로서의 적법성을 갖추면 무방한 것이고, 반드시 사법상의 적법성까지를 요구하는 것은 아니다.[70]

(3) 효 력

노동위원회가 구제신청의 전부 또는 일부를 이유 있는 것으로 인정하여 구제명령을 하였을 때에는 그 명령의 확정 여부와 관계없이 사용자는 이를 이행하여야 한다. 만약 사용자가 이행기한까지 구제명령을 이행하지 않은 경우에는 2천만원 이하의 이행강제금을 부과한다. 확정된 구제명령을 사용자가 이행하지 않은 경우에는 소정의 1년 이하의 징역 또는 1천만 원 이하의 벌금이 적용된다.[71] 구제명령이 당사자에게 교부된 이후에는 노동위원회는 이를 취소 또는 변경할 수 없고, 구제명령의 취소 또는 변경은 재심절차 또는 행정소송의 제기에 의해서만 가능하다.

노동위원회의 구제명령은 부당인사처분에 대한 공법상의 권리구제절차로 사용자에 대한 공법상의 의무만 부담시키는 것에 불과할 뿐, 사용자와 근로자 사이의 사법상 법률관계에 직접적으로 영향을 미치는 것이 아니므로 사용자가 구제명령에 따라 해고근로자가 실제로 복직하여 근로를 제공한 경우에 한하여 임금청구권이 발생한다.[72]

---

69) 김형배, 노동법(제24판), 1190면.

70) 김형배, 노동법(제24판), 1190면.

71) 구 노동조합법 제46조는 확정되지 않은 구제명령에 대해서도 벌칙을 적용하도록 규정하고 있었으나, 헌법재판소는 1995. 3. 23. 적법절차의 원리와 과잉금지의 원칙에 반한다는 이유로 헌법불합치 결정을 함에 따라 벌칙의 적용은 확정된 구제명령에 한하도록 법률을 개정하였다. 이에 따라 구제명령의 실효성이 문제되자, 노동조합 및 노동관계조정법은 재심판정에 대하여 사용자가 불복하여 행정소송을 제기한 경우에는 소송이 진행 중이더라도 관할법원의 결정에 의하여 긴급이행명령을 발할 수 있도록 입법적 보완을 하였다(§85⑤).

72) 대법원 1996. 4. 23. 선고 95다53102.

4. 행정소송제도

1) 의 의

중앙노동위원회의 구제명령, 기각결정, 각하결정 등 재심판정은 일종의 행정처분에 해당되기 때문에 이에 불복이 있는 당사자는 행정소송을 제기할 수 있다. 행정소송은 중앙노동위원회의 재심판정의 취소를 구하는 것이므로 행정소송법상 취소소송에 해당된다. 행정소송의 1심법원은 행정법원, 2심법원은 고등법원, 3심법원은 대법원이 된다(3심제).

2) 행정소송의 제기

중앙노동위원회의 재심판정에 불복이 있는 당사자는 재심판정서를 송달받은 날로부터 15일 이내에 행정법원에 행정소송을 제기할 수 있다. 소장의 청구취지에는 소의 결론을 기재하고, 청구원인에는 원고가 구하는 소의 결론을 이끌어내는 근거가 되는 사실관계와 법률관계를 기재한다. 중앙노동위원회의 재심판정 취소소송은 노동위원회의 재심판정 또는 구제명령이 위법한지 여부가 쟁점이므로 노동위원회의 재심판정 또는 구제명령의 위법성을 기재해야 한다. 피고인 중앙노동위원회는 소장 부본을 송달받은 날로부터 30일 안에 답변서를 제출하여야 한다. 다만 이해관계자인 근로자 또는 사용자는 보조참가신청을 통하여 답변서를 제출할 수 있다.

원고적격이 인정되기 위해서는 중앙노동위원회 재심판정의 취소를 구할 소의 이익이 있어야 한다. 인사처분과 관련된 행정소송은 취소소송에 해당되는 것이기 때문에 소의 이익에 관한 일반론에 따라 소의 이익 여부가 결정된다. 재심판정이 있은 후 사용자가 중앙노동위원회의 구제명령을 이행하거나 해당 기업이 소멸된 경우에는 소의 이익이 없기 때문에 각하사유에 해당된다. 즉, 중앙노동위원회의 재심판정을 다투는 취소소송은 행정소송에 해당되므로 노동위원회의 구제명령이 내려진 후의 사정변경으로 인하여 그 구제명령의 실현이 무의미하거나 객관적으로 불능으로 된 경우에는 소의 이익이 인정되지 않는다.[73)]

판례는 사정변경에 의하여 구제명령의 전부가 이행불능인 경우에는 소의 이익이 없으나, 구제명령의 일부에 대하여 이행가능한 경우에는 소의 이익이 있는 것으로 판단하고 있다.[74)] 그리고 소의 이익이 부정되는 사유인 구제명령의 이행불능은 확

---

73) 전진경, 「부당해고구제소송에서의 소의 이익」, 59면.

정적인 것이어야 하므로 전직명령 이후 해고된 경우라도 전직명령의 적법성 여부가 해고사유와 직접적인 관련성이 있다면, 그 전직명령에 대한 소의 이익이 있는 것으로 판단하고 있다.[75]

소송제기 기간은 제척기간이므로 이 기간 내에 행정소송을 제기하지 않으면, 재심판정은 확정된다. 그러나 재심판정에 불복이 있는 자가 이 기간 내에 행정소송을 제기하더라도 재심판정의 효력이나 그 집행 또는 절차의 속행에 영향을 미치지 않는다.

행정소송을 제기할 수 있는 원고는 재심판정에 불복이 있는 근로자 또는 사용자이고, 피고는 항상 중앙노동위원회 위원장이 된다. 재심판정에 불복이 있는 일방당사자가 행정소송을 제기한 경우에는 타방은 소송당사자가 아니므로 행정소송에서 보조참가인의 자격으로 소송에 참가할 수 있을 뿐이다.

3) 긴급이행명령

노동위원회의 구제명령은 그 명령서를 당사자에게 교부한 날로부터 효력이 발생하고 재심신청이나 행정소송을 제기하였더라도 그 효력이 정지되지 않는다. 그러나 사용자가 구제명령을 이행하지 않더라도 그 명령이 행정소송 판결에 의하여 확정되지 않는 한 사용자에게 벌칙을 적용할 수 없다. 따라서 구제명령이 법원에 의하여 확정되기까지는 상당한 시간을 요하기 때문에 구제명령의 실효성을 담보할 수 없다는 문제가 발생한다. 구제명령의 실효성을 확보하기 위하여 「노동조합 및 노동관계조정법」 제85조 제5항은 사용자가 행정소송을 제기한 경우에 관할법원은 중앙노동위원회의 신청에 의하여 결정으로써 판결이 확정될 때까지 중앙노동위원회의 구제명령의 전부 또는 일부를 이행하도록 명할 수 있도록 입법적 보완을 하였다. 이를 긴급이행명령이라고 한다.

긴급이행명령은 구제명령이 판결에 의하여 확정될 때까지 잠정적으로 그 명령의 이행을 강제하는 제도이다. 따라서 법원이 사용자에게 긴급이행명령을 발하기 위해서는 확정판결 시까지 구제명령의 이행을 강제할 필요성이 존재하여야 한다. 법원이 긴급이행명령을 발하기 전에 구제명령의 위법성을 심사할 수 있는가의 여부에 관하여 다툼이 있을 수 있으나, ① 긴급명령은 본안소송과는 별개의 절차로써 인정

---

74) 대법원 2000. 8. 22. 선고 99두6910; 대법원 1993. 4. 27. 선고 92누13196.
75) 대법원 1995. 2. 17. 선고 94누7959.

되는 것이므로 사용자가 본안소송에서의 승소가능성은 긴급명령의 인정요건에 영향을 미칠 수 없다는 점, ② 긴급이행명령의 취지는 노동위원회의 실체적 판단을 존중하여 구제명령의 실효성을 확보하는 데 있다는 점, ③ 법원의 긴급이행명령이 있은 후에도 구제명령의 위법성 혐의가 발견된 경우에는 당사자의 신청 또는 직권에 의하여 그 결정을 취소할 수 있다는 점 등을 고려하면 중대하고 명백한 하자가 있는 등의 특단의 사정이 없는 한 구제명령은 적법한 것으로 추정된다고 보아야 한다.[76)]

사용자가 긴급이행명령을 따르지 않을 경우에는 법원은 500만원 이하의 금액 내에서, 당해 구제명령이 작위를 명하는 것인 때에는 그 명령의 불이행일수 1일에 50만 원 이하의 비율로 산정한 금액을 과태료로 부과한다.

4) 변론 및 심리

재판장은 답변서가 제출된 후 관련사건과의 관계상 신속한 기일지정이 필요하거나, 사건의 성질상 신속한 처리가 요청되는 경우 또는 법리문제만 쟁점이 되어 변론준비절차에 부칠 필요가 없는 사건의 경우 등에는 즉시 변론기일을 지정한다. 그러나 재판장이 서면공방을 진행하기로 결정한 사건에 대해서는 참여사무관은 원고에게 발송일로부터 3주 정도로 기한을 정하여 피고의 답변에 대한 반박 준비서면 및 입증자료를 제출하도록 최고해야 하고, 쟁점정리단계에서는 원고의 청구근거로 삼고 있는 사실관계와 피고가 항변하는 사실관계를 정리하고, 쌍방이 주장하는 사실관계 중에서 서로 다툼이 없는 부분과 다툼이 있는 부분을 구분하여 정리한다.

인사처분에 대한 행정소송의 소송물은 중앙노동위원회의 재심판정에 대한 위법성 여부이므로 당해 구제명령 또는 결정을 취소해야 할 위법성이 있는가의 여부가 심리의 대상이 된다. 따라서 심리의 대상은 ① 노동위원회의 사실인정의 당부, ② 인정한 사실이 부당인사 또는 부당노동행위를 성립시키는가의 여부, ③ 구제명령의 위법성 여부, ④ 구제명령 또는 결정에 수반되는 절차의 위법성 여부이다. 중앙노동위원회의 구제명령 또는 결정에 대한 위법성 여부를 판단하는 기준시점은 재심결정시가 된다. 왜냐하면, 행정소송은 행정처분에 해당되는 재심판정의 적법성을 심리하는 것이므로 통상의 행정처분을 다투는 행정소송과 동일하게 위법성의 판단시점은 행정처분 시로 보아야 하기 때문이다.

---

76) 김형배, 노동법(제24판), 1196~1197면.

입증책임의 분배원칙상 부당해고 등 인사처분의 사실관계가 불명확한 경우에는 부당인사가 성립하지 않는 것으로 재판하여야 하므로 인사처분의 부당성은 노동위원회가 입증책임을 부담하고, 구제신청기각 명령의 경우에는 원고인 근로자가 입증책임을 부담한다.[77]

5) 판결의 효력

중앙노동위원회의 재심판정을 취소하는 법원의 확정판결은 중앙노동위원회를 구속한다. 따라서 중앙노동위원회는 심판위원회를 열어 당해 사건의 심사의 재개를 결정하고, 재결정서를 당사자에게 송부해야 한다. 중앙노동위원회의 구제명령에 대한 취소판결이 확정된 경우에는 구제명령의 효력은 상실되고, 반대로 사용자의 패소(기각)판결이 확정된 경우에는 구제명령도 확정되는 것이므로 사용자가 이를 이행하지 않은 경우에는 소정의 벌칙이 적용된다.

Ⅳ. 민사적 구제

1. 개 관

사용자의 인사처분에는 정직·전근·감봉·휴직·전출·전적 등 다양하나, 주로 민사소송과 관련된 것은 부당해고에 대한 다툼이라고 할 수 있으므로 부당해고에 대한 민사구제방법을 중심으로 기술한다.

근로자에 대한 사용자의 해고처분이 정당하기 위해서는 ① 사회통념상 근로계약관계를 유지할 수 없을 정도의 책임 있는 근로자의 귀책사유가 존재하여야 하고, ② 법률과 취업규칙 등에 정한 절차를 거쳐야 하고, ③ 해고금지 기간을 준수해야 한다. 이와 같은 해고요건을 갖추지 않은 사용자의 부당해고에 대해서는 해고근로자는 국가의 공신력을 이용하여 사법상 구제절차를 밟을 수 있다.

실무적으로 해고근로자는 해고기간 동안 사용자로부터 임금을 지급받지 못함에 따라 생계에 중대한 위협이 될 뿐만 아니라 취업규칙 등에 인정된 근로자로서의 권리와 이익을 상실하게 된다. 이에 따라 해고근로자는 해고무효 확인판결(본안판결)을 받을 때까지 임금지급가처분 또는 근로자 지위가처분 등을 신청하는 경우가 있다. 따라서 부당해고 등에 대한 민사적 구제방법으로서는 해고무효 확인소송과 본

---

77) 菅野和夫(이정 역). 일본노동법(초판), 709면.

안판결인 해고무효 확인판결이 있을 때까지 잠정적으로 임시의 지위를 정하는 가처분으로서의 근로자 지위보전 및 임금지급가처분으로 대별할 수 있다.

2. 가 처 분

1) 의 의

가처분이란 금전채권 이외의 청구권에 대한 집행을 보전하거나 다툼이 있는 권리관계에 대해 임시의 지위를 정하기 위하여 법원이 행하는 일시적인 명령을 말한다. 가처분 명령이 행해지기 위해서는 피보전권리가 존재해야 하고, 현상의 변경으로 당사자의 권리를 실행하지 못하거나 이를 실행함에 현저히 곤란할 염려가 있어야 한다. 가처분에는 법률상 다툼이 있는 가처분과 임시의 지위를 정하는 가처분이 있으나 실무상 근로관계소송에서 주로 이용되는 것은 임시의 지위를 정하는 가처분이다.

본안판결이 있을 때까지 임시의 지위를 정하는 가처분은 피보전권리에 관하여 본안판결을 기다리지 않고 일응 신청인에게 만족을 준다는 점에서 만족적 가처분의 성격을 가진다. 그러나 만족적 가처분도 가처분인 이상 본안소송을 전제로 하는 부수적인 것이고, 본안판결에 의한 분쟁의 종국적 처리에 이르기까지 잠정적인 조치의 성질을 가진다.

노동법은 근로자의 최대 관심사인 사법상 무효해고에 따른 원직복직에 관하여 특별규정이 없기 때문에 시민법 체계에 속하는 사건에 적용되는 가처분제도가 법원의 해석을 통하여 노동사건에도 널리 이용되어 왔다.[78] 노동사건에 대한 가처분이 가처분 본래의 범위를 넘어 특수한 영역을 형성하게 된 데에는 해고와 관련된 가처분이 결정적인 역할을 하여 왔다.[79]

---

78) 정진경, 「해고관련 법제의 변화 및 전망」, 6면.

79) ① 본안소송에 있어서 확정판결 시까지 잠정적인 보전상태를 형성함을 목적으로 하는 가처분제도 본래의 한도를 초과하여 지위보전가처분이 무효임에도 보전의 필요성을 넓게 인정하고, ② 담보제공을 요구하지 않음으로써 사용자가 승소하고도 임시로 지급한 금전(임금)의 반환을 어렵게 한다는 점, 금전급부를 목적으로 하는 청구권의 보전은 본래 가압류를 이용해야 함에도 부당해고 사건에서 임금지급가처분이 널리 이용되고 있는 점 등을 이유로 노동사건과 관련된 가처분의 확대에 대하여 비판적인 견해가 있다(정진경, 「해고관련 법제의 변화 및 전망」, 6~7면).

2) 가처분의 요건

가처분에는 법률상 다툼이 있는 가처분과 임시의 지위를 정하는 가처분이 있는데, 법원이 가처분명령을 내리기 위해서는 피보전권리와 보전의 필요성이 있어야 한다. 즉, 가처분은 본안소송 확정판결 시까지 금전 이외의 임시적인 지위를 정하는 잠정적인 조치이므로 ① 그 권리는 금전이외의 특정급여청구권이어야 하고(피보전권리), ② 장래 강제집행이 불가능하거나 현저하게 곤란하여야 한다(보전의 필요성).

(1) 다툼의 대상에 관한 가처분의 요건

가. 피보전권리(被保全權利)

다툼의 대상에 관한 가처분의 피보전권리는 금전 이외의 특정급여청구권이고, 본안소송은 주로 금전지급 이외의 이행의 소가 된다. 피보전권리는 특정급여청구권이므로 그 다툼의 대상물은 명확히 특정되어야 한다. 특정할 수 있으면 조건부나 기한부 또는 장래의 청구권이라도 상관없으며(민사집행법§301②), 본안소송의 계속 여부와도 무관하다.

그러나 금전 이외의 청구권이 특정된 경우라도 가처분은 민사집행을 전제로 하는 것이므로 강제집행에 친하지 않은 청구권은 피보전권리에 해당되지 않는다. 따라서 사법상 무효인 해고라 하더라도 부제소합의가 있는 청구권은 피보전권리가 될 수 없다.[80]

나. 보전의 필요성

보전의 필요성은 대상물의 현상을 바꾸면 장래에 집행불능 또는 집행곤란의 염려가 있는 경우이다(민사집행법§301①). 보전의 필요성이 법정화 되어 있는 경우를 제외하고는 그 필요성 여부는 법원에게 광범위한 재량권이 인정된다.

가처분은 가압류와는 달리 재산관계의 변경이 아니라 계쟁물의 현상변경으로 인한 집행의 곤란에 있는 것이므로 비록 채무자가 충분한 책임재산을 갖고 있는가의 여부는 문제되지 않는다. 그러나 보전의 필요성이 인정되더라도 채권자가 집행 가능한 집행권원을 확보한 경우, 다른 법적 구제수단이 있는 경우, 가처분신청이 신의칙[81]에 반하는 경우 등은 그 필요성이 조각된다.[82]

---

80) 이시윤, 신민사집행법(보정판), 481면.

81) 해고근로자가 사용자에게 아무런 이의 없이 퇴직금과 퇴직위로금 등을 지급받고 다른

(2) 임시의 지위를 정하기 위한 가처분의 요건

가. 피보전권리

피보전권리는 「다툼이 있는 권리관계」이고, 그 보호이익은 재산적 이익뿐만 아니라 인격적 이익 또는 생활상의 이익도 포함된다. 가처분은 장래의 집행보전이 아니라 현존하는 위험을 방지하기 위한 것이므로 권리관계는 「현존」해야 한다. 따라서 이미 효력이 상실된 과거의 효력을 정지하는 가처분은 허용되지 않고,[83] 가처분은 본안소송의 실효성을 확보하기 위한 것이므로 법적 근거가 없는 형성의 소를 본안소송으로 하는 경우에도 허용되지 않는다.

「다툼」이 있는 권리관계란 권리관계에 관하여 당사자의 주장이 대립되기 때문에 소송에 의한 권리보호가 요구되는 것을 말한다. 따라서 현재 권리의 침해가 없더라도 상대방이 권리관계를 부인하거나 이행하지 않는 경우, 침해의 위험이 가까워진 경우에도 다툼 있는 권리관계에 포함된다.

다툼이 있는 「권리관계」에는 특정채권만을 피보전권리로 하는 가압류와는 달리 널리 채권자와 채무자 사이의 권리관계가 포함된다.

나. 보전의 필요성

보전의 필요성이란 다툼이 있는 권리관계에 대하여 채권자에게 생길 「현저한 손해 또는 급박한 위험」을 피하기 위한 필요성을 의미한다(§300②). 즉, 권리관계에 대한 다툼으로 인하여 채권자가 현저한 손해 또는 급박한 위험에 직면하게 되고, 본안소송으로 권리관계의 확정을 기다리게 되면 소송목적을 달성할 수 없게 되어 일응 응급적·잠정적인 법적 상태를 만들어 놓을 필요성이 있어야 한다.[84]

「현저한 손해」는 본안판결의 확정까지 기다리는 것이 가혹하다고 생각될 정도의 불이익이나 고통을 말하는 것으로써 재산적 손해뿐만 아니라 명예·신용 등 정신적 손해도 포함된다.[85] 부당해고를 당한 근로자가 해고기간 동안 임금을 지급받지 못

직장에 취업하고 있는 등 사용자로 하여금 더 이상 해고 무효 확인 등의 소송을 제기하지 않을 것이라는 신뢰를 위반하여 가처분을 신청하는 경우에는 피보전권리가 조각될 수 있다.

82) 이시윤, 신민사집행법(보정판), 482~483면.

83) 대법원 1995. 3. 10. 선고 94마605.

84) 이시윤, 신민사집행법(보정판), 484~485면.

85) 대법원 1967. 7. 4. 선고 67마424.

함으로써 근로자의 생존을 위협하는 경우에는 보전의 필요성이 있는 현저한 손해에 포함된다.

「급박한 위험을 피하기 위한 경우」는 현저한 손해의 한 예시로써 본안소송에 있어서 승소 가능성을 고려하여 판단한다. 따라서 본안소송에서 사용자의 해고가 사법상 유효한 것으로 판결날 개연성이 높은 경우, 상당한 기간이 경과된 이후에 가처분신청을 낸 경우에는 급박성이 결여되어 보전의 필요성이 없다.

그리고 채권자가 가처분에 의하여 받는 이익이 존재하더라도 채무자가 받는 불이익이 현저하게 큰 경우에는 비례의 원칙에 의하여 보전의 필요성이 인정되지 않는다. 따라서 보전의 필요성 여부는 당사자 쌍방의 이해득실관계를 고려하여 판단해야 한다.[86]

3) 사용자의 인사처분과 관련된 가처분의 유형

해고근로자가 해고무효 확인 등 본안소송을 제기하는 목적은 해고기간 동안 임금상당액의 지급과 해고 당시의 원직에 복귀하는데 있다. 따라서 해고무효 확인소송의 재판지연으로 인한 가처분에는 해고근로자의 생계를 유지하기 위한 「임금지급가처분」과 해고기간 동안 근로자의 지위를 보전하기 위한 지위보전가처분이 있다. 그리고 사용자의 부당한 전근명령에 대한 효력을 잠정적으로 정지시키는 것을 내용으로 하는 전근명령의 효력부인 가처분이 있다.

(1) 임금지급가처분

해고가 사법상 무효이거나 노동조합의 쟁의행위에 대한 사용자의 직장폐쇄가 위법·부당한 경우에는 근로자가 근로를 제공하지 못하였더라도 사용자를 상대로 임금청구권을 가진다. 근로자의 임금청구권을 본안소송에서 주장하는 경우, 임금을 유일한 생계수단으로 하는 근로자는 임금지급의 중단으로 인하여 생계에 위협을 받아 본안 판결을 받을 때까지 기다리기 힘든 경우에는 임시로 사용자에게 임금상당액의 금전지급을 명하는 가처분을 법원에 신청할 수 있다.[87]

해고근로자가 임금지급가처분을 신청하기 위해서는 가처분의 일반법리와 마찬가지로 피보전권리와 보전의 필요성이 있어야 한다. 피보전권리에 해당되는 임금청구권은 사용자의 귀책사유인 부당해고에 기인한 것이므로 피보전권리의 유무는 해고

---

86) 대법원 1994. 11. 10. 선고 93마2022; 대법원 2003. 11. 28. 선고 2003다30265.

87) 한국경영자총협회, 노동관계소송, 54면.

무효의 판단문제로 귀결된다.[88]

보전의 필요성은 임금지급이 중단됨으로써 근로자가 최소한의 생활유지에 곤란을 받는 상황에 직면한 것을 말한다. 임금을 유일한 생계수단으로 하는 근로자에 있어서 임금지급이 중단되면 아무런 수입이 없어 생활유지가 어려운 곤란한 상황에 처할 것이라는 점은 경험칙상 당연히 추정할 수 있으므로 상대적으로 해고근로자가 이를 소명하기 용이하다.[89] 따라서 임금지급의 중단사실이 소명되면 가처분의 필요성은 사실상 추정된다. 그러나 임금이 유일한 생계수단이 아닌 경우, 다른 직장에 취업하여 수입을 얻고 있는 경우, 배우자의 부양능력이 있는 경우, 실업급여를 지급받고 있는 경우 등은 보전의 필요성이 사실상 추정되지 않고 법원이 구체적 사안에 따라 보전의 필요성 여부를 판단해야 한다.[90]

일반적으로 가처분의 주문은 「피신청인은 신청인에게 언제부터 본안판결의 확정에 이르기까지 매달 며칠 금 얼마를 임시로 지급하라」는 형태를 취한다. 임금지급을 명하는 금액은 해고기간 동안의 임금전액이 아니고, 보전의 필요성이 있는 범위의 금액에 한정된다.

(2) 근로자 지위보전의 가처분

근로자 지위보전의 가처분은 근로자가 사법상 해고무효임을 이유로 해고무효 확인소송의 본안판결 확정시까지 임시로 사용자와 근로자 사이에 해고 전과 같은 내용의 근로계약관계를 설정하는 가처분을 말한다.

가처분의 일반법리와 마찬가지로 피보전권리와 보전의 필요성이 있어야 한다. 피보전권리는 해고가 무효이므로 근로계약관계가 그대로 존속한다는 것을 말하고, 보전의 필요성은 근로계약관계의 존부를 다투어 근로자로 취급되지 않음으로써 현저한 손해가 발생하거나 발생할 위험이 급박하여 이를 피할 필요성을 말한다. 구체적으로 보전의 필요성은 무효인 해고에 의하여 현재 근로자로서 취급받지 못한 결과 사용자로부터 사택반환요구에 시달리고 있거나 건강보험의 혜택을 받지 못하고, 사업장에 출입하지 못함으로써 노동조합활동이 저해된다는 등의 사정이다.

가처분 명령의 주문은 「신청인이 피신청인에 대하여 근로계약상의 권리를 가지고 있음을 임시로 정한다」 또는 「신청인이 피신청인에 대하여 근로자로서의 지위에 있

88) 유원석, 「노동사건에 있어서의 근로자측의 가처분」, 617면.
89) 유원석, 「노동사건에 있어서의 근로자측의 가처분」, 618면.
90) 한국경영자총협회, 노동관계소송, 55면.

음을 임시로 정한다」라는 형식을 취한다.

(3) 전근명령의 효력부인 가처분

전근명령이란 사용자가 근로자에 대하여 직종, 업무내용, 근무 장소 등을 일방적으로 변경하는 인사명령을 말한다. 종래 전근명령은 사용자의 고유한 경영권 또는 인사권에 근거한 사용자의 자유재량행위로써 법적 규제를 받지 않는 것이므로 전근명령의 유·무효 여부는 논의대상이 될 수 없는 것으로 보았으나, 오늘날은 법적 규제를 받는다는 것이 학설과 판례의 일관된 입장이다. 따라서 전근명령이 무효인 경우에는 무효인 해고와 마찬가지로 본안 판결이 있기 전까지 임시적으로 그 효력을 부인하는 가처분을 신청할 수 있다.[91)]

「전근명령의 효력부인 가처분」은 지위보전 가처분에 해당되는 것이므로 그 법적 성격도 지위보전 가처분과 동일하다. 따라서 신청인과 피신청인 사이에는 전근명령이 있기 전과 동일한 법률관계가 발생하며(만족적 가처분), 사용자가 법원의 가처분명령을 이행하지 않더라도 강제집행의 대상이 되지 못한다(임의이행성).

전근명령의 효력을 부인하는 가처분도 다른 가처분과 마찬가지로 전근명령이 무효이어야 하고(피보전권리) 보전의 필요성이 있어야 한다. 보전의 필요성 유무는 구체적인 사안에 따라 실질적으로 판단해야 하나, 일반적으로 다음과 같은 경우에는 보전의 필요성이 인정된다.[92)]

① 전근명령을 따르지 아니하면 해고될 염려가 있는 경우 또는 전근명령을 따르지 않는다는 이유로 임금지급을 중단하는 경우[93)]

② 전근명령에 의하여 현저한 경제적·정신적 손해가 발생하거나 노동조합활동을 방해하기 위하여 조합원인 근로자를 전근시켜 노동조합 활동의 불이익이 현저한 경우

전근명령 전의 직장에서 근무할 근로계약상의 지위를 피보전권리로 하는 가처분의 주문은 「피신청인이 ○○○○년 ○○월 ○○일 신청인에 대하여 한 피신청인 회사의 ○○공장 근무를 명하는 의사표시의 효력을 임시로 정지한다」라는 식으로, 전

---

91) 유원석, 「노동사건에 있어서의 근로자측의 가처분」, 627~628면.

92) 이하 유원석, 「노동사건에 있어서의 근로자측의 가처분」, 629면.

93) 사용자가 전근명령을 따르지 않는다는 이유로 이미 해고한 경우에는 해고무효를 이유로 한 지위보전가처분 또는 임금지급가처분과 함께 전근명령의 효력을 부인하는 가처분을 동시에 신청할 수 있다.

근명령 후의 새로운 직장에서 근무할 의무가 없는 지위를 피보전권리로 하는 주문은 「신청인은 피신청인이 ○○국 ○○과에서 근무할 의무가 없음을 임시로 정한다」라는 식으로 표시하는 것이 일반적이다.

이외에도 근로자는 권리구제를 위하여 다양한 가처분을 활용할 수 있다. 정리하면 아래 표와 같다.

구 분		노 동 가 처 분
개별적 근로 관계	해고	• 임금지급 가처분 • 근로자지위보전 가처분 (해고처분효력정지 가처분 포함)
	징계와 불이익처분 (정직, 전보, 강등 등)	• 불이익처분(정직, 전보, 강등 등) 효력정지 가처분
	임금/퇴직금 미지급	• 임금/퇴직금지급 가처분
	근로(취업) 방해, 노무수령 거부	• 근로(취업)방해금지 가처분
	근로조건의 위반	• 약정근로조건이행 (단행)가처분
	차별	• 차별행위금지 가처분
	산업재해 발생	• 재해보상금 지급가처분 • 손해배상금 지급가처분
	취업규칙의 부당한 변경	• 취업규칙 효력정지 가처분
	취업규칙의 무효 또는 비적용	• 취업규칙의 무효 또는 비적용을 전제로 한 어떤 행위의 단행 또는 중지가처분 또는 효력정지 가처분
	최저임금 위반	• (미달분에 대한) 임금지급 가처분
집단적 노사 관계	노조로 보지 아니한다는 통보	• 통보처분 효력정지 가처분
	노조원 차별	• 차별행위 중지가처분
	위법한 조합원명단 공개	• 조합원명단 공개금지 가처분
	노조원 제명 등 노동조합의 통제	• 조합원지위보전 가처분 • 징계처분효력정지 가처분
	노조의 위법결의나 위법처분 및 위법한 규약	• 결의(처분)효력중지 가처분 • 규약의 무효 또는 비적용을 전제로 한 어떤 행위의 단행 또는 중지 가처분 또는 효력정지 가처분
	위법한 단체협약	• 단체협약효력정지 가처분

	단결권침해(조합활동 방해)	• 단결권침해(조합활동방해)에 대한 방해배제 가처분
	위법한 직장폐쇄	• 직장폐쇄 등 금지 가처분
	부당노동행위	• 부당노동행위중지(효력정지) 가처분 • 단체교섭응낙가처분 등
	단체교섭 청구에 불응	• 단체교섭응낙가처분
	사용자, 병존조합, 제3자의 교섭권 침해	• 단체교섭권에 기한 방해배제가처분
	교섭창구단일화절차 불이행	• 교섭창구단일화절차 이행가처분
	교섭대표 노동조합 결정	• 단체교섭중지 가처분 • 교섭창구단일화절차 중지가처분
	공정대표의무 위반	• 단체교섭중지 가처분 • 단체협약효력금지 가처분 • 재교섭 가처분
	교섭단위 분리 결정	• 교섭창구단일화절차중지 가처분 • 단체교섭중지 가처분
	병존조합의 단체교섭 방해	• 단체교섭방해금지 가처분
	임원선거, 임원자격에 대한 쟁송	• 직무집행정지 및 직무대행자선임 가처분
	선거권, 피선거권 침해	• 선거중지 가처분
	위법한 당선불인정결정	• 당선자지위보전 가처분
	회계장부 열람 및 등사 필요	• 회계장부열람등사 가처분
	노조 총회(대의원회) 의결 위법	• 노동조합 총회(대의원회)의결 효력정지 가처분
	단체협약 위반	• 단체협약 이행가처분 • 단체협약 이행방해금지 가처분
	대체근로 제한 위반	• 대체근로금지 가처분
	쟁의행위 방해	• 쟁의행위 방해금지 가처분
	• 연합단체와 단위노동조합 또는 단위노동조합과 하부조직 사이의 가처분	

4) 가처분명령의 절차

(1) 가처분 신청

가처분명령의 신청은 신청의 취지와 보전할 권리·권리관계 그리고 보전의 필요성을 기재하여 서면으로 관할법원에 제출한다. 가처분명령의 관할법원은 본안소송 관할 지방법원 또는 다툼의 대상이 있는 곳을 관할하는 지방법원이 된다. 신청의 취지는 근로자가 구하는 가처분명령의 내용으로 소장의 청구취지에 해당된다. 근로자는 가처분의 방법, 즉 보전할 권리·권리관계를 특정해야 하는데, 이는 소장의 청구원인에 해당된다. 보전할 권리는 다툼의 대상에 관한 가처분에 있어서 피보전권리이고, 권리관계란 임시의 지위를 정하기 위한 가처분에서 다툼 있는 권리관계를 의미한다.

(2) 가처분 신청의 심리

가처분 명령절차는 원칙적으로 변론 없이 심리하고 판결이 아닌 결정으로 행한다. 다만, 임시지위를 정하는 가처분의 재판에 있어서는 변론기일 또는 채무자가 참석할 수 있는 심문기일을 열어 심리해야 하나, 채권자에게 중대한 위험이 절박한 경우 등 그 기일을 열어 심리하면 목적을 달성할 수 없는 사정이 있는 때에는 예외적으로 심문 없이 결정할 수 있다(민사집행법§304).

(3) 재판 및 가처분명령

가처분신청에 대한 재판은 결정으로 행한다. 가처분요건의 하자나 법원이 명한 담보제공[94]의 불이행이 있는 경우에는 가처분신청을 각하하고, 피보전권리와 보전의 필요성에 대하여 소명이 없는 경우에는 기각한다. 가처분신청의 기각과 각하는 모두 실체적 확정력이 없기 때문에 엄격히 구별할 필요가 없다.

가처분신청이 이유 있다고 인정되는 경우에는 가처분명령을 채무자에게 발한다. 그러나 법원의 가처분명령은 단지 채무자에게 송달할 뿐이고, 채무자가 가처분명령을 이행하지 않더라도 집행력이 인정되지 않는다.

5) 가처분의 내용과 한계

(1) 가처분의 내용

임시의 지위를 정하는 가처분은 피보전권리가 본안판결을 기다리지 않고 본안소송에서 실현되는 것과 동일한 정도의 만족을 준다는 점에서 만족적 가처분에 해당된다. 즉, 가처분은 본안소송에서 승소하기 전에 그에 기한 강제집행과 동일한 결과

94) 부당해고로 인한 가처분은 근로자의 생계를 위한 임금지급가처분과 근로자의 지위를 보전하는 것을 목적으로 하는 것이고, 가처분명령은 집행력이 없기 때문에 대부분 법원의 재량으로 무담보로 처리되고 있다.

를 일시적으로 실현시킬 것을 목적으로 한다.[95)]

그러나 가처분명령의 효력은 형성적이므로 채무자인 사용자는 가처분명령에 의하여 형성된 법률상의 지위에 있는 것을 이행할 것이 요청되나, 직접적인 법적효과가 발생하는 것은 아니다. 특히, 근로자 지위보전의 가처분의 효력은 형성적이나 그 내용은 집행에 의한 실현이 적합하지 않다. 따라서 채무자인 사용자가 법원의 공권적 판단을 존중하여 채무를 임의로 이행한다는 사실적 효과를 기대하면서 가처분명령을 발하는 것이지 채무자에게 직접적인 법적 효과가 발생하는 것은 아니다.[96)] 이러한 점에서 가처분은 채무자의 임의이행을 전제로 한다.

(2) 가처분의 한계

가처분은 본안판결에 준하는 강제집행과 동일한 결과를 본안판결 전에 실현시키는 것을 목적으로 하는 만족적 가처분의 성격을 가지고 있다. 그러나 채무자인 사용자가 임의로 가처분명령을 이행하지 않더라도 이를 강제할 방법이 없을 뿐만 아니라 사용자의 재산을 집행할 수 있는 집행권원도 되지 못한다. 이러한 의미에서 가처분은 사용자의 임의이행을 촉구하는 성격밖에 없다. 따라서 사용자가 법원의 공권적 판단을 존중하여 임금지급 가처분명령 또는 근로자 지위보전 가처분명령을 이행하지 않는 경우에도 이를 강제할 방법이 없다는 점에서 집행력의 한계가 있을 수밖에 없다.

3. 해고무효 확인소송

1) 의 의

해고는 사용자의 일방적인 의사표시로 근로계약관계를 종료시키는 법률행위로써 직장상실을 초래하는 가장 중한 징계처분에 해당된다. 근로기준법은 근로자의 직장보호와 해고의 적정성을 보장하기 위하여 정당한 이유 없이 해고를 금지하고 있는 동시에 해고의 적정성을 보호하기 위하여 해고의 예고 등 절차적 규정을 두고 사용자의 부당한 해고를 규제하고 있다.

---

95) 민사집행법은 만족적 가처분을 전제로 하고 있다. 만족적 가처분을 전제로 한 민사집행법의 규정으로서는 급여의 지급을 명할 수 있도록 규정한 제305조 제2항, 소송물인 권리 또는 법률관계가 이행된 것과 동일한 내용의 가처분의 집행정지를 규정한 제309조, 가처분이 취소된 경우의 원상회복신청을 규정한 제308조 등이다.

96) 이시윤, 민사집행법(보정판), 513면.

사용자가 근로기준법에 규정된 해고제한 규정을 위반하거나 해고권을 남용하여 해고가 사법상 무효라고 판단되는 경우에는 노동위원회의 부당해고구제명령과는 관계없이 법원에 해고무효 확인소송을 제기할 수 있다.[97] 해고무효 확인소송의 내용은 해고기간 동안 임금상당액의 지급과 해고 당시의 원직에 복귀를 주된 내용으로 한다.

원래 권리 또는 존부의 확정을 목적으로 하는 확인의 소는 원칙적으로 현재의 권리 또는 법률상의 지위에 관한 현존하는 불안이나 위험을 제거하기 위하여 확인판결을 받는 것이 가장 유효적절한 수단일 때 허용되는 것이므로 과거의 권리 또는 법률관계의 확인을 구하는 소송은 인정되지 않는다. 그러나 과거의 법률관계라 할지라도 현재의 권리 또는 법률상 지위에 영향을 미치고 있고, 현재의 권리 또는 법률상의 지위에 대한 위험이나 불안을 제거하기 위하여 그 법률관계에 관한 확인판결을 받는 것이 유효적절한 수단이라고 인정되는 경우에는 예외적으로 허용된다.[98]

따라서 해고무효 확인소송도 과거의 해고처분에 대한 효력을 다투는 것으로 과거에 행해진 법률행위의 효력확인을 구하는 확인의 소에 해당되는 것이나, 근로계약관계의 존속을 확인함으로써 그 관계를 회복하고 해고기간 동안의 임금을 지급받고 해고 당시 근로자가 담당하고 있었던 업무 및 직위에 복직하는데 있는 것이므로 해고무효 확인판결을 받는 것이 유효적절한 수단으로 인정된다.

2) 소의 제기

해고무효 확인소송을 제기하기 위해서는 ① 소송을 제기할 자격이 있는 자(원고적격)가 ② 부당해고를 행한 사용자를 상대(피고적격)로 ③ 일정한 형식(소장)을 갖추어 ④ 관할권이 있는 법원(관할법원)에 제출하여야 한다.

(1) 원고적격자

당사자적격이란 특정한 분쟁에 관하여 당사자인 원고와 피고로서 소송을 수행하

---

97) 노동위원회의 사용자에 대한 구제명령은 사용자가 이에 복종하여야 할 공법상의 의무만을 부담시킬 뿐 직접 노사간의 사법상의 법률관계를 발생 또는 변경시키는 것이 아니므로 사용자가 노동위원회의 구제명령을 이행하지 않을 경우에는 근로자는 사법상의 지위를 확보하거나 권리를 구제받기 위하여 사용자를 상대로 별도의 민사소송을 제기할 수밖에 없다(정진경, 「부당해고구제소송에서의 소의 이익」, 37~38면).

98) 민변, 변호사가 풀어주는 노동법 I (개정3판), 221면; 정진경, 「부당해고구제소송에서의 소의 이익」, 36면.

고 본안판결을 유효하게 받을 수 있는 자격을 말한다. 해고무효 확인을 제기할 수 있는 원고적격자는 해고무효 확인을 구할 소의 이익이 있는 자로서 사용자로부터 부당해고를 당한 근로자 또는 노동조합[99]이다. 여기서 「소의 이익」이란 당해 해고처분의 근거법규 및 관련 법규에 의하여 보호되는 개별적·직접적·구체적 이익이 있는 경우를 말하고, 「당해 해고처분의 근거법규 및 관련 법규에 의하여 보호되는 개별적·직접적·구체적 이익」이라 함은 당해 해고처분의 근거법규의 명문규정에 의하여 보호받는 법률상의 이익뿐만 아니라 당해 해고처분의 근거법규 및 관련법규에서 명시적으로 당해 이익을 보호하는 명문규정이 없다 하더라도, 그 근거법규 및 관련 법규의 합리적 해석상 그 법규에서 해고를 제한하는 이유가 개별적·직접적·구체적 이익을 보호하는 취지가 포함되어 있는 경우를 말한다.[100] 따라서 사용자가 근로기준법과 취업규칙 또는 단체협약에 규정된 해고의 제한규정을 위반한 것이 없더라도 당해 근로자에 대한 징계해고가 동일한 징계사유를 범한 근로자와 형평성을 결여하였거나 이중징계해고처분에 해당되는 등 징계권을 남용한 경우에는 해고무효 확인을 구할 이익이 있다.

해고무효 확인소송의 소송물은 소장의 청구취지에 표시된 해고가 무효라는 것을 판결로써 공적 확인을 하여 달라는 것이므로, 소의 이익이 인정되기 위해서는 비록 과거의 법률관계라 할지라도 현재의 권리 또는 법률상의 지위에 영향을 미치고 있고, 현재의 권리 또는 법률상의 지위에 대한 위험이나 불안을 제거하기 위하여 그 법률관계에 의한 확인판결을 받는 것이 유효적절한 수단이라고 인정되어야 한다.[101]

그러나 해고무효 확인소송을 구하는 이유가 단순히 사회적 명예의 손상을 회복하기 위한 것인 경우에는 현존하는 권리나 법률상의 지위에 대한 위험이나 불안을 제거하기 위한 것으로 볼 수 없기 때문에 소의 이익이 인정되지 않는다.[102] 판례는 회사가 자진폐업하면서 모든 근로자를 해고조치한 후 체불임금·퇴직금·해고예고수당 등을 공탁한 경우에는 소의 이익이 없는 것으로 판단하고 있으나,[103] 부당해고

99) 부당노동행위로 인한 해고인 경우에 한한다.

100) 대법원 2004. 8. 16. 선고 2003두2175.

101) 정진경, 「부당해고구제소송에서의 소의 이익」, 36~37면. 해고무효확인소송의 소의 이익에 관한 판례는 대법원 1995. 4. 11. 선고 94다4011와 대법원 1991. 6. 25. 선고 91다1134 참조.

102) 민변, 변호사가 풀어주는 노동법 I (개정3판), 221면.

103) 대법원 1980. 9. 30. 선고 78다1606.

재심판정 이후 사업장이 폐쇄되었다 하더라도 해고 다음날부터 복직명령의 이행이 가능하였던 사업장 폐쇄 시까지의 임금상당액의 지급을 면하기 위한 목적으로 회사가 재심판정의 취소를 구하는 소송을 제기한 경우에는 소의 이익이 있는 것[104]으로 판단하고 있다.

(2) 피고적격자

해고무효 확인소송의 상대방인 피고적격자는 부당해고를 행한 사용자가 된다. 그런데 근로계약 당사자인 사용자의 배후에 있는 특정의 기업 또는 구성원이 인사 및 근로관계에 관하여 실질적인 권한을 행사하여 근로계약 당사자인 사업주가 단지 명목에 지나지 않는 경우에 그 배후에 있는 기업이나 특정인이 해고무효 확인소송의 상대방인 피고적격을 가지고 있는가의 여부가 문제된다. 즉, 사용자인 기업의 법인격이 부인되는 경우에 그 배후에 있는 자가 피고적격자가 될 수 있는가의 여부이다.[105] 판례는 법인격이 부인되는 경우에는 그 배후에 있는 자에 대해서도 회사에 행위에 관한 책임을 물을 수 있는 당사자적격을 인정하고 있다.[106]

그리고 인사 및 근로관계, 임원의 구성, 자본 등에 있어서 사용자와 실질적으로 동일한 지위에 있는 실질사업주를 피고적격자로 볼 수 있는가의 여부가 문제된다. 형식상 근로계약상의 당사자로서의 사용자와 관계없이 실질적인 사업주를 근로계약상 사용자로 보아야 한다는 이론이 이른바 실질적 동일성의 법리라고 한다. 원래 「실질적 동일성의 법리」는 위장 해산된 구회사와 신설회사가 영업실태와 회사 임원의 구성 등 여러 가지 면에서 실질적으로 동일하다고 판단되는 경우에는 신설회사에게 사용자 책임을 묻는 이론이다. 최근 다양한 고용형태의 확산으로 인하여 근로계약상의 사용자와 동일시할 수 있는 자에게까지 사용자 개념을 확대하여 책임을 묻는 판례들이 많이 있다.[107]

---

104) 대법원 1994. 4. 29. 선고 93누16680.

105) 「법인격부인의 법리」란 법인과 구성원 사이에 자산·업무가 혼동되어 있어서 법인격이 형해화(허수아비)되어 있는 경우 또는 그 법인이 그 구성원에 의하여 남용적인 목적으로 이용되고 있는 경우에 특정한 권리관계에 한해서 법인격의 존재를 부인하고, 그 배후에 있는 실질적인 구성원을 법인과 동일시하여 법률관계를 타당하게 조정 또는 해결하려는 이론을 말한다(김홍규, 민사소송법(제7판), 38면).

106) 대법원 2001. 1. 19. 선고 97다21604.

107) 대법원 2002. 11. 26. 선고 2002도649; 대법원 2003. 9. 23. 선고 2003두3420; 대법원 2008. 7. 10. 선고 2005다75088.

따라서 해고근로자의 사용자인 법인의 인격이 사실상 형해(허수아비)화되어 있는 경우에는 그 배후에 있는 자도 피고적격자가 될 수 있으므로 원고는 해고무효 확인 소송을 제기한 후 당사자표시의 정정절차에 의하여 피고를 정정할 수 있다.

(3) 소 장

소장은 심리와 재판의 기초를 이루는 매우 중요한 자료에 해당되는 것이므로 그 내용을 논리정연하고 정확하게 기재해야 한다. 소장에는 당사자 및 법정대리인, 청구의 취지 및 청구원인을 필수적으로 기재하여야 한다. 당사자 및 법정대리인의 표시는 원고(근로자)·피고(사용자)가 특정인이라는 것을 식별할 수 있도록 성명·명칭·주소 등을 정확히 기재하여야 한다. 피고(사용자)의 주소가 불명확한 경우에는 공시송달의 방법으로 소송을 진행할 수밖에 없으므로 공시송달의 요건에 관한 소명자료를 갖추어 최후의 주소를 기재한다.[108)]

「청구취지」는 원고(해고근로자)가 어떠한 종류, 내용, 범위의 재판을 구하는 것인가를 표시하는 소의 결론적 부분에 해당하는 것으로서 간결·명확하게 표시한다. 청구취지는 ① 본안에 관한 부분, ② 소송비용의 부담에 관한 부분, ③ 가집행선고에 관한 부분으로 구성된다. 본안에 관한 부분은 「1. 피고가 2008. 2. 4. 원고에 대하여 한 해고는 무효임을 확인한다. 2. 피고는 원고에게 2008. 2. 5.부터 원고를 원직에 복직시킬 때까지 1일 금 80,000만원의 비율에 의한 금원을 지급하라」라는 식으로, 소송비용의 부담에 관한 부분은 「소송비용은 피고의 부담으로 한다.」라는 식으로, 가집행선고에 관한 부분은 「제1항은 가집행할 수 있다」라는 식으로 표시한다.

「청구원인」은 청구취지를 이끌어내는 논리적인 판단의 경위와 사실관계를 설명하는 부분으로 대체로 당사자의 지위, 해고의 경위, 해고의 부당성, 해고기간 동안의 임금상당액 등으로 구성하여 기술한다. 「당사자의 지위」에서는 해고근로자인 원고와 해고를 행한 사용자인 피고를 중심으로 한 근로계약관계 등 법적인 지위를, 「해고의 경위」에서는 해고근로자의 근무상황 및 사용자의 해고과정 등을 기술하고, 「해고의 부당성」에서는 근로기준법과 취업규칙·단체협약 등에 규정된 해고사유와 절차 위반 등의 사실과 사용자의 징계해고 남용 등을 적시하여 해고가 무효임을 기술하고, 「해고기간 동안의 임금상당액」에서는 해고가 없었더라면 받을 수 있는 임

108) 실무적으로는 피고가 자연인인 경우에는 통·반장의 「불거주 확인서」를, 회사의 경우에는 「부재확인서」를 첨부한다.

금을 1일 평균임금으로 산정하여 기술한다.

청구를 이유 있게 하는 공격·방어방법의 기재는 소장의 필수적 기재사항이 아니므로 이를 기재하지 않았다 하여 소장이 각하되는 일은 없다. 그러나 2002. 1. 26. 개정 민사소송법이 집중심리제도를 도입함에 따라 기본적인 주장이나 증거를 소장에 분명하게 기재하고, 준비서면을 통하여 청구를 이유 있게 하는 직접사실 및 간접사실의 주장과 증거를 제출함으로써 첫 변론기일에 집중심리가 될 수 있도록 하는 것이 유리하다.

(4) 관할법원

원고(해고근로자)는 일정한 형식을 갖춘 소장을 작성하여 원고의 주소지를 관할하는 법원에 제출함으로써 소송이 개시된다. 따라서 해고무효 확인소송의 관할법원은 원칙적으로 피고(사용자)의 주소지를 관할하는 법원이 아니라 원고의 주소지를 관할하는 법원이 된다. 해고무효 확인소송의 관할법원이 원고의 주소지를 기준으로 한다는 점에서 사용자의 주소지를 관할하는 지방노동위원회에 제기하는 부당해고구제신청과는 구별된다.

(5) 제소기간의 적용여부

해고무효 확인소송은 민사소송법상 확인의 소에 해당되기 때문에 특별히 제소기간의 제한을 받지 않기 때문에 언제든지 소송을 제기할 수 있다고 하는 장점이 있다. 그러나 해고가 사법상 무효사유에 해당되더라도 해고근로자가 상당한 기간이 경과하여 소송을 제기함으로써 사용자가 더 이상 소송을 제기하지 않을 것이라는 신뢰를 배반한 경우에는 부적합한 소의 제기가 되어 각하되는 경우가 있다.

사용자의 신뢰관계를 위반하여 해고무효 확인소송을 제기하는 것을 제한하는 이론을 실효의 원칙이라고 한다. 「실효의 원칙」이란 신의칙의 파생원칙으로써 권리자가 권리를 행사할 수 있음에도 불구하고 장기간 권리를 행사하지 않음으로써 권리를 행사하지 않을 것이라는 의무자인 상대방의 신뢰에 반하는 권리행사를 허용하지 않는다는 원칙을 말한다.[109)]

---

109) 신의칙에 위반된다는 이유로 부적합한 소송으로 취급되는 형태는 ① 소송형태의 부당형성의 배제이론, ② 금반언의 원칙, ③ 실효의 원칙, ④ 권리남용 금지의 원칙이 있다. 「소송형태의 부당형성의 배제이론」이란 소송당사자 중 일방이 부당하게 자신에게 유리한 소송형태를 만들어 소송법규의 적용 또는 회피를 목적으로 하는 행위는

판례는 기업 활동을 전개하는 사용자와 임금 수입에 의존하여 생계를 유지하는 근로자의 입장을 고려하여 근로관계의 존속에 관한 법적 분쟁은 신속하게 해결하는 것이 바람직하다는 판단 아래 실효원칙을 적용하여 부적합한 소의 제기로 해고무효 확인소송을 각하하는 경우가 많음을 유의해야 한다.

대체로 판례는「해고된 근로자가 퇴직금 등을 수령하면서 아무런 이의의 유보나 조건을 제기하지 않고 상당한 기간 지난 후에 그 해고의 효력을 다투는 소를 제기하는 것은 신의칙이나 금반언의 원칙에 위배되어 허용될 수 없는 것」으로 판단하고 있다.[110)]

3) 변론준비

변론준비(辯論準備)란 변론의 집중적·계속적 심리를 위하여 주로 쟁점과 증거의 정리를 목적으로 행해지는 변론기일 전의 절차를 말한다. 변론준비절차의 목표는 변론기일의 횟수를 최소한으로 줄여 변론을 집중하는데 있는 것이므로 법원은 첫 변론기일에 소송이 완결될 수 있도록 하고 소송당사자도 이에 협력해야 한다(§287①).

개정 민사소송법은 원고(해고근로자)의 소장 부본을 송달받은 피고(사용자)의 답변서가 제출되면 법원은 무변론 판결을 하는 경우를 제외하고는 모든 소송사건을 변론준비절차에 회부하여 서면으로 당사자 주장의 제출, 증거신청, 석명처분[111)] 등을 먼저 진행하여 쟁점 및 증거를 명확히 정리하여 사실관계를 명확히 하고, 변론기일에 실체적 진실에 부합하는 신속한 재판을 도모할 수 있도록「집중심리주의」를 채택하고 있다(§279이하).[112)]

신의칙에 반한다는 것이고,「금반언의 원칙」이란 소송경과 중에 일정한 주장을 하거나 태도를 취해 그에 따라 상대방이 일정한 신뢰를 했음에도 그러한 주장·태도와 모순되는 거동은 상대방의 신뢰를 부당하게 저버리는 자기 모순행위이므로 신의칙상 허용되지 않는다는 원칙이고,「권리남용금지의 원칙」이란 소송당사자가 정당한 이유 없이 재판의 지연을 목적으로 기피권을 남용하거나 소권을 남용하는 등의 소송상의 권리를 남용하는 것은 신의칙상 허용될 수 없다는 원칙이다(김상수, 민사소송법개론(제4판), 15면).

110) 대법원 2003. 10. 10. 선고 2001다76229; 대법원 1996. 3. 8. 선고 95다51847; 대법원 2005. 11. 25. 선고 2005다38270.

111) 석명처분이란 소송관계를 분명하게 하기 위하여 법관이 당사자의 진술모순이나 불완전함을 제거하기 위하여 당사자의 출석명령, 소송에 인용한 문서 등의 제출 또는 유지, 감정, 필요한 조사의 촉탁 등을 말한다(민사소송법§140).

112) 구 민사소송법에서는 소 제기 후 바로 변론이 개시되어 제1회 변론기일까지 소송당사

변론준비절차의 진행방식은 준비서면의 교환과 변론준비기일에 의하여 사건의 쟁점 및 증거를 정리하는 방식이 있다. 준비서면에 의한 준비절차를 진행한 다음 변론준비기일에 의한 절차를 밟는 것이 원칙이나, 이 중 하나의 진행방식을 채택하여 변론준비절차를 진행하는 것도 무방하다. 준비서면의 교환은 피고의 답변서를 원고에게 송달하면서 일정한 기간 안에 이에 대한 반박 준비서면과 필요한 증거를 제출하도록 하는 법원의 준비명령으로 시작된다. 이어 원고로부터 반박 준비서면이 제출되면 이를 피고에게 송달하면서 재반박 준비서면을 제출하도록 하는 준비명령을 보내는 방식으로 진행된다. 준비서면의 교환 횟수는 소장을 포함한 두 번의 공격방어를 원칙으로 한다.[113] 「준비서면」이란 변론기일에 앞서서 변론의 내용을 법원 및 상대방에게 예고하는 서면으로써 당사자의 공격·방어방법 및 상대방의 공격방법에 대한 응답내용을 적은 것을 말한다.

변론준비절차가 끝나면 법원은 변론준비기일에 참석한 법원사무관 등이 변론준비기일의 경과 및 결과를 적은 보고서인 변론준비 기일조서를 작성한다. 이 문서는 심리에 있어서 다툼이나 혼란을 방지하고 변론기일에 집중적인 증거조사 및 변론준비기일의 종결에 따른 실권효(失權效)의 적용근거를 명확하게 하는 기능을 한다.

변론준비기일이 끝나면 변론준비절차에서 제출하지 아니한 공격·방어방법은 변론기일에 제출할 수 없고, 당사자가 변론기일에 공격·방어방법을 제출한 경우에는 법원은 이를 각하하여야 하는 실권효과(失權效果)가 발생한다. 따라서 소송당사자는 변론기일 전에 진행되는 변론준비절차에서 상대방의 주장을 반박하기 위한 철저한 준비서면을 작성하여 제출하는 것이 소송승패에 결정적인 역할을 한다.

4) 변론 및 심리

변론준비절차를 거친 사건은 재판장은 변론기일을 정하고 당사자에게 통지함으로써 변론이 개시된다(§258②). 재판장이 지정한 첫 변론기일에 변론준비절차에서 정리된 결과에 따라 바로 증거조사를 시행하여야 하고, 당사자 심문도 함께 완료하

자가 사실상 아무런 소송준비를 하지 않거나 비록 당사자가 공격·방어방법이 제출되더라도 법원이 사건의 쟁점을 명확히 파악하지 못함으로써 소송이 지연되고 시간과 노력의 낭비가 심하다는 비판이 있어 왔다. 개정 민사소송법은 집중심리주의를 취하여 하나의 사건을 계속적으로 집중 심리하여 그 사건을 종료한 뒤에 다른 사건을 심리하도록 하고 있다.

113) 김홍규, 민사소송법(제7판), 433~434면.

도록 집중해서 심리해야 한다(§287).

변론에 입회한 법원사무관 등은 변론기일 마다 변론경과의 개요를 정리한 변론조서를 작성해야 한다. 변론조서는 변론의 경과를 명확히 함으로써 후일의 다툼이나 혼란을 방지하고 절차의 안정을 꾀하며 상급법원에 의한 원심판결 적부의 조사·판단을 가능케 해준다. 당자자의 주장과 입증이 종국판결을 할 상태에 이르렀다고 인정되는 경우에는 법원은 변론의 종결을 선고한다.[114]

변론 및 심리과정에서 소송결과에 지대한 영향을 미치는 것이 바로 입증(주장)책임에 관한 문제이다. 입증책임이란 어떤 법률효과를 수반하는 요건사실의 주장이 변론기일에 제출되지 않음으로써 법관이 그 요건사실을 인정할 수 없게 되어 당해 법률효과의 발생이 인정되지 아니하는 한 쪽 당사자의 불이익 내지 부담을 말한다. 소송당사자는 입증책임의 분배원칙에 따라 각 요건사실에 따라 입증책임을 부담한다. 법률효과의 발생 또는 소멸의 요건으로 규정되어 있는 법률요건구성 사실을 표준으로 소송당사자에게 입증책임이 분배된다고 하는 것이 통설이다(법률요건분류설). 입증책임의 분배에 의하면, 권리를 주장하는 원고는 권리근거규정의 요건사실에 대해서는 입증해야 하나, 권리의 부존재를 주장하는 피고는 권리 장애규정의 요건사실·권리멸각 규정인 요건사실·권리행사를 배제 또는 저지하는 규정의 요건사실을 입증해야 한다.[115]

해고근로자가 사용자를 상대로 해고무효를 이유로 한 지위보전가처분 또는 해고무효 확인소송을 제기한 경우에 권리발생사유로서 근로계약의 체결사실, 근로제공사실 등에 대한 입증책임은 해고근로자가, 해고행위와 해고의 정당한 사유에 대한 입증책임은 사용자가 부담한다.[116] 구체적인 사용자의 입증책임은 다음과 같은 과정을 거치게 된다.

만약 사용자가 여러 가지 징계사유를 주장하고 있는 경우에 전체 징계사유에 대하여 입증할 증거가 없다면 그 징계처분은 무효로 되고, 그 일부에 대하여 입증할 증거가 없다면 다음 단계로 넘어가 징계양정의 적정성 여부를 판단한다. 이때 법원

114) 다만, 범원이 변론의 종결을 선고하였더라도 변론이나 증거조사가 불충분하거나 그 밖에 필요하다고 인정되는 경우에는 종국판결을 선고할 때까지는 변론의 재개를 명할 수 있다(§142).

115) 김홍규, 민사소송법(제7판), 408면; 김상수, 민사소송법개론(제4판), 149면.

116) 노동관계소송과 관련된 입증책임에 관한 상세는 김남태, 「노동관계소송과 입증책임」, 637면 이하 참조.

은 당해 사용자의 사업목적과 성격, 사업장의 여건, 당해 근로자의 지위 및 담당직무의 내용, 비위행위의 동기와 경위, 이로 인한 기업위계질서의 문란위험성 등 기업질서에 미칠 영향, 과거의 근무태도 등 여러 가지 사정을 종합적으로 검토하여 그 징계양정이 적정한가의 여부를 판단한다.[117] 그리고 당해 근로자의 평소의 소행, 근무성적, 징계처분 전력, 징계사유로 되지 않은 비위사실도 징계양정의 참작자료가 된다.[118] 이러한 검토과정을 거쳐 징계양정이 적정하지 않다고 판단되는 경우에는 당해 징계처분은 사용자가 허용된 징계재량권의 범위를 일탈한 것으로 무효가 된다.[119]

5) 판 결

(1) 의 의

법원은 변론과 심리를 종료하면 판결절차를 거쳐 판결 선고를 해야 한다. 해고무효 확인소송의 본안판결은 원고승소 판결과 원고패소 판결로 구분된다. 원소승소 판결은 해고근로자인 원고의 해고무효 확인 등의 청구가 이유 있는 것으로 판결하는 청구인용판결이고, 원고패소 판결은 원고의 청구가 이유 없는 것으로 청구기각 판결이다.

(2) 판결의 내용

해고무효 확인소송의 청구취지는 해고가 사법상 무효이므로 원직에 복직시킬 것과 해고기간 동안 임금상당액의 지급을 목적으로 하는 소송이다. 따라서 판결의 주문과 이유도 이러한 내용으로 구성된다. 원고인 해고근로자의 청구를 인용하는 판결인 경우에는 주문에는 해고가 무효임과 해고기간 동안 사용자가 지급하여야 임금상당액의 지급방법을 명시함과 동시에 원직 복직시킬 것과 가집행선고를 한다. 그리고 판결이유에는 주문의 내용을 뒷받침하는 내용을 구체적으로 명시한다.

그리고 해고 이외의 인사처분을 소송물로 하는 확인소송의 경우에는 주문에 인사의 부당성 여부를 간략하게 명시하고, 판결이유에서는 그 근거와 이유를 구체적으

117) 대법원 1992. 5. 12. 선고 91다27518; 대법원 1994. 1. 11. 선고 93다49192; 대법원 1995. 4. 25. 선고 94누13053; 대법원 1995. 5. 26. 선고 94다46596; 대법원 1998. 11. 10. 선고 97누18189; 대법원 2002. 5. 28. 선고 2001두10455 등.

118) 대법원 1998. 5. 22. 선고 98다2365.

119) 도재형, 노동위원회 패소사례분석(2000. 1. 1.~2005. 4. 30.), 118면.

로 명시한다.

(3) 판결의 효력

변론과 심리를 거쳐 판결이 확정되면 그 판결 선고와 동시에 판결 법원은 그 판결을 임의로 철회 또는 변경할 수 없고(기속력), 판결 선고 이후 상소기간 내에 상급법원에 상소하지 않으면 그 판결은 확정되고(형식적 확정력), 판결이 종국적으로 확정되면 당사자를 구속할 뿐만 아니라 동일한 사항에 대하여 이에 반하는 주장을 하여 다툴 수 없고 법원도 이와 모순·저촉되는 판결을 할 수 없다(실질적 확정력). 그리고 원고(근로자) 승소 이행판결이 확정되면 원고는 그 판결 내용의 이행의무를 강제집행에 의하여 채권만족을 얻을 수 있고(집행력), 확정판결의 선고 내용에 따라 당사자 사이의 법률관계를 창설하거나 종래의 법률관계를 변경 또는 소멸시키는 효력이 발생한다(형성력).

가. 기 속 력

해고무효 확인소송의 본안판결이 선고되면, 재판을 임의로 철회 또는 변경을 할 수 없도록 법원을 구속하는 원칙을 기속력(羈束力) 또는 자박력(自縛力)이라 한다. 기속력을 인정하는 이유는 재판은 법원의 공권적 판단의 표시이므로 일단 재판으로서 외부에 표시된 이상 이를 철회 또는 변경을 허용하면 법적 안정성을 해칠 뿐만 아니라 소송제도의 신용을 떨어뜨리기 때문이다.

나. 형식적 확정력

판결이 더 이상 상소에 의하여 취소될 수 없는 상태로 확정된 경우에 그 판결은 확정되어 당사자는 더 이상 다툼을 할 수 없는 판결의 효력을 말한다. 즉, 종국판결에 대한 불복수단이 없어 취소불가능 상태의 효력을 형식적 확정력이라고 한다. 판결의 내용에 따라 발생하는 기판력, 집행력, 형성력 및 부수효 등은 판결의 형식적 확정력이 확정되어야 발생하는 것이 원칙이다.

통상의 불복수단인 상소에 의하여 판결을 다툴 수 없게 되면 판결이 확정되는 것이지만, 상소를 다툴 수 없는 시기는 각 사안에 따라 다르기 때문에 이에 따라 판결의 확정시기도 달라진다. 상고심 판결 및 제권판결과 같이 상소를 할 수 없는 판결은 판결선고 시에, 상소가 허용되는 판결의 경우에는 상소기간의 만료 시에, 상소각하판결·기각판결이 확정된 경우에는 원판결의 선고 시에, 당사자 모두가 상소기간 만료 전의 상소권을 포기한 경우에는 그 포기 시에, 양 당사자가 시기를 달리하여 상소권을 포기한 경우에는 최후의 상소권 포기 시에, 종국판결 전에 당사자의 불항소합의(不抗訴合意)가 있는 경우에는 판결의 선고 시에, 종국판결 후에 당사자의 불항소합의(不抗訴合意)가 있는 경우에는 그 합의 시에 각각 판결이 확정된다.[120]

그런데 판결의 확정은 판결원본이나 정본에 나타나지 않으므로 확정판결을 이용하여 본안판결에 따른 각종 권리행사(배당요구·등기신청·호적부의 신분기재 등)를 위한 판결확정증명서는 별도로 소송기록을 보관하고 있는 제1심 법원에 교부신청을 하여 발급받아야 한다.

다. 실질적 확정력(기판력)

확정판결의 내용이 당사자 및 후소법원(後訴法院)을 내용적으로 구속하는 효력을 기판력(旣判力) 또는 실질적 확정력이라고 한다. 기판력은 확정된 종국적 판결의 존중을 제도적으로 강제하기 위한 수단이고, 분쟁의 종국적·강제적 해결이라는 민사소송제도의 목적달성에 불가결한 것으로써 확정된 종국판결에 주어지는 효력이다.

판결의 효력 중 기속력은 소송절차상의 효력으로서 법원에 대한 구속력을, 형식적 확정력은 당사자에 대한 구속력을, 기판력은 소송물에 관하여 행하여진 판단의 효력으로써 당해 소송보다는 오히려 그 뒤의 별소(別訴)에 있어서 당사자 및 법원에 대한 구속력을 의미한다.

라. 집 행 력

좁은 의미에서의 집행력이란 이행판결의 내용인 이행의무를 강제집행에 의하여 실시할 수 있는 효력을 말하고, 넓은 의미에서의 집행력이란 강제집행 이외의 방법으로 판결의 내용에 적합한 상태를 실현할 수 있는 효력을 말한다. 넓은 의미에서의 집행력은 이행판결 뿐만 아니라 확인판결과 형성판결에도 인정된다.

해고무효 확인판결에서 집행력이 미치는 범위는 "해고기간 동안 임금상당액"에 국한되고 원직복귀에는 적용되지 않는다. 따라서 해고무효 확인소송이 확정되었음에도 사용자가 해고기간 동안 임금상당액을 지급하지 않으면 해고근로자는 사용자의 재산에 대하여 강제 집행할 수 있다.

집행력은 판결이 확정되어야 효력이 발생하는 것이지만, 법원은 예외적으로 확정 전이라도 그 효력을 발생시키기 위하여 가집행선고를 할 수 있다. 가집행선고는 판

120) 김홍규, 민사소송법(제7판), 592~593면; 김상수, 민사소송법개론(제4판), 202~203면.

결의 확정 전에 미리 집행력을 부여하는 형성판결을 의미한다. 해고무효 확인 판결의 주문에 가집행선고가 있는 경우에는 항소심에 계류 중이라도 해고근로자는 사용자의 재산에 대하여 강제 집행할 수 있다.

마. 형 성 력

형성력이란 확정판결이 그 선고한 대로 당사자 사이의 법률관계를 창설하거나 종래의 법률관계를 변경 또는 소멸시키는 효력을 말한다. 형성력은 형성판결에만 적용되는 것이므로 비록 해고무효 확인판결이 확정되었음에도 사용자가 해고근로자를 원직에 복직시키지 않는 한 당연히 근로자의 자격이 회복되는 것은 아니고, 해고기간 동안의 임금상당액이 증가될 뿐이다.

V. 현행 권리구제의 문제점과 개선방향

1. 개 관

1994. 7. 27. 개정되어 1998. 3. 1.부터 시행하고 있는 행정소송법은 종전의 행정심판전치주의를 폐지하고 행정심판을 임의절차로 하면서 행정소송을 2심제(고등법원 → 대법원)에서 3심제(행정법원 → 고등법원 → 대법원)로 전환하였다. 그러나 부당인사에 대한 행정구제절차는 행정소송이 3심제로 전환되면서 종전 4심제에서 5심제로 오히려 늘어나게 되었다. 심급단계가 늘어남에 따라 구제절차가 지연되어 권리구제의 실효성을 저해한다는 비판이 있다.

그리고 노동위원회 또는 행정소송에서 확정된 구제명령은 사용자가 이에 복종해야 할 공법상 의무만 부담할 뿐이므로 사용자가 구제명령을 이행하지 않는 경우에는 근로자는 권리를 구제 받기 위하여 사용자를 상대로 별도로 민사소송을 제기해야만 하는 문제점이 있다. 이와 같은 심급의 다단계와 구제절차의 중복에 따른 권리구제의 실효성을 확보하기 위한 입법적 개선방안으로써 심급제도와 노동위원회의 기능을 개편해야 한다는 논의가 일고 있다.

2. 심급단계에 관한 부분

1) 문 제 점

지방노동위원회는 부당인사처분 구제신청이 있으면 그 사건을 조사·심문하여 부당인사 여부를 판단하게 되고, 이에 불복하는 당사자는 중앙노동위원회에 재심신청을 하게 되며, 중앙노동위원회의 재심판정에 불복하는 당사자는 중앙노동위원회 위원장을 피고로 하여 서울지방행정법원에 행정소송을 제기하게 된다. 행정법원의 판결에 불복이 있는 당사자는 고등법원과 대법원에 항소와 상고를 하게 된다. 이와 같은 모든 심급절차를 밟게 되는 경우에는 대법원까지 약 3년간의 장기간이 소요되어 부당인사 구제신청사건의 신속한 처리를 기대하기 어렵게 하여 권리구제의 실효성을 확보할 수 없다는 문제가 있다.

2) 개선방안

다층구조인 심급단계로 인한 구제지연의 문제를 해결하기 위한 방안으로서는 행정소송을 2심화로 단축하는 방안, 재심절차를 임의화하는 방안, 현재의 심급체제를 유지하되 문제점을 보완하는 방안 등이 논의되고 있다.

(1) 행정소송의 2심화 방안

이는 중앙노동위원회의 재심판정에 불복하여 행정소송을 제기하는 경우에는 고등법원에 취소소송을 제기하도록 하는 방안이다. 부당인사처분의 구제는 분쟁의 신속·적정한 해결을 목적으로 하는 것이므로 일반 행정쟁송절차와는 다른 형태의 행정소송절차의 도입이 가능하다는 것을 전제로 한 방안이다. 그 근거로서 행정법원이 중앙노동위원회의 판정과 무관하게 전면적으로 사실관계와 법리를 새로이 심리하는 것은 전문노동행정기관인 노동위원회의 준사법적 판단인 재심판정이 번복됨으로써 노동위원회를 통한 분쟁해결의 의미가 감소된다는 점, 사실관계를 중복 심리하는 것은 비효율적이고 신속한 권리구제가 제한된다는 점이 제시된다.[121]

(2) 재심절차의 임의화 방안

이는 지방노동위원회의 초심판정에 대해 중앙노동위원회에 재심을 신청할 수 있게 하거나 곧바로 행정소송을 제기할 수 있게 하는 방법을 임의로 선택하게 하는 방안이다. 재심절차를 임의화하는 방안은 지방노동위원회의 초심판정에 대한 불복 당사자의 편의를 도모하고[122] 중앙노동위원회의 업무를 감경하는 동시에 곧바로 행정소송의

---

121) 김홍영, 「노동위원회를 통한 구제절차상의 심급제도의 개선논의에 관한 검토」, 359면 이하.

122) 지방노동위원회의 초심판정에 불복하는 당사자는 중앙노동위원의 재심과 서울행정법원의 행정소송을 거치지 않고 직접 지방에 있는 법원에 행정소송을 제기할 수 있기

제기를 가능하게 함으로써 신속한 구제 및 분쟁해결을 촉진하기 위한 것이다.123) 이 방안이 도입되기 위해서는 부당노동행위와 관련하여 해고의 효력을 다투는 자의 조합원 자격을 중앙노동위원회의 재심판정 또는 행정소송 1심 판결 시까지로 인정할 수 있도록 노동조합 및 노동관계조정법 제2조 제4호 라목을 개정해야 한다.

(3) 현재 심급단계를 보완하는 방안

이는 현재 심급단계를 그대로 유지하면서 권리구제 기간을 단축할 수 있도록 중앙노동위원회의 제도를 부분적으로 보완하는 방안이다. 이 방안은 현재의 구제절차가 전혀 문제가 없다는 것이 아니라 무리하게 심급절차를 변경하기 보다는 중앙노동위원회의 인력을 증원하고 재심절차를 개선하여 구제절차의 지연을 방지하고 권리구제의 실효성을 확보할 수 있도록 하자는 것이다. 그 이유로 부당해고 등의 권리구제절차가 종전보다 한 단계 더 늘었으나, 집중심리제도가 도입되어 소송처리사건이 대폭적으로 단축되어 사건의 처리에 있어서 종전과 비교할 때 소송기간이 실질적으로 단축되었다는 것을 들고 있다.

권리구제의 실효성 방안으로서 현재의 긴급이행명령제도를 부당노동행위뿐만 아니라 부당인사에도 확대하고 중앙노동위원회의 재심에도 도입할 것을 제시한다. 재심단계에서 구제명령의 실효성을 확보할 수 있다면 불복절차와 관련하여 신속한 권리구제의 목적을 달성할 수 있으므로 심급단계를 단축할 필요성은 감소된다. 즉, 부당노동행위 사건과 부당해고 사건 모두에 긴급이행명령제도가 재심단계에서 제대로 활용된다면, 행정소송기간 중에도 적절한 권리구제를 받을 수 있으므로 다소 구제절차가 지연되더라도 현재와 같은 심각한 피해는 상당 부분 해소된다.124)

3. 행정쟁송과 민사소송절차의 중복에 관한 부분

1) 문 제 점

노동위원회의 구제명령은 사용자가 이행할 공법상의 의무만이 발생하고 사법상

때문에, 가까운 지역에서 행정소송을 수행할 수 있고 변호사의 조력을 받을 수 있다는 편리성이 있다.

123) 김홍영, 「노동위원회를 통한 구제절차상의 심급제도의 개선논의에 관한 검토」, 364면 이하.

124) 김홍영, 「노동위원회를 통한 구제절차상의 심급제도의 개선논의에 관한 검토」, 372면 이하.

의 법률관계를 발생 또는 변경하는 효력이 없을 뿐만 아니라 집행력도 없다. 따라서 사용자가 노동위원회의 구제명령을 이행하지 않는 경우에는 근로자는 권리구제를 받기 위하여 사용자를 상대로 해고무효 확인 등의 민사소송을 제기할 수밖에 없다.

노동위원회와 법원은 별개의 조직이며 노동위원회를 통한 행정구제는 소송절차에 의한 것이 아니기 때문에 민사소송절차에서 법원은 노동위원회의 판정에 구속되지 않는다. 노동위원회의 구제명령이 확정되었다 하더라도 근로자가 제기한 민사소송에서 사용자가 구제명령의 당부를 다투는 것이 신의칙이나 금반언의 원칙에 반하지도 않는다.[125)]

이처럼 근로자가 동일한 권리분쟁임에도 보호방식과 구제내용이 다르다는 이유로 노동위원회를 통한 구제절차와 병행 또는 별도로 직접 민사소송을 제기할 수 있게 하는 것은 서로 법적 판단이 달라질 수 있을 뿐만 아니라 이중의 절차를 거쳐야 한다. 노동위원회가 노동사건에 대한 심판기능을 부여하는 이상 법원과의 기능중복 및 이로 인한 구제절차의 지연과 혼란을 초래한다. 그 결과, 사건의 해결이 지연되어 노동분쟁의 신속한 해결이라는 노동사건의 권리구제의 목적에 부합하지 않는다는 문제가 발생한다.

2) 개선방안

노동사건에 대한 노동위원회를 통한 행정구제절차와 민사소송을 통한 민사구제절차의 병존에 따른 노동분쟁 해결의 지연문제를 해소하기 위한 제도적 개선으로서는 노동위원회의 기능을 개편하는 방안과 노동법원을 설립하는 방안이 거론되고 있다.

(1) 노동위원회의 기능을 개편하는 방안

노동위원회의 기능을 민사소송을 제기하기 전에 반드시 거쳐야 하는 조정전치주의로 전환하고 심판기능은 법원에 이관함으로써 중복적인 분쟁처리 절차를 일원화하는 방안이다. 이 방안은 개별적인 근로관계에서 발생한 부당인사의 정당성 여부에 관한 판단을 사법기관이 아닌 노동위원회가 판단할 수 있게 한 것이 근본적인 문제라고 지적하면서 노동위원회의 심판기능을 재검토해야 한다는 입장이다. 다음과 같은 근거로 개별적인 권리분쟁인 노동사건에 대한 노동위원회의 심판기능을 없애고, 조정기능으로 전환해야 한다고 주장한다.

---

125) 대법원 2006. 11. 23. 선고 2006다49901.

노동사건은 신속하게 해결되는 것이 바람직하므로 엄격한 사법판단보다는 당사자의 합의에 의하여 종결되는 것이 가장 이상적이다. 따라서 노동위원회는 판정기관이 아닌 근로관계에 대한 전반적이고 현실적인 시각을 가진 구성원들이 전문적인 자문을 통하여 분쟁을 조정하거나 중재하는 기관으로 전환하고, 다툼이 있는 노동사건에 대해서는 일정한 기준을 정하여 법원에 제소하기 전에 전치절차를 거치도록 하는 것이 바람직하다고 한다.[126] 즉, 노동위원회가 이익분쟁의 조정뿐만 아니라 권리분쟁을 포함한 노동분쟁의 전반적인 영역에서 조정역할을 담당하도록 하는 것이다.

이와 같이 일정한 기준에 의한 조정전치제도의 도입은 노동위원회의 기능을 활성화할 수 있을 뿐만 아니라 분쟁의 초기단계에서 당사자들의 감정을 노출하지 않고 분쟁을 종결시킬 수 있고, 당사자의 감정 대립으로 인한 근로자의 원직복귀가 현실적으로 어렵다는 문제점도 해결할 수 있다. 노동위원회는 전문성을 살려 조정을 전담하는 기관으로 만들고 심판기능은 법원에 이관하여 중복적인 분쟁처리절차를 일원화할 경우, 법원과 노동위원회가 노동사건에 관련한 유기적인 역할분담을 도모하고 노동분쟁을 효율적이고 신속하게 처리할 수 있게 된다.[127]

(2) 노동법원의 설립방안

노동위원회를 통한 노동사건 구제제도의 많은 문제점으로 권리구제의 실효성을 확보할 수 없다는 전제 아래 특별소송구조의 한 형태로 노동분쟁을 전담하는 별도의 노동법원을 설립하여 노동분쟁을 해결하자는 방안이다. 이는 노동법원이라는 별개 법원의 설치만을 의미하지 않고, 일정한 노동사건에 대해 노동법원에 전속적인 관할권한을 부여해야 한다는 것을 의미한다. 노동법원은 독일·프랑스·영국 등 유럽국가들이 주로 도입하고 있는데, 노동법원이 일반법원과 별도로 조직된 일정한 노동관계분쟁을 전속적으로 관할하고 노사대표가 판사의 구성에 참여한다는 공통점을 가지고 있다. 우리나라에서의 노동법원의 도입론은 오래 전부터 주로 노동계에서 주장되어 왔는데, 대체로 노동단체와 사용자단체가 추천하는 2명의 배석판사가 심리에 참여하는 삼자구성방식을 강조하고 있다.

노동법원을 도입해야 한다는 근거로서는 유동적인 노동관계를 다루고 있는 노동사건은 고정적인 권리의무관계를 다루고 있는 일반 민사소송과 상이하기 때문에 전

---

126) 정진경, 「해고관련 법제의 변화 및 전망」, 29면; 김홍영, 「노동분쟁에 대한 노동위원회의 역할과 과제」, 135면.

127) 박수근, 정진경, 「해고관련 법제의 변화 및 전망」, 29~30면.

문법원이 필요하다는 점, 노사를 대표하는 배석판사가 참여함으로써 삼당사자주의 및 민주주의가 관철되어 권위 있는 사법기관으로 자리잡을 수 있다는 점, 노동분쟁을 법적으로 해결할 수 있는 환경을 형성하여 법치주의를 확립할 수 있다는 점 등이 제시되고 있다. 그러나 노동법원을 도입하기 위해서는 노동사건을 해결하는데 적합한 노동소송법의 제정이 전제되어야 한다. 즉, 노동사건은 행정소송의 전제인 공법관계와 민사소송의 전제인 정태적 관계가 아니라 매우 유동적인 사인관계이므로 이에 적합한 노동소송법의 제정이 필수적으로 요청된다.[128)]

제3절 산재보험과 권리구제

I. 개 관

산재보상제도는 사용자의 과실 책임을 근거로 한 손해배상제도에서 출발하여 무과실책임 원리에 의한 재해보상제도를 거쳐 현재의 사회보험 원리에 의한 산재보험급여제도로 발전하여 왔다. 산재보상제도의 발전과정을 볼 때, 산재보상제도의 핵심은 산재보험법에 의한 보험급여제도라고 할 수 있다. 그러나 산재보험급여제도는 손해배상제도와 비교해 볼 때, 그 산정방식·보상 또는 배상수준·기능·성격 등이 다른 관계로 손해배상과 산재보험급여는 상호병존관계에 놓여 있는 제도이다. 따라서 동일한 업무상 재해로 손해배상과 재해보상 및 산재보험급여의 요건이 충족된 경우에 재해근로자는 민법상의 손해배상청구권과 산재보험법에 의한 산재보험급여청구권을 행사할 수 있다.[129)]

산업재해를 입은 근로자 또는 그 유족은 관할 근로복지공단이 결정한 보험급여처분에 대하여 이의가 있는 경우에는 심사 또는 재심사를 청구할 수 있다. 산재보험급여에 대한 심사 또는 재심사 결정은 행정처분에 해당되는 것이므로 이에 불복이 있는 경우에는 근로복지공단을 상대로 행정소송을 제기할 수 있다. 또한 재해근로자는 심사 또는 재심사와 행정소송과는 별도로 사업주를 상대로 업무상 재해에 대한 손해배상청구소송을 제기할 수 있다. 따라서 현행법상 산업재해가 발생한 경우, 재해근로자 또는 그 유족이 제기할 수 있는 법적 구제제도로서는 민사상의 손해배

128) 이상의 내용은 김홍영, 「노동위원회를 통한 구제절차상의 심급제도의 개선논의에 관한 검토」, 369면 이하 참조.

129) 한경식, 산업재해보상 및 배상론(초판), 398면.

상청구소송, 행정심판으로서의 심사 또는 재심사청구, 행정소송 등을 들 수 있다. 재해근로자 또는 그 유족이 행정심판 또는 소송을 통하여 권리구제를 받기 위해서는 소멸시효기간과 제소기간 및 절차를 준수해야 한다.

Ⅱ. 소멸시효

1. 중 요 성

재해근로자 또는 그 유족이 소멸시효기간 내에 각종 행정쟁송 또는 민사소송을 제기해야만 권리구제를 받을 수 있으므로 소멸시효는 매우 중요한 사항이다. 산재보험법에 의한 보험급여를 받을 권리의 소멸시효 기간은 3년이므로 업무상 재해가 발생한 날로부터 3년이 지나면 산재보험급여 또는 손해배상을 청구할 수 없다(산재보험법 제112조·민법 제766조). 다만, 3년간의 소멸시효에도 불구하고 채무자인 근로복지공단이 시효완성 전에 채권자인 재해근로자의 권리행사 또는 시효중단을 불가능하게 하거나 현저하게 곤란하게 하였을 정도로 믿게 한 행위가 있는 경우에는 신의칙에 반하여 시효의 완성을 주장할 수 없다.[130)]

2. 소멸시효의 기산일

소멸시효는 객관적으로 권리가 발생하여 그 권리를 행사할 수 있는 때로부터 진행하고 그 권리를 행사할 수 없는 동안은 진행하지 않는다(민법 제166조 제1항). '권리를 행사할 수 없는 경우'란 그 권리행사에 법률상의 장애사유에 해당하는 기간의 미도래나 조건불성취 등이 있는 경우를 의미한다. 따라서 사실상 권리의 존재나 권리행사 가능성을 알지 못하였고 알지 못함에 과실이 없다고 하여도 이러한 사유는 법률상 장애사유에 해당하지 않는다.[131)]

산재보험급여 사유발생일이 소멸시효의 기산일의 기준일이 되고, 그 사유발생일 초일은 소멸시효기간에 포함되지 않는다. 구체적으로 산재보험급여와 관련된 소멸시효의 기산일은 다음과 같다.[132)]

---

130) 대법원 1999. 12. 7. 선고 98다42929; 대법원 2002. 10. 25. 선고 2002다32332; 대법원 2008. 9. 18. 선고 2007두2173; 대법원 2016. 9. 30. 선고 2016다218713.

131) 대법원 2006. 4. 27. 선고 2006다1381.

132) 이하 김수복, 산업재해보상보험법(전면개정증보8판), 553면; 김형배, 노동법(제24판), 552~553면.

(1) 요양급여는 요양에 소요된 비용을 확정한 날의 다음 날.
산재보험급여를 받을 권리의 소멸시효기간의 기산점은 그 권리를 행사할 수 있는 때이므로 요양급여청구권의 경우에는 요양에 필요한 비용이 구체적으로 확정된 날의 다음날이 된다. 즉, 요양급여의 소멸시효는 요양을 받은 날의 다음날부터 매일매일 진행하는 것이므로 요양비용이 구체적으로 확정된 날의 다음 날이 기산일이다.[133]

(2) 휴업급여는 업무상 부상 또는 질병으로 인한 요양을 받기 위해 휴업한 날의 다음 날.
그러나 근로복지공단의 요양불승인처분에 대한 취소소송을 제기하여 승소확정판결을 받은 재해근로자가 휴업급여를 청구한 경우에 그 휴업급여청구권의 소멸시효가 완성되었다는 이유로 휴업급여를 지급하지 않는 것은 신의칙에 반한다.[134]

(3) 장해급여는 상병이 치유된 날의 다음 날

(4) 유족급여 및 장의비는 근로자가 사망한 날의 다음 날

(5) 상병보상연금은 요양개시 후 2년이 경과하여 상병보상연금을 지급하기로 결정한 경우에 연금지급일의 다음 날

3. 소멸시효의 중단

'소멸시효의 중단'이란 소멸시효가 진행하는 동안 권리의 불행사라는 상태와 조화될 수 없는 사실이 발생한 경우에 이미 진행된 시효기간은 무의미하기 때문에 그 효력을 상실시키는 것을 말한다. 일단 시효가 중단된 경우에는 그 중단사유가 종료된 때로부터 소멸시효는 다시 진행된다. 시효중단사유의 입증책임은 시효의 완성을 다투는 당사자가 지나, 그 입증책임의 정도는 중단사유에 속하는 사실만 적시하면 족하다.[135] 민법 제168조는 청구, 압류 또는 가압류, 가처분, 승인을 소멸시효 중단사유로 규정하고 있고(제168조), 산재보험법 제113조는 보험급여의 청구와 심사 및 재심사청구를 소멸시효 중단사유로 규정하고 있다.

보험급여의 청구가 업무상 재해 여부의 판단을 필요로 하는 최초의 청구는 다른

133) 대법원 1989. 11. 14. 선고 89누2318.
134) 대법원 2008. 9. 18. 선고 2007두2173 전원합의체.
135) 대법원 1997. 4. 25. 선고 96다46484.

보험급여의 소멸시효 중단 효력에도 미친다. 이는 수급권자가 보험급여를 지급받기 위해 권리행사를 하였음에도 절차상의 문제로 인하여 소멸시효가 완성되는 불합리한 결과를 시정하기 위한 것이다. 수급권자가 근로복지공단에 요양신청을 한 경우에는 요양급여뿐만 아니라 휴업급여 또는 장해급여에도 소멸시효의 중단 효력이 발생하고, 요양급여의 신청을 한 때로부터 역산하여 3년이 넘는 부분에 대한 요양급여청구권은 이미 소멸시효가 완성되었더라도 3년 이내의 부분 및 장래 발생할 부분에 대한 요양급여청구권은 위 요양급여신청으로 인하여 시효의 진행이 중단된다.[136)]

Ⅲ. 심사 및 재심사 청구

1. 심사청구

근로복지공단의 요양신청 및 산재보험급여에 관한 결정에 불복이 있는 자는 그 결정이 있음을 안 날로부터 90일 이내에 그 결정을 행한 근로공단의 소속기관을 거쳐 근로복지공단에 심사를 청구할 수 있다(산재보험법 제103조).[137)] 심사청구를 받은 근로복지공단 소속 기관은 5일 이내에 의견서를 첨부하여 근로복지공단에 보내야 한다. 심사청구는 산업재해보상보험 심사위원회(이하 '심사위원회')가 심의한다. 심사청구의 심리에 있어서 단독심 체제에서 탈피하여 심사위원회의 심의를 거쳐 결정을 하게 함으로써 심사결정의 공정성과 전문성을 제고하였다.

근로복지공단은 심사청구서를 받은 날로부터 60일 이내에 심사위원회의 심의를 거쳐 심사청구에 관한 결정을 해야 한다. 다만, 부득이한 사유로 그 기간 이내에 결정할 수 없으면 1차에 한하여 20일을 넘지 않는 범위 내에서 그 기간을 연장할 수 있다(산재보험법 제105조 제1항).

2. 재심사청구

근로복공단의 심사결정에 불복이 있는 자는 산업재해보상보험재심사위원회(이하

---

136) 대법원 1989. 11. 14. 선고 89누2318.

137) 업무상질병판정위원회의 심의를 거쳐 업무상 질병의 인정 여부가 결정된 경우, 진폐인 경우, 이황화탄소 중독인 경우, 심사청구가 각하 결정 사유에 해당하는 경우, 진료비 또는 약제비에 관한 결정에 불복하여 심사 청구가 제기된 경우, 그 밖에 심사 청구의 대상이 되는 보험급여 결정 등이 적법한지를 명백히 알 수 있는 경우에는 심사위원회의 심의를 거치지 않을 수 있다(산재보험법 시행령 제102조 제1항).

'재심사위원회')에 재심사를 청구할 수 있다. 다만, 업무상질병판정위원회의 심의를 거친 보험급여에 관한 결정에 불복이 있는 자는 심사청구를 거치지 않고 곧바로 재심사를 청구할 수 있다. 재심사 청구는 심사 청구에 대한 결정이 있음을 안 날부터 90일 이내에 보험급여 결정 등을 한 근로복지공단의 소속 기관을 거쳐 재심사위원회에 제기해야 한다(산재보험법 제106조 제1~3항). 재심사위원회는 재심사청구서를 받은 날로부터 60일 이내에 재심사청구에 관한 결정을 해야 한다. 다만, 부득이한 사유로 그 기간 이내에 결정할 수 없으면 1차에 한하여 20일을 넘지 않는 범위 내에서 그 기간을 연장할 수 있다. 그 밖에 재심사 청구에 대한 심리·재결에 관하여는 심사위원회의 심사청구에 대한 심리·결정의 경우를 준용한다(산재보험법 제109조 제1항).

3. 심사 및 재심사청구의 효력

심사청구 또는 재심사청구가 제기되면 근로복지공단 또는 산재심사위원회는 (재)심사청구의 구체적인 사항, 절차, 결정기관의 처분사항, 당사자적격 등을 심리할 의무가 있다. '심리'라 함은 결정의 기초가 될 사실관계 및 법률관계를 명백히 하기 위하여 당사자 및 관계인의 주장과 반박을 듣고 증거자료를 수집하여 법률적용의 적법성을 검토하는 일련의 절차를 말한다.

심사 또는 재심사 결정은 행정심판의 청구에 해당하는 것이므로 '집행부정지의 원칙'이 적용된다. 따라서 심사 또는 재심사청구는 당해 보험급여에 관한 결정의 집행을 정지시키지 못한다. 다만, 근로복지공단은 그 집행으로 인하여 발생할 중대한 손실을 피하기 위하여 긴급한 필요가 있다고 인정하면 그 집행을 정지할 수 있다. 근로복지공단이 집행을 정지시킨 경우에는 지체 없이 심사청구인 및 해당 보험급여 결정 등을 한 소속 기관에게 문서로 알려야 한다(산재보험법 시행령 제98조 제1항~제2항). '중대한 손실'이란 사회통념상 원상회복 또는 금전배상이 불가능한 것은 아니지만 쉽게 회복할 수 없다고 인정되는 손해를 말하고, '긴급한 필요성'은 손실발생의 가능성과 시간적인 절박성을 의미한다. 그리고 '그 집행'이라 함은 산재보험급여 처분의 집행에만 국한하는 것이 아니라 당해 처분의 효력 및 절차의 속행까지도 포함한다.[138]

---

138) 한경식, 산업재해보상 및 배상론(초판), 398면.

4. 심사 및 재심사결정의 효력

심사 및 재심사청구의 결정은 행정심판법상 재결에 해당한다. 인용재결은 형성력(形成力), 불가쟁력(不可爭力), 불가변력(不可變力), 기속력(羈束力)의 효력이 발생한다.

인용결정이 있게 되면 기존의 법률관계의 변동, 즉 처분청의 별도 행위를 기다릴 것 없이 처분 시에 소급하여 소멸되고 다시 심사청구를 할 수 없고, 재결에 고유한 위법이 있는 경우에 한하여 행정소송의 제기가 가능하나 제소기간이 경과하면 더 이상 그 효력을 다툴 수 없게 된다(불가쟁력). 비록 심사 또는 재심사 결정이 위법 또는 부당하다고 생각되는 때에도 오산·오기 기타 이와 유사한 형식상의 오류가 있는 경우를 제외하고는 재결청(근로복지공단)이 스스로 그 결정을 취소·변경할 수 없다(불가변력). 인용결정이 있게 되면 근로복지공단은 그 결정의 내용과 모순되는 동일한 처분을 동일한 사실관계에서 반복할 수 없고, 지체 없이 결정의 취지에 따라 다시 이전의 신청에 대한 처분을 하여야 한다(기속력). 심사 또는 재심사결정이 근로복지공단을 기속하는 효력은 당해 처분에 관하여 결정주문 및 그 전제가 된 요건사실의 인정과 판단에 미치고 직접관계가 없는 다른 처분에 대하여는 미치지 아니한다.[139)]

Ⅳ. 행정소송

1. 의 의

근로복지공단의 심사와 재심사청구는 시효중단에 관하여 민법 제168조의 규정에 의한 재판상의 청구로 간주되고, 재심사청구에 대한 재결은 행정심판에 대한 재결로 보고 있으므로(산재보험법 제111조 제2항) 행정처분의 성격을 가지고 있다. 따라서 산재보험급여의 심사나 재심사의 결정에 불복이 있는 자는 행정소송을 제기할 수 있다. 그리고 행정소송법의 개정(1998. 3. 1.시행)으로 종전 「행정심판전치주의」에서 '행정심판임의주의'로 전환됨에 따라 산재보험법에 의한 심사 또는 재심사를 청구하지 않고 곧바로 근로복지공단을 상대로 행정소송을 제기할 수도 있다. 근로복지공단의 심사 및 재심사청구의 결정에 대한 행정소송은 항고소송으로서 취소소송에 해당한다.

---

139) 대법원 1998. 2. 27. 선고 96누13972.

2. 행정소송의 제기

행정소송을 제기하기 위해서는 ① 근로복지공단의 처분 등의 취소 또는 변경을 구할 법률상 이익이 있는 자(원고적격)가 ② 당해 행정처분을 한 근로복지공단 지사 또는 근로복지공단(피고적격)을 상대로 ③ 관할법원에 ④ 일정한 형식(소장)을 갖추어 ⑤ 일정한 기간(제소기간) 내에 제기하여야 한다.

산재보험과 관련된 행정소송의 대상은 근로복지공단의 산재보상 부지급처분 또는 심사 및 재심사청구의 기각결정 등이다. 구체적으로 산재보험법상의 보험사업의 비용에 충당되는 보험료 부과처분 및 기타 징수금의 징수처분, 보험관계의 성립 및 소멸처분은 그 대상이 된다. 그러나 공법상의 계약, 제3자의 재해로 인한 구상권 행사 등은 취소소송의 대상이 될 수 없다.

심사 및 재심사를 거치지 않고 직접 행정소송을 제기하는 경우의 피고는 해당 근로복지공단 지사가 되고, 관할법원은 해당 지사를 관할하는 지방법원이 된다. 심사 및 재심사를 거쳐 행정소송을 제기하는 경우의 피고는 근로복지공단이 되고, 관할법원은 서울행정법원이 된다. 행정소송은 행정법원 또는 지방법원 본원을 제1심 법원, 항소심을 고등법원, 상고심을 대법원이 담당하는 3심제를 채택하고 있다.

소장형식은 민사소송법의 규정이 적용되므로 소장에는 당사자, 법정대리인, 청구의 취지 및 원인을 기재하여야 한다(민사소송법 제249조 제1항). 행정소송은 근로복지공단의 처분이 있음을 안날로부터 90일 이내에 제기하여야 한다(행정소송법 제20조 제1항). 산재보상심사청구만 거치고 곧바로 행정소송을 제기하는 경우에 그 제소기간의 기산일은 산재를 당한 날이 아니라 심사결정 정본을 받은 날이다.[140]

3. 판결의 효력

취소소송의 판결이 확정되면 선고법원에 대하여는 불가변력(不可變力), 소송당사자에 대하여는 불가쟁력(不可爭力), 법원과 당사자에 대하여는 기판력(旣判力), 행정기관에 대하여는 기속력(羈束力), 제3자에 대하여는 형성력(形成力)이 발생하게 된다.

불가변력은 법원이 판결을 일단 선고하면 선고법원 자신도 그 내용을 취소·변경할 수 없는 효력을 말하고, 불가쟁력은 상소기간이 경과하거나 당사자가 상소를 포기하는 등의 사유가 있으면 판결이 확정되는 효력을 말한다. 기판력은 법원의 판결

140) 대법원 2002. 11. 26. 선고 2002두6811.

이 확정된 경우에는 법원은 동일한 소송물에 있어서 종전의 판단에 모순 또는 저촉되는 판단을 할 수 없고 소송의 당사자 및 그의 승계인도 그에 반하는 주장을 하여 다투는 것이 허용되지 않는 효력을 말한다. 기판력은 소송물로 주장된 법률관계의 존부에 관한 판단의 결론 그 자체에만 미치고, 판결이유 중에 설시된 그 전제가 되는 법률관계의 존부에까지 미치지 않는다.[141]

기속력(구속력)은 판결이 확정되면 처분행정청은 그 판결이 내용에 따라 행동하여야 할 실체법상의 의무가 발생하는 효력을 말한다. 판결이 확정되면 처분행정청 또는 관계행정청은 동일한 사실관계 아래에서 동일한 당사자에 대하여 종전과 동일한 내용의 처분 등을 반복할 수 없고(동일내용의 처분금지의무), 판결의 취지에 따라 다시 처분할 의무가 있다(재처분의무). 기속력은 주로 판결의 실효성을 확보하기 위하여 인정되는 효력이므로 판결의 주문뿐만 아니라 주문의 전제가 되는 처분 등의 구체적 위법사유에 관한 이유 중의 판단에 대하여도 미친다.[142] 형성력은 판결이 확정되면 판결의 취지에 따라 법률관계의 발생·변경을 가져오는 효력을 말한다. 취소판결이 확정되면 처분 등의 효력은 처분청의 별도의 행위를 기다릴 것 없이 처분시에 소급하여 그 효력이 소멸되어 처분이 없었던 것과 같은 상태로 된다.

4. 소멸시효와 불복기간과의 관계

행정소송의 제소기간과 행정심판의 제기기간은 불변·제척기간이므로 그 기간이 도과하면 불가쟁력이 발생하여 더 이상 동일한 소송대상물에 대하여 소를 제기할 수 없다. 그러나 소멸시효 기간이 남은 상태에서 불복기간의 경과로 심사 또는 재심사를 청구할 수 없는 경우에도 그 불복기간의 경과가 기판력을 인정하는 것이 아니므로 근로복지공단에 산재보상을 청구한 후 행정소송을 제기할 수 있다.[143]

V. 민사소송

1. 의 의

행정소송은 공법상의 권리구제 방법을 제시한 것이고 사법상의 권리구제를 배제

141) 대법원 1987. 6. 9. 선고 88다카2756.

142) 대법원 2001. 3. 23. 선고 99두5238.

143) 대법원 1993. 4. 13. 선고 92누17181; 대법원 2000. 4. 25. 선고 2000다2023; 대법원 2008. 7. 24. 선고 2006두20808.

하는 것은 아니므로 재해근로자 또는 그 유족은 업무상 재해로 인한 손해를 보전받기 위해 민사상의 손해배상청구 소송이 허용된다. 산재보험법 제80조 제2항은 산재보험급여와 손해배상과의 관계를 상호병존관계에 있는 것으로 규정하고 있기 때문에 민사상의 손해배상요건을 충족하는 한 산재보험법에 의한 심사 또는 재심사의 청구나 결정에 상관없이 민사소송을 제기할 수 있다. 다만, 장해특별급여와 유족특별급여는 손해배상에 갈음하는 것이므로 이러한 보험급여를 받은 경우에는 민사소송을 제기할 수 없다(산재보험법 제78조 제2항·제79조 제2항).

2. 민사소송의 제기

민사소송을 제기하기 위해서는 업무상 재해로 손해배상을 청구할 법률상 이익이 있는 재해근로자 또는 유족이 사용자를 상대로 관할법원에 일정한 형식(소장)을 갖추어 소멸시효기간 내에 제기해야 한다.

원고는 재해근로자 본인뿐만 아니라 그와 가족관계에 있는 자와 태아이다. 위자료청구에 있어서는 직접의 피해자인 재해근로자뿐만 아니라 직계존속, 직계비속 및 배우자, 형제자매, 외조부 그리고 호적에 입적되지 아니한 사실혼관계에 있는 배우자도 원고가 될 수 있다. 치료비·개호비 청구에 있어서는 직접 재해근로자의 가족이 치료비를 실제 지출·부담하거나 개호를 한 경우 직접 피해자 또는 그 가족이 원고가 된다. 태아의 경우에는 태아로 있는 동안에는 권리능력이 없으므로 원고가 될 수 없으나, 일단 살아서 출생한 경우에는 태아 시까지 소급하여 권리능력을 회복하게 되므로 원고의 적격을 가진다. 피고는 안전배려의무를 위반한 사용자가 되는 것이 일반적이나, 하도급의 경우에는 사안에 따라 도급인에게 민법 제757조 소정의 도급인의 책임을 묻거나 도급인과 수급인을 함께 피고로 정하여 부진정연대책임을 물을 수도 있다.

손해배상청구권의 소멸시효기간은 재해근로자나 법정대리인이 그 손해 및 가해자를 안 날로부터 3년, 불법행위를 한 날로부터 10년이다(민법 제766조). 손해 및 가해자를 안 날로부터 3년과 불법행위를 한 날로부터 10년 중 어느 한 가지라도 기간이 도과되면 소멸시효는 완성되어 손해배상청구소송을 제기할 수 없다. 통상적으로 산업재해가 발생하면 그 날부터 손해 및 가해자를 알 수 있다고 보기 때문에 소멸시효 기간은 사고일로부터 3년으로 해석한다. 그러나 당초 상해의 악화나 후유증으로 인하여 예견할 수 없었던 손해가 새로이 발생하거나 예상되는 손해가 확대된 때에

는 그러한 사유가 판명되어 새로이 발생 또는 확대된 손해를 안 날로부터 별도로 시효가 진행된다.[144)]

3. 판결의 효력

변론과 심리를 거쳐 판결이 확정되면 그 판결 선고와 동시에 판결 법원은 그 판결을 임의로 철회 또는 변경할 수 없고(기속력), 판결 선고 이후 상소기간 내에 상급법원에 상소하지 않으면 그 판결은 확정되고(형식적 확정력), 판결이 종국적으로 확정되면 당사자를 구속할 뿐만 아니라 동일한 사항에 이에 반하는 주장을 하여 다툴 수 없고 법원도 이와 모순·저촉되는 판결을 할 수 없다(실질적 확정력).

원고(재해근로자) 승소 이행판결이 확정되면 원고는 그 판결 내용의 이행의무를 강제집행에 의하여 채권만족을 얻을 수 있고(집행력), 확정판결의 선고 내용에 따라 당사자 사이의 법률관계를 창설하거나 종래의 법률관계를 변경 또는 소멸시키는 효력이 발생한다(형성력).

144) 대법원 1992. 4. 14. 선고 92다2011; 대법원 1992. 12. 8. 선고 92다42583.

판 례 색 인

사 항 색 인

(ㄱ)

(ㅇ)

(ㅈ)

《 저 자 약 력 》

저자 **노 병 호**

경희대학교 법과대학 졸업
고려대학교 대학원 법학과 석·박사과정 수료(법학박사)
북경대학교 법학원 객원교수
충북대학교 법과대학장·법무대학원장
충북도청 행정심판위원·소청심사위원
한국비교노동법학회 회장
충북대학교 법학전문대학원장
사법시험위원, 행정고시위원, 입법고시위원, 공인노무사시험위원 역임

현〉 충북지방노동위원회 심판담당공익위원
　　한국경영법률학회 부회장

[주요 논저]

- 신법학개론(공저), 법학통론(공저), 인간과 노동(공저), 노동의 이해(공저) 임금보호법(공저), 인사관계법, 사회보험법(공저)
- 기업결합 및 경제력집중에 관한 연구, 지주회사의 규제, 중국경쟁법, 복수 노동조합 병존하의 제 문제에 관한 고찰, 중국의 노동분쟁해결제도, 근로계약에 관한 소고, 단체협약에 관한 연구 등 다수

[제3판] **노동법 I**

저 자	노 병 호	2011년 2월 22일 초 판 발행
발행인	양 진 수	2014년 2월 28일 개정판 발행
발행처	진 원 사	2017년 2월 17일 제 3 판 인쇄
		2017년 2월 28일 제 3 판 발행

서울시 서초구 법원로 2길 17-6 (서초3동, 형덕빌딩 1층)
전화 : 02) 916-1850 / 팩스 : 02) 916-3442
신고번호 제321-2512007002호
http://www.jinwonsa.co.kr
http://www.lawbookstore.co.kr
e-mail : hhansin@hanmail.net

ISBN : 978-89-6346-490-9　　93360　　**정가 48,000원**